ESTRUTURAS DE DADOS USANDO C

ESTRUTURAS DE DADOS USANDO C

Aaron M. Tenenbaum
Yedidyah Langsam
Moshe J. Augenstein

Tradução:
Teresa Cristina Félix de Souza

Revisão Técnica e Adaptação dos Programas
Roberto Carlos Mayer
Professor do Departamento de Ciências da Computação da Universidade de São Paulo
Diretor da MBI — Mayer & Bunge Informática S/C Ltda.

© 1995 by Pearson Education do Brasil.
Título original: Data Structures Using C
© 1989 by Prentice Hall, Inc.
Original em inglês publicado pela McGraw-Hill, Inc.

Todos os direitos reservados. Nenhuma parte desta publicação poderá ser reproduzida ou transmitida de qualquer modo ou por qualquer outro meio, eletrônico ou mecânico, incluindo fotocópia, gravação ou qualquer outro tipo de sistema de armazenamento e transmissão de informação, sem prévia autorização, por escrito, da Pearson Education do Brasil.

Editoração Eletrônica e Fotolitos: ERJ Composição Editorial e Artes Gráficas Ltda.

Dados Internacionais de Catalogação na Publicação (CIP)
(Câmara Brasileira do Livro, SP, Brasil)

Tenenbaum, Aaron M.
    Estruturas de dados usando C / Aaron M. Tenenbaum, Yedidyah Langsam, Moshe J. Augenstein ; tradução Teresa Cristina Félix de Souza; revisão técnica e adaptação dos programas Roberto Carlos Mayer
-- São Paulo : Pearson Makron Books, 1995

ISBN 978-85-346-0348-5

    1. C (Linguagem de programação para computadores)
2. Dados – Estruturas (ciência da computação) I. Langsam, Yedidyah, 1952- II. Augenstein, Moshe J., 1947- III. Título
95-0783   CDD-005.73

Índices para catálogo sistemático
    1. Dados : Estruturas : Processamento de dados   005.73
    2. Estruturas de dados : Processamento de dados   005.73

Printed in Brazil by Reproset RPSA 227157

Direitos exclusivos cedidos à
Pearson Education do Brasil Ltda.,
uma empresa do grupo Pearson Education
Avenida Santa Marina, 1193
CEP 05036-001 - São Paulo - SP - Brasil
Fone: 11 2178-8609 e 11 2178-8653
pearsonuniversidades@pearson.com

Distribuição
Grupo A Educação
www.grupoa.com.br
Fone: 0800 703 3444

À minha esposa, Miriam (AT)
À minha esposa, Vivienne Esther (YL)
À minha filha, Chaya (MA)

Sumário

Prefácio .... **XVII**

1. Introdução às Estruturas de Dados 1

    1.1 Informações e Significado 1
        Inteiros Binários e Decimais 4
        Números Reais 6
        Strings de Caracteres 7
        Hardware & Software 9
        O Conceito de Implementação 11
        Um Exemplo 12
        Tipos de Dados Abstratos 18
        Seqüências Como Definições de Valores 23
        Um TDA para Strings de Caracteres de Tamanho Variável 25
        Tipos de Dados em C 27
        Ponteiros em C 27
        Estruturas de Dados e C 30
    Exercícios 32
    1.2. Vetores em C 34
        O Vetor Como um TDA 36
        Usando Vetores Unidimensionais 37

   Implementando Vetores Unidimensionais 39
   Vetores Como Parâmetros 43
   Strings de Caracteres em C 44
   Operações com Strings de Caracteres 45
   Vetores Bidimensionais 46
   Vetores Multidimensionais 50
  Exercícios 53
  1.3. Estruturas em C 57
   Implementando Estruturas 62
   Uniões 65
   Implementação de Uniões 68
   Parâmetros de Estrutura 69
   Representando Outras Estruturas de Dados 73
   Números Racionais 73
   Alocação de Armazenamento e Escopo de Variáveis 77
  Exercícios 83

2. A Pilha 86

  2.1. Definição e Exemplos 86
   Operações Primitivas 88
   Um Exemplo 91
   A Pilha Como um Tipo de Dado Abstrato 95
  Exercícios 96
  2.2. Representando Pilhas em C 97
   Implementando a Operação *POP* 102
   Verificando Condições Excepcionais 105
   Implementando a Operação Push 105
  Exercícios 109
   2.3. Um Exemplo: Infixo, Posfixo e Prefixo 111
   Definições Básicas e Exemplos 111
   Avaliando uma Expressão Posfixa 114
   Programa para Avaliar uma Expressão Posfixa 116
   Limitações do Programa 119
   Convertendo uma Expressão da Forma Infixa para a Posfixal 120
   Programa para Converter uma Expressão da Forma Infixa na Forma Posfixa . 126
  Exercícios 129

3. Recursividade 132

3.1. Definições Recursivas e Processos 132
  A Função Fatorial 133
  Multiplicação de Números Naturais 136
  A Seqüência de Fibonacci 137
  A Busca Binária 138
  Propriedades das Definições ou Algoritmos Recursivos 142
Exercícios 143

3.2. Recursividade em C 145
  Fatorial em C 145
  Os Números de Fibonacci em C 150
  Busca Binária em C 152
  Cadeias Recursivas 154
  Definição Recursiva de Expressões Algébricas 155
Exercícios 159

3.3. Escrevendo Programas Recursivos 162
  O Problema das Torres de Hanoi 164
  Conversão da Forma Prefixa para a Posfixa Usando Recursividade 171
Exercícios 176

3.4. Simulando a Recursividade 180
  Retorno de uma Função 182
  Implementando Funções Recursivas 184
  Simulação de Fatorial 185
  Aprimorando a Rotina Simulada 190
  Eliminando *Gotos* 192
  Simulando as Torres de Hanoi 195
Exercícios 202

3.5. Eficiência da Recursividade 204
Exercícios 206

4. Filas e Listas 207

4.1. A Fila e sua Representação Seqüencial 207
  A Fila Como um Tipo de Dado Abstrato 209
  Implementação de Filas em C 209

A Operação Insert 215
A Fila de Prioridade 216
Implementação em Vetor de uma Fila de Prioridade 218
Exercícios 220
4.2. Listas Ligadas 223
Inserindo e Removendo Nós de uma Lista 225
Implementação Ligada de Pilhas 230
As Operações *Getnode* e *Freenode* 231
Implementação Ligada de Filas 233
Listas Ligadas Como Estrutura de Dados 235
Exemplos de Operações de Lista 238
Implementação em Lista de Filas de Prioridade 241
Nós de Cabeçalho 241
Exercícios 244
4.3. Listas em C 245
Implementação de Listas em Vetor 245
Limitações da Implementação em Vetor 249
Alocando e Liberando Variáveis Dinâmicas 250
Listas Ligadas Usando Variáveis Dinâmicas 256
Filas Como Listas em C 258
Exemplos de Operações de Listas em C 260
Listas Não-Inteiras e Não-Homogêneas 262
Comparando a Implementação em Vetor e a Dinâmica de Listas 264
Implementando Nós de Cabeçalho 265
Exercícios 265
4.4. Um Exemplo: Simulação Usando Listas Ligadas 268
O Processo de Simulação 269
Estruturas de Dados 271
O Programa de Simulação 272
Exercícios 276
4.5. Outras Estruturas de Lista 279
Listas Circulares 279
A Pilha Como uma Lista Circular 281
A Fila Como uma Lista Circular 282
Operações Primitivas Sobre Listas Circulares 283
O Problema de Josephus 285

         Nós de Cabeçalho 287
         Soma de Inteiros Positivos Longos Usando Listas Circulares 288
         Listas Duplamente Ligadas 291
         Soma de Inteiros Longos Usando Listas Duplamente Ligadas 294
      Exercícios 300

5. Árvores 303

      5.1. Árvores Binárias 303
         Operações Sobre Árvores Binárias 311
         Aplicações de Árvores Binárias 312
      Exercícios 318
      5.2. Representações de Árvores Binárias 320
         Representação de Nós de Árvores Binárias 320
         Nós Internos e Externos 324
         Representação Implícita em Vetores de Árvores Binárias 325
         Escolhendo uma Representação de Árvore Binária 330
         Percursos de Árvores Binárias em C 331
         Árvores Binárias Encadeadas 335
         Percurso Usando um Campo *Father* 340
         Árvores Binárias Heterogêneas 343
      Exercícios 346
      5.3. Um Exemplo: o Algoritmo de Huffman 350
         O Algoritmo de Huffman 353
         Um Programa em C 355
      Exercícios 360
      5.4. Representando Listas Como Árvores Binárias 361
         Localizando o Késimo Elemento 364
         Eliminando um Elemento 366
         Implementando Listas Representadas Por Árvores em C 371
         Construindo uma Lista Representada Por Árvore 374
         Revisitando o Problema de Josephus 376
      Exercícios 377
      5.5. Árvores e Suas Aplicações 378
         Representações de Árvores em C 381
         Percurso de Árvores 385

Expressões Gerais Como Árvores 387
Avaliando uma Árvore de Expressões 390
Construindo uma Árvore 393
Exercícios 395
5.6. Um Exemplo: Árvores de Jogos 398
Exercícios 406

6. Classificação **408**

6.1. Visão Global 408
Considerações Sobre a Eficiência 411
Notação 0 415
Eficiência da Classificação 418
Exercícios 421
6.2. Classificações Por Troca 424
Classificação Por Bolha 424
Quicksort 427
Eficiência do Quicksort 436
Exercícios 439
6.3. Classificação Por Seleção e Por Árvore 441
Classificação de Seleção Direta 442
Classificações por Árvore Binária 444
Heapsort 448
O Heap Como uma Fila de Prioridade 449
Classificação Usando um Heap 452
O Procedimento Heapsort 455
Exercícios 457
6.4. Classificações Por Inserção 459
Inserção Simples 459
Classificação de Shell 462
Classificação por Cálculo de Endereço 466
Exercícios 469
6.5. Classificações por Intercalação e de Raiz 472
O Algoritmo de Cook-Kim 476
Classificação de Raízes 477
Exercícios 482

7. Operação de Busca 486

7.1 Técnicas Básicas de Pesquisa 486
O Dicionário Como um Tipo de Dado Abstrato 488
Notação Algorítmica 490
Operação de Busca Seqüencial 491
Eficiência da Operação de Busca Seqüencial 493
Reoordenando uma Lista para Obter a Eficiência Máxima de Busca 495
Operação de Busca Numa Tabela Ordenada 497
A Busca Seqüencial Indexada 498
A Busca Binária 501
Busca por Interpolação 504
Exercícios 506

7.2. Busca em Árvores 510
Inserção Numa Árvore de Busca Binária 513
Eliminação Numa Árvore de Busca Binária 514
Eficiência das Operações de Árvore de Busca Binária 517
Eficiência das Árvores de Busca Binária Não-Uniformes 521
Árvores de Busca Ótimas 523
Árvores Balanceadas 526
Exercícios 535

7.3. Árvores de Busca Geral 537
Árvores de Busca Multidirecionais 537
Pesquisando uma Árvore Multidirecional 541
Implementando uma Árvore Multidirecional 542
Percorrendo uma Árvore Multidirecional 545
Inserção Numa Árvore de Busca Multidirecional 548
Árvores-B 554
Algoritmos para a Inserção na Árvore-B 563
Computando *Father* e Index 566
Eliminação em Árvores de Busca Multidirecionais 571
Eficiência das Árvores de Busca Multidirecionais 576
Aprimorando a Árvore-B 580
Árvores-B 585
Árvores de Busca Digitais 587
Tries 593

Exercícios 593
7.4 Espalhamento 595
   Solucionando Colisões de Espalhamento Com o Endereçamento aBerto .598
   Eliminando Itens de uma Tabela de espalhamento 603
Eficiência dos Métodos de Recomprovação 604
   Reordenamento da Tabela de Espalhamento 607
   Método de Brent 609
   Espalhamento em Árvore Binária 612
   Aperfeiçoamentos Com Memória Adicional 616
   Espalhamento Combinado 620
   Encadeamento Separado 624
   Espalhamento em Armazenamento Externo 628
   O Método Separador 632
   Espalhamento Dinâmico e Espalhamento Extensível 633
   Espalhamento Linear 641
   Selecionando uma Função de Espalhamento 649
   Funções de Espalhamento Perfeitas 653
   Classes Universais de Funções de Espalhamento 659
Exercícios 661

8. Grafos e Suas Aplicações **664**

8.1. Gráficos 664
Uma Aplicação de Grafos 668
   Representações de Grafos em C 670
   Fechamento Transitivo 672
   Algoritmo de Warshall 676
   Um Algoritmo de Menor Caminho 678
Exercícios 681
8.2. Um Problema de Fluxo 683
   Melhorando uma Função de Fluxo 686
Um Exemplo 690
   O Algoritmo e o Programa 692
Exercícios 697
8.3. Representação Ligada de Grafos 699
   Revisitando o Algoritmo de Dijkstra 706

Organizando o Conjunto de Nós de Grafo 708
Uma Aplicação no Escalonamento 710
O Programa em C 715
Exercícios 719
8.4. Percurso de Grafos e Florestas Geradoras 722
Métodos de Percurso de Grafos 723
Florestas Geradoras 728
Grafos Não-Orientados e Seus Percursos 729
Percurso em Profundidade 733
Aplicações do Percurso em Profundidade 737
Eficiência do Percurso em Profundidade 740
Percurso em Largura 740
Árvores Geradoras Mínimas 742
Algoritmo de Kruskal 745
O Algoritmo da Fila de Árvores 746
Exercícios 747

9. Gerenciamento de Armazenamento 750

9.1. Listas Gerais 750
Operações que Modificam uma Lista 753
Exemplos 755
A Representação em Lista Ligada de uma Lista 757
Representação de Listas 760
A Operação Crlist 763
O Uso de Cabeçalhos de Listas 764
Liberando Nós de Lista 766
Listas Gerais em C 770
Linguagens de Programação e Listas 773
Exercícios 775
9.2. Gerenciamento Automático de Listas 777
O Método de Contagem de Referências 777
Coleta de Lixo 784
Algoritmos para Coleta de Lixo 786
Coleta e Compactação 794
Variações da Coleta de Lixo 802

Exercícios 804
9.3. Gerenciamento da Memória Dinâmica 806
   Compactação de Blocos de Armazenamento 808
   Primeira Escolha, Melhor Escolha, Pior Escolha 810
   Aprimoramentos no Método da Primeira Escolha 818
   Liberando Blocos de Armazenamento 819
   O Método da Marca Limítrofe 822
   O Sistema em Turmas 825
   Outros Sistemas em Turma 834
Exercícios 837

Bibliografia e Referências 841

Índice Analítico 865

Prefácio

Este texto foi elaborado para um curso de dois semestres sobre estruturas de dados e programação. Durante vários anos, ministramos um curso sobre estruturas de dados para estudantes que passaram por um curso de um semestre de programação com linguagens de alto nível e por um curso de um semestre de programação usando linguagem de montagem.

Descobrimos que investimos muito tempo ensinando técnicas de programação porque os estudantes ainda não possuíam experiência suficiente em programação nem conseguiam implementar estruturas abstratas por conta própria. Os alunos mais brilhantes ocasionalmente percebiam o que estávamos fazendo. Os mais fracos nunca conseguiram. Baseados nessa experiência, chegamos à conclusão de que um primeiro curso de estruturas de dados deveria ser ministrado paralelamente a um segundo curso sobre programação. Este livro representa o resultado dessa conclusão.

O texto apresenta conceitos abstratos, demonstra como esses conceitos são úteis para a solução de problemas e, em seguida, mostra como as abstrações podem concretizar-se por meio do uso de uma linguagem de programação. Ênfase igual é atribuída às versões abstrata e concreta de um conceito para que os estudantes aprendam o conceito propriamente dito, sua implementação e sua aplicação. A linguagem usada neste texto é C. Essa linguagem é bem adequada a esse tipo de curso porque dispõe das estruturas de controle necessárias para tornar os programas legíveis, e permite que estruturas de dados básicas, como as pilhas, as listas ligadas e as árvores, sejam implementadas de várias maneiras. Esse aspecto possibilita aos estudantes acompanhar as opções e os compromissos que um programador enfrenta numa situação real. C está também amplamente disponível em vários computadores diferentes e continua a crescer em popularidade. Segundo Kernighan e Ritchie, C é "uma linguagem agradável, expressiva e versátil".

O único pré-requisito para os estudantes que usarem este texto é um curso de um semestre em programação. Os estudantes que passaram por um curso de programação usando linguagens como FORTRAN, Pascal ou PL/I podem utilizar este texto juntamente com um dos textos elementares sobre C listados na bibliografia. O Capítulo 1 fornece também informações necessárias para que tais estudantes se acostumem com a linguagem C.

O Capítulo 1 é uma introdução às estruturas de dados. A Seção 1.1 apresenta o conceito de uma estrutura de dados abstrata e o conceito de uma implementação. As Seções 1.2 e 1.3 introduzem os vetores e as estruturas em C. As implementações dessas duas estruturas de dados, além de suas aplicações, são descritas também. O Capítulo 2 discute as pilhas e sua implementação em C. Como esta é a primeira estrutura de dados nova apresentada, incluímos uma ampla análise dos detalhes de sua implementação. A Seção 2.3 traz as notações posfixas, prefixas e infixas. O Capítulo 3 aborda a recursividade, suas aplicações e sua implementação. O Capítulo 4 apresenta filas, filas de prioridade e listas ligadas e suas implementações usando um vetor de nós disponíveis e o armazenamento dinâmico. O Capítulo 5 discute as árvores e o Capítulo 6 apresenta a notação O, além de cobrir a classificação. O Capítulo 7 discute a operação de busca interna e externa. O Capítulo 8 apresenta os grafos; e o Capítulo 9 analisa o gerenciamento do armazenamento.

No final do livro, incluímos uma ampla bibliografia com cada referência classificada pelo capítulo ou seção a que se aplica.

Um curso de um semestre de estruturas de dados consiste na Seção 1.1, Capítulos 2-7, seções 8.1 e 8.2, e parte da 8.4. Partes dos Capítulos 3, 6, 7 e 8 podem ser omitidas se o tempo for escasso.

O texto é adequado para o curso C82 e partes dos cursos C87 e C813 do Curriculum 78 (*Communications of the ACM*, março de 1979); cursos UC1 e UC8 dos Programas de Graduação em Sistemas de Informação (*Communications of the ACM*, dezembro de 1973) e curso I1 do Curriculum 68 (*Communications of the ACM*, março de 1968). Em particular, o texto cobre em parte ou no todo os tópicos P1, P2, P3, P4, P5, S2, D1, D2, D3 e D6 do Curriculum 78.

Os algoritmos são apresentados como intermediários entre as descrições em português e os programas em C. Estes foram escritos em estilo C misturado com comentários em português. Os algoritmos permitem que o leitor se concentre no método usado para solucionar um problema, sem se preocupar com declarações de variáveis e peculiaridades da linguagem real. Ao transformar um algoritmo num programa, apresentamos essas questões e destacamos os problemas que as acompanham.

O padrão de endentação usado para os programas em C e algoritmos é uma versão livre do formato sugerido por Kernighan e Ritchie (*The C Programming Language*, Prentice-Hall, 1978), que achamos bastante útil. Adotamos também a convenção de indicar por meio de comentários a construção sendo encerrada por cada ocorrência de uma chave de fechamento (}). Juntamente com o padrão de endentação, essa é uma valiosa ferramenta para aprimorar a compreensão do programa. Distinguimos entre algoritmos e programas usando o primeiro em itálico e o último em romano.

A maioria dos conceitos deste livro é ilustrada por vários exemplos. Alguns deles são tópicos importantes (isto é, notação posfixa, aritmética de múltiplas palavras etc.) e podem ser tratados como tal. Outros ilustram diferentes técnicas de implementação (como o armazenamento seqüencial de árvores). O instrutor poderá discutir quantos exemplos quiser. Os exemplos podem ser também passados para os estudantes como leitura adicional. Prevemos que um instrutor não conseguirá discutir todos os exemplos com detalhes suficientes durante um curso de um ou dois semestres. Achamos que, no estágio de desenvolvimento de um estudante para o qual este texto foi elaborado, é mais importante discutir vários exemplos em detalhes do que uma ampla variedade de tópicos superficialmente.

Todos os algoritmos e programas deste livro foram testados e depurados. Gostaríamos de agradecer a Miriam Binder e Irene LaClaustra por seu inestimável apoio nessa tarefa. Sua dedicação ultrapassou a responsabilidade de ambas e suas sugestões foram sempre importantíssimas. Evidentemente, quaisquer erros remanescentes são de total responsabilidade dos autores.

Os exercícios variam muito em termos de tipo e dificuldade. Alguns são exercícios de treinamento para assegurar a compreensão de tópicos apresentados no livro. Outros envolvem modificações de tópicos e algoritmos. Outros ainda introduzem novos conceitos e são bastante desafiantes. Freqüentemente, um grupo de exercícios sucessivos inclui o desenvolvimento completo de um novo tópico que pode ser usado como base para um projeto ou como leitura adicional. O instrutor deve ter cuidado ao solicitar a resolução dos exercícios para que o grau de dificuldade seja adequado ao nível dos estudantes. É imperativo que os estudantes desenvolvam vários projetos de programação (de cinco a doze, dependendo do nível de dificuldade) por semestre.

Procuramos usar a linguagem C, conforme especificado na primeira edição do livro de K & R. Não usamos nenhum recurso encontrado atualmente em vários compiladores de computadores pessoais (por exemplo, o Microsoft (R) C e o Turbo C (R), da Borland), embora alguns desses recursos tenham sido incluídos no padrão ANSI. Em particular, passamos ponteiros para estruturas como parâmetros, mesmo que o novo padrão permita passar a estrutura em si. Kernighan e Ritchie comentam em sua segunda edição que é mais eficiente passar um ponteiro quando a estrutura é grande. Não usamos também nenhuma função que retorne uma estrutura como resultado. Evidentemente, é necessário informar aos estudantes quaisquer idiossincrasias do compilador em questão que eles estejam usando. Incluímos também algumas referências a vários compiladores C para computadores pessoais.

Miriam Binder e Irene LaClaustra passaram horas digitando e corrigindo o manuscrito original, e gerenciando uma grande equipe de estudantes que mencionamos a seguir. Sua cooperação e paciência com a nossa mudança contínua de idéias sobre inclusões e eliminações são apreciadas sinceramente.

Gostaríamos de agradecer a Shaindel Zundel-Margulis, Cynthia Richman, Gittie Rosenfeld-Wertenteil, Mindy Rosman-Schreiber, Nina Silverman, Helene Turry e Devorah Sadowsky-Weinschneider por sua inestimável colaboração.

A equipe do City University Computer Center merece menção especial. Eles foram muito úteis auxiliando-nos no uso das excelentes instalações do Centro. A mesma coisa pode-se dizer da equipe do Brooklyn College Computer Center.

Gostaríamos de agradecer aos editores e à equipe da Prentice-Hall e principalmente aos revisores por seus úteis comentários e sugestões.

Finalmente, agradecemos a nossas esposas, Miriam Tenenbaum, Vivienne Langsam e Gail Augenstein, por seus conselhos e estímulos durante a longa e árdua tarefa de produzir um livro como este.

Aaron Tenenbaum
Yedidyah Langsam
Moshe Augenstein

Capítulo 1

Introdução às Estruturas de Dados

Um computador é uma máquina que manipula informações. O estudo da ciência da computação inclui o exame da organização, manipulação e utilização destas informações num computador. Conseqüentemente, é muito importante para um estudante da ciência da computação entender os conceitos de organização e manipulação de informações para continuar o estudo do campo.

1.1 INFORMAÇÕES E SIGNIFICADO

Se a ciência da computação é fundamentalmente o estudo da informação, a primeira pergunta que surge é: o que significa a informação? Infelizmente, embora o conceito de informação seja a base do campo inteiro, essa pergunta não pode ser respondida com exatidão. Por um lado, o conceito de informação na ciência da computação é semelhante aos conceitos de ponto, linha e plano, na geometria: todos eles são termos indefinidos sobre os quais podem ser feitas afirmações, mas eles podem ser explicados em termos de conceitos elementares.

Na geometria, é possível discutir sobre o tamanho de uma linha independentemente do fato de o conceito de uma linha ser ele mesmo indefinido. O tamanho de uma linha é uma medida de quantidade. De modo semelhante, na ciência da computação, podemos avaliar quantidades de informações. A unidade básica da informação é o *bit*, cujo valor compreende uma entre duas possibilidades mutuamente exclusivas. Por exemplo, se um interruptor de luz pode estar em uma das duas posições, mas não em ambas simultaneamente, o fato de ele estar na posição de "ligado" ou na posição de "desligado" é um bit de informação. Se um dispositivo pode estar em mais de dois estados possíveis, o fato de ele estar em determinado estado representa mais de um bit de informação. Por exemplo, se um dial tem oito posições possíveis, o fato de ele estar na posição 4 exclui sete outras possibilidades, enquanto o fato de um interruptor estar ligado exclui somente outra possibilidade.

Você pode visualizar esse fenômeno sob outro prisma. Vamos supor que tivéssemos chaves de duas alternativas, mas pudéssemos usar quantas delas precisássemos. Quantas chaves desse tipo seriam necessárias para representar um dial com oito posições? Evidentemente, uma chave só pode representar duas posições (Figura 1.1.1a). Duas chaves podem representar quatro posições diferentes (Figura 1.1.1b) e são necessárias três chaves para representar oito posições diferentes (Figura 1.1.1c). Em geral, n chaves podem representar 2^n possibilidades diferentes.

Os dígitos binários 0 e 1 são usados para representar os dois possíveis estados de determinado bit (na realidade, a palavra "bit" é uma contração das palavras "*binary digit*"). Dados n bits, uma string de n 1s e 0s é usada para representar seus valores. Por exemplo, a string 101011 representa seis chaves, estando a primeira delas "ativada" (1), a segunda "desativada" (0), a terceira ativada, a quarta desativada, a quinta e a sexta ativadas.

Verificamos que são suficientes três bits para representar oito possibilidades. As oito possíveis configurações desses três bits (000, 001, 010, 011, 100, 101, 110 e 111) podem ser usadas para representar os inteiros de 0 a 7. Entretanto, não há nada nas definições desses bits que implique intrinsecamente que determinada definição representa determinado inteiro. Qualquer atribuição de valores inteiros às definições de bits é válida desde que não sejam atribuídos dois inteiros à mesma definição de bits. Assim que ocorrer uma atribuição desse tipo, determinada definição de bit poderá ser interpretada com ambigüidade como um inteiro específico. Examinemos vários métodos amplamente usados para interpretar definições de bits como inteiros.

Chave 1
Desligado

Ligado

(a) Uma chave (duas possibilidades).

(b) Duas chaves (quatro possibilidades).

(c) Três chaves (oito possibilidades).

Figura 1.1.1

INTEIROS BINÁRIOS E DECIMAIS

O método mais amplamente usado para interpretar definições de bits como inteiros não-negativos é o *sistema de numeração binário*. Nesse sistema, cada posição de bit representa uma potência de 2. A posição da extrema direita representa 2^0 que equivale a 1, a próxima posição à esquerda representa 2^1 que é 2, a próxima posição de bit representa 2^2, que equivale a 4, e assim por diante. Um inteiro é representado por uma soma de potências de 2. Uma string toda de 0s representa o número 0. Se aparecer um 1 em determinada posição de bit, a potência de 2 representada por essa posição de bit será incluída na soma; mas, se aparecer um 0, essa potência de 2 não será incluída na soma. Por exemplo, o grupo de bits 00100110 apresenta 1s nas posições 1, 2 e 5 (contando da direita para a esquerda com a posição da extrema direita considerada posição 0). Sendo assim, 00100110 representa o inteiro $2^1 + 2^2 + 2^5 = 2 + 4 + 32 = 38$. Sob esse prisma, toda string de bits de tamanho n representa um inteiro não-negativo único, entre 0 e 2^{n-1}, e todo inteiro não-negativo entre 0 e 2^{n-1} pode ser representado por uma única string de bits de tamanho n.

Existem dois métodos amplamente usados para representar números binários negativos. No primeiro método, chamado *notação de complemento de um*, um número negativo é representado mudando cada bit em seu valor absoluto para a definição do bit oposto. Por exemplo, como 00100110 representa 38, 11011001 é usado para representar −38. Isso significa que o bit da extrema esquerda de um número não é mais usado para representar uma potência de 2, mas é reservado para o sinal do número. Uma string de bits começando com um 0 representa um número positivo, enquanto uma string de bits começando com um 1 representa um número negativo. Em função de n bits, a faixa de números que pode ser representada é $-2^{(n-1)} + 1$ (um 1 seguido por $n - 1$ zeros) a $2^{(n-1)} - 1$ (um 0 seguido por $n - 1$ uns). Observe que, com essa representação, existem duas representações para o número 0: um 0 "positivo" consistindo em todos os 0s, e um zero "negativo" consistindo em todos os 1s.

O segundo método que representa números binários negativos é chamado *notação de complemento de dois*. Nessa notação, 1 é somado à representação de complemento de um de um número negativo. Por exemplo, como 11011001 representa −38 na notação de complemento um, 11011010 é usado para representar −38 na notação de complemento de dois. Dados n bits, a faixa de números que pode ser representada é $2^{(n-1)}$ (um 1 seguido por

$n - 1$ zeros) a $2^{(n-1)} -1$ (um 0 seguido por $n - 1$ uns). Observe que $-2^{(n-1)}$ pode ser representado em notação de complemento de dois, mas não em notação de complemento de um. Entretanto, seu valor absoluto, $2^{(n-1)}$, não pode ser representado em ambas as notações, usando n bits. Além disso, observe que existe apenas uma representação para o número 0 usando n bits na notação de complemento de dois. Para constatar isso, considere o 0 usando oito bits: 00000000. O complemento de um é 11111111, que é o 0 negativo nessa notação. Somar 1 para produzir a forma de complemento de 2 resulta em 100000000, que tem nove bits. Como somente oito bits são permitidos, o bit da extrema esquerda (ou a "sobra") é descartado, deixando 00000000 como menos 0.

O sistema de numeração binário definitivamente não é o único método pelo qual os bits podem ser usados para representar inteiros. Por exemplo, uma string de bits pode ser usada para representar inteiros no sistema numérico decimal, da seguinte forma: quatro bits podem ser usados para representar um dígito decimal entre 0 e 9 na notação binária descrita anteriormente. Uma string de bits de qualquer tamanho pode ser dividida em conjuntos consecutivos de quatro bits, com cada conjunto representando um dígito decimal. Dessa forma, a string representa o número formado por esses dígitos decimais na notação decimal convencional. Por exemplo, nesse sistema, a string de bits 00100110 é separada em duas strings de quatro bits cada: 0010 e 0110. A primeira string representa o dígito decimal 2 e a segunda, o dígito decimal 6, de modo que a string inteira representa o inteiro 26. Essa representação é chamada ***decimal codificado em binário***.

Uma característica importante da representação de decimal codificado em binário de inteiros não-negativos é que nem todas as strings de bits são representações válidas de um inteiro decimal. Quatro bits podem ser usados para representar um dentre 16 possibilidades diferentes, uma vez que existem 16 estados possíveis para um conjunto de quatro bits. Entretanto, na representação de inteiro decimal codificado em binário, somente dez dessas 16 possibilidades são usadas. Ou seja, códigos como 1010 e 1100, cujos valores binários são 10 ou acima, não são válidos em números decimais codificados em binário.

NÚMEROS REAIS

O método comum usado pelos computadores para representar números reais é a ***notação de ponto flutuante***. Existem vários tipos de notação de ponto flutuante e cada um tem características próprias. O conceito-chave é que um número real é representado por um número, chamado ***mantissa***, vezes uma ***base*** elevada a uma potência de inteiro, chamada ***expoente***. Em geral, a base é fixa, e a mantissa e o expoente variam de modo a representar números reais diferentes. Por exemplo, se a base for fixada com 10, o número 387,53 poderia ser representado como 38753×10^{-2}. (Lembre-se de que 10^{-2} é 0,01.) A mantissa é 38753 e o expoente é –2. Outras possíveis representações são $0{,}38753 \times 10^3$ e $387{,}53 \times 10^0$. Optamos pela representação na qual a mantissa é um inteiro sem 0s finais.

Na notação de ponto flutuante que descrevemos (que não é necessariamente implementada em nenhuma máquina particular exatamente como descrito), um número real é representado por uma string de 32 bits consistindo em uma mantissa de 24 bits seguida por um expoente de 8 bits. A base é fixada em 10. Tanto a mantissa como o expoente são inteiros binários de complemento de dois. Por exemplo, a representação binária de 24 bits de 38753 é 000000001001011101100001, e a representação binária de complemento de dois de oito bits de –2 é 11111110; a representação de 387,53 é 00000000100101110110000111111110. Você encontrará a seguir outros números reais e suas representações de ponto flutuante:

0	00000000000000000000000000000000
100	00000000000000000000000100000010
0,5	00000000000000000000010111111111
0,000005	00000000000000000000010111111010
12.000	00000000000000000000110000000011
–387,53	11111111011010001001111111111110
–12.000	11111111111111111111010000000011

A vantagem da notação de ponto flutuante é que ela pode ser usada para representar números com valores absolutos muito grandes ou muito pequenos. Por exemplo, na notação apresentada anteriormente, o maior número que pode ser representado é $(2^{23-1}) \times 10^{127}$, que, na realidade, é um número muito grande. O menor número positivo que pode ser representado é 10^{-128}, que é muito pequeno. O fator limitante na exatidão com a qual os números podem ser representados em determinada máquina é o número de dígitos binários significativos na mantissa. Nem todo número entre o maior e o menor pode ser representado. Nossa representação só permite 23 bits significativos. Dessa forma, um número como 10 milhões e 1, que exige 24 dígitos binários na mantissa, precisaria ser aproximado para 10 milhões (1 $\times 10^7$), que só exige um dígito significativo.

STRINGS DE CARACTERES

Como sabemos, nem sempre a informação é interpretada em termos numéricos. Itens como nomes, títulos de cargos e endereços precisam também ser representados de alguma maneira dentro de um computador. Para permitir a representação desses objetos não-numéricos, é necessário outro método de interpretação de strings de bits. Geralmente, tais informações são representadas na forma de strings de caracteres. Por exemplo, em alguns computadores, os oito bits 00100110 são usados para representar o caractere '&'. Um padrão de oito bits diferente é usado para representar o caractere 'A', outro para representar o 'B', outro ainda para representar o 'C', e mais um para cada caractere que tenha uma representação em determinada máquina. Uma máquina russa usa padrões de bits para representar caracteres russos, enquanto uma máquina israelense usa padrões de bits para representar caracteres do hebraico. (Na realidade, os caracteres usados ficam transparentes para a máquina; o conjunto de caracteres pode ser alterado usando-se uma cadeia de impressão diferente na impressora.)

Se são usados oito bits para representar um caractere, podem ser representados até 256 caracteres diferentes, uma vez que existem 256 padrões de bits diferentes. Se a string 11000000 é usada para representar o caractere 'A' e 11000001 é usada para representar o caractere 'B', a string de caracteres 'AB' seria representada pela string de bits 1100000011000001.

Em geral, uma string de caracteres (STR) é representada pela concatenação das strings de bits que representam os caracteres individuais da string.

Como acontece no caso dos inteiros, não há nada em determinada string de bits que a torne intrinsecamente adequada para representar um caractere específico. A atribuição de strings de bits a caracteres pode ser totalmente aleatória, mas precisa ser adotada com coerência. É possível que alguma regra conveniente seja usada ao atribuir strings de bits a caracteres. Por exemplo, duas strings de bits podem ser atribuídas a duas letras, de modo que uma delas com o valor binário menor seja atribuída à letra que vem antes no alfabeto. Entretanto, essa regra é apenas uma conveniência; ela não é ditada por nenhuma relação intrínseca entre caracteres e strings de bits. Na verdade, os próprios computadores variam o número de bits usados para representar um caractere. Alguns computadores usam sete bits (e, portanto, só permitem até 128 caracteres possíveis), alguns usam oito (até 256 caracteres) e outros usam dez (até 1.024 caracteres possíveis). O número de bits necessário para representar um caractere em determinado computador é chamado **tamanho do byte** e um grupo de bits com esse número é chamado **byte**.

Observe que usar oito bits para representar um caractere significa que podem ser representados 256 caracteres. Não se encontra freqüentemente um computador que use tantos caracteres diferentes (embora se conceba que um computador inclua letras maiúsculas e minúsculas, caracteres especiais, itálicos, negritos e outros tipos de caracteres), de modo que muitos códigos de oito bits não são usados para representar caracteres.

Sendo assim, verificamos que a própria informação não tem significado. Qualquer significado por ser atribuído a determinado padrão de bits, desde que seja feito com coerência. É a interpretação de um padrão de bits que dá significado. Por exemplo, a string de bits 00100110 pode ser interpretada como o número 38 (binário), o número 26 (decimal codificado em binário) ou o caractere '&'. Um método de interpretar um padrão de bits é freqüentemente chamado **tipo de dado**. Apresentamos vários tipos de dados: inteiros binários, inteiros não-negativos decimais codificados em binários, números reais e strings de caracteres. Daí surgem estas perguntas: como determinar que tipos de dados estejam disponíveis para interpretar padrões de bits e que tipos de dados possam ser usados para interpretar determinado padrão de bits?

HARDWARE & SOFTWARE

A *memória* (conhecida também como **armazenamento** ou **núcleo**) de um computador é apenas um grupo de bits (chaves). Em qualquer momento da operação de um computador, determinado bit na memória é 0 ou 1 (desativado ou ativado). A definição de um bit é chamada seu **valor** ou seu **conteúdo**.

Os bits na memória de um computador são agrupados em unidades maiores, como bytes. Em alguns computadores, vários bytes são agrupados em unidades chamadas **palavras**. Cada unidade desse tipo (byte ou palavra, dependendo da máquina) recebe a atribuição de um **endereço**, isto é, um nome que identifica determinada unidade entre todas as unidades na memória. Em geral, esse endereço é numérico, de modo que podemos falar do byte 746 ou da palavra 937. Um endereço é freqüentemente chamado **posição**, e o conteúdo de uma posição são os valores dos bits que formam a unidade nessa posição.

Todo computador tem um conjunto de tipos de dados "nativos". Isso significa que ele é construído com um mecanismo para manipular padrões de bits coerentes com os objetos que eles representam. Por exemplo, vamos supor que um computador contenha uma instrução para somar dois inteiros binários e introduzir sua soma em determinada posição na memória para uso posterior. Sendo assim, deve existir um mecanismo incorporado no computador para:

1. extrair os padrões de bits dos operandos de duas posições determinadas;

2. produzir um terceiro padrão de bits representando o inteiro binário que seja a soma dos dois inteiros binários representados pelos dois operandos; e

3. armazenar o padrão de bits resultante em determinada posição.

O computador "sabe" interpretar os padrões de bits nas posições específicas como inteiros binários porque o hardware que executa a instrução foi projetado para fazer isso. Essa operação é parecida com uma lâmpada que "sabe" que está acesa quando o interruptor está em determinada posição.

Se a mesma máquina tiver também uma instrução para somar dois números reais, deverá existir um mecanismo embutido separado para interpretar operandos como números reais. São necessárias duas instruções distintas para as duas operações, e cada instrução carrega em si mesma uma identificação implícita dos tipos de seus operandos, além de suas posições explícitas. Portanto, cabe ao programador saber que tipo de dado está contido em cada posição usada, e escolher entre usar uma instrução de soma de inteiros ou reais para obter a soma de dois números.

Uma linguagem de programação de alto nível ajuda consideravelmente nessa tarefa. Por exemplo, se um programador C declarar:

```
int x, y;
float a, b;
```

será reservado espaço em quatro posições para quatro números diferentes. Essas quatro posições podem ser referenciadas pelos ***identificadores*** x, y, a e b. Um identificador é usado no lugar de um endereço numérico para citar determinada posição de memória porque é conveniente para o programador. O conteúdo das posições reservadas para x e y será interpretado como inteiros, enquanto o conteúdo de a e b será interpretado como números de ponto flutuante. O compilador responsável pela conversão de programas C em linguagem de máquina traduzirá o "+" contido na instrução

```
x = x + y;
```

em soma de inteiros, e traduzirá o "+" contido na instrução

```
a = a + b;
```

em soma de pontos flutuantes. Na verdade, um operador como o "+" é um operador ***genérico*** porque tem vários significados diferentes dependo de seu contexto. O compilador evita a necessidade de o programador especificar o tipo de soma que deve ser efetuada, examinando o contexto e usando a versão adequada.

É importante reconhecer o papel-chave desempenhado pelas declarações numa linguagem de alto nível. É por meio das declarações que o programador especifica como o conteúdo da memória do computador deve ser interpretado pelo programa. Ao fazer isso, uma declaração determina a quantidade de memória necessária para certa entidade, como o conteúdo dessa memória deve ser interpretado, e outros detalhes fundamentais. As declarações especificam também para o computador o significado dos símbolos das operações que serão posteriormente usados.

O CONCEITO DE IMPLEMENTAÇÃO

Até agora, discutimos os tipos de dados como um método de interpretação do conteúdo da memória de um computador. O conjunto de tipos de dados nativos que um computador pode suportar é determinado pelas funções incorporadas em seu hardware. Entretanto, podemos visualizar o conceito de "tipo de dado" sob uma perspectiva totalmente diferente; não em termos do que um computador pode fazer, mas em função do que o usuário quer fazer. Por exemplo, se alguém quiser obter a soma de dois inteiros, esse usuário não se importará muito com o mecanismo detalhado pelo qual essa soma será obtida. O usuário está interessado em manipular o conceito matemático de "inteiro", não em manipular bits do hardware. O hardware do computador pode ser usado para representar um inteiro e só será útil para esse propósito se a representação tiver sucesso.

Quando o conceito de "tipo de dado" é dissociado dos recursos do hardware do computador, um número ilimitado de tipos de dados pode ser considerado. Um tipo de dado é um conceito abstrato, definido por um conjunto de propriedades lógicas. Assim que um tipo de dado abstrato é definido e as operações válidas envolvendo esse tipo são especificadas, podemos *implementar* esse tipo de dado (ou uma aproximação). Uma implementação pode ser uma *implementação de hardware*, na qual o circuito para efetuar as operações necessárias é elaborado e construído como parte de um computador; ou pode ser uma *implementação de software*, na qual um programa consistindo em instruções de hardware já existentes é criado para interpretar strings de bits na forma desejada e efetuar as operações necessárias. Dessa maneira, a implementação de software inclui uma especificação de como um objeto do novo tipo de dado é representado por objetos dos tipos de dados já existentes, além de uma especificação de como esse objeto será manipulado em conformidade com as operações definidas para ele. No restante deste livro, o termo "implementação" será usado no sentido de "implementação de software".

UM EXEMPLO

Ilustraremos esses conceitos com um exemplo. Vamos supor que o hardware de um computador contenha uma instrução:

MOVE (origem, dest, *compr*)

que copia uma string de caracteres de bytes com o tamanho representado por *compr* a partir de um endereço especificado por *origem* para um endereço especificado por *dest*. (Apresentamos instruções do hardware com letras maiúsculas. O tamanho deve ser especificado por um inteiro e, por essa razão, nós o indicamos com letras minúsculas. *origem* e *dest* podem ser especificados por identificadores que representam posições de armazenamento.) Um exemplo dessa instrução é MOVE($a,b,3$), que copia os três bytes começando na posição a para os três bytes começando na posição b.

Observe os papéis distintos desempenhados pelos identificadores a e b nessa operação. O primeiro operando da instrução MOVE é o conteúdo da posição especificada pelo identificador a. O segundo operando, entretanto, não é o conteúdo da posição b, uma vez que esse conteúdo é irrelevante para a execução da instrução. Em substituição, a própria posição é o operando porque ela especifica o destino da string de caracteres. Embora um identificador sempre represente uma posição, é comum o uso de um identificador como referência ao conteúdo dessa posição. Sempre ficará evidente pelo contexto se um identificador está referenciando uma posição ou seu conteúdo. O identificador que aparece como primeiro operando de uma instrução MOVE refere-se ao conteúdo de memória, enquanto o identificador que aparece como segundo operando indica uma posição.

Além disso, partimos da premissa de que o hardware do computador contém as usuais instruções aritméticas e de desvio, que indicamos usando a notação ao estilo C. Por exemplo, a instrução:

$z = x + y$;

interpreta o conteúdo dos bytes nas posições x e y como inteiros binários, soma-os e insere a representação binária de sua soma no byte na posição z. (Não operamos sobre inteiros maiores que um byte e ignoramos a possibilidade de sobrecarga.) Nesse caso, mais uma vez x e y são usados como referências a conteúdos de memória, enquanto z é usado como referência a uma posição de memória, mas a interpretação correta é evidenciada pelo contexto.

Ocasionalmente, é necessário acrescentar uma quantidade num endereço para obter outro endereço. Por exemplo, se a é uma posição na memória, é possível referenciar a posição quatro bytes à frente de a. Não podemos referir-nos a essa posição como a + 4, uma vez que essa notação é reservada ao conteúdo inteiro da posição a + 4. Sendo assim, introduzimos a notação $a[4]$ como uma referência a essa posição. Apresentamos também a notação $a[x]$ para referenciar o endereço dado pela soma do conteúdo dos inteiros binários do byte em x com o endereço a.

A instrução MOVE exige que o programador especifique o tamanho da string a ser copiada. Dessa forma, seu operador é uma string de caracteres de tamanho fixo (isto é, o tamanho da string deve ser conhecido). Uma string de tamanho fixo e um inteiro binário com tamanho em bytes podem ser considerados tipos de dados nativos dessa máquina particular.

Vamos supor que precisemos implementar strings de caracteres de tamanhos variáveis nessa máquina. Ou seja, permitiremos que os programadores usem uma instrução:

MOVEVAR(origem, dest)

para deslocar uma string de caracteres da posição especificada por *origem* para a posição representada por *dest*, sem precisar determinar qualquer tamanho.

Para implementar esse novo tipo de dado, devemos primeiro determinar como ele será representado na memória da máquina e, em seguida, indicar como essa representação será manipulada. Evidentemente, é necessário conhecer a quantidade de bytes que deve ser deslocada para executar essa instrução. Como a operação MOVEVAR não especifica esse número, ele precisa estar contido dentro da representação da própria string de caracteres. Uma string de caracteres de tamanho variável, com o tamanho l, pode ser representada por um conjunto contíguo de $l + 1$ bytes ($l < 256$). O primeiro byte contém a representação binária do tamanho l e os bytes restantes contêm a representação dos caracteres na string. As representações de três strings como essas aparecem ilustradas na Figura 1.1.2. (Observe que os dígitos 5 e 9 nessa figura não substituem os padrões de bits que representam os caracteres '5' e '9', mas os padrões 00000101 e 00001001 [presumindo-se oito bits para um byte], que representam os inteiros cinco e nove. De modo semelhante, o 14 na Figura 1.1.2c substitui o padrão de bits 00001110. Note também que esta representação é muito diferente do modo como as strings de caracteres são realmente implementadas em C.)

O programa para implementar a operação de MOVEVAR pode ser escrito como segue (i é uma posição de memória auxiliar):

```
MOVE(origem, dest, 1);
for (i=1; i < dest; i++)
   MOVE(origem[i], dest[i], 1);
```

De maneira semelhante, podemos implementar uma operação CONCATVAR($c1$, $c2$, $c3$) para concatenar duas strings de caracteres de tamanho variável nas posições $c1$ e $c2$, e colocar o resultado em $c3$. A Figura 1.1.2c ilustra a concatenação das duas strings das Figuras 1.1.2a e b:

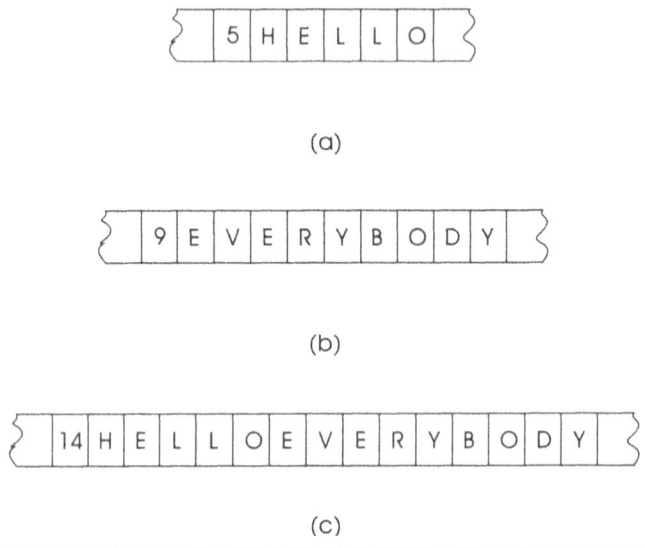

Figura 1.1.2 Strings de caracteres de tamanho variável.

```
/*      move o comprimento      */
z = c1 + c2;
MOVE(z, c3, 1);
/*  move a primeira string    */
for (i = 1; i <= c1; MOVE(c1[i], c3[i], 1);
/*  move a segunda string    */
for (i = 1; i <= c2) {
   x = c1 + i;
   MOVE(c2[i], c3[x], 1);
} /* fim for */
```

Entretanto, uma vez que a operação de MOVEVAR esteja definida, CONCATVAR pode ser implementada, usando MOVEVAR, como segue:

```
MOVEVAR(c2, c3[c1]);   /*       move a segunda string       */
MOVEVAR(c1, c3);       /*       move a primeira string      */
z = c1 + c2;           /* atualiza o tamanho do resultado */
MOVE(z, c3, 1);
```

A Figura 1.1.3 ilustra as fases dessa operação sobre as strings da Figura 1.1.2. Embora esta última versão seja mais curta, na verdade ela não é mais eficiente, porque todas as instruções usadas na implementação de MOVEVAR são executadas cada vez que MOVEVAR é usada.

A instrução $z = c1 + c2$ em ambos os algoritmos anteriores é de particular interesse. A instrução de adição opera independentemente do uso de seus operandos (nesse caso, partes das strings de caracteres de tamanho variável). A instrução é elaborada para tratar seus operandos como inteiros de byte único, a despeito de qualquer outro uso que o programador determine para eles. De modo semelhante, a referência a *c3[c1]* é para a posição cujo endereço é dado pela soma do conteúdo do byte na posição *c1* com o endereço *c3*. Sendo assim, o byte em *c1* é considerado armazenando um inteiro binário, embora ele seja também o início de uma string de caracteres de tamanho variável. Isso ilustra o fato de que um tipo de dado é um método de tratar o conteúdo de memória e que esse conteúdo não tem um valor intrínseco.

Observe que essa representação de strings de caracteres de tamanho variável permite somente strings cujo tamanho seja menor ou igual ao maior inteiro binário que caiba num único byte. Se um byte tem oito bits, isso significa que a maior string terá 255 (ou seja, 2^{8-1}) caracteres. Para permitir strings mais extensas, deve-se escolher uma representação diferente e criar um novo conjunto de programas. Se usarmos essa representação de strings de caracteres de tamanho variável, a operação de concatenação será inválida se a string resultante tiver mais de 255 caracteres. Como o resultado de uma operação como essa é indefinido, uma ampla variedade de ações pode ser implementada caso essa operação seja experimentada. Uma possibilidade é usar somente os 255 primeiros caracteres do resultado. Outra possibilidade é ignorar totalmente a operação e não deslocar nada para o campo do resultado. Existe também a opção de imprimir uma mensagem de advertência ou de pressupor que o usuário queira chegar a qualquer resultado que o implementador determinar.

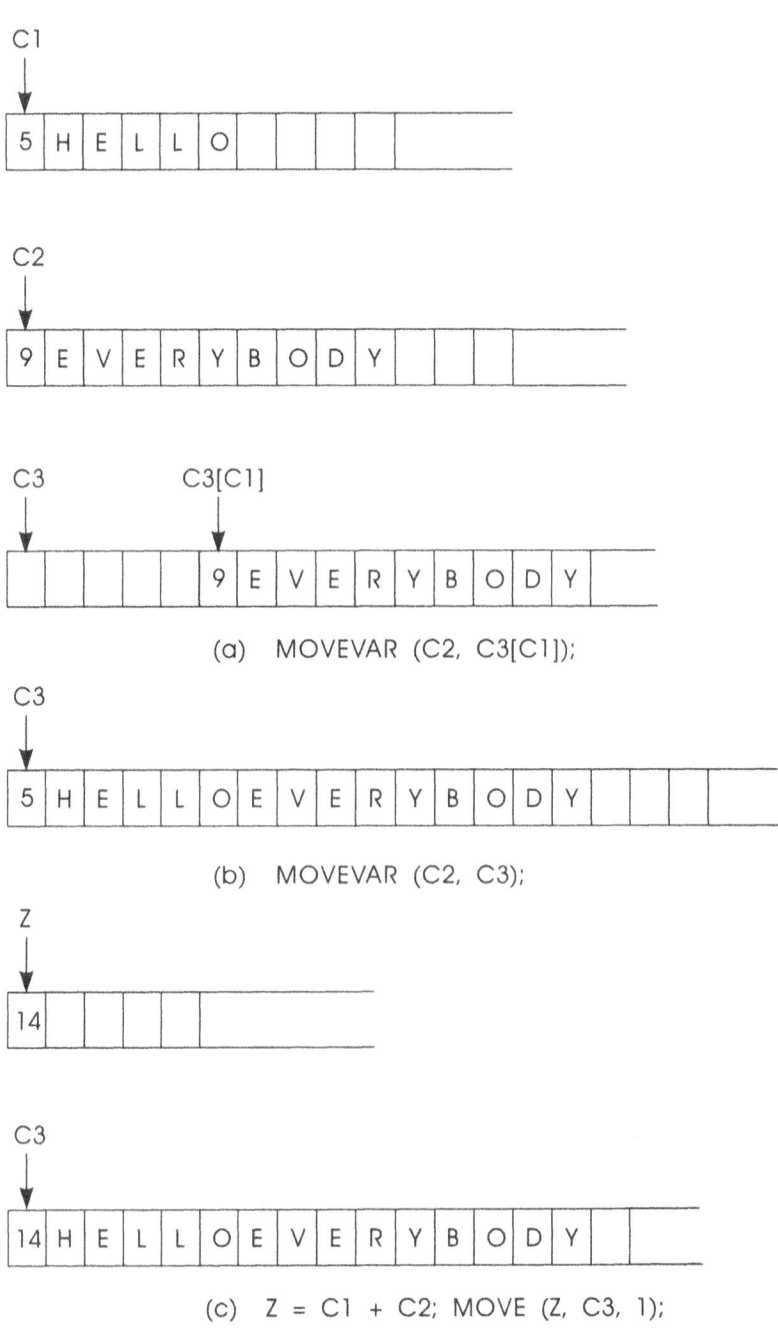

Figura 1.1.3 As operações de CONCATVAR.

Na verdade, a linguagem C usa uma implementação totalmente diferente de strings de caracteres, que evita esta limitação sobre o tamanho da string. Em C, todas as strings terminam com um caractere especial, '\0'. Este caractere, que nunca aparece dentro de uma string, é automaticamente introduzido pelo compilador no final de cada string. Como o tamanho da string não é conhecido antecipadamente, todas as operações de strings devem proceder de um caractere por vez até que '\0' seja encontrado.

O programa para implementar a operação de MOVEVAR, sob esta implementação, pode ser escrito assim:

```
i = 0;
while (source[i] != '\0')   {
   MOVE(source[i], dest[i], 1);
   i++;
}
dest[i] = '\0';
/* encerra a string de destino com '\0' */
```

Para implementar a operação de concatenação, CONCATVAR(*c1,c2,c3*), podemos escrever:

```
i = 0;
/* move a primeira string */
while (c1[i] != '\0')   {
   MOVE(c1[i], c3[i], 1);
   i++;
}
/* move a segunda string */
j = 0;
while (c2[j] != '\0')
   MOVE(c2[j++], c3[i++], 1);
/* encerra a string de destino com um \0 */
c3[i] = '\0';
```

Uma desvantagem da implementação de strings de caracteres de C é que o tamanho de uma string de caracteres não está prontamente disponível sem avançar na string um caractere por vez até encontrar um '\0'. Isto é mais do que compensado pela vantagem de não haver um limite arbitrário imposto sobre o tamanho da string.

Assim que for definida uma representação para objetos de determinado tipo de dado e forem escritas as rotinas para operar sobre esta representação, o programador poderá usar este tipo de dado para solucionar problemas. O hardware original da máquina mais os programas para implementar tipos de dados mais complexos do que os fornecidos pelo hardware podem ser considerados uma máquina "melhor" do que a que consiste no hardware isoladamente. O programador da máquina original não precisa preocupar-se com o modo como o computador é projetado e com o circuito usado para executar cada instrução. O programador só precisa conhecer as instruções disponíveis e como essas instruções podem ser usadas. De modo semelhante, o programador que usar a máquina "estendida" (consistindo em hardware e software), ou o "computador virtual", como citado ocasionalmente, não precisará preocupar-se com os detalhes da implementação dos diversos tipos de dados. Tudo o que o programador precisa saber é como eles podem ser manipulados.

TIPOS DE DADOS ABSTRATOS

Uma ferramenta útil para especificar as propriedades lógicas de um tipo de dado é o ***tipo de dado abstrato***, ou ***TDA***. Fundamentalmente, um tipo de dado significa um conjunto de valores e uma seqüência de operações sobre estes valores. Este conjunto e estas operações formam uma construção matemática que pode ser implementada usando determinada estrutura de dados do hardware ou do software. A expressão "tipo de dado abstrato" refere-se ao conceito matemático básico que define o tipo de dado.

Ao definir um tipo de dado abstrato como um conceito matemático, não nos preocupamos com a eficiência de tempo e espaço. Estas são questões de implementação. Na realidade, a definição de um TDA não se relaciona com nenhum detalhe da implementação. É possível até que não se consiga implementar determinado TDA num determinado hardware ou usando determinado sistema de software. Por exemplo, já constatamos que o TDA *inteiro* não é universalmente implementado. Apesar disso, especificando-se as propriedades matemáticas e lógicas de um tipo de dado ou estrutura, o TDA será uma diretriz útil para implementadores e uma ferramenta de apoio para os programadores que queiram usar o tipo de dado corretamente.

Existem vários métodos para especificar um TDA. O método que usamos é semiformal e faz uso intensivo da notação de C, mas estende esta notação onde necessário. Para ilustrar o conceito de um TDA e nosso método de especificação, examine o TDA *RACIONAL*, que corresponde ao conceito matemático de um número racional. Um número racional é o que pode ser expresso como o quociente de dois inteiros. As operações sobre números racionais que definimos são a criação de um número racional a partir de dois inteiros, a adição, a multiplicação e o teste de igualdade. Veja a seguir uma especificação inicial deste TDA:

```
    /*definicao de valor*/
abstract typedef <integer, integer> RATIONAL;
condition  RATIONAL[1] <> 0;

    /*definicao de operador*/
abstract RATIONAL makerational(a,b)
int a,b;
precondition b<>0;
postcondition makerational[0] == a;
          makerational[1] == b;

abstract RATIONAL add(a,b)                /* written a + b */
RATIONAL a,b;
postcondition add[1] == a[1] * b[1];
          add[0] == a[0] * b[1] + b[0] * a[1];

abstract RATIONAL mult(a,b)               /* written   a*b */
RATIONAL a,b;
postcondition mult[0] == a[0] * b[0];
          mult[1] == a[1] * b[1];

abstract equal(a,b)                       /* written a==b */
RATIONAL a,b;
postcondition equal == (a[0]*b[1] == b[0]*a[1]);
```

Um TDA consiste em duas partes: a definição de valores e a definição de operadores. A definição dos valores determina o conjunto de valores para o TDA e consiste em duas partes: uma cláusula de definição e uma cláusula de condição. Por exemplo, a definição de valor para o TDA *RACIONAL* declara que o valor de *RACIONAL* consiste em dois inteiros, sendo o segundo deles diferente de 0. Evidentemente, os dois inteiros que formam um número racional são o numerador e o denominador. Usamos notação de vetor (colchetes) para indicar as partes de um tipo abstrato.

As palavras-chave **abstract typedef** introduzem uma definição de valor, e a palavra-chave **condition** é usada para especificar quaisquer condições (ou critérios) impostas sobre o tipo recém-definido. Nesta definição, a condição especifica que o denominador não pode ser 0. A cláusula da definição é necessária, mas a cláusula da condição pode não ser necessária para todo TDA.

Imediatamente depois da definição do valor, vem a definição dos operadores. Cada operador é definido como uma função abstrata com três partes: um cabeçalho, as pré-condições opcionais e as pós-condições. Por exemplo, a definição do operador do TDA *RACIONAL* inclui as operações de criação (*makerational*), adição (*add*) e multiplicação (*mult*), além de um teste de igualdade (*equal*). Examinemos primeiro a especificação para multiplicação, por ser a mais simples. Ela contém um cabeçalho e pós-condições, mas nenhuma pré-condição:

```
abstract RATIONAL mult(a,b)                 /* written a*b */
RATIONAL a,b;
postcondition mult[0] == a[0]*b[0];
              mult[1] == a[1]*b[1];
```

O cabeçalho desta definição são as duas primeiras linhas, parecido com um cabeçalho de função de C. A palavra-chave **abstract** indica que esta não é uma função de C, mas uma definição de operador de TDA. O comentário iniciando com a nova palavra-chave **written** indica uma forma alternativa de escrever a função.

A pós-condição especifica o que a operação faz. Numa pós-condição, o nome da função (neste caso, *mult*) é usado para indicar o resultado da operação. Sendo assim, *mult*[0] representa o numerador do resultado, e *mult*[1], o denominador do resultado. Ou seja, ele especifica quais condições serão verdadeiras depois da execução da operação. Neste exemplo, a pós-condição especifica que o numerador do resultado de uma multiplicação racional equivale ao produto inteiro dos numeradores dos dois elementos e que o denominador é igual aos produtos inteiros dos dois denominadores.

A especificação para a adição (*add*) é simples e especifica que:

$$\frac{ao}{a1} + \frac{b0}{b1} = \frac{a0*b1 + a1*b0}{a1*b1}$$

A operação de criação (*makerational*) cria um número racional a partir de dois inteiros e contém o primeiro exemplo de uma pré-condição. Em geral, as pré-condições especificam as restrições que devem ser atendidas antes da aplicação da operação. Neste exemplo, a pré-condição declara que *makerational* não poderá ser aplicada se seu segundo parâmetro for 0.

A especificação para a igualdade (*equal*) é mais significativa e mais complexa em termos de conceito. Em geral, quaisquer dois valores num TDA são "iguais" se e somente se os valores de seus componentes forem iguais. Na realidade, geralmente se presume que uma operação de igualdade (e de desigualdade) existe e é definida dessa maneira, portanto não se faz necessário nenhum operador explícito de igualdade. A operação de atribuição (definindo o valor de um objeto com o valor de outro) é mais um exemplo de uma operação freqüentemente pressuposta para um TDA que não é especificada explicitamente.

Entretanto, para alguns tipos de dados, dois valores com componentes desiguais podem ser considerados iguais. Na verdade, este é o caso dos números racionais; por exemplo, os números racionais 1/2, 2/4, 3/6 e 18/36 são todos iguais, a despeito da desigualdade de seus componentes. Dois números racionais são considerados iguais se seus componentes forem iguais, quando os números forem reduzidos aos mínimos termos (ou seja, quando seus numeradores e denominadores forem ambos divididos por seu maior divisor comum). Uma maneira de testar a igualdade dos racionais é reduzir os dois números a seus mínimos termos e depois testar a igualdade dos numeradores e denominadores. Outra forma de testar a igualdade de racionais é verificar se os produtos cruzados (isto é, o numerador de um multiplicado pelo denominador do outro) são iguais. Este é o método que usamos ao especificar a operação de igualdade abstrata.

A especificação abstrata ilustra o papel de um TDA como uma definição puramente lógica de um novo tipo de dado. Como conjuntos de dois inteiros, dois pares ordenados serão desiguais se seus componentes não forem iguais; mas, como números racionais, eles podem ser iguais. É improvável que qualquer implementação de números racionais implementasse um teste de igualdade, formando realmente os produtos cruzados; eles poderiam ficar grandes demais para representar como inteiros de máquina. Muito provavelmente, uma implementação primeiro reduziria as entradas a seus mínimos termos e depois testaria a igualdade dos componentes. Na verdade, uma implementação razoável insistiria em que *makerational*, *add* e *mult* só produzissem números racionais em seus mínimos termos. Entretanto, definições matemáticas como especificações de tipo de dado abstrato não precisam ater-se a detalhes da implementação.

Na verdade, a percepção de que dois racionais podem ser iguais, mesmo se desiguais em nível de componentes, obriga-nos a reescrever as pós-condições de *makerational*, *add* e *mult*. Ou seja, se:

$$\frac{m0}{m1} == \frac{ao}{a1}*\frac{bo}{b1}$$

não será necessário que $m0$ seja igual a $a0 * b0$ e $m1$ seja igual a $a1 * b1$, somente que $m0 * a1 * b1$ sejam iguais a $m1 * a0 * b0$. Veja a seguir uma especificação de TDA mais exata para RATIONAL:

```
/*definicao do valor*/
abstract typedef<int, int> RATIONAL;
condition RATIONAL[1] <> 0;

/*definicao do operador*/
abstract equal(a,b)                     /* written a == b*/
RATIONAL a,b;
postcondition equal == (a[0]*b[1] == b[0]*a[1]);

abstract RATIONAL makerational(a,b)     /* written [a,b]*/
int a,b;
precondition b <> 0;
postcondition makerational[0]*b == a*makerational[1]
abstract RATIONAL add(a,b)              /* written a + b*/
RATIONAL a,b;
postcondition add == (a[0] * b[1] + b[0] * a[1]), a[1]*b[1]]

abstract RATIONAL mult(a,b)             /* written a * b */
RATIONAL a,b;
postcondition mult == [a[0] * b[0], a[1] * b[1] ]
```

Neste caso, o operador *equal* é definido primeiro, e o operador == é estendido para a igualdade de racionais, usando a cláusula **written**. Este operador é usado em seguida para especificar os resultados de operações racionais subseqüentes (*add* e *mult*).

O resultado da operação de *makerational* sobre os inteiros a e b produz um racional que equivale a a/b, mas a definição não especifica os verdadeiros valores do numerador e denominador resultantes. A especificação para *makerational* introduz também a notação [*a,b*] para o racional formado a partir dos inteiros a e b, e esta notação é usada, em seguida, ao definir *add* e *mult*.

As definições de *add* e *mult* especificam que seus resultados equivalem aos resultados não-reduzidos da operação correspondente, mas os componentes individuais não são necessariamente iguais.

Observe mais uma vez que, ao definir esses operadores, não estamos especificando como eles devem ser computados, somente qual deve ser seu resultado. O modo como eles são computados é determinado por sua implementação, não por sua especificação.

SEQÜÊNCIAS COMO DEFINIÇÕES DE VALORES

Ao desenvolver as especificações para vários tipos de dados, usamos freqüentemente a notação da teoria dos conjuntos para especificar os valores de um TDA. Em particular, é útil usar a notação de seqüências matemáticas que apresentamos agora.

Uma **seqüência** é apenas um conjunto ordenado de elementos. Ocasionalmente, uma seqüência S é escrita como a enumeração de seus elementos, como em:

$S = <s_0, s_1,..., s_{n-1}>$

Se S contém n elementos, diz-se que S é de tamanho n. Pressupomos a existência de uma função de tamanho, *len*, de modo que $len(S)$ seja o tamanho da seqüência S. Presumimos também a existência das funções *first*(S), que retorna o valor do primeiro elemento de S (s_0, no exemplo anterior), e *last*(S), que retorna o valor do último elemento de S (s_{n-1}, no exemplo anterior). Existe uma seqüência especial de tamanho 0, chamada *nilseq*, que não contém elementos. *first*(*nilseq*) e *last*(*nilseq*) são indefinidas.

Queremos definir um TDA, *stp*1, cujos valores são seqüências de elementos. Se as seqüências podem ser de tamanho arbitrário e consistem em elementos de mesmo tipo, *tp*, então *stp*1 pode ser definido por:

abstract typedef <<tp>> stp1;

Como alternativa, queremos também definir um TDA *stp*2, cujos valores são seqüências de tamanho fixo e cujos elementos são de tipos especificados. Nesse caso, especificaríamos a definição:

abstract typedef <tp0, tp1, tp2, ..., tpn>> stp2;

Evidentemente, podemos também especificar uma seqüência de tamanho fixo, cujos elementos sejam do mesmo tipo. Poderíamos escrever então:

abstract typedef <<tp,n>> **stp3**;

Nesse caso, *stp3* representa uma seqüência de tamanho n, cujos elementos são do tipo *tp*.

Por exemplo, usando a notação anterior, poderíamos definir os seguintes tipos:

```
abstract typedef <<int>> intseq;
                        /* sequencia de inteiros de  */
                        /*     qualquer tamanho      */
abstract typedef <integer, char, float> seq3;
                        /*   sequencia de tam 3      */
                        /* consistindo em um inteiro,*/
                        /*   um caractere e um numero */
                        /*   de ponto flutuante      */

abstract typedef <<int,10>> intseq;
                        /*sequencia de 10 inteiros   */

abstract typedef <<,2>> pair;
                        /* sequencia arbitraria de   */
                        /*        tamanho 2          */
```

Duas seqüências são *iguais* quando cada elemento da primeira é igual ao elemento correspondente da segunda. Uma **subseqüência** é uma parte contígua de uma seqüência. Se S é uma seqüência, a função $sub(S,i,j)$ refere-se à subseqüência de S começando na posição i em S e consistindo em j elementos consecutivos. Sendo assim, se T é igual a $sub(S,i,k)$, e T é a seqüência <$t_0, t_1,...,t_{k-1}$>, $t_0 = s_i$, $t_1 = s_i + 1,..., t_{k-1} = s_{i+k-1}$. Se i não está entre 0 e $len(S) - k$, então $sub(S,i,k)$ é definida como *nilseq*.

A concatenação de duas seqüências, escritas $S + T$, é a seqüência consistindo em todos os elementos de S seguidos por todos os elementos de T. Ocasionalmente, precisamos especificar a inserção de um elemento no meio de uma seqüência. $place(S,i,x)$ é definida como a seqüência S com o elemento x inserido imediatamente depois da posição i (ou no primeiro elemento da seqüência, se i for -1). Todos os elementos subseqüentes serão deslocados em uma posição. Ou seja, $place(S,i,x)$ equivale a $sub(S,0,i) + <x> + sub(S,i + 1, len(S) - i - 1)$.

A eliminação de um elemento de uma seqüência pode ser especificada de duas maneiras. Se x é um elemento da seqüência S, S - $<x>$ representa a seqüência S menos todas as ocorrências do elemento x. A seqüência *delete* equivale a S com o elemento na posição i eliminado. *delete* (S,i) pode ser também escrita em termos de outras operações, como $sub(S,0,i) + sub(S,i + 1, len(S) - i)$.

UM TDA PARA STRINGS DE CARACTERES DE TAMANHO VARIÁVEL

Como ilustração do uso de notação de seqüências ao definir um TDA, desenvolvemos uma especificação de TDA para a string de caracteres de tamanho variável. Existem quatro operações básicas (além de igualdade e atribuição) geralmente incluídas em sistemas que suportam tais strings:

length	uma função que retorna o atual tamanho da string
concat	uma função que retorna a concatenação de suas duas strings de entrada
substr	uma função que retorna uma substring de um determinada string
pos	uma função que retorna a primeira posição de uma string como uma substring de outra

```
abstract typedef <<char>> STRING;

abstract length(s)
STRING s;
postcondition length == len(s);

abstract STRING concat(s1,s2)
STRING s1, s2;
postcondition concat == s1 + s2;

abstract STRING substr(s1,i,j)
STRING s1;
int i,j;
precondition  0 <= i < len(s1);
              0 <= j <= len(s1) - i;
postcondition substr == sub(s1,i,j);

abstract pos(s1,s2)
```

```
STRING s1,s2;
postcondition /*lastpos = len(s1) - len(s2) */
           ((pos == -1) && (for(i = 0;
                               i <= lastpos; i++)
                          (s2 <> sub(s1,i,len(s2))))) 
           ||
           (( pos >= 0) && (pos <= lastpos)
                    && (s2 == sub(str1,pos,len(s2))
                    && (for(i = 1; i < pos; i++)
                          (s2 <> sub(s1,i,len(s2))))));
```

A pós-condição para *pos* é complexa e introduz uma nova notação; portanto, nós a revisaremos aqui. Primeiro, observe o comentário inicial cujo conteúdo tem a forma de uma instrução de atribuição de C. Isso indica simplesmente que queremos definir o símbolo *lastpos* como representante do valor de *len*(s1) - *len*(s2), para uso dentro da pós-condição, para simplificar a apresentação da condição. Aqui, *lastpos* representa o valor máximo possível do resultado (isto é, a última posição de *s*1, onde uma substring pode iniciar uma substring cujo tamanho equivale ao de *s*2). *lastpos* é usada duas vezes dentro da própria pós-condição. A expressão mais extensa, *len*(s1) - *len*(s2), poderia ter sido usada em ambos os casos, mas preferimos usar um símbolo mais compacto (*lastpos*) a título de clareza.

A própria pós-condição declara que uma das duas condições deve vigorar. As duas condições, separadas pelo operador, são as seguintes:

1. O valor da função (*pos*) é -1, e *s*2 não aparece como uma substring de *s*1.

2. O valor da função está entre 0 e *lastpos*, *s*2 realmente aparece como uma substring de *s*1 começando na posição do valor da função, e *s*2 não aparece como uma substring de *s*1 em nenhuma posição anterior.

Observe o uso de um loop de pseudo-*for* numa condição. A condição:

```
for (i = x; i <= y; i++)
    (condition(i))
```

é verdadeira, se *condition*(i) for verdadeira para todo i de x a y inclusive. Ela também será verdadeira, se $x > y$. Caso contrário, a condição de *for* inteira será falsa.

TIPOS DE DADOS EM C

A linguagem C contém quatro tipos básicos de dados: *int, float, char* e *double*. Na maioria dos computadores, esses quatro tipos são nativos no hardware da máquina. Já vimos como os inteiros, os reais e os caracteres podem ser implementados no hardware. Uma variável *double* é um número de ponto flutuante de dupla precisão. Existem três qualificadores que podem ser aplicados aos *ints*: *short, long* e *unsigned*. Uma variável de inteiro *short* ou *long* refere-se ao tamanho máximo do valor da variável. Os verdadeiros tamanhos máximos implicados por *short int, long int* ou *int* variam de uma máquina para outra. Um inteiro *unsigned* é um sempre inteiro positivo, que segue as leis aritméticas do módulo 2^n, onde n é o número de bits num inteiro.

Uma declaração de variável em C especifica dois itens. Primeiro, a quantidade de armazenamento que deve ser reservada para os objetos declarados com esse tipo. Por exemplo, uma variável do tipo *int* precisa ter espaço suficiente para armazenar o maior valor inteiro possível. Segundo, ela especifica como os dados representados por strings de bits devem ser interpretados. Os mesmos bits numa posição específica de armazenamento podem ser interpretados como um inteiro ou um número de ponto flutuante, resultando em dois valores numéricos totalmente diferentes.

Uma declaração de variável especifica que deve ser reservado armazenamento para um objeto do tipo especificado e que o objeto nessa posição de armazenamento pode ser referenciado com o identificador de variável especificado.

PONTEIROS EM C

Na realidade, C permite que o programador referencie a posição de objetos bem como os próprios objetos (isto é, o conteúdo de suas posições). Por exemplo, se *x* for declarado como um inteiro, &*x* se referirá à posição reservada para conter *x*. &*x* é chamado **ponteiro**.

É possível declarar uma variável cujo tipo de dado seja um ponteiro e cujos possíveis valores sejam posições de memória. Por exemplo, as declarações:

```
int *pi;
float *pf;
char *pc;
```

declara três variáveis ponteiro: *pi* é um ponteiro para um inteiro, *pf* é um ponteiro para um número de ponto flutuante e *pc* é um ponteiro para um caractere. O asterisco indica que os valores das variáveis sendo declaradas são ponteiros para valores do tipo especificado na declaração, em vez de objetos desse tipo.

Sob vários aspectos, um ponteiro é como qualquer outro tipo de dado em C. O valor de um ponteiro é uma posição de memória da mesma forma que o valor de um inteiro é um número. Os valores dos ponteiros podem ser atribuídos como quaisquer outros valores. Por exemplo, a declaração *pi* = &*x* atribui um ponteiro para o inteiro *x* à variável ponteiro *pi*.

A notação *pi em C refere-se ao inteiro na posição referenciada pelo ponteiro *pi*. A declaração *x* = *pi atribui o valor deste inteiro à variável inteira *x*.

Observe que C insiste em que uma declaração de um ponteiro especifique o tipo de dado para o qual o ponteiro aponta. Nas declarações anteriores, cada uma das variáveis *pi*, *pf* e *pc* são ponteiros para tipos de dados específicos: *int*, *float* e *char*, respectivamente. O tipo de *pi* não é simplesmente um "ponteiro", mas um "ponteiro para um inteiro". Na verdade, os tipos de *pi* e *pf* são diferentes: *pi* é um ponteiro para um inteiro e *pf* é um ponteiro para um número de ponto flutuante. Cada tipo de dado *dt* em C gera outro tipo de dado, *pdt*, chamado "ponteiro para *dt*". Chamamos de *dt* o **tipo base** de *pdt*.

A conversão de *pf* do tipo "ponteiro para um número de ponto flutuante" para o tipo "ponteiro para um inteiro" pode ser feita escrevendo-se:

```
pi = (int *) pf;
```

onde o operador (***int** *) converte o valor de *pf* para o tipo "ponteiro para um ***int***" ou "***int** *".

A importância da associação de cada ponteiro com determinado tipo base evidencia-se ao rever os recursos aritméticos que C oferece para os ponteiros. Se *pi* é um ponteiro para um inteiro, então *pi* + 1 é o ponteiro para o inteiro imediatamente seguinte ao inteiro *pi em memória, *pi* - 1 é o ponteiro para o inteiro imediatamente anterior a *pi, *pi* + 2 é o ponteiro para o segundo inteiro depois de *pi, e assim por diante. Por exemplo, suponha que determinada máquina use endereçamento de bytes, que um inteiro exija quatro bytes e que o valor de *pi* seja 100 (isto é, pi aponta para o inteiro **pi* na posição 100). Sendo assim, o valor de *pi* - 1 é 96, o valor de *pi* +1 é 104 e o valor de *pi* + 2 é 108. O valor de **(pi* - 1) é o conteúdo dos quatro bytes, 96, 97, 98 e 99, interpretado como um inteiro; o valor de **(pi* + 1) é o conteúdo dos bytes 104, 105, 106 e 107, interpretado como um inteiro; e o valor de **(pi* + 2) é o inteiro nos bytes 108, 109, 110 e 111.

De modo semelhante, se o valor da variável *pc* é 100 (lembre-se de que *pc* é um ponteiro para um caractere) e um caractere tem um byte, *pc* - 1 refere-se à posição 99, *pc* + 1 à posição 101 e *pc* + 2 à posição 102. Assim, o resultado da aritmética de ponteiros em C depende do tipo base do ponteiro.

Observe também a diferença entre **pi* + 1, que se refere a 1 somado ao inteiro **pi*, e **(pi* + 1), que se refere ao inteiro posterior ao inteiro na posição pi.

Uma área na qual os ponteiros de C desempenham um notável papel é na passagem de parâmetros para funções. Normalmente, os parâmetros são passados para uma função em C *por valor,* isto é, os valores sendo passados são copiados nos parâmetros da função chamada no momento em que a função for chamada. Se o valor de um parâmetro for alterado dentro da função, o valor no programa de chamada não será modificado. Por exemplo, examine o seguinte segmento de programa e função (os números de linhas são usados somente a título de referência):

```
1    x = 5;
2    printf("%d\n", x);
3    funct(x);
4    printf("%d\n", x);
        . . .
5    funct(y)
6    int y;
7    {
8       ++y;
9       printf("%d\n", y);
10   }  /* end funct */
```

A linha 2 imprime 5 e, em seguida, a linha 3 chama *funct*. O valor de *x*, que é 5, é copiado em *y* e *funct* começa a execução. A linha 9 imprime 6 e *funct* retorna. Entretanto, quando a linha 8 incrementa o valor de *y*, o valor de *x* permanece inalterado. Dessa forma, a linha 4 imprime 5. *x* e *y* referem-se a duas variáveis diferentes que têm o mesmo valor no início de *funct*. *y* pode mudar independentemente de *x*.

Se quisermos usar *funct* para modificar o valor de *x*, precisaremos passar o endereço de *x* como segue:

```
1    x = 5
2    printf("%d\n", x);
3    funct(&x);
4    printf("%d\n", x);
       ...
5    funct(py)
6    int *py;
7    {
8        ++(*py);
9        printf("%d\n", *py);
10   }  /* end funct */
```

A linha 2 imprime novamente 5, e a linha 3 chama *funct*. Entretanto, o valor passado agora não é o valor inteiro de *x*, mas o valor do ponteiro &*x*. Esse é o endereço de *x*. O parâmetro de *funct* não é mais *y* de tipo *int*, mas *py* de tipo **int** *. (É conveniente nomear as variáveis de ponteiro começando com a letra *p* para lembrar ao programador e ao leitor do programa que ela é um ponteiro. Entretanto, isso não é uma exigência da linguagem C e poderíamos ter chamado de *y* o parâmetro do tipo ponteiro.) Agora, a linha 8 incrementa o inteiro na posição *py*. Contudo, em si mesmo, *py* não é alterado e mantém seu valor inicial, &*x*. Dessa forma, *py* aponta para o inteiro *x*, de modo que, quando **py* for incrementado, *x* será incrementado. A linha 9 imprime 6 e, quando *funct* retorna, a linha 4 imprime 6 também. Os ponteiros representam o mecanismo usado em C para permitir que uma função chamada modifique variáveis numa função de chamada (ou chamadora).

ESTRUTURAS DE DADOS EM C

Um programador C pode imaginar a linguagem C como definindo uma nova máquina, com capacidades, tipos de dados e operações exclusivas. O usuário pode declarar a solução de um problema em termos de construções mais úteis de C do que em termos de construções de linguagem de máquina de baixo nível. Assim, os problemas podem ser solucionados mais facilmente porque existe um conjunto mais abrangente de ferramentas.

Por sua vez, o estudo das estruturas de dados envolve duas metas complementares. A primeira meta é identificar e desenvolver entidades e operações matemáticas úteis e determinar que classes de problemas podem ser solucionadas, usando essas entidades e operações. A segunda meta é determinar representações para essas entidades abstratas e implementar as operações abstratas sobre essas representações concretas. A primeira meta vislumbra um tipo de dado de alto nível como uma ferramenta que pode ser usada para solucionar outros problemas, e a segunda meta percebe a implementação de tal tipo de dado como um problema a ser resolvido usando os tipos de dados já existentes. Ao determinar representações para entidades abstratas, precisamos ter o cuidado de especificar os recursos disponíveis para construir tais representações. Por exemplo, deve ser declarado se a linguagem C completa está disponível ou se estamos restritos aos recursos do hardware de determinada máquina.

Nas próximas duas seções deste capítulo, examinaremos várias estruturas de dados que já existem em C: o vetor e a estrutura. Descreveremos os recursos já disponíveis em C para a utilização desses recursos. Além disso, enfatizaremos as definições abstratas dessas estruturas de dados e como elas podem ajudar na solução de problemas. Por último, examinaremos como essas estruturas poderiam ser implementadas se C não estivesse disponível (embora um programador C possa simplesmente usar as estruturas de dados conforme definidas na linguagem, sem se preocupar com a maioria desses detalhes de implementação).

No restante deste livro, desenvolveremos estruturas de dados mais complexas e mostraremos sua utilidade na solução de problemas. Além disso, ensinaremos a implementar essas estruturas de dados usando as estruturas de dados já disponíveis em C. Como os problemas que surgem no decorrer da tentativa de implementar estruturas de dados de alto nível são muito complexos, isto nos permitirá também examinar a linguagem C mais profundamente para adquirir uma experiência valiosa no uso dessa linguagem.

Com freqüência, nenhuma implementação, nenhum hardware ou software pode modelar por completo um conceito matemático. Por exemplo, é impossível representar arbitrariamente grandes inteiros num computador porque o tamanho da memória de uma máquina é finito. Sendo assim, não é o tipo de dado "inteiro" que é representado pelo hardware, mas o tipo de dado "inteiro entre x e y", onde x e y são os menores e maiores inteiros representáveis por essa máquina.

É importante reconhecer as limitações de determinada implementação. Freqüentemente, será possível apresentar várias implementações do mesmo tipo de dado, cada uma com vantagens e desvantagens próprias. Talvez determinada implementação seja melhor que outra para uma aplicação específica, e o programador precisa conhecer os possíveis compromissos envolvidos.

Uma consideração importante em qualquer implementação é a sua eficiência. Na verdade, a razão pela qual as estruturas de dados de alto nível, que discutimos, não são construídas em C é a significativa sobrecarga que acarretariam. Existem linguagens de nível muito mais alto que C, que possuem vários desses tipos de dados já incorporados, mas muitas delas são ineficientes e, portanto, não amplamente usadas.

Em geral, a eficiência é determinada por dois fatores: tempo e espaço. Se determinada aplicação depender intensivamente da manipulação de estruturas de dados de alto nível, a velocidade na qual essas manipulações podem ser executadas será o principal determinante da velocidade da aplicação inteira. De modo semelhante, se um programa usar uma grande quantidades destas estruturas, uma implementação que utiliza uma quantidade excessiva de espaço para representar a estrutura de dados não será prática. Infelizmente, em geral existe um compromisso entre esses dois prismas de eficiência, de modo que uma implementação veloz usa mais armazenamento do que uma implementação lenta. A escolha da implementação nesse caso requer uma avaliação cuidadosa dos compromissos entre as várias possibilidades.

EXERCÍCIOS

1.1.1. No texto é feita uma analogia entre o tamanho de uma linha e o número de bits de informação numa string de bits. De que maneira essa analogia é inadequada?

1.1.2. Determine que tipos de dados de hardware estão disponíveis no computador de sua instalação e que operações podem ser executadas sobre eles.

1.1.3. Prove que existem 2^n definições diferentes para n chaves bivalentes. Suponha que queremos ter m definições. Quantas chaves seriam necessárias?

1.1.4. Interprete as seguintes definições de bits como inteiros positivos binários, como inteiros binários em complemento de dois, e como inteiros decimais codificados em binário. Se uma definição não puder ser interpretada como um inteiro decimal codificado em binário, explique por quê.

(a) 10011001
(b) 1001
(c) 000100010001
(d) 01110111
(e) 01010101
(f) 100000010101

1.1.5. Escreva funções em C, *add, subtract* e *multiply*, que leiam duas strings de 0s e 1s representando inteiros não-negativos binários, e imprima a string representando a soma, a diferença e o produto, respectivamente.

1.1.6. Imagine um computador ternário no qual a unidade básica de memória seja um "trit" (ternary digit) em vez de um bit. Esse trit pode ter três possíveis definições (0, 1 e 2) em vez de apenas duas (0 e 1). Mostre como os inteiros não-negativos podem ser representados em notação ternária usando esses trits com um método análogo à notação binária para bits. Existe algum inteiro não-negativo que pode ser representado usando notação ternária e trits, mas que não pode ser representado usando notação binária e bits? Existe algum que pode ser representado usando bits, mas que não pode ser representado usando trits? Por que os computadores binários são mais comuns do que os computadores ternários?

1.1.7. Escreva um programa C para ler uma string de 0s e 1s representando um inteiro positivo em notação binária e imprima uma string de 0s, 1s e 2s representando o mesmo número em notação ternária (veja o exercício anterior). Escreva outro programa C para ler um número ternário e imprimir o equivalente em notação binária.

1.1.8. Escreva uma especificação de TDA para os números complexos, $a + bi$, onde $abs(a + bi)$ é $sqrt(a^2 + b^2)$, $(a + bi) + (c + di)$ é $(a + c) + (b + d)i$, $(a + b) * (c + di)$ é $(a * c - b * d) + (a * d + b * c)i$ e $-(a + bi)$ é $(-a) + (-b)i$.

1.2. VETORES EM C

Nesta e na próxima seção, examinaremos várias estruturas de dados que representam uma parte inestimável da linguagem C. Veremos como usar essas estruturas e como elas podem ser implementadas. Essas estruturas são tipos de dados **compostos** ou ***estruturados***, ou seja, elas são formadas de estruturas de dados mais simples que existem na linguagem. O estudo dessas estruturas de dados envolve uma análise de como as estruturas simples se combinam de modo a formar a composição e como extrair um componente específico da composição. Esperamos que você já tenha visto essas estruturas de dados num curso introdutório de programação em C e saiba como elas são definidas e usadas em C. Portanto, nessas seções, não descreveremos os detalhes associados a tais estruturas; destacaremos apenas os recursos interessantes sob o ponto de vista da estrutura de dados.

O primeiro desses tipos de dados é o ***vetor***. A forma mais simples de vetor é um ***vetor unidimensional***, que pode ser definido abstratamente como um conjunto finito e ordenado de elementos homogêneos. Por "finito" entendemos que existe um número específico de elementos no vetor. Esse número pode ser grande ou pequeno, mas ele precisa existir. Por "ordenado" entendemos que os elementos do vetor são organizados de tal forma que exista um elemento zero, um primeiro elemento, um segundo, um terceiro e assim por diante. Por "homogêneo" entendemos que todos os elementos no vetor precisam ser do mesmo tipo. Por exemplo, um vetor pode conter inteiros ou caracteres, mas não ambos.

Entretanto, especificar a forma de uma estrutura de dados não descreve totalmente sua estrutura. Precisamos também especificar como a estrutura é acessada. Por exemplo, a declaração C:

```
int a[100];
```

especifica um vetor de 100 inteiros. As duas operações básicas que acessam um vetor são a ***extração*** e o ***armazenamento***. A operação de extração é uma função que aceita um vetor, a, e um índice, i, e retorna um elemento do vetor. Em C, o resultado dessa operação é indicado pela expressão $a[i]$. A operação de armazenamento aceita um vetor, a, um índice, i, e um elemento, x. Em C, esta operação é indicada pelo comando de atribuição $a[i] = x$. As operações são definidas pela norma que dita que, depois de a instrução de atribuição anterior ser executada, o valor de $a[i]$ é x. Antes da atribuição de um valor a um elemento do vetor, seu valor é indefinido e uma referência a ele numa expressão será inválida.

O menor elemento do índice de um vetor é chamado *limite mínimo* e, em C, é sempre 0, e o maior elemento é chamado *limite máximo*. Se *lower* é o limite mínimo de um vetor e *upper*, o limite máximo, o número de elementos no vetor, chamado *faixa*, é dado por *upper - lower* + 1. Por exemplo, no vetor a, declarado anteriormente, o limite mínimo é 0, o limite máximo é 99 e a faixa é 100.

Uma característica importante de um vetor em C é que nem o limite máximo nem o mínimo (e conseqüentemente a faixa também) podem ser alterados durante a execução de um programa. O limite mínimo é sempre fixado em 0, e o limite máximo é fixado quando o programa é escrito.

Uma técnica muito útil é declarar um limite como um identificador de constante a fim de que o trabalho necessário para modificar o tamanho de um vetor seja minimizado. Por exemplo, examine o seguinte segmento de programa para declarar e inicializar um vetor:

```
int a[100];
for (i = 0; i < 100; a[i++] = 0);
```

Para mudar o vetor para um tamanho maior (ou menor), a constante 100 deve ser alterada em dois locais: uma vez nas declarações e uma vez no comando *for*. Examine a seguinte alternativa equivalente:

```
#define NUMELTS 100
int a[NUMELTS];
for(i = 0; i < NUMELTS; a[i++] = 0);
```

Agora, só é necessária uma mudança na definição da constante para alterar o limite máximo.

O VETOR COMO UM TDA

Podemos representar um vetor como um tipo de dado abstrato com uma pequena extensão das convenções e notação discutidas anteriormente. Pressupomos a função *type(arg)*, que retorna o tipo de seu argumento, *arg*. Evidentemente, uma função como essa não pode existir em C porque C não pode determinar dinamicamente o tipo de uma variável. Entretanto, como não estamos preocupados com a implementação aqui, mas com a especificação, o uso de uma função como essa é permitido.

Deixemos que *ARRTYPE(ub, eltype)* indique o TDA correspondente ao tipo de vetor em C *eltype vetor[ub]*. Este é nosso primeiro exemplo de um TDA parametrizado, no qual o exato TDA é determinado pelos valores de um ou mais parâmetros. Nesse caso, *ub* e *eltype* são os parâmetros; observe que *eltype* é um indicador de tipo, não um valor. Agora, podemos visualizar qualquer vetor unidimensional como uma entidade do tipo *ARRTYPE*. Por exemplo, *ARRTYPE*(10, int) representaria o tipo do vetor *x* na declaração *int x* [10]. Podemos então visualizar qualquer vetor unidimensional como uma entidade do tipo *ARRTYPE*. Veja a seguir a especificação:

```
abstract typedef <<eltype, ub>> ARRTYPE(ub, eltype);
condition type(ub) == int;
abstract eltype extract(a,i)           /* written a[i]    */
ARRTYPE(ub, eltype) a;
int i;
precondition 0 <= i < ub;
postcondition extract == a_i
abstract store (a,1, elt)              /* written a[i] = elt */
ARRTYPE (ub, eltype) a;
int i;
eltype elt;
precondition 0 <= i < ub;
postcondition a[i] == elt;
```

A operação *store* é nosso primeiro exemplo de uma operação que modifica um de seus parâmetros; nesse caso, o vetor *a*. Isso é indicado na pós-condição, especificando-se o valor do elemento do vetor ao qual *elt* está sendo atribuído. A menos que um valor modificado seja especificado numa pós-condição, presumimos que todos os parâmetros mantêm o mesmo valor anterior, depois que a operação é aplicada numa pós-condição. Não é necessário especificar que tais valores permanecem inalterados. Sendo assim, nesse exemplo, todos os elementos do vetor, com exceção daquele ao qual *elt* é atribuído, mantêm os mesmos valores.

Observe que, assim que a operação *extract* é definida, juntamente com sua notação de colchetes, $a[i]$, a notação pode ser usada na pós-condição para a especificação da subseqüente operação de *store*. Entretanto, dentro da pós-condição de *extract*, deve ser usada uma notação de seqüência subscrita porque a própria notação de colchetes do vetor está sendo definida.

USANDO VETORES UNIDIMENSIONAIS

Um vetor unidimensional é usado quando necessário para manter uma grande quantidade de itens na memória e para referenciar todos os itens de uma maneira uniforme. Examinemos como essas duas exigências aplicam-se em situações práticas.

Suponha que precisemos ler 100 inteiros, encontrar sua média e determinar o quanto cada inteiro se desvia dessa média. O seguinte programa fará isto:

```
#define NUMELTS 100
aver( )
{
   int num[NUMELTS];           /* vetor de numeros     */
   int i;
   int total;                  /*   soma dos numeros   */
   float avg;                  /*   media dos numeros  */
   float diff;                 /* diferenca entre cada */
                               /* numero e a media     */
   total = 0;
   for (i = 0; i < NUMELTS; i ++)  {
      /*  le os numeros no vetor e os soma */
      scanf("%d", &num[i]);
      total += num[i];
   } /* fim for */
   avg = total / NUMELTS;         /* calcula a media     */
   printf("\ndiferença dos números");  /* imprime titulo */
            /* imprime cada numero e sua diferenca  */
   for (i = 0; i < NUMELTS; i ++) {
      diff = num[i] - avg;
```

```
        printf("\n %d %d", num[i], diff);
    } /* fim for */
    printf("\nA media, : %d", avg);
} /* fim aver */
```

Esse programa usa dois grupos de 100 números. O primeiro grupo é o conjunto de inteiros de entrada e é representado pelo vetor *num*; o segundo grupo é o conjunto de diferenças que são valores sucessivos atribuídos à variável *diff* na segunda repetição. Surge então a pergunta: por que usar um vetor para armazenar todos os valores do primeiro grupo simultaneamente, enquanto uma única variável é utilizada para guardar um valor do segundo grupo por vez?

A resposta é bem simples. Cada diferença é calculada, impressa e nunca é necessária novamente. Sendo assim, a variável *diff* pode ser utilizada para a diferença do próximo inteiro e a média. Entretanto, os inteiros originais, que são os valores do vetor *num*, precisam todos ser mantidos na memória. Embora cada um possa ser somado ao total quando entra, precisa ser mantido até que a média seja calculada para que o programa compute a diferença entre ele e a média. Para tanto, usa-se um vetor.

Evidentemente, poderiam ser usadas 100 variáveis separadas para armazenar os inteiros. Entretanto, a vantagem de um vetor é que ele permite que o programador declare somente um identificador e obtenha mesmo assim uma grande quantidade de espaço. Além disso, em conjunto com a repetição FOR, ele também permite que o programador referencie cada elemento do grupo de uma maneira uniforme em vez de obrigá-lo a codificar um comando como:

```
scanf("%d%d%d...%d", &num0, &num1, &num2,...,&num99);
```

Determinado elemento de um vetor pode ser recuperado por meio de seu índice. Por exemplo, suponha que uma empresa esteja usando um programa no qual um vetor seja declarado com:

```
int sales[10];
```

O vetor armazenará valores de vendas durante um período de dez anos. Suponha que cada linha inserida no programa contenha um inteiro de 0 a 9, representando um ano bem como um valor de vendas desse ano, e que se precise ler o valor de vendas no elemento apropriado do vetor. Isso pode ser feito executando o comando:

```
scanf("%d%d", &yr, &sales[yr]);
```

dentro de uma repetição. Nesse comando, determinado elemento do vetor é acessado diretamente, usando seu índice. Examine a situação se fossem declaradas dez variáveis, s0, s1, ..., s9. Mesmo depois de executar *scanf("%d"*, *&yr)* para definir *yr* com o inteiro representando o ano, o valor de vendas não poderia ser lido na variável apropriada sem codificar algo como:

```
switch(yr) {
   case  0: scanf("%d", &s0);
   case  1: scanf("%d", &s1);
         .
         .
         .
   case  9: scanf("%d", &s9);
} /* fim switch */
```

Isso é suficientemente terrível com dez elementos—imagine a inconveniência no caso de uma centena ou de mil elementos.

IMPLEMENTANDO VETORES UNIDIMENSIONAIS

Um vetor unidimensional pode ser facilmente implementado. A declaração C:

```
int b[100];
```

reserva 100 posições sucessivas de memória, cada uma suficientemente grande para conter um único inteiro. O endereço da primeira dessas posições é chamado **endereço base** do vetor *b* e é indicado por *base(b)*. Suponha que o tamanho de cada elemento individual do vetor seja *esize*. Então, uma referência ao elemento *b*[0] é para o elemento na posição *base(b)*, uma referência a *b*[1] é para o elemento em *base(b) + esize*, uma referência a *b*[2] é para o elemento *base(b) + 2 * esize*. Em geral, uma referência a *b*[*i*] é para o elemento na posição base(*b*) + *i* * *esize*. Sendo assim, é possível referenciar qualquer elemento no vetor, em função de seu índice.

Na realidade, na linguagem C uma variável vetor é implementada como uma variável ponteiro. O tipo da variável *b* na declaração anterior é "ponteiro para um inteiro" ou *int* *. Não aparece um asterisco na declaração porque os colchetes indicam automaticamente que a variável é um ponteiro. A diferença entre as declarações *int *b;* e *int b*[100]; é que a última reserva também 100 posições de inteiros começando na posição *b*. Em C, o valor da variável *b* é *base(b)*, e o valor da variável *b[i]*, onde *i* é um inteiro, é **(b + i)*. Na Seção 1 você verificou que, como *b* é um ponteiro para um inteiro, **(b + i)* é o valor do iésimo inteiro depois do inteiro na posição *b*. *b[i]*, o elemento na posição base(*b*) + *i* * *esize*, é equivalente ao elemento apontado por *b + i*, ou seja, **(b + i)*.

Em C, todos os elementos de um vetor têm tamanho fixo, predeterminado. Entretanto, algumas linguagens de programação permitem vetores de objetos de vários tamanhos. Por exemplo, uma linguagem poderia permitir vetores de strings de caracteres de tamanho variável. Nesses casos, o método anterior não pode ser usado para implementar o vetor. Isso acontece porque esse método de calcular o endereço de um elemento específico do vetor depende do conhecimento do tamanho fixado (*esize*) de cada elemento anterior. Se nem todos os elementos têm o mesmo tamanho, uma implementação diferente precisa ser usada.

Um método para implementar um vetor de elemento com tamanho variável é reservar um conjunto contíguo de posições de memória, cada uma das quais armazenando um endereço. O conteúdo de cada posição de memória é o endereço do elemento do vetor, de tamanho variável, em alguma outra parte da memória. Por exemplo, a Figura 1.2.1a ilustra um vetor de cinco strings de caracteres de tamanho variável, sob as duas implementações de inteiros de tamanho variável, apresentada na Seção 1.1. As setas no diagrama indicam endereços de outras partes da memória. O caractere 'b' indica um espaço em branco. (Entretanto, em C, uma string é, ela mesma, implementada como um vetor, de modo que um vetor de strings é, na verdade, um vetor de vetores — um vetor bidimensional em vez de um unidimensional.)

Como o tamanho de cada endereço é fixo, a posição do endereço de determinado elemento pode ser calculada do mesmo modo que a posição de um elemento de tamanho fixo foi computada nos exemplos anteriores. Assim que essa posição for conhecida, seu conteúdo poderá ser usado para determinar a posição do verdadeiro elemento do vetor. Evidentemente, isso acrescenta um nível adicional de acesso indireto para referenciar um elemento do vetor já que envolve uma referência extra de memória, o que, por sua vez, reduz a eficiência. Entretanto, é um preço baixo a pagar pela conveniência de manter um vetor como esse.

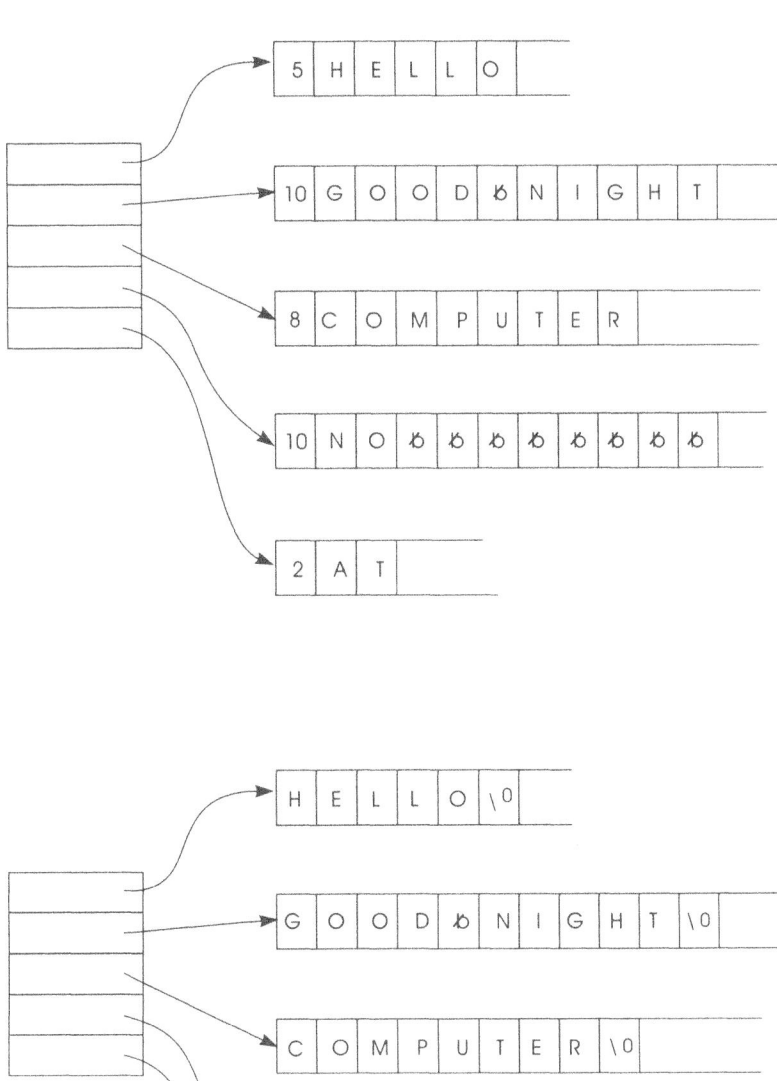

Figura 1.2.1 Implementações de um vetor de strings de tamanho variável.

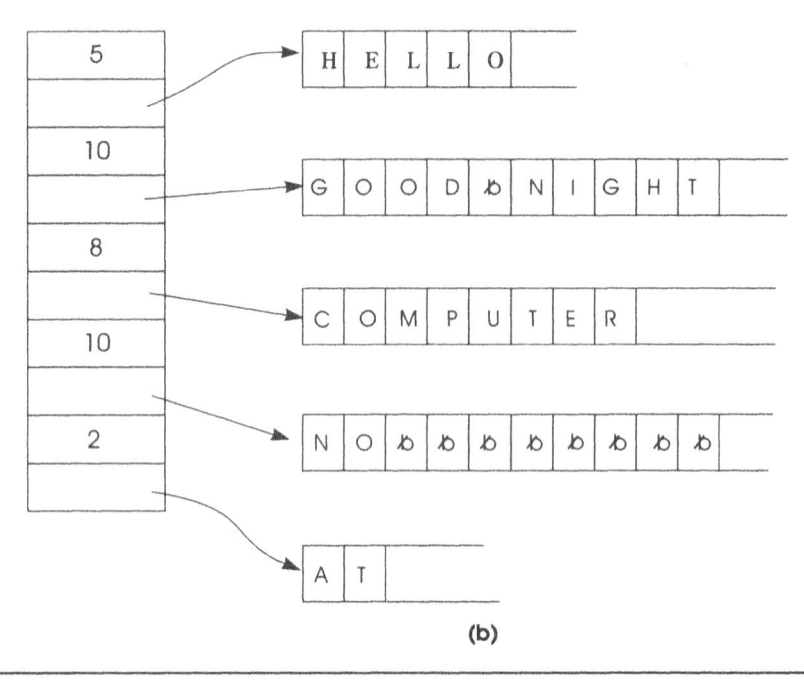

Figura 1.2.1 Implementações de um vetor de strings de tamanho variável. (*Continuação*)

Um método semelhante para implementar um vetor de elementos de tamanho variável é manter todas as partes de tamanho fixo dos elementos na área contígua do vetor, além de manter o endereço da parte de tamanho variável na área contígua. Por exemplo, na implementação de strings de caracteres de tamanho variável, apresentada na seção anterior, cada string contém uma parte de tamanho fixo (um campo de um byte de tamanho) e uma parte de tamanho variável (a própria string de caracteres). Uma implementação de um vetor de strings de caracteres de tamanho variável mantém o tamanho da string junto com o endereço, conforme mostrado na Figura 1.2.1b. A vantagem desse método é que as partes de tamanho fixo de um elemento podem ser examinadas sem uma referência extra de memória. Por exemplo, uma função para determinar o real tamanho de uma string de caracteres de tamanho variável pode ser implementada com um único acesso à memória. A informação de tamanho fixo para o elemento de tamanho variável de um vetor, armazenada na área de memória contígua, é freqüentemente chamada ***cabeçalho***.

VETORES COMO PARÂMETROS

Todo parâmetro de uma função em C precisa ser declarado dentro da função. Entretanto, a faixa de parâmetros de um vetor unidimensional só é especificada no programa chamador. Isso ocorre porque em C não se aloca novo armazenamento para um parâmetro vetor. Em vez disso, o parâmetro refere-se ao vetor original que estava alocado no programa de chamada. Por exemplo, examine a seguinte função que calcula a média dos elementos de um vetor:

```c
float avg(a, size)
float a[];           /* nenhuma faixa especificada */
int size;
{
   int i;
   float sum;

   sum = 0;
   for (i=0; i < size; i++)
      sum += a[i];
   return(sum / size);
}  /* fim avg */
```

No programa principal, poderíamos ter escrito:

```c
#define ARRANGE 100
float a[ARRANGE];
     ...
avg(a, ARRANGE);
```

Observe que, se a faixa do vetor for necessária na função, ela precisará ser passada separadamente.

Como uma variável vetor em C é um ponteiro, os parâmetros vetores são passados **por referência** em vez de por valor. Ou seja, ao contrário das variáveis simples, que são passadas por valor, o conteúdo de um vetor não é copiado quando passado como um parâmetro em C. Em substituição, é passado o endereço base do vetor. Se uma função de chamada contém a chamada *funct(a)*, onde *a* é um vetor e a função *funct* tem o cabeçalho

```
funct(b)
int b[];
```

a declaração:

```
b[i] = x;
```

dentro de *funct*, modifica o valor de *a*[*i*] dentro da função de chamada. *b* dentro de *funct* refere-se ao mesmo vetor de posições que *a* na função de chamada.

    A passagem de um vetor por referência em vez de por valor é mais eficiente, tanto em termos de tempo como de espaço. O tempo necessário para copiar um vetor inteiro, ao chamar uma função, é eliminado. Além disso, o espaço necessário para uma segunda cópia do vetor na função chamada é reduzido ao espaço necessário para somente uma única variável ponteiro.

STRINGS DE CARACTERES EM C

Em C, uma string é definida como um vetor de caracteres. Cada string é encerrada com um caractere *NULL*, que indica o final da string. Uma constante string é indicada por qualquer conjunto de caracteres entre aspas. O caractere *NULL* é automaticamente incluído no final dos caracteres dentro de uma constante string, quando eles são armazenados. Dentro de um programa, o caractere *NULL* é indicado pela *seqüência de escape* \0. Outras seqüências de escape que podem ser usadas são: \n, para um caractere de mudança de linha, \t para um caractere de tabulação, \b para um caractere de retrocesso \" para um caractere de aspas, \\ para um caractere de barra invertida, \' para um caractere de apóstrofo, \r para um caractere de retorno de cursor e \f para um caractere de avanço de página.

    Uma constante string representa um vetor cujo limite mínimo é 0 e o limite máximo é o número de caracteres na string. Por exemplo, a string "HELLO THERE" é um vetor de 12 elementos (o espaço em branco e o \0 contam como um caractere cada) e "I DON\'T KNOW HIM" é um vetor de 16 elementos (a seqüência de escape, \', indica um caractere de apóstrofo).

OPERAÇÕES COM STRINGS DE CARACTERES

Apresentaremos as funções de C que implementam algumas operações primitivas sobre strings de caracteres. Para todas essas funções, presumiremos as declarações globais:

```
#define STRSIZE 90
char string[STRSIZE];
```

A primeira função encontra o real tamanho de uma string.

```
strlen(string)
char string[];
{
   int i;

   for (i=0; string[i] != '\0'; i++)
      ;
   return(i);
} /* fim strlen */
```

A segunda função aceita duas strings como parâmetros. A função retorna um inteiro indicando a posição inicial da primeira ocorrência da segunda string dentro da primeira. Se a segunda string não existir dentro da primeira, será retornado -1.

```
strpos(s1, s2)
char s1[], s2[];
{
   int len1, len2;
   int i, j1, j2;

   len1 = strlen(s1);
   len2 = strlen(s2);
   for (i=0; i+len2 <= len1; i++)
      for (j1=i, j2=0; j2 <= len2 && s1[j1] == s2[j2];
                                                j1++, j2++)
         if (j2 == len2)
            return(i);
   return(-1);
} /* fim strpos */
```

Outra operação habitual sobre strings é a concatenação. O resultado de concatenar duas strings consiste nos caracteres da primeira seguidos pelos caracteres da segunda. A seguinte função define $s1$ com a concatenação de $s1$ e $s2$.

```
strcat(s1, s2)
char s1 [], s2[];
{
   int i, j;

   for (i=0; s1[i] != '\0'; i++)
      ;
   for (j=0; s2[j] != '\0'; s1[i++] = s2[j++])
      ;
}  /* fim strcat */
```

A última operação sobre strings que apresentaremos é a operação de substring. $substr(s1,i,j,s2)$ define a string $s2$ com os j caracteres, começando em $s1[i]$.

```
substr(s1, i, j, s2)
char s1[], s2[];
int i, j;
{
   int k, m;

   for (k = i, m = 0; m < j; s2[m++] = s1[k++])
      ;
   s2[m] = '\0';
}  /* fim substr */
```

VETORES BIDIMENSIONAIS

O tipo dos componentes de um vetor pode ser outro vetor. Por exemplo, podemos definir:

```
int a[3][5];
```

Isso define um novo vetor contendo três elementos. Cada um desses elementos é em si mesmo um vetor contendo cinco inteiros. A Figura 1.2.2 ilustra esse vetor. Um elemento desse vetor é acessado especificando-se dois

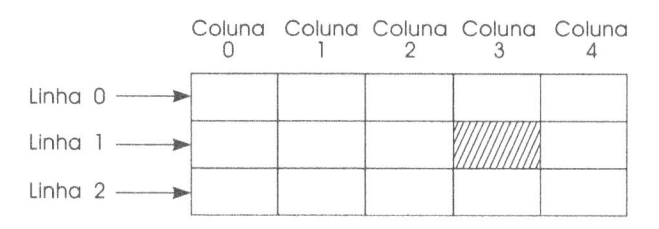

```
              Coluna Coluna Coluna Coluna Coluna
                0      1      2      3      4
     Linha 0 ──►┌──────┬──────┬──────┬──────┬──────┐
                │      │      │      │      │      │
     Linha 1 ──►├──────┼──────┼──────┼▓▓▓▓▓▓┼──────┤
                │      │      │      │▓▓▓▓▓▓│      │
     Linha 2 ──►├──────┼──────┼──────┼──────┼──────┤
                └──────┴──────┴──────┴──────┴──────┘
```

Figura 1.2.2 Vetores bidimensionais.

índices: um número de linha e um número de coluna. Por exemplo, o elemento que aparece escurecido na Figura 1.2.2 está na linha 1 e na coluna 3, e pode ser referenciado como $a[1][3]$. Esse vetor é chamado de vetor **bidimensional**. O número de linhas ou colunas é chamado **faixa** da dimensão. No vetor a, a faixa da primeira dimensão é 3 e a da segunda é 5. Sendo assim, o vetor a tem três linhas e cinco colunas.

Um vetor bidimensional ilustra claramente a diferença entre uma visão de dados **lógica** e uma visão **física**. Um vetor bidimensional é uma estrutura de dados lógica, útil na programação e na solução de problemas. Por exemplo, esse vetor é útil ao descrever um objeto que é fisicamente bidimensional, como um mapa ou um tabuleiro de xadrez. Ele ajuda também na organização de um conjunto de valores que dependa de duas entradas. Por exemplo, um programa para uma loja de departamentos com 20 filiais, cada uma das quais vendendo 30 itens, poderia incluir um vetor bidimensional declarado como:

```
int sales[20][30];
```

Cada elemento $sales[i][j]$ representa a quantidade do item j vendida na filial i.

Entretanto, embora seja conveniente para o programador considerar os elementos desse vetor como organizados numa tabela bidimensional (e as linguagens de programação de fato incluem recursos para tratá-los como um vetor bidimensional), o hardware da maioria dos computadores não dispõe de tais recursos. Um vetor deve ser armazenado na memória de um computador, e em geral essa memória é linear. Por isso, entendemos que a memória de um computador é essencialmente unidimensional. Um único endereço (que pode ser visualizado como um índice de um vetor unidimensional) é usado para recuperar determinado item da memória. Para implementar um vetor bidimensional, é necessário desenvolver um método de organizar seus elementos numa forma linear e transformar uma referência bidimensional para a representação linear.

Um método de representar um vetor bidimensional na memória é a representação *por linha*. Com essa representação, a primeira linha do vetor ocupa o primeiro conjunto de posições de memória reservado para o vetor, a segunda linha ocupa o conjunto seguinte, e assim por diante. Além disso, podem existir várias posições no início do vetor físico que servem como um cabeçalho e contêm os limites máximo e mínimo das duas dimensões. (Este cabeçalho não deve ser confundido com os cabeçalhos discutidos anteriormente. Ele é para o vetor inteiro, enquanto os cabeçalhos mencionados anteriormente são para os elementos individuais do vetor.) A Figura 1.2.3 ilustra a representação por linha do vetor bidimensional *a* declarado anteriormente e ilustrado na Figura 1.2.2. Como alternativa, o cabeçalho não precisa ser contíguo com os elementos do vetor mas, em substituição, poderia conter o endereço do primeiro elemento do vetor. Além disso, se os elementos do vetor bidimensional são objetos de tamanho variável, os elementos da área contígua poderiam, em si mesmos, conter os endereços desses objetos de uma forma semelhante aos da Figura 1.2.1 para vetores lineares.

Vamos supor que um vetor bidimensional de inteiros esteja armazenado por linha, como na Figura 1.2.3, e que, para um vetor *ar*, *base(ar)* seja o endereço do primeiro elemento do vetor. Ou seja, se *ar* é declarado como:

```
int ar[r1][r2];
```

onde *r*1 e *r*2 são as faixas da primeira e segunda dimensões, respectivamente, *base(ar)* é o endereço de *ar*[0][0]. Pressupomos também que *esize* seja o tamanho de cada elemento do vetor. Calculemos o endereço de um elemento qualquer, ar[i1][i2]. Como o elemento está na linha $i1$, seu endereço pode ser calculado computando-se o endereço do primeiro elemento de $i1$ e acrescentando-se a quantidade $i2 * esize$ (essa quantidade representa em que posição se encontra o elemento na coluna $i2$ em relação à linha $i1$). Entretanto, para chegar ao primeiro elemento da linha $i1$, o elemento $ar[i1][0]$, é necessário atravessar $i1$ linhas completas, cada uma das quais contendo $r2$ elementos (uma vez que só existe um elemento de cada coluna em cada linha), para que o endereço do primeiro elemento da linha $i1$ esteja em $base(ar) + i1 * r2 * esize$. Portanto, o endereço de $ar[i1][i2]$ está em:

```
base(ar) + (i1 * r2 + i2) * esize
```

Como exemplo, considere o vetor a da Figura 1.2.2, cuja representação é ilustrada na Figura 1.2.3. Nesse vetor, *r*1 = 3, *r*2 = 5 e *base(ar)* é o endereço de $a[0][0]$. Vamos supor também que cada elemento do vetor exija uma única unidade de armazenamento, de modo que *esize* seja igual a 1. (Isso não é necessariamente verdadeiro porque a foi declarado como um vetor de inteiros e um inteiro pode precisar mais de uma unidade de memória em determinada máquina. Entretanto, para simplificar, aceitamos essa premissa.) Sendo assim, a posição de $a[2][4]$ pode ser computada por:

```
base[a] + (2 * 5 + 4) * 1
```

ou seja:

```
base(a) + 14
```

Você pode confirmar o fato de que $a[2][4]$ esteja a 14 unidades depois de *base*(a) na Figura 1.2.3.

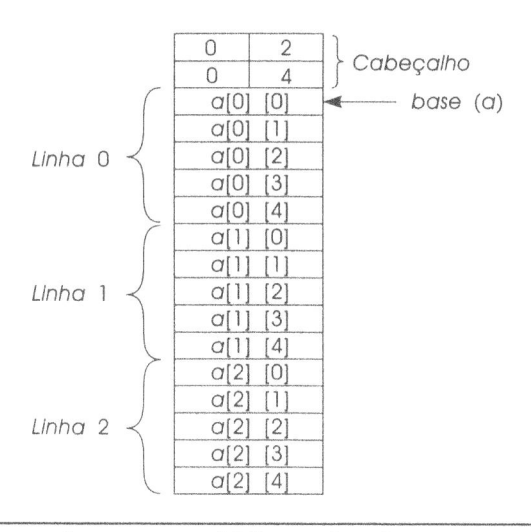

Figura 1.2.3 Representando um vetor bidimensional.

Outra implementação possível de um vetor bidimensional é a seguinte: um vetor ar, declarado com limites máximos $u1$ e $u2$, consiste em $u1 + 1$ vetores unidimensionais. O primeiro é um vetor ap de $u1$ ponteiros. O $i$ésimo elemento de ap é um ponteiro para um vetor unidimensional cujos elementos são os elementos de um vetor unidimensional $ar[i]$. Por exemplo, a Figura 1.2.4 ilustra esta implementação para o vetor a da Figura 1.2.2, onde $u1$ é 3 e $u2$ é 5.

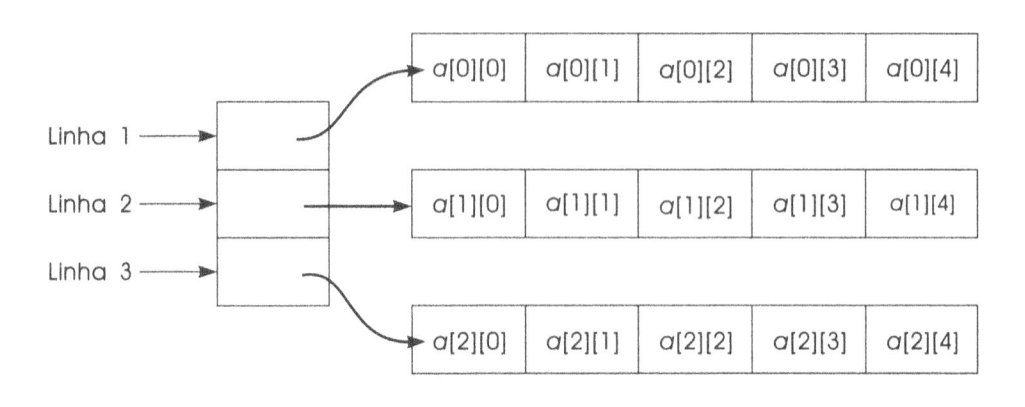

Figura 1.2.4 Implementação alternativa de um vetor bidimensional.

Para referenciar $ar[i][j]$, primeiro o vetor é acessado para obter o ponteiro $ar[i]$. Em seguida, o vetor nessa posição do ponteiro é acessado para obter $a[i][j]$.

Na verdade, essa segunda implementação é a mais simples e a mais objetiva das duas. Entretanto, os vetores de $u1$, $ar[0]$ a $ar[u1 - 1]$, em geral estariam alocados contiguamente, com $ar[0]$ seguido por $ar[1]$, e assim por diante. A primeira implementação evita a alocação do vetor de ponteiros extra, ap, e o cálculo do valor de um ponteiro explícito para o vetor necessário da linha. Portanto, ela é mais eficiente em termos de tempo e espaço.

VETORES MULTIDIMENSIONAIS

C permite também vetores com mais de duas dimensões. Por exemplo, um vetor tridimensional pode ser declarado por:

int b[3][2][4];

e é ilustrado na Figura 1.2.5a. Um elemento desse vetor é especificado por três índices, tais como $b[2][0][3]$. O primeiro índice especifica um número de plano, o segundo índice, um número de linha e o terceiro, um número de coluna. Tais vetores são úteis quando um valor é determinado por três entradas. Por exemplo, um vetor de temperaturas poderia ser indexado por latitude, longitude e altitude.

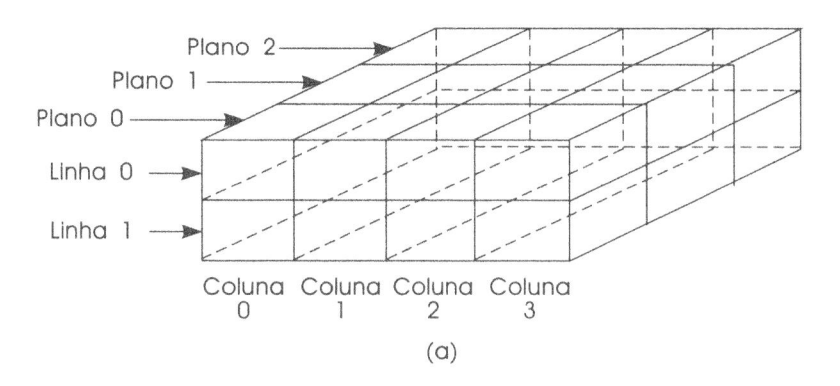

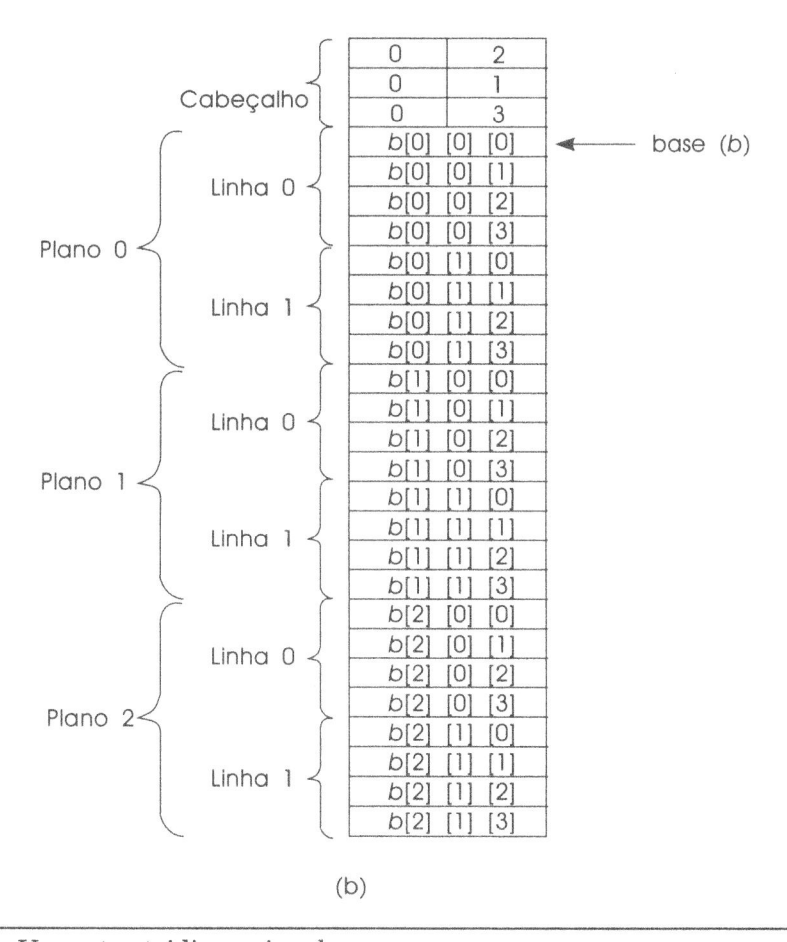

Fugura 1.2.5 Um vetor tridimensional.

Por razões óbvias, a analogia geométrica falha quando ultrapassamos três dimensões. Entretanto, C realmente permite um número arbitrário de dimensões. Por exemplo, um vetor de seis dimensões pode ser declarado por:

`int c [7][15][3][5][8][2];`

Referenciar um elemento desse vetor exigiria seis índices, como c[2][3][0][1][6][1]. O número de diferentes índices permitido numa determinada posição (a faixa de uma determinada dimensão) equivale ao limite máximo dessa dimensão. O número de elementos num vetor é o produto das faixas de todas as suas dimensões. Por exemplo, o vetor b contém 3 * 2 * 4 = 24 elementos, e o vetor c contém 7 * 15 * 3 * 5 * 8 * 2 = 25.200 elementos.

A representação por linha de vetores pode ser estendida a vetores de mais de duas dimensões. A Figura 1.2.5b ilustra a representação do vetor b da Figura 1.2.5a. Os elementos do vetor c de seis dimensões, descrito anteriormente, são classificados como segue:

```
c[0][0][0][0][0][0]
c[0][0][0][0][0][1]
c[0][0][0][0][1][0]
c[0][0][0][0][1][1]
c[0][0][0][0][2][0]
      . . .
      . . .
c[6][14][2][4][5][0]
c[6][14][2][4][5][1]
c[6][14][2][4][6][0]
c[6][14][2][4][6][1]
c[6][14][2][4][7][0]
c[6][14][2][4][7][1]
```

Ou seja, o último índice varia mais rapidamente, e um índice não é aumentado até que todas as possíveis combinações de índices à sua direita tenham-se exaurido. Esse processo é parecido com o de um odômetro (indicador de quilometragem) de um carro, no qual o dígito da extrema direita muda com muita rapidez.

Qual o mecanismo necessário para acessar um elemento de um vetor multidimensional qualquer? Suponha que ar seja um vetor n-dimensional declarado por:

`int ar[r1][r2]...[rn];`

e armazenado por linha. Cada elemento de AR supostamente ocupa *esize* posições de armazenamento, e *base(ar)* é definido como o endereço do primeiro elemento do vetor (ou seja, $ar[0][0] \ldots [0]$). Sendo assim, para acessar o elemento

```
ar[i1][i2] ... [in];
```

primeiro, é necessário atravessar $i1$ "hiperplanos", cada um consistindo em $r2 * r3 * \ldots * rn$ elementos, para chegar ao primeiro elemento de *ar*, cujo primeiro índice é $i1$. Em seguida, é necessário atravessar $i2$ grupos adicionais de $r3 * r4 * \ldots * rn$ elementos para chegar ao primeiro elemento de *ar*, cujos dois primeiros índices sejam $i1$ e $i2$, respectivamente. Um processo semelhante deve ser executado em outras dimensões, até ser alcançado o primeiro elemento cujos primeiros $n-1$ índices correspondam aos do elemento necessário. Finalmente, é necessário atravessar in elementos adicionais para chegar ao elemento desejado.

Dessa forma, o endereço de $ar[i1][i2] \ldots [in]$ pode ser escrito como $base(ar) + esize * [i1 * r2 * \ldots * rn + i2 * r3 * \ldots * rn + \ldots + (i(n-1) * rn + in)]$, que pode ser avaliado com mais eficiência usando-se a fórmula equivalente:

```
base(ar) + esize *
[in + rn * (i(n - 1) + r(n - 1) * (... + r3 * (i2 +
                                          r2 * i1) ...) ) )
```

Esta fórmula pode ser avaliada pelo seguinte algoritmo, que calcula o endereço do elemento do vetor e o introduz em *addr* (pressupondo que os vetores *i* e *r*, de tamanho n, armazenem os índices e as faixas, respectivamente):

```
offset = 0;
for (j = 0; j < n; j++)
    offset = r[j] * offset + i[j];
addr = base(ar) + esize * offset;
```

EXERCÍCIOS

1.2.1 a. A *mediana* de um vetor de números é o elemento m do vetor, tal que metade dos números restantes no vetor é maior ou igual a *m* e metade é menor ou igual a *m*, se o número de elementos no vetor for ímpar. Se o número de elementos for par, a mediana será a média dos dois elementos, $m1$ e $m2$, tal que metade dos elementos restantes é maior ou igual a $m1$ e $m2$, e metade dos elementos é menor ou igual a $m1$ e $m2$. Escreva uma função em C que aceite um vetor de números e retorne a mediana dos números no vetor.

   b. A MODA de um vetor de números é o número m no vetor que é repetido com maior freqüência. Se mais de um número for repetido com freqüência máxima igual, não existirá uma moda. Escreva uma função em C que aceite um vetor de números e retorne a moda ou uma indicação de que a moda não existe.

1.2.2 Escreva um programa em C que faça o seguinte: Leia um grupo de leituras de temperatura. Uma leitura consiste em dois números: um inteiro entre -90 e 90, representando a latitude na qual a leitura foi efetuada, e a temperatura observada nessa latitude. Imprima uma tabela consistindo em cada latitude e na temperatura média da latitude. Se não existirem leituras em determinada latitude, imprima "sem dados" em vez de uma média. Em seguida, imprima a temperatura média nos hemisférios Norte e Sul (o Norte consiste em latitudes de 1 a 90 e o Sul em latitudes de -1 a -90). (Essa temperatura média deve ser calculada como a média das médias, não como a média das leituras iniciais.) Determine também o hemisfério mais quente. Ao fazer a determinação, use as temperaturas médias em todas as latitudes de cada hemisfério para os quais existem dados tanto para essa latitude como para a latitude correspondente no outro hemisfério. (Por exemplo, se existirem dados para latitude 57, mas não para latitude -57, então a temperatura média para a latitude 57 deve ser ignorada, ao determinar o hemisfério mais quente.)

1.2.3 Escreva um programa para uma cadeia de 20 lojas de departamentos, cada uma das quais vendendo dez itens diferentes. Todo mês, o gerente de cada loja apresenta uma ficha de dados de cada item consistindo no número de uma filial (de 1 a 20), no número de um item (de 1 a 10) e nos valores de venda (abaixo de $100,000) representando a quantidade de vendas de determinado item em determinada filial. Entretanto, é possível que alguns gerentes não apresentem fichas para alguns itens (ou seja, nem todos os itens são vendidos em todas as filiais). Você deve escrever um programa em C que leia essas fichas de dados e imprima uma tabela de 12 colunas. A primeira coluna deve conter os números das filiais, de 1 a 20, e a palavra "TOTAL" na última linha. As dez colunas seguintes devem conter os valores de vendas de cada um dos dez itens em cada filial, com o total de vendas de cada item na última linha. A última coluna deve conter o total de vendas de todos os itens em cada uma das 20 filiais, com o valor do total final de vendas da cadeia de lojas posicionado no canto inferior direito. Cada coluna deve ter um título adequado. Se nenhuma venda for informada para determinada filial e item, pressuponha um valor de vendas igual a zero. Não presuma que sua entrada esteja em nenhuma ordem predeterminada.

1.2.4 Mostre como um tabuleiro de xadrez pode ser representado por um vetor em C. Mostre como representar o estado de um jogo de enxadristas em determinado momento. Escreva uma função em C que seja uma entrada para um vetor representando este tabuleiro de xadrez e imprima todas as possíveis jogadas que o preto possa fazer a partir dessa posição.

1.2.5 Escreva uma função *printar(a)* que aceite um vetor a *m*-por-*n* de inteiros e imprima os valores do vetor em várias páginas, como segue: cada página deve conter 50 linhas e 20 colunas do vetor. No início de cada página, devem ser impressos os títulos "COL 0", "COL 1" e assim por diante e, ao longo da margem esquerda de cada página, devem ser impressos os títulos "ROW 0", "ROW 1" e assim por diante. O vetor deve ser impresso por subvetores. Por exemplo, se *a* fosse um vetor de 100-por-100, a primeira página conteria $a[0][0]$ até $a[49][19]$, a segunda página conteria $a[0][20]$ até $a[49][39]$, a terceira página conteria $a[0][40]$ até $a[49][59]$, e assim por diante, até que a quinta página contivesse $a[0][80]$ até $a[49][99]$, a sexta página, $a[50][0]$ até $a[99][19]$, e assim por diante. A saída impressa inteira ocuparia dez páginas. Se o número de linhas não for um múltiplo de 50 ou o número de colunas não for um múltiplo de 20, as últimas páginas da saída impressa deverão conter menos de 100 números.

1.2.6 Suponha que cada elemento de um vetor *a*, armazenado por linhas, ocupe quatro unidades de armazenamento. Se *a* é declarado por cada um dos seguintes e o endereço do primeiro elemento de *a* é 100, encontre o endereço do elemento do vetor indicado:

    a. `int a[100];`   endereco de   a[10]
    b. `int a[200];`   endereco de   a[100]
    c. `int a[10][20];`   endereco de   a[0][0]
    d. `int a[10][20];`   endereco de   a[2][1]
    e. `int a[10][20];`   endereco de   a[5][1]
    f. `int a[10][20];`   endereco de   a[1][10]
    g. `int a[10][20];`   endereco de   a[2][10]
    h. `int a[10][20];`   endereco de   a[5][3]
    i. `int a[10][20];`   endereço de   a[9][19]

1.2.7 Escreva uma função em C, *listoff*, que aceite como parâmetros dois vetores unidimensionais do mesmo tamanho: *range* e *sub*. *range* representa a faixa de um vetor de inteiros. Por exemplo, se os elementos de range são:

3 5 10 6 3

range representa um vetor *a* declarado por:

`int a[3][5][10][6][3];`

Os elementos de *sub* representam índices para o vetor anterior. Se *sub*[*i*] não estiver entre 0 e *range*[*i*] - 1, todos os índices a partir do *i*ésimo em diante estão ausentes. No exemplo anterior, se os elementos de *sub* são:

1 3 1 2 3

sub representa o vetor unidimensional *a*[1][3][1][2]. A função *listoff* deve imprimir os deslocamentos a partir da base do vetor *a*, representado por *range*, de todos os elementos de *a* que estejam incluídos no vetor (ou o deslocamento do único elemento, se todos os índices estiverem dentro dos limites) representado por *sub*. Pressuponha que o tamanho (*esize*) de cada elemento de *a* seja 1. No exemplo anterior, *listoff* imprimiria os valores 4, 5 e 6.

1.2.8. a. Um vetor *a* ***triangular inferior*** está num vetor de *n*-por-*n* em que $a[i][j] == 0$, se $i < j$. Qual o número máximo de elementos diferentes de zero nesse vetor? Como esses elementos podem ser armazenados seqüencialmente na memória? Desenvolva um algoritmo para acessar $a[i][j]$, onde $i >= j$. Desenvolva um vetor triangular superior de modo análogo, e faça com esse vetor a mesma coisa que você fez com o vetor triangular inferior.

b. Um vetor *a* **triangular estritamente inferior** está num vetor *n*-por-*n* em que $a[i][j] == 0$ se $i <= j$. Responda às perguntas da parte a para esse vetor.

c. Consideremos *a* e *b* dois vetores triangulares inferiores de *n*-por-*n*. Mostre como um vetor *c* de *n*-por-$(n + 1)$ pode ser usado para conter os elementos diferentes de zero dos dois vetores. Quais elementos de *c* representam os elementos $a[i][j]$ e $b[i][j]$, respectivamente?

d. Um vetor *a* **tridiagonal** está num vetor de *n*-por-*n*, em que $a[i][j] == 0$, se o valor absoluto de $i - j$ for maior que 1. Qual o número máximo de elementos diferentes de zero nesse vetor? Como esses elementos podem ser armazenados seqüencialmente na memória? Desenvolva um algoritmo para acessar $a[i][j]$ se o valor absoluto de $i - j$ for menor ou igual a 1. Proceda da mesma forma para um vetor *a* em que $a[i][j] == 0$, se o valor absoluto de $i - j$ for maior que *k*.

1.3. ESTRUTURAS EM C

Nesta seção, examinaremos a estrutura de dados de C, chamada *estrutura*. Presumiremos que você já a tenha aprendido num curso introdutório. Nesta seção, revisaremos alguns destaques dessa estrutura de dados e ressaltaremos algumas características interessantes e úteis para um estudo mais generalizado de estruturas de dados.

Uma estrutura é um grupo de itens no qual cada item é identificado por um identificador próprio, sendo cada um deles conhecido como um **membro** da estrutura. (Em várias outras linguagens de programação, uma estrutura é chamada "registro" e um membro é chamado "campo". Ocasionalmente, podemos usar esses termos em vez de "estrutura" ou "membro", embora ambos tenham significados diferentes em C.) Por exemplo, examine a seguinte declaração:

```
struct {
   char first[10];
   char midinit;
   char last[20];
} sname, ename;
```

Essa declaração cria duas variáveis estrutura, *sname* e *ename*, cada uma das quais contendo três membros: *first, midinit* e *last*. Dois dos membros são strings de caracteres, e o terceiro é um caractere isolado. Como alternativa, podemos atribuir um **nome** à estrutura e, em seguida, declarar as variáveis por meio desse nome. Por exemplo, examine a seguinte declaração que alcança o mesmo resultado que a declaração anterior:

```
struct nametype {
   char first[10];
   char midinit;
   char last[20];
};
struct nametype sname, ename;
```

Essa definição cria um nome de estrutura, *nametype*, contendo três membros, *first, midinit* e *last*. Assim que um nome de estrutura é definido, as variáveis *sname* e *ename* podem ser declaradas. Para obter o máximo de clareza no programa, recomenda-se que seja declarado um nome para cada estrutura e que, em seguida, as variáveis sejam declaradas usando-se o nome.

Uma alternativa ao uso de um nome de estrutura é utilizar a definição *typedef* de C. Por exemplo:

```
typedef struct {
        char first[10];
        char midinit;
        char last[20];
      } NAMETYPE;
```

informa que o identificador *NAMETYPE* é sinônimo do especificador da estrutura anterior, onde quer que *NAMETYPE* ocorra. Podemos declarar então:

```
NAMETYPE sname, ename;
```

para obter as declarações das variáveis de estrutura, *sname* e *ename*. Observe que os nomes de estruturas são convencionalmente escritos com letras minúsculas, mas os especificadores de *typedef* são escritos com letras maiúsculas ao apresentar programas em C. Ocasionalmente, *typedef* é usado para indicar uma especificação de TDA dentro de um programa C.

Assim que uma variável é declarada como uma estrutura, cada membro dentro dessa variável pode ser acessado, especificando-se o nome da variável e o identificador do membro do item, separados por um ponto. Assim, a instrução:

```
printf("%s", sname.first);
```

pode ser usada para imprimir o primeiro nome na estrutura *sname*, e a instrução:

```
ename.midinit = 'm';
```

pode ser usada para definir o membro *ename* do meio da estrutura com a letra *m*. Se um membro de uma estrutura for um vetor, pode ser usado um índice para acessar determinado elemento do vetor, como em:

```
for (i=0; i < 20; i++)
   sname.last[i] = ename.last[i];
```

Um membro de uma estrutura pode ser declarado como outra estrutura. Por exemplo, considerando a definição anterior de *nametype* e a seguinte definição de *addrtype*:

```
struct addrtype {
   char straddr[40];
   char city[10];
   char state[2];
   char zip[5];
};
```

podemos declarar um novo nome de estrutura, *nmadtype*, com:

```
struct nmadtype {
   struct nametype name;
   struct addrtype address;
};
```

Se declararmos duas variáveis:

```
struct nmadtype nmad1, nmad2;
```

os seguintes comandos serão válidos:

```
nmad1.name.midinit = nmad2.name.midinit;
nmad2.address.city[4] = nmad1.name.first[1];
for (i=1; i < 10; i++)
   nmad1.name.first[i] = nmade2.name.first[i];
```

Alguns compiladores C mais modernos, assim como o padrão ANSI, permitem a atribuição de estruturas do mesmo tipo. Por exemplo, a instrução *nmade1 = nmade2* seria válida e equivalente a:

```
nmade1.name = nmade2.name;
nmade2.address = nmade2.address;
```

Essas, por sua vez, seriam equivalentes a:

```
for (i=0; i < 10; i++)
   nmad1.name.first[i] = nmad2.name.first[i];
nmad1.name.midinit = nmad2.name.midinit;
for (i=0; i < 20; i++)
   nmad1.name.last[i] = nmad2.name.last[i];
for (i=0; i < 40; i++)
   nmad1.address.straddr[i] = nmad2.address.straddr[i];
for (i=0; i < 10; i++)
   nmad1.address.city[i] = nmad2.address.city[i];
for (i=0; i < 2; i++)
   nmad1.address.state[i] = nmad2.address.state[i];
for (i=0; i < 5; i++)
   nmad1.address.zip[i] = nmad2.address.zip[i];
```

Entretanto, como C original, conforme definida por Kernighan e Ritchie, e muitas implementações C não permitem a atribuição de estruturas, não utilizaremos esse recurso no restante deste texto.

Examine outro exemplo do uso de estruturas, no qual definimos estruturas descrevendo um funcionário e um estudante, respectivamente:

```
struct date {
   int month;
   int day;
   int year;
};
struct position {
   char deptno[2];
   char jobtitle[20];
};
struct employee {
   struct nmadtype nameaddr;
   struct position job;
   float salary;
   int numdep;
   short int hplan;
   struct date datehired;
};
struct student {
   struct nmadtype nmad;
```

```
    float gpindx;
    int credits;
    struct date dateadm;
};
```

Pressupondo as declarações:

```
struct employee e;
struct student s;
```

um comando para conceder um aumento de 10% para um funcionário cujo índice de pontos como estudante de graduação esteja acima de 3.0 é o seguinte:

```
if ((e.nameaddr.name.first == s.nmad.name.first) &&
    (e.nameaddr.name.midinit == s.nmad.name.midinit) &&
    (e.nameddar.name.last == s.nmad.name.last))
   if (s.gpindx > 3.0)
      e.salary *= 1.10;
```

Primeiro, esse comando assegura que o registro do funcionário e o registro do estudante referem-se à mesma pessoa, comparando seus nomes. Observe que não podemos simplesmente escrever:

```
if (e.nmaddr.name == s.nmad.name)
   ...
```

porque duas estruturas não podem ser submetidas a uma comparação de igualdade numa única operação em C.

Você deve ter observado que usamos dois identificadores diferentes, *nameaddr* e *nmad*, para os membros nome/endereço dos registros do funcionário e do estudante, respectivamente. Não é necessário fazer isso e o mesmo identificador pode ser reutilizado para nomes dos membros de diferentes tipos de estrutura. Isso não provoca nenhuma ambigüidade porque um nome de membro deve ser sempre precedido por uma expressão identificando uma estrutura de um tipo específico.

IMPLEMENTANDO ESTRUTURAS

Façamos uma pausa na aplicação de estruturas e concentremo-nos em sua implementação. Em C, qualquer tipo pode ser considerado um padrão ou um molde. Sob esse prisma, entendemos que um tipo é um método de interpretar uma parte da memória. Quando uma variável é declarada como sendo de determinado tipo, estamos informando que o identificador se refere a determinada parte da memória e que o conteúdo dessa memória deve ser interpretado de acordo com o padrão definido pelo tipo. O tipo especifica a quantidade de memória reservada para a variável e o método por meio do qual a memória é interpretada.

Por exemplo, suponha que, sob determinada implementação de C, um inteiro seja representado por quatro bytes, um número de ponto flutuante por oito bytes, e um vetor de dez caracteres por dez bytes. Dessa forma, as declarações:

```
int x;
float y;
char z[10];
```

especificam que quatro bytes de memória devem ser reservados para x, oito bytes para y e dez bytes para z. Assim que estes bytes forem reservados para estas variáveis, os nomes x, y e z se referirão sempre a essas posições. Quando x for referenciada, seus quatro bytes serão interpretados como um inteiro; quando y for referenciada, seus oito bytes serão interpretados como um número real; e quando z for referenciada, seus dez bytes serão interpretados como um conjunto de dez caracteres. A quantidade de armazenamento reservada para cada tipo e o método pelo qual o conteúdo da memória é interpretado como tipos específicos variam de uma máquina e de uma implementação de C para outra. Entretanto, dentro de determinada implementação de C, qualquer tipo indica sempre uma quantidade específica de armazenamento e um método específico de interpretação desse armazenamento.

Agora, vamos supor que tenhamos definido uma estrutura com:

```
struct structtype {
   int field1;
   float field2;
   char field3[10];
};
```

e declarado uma variável:

struct structtype r;

Dessa forma, a quantidade de memória especificada pela estrutura é a soma do armazenamento especificado por cada um dos tipos de seus membros. Conseqüentemente, o espaço necessário para a variável *r* é a soma do espaço necessário para um inteiro (4 bytes), um número de ponto flutuante (8 bytes) e um vetor de 10 caracteres (10 bytes). Daí serem reservados 22 bytes para *r*. Os quatro primeiros desses bytes são interpretados como um inteiro, os oito bytes seguintes como um número de ponto flutuante e os últimos 10 bytes como um vetor de caracteres. (Nem sempre isso acontece. Em alguns computadores, objetos de determinados tipos não podem começar em qualquer lugar na memória, mas estão restritos a iniciar com determinado alinhamento. Por exemplo, um inteiro com um tamanho de 4 bytes talvez precise iniciar num endereço divisível por 4, e um número real com o tamanho de 8 bytes pode precisar iniciar num endereço divisível por 8. Dessa forma, em nosso exemplo, se o endereço inicial de *r* for 200, o inteiro ocupará os bytes 200 a 203, mas o número real deverá iniciar na posição 208 e o registro inteiro exigirá 26 bytes, em vez de 22. Os bytes 204 a 207 representarão um espaço desperdiçado.)

Para cada referência a um membro de uma estrutura, deve ser calculado um endereço. Associado a cada identificador de membro de uma estrutura existe um ***deslocamento*** que especifica a distância a partir do início da estrutura em que se encontra a posição desse campo. No exemplo anterior, o deslocamento de *field*1 é 0, o de *field*2 (presumindo-se a inexistência de restrições de alinhamento) é 4, e o deslocamento de *field*3 é 12. Associado a cada variável da estrutura existe um endereço base que representa a posição do início da memória alocada para a variável. Essas associações são estabelecidas pelo compilador e não interessam ao usuário. Para calcular a posição de um membro numa estrutura, o deslocamento do identificador do membro é acrescido ao endereço base da variável estrutura.

Por exemplo, suponha que o endereço base de *r* seja 200. Daí, o que realmente acontece ao executar uma instrução como:

r.field2 = r.field1 + 3.7;

é o seguinte: primeiro, a posição de *r.field*1 é determinada como o endereço base de *r* (200) mais o deslocamento de campo de *field*1 (0), que resulta em 200. Os quatro bytes nas posições 200 a 203 são interpretados como um inteiro. Em seguida, esse inteiro é convertido em um número de ponto flutuante que, em seguida, é acrescido ao número de ponto flutuante 3.7. O resultado é um número de ponto flutuante que ocupa 8 bytes. A posição de *r.field*2 é, em seguida, calculada como o endereço base de *r* (200) mais o deslocamento de campo de *field*2 (4), ou 204. O conteúdo dos 8 bytes, 204 a 211, é definido com o número de ponto flutuante calculado ao avaliar a expressão.

Observe que o processo de calcular o endereço de um componente da estrutura é muito parecido com o cálculo do endereço de um componente de um vetor. Em ambos os casos, um deslocamento, que depende do seletor de componentes (o identificador do membro ou o valor do índice), é acrescido ao endereço base da estrutura composta (a estrutura ou o vetor). No caso de uma estrutura, o deslocamento é associado ao identificador do campo pela definição do tipo, enquanto no caso de um vetor, o deslocamento é calculado com base no valor do índice.

Esses dois tipos de endereçamento (estrutura e vetor) podem ser combinados. Por exemplo, para calcular o endereço de *r.field*3[4], usamos primeiramente o endereçamento da estrutura para determinar o endereço base do vetor *r.field*3 e, em seguida, o endereçamento do vetor para determinar a posição do quinto elemento desse vetor. O endereço base de *r.field*3 é dado pelo endereço base de *r* (200) mais o deslocamento de *field*3 (12), isto é, 212. O endereço de *r.field*3[4] é, então, determinado como o endereço base de *r.field*3 (212) mais 4 (o índice 4 menos o limite mínimo do vetor, 0) vezes o tamanho de cada elemento do vetor (1), resultando: 212 + 4 * 1, ou 216.

Como exemplo adicional, examine outra variável, *rr*, declarada por:

struct structtype rr[20];

rr é um exemplo de um vetor de estruturas. Se o endereço base de *rr* for 400, então o endereço de *rr*[14].*field*3[6] pode ser calculado da seguinte forma: o tamanho de cada componente de *rr* é 22, portanto a posição de *rr*[14] é 400 + 14 * 22, ou 708. O endereço base de *rr*[14].*field*3 é, então, 708 + 12, ou 720. O endereço de *rr*[14].*field*3[6] é, portanto, 720 + 6 * 1, ou 726. (Mais uma vez, isso ignora a possibilidade de restrições de alinhamento. Por exemplo, embora o tipo *rectype* possa exigir apenas 22 bytes, é possível que cada rectype precise iniciar num endereço divisível por 4, de modo que 2 bytes ficariam desperdiçados entre cada elemento de *rr* e seu vizinho. Se esse for o caso, então o tamanho de cada elemento de *rr* será realmente 24, de modo que o endereço de *rr*[14].*field*3[6] será 754, em vez de 726.)

UNIÕES

Até agora, cada estrutura que examinamos apresentou membros fixos e um único formato. C aceita também outro tipo de estrutura, a ***union***, que permite que uma variável seja interpretada de várias maneiras diferentes.

      Por exemplo, imagine uma empresa de seguros que ofereça três tipos de apólices: de vida, automotivas e residenciais. O número de uma apólice identifica cada apólice de seguro, de qualquer um dos tipos. Para todos os três tipos de seguro, é necessário ter o nome do proprietário da apólice, o endereço desse proprietário, o valor do seguro e o pagamento do prêmio mensal. Para as apólices de seguro de automóveis e residências, é necessário um valor dedutível. Para uma apólice de seguro de vida, são necessários a data de nascimento do assegurado e o nome do beneficiário. Para uma apólice de seguro de automóveis, exigem-se o número da licença, o estado, o modelo e o ano do carro. Para uma apólice do proprietário da residência, exige-se uma indicação da data de construção da casa e da presença de quaisquer dispositivos de segurança. Um tipo de estrutura de apólices para essa empresa pode ser definido como uma união. Definiremos primeiramente duas estruturas auxiliares.

```c
#define LIFE 1
#define AUTO 2
#define HOME 3

struct addr {
   char street[50];
   char city[10];
   char state[2];
   char zip[5];
};
struct date {
   int month;
   int day;
   int year;
};
struct policy {
   int polnumber;
   char name[30];
   struct addr address;
   int amount;
```

```
    float premium;
    int kind;              /* LIFE, AUTO ou HOME */
    union {
       struct {
          char beneficiary[30];
          struct date birthday;
       } life;
       struct {
          int autodeduct;
          char license[10];
          char state[2];
          char model[15];
          int year;
       } auto;
       struct {
          int homededuct;
          int yearbuilt;
       } home;
    }
} policyinfo;
```

   Examinemos a união mais detalhadamente. A definição consiste em duas partes: uma parte fixa e uma parte variável. A parte fixa consiste em todas as declarações dos membros até a palavra-chave *union*, enquanto a parte variável consiste no restante da definição.

   Agora que examinamos a sintaxe de uma definição de união, analisemos a semântica. Uma variável declarada como de um tipo de união T (por exemplo, **struct** policy p;) contém sempre todos os membros fixos de T. Sendo assim, será sempre válido referenciar *p.name* ou *p.premium* ou *p.kind*. Entretanto, valores contidos nos membros da união dessa variável dependem do que foi armazenado pelo programador.

   O programador é responsável por garantir que o uso de um membro seja coerente com o que foi colocado na posição. É uma boa idéia manter um membro fixo separado numa estrutura que contenha uma união cujo valor indica qual alternativa está atualmente em uso. No exemplo anterior, o membro *kind* é usado para esse propósito. Se seu valor é LIFE (1), então a estrutura armazena uma apólice de seguro de vida; se AUTO(2), uma apólice de seguro de automóveis; e se HOME(3), uma apólice de seguro residencial. Sendo assim, o programador precisaria executar um código semelhante ao seguinte, para referenciar a união:

```
if (p. kind == LIFE)
   printf("\n%s %2d/%2d/%4d",
          p.policyinfo.life.beneficiary,
          p.policyinfo.life.birthday.month,
          p.policyinfo.life.birthday.day,
          p.policyinfo.life.birthday.year,
else if (p.kind == AUTO)
   printf("\n%d %s %s %s %d", p.policyinfo.auto.autodeduct,
          p.policyinfo.auto.license,
          p.policyinfo.auto.state,
          p.policyinfo.auto.model,
          p.policyinfo.auto.year);
else if (p.kind == HOME)
   printf("\n%d %d", p.policyinfo.home.homededuct,
          p.policyinfo.home.yearbuilt);
else
   printf("\tipo errado %d em kind", p.kind);
```

No exemplo anterior, se o valor de *p.kind* é LIFE, *p* contém realmente os membros *beneficiary* e *birthday*. É válido referenciar *model* ou *yearbuilt* enquanto o valor de *kind* é LIFE. De modo semelhante, se o valor de *kind* é AUTO, podemos referenciar *autodeduct*, *license*, *state*, *model* e *year*, mas não devemos referenciar nenhum outro membro. Entretanto, a linguagem C não exige que um membro fixo indique a real alternativa de uma união nem obriga ao uso de determinada alternativa dependente do valor de um membro fixo.

Uma união permite que uma variável assuma vários "tipos" diferentes em diferentes pontos na execução e permite também que um vetor contenha objetos de diferentes tipos. Por exemplo, o vetor *a*, declarado por:

```
struct policy a[100];
```

pode conter apólices de seguro de vida, de automóveis e residenciais. Vamos supor que esse vetor *a* seja declarado e que seja necessário aumentar em 5% os prêmios de todas as apólices de seguro de vida e de todas as apólices de seguro residencial das casas construídas antes de 1950. Isso pode ser feito assim:

```
for (i=0; i<100; i++)
   if (a[i].kind == LIFE)
      a[i].premium = 1.05 * a[i].premium;
else if (a[i].kind == HOME &&
                           a[i].policyinfo.yearbuilt < 1950)
      a[i].premium = 1.05 * a[i].premium;
```

IMPLEMENTAÇÃO DE UNIÕES

Para entender definitivamente o conceito de união, é necessário examinar sua implementação. Uma estrutura pode ser considerada um mapa de uma área da memória. Ela define como a memória deve ser interpretada. Uma união fornece vários mapas diferentes para a mesma área da memória, e fica por conta do programador a determinação do mapa que está realmente em uso. Na prática, o compilador aloca armazenamento suficiente para conter o maior membro da união. Entretanto, é o mapa que determina como esse armazenamento deve ser interpretado. Por exemplo, examine essa união e estruturas simples:

```
#define INTEGER 1
#define REAL 2

struct stint {
   int f3, f4;
};
struct stfloat {
   float f5, f6;
};
struct sample {
   int f1;
   float f2;
   int utype;
   union {
      struct stint x;
      struct stfloat y;
   } funion;
};
```

Mais uma vez, vamos pressupor uma implementação na qual um inteiro exija 4 bytes e um flutuante, 8 bytes. Em seguida, os três membros fixos, *f1*, *f2* e *utype*, ocupam 16 bytes. O primeiro membro da união, x, exige 8 bytes, enquanto o segundo membro, *y*, precisa de 16. A memória realmente alocada para a parte variável da união é o máximo de espaço necessário para qualquer membro isolado. Nesse caso, portanto, são alocados 16 bytes para a parte da união de *sample*. Acrescidos aos 16 bytes necessários para a parte fixa, são alocados 32 bytes para *sample*.

Os diferentes membros de uma união sobrepõem-se entre si. No exemplo anterior, se for alocado espaço para *sample* a partir da posição 100, de modo que *sample* ocupe os bytes 100 a 131, os membros fixos, *sample.f*1, *sample.f*2 e *sample.utype*, ocuparão os bytes 100 a 103, 104 a 111, e 112 a 115, respectivamente. Se o valor do membro *utype* é INTEGER (ou seja, 1), os bytes 116 a 199 e 120 a 123 são ocupados por *sample.funion.x.f*3 e *sample.funion.x.f*4, respectivamente, e os bytes 124 a 131 ficam sem uso. Se o valor de *sample.utype* é REAL (isto é, 2), os bytes 116 a 123 são ocupados por *sample.funion.y.f*5, e os bytes 124 a 131 são ocupados por *sample.funion.y.f*6. Eis por que só pode existir um único membro de uma união em determinado instante. Todos os membros da união usam o mesmo espaço, e esse espaço só pode ser usado por um deles, por vez. O programador determinará o membro adequado.

PARÂMETROS DE ESTRUTURA

Na linguagem C tradicional, uma estrutura não pode ser passada para uma função por meio de uma chamada por valor. Para passar uma estrutura para uma função, precisamos passar seu endereço para a função e fazer uma referência à estrutura por meio de um ponteiro (isto é, uma chamada por referência). A notação *p-> x*, em C, é equivalente à notação *(*p).x*, e é freqüentemente usada para referenciar um membro de um parâmetro de estrutura. Por exemplo, a seguinte função imprime um nome num formato legível e retorna o número de caracteres impressos:

```
writename (name)
struct nametype *name;
{
   int count, i;

   printf("\n");
   count = 0;
   for (i=0; (i < 10) && (name->first[i] != '\0'); i++)  {
      printf("%c", name->first[i]);
      count++;
   }  /* fim for */
   printf("%c",' ');
   count++;
   if (name->midinit != ' ') {
```

```
        printf("%c%s", name->midinit, ".");
        count += 3;
    } /* fim if */
    for (i=0; (i < 20) && (name->last[i] != '\0'); i++) {
        printf("%c", name->last[i]);
        count++;
    } /* fim for */
    return (count);
} /* fim writename */
```

A seguinte tabela ilustra os efeitos da instrução x = *writename* (&*sname*) sobre dois valores diferentes de *sname*:

valor de *sname.first*:	"Sara"	"Irene"
valor de *sname.midinit*:	'M'	' '
valor de *sname.last*:	"Binder"	"LaClaustra"
saída impressa:	Sara M. Binder	Irene LaClaustra
valor de *x*:	14	16

De modo semelhante, a instrução x = w*ritename*(&*name*) imprime os valores dos campos de *ename* e atribui o número de caracteres impressos a x.

O novo padrão proposto para C e alguns de seus compiladores que aceitam a atribuição de estruturas permitem também a passagem de estruturas por valor, sem aplicar o operador &. Esse processo envolve copiar o valor da estrutura inteira quando a função é chamada. Entretanto, neste texto, não presumiremos a presença desse recurso e passaremos todas as estruturas por referência.

Já constatamos que um membro de uma estrutura pode ser um vetor ou outra estrutura. De forma similar, podemos declarar um vetor de estruturas. Por exemplo, se os tipos *employee* e *student* forem declarados, conforme apresentados anteriormente, poderemos declarar dois vetores de estruturas de funcionários e estudantes, como segue:

```
struct employee e[100];
struct student s[100];
```

O salário do décimo quarto funcionário é referenciado por *e* [13].*salary*, e o último nome é referenciado por *e*[13].*nameaddr.name.last*. De modo semelhante, o ano de admissão do primeiro estudante é o *s*[0].*dateadm.year*.

Como exemplo adicional, apresentamos uma função usada no início de um novo ano para conceder um aumento de 10% para todos os funcionários com mais de dez anos de casa e um aumento de 5% para todos os outros. Primeiro, precisamos definir um novo vetor de estruturas:

```
struct employee empset[100];
```

Veja a seguir o procedimento:

```
#define THISYEAR ...
aumento (e)
struct employee e[];
{
   int i;

   for (i=0; i < 100; i++)
      if (e[i].datehired.year < THISYEAR - 10)
        e[i].salary *= 1.10;
      else
        e[i].salary *= 1.05;
} /* fim aumento */
```

Como outro exemplo, vamos supor que acrescentemos um membro adicional, *sindex*, na definição da estrutura *employee*. Esse membro contém um inteiro e indica o índice como estudante no vetor *s* de determinado funcionário. Declaremos o *sindex* (dentro do registro *employee*) como segue:

```
struct employee {
   struct nametype nameaddr;
      . . .
   struct datehired ...;
   int sindex;
};
```

O número de créditos percebidos pelo funcionário *i*, quando o funcionário era um estudante, pode, então, ser referenciado por *s*[*e*[*i*].*sindex*].*credits*.

A seguinte função pode ser usada para conceder um aumento de 10% para todos os funcionários cujo índice de pontos de graduação esteja acima de 3.0 como um estudante, e para retornar o número de tais funcionários. Observe que não precisamos mais comparar o nome de um funcionário com o nome de um estudante para garantir que seus registros representam a mesma pessoa (embora esses nomes devam ser iguais, se forem da mesma pessoa). Em vez disso, o campo *sindex* pode ser usado diretamente para acessar o registro do estudante apropriado para um funcionário. Pressupomos que o programa principal contém a declaração:

```
struct employee e[100];
struct student s[100];

aumento2  (e,s)
struct employee e[];
struct student s[];
{
   int i,j, count;

   count = 0;
   for (i=0; i < 100; i++) {
      j = e[i].sindex;
      if (s[j].gpindx > 3.0) {
         count++;
         e[i].salary *= 1.10;
      }  /* fim if */
   }  /* fim for *
   return(count);
}  /* fim raise2 */
```

Freqüentemente, um grande vetor de estruturas é usado para conter uma importante tabela de dados de uma determinada aplicação. Em geral, existe apenas uma tabela para cada um destes vetores de estruturas. A tabela de estudantes, *s*, e a tabela de funcionários, *e*, da discussão anterior são bons exemplos destas tabelas de dados. Nesses casos, as tabelas são freqüentemente usadas como variáveis estáticas/externas, em vez de como parâmetros, com um grande número de funções acessando-as. Isso aumenta a eficiência, eliminando a sobrecarga da passagem de parâmetros. Poderíamos facilmente reescrever a função *aumento2* anterior, de modo a acessar *s* e *e* como variáveis estáticas/externas e não como parâmetros, simplesmente mudando o cabeçalho da função para:

```
aumento2()
```

O corpo da função não precisa ser alterado, presumindo-se que as tabelas *s* e *e* estejam declaradas no programa mais externo.

REPRESENTANDO OUTRAS ESTRUTURAS DE DADOS

No restante deste livro, as estruturas serão usadas para representar estruturas de dados mais complexas. Agregar dados numa estrutura é útil porque nos permite agrupar objetos dentro de uma única entidade e nomear cada um desses objetos adequadamente, de acordo com sua função.

Para exemplificar como as estruturas podem ser usadas dessa forma, consideremos o problema da representação de números racionais.

NÚMEROS RACIONAIS

Na seção anterior, apresentamos um TDA para números racionais. Lembre-se de que um ***número racional*** é qualquer número que possa ser expresso como o quociente de dois inteiros. Assim, 1/2, 3/4, 2/3 e 2 (isto é, 2/1) são números racionais, enquanto sqr(2) e π não o são. Em geral, um computador representa um número racional por sua aproximação decimal. Se instruirmos o computador a imprimir 1/3, ele responderá com .333333. Embora esse resultado seja suficientemente próximo (a diferença entre .333333 e um terço é apenas um três milionésimo), ele não é exato. Se precisássemos pedir o resultado de 1/3 + 1/3, o resultado seria .666666 (que equivale a .333333 + .333333), enquanto o resultado de imprimir 2/3 poderia ser .666667. Isso significaria que o resultado do teste 1/3 + 1/3 = = 2/3 seria falso! Na maioria dos casos, a aproximação decimal é suficientemente aceitável, mas ocasionalmente não. Portanto, é necessário implementar uma representação de números racionais na qual possa ser efetuada a aritmética exata.

Como podemos representar um número racional com exatidão? Uma vez que um número racional consiste em um numerador e um denominador, podemos representar um número racional usando estruturas da seguinte forma:

```
struct rational {
   int numerator;
   int denominator;
};
```

Uma forma alternativa de declarar esse novo tipo é:

```
typedef struct {
      int numerator;
      int denominator;
   } RATIONAL;
```

Com a primeira técnica, um racional *r* é declarado por:

```
struct rational r;
```

com a segunda técnica, por:

```
RATIONAL r;
```

É possível que você pense que agora estamos preparados para definir a aritmética de números racionais em nossa nova representação, mas existe um problema significativo. Vamos supor que tenhamos definido dois números racionais, *r*1 e *r*2, e atribuído valores a esses números. Como podemos verificar se os dois números são iguais? Talvez você prefira codificar:

```
if (r1.numerator == r2.numerator && r1.denominator ==
                                          r2.denominator
   ...
```

Ou seja, se os numeradores e denominadores forem iguais, os dois números racionais serão iguais. Entretanto, é possível que os numeradores e denominadores não sejam iguais, ainda que os números racionais sejam os mesmos. Por exemplo, na realidade, os números 1/2 e 2/4 são iguais, embora seus numeradores (1 e 2) e seus denominadores (2 e 4) sejam diferentes. Portanto, precisamos de um novo método de testar a igualdade com nossa representação.

Bem, por que 1/2 e 2/4 são iguais? A resposta é que ambos representam a mesma proporção. Um sobre dois e dois sobre quatro são, ambos, um meio. Para testar a igualdade de números racionais, precisamos primeiro reduzi-los a seus termos mínimos. Assim que os dois números forem reduzidos a seus termos mínimos, poderemos então testar a igualdade com a simples comparação de seus numeradores e denominadores.

Defina um ***número racional reduzido*** como um número racional para o qual não existe nenhum inteiro que divida igualmente o denominador e o numerador. Sendo assim, 1/2, 2/3 e 10/1 são todos reduzidos, enquanto 4/8, 12/18 e 15/6 não o são. Em nosso exemplo, 2/4 reduzido a seus termos mínimos é 1/2, e os dois números racionais são iguais.

Uma rotina conhecida como algoritmo de Euclides pode ser usada para reduzir qualquer fração da forma *numerador/denominador* a seus termos mínimos. Essa rotina pode ser descrita assim:

1. Seja a o maior entre o *numerador* e o *denominador* e b o menor.
2. Divida a por b, encontrando um quociente q e um resto r (isto é, $a = q * b + r$).
3. Defina $a = b$ e $b = r$.
4. Repita os passos 2 e 3 até que b seja igual a 0.
5. Divida tanto o numerador como o denominador pelo valor de a.

Como ilustração, vamos reduzir 1032/1976 a seus mínimos termos.

passo 0	*numerador* = 1032		*denominador* = 1976
passo 1	$a = 1976$	$b = 1032$	
passo 2	$a = 1976$	$b = 1032$	$q = 1$ $r = 944$
passo 3	$a = 1032$	$b = 944$	
passos 4 e 2	$a = 1032$	$b = 944$	$q = 1$ $r = 88$
passo 3	$a = 944$	$b = 88$	
passos 4 e 2	$a = 944$	$b = 88$	$q = 10$ $r = 64$
passo 3	$a = 88$	$b = 64$	
passos 4 e 2	$a = 88$	$b = 64$	$q = 1$ $r = 24$
passo 3	$a = 64$	$b = 24$	
passos 4 e 2	$a = 64$	$b = 24$	$q = 2$ $r = 16$
passo 3	$a = 24$	$b = 16$	
passos 4 e 2	$a = 24$	$b = 16$	$q = 1$ $r = 8$
passo 3	$a = 16$	$b = 8$	
passos 4 e 2	$a = 16$	$b = 8$	$q = 2$ $r = 0$
passo 3	$a = 8$	$b = 0$	
passo 5	1032/8 = 129		1976/8 = 247

Assim, 1032/1976, em termos mínimos, é 129/247.

Escrevamos uma função para reduzir um número racional (usaremos o método do nome para declarar os racionais).

```
reduce (inrat, outrat)
struct rational *inrat, *outrat;
{
    int a, b, rem;
```

```
   if (inrat->numerator > inrat->denominator) {
      a = inrat->numerator;
      b = inrat->denominator;
   }  /* fim if */
   else {
      a = inrat->denominator;
      b = inrat->numerator;
   }  /* fim else */
   while (b !=0) {
      rem = a % b;
      a = b;
      b = rem;
   }  /* fim while */
   outrat->numerator /= a;
   outrat->denominator /= a;
}  /* fim reduce */
```

Usando a função *reduce*, podemos escrever outra função, *equal*, que determina se os dois números racionais, *r1* e *r2*, são iguais ou não. Se forem iguais, a função retornará TRUE; caso contrário, retornará FALSE.

```
#define TRUE 1
#define FALSE 0

equal (rat1, rat2)
struct rational *rat1, *rat2;
{
   struct rational r1, r2;

   reduce(rat1, &r1);
   reduce(rat2, &r2);
   if (r1.numerator == r2.numerator &&
                 r1.denominator == r2.denominator)
      return(TRUE);
   return(FALSE);
}  /* fim equal */
```

Agora, podemos escrever funções para efetuar aritmética sobre números racionais. Apresentamos uma função para multiplicar dois números racionais e deixamos como exercício o problema de escrever funções semelhantes para somar, subtrair e dividir tais números.

```
multiply (r1, r2, r3)         /* r3 aponta para o resultado */
struct rational *r1, *r2, *r3;  /* de multiplicar
                                   r1 e r2 */
struct rational rat3;

   rat3.numerator    = r1->numerator   * r2->numerator;
   rat3.denominator  = r1->denominator * r2->denominator;
   reduce(&rat3, r3);
}  /* fim multiply */
```

ALOCAÇÃO DE ARMAZENAMENTO E ESCOPO DE VARIÁVEIS

Até agora, analisamos as declarações de variáveis, isto é, a descrição do tipo ou atributo de uma variável. Entretanto, existem duas perguntas que devem ser respondidas: em que ponto uma variável é associada ao real armazenamento (ou seja, a *alocação de armazenamento*)? em que ponto dentro de um programa determinada variável pode ser referenciada (isto é, o *escopo de variáveis*)?

Em C, as variáveis e os parâmetros declarados dentro de uma função são conhecidos como variáveis *automáticas*. Tais variáveis recebem a alocação de armazenamento quando a função é chamada. Quando a função se encerra, o armazenamento atribuído a estas variáveis é desalocado. Dessa forma, as variáveis automáticas só existem enquanto a função estiver ativa. Além disso, as variáveis automáticas são consideradas *locais* para a função. Ou seja, elas só são conhecidas dentro da função na qual são declaradas e não podem ser referenciadas por outras funções.

As variáveis automáticas (isto é, os parâmetros dentro de um cabeçalho de função ou as variáveis locais posicionadas imediatamente após qualquer abertura de chave) podem ser declaradas dentro de qualquer bloco e permanecem até que o bloco se encerre. A variável pode ser referenciada no bloco inteiro, a não ser que o identificador da variável seja redeclarado dentro de um bloco interno, em cujo caso uma referência ao identificador destina-se à declaração mais interna, e a variável mais externa não pode ser referenciada.

A segunda classe de variáveis em C são as variáveis **externas**. Variáveis que são declaradas fora de qualquer função têm armazenamento alocado no ponto no qual forem encontradas pela primeira vez e permanecem pelo restante da execução do programa. O escopo de uma variável externa perdura a partir do ponto no qual ela é declarada até o final do arquivo-fonte que a contém. Tais variáveis podem ser referenciadas por todas as funções nesse arquivo-fonte, residindo além de sua declaração, e são, portanto, consideradas *globais* para essas funções.

Um caso especial ocorre quando o programador quer definir uma variável global em um arquivo-fonte e referir-se à variável em outro arquivo-fonte. Tal variável deve ser explicitamente declarada como externa. Por exemplo, vamos supor que um vetor de inteiros contendo graduações escolares seja declarado no arquivo-fonte 1 e seja necessário referir-se a esse vetor em todo um arquivo-fonte 2. Seriam necessárias, então, as seguintes declarações:

```
arquivo 1          #define MAXSTUDENTS ...
                   int grades[MAXSTUDENTS];

                       ...
fim do arquivo1

arquivo 2          extern int grades[];

                   float average()
                   {
                       ...
                   } /* fim average */

                   float mode()
                   {
                       ...
                   } /* fim mode */
fim do arquivo 2
```

Quando os arquivos 1 e 2 são combinados em um programa, o armazenamento para o vetor *grades* é alocado no arquivo 1 e permanece alocado até o final do arquivo 2. Como *grades* é uma variável externa, ela é global a partir do ponto em que está definida no arquivo 1 até o final do arquivo 1 e a partir do ponto em que é declarada no arquivo 2 até o final do arquivo 2. Ambas as funções, *average* e *mode,* podem, portanto, referir-se a grades.

Observe que o tamanho do vetor é especificado somente uma vez, no ponto em que a variável é inicialmente definida. Isso acontece porque uma variável declarada explicitamente como externa não pode ser redefinida, nem pode ser alocado para ela qualquer armazenamento adicional. Uma declaração *extern* serve apenas para declarar para o restante desse arquivo-fonte que essa variável existe e foi criada anteriormente.

Ocasionalmente, talvez seja preciso definir uma variável dentro de uma função para a qual o armazenamento continua alocado por toda a execução do programa. Por exemplo, talvez fosse útil manter um contador local dentro de uma função que indicasse o número de vezes que a função foi chamada. Isso pode ser feito incluindo-se a palavra *static* na declaração da variável. Uma variável interna *static* é local para essa função, mas continua existindo por toda a execução do programa, em vez de ser alocada e desalocada toda vez que a função for chamada. Quando a função é encerrada e reiniciada, uma variável estática retém seu valor. De modo semelhante, uma variável externa estática recebe também alocação de armazenamento apenas uma vez, mas pode ser referenciada por qualquer função posicionada depois dela no arquivo-fonte.

A título de otimização, seria útil instruir o compilador a manter o armazenamento de determinada variável num registrador de alta velocidade, em vez de na memória comum. Tal variável é conhecida como **variável de registrador** e é definida incluindo-se a palavra **register** na declaração de uma variável automática ou no parâmetro formal de uma função. Existem várias restrições impostas às variáveis de registrador que mudam de uma máquina para outra. Recomendamos que o leitor consulte os manuais apropriados para obter detalhes sobre tais restrições.

As variáveis podem ser explicitamente inicializadas como parte de uma declaração. Em termos conceituais, essas variáveis recebem seus valores iniciais antes da execução. As variáveis estáticas e externas não-inicializadas são inicializadas com 0, enquanto as variáveis de registrador e automáticas têm valores indefinidos.

Para ilustrar essas regras, examine o seguinte programa (os números posicionados à esquerda de cada linha servem apenas como referência).

fonte file1.c

```
1    int x, y, z;

2    func1()
3    {
4       int a, b;

5       x = 1;
6       y = 2;
7       z = 3;
8       a = 1;
9       b = 2;
10      printf("%d %d %d %d %d\n", x, y, z, a, b);
11   }  /* fim func1 */

12   func2()
13   {
14      int a;

15      a = 5;
16      printf("%d %d %d %d\n", x, y, z, a);
17   }  /* fim func2 */
```

fim do fonte file1.c

fonte file2.c

```
18   #include <stdio.h>
19   #include <file1.c>

20   extern int x, y, z;
21   main()
22   {
23      func1();
24      printf("%d %d %d\n", x, y, z);
25      func2();
26      func3();
27      func3();
28      func4();
29      printf("%d %d %d\n", x, y, z);
30   }  /* fim main */
31   func3()
32   {
```

```
33      static int b;         /* b é inicializada com 0 */

34      y++;
35      b++;
36      printf("%d %d %d %d\n", x, y, z, b);
37   }  /* fim func3 */

38   func4()
39   {
40      int x, y, z;

41      x = 10;
42      y = 20;
43      z = 30;
44      printf("%d %d %d\n", x, y, z);
45   }  /* fim func4 */

fim do fonte file2.c
```

A execução do programa gera os seguintes resultados:

a	1 2 3 1 2
b	1 2 3
c	1 2 3 5
d	1 3 3 1
e	1 4 3 2
f	10 20 30
g	1 4 3

Examinemos o programa. A execução começa na linha 1, na qual são definidas as variáveis externas inteiras, *x, y* e *z*. Por serem definidas externamente, elas serão conhecidas (globais) por todo o restante de [*file*1. *c*(linhas 1 a 17). A execução prossegue então na linha 20, que declara por meio da palavra ***extern*** que as variáveis externas inteiras, *x, y* e *z*, devem ser associadas às variáveis de mesmo nome, posicionadas na linha 1. Não se aloca nenhum armazenamento adicional nesse ponto, uma vez que esse armazenamento é alocado somente quando essas variáveis são inicialmente definidas (linha 1). Como externas, as variáveis *x, y* e *z* serão conhecidas por todo o restante de *file*2.*c*, à exceção de f*unc*4 (linhas 38 a 45), em que a declaração das variáveis automáticas locais, *x, y* e *z* (linha 40), substitui a definição inicial.

A execução começa em *main*(), linha 21, que chama imediatamente *func*1. *func*1 (linhas 2 a 4) define as variáveis automáticas locais, *a* e *b* (linha 4), e atribui valores às variáveis globais (linha 5 a 7) e às suas variáveis locais (linhas 8 e 9). A linha 10, portanto, produz a primeira linha de saída (linha *a*). Ao término de *func*1 (linha 11), o armazenamento para as variáveis *a* e *b* é desalocado. Dessa forma, nenhuma outra função poderá referir-se a essas variáveis.

Em seguida, o controle retorna à função principal (linha 24). A saída é dada na linha b. Depois, ela chama *func*2 (linhas 12 a 17), que define uma variável automática local, *a*, para a qual é alocado armazenamento (linha 14) e atribuído um valor (linha 15). A linha 16 refere-se às variáveis (globais) externas, *x*, *y* e *z*, definidas anteriormente, na linha 1, e com valores atribuídos nas linhas 5 a 7. A saída é dada na linha b. Observe que seria inválido se *func*2 tentasse imprimir um valor para *b*, uma vez que esta variável não mais existe, sendo alocada somente dentro de *func*1.

Em seguida, o programa principal chama *func*3 duas vezes (linhas 26 e 27). *func*3 (linhas 31 a 37), quando chamada pela primeira vez, aloca armazenamento para a variável local estática, *b*, e a inicializa com 0 (linha 33). A variável *b* será conhecida somente para *func*3; entretanto, ela existirá pelo restante da execução do programa. A linha 34 incrementa a variável global *y* e a linha 35 incrementa a variável local *b*. A linha d da saída é, então, impressa. Na segunda vez em que *func*3 é chamada pelo programa principal, não é alocado novo armazenamento para *b*; sendo assim, quando *b* é incrementada na linha 35, o antigo valor de *b* (da chamada anterior à *func*3) é usado. Dessa forma, o valor final de *b* refletirá o número de vezes que *func*3 foi chamada.

A execução continua na função principal que chama *func*4 (linha 28). Conforme mencionado anteriormente, a definição das variáveis inteiras automáticas internas, *x*, *y* e *z*, na linha 40, substitui a definição de *x*, *y* e *z* nas linhas 1 e 20 e permanece somente dentro do escopo de *func*4 (linhas 38 a 45). Assim, a atribuição de valores nas linhas 41 a 43 e a saída (linha f) resultante a partir da linha 44 referem-se somente a essas variáveis locais. Assim que *func*4 termina (linha 45), estas variáveis são destruídas. As referências subseqüentes a *x*, *y* e *z* (linhas 29) referem-se às globais *x*, *y* e *z* (linhas 1 e 20) produzindo a saída da linha g.

EXERCÍCIOS

1.3.1. Implemente números complexos, conforme especificado no Exercício 1.1.8, usando estruturas com partes reais e complexas. Escreva rotinas para somar, multiplicar e negar tais números.

1.3.2. Vamos supor que um número real seja representado por uma estrutura em C, como esta:

```
struct realtype {
    int left;
    int right;
};
```

onde *left* e *right* representam os dígitos posicionados à esquerda e à direita do ponto decimal, respectivamente. Se *left* for um inteiro negativo, o número real representado será negativo.

    a. Escreva uma rotina para inserir um número real e criar uma estrutura representando esse número.

    b. Escreva uma função que aceite essa estrutura e retorne o número real representado por ela.

    c. Escreva rotinas *add*, *subtract* e *multiply* que aceitem duas dessas estruturas e definam o valor de uma terceira estrutura para representar o número que seja a soma, a diferença e o produto, respectivamente, dos dois registros de entrada.

1.3.3. Suponha que um inteiro precise de quatro bytes, um número real precise de oito bytes e um caractere precise de um byte. Pressuponha as seguintes definições e declarações:

```
struct nametype {
    char first[10];
    char midinit;
    char last[20];
};

struct person {
    struct nametype name;
```

```
        int birthday[2];
          struct nametype parents[2];
          int income;
          int numchildren;
          char address[20];
          char city[10];
          char state[2];
    };
    struct person p[100];
```

Se o endereço inicial de *p* for 100, quais serão os endereços iniciais (em bytes) de cada um dos seguintes?

a. p[10]

b. p[200].name.midinit

c. p[20].income

d. p[20].address[5]

e. p[5].parents[1].last[10]

1.3.4. Suponha dois vetores, um de registros de estudantes e outro de registros de funcionários. Cada registro de estudante contém membros para um último nome, um primeiro nome e um índice de pontos de graduação. Cada registro de funcionário contém membros para um último nome, um primeiro nome e um salário. Ambos os vetores são classificados em ordem alfabética pelo último e pelo primeiro nome. Dois registros com o último e o primeiro nome iguais não aparecem no mesmo vetor. Escreva uma função em C para conceder um aumento de 10% a todo funcionário que tenha um registro de estudante cujo índice de pontos de graduação seja maior que 3.0.

1.3.5. Escreva uma função semelhante à do exercício anterior, mas pressupondo que os registros dos funcionários e estudantes sejam mantidos em dois arquivos externos classificados, em vez de em dois vetores classificados.

1.3.6. Usando a representação de números racionais apresentada no texto, escreva rotinas para somar, subtrair e dividir tais números.

1.3.7. O texto apresenta uma função *equal* que determina se dois números racionais, $r1$ e $r2$, são iguais ou não, reduzindo primeiramente $r1$ e $r2$ a seus termos mínimos e verificando em seguida a igualdade. Um método alternativo seria multiplicar o denominador de cada número pelo numerador do outro e testar a igualdade dos dois produtos. Escreva uma função *equal2* para implementar esse algoritmo. Qual dos dois métodos é preferível?

Capítulo 2

A PILHA

Um dos conceitos mais úteis na ciência da computação é o de pilha. Neste capítulo, examinaremos essa estrutura de dados decepcionantemente simples e verificaremos por que ela desempenha esse proeminente papel nas áreas de programação e de linguagens de programação. Definiremos o conceito abstrato de uma pilha e provaremos como esse conceito pode ser transformado numa ferramenta concreta e valiosa para a solução de problemas.

2.1. DEFINIÇÃO E EXEMPLOS

Uma *pilha* é um conjunto ordenado de itens no qual novos itens podem ser inseridos e a partir do qual podem ser eliminados itens em uma extremidade chamada *topo* da pilha. Podemos ilustrar uma pilha como a da Figura 2.1.1.

Ao contrário do que acontece com o vetor, a definição da pilha compreende a inserção e a eliminação de itens, de modo que uma pilha é um objeto dinâmico, constantemente mutável. Por conseguinte, surge então a pergunta: como uma pilha muda? A definição especifica que uma única extremidade da pilha é designada como o topo da pilha. Novos itens podem ser colocados no topo da pilha (em cujo caso este topo será deslocado para cima, de modo a corresponder ao novo primeiro elemento), ou os itens que estiverem no topo da pilha poderão ser removidos (em cujo caso esse topo será deslocado para baixo, de modo a corresponder ao novo primeiro elemento). Para responder à pergunta qual é o lado de cima?, precisaremos determinar que extremidade da pilha será designada como topo — isto é, em que extremidade serão incluídos ou eliminados itens. Desenhando a Figura 2.1.1 de modo que F esteja fisicamente em cima na página em relação aos outros itens na pilha, estaremos implicando que F é o atual elemento superior da pilha. Se forem incluídos novos itens na pilha, eles serão colocados acima de F e, se forem eliminados alguns itens, F será o primeiro a ser eliminado. Isso é também indicado pelas linhas verticais que se estendem além dos itens da pilha, na direção do topo da pilha.

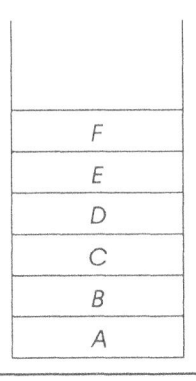

```
   |           |
   |     F     |
   |     E     |
   |     D     |
   |     C     |
   |     B     |
   |     A     |
```

Figura 2.1.1 Uma pilha contendo termos da pilha.

A Figura 2.1.2 é um filme de uma pilha conforme ela se expande e se reduz com o passar do tempo. A Figura 2.1.2a mostra um instantâneo da pilha da Figura 2.1.1. Na Figura 2.1.2b, o item G é incluído na pilha. De acordo com a definição, só existe um local na pilha onde ele pode ser incluído — no topo. Agora, o primeiro elemento da pilha é G. Com a movimentação da imagem pelos quadros c, d e e, os itens H, I e J são sucessivamente incluídos na pilha. Observe que o último item inserido (neste caso, J) está no topo da pilha. Entretanto, a partir do quadro f, a pilha começa a diminuir, quando primeiro J, depois I, H e G são sucessivamente removidos. Em cada etapa, o elemento superior é removido, uma vez que uma eliminação só pode ser feita a partir do topo. O item G não poderia ser removido da pilha antes dos itens J, I e H. Isso ilustra o atributo mais importante de uma pilha, em que o último elemento inserido numa pilha é o primeiro elemento eliminado. Sendo assim, J é eliminado antes de I porque J foi inserido depois de I. Por essa razão, ocasionalmente uma pilha é chamada lista *last-in, first-out* (LIFO — ou UEPS, o último a entrar é o primeiro a sair).

Entre os quadros j e k, a pilha parou de diminuir e começou a crescer novamente, com a inclusão do item K. Entretanto, esse crescimento tem vida curta, porque, em seguida, a pilha se reduz a apenas três itens no quadro n.

Observe que não há como distinguir entre o quadro a e o quadro i, examinando o estado da pilha nas duas ocorrências. Em ambos os casos, a pilha contém os mesmos itens, na mesma ordem, e apresenta o mesmo topo. Não existe um registro do fato de que quatro itens tenham sido incluídos e eliminados na pilha, nesse ínterim. De modo semelhante, não há como distinguir entre os quadros d e f, ou j e l. Se for necessário um registro dos itens intermediários que passaram pela pilha, esse registro deverá ser mantido em outro lugar; ele não existe dentro da própria pilha.

Na realidade, apresentamos uma visão estendida do que é realmente observado numa pilha. A verdadeira imagem de uma pilha é dada por uma visualização de cima para baixo, em vez de por uma visão em perfil, de fora para dentro. Sendo assim, na Figura 2.1.2, não existe uma diferença perceptível entre os quadros h e o. Em cada caso, o elemento posicionado no topo é G. Embora a pilha no quadro h e a pilha no quadro o não sejam iguais, a única maneira de determinar esse fato é removendo todos os elementos das duas pilhas e comparando-os individualmente. Mesmo que tenhamos observado perfis laterais de pilhas para simplificar nosso entendimento, deve-se observar que o fizemos arbitrariamente e que não há uma possibilidade real de existir tal imagem.

OPERAÇÕES PRIMITIVAS

As duas mudanças que podem ser introduzidas numa pilha recebem nomes especiais. Quando um item é incluído numa pilha, ele é **empilhado** sobre a pilha e, quando um item é removido, ele é **desempilhado**. Em função de uma pilha s e de um item i, executar a operação $push(s, i)$ incluirá o item i no topo da pilha s. De modo semelhante, a operação $pop(s)$ removerá o elemento superior e o retornará como valor da função. Assim, a operação de atribuição:

```
i = pop(s);
```

remove o elemento posicionado no topo de s e atribui seu valor a i.

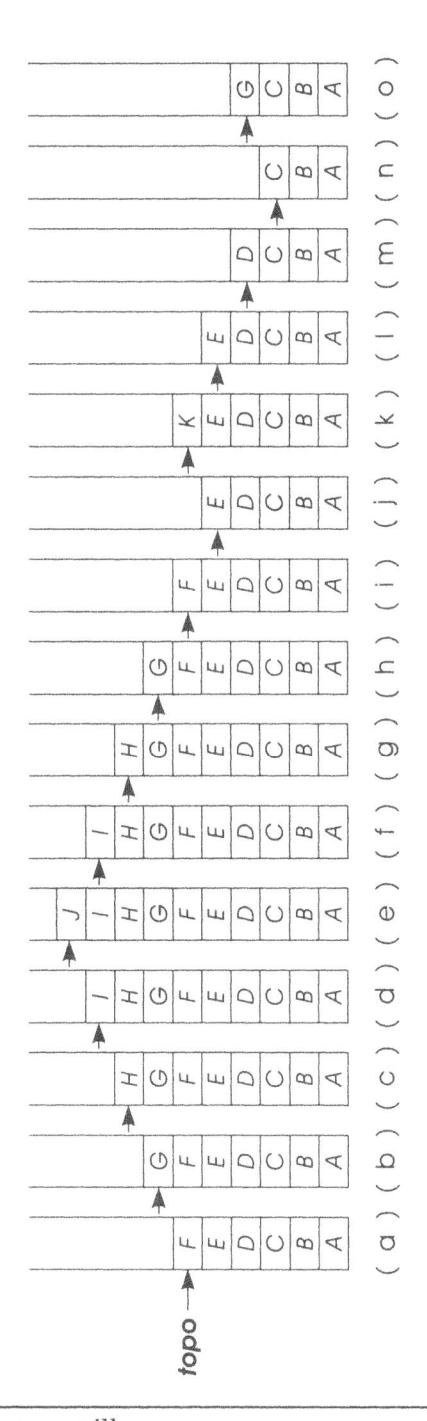

Figura 2.1.2 Um filme de uma pilha.

Por exemplo, se *s* for a pilha da Figura 2.1.2, executaremos a operação *push(s, G)*, ao passar do quadro a para o b. Em seguida, executamos sucessivamente as seguintes operações:

```
push    (s,H);      (quadro (c))
push    (s,I);      (quadro (d))
push    (s,J);      (quadro (e))
pop     (s);        (quadro (f))
pop     (s);        (quadro (g))
pop     (s);        (quadro (h))
pop     (s);        (quadro (i))
pop     (s);        (quadro (j))
push    (s,K);      (quadro (k))
pop     (s);        (quadro (l))
pop     (s);        (quadro (m))
pop     (s);        (quadro (n))
push    (s,G);      (quadro (o)).
```

Devido à operação *push* que adiciona elementos a uma pilha, uma pilha é às vezes **lista pushdown**

Não existe um limite máximo para o número de itens que podem ser mantidos numa pilha porque a definição não especifica quantos itens são permitidos no conjunto. Empilhar outro item numa pilha simplesmente produz um conjunto maior de itens. Entretanto, se uma pilha contiver um só item e ele for desempilhado, a pilha resultante não conterá itens e será chamada de **pilha vazia**. Embora a operação *push* seja aplicável a qualquer pilha, a operação *pop* não pode ser aplicada à pilha vazia porque essa pilha não tem elementos para desempilhar. Portanto, antes de aplicar o operador *pop* a uma pilha, precisamos verificar se ela não está vazia. A operação *empty(s)* determina se uma pilha *s* está vazia ou não. Se a pilha estiver vazia, *empty(s)* retornará o valor *TRUE*; caso contrário, retornará *FALSE*.

Outra operação que pode ser executada sobre uma pilha é a determinação do item superior da pilha, sem removê-lo. Essa operação é escrita como *stacktop(s)* e retorna o elemento superior da pilha *s*. Na verdade, a operação *stacktop(s)* não representa uma nova operação porque ela pode ser decomposta em um pop e um push.

```
i = stacktop(s);
```

é equivalente a:

```
i = pop(s);
push (s,i);
```

Como acontece com a operação *pop*, *stacktop* não é definida para uma pilha vazia. O resultado de uma tentativa inválida de desempilhar ou acessar um item de uma pilha vazia é chamado **underflow**. O underflow pode ser evitado assegurando que *empty(s)* seja falso antes de tentar a operação *pop(s)* ou *stacktop(s)*.

UM EXEMPLO

Agora que definimos uma pilha e indicamos as operações que podem ser executadas sobre ela, vejamos como podemos usar a pilha na solução de problemas. Examine uma expressão matemática que inclui vários conjuntos de parênteses agrupados. Por exemplo:

```
7 - ((X * ((X + Y) / (J - 3)) + Y) / (4 - 2.5))
```

Queremos garantir que os parênteses estejam corretamente agrupados, ou seja, desejamos verificar se:

1. Existe um número igual de parênteses esquerdos e direitos.

2. Todo parêntese da direita está precedido por um parêntese da esquerda correspondente.

Expressões como

$((A + B)$ ou $A + B($

violam o critério 1, e expressões como:

$)A + B(-C$ ou $(A + B)) - (C + D$

violam o critério 2.

Para solucionar esse problema, imagine cada parêntese da esquerda como uma abertura de um escopo, e cada parêntese da direita como um fechamento de escopo. A **profundidade do aninhamento** (ou **profundidade do agrupamento**) em determinado ponto numa expressão é o número de escopos abertos, mas ainda não fechados nesse ponto. Isso corresponderá ao número de parênteses da esquerda encontrados cujos correspondentes parênteses da direita ainda não foram encontrados. Determinemos a **contagem de parênteses** em determinado ponto numa expressão como o número de parênteses da esquerda menos o número de parênteses da direita encontrados ao rastrear a expressão a partir de sua extremidade esquerda até o ponto em questão. Se a contagem de parênteses for não-negativa, ela equivalerá à profundidade do aninhamento. As duas condições que devem vigorar caso os parênteses de uma expressão formem um padrão admissível são as seguintes:

1. A contagem de parênteses no final da expressão é 0. Isso implica que nenhum escopo ficou aberto ou que foi encontrada a mesma quantidade de parênteses da direita e da esquerda.

2. A contagem de parênteses em cada ponto na expressão é não-negativa. Isso implica que não foi encontrado um parêntese da direita para o qual não exista um correspondente parêntese da esquerda.

Na Figura 2.1.3, a contagem em cada ponto de cada uma das cinco strings anteriores é dada imediatamente abaixo desse ponto. Como apenas a primeira string atende aos dois critérios anteriormente citados, ela é a única dentre as cinco com um padrão de parênteses correto.

Agora, alteremos ligeiramente o problema e suponhamos a existência de três tipos diferentes de delimitadores de escopo. Esses tipos são indicados por parênteses ((e)), colchetes ([e]) e chaves ({e}). Um finalizador de escopo deve ser do mesmo tipo de seu iniciador. Sendo assim, strings como:

$(A + B]$, $[(A + B])$, $\{A - (B]\}$

são inválidas.

É necessário rastrear não somente quantos escopos foram abertos como também seus tipos. Estas informações são importantes porque, quando um finalizador de escopo é encontrado, precisamos conhecer o símbolo com o qual o escopo foi aberto para assegurar que ele seja corretamente fechado.

Uma pilha pode ser usada para rastrear os tipos de escopos encontrados. Sempre que um iniciador de escopo for encontrado, ele será empilhado. Sempre que um finalizador de escopo for encontrado, a pilha será examinada. Se a pilha estiver vazia, o finalizador de escopo não terá um iniciador correspondente e a string será, conseqüentemente, inválida. Entretanto, se a pilha não estiver vazia, desempilharemos e verificaremos se o item desempilhar corresponde ao finalizador de escopo. Se ocorrer uma coincidência, continuaremos. Caso contrário, a string será inválida. Quando o final da string for alcançado, a pilha deverá estar vazia; caso contrário, existe um ou mais escopos abertos que ainda não foram fechados, e a string será inválida. Veja a seguir o algoritmo para esse procedimento. A Figura 2.1.4 mostra o estado da pilha depois de ler parte da string *{ x + (y - [a + b]) * c - [(d + e)]} /(h - (j - (k - [l - n])))*.

```
     7 - ( ( X * ( ( X + Y ) / ( J - 3 ) ) + Y ) / ( 4 - 2.5 ) )
     0 0 1 2 2 2 3 4 4 4 4 3 3 4 4 4 4 3 2 2 2 1 1 2 2 2   2 1 0

                          ( ( A + B )
                          1 2 2 2 2 1

                          A + B (
                          0 0 0 1

                          )  A  +  B  ( - C
                         -1 -1 -1 -1 -1 0 0 0

                     ( A + B ) ) - ( C + D
                     1 1 1 1 0 -1 -1 0 0 0 0
```

Figura 2.1.3 Contagem de parênteses em vários pontos de strings.

```
valid = true;            /* presume que a string eh valida */
s = pilha vazia;
while (nao lemos a string inteira) {
   le o proximo simbolo (symb) da string;
   if (symb == '(' || symb == '[' || symb == '{')
      push(s,symb);

   if (symb == ')' || symb == ']' || symb == '}')
      if (empty(s))
         valid = false;
      else  {
         i = pop(s);
         if (i nao eh o correspondente iniciador de symb)
            valid = false;
      }  /* fim else */
}   /* fim while */
if (!empty(s))
   valid = false;

if (valid)
   printf("%s", "a string eh valida");
else
   printf("%s", "a string eh invalida");
```

{ ... } {x + (... {x + (y − [...

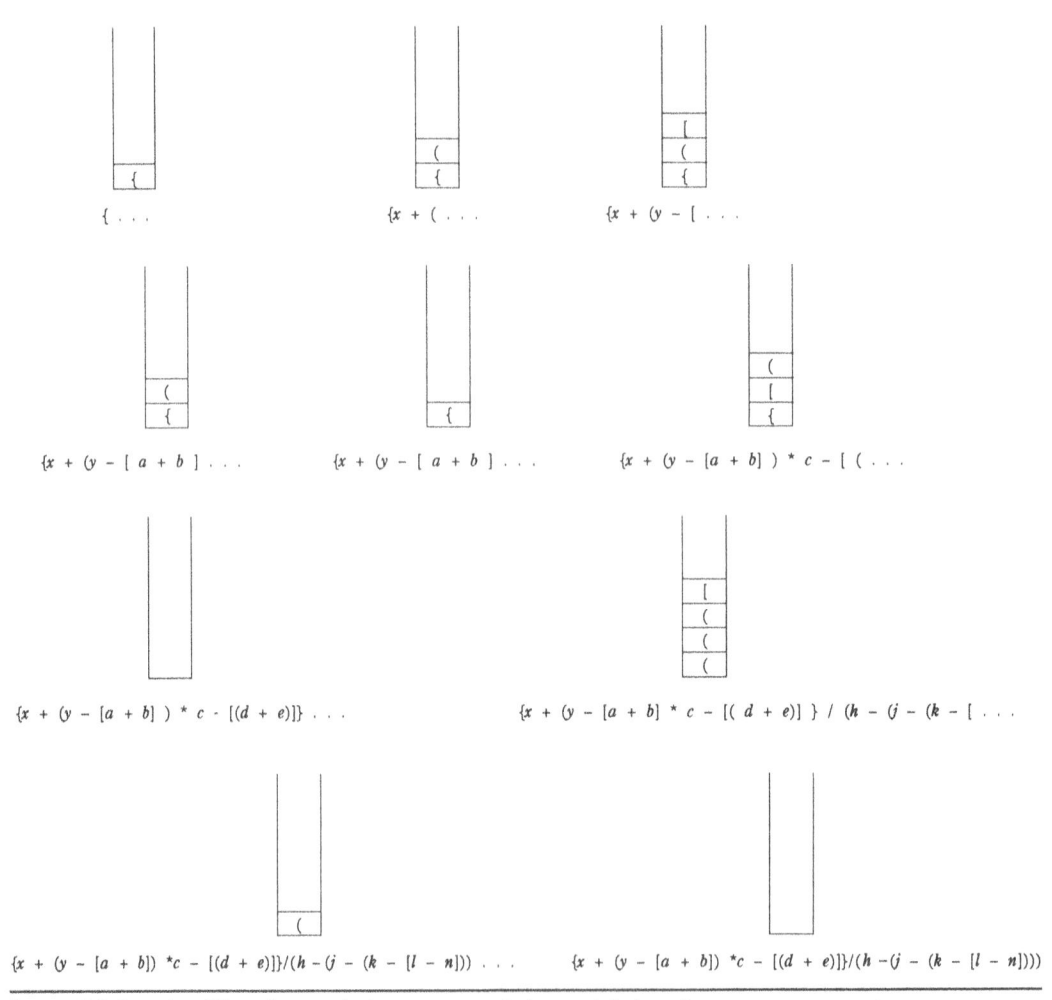

{x + (y − [a + b] ... {x + (y − [a + b] ... {x + (y − [a + b]) * c − [(...

{x + (y − [a + b]) * c − [(d + e)]} ... {x + (y − [a + b] * c − [(d + e)] } / (h − (j − (k − [...

{x + (y − [a + b]) *c − [(d + e)]}/(h − (j − (k − [l − n])) ... {x + (y − [a + b]) *c − [(d + e)]}/(h −(j − (k − [l − n])))

Figura 2.1.4 A pilha de parênteses em vários estágios do processamento.

Vejamos por que a solução desse problema requer o uso de uma pilha. O último escopo a ser aberto deve ser o primeiro a ser fechado. Isso é simulado por uma pilha na qual o último elemento que entra é o primeiro a sair. Cada item na pilha representa um escopo que foi aberto, mas não fechado. Empilhar um item corresponde a abrir um escopo, e desempilhar um item corresponde a fechar um escopo, ficando aberto um escopo a menos.

Observe a correspondência entre o número de elementos na pilha, neste exemplo, e a contagem de parênteses, no exemplo anterior. Quando uma pilha está vazia (a contagem de parênteses igual a 0) e um finalizador de escopo é encontrado, está-se fazendo uma tentativa de fechar um escopo que nunca foi aberto, de modo que o padrão de parênteses é inválido. No primeiro exemplo, isso é indicado por uma contagem negativa de parênteses e, no segundo exemplo, pela impossibilidade de desempilhar. A razão pela qual uma mera contagem de parênteses é inadequada para o segundo exemplo é que precisamos rastrear os próprios iniciadores de escopo. Isso pode ser feito com uma pilha. Observe também que, em qualquer ponto, examinamos apenas o elemento posicionado no topo da pilha. Determinada configuração de parênteses abaixo do elemento superior é irrelevante ao examinarmos esse primeiro elemento. Somente depois que o elemento superior for desempilhado é que nos preocuparemos com os elementos subseqüentes na pilha.

Em termos gerais, uma pilha pode ser usada em qualquer situação que exija uma disciplina do tipo "o último a entrar é o primeiro a sair" ou que apresente um padrão de agrupamento. Veremos mais exemplos do uso de pilhas nas seções posteriores deste capítulo e, na verdade, por todo o texto deste livro.

A PILHA COMO UM TIPO DE DADO ABSTRATO

A representação de uma pilha como um tipo de dado abstrato é simples. Usamos *eltype* para indicar o tipo do elemento da pilha e parametrizar o tipo da pilha com eltype.

```
abstract typedef <<eltype>> STACK (eltype);

abstract empty(s)
STACK (eltype)s;
postcondition       empty == (len(s) == 0);

abstract eltype pop(s)
STACK (eltype) s;
precondition        empty(s) == FALSE;
postcondition       pop == first(s');
                    s == sub(s', 1, len(s') - 1);

abstract push(s, elt)
STACK(eltype) s;
eltype elt;
postcondition       s==<elt> + s';
```

EXERCÍCIOS

2.1.1. Use as operações *push*, *pop*, *stacktop* e *empty* para construir operações que façam o seguinte:

a. Definir i com o segundo elemento a partir do topo da pilha, deixando a pilha sem seus dois elementos superiores.

b. Definir i com o segundo elemento a partir do topo da pilha, deixando a pilha inalterada.

c. Dado um inteiro n, definir i como o enésimo elemento a partir do topo da pilha, deixando a pilha sem seus n elementos superiores.

d. Dado um inteiro n, definir i como o enésimo elemento a partir do topo da pilha, deixando a pilha inalterada.

e. Definir i como o último elemento da pilha, deixando a pilha vazia.

f. Definir i como o último elemento da pilha, deixando a pilha inalterada. (Dica: use outra pilha auxiliar.)

g. Definir i como o terceiro elemento a partir do final da pilha.

2.1.2. Simule a ação do algoritmo apresentado nesta seção para cada uma das seguintes strings, apresentando o conteúdo da pilha em cada ponto.

a. $(A + B\})$

b. $\{[A + B] - [(C - D)]$

c. $(A + B) - \{C + D\} - [F + G]$

d. $((H) * \{([J + K])\})$

e. $(((A))))$

2.1.3. Escreva um algoritmo para determinar se uma string de caracteres de entrada é da forma:

$x \, C \, y$

onde x é uma string consistindo nas letras 'A' e 'B', e y é o inverso de x (isto é, se x = "ABABBA", y deve equivaler a "ABBABA"). Em cada ponto, você só poderá ler o próximo caractere da string.

2.1.4. Escreva um algoritmo para determinar se uma string de caracteres de entrada é da forma:

$a \, D \, b \, D \, c \, D \, ... \, D \, z$

onde cada string, a, b, ..., z, é da forma da string definida no Exercício 2.1.3. (Por conseguinte, uma string estará no formato correto se consistir em qualquer número de strings desse tipo, separadas pelo caractere 'D'.) Em cada ponto, você só poderá ler o próximo caractere da string.

2.1.5. Elabore um algoritmo que não use uma pilha para ler uma seqüência de operações *push* e *pop*, e determine se está ocorrendo underflow ou não em alguma operação *pop*. Implemente o algoritmo como um programa em C.

2.1.6. Que conjunto de critérios é necessário e suficiente para que uma seqüência de operações *push* e *pop* sobre uma única pilha (inicialmente vazia) deixe a pilha vazia e não provoque underflow? Que conjunto de critérios é necessário para que essa seqüência deixe uma pilha não-vazia inalterada?

2.2. REPRESENTANDO PILHAS EM C

Antes de programar a solução de um problema que usa uma pilha, precisamos determinar como representar uma pilha usando as estruturas de dados existentes em nossa linguagem de programação. Conforme verificaremos, existem várias maneiras de representar uma pilha em C. Examinaremos agora a mais simples delas. Por todo o livro, você conhecerá outras possíveis representações. Entretanto, cada uma delas é simplesmente uma implementação do conceito introduzido na Seção 2.1. Cada uma tem vantagens e desvantagens, em termos de quão próxima pode refletir o conceito abstrato de uma pilha e quanto esforço o programador e o computador precisarão despender, ao usá-la.

Uma pilha é um conjunto ordenado de itens, e C já contém um tipo de dado que representa um conjunto ordenado de itens: o vetor. Portanto, sempre que a solução de um problema exigir o uso de uma pilha, é tentador iniciar um programa declarando uma variável pilha como um vetor. Contudo, uma pilha e um vetor são duas entidades totalmente diferentes. O número de elementos num vetor é fixado e atribuído pela declaração feita para o vetor. Em termos gerais, o usuário não pode alterar esse número. Por outro lado, uma pilha é fundamentalmente um objeto dinâmico cujo tamanho está sempre mudando à medida que os itens são desempilhados e empilhados.

Entretanto, mesmo que um vetor não seja uma pilha, ele pode ser a casa de uma pilha. Ou seja, um vetor pode ser declarado suficientemente grande para armazenar o tamanho máximo da pilha. Durante a execução do programa, a pilha pode aumentar e diminuir dentro do espaço reservado para ela. Uma extremidade do vetor é o final fixo da pilha, enquanto o topo da pilha se desloca constantemente, com a eliminação e a inclusão de itens. Dessa forma, é necessário outro campo que, em cada ponto da execução do programa, rastreie a atual posição do topo da pilha.

Uma pilha em C pode, por conseguinte, ser declarada como uma estrutura contendo dois objetos: um vetor para armazenar os elementos da pilha, e um inteiro para indicar a posição atual do topo da pilha dentro do vetor. Para uma pilha de inteiros, isso pode ser feito pelas seguintes declarações:

```
#define STACKSIZE 100
struct stack {
    int top;
    int items[STACKSIZE];
};
```

Assim que isso for feito, uma pilha *s* poderá ser declarada por:

```
struct stack s;
```

Nesse caso, presumimos que os elementos da pilha *s*, contida no vetor *s.items*, são inteiros e que a pilha não conterá, em momento algum, mais do que os inteiros de *STACKSIZE*. Neste exemplo, *STACKSIZE* está definida em 100, indicando que a pilha poderá conter 100 elementos (*items*[0] a *items*[99]).

Evidentemente, não há razão para restringir uma pilha a conter somente inteiros; *items* poderia ser declarado com a mesma facilidade que *float items[STACKSIZE]* ou *char items[STACKSIZE]*, ou com qualquer outro tipo que queiramos atribuir aos elementos da pilha. Na verdade, conforme a necessidade, uma pilha poderá conter objetos de diferentes tipos, usando uniões de C. Assim:

```
#define STACKSIZE 100
#define INTGR    1
#define FLT      2
#define STRING   3
struct stackelement {
   int etype;  /* etype equivale a INTGR, FLT ou STRING  */
               /* dependendo do tipo do                  */
               /* elemento correspondente.               */
   union {
     int ival;
     float fval;
     char *pval;  /* ponteiro para uma string */
   } element;
};
struct stack {
   int top;
   struct stackelement items[STACKTOP];
};
```

define uma pilha cujos elementos podem ser inteiros, números de ponto flutuante ou strings, dependendo do valor do *etype* correspondente. Dada uma pilha *s* declarada por:

```
struct stack s;
```

poderíamos imprimir o primeiro elemento da pilha como segue:

```
struct stackelement se;

se = s.items[s.top];
switch (se.etype) {
   case INTGR  : printf("% d\n", se.ival); break;
   case FLT    : printf("% f\n", se.fval); break;
   case STRING : printf("% s\n", se.pval);
} /*fim switch */
```

Para simplificar, no restante desta seção presumiremos que se tenha declarado uma pilha contendo somente elementos homogêneos (de modo que as uniões não sejam necessárias). A variável *top* precisa ser sempre declarada como um inteiro porque seu valor representa a posição do elemento superior da pilha, dentro do vetor *items*. Portanto, se o valor de *s.top* for 4, existirão cinco elementos na pilha; *s.items*[0], *s.items*[1], *s.items*[2], *s.items*[3] e *s.items*[4]. Quando um elemento é desempilhado, o valor de *s.top* muda para 3 para indicar que agora existem quatro elementos na pilha e que *s.items*[3] é o elemento superior. Por outro lado, se um novo objeto for inserido na pilha, o valor de *s.top* precisará ser aumentado em 1 a 5, e o novo objeto deverá ser inserido em *s.items*[5].

A pilha vazia não contém elementos e poderá ser, portanto, indicada por *top* equivalendo a -1. Para inicializar uma pilha *s* com o estado de vazia, podemos executar, a princípio, *s.top* = -1;.

No decorrer da execução, para determinar se uma pilha está vazia ou não, o critério *s.top* == -1 deve ser verificado numa instrução ***if***, como segue:

```
if (s.top == -1)
   /* a pilha estah vazia */
else
   /* a pilha nao estah vazia */
```

Este teste corresponde à operação *empty(s)* apresentada na Seção 2.1. Como alternativa, podemos escrever uma função que retorne *TRUE* se a pilha estiver vazia, e *FALSE*, caso contrário, como segue:

```
empty(ps)
struct stack *ps;
{
   if (ps->top == -1)
      return(TRUE);
   else
      return(FALSE) ;
} /* fim empty */
```

Assim que esta função existir, um teste para a pilha vazia é implementado pela instrução:

```
if (empty (&s))
   /* a pilha estah vazia */
```

```
else
   /* a pilha nao estah vazia */
```

Observe a diferença na sintaxe da chamada a *empty* no algoritmo da seção anterior e no segmento de programa apresentado aqui. No algoritmo, *s* representava uma pilha e a chamada a *empty* foi expressa como:

```
empty(s)
```

Nesta seção, concentramo-nos na verdadeira implementação da pilha e de suas operações. Como os parâmetros em C são passados por valor, a única maneira de modificar um argumento passado para uma função é passar o endereço do argumento em vez do próprio argumento. Além disso, a definição original de C (por Kernighan e Ritchie) e vários compiladores mais antigos de C não permitem que uma estrutura seja passada como um argumento, mesmo que seu valor permaneça inalterado. Sendo assim, em funções como *pop* e *push* (que modificam seus argumentos do tipo estrutura), bem como *empty* (que não modifica), adotamos a convenção de passar o endereço da estrutura de pilha, em vez da própria pilha. (Essa restrição foi retirada de vários compiladores mais modernos.)

É possível que você questione por que estamos preocupados em definir a função *empty* quando poderíamos escrevê-la facilmente como *if (s.top == -1)* cada vez que quiséssemos verificar o critério de uma pilha vazia. A resposta é que queremos tornar nossos programas mais compreensíveis e fazer uso de uma pilha independentemente de sua implementação. Assim que entendermos o conceito da pilha, a expressão *"empty(&s)"* terá mais sentido do que *"s.top == -1"*. Se precisássemos introduzir posteriormente uma implementação melhor de uma pilha, de modo que *"s.top == -1"* fique sem sentido, teríamos de mudar toda referência ao identificador de campo, *s.top*, no programa inteiro. Por outro lado, a expressão *"empty(&s)"* manteria ainda seu significado, por ser um atributo inerente do conceito de pilha, em vez de uma implementação desse conceito. Para revisar um programa de modo a acomodar uma nova implementação da pilha, seria necessária uma possível revisão da declaração da estrutura *stack* no programa principal e a readaptação da função *empty*. (Talvez a forma da chamada a *empty* precisasse ser alterada, de modo a não utilizar um endereço.)

Agregar o conjunto de pontos problemáticos dependentes da implementação em unidades pequenas e facilmente identificáveis é um método importante para tornar o programa mais compreensível e modificável. Esse conceito é conhecido como **modularização**, no qual as funções individuais são isoladas em **módulos** de baixo nível cujas propriedades são facilmente verificáveis. Esses módulos de baixo nível podem ser usados por rotinas mais complexas, que não precisarão preocupar-se com os detalhes dos módulos de baixo nível, mas apenas com suas funções. Dessa forma, as rotinas complexas poderão ser visualizadas como módulos por rotinas de nível ainda mais alto que as utilizam independentemente de seus detalhes internos.

Um programador deve sempre preocupar-se com a legibilidade do código que ele produz. A atenção à clareza do código economizará muito tempo na depuração. Os programas de médio e grande porte quase nunca estarão corretos na primeira vez em que forem executados. Se forem tomadas precauções no momento em que um programa for escrito, para garantir que ele seja facilmente modificável e compreendido, o tempo total necessário para que o programa execute de maneira correta será consideravelmente reduzido. Por exemplo, a instrução *if* na função *empty* poderia ser substituída pela instrução menor e mais eficiente:

```
return (ps->top == -1);
```

Essa instrução é exatamente igual à instrução mais longa:

```
if (s.top == -1)
   return (TRUE);
else return (FALSE);
```

Isso acontece porque o valor da expressão *s.top* == -1 é *TRUE* se e somente se o critério (ou condição) *s.top* == -1 for *TRUE*. Entretanto, quem ler o programa provavelmente se sentirá melhor lendo a instrução *if*. Com freqüência, você descobrirá que, se usar "truques" da linguagem ao escrever programas, você não conseguirá decifrar seus próprios programas depois de guardá-los por um dia ou dois.

Embora um programador C se preocupe freqüentemente com a economia do código, é importante também considerar o tempo que indubitavelmente será despendido na depuração. O profissional experiente (quer em C, quer em outra linguagem) preocupa-se constantemente com o equilíbrio correto entre a economia e a clareza do código.

IMPLEMENTANDO A OPERAÇÃO POP

Deve-se considerar a possibilidade de underflow ao implementar a operação *pop* porque o usuário pode tentar inadvertidamente retirar um elemento de uma pilha vazia. Evidentemente, essa tentativa é inválida e deve ser evitada. Entretanto, se ela for feita, o usuário deverá ser informado da condição de underflow. Apresentamos, portanto, a função *pop* que executa as três seguintes ações:

1. Se a pilha estiver vazia, imprime uma mensagem de advertência e interrompe a execução.

2. Remove o primeiro elemento da pilha.

3. Retorna esse elemento para o programa de chamada.

Presumimos que a pilha consiste em inteiros para que a operação *pop* possa ser implementada como uma função. Esse também seria o caso se a pilha consistisse em algum outro tipo de variável simples. Entretanto, se uma pilha consistisse numa estrutura mais complexa (por exemplo, uma estrutura ou uma união), a operação *pop* seria implementada como retornando um ponteiro para um elemento do tipo de dado correto (em vez do próprio dado), ou a operação seria implementada com o valor retirado como um parâmetro (em cujo caso seria passado o endereço do parâmetro em vez do parâmetro, para que a função *pop* pudesse modificar o verdadeiro argumento).

```
pop(ps)
struct stack *ps;
{
   if (empty(ps)) {
      printf("%s", "stack underflow");
      exit(1);
   } /* fim if */
   return(ps->items[ps->top--]) ;
} /* fim pop*/
```

Observe que *ps* já é um ponteiro para uma estrutura do tipo pilha (stack); portanto, o operador de endereço "&" não é usado ao chamar *empty*. Em todas as aplicações em C, deve-se sempre distinguir entre ponteiros e verdadeiros objetos de dados.

Examinemos a função *pop* mais detalhadamente. Se a pilha não estiver vazia, o primeiro elemento da pilha será mantido como valor de retorno. Em seguida, esse elemento será removido da pilha pela expressão *ps -> top--*. Suponha que, quando *pop* é chamada, *ps -> top* seja igual a 87, isto é, existem 88 itens na pilha. O valor *ps -> items*[87] é retornado e o valor de *ps -> top* muda para 86. Observe que *ps -> items*[87] mantém ainda seu antigo valor; o vetor *ps -> items* não é alterado com a chamada a *pop*. Entretanto, a pilha é modificada porque ela contém agora só 87 elementos em vez de 88. Lembre-se de que um vetor e uma pilha são dois objetos diferentes. O vetor oferece apenas uma casa para a pilha. Em si mesmo, o vetor só contém os elementos entre o elemento zero e o elemento *top*. Sendo assim, reduzir o valor de *ps -> top* em 1 removerá efetivamente um elemento da pilha. Isso se verifica apesar do fato de *ps -> items*[87] manter seu antigo valor.

Para usar a função *pop*, o programador pode declarar *int x* e escrever:

```
x = pop (&s);
```

Sendo assim, *x* contém o valor retirado da pilha. Se o propósito da operação *pop* não for recuperar o elemento do topo da pilha, mas apenas removê-lo da pilha, o valor de *x* não será usado novamente no programa.

Evidentemente, o programa deve assegurar que a pilha não está vazia quando a operação *pop* for chamada. Se o programador não tiver certeza do estado da pilha, seu status poderá ser determinado codificando:

```
if (!empty(&s))
   x = pop(&s);
else
   /* toma atitude para remediar */
```

Se o programador inadvertidamente chamar *pop* com uma pilha vazia, a função imprimirá a mensagem de erro STACK UNDERFLOW e a execução será interrompida. Embora esse status seja desagradável, é bem melhor do que o que aconteceria se a instrução *if* na rotina *pop* tivesse sido totalmente omitida. Nesse caso, o valor de *s.top* seria -1 e seria feita uma tentativa de acessar o elemento não existente *s.items*[-1].

Um programador deve sempre esperar a quase certa possibilidade de erro. Isso pode ser feito incluindo-se diagnósticos que façam sentido no contexto do problema. Ao fazer isso, se e quando de fato ocorrer um erro, o programador poderá determinar sua fonte e tomar imediatamente uma medida corretiva.

VERIFICANDO CONDIÇÕES EXCEPCIONAIS

Dentro do contexto de determinado problema, talvez não seja necessário interromper imediatamente a execução ao detectar um underflow. Em vez disso, seria preferível que a rotina *pop* avisasse ao programa de chamada a ocorrência de um underflow. A rotina de chamada, ao detectar esse aviso, poderia tomar a medida corretiva. Chamemos o procedimento *popandtest*, que esvazia a pilha e retorna um aviso se ocorrer um subfluxo:

```
popandtest(ps, px, pund)
struct stack *ps;
int *pund, *px;
{
   if (empty(ps))    {
      *pund = TRUE;
      return;
   }/* fim if */
   *pund = FALSE;
   *px = ps ->items[ps->top--];
   return;
}  /* fim popandtest */
```

No programa de chamada, o programador escreveria:

```
popandtest(&s, &x, &und);
if (und)
   /* toma medida corretiva */
else
   /* usa valor de x */
```

IMPLEMENTANDO A OPERAÇÃO PUSH

Examinemos agora a operação *push*. Parece-nos que essa operação deve ser muito fácil de implementar usando a representação em vetor de uma pilha. Uma primeira tentativa de um procedimento *push* seria a seguinte:

```
push(ps, x)
struct stack *ps;
int x;
{
```

```
   ps->items[++(ps->top)] = x;
   return;
}  /* fim push */
```

Essa rotina abre espaço para que o item *x* seja inserido na pilha, incrementando *s.top* de 1, e, em seguida, ela insere *x* no vetor *s.items*.

A rotina implementa diretamente a operação *push* apresentada na última seção. Mesmo assim, na forma como se encontra, ela está incorreta. Ela permite o surgimento de um pequeno erro, provocado pelo uso da representação de uma pilha em vetor. Lembre-se de que uma pilha é uma estrutura dinâmica que pode aumentar e diminuir constantemente e, por conseqüência, mudar de tamanho. Por outro lado, um vetor é um objeto fixo, de tamanho predeterminado. Sendo assim, é bem possível que uma pilha possa extrapolar o vetor definido para contê-la. Isso ocorre quando o vetor está cheio, isto é, quando a pilha contém a mesma quantidade de elementos do vetor e faz-se uma tentativa de introduzir outro elemento na pilha. O resultado desta tentativa é chamado **estouro**.

Suponha que o vetor *s.items* esteja cheio e a rotina *push* em C seja chamada. Lembre-se de que a primeira posição do vetor é 0 e o tamanho arbitrário *STACKSIZE* escolhido para o vetor *s.items* é 100. O vetor cheio, então, é indicado pela condição *s.top* == 99, de modo que a posição 99 (o centésimo elemento do vetor) é o atual topo da pilha. Quando *push* é chamada, *s.top* é aumentada para 100 e faz-se uma tentativa de inserir *x* em *s.items*[100]. Evidentemente, o limite máximo de *s.items* é 99, de modo que essa tentativa de inserção resulta num erro imprevisível, dependendo do conteúdo da memória depois da última posição do vetor. Talvez seja gerada uma mensagem de erro que provavelmente não se relacionará com a causa do erro.

Conseqüentemente, o procedimento *push* precisa ser revisto, como segue:

```
push(ps,x)
struct stack *ps;
int x;
{
   if (ps->top == STACKSIZE-1)  {
      printf("%s", "estouro de pilha");
      exit(1);
   }
   else
```

```
      ps->items[++(ps->top)] = x;
   return;
}  /* fim push */
```

Nesse caso, verificamos se o vetor está cheio antes de tentar introduzir outro elemento na pilha. O vetor estará cheio se *ps -> top == stacksize* - 1.

Observe outra vez que, se e quando o estouro for detectado em *push*, a execução é interrompida imediatamente depois da impressão da mensagem de erro. Talvez essa ação, como acontece no caso de *pop*, não seja a mais desejável. Em alguns casos, faria mais sentido se a rotina de chamada invocasse a operação *push* com as instruções:

```
pushandtest(&s, x, & overflow);
if (overflow)
   /* estouro detectado, x nao foi incluido */
   /* na pilha. Tomar medida corretiva.      */
else
   /* x incluido com sucesso na pilha */
   /*      continuar processamento   */
```

Isso permitirá que o programa de chamada continue depois da chamada a *pushandtest*, tenha sido detectado ou não um estouro. A sub-rotina *pushandtest* será deixada como exercício para o leitor.

Embora as condições de estouro e underflow sejam tratadas de maneira semelhante em *push* e *pop*, existe uma diferença fundamental entre elas. O underflow (subfluxo) indica que a operação *pop* não pode ser executada sobre a pilha e pode revelar um erro no algoritmo ou nos dados. Nenhuma outra implementação ou representação da pilha corrigirá a condição de underflow. Em vez disso, toda a problemática precisa ser repensada. (Evidentemente, um underflow poderia ocorrer como uma indicação para encerrar um processo e começar outro. Mas, nesse caso, deveria ser usada *popandtest* em vez de *pop*.

Entretanto, o estouro não é uma condição aplicável a uma pilha como uma estrutura de dados abstrata. Em termos abstratos, é sempre possível introduzir um elemento numa pilha. Uma pilha representa apenas um conjunto ordenado, e não há limite para o número de elementos que esse conjunto pode conter. A possibilidade de estouro apresenta-se quando uma pilha é implementada por um vetor com um número finito de elementos, impedindo, dessa forma, o crescimento da pilha além desse número. É bem possível que o algoritmo usado pelo programador esteja correto, mas a implementação do algoritmo realmente não tenha previsto que a pilha pudesse aumentar tanto. Sendo assim, em alguns casos, uma condição de estouro pode ser corrigida mudando-se o valor da constante *STACKSIZE* para que o vetor *items* contenha mais elementos. Não há necessidade de mudar as rotinas *pop* e *push* porque elas se referem a qualquer estrutura de dados declarada para o tipo *stack* nas declarações do programa. *push* refere-se também à constante *STACKSIZE*, em vez de ao verdadeiro valor 100.

Contudo, com mais freqüência do que se possa supor, um estouro de fato indica um erro no programa que não pode ser atribuído a uma simples falta de espaço. O programa pode estar numa repetição infinita na qual os itens são constantemente introduzidos na pilha e nada é retirado. Dessa forma, a pilha extrapolará o limite do vetor, independentemente da definição máxima atribuída a esse limite. O programador deve sempre verificar se esse não é o caso, antes de aumentar de maneira indiscriminada o limite do vetor. Freqüentemente, o tamanho máximo da pilha pode ser facilmente determinado a partir do programa e de suas entradas, de modo que, se a pilha realmente extrapolar, existirá provavelmente algo errado com o algoritmo que o programa representa.

Examinemos agora nossa última operação sobre pilhas, *stacktop(s)*, que retorna o primeiro elemento de uma pilha sem removê-lo da pilha. Conforme observado na última seção, *stacktop* não é uma operação primitiva porque ela pode ser decomposta nas duas operações:

```
x = pop(s);
push (s,x);
```

Entretanto, esse é um método muito incômodo de recuperar o primeiro elemento de uma pilha. Por que não ignorar a decomposição anteriormente citada e recuperar diretamente o valor correto? É evidente, a verificação da existência de uma pilha vazia e do underflow deve ser explicitamente declarada, porque o teste não é mais manipulado por uma chamada a *pop*.

Apresentamos uma função em C, *stackpop*, para uma pilha de inteiros, como segue:

```
stacktop(ps)
struct stack *ps;
{
   if (empty(ps))   {
      printf("%s", "underflow");
```

```
      exit(1);
   }
   else
      return(ps->items[ps->top]);
} /* fim stacktop */
```

Talvez você esteja questionando por que escrevemos uma rotina separada, *stacktop*, quando uma referência a *s.items[s.top]* serviria também. Existem diversas razões para isto. Primeiro, a rotina *stacktop* incorpora um teste de underflow para que não ocorra nenhum erro misterioso se a pilha estiver vazia. Segundo, ela permite que o programador use uma pilha sem se preocupar com seus aspectos internos. Terceiro, se for introduzida uma implementação diferente de pilha, o programador não precisará rastrear todos os locais no programa que se referem a *s.items[s.top]* para compatibilizar estas referências com a nova implementação. Somente a rotina *stacktop* precisaria ser alterada.

EXERCÍCIOS

2.2.1. Escreva funções em C que usem as rotinas apresentadas neste capítulo para implementar as operações do Exercício 2.1.1.

2.2.2. Dada uma seqüência de operações *push* e *pop* e de um inteiro representando o tamanho de um vetor no qual uma pilha deve ser implementada, elabore um algoritmo para determinar a ocorrência ou não de estouro. O algoritmo não deverá usar uma pilha. Implemente o algoritmo como um programa em C.

2.2.3. Implemente os algoritmos dos Exercícios 2.1.3 e 2.1.4 como programas em C.

2.2.4. Demonstre como implementar uma pilha de inteiros em C, usando um vetor ***int** s[STACKSIZE]*, onde *s[0]* é usado para conter o índice do elemento topo da pilha, e *s[1]* a *s[STACKSIZE - 1]* contenham os elementos da pilha. Escreva uma declaração e as rotinas *pop*, *push*, *empty*, *popandtest*, *stacktop* e *pushandtest* para essa implementação.

2.2.5. Implemente uma pilha em C na qual cada item seja um número variável de inteiros. Escolha uma estrutura de dados em C para essa pilha e elabore rotinas *push* e *pop* para ela.

2.2.6. Imagine uma linguagem que não tenha vetores mas possua pilhas como um tipo de dado. Ou seja, pode-se declarar:

```
stack s;
```

e as operações *push*, *pop*, *popandtest* e *stacktop* são definidas. Demonstre como um vetor unidimensional pode ser implementado usando essas operações sobre duas pilhas.

2.2.7. Elabore um método para manter duas pilhas dentro de um único vetor linear *$[spacesize]* de modo que nenhuma das pilhas incorra em estouro até que toda a memória seja usada, e uma pilha inteira nunca seja deslocada para outro local dentro do vetor. Escreva rotinas em C, *push*1, *push*2, *pop*1 e *pop*2, para manipular as duas pilhas. (*Dica*: as duas pilhas crescem na direção da outra.)

2.2.8. O Estacionamento de Bashemin contém uma única alameda que guarda até dez carros. Existe apenas uma entrada/saída no estacionamento, em uma extremidade da alameda. Se chegar um cliente para retirar um carro que não seja o mais próximo da saída, todos os carros bloqueando seu caminho sairão do estacionamento, o carro do cliente será manobrado para fora do estacionamento, e os outros carros voltarão a ocupar a mesma seqüência inicial.
Escreva um programa que processe um grupo de linhas de entrada. Cada linha de entrada contém um 'E', de entrada, ou um 'S', de saída, e o número da placa do carro. Presume-se que os carros cheguem e partam na ordem especificada pela entrada. O programa deve imprimir uma mensagem sempre que um carro chegar ou sair. Quando um carro chegar, a mensagem deve especificar se existe ou não vaga para o carro no estacionamento. Se não houver vaga, o carro partirá sem entrar no estacionamento. Quando um carro sair do estacionamento, a mensagem deverá incluir o número de vezes em que o carro foi manobrado para fora do estacionamento para permitir que outros carros saíssem.

2.3. UM EXEMPLO: INFIXO, POSFIXO E PREFIXO

DEFINIÇÕES BÁSICAS E EXEMPLOS

Esta seção examinará uma importante aplicação que ilustra os diferentes tipos de pilhas e as diversas operações e funções definidas a partir delas. O exemplo é, em si mesmo, um relevante tópico de ciência da computação.

Considere a soma de A mais B. Imaginamos a aplicação do **operador** "+" sobre os **operandos** A e B, e escrevemos a soma como $A + B$. Essa representação particular é chamada ***infixa***. Existem duas notações alternativas para expressar a soma de A e B usando os símbolos A, B e +. São elas:

+ A B   prefixa

A B +   posfixa

Os prefixos "pre", "pos" e "in" referem-se à posição relativa do operador em relação aos dois operandos. Na notação prefixa, o operador precede os dois operandos; na notação posfixa, o operador é introduzido depois dos dois operandos e, na notação infixa, o operador aparece entre os dois operandos. Na realidade, as notações prefixa e posfixa não são tão incômodas de usar como possam parecer a princípio. Por exemplo, uma função em C para retornar a soma dos dois argumentos, A e B, é chamada por *add(A, B)*. O operador *add* precede os operandos A e B.

Examinemos agora alguns exemplos adicionais. A avaliação da expressão $A + B * C$, conforme escrita em notação infixa, requer o conhecimento de qual das duas operações, + ou *, deve ser efetuada em primeiro lugar. No caso de + e *, "sabemos" que a multiplicação deve ser efetuada antes da adição (na ausência de parênteses que indiquem o contrário). Sendo assim, interpretamos $A + B * C$ como $A + (B * C)$, a menos que especificado de outra forma. Dizemos, então, que a multiplicação tem ***precedência*** sobre a adição. Suponha que queiramos reescrever $A + B * C$ em notação posfixa. Aplicando as regras da precedência, converteremos primeiro a parte da expressão que é avaliada em primeiro lugar, ou seja a multiplicação. Fazendo essa conversão em estágios, obteremos:

A + (B * C)   parênteses para obter ênfase
A + (BC *)   converte a multiplicação
A (BC *) +   converte a adição
ABC * +   forma posfixa

As únicas regras a lembrar durante o processo de conversão é que as operações com a precedência mais alta são convertidas em primeiro lugar e que, depois de uma parte da expressão ter sido convertida para posfixa, ela deve ser tratada como um único operando. Examine o mesmo exemplo com a precedência de operadores invertida pela inserção deliberada de parênteses.

(A + B) * C   forma infixa
(AB +) * C   converte a adição
(AB +) C *   converte a multiplicação
AB + C *   forma posfixa

Nesse exemplo, a adição é convertida antes da multiplicação por causa dos parênteses. Ao passar de *(A + B) * C* para *(AB +) * C*, *A* e *B* são os operandos e + é o operador. Ao passar de *(AB +) * C* para *(AB +)C **, *(AB +)* e *C* são os operandos e * é o operador. As regras para converter da forma infixa para a posfixa são simples, desde que você conheça as regras de precedência.

Consideramos cinco operações binárias: adição, subtração, multiplicação, divisão e exponenciação. As quatro primeiras estão disponíveis em C e são indicadas pelos conhecidos operadores +, -, * e /. A quinta operação, exponenciação, é representada pelo operador $. O valor da expressão *A $ B* é *A* elevado à potência de *B*, de maneira que 3 $ 2 é 9. Veja a seguir a ordem de precedência (da superior para a inferior) para esses operadores binários:

exponenciação
multiplicação/divisão
adição/subtração

Quando operadores sem parênteses e da mesma ordem de precedência são avaliados, pressupõe-se a ordem da esquerda para a direita, exceto no caso da exponenciação, em que a ordem é supostamente da direita para a esquerda. Sendo assim, *A + B + C* significa *(A + B) + C*, enquanto *A $ B $ C* significa *A $ (B $ C)*. Usando parênteses, podemos ignorar a precedência padrão.

Apresentamos os seguintes exemplos adicionais de conversão da forma infixa para a posfixa. Procure entender cada um dos exemplos (e fazê-los por conta própria) antes de prosseguir com o restante desta seção.

Forma Infixa	Forma Posfixa
A + B	AB +
A + B - C	AB + C -
(A + B) * (C - D)	AB + CD - *
A $ B * C - D + E / F / (G + H)	AB $ C * D - EF / GH + / +
((A + B) * C − (D − E)) $ (F + G)	AB + C * DE - - FG + $
A - B / (C * D $ E)	ABCDE $ * / -

As regras de precedência para converter uma expressão da forma infixa para a prefixa são idênticas. A única mudança da conversão posfixa é que o operador é posicionado antes dos operandos, em vez de depois deles. Apresentamos as formas prefixas das expressões anteriores. Mais uma vez, você deve tentar fazer as transformações por conta própria.

Forma Infixa	Forma Prefixa
A + B	+ AB
A + B - C	- + ABC
(A + B) * (C - D)	* + AB - CD
A $ B * C - D + E / F / (G + H)	+ - * $ABCD / / EF + GH
((A + B) * C - (D - E)) $ (F + G)	$ - + ABC - DE + FG
A - B/(C * D $ E)	- A/B * C $ DE

Observe que a forma prefixa de uma expressão complexa não representa a imagem espelhada da forma posfixa, como podemos notar no segundo exemplo apresentado anteriormente, *A* + *B* - *C*. De agora em diante, consideraremos somente as transformações posfixas e deixaremos para o leitor, como exercício, a maior parte do trabalho envolvendo a forma prefixa.

Uma questão imediatamente óbvia sobre a forma posfixa de uma expressão é a ausência de parênteses. Examine as duas expressões, *A* + (*B* * *C*) e (*A* + *B*) * *C*. Embora os parênteses em uma das expressões sejam supérfluos [por convenção, *A* + *B* * *C* = *A* + (*B* * *C*)], os parênteses na segunda expressão são necessários para evitar confusão com a primeira. As formas posfixas dessas expressões são:

Forma Infixa	Forma Posfixa
A + (B * C)	A B C * +
(A + B) * C	A B + C *

Não existem parênteses nas duas expressões transformadas. A ordem dos operadores nas expressões posfixas determina a verdadeira ordem das operações, ao avaliar a expressão, tornando desnecessário o uso de parênteses.

Ao passar da forma infixa para a posfixa, abrimos mão da possibilidade de observar rapidamente os operandos associados a um determinado operador. Entretanto, obtemos uma forma não-ambígua da expressão original sem o uso dos incômodos parênteses. Na verdade, a forma posfixa da expressão original poderia parecer mais simples, não fosse o fato de que ela parece difícil de avaliar. Por exemplo, como saberemos que, se $A = 3$, $B = 4$ e $C = 5$, nos exemplos anteriores, então 3 4 5 * + equivalerá a 23 e 3 4 + 5 * equivalerá a 35?

AVALIANDO UMA EXPRESSÃO POSFIXA

A resposta à pergunta anterior está no desenvolvimento de um algoritmo para avaliar expressões na forma posfixa. Cada operador numa string posfixa refere-se aos dois operandos anteriores na string. (Evidentemente, um desses operandos pode ser, ele mesmo, o resultado de aplicar um operador anterior.) Imagine que, cada vez que lemos um operando, nós o introduzimos numa pilha. Quando atingirmos um operador, seus operandos serão os dois primeiros elementos da pilha. Podemos, então, retirar esses dois elementos, efetuar a operação indicada sobre eles e introduzir o resultado na pilha para que ele fique disponível para uso como um operando do próximo operador. O seguinte algoritmo avalia uma expressão na forma posfixa, usando esse método:

```
opndstk = a pilha vazia;
/* verifica a primeira string lendo um */
/* elemento por vez para symb          */
while (nao terminar a entrada) {
   symb = proximo caractere de entrada;
```

```
    if (symb eh um operando)
       push(opndstk, symb);
    else {
       /* symb eh um operador */
       opnd2 = pop(opndstk);
       opnd1 = pop(opndstk);
       value = resultado de aplicar symb a opnd1 e opnd2;
       push(opndstk, value);
    }  /* fim else */
  }    /* fim while */
return(pop(opndstk));
```

Examinemos agora um exemplo. Imagine que sejamos solicitados a avaliar a seguinte expressão posfixa:

6 2 3 + - 3 8 2 / + * 2 $ 3 +

Apresentamos o conteúdo da pilha *opndstk* e as variáveis *symb, opnd1, opnd2* e *value*, depois de cada iteração sucessiva da repetição. O topo de *opndstk* encontra-se à direita.

symb	opnd1	opnd2	value	opndstk
6				6
2				6,2
3				6,2,3
+	2	3	5	6,5
−	6	5	1	1
3	6	5	1	1,3
8	6	5	1	1,3,8
2	6	5	1	1,3,8,2
/	8	2	4	1,3,4
+	3	4	7	1,7
*	1	7	7	7
2	1	7	7	7,2
$	7	2	49	49
3	7	2	49	49,3
+	49	3	52	52

Cada operando é introduzido na pilha de operandos quando encontrado. Portanto, o tamanho máximo da pilha é o número de operandos que aparecem na expressão de entrada. Entretanto, ao lidar com a maioria das expressões posfixas, o verdadeiro tamanho da pilha necessário será inferior a esse máximo teórico porque um operador remove operandos da pilha. No exemplo anterior, a pilha nunca continha mais que quatro elementos, apesar do fato de aparecerem oito operandos na expressão posfixa.

PROGRAMA PARA AVALIAR UMA EXPRESSÃO POSFIXA

Existem vários aspectos que precisamos considerar antes de realmente podermos escrever um programa para avaliar uma expressão em notação posfixa. Uma consideração básica, como acontece em todos os programas, é definir exatamente a forma e as restrições, se existir alguma, sobre a entrada. Em geral, o programador é apresentado a uma forma de entrada e é solicitado a elaborar um programa para acomodar os dados determinados. Por outro lado, estamos em posição de escolher a forma de nossa entrada. Isso nos permite construir um programa que não esteja sobrecarregado de problemas de transformações que camuflem o verdadeiro propósito da rotina. Se tivéssemos enfrentado dados numa forma desagradável e incômoda de trabalhar, poderíamos ter relegado as transformações a várias funções e usado a saída dessas funções como entrada em nossa rotina básica. No "mundo real", o reconhecimento e a transformação da entrada são questões importantes.

Imaginemos, nesse caso, que cada linha de entrada esteja na forma de uma string de dígitos e símbolos de operadores. Pressupomos que os operandos sejam dígitos não-negativos isolados, como 0, 1, 2, ..., 8, 9. Por exemplo, uma linha de entrada poderia conter 3 4 5 * + nas cinco primeiras colunas seguidas por um caractere de final-de-linha ('\n'). Queremos escrever um programa que leia linhas de entrada nesse formato, enquanto existir alguma restante, e imprima para cada linha a string de entrada original e o resultado de avaliar a expressão.

Como os símbolos são lidos como caracteres, precisamos descobrir um método para converter os operandos de caracteres em números e os caracteres de operadores em operações. Por exemplo, precisamos de um método para converter o caractere '5' no número 5 e o caractere '+' na operação de adição.

A conversão de um caractere num inteiro pode ser facilmente manipulada em C. Se *int x* for um caractere de um só dígito em C, a expressão *x* - '0' resultará o valor numérico desse dígito. Para implementar a operação correspondente a um símbolo de operador, usamos a função *oper* que aceita a representação em caracteres de um operador e de dois operandos como parâmetros de entrada, e retorna o valor da expressão obtida pela aplicação do operador sobre os dois operandos. O corpo da função será apresentado mais adiante.

O corpo do programa principal poderia ser o seguinte. A constante *MAXCOLS* é o número máximo de colunas numa linha de entrada.

```
#define MAXCOLS 80
main()
{
   char expr[MAXCOLS];
   int position = 0;
   float eval();

   while ((expr[position++] = getchar ()) != '\n');
   expr[--position] = '\0';
   printf("%s%s", "a expressao posfixa original eh",
                                                   expr);
   printf("%f\n", eval(expr));
} /* fim main */
```

Evidentemente, a parte principal do programa é a função *eval*, que vem a seguir. Essa função é apenas a implementação em C do algoritmo de avaliação, considerando o ambiente específico e o formato dos dados de entrada, e as saídas calculadas. *eval* chama uma função *isdigit* que determina se seu argumento é ou não um operando. A declaração para uma pilha, que aparece abaixo, é usada pela função *eval* que a acompanha, junto com as rotinas *pop* e *push*, que são chamadas por *eval*.

```
struct stack {
    int top;
    float items[MAXCOLS];
};

float eval(expr)
char expr [];
{
   int c, position;
   float opnd1, opnd2, value;
```

```c
   float oper(), pop();
   struct stack opndstk;
  opndstk.top = -1
  for (position = 0; (c = expr[position]) != '\0';
                                                        position++)
      if (isdigit(c))
         /* operando-- converte a represent. em caractere */
         /* do digito em flutuante   e   introduz         */
         /*                      na pilha                 */
         push(&opndstk, (float) (c-'0'));
      else {
         /*                   operador                    */
         opnd2 = pop (&opndstk);
         opnd1 = pop (&opndstk);
         value = oper(c, opnd1, opnd2);
         push (&opndstk, value);
      } /* fim else */
  return (pop(&opndstk));
} /* fim eval */
```

Para completar, apresentamos *isdigit* e *oper*. A função *isdigit* verifica apenas se seu argumento é um dígito:

```c
isdigit(symb)
char symb;
{
   return(symb >= '0'&& symb <= '9');
}
```

Essa função está disponível como uma macro predefinida na maioria dos sistemas C.

A função *oper* verifica se seu primeiro argumento é um operador válido e, se for, determina o resultado de sua operação nos dois argumentos seguintes. Para a exponenciação, pressupomos a existência de uma função *expon(op1, op2)*.

```c
float oper(symb, op1, op2)
int symb;
float op1, op2;
float expon();
{
   switch (symb)  {
      case  '+' : return (op1 + op2);
      case  '-' : return (op1 - op2);
```

```
      case  '*' : return (op1 * op2);
      case  '/' : return (op1 / op2);
      case  '$' : return (expon(op1, op2));
      default    : printf("%s", "operacao errada");
                   exit(1);
   } /* fim switch */
} /* fim oper */
```

LIMITAÇÕES DO PROGRAMA

Antes de deixar o programa, precisamos ressaltar algumas de suas deficiências. Saber o que um programa não pode fazer é tão importante quanto saber o que ele pode fazer. É óbvio que a tentativa de usar um programa para solucionar um problema para o qual ele não foi elaborado leva ao caos. Pior ainda é a tentativa de solucionar um problema com um programa incorreto, só para fazer o programa gerar resultados incorretos sem o menor resquício de uma mensagem de erro. Nesses casos, o programador não receberá nenhuma indicação de que os resultados são incorretos e pode, portanto, fazer julgamentos falhos baseado nestes resultados. Por essa razão, é importante que o programador conheça as limitações do programa.

A principal falha desse programa é que ele não faz nada em termos de detecção e recuperação de erro. Se os dados em cada linha de entrada representarem uma expressão posfixa válida, o programa funcionará. Entretanto, suponha que uma linha de entrada tenha excesso de operadores ou operandos, ou que eles não estejam numa seqüência correta. Estes problemas poderiam resultar em alguém usando inadvertidamente o programa sobre uma expressão posfixa contendo números de dois dígitos, dando como resultado um número excessivo de operandos. Ou talvez o usuário do programa tenha a impressão de que o programa manipula números negativos e eles devam ser inseridos com o sinal de menos, o mesmo sinal usado para representar a subtração. Esses sinais de menos seriam tratados como operadores de subtração, resultando em excesso de operadores. Dependendo do tipo específico de erro, o computador pode tomar várias medidas (por exemplo, interromper a execução ou imprimir resultados errados).

Suponha que, na última instrução do programa, a pilha *opndstk* não esteja vazia. Não receberemos nenhuma mensagem de erro (porque não solicitamos nenhuma) e *eval* retornará um valor numérico para uma expressão que, provavelmente, foi incorretamente declarada em primeiro lugar. Suponha que uma das chamadas à rotina *pop* levante a condição de *underflow*. Como não usamos a rotina *popandtest* para retirar elementos da pilha, o programa será interrompido. Isso não parece razoável, uma vez que os dados incorretos em uma linha não devem impedir o processamento das linhas adicionais. Esses não são, de maneira alguma, os únicos problemas que podem surgir. Como exercício, talvez você possa escrever programas que acomodem entradas menos restritivas e alguns outros que detectem alguns dos erros já citados.

CONVERTENDO UMA EXPRESSÃO DA FORMA INFIXA PARA A POSFIXA

Até agora, apresentamos rotinas para avaliar uma expressão posfixa. Embora tenhamos discutido um método para transformar a forma infixa em posfixa, ainda não apresentamos um algoritmo para fazer isso. A partir de agora, concentraremos nossa atenção nessa tarefa. Assim que esse algoritmo for elaborado, poderemos ler uma expressão infixa e avaliá-la, convertendo-a primeiramente para posfixa e avaliando, em seguida, a expressão posfixa.

Em nossa discussão anterior, mencionamos que as expressões entre parênteses mais internos precisam ser primeiro convertidas em posfixas para que, então, sejam tratadas como operandos isolados. Dessa maneira, os parênteses podem ser sucessivamente eliminados até que a expressão inteira seja convertida. O último par de parênteses a ser aberto dentro de um grupo de parênteses encerra a primeira expressão dentro deste grupo a ser transformada. Esse comportamento do tipo "o último a entrar é o primeiro a sair" sugere imediatamente o uso de uma pilha.

Examine as duas expressões infixas, $A + B * C$ e $(A + B) * C$, e suas respectivas versões posfixas, $ABC * +$ e $AB + C *$. Em cada caso, a ordem dos operandos é idêntica à ordem dos operandos nas expressões infixas originais. Ao avaliar a primeira expressão, $A + B * C$, o primeiro operando, A, pode ser inserido de imediato na expressão posfixa. Evidentemente, o símbolo + não pode ser inserido antes de seu segundo operando, o qual ainda não foi verificado, ser inserido. Portanto, ele precisa ser armazenado para ser recuperado e inserido em sua posição correta. Quando o operando B for verificado, ele será inserido imediatamente depois de A. Entretanto, agora os dois operandos foram verificados. O que impedirá que o símbolo + seja recuperado e inserido? Evidentemente, a resposta é o símbolo *, que vem a seguir e tem precedência sobre +. No caso da segunda expressão, o parêntese de fechamento indica que a operação + deve ser efetuada primeiro. Lembre-se de que, na forma posfixa, ao contrário da infixa, o operador que aparece antes na string será o primeiro aplicado.

Como a precedência desempenha um papel importante ao transformar a forma infixa em posfixa, vamos supor a existência de uma função *prcd(op1, op2)*, onde *op*1 e *op*2 são caracteres representando operadores. Essa função retornará *TRUE*, se *op*1 tiver precedência sobre *op*2 quando *op1 aparecer* à esquerda de *op*2 numa expressão infixa, sem parênteses. *prcd(op1, op2)* retornará *FALSE*, caso contrário. Por exemplo, *prcd*('*','+') e *prcd*('+','+') são *TRUE*, enquanto *prcd*('+','*') é *FALSE*.

Apresentaremos agora um esboço de um algoritmo para converter uma string infixa sem parênteses numa string posfixa. Como não presumimos a existência de parênteses na string de entrada, o único controlador da seqüência na qual os operadores aparecerão na string posfixa é a precedência. (Os números de linhas que aparecem no algoritmo serão usados para referência futura.)

```
1    opstk = a pilha vazia;
2    while (nao terminar a entrada)   {
3       symb = proximo caractere de entrada;
4       if (symb for um operando)
            inclui symb na string posfixa
5       else {
6          while(!empty(opstk) && prcd(stacktop(opstk),
                                                     symb))   {
7             topsymb = pop(opstk);
8             inclui topsymb na string posfixa;
          }  /* fim while */
9          push(opstk, symb);
       }  /* fim else */
     }  /* fim while */
     /* saida de quaisquer operadores restantes */
10   while (!empty(opstk))   {
11      topsymb = pop(opstk);
12      inclui topsymb na string posfixa;
     }  /* fim while */
```

Simule o algoritmo com strings infixas, como "A * B + C * D" e "A + B * C $ D $ E" [onde '$' representa a exponenciação e *prcd* ('$', '$') equivale a *FALSE*] para se convencer de que ele está correto. Observe que, a cada ponto da simulação, um operador na pilha tem uma precedência menor do que todos os operadores acima dele. Isso acontece porque a pilha vazia inicial satisfaz apenas essa condição, e um operador só é introduzido na pilha (linha 9) se o operador posicionado atualmente no topo da pilha tiver uma precedência menor que o operador sendo inserido.

Que alteração precisa ser feita nesse algoritmo para acomodar parênteses? A resposta é: uma alteração mínima. Quando um parêntese de abertura for lido, ele deverá ser introduzido na pilha. Isso pode ser feito, estabelecendo-se a convenção de que *prcd(op*,'(') é *FALSE* para todo símbolo de operador *op* diferente de um parêntese direito. Além disso, definimos *prcd*('(', *op*) como *FALSE* para todo símbolo de operador *op*. [O caso de *op* = = ')' será discutido em breve.] Isso garantirá que um símbolo de operador aparecendo depois de um parêntese esquerdo será introduzido na pilha.

Quando um parêntese de fechamento for lido, todos os operadores até o primeiro parêntese de abertura deverão ser retirados da pilha para a string posfixa. Isso pode ser feito definindo-se *prcd(op*, ')') como *TRUE* para todos os operadores *op* diferentes de um parêntese esquerdo. Quando esses operadores forem removidos da pilha e o parêntese de abertura for descoberto, uma ação especial deve ser tomada. O parêntese de abertura deve ser removido da pilha e descartado, juntamente com o parêntese de fechamento, em vez de colocado na string posfixa ou na pilha. Vamos definir *prcd*('(',')') com *FALSE*. Isto garantirá que, ao alcançar um parêntese de fechamento, a repetição começando na linha 6 será pulada para que o parêntese de abertura não seja inserido na string posfixa. A execução, portanto, prossegue até a linha 9. Entretanto, como o parêntese de fechamento não deve ser introduzido na pilha, a linha 9 é substituída pela instrução:

```
9    if (empty(opstk)   ||  symb != ')')
        push(opstk, symb);
     else /* remove o abre-parentese e descarta-o */
        topsymb = pop(opstk);
```

Com as convenções anteriores para a função *prcd* e a revisão da linha 9, o algoritmo pode ser usado para converter qualquer string infixa em posfixa. Resumimos as regras de precedência para parênteses:

```
prcd('(',op) = FALSE         para qualquer operador op
prcd(op,'(') = FALSE         p/ qq operador op difer. de ')'
prcd(op,'(') = TRUE          p/ qq operador op difer. de '('
prcd('(',op) = não-definido  p/ qq operador op (uma tentativa
                             de comparar os dois indica um
                             erro).
```

Ilustraremos esse algoritmo em alguns exemplos:

Exemplo 1: $A + B * C$

O conteúdo de *symb*, a string posfixa, e *opstk* apresentado depois da verificação de cada símbolo. *opstk* aparece com seu topo à direita.

	symb	string posfixa	opstk
1	A	A	
2	+	A	+
3	B	AB	+
4	*	AB	+ *
5	C	ABC	+ *
6		ABC *	+
7		ABC * +	

As linhas 1, 3 e 5 correspondem à verificação de um operando; portanto, o símbolo (*symb*) é imediatamente colocado na string posfixa. Na linha 2, um operador é verificado e a pilha é considerada vazia; o operador é, portanto, colocado na pilha. Na linha 4, a precedência do novo símbolo (*) é maior que a do símbolo posicionado no topo da pilha (+); portanto, o novo símbolo é colocado na pilha. Nos passos 6 e 7, a string de entrada está vazia, e a pilha é, portanto, esvaziada e seu conteúdo colocado na string posfixa.

Exemplo 2: $(A + B) * C$

symb	string posfixa	opstk
(		(
A	A	(
+	A	(+
B	AB	(+
)	AB +	
*	AB +	*
C	AB + C	*
	AB + C *	

Neste exemplo, quando o parêntese direito é encontrado, a pilha é esvaziada até que um parêntese esquerdo seja encontrado, em cujo ponto ambos os parênteses são descartados. Usando parênteses para impor uma ordem de precedência diferente da padrão, a ordem de aparição dos operadores na string posfixa é diferente da seqüência apresentada no exemplo 1.

Exemplo 3: $((A - (B + C)) * D) \$ E + F)$

symb	string posfixa	opstk
(		(
(		((
A	A	((
–	A	((–
(	A	((–(
B	AB	((–(
+	AB	((–(+
C	ABC	((–(+
)	ABC+	((–
)	ABC+–	(
*	ABC + –	(*
D	ABC + –D	(*
)	ABC + –D *	
$	ABC + –D *	$
(	ABC + –D *	$(
E	ABC + –D * E	$(
+	ABC +–D * E	$(+
F	ABC + –D * EF	$(+
)	ABC + –D * F +	$
	ABC + –D * EF + $	

Por que o algoritmo de conversão parece tão complicado, enquanto o algoritmo de avaliação parece simples? A resposta é que o primeiro converte a partir de uma ordem de precedência (controlada pela função *prcd* e pela presença de parênteses) para a ordem natural (isto é, a operação a ser executada primeiro aparece primeiro). Por causa das diversas combinações de elementos no topo da pilha (se não estiver vazia) e do possível símbolo a ser introduzido, é necessário um grande número de instruções para garantir que toda possibilidade seja coberta. No último algoritmo, por outro lado, os operadores aparecem exatamente na ordem em que serão executados. Por essa razão, os operandos podem ser empilhados até que um operador seja encontrado, em cujo ponto a operação é efetuada imediatamente.

A motivação por trás do algoritmo de conversão é o desejo de dar saída aos operadores, na ordem em que eles devem ser executados. Ao solucionar este problema manualmente, poderíamos seguir vagas instruções que nos exigissem converter de dentro para fora. Isso funciona bem para os humanos solucionando um problema com lápis e papel (caso eles não se confundam ou cometam um erro). Entretanto, um programa ou um algoritmo precisa ser mais exato em suas instruções. Não podemos ter certeza de ter alcançado os parênteses mais internos ou o operador com a maior precedência, até que símbolos adicionais tenham sido verificados. No momento, precisamos voltar a alguns pontos anteriores.

Em vez de retroceder continuamente, fazemos uso da pilha para "lembrar" os operadores encontrados anteriormente. Se um operador introduzido tiver uma precedência maior que o posicionado no topo da pilha, esse novo operador será introduzido na pilha. Isso significa que, quando todos os elementos da pilha forem finalmente removidos, esse novo operador precederá o topo anterior na string posfixa (o que estará correto, porque ele tem maior precedência). Por outro lado, se a precedência do novo operador for menor que a do operador posicionado no topo da pilha, o operador no topo da pilha deverá ser executado em primeiro lugar. Portanto, o topo da pilha é removido e o símbolo introduzido é comparado ao novo topo, e assim por diante. Os parênteses na string de entrada ignoram a ordem das operações. Sendo assim, quando um parêntese esquerdo for verificado, ele será colocado na pilha. Quando seu parêntese direito associado for encontrado, todos os operadores entre os dois parênteses serão colocados na string de saída, porque eles deverão ser executados antes de quaisquer operadores que apareçam depois dos parênteses.

PROGRAMA PARA CONVERTER UMA EXPRESSÃO DA FORMA INFIXA NA FORMA POSFIXA

Precisamos fazer duas coisas antes de começar a escrever um programa. A primeira é definir exatamente o formato da entrada e da saída. A segunda é construir, ou pelo menos definir, as rotinas das quais a rotina principal dependerá. Pressupomos que a entrada consiste em strings de caracteres, uma string por linha de entrada. O final de cada string é indicado pela presença de um caractere de final de linha ('\n'). Para simplificar, presumimos que todos os operandos sejam letras ou dígitos de um só caractere. Todos os operadores e parênteses são representados por si mesmos, e '$' representa a exponenciação. A saída é uma string de caracteres. Essas convenções tornam a saída do processo de conversão adequada para o processo de avaliação, desde que todos os operandos de um só caractere na string infixa inicial sejam dígitos.

Ao transformar o algoritmo de conversão num programa, fazemos uso de várias rotinas. Entre elas, *empty*, *pop*, *push* e *popandtest*, todas adequadamente modificadas de modo que os elementos na pilha sejam caracteres. Fazemos uso também de uma função, *isoperand*, que retorna *TRUE* se seu argumento for um operando, e *FALSE*, caso contrário. Essa função simples será deixada para o leitor.

De modo semelhante, a função *prcd* será deixada como exercício para o leitor. Ela aceita dois símbolos de operadores de um único caractere como argumentos e retorna *TRUE* se o primeiro tiver precedência sobre o segundo quando aparecer à esquerda do segundo numa string infixa, e *FALSE*, caso contrário. Evidentemente, a função deverá incorporar as convenções de parênteses apresentadas anteriormente.

Assim que estas funções auxiliares forem escritas, poderemos escrever a função de conversão, *postfix*, e um programa que a chamará. O programa lerá uma linha contendo uma expressão na forma infixa, chamará a rotina *postfix* e imprimirá a string posfixa. Veja a seguir o corpo da rotina principal:

```
#define MAXCOLS 80
main()
{
   char infix[MAXCOLS];
```

```c
    char postr[MAXCOLS];
    int pos = 0;

    while ((infix[pos++] = getchar()) != '\n');
    infix[--pos] = '\0';
    printf("%s%s", "a expressao infixa original eh",infix);
    postfix(infix, postr);
    printf("%s\n", postr);
} /* fim main */
```

A seguir, você encontrará a declaração para a pilha de operadores e a rotina *postfix*:

```c
struct stack {
     int top;
     char items[MAXCOLS];
};

postfix(infix, postr)
char infix[];
char postr[];
{
   int position, und;
   int outpos = 0;
   char topsymb = '+';
   char symb;
   struct stack opstk;
   opstk.top = -1        /* a pilha vazia */

   for (position=0; (symb = infix[position]) != '\0';
                                                position++)
      if (isoperand(symb))
        postr[outpos++1] = symb;
      else {
         popandtest (&opstk, &topsymb, &und);
         while (!und && prdc(topsymb, symb)) {
            postr[outpos++] = topsymb;
            popandtest (&opstk, &topsymb, &und);
         } /* fim while */
         if (!und)
            push (&opstk, top symb);
         if (und || (symb != ')'))
            push(&opstk, symb);
         else
            topsymb = pop (&opstk);
```

```
      }   /* fim else */
   while (!empty(&opstk))
      postr[outpos++] = pop(&opstk);
   postr[outpos] = '\0';
   return;
}  /* fim postfix */
```

O programa apresenta uma grande deficiência porque ele não verifica se a string de entrada é uma expressão infixa válida. Na verdade, seria instrutivo para você examinar a operação desse programa quando apresentado com uma string posfixa válida como entrada. Como exercício, solicitamos que você escreva um programa que verifique se uma string de entrada é uma expressão infixa válida ou não.

Agora, podemos escrever um programa para ler uma string infixa e calcular seu valor numérico. Se a string original consistir em operadores de um só dígito sem operandos que sejam letras, o seguinte programa lerá a string original e imprimirá seu valor.

```
#define MAXCOLS 80
main()
{
   char instring[MAXCOLS], postring[MAXCOLS];
   int position = 0;
   float eval ();

   while((instring[position++] = getchar()) !='\n');
   instring[--position] = '\0';
   printf("%s%s", "a expressao infixa eh", instring);
   postfix(instring, postring);
   printf("%s7f\n", "valor e", eval(postring));
}  /* fim main */
```

São necessárias duas versões diferentes das rotinas de manipulação de pilha (*pop*, *push* e outras) porque *postfix* usa uma pilha de operadores de caracteres (isto é, *opstk*), enquanto *eval* usa uma pilha de operandos flutuantes (isto é, *opndstk*). Evidentemente, é possível usar uma única pilha contendo tanto reais como caracteres definindo uma união, conforme descrito anteriormente na Seção 1.3.

Dedicamos mais atenção, nesta seção, às transformações envolvendo expressões posfixas. Um algoritmo para converter uma expressão infixa em posfixa verifica caracteres da esquerda para a direita, empilhando e desempilhando, conforme a necessidade. Se fosse necessário converter da forma infixa para a prefixa, a string infixa poderia ser verificada da direita para a esquerda e os símbolos corretos poderiam ser inseridos na string prefixa da direita para a esquerda. Como a maioria das expressões algébricas é lida da esquerda para a direita, a forma posfixa representa uma opção mais natural.

Os programas anteriores são simples indicativos do tipo de rotinas que se pode escrever para manipular e avaliar expressões posfixas. De modo algum, eles são abrangentes ou exclusivos. Existem diversas variações das rotinas anteriores igualmente aceitáveis. Alguns dos primeiros compiladores de linguagem de alto nível usavam realmente rotinas, como *eval* e *postfix*, para manipular expressões algébricas. Desde aquela época, foram desenvolvidas técnicas mais sofisticadas para manipular tais problemas.

EXERCÍCIOS

2.3.1. Transforme cada uma das seguintes expressões em prefixas e posfixas:

a. $A + B - C$

b. $(A + B)*(C - D) \$ E * F$

c. $(A + B)*(C \$(D - E) + F) - G$

d. $(A + (((B - C)*(D - E) + F) / G)\$(H - J)$

2.3.2. Transforme cada uma das seguintes expressões prefixas em infixas:

a. $+ - ABC$

b. $+ A - BC$

c. $+ + A - * \$ BCD/ + EF * GHI$

d. $+ - \$ ABC * D ** EFG$

2.3.3. Transforme cada uma das seguintes expressões posfixas em infixas:

a. $AB + C -$

b. $ABC + -$

c. $AB - C + DEF - + \$$

   d. $ABCDE - + \$ * EF * -$

2.3.4. Aplique o algoritmo de avaliação apresentado neste capítulo para avaliar as seguintes expressões posfixas. Pressuponha que $A = 1$, $B = 2$, $C = 3$.

   a. $AB + C - BA + C \$ -$

   b. $ABC + * CBA - + *$

2.3.5. Modifique a rotina *eval* de modo a aceitar como entrada uma string de caracteres de operadores e operandos representando uma expressão posfixa e criar a forma infixa totalmente com parênteses. Por exemplo, $AB +$ seria transformada em $(A + B)$ e $AB + C -$ seria transformada em $((A + B) - C)$.

2.3.6. Escreva um único programa combinando os recursos de *eval* e *postfix* para avaliar uma string infixa. Use duas pilhas, uma para operandos e outra para operadores. Não converta primeiramente a string infixa em posfixa e, em seguida, avalie a string posfixa, mas, em vez disso, avalie no decorrer da operação.

2.3.7. Escreva uma rotina *prefix* para aceitar uma string infixa e criar a forma prefixa dessa string, presumindo que a string seja lida da direita para a esquerda e a string prefixa seja criada da direita para a esquerda.

2.3.8. Escreva um programa em C para converter:

   a. uma string prefixa em posfixa

   b. uma string posfixa em prefixa

   c. uma string prefixa em infixa

   d. uma string posfixa em infixa

2.3.9. Escreva uma rotina em C, *reduce*, que aceite uma string infixa e forme uma string infixa equivalente com todos os parênteses supérfluos removidos. Isso pode ser feito sem usar uma pilha?

2.3.10. Imagine uma máquina que possui um único registrador e seis instruções.

LD	A	coloca o operando A no registrador
ST	A	coloca o conteúdo do registrador na variável A
AD	A	soma o conteúdo da variável A ao registrador
SB	A	subtrai o conteúdo da variável A do registrador
ML	A	multiplica o conteúdo do registrador pela variável A
DV	A	divide o conteúdo do registrador pela variável A

Escreva um programa que aceite uma expressão posfixa contendo operandos de uma única letra e os operadores +, -, * e /, imprima uma seqüência de instruções para avaliar a expressão e deixe o resultado no registrador. Use variáveis da forma *TEMPn* como variáveis temporárias. Por exemplo, usar a expressão posfixa *ABC* * + *DE* -/ deverá imprimir o seguinte:

LD	B
ML	C
ST	TEMP1
LD	A
AD	TEMP1
ST	TEMP2
LD	D
SB	E
ST	TEMP3
LD	TEMP2
DV	TEMP3
ST	TEMP4

Capítulo 3

Recursividade

Este capítulo apresenta a recursividade, uma das ferramentas de programação mais poderosas e menos entendidas pelos principiantes em programação. Definiremos a recursividade, introduziremos seu uso em C e apresentaremos vários exemplos. Examinaremos também uma implementação da recursividade usando pilhas. Por último, discutiremos as vantagens e desvantagens do uso da recursividade na solução de problemas.

3.1. DEFINIÇÕES RECURSIVAS E PROCESSOS

Na matemática, vários objetos são definidos apresentando-se um processo que os produz. Por exemplo, π é definido como a razão entre a circunferência de um círculo e seu diâmetro. Isso equivale ao seguinte conjunto de instruções: obter a circunferência de um círculo e seu diâmetro, dividir o primeiro pelo último e chamar o resultado de π. Evidentemente, o processo especificado precisa terminar com um resultado definido.

A FUNÇÃO FATORIAL

Outro exemplo de uma definição especificada por um processo é o da função fatorial, que desempenha um papel importante na matemática e na estatística. Dado um inteiro positivo n, o *fatorial* de n é definido como o produto de todos os inteiros entre n e 1. Por exemplo, o fatorial de 5 é igual a 5 * 4 * 3 * 2 * 1 = 120, e o fatorial de 3 é 3 * 2 * 1 = 6. O fatorial de 0 é definido como 1. Na matemática, o ponto de exclamação (!) é freqüentemente usado para indicar a função fatorial. Podemos, portanto, escrever a definição dessa função assim:

```
        n! = 1 se n == 0
n! = n * (n - 1) * (n - 2) * ...* 1 se n > 0
```

Os três pontos são uma abreviatura para todos os números compreendidos entre $n - 3$ e 2 multiplicados. Para evitar essa abreviatura na definição de $n!$, precisaríamos listar uma fórmula para $n!$ para cada valor de $n!$ separadamente, como segue:

```
0! = 1
1! = 1
2! = 2 * 1
3! = 3 * 2 * 1
4! = 4 * 3 * 2 * 1
. . . . . . .
```

Evidentemente, não esperamos listar uma fórmula para o fatorial de cada inteiro. Para evitar qualquer abreviatura e um conjunto infinito de definições, e ainda assim definir a função precisamente, podemos apresentar um algoritmo que aceite um inteiro n e retorne o valor de $n!$.

```
prod =1;
for (x = n; x > 0; x--)
   prod *= x;
return(prod);
```

Esse algoritmo é chamado *iterativo* porque ele requer a repetição explícita de um processo até que determinada condição seja satisfeita. Esse algoritmo pode ser prontamente traduzido para uma função em C que retorne $n!$ quando n for inserido como um parâmetro. Um algoritmo pode ser considerado um programa para uma máquina "ideal", sem quaisquer limitações práticas de um computador real e, portanto, pode ser usado para definir uma função matemática. Entretanto, uma função em C não serve como definição matemática da função fatorial por causa de limitações como a precisão e o tamanho finito de uma máquina real.

Examinemos mais detalhadamente a definição de $n!$ que lista uma fórmula separada para cada valor de n. Por exemplo, podemos observar que 4! é igual a 4 * 3 * 2 * 1, que é igual a 4 * 3!. Na verdade, para todo $n > 0$, verificamos que $n!$ é igual a $n * (n - 1)!$. Multiplicar n pelo produto de todos os inteiros a partir de $n - 1$ até 1 resulta no produto de todos os inteiros de n a 1. Sendo assim, podemos definir:

```
0! = 1
1! = 1 * 0!
2! = 2 * 1!
3! = 3 * 2!
4! = 4 * 3!
...
```

ou, empregando a notação matemática usada anteriormente:

```
n! = 1 se n == 0
n! = n * (n - 1)! se n > 0.
```

Essa definição pode parecer muito estranha por definir a função fatorial em termos de si mesma. Isto parece uma definição circular e totalmente inaceitável até percebermos que a notação matemática é tão-somente um método conciso de escrever o número infinito de equações necessárias para definir $n!$ para cada n. 0! é definido imediatamente como 1. Assim que 0! for definido, definir 1! como 1 * 0! não será circular em hipótese alguma. De modo semelhante, assim que 1! estiver definido, definir 2! como 2 * 1! será igualmente simples. É possível que se questione se esta última notação é mais precisa que a definição de $n!$ como $n * (n - 1) * ... * 1$ para $n > 0$ porque ela não faz uso dos três pontos a ser preenchidos pela (suposta) intuição lógica do leitor. Tal definição, que define um objeto em termos de um caso mais simples de si mesmo, é chamada ***definição recursiva***.

Examinemos como a definição recursiva da função fatorial pode ser usada para avaliar 5!. A definição declara que 5! equivale a 5 * 4!. Sendo assim, antes de avaliarmos 5!, precisamos primeiro avaliar 4!. Usando a definição mais uma vez, descobrimos que 4! = 4 * 3!. Portanto, precisamos avaliar 3!. Repetindo esse processo, temos o seguinte:

```
1   5! = 5 * 4!
2           4! = 4 * 3!
3                   3! = 3 * 2!
4                           2! = 2 * 1!
5                                   1! = 1 * 0!
6                                           0! = 1
```

Cada caso é reduzido a um caso mais simples até chegarmos ao caso de 0!, que é definido imediatamente como 1. Na linha 6, temos um valor que é definido diretamente e não como o fatorial de outro número. Podemos, portanto, voltar da linha 6 até a linha 1, retornando o valor calculado em uma linha para avaliar o resultado da linha anterior. Isto produz:

```
6'   0! = 1
5'   1! = 1 * 0! = 1 * 1 = 1
4'   2! = 2 * 1! = 2 * 1 = 2
3'   3! = 3 * 2! = 3 * 2 = 6
2'   4! = 4 * 3! = 4 * 6 = 24
1'   5! = 5 * 4! = 5 * 24 = 120
```

Experimentemos incorporar esse processo num algoritmo. Novamente, queremos que o algoritmo parta de um número não-negativo n e calcule numa variável *fact* o inteiro não-negativo que seja o fatorial de n.

```
1   if (n == 0)
2       fact = 1;
3   else {
4       x = n - 1;
5       ache o valor de x!. Chame-o de y;
6       fact = n * y;
7   } /* fim else */
```

Esse algoritmo apresenta o processo usado para calcular $n!$ por meio da definição recursiva. Evidentemente, a chave do algoritmo é a linha 5, onde somos solicitados a "achar o valor de $x!$". Isto exige a reexecução do algoritmo com a entrada x porque o método para computar a função fatorial é o próprio algoritmo. Para verificar se o algoritmo ocasionalmente pára, observe que no início da linha 5 x é igual a $n - 1$. Cada vez que o algoritmo for executado, sua entrada será um a menos que na vez anterior, para que (como a entrada n original era um inteiro não-negativo) 0 seja eventualmente a entrada do algoritmo. Nesse ponto, o algoritmo apenas retorna 1. Esse valor é retornado à linha 5, que solicitou a avaliação de 0! A multiplicação de y (igual a 1) por n (igual a 1) é executada e o resultado é retornado. Essa seqüência de multiplicações e retornos prossegue até que o $n!$ original seja avaliado. Na próxima seção, veremos como converter esse algoritmo num programa em C.

Evidentemente, é muito mais simples e rápido usar o método iterativo para a avaliação da função fatorial. Apresentamos o método recursivo como um exemplo simples para introduzir a recursividade, não como um método mais eficiente de solucionar esse problema particular. Na realidade, todos os problemas apresentados nesta seção podem ser resolvidos com mais eficiência por meio da iteração. Entretanto, mais adiante neste capítulo e em capítulos subseqüentes, apresentaremos exemplos mais facilmente solucionados por métodos recursivos.

MULTIPLICAÇÃO DE NÚMEROS NATURAIS

Outro exemplo de uma definição recursiva é a definição da multiplicação de números naturais. O produto $a * b$, em que a e b são inteiros positivos, pode ser definido como a somado a si mesmo b vezes. Essa é uma definição iterativa. Uma definição recursiva equivalente é:

```
a * b = a se b == 1
a * b = a * (b - 1) + a se b > 1
```

Para avaliar 6 * 3 por meio dessa definição, avaliamos primeiro 6 * 2 e depois somamos 6. Para avaliar 6 * 2, avaliamos primeiro 6 * 1 e somamos 6. Mas 6 * 1 é igual a 6 pela primeira parte da definição. Sendo assim:

```
6 * 3 = 6 * 2 + 6 = 6 * 1 + 6 + 6 = 6 + 6 + 6 = 18
```

Convém ao leitor converter imediatamente a definição anterior para um algoritmo recursivo como simples exercício.

Observe o padrão existente em definições recursivas. Um caso simples do termo a ser definido é estabelecido explicitamente (no caso do fatorial, 0! foi definido como 1; no caso da multiplicação, $a * 1 = a$). Os outros casos são definidos aplicando uma operação sobre o resultado da avaliação de um caso mais simples. Sendo assim, $n!$ é definido em termos de $(n - 1)$ e $a * b$ em termos de $a * (b - 1)$. Eventualmente, simplificações sucessivas de determinado caso devem levar ao caso trivial definido de maneira explícita. No caso da função fatorial, subtrair 1 de n, várias vezes, resulta eventualmente em 0. No caso da multiplicação, subtrair 1 de b, várias vezes, resulta eventualmente 1. Se este não fosse o caso, a definição seria inválida. Por exemplo, se definíssemos:

$n! = (n + 1)!/(n + 1)$

ou

$a * b = a * (b + 1) - a$

não conseguiríamos determinar o valor de 5! ou 6 * 3. (Recomendamos que você tente determinar estes valores usando as definições anteriores.) Isto se verifica apesar do fato de que as duas equações são válidas. Somar continuamente 1 a n ou b não produz jamais um caso explicitamente definido. Mesmo que 100! fosse definido explicitamente, como o valor de 101! poderia ser determinado?

A SEQÜÊNCIA DE FIBONACCI

Examinemos um exemplo menos conhecido. A **seqüência de Fibonacci** é a seqüência de inteiros:

0, 1, 1, 2, 3, 5, 8, 13, 21, 34...

Cada elemento nessa seqüência é a soma dos dois elementos anteriores (por exemplo, 0 + 1 = 1, 1 + 1 = 2, 1 + 2 = 3, 2 + 3 = 5, ...). Se permitirmos que $fib(0) = 0$, $fib(1) = 1$, e assim por diante, então poderemos definir a seqüência de Fibonacci por meio da seguinte definição recursiva:

```
fib(n) = n if n == 0 or n == 1
fib(n) = fib(n - 2) + fib(n - 1) if n >= 2
```

Para calcular $fib(6)$, por exemplo, podemos aplicar a definição recursivamente para obter:

```
fib(6) = fib(4) + fib(5) = fib(2) + fib(3) + fib(5) =
fib(0) + fib(1) + fib(3) + fib(5) = 0 + 1 + fib(3) + fib(5) =
1 + fib(1) + fib(2) + fib(5) =
1 + 1 + fib(0) + fib(1) + fib(5) =
2 + 0 + 1 + fib(5) = 3 + fib(3) + fib(4) =
3 + fib(1) + fib(2) + fib(4) =
3 + 1 + fib(0) + fib(1) + fib(4) =
4 + 0 + 1 + fib(2) + fib(3) = 5 + fib(0) + fib(1) + fib(3) =
5 + 0 + 1 + fib(1) + fib(2) = 6 + 1 + fib(0) + fib(1) =
7 + 0 + 1 = 8
```

Observe que a definição recursiva dos números de Fibonacci difere das definições recursivas da função fatorial e da multiplicação. A definição recursiva de *fib* refere-se a si mesma duas vezes. Por exemplo, *fib*(6) = *fib*(4) + *fib*(5), de modo que ao calcular *fib*(6) *fib* deve ser aplicada recursivamente duas vezes. Entretanto, o cálculo de *fib*(5) requer também a determinação de *fib*(4), e assim ocorre muita redundância computacional ao aplicar a definição. No exemplo anterior, *fib*(3) é calculado três vezes separadas. Seria mais eficiente "lembrar" o valor de *fib*(3) na primeira vez em que ele for avaliado e reutilizá-lo sempre que necessário. Um método iterativo de calcular *fib(n)*, como o seguinte, é muito mais eficiente:

```
if (n <= 1)
   return(n);
lofib = 0;
hifib = 1;
for (i = 2; i <= n; i++) {
   x = lofib;
   lofib = hifib;
   hifib = x + lofib;
} / * fim for */
return(hifib);
```

Compare o número de adições (não incluindo os incrementos da variável índice *i*) efetuadas ao calcular *fib*(6) por meio desse algoritmo e usando a definição recursiva. No caso da função fatorial, o mesmo número de multiplicações deve ser efetuado ao computar *n*! por meio dos métodos recursivo e iterativo. A mesma coisa se verifica com o número de adições nos dois métodos de calcular a multiplicação. Entretanto, no caso dos números de Fibonacci, o método recursivo é muito mais dispendioso que o iterativo. Discutiremos mais detalhes sobre os méritos relativos dos dois métodos em uma seção mais adiante.

A BUSCA BINÁRIA

É possível que você esteja com uma impressão errada de que a recursividade é uma ferramenta muito útil para definir funções matemáticas, mas não tem influência sobre atividades de computação mais práticas. O próximo exemplo ilustra uma aplicação de recursividade sobre uma das atividades mais conhecidas na computação: a busca.

Imagine um vetor de elementos no qual os objetos foram posicionados em determinada ordem. Por exemplo, um dicionário ou um catálogo de telefones pode ser considerado um vetor cujos elementos estão em ordem alfabética. O arquivo da folha de pagamento de uma empresa pode estar classificado pela ordem do CPF dos funcionários. Suponha que esse vetor exista e desejemos localizar determinado elemento dentro dele. Por exemplo, queremos pesquisar um nome num catálogo de telefones, uma palavra num dicionário ou determinado empregado num arquivo de pessoal. O processo usado para encontrar tal elemento é chamado ***busca***.

Como a busca é uma atividade muito conhecida na computação, queremos descobrir um método eficiente para executá-la. Talvez o método de busca mais simples seja o da busca ***seqüencial*** ou ***linear***, no qual cada item do vetor é examinado por vez e comparado ao item que se está procurando, até ocorrer uma coincidência. Se a lista não estiver organizada ou se foi formada a esmo, é possível que a busca linear seja a única maneira de localizar algo dentro dela (a menos, evidentemente, que a lista seja primeiro reorganizada). Entretanto, um método desse tipo jamais seria usado para localizar um nome num catálogo de telefones. Em vez disso, o catálogo seria aberto numa página qualquer e os nomes pertencentes a essa página seriam examinados. Como os nomes encontram-se em ordem alfabética, esse exame determinaria se a busca deve continuar na primeira ou segunda metade do catálogo.

Apliquemos essa idéia à pesquisa em vetores. Se um vetor contiver somente um elemento, o problema será simples. Caso contrário, compare o item sendo procurado ao item posicionado no meio do vetor. Se forem iguais, a busca terminou com sucesso. Se o elemento do meio for maior que o elemento sendo procurado, o processo de busca será repetido na primeira metade do vetor (porque esse item deve estar na primeira metade); caso contrário, o processo será repetido na segunda metade. Observe que, toda vez que uma comparação é feita, o número de elementos a pesquisar é cortado pela metade. Para os vetores grandes, esse método é superior à busca seqüencial na qual cada comparação reduz o número de elementos a pesquisar em apenas um. Por causa da divisão do vetor a ser pesquisado em duas partes iguais, esse método de busca é chamado ***busca binária***.

Observe que definimos de modo muito natural uma busca binária recursivamente. Se o item sendo procurado não for igual ao elemento do meio do vetor, as instruções serão pesquisar um subvetor usando o mesmo método. Dessa forma, o método de busca é definido em termos de si mesmo com um vetor menor como entrada. Temos certeza de que o processo terminará porque os vetores de entrada ficarão cada vez menores, e a busca em um vetor de um único elemento é definida não recursivamente, uma vez que o elemento do meio desse vetor é seu único elemento.

Apresentaremos a seguir um algoritmo recursivo para procurar num vetor a classificado um elemento x entre $a[low]$ e $a[high]$. O algoritmo retornará um *índice* de a, de modo que $a[índice]$ seja igual a x, se esse índice existir entre *low* e *high*. Se x não for encontrado nessa parte do vetor, *binsrch* retornará -1 (em C, não pode existir um elemento $a[-1]$).

```
1 if (low > high)
2     return(-1);
3 mid = (low + high) / 2;
4 if (x == a[mid])
5     return(mid);
6 if (x < a[mid])
7     procura x em a[low] ateh a[mid - 1];
8 else
9     procura x em a[mid + 1] ateh a[high];
```

Como existe a possibilidade de uma busca sem êxito (isto é, o elemento pode não existir no vetor), o caso trivial foi um pouco alterado. Uma busca num vetor de um só elemento não é definida diretamente como o índice apropriado. Em vez disso, esse elemento é comparado ao item sendo procurado. Se os dois itens não forem iguais, a busca continuará na "primeira" ou "segunda" metade — cada uma das quais não contém nenhum elemento. Esse caso é indicado pela condição *low* > *high*, e seu resultado é definido imediatamente como -1.

Apliquemos esse algoritmo num exemplo. Imagine que o vetor a contém os elementos 1, 3, 4, 5, 17, 18, 31, 33, nessa ordem, e queremos procurar o elemento 17 (isto é, x é igual a 17) entre o item 0 e o 7 (isto é, *low* é 0, *high* é 7). Aplicando o algoritmo, teremos:

linha 1: *low* > *high*? Não é; portanto, execute a linha 3.

linha 3: $mid = (0 + 7)/2 = 3$.

linha 4: $x == a[3]$? 17 não é igual a 5; portanto, execute a linha 6.

linha 6: $x < a[3]$? 17 não é inferior a 5; portanto, execute a cláusula *else* na linha 8.

linha 9: Repita o algoritmo com $low = mid + 1 = 4$ e $high = high = 7$; ou seja, verifica a metade superior do vetor.

linha 1: 4 > 7? Não, execute a linha 3.

linha 3: $mid = (4 + 7)/2 = 5$.

linha 4: $x == a[5]$? 17 não equivale a 18; portanto, execute a linha 6.

linha 6: $x < a[5]$? Sim, $17 < 18$; portanto, procure x em $a[low]$ até $a[mid - 1]$.

linha 7: Repita o algoritmo com $low = low = 4$ e $high = mid - 1 = 4$. Isolamos x entre o quarto e o quarto elementos de a.

linha 1: $4 > 4$? Não; portanto, execute a linha 3.

linha 3: $mid = (4 + 4)/2 = 4$.

linha 4: Como $a[4] == 17$, retorne $mid = 4$ como resposta. Na verdade, 17 é o quarto elemento do vetor.

Observe o padrão de chamadas ao algoritmo e retornos a partir dele. Um diagrama traçando esse padrão aparece na Figura 3.1.1. As setas sólidas indicam o controle de fluxo por meio do algoritmo e das chamadas recursivas. As linhas tracejadas indicam os retornos. Como não existem etapas a ser executadas no algoritmo, depois da linha 7 ou 8, o resultado retorna intacto à execução anterior. Finalmente, quando o controle retorna à execução inicial, a resposta é retornada à chamadora.

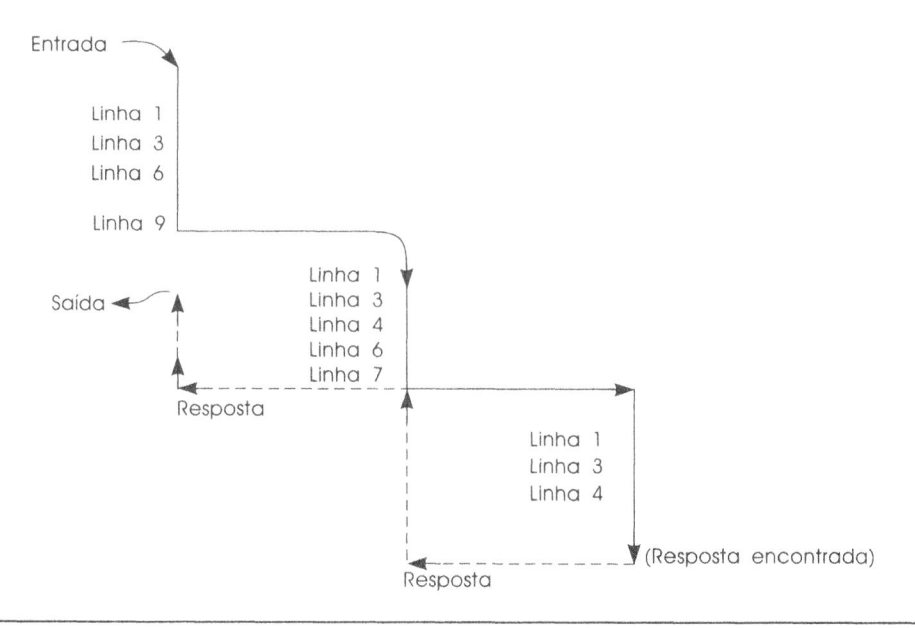

Figura 3.1.1 Representação diagramática de um algoritmo de busca binária.

Examinemos como o algoritmo procura um item que não aparece no vetor. Imagine o vetor *a* do exemplo anterior e suponha que ele esteja procurando *x*, que é igual a 2.

linha 1: *low* > *high*? 0 não é maior que 7; portanto ,execute a linha 3.

linha 3: *mid* = (0 + 7)/2 = 3.

linha 4: *x* == *a*[3]? 2 não é igual a 5; portanto, execute a linha 6.

linha 6: *x* < *a*[3]? Sim, 2 < 5; portanto, procure *x* em *a*[*low*] até *a*[*mid* - 1].

linha 7: Repita o algoritmo com *low* = *low* = 0 e *high* = *mid* - 1 = 2. Se 2 aparecer no vetor, ele deverá estar entre *a*[0] e *a*[2] inclusive.

linha 1: 0 > 2? Não, execute a linha 3.

linha 3: *mid* = (0 + 2)/2 = 1.

linha 4: 2 == *a*[1]? Não, execute a linha 6.

linha 6: 2 < *a*[1]? Sim, porque 2 < 3. Procure *x* em *a*[*low*] até *a*[*mid* - 1].

linha 7: Repita o algoritmo com *low* = *low* = 0 e *high* = *mid* - 1 = 0. Se *x* existir em *a*, ele deve ser o primeiro elemento.

linha 1: 0 > 0? Não; execute a linha 3.

linha 3: *mid* = (0 + 0)/2 = 0.

linha 4: 2 == *a*[0]? Não; execute a linha 6.

linha 6: 2 < *a*[0]? 2 não é menor que 1; portanto, execute a cláusula **else** na linha 8.

linha 9: Repita o algoritmo com *low* = *mid* + 1 = 1 e *high* = *high* = 0.

linha 1: *low* > *high*? 2 é maior que 1; portanto, -1 é retornado. O item 2 não existe no vetor.

PROPRIEDADES DAS DEFINIÇÕES OU ALGORITMOS RECURSIVOS

Resumiremos o que envolve uma definição ou um algoritmo recursivo. Uma exigência importante para que um algoritmo recursivo esteja correto é que ele não gere uma seqüência infinita de chamadas a si mesmo. Evidentemente, todo algoritmo que realmente gere tal seqüência pode não terminar nunca. Para, no mínimo, um argumento ou grupo de argumentos, a função recursiva *f* deve ser definida de modo a não envolver *f*. Deverá existir uma "saída" da seqüência de chamadas recursivas. Nos exemplos desta seção, as partes não-recursivas das definições foram:

```
fatorial:          0! = 1
multiplicacao:     a * 1 = a
Seq de Fibonacci:  fib(0) = 0;    fib(1) = 1
busca binaria:     if (low > high)
                       return(-1);
                   if (x == a[mid]
                       return(mid);
```

Sem essa saída não-recursiva, nenhuma função recursiva poderá ser computada. Qualquer ocorrência de uma definição ou chamada recursiva de um algoritmo recursivo deverá eventualmente se reduzir a uma manipulação de um ou mais casos simples, e não-recursivos.

EXERCÍCIOS

3.1.1. Escreva um algoritmo iterativo para avaliar $a * b$ usando a adição, onde a e b são inteiros não-negativos.

3.1.2. Escreva uma definição recursiva de $a + b$, onde a e b são inteiros não-negativos, em termos da função sucessora *succ* definida como:

```
succ(x)
int x;
{
    return(++x);
} /* fim succ */
```

3.1.3. Imagine a como um vetor de inteiros. Apresente algoritmos recursivos para calcular:

a. o elemento máximo do vetor;

b. o elemento mínimo do vetor;

c. a soma dos elementos do vetor;

d. o produto dos elementos do vetor;

e. a média dos elementos do vetor.

3.1.4. Avalie cada um dos itens abaixo, usando ambas as definições iterativa e recursiva:

a. 6!

b. 9!

c. 100 * 3

d. 6 * 4

e. $fib(10)$

f. $fib(11)$

3.1.5. Suponha que um vetor de dez inteiros contenha os elementos:

1, 3, 7, 15, 21, 36, 78, 95, 106

Use a busca binária recursiva para encontrar cada um dos seguintes valores no vetor:

a. 1

b. 20

c. 36

3.1.6. Escreva uma versão iterativa do algoritmo de busca binária. (*Dica*: Modifique diretamente os valores de *low* e *high*.)

3.1.7. A função de Ackerman é definida recursivamente sobre os inteiros não-negativos, como segue:

$a(m, n) = n + 1$ if $m == 0$
$a(m, n) = a(m - 1, 1)$ if $m \mathrel{!=} 0, n == 0$
$a(m, n) = a(m - 1, a(m, n - 1))$ if $m \mathrel{!=} 0, n \mathrel{!=} 0$

a. Usando a definição anterior, demonstre que a(2,2) é igual a 7.

b. Prove que $a(m,n)$ está definido para todos os inteiros não-negativos m e n.

c. Você consegue descobrir um método iterativo para calcular $a(m,n)$?

3.1.8. Conte o número de adições necessárias para computar *fib(n)* para $0 <= n <= 10$, por meio dos métodos iterativo e recursivo. Existe algum tipo de padrão?

3.1.9. Se um vetor contiver n elementos, qual o número máximo de chamadas recursivas feitas pelo algoritmo de busca binária?

3.2. RECURSIVIDADE EM C

FATORIAL EM C

A linguagem C permite que um programador escreva sub-rotinas e funções que chamem a si mesmas. Tais rotinas são denominadas **recursivas**.

O algoritmo recursivo para computar $n!$ pode ser diretamente traduzido numa função em C, como segue:

```
fact(n)
int n;
{
   int x, y;

   if (n == 0)
      return(1);
   x = n - 1;
   y = fact(x);
   return(n * y);
} /* fim fact */
```

No comando $y = fact(x)$; a função *fact* chama a si mesma. Esse é o ingrediente fundamental de uma rotina recursiva. O programador presume que a função sendo computada já foi escrita e a utiliza em sua própria definição. Entretanto, o programador deverá garantir que isso não provoque uma seqüência interminável de chamadas.

Examinemos a execução dessa função quando chamada por outro programa. Por exemplo, suponha que o programa de chamada contenha o comando:

```
printf("%d", fact(4));
```

Quando a rotina de chamada chamar *fact*, o parâmetro n será definido com 4. Como n não é 0, x é definido com 3. Nesse ponto, *fact* é chamada pela segunda vez com um argumento igual a 3. Sendo assim, a função *fact* é reiniciada e as variáveis locais (x e y) e o parâmetro (n) do bloco são realocados. Como a execução ainda não saiu da primeira chamada a *fact*, a primeira alocação dessas variáveis continua. Conseqüentemente, existem duas gerações simultâneas dessas variáveis. A partir de qualquer ponto dentro da segunda execução de *fact*, somente a cópia mais recente destas variáveis poderá ser referenciada.

Em termos gerais, toda vez que a função *fact* é iniciada recursivamente, um novo conjunto de variáveis locais e de parâmetros é alocado, e somente esse novo conjunto pode ser referenciado dentro dessa chamada a *fact*. Quando ocorre um retorno de *fact* para um ponto numa chamada anterior, a alocação mais recente dessas variáveis é liberada, e a cópia anterior é reativada. Essa cópia anterior é a alocada durante a entrada inicial para a chamada anterior, e é local para essa chamada.

Essa descrição sugere o uso de uma pilha para manter as sucessivas gerações de variáveis locais e parâmetros. Essa pilha é mantida pelo sistema de C e é invisível para o usuário. Toda vez que uma função recursiva é iniciada, uma nova alocação de suas variáveis é introduzida no topo da pilha. Qualquer referência a uma variável local ou a um parâmetro é feita por meio do topo da pilha atual. Quando a função retorna, a pilha é esvaziada, a alocação do topo é liberada e a alocação anterior torna-se o atual topo da pilha a ser usado para referenciar variáveis locais. Esse mecanismo será examinado com mais detalhes na Seção 4; por enquanto, vejamos como ele é aplicado ao calcular a função fatorial.

A Figura 3.2.1 apresenta uma seqüência de instantâneos das pilhas para as variáveis n, x e y, no decorrer da execução da função *fact*. Inicialmente, as pilhas estão vazias, conforme ilustrado pela Figura 3.2.1a. Depois da primeira chamada a *fact* pelo procedimento de chamada, a situação é mostrada na Figura 3.2.1b, com n igual a 4. As variáveis x e y estão alocadas, mas não inicializadas. Como n não é igual a 0, x é definida com 3 e *fact*(3) é chamada (Figura 3.2.1c). O novo valor de n não é igual a 0; portanto, x é definida com 2 e *fact*(2) é chamada (Figura 3.2.1d).

Este processo continua até que n seja igual a 0 (Figura 3.2.1f). Nesse ponto, o valor 1 é retornado a partir da chamada a *fact*(0). A execução prossegue a partir do ponto no qual *fact*(0) foi chamada, que é a atribuição do valor retornado para a cópia de *y* declarada em *fact*(1). Isso é ilustrado pelo status da pilha apresentada na Figura 3.2.1g, onde as variáveis alocadas para *fact*(0) foram liberadas e *y* está definida com 1.

O comando *return*(*n* * *y*) é, então, executado, multiplicando os valores do topo de *n* e *y* para obter 1 e retornando esse valor para *fact*(2) (Figura 3.2.1h). Esse processo é repetido duas vezes, até que finalmente o valor de *y* em *fact*(4) seja igual a 6 (Figura 3.2.1j). O comando **return**(*n* * *y*) é executado mais uma vez. O produto 24 é retornado para o procedimento de chamada, onde é impresso pelo comando:

```
printf("%d", fact(4));
```

(a) (Initially). (b) fact (4). (c) fact (3). (d) fact (2).

(e) fact (1). (f) fact (0). (g) y = fact (0). (h) y = fact (1).

(i) y = fact (2). (j) y = fact (3). (k) printf (%d, fact (4)).

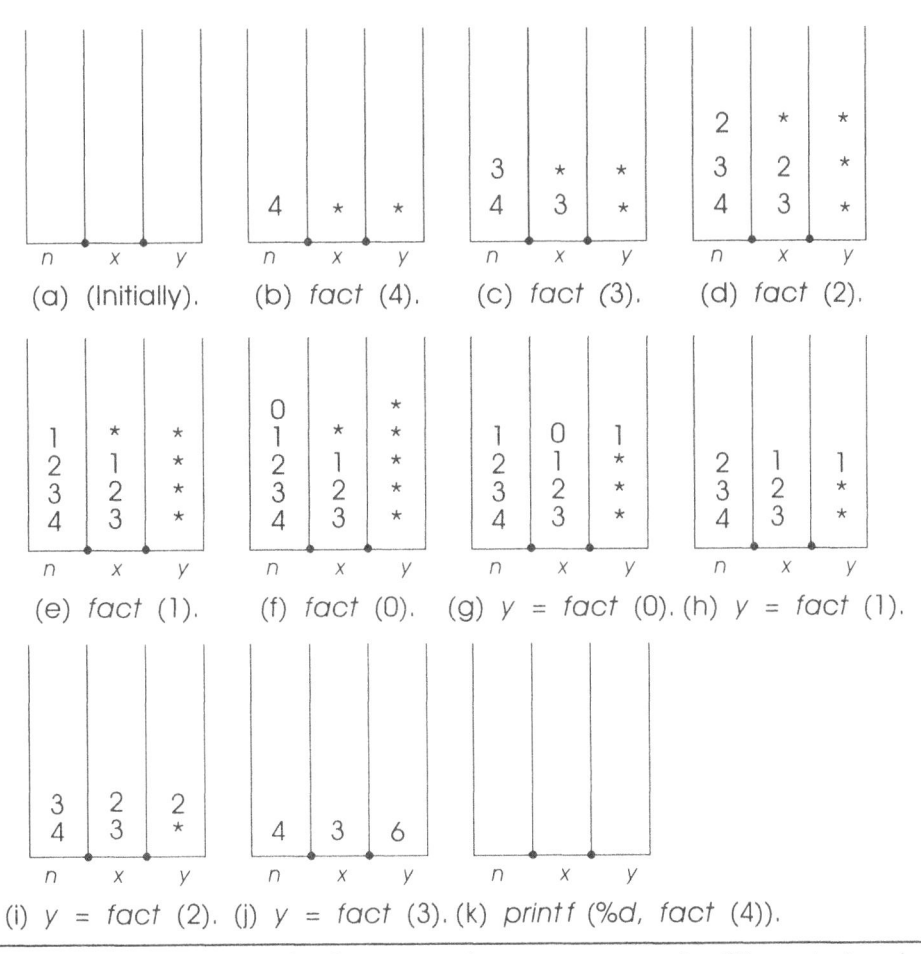

Figura 3.2.1 A pilha, em vários instantes, durante a execução. (Um asterisco indica um valor não-inicializado.)

Observe que toda vez que uma rotina recursiva retorna, ela volta ao ponto imediatamente seguinte ao ponto a partir do qual ela foi chamada. Sendo assim, a chamada recursiva a *fact*(3) retorna à atribuição do resultado a *y* dentro de *fact*(4), mas a chamada recursiva a *fact*(4) retorna ao comando *printf* na rotina de chamada.

Transformaremos algumas das outras definições recursivas e processos da seção anterior em programas recursivos em C. É difícil conceber um programador de C escrevendo uma função para computar o produto de dois inteiros positivos em termos da adição, porque um asterisco efetua a multiplicação imediatamente. Entretanto, essa função pode servir como outra ilustração da recursividade em C. Seguindo a definição da multiplicação apresentada na seção anterior, podemos escrever:

```
mult(a, b)
int a, b;
{
   return(b == 1? a : mult(a, b-1) + a);
} /* fim mult */
```

Observe como esse programa é parecido com a definição recursiva da última seção. Deixaremos como exercício para que você verifique a execução dessa função quando chamada com dois inteiros positivos. O uso de pilhas ajuda muito nesse processo de verificação.

Esse exemplo ilustra que uma função recursiva pode chamar a si mesma, até mesmo dentro de um comando atribuindo um valor à função. De modo semelhante, poderíamos ter escrito a função recursiva *fact* de modo mais compacto, assim:

```
fact(n)
int n;
{
   return(n == 0 ? 1 : n * fact(n-1));
} /* fim fact */
```

Essa versão compacta evita o uso explícito das variáveis locais *x* (para armazenar o valor de *n* - 1) e *y* (para armazenar o valor de *fact*(*x*)). Entretanto, de qualquer maneira, as alocações temporárias são reservadas para essas duas variáveis em cada chamada da função. Essas variáveis temporárias são tratadas como quaisquer variáveis locais explícitas. Assim, ao rastrear a ação de uma rotina recursiva, talvez ajude declarar todas as variáveis temporárias explicitamente. Veja se é mais fácil rastrear a seguinte versão mais explícita de *mult*:

```
mult(a, b)
int a, b;
{
   int c, d, sum;
   if(b == 1)
      return(a);
   c = b - 1;
   d = mult(a, c);
   sum = d+a;
   return(sum);
} /* fim mult */
```

Outro aspecto particularmente importante é a verificação da validade dos parâmetros de entrada numa rotina recursiva. Por exemplo, examinemos a execução da função *fact* quando chamada por um comando como:

```
printf ("\n%d", fact(-1));
```

Evidentemente, a função *fact* não é elaborada para produzir um resultado com significado para a entrada negativa. Entretanto, um dos aspectos mais importantes para o conhecimento do programador é que uma função será invariavelmente chamada, em algum momento, com uma entrada inválida e, a menos que se faça uma provisão para tal entrada, talvez seja difícil determinar o erro resultante.

Por exemplo, quando -1 é passado como um parâmetro para *fact*, de modo que *n* é igual a -1, *x* é definido com -2 e -2 é passado para uma chamada recursiva a *fact*. Outro conjunto de *n*, *x* e *y* é alocado; *n* é definido com -2, e *x* torna-se -3. Esse processo continua até que o programa ultrapasse o tempo, ou o espaço disponível ou até que o valor de *x* fique muito pequeno. Nenhuma mensagem indicando a verdadeira causa do erro é produzida.

Se *fact* fosse chamada inicialmente com uma expressão complicada como argumento e a expressão avaliasse erroneamente num número negativo, talvez um programador passasse horas procurando a causa do erro. O problema pode ser remediado revisando-se a função *fact* de modo a verificar explicitamente sua entrada, como segue:

```
fact(n)
int n;
{
   int x, y;

   if (n < 0) {
      printf("%s",
             "parametro negativo na funcao fatorial");
```

```
      exit(1);
   } /* fim if */
   if (n == 0)
      return(1);
   x = n-1;
   y = fact(x);
   return(n * y);
} /* fim fact */
```

De modo semelhante, a função *mult* precisa proteger-se contra um valor não-positivo no segundo parâmetro.

OS NÚMEROS DE FIBONACCI EM C

Examinaremos agora a seqüência de Fibonacci. Um programa em C para computar o enésimo número de Fibonacci pode ser modelado tomando como base a definição recursiva:

```
fib(n)
int n;
{
   int x, y;

   if (n <= 1);
      return(n);
   x = fib(n-1);
   y = fib(n-2);
   return(x + y);
} /* fim fib */
```

   Verifiquemos a ação dessa função ao computar o sexto número de Fibonacci. Você pode comparar a ação da rotina com o cálculo manual que efetuamos na última seção para computar *fib*(6). O processo de empilhamento é ilustrado na Figura 3.2.2. Quando o programa é chamado pela primeira vez, as variáveis *n*, *x* e *y* são alocadas, e *n* é definida com 6 (Figura 3.2.2a). Como *n* > 1, *n* - 1 é avaliada e *fib* é chamada recursivamente. Um novo conjunto de *n*, *x* e *y* é alocado, e *n* é definida com 5 (Figura 3.2.2b). Esse processo continua (Figura 3.2.2c-f) com cada valor sucessivo de *n* sendo um a menos que seu valor anterior, até *fib* ser chamada com *n* igual a 1. A sexta chamada a *fib* retorna 1 para sua chamadora, de modo que a quinta alocação de *x* é definida com 1 (Figura 3.2.2g).

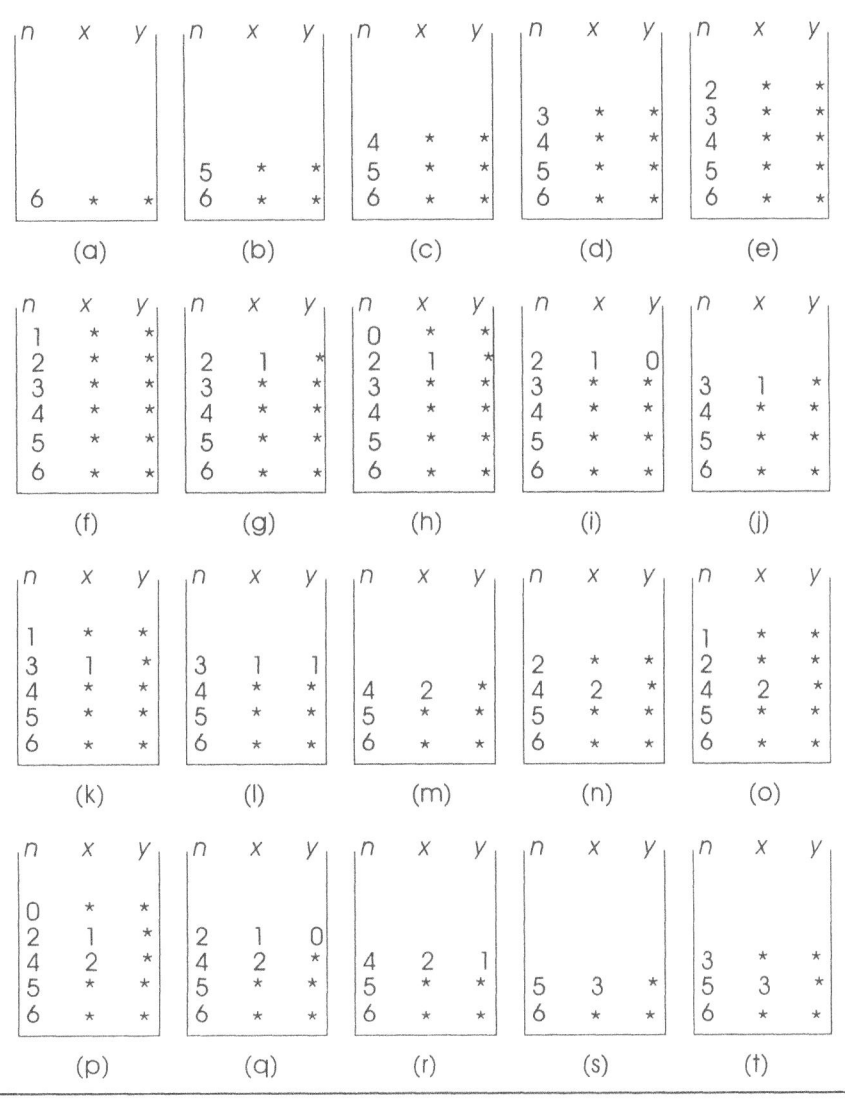

Figura 3.2.2 A pilha de recursão da função de Fibonacci.

O próximo comando seqüencial, $y = fib(n - 2)$, é executado. O valor utilizado de *n* é o mais recentemente alocado, ou seja, 2. Sendo assim, chamamos novamente *fib* com um argumento de 0 (Figura 3.2.2h). O valor de 0 é imediatamente retornado, de modo que *y* em *fib*(2) é definido com 0 (Figura 3.2.2i). Observe que cada chamada recursiva resulta num retorno ao ponto de chamada, de modo que a chamada de *fib*(1) retorna à atribuição de *x*, e a chamada de *fib*(0) retorna à atribuição de *y*. O próximo comando a ser executado em *fib*(2) é o que retorna $x + y = 1 + 0 = 1$ para o comando que chama *fib*(2) na geração da função calculando *fib*(3). Essa é a atribuição a x, de maneira que x em *fib*(3) recebe o valor *fib*(2) = 1 (Figura 3.2.2j). O processo de chamar, introduzir, retornar e eliminar continua até que finalmente a rotina retorne, pela última vez, ao programa principal, com o valor 8. A Figura 3.2.2 mostra a pilha até o ponto em que *fib*(5) chama *fib*(3) para que seu valor possa ser atribuído a y. Recomendamos que o leitor complete a figura, desenhando os estados da pilha pelo restante da execução do programa.

Esse programa ilustra que uma rotina recursiva pode chamar a si mesma várias vezes, com diferentes argumentos. Na realidade, desde que uma rotina recursiva use somente variáveis locais, o programador poderá utilizá-la como qualquer outra, presumindo que ela executará sua função e produzirá o valor desejado. O programador não precisa preocupar-se com o mecanismo básico do empilhamento.

BUSCA BINÁRIA EM C

Apresentaremos a seguir um programa em C para a busca binária. Uma função para fazer isso aceita um vetor a e um elemento x como entrada, e retorna o índice i em a, tal que $a[i]$ seja igual a x, ou -1, se esse i não existir. Assim, a função *binsrch* pode ser chamada num comando como:

```
i = binsrch(a, x);
```

Entretanto, ao examinarmos o algoritmo de busca binária da Seção 3.1 como modelo para uma rotina recursiva em C, observamos que outros dois parâmetros são passados nas chamadas recursivas. As linhas 7 e 9 desse algoritmo só exigem uma busca binária sobre uma parte do vetor. Sendo assim, para que a função seja recursiva, os limites entre os quais o vetor deve ser pesquisado precisam ser também especificados. A rotina é escrita como segue:

```
binsrch(a, x, low, high)

int a[];
int x;
int high, low;
{
   int mid;
```

```
    if (low > high)
       return(-1);
    mid = (low + high) / 2;
    return(x == a[mid] ? mid : x < a[mid] ?
                                binsrch(a, x, low, mid-1) :
                                binsrch(a, x, mid+1, high));
} /* fim binsrch */
```

Quando *binsrch* é chamada pela primeira vez a partir de outra rotina, para procurar por *x* num vetor declarado por:

```
int a[VETORSIZE];
```

cujos primeiros *n* elementos estão ocupados, ela é chamada pelo comando:

```
i = binsrch(a, x, 0, n-1);
```

Recomendamos que você verifique a execução dessa rotina e acompanhe o empilhamento e o desempilhamento usando o exemplo da última seção, onde a é um vetor de 8 elementos (*n* = 8) contendo 1, 3, 4, 5, 17, 18, 31, 33, nessa ordem. O valor sendo procurado é 17 (*x* é igual a 17). Observe que o vetor *a* é empilhado em cada chamada recursiva. Os valores de *low* e *high* são os limites mínimo e máximo do vetor *a*, respectivamente.

Durante a verificação da rotina *binsrch*, você deve ter observado que os valores dos dois parâmetros, *a* e *x*, não mudam durante sua execução. Toda vez que *binsrch* é chamada, o mesmo vetor é rastreado em busca do mesmo elemento; só mudam os limites mínimo e máximo da busca. Sendo assim, é um desperdício empilhar e desempilhar esses dois parâmetros toda vez que a rotina for chamada recursivamente.

Uma solução é permitir que *a* e *x* sejam variáveis globais, declaradas antes do programa por:

```
int a[ARRAYSIZE];
int x;
```

A rotina é chamada por um comando como:

```
i = binsrch(0, n-1);
```

Nesse caso, todas as referências a *a* e *x* são para as alocações globais de *a* e *x*, declaradas no início do arquivo-fonte. Isto permite que *binsrch* tenha acesso a *a* e *x* sem alocar espaço adicional para elas. Todas as diversas alocações e liberações de espaço para esses parâmetros são eliminadas.

Podemos reescrever a função *binsrch* como segue:

```
binsrch(low, high)
int high, low;
{
   int mid;

   if (low > high)
      return(-1);
   mid = (low + high) / 2;
   return(x == a[mid] ? mid :
     x < a[mid] ?  binsrch(low, mid-1) : binsrch(mid+1, high));
} /* fim binsrch */
```

Usando esse esquema, as variáveis *a* e *x* são referenciadas com o atributo *extern* e não são passadas a cada chamada recursiva a *binsrch*. *a* e *x* não mudam seus valores nem são empilhadas. O programador que quiser fazer uso de *binsrch* num programa só precisará passar os parâmetros *low* e *high*. A rotina poderia ser chamada com um comando como esse:

```
i = binsrch(low, high);
```

CADEIAS RECURSIVAS

Uma função recursiva não precisa chamar a si mesma diretamente. Em vez disso, ela pode chamar a si mesma indiretamente, como no seguinte exemplo:

```
a(parametros formais)          b(parametros formais)
{                              {
      .                              .
      .                              .
      .                              .
   b(argumentos);                 a(argumentos);
      .                              .
} /*fim a*/                    } /*fim b*/
```

Nesse exemplo, a função *a* chama *b*, que, por sua vez, pode chamar *a*, que pode chamar *b* novamente. Sendo assim, tanto *a* como *b* são recursivas porque chamam a si mesmas indiretamente. Entretanto, o fato de serem recursivas não se evidencia ao examinarmos o corpo das duas rotinas individualmente. A rotina *a* parece estar chamando uma rotina *b* separada e é impossível determinar que ela possa estar chamando a si mesma indiretamente, examinando-a isoladamente.

Mais de duas rotinas podem participar de uma **cadeia recursiva**. Dessa forma, uma rotina *a* pode chamar *b* que chama *c*, ..., que chama *z*, que chama *a*. Cada rotina na cadeia pode potencialmente chamar a si mesma e, conseqüentemente, será recursiva. Evidentemente, o programador precisará garantir que tal programa não gere uma seqüência infinita de chamadas recursivas.

DEFINIÇÃO RECURSIVA DE EXPRESSÕES ALGÉBRICAS

Como exemplo de uma cadeia recursiva, examine o seguinte grupo recursivo de definições:

1. Uma ***expressão*** é um *termo* seguido por um sinal de mais, seguido por um *termo*, ou um *termo* isolado.

2. Um ***termo*** é um *fator* seguido por um *asterisco*, seguido por um *fator*, ou um *fator* isolado.

3. Um ***fator*** é uma *letra* ou uma *expressão* entre parênteses.

Antes de examinarmos alguns exemplos, observe que nenhum dos três itens anteriormente citados é definido diretamente em termos de si mesmo. Entretanto, cada um é definido em termos de si mesmo indiretamente. Uma expressão é definida em relação a um termo, um termo em relação a um fator, e um fator em relação a uma expressão. De modo semelhante, um fator é definido em relação a uma expressão, que é definida em relação a um termo, que é definido em relação a um fator. Assim, o conjunto inteiro de definições forma uma cadeia recursiva.

Daremos agora alguns exemplos. A forma mais simples de um fator é uma letra. Assim, A, B, C, Q, Z, M são todos fatores. São também termos, porque um termo pode ser um fator isolado. São ainda expressões, porque uma expressão pode ser um termo isolado. Como A é uma expressão, (A) é um fator e, portanto, um termo, além de uma expressão. $A + B$ é um exemplo de uma expressão que não é nem um termo nem um fator. $(A + B)$, entretanto, representa todos os três. $A * B$ é um termo e, portanto, uma expressão, mas não é um fator. $A * B + C$ é uma expressão que não é um termo nem um fator. $A * (B + C)$ é um termo e uma expressão, mas não um fator.

Cada um dos exemplos anteriores é uma expressão válida. Isso pode ser comprovado aplicando-se a definição de uma expressão a cada um deles. Entretanto, examine a string $A + * B$. Ela não é uma expressão, um termo ou um fator. Seria instrutivo que você tentasse aplicar as definições de expressão, termo e fator para verificar que nenhuma delas descreve a string $A + * B$. De modo semelhante, $(A + B *) C$ e $A + B + C$ não são expressões válidas, de acordo com as definições anteriores.

Vamos escrever um programa que lê e imprime uma string de caracteres e, em seguida, imprime "válido", se for uma expressão válida, e "inválido", caso contrário. Usaremos três funções para reconhecer expressões, termos e fatores, respectivamente. Entretanto, apresentaremos primeiro uma função auxiliar, *getsymb*, que opera sobre três parâmetros: *str*, *length* e *ppos*. *str* contém a string de caracteres de entrada, *length* representa o número de caracteres em *str*, *ppos* aponta para um inteiro pos cujo valor é a posição em *str* a partir da qual obtivemos um caractere pela última vez. Se *pos* < *length*, *getsymb* retornará o caractere *str*[*pos*] e incrementará *pos* com 1. Se *pos* >= *length*, *getsymb* retornará um espaço em branco.

```
getsymb(str, length, ppos)
char str[];
int length, *ppos;
{
   char c;

   if (*ppos < length)
      c = str[*ppos];
   else
      c = ' ';
   (*ppos)++;
   return(c);
} /* fim getsymb */
```

A função que reconhece uma expressão é chamada *expr*. Ela retornará *TRUE* (ou 1) se uma expressão válida começar na posição *pos* de *str*, e *FALSE* (ou 0), caso contrário. Ela redefinirá também *pos* com a posição seguinte à mais longa expressão que ela possa encontrar. Além disso, presumiremos uma função *readstr* que lê uma string de caracteres, colocando a string em *str* e seu tamanho em *length*.

Depois de descrever as funções *expr* e *readstr*, podemos escrever a rotina principal, como segue. O cabeçalho padrão *ctype.h* inclui uma função *isalpha* chamada por uma das funções abaixo:

```c
#include <stdio.h>
#include <ctype.h>
#define TRUE 1
#define FALSE 0
#define MAXSTRINGSIZE 100
main( )
{
   char str[MAXSTRINGSIZE];
   int length, pos;
   readstr(str, &length));
   pos = 0;
   if (expr(str, length, &pos) == TRUE && pos >= length)
      printf("%s", "valido");
   else
      printf("%s", "invalido");
   /* A condicao pode falhar por uma (ou ambas) das duas   */
   /*   razoes. Se expr(str, length, &pos) == FALSE        */
   /*   entao nao existe uma expressao valida iniciando em */
   /*     pos. Se pos < length pode existir uma expressao  */
   /*     valida iniciando em pos mas ela nao              */
   /*           ocupa a string inteira.                    */
} /* fim main */
```

As funções *factor* e *term* são muito parecidas com *expr*, exceto pelo fato de serem responsáveis pelo reconhecimento de fatores e termos, respectivamente. Elas também reposicionam *pos* na posição seguinte ao mais longo fator ou termo dentro da string *str* que elas possam encontrar.

O código para essas rotinas compreende praticamente todas as definições apresentadas anteriormente. Cada uma das rotinas procura atender a um dos critérios definidos para a entidade sendo reconhecida. Se um desses critérios for atendido, *TRUE* será retornado. Se nenhum dos critérios for atendido, será retornado *FALSE*.

```c
expr(str, length, ppos)
char str[];
int length, *ppos;
{
   /*           procure por um termo           */
   if (term(str, length, ppos) == FALSE)
      return(FALSE);
   /*     Encontramos um termo; examine o */
   /*           proximo simbolo.          */
   if (getsymb(str, length, ppos) != '+') {
```

```
        /*    Encontramos a expressao mais longa    */
        /*    (um unico termo). Reposicione pos de modo    */
        /*        que ela se refira a ult posicao            */
        /*              da expressao.                        */
        (*ppos)--;
        return(TRUE);
    }  /* fim if */
    /* Neste ponto, encontramos um termo e um sinal */
    /*  de mais. Precisamos procurar outro termo.   */
    return(term(str, length, ppos));
}  /* fim expr */
```

A rotina *term*, que reconhece termos, é muito parecida e será apresentada sem comentários.

```
term(str, length, ppos)
char str[];
int length, *ppos;
{
    if (factor(str, length, ppos) == FALSE)
        return(FALSE);
    if (getsymb(str, length, ppos) != '*') {
        (*ppos)--;
        return(TRUE);
    }  /* fim if */
    return(factor(str, length, ppos));
}  /* fim term */
```

A função *factor* reconhece fatores e agora deve ser bem fácil de entender. Ela usa a conhecida rotina de biblioteca *isalpha* (essa função está contida no cabeçalho da biblioteca *ctype.h*), que retorna não-zero se seu parâmetro de caractere for uma letra ou um zero (ou *FALSE*) caso contrário.

factor(str, length, ppos)

```
char str[];
int length, *ppos;
{
    int c;

    if ((c = getsymb(str, length, ppos)) != '(')
        return(isalpha(c));
    return(expr(str, length, ppos) &&
                    getsymb(str, length, ppos) == ')');
}  /* fim factor */
```

Todas as três rotinas são recursivas porque cada uma delas pode chamar a si mesma indiretamente. Por exemplo, se você rastrear as ações do programa para a string de entrada "$(a * b + c * d) + (e * (f) + g)$", descobrirá que cada uma das rotinas *expr*, *term* e *factor* chama a si mesma.

EXERCÍCIOS

3.2.1. Determine o que a seguinte função recursiva em C calcula. Escreva uma função iterativa para atingir o mesmo objetivo.

```
func(n)
int n;
{
    if (n == 0)
        return(0);
    return(n + func(n-1));
} /* fim func */
```

3.2.2. A expressão em C, $m \% n$, resulta o resto de m ao dividir por n. Defina *o máximo divisor comum (MDC)* de dois inteiros, x e y, por:

```
mdc(x, y) = y                    se (y <= x && x % y == 0)
mdc(x, y) = mdc(y, x)            se(x < y)
mdc(x, y) = mdc(y, x % y)        caso contrário
```

Escreva uma função recursiva em C para calcular $mdc(x, y)$. Descubra um método iterativo para calcular essa função.

3.2.3. Imagine que $comm(n,k)$ representa o número de diferentes comitês de k pessoas, que podem ser formados, dadas n pessoas a partir das quais escolher. Por exemplo, $comm(4,3) = 4$, porque dadas quatro pessoas, A, B, C e D existem quatro possíveis comitês de três pessoas: ABC, ABD, ACD e BCD. Demonstre a identidade:

```
comm(n, k) = comm(n - 1, k) + comm(n - 1, k - 1)
```

Escreva e teste um programa recursivo em C para calcular $comm(n,k)$ para $n,k \geq 1$.

3.2.4. Defina uma *seqüência de Fibonacci generalizada*, de $f0$ a $f1$ como seqüência $gfib(f0,f1,0)$, $gfib(f0, f1,1)$, $gfib(f0, f1,2)$,..., onde:

```
gfib(f0, f1, 0) = f0
gfib(f0, f1, 1) = f1
gfib(f0, f1, n) = gfib(f0, f1, n - 1)
                 + gfib(f0, f1, n - 2) se n > 1
```

Escreva uma função recursiva em C para calcular $gfib(f0, f1,n)$. Descubra um método iterativo para calcular essa função.

3.2.5. Escreva uma função recursiva em C para calcular o número de seqüências de n dígitos binários que não contêm dois 1s seguidos. (*Dica*: calcule quantas seqüências desse tipo existem começando com 0, e quantas existem começando com 1.)

3.2.6. Uma matriz de ordem n é um vetor de n x n números. Por exemplo:

$$(3)$$

é uma matriz de 1 x 1

$$\begin{array}{rr} 1 & 3 \\ -2 & 8 \end{array}$$

é uma matriz de 2 x 2 e

$$\begin{array}{rrrr} 1 & 3 & 4 & 6 \\ 2 & -5 & 0 & 8 \\ 3 & 7 & 6 & 4 \\ 2 & 0 & 9 & -1 \end{array}$$

é uma matriz de 4 x 4. Defina a *menor* de um elemento x de uma matriz como a submatriz formada, eliminando a linha e coluna contendo x. No exemplo anterior de uma matriz de 4 x 4, a menor do elemento 7 é a matriz de 3 x 3:

$$\begin{array}{rrr} 1 & 4 & 6 \\ 2 & 0 & 8 \\ 2 & 9 & -1 \end{array}$$

Evidentemente, a ordem de uma menor de qualquer elemento é 1 a menos que a ordem da matriz original. Indique a menor de um elemento a[i,j] por meio de *menor(a[i,j])*.

Defina a **determinante** de uma matriz a (escrita *det(a)*) recursivamente, como segue:

  i. Se a for uma matriz de 1 x 1, (x), *det(a) = x*.

  ii. Se a for de uma ordem superior a 1, calcule a determinante de a, como segue:

  a. Escolha qualquer linha ou coluna. Para cada elemento a[i,j] nesta linha ou coluna, forme o produto:

  ```
  power(-1, i + j) * a[i,j] * det(menor(a[i,j]))
  ```

  onde i e j são as posições de linha e coluna do elemento escolhido, a[i,j] é o elemento escolhido, *det(menor(a[i,j]))* é a determinante da menor de a[i,j], e *power(m, n)* é o valor de m elevado à potência n.

  b. *det(a)* = soma de todos esses produtos.

  (Mais concisamente, se n é a ordem de a,

  $$det(a) = \sum_i power(-1, i + j) * a[i,j]$$
  $$* det(menor(a[i,j])), \text{ para todo } j$$

  ou

  $$det(a) = \sum_j power(-1, i + j) * a[i,j]$$
  $$*det(menor(a[i,j])), \text{ para todo } i).$$

  Escreva um programa em C que leia a, imprima a em forma de matriz, e imprima o valor de *det(a)*, onde *det* é uma função que calcula a determinante de uma matriz.

3.2.7. Escreva um programa recursivo em C para classificar um vetor a como segue:

  a. Seja k o índice do elemento do meio do vetor.

  b. Classifique os elementos até, e inclusive, a[k].

c. Classifique os elementos depois de $a[k]$.

d. Combine os dois subvetores num único vetor classificado.
Esse método é chamado ***classificação mesclada***.

3.2.8. Demonstre como transformar o seguinte procedimento iterativo em um procedimento recursivo. $f(i)$ é uma função retornando um valor lógico baseado no valor de i, e $g(i)$ é uma função que retorna um valor com os mesmos atributos de i.

```c
iter(n)
int n;
{
    int i;
    i = n;
    while(f(i) == TRUE) {
        /* qualquer grupo de comandos em C que */
        /* nao mude o valor de i */
        i = g(i);
    } /* fim while */
} /* fim iter */
```

3.3. ESCREVENDO PROGRAMAS RECURSIVOS

Na última seção, vimos como transformar uma definição ou um algoritmo recursivo num programa em C. O desenvolvimento de uma solução recursiva em C para a especificação de um problema cujo algoritmo não é fornecido é uma tarefa muito mais difícil. Não somente o programa mas as definições e os algoritmos originais precisam ser desenvolvidos. Em termos gerais, ao enfrentar a tarefa de escrever um programa para resolver um problema, não há por que procurar uma solução recursiva. A maioria dos problemas pode ser solucionada de maneira simples, usando métodos não-recursivos. Entretanto, alguns problemas podem ser resolvidos em termos lógicos e com mais elegância por meio da recursividade. Nesta seção, procuraremos identificar os problemas que podem ser solucionados recursivamente, desenvolveremos uma técnica para encontrar soluções recursivas e apresentaremos alguns exemplos.

Reexaminemos a função fatorial. Provavelmente, o fatorial é o primeiro exemplo de problema que não deve ser solucionado recursivamente, porque a solução iterativa é direta e muito fácil. Entretanto, examinemos os elementos que fazem a solução recursiva funcionar. Antes de tudo, podemos reconhecer um grande número de casos distintos a solucionar. Ou seja, queremos escrever um programa para calcular 0!, 1!, 2! e assim por diante. Podemos também identificar um caso "trivial" para o qual uma solução não-recursiva é imediatamente obtida. Este é o caso de 0!, que é definido como 1. O próximo passo é encontrar um método para solucionar um caso "complexo" em termos de um caso "mais simples". Isso permite a redução de um problema complexo a um problema mais fácil. A transformação do caso complexo no caso mais simples deve ocasionalmente resultar num caso trivial. Em última análise, isso significaria que o caso complexo é definido em termos do caso trivial.

Examinemos o que isso significa quando aplicado à função fatorial. 4! é um caso mais "complexo" que 3!. A transformação aplicada ao número 4 para obter o número 3 é meramente a subtração de 1. Em determinado momento, subtrair várias vezes 1 de 4 resultará em 0, que é um caso "trivial". Assim, se conseguirmos definir 4! em termos de 3!, e $n!$ em termos de $(n - 1)!$, conseguiremos calcular 4!, operando primeiro até 0! e depois retornando até 4!, usando a definição de $n!$ em termos de $(n - 1)!$. No caso da função fatorial, temos esta definição, uma vez que:

```
n! = n * (n - 1)!
```

Sendo assim, 4! = 4 * 3! = 4 * 3 * 2! = 4 * 3 * 2 * 1! = 4 * 3 * 2 * 1 * 0! = 4 * 3 * 2 * 1 = 24.

Esses são os ingredientes fundamentais de uma rotina recursiva — conseguir definir um caso "complexo" em termos de um caso "mais simples" e ter um caso "trivial" (não-recursivo) diretamente solucionável. Depois que isso for feito, pode-se desenvolver uma solução usando a premissa de que o caso mais simples já foi solucionado. A versão em C da função fatorial pressupõe que $(n - 1)!$ está definido e usa essa quantidade ao calcular $n!$.

Verifiquemos como estas idéias aplicam-se a outros exemplos das seções anteriores. Ao definir $a * b$, o caso de $b = 1$ é trivial porque, nesse caso, $a * b$ é definido como a. Em geral, $a * b$ pode ser definido em termos de $a * (b - 1)$ pela definição $a * b = a * (b - 1) + a$. Mais uma vez, o caso complexo é transformado num caso mais simples subtraindo-se 1, conduzindo eventualmente ao caso trivial de $b = 1$. Aqui, a recursividade baseia-se no segundo parâmetro, b, isolado.

No caso da função de Fibonacci, dois casos triviais foram definidos: $fib(0) = 0$ e $fib(1) = 1$. Um caso complexo, $fib(n)$, é, portanto, reduzido a dois casos mais simples: $fib(n - 1)$ e $fib(n - 2)$. Por causa da definição de $fib(n)$ como $fib(n - 1) + fib(n - 2)$, são necessários dois casos triviais diretamente definidos. $fib(1)$ não pode ser definida como $fib(0) + fib(-1)$ porque a função de Fibonacci não é definida para números negativos.

A função de busca binária é um caso interessante de recursividade. A recursividade é baseada no número de elementos no vetor que precisa ser pesquisado. Toda vez que a rotina é chamada recursivamente, o número de elementos a ser pesquisado é reduzido (aproximadamente) à metade. O caso trivial é aquele no qual não existem elementos a pesquisar ou o elemento sendo procurado encontra-se no meio do vetor. Se *low* > *high*, a primeira dessas duas condições se verifica e -1 é retornado. Se $x = a[mid]$, a segunda condição se verificará e *mid* será retornado como resposta. No caso mais complexo de *high* − *low* + 1 elementos a pesquisar, a ocorrência da busca é restrita a uma das duas subregiões:

1. metade inferior do vetor, de *low* até mid - 1.
2. metade superior do vetor, de *mid* + 1 até *high*.

Sendo assim, um caso complexo (uma grande área a ser pesquisada) é reduzido a um caso mais simples (uma área a ser pesquisada com aproximadamente metade do tamanho da área inicial). Ocasionalmente, isso se reduz a uma comparação com um único elemento ($a[mid]$) ou a uma busca dentro de um vetor sem elementos.

O PROBLEMA DAS TORRES DE HANOI

Até agora, examinamos as definições recursivas e como elas se enquadram no padrão que estabelecemos. Examinemos agora um problema que não é especificado em termos de recursividade e vejamos como podemos usar técnicas recursivas para produzir uma solução lógica e elegante. O problema é o das "Torres de Hanoi", cuja configuração inicial aparece na Figura 3.3.1. Existem três estacas, *A, B* e *C*. Cinco discos de diferentes diâmetros são encaixados na estaca *A*, de modo que um disco maior fique sempre abaixo de um disco menor. O objetivo é deslocar os cinco discos para a estaca *C*, usando a estaca *B* como auxiliar. Somente o primeiro disco de toda estaca pode ser deslocado para outra estaca, e um disco maior não pode nunca ficar posicionado sobre um disco menor. Procure descobrir uma solução. Na realidade, nem sequer temos evidência de que exista uma solução.

Tentemos desenvolver uma solução. Em vez de concentrar nossos esforços para obter uma solução para cinco discos, consideremos o caso geral de n discos. Suponha que tivéssemos uma solução para $n - 1$ discos e pudéssemos dar uma solução para n discos em função da solução para $n - 1$ discos. Assim, o problema estaria solucionado. Isso procede porque no caso trivial de um disco (subtrair continuamente 1 de n produzirá, em algum momento, 1) a solução é simples: basta deslocar o único disco da estaca *A* para a *C*. Assim, teremos desenvolvido uma solução recursiva, se pudermos declarar uma solução para n discos em termos de $n - 1$. Experimente descobrir essa relação. Em particular, para o caso de cinco discos, suponha que soubéssemos como deslocar os quatro primeiros discos da estaca *A* para outra estaca, de acordo com as regras. Como poderíamos, então, finalizar a tarefa de deslocar todos os cinco discos? Lembre-se de que existem três estacas disponíveis.

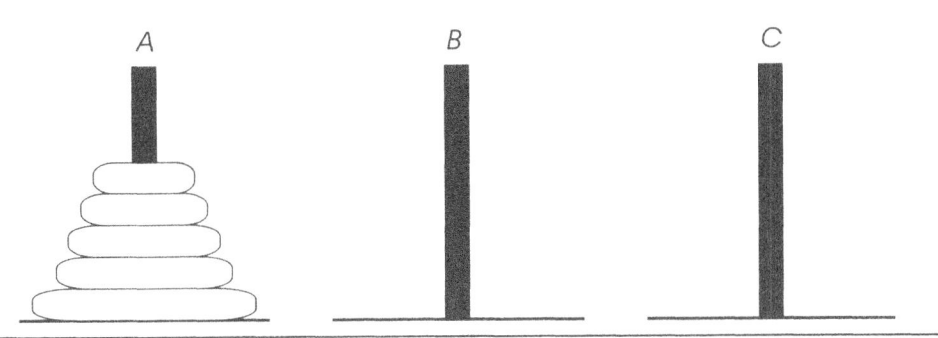

Figura 3.3.1 A configuração inicial das Torres de Hanoi.

Suponha que pudéssemos deslocar quatro discos da estaca *A* para a *C* e, em seguida, movê-las com a mesma facilidade para a estaca *B*, usando *C* como auxiliar. Isso resultaria na situação retratada na Figura 3.3.2a. Poderíamos deslocar o maior disco de *A* para *C* (Figura 3.3.2b) e, por último, aplicar novamente a solução aos quatro discos, movendo-os de *B* para *C*, usando a estaca *A*, agora vazia, como auxiliar (Figura 3.3.2c). Dessa maneira, poderíamos declarar uma solução recursiva para o problema das Torres de Hanoi, como segue.

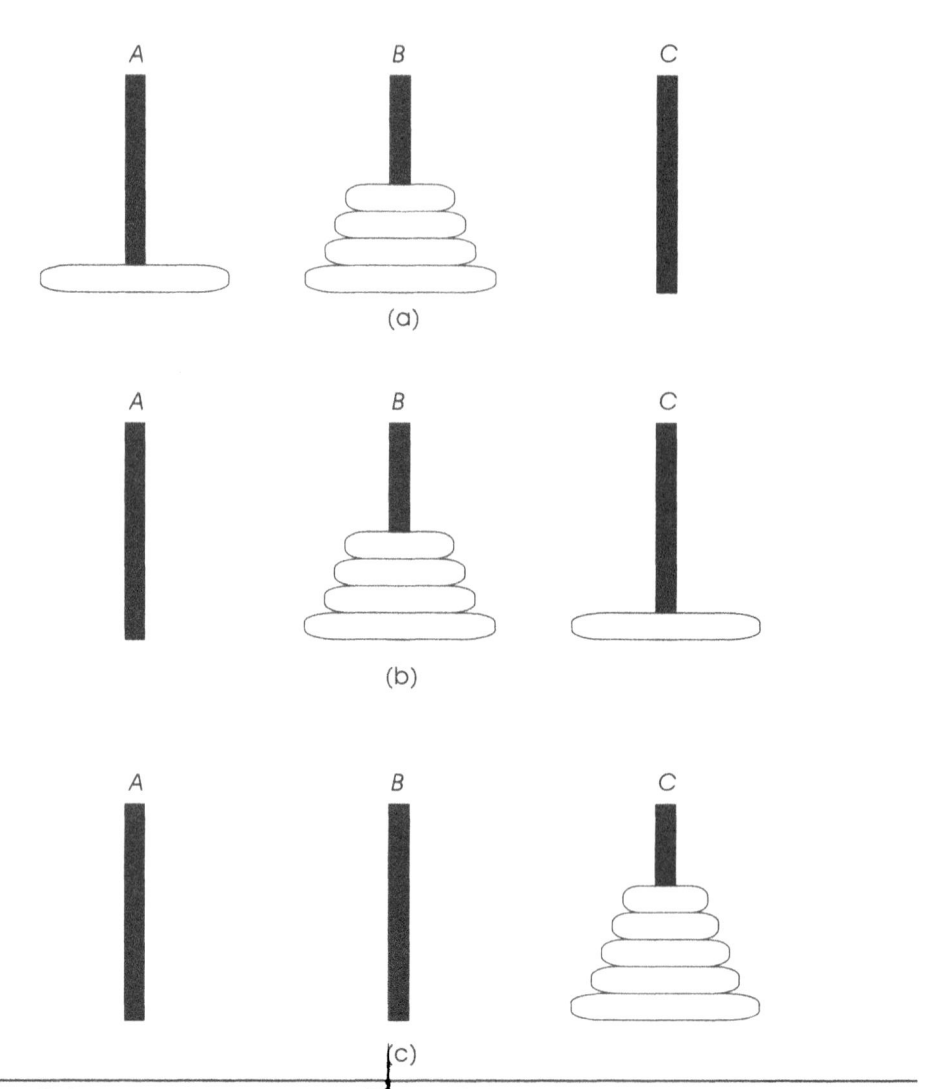

Figura 3.3.2 Solução recursiva para as Torres de Hanoi.

Para mover n discos de A para C, usando B como auxiliar:

1. Se $n == 1$, desloque o único disco de A para C e pare.

2. Desloque os $n - 1$ primeiros discos de A para B, usando C como auxiliar.

3. Desloque o último disco de A para C.

4. Mova os $n - 1$ discos de B para C, usando A como auxiliar.

Certamente esse algoritmo produzirá uma solução correta para qualquer valor de n. Se $n == 1$, o passo 1 resultará na solução correta. Se $n == 2$, sabemos que já temos uma solução para $n - 1 == 1$, de modo que os passos 2 e 4 funcionarão corretamente. De forma semelhante, quando $n == 3$, já produzimos uma solução para $n - 1 == 2$, e os passos 2 e 4 poderão ser executados. Dessa forma, provamos que a solução funciona para $n == 1, 2, 3, 4, 5, \ldots$ até qualquer valor para o qual precisemos de uma solução. Observe que desenvolvemos uma solução, identificando um caso trivial ($n == 1$) e uma solução para um caso geral complexo (n) em função de um caso mais simples ($n - 1$).

Como essa solução pode ser convertida num programa C? Não estamos mais lidando com uma função matemática, como uma fatorial, mas com ações concretas, como "mover um disco". Como poderemos representar essas ações num computador? O problema não está totalmente especificado. Quais são as entradas do programa? Quais serão suas saídas? Sempre que solicitado a escrever um programa, você precisa receber instruções específicas sobre o que o programa supostamente fará. Uma declaração de problema, como "Solucione o problema das Torres de Hanoi", é por demais insuficiente. Isso significa que, quando um problema é especificado, não somente o programa como também as entradas e saídas precisam ser elaboradas, de modo a corresponder razoavelmente à descrição do problema.

A elaboração das entradas e saídas é uma fase importante de uma solução e deve receber tanta atenção quanto o restante do programa. Há duas razões para isso. A primeira é que o usuário (que, em última análise, deverá avaliar e julgar seu trabalho) não verá o método elegante que você incorporou em seu programa, mas "dará duro" para decifrar a saída ou para adaptar os dados de entrada às convenções de entrada determinadas por você. A falha de prever os detalhes da entrada e saída tem sido responsável por muita aflição entre programadores e usuários. A segunda razão é que uma pequena mudança no formato da entrada ou da saída pode tornar o programa muito mais fácil de elaborar. Sendo assim, o programador pode facilitar ainda mais seu trabalho se conseguir elaborar um formato de entrada ou de saída compatível com o algoritmo. Evidentemente, estas duas considerações — conveniência para o usuário e conveniência para o programador — freqüentemente entram em conflito, e é necessário chegar a um denominador comum. Entretanto, o usuário e o programador precisam participar juntos das decisões sobre os formatos da entrada e da saída.

Passemos, então, a elaborar as entradas e saídas para esse programa. A única entrada necessária é o valor de n, o número de discos. Pelo menos esse pode ser o ponto de vista do programador. É possível que o usuário prefira usar os nomes dos discos (como "vermelho", "azul", "verde" e assim por diante) e talvez os nomes das estacas (como "esquerda", "direita", "meio") também. Provavelmente, o programador poder convencer o usuário da conveniência de chamar os discos de 1, 2, 3, ..., e as estacas de A, B e C. Se o usuário continuar inflexível, o programador poder escrever uma pequena função para converter os nomes atribudos pelo usuário para seus próprios nomes, e vice-versa.

Um formato razoável para a saída seria uma lista de instruções como:

mover disco *nnn* da estaca *yyy* para a estaca *zzz*

onde *nnn* representa o número do disco a ser deslocado, e *yyy* e *zzz* são os nomes das estacas envolvidas. A ação a ser tomada para chegar a uma solução seria executar cada uma das instruções de saída na ordem em que elas aparecem na saída.

O programador então decide escrever uma sub-rotina *towers* (propositadamente vaga quanto aos parâmetros, neste ponto) para imprimir a saída mencionada anteriormente. O programa principal ficaria assim:

```
main()
{
   int n;

   scanf("%d", &n);
   towers(parametros);
} /* fim main */
```

Vamos pressupor que o usuário concorde em chamar os discos de 1, 2, 3, ..., n, e as estacas de A, B e C. Quais seriam os parâmetros para a sub-rotina *towers*? Evidentemente, eles precisarão incluir n, o número de discos a ser movido. Isso incluirá não somente informações sobre a quantidade de discos como também seus nomes. Em seguida, o programador observa que, no algoritmo recursivo, $n - 1$ discos precisarão ser deslocados usando uma chamada recursiva a *towers*. Conseqüentemente, na chamada recursiva, o primeiro parâmetro para a sub-rotina *towers* será $n - 1$. Entretanto, isso implica que os primeiros n - 1 discos serão numerados com 1, 2, 3, ..., n e o menor disco receberá o número 1. Esse é um bom exemplo de conveniência de programação determinando a representação do problema. A priori, não existe uma razão para chamar o menor disco 1; em termos lógicos, o maior disco poderia ser chamado 1, e o menor n. Contudo, como isso leva a um programa mais simples e direto, optamos por nomear os discos de tal maneira que o menor disco tivesse o menor número.

Quais os outros parâmetros de *towers*? A princípio, é possível que tenhamos a impressão de que não seriam necessários parâmetros adicionais, porque as estacas são chamadas *A*, *B* e *C*, como padrão. Entretanto, um exame mais detalhado da solução recursiva nos fará perceber que, nas chamadas recursivas, os discos não serão movidos de A para C usando B como auxiliar, mas de *A* para *B* usando *C* (passo 2) ou de *B* para *C* usando *A* (passo 4). Sendo assim, incluímos três parâmetros adicionais em *towers*. O primeiro, *frompeg*, representa a estaca a partir da qual estaremos retirando discos; o segundo, *topeg*, representa a estaca para a qual deslocaremos os discos; e o terceiro, *auxpeg*, a estaca auxiliar. Essa é uma situação típica de rotinas recursivas. Já vimos um exemplo dessa situação no programa de busca binária, onde eram necessários os parâmetros *low* e *high*.

O programa completo para solucionar o problema das Torres de Hanoi, seguindo fielmente a solução recursiva, pode ser escrito assim:

```
#include <stdio.h>
main()
{
   int n;

   scanf("%d", &n);
   towers(n, 'A', 'C', 'B');
} /* fim main */

towers(n, frompeg, topeg, auxpeg)
int n;
char auxpeg, frompeg, topeg;
{
   /* Se existir um soh disco, faca o movimento e retorne */
   if (n == 1) {
```

```
        printf("\n%s%c%s%c", "mover disco 1 da estaca", frompeg,
                                       " p/ a estaca ", to-
peg);
        return;
   } /* fim if */
   /* Mover os primeiros n-1 discos de A p/ B, */
   /*          usando C como auxiliar          */
   towers(n-1, frompeg, auxpeg, topeg);
   /*     move o ultimo disco de A p/ C        */
   printf("\n%s%d%s%c%s%c", "mover disco ", n, "da estaca ",
                                frompeg, " p/ a estaca ", to-
peg);
   /* Mover n-1 discos de B p/ C usando A como    */
   /*                auxiliar                     */
   towers(n-1, auxpeg, topeg, frompeg);
} /* fim towers */
```

Verifique as ações do programa anterior, quando ele lê o valor 4 para *n*. Tenha cuidado ao rastrear os valores alteráveis dos parâmetros *frompeg*, *auxpeg* e *topeg*. Verifique que as seguintes saídas são produzidas:

```
mover disco 1 da estaca A para a estaca B
mover disco 2 da estaca A para a estaca C
mover disco 1 da estaca B para a estaca C
mover disco 3 da estaca A para a estaca B
mover disco 1 da estaca C para a estaca A
mover disco 2 da estaca C para a estaca B
mover disco 1 da estaca A para a estaca B
mover disco 4 da estaca A para a estaca C
mover disco 1 da estaca B para a estaca C
mover disco 2 da estaca B para a estaca A
mover disco 1 da estaca C para a estaca A
mover disco 3 da estaca B para a estaca C
mover disco 1 da estaca A para a estaca B
mover disco 2 da estaca A para a estaca C
mover disco 1 da estaca B para a estaca C
```

Verifique se a solução anterior funciona e se não infringe nenhuma das regras.

CONVERSÃO DA FORMA PREFIXA PARA A POSFIXA USANDO RECURSIVIDADE

Examinemos outro problema para o qual a solução recursiva é a mais direta e adequada. É o caso do problema de converter uma expressão prefixa em posfixa. As notações prefixa e posfixa foram discutidas no capítulo anterior. Em resumo, essas notações são métodos de escrever expressões matemáticas sem parênteses. Na notação prefixa, cada operador precede imediatamente seus operandos. Na posfixa, cada operador é posicionado imediatamente depois de seus operandos. Para reavivar sua memória, veja a seguir algumas expressões matemáticas convencionais (infixas) com seus equivalentes prefixa e posfixo:

infixo	prefixo	posfixo
A + B	+AB	AB+
A + B * C	+A * BC	ABC * +
A * (B + C)	* A + BC	ABC + *
A * B + C	+ * ABC	AB * C +
A + B * C + D - E * F	-++A * BCD * EF	ABC * + D + EF * -
(A + B) * (C + D) - E) * F	* * + AB - + CDEF	AB + CD + E - * F *

O método mais adequado para definir as formas posfixa e prefixa é pela recursividade. Presumindo a inexistência de constantes e usando somente letras isoladas como variáveis, uma expressão prefixa é uma única letra ou um operador seguido por duas expressões prefixas. De modo semelhante, uma expressão posfixa pode ser definida como uma única letra, ou como um operador precedido por duas expressões posfixas. As definições anteriores pressupõem que todas as operações são binárias — isto é, que cada uma exige dois operandos. Exemplos dessas operações são: adição, subtração, multiplicação, divisão e exponenciação. É fácil estender as definições anteriores de prefixo e posfixo de modo a incluir operações unárias, como a negação ou fatorial, mas, para simplificar, não as desenvolveremos aqui. Verifique que cada uma das expressões prefixas e posfixas anteriores são válidas provando que elas atendem às definições e certificando-se de que você pode identificar os dois operandos de cada operador.

Colocaremos em prática essas definições recursivas logo adiante, mas voltemos primeiramente a nosso problema. Dada uma expressão prefixa, como poderemos convertê-la numa expressão posfixa? Podemos identificar de imediato um caso trivial: se uma expressão prefixa consistir em uma única variável, essa expressão será sua própria equivalente posfixa. Ou seja, uma expressão como A será válida tanto como uma expressão prefixa como posfixa.

Consideremos agora uma string prefixa mais longa. Se soubéssemos como converter uma string prefixa mais curta em posfixa, poderíamos converter essa string prefixa mais longa? A resposta é sim, com uma ressalva. Toda string prefixa mais extensa do que uma única variável contém um operador, um primeiro operando e um segundo operando (lembre-se de que só estamos pressupondo operadores binários). Suponha que possamos identificar o primeiro e o segundo operando, que são necessariamente mais curtos que a string inicial. Podemos, então, converter a string prefixa longa em posfixa, convertendo primeiramente o primeiro operando em posfixo, convertendo, em seguida, o segundo operando para posfixo e escrevendo-o no final do primeiro operando convertido, e finalmente incluindo o operador inicial no final da string resultante. Dessa forma, desenvolvemos um algoritmo recursivo para converter uma string prefixa em posfixa, com a única ressalva de que precisamos especificar um método para identificar os operandos numa expressão prefixa. Podemos resumir nosso algoritmo assim:

1. Se a string prefixa for uma única variável, ele será seu próprio equivalente posfixo.

2. Considere *op* como o primeiro operador da string prefixa.

3. Localize o primeiro operando, *opnd*1, da string. Converta-o para posfixo e chame-o de *post*1.

4. Encontre o segundo operando, *opnd*2, na string. Converta-o para posfixo e chame-o de *post*2.

5. Concatene *post*1, *post*2 e *op*.

Uma operação necessária nesse programa é a concatenação. Por exemplo, se duas strings, representadas por *a* e *b*, representarem as strings "*abcde*" e "*xyz*", respectivamente, a chamada de função:

```
strcat(a, b)
```

introduzirá em *a* a string "abcdexyz" (ou seja, a string consistindo em todos os elementos de *a* seguidos por todos os elementos de *b*). Precisaremos também das funções *strlen* e *substr*. A função *strlen(str)* retorna o tamanho da string *str*. A função *substr(s1, i, j, s2)* define a *string s2* com a substring de *s1*, começando na posição *i* contendo *j* caracteres. Por exemplo, depois de executar *substr*("abcd", 1, 2, *s*), *s* será igual a "bc". As funções s*trcat*, *strlen* e *substr* são geralmente funções de string da biblioteca padrão C.

Antes de transformar o algoritmo de conversão num programa em C, examinemos suas entradas e saídas. Desejamos escrever um procedimento *convert* que aceite uma string de caracteres. Essa string representa uma expressão prefixa na qual todas as variáveis são letras isoladas e os operadores permitidos são '+', '-', '*' e '/'. O procedimento produzirá uma string que será o equivalente posfixo do parâmetro prefixo.

Suponha a existência de uma função *find* que aceita uma string e retorna um inteiro representando o tamanho da mais longa expressão prefixa contida na string de entrada começando no início dessa string. Por exemplo, *find* ("A + CD") retorna 1 porque "A" é a string prefixa mais longa começando no início de "A + CD". *find*("+ * ABCD + GH") retorna 5 porque "+ * ABC" é a string prefixa mais longa começando no início de "+ * ABCD + GH". Se não existir nenhuma string como essa dentro da string de entrada começando no início da string de entrada, *find* retornará 0. (Por exemplo, *find* ("* + AB") retornará 0.) Essa função é usada para identificar o primeiro e o segundo operando de um operador prefixo. *convert* chama também a função da biblioteca *isalpha*, que determina se seu parâmetro é uma letra. Pressupondo a existência da função *find*, uma rotina de conversão poderia ser escrita assim:

```
convert (prefix, postfix)
char prefix[], postfix[];
{
   char opnd1[MAXLENGTH], opnd2[MAXLENGTH];
   char post1[MAXLENGTH], post2[MAXLENGTH];
   char temp[MAXLENGTH];
   char op[2];
   int length;
   int i, j, m, n;

   if ((length = strlen(prefix)) == 1) {
      if (isalpha(prefix[0])) {
         /* A string prefixa eh uma unica letra. */
```

```
            postfix[0] = prefix[0];
            postfix[1] = '\0';
            return;
      } /* fim if */
      printf("\nstring prefixa invalida");
      exit(1);
   } /* fim if */
   /* A string prefixa tem mais de um   */
   /* caractere. Extraia o operador e os   */
   /*        tamanhos dos dois operandos   */
   op[0] = prefix[0];
   op[1] = '\0';
   substr(prefix, 1, length-1, temp);
   m = find(temp);
   substr(prefix, m+1, length-m-1, temp);
   n = find(temp);
   if ((op[0] != '+'&& op[0] != '- ' && op[0] != '*' &&
                    op[0] != '/') || (m == 0) || (n == 0)
                                  || (m+n+1 != length)) {
      printf("\nstring prefixa invalida");
      exit(1);
   } /* fim if */
   substr(prefix, 1, m, opnd1);
   substr(prefix, m+1, n, opnd2);
   convert(opnd1, post1);
   convert(opnd2, post2);
   strcat(post1, post2);
   strcat(post1, op);
   substr(post1, 0, length, postfix);
} /* fim convert */
```

Observe que foram incorporados vários testes em *convert* para verificar se o parâmetro é uma string prefixa válida. Uma das classes de erro mais difíceis de detectar é a resultante de entradas inválidas e da negligência do programador quanto à verificação da validade.

Concentremo-nos agora na função *find*, que aceita uma string de caracteres e uma posição inicial, e retorna o tamanho da string prefixa mais longa contida na string de entrada, nessa posição. A expressão "mais longa" nessa definição é redundante porque existe no máximo uma substring começando em determinada posição de uma dada string que seja uma expressão prefixa válida.

Demonstraremos em primeiro lugar que só existe uma expressão prefixa válida no início de uma string. Para comprovar esse fato, observe que isso se verifica trivialmente numa string de tamanho 1. Suponha que isso aconteça numa string curta. Por conseguinte, uma string longa contendo uma expressão prefixa como uma substring inicial deverá começar com uma variável, em cujo caso essa variável será a substring desejada, ou com um operador. Eliminando o operador inicial, a string restante será mais curta que a string original e poderá, portanto, ter no máximo uma única expressão prefixa inicial. Essa expressão será o primeiro operando do operador inicial. De modo semelhante, a substring restante (depois da eliminação do primeiro operando) só poderá ter uma única substring inicial que seja uma expressão prefixa. Essa expressão deverá ser o segundo operando. Dessa forma, identificamos de forma única o operador e os operandos da expressão prefixa começando no primeiro caractere de uma string arbitrária se essa expressão existir. Como existe no máximo uma string prefixa válida começando no início de qualquer string, só existirá uma string como essa começando em uma posição arbitrária de uma string. Isso é óbvio quando consideramos a substring de determinada string começando em uma certa posição.

Observe que essa prova nos ofereceu um método recursivo para encontrar uma expressão prefixa dentro de uma string. Agora, incorporaremos esse método na função *find*:

```
find(str)
char str[];
{
   char temp[MAXLENGTH];
   int length;
   int i, j, m, n;

   if ((length = strlen(str)) == 0)
      return (0);
   if (isalpha(str[0]) != 0)
      /* Primeiro caractere eh uma letra. */
      /*  Esta letra eh a substring       */
      /*          inicial.                */
      return (1);
   /* caso contrario encontre o primeiro operando */
   if (strlen(str) < 2)
      return (0);
   substr(str, 1, length-1, temp);
   m = find(temp);
   if (m == 0 || strlen(str) == m)
```

```
    /*    nenhum operando prefixo valido   */
    /*       ou nenhum segundo operando    */
    return (0);
  substr(str, m+1, length-m-1, temp);
  n = find(temp);
  if (n == 0)
    return (0);
  return (m+n+1);
} /* fim find */
```

Procure entender o funcionamento destas rotinas, rastreando suas ações para expressões prefixas válidas e inválidas. Mais importante ainda, certifique-se de entender como elas foram desenvolvidas e como a análise lógica conduziu a uma solução recursiva natural, imediatamente traduzível para um programa em C.

EXERCÍCIOS

3.3.1. Suponha que outra condição fosse incluída no problema das Torres de Hanoi: que um disco só pudesse ser posicionado sobre outro disco com um tamanho acima (por exemplo, o disco 1 só poderia repousar sobre o disco 2 ou sobre o chão, o disco 2 sobre o disco 3 ou sobre o chão, e assim por diante). Por que a solução apresentada neste capítulo não funcionaria? O que não funciona na lógica que conduz à solução, sob as novas regras?

3.3.2. Prove que o número de movimentos executados por *towers* ao deslocar n discos é igual a $2^n - 1$. Você consegue descobrir um método para solucionar o problema das Torres de Hanoi com menos movimentos? Descubra um método para algum n ou prove a inexistência de tal método.

3.3.3. Defina uma expressão posfixa e prefixa de modo a incluir a possibilidade de operadores unários. Escreva um programa para converter uma expressão prefixa contendo possivelmente o operador de negação unária (representado pelo símbolo '@') em posfixa.

3.3.4. Reescreva a função *find*, apresentada neste capítulo, de modo que ela seja não-recursiva e calcule o tamanho de uma string prefixa, contando o número de operadores e operandos de uma só letra.

3.3.5. Escreva uma função recursiva que aceite uma expressão prefixa consistindo em operadores binários e operandos inteiros de um único dígito e retorne o valor da expressão.

3.3.6. Considere o seguinte procedimento para converter uma expressão prefixa em posfixa. A rotina seria chamada por *conv(prefix, postfix)*.

```
conv(prefix, postfix)
char prefix[], postfix[];
{
    char first[2];
    char t1[MAXLENGTH], t2[MAXLENGTH];

    first[0] = prefix[0];
    first[1] = '\0';
    substr(prefix, 1, strlen(prefix) - 1, prefix);
    if (first[0] == '+' || first[0] == '*'
                    || first[0] == '-' || first[0] == '/'
    ) {
        conv(prefix, t1);
        conv(prefix, t2);
        strcat(t1, t2);
        strcat(t1, first);
        substr(t1, 0, strlen(t1), postfix);
        return;
    } /* fim if */
    postfix[0] = first[0];
    postfix[1] = '\0';
} /* fim conv */
```

Explique como o procedimento funciona. Ele é melhor ou pior que o método apresentado neste capítulo? O que acontece se a rotina é chamada com uma string prefixa inválida como entrada? É possível incorporar um teste de verificação de strings inválidos dentro de *convert*? É possível elaborar essa verificação no programa de chamada após o retorno de *convert*? Qual o valor de *n* depois do retorno de convert?

3.3.7. Desenvolva um método recursivo (e programe-o) para calcular o número de diferentes modos nos quais um inteiro *k* pode ser escrito como uma soma, sendo cada um dos operandos menor que *n*.

3.3.8. Considere um vetor *a* contendo inteiros positivos e negativos. Defina *contigsum(i,j)* como a soma dos elementos contíguos *a[i]* até *a[j]* para todos os índices *i<=j* do vetor. Desenvolva um procedimento recursivo que determine *i* e *j*, tal que *contigsum(i,j)* seja maximizado. A recursividade deve considerar as duas metades do vetor *a*.

3.3.9. Escreva um programa recursivo em C para encontrar o *k*-ésimo menor elemento de um vetor *a* de números, selecionando qualquer elemento *a[i]* de *a* e particionando *a* nos elementos menores que, iguais a e maiores que *a[i]*.

3.3.10. O problema das oito rainhas é colocá-las num tabuleiro de xadrez de modo que nenhuma rainha ataque outra. Veja a seguir um programa recursivo para solucionar o problema. *board* é um vetor de 8 por 8 que representa um tabuleiro de xadrez. *board[i][j] == TRUE* se existir uma rainha na posição *[i][j]*, e *FALSE*, caso contrário. *good()* é uma função que retorna *TRUE* se não existirem duas rainhas em ataque mútuo e *FALSE*, caso contrário. No final do programa, a rotina *drawboard()* apresentará uma solução para o problema.

```
static short int board [8][8];
#define TRUE 1
#define FALSE 0

main()
{
    int i, j;

    for  (i=0; i<8; i++)
       for(j=0; j<8; j++)
          board[i][j] = FALSE;
    if (try(0) == TRUE)
       drawboard();
} /* fim main */

try(n)
int n;
{
   int i;
   for(i=0; i<8; i++) {
      board[n][i] = TRUE;
```

```
        if (n == 7 && good() == TRUE)
            return(TRUE);
        if (n < 7 && good() == TRUE && try(n+1) == TRUE)
            return(TRUE);
        board[n][i] = FALSE;
    } /* fim for */
    return (FALSE);
} /* fim try */
```

A função recursiva *try* retornará *TRUE* se for possível, em função de *board* no momento em que ela for chamada, acrescentar rainhas nas fileiras *n* até 7 para chegar a uma solução. *try* retornará *FALSE* se não existir uma solução com rainhas nas posições em *board* que já contenham *TRUE*. Se *TRUE* for retornado, a função acrescentará também rainhas nas fileiras *n* até 7 para gerar a solução.

Escreva as funções anteriores, *good* e *drawboard*, e verifique se o programa produz uma solução.

(A idéia por trás da solução é a seguinte: *board* representa a situação global durante uma tentativa de encontrar uma solução. O próximo passo para encontrar uma solução é escolhido arbitrariamente (coloque uma rainha na próxima posição não-experimentada, na fileira *n*). Em seguida, verifique recursivamente se é possível produzir uma solução que inclua esse passo. Se for possível, retorne. Caso contrário, retorne ao passo anterior experimentado — *board*[n][i] = *FALSE* — e tente outra possibilidade. Esse método é chamado **backtracking**.)

3.3.11. Um vetor *maze* de 0s e 1s, de 10 x 10, representa um labirinto no qual um viajante precisa encontrar um caminho de *maze*[0][0] a *maze*[9][9]. O viajante pode passar de um quadrado para qualquer outro adjacente na mesma fileira ou coluna, mas não pode saltar quadrados nem se movimentar na diagonal. Além disso, o viajante não pode entrar num quadrado contendo um 1. *maze*[0][0] e *maze*[9][9] contêm 0s. Escreva uma rotina que aceite este labirinto *maze* e imprima uma mensagem informando a inexistência de um caminho através do labirinto, ou que imprima uma lista de posições representando um caminho de [0][0] a [9][9].

3.4. SIMULANDO A RECURSIVIDADE

Nesta seção, examinaremos com mais detalhes alguns mecanismos usados para implementar a recursividade para que possamos simular esses mecanismos usando técnicas não-recursivas. Essa atividade é importante por várias razões. Acima de tudo, várias linguagens de programação comumente usadas (como FORTRAN, COBOL e muitas linguagens de máquina) não permitem programas recursivos. Problemas como o das Torres de Hanoi e a conversão de prefixo para posfixo, cujas soluções podem originar-se e ser declaradas de maneira simples usando técnicas recursivas, são programáveis nessas linguagens simulando a solução recursiva por meio de operações mais elementares. Se soubermos que a solução recursiva é correta (e é muitas vezes bastante fácil comprovar que uma solução recursiva é correta) e estabelecermos técnicas para converter uma solução recursiva numa não-recursiva, poderemos criar uma solução correta numa linguagem não-recursiva. Não é raro um programador conseguir enunciar uma solução recursiva para um problema. A possibilidade de gerar uma solução não-recursiva a partir de um algoritmo recursivo é indispensável ao usar um compilador que não suporta a recursividade.

Outra razão para examinar a implementação da recursividade é que ela nos permitirá entender as implicações da recursividade e algumas de suas armadilhas ocultas. Embora esses meandros não existam em definições matemáticas que empreguem a recursividade, eles nos parecem companheiros inevitáveis de uma implementação numa linguagem real de uma máquina real.

Finalmente, mesmo numa linguagem como C, que de fato suporta a recursividade, uma solução recursiva para um problema é com freqüência mais dispendiosa do que uma solução não-recursiva, em termos de tempo e de espaço. Freqüentemente, esse gasto é um preço pequeno a pagar pela simplicidade lógica e pela autodocumentação da solução recursiva. Entretanto, num programa de produção (como um compilador, por exemplo), que pode ser executado milhares de vezes, a despesa decorrente representa uma sobrecarga aos limitados recursos do sistema. Sendo assim, um programa pode ser elaborado para incorporar uma solução recursiva de modo a reduzir a despesa de projeto e certificação e, em seguida, ser convertido para uma versão não-recursiva para o uso cotidiano. Conforme veremos, ao efetuar essa conversão, é possível identificar partes da implementação da recursividade que sejam desnecessárias numa determinada aplicação e, por conseguinte, reduzir consideravelmente a quantidade de trabalho que o programa deve executar.

Antes de examinar as ações de uma rotina recursiva, voltemos um pouco e examinemos a ação de uma rotina não-recursiva. Em seguida, poderemos descobrir os mecanismos que devem ser incluídos para dar suporte à recursividade. Antes de continuar, adotaremos a seguinte convenção. Suponha que tenhamos o comando:

```
rout(x);
```

onde *rout* é definida como uma função pelo cabeçalho

```
rout(a)
```

x é referido como um **argumento** (da função de chamada), e *a* é referido como um **parâmetro** (da função chamada).

O que acontece quando uma função é chamada? A ação de chamar uma função pode ser dividida em três partes:

1. Passar argumentos.
2. Alocar e inicializar variáveis locais.
3. Transferir o controle para a função.

Examinemos separadamente cada uma dessas três etapas:

1. Passar argumentos: Para um parâmetro em C, uma cópia do argumento é criada localmente dentro da função, e quaisquer mudanças introduzidas no parâmetro são feitas nessa cópia local. O efeito desse esquema é que o argumento de entrada original não pode ser alterado. Nesse método, o armazenamento para o argumento é alocado dentro da área de dados da função.

2. Alocar e inicializar variáveis locais: Depois que os argumentos forem passados, as variáveis locais da função serão alocadas. Estas variáveis locais incluem todas as declaradas diretamente na função e todas as temporárias que precisem ser criadas durante a execução. Por exemplo, ao avaliar a expressão:

```
x + y + z
```

deve-se determinar um endereço de memória para guardar o valor de $x + y$ para que z possa ser acrescentado. Outra posição na memória precisa ser reservada para guardar o valor da expressão inteira, depois de avaliada. Essas alocações são chamadas **temporárias** porque só são necessárias temporariamente durante a execução. De modo semelhante, num comando como:

```
x = fact(n);
```

uma temporária precisa ser reservada para guardar o valor de $fact(n)$ antes que esse valor possa ser atribuído a x.

3. Transferir o controle para a função: Nesse ponto, o controle não pode ser ainda passado para a função porque não se provisionou para salvar o **endereço de retorno**. Se uma função receber o controle, ela deverá devolvê-lo, em algum momento, para a rotina de chamada por meio de um desvio. Entretanto, ela não poderá executar esse desvio, a menos que conheça o local para o qual deve retornar. Como esse local está dentro da rotina de chamada e não dentro da função, a única maneira de a função conhecer esse endereço é fazer com que ele seja passado como argumento. Isso é exatamente o que acontece. Além dos argumentos explícitos especificados pelo programador, existe também um conjunto de argumentos implícitos que contêm as informações necessárias para a função ser executada e retornada corretamente. Encabeçando esses argumentos implícitos, está o endereço de retorno. A função armazena esse endereço dentro de sua própria área de dados. Quando ela está preparada para retornar o controle ao programa de chamada, a função recupera o endereço de retorno e desvia para esse local.

Assim que os argumentos e o endereço de retorno forem passados, o controle poderá ser transferido para a função porque já foram fornecidos todos os itens necessários para que a função possa operar sobre os dados corretos e depois retornar à rotina de chamada com segurança.

RETORNO DE UMA FUNÇÃO

Quando uma função retorna, três ações são executadas. Primeiro, o endereço de retorno é recuperado e armazenado num local seguro. Segundo, a área de dados da função é liberada. Essa área de dados contém todas as variáveis locais (incluindo as cópias locais de argumentos), as temporárias e o endereço de retorno. Por último, usa-se um desvio para o endereço de retorno salvo anteriormente. Isso devolve o controle à rotina de chamada no ponto imediatamente depois do comando que efetuou a chamada. Além disso, se a função retornar um valor, esse valor será colocado num local seguro a partir do qual o programa de chamada poderá recuperá-lo. Geralmente, esse local é um registrador do hardware reservado para esse propósito.

Suponha que o procedimento principal tenha chamado uma função b, que chamou uma função c que, por sua vez, chamou d. Esse processo é ilustrado na Figura 3.4.1a, onde indicamos que o controle reside atualmente em algum lugar dentro de d. Dentro de cada função, existe um local reservado para o endereço de retorno. Por conseguinte, a área do endereço de retorno de d contém o endereço do comando em c posicionado imediatamente depois da chamada a d. A Figura 3.4.1b mostra a situação imediatamente posterior ao retorno de d para c. O endereço de retorno dentro de d foi recuperado e o controle transferido para esse endereço.

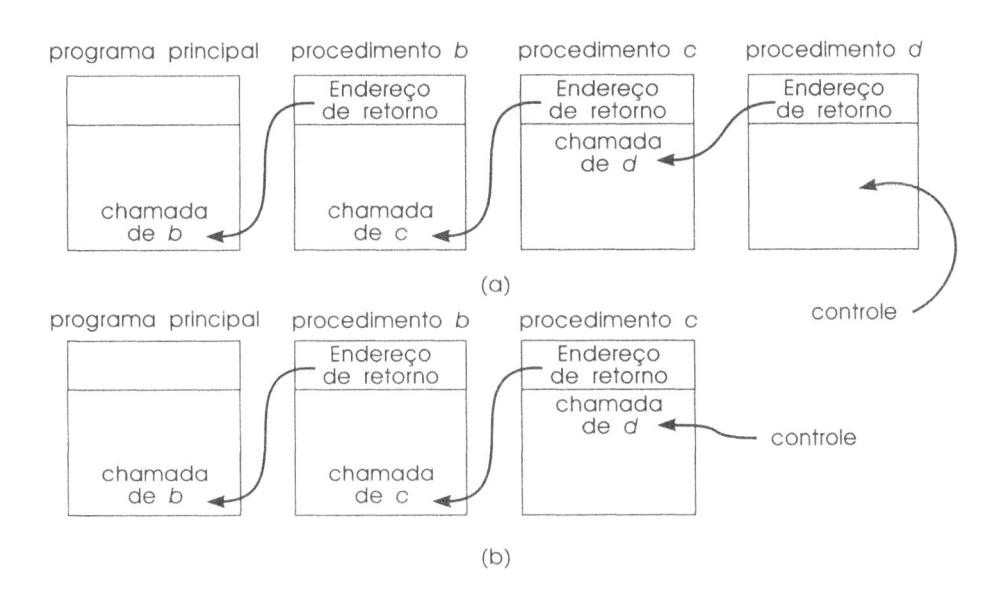

Figura 3.4.1 Uma seqüência de procedimentos chamando uns aos outros.

Você deve ter observado que a seqüência de endereços de retorno forma uma pilha; isto é, o mais recente endereço de retorno a ser incluído na cadeia é o primeiro a ser removido. Em qualquer ponto, só podemos acessar o endereço de retorno a partir da função atualmente em execução, que representa o topo da pilha. Quando a pilha for esvaziada (isto é, quando a função retornar), será revelado um novo topo dentro da rotina de chamada. Chamar uma função tem o efeito de incluir um elemento na pilha, e retornar uma função, o de retirar um elemento.

IMPLEMENTANDO FUNÇÕES RECURSIVAS

O que mais precisamos acrescentar a essa descrição no caso de uma função recursiva? A resposta é: surpreendentemente pouco. Cada vez que uma função recursiva chama a si mesma, uma área de dados totalmente nova para essa chamada precisa ser alocada. Como antes, essa área de dados contém todos os parâmetros, variáveis locais, temporárias e um endereço de retorno. É importante lembrar que, na recursividade, uma área de dados é associada não a uma função isolada, mas a determinada chamada a essa função. Cada chamada acarreta a alocação de uma nova área de dados e toda referência a um item na área de dados da função destina-se à área de dados da chamada mais recente. De modo semelhante, todo retorno provoca a liberação da atual área de dados, e a área de dados alocada imediatamente antes da atual área torna-se a área atual. É evidente que esse comportamento sugere o uso de uma pilha.

Na Seção 3.1.2, onde descrevemos a ação da função fatorial recursiva, usamos um conjunto de pilhas para representar as sucessivas alocações de cada uma das variáveis locais e de cada um dos parâmetros. Essas pilhas podem ser consideradas separadas, uma para cada variável local. Como alternativa, e bem mais próximo à realidade, podemos imaginar todas essas pilhas como uma única pilha grande. Cada elemento dessa grande pilha é uma área inteira de dados contendo subpartes representando as variáveis locais ou parâmetros individuais.

Cada vez que uma rotina recursiva for chamada, uma nova área de dados será alocada. Os parâmetros dentro dessa área de dados serão inicializados de modo a se referir aos valores de seus argumentos correspondentes. O endereço de retorno dentro da área de dados será inicializado com o endereço seguinte ao comando de chamada. Qualquer referência a variáveis locais ou parâmetros será feita por meio da área de dados corrente.

Quando uma rotina recursiva retorna, o valor retornado (se existir algum) e o endereço de retorno são gravados, a área de dados é liberada e é executado um desvio para o endereço de retorno. A função de chamada recupera o valor retornado (se existir algum), prossegue a execução e recorre à sua própria área de dados que, agora, está no topo da pilha.

Examinemos como podemos simular as ações de uma função recursiva. Precisaremos de uma pilha de áreas de dados, definida por:

```
#define MAXSTACK 50;
struct stack {
   int top;
   struct dataarea item[MAXSTACK];
};
```

A *dataarea* é em si mesma uma estrutura contendo os diversos itens existentes numa área de dados e deve ser definida de modo a conter os campos necessários para a função sendo simulada.

SIMULAÇÃO DE FATORIAL

Examinemos um exemplo específico: a função fatorial. Apresentaremos o código para essa função, incluindo explicitamente as variáveis temporárias e omitindo o teste de entrada negativa, como segue:

```
fact(n)
int n;
{
   int x, y;

   if (n == 0)
      return(1);
   x = n-1;
   y = fact(x);
   return(n * y);
} /* fim fact */
```

Como devemos definir a área de dados para essa função? Ela deverá conter o parâmetro *n* e as variáveis locais *x* e *y*. Conforme veremos, não são necessárias variáveis temporárias. A área de dados precisará também conter um endereço de retorno. Nesse caso, existem dois pontos possíveis para os quais poderíamos retornar: a atribuição de *fact*(x) a y, e para o programa principal que chamou *fact*. Suponha que tivéssemos dois rótulos e que permitíssemos que o rótulo *label*2 fosse o rótulo de uma seção de código:

```
label2: y = result;
```

dentro do programa de simulação. O rótulo label1 seria o de um comando:

```
label1: return(result);
```

Isso reflete uma convenção de que a variável *result* contém o valor a ser retornado por uma chamada à função *fact*. O endereço de retorno será armazenado como um inteiro i (igual a 1 ou 2). Para efetuar um retorno de uma chamada recursiva, o comando:

```
switch(i) {
   case 1: goto label1;
   case 2: goto label2;
} /* fim case */
```

é executado. Sendo assim, se $i == 1$, será executado um retorno ao programa principal que chamou *fact*, e se $i == 2$, será simulado um retorno à atribuição do valor retornado à variável *y* na execução anterior de *fact*.

A pilha de áreas de dados desse exemplo pode ser definida assim:

```
#define MAXSTACK 50
struct dataarea {
   int param;
   int x;
   long int y;
   short int retaddr;
};
struct stack {
   int top;
   struct dataarea item[MAXSTACK];
};
```

O campo na área de dados que contém o parâmetro simulado é chamado *param*, em vez de *n*, para evitar confusão com o parâmetro *n* passado à função simuladora. Declaramos também uma área de dados atual para guardar os valores das variáveis na "atual" chamada simulada na função recursiva. A declaração é:

```
struct dataarea currarea;
```

Além disso, declaramos uma única variável result com:

```
long int result;
```

Essa variável é usada para comunicar o valor retornado de *fact* a partir de uma chamada recursiva de *fact* para sua chamadora, e de *fact* para a função de chamada externa. Como os elementos na pilha de áreas de dados são estruturas e, em várias versões de C, uma função não pode retornar uma estrutura, não usamos a função *pop* para esvaziar a área de dados da estrutura *stack* (pilha). Em substituição, escrevemos uma função *popsub*, definida por:

```
popsub(ps, parea)
struct stack *ps;
struct dataarea *parea;
```

A chamada a *popsub*(&s, &area) desempilha e define *area* para o elemento retirado. Deixaremos os detalhes como exercício para o leitor.

Um retorno a partir de *fact* é simulado pelo código:

```
result = valor a ser retornado;
i = currarea.retaddr;
popsub(&s, &currarea);
switch(i) {
   case 1: goto label1;
   case 2: goto label2;
} /* fim switch */
```

Uma chamada recursiva a *fact* é simulada, introduzindo a atual área de dados na pilha, reinicializando as variáveis *currarea.param* e *currarea.retaddr* com o parâmetro e o endereço de retorno dessa chamada, respectivamente, e em seguida transferindo o controle para o início da rotina simulada. Lembre-se de que *currarea.x* armazena o valor de $n - 1$, que deve ser o novo parâmetro. Lembre-se também de que, numa chamada recursiva, desejamos ocasionalmente retornar ao rótulo 2. O código para fazer isso é:

```
push(&s, &currarea);
currarea.param = currarea.x;
currarea.retaddr = 2;
goto start;    /*    start eh o rotulo do inicio    */
               /*    da rotina simulada.            */
```

Evidentemente, as rotinas *popsub* e *push* precisam ser escritas de modo que esvaziem e preencham estruturas inteiras do tipo *dataarea* em vez de variáveis simples. Outra imposição da implementação de pilhas em vetor é que a variável *currarea.y* deve ser inicializada com algum valor, ou resultará um erro na rotina *push* durante a atribuição de *currarea.y* ao campo correspondente da área de dados do topo, quando iniciar o programa.

Quando a simulação começar pela primeira vez, a área atual deverá ser inicializada de modo que *currarea.param* seja igual a *n* e *currarea. retaddr* seja igual a 1 (indicando um retorno à rotina de chamada). Uma área de dados artificial precisa ser introduzida na pilha para que, durante a execução de *popsub*, ao retornar para a rotina principal, não ocorra um underflow. Essa área de dados artificial precisa ser inicializada de modo a não provocar um erro na rotina *push* (leia a última frase do parágrafo anterior). Sendo assim, a versão simulada da rotina *fact* recursiva é a seguinte:

```
struct dataarea {
   int param;
   int x;
   long int y;
   short int retaddr;
};
struct stack {
   int top;
   struct dataarea item[MAXSTACK];
};
simfact(n)
int n;
{
   struct dataarea currarea;
   struct stack s;
   short i;
   long int result;
   s.top = -1;
   /*      inicializa uma area de dados artificial   */
   currarea.param    = 0;
   currarea.x        = 0;
   currarea.y        = 0;
   currarea.retaddr  = 0;
   /*    introduz a area de dados artificial na pilha
   */
   push (&s, &currarea);
```

```
              /*
                  define o param. e ender. de retorno da    */
              /*    area de dados atual com os valores corretos.
*/
              currarea.param       = n;
              currarea.retaddr     = 1;
    start:    /*    este eh o inicio da rotina fatorial              */
              /*                   simulada.                          */
              if (currarea.param == 0) {
              /*            simulacao de return(1);                   */
                 result = 1;
                 i = currarea.retaddr;
                 popsub(&s, &currarea);
                 switch(i) {
                    case 1: goto label1;
                    case 2: goto label2;
                 } /* fim switch */
              } /* fim if */
              currarea.x = currarea.param - 1;
              /*      simulacao da chamada recursiva a fact     */
              push(&s, &currarea.x);
              currarea.param = currarea.x;
              currarea.retaddr = 2;
              goto start;
    label2:   /*        Este eh o ponto p/ o qual retornamos   */
              /*        a partir da chamada recursiva. Defina  */
              /*        currarea.y com o valor retornado.      */
              currarea.y = result;
              /*            simulacao de return(n * y)           */
              result = currarea.param * currarea.y;
              i = currarea.retaddr;
              popsub(&s, &currarea);
              switch(i) {
                 case 1: goto label1;
                 case 2: goto label2;
              } /* fim switch */
    label1:   /* Neste ponto retornamos p/ a rotina principal.*/
              return(result);
           } /* fim simfact */
```

Verifique a execução desse programa para $n = 5$ e certifique-se de entender o que o programa faz e como ele faz isso.

Observe que não foi reservado espaço na área de dados para as temporárias porque elas não precisam ser salvas para uso posterior. A posição temporária que armazena o valor de $n * y$ na rotina recursiva original é simulada pela temporária para *currarea.param * currarea.y* na rotina simuladora. Em, geral, este não é o caso. Por exemplo, se uma função recursiva *funct* contivesse um comando como:

```
x = a * funct(b) + c * funct(d);
```

a temporária para $a * funct(b)$ deveria ser salva durante a chamada recursiva a *funct(d)*. Entretanto, no exemplo da função fatorial, não é necessário empilhar a temporária.

APRIMORANDO A ROTINA SIMULADA

Naturalmente, a discussão anterior levanta a questão de se todas as variáveis locais devam ser realmente empilhadas. Uma variável só precisa ser salva na pilha se seu valor no ponto de início de uma chamada recursiva precisar ser reutilizado após o retorno dessa chamada. Examinemos se as variáveis n, x e y atendem a essa exigência. Evidentemente, n precisa realmente ser empilhada. Na instrução:

```
y = n * fact(x);
```

o antigo valor de n deve ser usado na multiplicação depois de retornar da chamada recursiva a *fact*. Entretanto, este não é caso para x e y. De fato, o valor de y não é sequer definido no ponto da chamada recursiva, portanto, evidentemente, ela não precisa ser empilhada. De modo semelhante, embora x seja definida no ponto da chamada, ela nunca será reutilizada depois de retornar; portanto, por que se preocupar em salvá-la?

Esse aspecto pode ser ilustrado ainda mais nitidamente pela seguinte idéia. Se x e y não fossem declaradas dentro da função recursiva *fact*, mas, em vez disso, fossem declaradas como variáveis globais, a rotina funcionaria igualmente bem. Sendo assim, a ação automática de empilhar e desempilhar executada pela recursividade para as variáveis locais x e y é desnecessária.

Outra questão interessante a considerar é se o endereço de retorno é realmente necessário na pilha. Como só existe uma chamada recursiva textual a *fact*, existe somente um endereço de retorno dentro de *fact*.

Entretanto, suponha que uma área de dados artificial não tivesse sido empilhada durante a inicialização da simulação. Conseqüentemente, a área de dados só seria colocada na pilha ao simular uma chamada recursiva. Quando a pilha fosse esvaziada ao retornar de uma chamada recursiva, essa área seria removida da pilha. Contudo, ao se fazer uma tentativa de esvaziar a pilha, na simulação de um retorno ao procedimento principal, ocorreria um underflow. Podemos verificar se essa é a situação usando *popandtest* em vez de *popsub* e, quando ela realmente ocorrer, poderemos retornar imediatamente à rotina de chamada externa, e não por meio de um rótulo local. Isso significa que um dos endereços de retorno pode ser eliminado. Como só resta um endereço de retorno possível, ele não precisa ser colocado na pilha.

Dessa forma, a área de dados foi reduzida de modo a conter o parâmetro isolado, e a pilha pode ser declarada por:

```
#define MAXSTACK 50
struct stack {
   int pop;
   int param[MAXSTACK];
};
```

A área de dados atual é reduzida a uma única variável declarada por:

```
int currparam;
```

Agora, o programa está bem compacto e compreensível:

```
        simfact(n)
        int n;
        {
           struct stack s;
           short int und;
           long int result, y;
           int currparam, x;

           s.top = -1;
           currparam = n;
start:     /* Este eh o inicio da rotina fatorial */
           /*       simulada.                     */
           if (currparam == 0) {
              /*       simulacao de return(1)          */
              result = 1;
              popandtest(&s, & currparam, &und)         */
              switch(und) {
                 case FALSE: goto label2;
```

```
                  case TRUE:   goto label1;
               } /* fim switch */
            } /* fim if */
            /* currparam != 0 */
            x = currparam - 1;
            /* simulacao da chamada recursiva a fact     */
            push(&s, currparam);
            currparam = x;
            goto start:
label2:     /*  Este eh o ponto p/ o qual retornamos    */
            /*      a partir da chamada recursiva.      */
            /*         Defina y c/ o valor retornado.   */
            y = result;
            /*         simulacao de return (n * y);     */
            result = currparam * y;
            popandtest(&s, &currparam, &und);
            switch(und) {
               case TRUE: goto label1;
               case FALSE: goto label2;
            } /* fim switch */
label1:     /*  Neste ponto retornamos para a rotina    */
            /*                principal.                */
            return(result);
      } /* fim simfact */
```

ELIMINANDO GOTOS

Embora o programa anterior seja certamente mais simples do que o programa apresentado antes dele, ainda está longe de ser o ideal. Se você pudesse examinar o programa sem saber sua origem, duvidamos de que conseguisse identificá-lo como calculando a função fatorial. As instruções:

```
goto start;
```

e:

```
goto label2;
```

são particularmente irritantes porque elas interrompem o fluxo do raciocínio num instante em que se poderia entender o que está acontecendo. Tentemos transformar esse programa numa versão mais legível.

Várias transformações ficam imediatamente evidentes. Antes de tudo, os comandos:

```
popandtest(&s, &currparam, &und);
switch(und) {
   case FALSE: goto label2;
   case TRUE:  goto label1;
} /* fim switch */
```

são repetidos duas vezes para os dois casos de *currparam* == 0 e *currparam* != 0. As duas seções podem ser facilmente combinadas em uma só.

Outro detalhe é que as duas variáveis, *x* e *currparam*, trocam os valores atribuídos entre si e nunca são usadas simultaneamente; portanto, elas podem ser combinadas e citadas como uma variável *x*. A mesma coisa se verifica com as variáveis *result* e *y*, que podem ser combinadas e referenciadas como uma única variável *y*.

Essas transformações nos levam à seguinte versão de *simfact*:

```
        struct stack {
           int top;
           int param[MAXSTACK];
        };
        simfact(n)
        int n;
        {
           struct stack s;
           short int und;
           int x;
           long int y;

           s.top = -1;
           x = n;
start:     /* Este eh o inicio da rotina fatorial */
           /*             simulada.                */
           if (x == 0)
              y = 1;
           else {
              push(&s, x--);
              goto start;
           } /* fim else */
label1:    popandtest(&s, &x, &und);
           if (und == TRUE)
              return(y);
```

```
label2:  y *= x;
         goto label1;
      } /* end simfact */
```

Agora, começamos a chegar perto de um programa legível. Observe que o programa consiste em duas repetições:

1. A repetição que compreende a instrução **if** inteira, rotulada por *start*. Essa repetição é encerrada quando x é igual a 0, em cujo ponto y é definida com 1 e a execução passa para o rótulo *label*1.

2. A repetição que começa no rótulo *label*1 e termina com o comando **goto label**1. Essa repetição se encerra quando a pilha for esvaziada, momento em que é executado um retorno.

Essas repetições podem ser facilmente transformadas em repetições **while** explícitas, como segue:

```
         /* repetição da subtracao */
start:   while (x != 0)
            push(&s, x--);
         y = 1;
         popandtest(&s, &x, &und);
label1:  while (und == FALSE) {
            y * = x;
            popandtest (&s, &x, &und);
         } /* fim while */
         return(y);
```

Examinemos essas duas repetições mais detalhadamente. x começa no valor do parâmetro de entrada n e é reduzido em 1, a cada iteração. Sempre que x é definida com um novo valor, o antigo valor de x é salvo na pilha. Esse processo continua até que x seja 0. Sendo assim, após a execução da primeira repetição, a pilha contém, de cima para baixo, os inteiros de 1 até n.

O repetição de multiplicação simplesmente remove cada um desses valores da pilha e define y com o produto do valor retirado e o antigo valor de y. Como sabemos o que a pilha contém no início da repetição de multiplicação, por que nos preocuparmos em esvaziar a pilha? Podemos usar esses valores diretamente. Podemos eliminar a pilha e toda a primeira repetição e substituir a repetição de multiplicação por uma repetição que multiplique y por cada um dos inteiros de 1 até n, por vez. Eis o programa resultante:

```
simfact(n)
int n;
{
   int x;
   long int y;

   for (y=x=1; x <= n; x++)
      y *= x;
   return(y);
} /* fim simfact */
```

Entretanto, esse programa é uma implementação direta em C da versão iterativa da função fatorial, conforme apresentada na Seção 3.1. A única mudança é que *x* varia de 1 a *n* em vez de *n* a 1.

SIMULANDO AS TORRES DE HANOI

Demonstramos que as sucessivas transformações de uma simulação não-recursiva de uma rotina recursiva pode conduzir a um programa mais simples para solucionar um problema. Examinemos agora um exemplo mais complexo de recursividade, o problema das Torres de Hanoi, apresentado na seção 3.3. Simularemos sua recursividade e tentaremos simplificar a simulação de modo a produzir uma solução não-recursiva. Apresentamos novamente o programa recursivo da seção 3.3:

```
towers(n, frompeg, topeg, auxpeg)
int n;
char auxpeg, frompeg, topeg;
{
   /*  Se existir soh um disco, faca o movim. e retorne. */
   if (n == 1) {
      printf("\n%s%c%s%c", "mover disco 1 da estaca ", frompeg,
                                         "p/ a estaca ", to-
peg);
      return;
   } /* fim if */
   /* Mover os primeiros n-1 discos de A p/ B usando C */
   /*                como auxiliar                     */
   towers(n-1, frompeg, auxpeg, topeg);
   /*      Mover o disco restante de A p/ C.      */
```

```
      printf("\n%s%d%s%c%s%c", "mover disco ", n, da estaca ",
                              frompeg, "p/ a estaca ", to-
peg);
      /*   Mover n-1 discos de B para C usando A     */
      /*              como auxiliar                  */
      towers(n-1, auxpeg, topeg, frompeg);
} /* fim towers */
```

Procure entender o problema e a solução recursiva antes de continuar. Se você não entender, releia a Seção 3.3.

Existem quatro parâmetros nessa função, cada um dos quais sujeito a mudanças numa chamada recursiva. Por conseguinte, a área de dados precisará conter elementos representando todos os quatro. Não existem variáveis locais. Existe uma única temporária, necessária para armazenar o valor de *n* - 1, mas esta pode ser representada por uma temporária semelhante no programa simulador e não precisa ser empilhada. Existem três pontos possíveis para os quais a função retorna em várias chamadas: o programa de chamada e os dois-pontos seguintes às chamadas recursivas. Portanto, são necessários quatro rótulos:

```
start:
label1:
label2:
label3:
```

O endereço de retorno é codificado como um inteiro (seja 1, 2 ou 3) dentro de cada área de dados.

Examine a seguinte simulação não-recursiva de towers:

```
struct dataarea {
   int nparam;
   char fromparam;
   char toparam;
       char auxparam;
       short int retaddr;
     };
     struct stack {
        int top;
        struct dataarea item[MAXSTACK];
     };

     simtowers(n, frompeg, topeg, auxpeg)
     int n;
```

```
                    char auxpeg, frompeg, topeg;
                    {
                        struct stack s;
                        struct dataarea currarea;
                        char temp;
                        short
int i;
                        s.top = -1;
                        currarea.nparam = 1;
                        currarea.fromparam = ' ' ;
                        currarea.toparam = ' ';
                        currarea.auxparam = ' ';
                        currarea.readdr = 0;
                        /*       Introduz area de dados artificial na pilha. */
                        push(&s, &currarea);
                        /* Define os parametros e enderecos de retorno */
                        /* dos dados atuais com seus valores corretos. */
                        currarea.nparam = n;
                        currarea.fromparam = frompeg;
                        currarea.toparam = topeg;
                        currarea.auxparam = auxpeg;
                        currarea.retaddr = 1;
start:              /* Este eh o inicio da rotina simulada. */
                    if (currarea.nparam == 1) {
                        print("\n%s%c%s%c", "mover disco 1 da estaca ",
                         currarea.frompeg, "p/ a estaca ", currarea.topa-
ram);
                        i = currarea.retaddr;
                        pop(&s, &currarea);
                        switch(i) {
                            case 1: goto label1;
                            case 2: goto label2;
                            case 3: goto label3;
                        } /* fim switch */
                    } /* fim if */
                    /*       Esta eh a primeira chamada recursiva.     */
                    push(&s, &currarea);
                    --currarea.nparam;
                    temp = currarea.auxparam;
                    currarea.auxparam = currarea.toparam;
                    currarea.toparam = temp;
                    currarea.retaddr = 2;
                    goto start;
label2:             /*   Retornamos p/ este ponto a partir da        */
```

```
                /*           primeira chamada recursiva.      */
              printf("\n%s%d%s%c%s%c", "mover disco ",
                                currarea.nparam, " da estaca",
                currarea.fromparam, " p/ a estaca", currarea.toparam);
              /*    Esta eh a segunda chamada recursiva.      */
              push(&s, &currarea);
              --currarea.nparam;
              temp = currarea.fromparam;
              currarea.fromparam = currarea.auxparam;
              currarea.auxparam = temp;
              currarea.retaddr = 3;
              goto start;
label3:       /*    Retorna p/ este ponto a partir da segunda */
              /*              chamada recursiva.              */
              i = currarea.retaddr;
              pop(&s, &currarea);
              switch(i) {
                 case 1: goto label1;
                 case 2: goto label2;
                 case 3: goto label3;
              } /* fim switch */
label1:       return;
         } /* fim simtowers */
```

Agora, simplificamos o programa. Primeiro, observe que são usados três rótulos para os endereços de retorno: um para cada uma das duas chamadas recursivas e um para o retorno ao programa principal. Entretanto, o retorno ao programa principal pode ser indicado por um underflow na pilha, exatamente como na segunda versão de *simfact*. Isso deixaria dois rótulos de retorno. Se pudéssemos eliminar mais um desses rótulos, não seria mais necessário empilhar o endereço de retorno, porque só existiria um ponto restante para o qual o controle poderia ser passado se a pilha fosse esvaziada com sucesso. Concentraremo-nos na segunda chamada recursiva e no comando:

```
towers(n-1, auxpeg, topeg, frompeg);
```

As ações que ocorrem ao simular essa chamada são as seguintes:

1. Introduzir a atual área de dados, $a1$, na pilha.

2. Definir os parâmetros na nova área de dados atual, $a2$, com seus respectivos valores, $n - 1$, *auxpeg*, *topeg* e *frompeg*.

3. Definir o rótulo de retorno na atual área de dados, $a2$, com o endereço da instrução imediatamente seguinte à chamada.

4. Desviar para o início da rotina simulada.

Depois que a rotina simulada terminar, ela estará preparada para retornar. Ocorrerão as seguintes ações:

5. Salvar o rótulo de retorno, l, da atual área de dados, $a1$.

6. Desempilhar na pilha e definir a atual área de dados com a área de dados desempilhada, $a1$.

7. Desviar para l.

Entretanto, l é o rótulo do final do bloco de código porque a segunda chamada a *towers* aparece como último comando da função. Portanto, o próximo passo é esvaziar novamente a pilha e retornar mais uma vez. Não faremos mais uso das informações contidas na atual área de dados, $a1$, porque elas serão imediatamente destruídas, ao esvaziar a pilha, assim que ela for restaurada. Como não há razão para usar essa área de dados novamente, não há motivos para salvá-la na pilha ao simular a chamada. Os dados só devem ser salvos na pilha se precisarem ser reutilizados. Portanto, a segunda chamada a *towers* pode ser simulada simplesmente:

1. Mudando os parâmetros na atual área de dados para seus respectivos valores.

2. Desviando para o início da rotina simulada.

Quando a rotina simulada retornar, ela poderá voltar diretamente à rotina que chamou a atual versão. Não há por que executar um retorno à versão atual, apenas para retornar imediatamente à versão anterior. Dessa forma, eliminamos a necessidade de empilhar o endereço de retorno, ao simular a chamada externa (porque ela pode ser indicada pelo underflow) e ao simular a segunda chamada recursiva (porque não há necessidade de salvar e restaurar a área de dados da rotina de chamada neste ponto). O único endereço de retorno restante é o posterior à primeira chamada recursiva.

Como só resta um endereço de retorno possível, é desnecessário mantê-lo na área de dados para ser introduzido e removido com o restante dos dados. Sempre que desempilhamos com sucesso, só existe um endereço para o qual um desvio pode ser executado: a instrução seguinte à primeira chamada. Se ocorrer o underflow, a rotina retornará à rotina de chamada. Como os novos valores das variáveis na área de dados atual serão obtidos a partir dos valores antigos na área de dados atual, é necessário declarar uma variável adicional, *temp*, para que os valores possam ser permutados.

Veja a seguir uma simulação não-recursiva revisada de *towers*:

```
struct dataarea {
   int nparam;
   char fromparam;
   char toparam;
   char auxparam;
};
struct stack {
   int top;
   struct dataarea item[MAXSTACK];
};
simtowers(n, frompeg, topeg, auxpeg)
int n;
char auxpeg, frompeg, topeg;
    {
          struct stack s;
          struct dataarea currarea;
          short int und;
          char temp;

          s.top = -1;
          currarea.nparam = n;
          currarea.fromparam = frompeg;
          currarea.toparam = topeg;
          currarea.auxparam = auxpeg;
  start:    /* Este eh o inicio da rotina simulada. */
          if (currarea.nparam == 1) {
             print("\n%s%c%s%c", "mover disco 1 da estaca ",
             currarea.frompeg, "p/ estaca", currarea.toparam);
             /*          simula o retorno            */
             popandtest(&s, &currarea, &und);
             if (und == TRUE)
                return;
                goto retaddr;
          } /* fim if */
          /*   simula a primeira chamada recursiva   */
          push(&s, &currarea);
          --currarea.nparam;
          temp = currarea.toparea;
          currarea.toparam = currarea.auxparam;
```

```
              currarea.auxparam = temp;'
              goto start;
 retaddr:     /*    retorna p/ este ponto a partir da      */
              /*         primeira chamada recursiva        */
              print("\n%s%d%s%c%s%c", "mover disco ";
              currarea.nparam, "da estaca", currarea.fromparam,
                                "p/ estaca", currarea.toparam);
              /*    simulacao da segunda chamada recursiva   */
              --currarea.nparam;
              temp = currarea.fromparam;
              currarea.fromparam = currarea.auxparam;
              currarea.auxparam = temp;
              goto start;
        } /* fim simtowers */
```

Examinando a estrutura do programa, verificamos que ele pode ser facilmente reorganizado num formato ainda mais simples. Começaremos a partir do rótulo *start*.

```
while (TRUE) {
   while (currarea.nparam != 1) {
      push(&s, &currarea);
      --currarea.nparam;
      temp = currarea.toparam;
        currarea.toparam = currarea.auxparam;
        currarea.auxparam = temp;
}    /* fim while */
      printf("\n%s%c%s%c", "mover disco  1 da estaca";
            currarea.fromparam, "p/ estaca ", currarea.toparam);
      popandtest(&s, &currarea, &und);
      if (und == TRUE)
         return;
      printf("\n%s%d%s%c%s%c", "mover disco ", currearea.nparam,
                     " de ", currearea.fromparam, "p/ estaca",
 currearea.toparam);
      --currarea.nparam;
      temp = currarea.fromparam;
      currarea.fromparam = currarea.auxparam;
      currarea.auxparam = temp;
} /* fim while */
```

Verifique as ações desse programa e repare como ele reflete as ações da versão recursiva original.

EXERCÍCIOS

3.4.1. Escreva uma simulação não-recursiva das funções *convert* e *find* apresentadas na Seção 3.3.

3.4.2. Escreva uma simulação não-recursiva do procedimento recursivo de busca binária e transforme-o num procedimento iterativo.

3.4.3. Escreva uma simulação não-recursiva de *fib*. É possível transformá-la num método iterativo?

3.4.4. Escreva simulações não-recursivas das rotinas recursivas das Seções 3.2 e 3.3 e dos exercícios dessas seções.

3.4.5. Prove que qualquer solução para o problema das Torres de Hanoi, que use um número mínimo de movimentos, deve atender às condições listadas a seguir. Use esses fatos para desenvolver um algoritmo iterativo direto para as Torres de Hanoi. Implemente o algoritmo como um programa em C.

  a. O primeiro movimento exige o deslocamento do menor disco.

  b. Uma solução com o mínimo de movimento consiste em deslocar alternadamente o menor disco e um disco que não seja o menor.

  c. Em qualquer ponto, existe somente um movimento possível envolvendo um disco que não seja o menor.

  d. Defina o sentido cíclico de *frompeg* para *topeg* para *auxpeg* para *frompeg* como o sentido horário, e o sentido oposto (de *frompeg* para *auxpeg* para *topeg* para *frompeg*) como o sentido anti-horário. Pressuponha que uma solução com o mínimo de movimentos para mover uma torre de k discos de *frompeg* para *topeg* desloque sempre o menor disco em uma só direção. Prove que uma solução de movimento mínimo para mover uma torre de $(k + 1)$ discos, de *frompeg* para *topeg,* deslocaria sempre o disco menor na direção oposta. Como a solução para um disco desloca o menor disco em sentido horário (o único movimento de *frompeg* para *topeg*), isto significa que, para um número ímpar de discos, o menor disco sempre se deslocará em sentido anti-horário e, para um número par de discos, o menor disco sempre se moverá contra os ponteiros do relógio.

  e. A solução terminará assim que todos os discos estiverem numa única estaca.

3.4.6. Converta o seguinte esquema de programa recursivo numa versão iterativa que não use uma pilha. *f(n)* é uma função que retorna *TRUE* ou *FALSE*, com base no valor de *n*, e *g(n)* é uma função que retorna um valor do mesmo tipo de *n* (sem modificar *n*).

```
rec(n)
int n;
{
    if (f(n) == FALSE) {
        /* qualquer grupo de comando em C que */
        /* nao mude o valor de n              */
        rec(g(n));
    } /* fim if */
} /* fim rec */
```

Generalize seu resultado para o caso em que *rec* retorna um valor.

3.4.7. Seja *f(n)* uma função e *g(n)* e *h(n)* funções que retornam um valor do mesmo tipo de *n* sem modificar *n*. Permita que (*stmts*) represente qualquer grupo de comando em C que não modifiquem o valor de *n*. Prove que o esquema do programa recursivo *rec* é equivalente ao esquema iterativo *iter*:

```
rec(n)
int n;
{
    if (f(n) == FALSE) {
        (stmts);
        rec(g(n));
        rec(h(n));
    } /* fim if */
} /* fim rec */

struct stack {
    int top;
    int nvalues[MAXSTACK];
};

iter(n)
int n;
{
    struct stack s;

    s.top = -1;
```

```
        push(&s, n);
        while(empty(&s) == FALSE ) {
           n = pop(&s);
           if (f(n) == FALSE) {
              (stmts);
              push(&s, h(n));
              push(&s, g(n));
           } /* fim if */
        } /* fim while */
   } /* fim iter */
```

Prove que os comandos *if* em *iter* podem ser substituídos pela seguinte repetição:

```
while (f(n) == FALSE) {
   (stmts)
   push(&s, h(n));
   n = g(n);
} /* fim while */
```

3.5. EFICIÊNCIA DA RECURSIVIDADE

Em geral, uma versão não-recursiva de um programa executará com mais eficiência, em termos de tempo e espaço, do que uma versão recursiva. Isso acontece porque o trabalho extra dispendido para entrar e sair de um bloco é evitado na versão não-recursiva. Conforme constatamos, é possível identificar um número considerável de variáveis locais e temporárias que não precisam ser salvas e restauradas pelo uso de uma pilha. Num programa não-recursivo, essa atividade de empilhamento desnecessária pode ser eliminada. Entretanto, num procedimento recursivo, geralmente o compilador não consegue identificar essas variáveis, e elas são, portanto, empilhadas e desempilhadas para evitar problemas.

Contudo, verificamos também que, às vezes, uma solução recursiva é o método mais natural e lógico de solucionar um problema. Não é certo que um programador consiga desenvolver a solução não-recursiva para o problema das Torres de Hanoi diretamente a partir da declaração do problema. Podemos fazer um comentário semelhante sobre o problema de converter formas prefixas em posfixas, em que a solução recursiva flui diretamente das definições. Uma solução não-recursiva envolvendo pilhas é mais difícil de desenvolver e mais propensa a erros.

Dessa forma, ocorre um conflito entre a eficiência da máquina e a do programador. Com o custo da programação aumentando consideravelmente e o custo da computação diminuindo, chegamos ao ponto em que, na maioria dos casos, não compensa para o programador construir exaustivamente uma solução não-recursiva para um problema que é resolvido com mais naturalidade de forma recursiva. Evidentemente, um programador incompetente e supostamente inteligente pode surgir com uma solução recursiva complicada para um problema simples, que pode ser resolvido de imediato por métodos não-recursivos. (Um exemplo disso é a função fatorial ou até mesmo a busca binária.) Entretanto, se um programador competente identificar uma solução recursiva como o método mais simples e mais objetivo para solucionar determinado problema, provavelmente não compensará perder tempo e esforço descobrindo um método mais eficiente.

Entretanto, nem sempre esse é o caso. Se um programa precisa ser executado com freqüência (em geral, computadores inteiros são dedicados a executar continuamente o mesmo programa), de forma que o aumento de eficiência na velocidade de execução aumente consideravelmente a produtividade operacional, o investimento extra no tempo de programação será compensado. Mesmo nesses casos, é provável que seja melhor criar uma versão não-recursiva simulando e transformando a solução recursiva, do que tentar criar uma solução não-recursiva a partir do enunciado do problema.

Para fazer isso com mais eficiência, é necessário primeiro escrever uma rotina recursiva e, em seguida, sua versão simulada, incluindo todas as pilhas e temporárias. Depois que isso for feito, elimine todas as pilhas e variáveis supérfluas. A versão final será um refinamento do programa original e, com certeza, muito mais eficiente. Evidentemente, a eliminação de toda operação supérflua e redundante aumenta a eficiência do programa resultante. Entretanto, toda transformação aplicada num programa é mais uma abertura pela qual pode surgir um erro imprevisto.

Quando uma pilha não pode ser eliminada da versão não-recursiva de um programa e quando a versão recursiva não contém nenhum dos parâmetros adicionais ou variáveis locais, a versão recursiva pode ser tão ou mais veloz que a versão não-recursiva, sob um compilador eficiente. As Torres de Hanoi representam um exemplo desse programa recursivo. O fatorial, cuja versão não-recursiva não precisa de uma pilha, e o cálculo de números de Fibonacci, que contém uma segunda chamada recursiva desnecessária (e não precisa de uma pilha também), é um exemplo onde a recursividade deve ser evitada numa implementação prática. Examinaremos outro exemplo de recursividade eficiente (no percurso de árvores ordenadas) na Seção 5.2.

Outro aspecto a lembrar é que as chamadas explícitas a *pop, push* e *empty*, bem como os testes de ocorrência de underflow e estouro, são bastante dispendiosas. Na realidade, elas podem freqüentemente ultrapassar o custo adicional da recursividade. Sendo assim, para maximizar a real eficiência do tempo de execução de uma tradução não-recursiva, essas chamadas devem ser substituídas por código em-linha e os testes de ocorrência de underflow/estouro devem ser eliminados se soubermos que estamos operando dentro dos limites do vetor.

As idéias e transformações que desenvolvemos ao apresentar a função fatorial e o problema das Torres de Hanoi podem ser aplicadas a problemas mais complexos, cuja solução não-recursiva não esteja prontamente evidente. Até onde uma solução recursiva (real ou simulada) pode ser transformada numa solução direta dependerá do problema em questão e da engenhosidade do programador.

EXERCÍCIOS

3.5.1. Execute as versões recursiva e não-recursiva da função fatorial das Seções 3.2 e 3.4, e examine quanto espaço e tempo cada uma exige quando n fica maior.

3.5.2. Faça o mesmo que no Exercício 3.5.1 para o problema das Torres de Hanoi.

Filas e Listas

Este capítulo apresenta a fila e a fila de prioridade, duas importantes estruturas de dados usadas freqüentemente para simular situações do mundo real. Os conceitos de pilha e fila são, na seqüência, estendidos a uma nova estrutura, a lista. Várias formas de listas e suas operações associadas serão examinadas e apresentaremos várias aplicações.

4.1. A FILA E SUA REPRESENTAÇÃO SEQÜENCIAL

Uma *fila* é um conjunto ordenado de itens a partir do qual podem-se eliminar itens numa extremidade (chamada *início* da fila) e no qual podem-se inserir itens na outra extremidade (chamada *final* da fila).

A Figura 4.1.1a ilustra uma fila contendo três elementos, A, B e C. A é o início da fila e C é o final. Na Figura 4.1.1b, foi eliminado um elemento da fila. Como os elementos só podem ser eliminados a partir do início da fila, A é removido e B passa a ocupar o início da fila. Na Figura 4.1.1c, quando os itens D e E forem inseridos, essa operação deverá ocorrer no final da fila.

Como D foi inserido na fila antes de E, ele será removido em primeiro lugar. O primeiro elemento inserido numa fila é o primeiro a ser removido. Por essa razão, uma fila é ocasionalmente chamada lista *fifo* (*first-in*, *first-out* — o primeiro que entra é o primeiro a sair), ao contrário de uma pilha, que é uma lista **lifo** (*last-in*, *first-out* — o último a entrar é o primeiro a sair). Existem muitos exemplos de fila no mundo real. Uma fila de banco ou no ponto de ônibus e um grupo de carros aguardando sua vez no pedágio são exemplos conhecidos de filas.

Três operações primitivas podem ser aplicadas a uma fila. A operação *insert(q,x)* insere o item x no início da fila q. A operação $x = remove(q)$ elimina o último elemento da fila q e define x com seu conteúdo. A terceira operação, *empty(q)*, retorna falso ou verdadeiro, dependendo de a fila conter ou não algum elemento. A fila que aparece na Figura 4.1.1 pode ser obtida pela seguinte seqüência de operações. Pressupomos que a fila esteja inicialmente vazia.

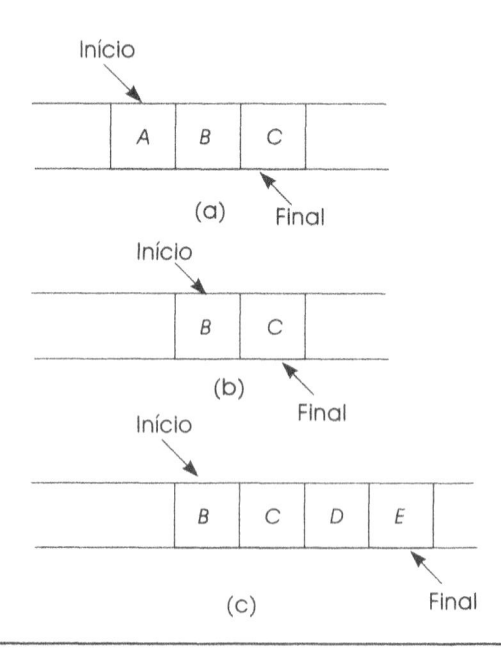

Figura 4.1.1 Uma fila.

```
insert(q, A);
insert(q, B);
insert(q, C);          (Figura 4.1.1a)
x = remove(q);         (Figura 4.1.1b; x eh definido com A)
insert(q, D);
insert(q, E)           (Figura 1.1.1c)
```

A operação *insert* sempre pode ser executada, uma vez que não há limite para o número de elementos que uma fila pode conter. A operação *remove*, contudo, só pode ser aplicada se a fila não estiver vazia; não existe um método para remover um elemento de uma fila sem elementos. O resultado de uma tentativa inválida de remover um elemento de uma fila vazia é chamado de **underflow**. Evidentemente, a operação *empty* é sempre aplicável.

A FILA COMO UM TIPO DE DADO ABSTRATO

A representação de uma fila como um tipo de dado abstrato é simples. Usamos *eltype* pra indicar o tipo do elemento da fila e parametrizamos o tipo da fila com *eltype*.

```
abstract typedef<<eltype>> QUEUE(eltype);

abstract empty(q)
QUEUE(eltype) q;
postcondition        empty == (len(q) == 0);
abstract eltype remove(q)
QUEUE(eltype) q;
precondition         empty(q) == FALSE;
postcondition        remove == first(q');
                     q == sub(q', 1, len(q') - 1);

abstract insert(q, elt)
QUEUE(eltype) q;
eltype elt;
postcondition        q == q'+ <elt>;
```

IMPLEMENTAÇÃO DE FILAS EM C

Como uma fila pode ser representada em C? Uma idéia é usar um vetor para armazenar os elementos da fila e duas variáveis, *front* e *rear*, para armazenar as posições dentro do vetor do primeiro e último elementos da fila. Poderíamos declarar uma fila *q* de inteiros com:

```
#define MAXQUEUE 100
struct queue {
        int items[MAXQUEUE];
        int front, rear;
} q;
```

Evidentemente, usar um vetor para armazenar uma fila introduz a possibilidade de **estouro**, caso a fila fique maior que o tamanho do vetor. Ignorando momentaneamente a possibilidade de underflow e estouro, a operação *insert(q,x)* poderia ser implementada pelas instruções:

```
q.items [++q.rear] = x;
```

e a operação $x = remove(q)$ poderia ser implementada por:

```
x = q.items [q.front++];
```

Inicialmente, *q.rear* é definido com -1, e *q.front* é definido com 0. A fila está vazia sempre que *q.rear* < *q.front*. O número de elementos na fila, a qualquer momento, é igual ao valor de *q.rear* - *q.front* + 1.

Examinemos o que poderia acontecer com essa representação. A Figura 4.1.2 ilustra um vetor de cinco elementos usado para representar uma fila (isto é, *MAXQUEUE* é igual a 5). No início (Figura 4.1.2a), a fila está vazia. Na Figura 4.1.2b, foram inseridos os itens *A*, *B* e *C*. Na Figura 4.1.2c, foram eliminados dois elementos, e na Figura 4.1.2d foram inseridos dois novos elementos, *D* e *E*. O valor de *q.front* é 2, e o valor de *q.rear* é 4, de modo que só existem 4 - 2 + 1 = 3 elementos na fila. Como o vetor contém cinco elementos, deve existir espaço para expandir a fila sem a preocupação com o estouro.

Entretanto, para inserir *F* na fila, *q.rear* precisa ser aumentado de 1 a 5, e *q.items[5]* deve ser definido com o valor *F*. Contudo, *q.items* é um vetor de apenas cinco elementos, de modo que a inserção não pode ser feita. É possível chegar à situação absurda em que a fila está vazia, mas nenhum elemento novo pode ser inserido (veja se você consegue apresentar uma seqüência de inserções e eliminações para chegar a essa situação). É evidente que, a representação de vetor descrita anteriormente é inaceitável.

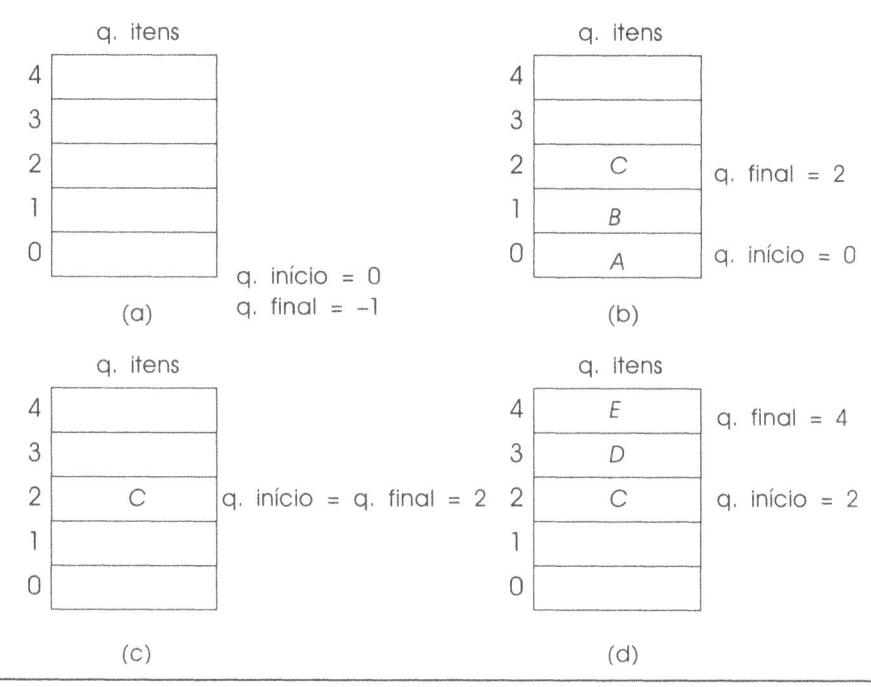

Figura 4.1.2

Uma solução seria modificar a operação *remove* de maneira que, quando um item fosse eliminado, a fila inteira fosse deslocada no sentido do início do vetor. A operação $x = remove(q)$ seria então modificada (ignorando mais uma vez a possibilidade de underflow) para:

```
x = q.items[0];
for (i = 0; i < q.rear; i++)
    q.items[i] = q.items[i+1];
q.rear--;
```

A fila não precisa mais conter um campo *front* porque o elemento na posição 0 do vetor está sempre no início da fila. A fila vazia é representada pela fila na qual *rear* é igual a -1.

Entretanto, esse método é bastante ineficiente. Cada eliminação envolve deslocar cada elemento restante na fila. Se uma fila contiver 500 ou 1.000 elementos, evidentemente esse seria um preço muito alto a pagar. Além disso, a operação de remoção de um elemento de uma fila envolve logicamente a manipulação de apenas um elemento: o elemento atualmente posicionado no início da fila. A implementação dessa operação deve refletir esse fato e não precisa envolver inúmeras operações adicionais (consulte o Exercício 4.1.3 para obter uma alternativa mais eficiente).

Outra solução seria visualizar o vetor que armazena a fila como um círculo, em vez de como uma linha reta. Ou seja, imaginamos o primeiro elemento do vetor (isto é, o elemento na posição 0) como seguindo imediatamente seu último elemento. Isso implica que, mesmo que o último elemento esteja ocupado, um novo valor pode ser inserido depois dele, no primeiro elemento do vetor, desde que esse primeiro elemento esteja vazio.

Examinemos um exemplo. Suponha que uma fila contenha três itens nas posições 2, 3 e 4 de um vetor de cinco elementos. Essa é a situação da Figura 4.1.2d, reproduzida como Figura 4.1.3a. Embora o vetor não esteja cheio, seu último elemento está ocupado. Se o item F for inserido agora na fila, ele poderá ser colocado na posição 0 do vetor, conforme mostrado na Figura 4.1.3b. O primeiro item da fila está em $q.items[2]$, que é seguido na fila por $q.items[3]$, $q.items[4]$ e $q.items[0]$. As Figuras 4.1.3c, d e e mostram o status da fila à medida que os dois primeiros itens, C e D, são eliminados, depois G é inserido, e finalmente E é eliminado.

Infelizmente, é difícil determinar, sob essa representação, quando a fila estará vazia. A condição $q.rear < q.front$ não é mais válida como teste para a fila vazia porque as Figuras 4.1.3b, c e d ilustram situações nas quais a condição é verdadeira, mas a fila não está vazia.

Uma maneira de solucionar esse problema é estabelecer a convenção de que o valor de $q.front$ é o índice do vetor imediatamente anterior ao primeiro elemento da fila, em vez do índice do próprio primeiro elemento. Sendo assim, como $q.rear$ é o índice do último elemento da fila, a condição $q.front == q.rear$ implica que a fila está vazia. Portanto, uma fila de inteiros pode ser declarada e inicializada por:

```c
#define MAXQUEUE 100
struct queue {
        int items[MAXQUEUE];
        int front, rear;
};
struct queue q;
q.front = q.rear = MAXQUEUE-1;
```

Observe que $q.front$ e $q.rear$ são inicializados com o último índice do vetor, em vez de -1 e 0, porque o último elemento do vetor precede imediatamente o primeiro dentro da fila, sob essa representação. Como $q.rear$ é igual a $q.front$, a fila está inicialmente vazia.

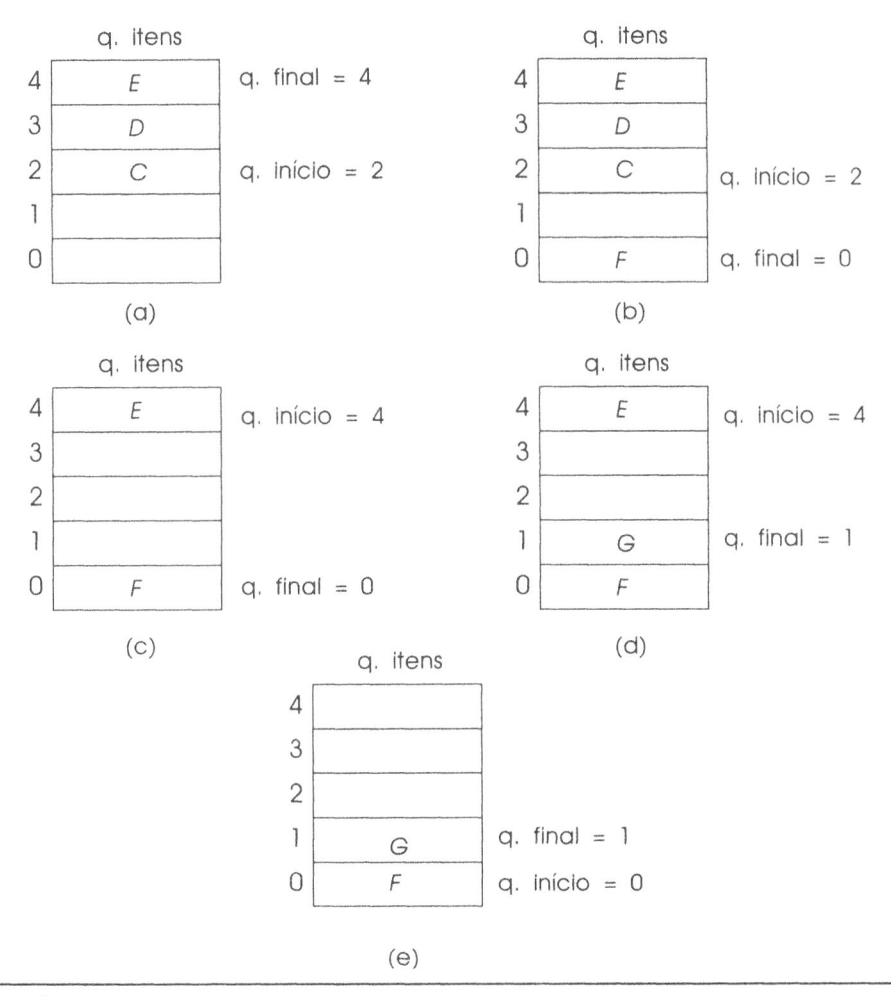

Figura 4.1.3

A função *empty* pode ser codificada como:

```
empty(pq)
struct queue *pq;
{
   return ((pq->front == pq->rear) ? TRUE : FALSE);
} /* fim empty */
```

Uma vez que essa função exista, um teste para a fila vazia pode ser implementado pela instrução:

```
if (empty(&q))
   /* a fila estah vazia */
else
   /* a fila nao estah vazia */
```

A operação *remove(q)* pode ser codificada como:

```
remove(pq)
struct queue *pq;
{
   if (empty(pq)) {
      printf("underflow na fila");
      exit(1);
} /* fim if */
if (pq->front == MAXQUEUE-1)
       pq->front = 0;
   else
       (pq->front)++;
   return (pq->items[pq->front]);
}  /* fim remove */
```

Observe que *pq* já é um ponteiro para uma estrutura de tipo *queue* (fila); portanto, o operador endereço "&" não é usado ao chamar *empty* dentro de *remove*. Note também que *pq->front* deve ser atualizado antes da extração de um elemento.

Evidentemente, uma situação de underflow com freqüência faz sentido e serve como uma indicação de uma nova fase de processamento. Podemos usar uma função *remvandtest*, cujo cabeçalho é:

```
remvandtest(pq, px, pund)
struct queue *pq;
int *px, *pund;
```

Se a fila não estiver vazia, essa rotina definirá *pund* com FALSE e *px* com o elemento removido da fila. Se a fila estiver vazia de modo a acarretar o underflow, a rotina definirá *pund* com TRUE. A codificação da rotina será deixada para o leitor.

A OPERAÇÃO INSERT

A operação *insert* envolve o teste de estouro, que ocorre quando o vetor inteiro é ocupado por itens da fila e faz-se uma tentativa de inserir outro elemento na fila. Por exemplo, examine a fila da Figura 4.1.4a.

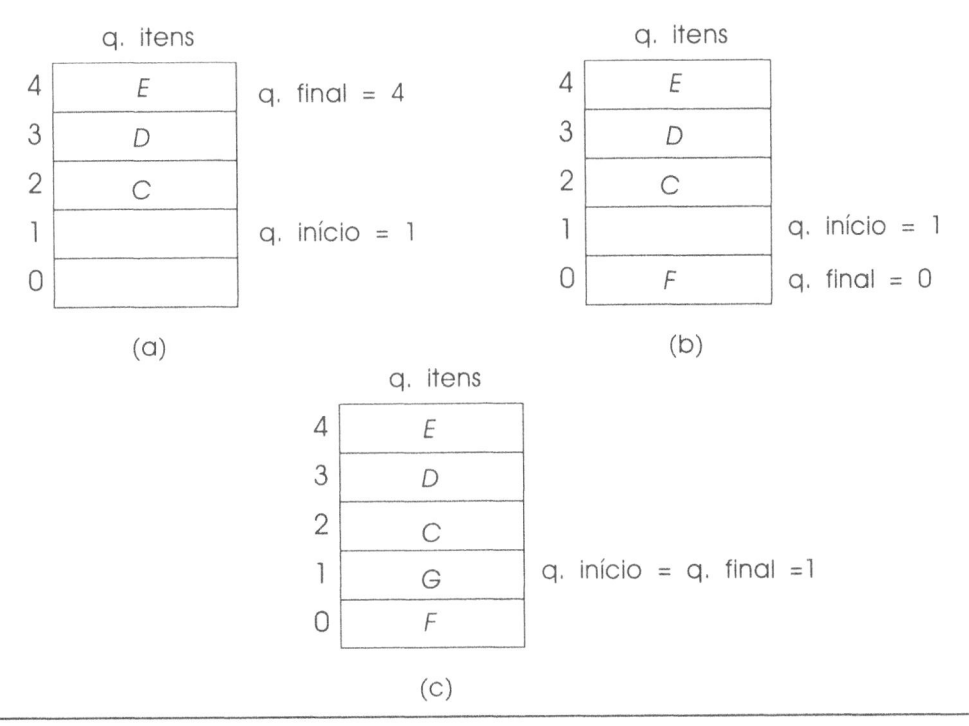

Figura 4.1.4

Existem três elementos na fila: *C*, *D* e *E* em *q.items*[2], *q.items*[3] e *q.items*[4], respectivamente. Como o último item da fila ocupa *q.items*[4], *q.rear* é igual a 4. Como o primeiro elemento da fila está em *q.items*[2], *q.front* é igual a 1. Na Figura 4.1.4b e c, os itens *F* e *G* são inseridos na fila. Nesta etapa, o vetor está cheio e uma tentativa de efetuar quaisquer inserções adicionais provocará um estouro. Mas isso é indicado pelo fato de que *q.front* é igual a *q.rear*, que é precisamente a indicação de underflow. Parece não existir um meio de distinguir entre a fila vazia e a cheia sob essa implementação. Tal situação é evidentemente insatisfatória.

Uma solução seria sacrificar um elemento do vetor e permitir que uma fila aumentasse somente até um abaixo do tamanho do vetor. Sendo assim, se um vetor de 100 elementos for declarado como uma fila, a fila poderá conter até 99 elementos. A tentativa de inserir o centésimo elemento na fila provocará um estouro. A rotina *insert* pode, então, ser escrita assim:

```
insert(pq, x)
struct queue *pq;
int x;
{
   /* abre espaco para novo elemento */
   if (pq->rear == MAXQUEUE-1)
      pq->rear = 0;
   else
      (pq->rear)++;
   /* verifica ocorrencia de estouro */
   if (pq->rear == pq->front) {
      printf("estouro na fila");
      exit(1);
   } /* fim if */
   pq->items[pq->rear] = x;
   return;
} /* fim insert */
```

O teste de estouro em *insert* ocorre depois que *p->rear* é ajustado, enquanto o teste de underflow em *remove* ocorre imediatamente depois de entrar na rotina, antes da atualização de *pq->front*.

A FILA DE PRIORIDADE

Tanto a pilha como a fila são estruturas de dados cujos elementos estão ordenados com base na seqüência na qual foram inseridos. A operação *pop* recupera o último elemento inserido, e a operação *remove* recupera o primeiro elemento inserido. Se existir uma ordem intrínseca entre os próprios elementos (por exemplo, ordem numérica ou alfabética), ela será ignorada nas operação da pilha ou da fila.

A ***fila de prioridade*** é uma estrutura de dados na qual a classificação intrínseca dos elementos determina os resultados de suas operações básicas. Existem dois tipos de filas de prioridade: fila de prioridade ascendente e fila de prioridade descendente. Uma **fila de prioridade ascendente** é um conjunto de itens no qual podem ser inseridos itens arbitrariamente e a partir do qual apenas o menor item pode ser removido. Se *apq* é uma fila de prioridade ascendente, a operação *pqinsert(apq,x)* insere o elemento *x* em *apq* e *pqmindelete(apq)* remove o menor elemento de *apq* e retorna seu valor.

Uma **fila de prioridade descendente** é semelhante, mas só permite a eliminação do *maior* item. As operações aplicáveis a uma fila de prioridade descendente, *dpq*, são *pqinsert(dpq,x)* e *pqmaxdelete(dpq)*. *pqinsert(dpq,x)* insere o elemento *x* em *dpq* e é idêntica, em termos lógicos, a *pqinsert*, aplicável a uma fila de prioridade ascendente. *pqmaxdelete(dpq)* remove o maior elemento de *dpq* e retorna seu valor.

A operação *empty(pq)* aplica-se a ambos os tipos de filas de prioridade e determina se uma fila de prioridade está vazia. *pqmindelete* ou *pqmaxdelete* só podem ser aplicadas a uma fila de prioridade não-vazia [isto é, se *empty(pq)* for *FALSE*].

Assim que *pqmindelete* for aplicada para recuperar o menor elemento de uma fila de prioridade ascendente, ela poderá ser aplicada novamente para recuperar o menor elemento seguinte, e assim por diante. Dessa forma, a operação recuperará sucessivamente elementos de uma fila de prioridade em ordem ascendente. (Entretanto, se um elemento pequeno for inserido depois de várias eliminações, a próxima recuperação retornará esse elemento pequeno, que pode ser menor que um elemento anteriormente recuperado.) De modo semelhante, *pqmaxdelete* recupera elementos de uma fila de prioridade descendente, em ordem descendente. Isso explica a designação de uma fila de prioridade como ascendente ou descendente.

Os elementos de uma fila de prioridade não precisam ser números ou caracteres que possam ser comparados diretamente. Eles podem ser estruturas complexas, classificadas por um ou vários campos. Por exemplo, as listagens do catálogo telefônico consistem em sobrenomes, nomes, endereços e números de telefone, e são classificadas pelo sobrenome.

Ocasionalmente, o campo pelo qual os elementos de uma fila de prioridade são classificados não faz sequer parte dos próprios elementos; ele pode ser um valor externo, especial, usado de forma específica para o propósito de classificar a fila de prioridade. Por exemplo, uma pilha pode ser visualizada como uma fila de prioridade descendente cujos elementos são classificados pela hora da inserção. O elemento inserido por último terá o mais alto valor de hora de inserção e será o único item que poderá ser recuperado. De modo semelhante, uma fila pode ser visualizada como uma fila de prioridade ascendente cujos elementos são classificados pela hora de inserção. Em ambos os casos, a hora de inserção não faz parte dos próprios elementos, mas é usada para classificar a fila de prioridade.

Deixaremos como exercício para o leitor o desenvolvimento de uma especificação de TDA para uma fila de prioridade. Examinaremos agora algumas considerações sobre a implementação.

IMPLEMENTAÇÃO EM VETOR DE UMA FILA DE PRIORIDADE

Conforme já constatamos, uma pilha e uma fila podem ser implementadas num vetor de modo que cada inserção ou eliminação compreenda o acesso a um único elemento do vetor. Infelizmente, isso não é possível para uma fila de prioridade.

Suponha que n elementos de uma fila de prioridade *pq* sejam mantidos nas posição 0 a n - 1 de um vetor *pq.items*, de tamanho *maxpq*, e que *pq.rear* seja igual à primeira posição vazia do vetor, n. Dessa forma, *pqinsert(pq,x)* pareceria uma operação bem simples:

```
if (pq.rear >= maxpq) {
   printf("estouro da fila de prioridade");
   exit(1);
} /* fim if */
pq.items[pq.rear] = x;
pq.rear++;
```

Observe que, com esse método de inserção, os elementos da fila de prioridade não são mantidos classificados no vetor.

Desde que ocorram apenas inserções, essa implementação funcionará satisfatoriamente. Entretanto, suponha que tentássemos a operação *pqmindelete(pq)* sobre uma fila de prioridade ascendente. Isso levantaria duas questões. Primeiro, para localizar o menor elemento, todo elemento do vetor, de *pq.items*[0] a *pq.items*[*pq.rear* - 1], precisa ser examinado. Portanto, uma eliminação exigiria o acesso a cada elemento da fila de prioridade.

Segundo, como um elemento no meio do vetor pode ser eliminado? As operações de eliminação em pilha e fila envolvem a remoção de um item de uma das duas extremidades e não exigem nenhuma busca. A operação de eliminação na fila de prioridade, sob essa implementação, requer tanto a busca do elemento a ser eliminado como a remoção de um elemento no meio de um vetor.

Existem várias soluções para esse problema, nenhuma delas totalmente satisfatória:

> Um indicador especial de "vazio" pode ser introduzido numa posição eliminada. Esse indicador pode ser um valor inválido como elemento (por exemplo, -1 numa fila de prioridade de números não-negativos), ou um campo separado pode estar contido em cada elemento do vetor para indicar se ele está vazio. A operação de inserção ocorre como anteriormente, mas, quando *pq.rear* alcança *maxpq*, os elementos do vetor são compactados no início do vetor, e *pq.rear* é redefinida com um a mais que o número de elementos. Existem várias desvantagens nessa proposta. Primeiro, o processo de busca para encontrar o maior ou o menor elemento precisa examinar todas as posições eliminadas do vetor, além dos reais elementos da fila de prioridade. Se muitos itens foram eliminados, mas não tiver ocorrido ainda nenhuma compactação, a operação de eliminação acessa muito mais elementos do vetor do que os existentes na fila de prioridade. Segundo, de vez em quando, a inserção exige o acesso a cada posição individual do vetor, quando o espaço disponível é ultrapassado e começa a compactação.

> A operação de eliminação rotula uma posição vazia como na solução anterior, mas a inserção é modificada de modo a inserir um novo item na primeira posição "vazia". Sendo assim, a inserção compreende o acesso a todo elemento do vetor até o primeiro elemento eliminado. Essa redução de eficiência da inserção é uma das desvantagens dessa solução.

> Cada eliminação pode compactar o vetor, deslocando todos os elementos para uma posição depois do elemento eliminado e, em seguida, diminuindo *pq.rear* em 1. A inserção continua inalterada. Na média, metade de todos os elementos da fila de prioridade é deslocada em cada eliminação, de modo que a operação de eliminação permanece ineficiente. Uma alternativa ligeiramente melhor é deslocar para frente todos os elementos anteriores ou para trás todos os elementos posteriores, dependendo do grupo que for menor. Isso exigiria manter ambos os indicadores, *front* e *rear*, e tratar o vetor como uma estrutura circular, como fizemos com a fila.

- Em vez de manter a fila de prioridade como um vetor sem classificação, mantenha-a como um vetor classificado e circular, como segue:

```
#define MAXPQ
struct pqueue {
        int items[MAXPQ];
        int front, rear;
}
struct pqueue pq;
```

pq.front é a posição do menor elemento, *pq.rear* é 1 a mais que a posição do maior elemento. A eliminação envolve apenas aumentar *pq.front* (para a fila ascendente) ou diminuir *pq.rear* (para uma fila descendente). Entretanto, a inserção exige a localização da posição correta do novo elemento e o deslocamento dos elementos anteriores ou posteriores (mais uma vez, a técnica de deslocar o grupo que for menor é útil). Esse método passa o trabalho de pesquisar e deslocar da operação de eliminação para a operação de inserção. Contudo, como o vetor está classificado, a busca da posição do novo elemento num vetor classificado equivale, em termos médios, a encontrar o máximo ou o mínimo do vetor sem classificação, e uma busca binária poderia ser usada para diminuir ainda mais o custo. São possíveis também outras técnicas que compreendem deixar intervalos no vetor entre elementos da fila de prioridade para permitir inserções subseqüentes.

Deixamos as implementações em C de *pqinsert*, *pqmindelete* e *pqmaxdelete* para a representação de uma fila de prioridade em vetor como exercícios para o leitor. A busca em vetores classificados e não-classificados será discutida posteriormente, na Seção 7.1. Em termos gerais, usar um vetor não é um método eficiente para implementar uma fila de prioridade. Na próxima seção e nas Seções 6.3 e 7.3, serão examinadas implementações mais eficientes.

EXERCÍCIOS

4.1.1. Escreva uma função, *remvandtest(pq, px, pund)*, que defina **pund* com *FALSE* e **px* com o item removido de uma fila não-vazia, e que defina **pund* com *TRUE* se a fila estiver vazia.

4.1.2. Que conjunto de condições é necessário e suficiente para que uma seqüência de operações de *insert* e *remove* sobre uma única fila vazia deixe a fila vazia sem provocar underflow? Que conjunto de condições é necessário e suficiente para que essa seqüência deixe inalterada uma fila não-vazia?

4.1.3. Se um vetor armazenando uma fila não é considerado circular, o texto sugere que cada operação *remove* deve deslocar para baixo todo elemento restante de uma fila. Um método alternativo é adiar o deslocamento até que *rear* seja igual ao último índice do vetor. Quando essa situação ocorre e faz-se uma tentativa de inserir um elemento na fila, a fila inteira é deslocada para baixo, de modo que o primeiro elemento da fila fique na posição 0 do vetor. Quais são as vantagens desse método sobre um deslocamento em cada operação *remove*? Quais as desvantagens? Reescreva as rotinas *remove*, *insert* e *empty* usando esse método.

4.1.4. Demonstre como uma seqüência de inserções e remoções de uma fila representada por um vetor linear pode provocar estouro ao tentar inserir um elemento numa fila vazia.

4.1.5. Podemos evitar sacrificar um elemento de uma fila se um campo *qempty* for incluído na representação da fila. Demonstre como isso pode ser feito e reescreva as rotinas de manipulação da fila sob essa representação.

4.1.6. Como você implementaria uma fila de pilhas? Uma pilha de filas? Uma fila de filas? Escreva rotinas para implementar as operações corretas para cada uma destas estruturas de dados.

4.1.7. Demonstre como implementar uma fila de inteiros em C, usando um vetor *queue*[100], onde *queue*[0] é usado para indicar o início da fila, *queue*[1] é usado para indicar o final, e *queue*[2] a *queue*[99] são usados para conter os elementos do vetor. Demonstre como inicializar esse vetor de modo a representar a fila vazia e escreva rotinas *remove*, *insert* e *empty* para tal implementação.

4.1.8. Demonstre como implementar uma fila em C, na qual cada item consista em um número variável de inteiros.

4.1.9. Um *deque* é um conjunto ordenado de itens a partir do qual podem ser eliminados itens em ambas as extremidades e podem ser inseridos itens nas duas extremidades. Chame as duas extremidades de um deque *left* e *right*. Como um deque pode ser representado como um vetor em C? Escreva quatro rotinas em C, *remvleft, remvright, insrtleft, insrtright*

para remover e inserir elementos nas extremidades esquerda e direita de um deque. Certifique-se de que as rotinas funcionem corretamente para o deque vazio e detectem o estouro e o underflow.

4.1.10. Defina um **deque de entrada restrita** como um deque (ver exercício anterior) para o qual somente as operações *remvleft, remvright* e *insrtleft* sejam válidas, e um **deque de saída restrita** como um deque para o qual somente as operações *remvleft, insrtleft* e *insrtright* sejam válidas. Demonstre como cada um deles pode ser usado para representar tanto uma pilha como uma fila.

4.1.11. O Estacionamento de Scratchemup contém uma única alameda que guarda até dez carros. Os carros entram pela extremidade sul do estacionamento e saem pela extremidade norte. Se chegar um cliente para retirar um carro que não esteja estacionado na posição do extremo-norte, todos os carros ao norte do carro serão deslocados para fora, o carro sairá do estacionamento e os outros carros voltarão à mesma ordem em que se encontravam inicialmente. Sempre que um carro deixa o estacionamento, todos os carros ao sul são deslocados para frente, de modo que, o tempo inteiro, todos os espaços vazios estão na parte sul do estacionamento.

Escreva um programa que leia um grupo de linhas de entrada. Cada linha contém um 'C', de chegada, e um 'P', de partida, além de um número de placa de licenciamento. Presume-se que os carros chegarão e partirão na ordem especificada pela entrada. O programa deve imprimir uma mensagem cada vez que um carro chegar ou partir. Quando um carro chegar, a mensagem deverá especificar se existe ou não vaga para o carro dentro do estacionamento. Se não existir vaga, o carro esperará pela vaga ou até que uma linha de partida seja lida para o carro. Quando houver espaço disponível, outra mensagem deverá ser impressa. Quando um carro partir, a mensagem deverá incluir o número de vezes que o carro foi deslocado dentro do estacionamento, incluindo a própria partida, mas não a chegada. Esse número será 0 se o carro for embora a partir da linha de espera.

4.1.12. Desenvolva uma especificação de TDA para uma fila de prioridade.

4.1.13. Implemente uma fila de prioridade ascendente e suas operações, *pqinsert, pqmindelete* e *empty*, usando cada um dos quatro métodos apresentados no texto.

4.1.14. Demonstre como classificar um conjunto de números de entrada usando uma fila de prioridade e as operações *pqinsert, pqmindelete* e *empty*.

4.2. LISTAS LIGADAS

Quais as desvantagens de usar o armazenamento seqüencial para representar pilhas e filas? Uma grande desvantagem é que uma quantidade fixa de armazenamento permanece alocada para a pilha ou fila, mesmo quando a estrutura estiver de fato usando uma quantidade menor ou possivelmente nenhum armazenamento. Além disso, não mais do que essa quantidade fixa de armazenamento poderá ser alocada, introduzindo, dessa forma, a possibilidade de estouro.

Presuma que um programa use duas pilhas implementadas em dois vetores separados, *s1.items* e *s2.items*. Adicionalmente, suponha que cada um desses vetores tenha 100 elementos. Independentemente do fato de que 200 elementos estão disponíveis para as duas pilhas, nenhuma delas pode passar de 100 itens. Mesmo que a primeira pilha contenha somente 25 itens, a segunda não poderá conter mais de 100.

Uma solução para esse problema é alocar um único vetor *items* de 200 elementos. A primeira pilha ocupa *items*[0], *items*[1], ..., *items*[*top*1], enquanto a segunda pilha é alocada a partir da outra extremidade do vetor, ocupando *items*[199], *items*[198], ..., *items*[*top*2]. Sendo assim, quando uma pilha não estiver ocupando o armazenamento, a outra pilha poderá usar esse armazenamento. Evidentemente, são necessários dois conjuntos distintos de rotinas *pop, push* e *empty* para as duas pilhas, uma vez que uma delas aumenta com o incremento de *top*1, enquanto a outra, com o decremento de *top*2.

Infelizmente, embora esse esquema permita que duas pilhas compartilhem uma área comum, não existe uma solução assim tão simples para três ou mais pilhas, ou até mesmo para duas filas. Em vez disso, é necessário rastrear os inícios e os finais de todas as estruturas compartilhando um único vetor grande. Toda vez que o aumento de uma estrutura estiver prestes a interferir no armazenamento atualmente usado por outra, as estruturas vizinhas precisão ser deslocadas dentro do vetor para permitir o crescimento.

Numa representação seqüencial, os itens de uma pilha ou fila são implicitamente classificados pela ordem seqüencial de armazenamento. Assim, se *q.items[x]* representa um elemento de uma fila, o próximo elemento será *q.items[x + 1]* (ou se *x* for igual a MAXQUEUE - 1, *q.items*[0]). Suponha que os itens de uma pilha ou fila estivessem explicitamente classificados, ou seja, cada item contivesse em si mesmo o endereço do item seguinte. Tal ordenação explícita faz surgir uma estrutura de dados retratada na Figura 4.2.1, que é conhecida como **lista ligada linear**. Cada item na lista é chamado **nó** e contém dois campos, um campo de **informação** e um campo do **endereço seguinte**. O campo de informação armazena o real elemento da lista. O campo do endereço seguinte contém o endereço do próximo nó na lista. Esse endereço, que é usado para acessar determinado nó, é conhecido como **ponteiro**. A lista ligada inteira é acessada a partir de um ponteiro externo *lista* que aponta para (contém o endereço de) o primeiro nó na lista. (Por ponteiro "externo", entendemos aquele que não está incluído dentro de um nó. Em vez disso, seu valor pode ser acessado diretamente, por referência a uma variável.) O campo do próximo endereço do último nó na lista contém um valor especial, conhecido como *null*, que não é um endereço válido. Esse **ponteiro nulo** (ou *null*) é usado para indicar o final de uma lista.

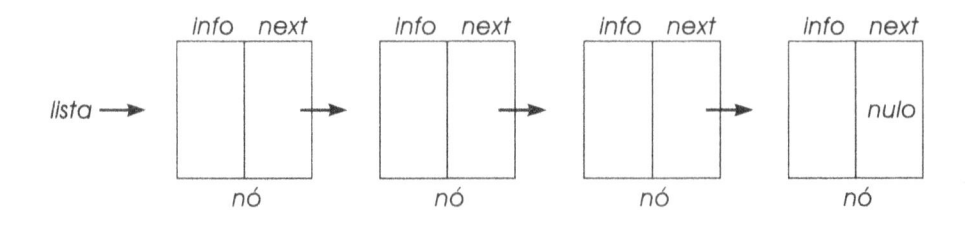

Figura 4.2.1 Uma lista ligada linear.

A lista sem nós é chamada **lista vazia** ou **lista nula**. O valor do ponteiro externo *lista* para esta lista é o ponteiro nulo. Uma lista pode ser inicializada com uma lista vazia pela operação *list = null*.

Apresentaremos a seguir uma notação para uso em algoritmos (mas não em programas em C). Se *p* é um ponteiro para um nó, *node(p)* refere-se ao nó apontado por *p*, *info(p)* refere-se à parte da informação desse nó e *next(p)* refere-se à parte do endereço seguinte e é, portanto, um ponteiro. Sendo assim, se *next(p)* não for *null*, *info(next(p))* se referirá à parte da informação do nó posterior a *node(p)* na lista.

Antes de continuar esta discussão das listas ligadas, devemos ressaltar que as estamos apresentando basicamente como uma estrutura de dados (isto é, um método de implementação), em vez de como um tipo de dado (ou seja, uma estrutura lógica com operações primitivas precisamente definidas). Portanto, não apresentaremos aqui uma especificação de TDA para listas ligadas. Na Seção 9.1, discutiremos as listas como estruturas abstratas e apresentaremos algumas operações primitivas aplicáveis.

Nesta seção, apresentaremos o conceito de uma lista ligada e ensinaremos a usá-la. Na próxima seção, mostraremos como as listas ligadas podem ser implementadas em C.

INSERINDO E REMOVENDO NÓS DE UMA LISTA

Uma lista é uma estrutura de dados dinâmica. O número de nós de uma lista pode variar consideravelmente à medida que são inseridos e removidos elementos. A natureza dinâmica de uma lista pode ser comparada à natureza estática de um vetor, cujo tamanho permanece constante.

Por exemplo, vamos supor que tenhamos uma lista de inteiros, conforme ilustrado na Figura 4.2.2a, e queiramos incluir o inteiro 6 no início da lista. Ou seja, queremos mudar a lista de modo que ela fique como na Figura 4.2.2f. O primeiro passo é obter um nó para armazenar o inteiro adicional. Se uma lista precisa crescer e diminuir, é necessário um mecanismo para obter nós vazios a ser incluídos na lista. Observe que, ao contrário de um vetor, uma lista não vem com um conjunto pré-fornecido de locais de armazenamento nos quais podem ser colocados elementos.

Vamos pressupor a existência de um mecanismo para obter nós vazios. A operação:

```
p = getnode();
```

obtém um nó vazio e define o conteúdo de uma variável chamada *p* com o endereço desse nó. Dessa forma, o valor de *p* é um ponteiro para esse nó recém-alocado. A Figura 4.2.2b ilustra a lista e novo nó depois de efetuar a operação *getnode*. Os detalhes de funcionamento dessa operação serão explicados mais adiante.

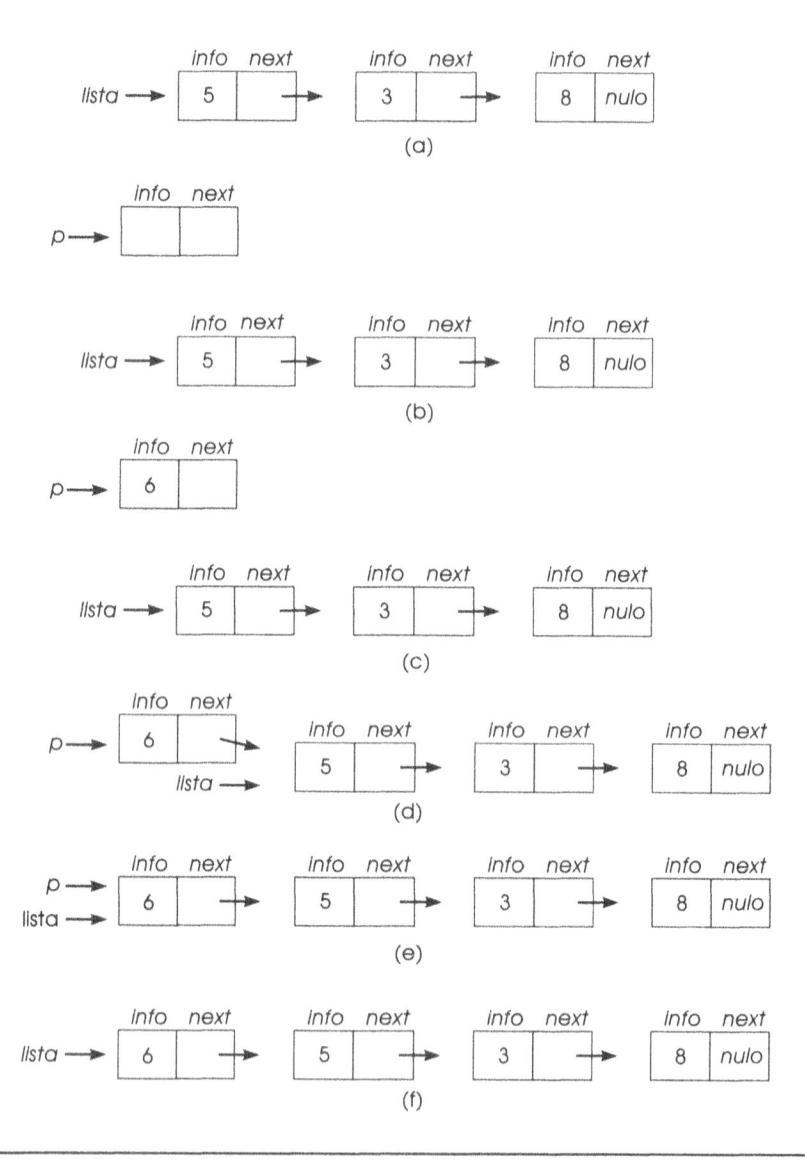

Figura 4.2.2 Incluindo um elemento no início de uma lista.

O próximo passo é inserir o inteiro 6 na parte *info* do nó recém-alocado. Isso é feito pela operação:

```
info(p) = 6;
```

O resultado dessa operação aparece na Figura 4.2.2c.

Depois de definir a parte *info* de *node(p)*, é necessário definir a parte *next* desse nó. Como *node(p)* será inserido no início da lista, o nó seguinte deverá ser o primeiro nó atual na lista. Como a variável *list* contém o endereço desse primeiro nó, *node(p)* poderá ser incluído na lista, efetuando a operação:

```
next(p) = list;
```

Essa operação coloca o valor de *list* (que é o endereço do primeiro nó na lista) no campo *next* de *node(p)*. A Figura 4.2.2d ilustra o resultado dessa operação.

Nessa etapa, p aponta para a lista com o item adicional incluído. Entretanto, como *list* é o ponteiro externo para a lista desejada, seu valor precisa ser modificado para o endereço do novo primeiro nó da lista. Isso pode ser feito com a operação:

```
list = p;
```

que muda o valor de *list* para o valor de *p*. A Figura 4.2.2e ilustra o resultado desta operação. Observe que as Figuras 4.2.2e e f são idênticas, exceto pelo fato de que o valor de *p* não é mostrado na Figura 4.2.2f. Isso ocorre porque *p* é usado como uma variável auxiliar durante o processo de modificação da lista, mas seu valor é irrelevante para o status da lista antes e depois do processo. Assim que as operações anteriores forem executadas, o valor de *p* poderá ser alterado sem afetar a lista.

Reunindo todos os passos, temos um algoritmo para a inclusão do inteiro 6 no início da lista *list*:

```
p = getnode();
info(p) = 6;
next(p) = list;
list = p;
```

Evidentemente, o algoritmo pode ser generalizado de modo a incluir um objeto *x* no início de uma lista *list*, substituindo-se a operação *info(p)* = 6 por *info(p)* = *x*. Verifique por conta própria se o algoritmo funciona corretamente, mesmo que a lista esteja inicialmente vazia (*list* == *null*).

A Figura 4.2.3 ilustra o processo de remoção do primeiro nó de uma lista não-vazia e o armazenamento do valor de seu campo *info* numa variável x. A configuração inicial aparece na Figura 4.2.3a, e a final é apresentada na Figura 4.2.3f. O processo em si mesmo é praticamente o contrário do processo de inclusão de um nó no início de uma lista. Para obter a Figura 4.2.3d a partir da Figura 4.2.3a, são executadas s seguintes operações (cujas ações devem estar claras):

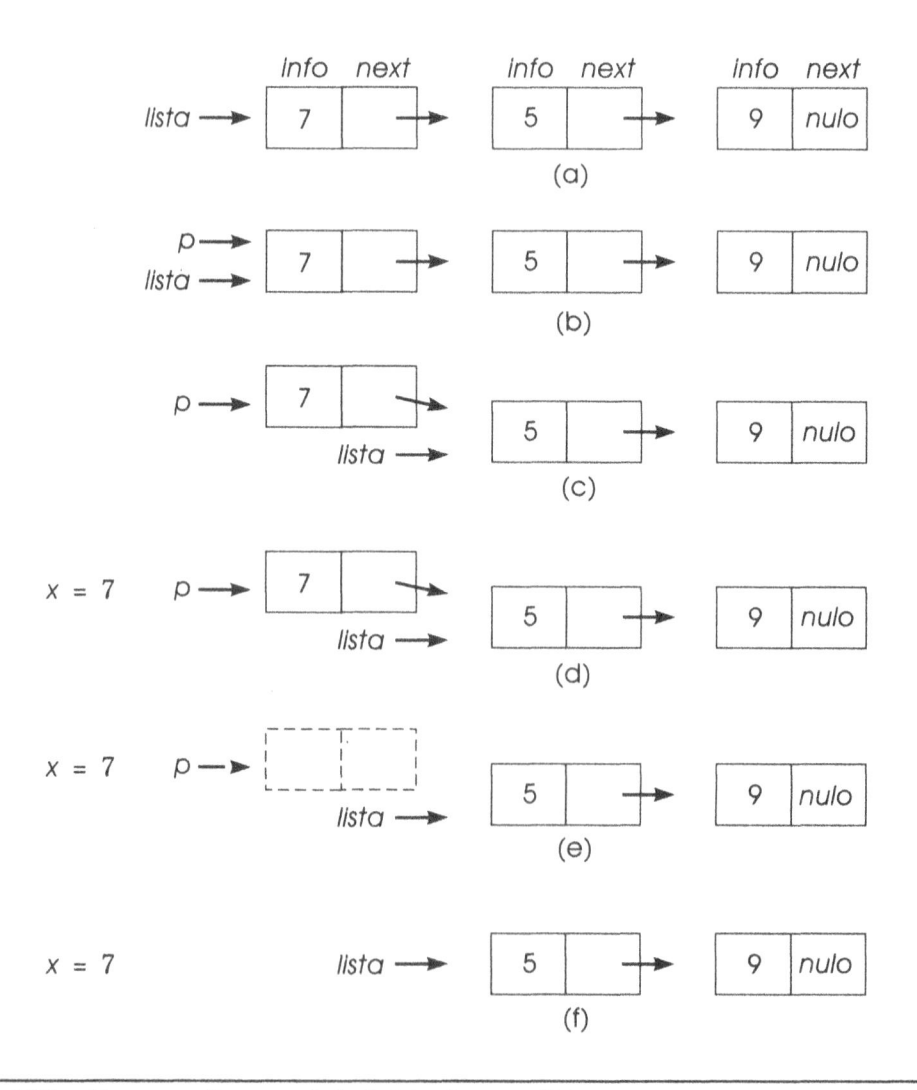

Figura 4.2.3 Removendo um nó do início de uma lista.

```
p = list;           (Figura 4.2.3b)
list = next(p);     (Figura 4.2.3c)
x = info(p);        (Figura 4.2.3d)
```

Nesse ponto, o algoritmo cumpriu o que se supunha: o primeiro nó foi removido de *list* e *x* foi definido com o valor desejado. Entretanto, o algoritmo ainda não está completo. Na Figura 4.2.3d, *p* aponta ainda para o nó inicial na lista. Contudo, esse nó é atualmente inútil porque ele não está mais na lista e sua informação foi armazenada em *x*. (O nó não é considerado pertinente à lista a despeito do fato de que *next(p)* aponta para um nó na lista porque não há como alcançar *node(p)* a partir do ponteiro externo list.)

A variável *p* é usada como uma variável auxiliar durante o processo de remoção do primeiro nó da lista. As configurações inicial e final da lista não fazem referência a *p*. Portanto, é razoável esperar que *p* seja usado para outro propósito assim que essa operação for executada. Entretanto, assim que o valor de *p* for alterado, não existirá um meio de acessar o nó porque nem um ponteiro externo nem um campo *next* contêm seu endereço. Portanto, o nó é atualmente inútil e não pode ser reutilizado, apesar de ocupar um armazenamento valioso.

Seria necessário um mecanismo para tornar *node(p)* disponível para reutilização, mesmo que o valor do ponteiro *p* fosse alterado. A operação que faz isso é:

```
freenode(p);        (Figura 4.2.3e)
```

Assim que essa operação for executada, ela será inválida para referenciar *node(p)* porque o nó não está mais alocado. Como o valor de *p* é um ponteiro para um nó que foi liberado, qualquer referência a esse valor será inválida também.

Entretanto, o nó poderia ser realocado e um ponteiro para ele poderia ser reatribuído a *p* pela operação *p = getnode()*. Observe que dissemos que o nó "poderia ser" realocado, uma vez que a operação *getnode* retorna um ponteiro para algum nó recém-alocado. Não há garantia de que este novo nó seja igual ao recém-liberado.

Outra maneira de raciocinar com *getnode* e *freenode* é que *getnode* cria um novo nó, enquanto *freenode* destrói um nó. Sob esse prisma, os nós não são usados e reutilizados, mas criados e destruídos. Forneceremos mais detalhes sobre as duas operações, *getnode* e *freenode*, e sobre os conceitos que elas representam mais adiante, mas faremos primeiramente a seguinte observação interessante.

IMPLEMENTAÇÃO LIGADA DE PILHAS

A operação de inclusão de um elemento no início de uma lista ligada é muito parecida à da inclusão de um elemento numa pilha. Em ambos os casos, um novo item é acrescentado como o único item imediatamente acessível num conjunto. Uma pilha só pode ser acessada por meio de seu elemento de cima, e uma lista só pode ser acessada a partir do ponteiro para seu primeiro elemento. De modo semelhante, a operação de remoção do primeiro elemento de uma lista ligada é análoga à da remoção de uma pilha. Em ambos os casos, o único item imediatamente acessível de um conjunto é removido desse conjunto, e o próximo item torna-se imediatamente acessível.

Dessa forma, descobrimos outro método de implementação de uma pilha. Uma pilha pode ser representada por uma lista ligada linear. O primeiro nó da lista é o topo da lista. Se um ponteiro externo s apontar para uma lista assim, a operação *push(s,x)* poderá ser implementada por:

```
p = getnode();
info(p) = x;
next(p) = s;
s = p;
```

A operação *empty(s)* é apenas um teste de igualdade de s a *null*. A operação $x = pop(s)$ remove o primeiro nó de uma lista não-vazia e indica underflow se a lista estiver vazia:

```
if (empty(s)) {
   printf("underflow na pilha");
   exit(1);
}
else {
   p = s;
   s = next(p);
   x = info(p);
   freenode(p);
} /* fim if */
```

A Figura 4.2.4a ilustra uma pilha implementada como uma lista ligada, e a Figura 4.2.4b ilustra a mesma pilha depois da inclusão de outro elemento.

A vantagem da implementação de pilhas em lista é que todas as pilhas sendo usadas por um programa podem compartilhar a mesma lista de nós disponíveis. Quando uma pilha precisar de um nó, ela poderá obtê-lo a partir da lista única de nós disponíveis. Quando uma pilha não precisar mais de um nó, ela retornará o nó para essa mesma lista. Desde que a quantidade total de espaço necessário a todas as pilhas, a qualquer momento, seja menor que a quantidade de espaço inicialmente disponível a todas elas, cada pilha poderá aumentar ou diminuir para qualquer tamanho. Nenhum espaço foi pré-alocado para uma única pilha e nenhuma pilha estará usando o espaço de que ela não necessita. Além disso, outras estruturas de dados, como as filas, podem também compartilhar o mesmo conjunto de nós.

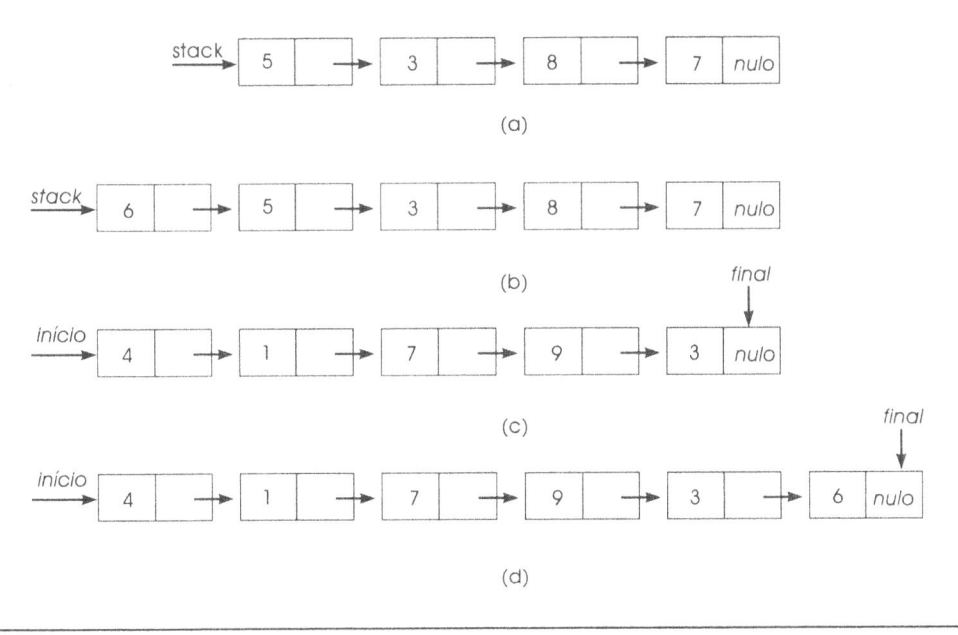

Figura 4.2.4 Uma pilha e uma fila como listas ligadas.

AS OPERAÇÕES GETNODE *E* FREENODE

Retomaremos agora a discussão das operações *getnode* e *freenode*. Num mundo abstrato e idealizado, é possível postular um número infinito de nós sem uso, disponíveis para uso por algoritmos abstratos. A operação *getnode* encontra um nó, como esse, e torna-o disponível para o algoritmo. Como alternativa, a operação *getnode* pode ser considerada uma máquina que fabrica nós e nunca pára. Sendo assim, toda vez que *getnode* é chamada, ela se apresenta à sua chamadora com um nó "novinho em folha", diferente de todos os nós atualmente em uso.

Nesse mundo ideal, a operação *freenode* seria desnecessária para tornar um nó disponível para reutilização. Por que usar um nó velho, de segunda mão, quando uma simples chamada a *getnode* produz um novo nó, jamais usado? O único prejuízo que um nó sem uso pode trazer é reduzir o número de nós que podem ser usados, mas, se existe a disponibilidade de um fornecimento infinito de nós, essa redução não faz sentido. Portanto, não há motivo para reutilizar um nó.

Infelizmente, vivemos num mundo real. Os computadores não dispõem de uma quantidade infinita de armazenamento e não podemos fabricar mais armazenamento para utilização imediata (pelo menos, por enquanto). Sendo assim, existe um número finito de nós disponíveis e é impossível usar mais que esse número em determinado momento. Se for necessário usar mais que esse número durante determinado período de tempo, alguns nós precisarão ser reutilizados. A função de *freenode* é tornar disponível um nó que não esteja mais sendo usado em seu contexto atual para reutilização num contexto diferente.

Poderíamos conceber a existência de um reservatório finito de nós vazios, inicialmente. Esse reservatório não pode ser acessado pelo programador, exceto por meio das operações de *getnode* e *freenode*. *getnode* remove um nó do reservatório, enquanto *freenode* devolve um nó para o reservatório. Como todo nó sem uso é tão eficiente quanto qualquer outro nó, não faz diferença qual é o nó recuperado por *getnode* ou onde *freenode* coloca um nó dentro do reservatório.

O formato mais natural que esse reservatório assume é o de uma lista ligada atuando como uma pilha. A lista é associada pelo campo *next* em cada nó. A operação *getnode* remove o primeiro nó desta lista e torna-o disponível para uso. A operação *freenode* inclui um nó no início da lista, tornando-o disponível para realocação pela próxima operação *getnode*. A lista de nós disponíveis é chamada **lista livre.**

O que acontece quando a lista livre fica vazia? Isso significa que todos os nós estão atualmente em uso e é impossível alocar mais nós. Se um programa chama *getnode* quando a lista está vazia, a quantidade de armazenamento atribuído às estruturas de dados desse programa é muito pequena. Daí, ocorre o estouro. Essa situação é parecida com a de uma pilha implementada num vetor ultrapassando os limites desse vetor.

Enquanto as estruturas de dados forem conceitos abstratos e teóricos num mundo de espaço infinito, não há possibilidade de estouro. Só quando elas são implementadas como objetos reais numa área finita surge esta possibilidade de estouro.

Suponha que um ponteiro externo, *avail*, aponte para uma lista de nós disponíveis. Daí, a operação:

```
p = getnode();
if (avail == null) {
   printf("estouro");
   exit(1);
}
p = avail;
avail = next(avail);
```

Como a possibilidade de estouro é considerada na operação *getnode*, ela não precisa ser mencionada na implementação em lista de *push*. Se uma pilha estiver prestes a exceder todos os nós disponíveis, a instrução *p = getnode()* dentro da operação *push* resultará num estouro.

A implementação de *freenode(p)* é simples:

```
next(p) = avail;
avail = p;
```

IMPLEMENTAÇÃO LIGADA DE FILAS

Examinemos agora como representar uma fila como uma lista ligada. Lembre-se de que os itens são eliminados a partir do início de uma fila e inseridos no final. Permita que um ponteiro para o primeiro elemento de uma lista represente o início da lista. Outro ponteiro para o último elemento da lista representará o final da fila, conforme mostrado na Figura 4.2.4c. A Figura 4.2.4d ilustra a mesma fila depois da inserção de um novo item.

Sob a representação em lista, a fila *q* consiste em uma lista e dois ponteiros, *q.front* e *q.rear*. As operações *empty*(*q*) e *x* = *remove*(*q*) são análogas a *empty*(*s*) e *x* = *pop*(*s*), com o ponteiro *q.front* substituindo *s*. Entretanto, é necessário atenção especial quando o último elemento é removido de uma fila. Nesse caso, *q.rear* precisa ser também definido com *null* porque numa fila vazia tanto *q.front* como *q.rear* devem ser nulos. O algoritmo para *x* = *remove*(*q*) fica, portanto, assim:

```
if (empty(q)) {
   printf("underflow da fila");
   exit(1);
}
p = q.front;
x = info(p);
q.front = next(p);
if (q.front == null)
   q.rear = null;
freenode(p);
return(x);
```

A operação *insert*(*q*, *x*) é implementada por:

```
p = getnode();
info(p) = x;
next(p) = null;
if (q.rear == null)
   q.front = p;
else
   next(q.rear) = p;
q.rear = p;
```

Quais são as desvantagens de representar uma pilha ou uma fila por uma lista ligada? Evidentemente, um nó numa lista ligada ocupa mais armazenamento do que um elemento correspondente num vetor, porque são necessárias duas informações por elemento num nó de lista (*info* e *next*), enquanto só é necessária uma informação na implementação em vetor. Entretanto, em geral o espaço usado para um nó de lista não é o dobro do espaço usado por um elemento do vetor, uma vez que os elementos da tal lista normalmente consistem em estruturas com vários subcampos. Por exemplo, se cada elemento numa pilha fosse uma estrutura ocupando dez palavras, a inclusão de uma décima primeira palavra para conter um ponteiro aumentaria a exigência de espaço em apenas 10%. Além disso, é possível ocasionalmente compactar informações e um ponteiro numa única palavra para que não ocorra perda de espaço.

Outra desvantagem é o tempo adicional despendido na manipulação da lista de nós disponíveis. Cada inclusão e eliminação de um elemento de uma pilha ou fila requer uma correspondente eliminação ou inclusão na lista de nós disponíveis.

A vantagem de usar listas ligadas é que todas as pilhas e filas de um programa têm acesso à mesma lista de nós disponíveis. Os nós não usados por uma pilha podem ser usados por outra, desde que o número total de nós em uso, em qualquer momento, não seja superior ao número total de nós disponíveis.

LISTAS LIGADAS COMO ESTRUTURA DE DADOS

As listas ligadas são importantes não somente como um meio de implementar pilhas e filas, mas como estruturas de dados por direito próprio. Um item é acessado numa lista ligada, percorrendo-se a lista a partir do início. Uma implementação em vetor permite o acesso ao *enésimo* item num grupo, usando uma única operação, enquanto uma implementação em lista exige n operações. É necessário atravessar cada um dos primeiros $n - 1$ elementos antes de alcançar o enésimo elemento porque não existe relação entre a posição de memória ocupada por um elemento de uma lista e sua posição dentro dessa lista.

A vantagem de uma lista sobre um vetor ocorre quando é necessário inserir ou eliminar um elemento no meio de um grupo de outros elementos. Por exemplo, vamos supor que precisemos inserir um elemento x entre o terceiro e quarto elementos num vetor de tamanho 10, que contém atualmente sete items ($x[0]$ a $x[6]$). Os itens 6 a 3 precisam primeiro ser deslocados de uma casa e o novo elemento precisa ser inserido na posição 3 agora disponível. Este processo é ilustrado pela Figura 4.2.5a. Nesse caso, a inserção de um item envolve a movimentação de quatro itens, além da própria inserção. Se o vetor contivesse 500 ou 1.000 elementos, um número correspondentemente maior de elementos precisaria ser deslocado. De modo semelhante, para eliminar um elemento de um vetor sem deixar um intervalo, todos os elementos posteriores ao elemento eliminado precisariam ser deslocados em uma posição.

X0	X0	X0
X1	X1	X1
X2	X2	X2
X3		X
X4	X3	X3
X5	X4	X4
X6	X5	X5
	X6	X6

(a)

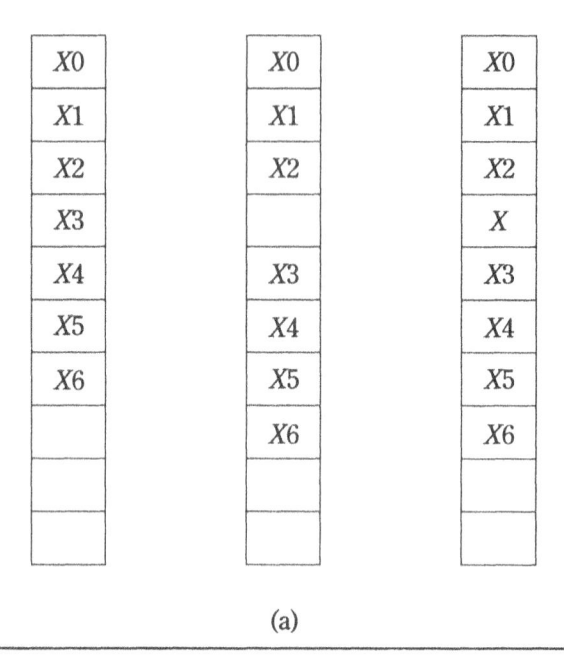

Figura 4.2.5

Por outro lado, suponha que os itens estejam armazenados numa lista. Se *p* aponta para um elemento da lista, inserir um novo elemento depois de *node(p)* requer a alocação de um nó, a inserção da informação e o ajuste de dois ponteiros. A quantidade de trabalho necessário independe do tamanho da lista. Isso é ilustrado na Figura 4.2.5b.

Permita que *insert(p,x)* indique a operação de inserção de um item *x* numa lista depois de um nó apontado por *p*. Essa operação é implementada como segue:

```
q = getnode();
info(q) = x;
next(q) = next(p);
next(p) = q;
```

Um item só pode ser inserido depois de determinado nó, não antes do nó. Isso acontece porque não há como proceder a partir de determinado nó para seu predecessor numa lista linear, sem atravessar a lista a partir de seu início. Para inserir um item antes de *node(p)*, o campo *next* de seu predecessor precisa ser alterado de modo a apontar para um nó recém-alocado. Entretanto, em função de *p*, não há como encontrar seu predecessor.

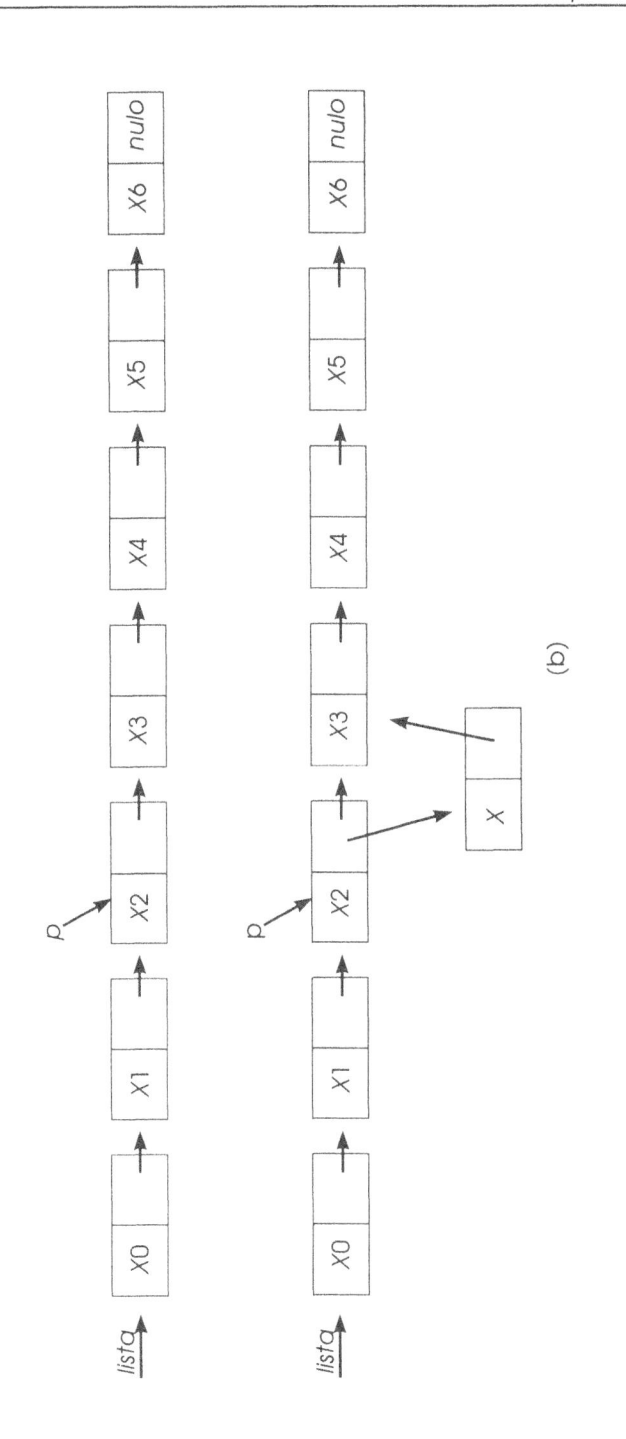

Figura 4.2.5 (Continuação)

(Mas é possível alcançar o efeito de inserir um elemento antes de *node(p)*, inserindo o elemento imediatamente depois de *node(p)* e, em seguida, intercambiando *info(p)* com o campo *info* do sucessor recém-criado. Deixamos os detalhes para o leitor.)

De modo semelhante, para eliminar um nó de uma lista linear, é insuficiente ter um ponteiro para esse nó. Isso ocorre porque o campo *next* do predecessor do nó precisa ser alterado de modo a apontar para o sucessor do nó, e não existe um método direto de alcançar o predecessor de determinado nó. O melhor a fazer é eliminar o nó seguinte ao nó em questão. (Entretanto, é possível salvar o conteúdo do nó seguinte, eliminar o nó seguinte e depois substituir o conteúdo de determinado nó pela informação gravada. Isso alcança o efeito de eliminar determinado nó, a não ser que ele seja o último na lista.)

Suponha que *delafter(p,x)* indique a operação de eliminar o nó depois de *node(p)* e de atribuir seu conteúdo à variável *x*. Essa operação pode ser implementada assim:

```
q = next(p);
x = info(q);
next(p) = next(q);
freenode(q);
```

O nó liberado é introduzido na lista de nós disponíveis para que possa ser reutilizado no futuro.

EXEMPLOS DE OPERAÇÕES DE LISTA

Ilustraremos essas duas operações, bem como as operações *push* e *pop* de listas, com alguns exemplos simples. O primeiro exemplo é eliminar todas as ocorrências do número 4 de uma lista *list*. A lista é atravessada numa busca por nós que contenham 4 em seus campo *info*. Cada nó com essa característica deve ser eliminado da lista. Mas para eliminar um nó de uma lista seu predecessor precisa ser conhecido. Por essa razão, dois ponteiros, *p* e *q*, são usados. *p* é usado para atravessar a lista, e *q* aponta sempre para o predecessor de *p*. O algoritmo faz uso da operação *pop* para remover nós do início da lista, e da operação *delafter* para remover nós do meio da lista.

```
q = null;
p = list;
while (p != null) {
   if (info(p) == 4)
      if (q == null) {
         /* remove o primeiro noh da lista */
         x = pop(list);
         p = list;
      }
      else {
         /* elimina o noh depois de q e desloca p p/ cima*/
         p = next(p);
         delafter(q, x);
      } /* fim if */
   else {
      /* continua atravessando a lista */
      q = p;
      p = next(p);
   } /* fim if */
} /* fim while */
```

A prática de usar dois ponteiros, um depois do outro, é muito comum ao trabalhar com listas. Essa técnica será usada nos próximos exemplos também. Suponha que uma lista *list* esteja classificada de modo que os itens menores precedam os maiores. Tal lista é chamada **lista ordenada**. Deseja-se inserir um item x nessa lista em seu local correto. Para isso o algoritmo usa a operação *push* para incluir um nó no início da lista e a operação *insafter* para incluir um nó no meio da lista:

```
q = null;
for (p = list; p != null && x > info(p); p = next(p))
   q = p;
/* neste ponto, um noh contendo x deve ser inserido */
if (q == null) /* insere x no inicio da lista     */
   push(list, x);
else
   insafter(q, x);
```

Essa é uma operação muito comum e será indicada por *place(list, x)*.

Examinemos a eficiência da operação *place*. Quantos nós são acessados em média, ao inserir um novo elemento numa lista ordenada? Vamos supor que uma lista contenha n nós. Assim, x pode ser colocado em uma das $n + 1$ posições, isto é, ele pode ser considerado menor que o primeiro elemento da lista, entre o primeiro e o segundo, ... entre o elemento $(n - 1)$ e o *enésimo* elemento, e pode ser maior que o *enésimo* elemento. Se x for menor que o primeiro, *place* só acessará o primeiro nó da lista (além do novo nó contendo x); isto é, ela determinará imediatamente que $x < info(list)$ e inserirá um nó contendo x, usando *push*. Se x estiver entre o elemento k e o elemento $(k + 1)$, *place* acessará os primeiros k nós; somente após considerar x menor que o conteúdo do nó $(k + 1)$, x será inserido usando *insafter*. Se x for maior que o *enésimo* elemento, todos os n nós serão acessados.

Agora, suponha ser igualmente provável que x seja inserido em qualquer uma das $n + 1$ possíveis posições. (Se isso for verdadeiro, dizemos que a inserção é **aleatória**.) Assim, a probabilidade de inserir em qualquer posição determinada é $1/(n + 1)$. Se o elemento for inserido entre a posição k e a posição $(k + 1)$, o número de acessos será $k + 1$. Se o elemento for inserido depois do *enésimo* elemento, o número de acessos será n. O número médio de nós acessados, A, equivale à soma, sobre todas as possíveis posições de inserção, dos produtos da probabilidade de inserir numa determinada posição e o número de acessos necessários para inserir um elemento nessa posição. Sendo assim:

$$A = \left(\frac{1}{n+1}\right) * 1 + \left(\frac{1}{n+1}\right) * 2 + \ldots + \left(\frac{1}{n+1}\right) * (n-1) + \left(\frac{1}{n+1}\right) * n$$

$$+ \left(\frac{1}{n+1}\right) * n$$

ou

$$A = \left(\frac{1}{n+1}\right) * (1 + 2 + \ldots + n) + \frac{n}{n+1}$$

Agora, $1 + 2 + \ldots + n = n * (n + 1)/2$. (Isso pode ser facilmente verificado por indução matemática.) Portanto:

$$A = \left(\frac{1}{n+1}\right) * (n * \frac{n+1}{2}) + \frac{n}{n+1} = \frac{n}{2} + \frac{n}{n+1}$$

Quando n é grande, $n/(n + 1)$ fica muito próximo de 1, de modo que A é aproximadamente $n/2 + 1$ ou $(n + 2)/2$. Para n grande, A fica suficientemente próximo de $n/2$ para podermos afirmar com freqüência que a operação de inserção aleatória de um elemento numa lista ordenada requer aproximadamente $n/2$ acessos de nós, em média.

IMPLEMENTAÇÃO EM LISTA DE FILAS DE PRIORIDADE

Uma lista ordenada pode ser usada para representar uma fila de prioridade. Para uma fila de prioridade ascendente, a inserção (*pqinsert*) é implementada pela operação *place,* que mantém a lista ordenada, e a eliminação do elemento menor (*pqmindelete*) é implementada pela operação *pop*, que remove o primeiro elemento da lista. Uma fila de prioridade descendente pode ser implementada mantendo-se a lista em ordem descendente, em vez de ascendente, e usando remove para implementar *pqmaxdelete*. Uma fila de prioridade implementada como uma lista ligada ordenada requer o exame de uma média de aproximadamente $n/2$ nós para inserção, mas apenas um nó para eliminação.

Uma lista desordenada pode ser também usada como uma fila de prioridade. Essa lista requer o exame de somente um nó para a inserção (implementando *pqinsert* usando *push* ou *insert*), mas exige sempre o exame de n elementos para a eliminação (atravessa a lista inteira para encontrar o mínimo ou máximo e, em seguida, elimina esse nó). Sendo assim, uma lista ordenada é um pouco mais eficiente do que uma lista desordenada ao implementar uma fila de prioridade.

A vantagem de uma lista sobre um vetor para implementar uma fila de prioridade reside no fato de que não é necessário nenhum deslocamento de elementos ou intervalos numa lista. Um item pode ser inserido numa lista sem deslocar nenhum dos outros itens, enquanto isso é impossível num vetor, a menos que um espaço adicional fique vazio. Examinaremos outras implementações mais eficientes da fila de prioridade nas Seções 6.3 e 7.3.

NÓS DE CABEÇALHO

Ocasionalmente, é desejável manter um nó adicional no início de uma lista. Esse nó não representa um item na lista e é chamado **nó de cabeçalho** ou **cabeçalho de lista**. A parte *info* desse nó de cabeçalho poderia ficar sem uso, conforme ilustrado na Figura 4.2.6a. Mais freqüentemente, a parte *info* deste nó poderia ser usada para manter informações globais sobre a lista inteira. A Figura 4.2.6b ilustra uma lista na qual a parte *info* do nó de cabeçalho contém o número de nós (não incluindo o cabeçalho) na lista. Nessa estrutura de dados são necessárias mais etapas para incluir ou eliminar um item da lista porque a contagem no nó de cabeçalho precisa ser acertada. Entretanto, o número de itens na lista pode ser obtido diretamente a partir do nó de cabeçalho, sem atravessar a lista inteira.

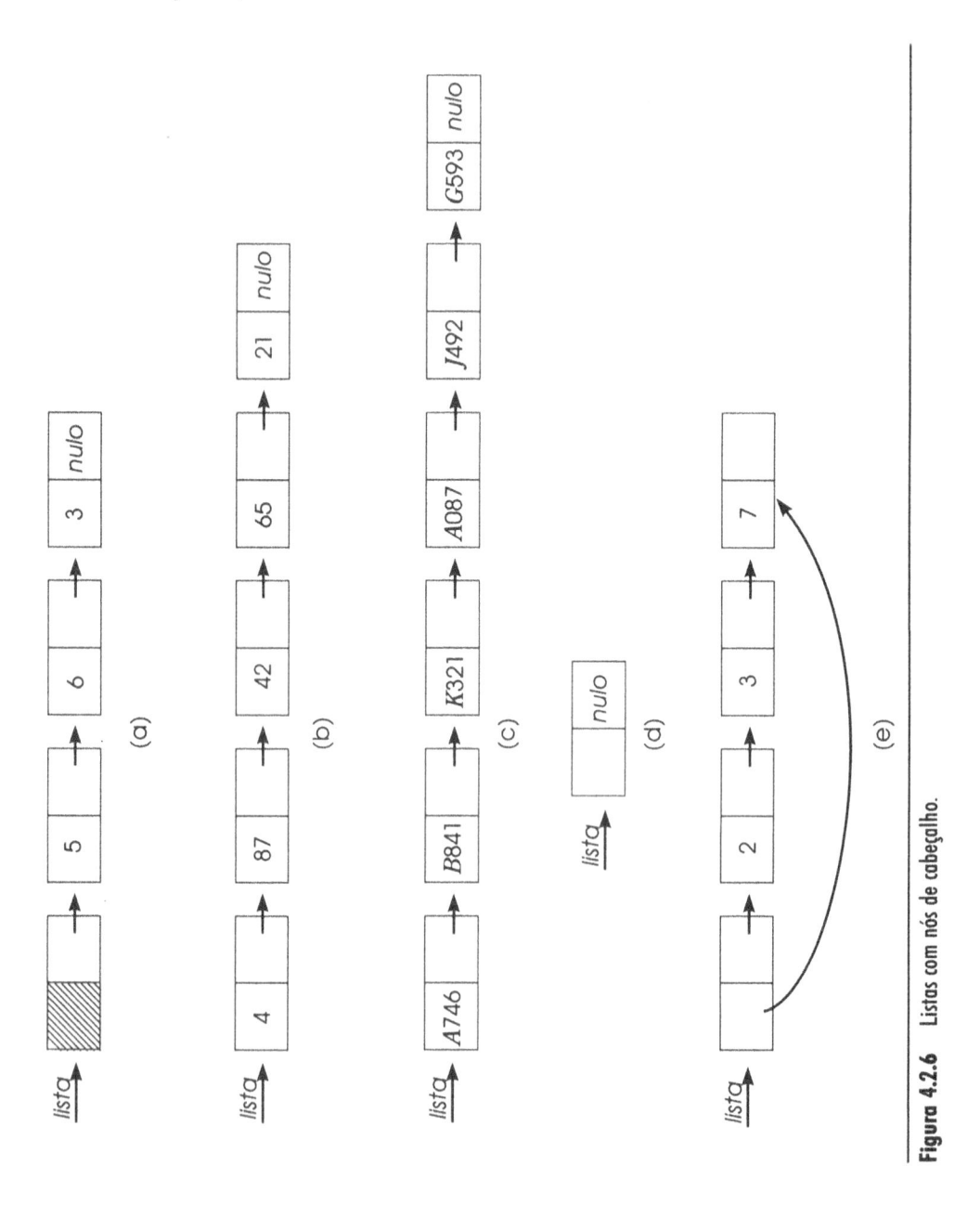

Figura 4.2.6 Listas com nós de cabeçalho.

Outro exemplo do uso de nós de cabeçalho é o seguinte. Suponha que uma fábrica monte máquinas a partir de unidades menores. Uma determinada máquina (número de inventário $A746$) poderia ser formada por uma variedade de partes diferentes (números $B841$, $K321$, $A087$, $J492$, $G593$). Essa montagem poderia ser representada por uma lista, como a apresentada na Figura 4.2.6c, em que cada item representa um componente e o nó de cabeçalho representa a montagem inteira.

A lista vazia não seria mais representada por um ponteiro nulo, mas por uma lista com um único nó de cabeçalho, como na Figura 4.2.6d.

Evidentemente, os algoritmos para operações, como *empty*, *push*, *pop*, *insert* e *remove* precisam ser reescritos de modo a considerar a presença de um nó de cabeçalho. A maioria das rotinas fica um pouco mais complexa, mas algumas, como *insert*, tornam-se mais simples, uma vez que um ponteiro de lista externa nunca é nulo. Deixaremos a readaptação das rotinas como exercício para o leitor. As rotinas *insafter* e *delafter* não precisam ser alteradas. Na realidade, quando um nó de cabeçalho é usado, *insafter* e *delafter* podem ser utilizadas em substituição a *push* e *pop* porque o primeiro item nesta lista aparece no nó seguinte ao nó de cabeçalho, em vez de no primeiro nó na lista.

Se a parte *info* de um nó pode conter um ponteiro, surgem possibilidades adicionais para o uso de um nó de cabeçalho. Por exemplo, a parte *info* de um cabeçalho de lista poderia conter um ponteiro para o último na lista, como na Figura 4.2.6e. Essa implementação simplifica a representação de uma fila. Até agora, foram necessários dois ponteiros externos, *front* e *rear*, para uma lista representar uma fila. Entretanto, agora só é necessário um único ponteiro externo, q, para o nó de cabeçalho da lista. $next(q)$ aponta para o início da fila, e $info(q)$ para seu final.

Outra possibilidade para o uso da parte *info* de um cabeçalho de lista é como um ponteiro para um nó "atual" na lista durante um processo de percurso. Isso eliminaria a necessidade de um ponteiro externo durante o percurso.

EXERCÍCIOS

4.2.1. Escreva um conjunto de rotinas para implementar várias pilhas e filas dentro de um único vetor.

4.2.2. Quais as vantagens e desvantagens de representar um grupo de itens como um vetor versus uma lista ligada linear?

4.2.3. Escreva um algoritmo para executar cada uma das seguintes operações:

   a. Incluir um elemento no final de uma lista.

   b. Concatenar duas listas.

   c. Liberar todos os nós numa lista.

   d. Inverter uma lista de modo que o último elemento se torne o primeiro, e assim por diante.

   e. Eliminar o último elemento de uma lista.

   f. Eliminar o *en*ésimo elemento de uma lista.

   g. Combinar duas listas ordenadas numa única lista ordenada.

   h. Formar uma lista contendo a união dos elementos de duas listas.

   i. Formar uma lista contendo a intersecção dos elementos de duas listas.

   j. Inserir um elemento depois do *en*ésimo elemento de uma lista.

   k. Eliminar cada segundo elemento de uma lista.

   l. Colocar os elementos de uma lista em ordem ascendente.

   m. Retornar a soma dos inteiros numa lista.

   n. Retornar o número de elementos numa lista.

   o. Deslocar *node(p)* *n* posições à frente numa lista.

   p. Criar uma segunda cópia de uma lista.

4.2.4. Escreva algoritmos para executar cada uma das operações do exercício anterior sobre um grupo de elementos em posições contíguas de um vetor.

4.2.5. Qual o número médio de nós acessados ao procurar determinado elemento numa lista desordenada? E numa lista ordenada? E num vetor desordenado? E num vetor ordenado?

4.2.6. Escreva algoritmos para *pqinsert* e *pqmindelete* para uma fila de prioridade ascendente implementada como uma lista ordenada e como uma lista desordenada.

4.2.7. Escreva algoritmos para executar cada uma das operações do Exercício 4.2.3, pressupondo que cada lista contenha um nó de cabeçalho com o número de elementos na lista.

4.2.8. Escreva um algoritmo que retorne um ponteiro para um nó contendo o elemento *x* numa lista com um nó de cabeçalho. O campo *info* do cabeçalho deverá conter o ponteiro que atravessa a lista.

4.3. LISTAS EM C

IMPLEMENTAÇÃO DE LISTAS EM VETOR

Como as listas lineares podem ser representadas em C? Como uma lista é apenas um conjunto de nós, um vetor de nós é uma idéia imediata. Entretanto, os nós não podem ser ordenados pelos índices do vetor; cada um deve conter em si mesmo um ponteiro para seu sucessor. Sendo assim, um grupo de 500 nós poderia ser declarado como um vetor *node*, como segue:

```
#define NUMNODES 500
struct nodetype {
   int info, next;
};
struct nodetype node[NUMNODES];
```

Nesse esquema, um ponteiro para um nó é representado por um índice do vetor. Ou seja, um ponteiro é um inteiro entre 0 e *NUMNODES* - 1, que referencia determinado elemento do vetor *node*. O ponteiro nulo é representado pelo inteiro -1. Nessa implementação, a expressão C *node[p]* é usada para referenciar *node(p)*, *info(p)* é referenciada por *node[p].info* e *next(p)* é referenciada por *node[p].next*. *null* é representado por -1.

Por exemplo, suponha que a variável *list* represente um ponteiro para uma lista. Se *list* tiver o valor 7, *node[7]* será o primeiro nó na lista e *node[7].info* será o primeiro item de dado na lista. O segundo nó da lista será dado por *node[7].next*. Suponha que *node[7].next* seja igual a 385. Assim, *node[385].info* será o segundo item de dado na lista e *node[385].next* apontará para o terceiro nó.

Os nós de uma lista podem ser distribuídos pelo vetor *node* em qualquer ordem arbitrária. Cada nó carrega dentro de si mesmo a posição de seu sucessor até o último nó na lista, cujo campo *next* contém -1, que é o ponteiro nulo. Não existe relação entre o conteúdo de um nó e o ponteiro voltado para ele. O ponteiro *p* para um nó especifica apenas qual elemento do vetor *node* está sendo referenciado; é *node[p].info* que representa a informação contida dentro desse nó.

A Figura 4.3.1 ilustra uma parte do vetor *node* que contém quatro listas ligadas. A lista *list*1 começa em *node*[16] e contém os inteiros 3, 7, 14, 6, 5, 37, 12. Os nós que contêm esses inteiros em seus campos *info* estão espalhados pelo vetor. O campo *next* de cada nó contém o índice dentro do vetor do nó contendo o próximo elemento da lista. O último nó na lista é *node*[23], que contém o inteiro 12 em seu campo *info* e o ponteiro nulo (-1) em seu campo *next*, para indicar que ele é o último na lista.

De modo semelhante, *list*2 começa em *node*[4] e contém os inteiros 17 e 23, *list*3 começa em *node*[11] e contém os inteiros 31, 19 e 32, e *list*4 começa em *node*[3] e contém os inteiros 1, 18, 13, 11, 4 e 15. As variáveis *list*1, *list*2, *list*3 e *list*4 são inteiros representando ponteiros externos para as quatro listas. Dessa forma, o fato de que a variável *list*2 tem o valor 4 representa o fato de que a lista para a qual ela aponta começa em *node*[4].

Inicialmente, todos os nós estão sem uso porque nenhuma lista foi formada. Portanto, todos eles devem ser colocados na lista de nós livres. Se a variável global *avail* é usada para apontar para essa lista, podemos organizar de início essa lista como segue:

		info	next
	0	26	-1
	1	11	9
	2	5	15
lista 4 =	3	1	24
lista 2 =	4	17	0
	5	13	1
	6		
	7	19	18
	8	14	12
	9	4	21
	10		
lista 3 =	11	31	7
	12	6	2
	13		
	14		
	15	37	23
lista 1 =	16	3	20
	17		
	18	32	-1
	19		
	20	7	8
	21	15	-1
	22		
	23	12	-1
	24	18	5
	25		
	26		

Figura 4.3.1 Um vetor de nós contendo quatro listas ligadas.

```
avail = 0;
for (i = 0; i < NUMNODES-1; i++)
    node[i].next = i + 1;
node[NUMNODES-1].next = -1;
```

Os 500 nós são associados inicialmente em sua ordem natural, de modo que *node[i]* aponta para *node[i + 1]*. *node[0]* é o primeiro nó na lista disponível, *node[1]* é o segundo e assim por diante. *node[499]* é o último nó na lista, uma vez que *node[499].next* é igual a -1. Não existe outra razão, a não ser a conveniência, para ordenar inicialmente os nós dessa maneira. Poderíamos apenas ter definido *node[0].next* com 499, *node[499].next* com 1, *node[1].next* com 498 e assim por diante, até que *node[249].next* fosse definido com 250 e *node[250].next* com -1. A questão importante é que a ordenação é explícita dentro dos próprios nós e não é causada por outra estrutura básica.

Para as funções restantes nesta seção, presumiremos que as variáveis *node* e *avail* são globais e podem, portanto, ser usadas por quaisquer rotinas.

Quando um nó é necessário para uso numa determinada lista, ele é obtido da lista de nós disponíveis. De modo semelhante, quando um nó não é mais necessário, ele retorna a essa lista. Estas duas operações são implementadas pelas rotinas em C, *getnode* e *freenode*. *getnode* é uma função que remove um nó da lista de nós disponíveis e retorna um ponteiro para ele.

```
getnode()
{
   int p;
   if (avail == -1) {
      printf("estouro\n");
      exit(1);
   }
   p = avail;
   avail = node[avail].next;
   return(p);
} /* fim getnode */
```

Se *avail* for igual a -1 quando essa função for chamada, não existirão nós disponíveis. Isso significa que as estruturas de listas de um determinado programa excederam o espaço disponível.

A função *freenode* aceita um ponteiro para um nó e retorna esse nó para a lista livre:

```
freenode(p)
int p;
{
   node[p].next = avail;
   avail = p;
   return;
} /* fim freenode */
```

As operações primitivas de listas são versões simples em C dos algoritmos correspondentes. A rotina *insafter* aceita um ponteiro *p* para um nó e um item *x* como parâmetros. Primeiro, ela assegura que *p* não é nulo e, em seguida, insere *x* no nó seguinte ao apontado por *p*:

```
insafter(p, x)
int p, x;
{
```

```
   int q;
   if (p == -1) {
      printf("insercao nula\n");
      return;
   }
   q = getnode();
   node[q].info = x;
   node[q].next = node[p].next;
   node[p].next = q;
   return;
} /* fim insafter */
```

A rotina *delafter(p, px)*, chamada pela instrução *delafter(p, &x)*, elimina o nó seguinte a *node(p)* e armazena seu conteúdo em *x*:

```
delafter(p, px)
int p, *px;
{
   int q;
   if ((p == -1) || (node[p].next == -1)) {
       printf("remocao nula\n");
       return;
   }
   q = node[p].next;
   *pq = node[q].info;
   node[p].next = node[q].next;
   freenode(q);
   return;
} /* fim delafter */
```

Antes de chamar *insafter*, precisamos assegurar que *p* não seja nulo. Antes de chamar *delafter*, precisamos garantir que *p* e *node[p].next* não sejam nulos.

LIMITAÇÕES DA IMPLEMENTAÇÃO EM VETOR

Conforme verificamos na Seção 4.2, a noção de um ponteiro permite-nos formar e manipular listas ligadas de vários tipos. O conceito de um ponteiro introduz a possibilidade de montar um conjunto de blocos de construção, chamados nós, em estruturas flexíveis. Alterando os valores dos ponteiros, os nós podem ser ligados, desligados e remontados em padrões que aumentam e diminuem com o progresso da execução de um programa.

Na implementação em vetor, um conjunto fixo de nós representado por um vetor é estabelecido no início da execução. Um ponteiro para um nó é representado pela posição relativa do nó dentro do vetor. A desvantagem dessa proposta é dupla. Primeiro, o número de nós necessários não pode ser freqüentemente previsto quando um programa é escrito. Em geral, os dados com os quais o programa é executado determinam o número de nós necessário. Sendo assim, independentemente da quantidade de elementos que um vetor de nós contenha, existirá sempre a possibilidade de que o programa seja executado com uma entrada que exija um número maior.

A segunda desvantagem da proposta em vetor é que a quantidade de nós declarada precisa permanecer alocada para o programa durante sua execução. Por exemplo, se 500 nós de determinado tipo forem declarados, a quantidade de armazenamento necessária para esses 500 nós ficará reservada a esse propósito. Se o programa só usar 100 ou até mesmo 10 nós em sua execução, os nós adicionais ainda permanecerão reservados e seu armazenamento não poderá ser usado para nenhum outro propósito.

A solução para esse problema é permitir nós **dinâmicos**, em vez de estáticos. Ou seja, quando um nó for necessário, o armazenamento ficará reservado para ele e, quando não for mais necessário, o armazenamento será liberado. Dessa forma, o armazenamento para nós não mais em uso ficará disponível para outro propósito. Além disso, não é estabelecido um limite predefinido sobre o número de nós. Enquanto houver armazenamento suficiente disponível para o programa como um todo, parte desse armazenamento poderá ser reservada para uso como um nó.

ALOCANDO E LIBERANDO VARIÁVEIS DINÂMICAS

Nas Seções 1.1, 1.2 e 1.3, examinamos os ponteiros na linguagem C. Se *x* é um objeto qualquer, &*x* é um ponteiro para *x*. Se *p* é um ponteiro em C, *p é o objeto para o qual *p* aponta. Podemos usar os ponteiros em C para ajudar a implementar listas ligadas dinâmicas. Entretanto, discutiremos em primeiro lugar como o armazenamento pode ser alocado e liberado dinamicamente e como o armazenamento dinâmico é acessado em C.

Em C, uma variável ponteiro para um inteiro pode ser criada pela declaração:

```
int *p;
```

Assim que uma variável *p* for declarada como um ponteiro para um tipo de objeto específico, será possível criar dinamicamente um objeto desse tipo específico e atribuir seu endereço a *p*.

Isso pode ser feito em C chamando a função da biblioteca padrão, *malloc(size)*. *malloc* aloca dinamicamente uma parte da memória, de tamanho *size*, e retorna um ponteiro para um item de tipo *char*. Examine as declarações:

```
extern char *malloc();
int *pi;
float *pr;
```

Os comandos:

```
pi = (int   *) malloc(sizeof  (int));
pr = (float *) malloc(sizeof (float));
```

criam dinamicamente a variável inteira *pi e a variável flutuante *pr. Essas variáveis são chamadas **variáveis dinâmicas**. Ao executar esses comandos, o operador *sizeof* retorna o tamanho, em bytes, de seu operando. Isso é usado para manter a independência da máquina. *malloc* poderá, então, criar um objeto desse tamanho. Assim, *malloc(**sizeof**(**int**))* aloca armazenamento para um inteiro, enquanto *malloc(**sizeof**(**float**))* aloca armazenamento para um número de ponto flutuante. *malloc* retorna também um ponteiro para o armazenamento que ela aloca. Esse ponteiro serve para o primeiro byte (por exemplo, caractere) desse armazenamento e é do tipo **char** *. Para forçar esse ponteiro a apontar para um inteiro ou real, usamos o operador de conversão (***int*** *) ou (***float*** *).

(O operador ***sizeof*** retorna um valor do tipo ***int***, enquanto a função *malloc* espera um parâmetro de tipo ***unsigned***. Para que o programa não gere mensagens com o "lint", podemos escrever:

```
pi = (int *) malloc ((unsigned) (sizeof (int)));
```

Entretanto, a conversão sobre operador ***sizeof*** é freqüentemente omitida.)

Como exemplo do uso de ponteiros e da função *malloc*, examine os seguintes comandos:

```
1       int *p, *q;
2       int x;
3       p = (int *) malloc(sizeof (int));
4       *p = 3;
5       q = p;
6       printf ("%d %d\n", *p, *q);
7       x = 7;
8       *q = x;
9       printf("%d %d\n", *p, *q);
10      p = (int *) malloc (sizeof (int));
11      *p = 5;
12      printf(%d %d\n", *p, *q);
```

Na linha 3, uma variável inteira é criada e seu endereço é colocado em *p*. A linha 4 define o valor dessa variável como 3. A linha 5 define *q* com o valor dessa variável. O comando de atribuição na linha 5 é perfeitamente válido porque uma variável ponteiro (*q*) está recebendo a atribuição do valor de outro (*p*). A Figura 4.3.2a ilustra a situação depois da linha 5. Observe que, nesse ponto, *p e *q referem-se à mesma variável. A linha 6, portanto, imprime o conteúdo dessa variável (que é 3) duas vezes.

A linha 7 define o valor de uma variável de inteiro, *x*, com 7. A linha 8 muda o valor de *q para o valor de *x*. Entretanto, como *p* e *q* apontam ambos para a mesma variável, *p e *q têm o valor 7. Isso é ilustrado na Figura 4.3.2b. A linha 9, portanto, imprime o número 7 duas vezes.

A linha 10 cria uma nova variável inteira e coloca seu endereço em *p*. Os resultados aparecem ilustrados na Figura 4.3.2c. Agora, *p refere-se à variável inteira recém-criada que ainda não recebeu um valor. *q* não foi alterado; portanto, o valor de *q continua 7. Observe que *p não se refere a uma única variável específica. Seu valor muda em função do valor de *p*. A linha 11 define o valor dessa variável recém-criada com 5, conforme ilustrado na Figura 4.3.2d, e a linha 12 imprime os valores 5 e 7.

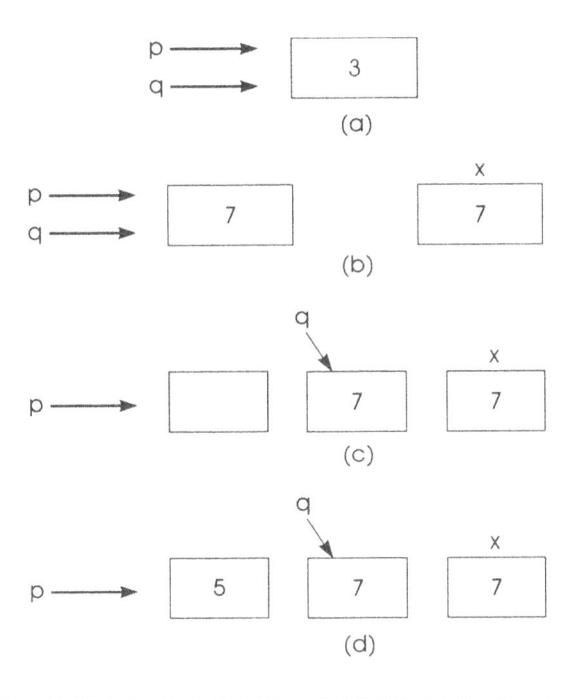

Figura 4.3.2

A função *free* é usada em C para liberar o armazenamento de uma variável alocada dinamicamente. A instrução:

free(p);

invalida quaisquer referências futuras a *p (a menos, evidentemente, que um novo valor seja atribuído a p por um comando de atribuição ou por uma chamada a *malloc*). Chamar *free(p)* torna o armazenamento ocupado por *p disponível para reutilização, se necessário.

(*Nota*: A função *free* espera um parâmetro ponteiro do tipo **char***. Para que o comando fique "limpo", devemos escrever:

free((**char ***) p);

Entretanto, na prática, a conversão do parâmetro é freqüentemente omitida.)

Para ilustrar o uso da função *free*, examine as seguintes instruções:

```
1          p = (int *) malloc (sizeof (int));
2          *p = 5;
3          q = (int *) malloc (sizeof (int));
4          *q = 8;
5          free(p);
6          p = q;
7          q = (int *) malloc (sizeof (int));
8          *q = 6;
9          printf("%d %d\n", *p, *q);
```

Os valores 8 e 6 são impressos. A Figura 4.3.3a ilustra a situação depois da linha 4, onde *p e *q foram alocados e receberam a atribuição de valores. A Figura 4.3.3b ilustra o efeito da linha 5, na qual a variável para a qual p aponta foi liberada. A Figura 4.3.3c ilustra a linha 6, na qual o valor de p é alterado de modo a apontar para a variável *q. Nas linhas 7 e 8, o valor de q é alterado de modo a apontar para uma variável recém-criada que recebe a atribuição do valor 6 na linha 8 (Figura 4.3.3d).

Observe que, se *malloc* for chamada duas vezes sucessivas e se seu valor for atribuído à mesma variável, como em:

```
p = (int *) malloc (sizeof (int));
*p = 3;
p = (int *) malloc (sizeof (int));
*p = 7;
```

a primeira cópia de *p é perdida porque seu endereço não foi salvo. O espaço alocado para variáveis dinâmicas só pode ser acessado por meio de um ponteiro. A menos que o ponteiro para a primeira variável seja salvo em outro ponteiro, essa variável será perdida. Na realidade, seu armazenamento não poderá sequer ser liberado porque não existe um meio de referenciá-la numa chamada à *free*. Esse é um exemplo de armazenamento alocado que não pode ser referenciado.

O valor 0 (zero) pode ser usado num programa C como ponteiro nulo. Qualquer variável ponteiro pode ser definida com esse valor. Geralmente, um cabeçalho padrão para um programa C inclui a definição

#define NULL 0

para permitir que o valor de ponteiro zero seja escrito como *NULL*. Esse valor de ponteiro *NULL* não referencia um local de armazenamento, mas indica um ponteiro que não aponta para nada. O valor *NULL* (zero) pode ser atribuído a qualquer variável ponteiro p, após o que uma referência a *p será inválida.

```
p ──→ │ 5 │    q ──→ │ 8 │
           (a)


p ──→ │┌ ─ ─┐│   q ──→ │ 8 │
      │└ ─ ─┘│
           (b)


           p ──→
                  │ 8 │
           q ──→
           (c)


q ──→ │ 6 │    p ──→ │ 8 │
           (d)
```

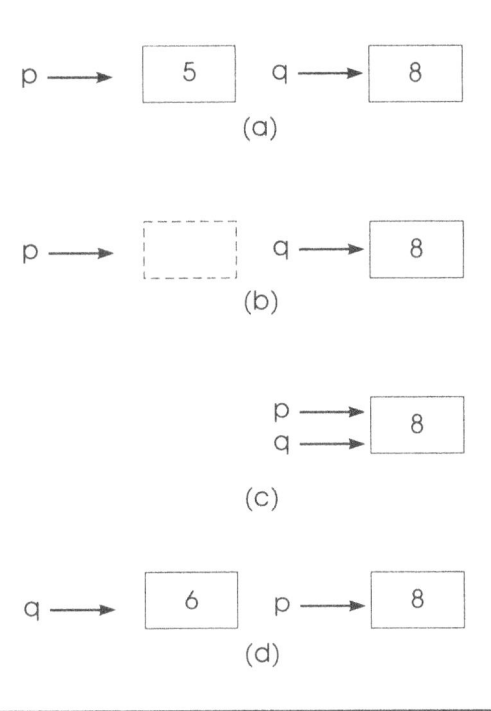

Figura 4.3.3

Observamos que uma chamada a *free(p)* invalida uma referência subseqüente a **p*. Entretanto, os verdadeiros efeitos de uma chamada à *free* não são definidos pela linguagem C — cada implementação de C pode desenvolver sua própria versão dessa função. Na maioria das implementações de C, o armazenamento para **p* é liberado, mas o valor de *p* fica inalterado. Isso significa que, embora uma referência a **p* se torne inválida, talvez não exista um meio de detectar a invalidação. O valor de *p* é um endereço válido e o objeto nesse endereço, do tipo correto, pode ser usado como valor de **p*. *p* é chamado *ponteiro perdido*. É de responsabilidade do programador jamais usar esse ponteiro num programa. Convém definir explicitamente *p* com *NULL* depois de executar *free(p)*.

Precisamos citar ainda outro recurso perigoso associado aos ponteiros. Se *q* e *p* são ponteiros com o mesmo valor, as variáveis **q* e **p* são idênticas. **p* e **q* referem-se ao mesmo objeto. Sendo assim, uma atribuição a **p* muda o valor de *q*, independentemente do fato de que nem *q* nem **q* estejam explicitamente mencionados na instrução de atribuição a **p*. O programador é responsável pelo rastreamento de "quais ponteiros estão apontando para onde" e pelo reconhecimento da ocorrência de tais resultados implícitos.

LISTAS LIGADAS USANDO VARIÁVEIS DINÂMICAS

Agora que dispomos do recurso de alocar e liberar dinamicamente uma variável, verifiquemos como as variáveis dinâmicas podem ser usadas para implementar listas ligadas. Lembre-se de que uma lista ligada consiste num conjunto de nós, cada um dos quais com dois campos: um campo de informação e um ponteiro para o próximo nó na lista. Além disso, um ponteiro externo aponta para o primeiro nó na lista. Usamos variáveis de ponteiro para implementar ponteiros de lista. Dessa forma, definimos o tipo de um ponteiro de um nó por:

```
struct node {
    int info;
    struct node *next;
};
typedef struct node *NODEPTR;
```

Um nó desse tipo é idêntico aos nós da implementação em vetor, exceto pelo fato de que o campo *next* é um ponteiro (contendo o endereço do próximo nó na lista) em vez de um inteiro (contendo o índice dentro de um vetor no qual é mantido o próximo nó na lista).

Empreguemos os recursos de alocação dinâmica para implementar listas ligadas. Em vez de declarar um vetor para representar um conjunto agregado de nós, os nós são alocados e liberados, conforme a necessidade. Elimina-se a necessidade de declarar um conjunto de nós.

Se declararmos

```
NODEPTR p;
```

a execução do comando

```
p = getnode();
```

deverá colocar o endereço de um nó disponível em *p*. Apresentamos a função *getnode*:

```
NODEPTR getnode()
{
   NODEPTR p;
   p = (NODEPTR) malloc(sizeof(struct node));
   return(p);
}
```

Observe que *sizeof* é aplicado a um tipo de estrutura e retorna o número de bytes necessário para a estrutura inteira.

     A execução do comando

```
freenode(p);
```

deve retornar o nó cujo endereço está em *p* para o armazenamento disponível. Apresentamos a rotina *freenode*:

```
freenode(p)
NODEPTR p;
{
   free(p);
}
```

     O programador não precisa preocupar-se com o gerenciamento do armazenamento disponível. Não há mais necessidade do ponteiro avail (apontando para o primeiro nó disponível), uma vez que o sistema controla a alocação e a liberação de nós e rastreia o primeiro nó disponível. Observe também que não existe um teste em *getnode* para determinar a ocorrência de estouro. Isso acontece porque tal condição será detectada durante a execução da função *malloc* e depende do sistema.

     Como as rotinas *getnode* e *freenode* são muito simples sob essa implementação, elas são freqüentemente substituídas pelos comandos em linha:

```
p = (NODEPTR) malloc(sizeof (struct node));
```

e

```
free(p);
```

     Os procedimentos *insafter(p,x)* e *delafter(p, px)* são apresentados a seguir usando a implementação dinâmica de uma lista ligada. Pressuponha que *list* seja uma variável ponteiro que aponte para o primeiro nó de uma lista (se existir alguma) e seja igual a *NULL*, no caso de uma lista vazia:

```
insafter(p, x)
```

```
NODEPTR p;
int x;
{
   NODEPTR q;
   if (p == NULL) {
      printf("insersao nula\n");
      exit(1);
   }
   q = getnode();
   q -> info = x;
   q -> next = p -> next;
   p = -> next = q;
}  /* fim insafter */

delafter(p, px)
NODEPTR p;
int *px;
{
   NODEPTR q;
   if ((p == NULL) || (p -> next == NULL)) {
      printf("remocao nula\n");
      exit(1);
   }
   q = p ->next;
   *px = q -> info;
   p -> next = q -> next;
   freenode(q);
}  /* fim delafter */
```

Observe a semelhança surpreendente entre as rotinas anteriores e as da implementação em vetor apresentadas previamente nesta seção. Ambas são implementações dos algoritmos da Seção 4.2. Na verdade, a única diferença entre as duas versões reside no modo pelo qual os nós são referenciados.

FILAS COMO LISTAS EM C

Como ilustração adicional do uso das implementações de listas em C, apresentamos rotinas em C para manipular uma fila representada como uma lista linear. Deixamos as rotinas para manipular uma pilha e uma fila de prioridade como exercícios para o leitor. A título de comparação, apresentaremos a implementação em vetor e a dinâmica. Presumimos que ***struct*** node e *NODEPTR* tenham sido declarados como anteriormente. Uma fila é representada como uma estrutura:

Implementação em Vetor	Implementação Dinâmica

```struct queue {```
 ```   int front, rear;```
 ```};```
 ```struct queue q;```
	```struct queue {```
	 ``` NODEPTR front, rear;```
	 ```};```
	 ```struct queue q;```

front e *rear* são ponteiros para o primeiro e o último nó de uma fila representada como uma lista. A fila vazia é representada por *front* e *rear*, ambos equivalendo ao ponteiro nulo. A função *empty* só precisa verificar um desses ponteiros porque, numa fila não-vazia, nem *front* nem *rear* serão *NULL*.

```
empty(pq)                          empty(pq)
struct queue *pq;                  struct queue *pq;
{                                  {
   return ((pq->front ==              return ((pq->front ==
       -1) ? TRUE: FALSE);               NULL) ? TRUE: FALSE);
} /* fim empty */                  } /* fim empty */
```

A rotina para inserir um elemento numa fila pode ser escrita assim:

```
insert(pq, x)                      insert(pq, x)
struct queue *pq;                  struct queue *pq;
int x;                             int x;
{                                  {
   int p;                             NODEPTR p;
   p = getnode();                     p = getnode();
   node[p].info = x;                  p -> info = x;
   node[p].next = -1;                 p->next = NULL;
   if (pq->rear == -1)                if (pq->rear == NULL)
      pq->front = p;                     pq->front = p;
   else                               else
      node[pq->rear].next = p;        (pq->rear)-> next = p;
   pq->rear = p;                      pq->rear = p;
} /* fim insert */                 } /* fim insert */
```

A função *remove* elimina o primeiro elemento de uma fila e retorna seu valor:

```
remove(pq)                              remove(pq)
struct queue *pq;                       struct queue *pq;
{                                       {
   int p, x;                               NODEPTR p;
                                           int x;
   if (empty(pq)) {                        if (empty(pq)) {
   printf ("underflow na fila\n");         printf ("underflow na
                                           fila\n");
      exit(1);                             exit(1);
   }                                       }
   p = pq->front;                          p = pq->front;
   x= node[p].info;                        x = p->info;
   pq ->front = node[p].next;              pq->front = p->next;
   if (pq->front == -1)                    if (pq->front == NULL)
      pq->rear = -1;                          pq->rear = NULL;
   freenode(p);                            freenode(p);
   return(x);                              return(x);
} /* fim remove */                      } /* fim remove */
```

EXEMPLOS DE OPERAÇÕES DE LISTAS EM C

Examinemos algumas operações de lista um pouco mais complexas implementadas em C. Verificamos que a implementação dinâmica é freqüentemente superior à implementação em vetor. Por essa razão, a maioria dos programadores em C usa a implementação dinâmica para implementar listas. A partir de agora, nós nos restringiremos à implementação dinâmica de listas ligadas, embora possamos citar a implementação em vetor quando apropriado.

Definimos anteriormente a operação *place(list, x)*, onde *list* aponta para uma lista linear classificada e *x* é um elemento a ser inserido em sua posição correta dentro da lista. Lembre-se de que essa operação é usada para implementar a operação *pqinsert* de modo a inserir numa fila de prioridade. Presumimos que já implementamos a operação de pilha *push*. Veja a seguir o código para implementar a operação *place*:

```
place(plist, x)
NODEPTR *plist;
int x;
{
   NODEPTR p, q;
```

```
      q = NULL;
      for (p = *plist; p != NULL && x > p->info; p = p->next)
         q = p;
      if (q == NULL)    /* insere x no inicio da lista */
         push(plist, x);
      else
         insafter(q, x);
} /* fim place */
```

Note que *plist* deve ser declarada como um ponteiro para o ponteiro da lista, uma vez que o valor do ponteiro de lista externo será alterado se *x* for inserido na início da lista usando a rotina *push*. A rotina anterior seria chamada pela instrução *place(&list,x)*.

Como segundo exemplo, escrevemos uma função *insend(plist,x)* para inserir o elemento *x* no final de uma lista *list*:

```
insend(plist, x)
NODEPTR *plist;
int x;
{
   NODEPTR p ,q;
   p = getnode();
   p->info = x;
   p->next = NULL;
   if (*plist == NULL)
      *plist = p;
   else {
      /* procura o ultimo noh */
      for (q = *plist; q->next != NULL; q = q->next)
         ;
      q->next = p;
   } /* fim if */
} /* fim insend */
```

Apresentamos a seguir uma função *search(list, x)* que retorna um ponteiro para a primeira ocorrência de *x* dentro da lista *list* e o ponteiro *NULL* se *x* não ocorrer na lista:

```
NODEPTR search(list, x)
NODEPTR list;
int x;
{
   NODEPTR p;
   for (p = list; p != NULL; p = p->next)
```

```
          if (p->info == x)
              return (p);
   /* x nao estah na lista */
   return (NULL);
}  /* fim search */
```

A próxima rotina elimina todos os nós cujo campo *info* contém o valor de *x*:

```
remvx(plist, x)
NODEPTR *plist;
int x;
{
   NODEPTR p, q;
   int y;
   q = NULL;
   p = *plist;
   while (p != NULL)
      if (p -> info == x)   {
         p = p->next;
         if (q == NULL)    {
            /* remove o primeiro noh da lista */
            freenode(*plist);
            *plist = p;
         }
         else
            delafter(q, &y);
      }
   else {
      /* avanca para o proximo noh da lista   */
      q = p;
      p = p->next;
   }     /* fim if */
}    /* fim remvx */
```

LISTAS NÃO-INTEIRAS E NÃO-HOMOGÊNEAS

Evidentemente, um nó numa lista não precisa representar um inteiro. Por exemplo, para representar uma pilha de strings de caracteres por uma lista ligada, são necessários nós contendo as strings de caracteres em seus campos *info*. Usando a implementação de alocação dinâmica, tais nós poderiam ser declarados por:

```
struct node {
      char info[100];
      struct node *next;
};
```

É possível que determinada aplicação exija nós contendo mais de um item de informação. Por exemplo, todo nó de estudante numa lista de estudantes pode conter as seguintes informações: nome do estudante, número de identificação da faculdade, endereço, índice de pontos de graduação e área de especialização. Os nós para tal implementação podem ser declarados assim:

```
struct node {
   char name[30];
   char id[9];
   char address[100];
   float gpindex;
   char major[20];
   struct node *next;
};
```

Um conjunto separado de rotinas em C deve ser escrito para manipular as listas contendo cada tipo de nó.

Para representar listas não-homogêneas (as que contêm nós de diversos tipos), pode ser usada uma união. Por exemplo:

```
#define INTGR      1
#define FLT        2
#define STRING     3
struct node {
   int etype /* etype equivale a INTGR, FLT ou STRING  */
             /* dependendo do tipo do                  */
             /* elemento correspondente.               */
   union {
       int ival;
       float fval;
       char *pval; /* ponteiro para uma string */
   } element;
   struct node *next;
};
```

define um nó cujos itens podem ser inteiros, números de ponto flutuante ou strings, dependendo do valor do *etype* correspondente. Como uma união é sempre suficientemente grande para armazenar seu maior componente, as funções *sizeof* e *malloc* podem ser usadas para alocar armazenamento para o nó. Dessa forma, as funções *getnode* e *freenode* permanecem inalteradas. Evidentemente, fica sob a responsabilidade do programador usar os componentes de um nó, conforme for apropriado. Para simplificar, no restante desta seção presumiremos que uma lista ligada é declarada como tendo somente elementos homogêneos (para que as uniões não sejam necessárias). Examinaremos as listas não-homogêneas, incluindo as que podem conter outras listas e listas recursivas, na Seção 9.1.

COMPARANDO A IMPLEMENTAÇÃO EM VETOR E A DINÂMICA DE LISTAS

Compensa examinar as vantagens e desvantagens da implementação dinâmica e da implementação em vetor de listas ligadas. A principal desvantagem da implementação dinâmica é que ela pode consumir mais tempo na preparação do sistema para alocar e liberar armazenamento do que na manipulação de uma lista disponível gerenciada pelo programador. Sua maior vantagem é que um conjunto de nós não é reservado antecipadamente para uso por um determinado grupo de listas.

Por exemplo, suponha que um programa use dois tipos de listas: listas de inteiros e listas de caracteres. Sob a representação em vetor, dois vetores de tamanho fixo seriam imediatamente alocados. Se um grupo de listas sobrecarregar seu vetor, o programa não poderá continuar. Sob a representação dinâmica, dois tipos de nós são definidos no início, mas nenhum armazenamento é alocado para as variáveis, a menos que seja necessário. Quando os nós forem necessários, o sistema será chamado para fornecê-los. Todo armazenamento não-utilizado para um tipo de nó pode ser usado para outro. Dessa forma, se existir armazenamento suficiente para os nós realmente presentes nas listas, não ocorrerá um estouro.

Outra vantagem da implementação dinâmica é que uma referência a *p não requer o cálculo do endereço necessário ao calcular o endereço de *node[p]*. Para computar o endereço de *node[p]*, o conteúdo de *p* precisa ser incluído no endereço base do vetor *node*, enquanto o endereço de *p é dado diretamente pelo conteúdo de *p*.

IMPLEMENTANDO NÓS DE CABEÇALHO

No final da seção anterior, apresentamos o conceito de nós de cabeçalho que podem conter informações globais sobre uma lista, como seu tamanho ou um ponteiro para o nó atual ou último nó na lista. Quando o tipo de dado do conteúdo do cabeçalho é idêntico ao tipo do conteúdo de nó de lista, o cabeçalho pode ser simplesmente implementado como qualquer outro nó, no início da lista.

    É possível também declarar nós de cabeçalho como variáveis separadas do conjunto de nós de lista. Isto é particularmente útil quando o cabeçalho contém informações de um tipo diferente dos dados dos nós de lista. Por exemplo, examine o seguinte conjunto de declarações:

```
struct node {
   char info;
   struct node *next;
};
struct charstr {
   int length;
   struct node *firstchar;
};
struct charstr s1, s2;
```

As variáveis *s*1 e *s*2 de tipo *charstr* são nós de cabeçalho para uma lista de caracteres. O cabeçalho contém o número de caracteres na lista (*length*) e um ponteiro para a lista (*firstchar*). Sendo assim, *s*1 e *s*2 representam strings de caracteres de tamanho variável. Como exercício, podemos escrever rotinas para concatenar duas strings de caracteres como essas, ou para extrair uma substring desse tipo de string.

EXERCÍCIOS

4.3.1. Implemente as rotinas *empty*, *push*, *pop* e *popandtest* usando as implementações de armazenamento em vetor e dinâmica de uma pilha ligada.

4.3.2. Implemente as rotinas *empty*, *insert* e *remove* usando uma implementação dinâmica de armazenamento de uma fila ligada.

4.3.3. Implemente as rotinas *empty*, *pqinsert* e *pqmindelete* usando uma implementação dinâmica de armazenamento de uma fila de prioridade ligada.

4.3.4. Escreva rotinas em C usando ambas as implementações em vetor e de variáveis dinâmicas de uma lista ligada, para implementar as operações do Exercício 4.2.3.

4.3.5. Escreva uma rotina em C para intercambiar os elementos m e n de uma lista.

4.3.6. Escreva uma rotina, $inssub(l1, i1, l2, i2, len)$ para inserir os elementos da lista $l2$, começando no elemento $i2$ e continuando por len elementos, na lista $l1$, começando na posição $i1$. Nenhum elemento da lista $l1$ deverá ser removido ou substituído. Se $i1 > length(l1) + 1$ (onde $length(l1)$ indica o número de nós na lista $l1$), ou se $i2 + len - 1 > length(l2)$, ou se $i1 < 1$, ou se $i2 < 1$, imprima uma mensagem de erro. A lista $l2$ deve permanecer inalterada.

4.3.7. Escreva uma função em C, $search(l, x)$, que aceite um ponteiro l para uma lista de inteiros e um inteiro x, e retorne um ponteiro para um nó contendo x, se existir, e o ponteiro nulo, caso contrário. Escreva outra função, $srchinsert(l, x)$, que inclua x em l se ele não for encontrado, e retorne sempre um ponteiro para um nó contendo x.

4.3.8. Escreva um programa em C para ler um grupo de linhas de entrada, cada uma contendo uma palavra. Imprima cada palavra que aparecer na entrada e o número de vezes que ela aparece.

4.3.9. Suponha que uma string de caracteres seja representada por uma lista de caracteres individuais. Escreva um conjunto de rotinas para manipular estas listas como segue ($l1$, $l2$ e $list$ são ponteiros para um nó de cabeçalho de uma lista representando uma string de caracteres, str é um vetor de caracteres, e $i1$ e $i2$ são inteiros):

a. $strcnvcl(str)$ para converter a string de caracteres, str, numa lista. Essa função retorna um ponteiro para um nó de cabeçalho.

b. $strcnvlc(list, str)$ para converter uma lista em uma string de caracteres.

c. strpsl($l1$, $l2$) para executar a função *strpos* da Seção 1.2 sobre duas strings de caracteres representadas por listas. Essa função retorna um inteiro.

d. *strvrfy*(*l*1, *l*2) para determinar a primeira posição da string representada por *l*1 que não esteja contida na string representada por *l*2. Essa função retorna um inteiro.

e. *strsbstr*(*l*1, *i*1, *i*2) para executar a função *substr* da Seção 1.2 sobre uma string de caracteres, representada pela lista *l*1 e pelos inteiros *i*1 e *i*2. Essa função retorna um ponteiro para o nó de cabeçalho de uma lista representando uma string de caracteres, que é a substring desejada. A lista *l*1 permanece inalterada.

f. *strpsbl*(*l*1, *i*1, *i*2, *l*2) para fazer a atribuição de uma pseudo-*substr* para a lista *l*1. Os elementos da lista *l*2 devem substituir os *i*2 elementos da lista *l*1 a partir da posição *i*1. A lista *l*2 deve permanecer inalterada.

g. *strcmpl*(*l*1, *l*2) para comparar duas strings de caracteres, representadas por listas. Essa função retorna -1 se a string de caracteres representada por *l*1 é menor que a string representada por *l*2; 0 se são iguais, e 1 se a string representada por *l*1 é maior.

4.3.10. Escreva uma função, *binsrch* que aceite dois parâmetros, um vetor de ponteiros para um grupo de números classificados e um único número. A função deve usar uma busca binária (ver Seção 3.1) para retornar um ponteiro ao número isolado se ele estiver no grupo. Se o número não estiver no grupo, ela retornará o valor *NULL*.

4.3.11. Suponha que queiramos formar N listas, onde N é uma constante. Declare um vetor *list* de ponteiros com:

```
#define    N ...
struct     node {
               int info;
               struct node *next;
};
typedef struct node *NODEPTR;
NODEPTR list [N];
```

Leia dois números de cada linha de entrada, sendo o primeiro número o índice da lista na qual o segundo número deve ser colocado em ordem ascendente. Quando não existirem mais linhas de entrada, imprima todas as listas.

4.4. UM EXEMPLO: SIMULAÇÃO USANDO LISTAS LIGADAS

Uma das aplicações mais úteis de filas, filas de prioridade e listas ligadas reside na *simulação*. Um programa de simulação tenta modelar uma situação do mundo real para aprender algo sobre essa situação. Todo objeto e toda ação na situação real têm sua contrapartida no programa. Se a simulação for exata — ou seja, se o programa espalha com êxito o mundo real —, o resultado do programa deverá espelhar o resultado das ações sendo simuladas. Dessa maneira, é possível compreender o que acontece na situação do mundo real sem realmente observar sua ocorrência.

Examinemos um exemplo. Imaginemos um banco com quatro caixas (atendentes). Um cliente entra no banco numa hora específica ($t1$), querendo fazer uma transação com algum caixa. Espera-se que a transação demore determinado intervalo de tempo ($t2$) antes de ser finalizada. Se um caixa estiver disponível, ele poderá processar imediatamente a transação do cliente, e o cliente sairá do banco assim que a transação terminar, na hora $t1 + t2$. O tempo total que o cliente demorou dentro do banco é exatamente igual à duração da transação ($t2$).

Entretanto, é possível que nenhum dos caixas esteja livre; talvez todos eles estejam atendendo clientes que chegaram anteriormente. Nesse caso, existirá uma fila de espera diante de cada caixa. A fila de determinado caixa talvez possa consistir em uma única pessoa — a que estiver fazendo uma transação com o caixa no momento — ou pode ser uma fila muito longa. O cliente encaminha-se para o final da fila mais curta e espera até que todos os clientes anteriores finalizem suas transações e saiam do banco. Nesse momento, o cliente poderá fazer seu negócio. O cliente sairá do banco em $t2$ unidades de tempo, depois de alcançar o início da fila de um caixa. Nesse caso, o tempo gasto no banco é $t2$ mais o tempo decorrido na fila de espera.

Em função desse sistema, gostaríamos de calcular o tempo médio passado por um cliente no banco. Uma maneira de fazer isso é ficar parado na porta do banco, perguntar aos clientes que saem a hora em que chegaram e marcar a hora de sua saída, subtrair a primeira da segunda para cada cliente e calcular a média de todos os clientes. Entretanto, isso não seria muito prático. Seria difícil assegurar que nenhum cliente fosse esquecido quando saísse do banco. Além disso, duvidamos que a maioria dos clientes consiga lembrar a hora exata de sua chegada.

Em substituição, podemos escrever um programa para simular as ações dos clientes. Cada parte da situação do mundo real terá um análogo no programa. A ação no mundo real de um cliente chegando será modelada por entrada de dados. Quando cada cliente chega, dois fatos são conhecidos: a hora da chegada e a duração da transação (uma vez que, presumivelmente, quando um cliente chega, ele sabe o que foi fazer no banco). Dessa forma, os dados de entrada de cada cliente consistem em um par de números: a hora (em minutos, a partir da abertura do banco) da chegada do cliente e o intervalo de tempo (mais uma vez em minutos) necessário para a transação. Os pares de dados são classificados pela hora de chegada crescente. Pressupomos pelo menos uma linha de entrada.

As quatro filas de espera no banco são representadas por quatro filas(*queues*). Cada nó das filas representa um cliente aguardando numa fila, e o nó posicionado no início de uma fila representa o cliente sendo atualmente atendido por um caixa.

Suponha que, em determinado momento, cada uma das quatro filas contenha um número específico de clientes. O que pode acontecer para mudar o status das filas? Um novo cliente entra no banco, em cujo caso uma das filas terá um cliente adicional, ou o primeiro cliente numa das quatro filas termina a transação, em cujo caso essa fila terá um cliente a menos. Sendo assim, existe um total de cinco ações (um cliente entrando mais quatro casos de um cliente saindo) que podem mudar o status das filas. Cada uma dessas cinco ações é chamada ***evento***.

O PROCESSO DE SIMULAÇÃO

A simulação continua localizando o próximo evento a ocorrer e efetuando a mudança nas filas que refletem a mudança nas filas do banco, em função desse evento. Para rastrear os eventos, o programa usa uma fila de prioridade ascendente, chamada ***lista de eventos***. Essa lista contém no máximo cinco nós, cada um dos quais representando a próxima ocorrência de um dos cinco tipos de eventos. Assim, a lista de eventos contém um nó representando o próximo cliente que chega e quatro nós representando cada um dos quatro clientes posicionados no início de uma fila do banco, finalizando uma transação e saindo do banco. Evidentemente, é possível que uma ou mais filas no banco fique vazia, ou que termine o expediente bancário, impedindo a chegada de outros clientes. Nesses casos, a lista de eventos conterá menos de cinco nós.

Um nó de evento representando a chegada de um cliente é chamado ***nó de chegada***, e um nó representando a partida é chamado ***nó de partida***. Em cada ponto na simulação, é necessário conhecer o próximo evento a ocorrer. Por essa razão, a lista de eventos é ordenada pela hora crescente de ocorrência de eventos para que o primeiro nó de evento na lista represente o próximo evento a ocorrer. Sendo assim, a lista de eventos é uma fila de prioridade ascendente representada por uma lista ligada ordenada.

O primeiro evento que ocorre é a chegada do primeiro cliente. A lista de eventos é, portanto, inicializada, lendo a primeira linha de entrada e colocando um nó de chegada representando a chegada do primeiro cliente na lista de eventos. Evidentemente, no início, todas as quatro filas de caixas estarão vazias. A simulação, então, procede assim: o primeiro nó na lista de eventos é removido e as mudanças que o evento acarreta são introduzidas nas filas. Conforme veremos em breve, essas mudanças podem também provocar a inclusão de eventos adicionais na lista de eventos. O processo de remoção do primeiro nó da lista de eventos e do efeito das mudanças que ele ocasiona é repetido até que a lista de eventos fique vazia.

Quando um nó de chegada é removido da lista de eventos, um nó representando o cliente que chega é colocado na menor das quatro filas de caixa. Se esse cliente for o único numa fila, um nó representando sua partida também será colocado na lista de eventos, uma vez que esse cliente se encontra no início da fila. Simultaneamente, a próxima linha de entrada é lida e um nó de chegada, representando o próximo cliente a chegar, é introduzido na lista de eventos. Sempre haverá exatamente um nó de chegada na lista de eventos (desde que a entrada não tenha sido encerrada, em cujo ponto não chegarão mais clientes), porque, assim que um nó de chegada for removido da lista de eventos, outro nó será incluído nessa mesma lista.

Quando um nó de partida é removido da lista de eventos, o nó representando o cliente que parte é removido do início de uma das quatro filas. Nesse ponto, o intervalo de tempo que o cliente que parte passou no banco é calculado e incluído num total. No final da simulação, esse total será dividido pelo número de clientes, resultando o tempo médio gasto por um cliente. Depois que o nó de um cliente for eliminado do início de sua fila, o próximo cliente da fila (se existir algum) será o cliente atendido por esse caixa e um nó de partida para esse cliente seguinte será incluído na lista de eventos.

Esse processo continua até que a lista de eventos fique vazia, em cujo ponto o tempo médio será calculado e impresso. Observe que a própria lista de eventos não reflete nenhuma parte da situação do mundo real. Ela é usada como parte do programa para controlar o processo inteiro. Uma simulação como essa, que tem continuidade, mudando a situação simulada em resposta à ocorrência de um dentre vários eventos, é chamada *simulação orientada por eventos*.

ESTRUTURAS DE DADOS

A partir de agora, examinaremos as estruturas de dados necessárias a esse programa. Os nós nas filas representam clientes e, portanto, precisam ter campos representando a hora de chegada e a duração da transação, além de um campo *next* para associar os nós numa lista. Os nós na lista de eventos representam eventos e, conseqüentemente, precisam conter a hora de ocorrência do evento, o tipo do evento e quaisquer outras informações associadas ao evento, além de um campo *next*. Por conseguinte, tudo leva a crer que são necessários dois conjuntos separados de nós para os dois tipos diferentes de nó. Dois tipos diferentes de nó exigiriam duas rotinas, *getnode* e *freenode*, e dois conjuntos de rotinas de manipulação de lista. Para evitar esse conjunto desagradável de rotinas duplicadas, experimentemos usar um único tipo de nó para ambos, eventos e clientes.

Podemos declarar esse conjunto de nós e um tipo de ponteiro como segue:

```
struct node   {
   int time;
   int duration;
   int type;
   struct node *next;
};
typedef struct node *NODEPTR;
```

No nó de um cliente, *time* é a hora de chegada do cliente e *duration* é o período de duração da transação. *type* não é usado no nó de um cliente, *next* é usado como um ponteiro para associar a fila. Para um nó de evento, *time* é usado para armazenar a hora da ocorrência do evento; *duration* é usado para a duração da transação do cliente que chega num nó de chegada e não é usado num nó de partida. *type* é um inteiro entre -1 e 3, dependendo do fato de o evento ser uma chegada (*type* == -1) ou uma partida da fila 0, 1, 2 ou 3 (*type* == 0, 1, 2 ou 3). *next* armazena um ponteiro associando a lista de eventos.

As quatro filas representando as filas dos caixas são declaradas como um vetor por meio da declaração:

```
struct queue {
   NODEPTR front, rear;
   int num;
};
struct queue q[4];
```

A variável *q[i]* representa um cabeçalho para a *i*ésima fila de caixa. O campo *num* de uma fila contém o número de clientes dessa fila.

Uma variável *evlist* aponta para o início da lista de eventos. Uma variável *tottime* é usada para rastrear o tempo total gasto por todos os clientes, e *count* mantém a contagem do número de clientes que passaram pelo banco. Essas variáveis serão usadas no final da simulação para calcular o tempo médio gasto no banco pelos clientes. Uma variável auxiliar, *auxinfo*, é usada para armazenar temporariamente a parte de informações de um nó. Essas variáveis são declaradas por:

```
NODEPTR evlist;
float count, tottime;
struct node auxinfo;
```

O PROGRAMA DE SIMULAÇÃO

A rotina principal inicializa todas as listas e filas e remove várias vezes o nó seguinte da lista de eventos para orientar a simulação até que a lista de eventos esteja vazia. A lista de eventos é classificada pelo valor crescente do campo *time*. O programa usa a chamada a *place*(&*evlist*, &*auxinfo*) para inserir um nó cuja informação é dada por *auxinfo* em seu local certo na lista de eventos. A rotina principal chama também *popsub*(&*evlist*, &*auxinfo*) para remover o primeiro nó da lista de eventos e colocar sua informação em *auxinfo*. Essa rotina é equivalente à função *pop*. Evidentemente, essas rotinas precisam ser convenientemente modificadas a partir dos exemplos dados na última seção para manipular esse determinado tipo de nó. Observe que *evlist*, *place* e *popsub* representam apenas uma implementação de uma fila de prioridade ascendente e as operações *pqinsert* e *pqmindelete*. Uma representação mais eficiente de uma fila de prioridades (conforme apresentaremos nas Seções 6.3 e 7.3) permitiria que o programa operasse mais satisfatoriamente.

O programa principal chama também as funções *arrive* e *depart*, que efetuam as mudanças na lista de eventos e as filas provocadas por uma chegada ou partida. Em termos específicos, a função *arrive(atime, dur)* reflete a chegada de um cliente na hora *atime* com uma transação de duração *dur*, e a função *depart(qindx, dtime)* reflete a saída do primeiro cliente da fila *q[qindx]* na hora *dtime*. A codificação dessas rotinas será fornecida mais adiante.

```
#include <STDIO.H>
#define NULL 0
struct node {
   int duration, time, type;
   struct node *next;
};
typedef struct node *NODEPTR;
struct queue   {
   NODEPTR front, rear;
   int num;
};
struct queue q[4];
struct node auxinfo;
NODEPTR evlist;
int atime, dtime, dur, qindx;
float count, tottime;

main()
{
   /* inicializacoes */
   evlist = NULL;
   count = 0;
   tottime = 0;
   for (qindx = 0; qindx < 4; qindx++) {
      q[qindx].num = 0;
      q[qindx].front = NULL;
      q[indx].rear = NULL;
   }  /* fim for /*
```

```
   /* inicializa a lista de eventos c/ a primeira chegada */
   printf("digite horario e duracao\n");
   scanf("%d %d", &auxinfo.time, &auxinfo.duration);
   auxinfo.type = -1;   /* uma chegada */
   place(&evlist, &auxinfo);

   /* executa a simulacao enquanto          */
   /* a lista de eventos nao estiver vazia  */
   while (evlist != NULL) {
      popsub(&evlist, &auxinfo);
      /* verifica se o proximo evento  */
      /* eh uma chegada ou partida     */
      if (auxinfo.type == -1) {
         /*       uma chegada          */
         atime = auxinfo.time;
         dur = auxinfo.duration;
         arrive(atime, dur);
      }
      else {
         /*       uma partida          */
         qindx = auxinfo.type;
         dtime = auxinfo.time;
         depart(qindx, dtime);
      }  /* fim if */
   }  /* fim while */
   printf("tempo medio eh %4.2f", tottime/count);
}  /* fim main */
```

A rotina *arrive(atime, dur)* modifica as filas e a lista de eventos de modo a refletir uma nova chegada na hora *atime*, com uma transação de duração *dur*. Ela insere o nó de um novo cliente no final da fila mais curta, chamando a função *insert(&q[j], &auxinfo)*. A rotina *insert* deve ser adequadamente modificada para manipular o tipo de nó usado neste exemplo e precisa também aumentar *q[j].num* de 1. Se o cliente for o único da fila, um nó representando sua partida será incluído na lista de eventos, chamando a função *place(&evlist, &auxinfo)*. Em seguida, o próximo par de dados (se existir algum) será lido e um nó de partida será colocado na lista de eventos, de modo a substituir o que acabou de ser processado. Se não existir mais entrada, a função retornará sem incluir um novo nó de chegada e o programa processará os nós (de partida) restantes na lista de eventos.

```
arrive(atime, dur)
int atime, dur;
{
```

```
   int i, j, small;
   /* localiza a fila mais curta */
   j = 0;
   small = q[0].num;
   for (i = 1; i < 4; i++)
      if (q[i].num < small)   {
         small = q[i].num;
         j = i;
      } /* fim for ... if */
   /* A fila j eh a menor. Insere um novo noh de cliente. */
   auxinfo.time = atime;
   auxinfo.duration = dur;
   auxinfo.type = j;
   insert(&q[j], &auxinfo);
   /* Verifica se este eh o unico noh na fila. Se for, */
   /* o noh de partida do cliente deverah ser colocado */
   /*                na lista de eventos.              */
   if (q[j].num == 1) {
      auxinfo.time = atime + dur;
      place(&evlist, &auxinfo);
   }
   /* Se restar alguma entrada, le o proximo par de dados */
   /*         e coloca uma chegada na lista de eventos.   */
   printf("digite horario\n");
   if (scanf("%d", &auxinfo.time) != EOF)   {
      printf("digite duracão\n");
      scanf("%d", &auxinfo.duration);
      auxinfo.type = -1;
      place(&evlist, &auxinfo);
   } /* fim if */
} /* fim arrive */
```

A rotina *depart(qindx, dtime)* modifica a fila *q[qindx]* e a lista de eventos de modo a refletir a partida do primeiro cliente da fila na hora *dtime*. O cliente é removido da fila por meio da chamada a *remove(&q[qindx]*, *&auxinfo)*, que deve ser adequadamente alterada para manipular o tipo de nó nesse exemplo e deve também diminuir em 1 o campo *num* da fila. O nó de partida do próximo cliente na fila (se existir algum) substitui o nó de partida que acabou de ser removido da lista de eventos.

```
depart(qindx, dtime)
int qindx, dtime;
{
   NODEPTR p;
```

```
    remove(&q[qindx], &auxinfo);
    tottime = tottime + (dtime - auxinfo.time);
    count++;
    /*   se existirem mais clientes na fila, coloca a      */
    /*   partida do proximo cliente na lista de eventos    */
    /*   depois de calcular sua hora de partida            */
    if (q[qindx].num > 0) {
       p = q[qindx].front;
       auxinfo.time = dtime + p->duration;
       auxinfo.type = qindx;
       place(&evlist, &auxinfo);
    }  /* fim if */
}  /* fim depart */
```

  Os programas de simulação usam abundantemente as estruturas em lista. Recomendamos que o leitor explore o uso da simulação em C e o uso de linguagens de simulação de propósito especial.

EXERCÍCIOS

4.4.1. No programa de simulação do banco apresentado no texto, um nó de partida na lista de eventos representa o mesmo cliente do primeiro nó numa fila de clientes. É possível usar um único nó para um cliente sendo atualmente atendido? Reescreva o programa do texto de modo que apenas um nó seja usado. Existe alguma vantagem em usar dois nós?

4.4.2. O programa apresentado neste capítulo usa o mesmo tipo de nó para os nós de clientes e de eventos. Reescreva o programa usando dois tipos diferentes de nós para esses dois propósitos. Isso economiza espaço?

4.4.3. Revise o programa de simulação do banco apresentado neste capítulo de modo a determinar o tamanho médio das quatro filas.

4.4.4. Modifique o programa de simulação do banco de modo a calcular o desvio padrão do tempo gasto por um cliente no banco. Escreva outro programa que simule uma única fila para todos os quatro caixas, com o cliente posicionado no início da fila única encaminhando-se para o próximo caixa disponível. Compare as médias e os desvios padrões dos dois métodos.

4.4.5. Modifique o programa de simulação do banco de modo que, sempre que o tamanho de uma fila ultrapassar em mais de dois clientes o tamanho de outra, o último cliente posicionado na fila mais extensa passe para o final da fila mais curta.

4.4.6. Escreva um programa em C para simular um sistema de computadores multiusuários, como segue: cada usuário tem um ID exclusivo e deseja executar algumas operações no computador. Entretanto, somente uma transação pode ser processada pelo computador em determinado momento. Cada linha de entrada representa um único usuário e contém o ID do usuário seguido de uma hora de início e de uma seqüência de inteiros representando a duração de cada uma de suas transações. A entrada é classificada pela hora crescente de início, e todas as marcações de hora e de duração são em segundos. Presuma que um usuário não solicitará tempo para uma transação até que a transação anterior tenha terminado e que o computador aceite transações baseado na ordem de chegada (primeiro a chegar, primeiro a ser atendido). O programa deve simular o sistema e imprimir uma mensagem contendo o ID do usuário e a hora sempre que uma transação começar e terminar. No final da simulação, ele deve imprimir o tempo médio de espera para uma transação. (O tempo de espera é o intervalo de tempo entre a hora em que a transação foi solicitada e a hora em que ela foi iniciada.)

4.4.7. Que partes do programa de simulação do banco precisariam ser modificadas se a fila de prioridade de eventos fosse implementada como um vetor ou como uma lista não-ordenada? Como essas partes seriam alteradas?

4.4.8. Várias simulações não simulam eventos fornecidos pelos dados de entrada, mas geram eventos de acordo com uma distribuição de probabilidades. Os seguintes exercícios explicam esse fato.

A maioria das instalações de computadores tem uma função de geração de números aleatórios, *rand(x)*. (O nome e os parâmetros da função variam de um sistema para o outro. *rand* é usado apenas como exemplo.) x é inicializado com um valor chamado de **seed** (semente). O comando $x = rand(x)$ redefine o valor da variável x com um número real, aleatório e uniforme, entre 0 e 1. Isso significa que, se o comando for executado por uma quantidade de vezes suficiente e forem escolhidos quaisquer dois intervalos de igual comprimento entre 0 e 1, praticamente o mesmo número de valores de x cairá nos dois intervalos. Daí a probabilidade de um valor de x caindo num intervalo de comprimento $l <= 1$ ser igual a l. Descubra o nome da função geradora de números aleatórios em seu sistema e verifique se a explicação anterior é verdadeira.

Dado um gerador de números aleatórios, *rand*, examine os seguintes comandos:

```
x = rand(x);
y = (b-a)*x + a;
```

Prove que, dados dois intervalos quaisquer de igual comprimento, dentro do intervalo de a até b, se as instruções forem repetidas com a freqüência suficiente, um número aproximadamente igual de valores sucessivos de y se enquadrará em cada um dos dois intervalos. Prove que, se a e b são inteiros, os valores sucessivos de y truncados para um inteiro são iguais a cada inteiro entre a e $b - 1$, por um número aproximadamente igual de vezes. Diz-se que a variável y é uma ***variável aleatória de distribuição uniforme***. Qual a média dos valores de y em termos de a e b?

Reescreva a simulação do banco apresentada neste capítulo, pressupondo que a duração da transação seja distribuída uniformemente entre 1 e 15. Cada par de dados representa um cliente chegando e contém apenas a hora da chegada. Ao ler uma linha de entrada, gere uma duração de transação para esse cliente calculando o próximo valor de acordo com o método recém-descrito.

4.4.9. Os valores sucessivos de y, gerados pelos seguintes comandos, são chamados ***normalmente distribuídos***. (Na verdade, eles são quase normalmente distribuídos, mas a aproximação é suficientemente próxima.)

```
float x[15];
float m, s, sum, y;
int i;
/* comandos inicializando os valores de s, m e    */
/*                o vetor x entram aqui            */
while ( /* uma condicao de encerramento entra aqui */ ) {
   sum = 0;
   for (i = 0; i < 15; i++) {
      x[i] = rand(x[i]);
      sum = sum + x[i];
   } /* fim for */
```

```
        y = s * (sum - 7.5) / sqrt(1.25) + m;
        /* os comandos que usam o valor de y entram aqui */
}      /* fim while */
```

Verifique se a média dos valores de *y* (a média da distribuição) é igual a *m* e se o desvio padrão equivale a *s*.

Determinada fábrica produz itens de acordo com o seguinte processo: um item deve ser montado e polido. O tempo de montagem é uniformemente distribuído entre 100 e 300 segundos, e o tempo de polimento é normalmente distribuído com uma média de 20 segundos e um desvio padrão de 7 segundos (mas os valores abaixo de 5 são descartados). Depois que um item é montado, uma máquina de polimento precisa ser usada, e um operário não pode iniciar a montagem do item seguinte até que o item que ele terminou de montar seja polido. Existem dez operários, mas apenas uma máquina de polimento. Se a máquina não estiver disponível, os operários que acabaram de montar seus itens precisarão esperar por ela. Calcule o tempo médio de espera por item por meio de uma simulação. Faça o mesmo sob a premissa da existência de duas e três máquinas de polimento.

4.5. OUTRAS ESTRUTURAS DE LISTA

Embora uma lista linear ligada seja uma estrutura de dados útil, ela apresenta várias deficiências. Nesta seção, mostraremos outros métodos de organizar uma lista e como eles podem ser usados para superar tais deficiências.

LISTAS CIRCULARES

Dado um ponteiro *p* para um nó numa lista linear, não podemos atingir nenhum dos nós que antecedem *node(p)*. Se uma lista for atravessada, o ponteiro externo para a lista deverá ser preservado para poder referenciá-la novamente.

Suponha que seja feita uma pequena mudança na estrutura de uma lista linear, de modo que o campo *next* no último nó contenha um ponteiro de volta para o primeiro nó, em vez de um ponteiro nulo. Esse tipo de lista é chamado **lista circular** e aparece na Figura 4.5.1. A partir de qualquer ponto dessa lista, será possível atingir qualquer outro ponto na lista. Se começarmos em determinado nó e atravessarmos a lista inteira, terminaremos, em última análise, no ponto inicial.

Observe que uma lista circular não tem um "primeiro" ou um "último" nó natural. Precisamos, portanto, estabelecer um primeiro e um último nó por convenção. Uma convenção útil é permitir que o ponteiro externo para a lista circular aponte para o último nó, e que o nó seguinte se torne o primeiro nó, conforme ilustrado na Figura 4.5.2. Se p é um ponteiro externo para uma lista circular, essa convenção permite o acesso ao último nó da lista, referenciando $node(p)$, e ao primeiro nó da lista, referenciando $node(next(p))$. Essa convenção tem a vantagem de poder incluir ou remover um elemento convenientemente a partir do início ou do final de uma lista. Além disso, estabelecemos a convenção de que um ponteiro nulo representa uma lista circular vazia.

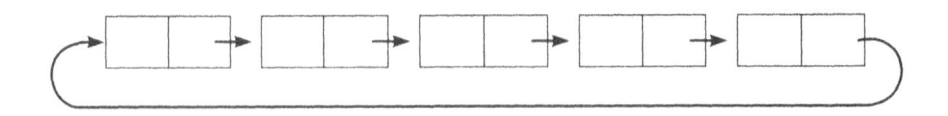

Figura 4.5.1 Uma lista circular.

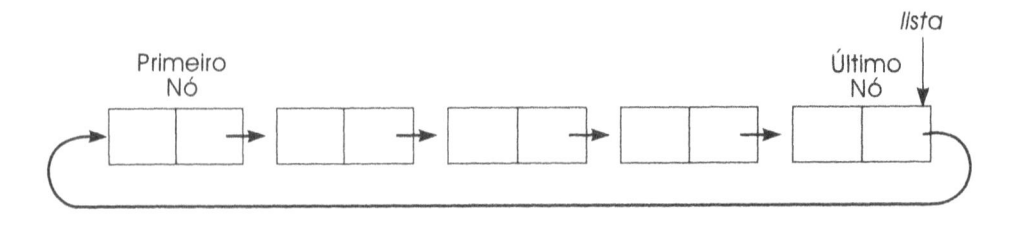

Figura 4.5.2 O primeiro e último nó de uma lista circular.

A PILHA COMO UMA LISTA CIRCULAR

Uma lista circular pode ser usada para representar uma pilha ou uma fila. Seja *stack* um ponteiro para o último nó de uma lista circular, e adotemos a convenção de que o primeiro nó é o topo da pilha. Uma pilha vazia é representada por uma lista nula. Veja a seguir uma função em C que determina se a pilha está vazia. Ela é chamada por *empty*(&*stack*).

```
empty(pstack)
NODEPTR *pstack;
{
   return ((*pstack == NULL) ? TRUE : FALSE);
} /* fim empty */
```

Veja a seguir uma função em C para introduzir um inteiro *x* na pilha. A função *push* chama a função *empty*, que verifica se seu parâmetro é *NULL*. Ela é chamada por *push*(&*stack*, *x*), onde *stack* é um ponteiro para uma lista circular atuando como uma pilha.

```
push(pstack, x)
NODEPTR *pstack;
int x;
{
    NODEPTR p;
    p = getnode();
    p->info = x;
    if (empty(pstack) == TRUE)
       *pstack = p;
    else
       p->next = (*pstack) -> next;
    (*pstack) -> next = p;
} /* fim push */
```

Observe que a rotina *push* é ligeiramente mais complexa para listas circulares do que para listas lineares.

A função *pop* em C para uma pilha implementada como uma lista circular chama a função *freenode* apresentada anteriormente. *pop* é chamada por *pop*(&*stack*).

```
pop(pstack)
NODEPTR * pstack;
{
```

```
    int x;
    NODEPTR p;
    if (empty(pstack) == TRUE)   {
       printf("underflow da pilha\n");
       exit(1);
    }  /* fim if */
    p = (*pstack) -> next;
    x = p->info;
    if (p == *pstack)
       /* somente um noh na pilha */
       *pstack = NULL;
    else
       (*pstack) -> next = p->next;
    freenode(p);
    return(x);
}  /* fim pop */
```

A FILA COMO UMA LISTA CIRCULAR

É mais fácil representar uma fila como uma lista circular do que como uma lista linear. Como uma lista linear, uma pilha é especificada por dois ponteiros, um para o início da lista e outro para seu final. Entretanto, usando uma lista circular, uma fila pode ser especificada por um único ponteiro *p* para essa lista. *node(p)* é o final da fila e o nó seguinte é seu início.

A função *empty* é idêntica à usada para as pilhas. A rotina *remove(pq)*, chamada por *remove(&q)*, é idêntica à *pop*, exceto pelo fato de que todas as referência a *pstack* são substituídas por *pq*, um ponteiro para *q*. A rotina em C *insert* é chamada pela instrução *insert(&q, x)* e pode ser codificada como segue:

```
insert(pq, x)
NODEPTR *pq;
int x;
{
    NODEPTR p;
    p = getnode();
    p->info = x;
    if (empty(pq) == TRUE)
       *pq = p;
```

```
    else
        p->next = (*pq) -> next;
    (*pq) -> next = p;
    *pq = p;
    return;
} /* fim insert */
```

Observe que *insert*(&*q*, *x*) é equivalente ao código:

```
push(& q, x);
q = q->next;
```

Ou seja, para inserir um elemento no final de uma fila circular, o elemento é inserido no início da fila e o ponteiro da lista circular avança um elemento para que o novo elemento ocupe o final.

OPERAÇÕES PRIMITIVAS SOBRE LISTAS CIRCULARES

A rotina *insafter*(*p*, *x*), que insere um nó contendo *x* depois de *node*(*p*), é semelhante à rotina correspondente para listas lineares, conforme apresentado na Seção 4.3. Entretanto, a rotina *delafter*(*p*, *x*) precisa ser ligeiramente alterada. Examinando a rotina correspondente para as listas lineares, conforme apresentado na Seção 4.3, observamos uma consideração adicional no caso de uma lista circular. Suponha que *p* aponte para o único nó na lista. Numa lista linear, *next*(*p*) é nulo nesse caso, invalidando a eliminação. No caso de uma lista circular, entretanto, *next*(*p*) aponta para *node*(*p*), de modo que *node*(*p*) segue a si mesmo. A questão é se queremos ou não eliminar *node*(*p*) da lista nesse caso. É improvável que quiséssemos fazer isso porque a operação *delafter* é geralmente chamada quando são dados os ponteiros para cada um dos nós, um logo depois do outro, e é necessário eliminar o segundo. *delafter* para listas circulares usando a implementação de nós dinâmicos é implementada como segue:

```
delafter(p, px)
NODEPTR p;
int *px;
{
    NODEPTR q;
    if ((p == NULL) || (p == p -> next)) {
        /* a lista estah vazia ou contem apenas um noh */
```

```
        printf("remocao vazia\n");
        return;
    }   /* fim if */
    q = p ->next;
    *px = q -> info;
    p -> next = q -> next;
    freenode(q);
    return;
}   /* fim delafter */
```

Observe, entretanto que *insafter* não pode ser usada para inserir um nó depois do último nó numa lista circular e *delafter* não pode ser usada para eliminar o último nó de uma lista circular. Em ambos os casos, o ponteiro externo para a lista precisa ser modificado de modo a apontar para o novo último nó. As rotinas podem ser alteradas de maneira a aceitar *list* como um parâmetro adicional e para mudar seu valor, conforme a necessidade. (O verdadeiro parâmetro na rotina de chamada precisaria ser &*list*, uma vez que seu valor é alterado.) Uma alternativa é escrever rotinas *insend* e *dellast* separadas para esses casos. (*insend* é idêntica à operação *insert* para uma fila implementada como uma lista circular.) A rotina de chamada ficaria encarregada de determinar qual rotina chamar. Outra alternativa é dar à rotina de chamada a responsabilidade de ajustar o ponteiro externo, *list*, se necessário. Deixamos a exploração dessas possibilidades para o leitor.

Se estivermos gerenciando nossa própria lista disponível de nós (como, por exemplo, sob a implementação em vetor), será também mais fácil liberar uma lista circular inteira do que liberar uma lista linear. No caso de uma lista linear, a lista inteira precisa ser atravessada porque um nó por vez é retornado à lista disponível. Para uma lista circular, podemos escrever uma rotina *freelist* que libera efetivamente uma lista inteira, reordenando apenas os ponteiros. Isso ficará como exercício para o leitor.

De modo semelhante, podemos escrever uma rotina, *concat*(&*list*1, &*list*2), que concatena duas listas, ou seja, ela inclui a lista circular apontada por *list*2 no final da lista circular apontada por *list*1. Usando listas circulares, isso poderá ser feito sem atravessar nenhuma das listas:

```
concat(plist1, plist2)
NODEPTR *plist1, *plist2;
{
    NODEPTR p;
    if (*plist2 == NULL)
        return;
    if (*plist1 == NULL) {
```

```
        *plist1 = *plist2;
        return;
    }
    p = (*plist1) -> next;
    (*plist1) -> next = (*plist2) -> next;
    (*plist2) -> next = p;
    *plist1 = *plist2;
    return;
}   /* fim concat */
```

O PROBLEMA DE JOSEPHUS

Examinemos um problema que pode ser solucionado de maneira simples usando uma lista circular. Ele é conhecido como problema de Josephus e postula um grupo de soldados circundado por uma força inimiga esmagadora. Não há esperanças de vitória sem a chegada de reforços, mas existe somente um cavalo disponível para escapar. Os soldados entram num acordo para determinar qual deles deverá escapar e trazer ajuda. Eles formam um círculo e um número n é sorteado num chapéu. Um de seus nomes é sorteado também. Começando pelo soldado cujo nome foi sorteado, eles começam a contar ao longo do círculo em sentido horário. Quando a contagem alcança n, esse soldado é retirado do círculo, e a contagem reinicia com o soldado seguinte. O processo continua de maneira que, toda vez que n é alcançado, outro soldado sai do círculo. Todo soldado retirado do círculo não entra mais na contagem. O último soldado que restar deverá montar no cavalo e escapar. Considerando um número n, a ordenação dos soldados no círculo e o soldado a partir do qual começa a contagem, o problema é determinar a seqüência na qual os soldados são eliminados do círculo e o soldado que escapará.

A entrada para o programa é o número n e uma lista de nomes, que será o seqüenciamento do círculo em sentido horário, começando pelo soldado a partir do qual a contagem deve ser iniciada. A última linha de entrada contém a string "END" indicando o final da entrada. O programa deve imprimir os nomes na seqüência em que são eliminados e o nome do soldado que escapará.

Por exemplo, suponha que $n = 3$ e que existam cinco soldados chamados A, B, C, D e E. Contamos três soldados a partir de A para que C seja eliminado primeiro. Em seguida, começamos em D e contamos D, E e novamente *A* para que *A* seja eliminado a seguir. Depois, contamos *B*, *D* e *E* (*C* já foi eliminado) e, finalmente, *B*, *D* e *B*, de modo que *D* seja o soldado a escapar.

Evidentemente, uma lista circular na qual cada nó representa um soldado é uma estrutura de dados natural para usar na solução deste problema. É possível alcançar qualquer nó a partir de qualquer outro, percorrendo o círculo. Para representar a remoção de um soldado do círculo, um nó é eliminado da lista circular. Por último, quando só restar um nó na lista, o resultado será determinado.

Um esboço do programa poderia ficar assim:

```
read(n);
read(name);
while (name != END)   {
      insere nome na lista circular;
      read(name);
} /* fim while */
while (existir mais de um noh na lista)   {
      conta n - 1 nohs na lista;
      imprime o nome no enesimo noh;
      elimina o enesimo noh;
} /* fim while */
imprime o nome do unico noh restante na lista;
```

Presumimos que um conjunto de nós tenha sido declarado, conforme anteriormente citado, exceto pelo fato de que o campo *info* armazena uma string de caracteres (um vetor de caracteres) em vez de um inteiro. Pressupomos também pelo menos um nome na entrada. O programa usa as rotinas *insert*, *delafter* e *freenode*. As rotinas *insert* e *delafter* devem ser modificadas porque a parte da informação do nó é uma string de caracteres. A atribuição de uma variável string de caracteres a outra é feita por meio de uma repetição. O programa usa também uma função *eqstr(str1, str2)*, que retorna *TRUE* se *str1* for idêntica a *str2*, e *FALSE* caso contrário. A codificação dessa rotina ficará por conta do leitor.

```
josephus()
{
   char *end = "end";
   char name[MAXLEN];
   int i, n;
   NODEPTR list = NULL;
```

```
    printf("digite  n\n");
    scanf("%d", &n);
    /* le os nomes, colocando cada um */
    /*       no final da lista        */
    printf("digite os nomes\n");
    scanf("%s", name);
    /* forma a lista */
    while (!eqstr(name, end))  {
       insert(&list, name);
       scanf("%s", name);
    }  /* fim while */
    printf
     ("a ordem na qual os soldados sao eliminados eh:\n");
    /* continua contando enquanto existir */
    /* mais de um noh na lista            */
    while (list != list->next)  {
       for (i = 1; i < n; i++)
           list = list->next;
       /* list->next aponta para o enesimo noh */
       delafter(list, name);
       printf("%s\n", name);
    }  /*  fim while */
    /* imprime o unico nome na lista e libera seu noh */
    printf("o soldado que escaparah eh: %s", list->info);
    freenode(list);
}   /* fim josephus */
```

NÓS DE CABEÇALHO

Vamos supor que precisemos percorrer uma lista circular. Isso pode ser feito executando várias vezes $p = p\text{->}next$, onde p é inicialmente um ponteiro para o início da lista. Entretanto, como a lista é circular, não saberemos quando a lista inteira foi atravessada, a não ser que outro ponteiro, *list*, aponte para o primeiro nó e seja feito um teste da condição $p == list$.

Um método alternativo é posicionar o nó de cabeçalho como primeiro nó de uma lista circular. Esse cabeçalho de lista pode ser reconhecido por um valor especial em seu campo *info* que não poderá ser o conteúdo válido de um nó de lista no contexto do problema, ou ele poderá conter um sinal marcando-o como um cabeçalho. A lista poderá, então, ser percorrida usando um único ponteiro, com o percurso interrompido quando o nó de cabeçalho for alcançado. O ponteiro externo para a lista serve para seu nó de cabeçalho, conforme ilustrado na Figura 4.5.3. Isso significa que um nó não poderá ser facilmente incluído no final de uma lista circular desse tipo, como poderia ser feito quando o ponteiro externo era para o último nó da lista. Evidentemente, é possível manter um ponteiro para o último nó de uma lista circular, mesmo quando um nó de cabeçalho está sendo usado.

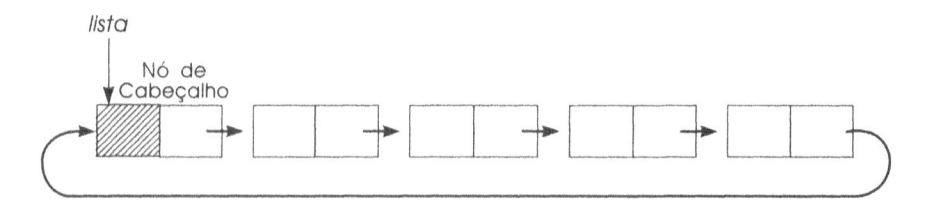

Figura 4.5.3 Uma lista circular com um nó de cabeçalho.

Se for usado um ponteiro externo estacionário para uma lista circular, além do ponteiro para o percurso, o nó de cabeçalho não precisará conter um código especial, mas poderá ser usado praticamente da mesma maneira que um nó de cabeçalho de uma lista linear para conter informações globais sobre a lista. O final de um percurso seria marcado pela igualdade entre o ponteiro do percurso e o ponteiro estacionário externo.

SOMA DE INTEIROS POSITIVOS LONGOS USANDO LISTAS CIRCULARES

Agora, apresentaremos uma aplicação de listas circulares com nós de cabeçalho. O hardware da maioria dos computadores só permite inteiros de um tamanho máximo específico. Suponha que precisemos representar inteiros positivos de tamanho arbitrário e escrever uma função que retorne a soma de dois números inteiros desse tipo.

Para somar dois inteiros longos desse tipo, seus dígitos são atravessados da direita para a esquerda, e os dígitos correspondentes e um possível transporte da soma dos dígitos anteriores são acrescidos. Isso sugere a representação de inteiros longos, armazenando seus dígitos da direita para a esquerda numa lista, de modo que o primeiro nó na lista contenha o dígito menos significativo (o da extrema direita) e o último nó contenha o dígito mais significativo (o da extrema esquerda). Entretanto, para economizar espaço, mantemos cinco dígitos em cada nó. (Serão usadas variáveis inteiras longas para que números até 99999 possam ser mantidos em cada nó. O tamanho máximo de um inteiro depende da implementação; portanto, talvez você precise modificar as rotinas de modo a armazenar números menores em cada nó.) Podemos declarar o conjunto de nós com:

```
struct node    {
   long int info;
   struct node *next;
};
typedef struct node *NODEPTR;
```

Como queremos percorrer a lista durante a soma, mas precisamos restaurar ocasionalmente os ponteiros da lista a seus valores iniciais, usaremos listas circulares com cabeçalhos. O nó de cabeçalho é distinguido por um valor de *info* igual a -1. Por exemplo, o inteiro 4597634972106984630 é representado pela lista ilustrada na Figura 4.5.4.

Escrevamos agora uma função, *addint*, que aceite ponteiros para duas listas desse tipo representando inteiros, crie uma lista representando a soma dos inteiros e retorne um ponteiro à lista da soma. Ambas as listas são atravessadas paralelamente, e cinco dígitos são somados por vez. Se a soma de dois números de cinco dígitos for x, os cinco dígitos de menor ordem de x poderão ser extraídos usando a expressão $x \% 100000$, que resulta no resto de x na divisão por 100000. O transporte pode ser calculado pela divisão de inteiros $x/100000$. Quando o final de uma das listas for alcançado, o transporte será passado para os dígitos restantes da outra lista. A função prossegue e usa as rotinas *getnode* e *insafter*.

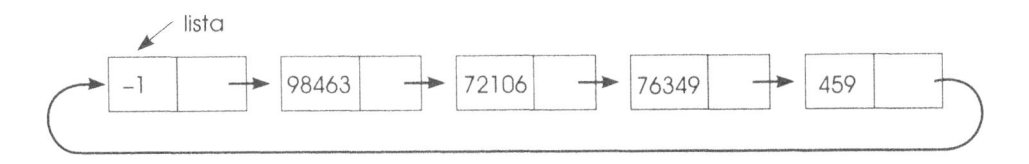

Figura 4.5.4 Um número grande como uma lista circular.

```
NODEPTR addint(p, q)
NODEPTR p, q;
{
   long int hunthou = 100000L;
   long int carry, number, total;
   NODEPTR s;
   /* define p e q c/ os nohs posteriores aos cabecalhos */
   p = p->next;
   q = q->next;
   /* configura um noh de cabecalho para a soma */
   s = getnode();
   s->info = -1;
   s->next = s;
   /* inicialmente nao ha transporte */
   carry = 0;
   while (p->info != -1 && q->info != -1) {
      /* soma o info dos dois nohs */
      /* e do transporte anterior  */
      total = p->info + q->info + carry;
      /* Determina os cinco digitos de menor ordem */
      /*           da soma e insere na lista.      */
      number = total % hunthou;
      insafter(s, number);
      /*    avanca os percursos                  */
      s = s->next;
      p = p->next;
      q = q->next;
      /* verifica se existe um transporte */
      carry = total / huntout;
   }  /* fim while */
   /* neste ponto, devem existir nohs em uma das */
   /*              duas listas de entrada         */
   while (p->info != -1)   {
      total = p->info + carry;
      number = total % hunthou;
      insafter(s, number);
      carry = total / hunthou;
      s = s->next;
      p = p->next;
   }  /* fim while */
   while (q->info != -1)  {
      total = q->info + carry;
      number = total % hunthou;
      insafter(s, number);
```

```
      carry = total / hunthou;
      s = s->next;
      q = q->next;
   }  /* fim while */
   /*  verifica se existe um transp extra a partir dos  */
   /*              cinco primeiros digitos              */
   if (carry == 1)  {
      insafter(s, carry);
      s = s->next;
   }  /* fim if */
   /*  s aponta p/ o ult noh na soma. s->next    */
   /*  aponta para o cabecalho da lista da soma.*/
   return(s->next);
}  /* fim addint */
```

LISTAS DUPLAMENTE LIGADAS

Embora uma lista circularmente ligada tenha vantagens sobre uma lista linear, ela ainda apresenta várias deficiências. Não se pode atravessar uma lista desse tipo no sentido contrário nem um nó pode ser eliminado de uma lista circularmente ligada, em função de apenas um ponteiro para esse nó. Nos casos em que tais recursos são necessários, a estrutura de dados adequada é uma ***lista duplamente ligada***. Cada nó numa lista desse tipo contém dois ponteiros, um para seu predecessor e outro para seu sucessor. Na realidade, no contexto de listas duplamente ligadas, os termos *predecessor* e *sucessor* não fazem sentido porque a lista é totalmente simétrica. As listas duplamente ligadas podem ser lineares ou circulares e podem conter ou não um nó de cabeçalho, conforme ilustrado na Figura 4.5.5.

Podemos considerar os nós numa lista duplamente ligada como consistindo em três campos: um campo *info* que contém as informações armazenadas no nó, e os campos *left* e *right*, que contêm ponteiros para os nós em ambos os lados. Podemos declarar um conjunto de nós desse tipo usando a implementação em vetor ou dinâmica, com:

Implementacao em Vetor	Implementacao Dinamica
| ```
struct nodetype {
   int info;
   int left, right;
};
struct nodetype node[NUMNODES];
``` | ```
struct node {
   int info;
   struct node *left, *right;
};
typedef struct node *NODEPTR;
``` |

Observe que a lista disponível para esse conjunto de nós na implementação em vetor não precisa ser duplamente ligada porque ela não é atravessada nos dois sentidos. A lista disponível pode ser associada usando o ponteiro *left* ou *right*. Evidentemente, precisam ser escritas as rotinas *getnode* e *freenode* adequadas.

(a) Uma lista linear duplamente ligada.

(b) Uma lista circular duplamente ligada sem cabeçalho.

(c) Uma lista circular duplamente ligada, com um cabeçalho.

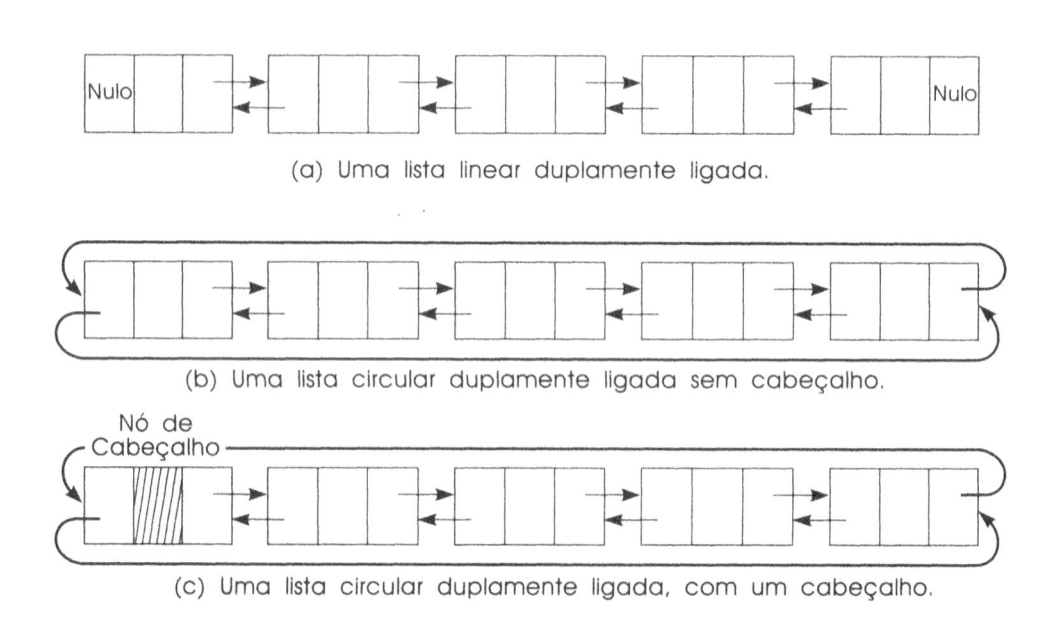

Figura 4.5.5   Listas duplamente ligadas.

Apresentaremos agora rotinas que operam sobre listas circulares duplamente ligadas. Uma propriedade conveniente dessas listas é que, se p for um ponteiro para um nó qualquer, permitindo que *left(p)* seja uma abreviação para *node[p].left* ou *p->left*, e *right(p)* uma abreviação para *node[p].right* ou *p->right*, teremos:

```
left(right(p)) = p = right(left(p))
```

Uma operação que pode ser executada sobre listas duplamente ligadas mas não sobre as listas ligadas comuns é a eliminação de determinado nó. A seguinte rotina em C elimina o nó apontado por *p* de uma lista duplamente ligada e armazena seu conteúdo em *x* usando a implementação de nós dinâmicos. Ela é chamada por *delete(p, &x)*.

```
delete(p, px)
NODEPTR p;
int *px;
{
   NODEPTR q, r;
   if (p == NULL)  {
      printf("renovacao vazia\n");
      return;
   } /* fim if */
   *px = p->info;
   q = p->left;
   r = p->right;
   q->right = r;
   r->left = q;
   freenode(p);
   return;
} /* fim delete */
```

A rotina *insertright* insere um nó com o campo de informação *x* à direita de *node(p)* numa lista duplamente ligada:

```
insertright(p, x)
NODEPTR p;
int x;
{
   NODEPTR q, r;
   if (p == NULL) {
      printf("insercao vazia\n");
      return;
   } /* fim if */
   q = getnode();
   q->info = x;
   r = p->right;
   r->left = q;
   q->right = r;
   q->left = p;
   p->right = q;
   return;
} /* fim insertright */
```

A rotina *insertleft* para inserir um nó com o campo de informação x à esquerda de *node(p)* numa lista duplamente ligada é semelhante e será deixada como exercício para o leitor.

Quando a eficiência de espaço está em questão, é possível que um programa não suporte o adicional de dois ponteiros para cada elemento de uma lista. Existem várias técnicas para compactar os ponteiros da esquerda e da direita de um nó num único campo. Por exemplo, um único campo de ponteiro *ptr* em cada nó pode conter a soma dos ponteiros para seus vizinhos da esquerda e da direita. (Presumimos nesse caso que os ponteiros são representados de tal modo que a aritmética pode ser facilmente efetuada sobre eles. Por exemplo, os ponteiros representados por índices de vetor podem ser somados e subtraídos. Embora seja inválido somar dois ponteiros em C, vários compiladores permitirão essa aritmética de ponteiros.) Em função de dois ponteiros externos, p e q, para dois nós adjacentes, tais como $p == left(q)$, $right(q)$ pode ser calculado como $ptr(q) - p$ e $left(p)$ pode ser calculado como $ptr(p) - q$. Considerando p e q, é possível eliminar um dos nós e redefinir seu ponteiro com o nó anterior ou posterior. É possível também inserir um nó à esquerda de *node(p)* ou à direita de *node(q)*, ou inserir um nó entre *node(p)* e *node(q)* e redefinir p ou q como o nó recém-inserido. Ao usar esse esquema, é importante manter sempre dois ponteiros externos para dois nós adjacentes na lista.

SOMA DE INTEIROS LONGOS USANDO LISTAS DUPLAMENTE LIGADAS

Como ilustração do uso de listas duplamente ligadas, consideremos a extensão da implementação de inteiros longos em lista de modo a incluir inteiros negativos e positivos. O nó de cabeçalho de uma lista circular representando um inteiro longo contém uma indicação de o inteiro ser positivo ou negativo.

Para somar um inteiro positivo com um negativo, o menor valor absoluto precisa ser subtraído do maior valor absoluto e o resultado deve receber o sinal do inteiro com o maior valor absoluto. Por conseguinte, é necessário um método para verificar qual dos dois inteiros representados como listas circulares tem o maior valor absoluto.

O primeiro critério que pode ser usado para identificar o inteiro com o maior valor absoluto é o tamanho dos inteiros (presumindo-se que eles não contenham zeros iniciais). A lista com mais nós representará o inteiro com o maior valor absoluto. Entretanto, contar o número de nós exige um percurso adicional na lista. Em vez de contar o número de nós, a contagem poderia ser mantida como parte do nó de cabeçalho e referenciada conforme a necessidade.

Contudo, se ambas as listas tiverem o mesmo número de nós, o inteiro cujo dígito mais significativo for maior terá o maior valor absoluto. Se os dígitos iniciais de ambos os inteiros forem iguais, será necessário percorrer as listas a partir do dígito mais significativo até o menos significativo para determinar o maior número. Observe que esse percurso ocorre na direção oposta à do percurso usado na verdadeira adição e' subtração de dois inteiros. Como precisamos percorrer as listas nos dois sentidos, são usadas listas duplamente ligadas para representar tais inteiros.

Considere o formato do nó de cabeçalho. Além de um ponteiro da direita e da esquerda, o cabeçalho precisa conter o tamanho da lista e uma indicação de o número ser positivo ou negativo. Esses dois fragmentos de informação podem ser combinados num único inteiro cujo valor absoluto seja o tamanho da lista e cujo sinal seja o sinal do número sendo representado. Entretanto, ao fazer isso, será eliminada a possibilidade de identificar o nó de cabeçalho, examinando o sinal de seu campo *info*. Quando um inteiro positivo foi representado como uma lista circular ligada simples, um campo *info* igual a -1 indicava um nó de cabeçalho. Entretanto, sob a nova representação, um nó de cabeçalho pode conter um campo *info*, como 5, que é um campo *info* válido para qualquer outro nó na lista.

Existem várias maneiras de solucionar este problema. Uma delas é acrescentar outro campo a cada nó, para indicar se ele é ou não um nó de cabeçalho. Esse campo poderia conter o valor lógico *TRUE* se o nó fosse um cabeçalho, e *FALSE* caso contrário. Evidentemente, isso significa que cada nó exigiria mais espaço. Como alternativa, a contagem poderia ser eliminada do nó de cabeçalho e um campo *info* igual a -1 indicaria um número positivo, e -2 um número negativo. Dessa forma, um nó de cabeçalho poderia ser identificado por seu campo *info* negativo. Entretanto, isso aumentaria o tempo necessário para comparar dois números porque exigira a contagem do número de nós em cada lista. Esses impasses de espaço/tempo são comuns na computação, e será necessário decidir sobre que eficiência deve ser sacrificada e qual deve ser mantida.

Em nosso caso, escolhemos ainda uma terceira opção, que é manter um ponteiro externo para o cabeçalho da lista. Um ponteiro p pode ser identificado como apontando para um cabeçalho se for igual ao ponteiro externo original; caso contrário, $node(p)$ não será um cabeçalho.

```
         ┌──────────┬──────┬────────┐
    ◄────┤ esquerda │ info │ direita├────►
         └──────────┴──────┴────────┘
              (a) Exemplo de nó
```

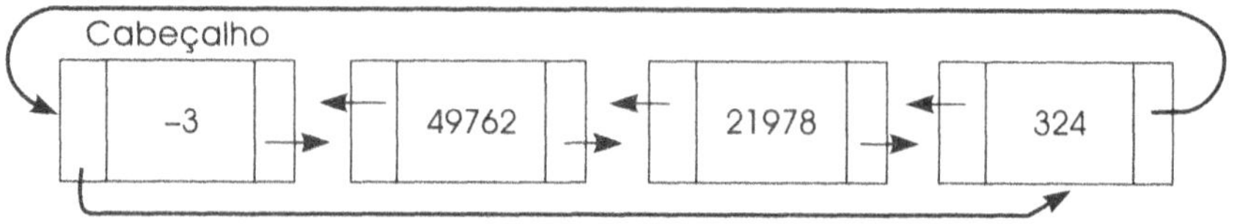

(b) O inteiro -3242197849762.

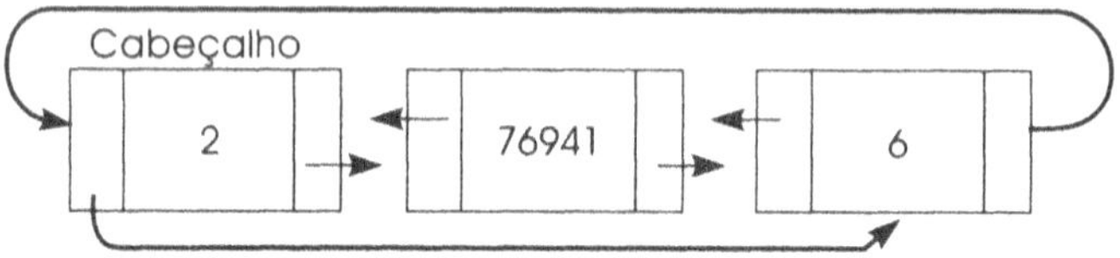

(c) O inteiro 676941.

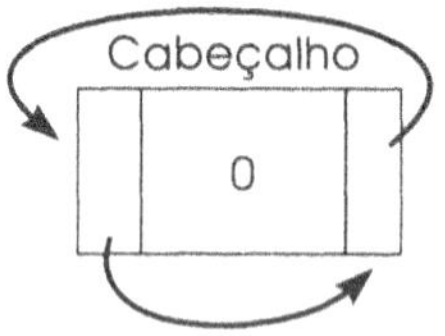

(d) O inteiro 0.

Figura 4.5.6 Inteiros como listas duplamente ligadas.

A Figura 4.5.6 traz um exemplo de nó e a representação de quatro inteiros como listas duplamente ligadas. Observe que os dígitos menos significativos estão à direita do cabeçalho e as contagens nos nós de cabeçalho não incluem o nó de cabeçalho propriamente dito.

Usando a representação anterior, apresentamos uma função *compabs*, que compara os valores absolutos de dois inteiros representados como listas duplamente ligadas. Seus dois parâmetros são ponteiros para os cabeçalhos de lista, e ela retorna 1 se o primeiro tiver o maior valor absoluto, -1 se o segundo tiver o maior valor absoluto, e 0 se os valores absolutos dos dois inteiros forem iguais.

```
compabs(p, q)
NODEPTR p, q;
{
   NODEPTR r, s;
   /* compara as contagens */
   if (abs(p->info) > abs(q->info))
      return(1);
   if (abs(p->info) < abs(q->info))
   return(-1);
   /* as contagens sao iguais */
   r = p->left;
   s = q->left;
   /* percorre a lista a partir dos digitos mais significativos */
   while (r != p)  {
      if (r->info > s->info)
         return(1);
      if (r->info < s->info)
         return(-1);
      r = r->left;
      s = s->left;
   }  /* fim while */
   /* os valores absolutos sao iguais */
   return(0);
}  /* end compabs */
```

Agora, podemos escrever uma função *addiff* que aceite dois ponteiros para listas duplamente ligadas representando inteiros longos de diferentes sinais, onde o valor absoluto do primeiro não é inferior ao do segundo, e que retorne um ponteiro para uma lista representando a soma dos inteiros. Evidentemente, precisamos ter o cuidado de eliminar os zeros iniciais da soma. Para fazer isso, mantemos um ponteiro *zeroptr* para o primeiro nó de um conjunto consecutivo de nós de zeros iniciais e um sinal *zeroflag*, que será *TRUE* se e somente se o último nó da soma gerada até então for 0.

Nessa função, p aponta para o número com o valor absoluto maior e q aponta para o número com o valor absoluto menor. Os valores dessas variáveis não mudam. As variáveis auxiliares, *pptr* e *qptr*, são usadas para percorrer as listas. A soma é formada numa lista apontada pela variável r.

```
NODEPTR addiff(p, q)
NODEPTR p, q;
{
   int count;
   NODEPTR pptr, qptr, r, s, zeroptr;
```

```
   long int hunthou = 100000L;
   long int borrow, diff;
   int zeroflag;
   /* inicializa variaveis */
   count = 0;
   borrow = 0;
   zeroflag = FALSE;
   /* gera um noh de cabecalho para a soma */
   r = getnode();
   r->left = r;
   r->right = r;
   /* percorre as duas listas */
   pptr = p->right;
   qptr = q->right;
   while
   (qptr != q) {
      diff = pptr->info - borrow - qptr->info;
      if (diff >= 0)
      borrow = 0;
   else {
      diff = diff + hunthou;
      borrow = 1;
   }  /* fim if */
   /*  gera um novo noh e insere-o a esquerda */
   /*  do cabecalho na soma                   */
   insertleft(r, diff);
   count += 1;
   /* verifica noh de zeros */
   if (diff == 0)   {
      if (zeroflag == FALSE)
         zeroptr = r->left;
      zeroflag = TRUE;
   }
   else
      zeroflag = FALSE;
   pptr = pptr->right;
   qptr = qptr->right;
}  /* fim while */
/* percorre o restante da lista p */
while (pptr != p)  {
   diff = pptr->info - borrow;
   if (diff >= 0)
      borrow = 0;
   else {
```

```
      diff = diff + hunthou;
      borrow = 1;
   }  /* fim if */
   insertleft(r, diff);
   count += 1;
   if (diff == 0)  {
      if (zeroflag == FALSE)
         zeroptr = r->left;
      zeroflag = TRUE;
   }
   else
      zeroflag = FALSE;
   pptr = pptr->right;
}  /* fim while */
if (zeroflag == TRUE) /* elimina zeros iniciais */
   while (zeroptr != r)  {
      s = zeroptr;
      zeroptr = zeroptr->right;
      delete(s, &diff);
      count -= 1;
   }  /* fim if ... while */
/* insere contagem e sinal no cabecalho */
   if (p-info > 0)
      r->info = count;
   else
      r->info = -count;
   return(r);
}  /* fim addiff */
```

Podemos também escrever uma função *addsame* para somar dois números com sinais idênticos. Essa função é muito parecida com a *addint* da implementação anterior, exceto pelo fato de que ela lida com uma lista duplamente ligada e precisa rastrear o número de nós na soma.

Usando essas rotinas, podemos escrever uma nova versão de *addint* que aceite dois inteiros representados por listas duplamente ligadas.

```
NODEPTR addint(p, q)
NODEPTR p, q;
{
   /* verifica se os inteiros tem sinais identicos */
   if (p->info * q->info > 0)
      return(addsame(p, q));
   /* verifica qual deles tem o valor absoluto maior */
   if (compabs(p, q) > 0)
      return(addiff(p, q));
```

```
    else
       return(addiff(q, p));
}   /* fim addint */
```

EXERCÍCIOS

4.5.1. Escreva um algoritmo e uma rotina em C para efetuar cada uma das operações do Exercício 4.2.3 para listas circulares. Quais são mais eficientes sobre listas circulares do que sobre listas lineares? Quais são menos eficientes?

4.5.2. Reescreva a rotina *place* da Seção 4.3 de modo a inserir um novo item numa lista circular ordenada.

4.5.3. Escreva um programa para solucionar o problema de Josephus usando um vetor em vez de uma lista circular. Por que uma lista circular é mais eficiente?

4.5.4. Examine a seguinte variação do problema de Josephus. Um grupo de pessoas faz um círculo e cada uma escolhe um inteiro positivo. Um de seus nomes e um inteiro positivo *n* são escolhidos. Começando com a pessoa cujo nome é escolhido, elas serão contadas ao redor do círculo, no sentido horário, e a *e*nésima pessoa será eliminada. O inteiro positivo que essa pessoa escolheu será, então, usado para continuar a contagem. Toda vez que uma pessoa for eliminada, o número que ela escolheu será usado para determinar a próxima pessoa eliminada. Por exemplo, suponha que as cinco pessoas sejam *A, B, C, D* e *E*, que elas tenham escolhido os números 3, 4, 6, 2 e 7, respectivamente, e que o inteiro 2 seja inicialmente escolhido. Sendo assim, se começarmos a partir de *A*, a seqüência na qual as pessoas serão eliminadas do círculo será *B, A, E, C*, deixando *D* como o último no círculo.

Escreva um programa que leia um grupo de linhas de entrada. Cada linha de entrada, exceto a primeira e a última, contém um nome e um inteiro positivo escolhidos por essa pessoa. A ordem dos nomes nos dados é a seqüência em sentido horário das pessoas no círculo, e a contagem deve começar com o primeiro nome na entrada. A primeira linha de entrada contém o número de pessoas no círculo. A última linha de entrada contém somente um único inteiro positivo representando a contagem inicial. O programa imprime a seqüência na qual as pessoas são eliminadas do círculo.

4.5.5. Escreva uma função em C, *multint(p, q)*, para multiplicar dois inteiros positivos longos representados por listas circulares ligadas simples.

4.5.6. Escreva um programa para imprimir o centésimo número de Fibonacci.

4.5.7. Escreva um algoritmo e uma rotina em C para efetuar cada uma das operações do Exercício 4.2.3 em listas circulares duplamente ligadas. Quais são mais eficientes sobre listas duplamente ligadas do que sobre listas ligadas simples? Quais são menos eficientes?

4.5.8. Suponha que um único campo de ponteiro em cada nó de uma lista duplamente ligada contenha a soma dos ponteiros para o predecessor e para o sucessor do nó, conforme descrito no texto deste capítulo. Dados os ponteiros p e q para dois nós adjacentes numa lista desse tipo, escreva rotinas em C para inserir um nó à direita de *node(q)*, à esquerda de *node(p)* e entre *node(p)* e *node(q)*, modificando p de modo a apontar para o nó recém-inserido. Escreva uma rotina adicional para eliminar *node(q)*, redefinindo q com o sucessor do nó.

4.5.9. Suponha que *first* e *last* sejam ponteiros externos para o primeiro e o último nó de uma lista duplamente ligada representada como no Exercício 4.5.8. Escreva rotinas em C para implementar as operações do Exercício 4.2.3 numa lista desse tipo.

4.5.10. Escreva uma rotina *addsame* para somar dois inteiros longos de mesmo sinal representados por listas duplamente ligadas.

4.5.11. Escreva uma função em C *multint(p, q)* para multiplicar dois inteiros longos representados por listas circulares duplamente ligadas.

4.5.12. Como um polinômio em três variáveis (x, y e z) pode ser representado por uma lista circular? Cada nó deve representar um termo e deve conter as potências de x, y e z, bem como o coeficiente desse termo. Escreva funções em C para fazer o seguinte:

a. somar dois polinômios desse tipo;

b. multiplicar dois polinômios desse tipo;

- c. calcular a derivada parcial de um polinômio desse tipo em relação a qualquer uma de suas variáveis;

- d. avaliar um polinômio desse tipo em função de valores dados para x, y e z;

- e. dividir um polinômio desse tipo por outro, criando polinômios quociente e resto;

- f. integrar um polinômio desse tipo em relação a qualquer uma de suas variáveis;

- g. imprimir a representação de um polinômio desse tipo;

- h. dados quatro polinômios desse tipo, $f(x,y,z)$, $g(x,y,z)$, $h(x,y,z)$ e $i(x,y,z)$, calcular o polinômio $f(g(x,y,z), h(x,y,z), i(x,y,z))$.

Capítulo 5

Árvores

Neste capítulo, examinaremos uma estrutura de dados útil para várias aplicações: a árvore. Definiremos várias formas dessa estrutura de dados e mostraremos como elas podem ser representadas em C e aplicadas na solução de uma ampla variedade de problemas. Como acontece com as listas, trataremos as árvores basicamente como estruturas de dados em vez de como tipos de dados. Ou seja, focalizaremos basicamente a implementação, e não a definição matemática.

5.1. ÁRVORES BINÁRIAS

Uma ***árvore binária*** é um conjunto finito de elementos que está vazio ou é particionado em três subconjuntos disjuntos. O primeiro subconjunto contém um único elemento, chamado ***raiz*** da árvore. Os outros dois subconjuntos são em si mesmos árvores binárias, chamadas ***subárvores esquerda*** e ***direita*** da árvore original. Uma subárvore esquerda ou direita pode estar vazia. Cada elemento de uma árvore binária é chamado ***nó*** da árvore.

Um método convencional de ilustrar uma árvore binária aparece na Figura 5.1.1. Essa árvore consiste em nove nós com A como sua raiz. Sua subárvore esquerda está enraizada em B e sua subárvore direita, em C. Isso aparece indicado pelas duas ramificações que saem de *A:* para *B*, no lado esquerdo e para *C*, no lado direito. Por exemplo, a subárvore esquerda, da árvore binária enraizada em *C* e a subárvore direita da árvore binária enraizada em *E* estão, ambas, vazias. As árvores binárias enraizadas em *D*, *G*, *H* e *I* têm subárvores direita e esquerda vazias.

A Figura 5.1.2 ilustra algumas estruturas que não são árvores binárias. Procure entender por que cada uma delas não é uma árvore binária conforme acabamos de definir.

Se *A* é a raiz de uma árvore binária e *B* é a raiz de sua subárvore direita ou esquerda, então diz-se que *A* é o ***pai*** de *B* e que *B* é o ***filho direito*** ou ***esquerdo*** de *A*.

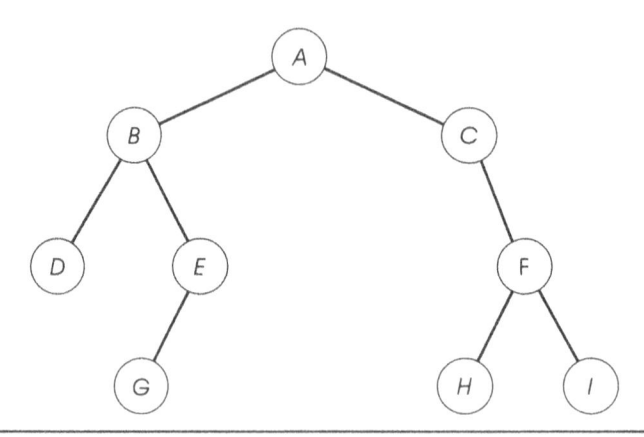

Figura 5.1.1 Uma árvore binária.

Um nó sem filhos (como *D*, *G*, *H* ou *I*, da Figura 5.1.1) é chamado ***folha***. O nó $n1$ é um ***ancestral*** do nó $n2$ (e $n2$ é um ***descendente*** de $n1$), se $n1$ for o pai de $n2$ ou o pai de algum ancestral de $n2$. Por exemplo, na árvore da Figura 5.1.1, *A* é um ancestral de *G*, e *H* é um descendente de *C*, mas *E* não é nem ancestral nem descendente de *C*. Um nó $n2$ é um ***descendente esquerdo*** do nó $n1$ se $n2$ for o filho esquerdo de $n1$ ou um descendente do filho esquerdo de $n1$. Um ***descendente direito*** pode ser definido de modo semelhante. Dois nós são ***irmãos*** se forem filhos esquerdo e direito do mesmo pai.

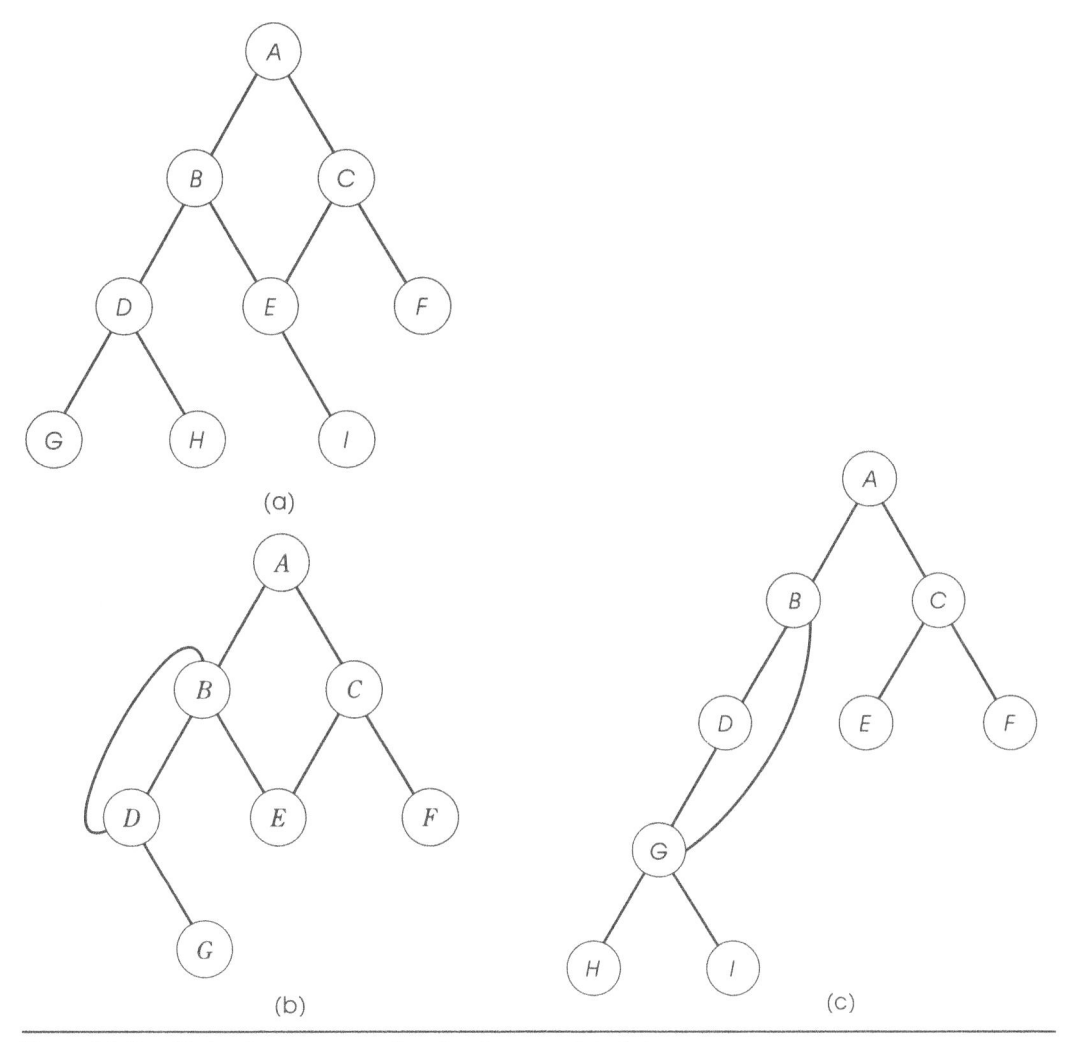

Figura 5.1.2 Estruturas que não são árvores binárias.

Embora as árvores naturais cresçam com suas raízes fincadas na terra e suas folhas no ar, os cientistas de computação retratam quase universalmente as estruturas de dados em árvore com a raiz no topo e as folhas no chão. O sentido da raiz para as folhas é "para baixo" e o sentido oposto é "para cima". Quando você percorre uma árvore a partir das folhas na direção da raiz, diz-se que você está "subindo" a árvore, e se partir da raiz para as folhas, você está "descendo" a árvore.

Se todo nó que não é folha numa árvore binária tiver subárvores esquerda e direita não-vazias, a árvore será considerada uma ***árvore estritamente binária***. Sendo assim, a árvore da Figura 5.1.3 é estritamente binária, enquanto a da Figura 5.1.1 não é (porque os nós C e E têm um filho cada). Uma árvore estritamente binária com n folhas contém sempre $2n - 1$ nós. A comprovação desse fato será deixada como exercício para o leitor.

O ***nível*** de um nó numa árvore binária é definido como segue: a raiz da árvore tem nível 0, e o nível de qualquer outro nó na árvore é um nível a mais que o nível de seu pai.

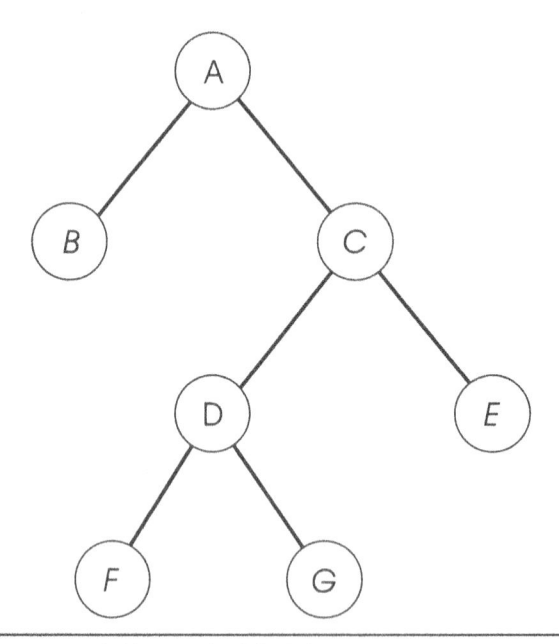

Figura 5.1.3 Uma árvore estritamente binária.

Por exemplo, na árvore binária da Figura 5.1.1, o nó E está no nível 2 e o nó H, no nível 3. A ***profundidade*** de uma árvore binária significa o nível máximo de qualquer folha na árvore. Isso equivale ao tamanho do percurso mais distante da raiz até qualquer folha. Sendo assim, a profundidade da árvore da Figura 5.1.1 é 3. Uma ***árvore binária completa*** de profundidade d é a árvore estritamente binária em que todas as folhas estejam no nível d. A Figura 5.1.4 ilustra a árvore binária completa de profundidade 3.

Se uma árvore binária contiver m nós no nível l, ela conterá no máximo $2m$ nós no nível $l + 1$. Como uma árvore binária pode conter no máximo um nó no nível 0 (raiz), ela poderá conter no máximo 2^l nós no nível l. Uma árvore binária completa de profundidade d é a árvore binária de profundidade d que contém exatamente 2^l nós em cada nível l entre 0 e d. (Isso equivale a dizer que ela é a árvore binária de profundidade d que contém exatamente 2^d nós no nível d.) O número total de nós numa árvore binária completa de profundidade d, tn, é igual à soma do número de nós em cada nível entre 0 e d. Sendo assim:

$$tn = 2^0 + 2^1 + 2^2 + \ldots + 2^d = \sum_{j=0}^{d} 2^j$$

Por indução, pode-se demonstrar que esta soma equivale a $2^{d+1} - 1$. Como todas as folhas nesta árvore estão no nível d, a árvore contém 2^d folhas e, portanto, $2^d - 1$ nós sem folhas.

De modo semelhante, se o número de nós, tn, numa árvore binária completa for conhecido, poderemos calcular sua profundidade, d, a partir da equação $tn = 2^{d+1} - 1$. d é igual a 1 menos o número de vezes em que 2 precisa ser multiplicado por si mesmo para chegar a $tn + 1$. Em matemática, $\log_b x$ é definido como o número de vezes em que b precisa ser multiplicado por si mesmo para chegar a x. Então, podemos afirmar que, numa árvore binária completa, d é igual a $\log_2(tn + 1) - 1$. Por exemplo, a árvore binária completa da Figura 5.1.4 contém 15 nós e é de profundidade 3. Observe que 15 equivale a $2^{3+1} - 1$ e que 3 equivale a $\log_2(15 + 1) - 1$. $\log_2 x$ é muito menor que x [por exemplo, $\log_2 1024$ é igual a 10 e $\log_2 1000000$ é menor que 20]. A importância de uma árvore binária completa é que ela é a árvore binária com o número máximo de nós para determinada profundidade. Analisando sob outro prisma, embora uma árvore binária completa contenha muitos nós, a distância da raiz até qualquer folha (a profundidade da árvore) é relativamente pequena.

Uma árvore binária de profundidade d será uma ***árvore binária quase completa*** se:

1. Cada folha na árvore estiver no nível d ou no nível $d - 1$.

2. Para cada nó nd na árvore com um descendente direito no nível d, todos os descendentes esquerdos de nd que forem folhas estiverem também no nível d.

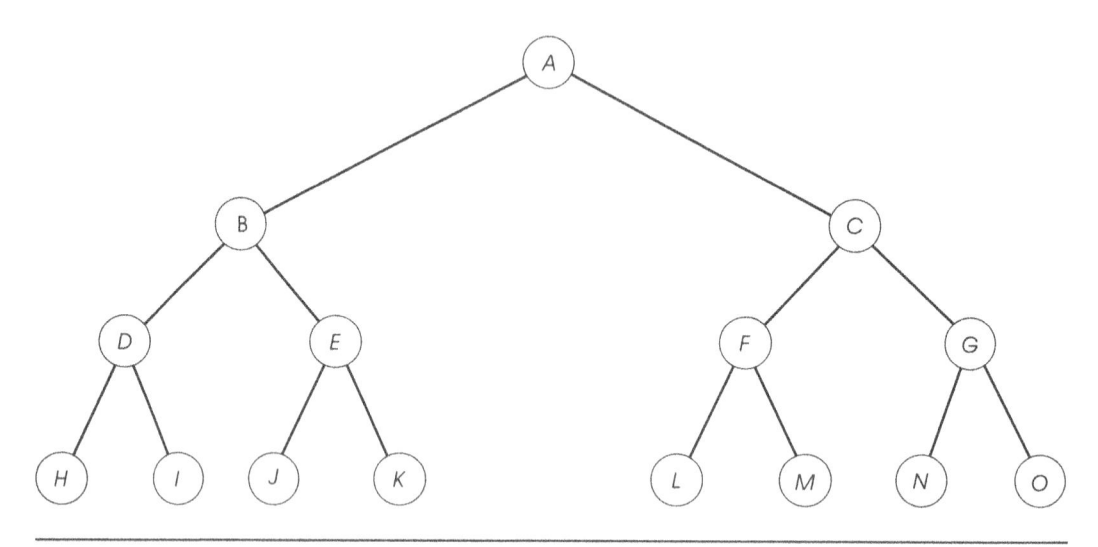

Figura 5.1.4 Uma árvore binária completa de nível 3.

A árvore estritamente binária da Figura 5.1.5a não é quase completa porque ela contém folhas nos níveis 1, 2 e 3, violando, assim, a condição 1. A árvore estritamente binária da Figura 5.1.5b atende à condição 1 porque toda folha está no nível 2 ou no nível 3. Entretanto, a condição 2 é violada, uma vez que A tem um descendente direito no nível 3(*J*) e um descendente esquerdo que é uma folha no nível 2 (*E*). A árvore estritamente binária da Figura 5.1.5c atende às condições 1 e 2 e é, portanto, uma árvore binária quase completa. A árvore binária da Figura 5.1.5d é também uma árvore binária quase completa mas não é estritamente binária porque o nó *E* tem um filho esquerdo mas não um filho direito. (É necessário observar que vários livros se referem a essa árvore como uma "árvore binária completa" em vez de "árvore binária quase completa". Outros livros empregam o termo "completa" ou "plenamente binária" referindo-se ao conceito que chamamos "estritamente binária". Usamos as expressões "estritamente binária", "completa" e "quase completa", conforme definido aqui.)

Os nós de uma árvore binária quase completa podem ser numerados, de modo que seja atribuído o número 1 à raiz, um filho esquerdo receba a atribuição de um número equivalente ao dobro do número atribuído a seu pai, e um filho direito receba a atribuição de um número equivalente a um a mais que o dobro do número atribuído a seu pai. As Figuras 5.1.5c e d ilustram essa técnica de numeração. Cada nó numa árvore binária quase completa recebe a atribuição de um número exclusivo, que define a posição do nó dentro da árvore.

Uma árvore estritamente binária quase completa com n folhas tem $2n$ - 1 nós, assim como qualquer outra árvore estritamente binária com n folhas. Uma árvore binária quase completa com n folhas, que não seja estritamente binária, tem $2n$ nós. Existem duas árvores binárias quase completas distintas com n folhas, umas das quais é estritamente binária e a outra não. Por exemplo, as árvores das Figuras 5.1.5c e d são, ambas, quase completas e têm cinco folhas; entretanto, a árvore da Figura 5.1.5c é estritamente binária, enquanto a da Figura 5.1.5d não é.

Existe uma única árvore binária quase completa com n nós. Essa árvore será estritamente binária se e apenas se n for ímpar. Sendo assim, a árvore da Figura 5.1.5c é a única árvore binária quase completa com nove nós e é estritamente binária porque 9 é ímpar, enquanto a árvore da Figura 5.1.5d é a única árvore binária quase completa com dez nós que não é estritamente binária porque 10 é par.

Uma árvore binária quase completa de profundidade d é intermediária entre a árvore binária completa de profundidade d -1, que contém 2^d - 1 nós, e a árvore binária completa de profundidade d, que contém 2^{d+1} - 1 nós. Se tn representa o número total de nós numa árvore binária quase completa, sua profundidade é o maior inteiro menor ou igual a $\log_2 tn$. Por exemplo, as árvores binárias quase completas com 4, 5, 6 e 7 nós têm profundidade 2, e as árvores binárias quase completas com 8, 9, 10, 11, 12, 13, 14 e 15 nós têm profundidade 3.

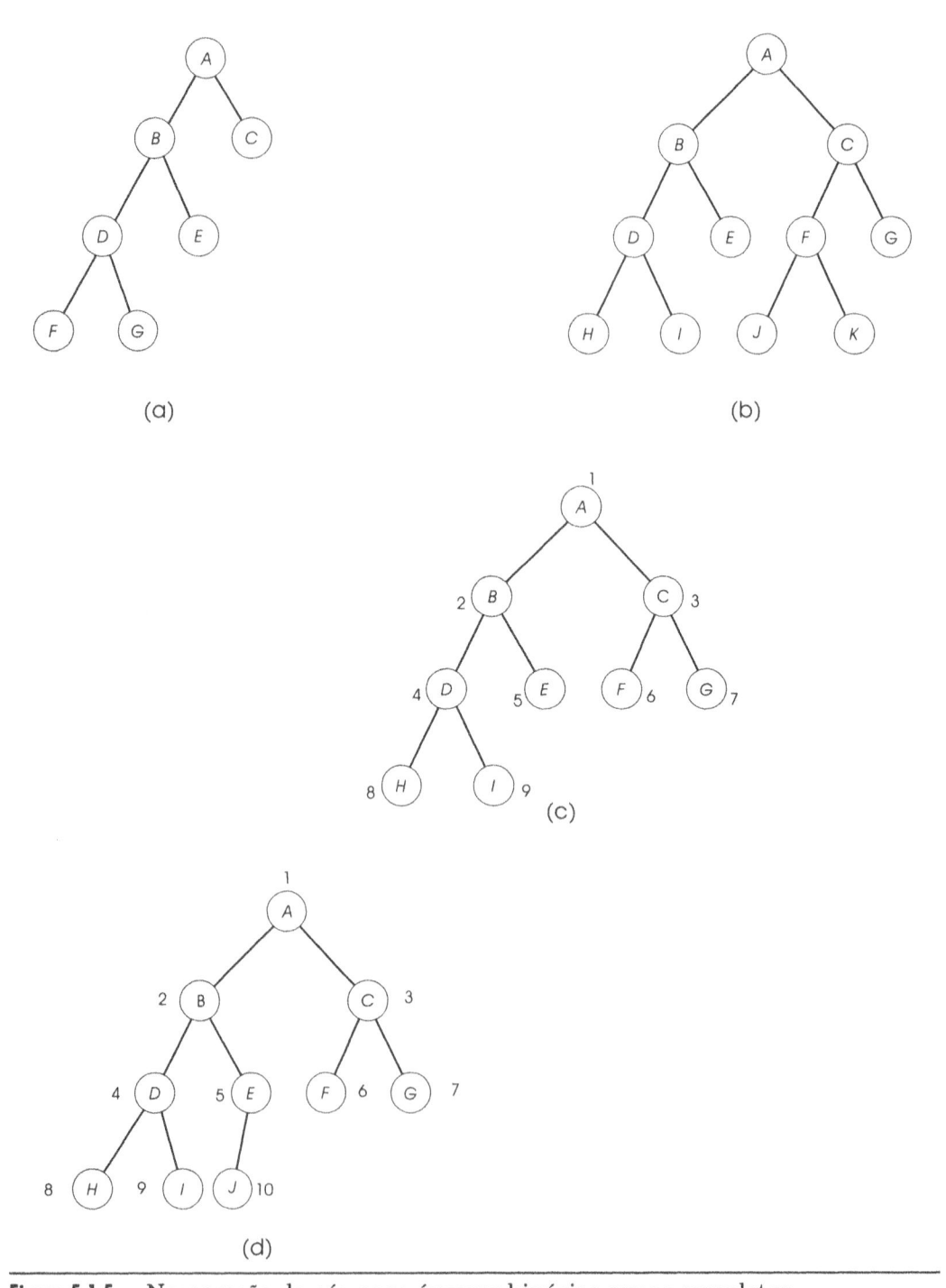

Figura 5.1.5 Numeração de nós para árvores binárias quase completas.

OPERAÇÕES SOBRE ÁRVORES BINÁRIAS

Existem várias operações primitivas que podem ser aplicadas a uma árvore binária. Se *p* é um ponteiro para um nó *nd* de uma árvore binária, a função *info(p)* retorna o conteúdo de *nd*. As funções *left(p), right(p), father(p)* e *brother(p)* retornam ponteiros para o filho esquerdo de *nd*, filho direito de *nd*, pai de *nd* e irmão de *nd*, respectivamente. Essas funções retornarão o ponteiro *null* se *nd* não tiver filho esquerdo, filho direito, pai ou irmão. Finalmente, as funções lógicas *isleft(p)* e *isright(p)* retornam o valor *true* se *nd* for um filho esquerdo ou direito, respectivamente, de algum outro nó na árvore, e *false*, caso contrário.

Observe que as funções *isleft(p), isright(p)* e *brother(p)* podem ser implementadas usando-se as funções *left(p), right(p)* e *father(p)*. Por exemplo, *isleft* pode ser implementada assim:

```
q = father(p);
if (q == null)
   return(false);          /* p aponta para a raiz */
if (left(q) == p)
   return(true);
return(false);
```

ou, ainda mais simples, como *father(p)&&p == left(father(p))*. *isright* pode ser implementada de modo semelhante ou chamando *isleft*. *brother(p)* pode ser implementada usando-se *isleft* ou *isright*, como segue:

```
if (father(p) == null)
   return(null);          /* p aponta para a raiz */
if (isleft(p))
   return(right(father(p)));
return(left(father(p)));
```

Ao construir uma árvore binária, as operações *maketree*, *setleft* e *setright* são úteis. *maketree(x)* cria uma nova árvore binária consistindo num único nó com o campo de informação *x* e retorna um ponteiro para esse nó. *setleft(p,x)* aceita um ponteiro *p* para um nó de uma árvore binária sem filhos. Ele cria um novo filho esquerdo de *node(p)* com o campo de informação *x*. *setright(p,x)* é análoga a *setleft*, exceto pelo fato de que ela cria um filho direito de *node(p)*.

APLICAÇÕES DE ÁRVORES BINÁRIAS

Uma árvore binária é uma estrutura de dados útil quando precisam ser tomadas decisões bidirecionais em cada ponto de um processo. Por exemplo, suponha que precisemos encontrar todas as repetições numa lista de números. Uma maneira de fazer isso é comparar cada número com todos os que o precedem. Entretanto, isso envolve um grande número de comparações.

O número de comparações pode ser reduzido usando-se uma árvore binária. O primeiro número na lista é colocado num nó estabelecido como a raiz de uma árvore binária com as subárvores esquerda e direita vazias. Cada número sucessivo na lista é, então, comparado ao número na raiz. Se coincidirem, teremos uma repetição. Se for menor, examinaremos a subárvore esquerda; se for maior, examinaremos a subárvore direita. Se a subárvore estiver vazia, o número não será repetido e será colocado num novo nó nesta posição na árvore. Se a subárvore não estiver vazia, compararemos o número ao conteúdo da raiz da subárvore e o processo inteiro será repetido com a subárvore. Veja a seguir um algoritmo para fazer essa operação:

```c
/* le o primeiro numero e o insere */
/*   na arvore binaria de nó unico    */
scanf("%d", &number);
tree = maketree(number);
while (há números na entrada) {
   scanf("%d", &number);
   p = q = tree;
   while (number != info(p) && q != NULL) {
      p = q;
      if (number < info(p))
         q = left(p);
      else
         q = right(p);
   } /* fim while */
   if (number == info(p))
      printf("%d %s\n", number, "estah repetido");
   /* insere o numero a direita ou esquerda de p */
   else if (number < info(p))
      setleft(p, number);
   else
      setright(p, number);
} /* fim while */
```

A Figura 5.1.6 ilustra a árvore construída a partir da entrada 14, 15, 4, 9, 7, 18, 3, 5, 16, 4, 20, 17, 9, 14, 5.

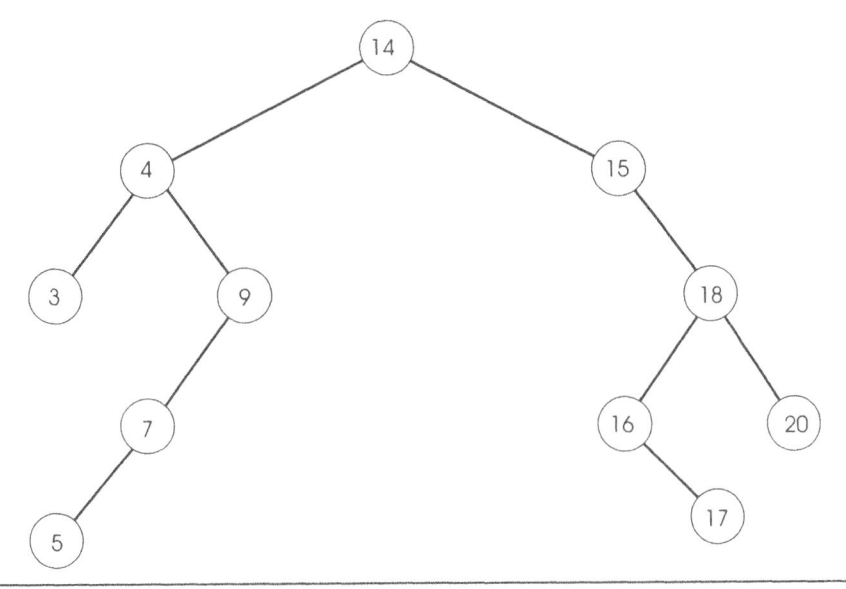

Figura 5.1.6 Uma árvore binária construída para encontrar repetições.

Outra operação comum é ***percorrer*** uma árvore binária, ou seja, percorrer a árvore enumerando cada um de seus nós uma vez. Podemos simplesmente querer imprimir o conteúdo de cada nó ao enumerá-lo, ou podemos processá-lo de alguma maneira. Seja qual for o caso, falamos em ***visitar*** cada nó à medida que ele é enumerado.

Evidentemente, a ordem na qual os nós de uma lista linear são visitados num percurso é do primeiro para o último. Entretanto, não existe uma ordem "natural" para os nós de uma árvore. Sendo assim, são usados diferentes ordenamentos de percurso em diferentes casos. Definiremos três desses métodos de percurso. Em cada um desses métodos, não é preciso fazer nada para percorrer uma árvore binária vazia. Todos os métodos são definidos recursivamente, de modo que percorrer uma árvore binária envolve visitar a raiz e percorrer suas subárvores esquerda e direita. A única diferença entre os métodos é a ordem na qual essas três operações são efetuadas.

Para percorrer uma árvore binária não-vazia em ***pré-ordem*** (conhecida também como ***percurso em profundidade***), efetuamos as três seguintes operações:

1. Visitamos a raiz.
2. Percorremos a subárvore esquerda em ordem prévia.
3. Percorremos a subárvore direita em ordem prévia.

Para percorrer uma árvore binária não-vazia em *em ordem (ou ordem simétrica)*:

1. Percorremos a subárvore esquerda em ordem simétrica.
2. Visitamos a raiz.
3. Percorremos a subárvore direita em ordem simétrica.

Para atravessar uma árvore binária não-vazia em *pós-ordem*:

1. Percorremos a subárvore esquerda em ordem posterior.
2. Percorremos a subárvore direita em ordem posterior.
3. Visitamos a raiz.

A Figura 5.1.7 ilustra duas árvores binárias e suas travessias em pré-ordem, em ordem e em pós-ordem.

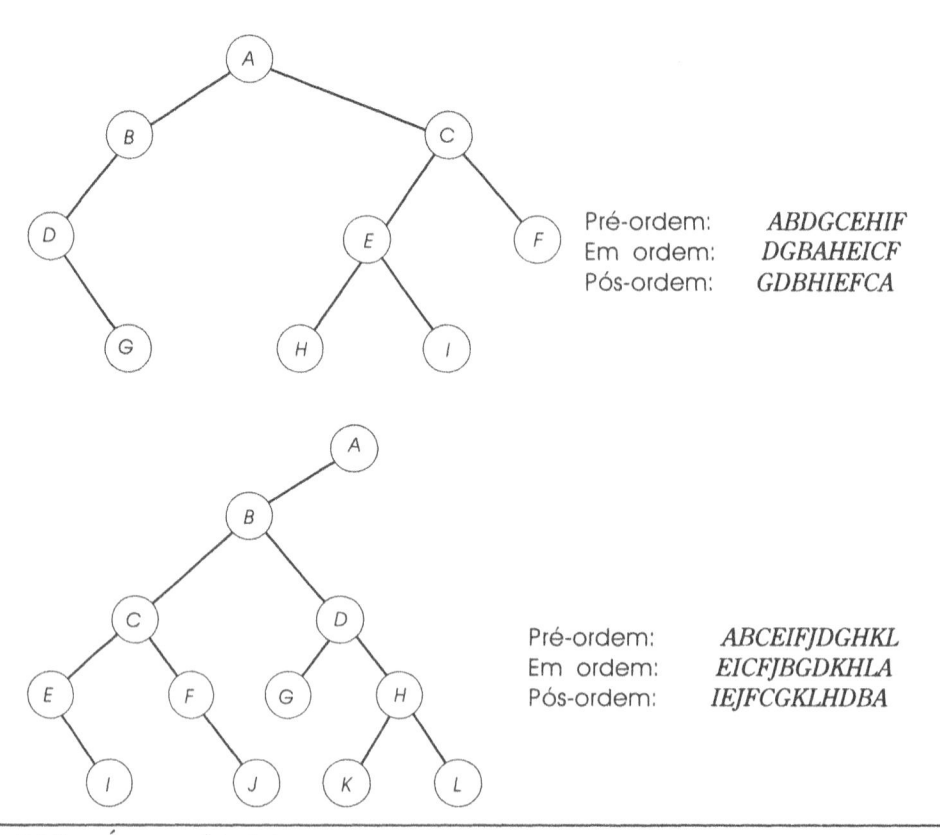

Pré-ordem: *ABDGCEHIF*
Em ordem: *DGBAHEICF*
Pós-ordem: *GDBHIEFCA*

Pré-ordem: *ABCEIFJDGHKL*
Em ordem: *EICFJBGDKHLA*
Pós-ordem: *IEJFCGKLHDBA*

Figura 5.1.7   Árvores binárias e seus percursos.

Várias algoritmos que usam árvores binárias procedem em duas fases. A primeira fase constrói uma árvore binária e a segunda percorre a árvore. Como exemplo desse tipo de algoritmo, examine o seguinte método de classificação. Dada uma lista de números num arquivo de entrada, queremos imprimi-los em ordem ascendente. Ao lermos os números, eles podem ser inseridos numa árvore binária como a da Figura 5.1.6. Entretanto, ao contrário do algoritmo anterior, usado para encontrar repetições, os valores repetidos são também colocados na árvore. Quando um número é comparado ao conteúdo de um nó na árvore, uma ramificação esquerda é usada se o número for menor que o conteúdo do nó, e uma ramificação direita se ele for maior ou igual ao conteúdo do nó. Dessa forma, se a lista de entrada for

14 15 4 9 7 18 3 5 16 4 20 17 9 14 5

será produzida a árvore binária da Figura 5.1.8.

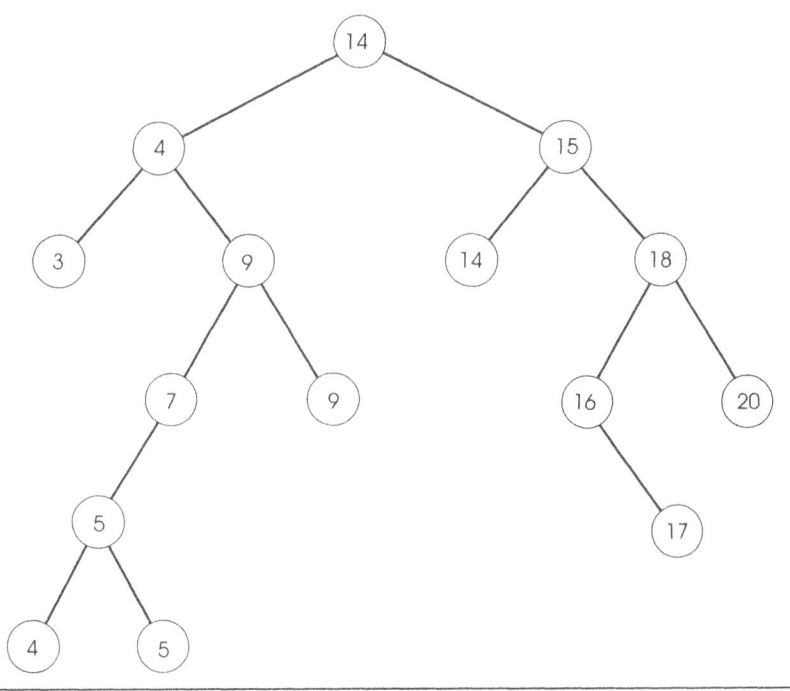

Figura 5.1.8 Uma árvore binária construída para classificar.

Uma árvore binária desse tipo tem a propriedade de todos os elementos na subárvore esquerda de um nó n serem menores que o conteúdo de n, e todos os elementos na subárvore direita de n serem maiores ou iguais ao conteúdo de *n*. Uma árvore binária com essa propriedade é chamada ***árvore de busca binária***. Se uma árvore de busca binária for percorrida em ordem simétrica (esquerda, raiz, direita) e o conteúdo de cada nó for impresso à medida que o nó for visitado, os números serão impressos em ordem ascendente. Convença-se de que esse é o caso da árvore de busca binária da Figura 5.1.8. As árvores de busca binária e seu uso na classificação e busca serão discutidos mais adiante, nas Seções 6.3 e 7.2.

Como outra aplicação das árvores binárias, examine o seguinte método de representar uma expressão contendo operandos e operadores binários por uma árvore estritamente binária. A raiz da árvore estritamente binária contém um operador que deve ser aplicado aos resultados das avaliações das expressões representadas pelas subárvores esquerda e direita. Um nó representando um operador é um nó que não é folha, enquanto um nó representando um operando é uma folha. A Figura 5.1.9 ilustra algumas expressões e suas representações em árvore. (O caractere "$" é novamente usado para representar a exponenciação.)

Vejamos o que acontece quando essas árvores de expressões binárias são percorridas. Atravessar uma árvore desse tipo em ordem pré-ordem significa que o operador (a raiz) precede seus dois operandos (as subárvores). Assim, um percurso em pré-ordem resulta na forma prefixa da expressão. (Para obter definições das formas prefixa e posfixa de uma expressão aritmética, leia as Seções 2.3 e 3.3.) O percurso das árvores binárias da Figura 5.1.9 resulta nas formas prefixas:

+ A * BC	(Figura 5.1.9a)
* + ABC	(Figura 5.1.9b)
+ A * - BC $ D * EF	(Figura 5.1.9c)
$ + A * BC * + ABC	(Figura 5.1.9d)

De modo semelhante, o percurso de uma árvore binária de expressões em pós-ordem colocará um operador depois de seus dois operandos, de modo que um percurso em pós-ordem produzirá a forma posfixa da expressão. Os percursos em pós-ordem das árvores binárias da Figura 5.1.9 resultam nas formas posfixas:

ABC * +	(Figura 5.1.9a)
AB + C *	(Figura 5.1.9b)
ABC - DEF * $ * +	(Figura 5.1.9c)
ABC * + AB + C * $	(Figura 5.1.9d)

(a) $A + B * C$

(b) $(A + B) * C$

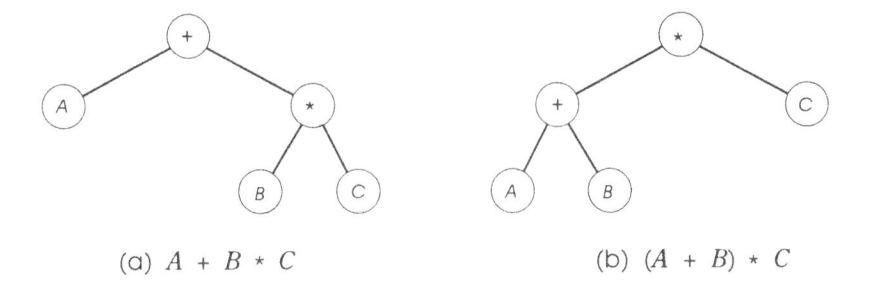

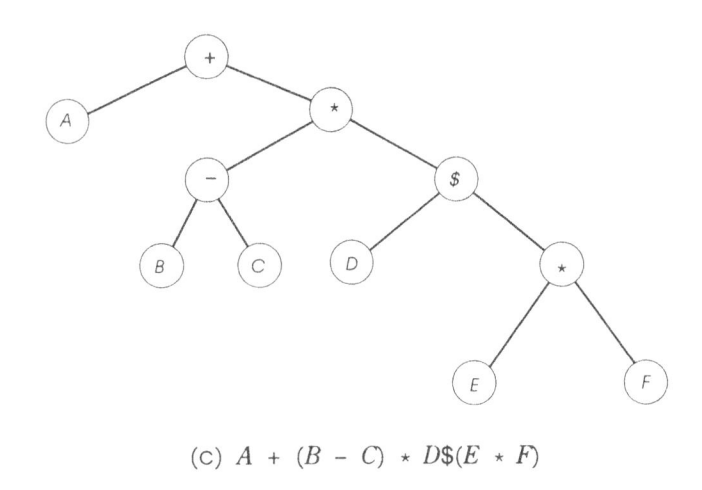

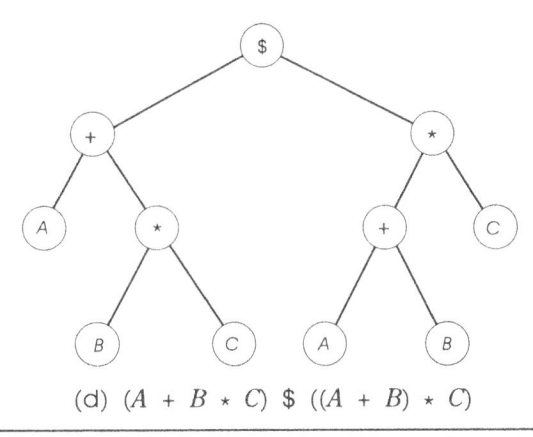

(c) $A + (B - C) * D\$(E * F)$

(d) $(A + B * C) \$ ((A + B) * C)$

Figura 5.1.9 Expressões e suas representações em árvores binárias.

O que acontece quando uma árvore binária de expressões é percorrida em ordem? Como a raiz (operador) é visitada depois dos nós da subárvore esquerda e antes dos nós da subárvore direita (os dois operandos), imaginamos que um percurso em ordem resulte na forma infixa da expressão. Na realidade, se a árvore binária da Figura 5.1.9a for percorrida, será obtida a expressão infixa $A + B * C$. Entretanto, uma árvore binária de expressões não contém parênteses, uma vez que a ordenação das operações está implícita na estrutura da árvore. Assim, uma expressão cuja forma infixa exija parênteses para ignorar explicitamente as regras de precedência convencionais não pode ser recuperada por um simples percurso em ordem. Os percursos em ordem das árvores da Figura 5.1.9 resultam nas expressões

$+ A * B C$	(Figura 5.1.9a)
$A + B * C$	(Figura 5.1.9b)
$A + B - C * D * E * F$	(Figura 5.1.9c)
$A + B * C * A + B * C$	(Figura 5.1.9d)

as quais estão corretas, fora os parênteses.

EXERCÍCIOS

5.1.1. Prove que a raiz de uma árvore binária é um ancestral de todo nó na árvore, exceto de si mesma.

5.1.2. Prove que um nó de uma árvore binária tem no máximo um pai.

5.1.3. Quantos ancestrais tem um nó no nível n numa árvore binária? Prove sua resposta.

5.1.4. Escreva algoritmos recursivos e não-recursivos para determinar:

  a. o número de nós numa árvore binária;

  b. a soma do conteúdo de todos os nós numa árvore binária;

  c. a profundidade de uma árvore binária.

5.1.5. Escreva um algoritmo para determinar se uma árvore binária é:

a. estritamente binária;

b. completa;

c. quase completa.

5.1.6. Prove que uma árvore estritamente binária com n folhas contém $2n - 1$ nós.

5.1.7. Dada uma árvore estritamente binária com n folhas, seja *level(i)* para i entre 1 e n igual ao nível da $i$ésima folha. Prove que

$$n = \sum_{i=1}^{n} \frac{1}{2^{level(i)}} = 1$$

5.1.8. Prove que os nós de uma árvore quase completa estritamente binária com n folhas podem ser numerados de 1 a $2n - 1$, de tal modo que o número atribuído ao filho esquerdo do nó numerado com i seja $2i$, e o número atribuído ao filho direito do nó numerado com i seja $2i + 1$.

5.1.9. Duas árvores binárias são *semelhantes* se ambas estiverem vazias, ou se forem não-vazias e suas subárvores esquerdas e subárvores direitas forem semelhantes. Escreva um algoritmo para determinar se duas árvores binárias são semelhantes.

5.1.10. Duas árvores binárias são *semelhantes espelhadas* se ambas estiverem vazias, ou se ambas forem não-vazias e a subárvore esquerda de cada uma for semelhante espelhada à subárvore direita da outra. Escreva um algoritmo para determinar se duas árvores binárias são semelhantes espelhadas.

5.1.11. Escreva algoritmos para determinar se uma árvore binária é ou não semelhante ou semelhante espelhada (consulte os exercícios anteriores) a uma subárvore de outra árvore.

5.1.12. Desenvolva um algoritmo para localizar repetições numa lista de números sem usar uma árvore binária. Se existirem n números distintos na lista, quantas vezes dois números precisarão ser comparados em seu algoritmo? E se todos os n números forem iguais?

5.1.13. a. Escreva um algoritmo que aceite um ponteiro para uma árvore binária de busca e elimine o menor elemento da árvore.

b. Demonstre como implementar uma fila de prioridades ascendente (veja a Seção 4.1) como uma árvore binária de busca. Apresente algoritmos para as operações *pqinsert* e *pqmindelete* numa árvore binária de busca.

5.1.14. Escreva um algoritmo que aceite uma árvore binária representando uma expressão e retorne a versão infixa da expressão que contém somente os parênteses necessários.

5.2. REPRESENTAÇÕES DE ÁRVORES BINÁRIAS

Nesta seção, examinaremos diversos métodos de implementação de árvores binárias em C e apresentaremos rotinas que constroem e percorrem árvores binárias. Além disso, apresentaremos aplicações adicionais das árvores binárias.

REPRESENTAÇÃO DE NÓS DE ÁRVORES BINÁRIAS

Como acontece com os nós de listas, os nós de árvores podem ser implementados como elementos de vetores ou como alocações de uma variável dinâmica. Cada nó contém os campos *info, left, right* e *father*. Os campos *left, right* e *father* de um nó apontam para o filho esquerdo, para o filho direito e para o pai do nó, respectivamente. Usando a implementação de vetor, podemos declarar:

```
#define NUMNODES 500
struct nodetype {
   int info;
   int left;
   int right;
   int father;
};
struct nodetype node[numnodes];
```

Sob esta representação, as operações *info(p), left(p), right(p)* e *father(p)* são implementadas por referências a *node[p].info, node[p].left, node[p].right* e *node[p].father*, respectivamente. As operações *isleft(p), isright(p)* e *brother(p)* podem ser implementadas em termos das operações *left(p), right(p)* e *father(p)*, conforme descrito na seção anterior.

Para implementar *isleft* e *isright* com mais eficiência, incluiremos também dentro de cada nó um *sinal isleft* adicional. O valor desse sinal será *TRUE* se o nó for um filho esquerdo, e *FALSE* caso contrário. A raiz será identificada com exclusividade por um valor *NULL* (0) em seu campo *father*. Geralmente, o ponteiro externo para uma árvore aponta para sua raiz.

Como alternativa, o sinal do campo *father* poderia ser negativo se o nó fosse um filho esquerdo, ou positivo se fosse um filho direito. Sendo assim, o ponteiro para o pai de um nó é dado pelo valor absoluto do campo *father*. As operações *isleft* ou *isright* precisariam então examinar somente o sinal do campo *father*.

Para implementar *brother(p)* com mais eficiência, poderemos incluir também um campo *brother* adicional em cada nó.

Assim que o vetor de nós for declarado, poderemos criar uma lista disponível, executando as seguintes instruções:

```
int avail, i;
{
   avail = 1;
   for (i=0; i < NUMNODES; i++)
      node[i].left = i + 1;
   node[NUMNODES-1].left = 0;
}
```

As funções *getnode* e *freenode* são simples e serão deixadas como exercício. Observe que a lista disponível não é uma árvore binária, mas uma lista linear cujos nós são vinculados pelo campo *left*. Cada nó numa árvore é retirado do conjunto disponível, quando necessário, e retornado ao mesmo conjunto, quando não mais em uso. Essa representação é chamada **representação em vetor ligado** de uma árvore binária.

Como alternativa, um nó pode ser definido por:

```
struct nodetype {
   int info;
   struct nodetype *left;
   struct nodetype *rigth;
```

```
      struct nodetype *father;
};
typedef struct nodetype *NODEPTR;
```

As operações *info(p)*, *left(p)*, *right(p)* e *father(p)* seriam implementadas por referências a *p->info, p->left, p->right* e *p->father*, respectivamente. Sob essa implementação, uma lista disponível explícita não é necessária. As rotinas *getnode* e *freenode* alocam somente os nós disponíveis usando as rotinas *malloc* e *free*. Essa representação é chamada **representação de nós dinâmicos** de uma árvore binária.

Ambas as representações ou vetores ligados e de nós dinâmicos são implementações de uma **representação ligada** abstrata (conhecida também como **representação de nós**) na qual ponteiros explícitos associam os nós de uma árvore binária.

Apresentaremos agora implementações em C de operações de árvore binária sob a representação de nós dinâmicos e deixaremos as implementações de vetores ligados como exercícios simples para o leitor. A função *maketree*, que aloca um nó e define-o como raiz de uma árvore binária de um único nó, pode ser escrita como segue:

```
NODEPTR maketree(x)
int x;
{
   NODEPTR p;

   p = getnode();
   p->info = x;
   p->left = NULL;
   p->right = NULL;
   return(p);
}  /* fim maketree */
```

A rotina *setleft(p,x)* define um nó com o conteúdo *x* como filho esquerdo de *node(p)*:

```
setleft(p, x)
NODEPTR p;
int x;
{
   if (p == NULL)
      printf("insercao vazia\n");
   else if (p->left != NULL)
```

```
      printf("insercao incorreta\n");
   else
      p->left = maketree(x);
}  /* fim setleft */
```

A rotina *setright(p,x)* para criar um filho direito de *node(p)* com o conteúdo *x* é semelhante e será deixada como exercício para o leitor.

Nem sempre é necessário usar os campos *father*, *left* e *right*. Se uma árvore for sempre percorrida de cima para baixo (da raiz para as folhas), a operação *father* nunca será usada; nesse caso, será desnecessário um campo *father*. Por exemplo, os percursos em pré-ordem, em ordem simétrica e pós-ordem não usam o campo *father*. De modo semelhante, se uma árvore for sempre percorrida de baixo para cima (das folhas para a raiz), não serão necessários os campos *left* e *right*. As operações *isleft* e *isright* poderiam ser implementadas mesmo sem os campos *left* e *right*, usando um ponteiro sinalizado no campo *father* sob a representação em vetores ligados, conforme discutido anteriormente: um filho da direita contém um valor de *father* positivo e um filho da esquerda, um campo *father* negativo. Evidentemente, as rotinas *maketree*, *setleft* e *setright* devem ser adequadamente modificadas para essas representações. Sob a representação de nós dinâmicos, será necessário o campo lógico *isleft*, além do campo *father*, se os campos *left* e *right* não estiverem presentes e se for desejada a implementação das operações *isleft* e *isright*.

O seguinte programa usa uma árvore binária de busca para encontrar números repetidos num arquivo de entrada em que cada número se encontra numa linha separada. Ele segue o algoritmo da Seção 5.1. São usadas somente ligações de cima para baixo; portanto, não é necessário um campo *father*.

```
struct nodetype {
   int info;
   struct nodetype *left;
   struct nodetype *right;
};

typedef struct nodetype *NODEPTR;

main()
{
   NODEPTR ptree;
   NODEPTR p, q;
```

```
    int number;

    scanf("%d", &number);
    ptree = maketree(number);
    while (scanf("%d", &number) != EOF) {
       p = q = ptree;
       while (number != p->info && q != NULL) {
          p = q;
          if (number < p->info)
             q = p->left;
          else
             q = p->right;
       } /* fim while */
       if (number == p->info)
          printf("%d esta repetido\n", number);
       else if (number < p->info)
          setleft(p, number);
       else
          setright(p, number);
    } /* fim while */
} /* fim main */
```

NÓS INTERNOS E EXTERNOS

Por definição, os nós folha não têm filhos. Dessa forma, na representação ligada de árvores binárias, os ponteiros da esquerda e da direita são necessários apenas em nós não-folhas. Ocasionalmente, são usados dois conjuntos separados de nós para não-folhas e folhas. Os nós não-folhas contêm os campos *info*, *left* e *right* (freqüentemente nenhuma informação está associada aos não-folhas, e o campo *info* não é necessário) e são alocados como registros dinâmicos ou como um vetor de registros manipulado por meio do uso de uma lista disponível. Os nós folha não contêm um campo *left* ou *right* e são mantidos como um vetor de um único *info*, alocado em seqüência conforme a necessidade (isso pressupõe que as folhas nunca são liberadas, o que ocorre com freqüência). Como alternativa, eles podem ser alocados como variáveis dinâmicas contendo apenas um valor *info*. Isso economiza muito espaço porque as folhas representam freqüentemente a grande maioria de nós numa árvore binária. Cada nó (folha ou não-folha) pode conter também um campo *father*, se necessário.

Ao fazermos essa distinção entre nós não-folha e folha, os não-folha são chamados **nós internos** e os nós folha, **nós externos**. A terminologia é também freqüentemente usada mesmo quando um único tipo de nó é definido. É evidente que, um ponteiro-filho dentro de um nó interno precisa ser identificado como apontando para um nó interno ou um externo. Isso pode ser feito em C de duas maneiras. Uma técnica é declarar dois tipos diferentes de nós e de ponteiros, e usar uma união para os nós internos, com cada alternativa contendo um dos dois tipos de ponteiro. Outra técnica é manter um único tipo de ponteiro e de nó, em que o nó é uma união contendo (no caso de um nó interno) ou não (no caso de um nó externo) campos de ponteiro esquerdo e direito. Veremos um exemplo dessa última técnica no final desta seção.

REPRESENTAÇÃO IMPLÍCITA EM VETORES DE ÁRVORES BINÁRIAS

Você aprendeu na Seção 5.1 que n nós de uma árvore binária quase completa podem ser numerados de 1 a n, de modo que o número atribuído a um filho da esquerda seja o dobro do número atribuído a seu pai, e o número atribuído ao filho da direita seja o dobro do número atribuído a seu pai, acrescido de 1. Podemos representar um árvore binária quase completa sem as associações de *father*, *left* ou *right*. Em vez disso, os nós podem ser mantidos num vetor *info* de tamanho n. Referimo-nos ao nó na posição p simplesmente como "nó p". *info[p]* armazena o conteúdo do nó p.

Em C, os vetores começam na posição 0; portanto, em vez de numerar os nós da árvore de 1 a n, nós os numeramos de 0 a $n - 1$. Devido ao deslocamento de uma posição, os dois filhos de um nó numerado p estão nas posições $2p + 1$ e $2p + 2$, em vez de $2p$ e $2p + 1$.

A raiz da árvore está na posição 0, de modo que *tree*, o ponteiro externo para a raiz da árvore, é sempre igual a 0. O nó na posição p (isto é, o nó p) é o pai implícito dos nós $2p + 1$ e $2p + 2$. O filho da esquerda do nó p é o nó $2p + 1$ e seu filho da direita é o nó $2p + 2$. Sendo assim, a operação *left(p)* é implementada por $2 * p + 1$ e *right(p)* por $2 * p + 2$. Considerando um filho da esquerda na posição p, seu irmão da direita está em $p + 1$, e dado um filho da direita na posição p, seu irmão da esquerda está na posição $p - 1$. *father(p)* é implementada por $(p - 1)/2$. p aponta para um filho da esquerda se e somente se p for ímpar. Assim, para verificar se o nó p é um filho da esquerda (a operação *isleft*), basta checar se $p\%2$ é diferente de 0. A Figura

5.2.1 ilustra vetores que representam as árvores binárias quase completas das Figuras 5.1.5c e d.

(a)

(b)

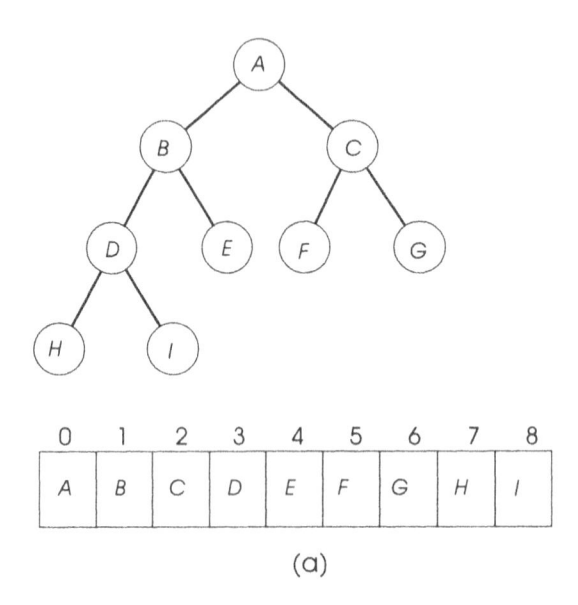

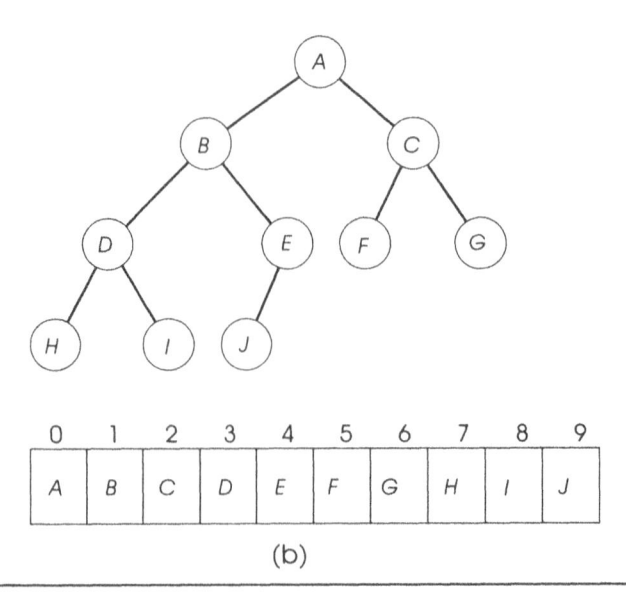

Figura 5.2.1

Geralmente, podemos estender essa **representação implícita em vetores** de árvores binárias quase completas para uma representação implícita em vetores de árvores binárias. Fazemos isto identificando uma árvore binária quase completa que contém a árvore binária sendo representada. A Figura 5.2.2a ilustra duas árvores binárias (não-quase completas), e a Figura 5.2.2b ilustra as menores árvores binárias quase completas que as contêm. Por último, a Figura 5.2.2c ilustra as representações implícitas de vetores dessas árvores binárias quase completas e, por extensão, das árvores binárias originais. A representação implícita de vetores é também chamada **representação seqüencial**, ao contrário da representação ligada apresentada anteriormente, porque ela permite que uma árvore seja implementada num bloco contíguo de memória (um vetor) e não por meio de ponteiros conectando nós amplamente separados.

Sob a representação seqüencial, um elemento do vetor é alocado, quer sirva quer não, para conter um nó de uma árvore. Precisamos, portanto, marcar os elementos sem uso do vetor como nós de árvore não-existentes, ou **nulos**. Isso pode ser feito por meio de dois métodos. O primeiro é definir *info[p]* com um valor especial se o nó *p* for nulo. Esse valor especial poderia ser inválido como o conteúdo de informações de um verdadeiro nó de árvore. Por exemplo, numa árvore contendo números positivos, um nó nulo pode ser indicado por um valor negativo de *info*. Como alternativa, podemos incluir um campo lógico, *used*, em cada nó. Dessa forma, cada nó contém dois campos: *info* e *used*. A estrutura inteira está contida num nó do vetor. *used*(p), implementado como *node[p].used*, será *TRUE* se o nó *p* não for um nó nulo, e *FALSE* se for um nó nulo. info(p) é implementada por *node[p].info*. Usaremos este último método ao implementar a representação seqüencial.

Apresentamos a seguir o programa que encontra números repetidos numa lista de entrada, bem como as rotinas *maketree* e *setleft*, usando a representação seqüencial de árvores binárias.

```
#define NUMNODES 500
struct nodetype {
   int info;
   int used;
} node[NUMNODES];

main()
{
   int p, q, number;
```

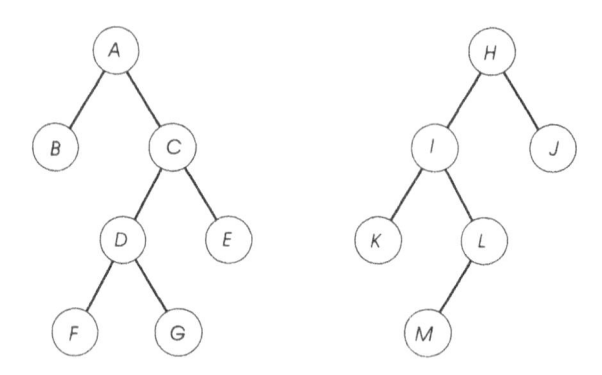

(a) Duas árvores binárias

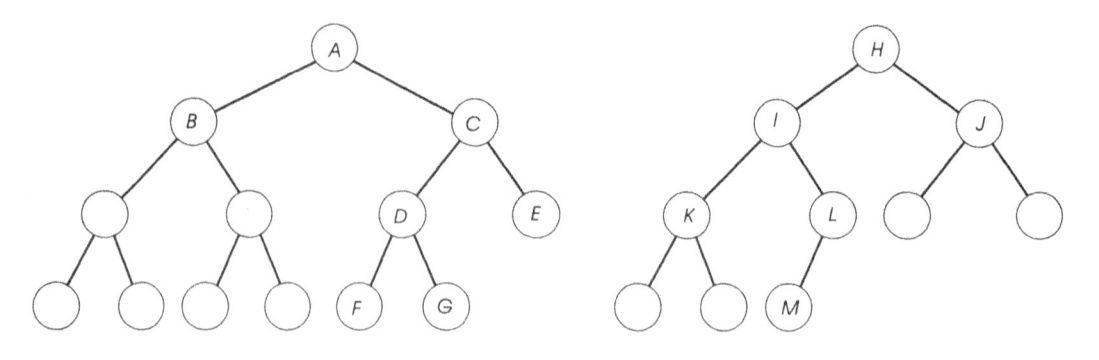

(b) Extensões quase completas

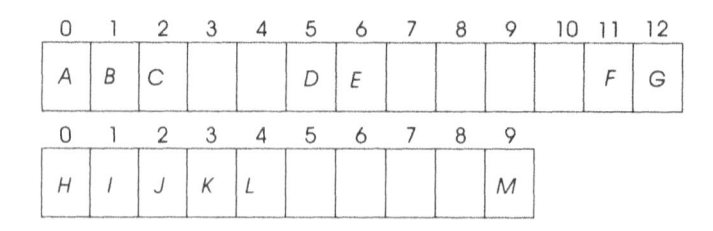

0	1	2	3	4	5	6	7	8	9	10	11	12
A	B	C			D	E					F	G

0	1	2	3	4	5	6	7	8	9
H	I	J	K	L					M

(c) Representações em vetores

Figura 5.2.2

```
      scanf("%d", &number);
      maketree(number);
      while (scanf("%d", &number) != EOF) {
         p = q = 0;
         while (q < NUMNODES && node[q].used && number !=
                                                node[p].info) {
            p = q;
            if (number < node[p].info)
               q = 2 * p + 1;
            else
               q = 2 * p + 2;
         }  /* fim while */
         /* se o numero estiver na arvore entao eh repetido */
         if (number == node[p].info)
            printf("%d esta reptido\n", number);
         else if (number < node[p].info)
            setleft(p, number);
         else
            setright(p, number);
      }  /* fim while */
}  /* fim main */
maketree(x)
int x;
{
   int p;
   node[0].info = x;
   node[0].used = TRUE;
   /* A arvore consiste no 0 isolado. */
   /*   Todos os outros nos sao nulos    */
   for (p=1; p < NUMNODES; p++)
      node[p].used = FALSE;
}  /* fim maketree */

setleft(p, x)
int p, x;
{
   int q;

   q = 2 * p + 1;            /* q eh a posicao do */
                             /* filho da esquerda */
   if (q >= NUMNODES)
      error("estouro do vetor");
   else if (node[q].used)
      error("insercao incorreta");
```

```
    else {
       node[q].info = x;
       node[q].used = TRUE;
    } /* fim if */
} /* fim setleft */
```

A rotina para *setright* é semelhante.

Observe que, sob esta implementação, a rotina *maketree* inicializa os campos *info* e *used* de modo a representar uma árvore com um único nó. Não é mais necessário que *maketree* retorne um valor porque nessa representação a única árvore binária representada pelos campos *info* e *used* está sempre enraizada no nó 0. É essa a razão pela qual *p* é inicializado com 0 na função principal, antes de descermos na árvore. Note também que nesta representação é sempre necessário verificar se a faixa (*NUMNODES*) não foi ultrapassada sempre que descermos na árvore.

ESCOLHENDO UMA REPRESENTAÇÃO DE ÁRVORE BINÁRIA

Qual é a representação preferível de árvore binária? Não existe uma resposta genérica para essa pergunta. A representação seqüencial é um pouco mais simples, embora seja necessário verificar se todos os ponteiros estão dentro dos limites do vetor. Evidentemente, a representação seqüencial economiza espaço de armazenamento nas árvores que sabemos serem quase completas, uma vez que ela elimina a necessidade dos campos *left*, *right* e *father*, e nem sequer exige um campo *used*. Ela funciona também, em termos de espaço, nas árvores com poucos nós faltando, para ser consideradas árvores quase completas, ou quando os nós são sucessivamente eliminados de uma árvore originariamente quase completa, embora um campo *used* pudesse ser necessário nesse caso. Entretanto, a representação seqüencial pode ser usada apenas num contexto em que só uma árvore é necessária, ou onde o número de árvores necessárias e cada um de seus tamanhos máximos é determinado antecipadamente.

Ao contrário, a representação ligada exige os campos *left*, *right* e *father* (embora tenhamos visto que um ou dois desses campos podem ser eliminados em situações específicas), mas permite o uso muito mais flexível do conjunto de nós. Na representação ligada, determinado nó pode ser colocado em qualquer posição de qualquer árvore, enquanto, na representação seqüencial, um nó apenas poderá ser utilizado se for necessário numa posição específica de uma árvore específica. Além disso, sob a representação de nós dinâmicos, o número total de árvores e nós é limitado somente pela quantidade de memória disponível. Sendo assim, a representação ligada é preferível na situação dinâmica e geral de várias árvores de formato imprevisível.

O programa de localização de repetições é uma boa ilustração dos compromissos envolvidos. O primeiro programa apresentado utiliza a representação ligada de árvores binárias. Ela exige os campos *left* e *right*, além de *info* (o campo *father* não era necessário nesse programa). O segundo programa de localização de repetições que utiliza a representação seqüencial exige somente um campo adicional, *used* (e esse campo pode ser também eliminado se só forem permitidos números positivos na entrada, de modo que o nó nulo da árvore possa ser representado por um valor específico e negativo de *info*). A representação seqüencial pode ser usada nesse exemplo porque só é necessária uma única árvore.

Entretanto, o segundo programa pode não funcionar para tantos casos de entrada quanto o primeiro. Por exemplo, vamos supor que a entrada esteja em ordem ascendente. Então, a árvore formada por ambos os programas tem todas as subárvores da esquerda nulas (você é convidado a verificar se esse é o caso, simulando os programas para tal entrada). Nesse caso, os únicos elementos de *info* ocupados sob a representação seqüencial são 0, 2, 6, 14 e assim por diante (sendo cada posição o dobro mais 2, em relação à anterior). Se o valor de *NUMNODES* for mantido em 500, somente um máximo de 16 números ascendentes distintos poderá ser acomodado (o último estará na posição 254). Isso pode ser comparado ao programa usando a representação ligada, na qual até 500 números distintos em ordem ascendente podem ser acomodados antes de o espaço disponível ser esgotado. No restante do texto, exceto se mencionado o contrário, presumiremos a representação ligada de uma árvore binária.

PERCURSOS DE ÁRVORES BINÁRIAS EM C

Podemos implementar o percurso de árvores binárias em C por meio de rotinas recursivas que refletem as definições do percurso. As três rotinas em C, *pretrav*, *intrav* e *posttrav*, imprimem o conteúdo de uma árvore binária em pré-ordem, em ordem e pós-ordem, respectivamente. O parâmetro de cada rotina é um ponteiro para o nó raiz de uma árvore binária. Usamos a representação de nós dinâmicos para árvores binárias:

```
pretrav(tree)
NODEPTR tree;
{
   if (tree != NULL) {
      printf("%d\n", tree->info);       /* visita a raiz    */
      pretrav(tree->left); /* percorre subarvore esq   */
      pretrav(tree->right); /* percorre subarvore dir  */
   } /* fim if */
} /* fim pretrav */
intrav(tree)
NODEPTR tree;
{
   if (tree != NULL) {
      intrav(tree->left);     /* percorre subarvore esq */
      printf("%d\n", tree->info);  /* visita a raiz       */
      intrav(tree->right);    /* percorre subarvore dir */
   } /* fim if */
} /* fim intrav */

posttrav(tree)
NODEPTR tree;
{
   if (tree != NULL) {
      posttrav(tree->left);    /* percorre subarvore esq */
      posttrav(tree->right);   /* percorre subarvore dir */
      printf("%d\n", tree->info);       /* visita a raiz    */
   } /* fim if */
} /* fim posttrav */
```

O leitor é convidado a simular as ações dessas rotinas nas árvores das Figuras 5.1.7 e 5.1.8.

Evidentemente, as rotinas poderiam ser escritas não-recursivamente efetuando o necessário empilhamento ou desempilhamento de maneira explícita. Por exemplo, veja a seguir uma rotina não-recursiva para percorrer uma árvore binária em ordem:

```
# define MAXSTACK 100

intrav2(tree)
```

```
NODEPTR tree;
{
    struct stack {
        int top;
        NODEPTR item[MAXSTACK];
    } s;
    NODEPTR p;

    s.top = -1;
    p = tree;
    do {
        /* percorre os desvios esq o maximo possivel */
        /*       salvando ponteiros p/ nos passados   */
        while (p != NULL) {
            push (s, p);
            p = p->left;
        } /* fim while */
        /* verifica termino */
        if (!empty(s)) {
            /* neste ponto a subarvore esq estah vazia */
            p = pop(s);
            printf("%d\n", p->info); /* visita a raiz */
            p = p->right; /* percorre subarvore dir */
        } /* fim if */
    } while (!empty(s) && p != NULL);
} /* fim intrav2 */
```

As rotinas não-recursivas para percorrer uma árvore binária em pré-ordem e pós-ordem, bem como os percursos não-recursivos de árvores binárias usando a representação seqüencial, serão deixadas como exercícios para o leitor.

intrav e *intrav2* representam um excelente contraste entre uma rotina recursiva e sua contrapartida não-recursiva. Se ambas as rotinas forem executadas, a *intrav* recursiva em geral executará muito mais rapidamente do que a *intrav2* não-recursiva. Isso vai contra a "sabedoria popular", que prega a recursividade como mais lenta do que a iteração. A causa básica da ineficiência de *intrav2*, na forma como foi escrita, são as chamadas de *push*, *pop* e *empty*. Mesmo quando o código para essas funções é inserido em linha em *intrav2*, *intrav2* é ainda mais lenta que *intrav* por causa dos freqüentes testes supérfluos de estouro e underflow incluídos nesse código.

Além disso, mesmo quando os testes de estouro/underflow são removidos, *intrav* é mais veloz do que *intrav2* sob um compilador que implementa a recursividade com eficiência! A eficiência do processo recursivo nesse caso deve-se a vários fatores:

- Não existe uma recursividade "extra", como acontece ao computar os números de Fibonacci, onde $f(n - 2)$ e $f(n - 1)$ são, ambos, recalculados separadamente embora o valor de $f(n - 2)$ seja usado ao computar $f(n - 1)$.

- A pilha de recursividade não pode ser totalmente eliminada, como é possível ao computar a função fatorial. Dessa forma, o empilhamento e o desempilhamento automático da recursividade embutida são mais eficientes do que a versão programada. (Em vários sistemas, o empilhamento pode ser feito incrementando-se o valor de um registrador que aponta para o topo da pilha e deslocando todos os parâmetros para uma nova área de dados num único movimento de bloco. O empilhamento controlado pelo programa, conforme implementado por nós, exige atribuições e incrementos individuais.)

- Não existem parâmetros adicionais e variáveis locais, como acontece, por exemplo, em algumas versões da busca binária. O empilhamento automático da recursividade não empilha mais variáveis do que as necessárias.

Nos casos em que a recursividade não envolve esse excesso de bagagem, como no percurso em pré-ordem, recomenda-se que o programador use a recursividade diretamente.

As rotinas de percurso que apresentamos originam-se diretamente das definições dos métodos de percurso. Essas definições são em termos de filhos da esquerda e da direita de um nó e não se referem ao pai de um nó. Por essa razão, ambas as rotinas, recursivas e não-recursivas, não exigem um campo *father* nem se beneficiam desse campo, mesmo se ele estiver presente. Conforme verificaremos em breve, a presença de um campo *father* permite-nos desenvolver algoritmos de percurso não-recursivo sem usar uma pilha. Entretanto, examinaremos primeiramente uma técnica para eliminar a pilha num percurso não-recursivo mesmo que um campo *father* não esteja disponível.

ÁRVORES BINÁRIAS ENCADEADAS

Percorrer uma árvore binária é uma operação comum e seria útil encontrar um método mais eficiente para implementar o percurso. Examinemos a função *intrav2* para descobrir a razão pela qual é necessária uma pilha. A pilha é desempilhada quando *p* é igual a *NULL*. Isso acontece em um de dois casos. Num deles, a repetição *while* é encerrada depois de executada uma ou mais vezes. Isso implica que o programa desceu pelas ramificações à esquerda até encontrar um ponteiro *NULL*, empilhando um ponteiro a cada passagem de nó. Sendo assim, o elemento do topo da pilha é o valor de *p* antes de se tornar *NULL*. Se um ponteiro auxiliar *q* for mantido uma etapa antes de *p*, o valor de *q* pode ser diretamente usado e não precisa ser desempilhado.

O outro caso no qual *p* é *NULL* é aquele em que a repetição **while** é totalmente evitada. Isso ocorre depois de alcançar um nó com uma subárvore direita vazia, executando o comando *p = p->right* e retornando para repetir o corpo da repetição **do while**. Nesse ponto, teríamos perdido nosso trajeto caso ele não fosse a pilha cujo topo aponta para o nó cuja subárvore esquerda acabou de ser percorrida. Entretanto, suponha que, em vez de conter um ponteiro *NULL* em seu campo *right*, um nó com uma subárvore direita vazia contivesse em seu campo *right* um ponteiro para o nó que estaria no topo da pilha nesse ponto do algoritmo (isto é, um ponteiro para seu sucessor em ordem). Então não haveria mais necessidade da pilha, uma vez que o último nó visitado durante um percurso de uma subárvore esquerda aponta diretamente para seu sucessor em ordem. Tal ponteiro é chamado de **linha** e deve ser diferenciado de um ponteiro de árvore usado para associar um nó a sua subárvore esquerda ou direita.

A Figura 5.2.3 mostra as árvores binárias da Figura 5.1.7 com linhas substituindo os ponteiros *NULL* nos nós com subárvores direitas vazias. As linhas aparecem desenhadas como linhas tracejadas para diferenciá-las dos ponteiros da árvore. Observe que o nó da extrema direita de cada árvore possui ainda um ponteiro direito *NULL* porque ele não tem sucessor em ordem. Tais árvores são chamadas árvores binárias **encadeadas à direita**.

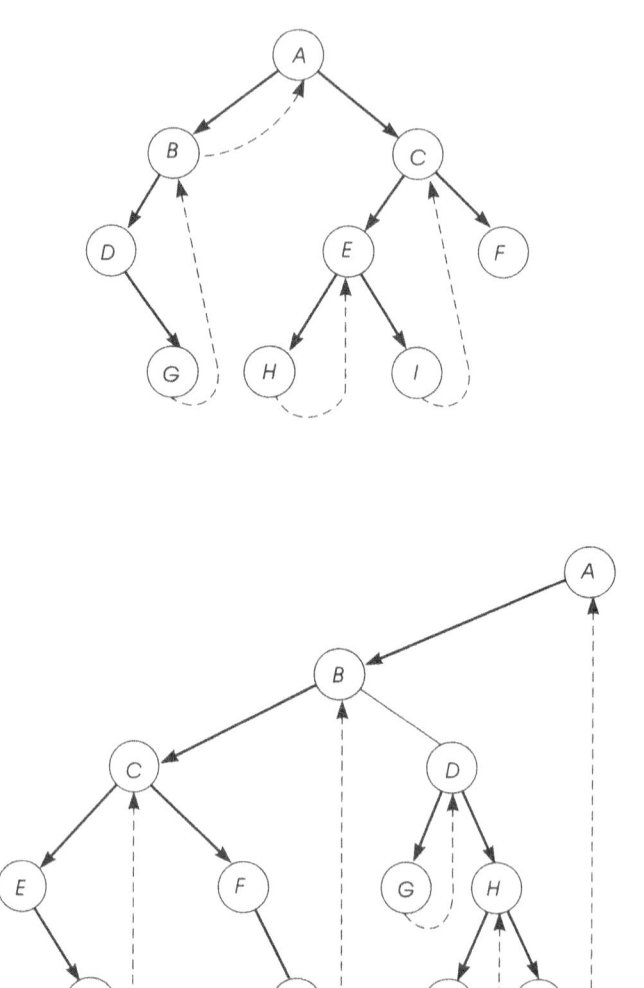

Figura 5.2.3 Árvores binárias encadeadas à direita.

Para implementar uma árvore binária encadeada à direita sob a implementação de nós dinâmicos de árvore binária, um campo lógico extra, *rthread*, é incluído dentro de cada nó para indicar se seu ponteiro da direita é ou não uma linha. A título de coerência, o campo *rthread* do nó da extrema direita de uma árvore (isto é, o último nó na travessia em ordem de uma árvore) é definido também com *TRUE*, embora seu campo *right* permaneça *NULL*. Assim, um nó é definido como segue (lembre-se de que estamos presumindo a inexistência de um campo *father*):

```
struct nodetype {
   int info;
   struct nodetype *left;      /* ponteiro p/ filho esq    */
   struct nodetype *right;     /* ponteiro p/ filho dir    */
   int rthread;                /* rthread serah TRUE se    */
                               /* right for NULL ou        */
};                             /* uma linha nao-NULL       */


typedef struct   nodetype   *NODEPTR;
```

Apresentamos uma rotina para implementar o percurso em ordem de uma árvore binária encadeada à direita.

```
intrav3(tree)
NODEPTR tree;
{
   NODEPTR p, q;
   p = tree;
   do {
      q = NULL;
      while (p != NULL) {      /* percorre ramificação  esq */
         q = p;
         p = p->left;
      }  /* fim while */
      if (q != NULL) {
         printf("%d\n", q->info);
         p = q->right;
         while (q->rthread && p != NULL)   {
            printf("%d\n", p->info);
            q = p;
            p = p->right;
         }  /* fim while */
      }  /* fim if */
   } while (q != NULL);
}  /* fim intrav3 */
```

Numa árvore binária encadeada à direita, o sucessor em ordem de qualquer nó pode ser encontrado com eficiência. Tal árvore pode ser formada de maneira simples. Você encontrará as rotinas *maketree*, *setleft* e *setright* a seguir. Presumimos a presença dos campos *info, left, right* e *rthread* em cada nó.

```
NODEPTR maketree(x)
int x;
{
   NODEPTR p;

   p = getnode();
   p->info = x;
   p->left = NULL;
   p->right = NULL;
   p->rthread = TRUE;
   return(p);
}  /* fim maketree */

setleft(p, x)
NODEPTR p;
int x;
{
   NODEPTR q;

   if (p == NULL)
      error("insercao vazia");
   else if (p->left != NULL)
      error("insercao ilegal");
   else {
      q = getnode();
      q->info = x;
      p->left = q;
      q->left = NULL;
      /* O sucessor em ordem de node(q) eh node(p) */
      q->right = p;
      q->rthread = TRUE;
   }  /* fim if */
}    /* fim setleft */


setright(p, x)
NODEPTR p;
int x;
{
   NODEPTR q, r;
```

```
   if (p == NULL)
      error("insercao vazia");
   else if (!p->rthread)
      error("insercao ilegal");
   else {
      q = getnode();
      q->info = x;
      /* salva o sucessor em ordem de node(p) */
      r = p->right;
      p->right = q;
      p->rthread = FALSE;
      q->left = NULL;
      /* O sucessor em ordem de node(q) eh */
      /* o sucessor anterior de node(p)    */
      q->right = r;
      q->rthread = TRUE;
   } /* fim else */
} /* fim setright */
```

Na implementação de vetores ligados, uma linha pode ser representada por um valor negativo de *node[p].right*. O valor absoluto de *node[p].right* é o índice no vetor de nós do sucessor em ordem de *node[p]*. O sinal de *node[p].right* indica se seu valor absoluto representa uma linha (menos) ou um ponteiro para uma subárvore não-vazia (mais). Sob essa implementação, a seguinte rotina percorre uma árvore binária encadeada à direita em ordem. Deixamos *maketree*, *setleft* e *setright* para a representação de vetores ligados como exercícios para o leitor.

```
intrav4(tree)
int tree;
{
   int p, q;
      p = tree;
      do {
         /* percorre ligacoes a esq mantendo q atras de p */
         q = 0;
         while (p != 0) {
            q = p;
            p = node[p].left;
         } /* fim while */
         if (q != 0) {        /* verifica termino */
            printf("%d\n", node[q].info);
            p = node[q].right;
            while (p < 0)  {
```

```
                q = -p;
                printf("%d\n", node[q].info);
                p = node[q].right;
            }  /* fim while */
        }  /* fim if *
        /* percorre subarvore direita */
    } while (q != 0);
}  /* fim intrav4 */
```

Sob a representação seqüencial de árvores binárias, o campo *used* indica linhas por meio de valores negativos ou positivos. Se *i* representa um nó com um filho da direita, *node[i].used* é igual a 1, e seu filho da direita está em 2 * *i* + 2. Entretanto, se *i* representa um nó sem filho à direita, *node[i].used* contém o negativo do índice de seu sucessor em ordem. (Observe que o uso de números negativos nos permite distinguir um nó com um filho da direita de um nó cujo sucessor em ordem é a raiz da árvore.) Se *i* é o nó da extrema-direita da árvore, de modo que ele não tem sucessor em ordem, *node[i].used* pode conter o valor especial + 2. Se *i* não representa um nó, *node[i].used* é 0. Deixaremos a implementação de algoritmos de percurso para essa representação como exercício para o leitor.

Uma árvore binária **encadeada à esquerda** pode ser definida de modo semelhante, como uma árvore na qual cada ponteiro esquerdo *NULL* é alterado de modo a conter uma linha para o predecessor em ordem desse nó. Uma árvore binária **encadeada** pode ser, então, definida como uma árvore binária encadeada tanto à esquerda como à direita. Entretanto, o encadeamento à esquerda não resulta nas vantagens do encadeamento à direita.

Podemos também definir árvores binárias pré-encadeadas à direita e à esquerda, nas quais os ponteiros nulos para direita e esquerda são substituídos por seus sucessores e predecessores em pré-ordem, respectivamente. Uma árvore binária pré-encadeada à direita pode ser percorrida com eficiência em pré-ordem sem o uso de uma pilha. Uma árvore binária encadeada à direita também pode ser percorrida em pré-ordem sem o uso de uma pilha. Os algoritmos de percurso são deixados como exercícios para o leitor.

PERCURSO USANDO UM CAMPO FATHER

Se cada nó da árvore contiver um campo *father*, não serão necessárias nem uma pilha nem linhas para o percurso não-recursivo. Em vez disso, quando o processo de percurso atingir um nó folha, o campo *father* poderá ser usado para reescalar a árvore de volta. Quando *node(p)* for alcançado a partir de um filho da esquerda, sua subárvore da direita precisará ainda ser percorrida; portanto, o algoritmo continuará em *right(p)*. Quando *node(p)* for alcançado a partir de seu filho da direita, suas duas subárvores terão sido percorridas e o algoritmo retornará para *father(p)*. A seguinte rotina implementa esse processo para o percurso em ordem.

```
intrav5(tree)
NODEPTR tree;
{
    NODEPTR p, q;

    q = NULL;
    p = tree;
    do {
       while (p != NULL) {
          q = p;
          p = p->left;
       } /* fim while */
       if (q != NULL) {
          printf("%d\n"; q->info);
          p = q->right;
       } /* fim if */
       while (q != NULL && p == NULL)  {
          do {
             /* node(q) sem filho dir. Volta ate que um*/
             /* filho esq ou raiz da arvore eh encontrado */
             p = q;
             q = p->father;
          } while (!isleft(p) && q != NULL);
          if (q != NULL)  {
             printf("%d\n", q->info);
             p = q->right;
          } /* fim if */
       } /* fim while */
    } while (q != NULL);
} /* fim intrav5 */
```

Observe que escrevemos *isleft(p)* em vez de *p->isleft* porque é desnecessário um campo *isleft* para determinar se *node(p)* é um filho da esquerda ou da direita; podemos simplesmente verificar se o nó é o filho esquerdo de seu pai.

Nesse percurso em ordem, um nó é visitado [printf ("%d\n", q->info)] quando seu filho da esquerda é reconhecido como *NULL* ou quando ele é alcançado depois de subir a partir de seu filho da esquerda. Os percursos de pré-ordem e pós-ordem são semelhantes, exceto pelo fato de que, na pré-ordem, um nó só é visitado quando ele é alcançado descendo a árvore e, na pós-ordem, apenas um nó é visitado quando seu filho da direita é reconhecido como *NULL* ou quando é alcançado depois de subir a partir de seu filho da direita. Deixaremos os detalhes como um exercício para o leitor.

O percurso usando ponteiros *father* para subir de volta é menos eficiente, em termos de tempo, do que o percurso de uma árvore encadeada. Uma linha aponta diretamente para o sucessor de um nó, enquanto uma seqüência inteira de ponteiros *father* talvez precise ser seguida para alcançar esse sucessor numa árvore não-encadeada. É difícil comparar a eficiência, em termos de tempo, de um percurso baseado em pilha e um baseado em father, uma vez que o primeiro inclui trabalho de empilhamento e desempilhamento.

Esse algoritmo de percurso de retorno sugere também uma técnica de percurso não-recursivo sem pilha para as árvores não-encadeadas, mesmo que não exista um campo *father*. A técnica é simples: basta inverter o ponteiro do *filho* na descida da árvore, de modo que ele possa ser usado para encontrar um caminho de subida. No percurso de subida, o ponteiro é restaurado a seu valor original.

Por exemplo, em *intrav*5, pode ser introduzida uma variável *f* para armazenar um ponteiro para o pai de *node*(q). Os comandos:

```
q = p;
p = p->left;
```

na primeira repetição ***while*** podem ser substituídos por:

```
f = q;
q = p;
p = p->left;
if (p != NULL)
   q->left = f;
```

Isso modifica o ponteiro esquerdo de *node*(q) de modo a apontar para o pai de *node*(q) ao descer no lado esquerdo [observe que *p* aponta para o filho esquerdo de *node*(q), de modo que não nos perdemos em nosso caminho]. O comando:

```
p = q->right;
```

nas duas ocorrências, pode ser substituído por:

```
p = q->right;
if (p != NULL)
   q->right = f;
```

para modificar de modo semelhante o ponteiro direito de *node(q)* de maneira a apontar para seu pai ao descer pela direita. Finalmente, os comandos:

```
p = q;
q = p->father;
```

na repetição **do-while** mais interna podem ser substituídos por:

```
p = q;
q = f;
if (q != NULL && isleft(p)) {
   f = left(q);
   left(q) = p;
}
else {
   f = right(q);
   right(q) = p;
}  /* fim if */
```

para seguir um ponteiro modificado árvore acima e restaurar o valor do ponteiro de modo a apontar para seu filho da esquerda ou direita, conforme apropriado.

Entretanto, agora é necessário um campo *isleft*, uma vez que a operação de *isleft* não pode ser implementada usando um campo *father* não-existente. Além disso, esse algoritmo não pode ser usado num ambiente multiusuário se vários usuários precisam acessar a árvore ao mesmo tempo. Se um usuário estiver atravessando a árvore e modificando temporariamente os ponteiros, outro usuário não conseguirá usar a árvore como uma estrutura coerente. É necessário algum tipo de mecanismo de bloqueio para garantir que ninguém mais use a árvore enquanto os ponteiros estiverem invertidos.

ÁRVORES BINÁRIAS HETEROGÊNEAS

Freqüentemente, as informações contidas em diferentes nós de uma árvore binária não são todas do mesmo tipo. Por exemplo, ao representar uma expressão binária com operandos numéricos constantes, talvez queiramos usar uma árvore binária cujas folhas contenham números, mas os nós não-folha contenham caracteres representando operadores. A Figura 5.2.4 ilustra uma dessas árvores binárias.

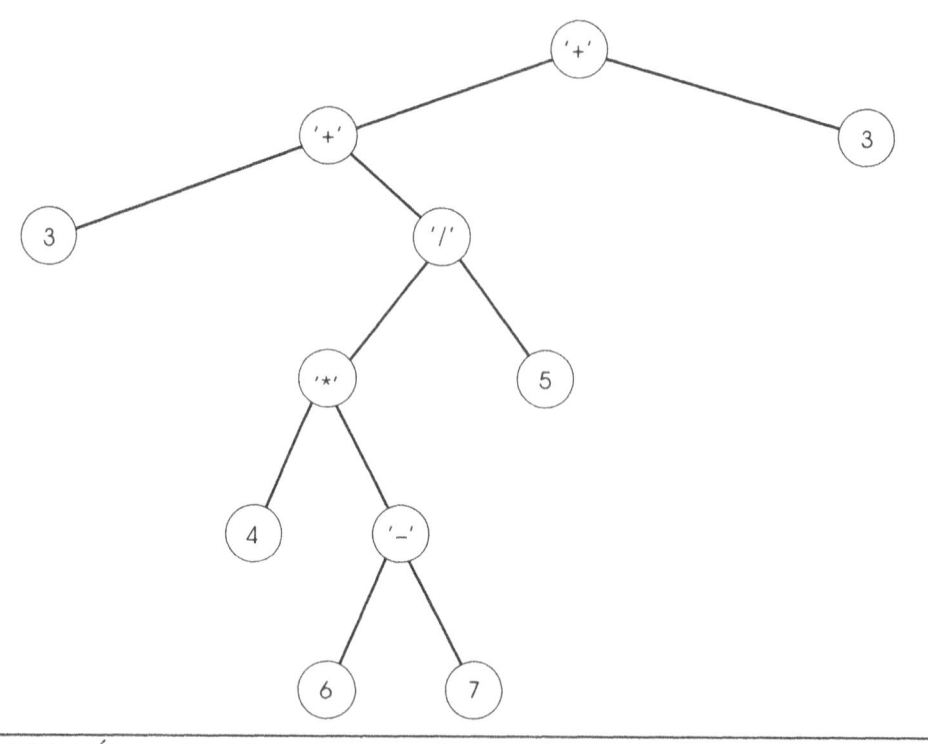

Figura 5.2.4   Árvore binária representando 3 + 4 * (6 - 7)/5 + 3.

Para esse tipo de árvore em C, podemos usar uma união para representar a parte de informações do nó. Evidentemente, cada nó da árvore deverá conter em si mesmo um campo para indicar o tipo de objeto que seu campo *info* contém.

```
#define OPERATOR 0
#define OPERAND 1
struct nodetype {
      short int utype;      /* OPERADOR ou OPERANDO */
      union {
            char chinfo;
            float numinfo;
```

```
      } info;
   struct nodetype *left;
   struct nodetype *right;
};
typedef struct nodetype *NODEPTR;
```

Vamos escrever uma função em C, *evalbintree*, que aceita um ponteiro para uma tal árvore e retorna o valor da expressão representada pela árvore. A função avalia recursivamente as subárvores da esquerda e da direita e depois aplica o operador da raiz nos dois resultados. Usamos a função auxiliar *oper* (*symb,opnd1,opnd2*), introduzida na Seção 2.3. O primeiro parâmetro de *oper* é um caractere representando um operador, e os dois últimos parâmetros são números reais que representam os dois operandos. A função *oper* retorna o resultado da aplicação do operador nos dois operandos.

```
float evalbintree (tree)
NODEPTR tree;
{
   float opnd1, opnd2;
   char symb;

   if (tree->utype == OPERAND)   /* expressao eh um unico */
                                  /*        operando      */
      return (tree->numinfo);
   /* tree->utype == OPERATOR */
   /* avalia a subarvore esquerda */
   opnd1 = evalbintree(tree->left);
   /* avalia a subarvore direita */
   opnd2 = evalbintree(tree->right);
   symb = tree->chinfo;           /* extrai o operador */
   /*   aplica o operador e retorna o resultado        */
   return = oper(symb, opnd1, opnd2);
} /* fim evalbintree */
```

A Seção 9.1 discute métodos adicionais para implementar estruturas ligadas que contêm elementos heterogêneos. Observe também que, neste exemplo, todos os nós de operandos são folhas e todos os nós de operadores são não-folhas.

EXERCÍCIOS

5.2.1. Escreva uma função em C que aceite um ponteiro para um nó e retorne *TRUE* se esse nó for a raiz de uma árvore binária válida, e *FALSE*, caso contrário.

5.2.2. Escreva uma função em C que aceite um ponteiro para uma árvore binária e um ponteiro para um nó da árvore e retorne o nível do nó na árvore.

5.2.3. Escreva uma função em C que aceite um ponteiro para uma árvore binária e retorne um ponteiro para uma nova árvore binária que seja a imagem espelhada da primeira (isto é, todas as subárvores da esquerda são agora subárvores da direita e vice-versa).

5.2.4. Escreva funções em C que convertam uma árvore binária implementada usando a representação de vetores ligados com um campo *father* somente (na qual o campo *father* do filho da esquerda contém o negativo do ponteiro para seu pai e *father* do filho da direita contém um ponteiro para seu pai) em sua representação usando os campos *left* e *right*, e vice-versa.

5.2.5. Escreva um programa em C para fazer a seguinte experiência: gerar 100 números aleatórios. À medida que cada número for gerado, insira-o numa árvore binária de busca, inicialmente vazia. Quando todos os 100 números tiverem sido inseridos, imprima o nível da folha de maior nível e o nível da folha de menor nível. Repita esse processo 50 vezes. Imprima uma tabela com uma contagem de quantas das 50 passagens resultaram numa diferença entre o nível máximo e mínimo de folhas de 0, 1, 2, 3 e assim por diante.

5.2.6. Escreva rotinas em C para percorrer uma árvore binária em pré-ordem e pós-ordem.

5.2.7. Implemente o percurso em ordem, *maketree*, *setleft* e *setright* para as árvores binárias encadeadas à direita sob a representação seqüencial.

5.2.8. Escreva funções em C para criar uma árvore binária, considerando:

a. os percursos em pré-ordem e em ordem dessa árvore;

b. os percursos em pré-ordem e pós-ordem dessa árvore;

Cada função deve aceitar duas strings de caracteres como parâmetros. A árvore criada deve conter um único caractere em cada nó.

5.2.9. A solução para o problema das Torres de Hanoi, de n discos (ver Seções 3.3 e 3.4) pode ser representada por uma árvore binária completa de nível n - 1, como segue:

  a. Permita que a raiz da árvore represente um movimento do disco superior da estaca *frompeg* até a estaca *topeg*. (Ignoramos a identificação dos discos sendo movidos porque existe somente um disco [o de cima] que pode ser movido a partir de qualquer estaca para qualquer outra estaca.) Se nd for um nó folha (nível inferior a n - 1) representando o movimento do disco superior a partir da estaca x até a estaca y, seja z a terceira estaca que não é nem a fonte nem alvo do nó nd. Então, $left(nd)$ representa um movimento do disco superior a partir da estaca x até a estaca z, e $right(nd)$ representa um movimento do disco superior a partir da estaca z até a estaca y. Desenhe exemplos de árvores de solução, conforme descrito anteriormente para n = 1, 2, 3 e 4, e demonstre que um percurso em ordem desse tipo de árvore produz a solução para o problema das Torres de Hanoi.

  b. Escreva um procedimento recursivo em C que aceite um valor para n e gere e percorra a árvore, conforme discutido anteriormente.

  c. Como a árvore é completa, ela pode ser armazenada num vetor de tamanho $2n$ - 1. Demonstre que os nós da árvore podem ser armazenados no vetor de modo que um percurso seqüencial do vetor produza o percurso em ordem da árvore, como segue: a raiz da árvore está na posição $2^{n-1} - 1$; para qualquer nível j, o primeiro nó nesse nível está na posição $2^{n-1-j} - 1$ e cada nó sucessivo no nível j está 2^{n-j} elementos para frente do elemento anterior nesse nível.

  d. Escreva um programa não-recursivo em C para criar o vetor, conforme descrito na parte c, e prove que a passagem seqüencial através do vetor realmente produz a solução desejada.

  e. Como os programas anteriores poderiam ser estendidos de modo a incluir dentro de cada nó o número do disco sendo movido?

5.2.10. Na Seção 4.5, apresentamos um método de representar uma lista duplamente ligada com um único campo de ponteiro em cada nó, mantendo seu valor como o *ou* exclusivo de ponteiros para o predecessor e sucessor do nó. Uma árvore binária pode ser mantida de modo semelhante, deixando-se um campo em cada nó, definido um campo como *ou* exclusivo dos ponteiros para o *pai* e filho da *esquerda* do nó [chame esse campo de *fleft(p)*] e outro campo como *ou* exclusivo de ponteiros para o *pai* e filho da *direita* do nó [chame esse campo de *fright(p)*].

a. Dados *father(p)* e *fleft(p)*, mostre como computar *left(p)*.

Dados *father(p)* e *fright(p)*, mostre como computar *right(p)*.

b. Dados *fleft(p)* e *left(p)*, mostre como computar *father(p)*.

Dados *fright(p)* e *right(p)*, mostre como computar *father(p)*.

c. Suponha que um nó contenha somente os campos *info, fleft, fright* e *isleft*. Escreva algoritmos para percursos de pré-ordem, em ordem e pós-ordem de uma árvore binária, dado um ponteiro externo para a raiz da árvore, sem usar uma pilha ou modificar nenhum dos campos.

d. O campo *isleft* pode ser eliminado?

5.2.11. Um índice analítico de um livro consiste nos termos principais, ordenados alfabeticamente. Cada termo principal é acompanhado por um conjunto de números de página e um conjunto de subtermos. Os subtermos são impressos em linhas sucessivas, posteriores ao termo principal, e ordenados alfabeticamente dentro do termo principal. Cada subtermo é acompanhado por um conjunto de números de página.

Elabore uma estrutura de dados para representar esse índice e escreva um programa em C para imprimir um índice de dados, como segue: cada linha de entrada começa com um *m* (termo principal) ou um *s* (subtermo). Uma linha *m* contém um *m* seguido por um termo principal, seguido por um *n* inteiro (possivelmente 0), seguido por *n* números de páginas em que o termo principal aparece. Uma linha *s* é semelhante, exceto pelo fato de que ela contém um subtermo em vez de um termo principal. As linhas de entrada não aparecem numa ordem determinada, exceto pelo fato de que cada subtermo é considerado um subtermo do termo principal que o precede diretamente. Podem existir várias linhas de entrada para um único termo principal ou subtermo (todos os números de página aparecendo em qualquer linha de determinado termo devem ser impressos com esse termo).

O índice deve ser impresso com um termo numa linha, seguido por todas as páginas nas quais o termo aparece, em ordem ascendente. Os termos principais devem ser impressos em ordem alfabética. Os subtermos devem aparecer em ordem alfabética, imediatamente depois do termo principal. Os subtermos devem ser endentados com cinco colunas a partir dos termos principais.

O conjunto de termos principais deve ser organizado como uma árvore binária. Cada nó na árvore contém (além dos ponteiros esquerdo e direito e do próprio termo principal) ponteiros para duas outras árvores binárias. Uma delas representa o conjunto de números de páginas no qual ocorre o termo principal, e a outra representa o conjunto de subtermos do termo principal. Cada nó numa árvore binária de subtermos contém (além dos ponteiros esquerdo e direito e do próprio subtermo) um ponteiro para uma árvore binária representando o conjunto de números de páginas nas quais o subtermo ocorre.

5.2.12. Escreva uma função em C para implementar o método de classificação da Seção 5.1 que usa uma árvore binária de busca.

5.2.13. a. Implemente uma fila de prioridades ascendentes usando uma árvore binária de busca, escrevendo implementações em C dos algoritmos *pqinsert* e *pqmindelete*, como no Exercício 5.1.13. Modifique as rotinas de modo a contar o número de nós acessados na árvore.

b. Use um gerador de números aleatórios para testar a eficiência da implementação da fila de prioridades, como segue: primeiro, crie uma fila de prioridades com 100 elementos, inserindo 100 números aleatórios numa árvore binária de busca, inicialmente vazia. Em seguida, chame *pqmindelete* e imprima o número de nós acessados na árvore ao encontrar o elemento mínimo, gere um novo número aleatório, chame *pqinsert* para inserir o novo número aleatório e imprima o número de nós da árvore acessados na inserção. Observe que, depois de chamar *pqinsert*, a árvore ainda contém 100 elementos. Repita o processo de eliminar/imprimir/gerar/inserir/imprimir mil vezes. Observe que o número de nós acessados na eliminação tende a diminuir, enquanto o número de nós acessados na inserçã tende a aumentar. Explique esse comportamento.

5.3. UM EXEMPLO: O ALGORITMO DE HUFFMAN

Suponha que tenhamos um alfabeto de n símbolos e uma extensa mensagem consistindo em símbolos desse alfabeto. Queremos codificar a mensagem como uma extensa cadeia de bits (um bit é 0 ou 1), atribuindo uma string de bits como código a cada símbolo do alfabeto e concatenando os códigos individuais dos símbolos que formam a mensagem para produzir uma codificação para a mensagem. Por exemplo, vamos supor que o alfabeto consista nos quatro símbolos, A, B, C e D, e que são atribuídos códigos a esses símbolos, como segue:

Símbolo	Código
A	010
B	100
C	000
D	111

A mensagem *ABACCDA* seria, então, codificada como 010100010000000111010. Essa codificação é ineficiente porque são usados três bits para cada símbolo, de modo que 21 bits são necessários para codificar a mensagem inteira. Vamos supor que um código de dois bits seja atribuído a cada símbolo, assim:

Símbolo	Código
A	00
B	01
C	10
D	11

Dessa forma, o código para a mensagem seria 00010010101100, o que exige somente 14 bits. Desejamos descobrir um código que diminua o tamanho da mensagem codificada.

Reexaminemos o exemplo anterior. Cada uma das letras B e D aparece somente uma vez na mensagem, enquanto a letra A aparece três vezes. Se for escolhido um código de modo que a letra A receba a atribuição de uma string de bits mais curta do que a das letras B e D, o tamanho da mensagem codificada será pequeno. Isso acontece porque o código pequeno (representando a letra *A*) apareceria com mais freqüência do que o código extenso. Na realidade, os códigos podem ser atribuídos como segue:

Símbolo	Código
A	0
B	110
C	10
D	111

Usando esse código, a mensagem *ABACCDA* é codificada como 0110010101110, o que exige somente 13 bits. Nas mensagens muito extensas contendo símbolos que aparecem raramente, a economia é substancial. Em geral, os códigos não são formados pela freqüência de caracteres dentro de uma única mensagem isolada, mas por sua freqüência dentro de um conjunto inteiro de mensagens. O mesmo conjunto de códigos é, então, usado para cada mensagem. Por exemplo, se as mensagens consistirem em palavras do idioma inglês, poderia ser usada a freqüência relativa de ocorrência das letras do alfabeto na língua inglesa, embora a freqüência relativa das letras em uma mensagem isolada não seja necessariamente a mesma.

Se forem usados códigos de tamanho variável, o código para um símbolo pode não ser um prefixo do código para outro. Para verificar por quê, suponha que o código para um símbolo *x*, $c(x)$ seja um prefixo do código de outro símbolo *y*, $c(y)$. Dessa forma, quando $c(x)$ for encontrado numa varredura da esquerda para a direita, não ficará evidente se $c(x)$ representa o símbolo *x* ou se ele é a primeira parte de $c(y)$.

Em nosso exemplo, a decodificação continua rastreando uma string de bits da esquerda para a direita. Se for encontrado um 0 como primeiro bit, o símbolo será um *A*; caso contrário, ele será um *B*, *C* où *D*, e o próximo bit será examinado. Se o segundo bit for um 0, o símbolo será um *C*; caso contrário, ele deve ser um *B* ou um *D*, e o terceiro bit deve ser examinado. Se o terceiro bit for um 0, o símbolo será um *B*; se for um 1, o símbolo será um *D*. Assim que o primeiro símbolo for identificado, o processo será repetido a partir do bit seguinte para encontrar o segundo símbolo.

Isso sugere um método para desenvolver um esquema de codificação ideal, em função da freqüência de cada símbolo numa mensagem. Encontre os dois símbolos que aparecem com menos freqüência. Em nosso exemplo, são *B* e *D*. O último bit de seus códigos diferencia um do outro: 0 para *B* e 1 para *D*. Combine esses dois símbolos no símbolo isolado *BD*, cujo código representa a noção de que um símbolo é um *B* ou um *D*. A freqüência de ocorrência desse novo símbolo é a soma das freqüências de seus dois símbolos constituintes. Sendo assim, a freqüência de *BD* é 2. Agora, existem três símbolos: *A* (freqüência 3), *C* (freqüência 2) e *BD* (freqüência 2). Escolha novamente os dois símbolos com a menor freqüência: *C* e *BD*. Mais uma vez, o último bit de seus códigos diferencia um do outro: 0 para *C* e 1 para *BD*. Os dois símbolos são, em seguida, combinados no símbolo isolado *CBD* com freqüência 4. Agora restam apenas dois símbolos: *A* e *CBD*. Esses são combinados no símbolo isolado *ACBD*. Os últimos bits dos códigos de *A* e *CBD* diferenciam um do outro: 0 para *A* e 1 para *CBD*.

O símbolo *ACBD* contém o alfabeto inteiro; ele recebe a atribuição da string de bit nulo, de tamanho 0, como seu código. No início da decodificação, antes de qualquer bit ser examinado, certamente todo símbolo estará contido em *ACBD*. Os dois símbolos que formam *ACBD* (*A* e *CBD*) recebem a atribuição dos códigos 0 e 1, respectivamente. Se for encontrado um 0, o símbolo codificado será um *A*; se for encontrado um 1, será um *C*, um *B* ou um *D*. De modo semelhante, os dois símbolos que constituem *CBD* (*C* e *BD*) recebem a atribuição dos códigos 10 e 11, respectivamente. O primeiro bit indica que o símbolo é um dos constituintes de *CBD*, e o segundo bit indica se é um *C* ou um *BD*. Os símbolos que formam *BD* (*B* e *D*) recebem a atribuição dos códigos 110 e 111. Por esse processo, os símbolos que aparecem com freqüência na mensagem recebem a atribuição de códigos mais curtos do que os símbolos que aparecem raramente.

A ação de combinar dois símbolos em um sugere o uso de uma árvore binária. Cada nó da árvore representa um símbolo e cada folha representa um símbolo do alfabeto original. A Figura 5.3.1a mostra a árvore binária construída usando-se o exemplo anterior. Cada nó na ilustração contém um símbolo e sua freqüência. A Figura 5.3.1b mostra a árvore binária formada por esse método para o alfabeto e a tabela de freqüências da Figura 5.3.1c. Essas árvores são chamadas ***árvores de Huffman***, em homenagem ao descobridor desse método de codificação.

Assim que a árvore de Huffman for construída, o código de qualquer símbolo no alfabeto pode ser formado, começando na folha representando esse símbolo e subindo até a raiz. O código é inicializado com nulo (*null*). Toda vez que um desvio da esquerda for escalado, será incluído um 0 no início do código; sempre que um desvio da direita for escalado, será incluído um 1 no início do código.

O ALGORITMO DE HUFFMAN

As entradas para o algoritmo são n, o número de símbolos no alfabeto original, e a *freqüência*, um vetor de tamanho pelo menos n para que *frequency*[i] seja a freqüência relativa do $i$ésimo símbolo. O algoritmo atribui valores ao código de um vetor de tamanho mínimo n, de modo que *code*[i] contenha o código atribuído ao $i$ésimo símbolo. O algoritmo constrói também um vetor *position* de tamanho mínimo n, tal que *position*[i] aponte para o nó representando o $i$ésimo símbolo. Esse vetor é necessário para identificar o ponto na árvore a partir do qual começar a construir o código para determinado símbolo no alfabeto. Uma vez que a árvore tiver sido construída, a operação *isleft* introduzida anteriormente pode ser usada para determinar se 0 ou 1 deve ser colocado na frente do código, ao escalarmos a árvore. A parte *info* do nó de uma árvore contém a freqüência da ocorrência do símbolo representado por esse código.

Um conjunto *rootnodes* é usado para manter ponteiros para as raízes de árvores binárias parciais que ainda não são subárvores da esquerda ou da direita. Como esse conjunto é modificado removendo elementos com freqüência mínima, combinando-os e, em seguida, reinserindo o elemento combinado no conjunto, ele é implementado como uma fila de prioridade ascendente de ponteiros, ordenada pelo valor do campo *info* dos nós-alvo dos ponteiros. Usamos as operações *pqinsert* para inserir um ponteiro na fila de prioridades, e *pqmindelete* para remover o ponteiro para o nó com o menor valor de *info* da fila de prioridades.

(a)

(b)

Símbolo	Freqüência	Código	Símbolo	Freqüência	Código	Símbolo	Freqüência	Código
A	15	111	D	12	111	G	6	1100
B	6	0101	E	25	10	H	1	01000
C	7	1101	F	4	01001	I	15	00

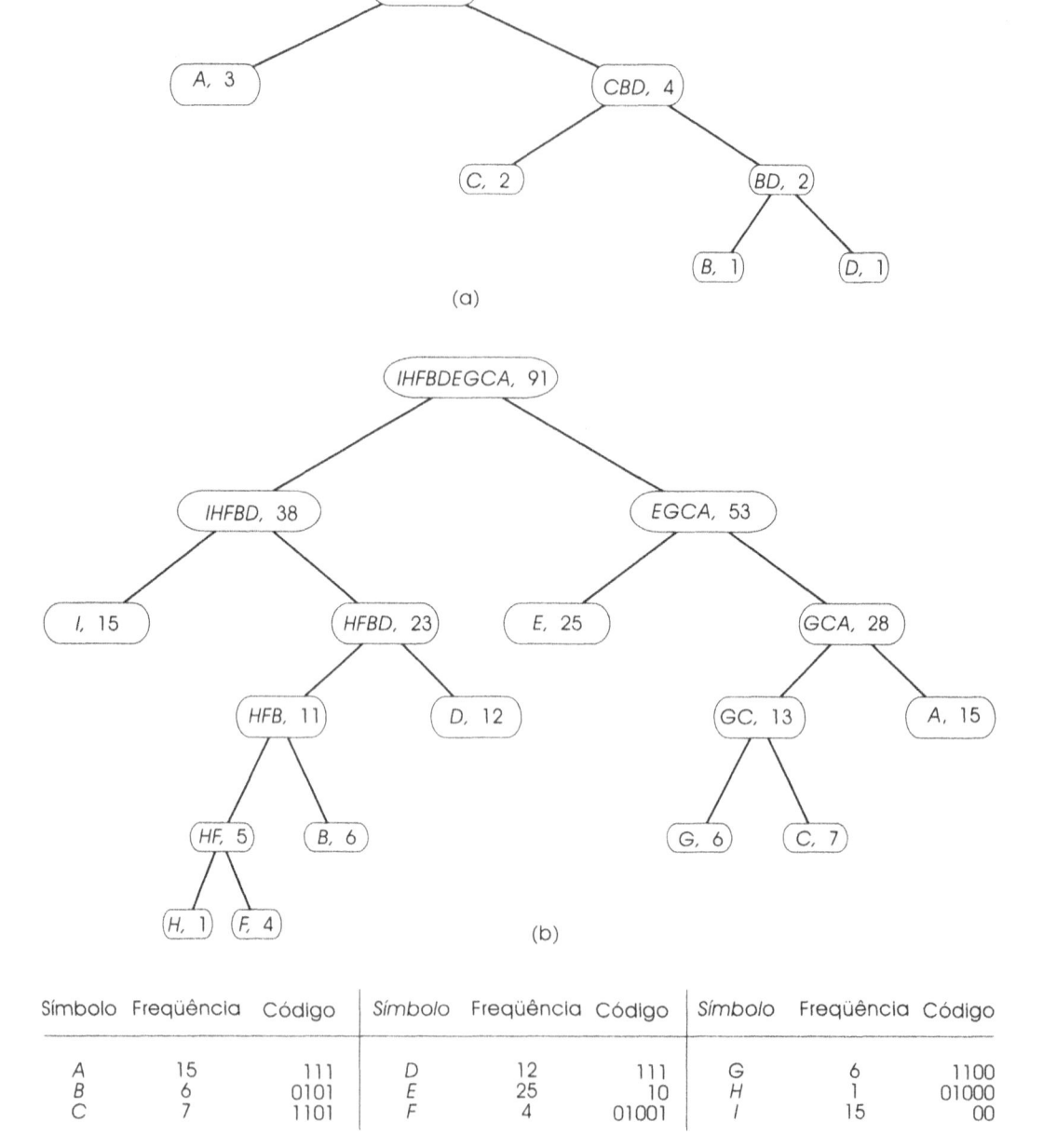

(c)

Figura 5.3.1 Árvores de Huffman.

Podemos descrever o algoritmo de Huffman assim:

```
/*    inicializa o conjunto de nos raiz */
rootnodes = fila vazia de prioridades ascendentes;
/*    constroi um no para cada simbolo       */
for (i = 0; i < n; i++)   {
   p = maketree(frequency[i]);
   position[i] = p; /* um ponteiro p/ a folha contendo */
                    /*          o iesimo simbolo       */
   pqinsert(rootnodes, p);
}  /* fim for */
while (rootnodes contem mais de um item) {
   p1 = pqmindelete(rootnodes);
   p2 = pqmindelete(rootnodes);
   /* combina p1 e p2 como ramificações de uma unica arvore */
   p = maketree(info(p1) + info(p2));
   setleft(p, p1);
   setright(p, p2);
   pqinsert(rootnodes, p);
}  /* fim while */

/* arvore construida; use-a para encontrar codigos */
root = pqmindelete(rootnodes);
for (i = 0; i < n; i++) {
   p = position[i];
   code[i] = string de bit nula;
   while (p != root)   {
      /* sobe a arvore */
      if (isleft(p))
         code[i] = 0 seguido por code[i];
      else
         code[i] = 1 seguido por code[i];
      p = father(p);
   }  /* fim while */
}  /* fim for */
```

UM PROGRAMA EM C

Observe que a árvore de Huffman é estritamente binária. Sendo assim, se existirem n símbolos no alfabeto, a árvore de Huffman (que tem n folhas) pode ser representada por um vetor de nós de tamanho $2n - 1$. Como a quantidade de armazenamento necessário para a árvore é conhecida, ela pode ser alocada antecipadamente num vetor de nós.

Ao construir a árvore e obter os códigos, só será necessário manter uma ligação de cada nó com seu pai e uma indicação de se cada nó é um filho da esquerda ou da direita; os campos à esquerda e à direita são desnecessários. Assim, cada nó contém três campos: *father, isleft e freq. father* é um ponteiro para o pai do nó. Se o nó for a raiz, seu campo *father* será *NULL*. O valor de *isleft* será *TRUE* se o nó for um filho da esquerda, e *FALSE* caso contrário. *freq* (que corresponde ao campo *info* do algoritmo) é a freqüência de ocorrência do símbolo representado por esse nó.

Alocamos o vetor *node* baseado no número máximo de símbolos possível (uma constante *maxsymbs*) em vez do verdadeiro número de símbolos, n. Assim, o vetor *node*, que deve ter o tamanho $2n - 1$, é declarado com o tamanho 2 * *MAXSYMBS* - 1. Isto significa que algum espaço é desperdiçado. Evidentemente, o próprio n poderia ser uma constante em vez de uma variável, mas, assim, o programa precisaria ser modificado sempre que o número de símbolos fosse diferente. Os nós podem ser também representados por variáveis dinâmicas sem desperdiçar espaço. Entretanto, apresentamos uma representação em vetores ligados. (Poderíamos também inserir o valor de n e alocar vetores de tamanho apropriado, usando *malloc* dinamicamente durante a execução. Dessa forma, nenhum espaço seria desperdiçado usando uma implementação de vetor.)

Ao usar a implementação em vetores ligados, *node*[0] a *node*[n - 1] podem ser reservados para as folhas representando os n símbolos originais do alfabeto, e *node*[n] a *node*[$2 * n - 2$] para os n -1 nós não-folhas necessários à árvore estritamente binária. Isso significa que o vetor *position* não é necessário como um guia para os nós de folha representando os n símbolos, uma vez que o nó contendo o $i$ésimo símbolo inserido (onde i vai de 0 a n -1) é conhecido como *node*[i]. Se fosse usada a representação de nós dinâmicos, o vetor *position* seria necessário.

O programa seguinte codifica uma mensagem usando o algoritmo de Huffman. A entrada consiste em um número n que representa o número de símbolos do alfabeto, seguido por um conjunto de n pares, cada um dos quais consistindo num símbolo e em sua freqüência relativa. O programa forma primeiramente uma string *alph* consistindo em todos os símbolos do alfabeto, e um vetor de códigos tal que *code*[i] é o código atribuído ao $i$ésimo símbolo em *alph*. Em seguida, o programa imprime cada caractere, sua freqüência relativa e seu código.

Como o código é construído da direita para a esquerda, definimos uma estrutura *codetype* como segue:

```
#define MAXBITS 50

struct codetype  {
   int bits[MAXBITS];
   int startpos;
};
```

MAXBITS é o número máximo de bits permitido no código. Se um código *cd* for nulo, *cd.startpos* será igual a *MAXBITS*. Quando um bit *b* for incluído à esquerda de *cd*, *cd.startpos* sofrerá uma diminuição de 1, e *cd.bits[cd.startpos]* será definido com *b*. Quando o código *cd* estiver completo, os bits do código estarão nas posições *cd.startpos* a *MAXBITS* - 1 inclusive.

Uma questão importante é como organizar a fila de prioridade de nós raiz. No algoritmo, esta estrutura de dados foi representada como uma fila de prioridades de ponteiros de nós. Implementar a lista de prioridades com uma lista ligada, como na Seção 4.2, exigiria um novo conjunto de nós, cada um armazenando um ponteiro para um nó raiz e um campo *next*. Felizmente, o campo *father* de um nó raiz está sem uso, de modo que ele pode ser usado para associar todos os nós raiz numa lista. O ponteiro *rootnodes* poderia apontar para o primeiro nó raiz da lista. A própria lista pode ser ordenada ou não, dependendo da *implementação* de *pqinsert* e *pqmindelete*.

Faremos uso dessa técnica no seguinte programa, que implementa o algoritmo recém-apresentado.

```
#define MAXBITS 50
#define MAXSYMBS 50
#define MAXNODES 99    /* MAXNODES igual a 2*MAXSYMBS-1 */

struct codetype {
   int bits[MAXBITS];
   int startpos;
};
struct nodetype {
   int freq;
   int father;      /* Se node[p] nao eh um noh raiz, */
                    /*    father aponta para o pai do    */
                    /*    noh; em caso positivo, father */
                    /*    aponta para o prox noh raiz   */
                    /*       na fila de prioridades     */
```

```
      int isleft;
};

main()
{
   struct codetype cd, code[MAXSYMBS];
   struct nodetype node[MAXNODES];
   int i, k, n, p, p1, p2, root, rootnodes;
   char symb, alph[MAXSYMBS];

   for (i = 0; i < MAXSYMBS; i++)
      alph[i] = ' ';
   rootnodes = 0;
   /* entra o alfabeto e frequencias */
   scanf("%d", &n);
   for (i = 0; i < n; i++)   {
      scanf("%s %d", &symb, &node[i].freq);
      pqinsert(rootnodes, i);
      alph[i] = symb;
   }  /* fim for */

   /* agora construimos as arvores */
   for (p = n; p < 2*n-1; p++)   {
      /* p aponta p/ o prox noh disponivel. Obtem os nos */
      /*   raiz p1 e p2 com as menores frequencias      */
      p1 = pqmindelete(rootnodes);
      p2 = pqmindelete(rootnodes);
      /*  define left(p) com p1 e right(p) com p2 */
      node[p1].father = p;
      node[p1].isleft = TRUE;
      node[p2].father = p;
      node[p2].isleft = FALSE;
      node[p].freq = node[p1].freq + node[p2].freq;
      pqinsert(rootnodes, p);
   } /* fim for */
   /* Agora soh existe um noh com */
   /*    um campo father nulo     */
   root = pqmindelete(rootnodes);
   /* extrai os codigos da arvore */
   for (i = 0; i < n; i++)   {
      /* inicializa code[i] */
      cd.startpos = MAXBITS;
      /* sobe a arvore */
```

```
      p = i;
      while (p != root)  {
         --cd.startpos;
         if (node[i].isleft)
            cd.bits[cd.startpos] = 0;
         else
            cd.bits[cd.startpos] = 1;
         p = node[p].father;
      }  /* fim while */
      for (k = code[i].startpos; k < MAXBITS; k++)
         code[i].bits[k] = cd.bits[k];
      code[i].startpos = cd.startpos;
   }  /* fim for */
   /*   imprime resultados   */
   for (i = 0; i < n; i++)  {
      printf("\n%c %d ", alph[i], nodes[i].freq);
      for (k = code[i].startpos; k < MAXBITS; k++)
         printf("%d", code[i].bits[k]);
      printf("\n");
   }  /* fim for */
}  /* fim main */
```

Deixamos para o leitor a codificação da rotina *encode(alph, code, msge, bitcode)*. Esse procedimento aceita a string *alph*, o vetor *code* construído no programa anterior e uma mensagem *msge*, além de definir *bitcode* com a codificação da string de bits da mensagem.

Dada a codificação de uma mensagem e a árvore de Huffman usada ao construir o código, a mensagem original pode ser recuperada como segue: comece na raiz da árvore. Toda vez que um 0 for encontrado, desloque para baixo por uma ramificação à esquerda e, sempre que um 1 for encontrado, desloque para baixo por uma ramificação à direita. Repita esse processo até que uma folha seja encontrada. O próximo caractere da mensagem original será o símbolo correspondente a essa folha. Veja se você consegue decodificar 1110100010111011 usando a árvore de Huffman da Figura 5.3.1b.

Para decodificar, é necessário descer a partir da raiz da árvore até suas folhas. Isso significa que, em vez dos campos *father* e *isleft*, são necessários dois campos *left* e *right* para armazenar os filhos da esquerda e da direita de um determinado nó. É fácil calcular os campos *left* e *right* a partir dos campos *father* e *isleft*. Como alternativa, os valores *left* e *right* podem ser formados diretamente a partir da informação da freqüência para os símbolos do alfabeto usando um enfoque parecido com o utilizado ao atribuir o valor de *father*. (Evidentemente, se as árvores precisarem ser idênticas, os pares de símbolo/freqüência precisarão ser apresentados na mesma ordem sob os dois métodos.) Deixamos esses algoritmos, bem como o algoritmo de decodificação, como exercícios para o leitor.

EXERCÍCIOS

5.3.1. Escreva uma função em C, *encode(alph, code, msge, bitcode)*. A função aceita a string *alph* e o vetor *code* produzido pelo programa *findcode* no texto e uma mensagem *msge*. O procedimento define *bitcode* com a codificação de Huffman dessa mensagem.

5.3.2. Escreva uma função em C, *decode(alph, left, right, bitcode, msge)*, na qual *alph* é a string produzida pelo programa *findcode* no texto, *left* e *right* são vetores usados para representar uma árvore de Huffman, e *bitcode* é uma string de bits. A função define *msge* com a decodificação de Huffman de *bitcode*.

5.3.3. Implemente a fila de prioridade *rootnodes* como uma lista ordenada. Escreva rotinas *pqinsert* e *pqmindelete* apropriadas.

5.3.4. É possível ter duas árvores de Huffman diferentes para um conjunto de símbolos com determinadas freqüências? Dê um exemplo com duas árvores desse tipo ou demonstre que existe somente uma tal árvore.

5.3.5. Defina a ***árvore binária de Fibonacci de ordem n*** como segue: Se $n = 0$ ou $n = 1$, a árvore consiste em um único nó. Se $n > 1$, a árvore consiste em uma raiz, com a árvore de Fibonacci de ordem $n - 1$ como subárvore da esquerda e a árvore de Fibonacci de ordem $n - 2$ como subárvore da direita.

a. Escreva uma função em C que retorne um ponteiro para a árvore binária de Fibonacci de ordem n.

b. Essa árvore é estritamente binária?

c. Qual o número de folhas na árvore de Fibonacci de ordem n?

d. Qual a profundidade da árvore de Fibonacci de ordem n?

5.3.6. Dada uma árvore binária t, sua **extensão** é definida como a árvore binária $e(t)$ formada a partir de t, acrescentando-se um novo nó de folha a cada ponteiro *NULL* da esquerda e da direita em t. As novas folhas são chamadas nós **externos**, e os nós originais (que agora são não-folhas) são chamados nós **internos**. $e(t)$ é chamada **árvore binária estendida**.

    a. Prove que uma árvore binária estendida é estritamente binária.

    b. Se t tem n nós, quantos nós tem $e(t)$?

    c. Prove que todas as folhas numa árvore binária estendida são nós recém-incluídos.

    d. Escreva uma rotina em C que estende uma árvore binária t.

    e. Prove que toda árvore estritamente binária com mais de um nó é uma extensão de somente uma árvore binária.

    f. Escreva uma função em C que aceite um ponteiro para uma árvore $t1$ estritamente binária contendo mais de um nó, e que elimine nós de $t1$ criando uma árvore binária $t2$, de modo que $t1 = e(t2)$.

    g. Demonstre que a árvore binária completa de ordem n é a enésima extensão da árvore binária consistindo em um único nó.

5.3.7. Dada uma árvore estritamente binária, t, na qual as n folhas são rotuladas como nós 1 a n, permita que $level(i)$ seja o nível do nó i e $freq(i)$ seja um inteiro atribuído ao nó i. Defina o **comprimento ponderado do caminho** de t como a soma de $freq(i) * level(i)$ sobre todas as folhas de t.

    a. Escreva uma rotina em C para computar o comprimento ponderado do caminho, dados os campos *freq* e *father*.

    b. Demonstre que a árvore de Huffman é a árvore estritamente binária com mínimo comprimento ponderado de caminho.

5.4. REPRESENTANDO LISTAS COMO ÁRVORES BINÁRIAS

Várias operações podem ser executadas sobre uma lista de elementos. Entre elas estão a inclusão de um novo elemento no início ou no final da lista, a eliminação do primeiro ou do último elemento existente na lista, a recuperação do *k*ésimo elemento ou do último elemento da lista, a inserção de um elemento antes ou depois de determinado elemento, a eliminação de determinado elemento e a eliminação do elemento anterior ou posterior a um dado elemento. Formar uma lista com determinados elementos é uma operação adicional freqüentemente necessária.

Dependendo da representação escolhida para a lista, algumas dessas operações podem ou não ser possíveis com graus variados de eficiência. Por exemplo, uma lista pode ser representada por elementos sucessivos num vetor ou como nós numa estrutura ligada. Inserir um elemento depois de determinado elemento é relativamente eficiente numa lista ligada (envolvendo modificações em alguns ponteiros, além da própria inserção), mas relativamente ineficiente num vetor (envolvendo o deslocamento em uma posição de todos os elementos subseqüentes no vetor). Entretanto, localizar o *k*ésimo elemento de uma lista é muito mais eficiente num vetor (envolvendo apenas o cálculo de um deslocamento) do que numa estrutura ligada (que exige percorrer os primeiros *k* - 1 elementos). De modo semelhante, não é possível eliminar um elemento específico numa lista linear ligada em função de apenas um ponteiro para esse elemento, e isso só será possível de modo ineficiente numa lista circular ligada simples (percorrendo a lista inteira até alcançar o elemento anterior e depois fazendo a eliminação). A mesma operação, contudo, é muito eficiente numa lista (circular ou linear) duplamente ligada.

Nesta seção, apresentaremos uma representação em árvore de uma lista linear, na qual as operações de localização do *k*ésimo elemento de uma lista e a eliminação de um elemento específico são relativamente eficientes. É possível também formar uma lista com determinados elementos usando essa representação. Examinaremos também brevemente a operação de inserir um só elemento novo.

Uma lista pode ser representada por uma árvore binária, conforme ilustrado na Figura 5.4.1. A Figura 5.4.1a mostra uma lista no formato ligado habitual, enquanto as Figuras 5.4.1b e c mostram duas representações em árvore binária da lista. Os elementos da lista original são representados pelas folhas da árvore (mostradas como quadrados na figura), enquanto os nós não-folhas da árvore (mostrados como círculos na figura) estão presentes como parte da estrutura interna da árvore. Associado a cada nó folha encontra-se o conteúdo do elemento correspondente da lista. Associada a cada nó não-folha está uma contagem representando o número de folhas na subárvore esquerda do nó. (Embora essa contagem possa ser calculada a partir da estrutura de árvore, ela é mantida como um elemento de dado para evitar o recálculo de seu valor toda vez que ela for necessária.) Os elementos da lista em sua seqüência original são atribuídos às folhas da árvore na ordem da esquerda para a direita. Observe na Figura 5.4.1 que várias árvores binárias podem representar a mesma lista.

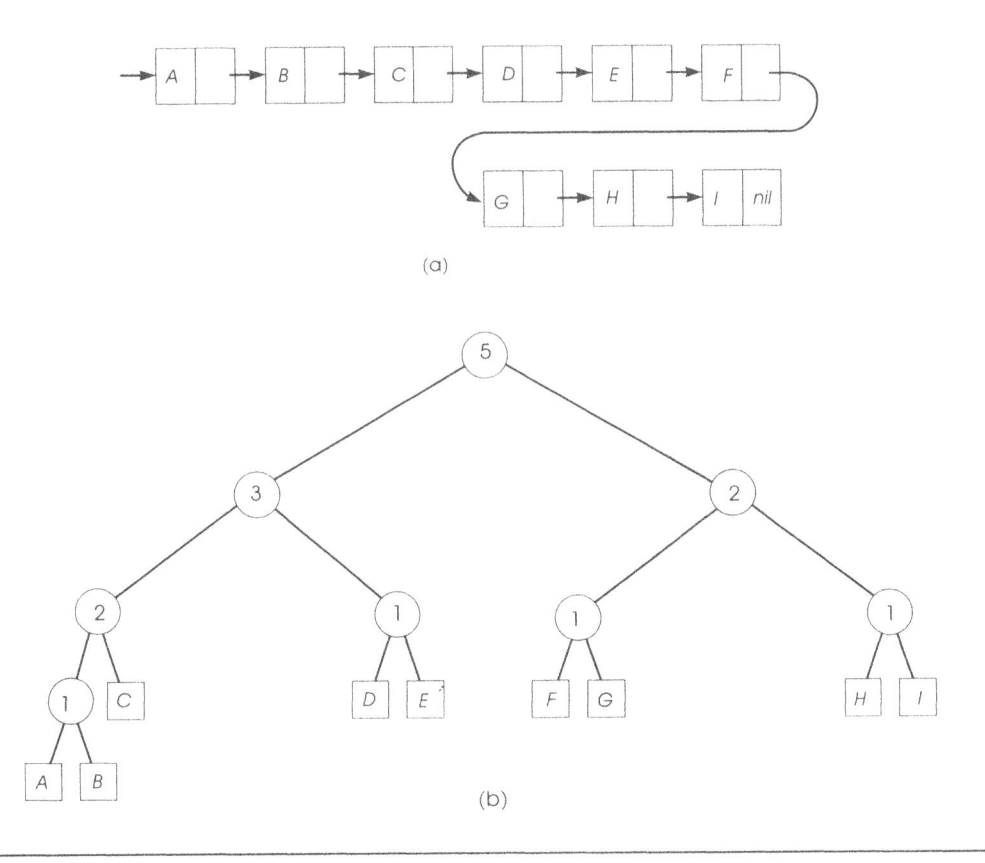

Figura 5.4.1 Uma lista e duas árvores binárias correspondentes.

(c)

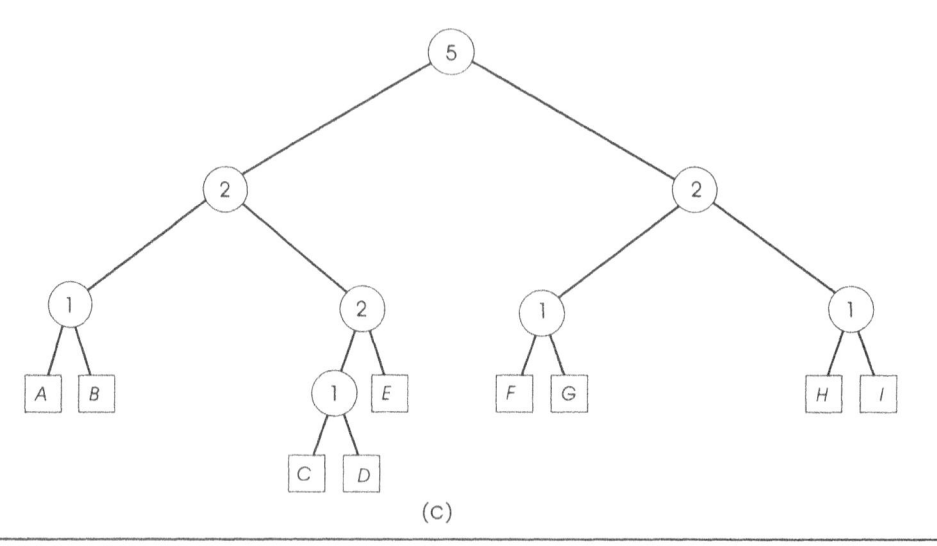

Figura 5.4.1 Uma lista e duas árvores binárias correspondentes. (*Continuação.*)

LOCALIZANDO O kÉSIMO ELEMENTO

Para justificar o uso de tantos nós de árvore adicionais para representar uma lista, apresentaremos um algoritmo para localizar o *k*ésimo elemento de uma lista representada por uma árvore. Seja *tree* um apontador para a raiz da árvore, e *lcount*(p) a contagem associada ao nó não-folha apontado por *p* [*lcount*(*p*) é o número de folhas na árvore enraizada em *node*(*left*(*p*))]. O seguinte algoritmo define a variável *find* de modo a apontar para a folha contendo o *k*ésimo elemento da lista.

O algoritmo mantém uma variável *r* contendo o número de elementos da lista que faltam ser contados. No início do algoritmo, *r* é inicializada com *k*. Em cada nó não-folha, o algoritmo determina, em função dos valores de *r* e lcount(p), se o *k*ésimo elemento encontra-se na subárvore esquerda ou direita. Se a folha estiver na subárvore esquerda, o algoritmo passará imediatamente para essa subárvore. Se a folha desejada estiver na subárvore direita, o algoritmo passará para essa subárvore depois de diminuir *r* com o valor de *lcount*(*p*). Presume-se que *k* é menor ou igual ao número de elementos na lista.

```
r = k;
p = tree;
while (p nao eh um noh de folha)
   if (r <= lcount(p))

   p = left(p);
   else {
      r -= lcount(p);
      p = right(p);
   }  /* fim if */
find = p;
```

A Figura 5.4.2a ilustra a localização do quinto elemento de uma lista na árvore da Figura 5.4.1b, e a Figura 5.4.2b ilustra a localização do oitavo elemento na árvore da Figura 5.4.1c. A linha tracejada representa o caminho percorrido pelo algoritmo árvore abaixo até a folha correta. Indicamos o valor de r (o número restante de elementos a ser contados) ao lado de cada nó visitado pelo algoritmo.

O número de nós de árvore examinado durante a localização do $k$ésimo elemento é menor ou igual a 1 a mais que a profundidade da árvore (o caminho mais comprido na árvore a partir da raiz até uma folha). Conseqüentemente, são examinados quatro nós na Figura 5.4.2a ao localizar o quinto elemento da lista, e também na Figura 5.4.2b durante a localização do oitavo elemento. Se uma lista for representada por uma estrutura ligada, quatro nós serão acessados ao localizar o quinto elemento da lista [isto é, a operação $p = next(p)$ é efetuada quatro vezes], e sete nós serão acessados durante a localização do oitavo elemento.

Embora isso não represente uma grande economia, considere uma lista com 1.000 elementos. Uma árvore binária de profundidade 10 é suficiente para representar tal lista, uma vez que $\log_2 1000$ é menor que 10. Assim, localizar o $k$ésimo elemento (independentemente de k ser 3, 253, 708 ou 999) usando uma árvore binária como essa exigiria examinar não mais que 11 nós. Como o número de folhas de uma árvore binária aumenta em função de 2^d, onde d é a profundidade da árvore, essa árvore representa uma estrutura de dados relativamente eficiente para localizar o $k$ésimo elemento de uma lista. Se for usada uma árvore quase completa, o $k$ésimo elemento de uma lista de n elementos poderá ser encontrado no máximo em $\log_2 n + 1$ visitas a nós, enquanto seriam necessárias k visitas se fosse usada uma lista ligada linear.

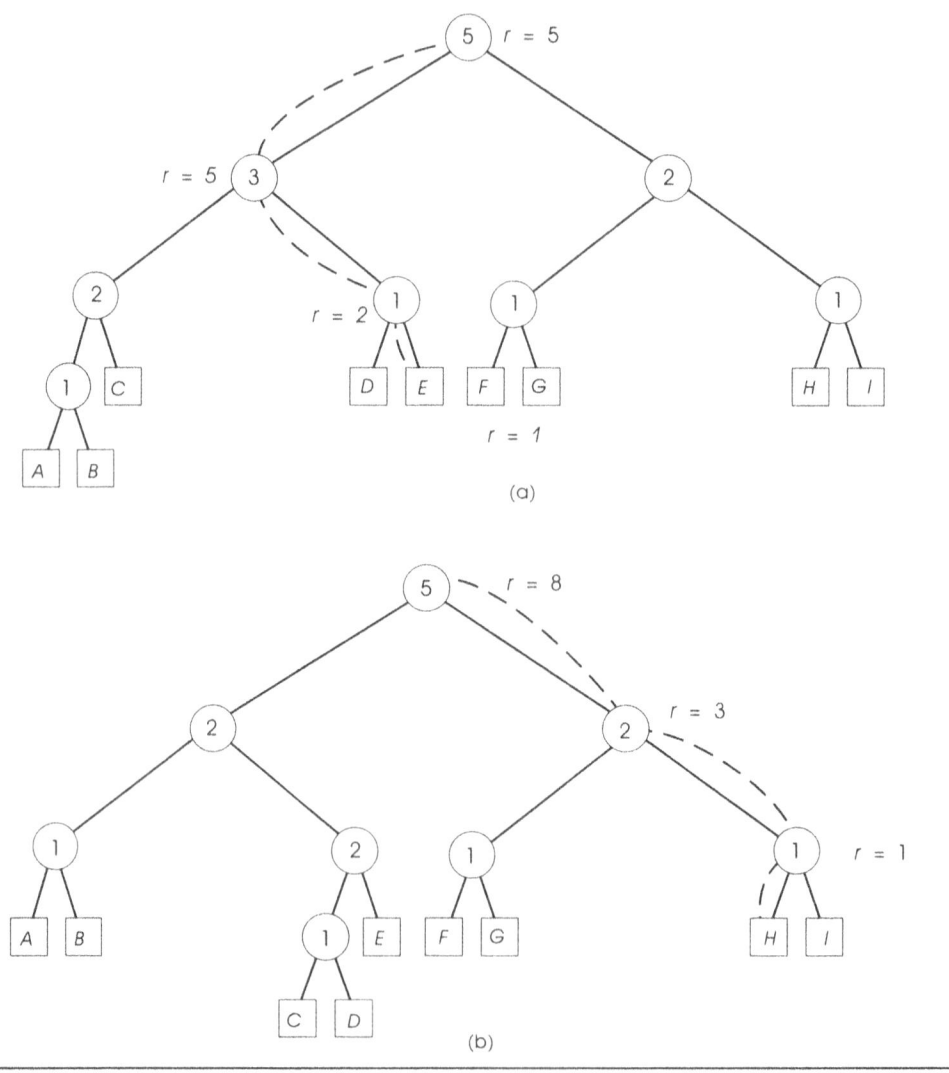

Figura 5.4.2 Localizando o *enésimo* elemento de uma lista representada por árvore.

ELIMINANDO UM ELEMENTO

Como um elemento pode ser eliminado de uma lista representada por uma árvore? A eliminação em si é relativamente fácil. Ela requer apenas a redefinição de um ponteiro esquerdo ou direito no pai da folha eliminada, de *dl* para *null*. Entretanto, para permitir os acessos subseqüentes, as contagens em todos os ancestrais de *dl* talvez precisem ser modificadas. A modificação consiste em reduzir 1 de *lcount* em cada nó *nd* a partir do qual *dl* era um descendente da esquerda, porque o número de folhas na subárvore esquerda de *nd* é 1 a menos. Simultaneamente, se o irmão de *dl* for uma folha, ele poderá ser deslocado para cima na árvore para ocupar o lugar de seu pai. Podemos, então, mover esse nó ainda mais para cima se ele não tiver irmão em sua nova posição. Isso pode reduzir a profundidade da árvore resultante, tornando os acessos subseqüentes ligeiramente mais eficientes.

Podemos, portanto, apresentar um algoritmo para eliminar de uma árvore uma folha apontada por *p* (e, conseqüentemente, um elemento de uma lista), como segue. (Os números de linhas, que aparecem à esquerda, servem para referência futura.)

```
1      if (p == tree)  {
2          tree = null;
3          free node(p);
4      }
5      else {
6          f = father(p);
7      /* remove node(p) e define b p/ apontar p/ seu irmao */
8          if (p == left(f))  {
9              left(f) = null;
10             b = right(f);
11             --lcount(f);
12         }
13         else {
14             right(f) = null;
15             b = left(f);
16         }  /* fim if */
17         if (node(b) é uma folha) {
18         /* move p/ cima o conteudo de node(b) ateh   */
19         /*         seu pai e libera node(b)          */
20             info(f) = info(b);
21             left(f) = null;
22             right(f) = null;
23             lcount(f) = 0;
24             free node(b);
25         }  /* fim if */
26         free node(p);
27     /* sobe a arvore */
```

```
28      q = f;
29      while (q != tree) {
30         f = father(q);
31         if (q == left(f))  {
32            /* a folha eliminada era descendente da esq */
              /*                de node(f)                */
33            --lcount(f);
34            b = right(f);
35         }
36         else
37            b = left(f);
38         /* node(b) eh o irmao de node(q) */
39         if (b == null && node(q) eh uma folha) {
40            /* desloca para cima o conteudo de node(q) */
41            /* ateh seu pai e libera node(q)           */
42            info(f) = info(q);
43            left(f) = null;
44            right(f) = null;
45            lcount(f) = 0;
46            free node(q);
47         }  /* fim if */
48         q = f;
49      }  /* fim while */
50   }  /* fim else */
```

A Figura 5.4.3 ilustra os resultados desse algoritmo para uma árvore na qual os nós C, D e B são eliminados nessa ordem. Procure acompanhar as ações do algoritmo nesses exemplos. Observe que o algoritmo mantém uma contagem 0 nos nós de folha, a título de coerência, embora não seja necessária a contagem para esses nós. Note também que o algoritmo nunca desloca para cima um nó não-folha, mesmo que isso pudesse ser feito. (Por exemplo, o pai de A e B na Figura 5.4.3b não foi deslocado para cima.) Podemos modificar facilmente o algoritmo para fazer isso (a modificação será deixada para o leitor), mas não o fizemos por razões que se evidenciarão em breve.

Esse algoritmo de eliminação envolve a inspeção de até dois nós (o ancestral do nó sendo eliminado e o irmão desse ancestral) em cada nível. Sendo assim, a operação de eliminação do $k$ésimo elemento de uma lista representada por uma árvore (o que envolve a localização do elemento e sua subseqüente eliminação) exige uma quantidade de acessos de nós aproximadamente igual ao triplo da profundidade da árvore. Embora a eliminação de uma lista ligada exija acessos a somente três nós (o nó anterior e posterior ao nó eliminado, além deste), a eliminação do $k$ésimo elemento exige um total de $k + 2$ acessos ($k - 1$ dos quais são para localizar o nó anterior ao $k$ésimo). Portanto, para listas grandes, a representação em árvore é mais eficiente.

De modo semelhante, podemos comparar favoravelmente a eficiência de listas representadas por árvores com listas representadas por vetores. Se uma lista de n elementos for mantida nos primeiros n elementos de um vetor, a localização do $k$ésimo elemento envolverá somente o acesso a um único elemento do vetor, mas sua eliminação envolverá o deslocamento de $n - k$ elementos posicionados depois do elemento eliminado. Se forem permitidos intervalos vazios no vetor para que a eliminação possa ser implementada com eficiência (definindo-se uma variável sinalizadora na posição no vetor do elemento eliminado, sem deslocar quaisquer elementos subseqüentes), a localização do $k$ésimo elemento exigirá pelo menos k acessos o vetor. Isso ocorre porque não será mais possível saber a posição no vetor do $k$ésimo elemento na lista, uma vez que podem existir intervalos entre os elementos do vetor. (Entretanto, precisamos observar que, se a ordem dos elementos na lista for irrelevante, o $k$ésimo elemento num vetor poderá ser facilmente eliminado, sobregravando-o com o elemento na posição n [o último elemento] e acertando a contagem com $n - 1$. Contudo, é improvável que quiséssemos eliminar o $k$ésimo elemento de uma lista na qual a ordem seja irrelevante, porque não teria significado o $k$ésimo elemento sobre qualquer um dos outros.)

A inserção de um novo $k$ésimo elemento numa lista representada por árvore [entre o elemento $(k - 1)$ e o elemento k anterior] é também uma operação relativamente fácil. A inserção consiste em localizar o $k$ésimo elemento, substituí-lo por um novo não-folha que tenha uma folha contendo o novo elemento como seu filho da esquerda e uma folha contendo o antigo elemento k como seu filho da direita, e ajustar as contagens corretas de seus ancestrais. Deixamos os detalhes para o leitor. (Entretanto, incluir várias vezes um novo elemento k com esse método faz com que a árvore se torne altamente desequilibrada porque a ramificação contendo o $k$ésimo elemento fica desproporcionalmente comprida em relação às outras. Isso significa que a eficiência da localização do $k$ésimo elemento não seria tão considerável como numa árvore equilibrada na qual todos os caminhos tivessem aproximadamente o mesmo comprimento. Recomendamos que o leitor descubra uma estratégia de "balanceamento" para solucionar esse problema. Independentemente disso, se as inserções na árvore forem feitas de forma aleatória, de modo que seja igualmente provável a inserção de um elemento em qualquer posição dada, a árvore resultante ficará razoavelmente balanceada e a localização do $k$ésimo elemento permanecerá eficiente.)

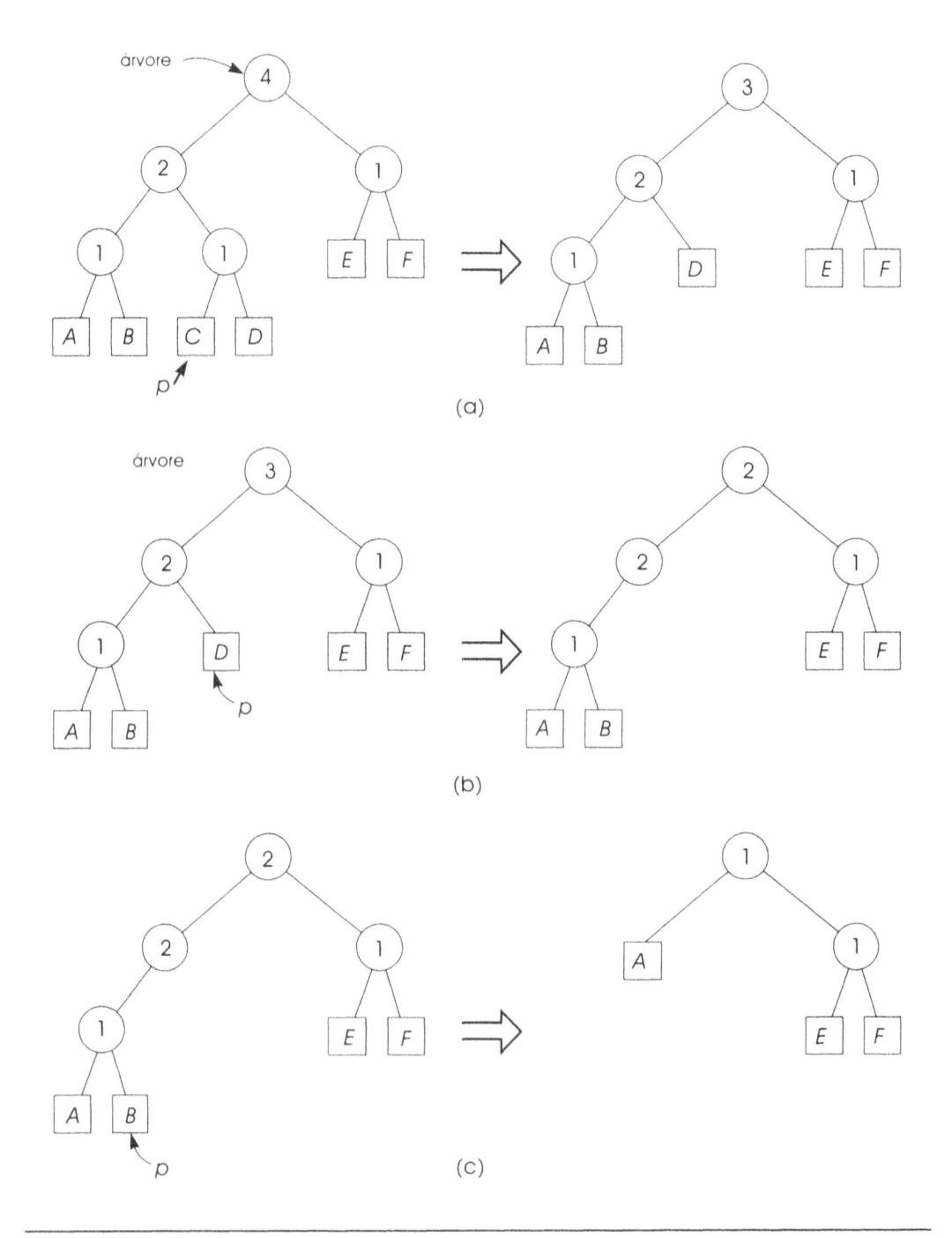

Figura 5.4.3 O algoritmo de eliminação.

IMPLEMENTANDO LISTAS REPRESENTADAS POR ÁRVORES EM C

As implementações em C dos algoritmos de busca e eliminação são fáceis usando a representação ligada de árvores binárias. Entretanto, essa representação exige os campos *info, lcount, father, left* e *right* para cada nó da árvore, enquanto um nó de lista exige apenas os campos *info* e *next*. Aliado ao fato de que a representação em árvore exige aproximadamente o dobro da quantidade de nós de uma lista ligada, essa exigência de espaço pode inviabilizar a representação em árvore. Evidentemente, poderíamos utilizar nós externos contendo só um campo *info* (e, possivelmente, um campo *father*) para as folhas, e nós internos contendo os campos *lcount, father, left* e *right* para os não-folhas. Não aproveitamos essa possibilidade aqui.

Sob a representação seqüencial de uma árvore binária, as exigências de espaço não são tão grandes. Se presumirmos que nenhuma inserção será necessária assim que a árvore for construída e o tamanho da lista inicial é conhecido, poderemos alocar um vetor para armazenar uma representação da lista em uma árvore estritamente binária quase completa. Com essa representação, os campos *father, left* e *right* são desnecessários. Conforme demonstraremos mais adiante, é sempre possível formar uma representação de uma lista em uma árvore binária quase completa.

Assim que a árvore for construída, os únicos campos necessários serão *info, lcount* e um campo usado para indicar se um elemento do vetor representa ou não um nó de árvore existente ou eliminado. Além disso, conforme observamos anteriormente, *lcount* só será necessário para os nós não-folha da árvore, de forma que uma única estrutura pode ser realmente usada com o campo *lcount* ou *info*, dependendo de o nó ser uma folha ou não. Deixamos essa possibilidade como exercício para o leitor. É possível também eliminar a necessidade do campo *used* à custa de alguma eficiência de tempo (veja os Exercícios 5.4.4 e 5.4.5). Presumimos as seguintes definições e declarações (em função de 100 elementos na lista):

```
#define MAXELTS 100      /* numero maximo de elems da lista */
#define NUMNODES 2*MAXELTS - 1
#define BLANKS "                    "    /* 20 esps. em branco */
struct nodetype {
   char info[21];
   int lcount;
   int used;
} node[NUMNODES];
```

Um nó não-folha pode ser reconhecido por um valor de *info* igual a *BLANKS*. *father*(p), *left*(p) e *right*(p) podem ser implementados da maneira habitual, como (p - 1)/2, 2 * p + 1, e 2 * p + 2, respectivamente.

Veja a seguir uma rotina em C para localizar o *k*ésimo elemento, usando a rotina de biblioteca *strcmp* que retorna 0 se duas strings forem iguais.

```c
findelement(k)
int (k);
{
   int p, r;

   r = k;
   p = 0;
   while (strcmp(node[p].info, BLANKS) == 0)
      if (r <= node[p].lcount)
         p = p*2 + 1;
      else {
         r -= node[p].lcount;
         p = p*2 + 2;
      }  /* fim if */
   return(p);
}  /* fim findelement */
```

A rotina em C para eliminar a folha apontada por *p* usando a representação seqüencial é um pouco mais simples do que o algoritmo correspondente já apresentado. Podemos ignorar todas as atribuições de *null* (linhas 2, 9, 14, 21, 22, 43 e 44) porque não são usados ponteiros. Podemos também ignorar as atribuições de 0 para um campo *lcount* (linhas 23 e 45) porque essa atribuição faz parte da conversão de um não-folha em um folha e, em nossa representação em C, o campo *lcount* em nós folha não é usado. Um nó pode ser reconhecido como folha (linhas 17 e 39) por um valor de *info* não-branco, e o ponteiro *b* como *null* (linha 39) por um valor *FALSE* para *node*[b].*used*. A liberação de um nó (linhas 3, 26 e 46) é feita definindo-se seu campo *used* com *FALSE*. A rotina usa a função de biblioteca *strcpy(s,t)*, que atribui a string *t* à string *s*, e a função *strcmp* para comparar a igualdade de duas strings.

```c
delete(p)
int p;
{
   int b, f, q;
```

```
    if (p == 0)
       node[p].used = FALSE;        /* Linhas 1-4 do algoritmo */
    else {
       f = (p-1) / 2;                /* Linha 6 do algoritmo */
       if (p % 2 != 0) {             /* Linha 8 do algoritmo */
          b = 2*f + 2;
          --node[f].lcount;
       }
       else
          b = 2*f + 1;
       if (strcmp(node[b].info, BLANKS) != 0)  {
                                     /* Linhas 17-25 do algoritmo */
          strcpy(node[f].info, node[b].info);
          node[b].used = FALSE;
       } /* fim if */
       node[p].used = FALSE;         /* Linha 26 do algoritmo */
       q = f;                        /* Linha 28 do algoritmo */
       while (q !=0) {
          f = (q-1) / 2;             /* Linha 30 do algoritmo */
          if (q % 2 != 0)            /* Linha 31 do algoritmo */
             --node[f].lcount;
             b = 2*f + 2;
          }
          else
             b = 2*f + 1;
          if (!node[b].used && strcmp(node[q].info, BLANKS)
                  == 0)  {  /* Linhas 39-47 do algoritmo */
             strcpy(node[f].info, node[q].info);
             node[q].used = FALSE;
          } /* fim if */
          q = f;
       } /* fim while */
    } /* fim if */
} /* fim delete */
```

Nosso uso da representação seqüencial explica a razão para não deslocar para cima um não-folha sem um irmão numa árvore durante a eliminação. Na representação seqüencial, esse processo de deslocamento para cima envolveria a cópia do conteúdo de todos os nós na subárvore dentro do vetor, enquanto na representação ligada envolveria a modificação de apenas um ponteiro, se usada.

CONSTRUINDO UMA LISTA REPRESENTADA POR ÁRVORE

Retornamos, agora, à afirmação de que, dada uma lista de n elementos, é possível construir uma árvore estritamente binária e quase completa representando a lista. Já vimos na Seção 5.1 que é possível construir uma árvore estritamente binária quase completa com n folhas e $2 * n - 1$ nós. As folhas desta árvore ocupam os nós numerados de $n - 1$ a $2 * n - 2$. Se d for o menor inteiro, de modo que 2^d seja maior ou igual a n (isto é, se d for igual ao menor inteiro maior ou igual a $\log_2 n$), d será igual à profundidade da árvore. O número atribuído ao primeiro nó no nível inferior da árvore é $2^d - 1$. Os primeiros elementos da lista são atribuídos aos nós numerados de $2^d - 1$ a $2 * n - 2$, e os elementos restantes (se existir algum) são atribuídos aos nós numerados de $n - 1$ a $2^d - 2$. Ao construir uma árvore representando uma lista com n elementos, podemos atribuir elementos aos campos *info* das folhas da árvore nessa seqüência, e atribuir uma string em branco aos campos *info* dos nós não-folha, numerados de 0 a $n - 2$. É simples também inicializar o campo *used* com *true* em todos os nós numerados de 0 a $2 * n - 2$.

Inicializar os valores do vetor *lcount* é mais difícil. Podem ser usados dois métodos: um deles exigindo mais tempo e o segundo envolvendo mais espaço. No primeiro método, todos os campos *lcount* são inicializados com 0. Em seguida, a árvore é escalada a partir de cada folha até a raiz da árvore, sucessivamente. Toda vez que um nó é alcançado a partir de seu filho da esquerda, é acrescentado 1 a seu campo *lcount*. Depois da execução desse processo para cada folha, todos os valores de *lcount* terão sido corretamente atribuídos. A seguinte rotina usa esse método para construir uma árvore a partir de uma lista de dados de entrada:

```
buildtree(n)
int n;
{
   int d, f, i, p, power, size;

   /* calcula a profundidade da arvore e o valor de 2^d */
   d = 0;
   power = 1;
   while (power < n) {
      ++d;
      power *=2;
   } /* fim while */
   /* atribui os elementos da lista, inicializa os sinais   */
```

```
   /* de used, e inicializa o campo lcount com 0       */
   /*                em todos os nao-folha             */
   size = 2*n - 1;
   for (i = power-1; i < size; i++) {
      scanf("%d", &node[i].info);
      node[i].used = TRUE;
   } /* fim for */
   for (i=n-1; i < power-1; i++) {
      scanf("%s", node[i].info);
      node[i].used = TRUE;
   }  /* fim for */
   for (i=0; i < n-1; i++)   {
      node[i].used = TRUE;
      node[i].lcount = 0;
      strcpy(node[i].info, BLANKS);
   }  /* fim for */
   /* define os campos lcount */
   for (i=n-1; i < size; i++)   {
      /* segue o caminho de cada folha ateh a raiz */
      p = i;
      while (p != 0) {
         f = (p-1) / 2;
         if (p % 2 != 0)
            ++node[f].lcount;
         p = f;
      }  /* fim while */
   }  /* fim for */
}  /* fim buildtree */
```

O segundo método usa um campo adicional, *rcount*, em cada nó para armazenar o número de folhas na subárvore da direita de cada nó não-folha. Esse campo e o campo *lcount* são definidos com 1 em cada não-folha que seja o pai de duas folhas. Se n for ímpar, de modo que existe um nó (numerado $(n - 3)/2$) que é pai de uma folha e um nó não-folha, *lcount* nesse nó será definido com 2 e *rcount* com 1.

O algoritmo então percorre os elementos restantes do vetor em ordem inversa, definindo *lcount* em cada nó com a soma de *lcount* e *rcount* no filho da esquerda do nó, e *rcount* com a soma de *lcount* e *rcount* no filho da direita do nó. Deixamos para o leitor a implementação em C dessa técnica. Observe que *rcount* pode ser implementada como um vetor local em *buildtree* em vez de um campo em todo nó porque seus valores não serão usados assim que a árvore for construída.

Esse segundo método tem a vantagem de visitar cada não-folha uma vez para calcular imediatamente o valor de seu *lcount* (e *rcount*). O primeiro método visita cada não-folha uma vez, para cada um de seus descendentes de folha, acrescentando 1 a *lcount* cada vez que uma folha é encontrada como descendente da esquerda. Para compensar essa vantagem, o segundo método exige um campo extra, *rcount*, enquanto o primeiro método não requer campos adicionais.

REVISITANDO O PROBLEMA DE JOSEPHUS

O problema de Josephus, da Seção 4.5, é um exemplo perfeito da utilidade da representação em árvore binária de uma lista. Nesse problema, foi necessário localizar várias vezes o *em*ésimo elemento seguinte de uma lista e depois eliminar esse elemento. Essas operações podem ser executadas com eficiência numa lista representada por uma árvore.

Se *size* for igual ao número de elementos atualmente presentes numa lista, a posição do *em*ésimo nó subseqüente ao nó na posição k, que acabou de ser eliminado, será dada por $1 + (k - 2 + m)$ % *size*. (Presumimos aqui que o primeiro nó na lista é considerado na posição 1, não na posição 0.) Por exemplo, se uma lista tiver cinco elementos e o terceiro elemento for eliminado, e quisermos encontrar o quarto elemento subseqüente ao elemento eliminado, *size* = 4, k = 3 e m = 4. Assim, $k - 2 + m$ é igual a 5 e $(k - 2 + m)$ % *size* é 1, de modo que o quarto elemento depois do elemento eliminado esteja na posição 2. (Depois de eliminar o elemento 3, contamos os elementos 4, 5, 1 e 2.) Podemos, portanto, escrever uma função em C, *follower*, para encontrar o *em*ésimo nó subseqüente a um nó na posição k que tenha acabado de ser eliminado, e definir k na posição desse nó. A rotina chama a rotina *findelement* apresentada anteriormente.

```
follower(size, m, pk)
int size, m, *pk;
{
   int j, d;

   j = k - 2 + m;
   *pk = (j % size) + 1;
   return(findelement(*pk));
} /* fim follower */
```

O seguinte programa em C implementa o algoritmo de Josephus usando uma lista representada por árvore. O programa insere o número de pessoas num círculo (n), uma contagem de inteiros (m) e os nomes das pessoas no círculo, ordenadamente, começando pela pessoa da qual começa a contagem. As pessoas no círculo são contadas em seqüência, e a pessoa na qual a contagem de entrada é alcançada sai do círculo. A contagem reinicia em 1, a partir da pessoa seguinte. O programa imprime a seqüência na qual as pessoas deixam o círculo. A Seção 4.5 apresentou um programa para fazer isso, usando uma lista circular na qual $(n - 1) * m$ nós são acessados, assim que a lista inicial é formada. O seguinte algoritmo acessa menos que $(n - 1) * \log_2 n$ nós, assim que a árvore tiver sido construída.

```
/* definicoes de MAXELTS, NUMNODES, BLANKS, */
/*           e nodeptr entram aqui              */
main()
{
   int k, m, n, p, size;
   struct nodetype node[NUMNODES];

   scanf("%d%d", &n, &m);
   buildtree(n);
   k = n + 1; /* inicialmente "remove" a (n+1)ésima */
             /*                  pessoa                  */
   for (size = n; size > 2; --size)  {
      /* repete ateh sobrar uma pessoa */
      p = follower(size, m, &k);
      printf("%d\n", node[p].info);
      delete(p);
   }  /* fim for */
   printf("%d", node[0].info);
}  /* fim main */
```

EXERCÍCIOS

5.4.1. Demonstre que o nó da extrema esquerda no nível n numa árvore estritamente binária quase completa recebe a atribuição do número 2^n.

5.4.2. Demonstre que a extensão (ver Exercício 5.3.5) de uma árvore binária quase completa é quase completa.

5.4.3. Para que valores de *n* e *m* a solução para o problema de Josephus dada nesta seção é mais veloz em termos de execução do que a solução apresentada na Seção 4.5? Por que isso acontece?

5.4.4. Explique como podemos eliminar a necessidade de um campo *used* se decidirmos não mover para cima uma folha recém-criada sem irmão, durante a eliminação.

5.4.5. Explique como podemos eliminar a necessidade de um campo *used* se definirmos *lcount* com -1 num nó não-folha convertido em um nó folha e se redefinirmos *info* com espaços em branco num nó eliminado.

5.4.6. Escreva uma rotina em C, *buildtree*, na qual cada nó seja visitado somente uma vez, usando um vetor *rcount* conforme descrito no texto.

5.4.7. Mostre como representar uma lista ligada como uma árvore binária quase completa na qual cada elemento da lista é representado por um nó da árvore. Escreva uma função em C para retornar um ponteiro para o *k*ésimo elemento dessa lista.

5.5. ÁRVORES E SUAS APLICAÇÕES

Nesta seção, examinaremos em termos gerais as árvores e suas aplicações, além de seus usos na solução de problemas.

Uma ***árvore*** é um conjunto finito e não-vazio de elementos, no qual um elemento é chamado ***raiz*** e os elementos restantes são particionados em $m >= 0$ subconjuntos disjuntos, cada um dos quais sendo uma árvore em si mesmo. Cada elemento numa árvore é chamado ***nó*** da árvore.

A Figura 5.5.1 ilustra algumas árvores. Cada nó pode ser a raiz de uma árvore com zero ou mais subárvores. Um nó sem subárvores é uma ***folha***. Usamos os termos ***pai, filho, irmão, ancestral, descendente, nível*** e ***profundidade*** com a mesma conotação utilizada para as árvores binárias. Definimos também o ***grau*** de um nó numa árvore como o número de seus filhos. Assim, na Figura 5.5.1a, o nó C tem grau 0 (sendo, portanto, uma folha), o nó D tem grau 1, o nó B tem grau 2 e o nó A, o grau 3. Não existe um limite máximo imposto para o grau de um nó.

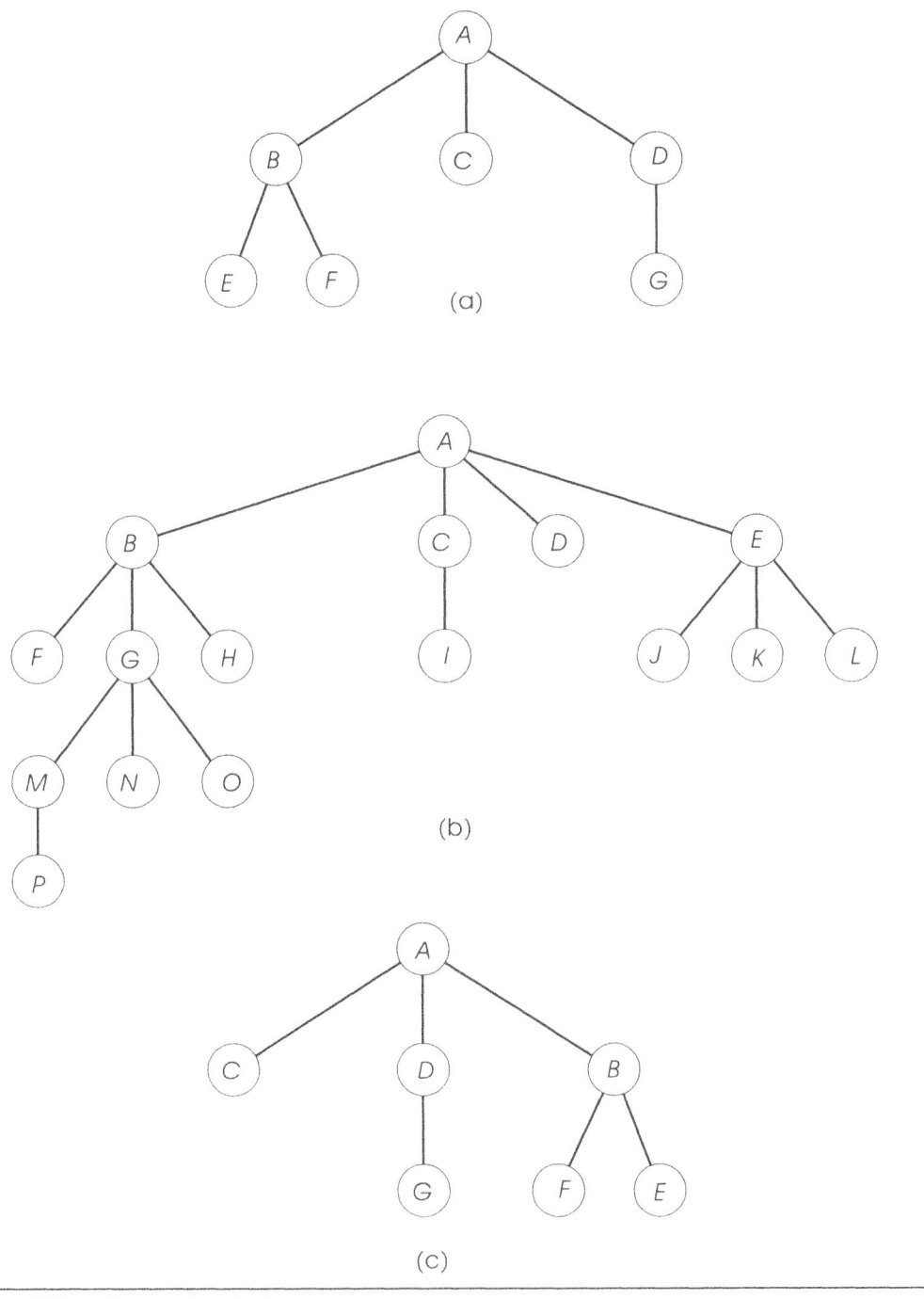

Figura 5.5.1 Exemplos de árvores.

Comparemos as árvores das Figuras 5.5.1a e c. Elas são equivalentes como árvores. Cada uma tem A como sua raiz e três subárvores. Uma dessas subárvores tem a raiz C sem subárvores, a outra tem a raiz D com uma única subárvore enraizada em G, e a terceira tem a raiz B com duas subárvores enraizadas em E e F. A única diferença entre as duas ilustrações é a seqüência na qual as subárvores são organizadas. A definição de uma árvore não faz distinção entre subárvores de uma árvore geral, ao contrário de uma árvore binária, na qual é feita uma distinção entre as subárvores esquerda e direita.

Uma *árvore ordenada* é definida como uma árvore na qual as subárvores de cada nó formam um conjunto ordenado. Numa árvore ordenada, podemos citar o primeiro, o segundo ou o último filho de determinado nó. O primeiro filho de um nó numa árvore ordenada é freqüentemente chamado filho **mais velho** desse nó, e o último filho é chamado filho **mais novo**. Embora as árvores das Figuras 5.5.1a e c sejam equivalentes como árvores desordenadas, elas são diferentes como árvores ordenadas. No restante deste capítulo, usaremos a palavra "árvore" no sentido de "árvore ordenada". Uma *floresta* é um conjunto ordenado de árvores ordenadas.

Surge, então, a dúvida a respeito de uma árvore binária ser uma árvore. Toda árvore binária, exceto a árvore binária vazia, é realmente uma árvore. Entretanto, nem toda árvore é binária. Um nó de árvore pode ter mais de dois filhos, enquanto o nó de uma árvore binária não pode. Até mesmo uma árvore cujos nós tenham no máximo dois filhos não é necessariamente uma árvore binária. Isso acontece porque um filho único numa árvore genérica não é designado como um filho "da esquerda" ou "da direita", enquanto numa árvore binária todo filho deve ser um filho "da esquerda" ou "da direita". Na realidade, embora uma árvore binária não-vazia seja uma árvore, as designações de esquerda e da direita não têm significado dentro do contexto de uma árvore (exceto talvez ordenar as duas subárvores dos nós com dois filhos). Uma árvore binária não-vazia é uma árvore onde cada um de seus nós tem um máximo de duas subárvores com a designação de "esquerda" ou "direita".

REPRESENTAÇÕES DE ÁRVORES EM C

Como uma árvore ordenada pode ser representada em C? Duas alternativas nos vêm à mente de imediato: pode ser declarado um vetor de nós de árvore ou pode ser alocada uma variável dinâmica para cada nó criado. Entretanto, como seria a estrutura de cada nó individual? Na representação de uma árvore binária, cada nó contém um campo de informações e dois ponteiros para seus dois filhos. Mas quantos ponteiros um nó de árvore deve conter? O número de filhos de um nó é variável e pode ter a quantidade desejada. Se declararmos arbitrariamente

```
#define MAXSONS 20

struct treenode {
   int info;
   struct treenode *father;
   struct treenode *sons[MAXSONS];
};
```

estaremos restringindo o número de filhos que um nó pode ter a um máximo de 20. Embora na maioria dos casos isso seja suficiente, algumas vezes é necessário criar dinamicamente um nó com 21 ou 100 filhos. Bem pior do que essa remota possibilidade é o fato de que 20 unidades de armazenamento estão reservadas para cada nó na árvore, mesmo que um nó só tenha realmente 1 ou 2 (ou até mesmo 0) filhos. Isso é um grande desperdício de espaço. Uma alternativa é ligar todos os filhos de um nó numa lista linear. Dessa forma, o conjunto de nós disponíveis (usando a implementação de vetor) poderia ser declarado assim:

```
#define MAXNODES 500

struct treenode {
   int info;
   int father;
   int son;
   int next;
};
struct treenode node[MAXNODES];
```

node[*p*].*son* aponta para o filho mais velho de *node*[*p*], e *node*[*p*].*next* aponta para o próximo filho mais jovem de *node*[*p*].

Como alternativa, um nó pode ser declarado como uma variável dinâmica:

```
struct treenode {
   int info;
   struct treenode *father;
   struct treenode *son;
   struct treenode *next;
};
typedef struct treenode *NODEPTR;
```

Se todos os percursos forem de um nó para seus filhos, o campo *father* poderá ser omitido. A Figura 5.5.2 ilustra as representações das árvores da Figura 5.5.1 sob esses métodos, quando nenhum campo *father* é necessário.

Mesmo se for preciso acessar o pai de um nó, o campo *father* poderá ser omitido colocando-se um ponteiro para o pai no campo *next* do filho mais jovem, em vez de deixá-lo nulo (*null*). Poderia ser usado então um campo lógico adicional para indicar se o campo *next* aponta para um "verdadeiro" filho seguinte ou para o pai. Como alternativa (na implementação de vetor de nós), o conteúdo do campo *next* pode conter índices negativos bem como positivos. Um valor negativo indicaria que o campo *next* aponta para o pai do nó em vez de para seu filho, e o valor absoluto do campo *next* resulta o ponteiro real. Isso é parecido com a representação de linhas em árvores binárias. Evidentemente, nesses dois últimos métodos, o acesso ao pai de um nó arbitrário exigiria um percurso pela lista de seus filhos mais jovens.

Se considerarmos *son* correspondente ao ponteiro *left* de um nó da árvore binária, e *next* correspondente a seu ponteiro *right*, esse método realmente representa uma árvore ordenada geral por uma árvore binária. Podemos retratar essa árvore binária como a árvore original, inclinada a 45 graus, com todos as ligações pai-filho removidas, exceto aquelas entre um nó e seu filho mais velho, e com ligações incluídas entre cada nó e seu irmão mais novo seguinte. A Figura 5.5.3 ilustra as árvores binárias correspondentes às da Figura 5.5.1.

Na verdade, uma árvore binária pode ser usada para representar uma floresta inteira porque o ponteiro *next* na raiz de uma árvore pode ser usado para apontar para a próxima árvore da floresta. A Figura 5.5.4 ilustra uma floresta e suas árvores binárias correspondentes.

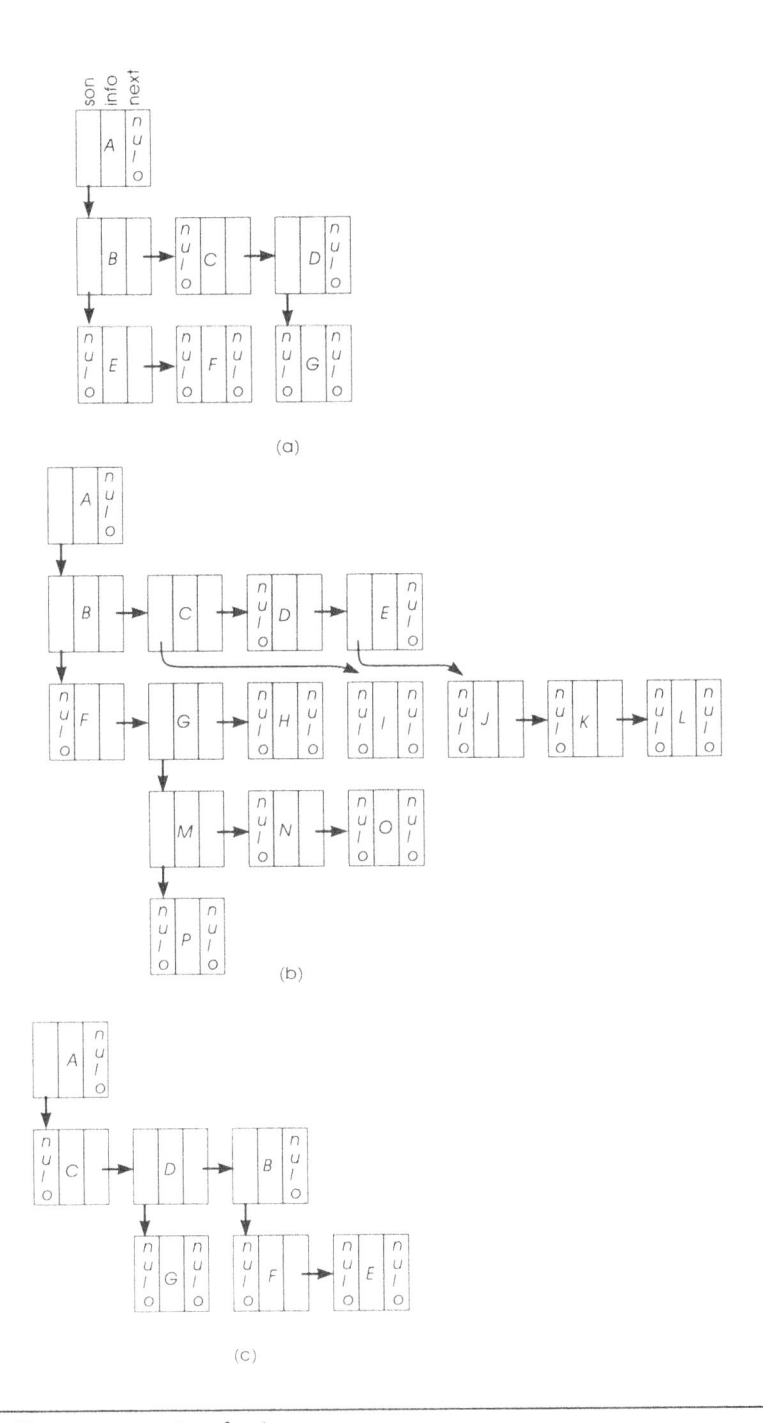

Figura 5.5.2 Representações de árvores.

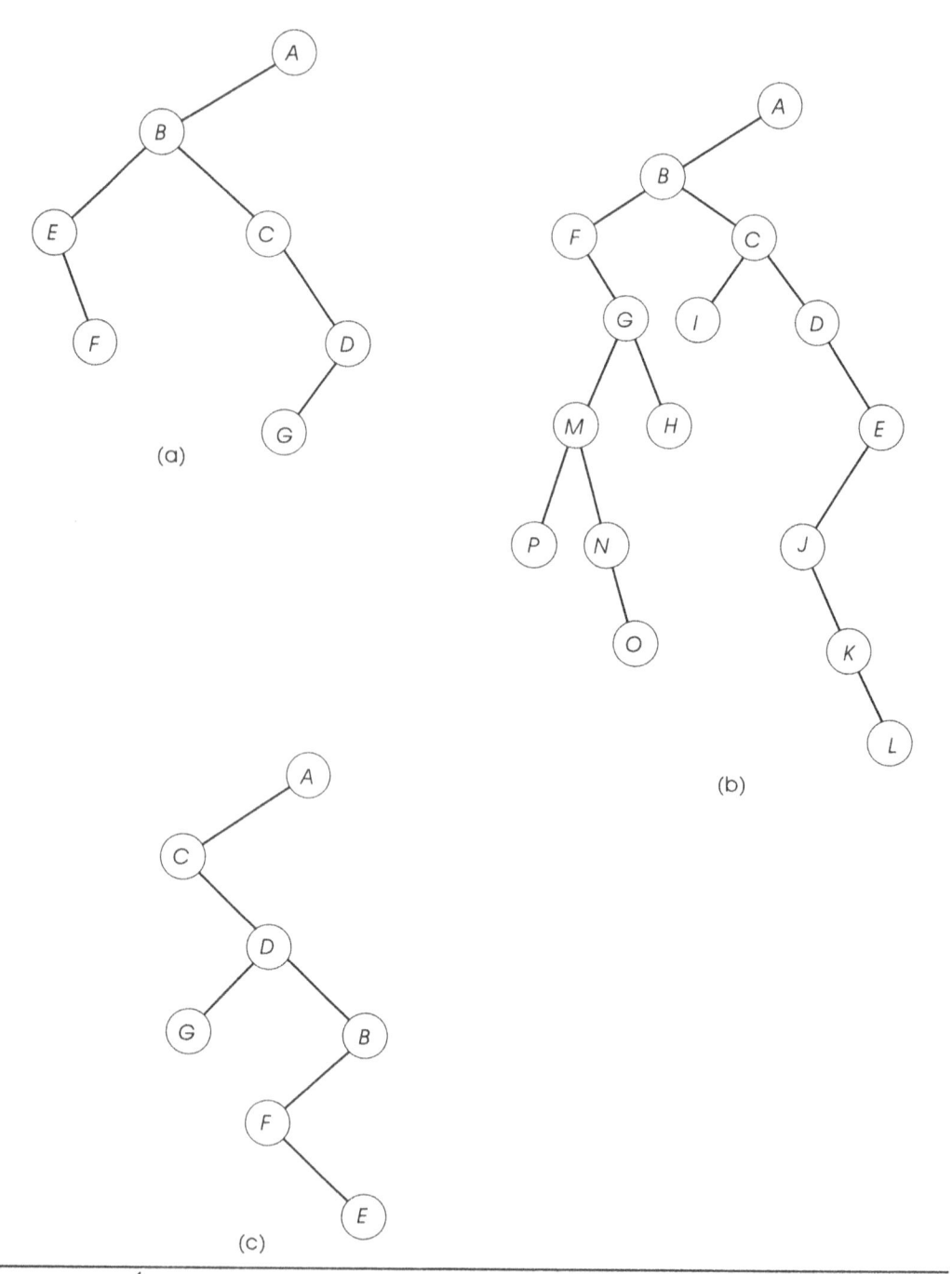

Figura 5.5.3 Árvores binárias correspondentes às da Figura 5.5.1.

PERCURSO DE ÁRVORES

Os métodos de percurso de árvores binárias induzem os métodos de percurso para florestas. Os percursos em pré-ordem, em ordem ou em pós-ordem de uma floresta podem ser definidos como os percursos em pré-ordem, em ordem ou em pós-ordem de sua árvore binária correspondente. Se uma floresta for representada por um conjunto de nós de variáveis dinâmicas com os ponteiros *son* e *next* como anteriormente, uma rotina em C para imprimir o conteúdo de seus nós em ordem poderá ser escrita assim:

```
intrav(p)
NODEPTR p;
{
   if (p != NULL)  {
      intrav(p->son);
      printf("%d\n", p->info);
      intrav(p->next);
   }  /* fim if */
}  /* fim intrav */
```

As rotinas para os percursos em pré-ordem e pós-ordem são semelhantes.

Esses percursos de uma floresta podem ser também definidos diretamente, como segue:

PRÉ-ORDEM
1. Visitar a raiz da primeira árvore na floresta.
2. Percorrer em pré-ordem a floresta formada pelas subárvores da primeira árvore, se houver alguma.
3. Percorrer em pré-ordem a floresta formada pelas árvores restantes na floresta, se houver alguma.

EM ORDEM
1. Percorrer em ordem a floresta formada pelas subárvores da primeira árvore na floresta, se houver alguma.
2. Visitar a raiz da primeira árvore.
3. Percorrer em ordem a floresta formada pelas árvores restantes na floresta, se houver alguma.

PÓS-ORDEM
1. Percorrer em pós-ordem a floresta formada pelas subárvores da primeira árvore na floresta, se houver alguma.
2. Percorrer em pós-ordem a floresta formada pelas árvores restantes na floresta, se houver alguma.
3. Visitar a raiz da primeira árvore na floresta.

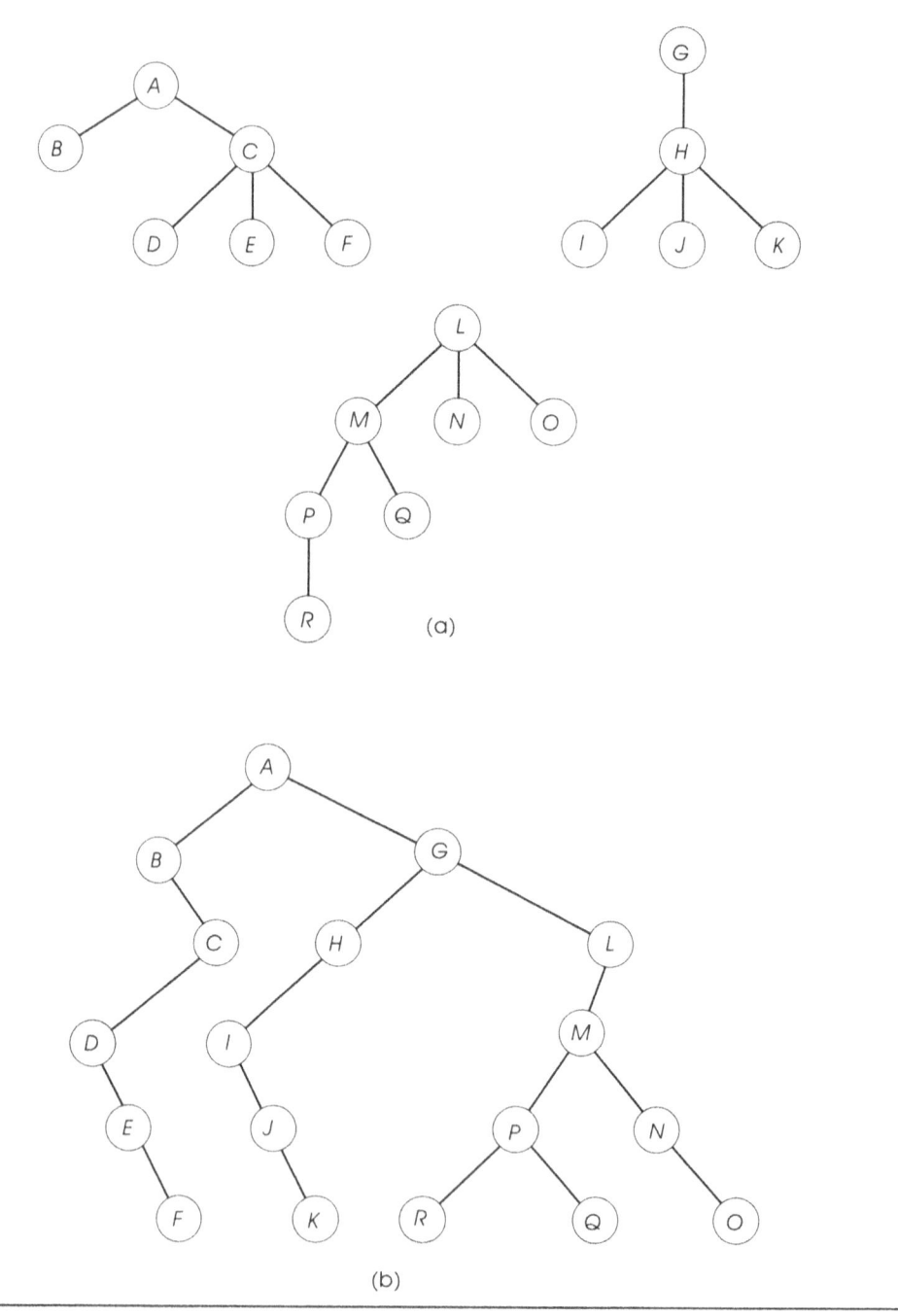

Figura 5.5.4 Uma floresta e sua árvore binária correspondente.

Os nós da floresta na Figura 5.5.4a podem ser listados em pré-ordem como *ABCDEFGHIJKLMPRQNO*, em ordem como *BDEFCAIJKHGRPQM-NOL* e em pós-ordem como *FEDCBKJIHRQPONMLGA*. Chamamos um percurso de uma árvore binária de percurso binário, e um percurso de uma árvore geral ordenada de **percurso geral**.

EXPRESSÕES GERAIS COMO ÁRVORES

Uma árvore ordenada pode ser usada para representar uma expressão geral praticamente da mesma forma que uma árvore binária pode ser usada para representar uma expressão binária. Como um nó pode ter qualquer número de filhos, os nós não-folha não precisam representar somente operadores binários, mas podem representar operadores com qualquer número de operandos. A Figura 5.5.5 ilustra duas expressões e suas representações em árvore. O símbolo "%" é usado para representar uma negação unária para evitar confundi-la com a subtração binária, que é representada por um sinal de menos. Uma referência de função, como $f(g, h, i, j)$, é visualizada como o operador f aplicado aos operandos g, h, i e j.

Um percurso geral das árvores da Figura 5.5.5 em pré-ordem resulta nas strings * % + A B - + C log + D ! E F G H I J e q + A B sin C * X + Y Z, respectivamente. Essas são as versões prefixas daquelas duas expressões. Sendo assim, verificamos que o percurso geral de pré-ordem de uma árvore de expressões produz sua expressão prefixa. O percurso geral em ordem resulta nas respectivos strings A B + % C D E ! + log + G H I J F - * e A B + C sin X Y Z + * q, que são as versões posfixas das duas expressões.

O fato de que um percurso geral em ordem resulta numa expressão posfixa pode surpreender a princípio. Entretanto, a razão disso torna-se bem clara ao examinarmos a transformação que ocorre quando uma árvore geral ordenada é representada por uma árvore binária. Imagine uma árvore ordenada na qual cada nó tem zero ou dois filhos. Essa árvore aparece na Figura 5.5.6a, e seu equivalente em árvore binária é mostrado na Figura 5.5.6b. Percorrer a árvore binária da Figura 5.5.6b é o mesmo que percorrer a árvore ordenada da Figura 5.5.6a. Entretanto, uma árvore como a da Figura 5.5.6a pode ser considerada uma árvore binária por direito, em vez de uma árvore ordenada. Sendo assim, é possível efetuar um percurso binário (em vez de geral) diretamente na árvore da Figura 5.5.6a.

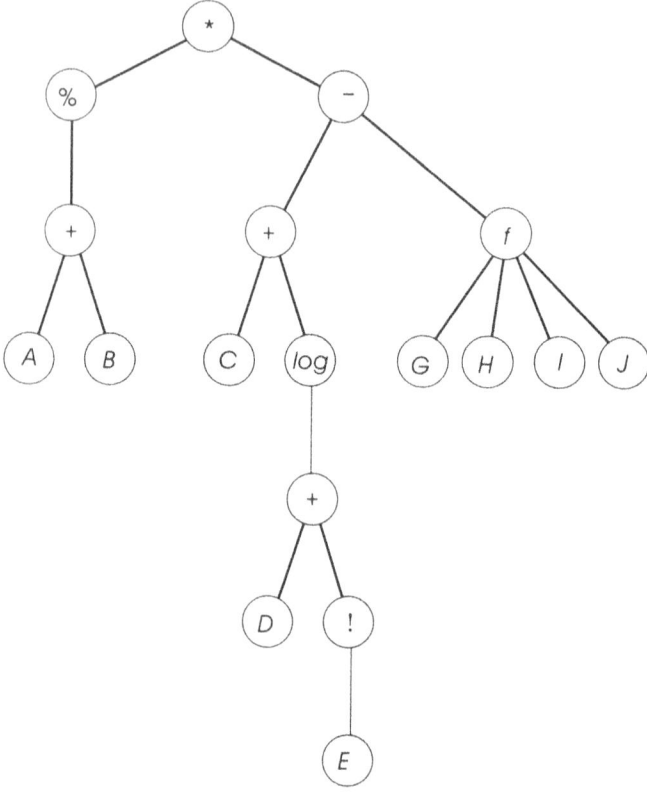

(a) −(A + B) * (C + log(D + E!) − f(G, H, I, J))

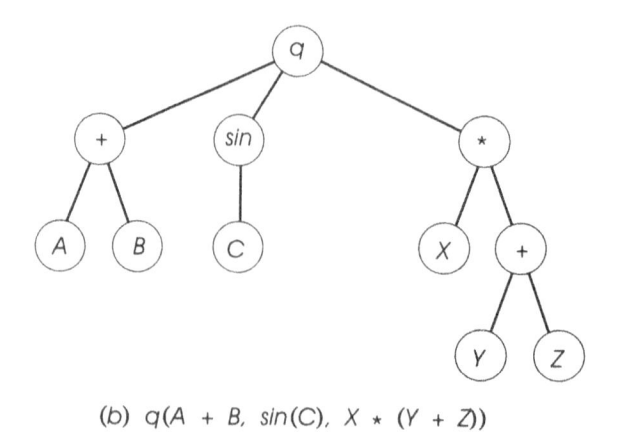

(b) q(A + B, sin(C), X * (Y + Z))

Figura 5.5.5 Representação em árvore de uma expressão arimética.

Abaixo desta figura encontram-se os percursos binários dessa árvore, e oposto à Figura 5.5.6b estão os percursos binários da árvore dessa figura, que são idênticos aos percursos da árvore da Figura 5.5.6a, se considerada uma árvore ordenada.

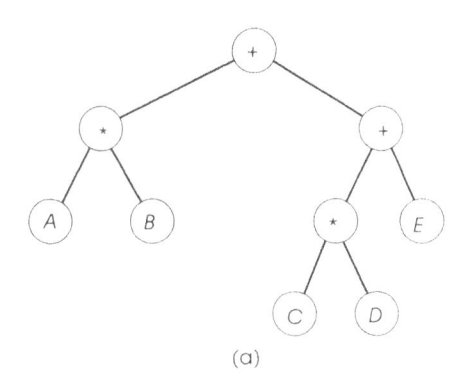

(a)

Pré-ordem: + * AB + * CDE
Em ordem: A * B + C * D + E
Pós-ordem: AB * CD * E + +

Pré-ordem: + * AB + * CDE
Em ordem: AB * CD * E + +
Pós-ordem: BADCE * + * +

(b)

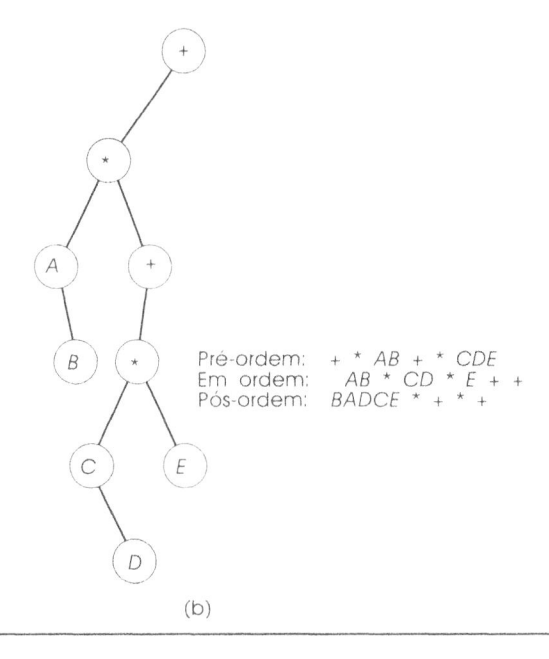

Figura 5.5.6

Observe que os percursos em pré-ordem das duas árvores binárias são idênticos. Dessa forma, se um percurso em pré-ordem numa árvore binária representando uma expressão binária resulta na versão prefixa da expressão, o percurso de uma árvore ordenada representando uma expressão geral que tenha somente operadores binários resulta em prefixo também. Entretanto, os percursos em pós-ordem das duas árvores binárias não são iguais. Em vez disso, o percurso binário em ordem da segunda (que é idêntico ao percurso geral em ordem da primeira, se considerada uma árvore ordenada) é igual ao percurso binário em pós-ordem da primeira. Sendo assim, o percurso geral em ordem de uma árvore ordenada representando uma expressão binária é equivalente ao percurso binário em pós-ordem da árvore binária representando essa expressão, que resulta em posfixo.

AVALIANDO UMA ÁRVORE DE EXPRESSÕES

Vamos supor que se queira avaliar uma expressão cujos operandos sejam todos constantes numéricas. Tal expressão pode ser representada em C por uma árvore em que cada nó é declarado por:

```
#define OPERATOR 0
#define OPERAND 1
struct treenode {
   short int utype;    /* OPERADOR ou OPERANDO */
   union {
      char operator[10];
      float val;
   } info;
   struct treenode *son;
   struct treenode *next;
};
typedef treenode *NODEPTR;
```

Os ponteiros *son* e *next* são usados para ligar os nós de uma árvore, conforme ilustrado anteriormente. Como um nó contém informações que podem ser um número (operando) ou uma string de caracteres (operador), a parte da informação do nó é um componente união da estrutura.

Queremos escrever uma função em C, *evaltree(p)*, que aceite um ponteiro para essa árvore e retorne o valor da expressão representada por essa árvore. A rotina *evalbintree* apresentada na Seção 5.2 desempenha uma função semelhante para expressões binárias. *evalbintree* utiliza uma função *oper*, que aceita um símbolo de operador e dois operandos numéricos e retorna o resultado numérico de aplicar o operador aos operandos. Entretanto, no caso de uma expressão geral, não podemos usar essa função porque o número de operandos (e daí o número de argumentos) varia com o operador. Portanto, apresentamos uma nova função, *apply(p)*, que aceita um ponteiro para uma árvore de expressões contendo um único operador e seus operandos numéricos e retorna o resultado de aplicar o operador em seus operandos. Por exemplo, o resultado de chamar a função *apply* com o parâmetro p apontando para a árvore na Figura 5.5.7 é 24. Se a raiz da árvore que é passada para *evaltree* representa um operador, cada uma de suas subárvores é substituída por nós da árvore representando os resultados numéricos de sua avaliação para que a função *apply* possa ser chamada. Quando a expressão é avaliada, os nós da árvore representando operandos são liberados e os nós de operador são convertidos em nós de operandos.

Apresentamos um procedimento recursivo, *replace*, que aceita um ponteiro para uma árvore de expressões e substitui a árvore por um nó de árvore contendo o resultado numérico da avaliação da expressão.

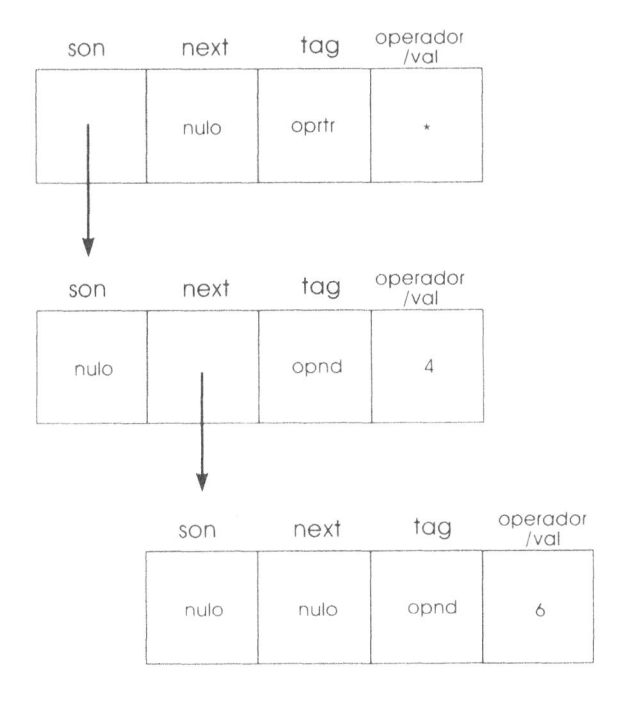

Figura 5.5.7 Uma árvore de expressões.

```
replace(p)
NODEPTR p;
{
   float value;
   NODEPTR q, r;

   if (p->utype == OPERATOR)  {
      /* a arvore tem um operador */
      /*       como sua raiz       */
      q = p->son;
      while (q != NULL)  {
         /*   substitui cada uma de suas subarvores  */
         /*            por operandos                 */
         replace(q);
         q = q->next;
      }  /* fim while */
      /* aplica o operador na raiz          */
      /* nos operandos nas subarvores   */
      value = apply(p);
      /* substitui o operador pelo resultado */
      p->utype = OPERAND;
      p->val = value;
      /*        libera todas as subarvores         */
      q = p->son;
      p->son = NULL;
      while (q != NULL)  {
         r = q;
         q = q->next;
         free(r);
      }  /* fim while */
   }  /* fim if */
}  /* fim replace */
```

Agora, a função *evaltree* pode ser escrita assim:

```
float evaltree(p)
NODEPTR p;
{
   NODEPTR q;

   replace(p);
   return(p->val);
   free(p);
}  /* fim evaltree */
```

Depois de chamar *evaltree(p)*, a árvore é destruída e o valor de *p* fica sem sentido. Esse é um caso de um **ponteiro perdido**, no qual uma variável ponteiro contém o endereço de uma variável que foi liberada. Os programadores C que usam variáveis dinâmicas devem ter o cuidado de reconhecer tais ponteiros e não usá-los subseqüentemente.

CONSTRUINDO UMA ÁRVORE

Várias operações são freqüentemente usadas na construção de uma árvore. Apresentamos agora algumas delas e suas implementações em C. Na representação em C, presumimos que os ponteiros de pai não sejam necessários, de modo que o campo *father* não seja usado, e o ponteiro *next* no nó mais jovem seja *null*. As rotinas seriam ligeiramente mais complexas e menos eficientes se esse não fosse o caso.

A primeira operação que examinaremos é *setsons*. Essa operação aceita um ponteiro para um nó da árvore sem filhos, e uma lista linear de nós ligados por meio do campo *next*. *setsons* estabelece os nós na lista como filhos do nó da árvore. A rotina em C para implementar essa operação é simples (usamos a implementação de armazenamento dinâmico):

```
setsons(p, list)
NODEPTR p, list;
{
   /* p aponta para um noh de arvore, list p/ uma lista */
   /* de nohs ligados por meio de seus                  */
   /*           campos next                             */
   if (p == NULL)  {
     printf("insercao ilegal\n");
     exit(1);
   } /* fim if */
   if (p->son != NULL)  {
     printf("insercao ilegal\n");
     exit(1);
   } /* fim if */
   p->son = list;
} /* fim setsons */
```

Outra operação usual é *addson(p,x)*, na qual *p* aponta para um nó numa árvore, e deseja-se incluir um nó contendo *x* como o filho mais jovem de *node(p)*. A rotina em C para implementar *addson* encontra-se a seguir. A rotina chama a função auxiliar *getnode*, que aloca um nó e retorna um ponteiro para ele.

```
addson(p, s)
NODEPTR p;
int x;
{
   NODEPTR q;

   if (p == NULL)  {
      printf("insercao vazia\n");
      exit(1);
   }  /* fim if */
   /* o ponteiro q percorre a lista de filhos */
   /*     de p. r eh o noh antes de q         */
   r = NULL;
   q = p->son;
   while (q != NULL) {
      r = q;
      q = q->next;
   }  /* fim while */
   /* Neste ponto, r aponta p/ o filho mais jovem */
   /*    de p, ou eh nulo se p nao tem filhos     */
   q = getnode();
   q->info = x;
   q->next = NULL;
   if (r == NULL)              /* p nao tem filhos */
      p->son = q;
   else
      r->next = q;
}  /* fim addson */
```

Observe que, para incluir um novo filho num nó, a lista de filhos existentes precisa ser percorrida. Como a inclusão de um filho é uma operação comum, usa-se freqüentemente uma representação que torna essa operação mais eficiente. Sob essa representação alternativa, a lista de filhos é classificada a partir do mais jovem para o mais velho, em vez de vice-versa. Sendo assim, *son(p)* aponta para o filho mais jovem de *node(p)*, e *next(p)* aponta para seu irmão mais velho. Com essa representação, a rotina *addson* pode ser escrita assim:

```
addson(p, x)
NODEPTR p;
int x;
{
   NODEPTR q;

   if
      (p == NULL) {
      printf("insercao ilegal\n");
      exit(1);
   } /* fim if */
   q = getnode();
   q->info = x;
   q->next = p->son;
   p->son = q;
} /* fim addson */
```

EXERCÍCIOS

5.5.1. Quantas árvores existem com n nós?

5.5.2. Quantas árvores existem com n nós e nível máximo m?

5.5.3. Prove que, se m campos ponteiros estão reservados em cada nó de uma árvore geral para apontar para um máximo de m filhos, e se o número de nós na árvore é n, o número de campos de ponteiro nulos é $n * (m - 1) + 1$.

5.5.4. Se uma floresta é representada por uma árvore binária, conforme explicado no texto, demonstre que o número de ligações nulas da direita é 1 a mais que o número de não-folhas da floresta.

5.5.5. Defina a ordem em largura dos nós de uma árvore geral como a raiz seguida por todos os nós no nível 1, seguidos por todos os nós no nível 2, e assim por diante. Dentro de cada nível, os nós devem ser ordenados de modo que os filhos do mesmo pai apareçam na mesma ordem em que surgem na árvore e, se $n1$ e $n2$ tiverem pais diferentes, $n1$ aparecerá antes de $n2$ caso o pai de $n1$ apareça antes do pai de $n2$. Estenda a definição para uma floresta. Escreva um programa em C para percorrer uma floresta representada como uma árvore binária em ordem em largura.

5.5.6. Considere o seguinte método de transformar uma árvore geral, *gt*, numa árvore estritamente binária, *bt*. Cada nó de *gt* é representado por uma folha de *bt*. Se *gt* consistir em um único nó, *bt* consistirá em um único nó. Caso contrário, *bt* consistirá em um novo nó raiz e uma subárvore esquerda, *lt*, e uma subárvore da direita, *rt*. *lt* é a árvore estritamente binária formada recursivamente a partir da subárvore mais antiga de *gt*, e *rt* é a árvore estritamente binária formada recursivamente a partir de *gt* sem sua subárvore mais antiga. Escreva uma rotina em C para converter uma árvore geral numa árvore estritamente binária.

5.5.7. Escreva uma função em C, *compute*, que aceite um ponteiro para uma árvore representando uma expressão com operandos constantes e retorne o resultado de avaliar a expressão sem destruir a árvore.

5.5.8. Escreva um programa em C para converter uma expressão infixa numa árvore de expressões. Presuma que todos os operadores não-binários precedam seus operandos. Permita que a expressão de entrada seja representada da seguinte forma: um operando é representado pelo caractere 'N' seguido por um número, um operador pelo caractere 'T' seguido por um caractere representando o operador, e uma função pelo caractere 'F' seguido pelo nome da função.

5.5.9. Considere as definições de uma expressão, um termo e um fator apresentados no final da Seção 3.2. Dada uma string de letras, sinais de mais, asteriscos e parênteses que formam uma expressão válida, uma **árvore sintática** pode ser formada para a string. Uma árvore desse tipo é ilustrada na Figura 5.5.8 para a string "(A + B) * (C + D)". Cada nó dessa árvore representa uma substring e contém uma letra (*E* de expressão, *T* de termo, *F* de fator ou *S* de símbolo) e dois inteiros. O primeiro é a posição dentro da entrada onde começa a substring representada por esse nó, e o segundo é o tamanho da substring. (A substring representada por cada nó é mostrada abaixo desse nó na figura.) Todas as folhas são nós *S* e representam símbolos isolados da entrada original. A raiz da árvore deve ser um nó *E*. Os filhos de qualquer nó *N* não-*S* representam as substrings que formam o objeto gramatical representado por *N*.

Escreva uma função em C que aceite esta string e construa uma árvore sintática para elas.

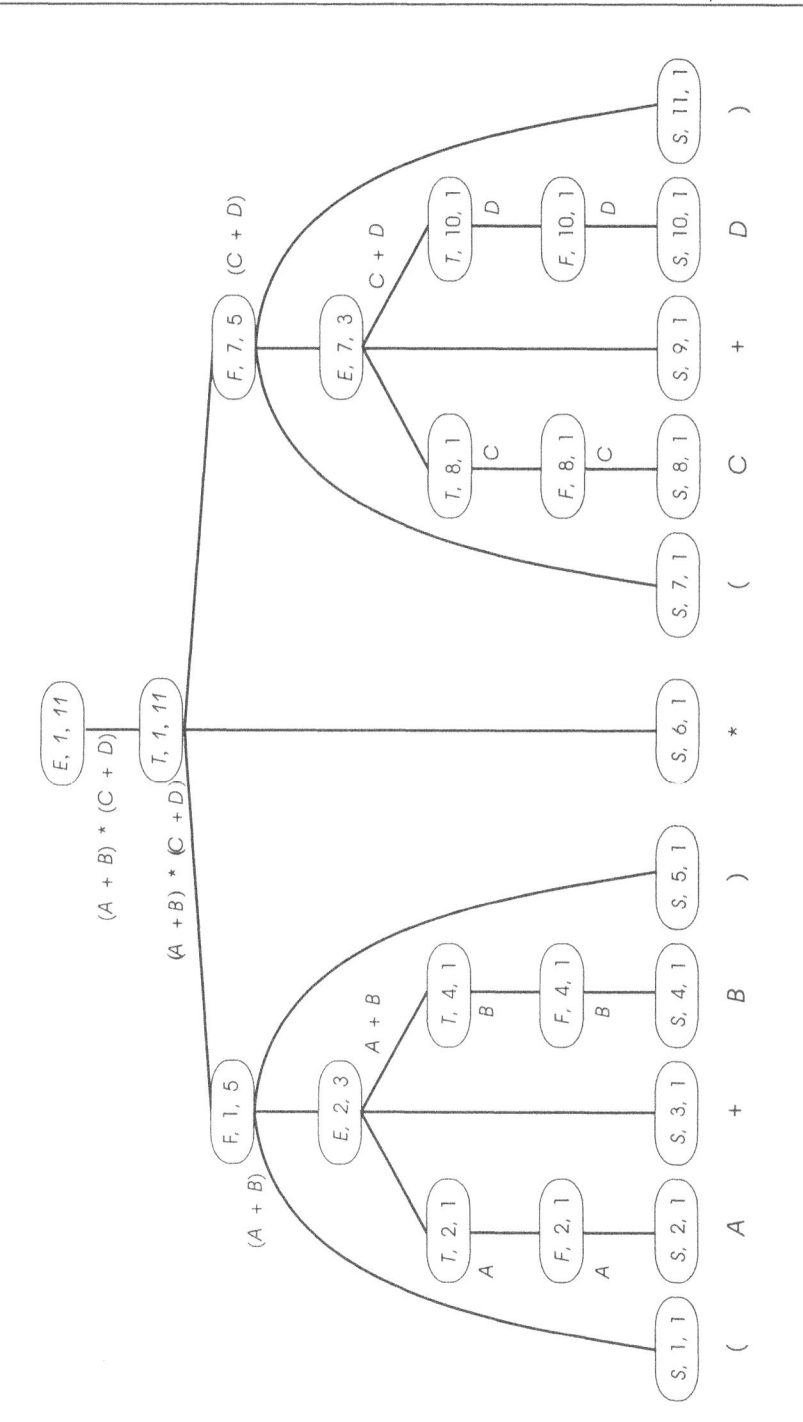

Figura 5.5.8 Árvore sintática para a string (A + B) * (C + D).

5.6. UM EXEMPLO: ÁRVORES DE JOGOS

Uma aplicação de árvores destina-se à execução de jogos por computador. Ilustraremos essa aplicação escrevendo um programa em C para determinar o melhor "movimento" no jogo-da-velha a partir de determinada posição do tabuleiro.

Suponha que exista uma função, *evaluate*, que aceite uma posição do tabuleiro e uma indicação de um jogador (X ou O) e retorne um valor numérico que representa quão "boa" é essa posição para o jogador (quanto maior o valor retornado por *evaluate*, melhor a posição). Evidentemente, uma posição vencedora resulta no maior valor possível, e uma posição perdedora, no menor valor. Um exemplo dessa função de avaliação para o jogo-da-velha é o número de fileiras, colunas e diagonais que permanecem abertas para um jogador menos o número de posições abertas para seu oponente (exceto pelo fato de que o valor 9 seria retornado para uma posição ganhadora, e -9 para uma posição perdedora). Essa função não "prevê" nenhuma das posições do tabuleiro que possam resultar a partir da atual posição; ela simplesmente avalia uma posição estática do tabuleiro.

Dada uma posição do tabuleiro, o melhor movimento seguinte poderia ser determinado considerando todos os movimentos possíveis e posições resultantes. O movimento selecionado deve ser aquele que resulte na posição do tabuleiro com a avaliação mais alta. Entretanto, essa análise não resulta necessariamente na melhor jogada. A Figura 5.6.1 ilustra uma posição e as cinco jogadas possíveis que X pode fazer a partir dessa posição. A aplicação da função de avaliação recém-descrita nas cinco posições resultantes resulta nos valores apresentados. Quatro movimentos resultam na mesma avaliação máxima, embora três deles sejam distintamente inferiores ao quarto. (A quarta posição resulta em vitória certa de X, enquanto as outras três podem ser empatadas por O.) Na realidade, a jogada que resulta na menor avaliação é tão eficiente ou melhor do que os movimentos que resultam numa avaliação mais alta. Portanto, a função de avaliação estática não é eficiente o bastante para prever o resultado do jogo. Uma função de avaliação mais eficiente poderia ser facilmente produzida para o jogo-da-velha (mesmo pelo método de força bruta de listar todas as posições e a resposta correta), mas a maioria dos jogos é complexa demais para os avaliadores estáticos determinarem a melhor resposta.

Vamos supor que fosse possível prever várias jogadas. Sendo assim, a opção de um movimento poderia ser consideravelmente aprimorada. Defina o **nível de previsões** como o número de futuros movimentos a ser considerado. A partir de qualquer posição, é possível formar uma árvore das posições do tabuleiro que possam resultar de cada jogada. Essa árvore é chamada **árvore do jogo**. A árvore do jogo para a posição de abertura do jogo-da-velha, com um nível de previsão igual a 2, é ilustrada na Figura 5.6.1. (Na verdade, existem outras posições, mas, pelas considerações de simetria, essas são efetivamente idênticas às posições mostradas.) Observe que o nível máximo (chamado **profundidade**) dos nós nessa árvore é igual ao nível de previsões.

Designemos o jogador que deverá fazer um movimento na posição de jogo da raiz como **mais** e seu oponente como **menos**. Tentaremos descobrir a melhor jogada de *mais* a partir da posição de jogo da raiz. Os nós restantes da árvore podem ser designados como **nós de mais** ou **nós de menos**, dependendo do jogador que deverá fazer o movimento a partir da posição desse nó. Cada nó da Figura 5.6.2 é marcado como um nó de mais ou como um nó de menos.

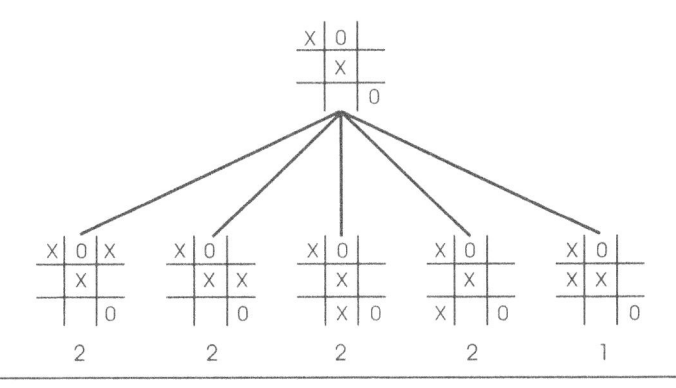

Figura 5.6.1

Suponha que as posições de jogo de todos os filhos de um nó *de* mais tenham sido avaliadas para o jogador *mais*. Sendo assim, *mais* deve escolher a jogada que resulta na avaliação máxima. Conseqüentemente, o valor de um nó *de mais* para o jogador *mais* é o máximo dos valores de seus filhos. Por outro lado, assim que *mais* se movimentar, *menos* selecionará o movimento que resulta na avaliação mínima para o jogador *mais*. Dessa forma, o valor de um nó *de menos* para o jogador *mais* é o mínimo dos valores de seus filhos.

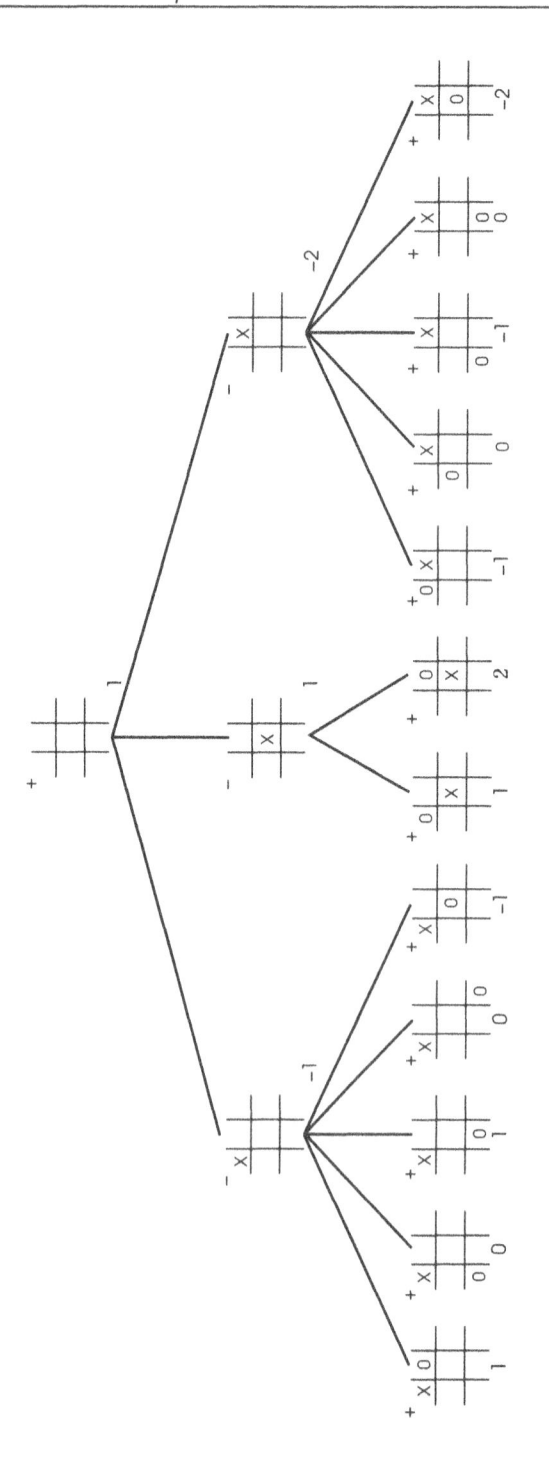

Figura 5.6.2 Uma árvore de jogo para o jogo-da-velha.

Portanto, para determinar a melhor jogada para o jogador *mais* a partir da raiz, as posições nas folhas precisam ser avaliadas para o jogador *mais* usando uma função de avaliação estática. Esses valores são, então, deslocados para cima na árvore de jogo, atribuindo-se a cada nó *de mais* o máximo dos valores de seus filhos e a cada nó *de menos* o mínimo dos valores de seus filhos, partindo-se da premissa de que *menos* selecionará o pior movimento para *mais*. O valor atribuído por esse processo a cada nó da Figura 5.6.2 aparece nessa figura logo abaixo do nó.

O movimento que *mais* deve selecionar, dada a posição do tabuleiro no nó da raiz, é aquele que maximiza seu valor. Sendo assim, a jogada de abertura de X deve ser o quadrado do meio, conforme ilustrado na Figura 5.6.2. A Figura 5.6.3 ilustra a determinação da melhor resposta de O. Observe que a designação de "*mais*" e "*menos*" depende do movimento de quem está sendo calculado. Dessa forma, na Figura 5.6.2 X é designado como *mais*, enquanto na Figura 5.6.3 O é designado como *mais*. Ao aplicar a função de avaliação estática numa posição do tabuleiro, é calculado o valor da posição para o jogador designado como *mais*. Esse método é chamado método *minimax* porque, à medida que a árvore é escalada, as funções máximas e mínimas são aplicadas alternativamente.

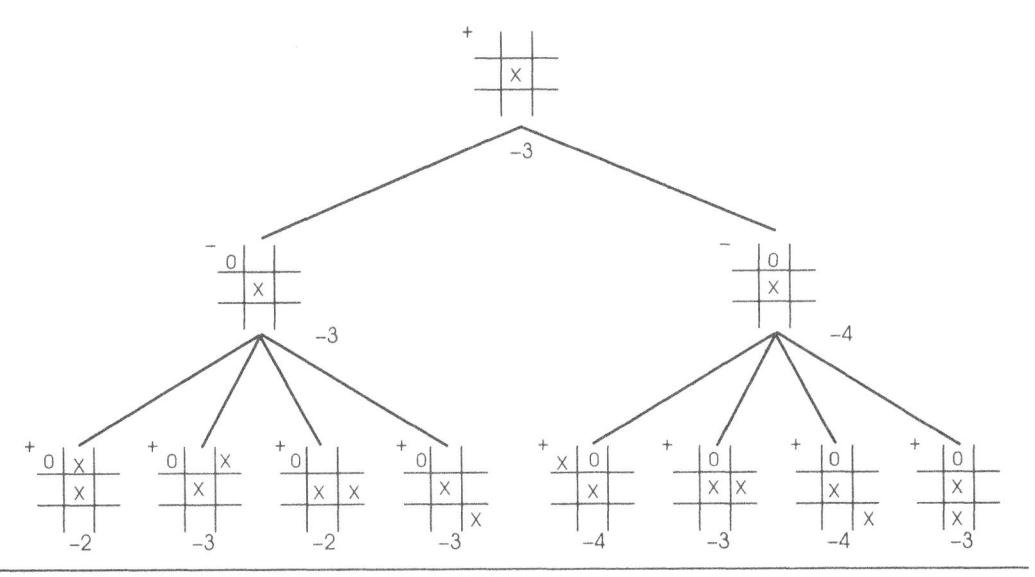

Figura 5.6.3 Computando a resposta de O.

A melhor jogada para um jogador a partir de dada posição pode ser determinada pelo primeiro formando a árvore de jogo e aplicando uma função de avaliação estática às folhas. Esses valores são, em seguida, deslocados árvore acima aplicando o mínimo e o máximo nos nós de menos e de mais, respectivamente. Cada nó da árvore de jogo deve incluir uma representação do tabuleiro e uma indicação de um nó de mais ou de um nó de menos. Os nós podem, portanto, ser declarados por:

```
struct nodetype {
   char board[3][3];
   int turn;
   struct nodetype *son;
   struct nodetype *next;
};
typedef struct nodetype *NODEPTR;
```

p->board[i][j] tem o valor "X", "O" ou ' ', dependendo de o quadrado na fileira *i* e coluna *j* desse nó estar ocupado por um dos jogadores ou estar desocupado. *p->turn* tem o valor +1 ou -1, dependendo de o nó ser um nó de mais ou de menos, respectivamente. Os dois campos restantes do nó são usados para posicioná-lo dentro da árvore. *p->son* aponta para o filho mais velho do nó, e *p->next* aponta para seu próximo irmão mais novo. Presumimos que a declaração anterior seja global, que uma lista disponível de nós tenha sido estabelecida e que rotinas *getnode* e *freenode* apropriadas tenham sido escritas.

A função em C, *nextmove(brd, player, looklevel, newbrd)*, calcula a melhor jogada seguinte. *brd* é um vetor de 3 por 3 representando a atual posição do tabuleiro, *player* é 'X' ou 'O', dependendo do movimento de quem está sendo calculado (observe que no jogo-da-velha o valor de *player* pode ser computado a partir de *brd*, de modo que esse parâmetro não é estritamente necessário) e *looklevel* é o nível de previsão usado ao construir a árvore. *newbrd* é um parâmetro de saída que representa a melhor posição do tabuleiro que pode ser alcançada por *player* a partir da posição *brd*.

nextmove usa duas rotinas auxiliares, *buildtree* e *bestbranch*. A função *buildtree* forma a árvore do jogo e retorna um ponteiro para sua raiz. A função *bestbranch* calcula o valor de dois parâmetros de saída: *best*, que é um ponteiro para o nó da árvore representando a melhor jogada, e *value*, que é a avaliação desse movimento usando a técnica de minimax.

```
nextmove(brd, looklevel, player, newbrd)
char brd[][3], newbrd[][3];
```

```
int looklevel;
char player;
{
   NODEPTR ptree, best;
   int i, j, value;
   ptree = buildtree(brd, looklevel);
   bestbranch(ptree, player, &best, &value);
   for (i=0; i < 3; ++i)
      for (j=0; j < 3; ++j)
         newbrd[i][j] = best->board[i][j];
}  /* fim nextmove */
```

A função *buildtree* retorna um ponteiro para a raiz de uma árvore de jogo. Ela usa a função auxiliar *getnode*, que aloca armazenamento para um nó e retorna um ponteiro para ele, e utiliza também uma rotina, *expand(p, plevel, depth)*, na qual *p* é um ponteiro para um nó numa árvore de jogo, *plevel* é seu nível, e *depth* é a profundidade da árvore do jogo que deverá ser formada. *expand* gera a subárvore enraizada em *p* com a profundidade correta.

```
NODEPTR buildtree(brd, looklevel)
char brd[][3];
int looklevel;
{
   NODEPTR ptree;
   int i, j;

   /* cria a raiz da arvore e inicializa-a */
   ptree = getnode();
   for (i=0; i < 3; ++i)
      for (j=0; j < 3; ++j)
         ptree->board[i][j] = brd[i][j];
   /* a raiz eh um noh de mais por definicao */
   ptree->turn = 1;
   ptree->son = NULL;
   ptree->next = NULL;
   /* cria o restante da arvore de jogo */
   expand(ptree, 0, looklevel);
   return(ptree);
}  /* fim buildtree */
```

expand pode ser implementada gerando todas as posições do tabuleiro que podem ser obtidas a partir da posição de tabuleiro apontada por *p* e estabelecendo-as como filhos de *p* na árvore de jogo. Em seguida, *expand* chama a si mesma, recursivamente, usando estes filhos como parâmetros até que a profundidade desejada seja alcançada. *expand* usa uma função auxiliar, *generate*, que aceita uma posição de tabuleiro, *brd*, e retorna um ponteiro para uma lista de nós contendo as posições de tabuleiro que podem ser obtidas a partir de *brd*. Essa lista é ligada pelo campo *next*. Deixamos a codificação de *generate* como exercício para o leitor.

```
expand(p, plevel, depth)
NODEPTR p;
int plevel, depth;
{
   NODEPTR q;
   if (plevel < depth)  {
      /* p nao estah no nivel maximo */
      q = generate(p->board);
      p->son = q;
      while (q != NULL)  {
                              /* percorre a lista de nohs */
         if (p->turn == 1)
            q->turn = -1;
         else
            q->turn = 1;
         q->son = NULL;
         expand(q, plevel+1, depth);
         q = q->next;
      }  /* fim while */
   }  /* fim if *
}  /* fim expand */
```

Assim que a árvore de jogo for criada, *bestbranch* avalia os nós da árvore. Quando um ponteiro para uma folha é passado para *bestbranch*, ela chama uma função, *evaluate*, que avalia estaticamente a posição de tabuleiro dessa folha para o jogador cujo movimento estamos determinando. A codificação de *evaluate* ficará como exercício. Quando um ponteiro para um nó não-folha é passado para *bestbranch*, a rotina chama a si mesma recursivamente em cada um de seus filhos e, em seguida, atribui o máximo dos valores de seus filhos ao não-folha, se for um nó de mais, e o valor mínimo, se for um nó de menos. *bestbranch* também lembra de qual filho resultou esse valor mínimo ou máximo.

Se *p->turn* for -1, o nó apontado por *p* será um nó de menos e receberá a atribuição do valor mínimo atribuído a seus filhos. Entretanto, se *p->turn* for +1, o nó apontado por *p* será um nó de mais e seu valor deverá ser o

máximo dos valores atribuídos aos filhos do nó. Se *min(x,y)* for o mínimo de
x e *y* e *max(x,y)* for o valor máximo, *min(x,y)* - -*max(-x, -y)* (procure demonstrar
isso como um exercício simples). Sendo assim, o máximo ou o mínimo correto
podem ser encontrados da seguinte maneira: no caso de um nó de mais,
calcule o máximo; no caso de um nó de menos, compute o mínimo dos
negativos dos valores e depois inverta o sinal do resultado. Essas idéias estão
incorporadas em *bestbranch*. Os parâmetros de saída, **pbest* e **pvalue*, são
respectivamente um ponteiro para o filho da raiz da árvore que maximiza
seu valor e o valor desse filho, atribuído agora à raiz.

```
bestbranch(pnd, player, pbest, pvalue)
NODEPTR pnd, *pbest;
int *pvalue;
char player;
{
   NODEPTR p, pbest2;
   int val;

   if (pnd->son == NULL)   {
      /* pnd eh uma folha */
      *pvalue = evaluate(pnd->board, player);
      *pbest = pnd;
   }
   else {
   /* o noh nao eh uma folha, atravessa a lista de filhos */
      p = pnd->son;
      bestbranch(p, player, pbest, pvalue);
      *pbest = p;
      if (pnd.turn == -1)
         *pvalue = -*pvalue;
      p = p->next;
      while (p != NULL)   {
         bestbranch(p, player, &pbest2, &val);
         if (pnd->turn == -1)
            val = -val;
         if (val > *pvalue) {
            *pvalue = val;
            *pbest = p;
         }  /* fim if */
         p = p->next;
      }  /* fim while */
      if (pnd->turn == -1)
         *pvalue = -*pvalue;
   }  /* fim if */
}  /* fim bestbranch */
```

EXERCÍCIOS

5.6.1. Examine as rotinas desta seção e determine se todos os parâmetros são realmente necessários. Como você revisaria as listas de parâmetros?

5.6.2. Escreva as rotinas em C, *generate* e *evaluate*, conforme descritas no texto deste capítulo.

5.6.3. Reescreva os programas desta seção e da seção anterior sob a implementação na qual cada nó de árvore inclui um campo *father* contendo um ponteiro para seu pai. Sob qual implementação eles são mais eficientes?

5.6.4. Escreva versões não-recursivas das rotinas *expand* e *bestbranch* apresentadas no texto.

5.6.5. Modifique a rotina *bestbranch* descrita no texto de modo que os nós da árvore sejam liberados quando não forem mais necessários.

5.6.6. Combine os processos de formar a árvore do jogo e avaliar seus nós num único processo de modo que a árvore de jogo inteira não precise existir em momento algum e que os nós sejam liberados quando não forem mais necessários.

5.6.7. Modifique o programa do exercício anterior de modo que, se a avaliação de um nó de menos for maior que o mínimo dos valores dos irmãos mais velhos de seu pai, o programa não se preocupe em expandir os irmãos mais jovens deste nó de menos, e se a avaliação de um nó de mais for menor que o máximo dos valores dos irmãos mais velhos de seu pai, o programa não se preocupe em expandir os irmãos mais jovens desse nó de mais. Esse método é chamado método **minimax alfabeta**. Explique por que ele é correto.

5.6.8. O jogo de **kalah** é jogado assim: dois jogadores têm cada um sete orifícios, seis dos quais são chamados **buracos** e o sétimo é um **kalah.** Esses orifícios são ordenados de acordo com o seguinte diagrama.

Jogador 1

K P P P P P P
 P P P P P P K

Jogador 2

Inicialmente, existem seis pedras em cada buraco e nenhuma pedra nos dois kalah, de modo que a posição de abertura fica assim:

0 6 6 6 6 6 6
  6 6 6 6 6 6 0

Os jogadores alternam jogadas, e cada rodada consiste em um ou mais movimentos. Para fazer uma jogada, um jogador escolhe um de seus orifícios não-vazios. As pedras são removidas a partir desse orifício e distribuídas, num movimento em sentido horário, nos orifícios e no kalah deste jogador (o kalah do oponente é saltado), uma pedra por orifício, até não sobrar mais nenhuma pedra. Por exemplo, se o jogador 1 jogar primeiro, um possível movimento de abertura poderá resultar na seguinte posição de tabuleiro:

1 7 7 7 7 7 0
  6 6 6 6 6 6 0

Se a última pedra de um jogador ficar em seu próprio kalah, o jogador poderá jogar de novo. Se a última pedra ficar em um dos buracos do próprio jogador, que está vazio, essa pedra e as pedras residentes no orifício do oponente diretamente oposto serão removidas e colocadas no kalah do jogador. O jogo termina quando um dos jogadores não tiver mais pedras em seus orifícios. Nessa etapa, todas as pedras residentes nos orifícios do oponente são colocadas no kalah do oponente e o jogo termina. O jogador que tiver mais pedras em seu kalah será o vencedor.
Escreva um programa que aceite uma posição de tabuleiro do kalah e uma indicação da vez de qual jogador essa posição representa, e produza a melhor jogada desse jogador.

5.6.9. Como você modificaria as idéias do programa jogo-da-velha de modo a calcular o melhor movimento num jogo que contém um elemento de sorte, como o gamão?

5.6.10. Por que os computadores foram programados para jogar um jogo-da-velha perfeito, mas não para jogos de xadrez ou de damas perfeitos?

5.6.11. O jogo de *varetas* é jogado assim: algumas varetas são colocadas numa pilha. Dois jogadores alternam-se removendo uma ou duas varetas da pilha. O jogador que remover a última vareta perderá o jogo. Escreva uma função em C para determinar o melhor movimento no jogo de varetas.

Capítulo 6

Classificação

A classificação e a busca encontram-se entre os ingredientes mais conhecidos dos sistemas de programação. Na primeira seção deste capítulo, discutiremos alguns dos aspectos globais da classificação. No restante do capítulo, examinaremos algumas das técnicas de classificação mais conhecidas e as vantagens e desvantagens de uma técnica em relação à outra. No próximo capítulo, analisaremos a operação de busca e algumas aplicações.

6.1. VISÃO GLOBAL

O conceito de um conjunto ordenado de elementos tem considerável impacto sobre nossa vida cotidiana. Considere, por exemplo, o processo de localizar um número de telefone num catálogo. Esse processo, chamado **busca**, é bastante simplificado pelo fato de que os nomes no catálogo estão listados em ordem alfabética. Imagine o problema que você enfrentaria para encontrar um número de telefone se os nomes estivessem listados na ordem na qual os clientes solicitaram a instalação de seus telefones à companhia telefônica. Nesse caso, os nomes estariam inseridos numa ordem aleatória. Como as entradas estão classificadas alfabeticamente, e não em ordem cronológica, o processo de busca é simplificado. Ou pense no caso de alguém procurando um livro numa biblioteca. Como os livros estão catalogados numa ordem específica (Sistema Decimal de Davey, Sistema da Biblioteca do Congresso, e assim por diante) cada livro recebe uma posição específica em relação aos outros e pode ser achado num intervalo de tempo razoavelmente rápido (se existir na prateleira). Ou imagine um conjunto de números classificados seqüencialmente na memória de um computador. Conforme veremos no próximo capítulo, em geral será mais fácil encontrar um elemento desse conjunto se os números forem mantidos classificados. Em geral, um conjunto de itens é classificado para produzir um relatório (para simplificar a recuperação manual das informações, como num catálogo de telefones ou numa prateleira da biblioteca) ou para tornar mais eficiente o acesso da máquina aos dados.

Apresentaremos a seguir alguma terminologia básica. Um **arquivo** de tamanho n é uma seqüência de n itens $r[0], r[1],...,r[n-1]$. Cada item no arquivo é chamado **registro**. (Os termos *arquivo* e *registro* não estão sendo usados aqui como na terminologia em C, referindo-se a estruturas de dados específicas, mas num sentido mais generalizado.) Uma chave, $k[i]$, é associada a cada registro $r[i]$. A chave é geralmente (mas nem sempre) um subcampo do registro inteiro. Diz-se que o arquivo está **classificado pela chave** se $i < j$ implicar que $k[i]$ precede $k[j]$ em alguma classificação nas chaves. No exemplo do catálogo de telefones, o arquivo consiste em todas as entradas do catálogo. Cada entrada é um registro. A chave pela qual o arquivo está classificado é o campo do nome do registro. Cada registro inclui também campos para um endereço e um número de telefone.

Uma classificação é considerada **interna** se os registros que ela classificar estiverem na memória principal, e **externa** se alguns dos registros que ela classificar estiverem no armazenamento auxiliar. Analisaremos aqui as classificações internas.

É possível que dois registros num arquivo tenham a mesma chave. Uma técnica de classificação é chamada **estável** se, para todos os registros i e j, $k[i]$ seja igual a $k[j]$; se $r[i]$ precede $r[j]$ no arquivo original, $r[i]$ precederá $r[j]$ no arquivo classificado. Ou seja, uma classificação estável mantém os registros com a mesma chave na mesma ordem relativa em que estavam antes da classificação.

Uma classificação ocorre sobre os próprios registros ou sobre uma tabela auxiliar de ponteiros. Por exemplo, examine a Figura 6.1.1a, na qual aparece um arquivo de cinco registros. Se o arquivo for classificado em ordem ascendente pela chave numérica apresentada, o arquivo resultante será formado como o que aparece na Figura 6.1.1b. Nesse caso, os próprios registros foram classificados.

	Chave	Outros campos			
Registro 1	4	DDD	1		AAA
Registro 2	2	BBB	2		BBB
Registro 3	1	AAA	3		CCC
Registro 4	5	EEE	4		DDD
Registro 5	3	CCC	5		EEE

                Arquivo   Arquivo

            (a) Arquivo original.   (b) Arquivo classificado.

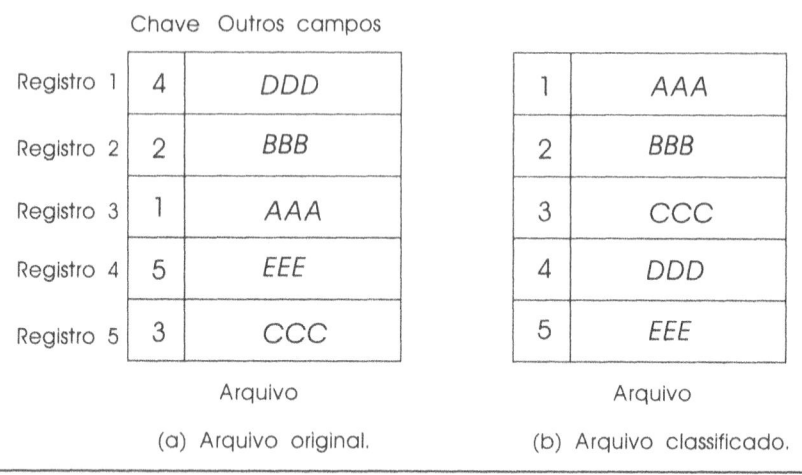

Figura 6.1.1   Classificando registros de fato.

    Entretanto, imagine que a quantidade de dados armazenados em cada um dos registros seja tão grande que a sobrecarga envolvida ao movimentar os verdadeiros dados se torne proibitiva. Nesse caso, uma tabela auxiliar de ponteiros pode ser usada de modo que esses ponteiros sejam movidos em vez dos verdadeiros dados, conforme mostrado na Figura 6.1.2. (Essa é a chamada ***classificação por endereço***s.) A tabela posicionada no centro da figura é o arquivo, e a posicionada à esquerda é a tabela inicial de ponteiros. A entrada na posição *j* na tabela de ponteiros aponta para o registro *j*. Durante o processo de classificação, as entradas na tabela de ponteiros são ajustadas de modo que a tabela final fique como a que aparece posicionada à direita na figura. Inicialmente, o primeiro ponteiro era para a primeira entrada no arquivo; após o término, o primeiro ponteiro é para a quarta entrada na tabela. Observe que nenhuma das entradas do arquivo original foi deslocada. Na maioria dos programas deste capítulo, ilustraremos técnicas de classificação de registros reais. A extensão dessas técnicas para classificar por endereço é simples e será deixada como exercício para o leitor. (Para simplificar, nos exemplos apresentados neste capítulo, classificamos somente as chaves; deixamos para o leitor a tarefa de modificar os programas de modo a classificar registros inteiros.)

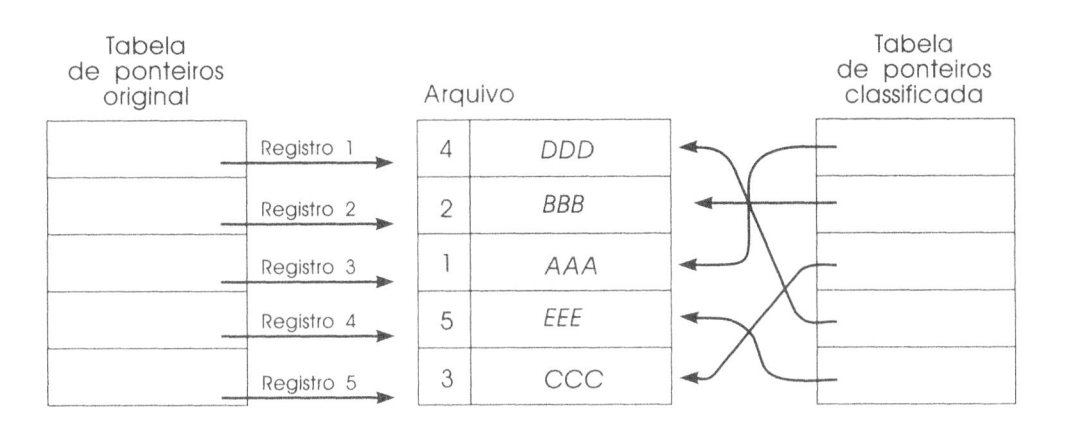

Figura 6.1.2 Classificando por meio de uma tabela auxiliar de ponteiros.

Devido à relação entre a classificação e a busca, a primeira pergunta que se faz em qualquer aplicação é se um arquivo deve ser classificado ou não. Ocasionalmente, dá menos trabalho procurar determinado elemento num conjunto de elementos do que classificar primeiro o conjunto inteiro e depois extrair o elemento necessário. Por outro lado, se for necessário o uso freqüente do arquivo para o propósito de recuperar elementos específicos, talvez seja mais eficiente classificar o arquivo. Isso acontece porque a sobrecarga das sucessivas buscas pode ultrapassar a sobrecarga envolvida na classificação do arquivo uma só vez e na subseqüente recuperação de elementos do arquivo classificado. Sendo assim, não se pode dizer que seja mais eficiente classificar ou não classificar. O programador deve tomar sua decisão com base em circunstâncias individuais. Uma vez tomada a decisão de classificar, outras decisões deverão ser tomadas, incluindo o que deve ser classificado e quais métodos serão usados. Não existe um método de classificação considerado universalmente superior a todos os outros. O programador precisa examinar o problema e os resultados desejados com cuidado antes de determinar esses aspectos tão importantes.

CONSIDERAÇÕES SOBRE A EFICIÊNCIA

Conforme veremos neste capítulo, existe um grande número de métodos que podem ser usados para classificar um arquivo. O programador deve estar ciente dos vários aspectos de eficiência, freqüentemente conflitantes e inter-relacionados, para fazer uma opção inteligente sobre o método de classificação adequado para determinado problema. Três dos mais importantes aspectos incluem o tempo que será gasto pelo programador ao codificar determinado programa de classificação, o tempo de máquina necessário para executar o programa e o espaço necessário para o programa.

Se o arquivo for pequeno, técnicas de classificação sofisticadas, elaboradas para reduzir as exigências de espaço e tempo, em geral são piores ou apenas supostamente melhores, em termos de eficiência, do que os métodos mais simples, em geral menos eficientes. De modo semelhante, se determinado programa de classificação deve ser executado apenas uma vez e existirem tempo e espaço de máquina suficientes para executá-lo, seria um desperdício um programador passar dias examinando os melhores métodos para obter o máximo de eficiência. Nesses casos, o tempo que precisa ser gasto pelo programador é certamente o aspecto negligenciado ao determinar o método de classificação a usar. Entretanto, devemos fazer uma forte ressalva. O tempo de programação nunca deve ser uma desculpa válida para usar um programa incorreto. Uma classificação executada uma só vez pode até se dar ao luxo de uma técnica ineficiente, mas não de uma técnica incorreta. Os dados supostamente classificados podem ser usados numa aplicação em que a pressuposição de dados classificados seja crucial.

Entretanto, um programador precisa reconhecer o fato de que uma classificação específica é ineficiente e justificar seu uso em determinada situação. Com muita freqüência, os programadores preferem o caminho mais fácil e codificam uma classificação ineficaz, a qual, em seguida, é incorporada a um sistema maior no qual a classificação é um componente-chave. Os projetistas e administradores de sistema se surpreendem com a ineficácia de sua criação. Para aumentar sua própria eficiência, um programador precisa conhecer uma ampla variedade de técnicas de classificação e estar ciente das vantagens e desvantagens de cada uma para que possa oferecer a técnica mais adequada a determinada situação quando surgir a necessidade da classificação.

Isso nos leva a outros dois aspectos da eficiência: tempo e espaço. Como acontece na maioria das aplicações de computador, o programador deverá otimizar freqüentemente um desses aspectos à custa do outro. Ao considerar o tempo necessário para classificar um arquivo de tamanho n, não nos preocupamos com as reais unidades de tempo porque elas variam de uma máquina para outra, de um programa para o outro e de um conjunto de dados para o outro. Em vez disso, estamos interessados na correspondente mudança na quantidade de tempo necessária para classificar um arquivo, imposta por uma mudança no tamanho n do arquivo. Tentemos tornar esse conceito mais exato. Dizemos que y é **proporcional** a x se a relação entre y e x for tal que a multiplicação de x por uma constante multiplique y pela mesma constante. Sendo assim, se y for proporcional a x, dobrar x dobrará y e multiplicar x por 10 multiplicará y por 10. De modo semelhante, se y for proporcional a x ao quadrado, dobrar x multiplicará y por 4 e multiplicar x por 10 multiplicará y por 100.

Com freqüência, não avaliamos a eficiência de tempo de uma classificação pelo número de unidades de tempo necessárias, mas pelo número de operações críticas efetuadas. Exemplos dessas operações críticas são comparações de chaves (isto é, comparações das chaves de dois registros no arquivo para determinar qual é o maior), movimentação de registros ou de ponteiros para registros, ou trocas de dois registros. As operações críticas escolhidas são as que consomem mais tempo. Por exemplo, uma comparação de chaves pode ser uma operação complexa, principalmente se as próprias chaves forem extensas e a ordenação entre as chaves for incomum. Por conseguinte, uma comparação de chaves exige muito mais tempo do que, digamos, um simples incremento de uma variável de índice numa repetição **for**. Além disso, o número de operações simples necessárias é geralmente proporcional ao número de comparações de chaves. Por essa razão, o número de comparações de chaves é uma medida útil da eficiência de tempo de uma classificação.

Existem duas maneiras de determinar as exigências de tempo de uma classificação, mas nenhuma delas oferece resultados aplicáveis a todos os casos. Um método é fazer uma análise matemática ocasionalmente complexa e complicada dos vários casos (por exemplo, melhor caso, pior caso, caso médio). O resultado dessa análise é, com freqüência, uma fórmula dando o tempo médio (ou número de operações) necessário para determinada classificação como uma função do arquivo de tamanho n. (Na verdade, as exigências de tempo de uma classificação dependem de fatores diferentes do tamanho do arquivo; entretanto, concentraremo-nos aqui apenas na dependência sobre o tamanho do arquivo.) Suponha que tal análise matemática aplicada sobre determinado programa de classificação resulte na conclusão de que o programa leva $0{,}01n^2 + 10n$ unidades de tempo para executar. A primeira e a quarta coluna da Figura 6.1.3 mostram o tempo necessário pela classificação para os diversos valores de n. Você observará que, para os valores pequenos de n, a quantidade $10n$ (terceira colunas da Figura 6.1.3) domina a quantidade $0{,}01n$ (segunda coluna). Isso ocorre porque a diferença entre n^2 e n é pequena para os valores pequenos de n e mais do que compensada pela diferença entre 10 e 0,01. Dessa forma, para os valores pequenos de n, um aumento em n por um fator de 2 (por exemplo, de 50 para 100) aumentará o tempo necessário para classificar em aproximadamente esse mesmo fator de 2 (de 525 para 1100). De modo semelhante, um aumento de n por um fator de 5 (por exemplo, de 10 para 50) aumentará o tempo de classificação em aproximadamente 5 (de 101 para 525).

n	$a = 0.01n^2$	$b = 10n$	$a + b$	$\dfrac{(a + b)}{n^2}$
10	1	100	101	1,01
50	25	500	525	0,21
100	100	1.000	1.100	0,11
500	2.500	5.000	7.500	0,03
1.000	10.000	10.000	20.000	0,02
5.000	250.000	50.000	300.000	0,01
10.000	1.000.000	100.000	1.100.000	0,01
50.000	25.000.000	500.000	25.500.000	0,01
100.000	100.000.000	1.000.000	101.000.000	0,01
500.000	2.500.000.000	5.000.000	2.505.000.000	0,01

Figura 6.1.3

Entretanto, à medida que n aumenta, a diferença entre n^2 e n aumenta com tanta rapidez que, em algumas ocasiões, mais do que compensa a diferença entre 10 e 0,01. Sendo assim, quando n é igual a 1000, os dois termos contribuem igualmente para a quantidade de tempo necessária para o programa. À medida que n se torna cada vez maior, o termo $0,01n^2$ domina o termo $10n$ e a contribuição do termo $10n$ torna-se quase insignificante. Por conseguinte, para valores grandes de n, um aumento em n por um fator de 2 (por exemplo, de 50.000 para 100.000) resultará num aumento no tempo de classificação de aproximadamente 4 (de 25,5 milhões para 101 milhões) e um aumento em n por um fator de 5 (por exemplo, de 10.000 para 50.000) aumentará o tempo de classificação em aproximadamente um fator de 25 (de 1,1 milhão para 25,5 milhões). Na realidade, à medida que n se torna cada vez maior, o tempo de classificação torna-se ainda mais proporcional a n^2, conforme nitidamente ilustrado pela última coluna da Figura 6.1.3. Dessa forma, para n grande, o tempo necessário pela classificação é quase proporcional a n^2. É evidente que, para os valores pequenos de n, a classificação pode apresentar um comportamento consideravelmente diferente (como na Figura 6.1.3), uma situação que pode ser levada em consideração ao analisar sua eficiência.

NOTAÇÃO O

Para entender o conceito de uma função tornando-se proporcional a outra à medida que aumenta, apresentaremos uma terminologia e uma nova notação. Nos exemplos anteriores, diz-se que a função $0,01n^2 + 10n$ é "da ordem" da função n^2 porque, com o aumento de n, ela se torna mais proporcional a n^2.

Em termos precisos, dadas duas funções, $f(n)$ e $g(n)$, dizemos que $f(n)$ é **da ordem de** $g(n)$ ou que $f(n)$ é $O(g(n))$ se existirem inteiros positivos a e b tais que $f(n) \le a * g(n)$ para todo $n \ge b$. Por exemplo, se $f(n) = n^2 + 100n$ e $g(n) = n^2$, $f(n)$ é $O(g(n))$, uma vez que $n^2 + 100n$ é menor ou igual a $2n^2$ para todo n maior ou igual a 100. Nesse caso, a é igual a 2 e b é igual a 100. Essa mesma $f(n)$ é também $O(n^3)$, uma vez que $n^2 + 100n$ é menor ou igual a $2n^3$ para todo n maior ou igual a 8. Dada uma função $f(n)$, podem existir várias funções $g(n)$ tais que $f(n)$ seja $O(g(n))$.

Se $f(n)$ for $O(g(n))$, "ocasionalmente" (isto é, para $n \ge b$) se tornará permanentemente menor ou igual a algum múltiplo de $g(n)$. Por um lado, estamos dizendo que $f(n)$ está limitada por $g(n)$ de cima para baixo, ou que $f(n)$ é uma função "menor que" $g(n)$. Outro modo formal de dizer isso é que $f(n)$ é **assintoticamente limitada** por $g(n)$.

É fácil demonstrar que se $f(n)$ é $O(g(n))$ e $g(n)$ é $O(h(n))$, $f(n)$ é $O(h(n))$. Por exemplo, $n^2 + 100n$ é $O(n^2)$, e n^2 é $O(n^3)$ (para constatar isso, defina a e b iguais a 1): conseqüentemente, $n^2 + 100n$ é $O(n^3)$. Isso se chama **propriedade transitiva**.

Observe que, se $f(n)$ é uma função constante [isto é, $f(n) = c$ para todo n], $f(n)$ é $O(1)$, uma vez que, definindo a com c e b com 1, temos que $c \le c* 1$ para todo $n \ge -1$. (Na realidade, o valor de b ou n é irrelevante porque o valor de uma função constante independe de n.)

É fácil também demonstrar que a função $c * n$ é $O(n^k)$ para quaisquer constantes c e k. Para constatar isso, basta observar que $c * n$ é menor ou igual a $c * n^k$ para qualquer $n \ge -1$ (isto é, defina $a = c$ e $b = 1$). É evidente também que n^k é $O(n^{k+j})$ para qualquer $j \ge 0$ (use $a = 1$, $b = 1$). Podemos demonstrar também que, se $f(n)$ e $g(n)$ são ambas $O(h(n))$, a nova função $f(n) + g(n)$ é também $O(h(n))$. Todos esses fatos reunidos podem ser usados para demonstrar que, se $f(n)$ é um polinômio qualquer cuja potência inicial é k [isto é, $f(n) = c_1 * n^k + c_2 * n^{k-1} + ... + c_k * n + c_{k+1}$], $f(n)$ é $O(n^k)$. Na realidade, $f(n)$ é $O(n^{k+j})$ para qualquer $j \ge 0$.

Embora uma função possa ser assintoticamente limitada por várias outras funções [como, por exemplo, $10n^2 + 37n + 153$ é $O(n^2)$, $O(10n^2)$, $O(37n^2 + 10n)$ e $O(0,05n^3)$], em geral procuramos um limite assintótico que seja um único termo com um coeficiente inicial de 1 e que se aproxime o máximo possível. Sendo assim, diríamos que $10n^2 + 37n + 153$ é $O(n^2)$, embora seja também assintoticamente limitado por várias outras funções. Em termos ideais, gostaríamos de encontrar uma função $g(n)$ tal que $f(n)$ seja $O(g(n))$ e $g(n)$ seja $O(f(n))$. Se $f(n)$ é uma constante ou um polinômio, isso pode ser sempre feito usando seu termo mais alto com um coeficiente de 1. Entretanto, para funções mais complexas, nem sempre é possível encontrar um ajuste tão perfeito.

Uma importante função no estudo da eficiência do algoritmo é a função logarítmica. Lembre-se de que $\log_m n$ é o valor de x tal que m^x seja igual a n. m é chamado **base** do logaritmo. Considere as funções $\log_m n$ e $\log_k n$. Permita que xm seja $\log_m n$ e xk seja $\log_k n$. Assim:

$$m^{xm} = n \text{ e } k^{xk} = n$$

de modo que:

$$m^{xm} = k^{xk}$$

Aplicando o log_m de ambos os lados:

$$xm = \log_m(k^{xk})$$

Agora, podemos facilmente demonstrar que $log_z (x^y)$ é igual a $y * log_z x$ para todo x, y e z, de modo que a última equação pode ser reescrita como (lembre-se de que $xm = log_m n$):

$$log_m\ n = xk * log_m\ k$$

ou como (lembre-se de que $xk = log_k n$):

$$log_m\ n = (log_m\ k) * log_k n$$

Assim, $log_m\ n_m$ e $log_k\ n$ são múltiplos constantes entre si.

É fácil demonstrar que, se $f(n) = c * g(n)$, onde c é uma constante, $f(n)$ é $O(g(n))$ [na verdade, já provamos que isso é verdade para a função $f(n) = n^k$]. Dessa forma, $log_m n$ é $O(log_k n)$ e $log_k n$ é $O(log_m n)$ para quaisquer m e k. Como cada função logarítmica é da ordem de qualquer outra, geralmente omitimos a base ao citar funções de ordem logarítmica, e dizemos que todas essas funções são $O(\log n)$.

Os seguintes fatos estabelecem uma hierarquia de ordem de funções:

c é $O(1)$ para toda constante c.

c é $O(\log n)$, mas $\log n$ não é $O(1)$.

$c * \log_k n$ é $O(\log n)$ para quaisquer constantes c, k.

$c * \log_k n$ é $O(n)$, mas n não é $O(\log n)$.

$c * n^k$ é $O(n^k)$ para quaisquer constantes c, k.

$c * n^k$ é $O(n^{k+j})$, mas n^{k+j} não é $O(n^k)$.

$c * n * \log_k n$ é $O(n \log n)$ para quaisquer constantes c, k.

$c * n^j * \log_k n$ é $O(n^j \log n)$ para quaisquer constantes c, j, k.

$c * n^j * \log_k n$ é $O(n^{j+1})$, mas n^{j+1} não é $O(n^j \log n)$.

$c * n^j * (\log_k n)^l$ é $O(n^j (\log n)^l)$ para quaisquer constantes c, j, k, l.

$c * n^j * (\log_k n)^l$ é $O(n^{j+1})$ mas n^{j+1} não é $O(n^j (\log n)^l)$.

$c * n^j * (\log_k n)^l$ é $O(n^j (\log n)^{l+1})$, mas $n^j (\log_k n)^{l+1}$ não é $O(n^j (\log n)^l)$.

$c * n^k$ é $O(d^n)$, mas d^n não é $O(n^k)$ para quaisquer constantes c e k, e $d > 1$.

A hierarquia de funções estabelecida por esses fatos, com cada função de ordem mais baixa que a seguinte, é c, $\log n$, $(\log n)^k$, n, $n(\log n)^k$, n^k, $n^k(\log n)^l$, n^{k+1} e d^n.

As funções que são $O(n^k)$ são consideradas de **ordem polinomial**, enquanto as que são $O(d^n)$ *para algum $d > 1$* mas não $O(n^k)$ para qualquer k são consideradas de **ordem exponencial**.

A diferença entre as funções de ordem polinomial e as de ordem exponencial é muito importante. Mesmo uma pequena função de ordem exponencial, como 2^n, cresce bem mais do que qualquer função de ordem polinomial, como n^k, independentemente do tamanho de k. Como ilustração da rapidez com que uma função de ordem exponencial cresce, considere que 2^{10} é igual a 1024, mas que 2^{100} (ou seja, 1024^{10}) é maior que o número formado por um número 1 seguido por 30 zeros. O menor k para o qual 10^k excede 2^{10} é 4, mas o menor k para o qual 100^k excede 2^{100} é 16. À medida que n se torna maior, são necessários valores maiores de k para que n^k acompanhe 2^n. Para qualquer k, eventualmente 2^n torna-se permanentemente maior que n^k.

Devido à incrível taxa de crescimento das funções de ordem exponencial, os problemas que exigem algoritmos de tempo exponencial para sua solução são considerados *intratáveis* no atual ambiente de computação, ou seja, tais problemas não podem ser solucionados com precisão, exceto nos casos mais simples.

EFICIÊNCIA DA CLASSIFICAÇÃO

Usando esse conceito da ordem de uma classificação, poderemos comparar várias técnicas de classificação e categorizá-las como "eficientes" ou "ineficientes", em termos gerais. Podemos esperar descobrir a classificação "ideal", que seja $O(n)$, independentemente do conteúdo ou da ordem da entrada. Infelizmente, podemos demonstrar que não existe uma tal classificação que seja útil em termos gerais. A maioria das classificações clássicas que podemos considerar tem exigências de tempo que variam de $O(n \log n)$ a $O(n^2)$. No primeiro caso, multiplicar o tamanho do arquivo por 100 multiplicará o tempo de classificação por menos de 200; no último caso, multiplicar o tamanho do arquivo por 100 multiplicará o tempo de classificação por um fator de 10.000. A Figura 6.1.4 apresenta a comparação de $n \log n$ com n^2 para uma faixa de valores de n. Pode-se constatar na figura que para n grande, com o aumento de n, n^2 aumenta com mais velocidade do que $n \log n$. Entretanto, uma classificação não deve ser selecionada simplesmente por ser $O(n \log n)$. A relação entre o tamanho de arquivo n e os outros termos que constituem o verdadeiro tempo de classificação precisa ser conhecida. Em particular, os termos que desempenham um papel insignificante para grandes valores de n podem desempenhar uma função importantíssima para pequenos valores de n. Todas essas questões precisam ser consideradas antes de se fazer uma escolha inteligente da classificação.

n	$n \log_{10} n$	n^2
1×10^1	$1{,}0 \times 10^1$	$1{,}0 \times 10^2$
5×10^1	$8{,}5 \times 10^1$	$2{,}5 \times 10^3$
1×10^2	$2{,}0 \times 10^2$	$1{,}0 \times 10^4$
5×10^2	$1{,}3 \times 10^3$	$2{,}5 \times 10^5$
1×10^3	$3{,}0 \times 10^3$	$1{,}0 \times 10^6$
5×10^3	$1{,}8 \times 10^4$	$2{,}5 \times 10^7$
1×10^4	$4{,}0 \times 10^4$	$1{,}0 \times 10^8$
5×10^4	$2{,}3 \times 10^5$	$2{,}5 \times 10^9$
1×10^5	$5{,}0 \times 10^5$	$1{,}0 \times 10^{10}$
5×10^5	$2{,}8 \times 10^6$	$2{,}5 \times 10^{11}$
1×10^6	$6{,}0 \times 10^6$	$1{,}0 \times 10^{12}$
5×10^6	$3{,}3 \times 10^7$	$2{,}5 \times 10^{13}$
1×10^7	$7{,}0 \times 10^7$	$1{,}0 \times 10^{14}$

Figura 6.1.4 Uma comparação entre $n \log n$ e n^2 para diversos valores de n.

Um segundo método para determinar exigências de tempo de uma técnica de classificação é executar o programa e avaliar sua eficiência (medindo quer unidades de tempo absoluto, quer o número de operações executadas). Para usar esses resultados ao avaliar a eficiência de uma classificação, precisa-se fazer o teste em "vários" exemplos de arquivos. Mesmo quando essa estatística estiver pronta, a aplicação da classificação num arquivo específico pode não apresentar resultados que sigam os padrões gerais. Os atributos particulares do arquivo em questão podem provocar um desvio considerável na velocidade de classificação. Nas classificações das seções subseqüentes, daremos uma explicação intuitiva do motivo pelo qual determinada classificação é considerada como $O(n^2)$ ou $O(n \log n)$; deixaremos a análise matemática e a verificação sofisticada de dados empíricos como exercícios para o leitor ambicioso.

Na maioria dos casos, o tempo necessário para uma classificação depende da seqüência original dos dados. Para algumas classificações, os dados de entrada que estiverem na ordem classificada poderão ser totalmente classificados em tempo $O(n)$, enquanto os dados de entrada que estiverem em ordem inversa precisarão do tempo $O(n^2)$. Para outras classificações, o tempo necessário é $O(n \log n)$, independentemente da ordem original dos dados. Sendo assim, se conhecermos a seqüência original dos dados, poderemos tomar uma decisão mais inteligente sobre qual método de classificação selecionar. Por outro lado, se dispusermos dessas informações, talvez possamos selecionar uma classificação com base no pior caso possível ou no caso "médio". De qualquer maneira, o único comentário geral que se pode fazer sobre as técnicas de classificação é que não existe a "melhor" técnica geral de classificação. A escolha de uma classificação dependerá necessariamente das circunstâncias específicas.

Assim que determinada técnica de classificação for escolhida, o programador poderá, então, tornar o programa o mais eficiente possível. Em várias aplicações de programação, freqüentemente se sacrifica a eficiência em função da clareza. Com a classificação, em geral ocorre o oposto. Assim que um programa de classificação é escrito e testado, a principal meta do programador é aumentar sua velocidade, mesmo que ele se torne menos legível. Isso ocorre porque uma classificação pode influenciar em grande parte a eficiência de um programa, de modo que qualquer aperfeiçoamento no tempo da classificação afetará significativamente a eficiência global. Outra razão é que uma classificação é usada com muita freqüência, de maneira que um aprimoramento mínimo em sua velocidade de execução economiza muito tempo do computador. Em termos gerais, é uma boa idéia remover as chamadas de função, principalmente das repetições mais internas, e substituí-las pelo código da função em linha, uma vez que o mecanismo de retorno de chamada de uma linguagem pode sair muito caro em termos de tempo. Além disso, uma chamada de função pode exigir a atribuição de armazenamento para variáveis locais, uma atividade que, às vezes, requer uma chamada ao sistema operacional. Em vários programas, não fazemos isso para não obscurecer o propósito do programa com enormes blocos de código.

Geralmente, as restrições de espaço pesam menos que as considerações de tempo. Uma razão para isso é que, na maioria dos programas de classificação, a quantidade de espaço necessário está mais próxima de $O(n)$ do que *de $O(n^2)$*. Uma segunda razão é que, se for necessário mais espaço, quase sempre ele poderá ser encontrado em armazenamento auxiliar. Uma classificação ideal é a **classificação in loco** cujas exigências de espaço adicional são $O(1)$. Ou seja, uma classificação in loco manipula os elementos a ser classificados dentro do espaço do vetor ou lista que continha a entrada original não-classificada. O espaço adicional necessário está na forma de um número constante de alocações (como as variáveis de programa individuais declaradas), independentemente do tamanho do conjunto a ser classificado.

Geralmente, a relação esperada entre tempo e espaço depende dos algoritmos de classificação: os programas que exigem menos tempo em geral demandam mais espaço, e vice-versa. Entretanto, existem algoritmos inteligentes que utilizam tempo e espaço mínimos; ou seja, eles são $O(n \log n)$ em classificações in loco. Esses algoritmos podem, contudo, exigir mais tempo do programador em termos de desenvolvimento e verificação. Eles têm também constantes mais altas de proporcionalidade do que várias classificações que realmente usam mais espaço ou que têm solicitações de tempo mais altas e, dessa forma, exigem mais tempo para classificar pequenos conjuntos.

Nas seções restantes, analisaremos algumas das mais conhecidas técnicas de classificação e indicaremos algumas de suas vantagens e desvantagens.

EXERCÍCIOS

6.1.1. Escolha uma técnica de classificação que você conheça.

  a. Escreva um programa para a classificação.

  b. A classificação é estável?

  c. Determine as exigências para a classificação como uma função do tamanho do arquivo, tanto matemática como empiricamente.

  d. Qual a ordem da classificação?

  e. Em que tamanho de arquivo o termo mais dominante começa a predominar sobre os outros?

6.1.2. Demonstre que a função $(\log_m n)$ é $O(n)$ para todo m e k, mas que n não é $O((\log n)^k)$ para nenhum k.

6.1.3. Suponha que uma exigência de tempo seja dada pela fórmula $a * n^2 + b * n * \log_2 n$, onde a e b sejam constantes. Responda às seguintes perguntas, provando seus resultados matematicamente e escrevendo um programa para validar os resultados empiricamente.

  a. Para que valores de n (expressos em termos de a e b) o primeiro termo domina o segundo?

  b. Para que valores de n (expressos em termos de a e b) os dois termos são iguais?

  c. Para que valores de n (expressos em termos de a e b) o segundo termo domina o segundo?

6.1.4. Demonstre que qualquer processo que classifica um arquivo pode ser estendido de modo a encontrar todas as repetições no arquivo.

6.1.5. Uma ***árvore de decisões de classificação*** é uma árvore binária que representa um método de classificação baseado em comparações. A Figura 6.1.5 ilustra essa árvore de decisões para um arquivo de três elementos. Cada não-folha dessa árvore representa uma comparação entre dois elementos. Cada folha representa um arquivo totalmente classificado. Uma ramificação esquerda de um nó não-folha indica que a primeira chave era menor que a segunda; uma ramificação direita indica que ela era maior. (Presumimos que todos os elementos no arquivo têm chaves distintas.) Por exemplo, a árvore da Figura 6.1.5 representa uma classificação sobre três elementos, $x[0]$, $x[1]$ e $x[2]$, que procede como segue:

Compare $x[0]$ com $x[1]$. Se $x[0] < x[1]$, compara $x[1]$ com $x[2]$, e, se $x[1] < x[2]$, a ordem classificada do arquivo é $x[0]$, $x[1]$, $x[2]$; caso contrário, se $x[0] < x[2]$, a ordem classificada é $x[0]$, $x[2]$, $x[1]$, e, se $x[0] > x[2]$, a ordem classificada é $x[2]$, $x[0]$, $x[1]$. Se $x[0] > x[1]$, procede de forma semelhante na subárvore direita.

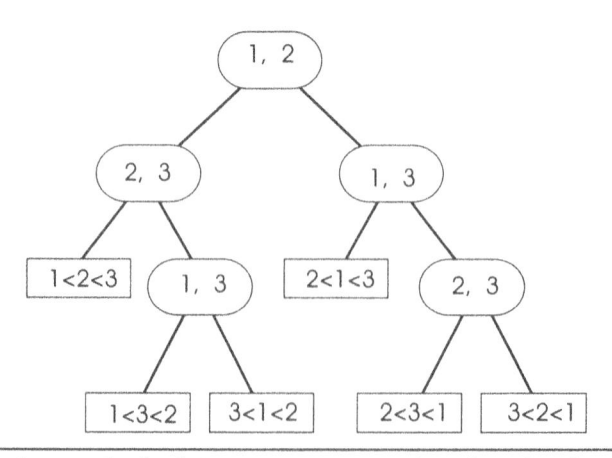

Figura 6.1.5 Uma árvore de decisões para um arquivo de três elementos.

a. Prove que uma árvore de decisões de classificação, que nunca faz uma comparação redundante (isto é, nunca compara $x[i]$ com $x[j]$ se a relação entre $x[i]$ e $x[j]$ for conhecida), tem $n!$ folhas.

b. Prove que a profundidade dessa árvore de decisões é pelo menos $\log_2(n!)$.

c. Prove que $n! \geq (n/2)^{n/2}$, de modo que a profundidade dessa árvore seja $O(n \log n)$.

d. Explique por que isso prova que qualquer método de classificação que usa comparações sobre um arquivo de tamanho n precisa fazer pelo menos $O(n \log n)$ comparações.

6.1.6. Dada uma árvore de decisões de classificação para um arquivo, como no exercício anterior, prove que, se o arquivo contiver alguns elementos iguais, o resultado de aplicar a árvore ao arquivo (onde a ramificação direita ou esquerda é usada sempre que dois elementos forem iguais) é um arquivo classificado.

6.1.7. Estenda o conceito da árvore de decisões binária dos exercícios anteriores para uma árvore ternária que inclua a possibilidade de igualdade. Quer-se determinar quais elementos dos arquivos são iguais, além da ordem dos elementos distintos do arquivo. Quantas comparações são necessárias?

6.1.8. Prove que, se k é o menor inteiro maior ou igual a $n + \log_2 n - 2$, são necessárias e suficientes k comparações para achar o maior e o segundo maior elementos de um conjunto de n elementos distintos.

6.1.9. Quantas comparações são necessárias para achar o maior e o menor elemento de um conjunto de n elementos distintos?

6.1.10. Prove que a função $f(n)$ definida por:

$f(1) = 1$
$f(n) = f(n-1) + 1/n$ para $n > 1$

é $O(\log n)$.

6.2. CLASSIFICAÇÕES POR TROCA

CLASSIFICAÇÃO POR BOLHA

É provável que a primeira classificação que apresentamos seja a mais conhecida entre os principiantes em programação: a **classificação por bolha**. Uma das características dessa classificação é a sua facilidade de entender e de programar. Mesmo assim, entre todas as classificações que consideramos, ela é provavelmente a menos eficiente.

Em cada um dos exemplos subseqüentes, x é um vetor de inteiros do qual os primeiros n devem ser classificados de modo que $x[1] \leq x[j]$ para $0 \leq i < j < n$. É fácil estender esse formato simples para um formato que seja usado ao classificar n registros, cada um com uma chave de subcampo k.

A idéia básica por trás da classificação por bolha é percorrer o arquivo seqüencialmente várias vezes. Cada passagem consiste em comparar cada elemento no arquivo com seu sucessor ($x[i]$ com $x[i + 1]$) e trocar os dois elementos se eles não estiverem na ordem correta. Examine o seguinte arquivo:

    25 57 48 37 12 92 86 33

As seguintes comparações são feitas na primeira passagem:

$x[0]$ com	$x[1]$	(25 com 57)	nenhuma troca
$x[1]$ com	$x[2]$	(57 com 48)	troca
$x[2]$ com	$x[3]$	(57 com 37)	troca
$x[3]$ com	$x[4]$	(57 com 12)	troca
$x[4]$ com	$x[5]$	(57 com 92)	nenhuma troca
$x[5]$ com	$x[6]$	(92 com 86)	troca
$x[6]$ com	$x[7]$	(92 com 33)	troca

Sendo assim, depois da primeira passagem, o arquivo ficará na ordem:

25 48 37 12 57 86 33 92

Observe que, depois dessa primeira passagem, o maior elemento (nesse caso, 92) está em sua posição correta dentro do vetor. Em geral, $x[n - i]$ ficará na posição correta depois da iteração i. O método é chamado classificação por bolha porque cada número "borbulha" lentamente para posição correta. Depois da segunda passagem, o arquivo fica assim:

25 37 12 48 57 33 86 92

Observe que, agora, 86 ficou posicionado na segunda posição mais alta. Como cada iteração posiciona um novo elemento em sua posição correta, um arquivo de n elementos não exige mais do que $n - 1$ iterações.

O conjunto completo de iterações fica assim:

iteração 0 (arquivo original)	25 57 48 37 12 92 86 33
iteração 1	25 48 37 12 57 86 33 92
iteração 2	25 37 12 48 57 33 86 92
iteração 3	25 12 37 48 33 57 86 92
iteração 4	12 25 37 33 48 57 86 92
iteração 5	12 25 33 37 48 57 86 92
iteração 6	12 25 33 37 48 57 86 92
iteração 7	12 25 33 37 48 57 86 92

Pela discussão anterior, poderíamos codificar a classificação por bolha. Entretanto, existem alguns aprimoramentos evidentes para o método anterior. Primeiro, como todos os elementos nas posições acima ou iguais a $n - i$ já estão na ordem correta depois da iteração i, eles não precisam ser considerados nas iterações posteriores. Sendo assim, na primeira passagem, são feitas $n - 1$ comparações, na segunda passagem, $n - 2$ comparações e na passagem $(n -1)$ somente uma comparação é feita (entre $x[0]$ e $x[1]$). Portanto, o processo agiliza-se com as sucessivas passagens.

Demonstramos que $n - 1$ passagens são suficientes para classificar um arquivo de tamanho n. Entretanto, no exemplo do arquivo anterior, de oito elementos, o arquivo foi classificado depois de cinco iterações, tornando as duas últimas iterações desnecessárias. Para eliminar as passagens desnecessárias, precisamos detectar o fato de que o arquivo já está classificado. Mas essa é uma tarefa simples, uma vez que num arquivo classificado não ocorre nenhuma troca em uma passagem. Se mantivermos um registro da ocorrência ou não de trocas em determinada passagem, poderemos determinar se serão necessárias passagens adicionais. Sob esse método, se o arquivo puder ser classificado em menos de $n - 1$ passagens, a última passagem não fará nenhuma troca.

Usando esses aperfeiçoamentos, apresentamos uma rotina *bubble* que aceita duas variáveis, x e n. x é um vetor de números, e n é um inteiro representando o número de elementos a ser classificado. (n pode ser inferior ao número de elementos em x.)

```
bubble (x, n)
int x[], n;
{
   int hold, j, pass;
   int switched = TRUE;

   for (pass = 0; pass < n-1 && switched == TRUE; pass++)  {
     /*     repeticao  mais externa controla nº de passagens */
     switched = FALSE;  /* inicialmente nenhuma troca    */
                        /*     foi feita nesta passagem */
     for (j = 0; j < n-pass-1; j++)
        /*   repeticao mais interna controla cada pass indiv */
        if (x[j] > x[j+1]  {
          /*          elementos fora de ordem             */
          /*       eh necessaria uma troca                */
          switched = TRUE;
          hold = x[j];
          x[j] = x[j+1];
          x[j+1] = hold;
        } /* fim if */
   } /  fim for */
} /* fim bubble */
```

O que dizer sobre a eficiência da classificação por bolha? No caso de uma classificação que não inclua os dois aprimoramentos citados anteriormente, a análise é simples. Existem $n - 1$ passagens e $n - 1$ comparações em cada passagem. Sendo assim, o número total de comparações é $(n - 1) * (n - 1) = n^2 - 2n + 1$, que é $O(n^2)$. Evidentemente, o número de trocas depende da seqüência inicial do arquivo. Entretanto, o número de trocas não pode ser maior que o número de comparações. Provavelmente, o número de trocas, em vez do número de comparações, ocupará a maior parte do tempo na execução do programa.

Verifiquemos como os aprimoramentos que apresentamos afetam a velocidade da classificação por bolha. O número de comparações na iteração i é $n - i$. Sendo assim, se existirem k iterações, o número total de iterações será $(n - 1) + (n - 2) + (n - 3) + ... + (n - k)$, que é igual a $(2kn - k^2 - k)/2$. Podemos provar que o número médio de iterações, k, é $O(n)$, de modo que a fórmula inteira é ainda $O(n^2)$, embora o fator constante seja menor do que antes. Entretanto, ocorre uma sobrecarga adicional ao testar e inicializar a variável *switched* (uma vez por passagem) e ao defini-la com *TRUE* (uma vez para cada troca).

Os únicos recursos vantajosos da classificação por bolha são a exigência de pouco espaço adicional (um registro extra para armazenar o valor temporário da troca e diversas variáveis inteiras simples) e o fato de ela ser $O(n)$ no caso em que o arquivo está totalmente classificado (ou quase totalmente classificado). Isso se verifica ao observar que apenas uma passagem de $n - 1$ comparações (e nenhuma troca) é necessária para perceber que um arquivo classificado está classificado.

Existem outros métodos de aprimorar a classificação por bolha. Um deles é observar se o número de passagens necessárias para classificar o arquivo é a maior distância que um número precisa movimentar-se "para baixo" no vetor. Em nosso exemplo, 33, que começa na posição 7 dentro do vetor, encontra sua posição final, 2, depois de cinco iterações. A classificação por bolha pode ser agilizada fazendo com que as passagens sucessivas percorram o vetor em direções opostas, de modo que os pequenos elementos se desloquem mais rapidamente para o início do arquivo da mesma forma que os grandes se deslocam para o final. Isso reduz o número necessário de passagens. Essa versão será deixada como exercício.

QUICKSORT

A próxima classificação que examinaremos é a ***classificação por troca de partição*** (ou ***quicksort***). Seja x um vetor e n o número de elementos no vetor a ser classificados. Escolha um elemento a numa posição específica dentro do vetor (por exemplo, a pode ser escolhido como o primeiro elemento de modo que $a = x[0]$). Suponha que os elementos de x sejam particionados de modo que a seja colocado na posição j e as seguintes condições sejam observadas:

1. Cada elemento nas posições 0 até j - 1 seja menor ou igual a a.
2. Cada elemento nas posições j + 1 até n - 1 seja maior ou igual a a.

Observe que, se essas duas condições forem mantidas para determinado a e j, a será $i$ésimo menor elemento de x, de forma que a permanecerá na posição j quando o vetor estiver totalmente classificado. (Solicitamos que você prove esse fato como exercício.) Se o processo anterior for repetido com os subvetores $x[0]$ até $x[j - 1]$ e $x[j + 1]$ até $x[n - 1]$ e com quaisquer vetores criados pelo processo em sucessivas iterações, o resultado final será um arquivo classificado.

Ilustremos o quicksort com um exemplo. Se um vetor inicial for dado como:

25 57 48 37 12 92 86 33

e o primeiro elemento (25) for colocado na posição correta, o vetor resultante será

12 25 57 48 37 92 86 33

Nesse ponto, 25 está em sua posição correta dentro do vetor ($x[1]$), cada elemento abaixo dessa posição (12) é menor ou igual a 25 e cada elemento acima dessa posição (57, 48, 37, 92, 86 e 33) é maior ou igual a 25. Como 25 está em sua posição final, o problema inicial foi decomposto na classificação dos dois subvetores:

(12) e (57 48 37 92 86 33)

Não é necessário fazer nada para classificar o primeiro desses subvetores; um arquivo de um elemento já está classificado. Para classificar o segundo subvetor, o processo é repetido e, em seguida, o subvetor é subdividido. Agora, o vetor inteiro pode ser visualizado como:

12 25 (57 48 37 92 86 33)

onde os parênteses encerram os subvetores que ainda serão classificados. Repetir o processo sobre o subvetor $x[2]$ até $x[7]$ resulta em:

12 25 (48 37 33) 57 (92 86)

e as repetições posteriores resultam em:

12 25 (37 33) 48 57 (92 86)

12 25 (33) 37 48 57 (92 86)

12 25 33 37 48 57 (92 86)

12 25 33 37 48 57 (86) 92

12 25 33 37 48 57 86 92

Note que o vetor final está classificado.

A essa altura, você deve ter observado que o quicksort pode ser definido mais corretamente como um procedimento recursivo. Podemos esboçar um algoritmo, *quick(lb,ub)*, para classificar todos os elementos num vetor *x* entre as posições *lb* e *ub* (*lb* é o limite mínimo e *ub*, o limite máximo), como segue:

```
if (lb >= ub)
   return;                 /*      vetor estah classificado */
partition(x,lb,ub,j);      /*  particiona os elementos do   */
                           /*  subvetor de modo que um dos  */
                           /*  elementos (talvez x[lb] fique */
                           /*  agora em x[j] (j eh um param. */
                           /*         de saida) e:          */
                           /* 1. x[i] <= x[j] p/ lb <= i < j */
                           /* 2. x[i] >= x[j] p/ j < i <= ub */
                           /*    x[j] estah agora na posicao */
                           /*              final             */

quick(x,lb,j - 1);         /*  classifica recursivamente o  */
                           /*  subvetor entre pos. lb e j - 1 */

quick(x,j + 1, ub);        /*  classifica recursivamente o  */
                           /*  subvetor entre pos. j + 1 e ub */
```

Agora, existem dois problemas. Precisamos criar um mecanismo para implementar *partition* e um método para implementar o processo inteiro não-recursivamente.

O objetivo de *partition* é permitir que um elemento específico encontre sua posição correta em relação aos outros elementos no subvetor. Observe que a maneira pela qual essa partição é efetuada é irrelevante para o método de classificação. A classificação só precisa do particionamento correto dos elementos. No exemplo anterior, os elementos em cada um dos dois subarquivos permaneciam na mesma ordem relativa em que apareciam no arquivo original. Entretanto, esse método de particionamento é relativamente ineficiente de implementar.

Uma maneira de efetuar um particionamento com eficiência é o seguinte: considere $a = x[lb]$ o elemento cuja posição final é procurada. (Não haverá um ganho de eficiência selecionando o primeiro elemento do subvetor, como aquele a ser inserido em sua posição correta: isso só facilita a codificação de alguns programas.) Dois ponteiros, *up* e *down*, são inicializados como os limites máximo e mínimo do subvetor, respectivamente. Em qualquer ponto da execução, cada elemento numa posição acima de *up* é maior ou igual a a, e cada elemento numa posição abaixo de *down* é menor ou igual a a. Os dois ponteiros, *up* e *down*, são movidos na direção do outro, da seguinte forma:

> Passo 1: incremente ponteiro *down* em uma posição até que $x[down] > a$.
>
> Passo 2: decremente o ponteiro *up* em uma posição até que $x[up] <= a$.
>
> Passo 3: Se $up > down$, troque $x[down]$ por $x[up]$.

O processo é repetido até que a condição descrita no passo 3 falhe ($up <= down$), ponto em que $x(up)$ será trocado por $x[lb]$ (que é igual a a), cuja posição final era procurada, e *up* é atribuído a *j*.

Ilustraremos esse processo no exemplo de arquivo, apresentando as posições de *up* e *down* à medida que são ajustadas. A direção da varredura é indicada por uma seta no ponteiro sendo movido. Três asteriscos numa linha indicam que uma troca está sendo feita.

```
a =x[lb] = 25

down-->                             up
25   57   48   37   12   92   86   33

     down                           up
25   57   48   37   12   92   86   33

     down                      <--up
25   57   48   37   12   92   86   33

     down                 <--up
```

```
25   57   48   37   12   92   86   33

     down                <--up
25   57   48   37   12   92   86   33

     down           up
25   57   48   37   12   92   86   33

     down      up
25   12   48   37   57   92   86   33   ***

     down-->        up
25   12   48   37   57   92   86   33

          down      up
25   12   48   37   57   92   86   33

          down  <--up
25   12   48   37   57   92   86   33

          down<--up
25   12   48   37   57   92   86   33

     <-- up, down
25   12   48   37   57   92   86   33

     up   down
25   12   48   37   57   92   86   33

     up   down
12   25   48   37   57   92   86   33   ***
```

Nesse ponto, 25 está na posição correta (posição 1), todo elemento posicionado à sua esquerda é menor ou igual a 25, e todo elemento posicionado à sua direita é maior ou igual a 25. Agora, poderíamos proceder à classificação dos dois subvetores (12) e (48 37 57 92 86 33) aplicando o mesmo método.

Esse algoritmo particular pode ser implementado pelo seguinte procedimento:

```
partition (x, lb, ub, pj)
int x[], lb, ub, *pj;
{
```

```
    int a, down, temp, up;

    a = x[lb];              /* a eh o elemento cuja posicao  */
                            /*       final eh procurada      */
    up = ub;
    down = lb;
    while (down < up) {
       while (x[down] <= a && down < ub)
          down++;           /*       sobe no vetor           */
       while (x[up] > a)
          up--;             /*       desce no vetor          */
       if (down < up) {
          /* troca x[down] e x[up] */
          temp = x[down];
          x[down] = x[up];
          x[up] = temp;
       }  /* fim if */
    }  /* fim while */
    x[lb] = x[up];
    x[up] = a;
    *pj = up;
}  /* fim partition */
```

Observe que, se *k* for igual a *ub* - *lb* + 1, de modo que estamos reorganizando um subvetor de tamanho *k*, a rotina usará *k* comparações de chave (de *x*[*down*] com *a* e *x*[*up*] com *a*) para fazer o particionamento.

A rotina pode tornar-se ligeiramente mais eficiente eliminado-se alguns dos testes restantes. Solicitamos que você faça isso como exercício.

Embora o algoritmo quicksort recursivo seja relativamente claro em termos do que faz e como funciona, quer-se evitar a sobrecarga de chamadas de rotina em programas como as classificações, nos quais a eficiência é um fator significativo. As chamadas recursivas da *quick* podem ser facilmente eliminadas usando-se uma pilha, como na Seção 3.4. Assim que *partition* for executada, os atuais parâmetros de *quick* não serão mais necessários, exceto ao computar os argumentos para as duas chamadas recursivas subseqüentes. Sendo assim, em vez de empilhar os atuais parâmetros em cada chamada recursiva, podemos computar e empilhar os novos parâmetros para cada uma das duas chamadas recursivas. Nessa proposta, a pilha, em qualquer ponto, contém os limites mínimo e máximo de todos os subvetores que ainda precisam ser classificados. Além disso, como a segunda chamada recursiva precede imediatamente o retorno para o programa de chamada (como no problema das Torres de Hanoi), ela pode ser totalmente eliminada e substituída por um desvio. Finalmente, como a ordem na qual as duas chamadas recursivas são feitas não afeta a exatidão do algoritmo, decidimos, em cada caso, empilhar o subvetor maior e processar o subvetor menor imediatamente. Conforme explicaremos mais adiante, essa técnica mantém o tamanho da pilha no mínimo.

Agora, podemos codificar um programa para implementar o quicksort. Como no caso de *bubble*, os parâmetros são o vetor x e o número de elementos de x que queremos classificar, n. A rotina *push* introduz *lb* e *ub* na pilha, *popsub* retira-os da pilha, e *empty* determina se a pilha está vazia.

```
#define MAXSTACK ...          /* tamanho maximo da pilha */
quicksort(x, n)
int x[], n;
{
   int i, j;
   struct bndtype {
      int lb;
      int ub;
   } newbnds;
   /* pilha usada pelas funcoes pop, push e empty */
   struct {
      int top;
      struct bndtype bounds[MAXSTACK];
   } stack;
   stack.top = -1;
   newbnds.lb = 0;
   newbnds.up = n-1;
   push (&stack, &newbnds);
   /* repete enquanto existir algum           */
   /* subvetor não-classificado na pilha      */
   while (!empty(&stack)) {
      popsub(&stack, &newbnds);
      while (newbnds.ub > newbnds.lb)  {
         /* processa o subvetor seguinte */
         partition(x, newbnds.lb, newbnds.ub, &j);
         /* empilha o subvetor maior */
         if (j-newbnds.lb > newbnds.ub-j)  {
            /* empilha o subvetor inferior  */
            i = newbnds.ub;
            newbnds.ub = j-1;
            push(&stack, &newbnds);
            /* processa o subvetor superior */
```

```
              newbnds.lb = j+1;
              newbnds.ub = i;
          }
          else {
              /*   empilha o subvetor superior */
              i = newbnds.lb;
              newbnds.lb = j+1;
              push(&stack, &newbnds);
              /* processa o subvetor inferior */
              newbnds.lb = i;
              newbnds.ub = j-1;
          }  /* fim if */
     }  /* fim while */
  }  /* fim while */
}  /* fim quicksort */
```

As rotinas *partition*, *empty*, *popsub* e *push* devem ser inseridas em linhas para obter o máximo de eficiência. Verifique a ação de *quicksort* no exemplo de arquivo.

Observe que decidimos usar $x[lb]$ como o elemento em torno do qual particionar cada subarquivo por causa da conveniência da programação no procedimento *partition*, mas qualquer outro elemento poderia ter sido escolhido. O elemento em torno do qual um arquivo é particionado é chamado *pivô*. Não é necessário que o pivô sequer seja um elemento do subarquivo; *partition* pode ser escrita com o cabeçalho:

`partition(lb, ub, x, j, pivot)`

para particionar $x[lb]$ até $x[ub]$ de modo que todos os elementos entre $x[lb]$ e $x[j-1]$ sejam menores que *pivô* e todos os elementos entre $x[j]$ e $x[ub]$ sejam maiores ou iguais a *pivô*. Nesse caso, o próprio elemento $x[j]$ está incluído no subarquivo (porque ele não está necessariamente em sua posição correta), de modo que a segunda chamada recursiva a *quick* é *quick(x, j, ub)* em vez de *quick(x, j + 1, ub)*.

Foram encontradas várias opções para o valor de *pivô* que aumentam a eficiência do quicksort, assegurando subarquivos mais equilibrados. A primeira técnica usa a mediana do primeiro e do último elemento e do elemento do meio do subarquivo a ser classificado (isto é, a mediana de $x[lb]$, $x[ub]$ e $x[(lb + ub)/2]$ como valor do pivô. Esse valor da mediana-de-três é mais próximo à mediana do subarquivo sendo particionado do que $x[lb]$, de modo que as duas partições do subarquivo são praticamente iguais em termos de tamanho. Nesse método, o valor do pivô é um elemento do arquivo, de maneira que *quick(x, j + 1, ub)* pode ser usada como segunda chamada recursiva.

Um segundo método, conhecido como **classificação por média**, utiliza $x[lb]$ ou a mediana-de-três como pivô ao particionar o arquivo original, mas inclui código em *partition* para computar as médias dos dois subarquivos sendo criados. Nas partições subseqüentes, a média de cada subarquivo, calculada quando o subarquivo foi criado, é usada como valor do pivô. Novamente, essa média aproxima-se mais da mediana do subarquivo do que $x[lb]$ e resulta em arquivos mais equilibrados. A média não é necessariamente um elemento do arquivo, de modo que *quick(x, j, ub)* deve ser usada como segunda chamada recursiva. O código para achar a média não exige nenhuma comparação de chaves adicionais, mas inclui uma sobrecarga extra.

Outra técnica, chamada **Bsort**, usa o elemento do meio de um subarquivo como pivô. Durante o particionamento, sempre que o ponteiro *up* é diminuído, $x[up]$ é trocado por $x[up + 1]$ se $x[up] > x[up + 1]$. Sempre que o ponteiro *down* é aumentado, $x[down]$ é trocado por $x[down - 1]$ se $x[down] < x[down - 1]$. Sempre que $x[up]$ e $x[down]$ são trocados, $x[up]$ é trocado por $x[up + 1]$ se x[up] > $x[up + 1]$, e $x[down]$ é trocado por $x[down - 1]$ se $x[down] < x[down - 1]$. Isso assegura que $x[up]$ seja sempre o menor elemento no subarquivo da direita (de $x[up]$ a $x[ub]$) e $x[down]$ seja sempre o maior elemento no subarquivo da esquerda (de $x[lb]$ a $x[down]$).

Isso permite duas otimizações: se nenhuma troca entre $x[up]$ e $x[up + 1]$ for necessária durante o particionamento, o subarquivo da direita será reconhecido como classificado e não precisa ser empilhado, e se nenhuma troca entre $x[down]$ e $x[down - 1]$ for necessária, o subarquivo da esquerda será reconhecido como classificado e não precisará ser empilhado. Esse mecanismo é semelhante à técnica de manter uma variável lógica na classificação por bolha para que não sejam necessárias passagens adicionais. Segundo, um subarquivo de tamanho 2 é reconhecido como classificado e não precisa ser empilhado. Um subarquivo de tamanho 3 pode ser imediatamente classificado com uma única comparação e possível troca (entre os dois primeiros elementos num subarquivo da esquerda e entre os dois últimos num subarquivo da direita). Ambas as otimizações em Bsort reduzem o número de subarquivos que precisam ser processados.

EFICIÊNCIA DO QUICKSORT

Qual é a eficiência do quicksort? Suponha que o tamanho de arquivo n seja uma potência de 2, digamos $n = 2^m$, de modo que $m = \log2 n$. Suponha também que a posição correta para o pivô termine sempre sendo o meio exato do subvetor. Nesse caso, ocorrerão aproximadamente n comparações (na realidade, $n - 1$) na primeira passagem, após as quais o arquivo será dividido em dois subarquivos, cada um com tamanho $n/2$, aproximadamente. Para cada um desses subarquivos, ocorrem aproximadamente $n/2$ comparações, e é formado um total de quatro arquivos, cada um com o tamanho $n/4$. Cada um desses arquivos exige $n/4$ comparações, resultando um total de $n/8$ subarquivos. Depois de separar os subarquivos m vezes, existirão n arquivos de tamanho 1. Assim, o número total de comparações para a classificação inteira será aproximadamente:

$$n + 2 * (n/2) + 4 * (n/4) + 8 * (n/8) + \ldots + n * (n/n)$$

ou:

$$n + n + n + n + \ldots + n (m \text{ termos})$$

comparações. Existirão m termos porque o arquivo será subdividido m vezes. Sendo assim, o número total de comparações será $O(n * m)$ ou $O(n \log n)$ (lembre-se de que $m = \log_2 n$). Por conseguinte, se as propriedades anteriores descreverem o arquivo, a classificação rápida será $O(n \log n)$, o que é relativamente eficiente.

Para o quicksort original no qual $x[lb]$ é usado como valor do pivô, essa análise presume que o vetor original e todos os subvetores resultantes não estão classificados, de modo que o valor do pivô, $x[lb]$, sempre encontra sua posição correta no meio do subvetor. Suponha que as condições anteriores não se verifiquem e o vetor original esteja classificado (ou quase classificado). Por exemplo, se $x[lb]$ estiver em sua posição correta, o arquivo original é dividido em subarquivos de tamanhos 0 e $n - 1$. Se esse processo continuar, um total de $n - 1$ subarquivos será classificado, o primeiro de tamanho n, o segundo de tamanho $n - 1$, o terceiro de tamanho $n - 2$, e assim por diante. Pressupondo-se k comparações para reorganizar um arquivo de tamanho k, o número total de comparações para classificar o arquivo inteiro é:

$$n + (n - 1) + (n - 2) + \ldots + 2$$

que equivale a $O(n^2)$. De modo semelhante, se o arquivo original for classificado em ordem descendente, a posição final de $x[lb]$ será ub e o arquivo será novamente dividido em dois subarquivos, que ficarão muito desequilibrados (tamanhos $n - 1$ e 0). Dessa forma, o quicksort original apresenta a propriedade aparentemente absurda de funcionar melhor para os arquivos que estejam "totalmente sem classificação" e pior para os arquivos completamente classificados. A situação é exatamente o oposto na classificação por bolha, que funciona melhor para os arquivos classificados e pior para os sem classificação.

É possível agilizar a classificação rápida para arquivos classificados escolhendo um elemento aleatório de cada subarquivo como valor de pivô. Se um arquivo é reconhecido como quase classificado, essa poderia ser uma boa estratégia (embora, nesse caso, selecionar o elemento do meio como pivô fosse ainda melhor). Entretanto, se não se souber nada sobre o arquivo, essa estratégia não otimizará o comportamento do pior caso porque é possível (se bem que improvável) que o elemento aleatório escolhido toda vez possa coerentemente ser o menor elemento de cada subarquivo. Em termos práticos, os arquivos classificados são mais comuns do que um gerador eficiente de números aleatórios que venha a selecionar o menor elemento várias vezes.

A análise para o caso no qual o tamanho do arquivo não é uma potência integral de 2 é semelhante, porém ligeiramente mais complexa; entretanto, os resultados permanecem os mesmos. Contudo, pode-se provar que, pela média (sobre todos os arquivos de tamanho n), o quicksort faz aproximadamente $1,386\ n \log_2 n$ comparações até mesmo em sua versão não modificada. Em situações práticas, o quicksort é freqüentemente a classificação mais veloz disponível devido à sua baixa sobrecarga e a seu comportamento médio de $O(n \log n)$.

Se a técnica da mediana-de-três for usada, a classificação rápida poderá ser $O(n \log n)$ mesmo se o arquivo estiver classificado (presumindo-se que *partition* deixe os subarquivos classificados). Entretanto, existem arquivos patológicos nos quais o primeiro e o último elemento e o elemento do meio de cada subarquivo são sempre os três menores ou maiores elementos. Nesses casos, a classificação rápida permanece $O(n^2)$. Felizmente, isso é raro.

A classificação por média é $O(n \log n)$ desde que os elementos do arquivo estejam uniformemente distribuídos entre o maior e o menor. Novamente, algumas raras distribuições podem torná-lo $O(n^2)$, mas isso é menos provável que o pior caso dos outros métodos. Para arquivos aleatórios, a classificação por média não oferece nenhuma redução significativa em termos de comparações e trocas em relação ao quicksort padrão. Sua considerável sobrecarga para computar a média exige muito mais tempo da CPU do que o quicksort padrão. Para um arquivo reconhecido como quase classificado, a classificação por média realmente oferece uma diminuição significativa em termos de comparações e trocas. Entretanto, a sobrecarga da determinação da média torna-a mais lenta do que o quicksort, a menos que o arquivo esteja muito próximo de estar classificado por completo.

Bsort exige bem menos tempo do que o quicksort ou a classificação por média sobre a entrada classificada ou quase classificada, embora ela realmente demande mais comparações e trocas do que a classificação por média para a entrada quase classificada (mas a classificação por média apresenta considerável sobrecarga ao determinar a média). Ela exige bem menos comparações, mas mais trocas do que a classificação por média e mais comparações e trocas do que o quicksort para a entrada classificada aleatoriamente. Entretanto, suas exigências de CPU são bem menores do que as da classificação por média, embora um pouco mais do que o quicksort para a entrada aleatória.

Sendo assim, Bsort pode ser recomendada se a entrada for considerada quase classificada ou se quisermos aceitar aumentos moderados no tempo médio de classificação para evitar aumentos muito grandes no tempo de classificação do pior caso. A classificação por média só pode ser recomendada para a entrada reconhecida como quase classificada e o quicksort padrão para uma entrada provavelmente aleatória ou se o tempo médio de classificação precisar ser o mais rápido possível. Na Seção 6.5, apresentaremos uma técnica mais veloz do que Bsort ou a classificação por média sobre os arquivos quase classificados.

As exigências de espaço para o quicksort dependem do número de chamadas recursivas agrupadas ou do tamanho da pilha. Evidentemente, a pilha não pode ultrapassar o número de elementos no arquivo original. Quão menor que n a pilha crescerá dependerá do número de subarquivos gerados e de seus tamanhos. De alguma forma, o tamanho da pilha será contido, empilhando sempre o maior dos dois subvetores e aplicando a rotina no menor dos dois. Isso garantirá que todos os subvetores menores sejam subdivididos antes dos subvetores maiores, resultando no efeito líquido de ter menos elementos na pilha em determinado momento. Isso ocorre porque um subvetor menor será dividido menos vezes que um subvetor maior. Evidentemente, o subvetor maior, em última análise, será processado e subdividido, mas isso ocorrerá depois que os subvetores menores já estiverem classificados e, conseqüentemente, tiverem sido removidos da pilha.

Outra vantagem do quicksort é a localidade das referências. Ou seja, durante um curto intervalo de tempo, todos os acessos ao vetor serão a uma ou duas partes relativamente pequenas do vetor (um subarquivo ou uma parte dele). Isso garante a eficiência no ambiente de memória virtual, em que as páginas de dados são constantemente trocadas entre o armazenamento externo e interno. A localidade de referência resulta numa menor necessidade de troca de páginas para determinado programa. Um estudo baseado em simulação provou que em tal ambiente o quicksort usa menos recursos de espaço-tempo do que as outras classificações analisadas.

EXERCÍCIOS

6.2.1. Prove que o número de passagens necessárias na classificação por bolha apresentada neste capítulo antes de o arquivo estar na ordem classificada (não incluindo a última passagem, que determina o fato de o arquivo estar classificado) é igual à maior distância que um elemento precisará percorrer de um índice maior para um menor.

6.2.2. Reescreva a rotina *bubble* com sucessivas passagens em direções opostas.

6.2.3. Prove que, na classificação do exercício anterior, se dois elementos não forem trocados durante duas passagens consecutivas em direções opostas, eles estão em sua posição final.

6.2.4. Uma classificação por **contagem** é executada da seguinte forma. Declare um vetor *count* e defina $count[i]$ com o número de elementos menores que $x[i]$. Em seguida, coloque $x[i]$ na posição $count[i]$ de um vetor de saída. (Entretanto, reconheça a possibilidade de elementos iguais.) Escreva uma rotina para classificar um vetor x de tamanho n usando esse método.

6.2.5. Presuma que um arquivo contém inteiros entre a e b, com vários números repetidos diversas vezes. Uma **classificação por distribuição** ocorre da seguinte maneira. Declare um vetor number de tamanho $b - a + 1$, defina $number[i - a]$ como o número de vezes que o inteiro i aparece no arquivo e, em seguida, redefina os valores no arquivo concomitantemente. Escreva uma rotina para classificar um vetor x de tamanho n contendo inteiros entre a e b com esse método.

6.2.6. A *classificação por transposição de par-ímpar* ocorre da seguinte maneira. Percorra o arquivo várias vezes. Na primeira passagem, compare $x[i]$ a $x[i+1]$ para todo i ímpar. Na segunda passagem, compare $x[i]$ a $x[i + 1]$ para todo i par. Toda vez que $x[i] > x[i + 1]$, troque os dois. Continue alternando dessa maneira até que o arquivo esteja classificado.

  a. Qual a condição para o término da classificação?

  b. Escreva uma rotina em C para implementar a classificação.

  c. Qual é a eficiência média dessa classificação?

6.2.7. Reescreva o programa para quicksort começando com o algoritmo recursivo e aplicando os métodos do Capítulo 3 para criar uma versão não-recursiva.

6.2.8. Modifique o programa do quicksort apresentado neste capítulo de modo que, se um subvetor for pequeno, a classificação por bolha seja usada. Determine, usando execuções reais de programas no computador, quão pequeno o subvetor deve ser para que essa estratégia combinada seja mais eficiente do que um quicksort comum.

6.2.9. Modifique *partition* de modo que o valor do meio de $x[lb]$, $x[ub]$ e $x[ind]$ (onde $ind = (ub + lb)/2$) seja usado para particionar o vetor. Em que casos o quicksort usará esse método com mais eficiência do que a versão apresentada no texto? Em que casos ele será menos eficiente?

6.2.10. Implemente a técnica de classificação por média. *partition* deverá usar a média do subarquivo sendo particionado, calculada quando o subarquivo for criado, como valor do pivô, e deverá calcular a média de cada um dos dois subarquivos que ela criar. Quando os limites máximo e mínimo de um subarquivo forem empilhados, sua média deverá ser empilhada também.

6.2.11. Implemente a técnica de Bsort. O elemento do meio de cada arquivo deve ser usado como pivô, o último elemento do subarquivo da esquerda sendo criado deve ser mantido como o maior no subarquivo da esquerda, e o primeiro elemento do subarquivo da direita deve ser mantido como o menor do subarquivo da direita. Dois bits devem ser usados para rastrear se os dois subarquivos estarão classificados no final do particionamento. Um subarquivo classificado não precisa ser processado posteriormente. Se um subarquivo tiver três ou menos elementos, classifique-o diretamente por meio de uma troca direta, no máximo.

6.2.12. a. Reescreva as rotinas para a classificação por bolha e quicksort, conforme apresentadas no texto, e as classificações dos exercícios, de modo que seja mantido um registro do verdadeiro número de comparações e do verdadeiro número de trocas feitas.

   b. Escreva um gerador de números aleatórios (ou use um existente se sua instalação dispuser de um deles) que gere inteiros entre 0 e 999.

   c. Usando o gerador da parte b, gere vários arquivos de tamanho 10, tamanho 100 e tamanho 1000. Aplique as rotinas de classificação da parte a para avaliar as exigências de tempo para cada uma das classificações em cada um dos arquivos.

   d. Avalie os resultados da parte c contra os valores teóricos apresentados nesta seção. Eles estão de acordo? Se não estiverem, explique por quê. Em particular, ordene os arquivos de modo que eles fiquem totalmente classificados e em ordem inversa, e verifique como as classificações se comportam com essas entradas.

6.3. CLASSIFICAÇÃO POR SELEÇÃO E POR ÁRVORE

Uma ***classificação por seleção*** é aquela na qual sucessivos elementos são selecionados em seqüência e dispostos em suas posições corretas pela ordem. Talvez os elementos da entrada precisem ser pré-processados para possibilitar a seleção ordenada. Qualquer classificação por seleção pode ser conceitualizada como o seguinte algoritmo geral, que usa uma fila de prioridade descendente (lembre-se de que *pqinsert* insere numa fila de prioridade e *pqmaxdelete* recupera o maior elemento de uma fila de prioridade).

```
define dpq com a fila de prioridade descendente vazia;
/* pre-processa os elementos do vetor de entrada */
/* inserindo-os na fila de prioridade            */
for (i = 0; i < n; i++)
```

```
    pqinsert(dpq, x[i]);
/* seleciona cada elemento sucessivo em sequencia  */
for (i = n - 1; i >= 0; 1--)
    x[i] = pqmaxdelete(dpq);
```

Esse algoritmo é chamado **classificação geral por seleção**.

Examinaremos agora várias classificações por seleção diferentes. Dois recursos distinguem uma classificação por seleção específica. Um deles é a estrutura de dados usada para implementar a fila de prioridade. O segundo recurso é o método usado para implementar o algoritmo geral. É possível que determinada estrutura de dados permita considerável otimização do algoritmo de classificação por seleção geral.

Observe também que o algoritmo geral pode ser alterado de modo a usar uma fila de prioridade ascendente, *apq*, em vez de uma *dpq*. A segunda repetição que implementa a fase de seleção seria modificada para:

```
for (i = 0; i < n; i++)
    x[i] = pqmindelete(apq);
```

CLASSIFICAÇÃO DE SELEÇÃO DIRETA

A **classificação de seleção direta**, ou **classificação de deslocamento descendente**, implementa a fila de prioridade descendente como um vetor não ordenado. O vetor de entrada x é usado para armazenar a fila de prioridade, eliminando assim a necessidade de espaço adicional. A classificação de seleção direta é, portanto, uma classificação in loco. Além disso, como o vetor de entrada x é em si mesmo um vetor desordenado que representará a prioridade descendente, a entrada já está no formato apropriado e a fase de pré-processamento é desnecessária.

Por conseguinte, a classificação de seleção direta consiste totalmente numa fase de seleção na qual o maior dos elementos restantes, *large*, é colocado várias vezes em sua posição correta, i, no final do vetor. Para fazer isso, large é trocado pelo elemento $x[i]$. A fila de prioridade inicial de n elementos é reduzida em um elemento depois de cada seleção. Após $n - 1$ seleções, o vetor inteiro estará classificado. Dessa forma, o processo de seleção só precisa ser feito de n - 1 até 1, em vez de até 0. A seguinte função em C implementa a seleção direta:

```c
selectsort(x, n)
int x[], n;
{
   int i, indx, j, large;

   for (i = n-1; i > 0; i--)  {
      /* coloca o maior numero de x[0] ateh  */
      /* x[i] em large e seu indice em indx  */
      large = x[0];
      indx = 0;
      for (j = 1; j <= i; j++)
         if (x[j] > large)  {
            large = x[j];
            indx = j;
         }  /* fim for ... if */
      x[ind] = x[i];
      x[i] = large;
   }  /* fim for */
}  /* fim selectsort */
```

A análise da classificação de seleção direta é simples. A primeira passagem faz n - 1 comparações, a segunda passagem faz n - 2, e assim por diante. Portanto, ocorre um total de:

$$(n - 1) + (n - 2) + (n - 3) + ... + 1 = n * (n - 1)/2$$

comparações, o que significa $O(n^2)$. O número de trocas é sempre n - 1 (a menos que seja incluído um teste para impedir a troca de um elemento por outro). É necessário pouco armazenamento adicional (exceto para armazenar algumas variáveis temporárias). A classificação pode, portanto, ser categorizada como $O(n^2)$, embora ela seja mais veloz do que a classificação por bolha. Não existirá aprimoramento se o arquivo de entrada estiver totalmente classificado ou desclassificado, porque o teste chega ao final independentemente da apresentação do arquivo. Apesar de ser simples de codificar, é improvável que a classificação de seleção direta seja usada em quaisquer arquivos a não ser naqueles em que n é pequeno.

É possível também implementar uma classificação representando a fila de prioridade descendente por um vetor ordenado. É interessante observar que isso leva a uma classificação consistindo em uma fase de pré-processamento que forma um vetor classificado de n elementos. A fase de seleção é, portanto, redundante. Essa classificação é apresentada na Seção 6.4 como *classificação de inserção simples*; não se trata de uma classificação por seleção porque não é necessária nenhuma seleção.

CLASSIFICAÇÕES POR ÁRVORE BINÁRIA

No restante desta seção, ilustraremos várias classificações por seleção que representam uma fila de prioridade por meio de uma árvore binária. O primeiro método é a *classificação por árvore binária* da Seção 5.1, que usa uma árvore de busca binária. Recomendamos que o leitor releia essa classificação antes de continuar.

O método requer a varredura de cada elemento do arquivo de entrada e sua colocação na posição correta numa árvore binária. Para achar a posição correta de um elemento y, uma ramificação da esquerda ou direita é usada em cada nó, dependendo de y ser menor que o elemento no nó ou maior ou igual a ele. Assim que cada elemento de entrada estiver na posição correta na árvore, o arquivo classificado poderá ser obtido por meio de um percurso em ordem pela árvore. Apresentaremos o algoritmo para essa classificação modificando-o de modo a acomodar a entrada em um vetor preexistente. A conversão do algoritmo para uma rotina em C é simples.

```
/* estabelece o primeiro elemento como raiz */
tree = maketree(x[0]);
/* repete para cada elemento sucessivo */
for (i = 1; i < n; i++)  {
   y = x[i];
   q = tree;
   p = q;
   /* percorre para baixo ateh uma folha ser alcancada */
   while (p != null)  {
      q = p;
      if (y < info(p))
         p = left(p);
      else
         p = right(p);
   }  /* fim while */
   if (y < info(q)
      setleft(q,y);
```

```
    else
        setright(q,y);
}   /* fim for */
/* a arvore estah construida, percorra em ordem simetrica */
intrav(tree);
```

Para converter o algoritmo numa rotina de classificação de um vetor, é necessário revisar *intrav* de modo que a visita a um nó inclua a colocação do conteúdo do nó na próxima posição do vetor original.

Na realidade, a árvore de busca binária representa uma fila de prioridade ascendente, conforme descrito nos Exercícios 5.1.13 e 5.2.13. A construção da árvore representa a fase do pré-processamento, e o percurso representa a fase de seleção do algoritmo de classificação por seleção.

Geralmente, extrair o elemento mínimo (*pqmindelete*) de uma fila de prioridade representada por uma árvore de busca binária requer descer o lado esquerdo da árvore a partir da raiz. Na verdade, essa é a primeira etapa do processo de percurso em ordem. Entretanto, como nenhum elemento novo foi inserido na árvore depois de sua construção e o elemento mínimo não precisa ser eliminado, o percurso em ordem implementa com eficiência o processo de seleção sucessiva.

A eficiência relativa desse método dependerá da ordem original dos dados. Se o vetor original estiver totalmente classificado (ou classificado em ordem inversa), a árvore resultante aparecerá como uma seqüência de ligações direita (ou esquerda) somente, como na Figura 6.3.1. Nesse caso, a inserção do primeiro nó não exige comparações, o segundo nó requer duas comparações, o terceiro, três comparações, e assim por diante. Sendo assim, o número total de comparações é:

$$2 + 3 + \ldots + n = n * (n + 1)/2 - 1$$

que é $O(n^2)$.

```
Dados originais:              Dados originais:
4  8  12  17  26              26  17  12  8  4
```

(a) Árvore degenerada à direita com nós 4→8→12→17→26
Número de comparações: 14

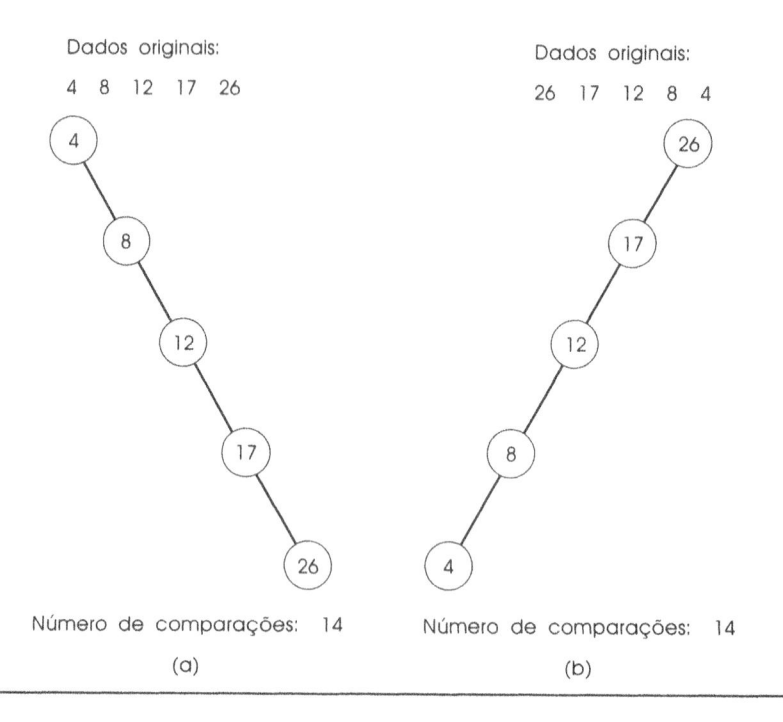

(b) Árvore degenerada à esquerda com nós 26→17→12→8→4
Número de comparações: 14

Figura 6.3.1

Por outro lado, se os dados no vetor original estiverem organizados de modo que aproximadamente metade dos números posteriores a determinado número a no vetor sejam menores que a, e metade sejam maiores que a, resultarão árvores balanceadas como as da Figura 6.3.2. Nesse caso, a profundidade da árvore binária resultante é o menor inteiro d maior ou igual a $\log^2(n+1) - 1$. O número de nós em qualquer nível l (exceto talvez para o último) é 2^l e o número de comparações necessárias para colocar um nó no nível l (exceto quando $l = 0$) é $l + 1$. Sendo assim, o número total de comparações fica entre:

$$d + \sum_{l=1}^{d-1} 2^l * (l+1) \quad \text{e} \quad \sum_{l=1}^{d} 2^l * (l+1)$$

Cap. 6 Classificação 447

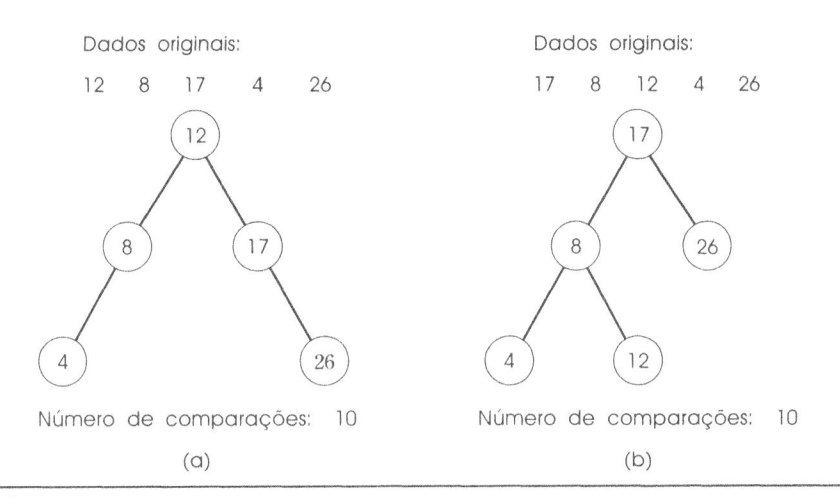

```
Dados originais:                          Dados originais:
12   8   17   4   26                      17   8   12   4   26

         (12)                                      (17)
        /    \                                    /    \
      (8)    (17)                               (8)    (26)
      /        \                                /  \
    (4)        (26)                           (4)  (12)

Número de comparações: 10                 Número de comparações: 10
         (a)                                       (b)
```

Figura 6.3.2

Pode-se provar (os leitores com inclinações para matemática talvez se interessem em provar esse fato como exercício) que as somas resultantes são $O(n \log n)$.

Felizmente, pode-se provar que, se toda ordenação possível da entrada for considerada igualmente provável, isso resultará em árvores balanceadas mais freqüentes. O tempo médio de classificação para uma classificação por árvore binária é, portanto, $O(n \log n)$, embora a constante de proporcionalidade seja maior pela média do que no melhor caso. Entretanto, no pior caso (entrada classificada), a classificação por árvore binária é $O(n^2)$. Evidentemente, assim que a árvore for criada, será despendido algum tempo para percorrê-la. Se a árvore for criada com linhas, o tempo de percurso será reduzido e será eliminada a necessidade de uma pilha (implícita na recursividade ou explícita num percurso em ordem não-recursivo).

Essa classificação exige que um nó da árvore seja reservado para cada elemento do vetor. Dependendo do método usado para implementar a árvore, talvez seja necessário espaço para os ponteiros e as linhas da árvore, se houver algum. Essa exigência de espaço adicional, juntamente com a sofrível eficiência de tempo $O(n^2)$ para a entrada classificada ou em ordem inversa, representa a principal deficiência da classificação por árvore binária.

HEAPSORT

As deficiências da classificação por árvore binária são solucionadas pelo **heapsort**, uma classificação in loco que exige somente $O(n \log n)$ operações, independentemente da ordem da entrada. Defina um ***heap descendente*** (conhecido também como ***max heap*** ou ***árvore descendente parcialmente ordenada***) de tamanho n como uma árvore binária quase completa de n nós tal que o conteúdo de cada nó seja menor ou igual ao conteúdo de seu pai. Se a representação seqüencial de uma árvore binária quase completa for usada, essa condição se reduzirá à inequação:

$info[j] \leq info[(j-1)/2]$ para $0 \leq ((j - 1)/2) < j <- n - 1$

Por esta definição de heap descendente, é evidente que a raiz da árvore (ou o primeiro elemento do vetor) contém o maior elemento do heap. Observe também que qualquer percurso da raiz até uma folha (ou, na realidade, qualquer percurso na árvore que inclua não mais do que um nó em qualquer nível) é uma lista ordenada em ordem descendente. É possível também definir um ***heap ascendente*** (ou um ***min heap***) como uma árvore binária quase completa de modo que o conteúdo de cada nó seja maior ou igual ao conteúdo de seu pai. Num heap ascendente, a raiz contém o menor elemento do heap, e qualquer percurso da raiz para uma folha é uma lista ordenada ascendente.

Um heap permite uma implementação muito eficiente de uma fila de prioridade. Vimos na Seção 4.2 que uma lista ordenada contendo n elementos permite que a inserção na fila de prioridade (*pqinsert*) seja implementada usando uma média de aproximadamente $n/2$ acessos de nós, e a eliminação do mínimo ou máximo (*pqmindelete* ou *pqmaxdelete*) usando apenas um acesso a nó. Sendo assim, uma seqüência de n inserções e n eliminações de uma lista ordenada conforme exigidas por uma classificação por seleção poderia exigir $O(n^2)$ operações. Embora a inserção na fila de prioridade usando uma árvore de busca binária exigisse somente um mínimo de $\log_2 n$ acessos a nós, ela poderia exigir até n acessos de nós se a árvore estivesse desbalanceada. Sendo assim, uma classificação por seleção usando uma árvore de busca binária poderia também demandar $O(n^2)$ operações, embora na média só fossem necessárias $O(n \log n)$.

Conforme veremos, um heap permite que a inserção e a eliminação sejam implementadas em $O(\log n)$ operações. Por conseguinte, uma classificação por seleção consistindo em *n* inserções e *n* eliminações pode ser implementada usando um heap em $O(n \log n)$ operações, mesmo no pior caso. Uma vantagem adicional é que o próprio heap pode ser implementado dentro do vetor de entrada *x*, usando uma implementação seqüencial de árvore binária quase completa. O único espaço extra necessário é para as variáveis do programa. Conseqüentemente, o heapsort é uma classificação in loco $O(n \log n)$.

O HEAP COMO UMA FILA DE PRIORIDADE

Implementemos agora uma fila de prioridade descendente, usando um heap descendente. Suponha que *dpq* seja um vetor que representa implicitamente um heap descendente de tamanho *k*. Como a fila de prioridade está contida nos elementos do vetor, 0 até *k* - 1, incluímos *k* como um parâmetro das operações de inserção e eliminação. Dessa forma, a operação *pqinsert(dpq, k, elt)* pode ser implementada, bastando inserir *elt* em sua posição correta na lista descendente formada pelo percurso da raiz do heap (*dpq*[0]) até a folha *dpq*[*k*]. Assim que *pqinsert(dpq, k, elt)* for executada, *dpq* se tornará um heap de tamanho *k* + 1.

A inserção é feita percorrendo o caminho da posição *k* vazia até a posição 0 (a raiz), procurando pelo primeiro elemento maior ou igual a *elt*. Quando esse elemento for encontrado, *elt* será inserido imediatamente antes dele no percurso (isto é, *elt* é inserido como seu filho). À medida que cada elemento menor que *elt* for visitado durante o percurso, esse elemento será deslocado um nível para baixo dentro da árvore para abrir espaço para *elt*. (Esse deslocamento é necessário porque estamos usando a representação seqüencial em vez de uma representação vinculada da árvore. Um novo elemento não pode ser inserido entre dois elementos já existentes sem deslocar alguns elementos existentes *pqinsert(dpq, k, elt).*) O seguinte algoritmo implementa:

```
s = k;
f = (s - 1)/2;    /*    f eh o pai de s   */
while (s > 0 && dpq[f] < elt) {
   dpq[s] = dpq[f];
   s = f;  /* sobe na arvore */
   f = (s - 1)/2;
```

```
}   /* fim while */
dpq[s] = elt;
```

A inserção é nitidamente $O(\log n)$ porque uma árvore binária quase completa com n nós tem $\log_2 n + 1$ níveis, e no máximo um nó por nível é acessado.

Examinemos agora a implementação de *pqmaxdelete(dpq,k)* para um heap descendente de tamanho k. Primeiro, definiremos *subtree(p,m)*, onde m é maior que p, como a subárvore (do heap descendente) enraizada na posição p dentro dos elementos *dpq[p]* a *dpq[m]*. Por exemplo, *subtree(3,10)* consiste na raiz *dpq[3]* e seus dois filhos, *dpq[7]* e *dpq[8]*. *subtree(3,17)* consiste em *dpq[3]*, *dpq[7]*, *dpq[8]*, *dpq[15]*, *dpq[16]* e *dpq[17]*. Se *dpq[i]* estiver incluído em *subtree(p,m)*, *dpq[2 * i + 1]* estará incluído, se e somente se 2 * i + 1 <= m, e *dpq[2 * i + 2]* estará incluído se e somente se 2 * i + 2 <= m. Se m for menor que p, *subtree(p,m)* será definida como uma árvore vazia.

Para implementar *pqmaxdelete(dpq,k)*, observamos que o elemento máximo está sempre na raiz de um heap descendente de k elementos. Quando esse elemento é eliminado, os $k - 1$ elementos restantes nas posições 1 a $k - 1$ precisam ser redistribuídos nas posições 0 até $k - 2$ para que o segmento de vetor resultante de *dpq[O]* até *dpq[k - 2]* continue um heap descendente. Seja *adjustheap(root,p)* a operação de reordenação dos elementos *dpq[root + 1]* até *dpq[k]* em *dpq[root]* até *dpq[k - 1]* tal que *subtree(root,k - 1)* forme um heap descendente. Assim, *pqmaxdelete(dpq,k)* para um heap descendente de k elementos pode ser implementada por:

```
p = dpq[0];
adjustheap(0,k - 1);
return(p);
```

Num heap descendente, não somente o elemento da raiz é o maior elemento na árvore, como também um elemento em qualquer posição p deve ser o maior elemento em *subtree(p,k)*. Agora, *subtree(p,k)* consiste em três grupos de elementos: sua raiz, *dpq[p]*; sua subárvore da esquerda, *subtree(2 * p + 1, k)*; e sua subárvore da direita, *subtree(2 * p + 2, k)*. *dpq[2 * p + 1]*, o filho esquerdo da raiz, é o maior elemento da subárvore da esquerda, e *dpq[2 * p + 2]*, o filho da direita da raiz, é o maior elemento da subárvore da direita. Quando a raiz *dpq[p]* é eliminada, o maior de seus dois filhos precisa deslocar-se para cima para ocupar seu lugar como o novo maior elemento de *subtree(p,k)*. Assim, a subárvore enraizada na posição do maior elemento deslocado para cima deverá ser reajustada sucessivamente.

Vamos definir *largeson(p, m)* como o filho maior de *dpq[p]* dentro de *subtree(p,m)*. Podemos implementá-la assim:

```
s = 2 * p + 1;
if ( s + 1 <= m && x[s] < x[s + 1])
   s = s + 1;
/* verifica se estah fora dos limites */
if (s > m)
   return(-1);
else
   return(s);
```

Dessa forma, *adjustheap(root,k)* pode ser implementada recursivamente por:

```
f = root;
s = largeson(f, k - 1);
if (s >= 0 && dpq[k] < dpq[s]) {
   dpq[f] = dpq[s];
   adjustheap(s, k);
}
else
   dpq[f] = dpq[k];
```

Veja a seguir uma versão iterativa de *adjustheap*. O algoritmo usa uma variável temporária, *kvalue*, para armazenar o valor de *dpq[k]*:

```
f = root;
kvalue = dpq[k];
s = largeson(f, k - 1);
while (s >= 0 && kvalue < dpq[s])  {
   dpq[f] = dpq[s];
   f = s;
   s = largeson(f, k - 1);
}
dpq[f] = kvalue;
```

Observe que percorremos um caminho na árvore a partir da raiz na direção de uma folha, deslocando uma posição para cima todos os elementos no caminho maiores que *dpq[k]* e inserindo *dpq[k]* em sua posição correta no percurso. Novamente, o deslocamento é necessário porque estamos usando uma representação seqüencial em vez de uma implementação ligada da árvore.

Esse algoritmo de eliminação no heap é também $O(\log n)$ porque existem $\log_2 n + 1$ níveis na árvore e são acessados, no máximo, dois nós em cada nível. Entretanto, a sobrecarga de deslocar e calcular *largeson* é considerável.

CLASSIFICAÇÃO USANDO UM HEAP

O heapsort é apenas uma implementação da classificação de seleção geral usando o vetor de entrada x como um heap representando uma fila de prioridade descendente. A fase de pré-processamento cria um heap de tamanho n, e a fase de seleção redistribui os elementos do heap em seqüência, à medida que elimina elementos da fila de prioridade. Em ambas as fases, as repetições não precisam incluir o caso em que i é igual a 0, uma vez que $x[0]$ já é uma fila de prioridade de um elemento e o vetor estará classificado assim que $x[1]$ a $x[n - 1]$ estiverem na posição correta.

```
/* Cria a fila de prior.; antes de cada iteracao */
/* a fila de prior. consiste nos elementos x[0] ateh     */
/* x[i - 1]. Cada iteracao inclui x[i] na fila.       */
for (i = 1; i < n; i++)
   pqinsert(x, i, x[i]);
/* seleciona cada elemento sucessivo em sequencia */
for (i = n - 1; i > 0; i--)
   x[i] = pqmaxdelete(x, i + 1);
```

A Figura 6.3.3 ilustra a criação de um heap de tamanho 8 a partir do arquivo original:

25 57 48 37 12 92 86 33

As linhas tracejadas dessa figura indicam um elemento sendo deslocado para baixo na árvore.

A Figura 6.3.4 ilustra o ajuste do heap à medida que $x[0]$ é selecionado várias vezes e colocado em sua posição correta dentro do vetor, e o heap é reajustado até que todos os seus elementos sejam processados. Observe que depois da "eliminação" de um elemento do heap, ele continua dentro do vetor, mas é simplesmente ignorado no processamento subseqüente.

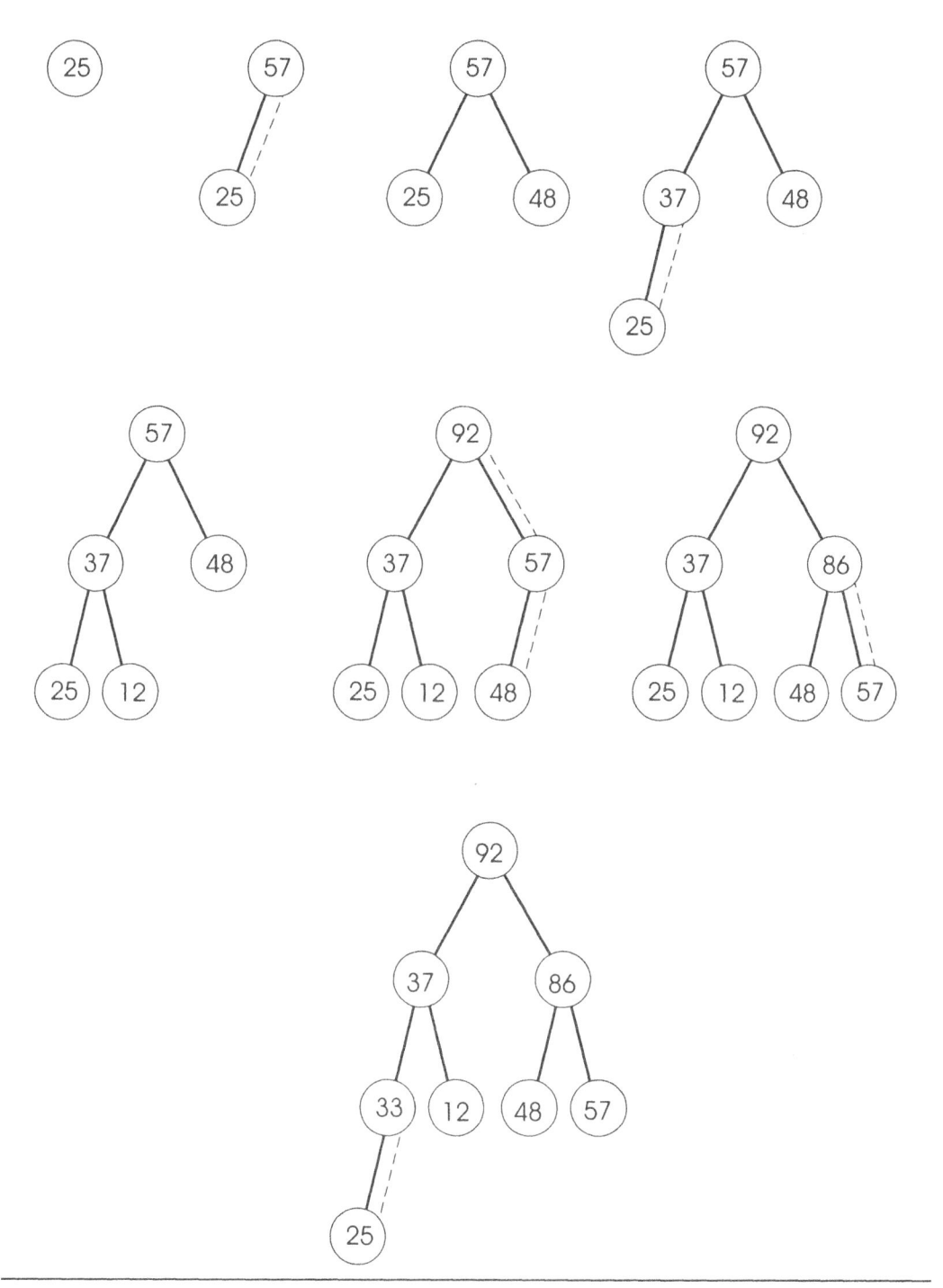

Figura 6.3.3 Criando um heap de tamanho 8.

(a) Árvore original.

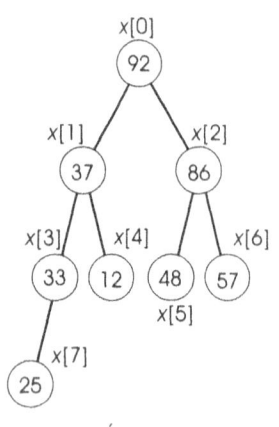

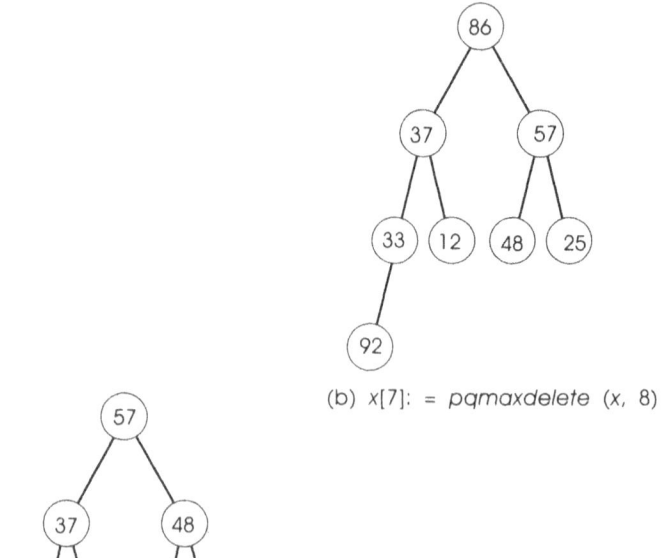

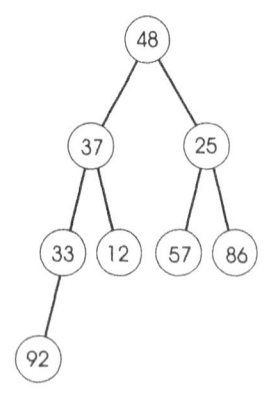

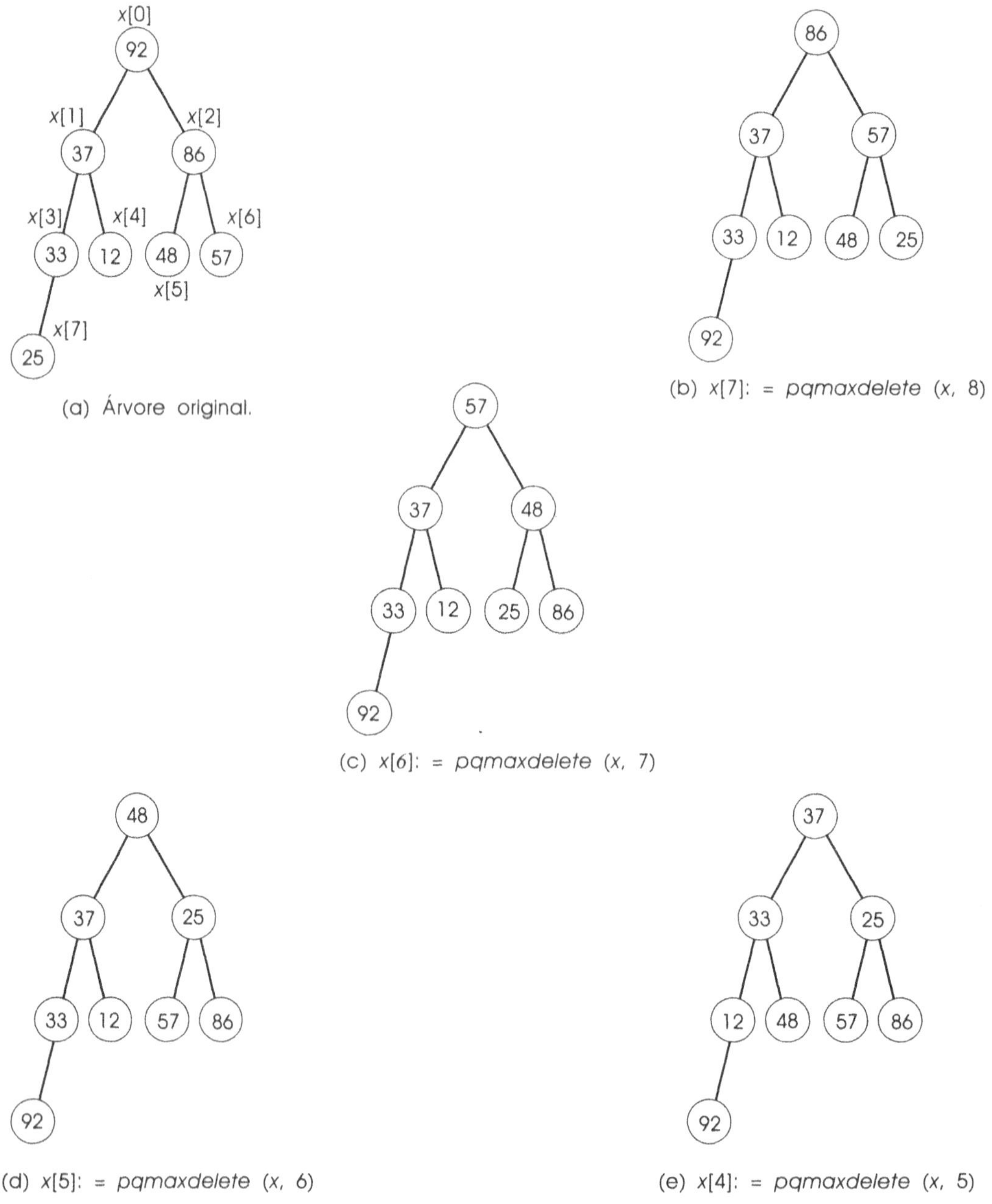

(b) x[7]: = pqmaxdelete (x, 8)

(c) x[6]: = pqmaxdelete (x, 7)

(d) x[5]: = pqmaxdelete (x, 6)

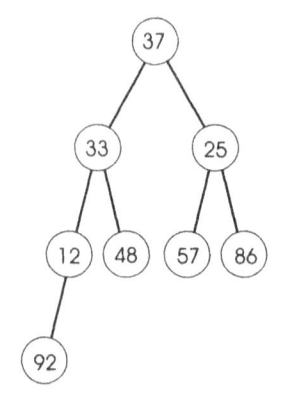

(e) x[4]: = pqmaxdelete (x, 5)

Figura 6.3.4 Ajustando um heap.

(f) x[4]: = pqmaxdelete (x, 4)

(g) x[3]: = pqmaxdelete (x, 3)

(h) x[2]: = pqmaxdelete (x, 2).
O vetor está classificado.

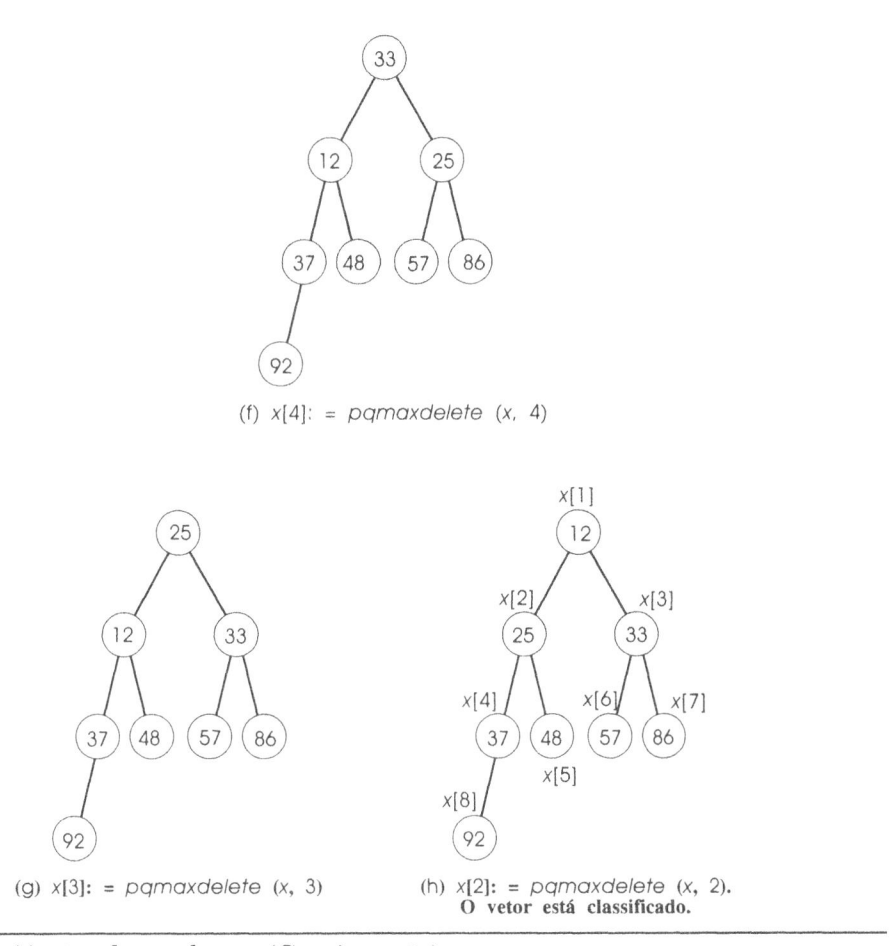

Figura 6.3.4   Ajustando um heap. (*Continuação*)

O PROCEDIMENTO HEAPSORT

Apresentaremos agora um procedimento de classificação por heap com todos os subprocedimentos (*pqinsert, pqmaxdelete, adjustheap* e *largeson*) expandidos em linha e integrados para obter o máximo de eficiência.

```
heapsort (x, n)
int x[ ], n;
{
```

```c
int i, elt, s, f, ivalue;
   /* fase de preprocessamento; cria heap inicial */
      for (i = 1; i <n; i++)  {
         elt = x[i];
/* pqinsert(x, i, elt) */
s = i;
f = (s-1)/2;
while (s > 0 && x[f] < elt)  }
   x[s] = x[f];
   s = f;
   f = (s-1)/2;
}  /* fim while */
   x[2] = pqmaxdelete(x,2). O vetor está classificado.
   x[s] = elt;
}  /* fim for */
/* fase de selecao; remove x[0] varias vezes, insere-o */
/*     em sua posicao correta e acerta o heap */
for (i = n-1; i > 0; i--)  {
   /* pqmaxdelete(x, i+1) */
   ivalue = x[i];
   x[i] = x[0];
   f = 0;
   /* s = largeson (0, i-1) */
   if (i == 1)
      s = -1;
   else
      s = 1;
   if (i > 2 && x[2] > x[1])
      s = 2;
      while (s >= 0 && ivalue < x[s])   {
         x[f] = x[s];
         f = s;
         /* s = largeson(f, i-1) */
         s = 2*f+1;
         if (s+1 <= i-1 && x[s] < x[s+1])
            s = s+1;
         if (s > i-1)
            s = -1;
      }  /* fim while */
      x[f] = ivalue;
   }  /* fim for */
}  /* fim heapsort */
```

Para analisar o heapsort, observe que uma árvore binária completa com n nós (onde n é um a menos que uma potência de 2) tem $\log(n+1)$ níveis. Por conseguinte, se cada elemento no vetor fosse uma folha, exigindo que fosse filtrado pela árvore inteira durante a criação e o ajuste do heap, a classificação ainda seria $O(n \log n)$.

No caso médio, o heapsort não é tão eficiente quanto o quicksort. Experimentos indicam que o heapsort exige o dobro do tempo do quicksort para a entrada classificada aleatoriamente. Entretanto, o heapsort é bem superior ao quicksort no pior caso. Na realidade, o heapsort permanece $O(n \log n)$ no pior caso. Essa classificação não é muito eficiente para n pequeno devido à sobrecarga da criação do heap inicial e do cálculo da posição de pais e filhos.

A exigência de espaço para o heapsort (índices do vetor à parte) requer somente um registro adicional para armazenamento temporário durante a troca, desde que usada a implementação em vetor de uma árvore binária quase completa.

EXERCÍCIOS

6.3.1. Explique por que a classificação por seleção direta é mais eficiente do que a classificação por bolha.

6.3.2. Considere a seguinte *classificação por seleção quadrática*: divida os $\sqrt{n}$ elementos do arquivo em $\sqrt{n}$ grupos de n elementos cada. Encontre o maior elemento de cada grupo e insira-o num vetor auxiliar. Ache o maior elemento nesse vetor auxiliar. Esse será o maior elemento do arquivo. Em seguida, substitua esse elemento dentro do vetor pelo maior elemento seguinte do grupo a que ele pertence. Ache novamente o maior elemento do vetor auxiliar. Esse será o segundo maior elemento do arquivo. Repita o processo até que o arquivo esteja classificado. Escreva uma rotina em C para implementar uma classificação por seleção quadrática o mais eficiente possível.

6.3.3. Um *torneio* é uma árvore estritamente binária quase completa na qual cada nó não-folha contém o maior de dois elementos em seus dois filhos. Por conseguinte, o conteúdo das folhas de um torneio determina totalmente o conteúdo de todos os seus nós. Um torneio com *n* folhas representa um conjunto de *n* elementos.

a. Desenvolva um algoritmo *pqinsert(t, n, elt)* para incluir um novo elemento *elt* num torneio contendo *n* folhas representadas implicitamente por um vetor *t*.

b. Desenvolva um algoritmo *pqmaxdelete(t,n)* para eliminar o elemento máximo de um torneio com *n* elementos, substituindo a folha contendo o elemento máximo por um valor artificial menor que qualquer elemento possível (por exemplo, -1 num torneio de inteiros não-negativos) e reajustando, em seguida, todos os valores no caminho a partir dessa folha até a raiz.

c. Demonstre como simplificar *pqmaxdelete* mantendo um ponteiro para uma folha em cada campo *info* não-folha em vez do valor de um elemento real.

d. Escreva um programa em C para implementar uma classificação por seleção usando um torneio. A fase de pré-processamento formará o torneio inicial a partir do vetor *x* e a fase de seleção aplicará *pqmaxdelete* várias vezes. Essa classificação é chamada **classificação por torneio**.

e. Como se pode comparar a eficiência da classificação por torneio com a do heapsort?

f. Prove que a classificação por torneio é $O(n \log n)$ para toda entrada.

6.3.4. Defina uma ***árvore ternária quase completa*** como uma árvore na qual todo nó tem, no máximo, três filhos, e na qual os nós podem ser numerados de 0 a *n* - 1, de modo que os filhos de *node*[1] sejam *node*[3 * i + 1], *node*[3 * i + 2] e *node*[3 * i + 3]. Defina um **heap ternário** como uma árvore ternária quase completa na qual o conteúdo de cada nó é maior ou igual ao conteúdo de todos os seus descendentes. Escreva uma rotina de classificação semelhante ao heapsort usando um heap ternário.

6.3.5. Escreva uma rotina, *combine(x)*, que aceite um vetor *x* no qual as subárvores enraizadas em *x*[1] e *x*[2] sejam heaps e a qual modifique o vetor *x* de maneira que ele represente um único heap.

6.3.6. Reescreva o programa da Seção 5.3 que implementa o algoritmo de Huffman de modo que o conjunto de nós da raiz forme uma fila de prioridade implementada por um heap ascendente.

6.3.7. Escreva um programa em C que use um heap ascendente para combinar n arquivos de entrada, cada um classificado em ordem ascendente num único arquivo de saída. Cada nó do heap contém um número de arquivo e um valor. O valor serve como chave pela qual o heap é organizado. Inicialmente, um valor de cada arquivo é lido, e os n valores são transformados num heap ascendente, com o número do arquivo a que pertencia cada valor, juntamente com o valor, num nó. O menor valor estará, então, na raiz do heap e ele será enviado para a saída, com o próximo valor de seu arquivo de entrada ocupando seu lugar. Esse valor, juntamente com seu número de arquivo associado, será deslocado para baixo, de modo a encontrar seu local correto no heap, e o novo valor da raiz será eliminado. Esse processo de saída/entrada/inserção será repetido até não restar nenhuma entrada.

6.3.8. Desenvolva um algoritmo usando um heap de k elementos para achar os maiores k números num grande arquivo não-classificado, de n números.

6.4. CLASSIFICAÇÕES POR INSERÇÃO

INSERÇÃO SIMPLES

Uma *classificação por inserção* é a que classifica um conjunto de registros inserindo registros num arquivo classificado já existente. Um exemplo de uma classificação por inserção simples aparece no seguinte procedimento:

```
insertsort(x, n)
int x[], n;
{
   int i, k, y;
   /* Inicialmente x[0] é considerado um arq classif de */
   /* um elemento. Apos cada interacao ,*/
   /* os elementos x[0] a x[k] estarao em sequencia.    */
   for (k =1; k<n; k++)   {
      /* Insere x[k] no arquivo classificado */
      y = x[k];
      /* Move 1 posicao p/ baixo todos elems maiores que y*/
      for (i = k-1; i >= 0 && y < x[i]; i--)
         x[i+1] = x[i];
      /* Insere y na posicao correta */
      x[i+1] = y;
   }  /* fim for */
}  /* fim insertsort */
```

Conforme mencionamos no início da Seção 6.3, a classificação por inserção simples pode ser considerada uma classificação por seleção geral na qual a fila de prioridade é implementada como um vetor ordenado. Só é necessária a fase de pré-processamento de inserção de elementos na fila de prioridade; uma vez inseridos os elementos, eles já estarão classificados, de maneira que a seleção não é necessária.

Se o arquivo inicial estiver classificado, só será feita uma comparação em cada passagem para que a classificação seja $O(n)$. Se o arquivo estiver classificado inicialmente em ordem inversa, a classificação será $O(n^2)$, uma vez que o número total de comparações será:

$$(n - 1) + (n - 2) + ... + 3 + 2 + 1 = (n - 1) * n/2$$

que equivale a $O(n^2)$. Entretanto, geralmente a classificação por inserção simples é ainda melhor do que a classificação por bolha. Quanto mais próximo o arquivo estiver da ordem classificada, mais eficiente será a classificação por inserção simples. O número médio de comparações na classificação por inserção simples (considerando todas as possíveis permutações do vetor de entrada) é também $O(n^2)$. As exigências de espaço para essa classificação consistem em apenas uma variável temporária, y.

A velocidade da classificação pode ser um pouco otimizada usando uma busca binária (leia as Seções 3.1, 3.2 e 7.1) para achar a posição correta de $x[k]$ no arquivo classificado $x[0],..., x[k - 1]$. Isso reduz o número total de comparações, de $O(n^2)$ para $O(n \log n)$. Entretanto, mesmo se a posição correta i para $x[k]$ for encontrada em $O(\log n)$ etapas, cada um dos elementos $x[i + 1],..., x[k - 1]$ precisará ser deslocado em uma posição. Esta última operação, executada n vezes, exige $O(n^2)$ substituições. Infelizmente, a técnica da busca binária não otimiza, por conseguinte, as exigências globais de tempo da classificação.

Pode-se introduzir outro aprimoramento na classificação por inserção simples usando a ***inserção de lista***. Nesse método, existe um vetor *link* de ponteiros, um para cada elemento do vetor original. Inicialmente, $link[i] = i + 1$ para $0 <= i < n - 1$ e $link[n - 1] = -1$. Sendo assim, o vetor pode ser considerado uma lista linear apontada por um ponteiro externo, *first*, inicializado com 0. Para inserir o $k$ésimo elemento, a lista ligada é percorrida até que a posição correta para $x[k]$ seja encontrada, ou até alcançar o final da lista. Nesse ponto, $x[k]$ pode ser inserido na lista simplesmente ajustando os ponteiros da lista, sem deslocar nenhum dos elementos dentro do vetor. Isso diminui o tempo necessário para a inserção, mas não o tempo necessário para procurar a posição correta. As exigências de espaço aumentam também em função do vetor *link* adicional. O número de comparações ainda é $O(n^2)$, embora o número de substituições no vetor *link* seja $O(n)$. A classificação por inserção de lista pode ser entendida como uma classificação por seleção geral na qual a fila de prioridade é representada por uma lista ligada. Mais um vez, não será necessária nenhuma seleção porque os elementos já estarão classificados assim que a fase de processamento e inserção terminar. Recomendamos que você codifique a classificação por inserção binária e a classificação por inserção de lista como exercícios.

Ambas as classificações, por seleção direta e por seleção simples são mais eficientes do que a classificação por bolha. A classificação por seleção exige bem menos atribuições do que a classificação por inserção, mas requer mais comparações. Por conseguinte, a classificação por seleção é recomendada para arquivos pequenos, quando os registros são grandes; assim, a atribuição não será dispendiosa, mas as chaves são simples e a comparação tem um baixo custo. No caso da situação inversa, a classificação por inserção é recomendada. Se a entrada estiver inicialmente numa lista vinculada, a inserção de lista será recomendada, mesmo se os registros forem grandes, porque não será necessária nenhuma movimentação de dados (apenas a modificação de ponteiros).

Evidentemente, o heapsort e o quicksort são mais eficientes do que a inserção ou seleção para n grande. O ponto de equilíbrio é aproximadamente 20-30 para o quicksort; para menos de 30 elementos, use a classificação por inserção; para mais de 30, use o quicksort. Uma otimização útil do quicksort é o uso da classificação por inserção sobre qualquer subarquivo de tamanho inferior a 20. Para o heapsort, o ponto de equilíbrio com a classificação por inserção é aproximadamente 60-70.

CLASSIFICAÇÃO DE SHELL

Pode-se alcançar uma otimização mais significativa sobre a classificação por inserção simples do que a inserção binária ou de lista, usando-se a **classificação de Shell** (ou **classificação de incremento decrescente**), assim denominada em homenagem a seu descobridor. Esse método classifica subarquivos separados do arquivo original. Esses subarquivos contêm todo $k$ésimo elemento do arquivo original. O valor de k é chamado **incremento**. Por exemplo, se k é 5, o subarquivo consistindo em $x[0]$, $x[5]$, $x[10]$,... é classificado primeiro. Cinco subarquivos, cada um contendo um quinto dos elementos do arquivo original, são classificados dessa maneira. São eles:

subarquivo 1 -> $x[0]$ $x[5]$ $x[10]$ ...

subarquivo 2 -> $x[1]$ $x[6]$ $x[11]$ ...

subarquivo 3 -> $x[2]$ $x[7]$ $x[12]$ ...

subarquivo 4 -> $x[3]$ $x[8]$ $x[13]$ ...

subarquivo 5 -> $x[4]$ $x[9]$ $x[14]$ ...

O $i$ésimo elemento do $j$ésimo subarquivo é $x[(i - 1) * 5 + j - 1]$. Se um incremento k diferente for escolhido, os k subarquivos serão divididos de modo que o $i$ésimo elemento do $j$ésimo subarquivo seja $x[(i - 1) * k + j - 1]$.

Depois que os primeiros k arquivos estiverem classificados (geralmente por inserção simples), será escolhido um novo valor menor de k e o arquivo será novamente particionado em novos conjuntos de subarquivos. Cada um desses subarquivos maiores será classificado e o processo se repetirá novamente com um número ainda menor de k. Em algum momento, o valor de k será definido com 1, de modo que o subarquivo consistindo no arquivo inteiro será classificado. Uma seqüência decrescente de incrementos é determinada no início do processo inteiro. O último valor nessa seqüência deve ser 1.

Por exemplo, se o arquivo original for:

25 57 48 37 12 92 86 33

e a seqüência (5,3,1) for escolhida, os seguintes subarquivos serão classificados em cada iteração:

primeira iteração (incremento = 5)

$$(x[0], x[5])$$
$$(x[1], x[6])$$
$$(x[2], x[7])$$
$$(x[3])$$
$$(x[4])$$

segunda iteração (incremento = 3)

$$(x[0], x[3], x[6])$$
$$(x[1], x[4], x[7])$$
$$(x[2], x[5])$$

terceira iteração (incremento = 1)

$$(x[0], x[1], x[2], x[3], x[4], x[5], x[6], x[7])$$

A Figura 6.4.1 ilustra a classificação de Shell neste exemplo de arquivo. As linhas posicionadas abaixo de cada vetor ligam elementos individuais dos subarquivos separados. Cada um dos subarquivos é classificado usando a classificação por inserção simples.

Apresentamos a seguir uma rotina para implementar a classificação de Shell. Além dos parâmetros padrões, x e n, ela exige um vetor *incrmnts* contendo os incrementos decrescentes da classificação, e *numinc*, o número de elementos no vetor *incrmnts*.

```
shellsort(x, n, incrmnts, numinc)
int x[], n, incrmnts[], numinc;
{
    int incr, j, k, span, y;

    for (incr = 0; incr < numinc; incr++)   {
```

```
    /*   span eh o tamanho do incremento      */
    span = incrmnts[incr];
    for (j = span; j < n; j++) {
       /* Insere elemento x[j] em sua posicao */
       /* correta dentro de seu subarquivo    */
       y = x[j];
       for (k = j-span; k >= 0 && y < x[k]; k -= span)
          x[k+span] = x[k];
       x[k+span] = y;
    }  /* fim for */
 }  /* fim for */
}  /* fim shellsort */
```

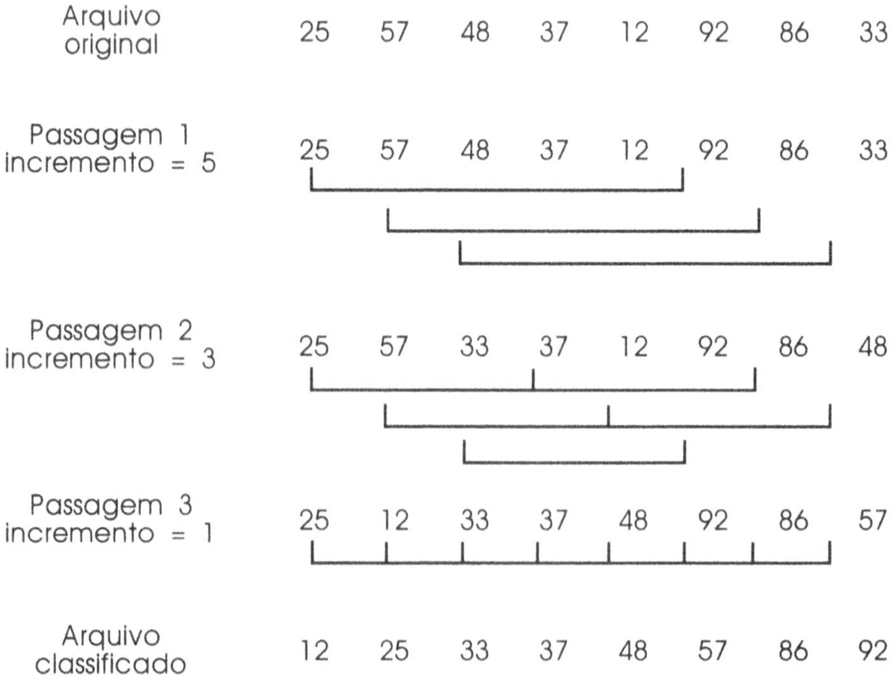

Arquivo original	25	57	48	37	12	92	86	33
Passagem 1 incremento = 5	25	57	48	37	12	92	86	33
Passagem 2 incremento = 3	25	57	33	37	12	92	86	48
Passagem 3 incremento = 1	25	12	33	37	48	92	86	57
Arquivo classificado	12	25	33	37	48	57	86	92

Figura 6.4.1

Certifique-se de poder rastrear as ações deste programa no arquivo de exemplo da Figura 6.4.1. Observe que, na última iteração, onde *span* é igual a 1, a classificação se reduz a uma simples inserção.

A idéia por trás da classificação de Shell é simples. Ressaltamos antes que a classificação por inserção simples é altamente eficiente sobre um arquivo numa ordem quase classificada. É importante perceber também que, quando o tamanho de arquivo n é pequeno, uma classificação $O(n^2)$ é em geral mais eficiente do que uma classificação $O(n \log n)$. Isto acontece porque usualmente as classificações $O(n^2)$ são muito simples de programar e exigem bem poucas ações além de comparações e trocas em cada passagem. Por causa dessa baixa sobrecarga, a constante de proporcionalidade é bem pequena. Em geral, uma classificação $O(n \log n)$ é muito complexa e emprega um grande número de operações adicionais em cada passagem para diminuir o trabalho das passagens subseqüentes. Sendo assim, sua constante de proporcionalidade é maior. Quando n é grande, n^2 supera $n * \log (n)$, de modo que as constantes de proporcionalidade não desempenham um papel importante na determinação da classificação mais veloz. Entretanto, quando n é pequeno, n^2 não é muito maior que $n * \log (n)$, de modo que uma grande diferença nessas constantes freqüentemente faz com que a classificação $O(n^2)$ seja mais rápida.

Como o primeiro incremento usado pela classificação de Shell é grande, os subarquivos individuais são muito pequenos, e as classificações por inserção simples sobre esses subarquivos são razoavelmente velozes. Cada classificação de um subarquivo faz com que o arquivo esteja mais proximamente classificado. Sendo assim, embora sucessivas passagens da classificação de Shell use incrementos menores e, portanto, lide com subarquivos maiores, esses subarquivos estão praticamente classificados devido às ações das passagens anteriores. Por conseguinte, as classificações por inserção sobre esses subarquivos são também muito eficientes. Nessa conexão, é importante observar que, se um arquivo é parcialmente classificado usando um incremento k e, em seguida, é parcialmente classificado usando um incremento j, o arquivo permanece parcialmente classificado pelo incremento k. Ou seja, as classificações parciais subseqüentes não prejudicam as anteriores.

A análise da eficiência da classificação de Shell é complicada, em termos matemáticos, e está além do escopo desse livro. As reais exigências de tempo para uma classificação específica dependem do número de elementos no vetor *incrmnts* e de seus verdadeiros valores. Uma exigência intuitivamente clara é que os elementos de *incrmnts* devem ser primos entre si (isto é, não podem ter divisores comuns diferentes de 1). Isso garantirá que as sucessivas iterações combinem os subarquivos de modo que o arquivo inteiro esteja quase classificado, quando *span* for igual a 1 na última iteração.

Foi demonstrado que a ordem da classificação de Shell pode ser aproximada por $O(n(\log n)2)$ se for usada uma seqüência apropriada de incrementos. Para outras seqüências de incrementos, o tempo de execução pode provar-se como $O(n^{1,5})$. Dados empíricos indicam que o tempo de execução é da forma $a * nb$, onde a está entre 1,1 e 1,7 e b é aproximadamente 1,26, ou da forma $C * n * (ln(n))2 - d * n * ln(n)$, onde c é aproximadamente 0,3 e d está entre 1,2 e 1,75. Em geral, a classificação de Shell é recomendada para os arquivos de tamanho moderado, de várias centenas de elementos.

Knuth recomenda escolher elementos assim: defina uma função h de modo que $h(1) = 1$, e defina *numinc*, o número de incrementos, com $x - 2$, e *incrmnts*[i] com $h(numinc - i + 1)$ para i de 1 a *numinc*.

Uma técnica semelhante à classificação de Shell também pode ser usada para otimizar a classificação por bolha. Na prática, um dos grandes responsáveis pela ineficiência da classificação por bolha não é o número de comparações, mas o número de trocas. Se uma seqüência de incrementos for usada para definir subarquivos individuais para a classificação por bolha, como no caso da classificação de Shell, as classificações por bolha iniciais ocorrerão sobre arquivos pequenos e as posteriores sobre os arquivos praticamente classificados nos quais serão necessárias poucas trocas. Essa classificação por bolha modificada, que exige muito pouca sobrecarga, funciona bem em situações práticas.

CLASSIFICAÇÃO POR CÁLCULO DE ENDEREÇO

Como último exemplo de classificação por inserção, examine a seguinte técnica, chamada **classificação por cálculo de endereço** (ocasionalmente conhecida por **espalhamento**). Nesse método, uma função f é aplicada a cada chave. O resultado dessa função determina em qual dos diversos subarquivos o registro será colocado. A função deverá ter a propriedade de que se $x ,- y$, $f(x) \le f(y)$. Essa função é chamada **preservadora da ordem**. Sendo assim, todos os registros em um subarquivo terão chaves menores ou iguais às chaves dos registros em outro subarquivo. Um item é posicionado num subarquivo na seqüência correta usando qualquer método de classificação; a inserção simples é freqüentemente usada. Depois que todos os itens do arquivo original forem posicionados em subarquivos, os subarquivos poderão ser concatenados para gerar o resultado classificado.

Por exemplo, considere novamente o arquivo exemplo:

25 57 48 37 12 92 86 33

Vamos criar dez subarquivos, um para cada um dos dez primeiros dígitos possíveis. Inicialmente, cada um desses subarquivos está vazio. Um vetor de ponteiros $f[10]$ é declarado, onde $f[i]$ aponta para o primeiro elemento no arquivo cujo primeiro dígito seja i. Depois de rastrear o primeiro elemento (25), ele será posicionado no arquivo encabeçado por $f[2]$. Cada subarquivo será mantido como uma lista ligada classificada dos elementos do vetor original. Depois de processar cada elemento do arquivo original, os subarquivos aparecerão como os da Figura 6.4.2.

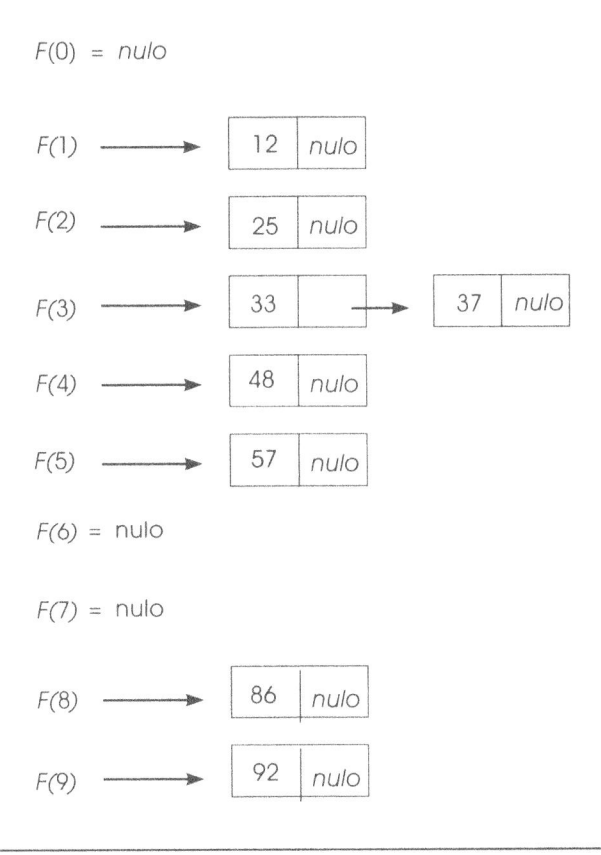

```
F(0) = nulo

F(1) ──▶ | 12 | nulo |

F(2) ──▶ | 25 | nulo |

F(3) ──▶ | 33 | ─┼─▶ | 37 | nulo |

F(4) ──▶ | 48 | nulo |

F(5) ──▶ | 57 | nulo |

F(6) = nulo

F(7) = nulo

F(8) ──▶ | 86 | nulo |

F(9) ──▶ | 92 | nulo |
```

Figura 6.4.2 Classificação por cálculo de endereço.

Apresentamos uma rotina para implementar a classificação por cálculo de endereço. Essa rotina pressupõe um vetor de números de dois dígitos e usa o primeiro dígito de cada número para atribuir esse número a um subarquivo.

```
#define NUMELTS ...
addr(x, n)
int x[], n;
{
   int f[10], first, i, j, p, y;
   struct {
      int info;
      int next;
   } node[NUMELTS];

   /* Inicializa lista ligada disponivel */
   int avail = 0;

   for (i = 0; i < n-1; i++)
      node[i].next = i+1;
   node[n-1].next = -1;
   /* Inicializa ponteiros */
   for (i = 0; i< 10; i++)
      f[i] = -1;
   for (i = 0; i < n; i++) {
      /* Inserimos com sucesso cada elemento em seu     */
      /* respectivo subarquivo usando insercao de lista.*/
      y = x[i];
      first = y/10;   /* Encontra o primeiro digito de  */
                      /* um numero de dois digitos      */
      /* Pesquisa a lista ligada */
      place [(&f[first], y);
      /* place insere y na posicao correta      */
      /* na lista ligada apontada por f[first] */
   } /* fim for */
   /* Copia numeros novamente no vetor x */
   i = 0;
   for (j = 0; j < 10; j++) {
      p = f[j];
      while (p != -1)  {
         x[i++] = node[p].info;
         p = node[p].next;
      } /* fim while */
   } /* fim for */
} /* fim addr */
```

As exigências de espaço da classificação por cálculo de endereço são aproximadamente 2 * *n* (usado pelo vetor *node*) além de alguns nós de cabeçalho e variáveis temporárias. Observe que, se os dados originais forem fornecidos na forma de uma lista ligada em vez de um vetor seqüencial, não será necessário manter o vetor x e a estrutura ligada *node*.

Para avaliar as exigências de tempo para a classificação, atente para o seguinte: se os n elementos originais forem uniformemente distribuídos pelos m subarquivos e o valor de n/m for aproximadamente 1, o tempo da classificação será praticamente $O(n)$ porque a função atribuirá cada elemento ao arquivo correto e será necessário bem pouco trabalho para posicionar o elemento no subarquivo. Por outro lado, se n/m for muito superior a 1, ou se o arquivo original não for uniformemente distribuído pelos m subarquivos, será necessário um trabalho considerável para inserir um elemento em seu subarquivo correto, e o tempo, portanto, se aproximará de $O(n^2)$.

EXERCÍCIOS

6.4.1. A ***classificação por inserção bidirecional*** é uma modificação da classificação por inserção simples como segue: um vetor de saída separado, de tamanho n, é reservado. Esse vetor de saída atua como uma estrutura circular, como na Seção 4.1. $x[0]$ é posicionado no elemento do meio do vetor. Assim que um grupo contíguo de elementos estiver no vetor, será aberto espaço para um novo elemento deslocando todos os elementos menores um passo para a esquerda ou todos os elementos maiores um passo para a direita. A escolha do deslocamento é feita para provocar o menor número de movimentações. Escreva uma rotina em C para implementar essa técnica.

6.4.2. A ***classificação por inserção intercalada*** é a seguinte:

Passo 1: Para todo i par entre 0 e n - 2, compare $x[i]$ a $x[i + 1]$. Posicione o maior na próxima posição de um vetor *large* e o menor na próxima posição de um vetor *small*. Se n for ímpar, posicione $x[n - 1]$ na última posição do vetor *small*. (*Large* é de tamanho *ind*, onde *ind* = n -1)/2; *small* é de tamanho *ind* ou *ind* + 1, dependendo de n ser ímpar ou par.)

Passo 2: Classifique o vetor *large* usando a inserção intercalada recursivamente. Sempre que um elemento *large[j]* for transferido para *large[k]*, *small[j]* será também movido para *small[k]*. (No final desse passo, *large*[*i*] <= *large*[*i* + 1] para todo *i* menor que *ind*, e *small*[*i*] <= *large*[*i*] para todo *i* menor ou igual a *ind*.

Passo 3: Copie *small*[0] e todos os elementos de large em *x*[0] a *x*[*ind*].

Passo 4: Defina o inteiro *num*[*i*] como $(2^{i+1} + (-1)^i)/3$. Começando com *i* = 0 e continuando de 1 enquanto *num*[*i*] <= (*n*/2) + 1, insira os elementos *small*[*num*[*i* + 1]] até *small*[*num*[*i*] + 1] em *x*, por vez, usando a inserção binária. (Por exemplo, se *n* = 20, os sucessivos valores de *num* são *num*[0] = 1, *num*[1] = 1, *num*[2] = 3, *num*[3] = 5 e *num*[4] = 11, que é igual a (*n*/2) + 1. Dessa forma, os elementos de *small* serão inseridos na seguinte ordem: *small*[2], *small*[1]; em seguida, *small*[4], *small*[3]; depois, *small*[9], *small*[8], *small*[7], *small*[6], *small*[5]. Neste exemplo, não existe *small*[10].)

Escreva uma rotina em C para implementar essa técnica.

6.4.3. Modifique o quicksort da Seção 6.2 de modo que ele use uma classificação por inserção simples quando um subarquivo tiver um tamanho abaixo de *s*. Determine por experimentos que valor de *s* deve ser usado para obter a eficiência máxima.

6.4.4. Prove que, se um arquivo é parcialmente classificado usando um incremento *j* na classificação de Shell, ele continua parcialmente classificado por esse incremento mesmo depois de ser parcialmente classificado por outro incremento, *k*.

6.4.5. Explique por que é necessário escolher todos os incrementos da classificação de Shell de modo que eles sejam primos entre si.

6.4.6. Qual é o número de comparações e trocas (em termos do tamanho de arquivo *n*) efetuado por cada um dos seguintes métodos de classificação (*a-j*) para os seguintes arquivos:

  i. um arquivo classificado.

  ii. um arquivo classificado em ordem inversa (isto é, do maior para o menor).

  iii. um arquivo no qual os elementos *x*[0], *x*[2], *x*[4], ... são os menores elementos e estão em ordem classificada, e no qual os elementos *x*[1], *x*[3], *x*[5], ... são os maiores elementos e estão em ordem classificada inversa (isto é, *x*[0] é o menor, *x*[1] é o maior, *x*[2] é o menor mais próximo, *x*[3] é o maior mais próximo, e assim por diante.)

iv. um arquivo no qual $x[0]$ até $x[ind]$ (onde $ind = (n - 1)/2$) são os menores elementos e estão classificados, e no qual $x[ind + 1]$ até $x[n - 1]$ são os maiores elementos e estão em ordem classificada inversa.

v. um arquivo no qual $x[0]$, $x[2]$, $x[4]$,... são os menores elementos pela ordem de classificação e no qual $x[1]$, $x[3]$, $x[5]$,... são os maiores elementos pela ordem da classificação.

a. a classificação por inserção simples.

b. a classificação por inserção usando uma busca binária.

c. a classificação por inserção de lista.

d. a classificação por inserção bidirecional do Exercício 6.4.1.

e. a classificação por inserção intercalada do Exercício 6.4.2.

f. a classificação de Shell usando incrementos 2 e 1.

g. a classificação de Shell usando incrementos 3, 2 e 1.

h. a classificação de Shell usando incrementos 8, 4, 2 e 1.

i. a classificação de Shell usando incrementos 7, 5, 3 e 1.

j. a classificação por cálculo de endereço, apresentada neste capítulo.

6.4.7. Sob quais circunstâncias você recomendaria o uso das seguintes classificações em relação a outras:

a. a classificação de Shell desta seção.

b. o heapsort por lote da Seção 6.3.

c. o quicksort da Seção 6.2.

6.4.8. Determine qual das seguintes classificações é a mais eficiente:

a. a classificação por inserção simples desta seção.

b. a classificação por seleção direta da Seção 6.3.

c. a classificação por bolha da Seção 6.2.

6.5. CLASSIFICAÇÕES POR INTERCALAÇÃO E DE RAIZ

Classificações por Intercalação

A intercalação é o processo que combina dois ou mais arquivos classificados num terceiro arquivo classificado. Veja a seguir um exemplo de uma rotina que aceita dois vetores classificados, a e b, de $n1$ e $n2$ elementos, respectivamente, e os intercala num terceiro vetor c contendo $n3$ elementos:

```c
mergearr(a, b, c, n1, n2, n3)
int a[], b[], c[], n1, n2, n3;
{
   int apoint, bpoint, cpoint;
   int alimit; blimit, climit;

   alimit = n1-1;
   blimit = n2-1;
   climit = n3-1;
   if (n1+n2 != n3)  {
      printf("os tamanhos dos vetores sao incompativeis/n");
      exit(1);
   } /* fim if */
   /* apoint e bpoint indicam a posicao em que nos       */
   /* encontramos dentro dos vetores a e b respectivamente*/
   apoint = 0;
   bpoint = 0;
   for (cpoint = 0; apoint <= alimit && bpoint <= blimit;
                                                     cpoint++)
      if(a[apoint]< b[bpoint])
        c[cpoint] = a[apoint++];
      else
        c[cpoint] = b[bpoint++];
   while (apoint <= alimit)
      c[cpoint++] = a[apoint++];
   while (bpoint<= blimit)
      c[cpoint++] = b[bpoint++];
} /* fim mergearr */
```

Podemos usar essa técnica para classificar um arquivo da seguinte maneira. Divida o arquivo em n subarquivos de tamanho 1 e intercale pares de arquivos adjacentes. Temos, então, aproximadamente $n/2$ arquivos de tamanho 2. Repita esse processo até restar apenas um arquivo de tamanho n. A Figura 6.5.1 ilustra como esse processo opera num exemplo de arquivo. Cada arquivo individual aparece entre colchetes.

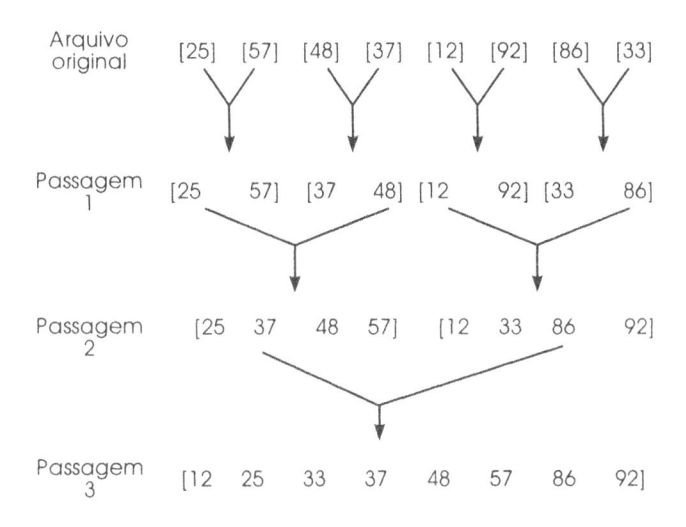

```
                Arquivo    [25]  [57]  [48]  [37]  [12]  [92]  [86]  [33]
                original     \  /        \  /        \  /        \  /
                              \/          \/          \/          \/

                Passagem   [25    57]  [37    48]  [12    92]  [33    86]
                   1             \         /              \         /
                                  \       /                \       /
                                   \     /                  \     /

                Passagem   [25   37   48   57]   [12   33   86   92]
                   2              \                       /
                                   \                     /
                                    \                   /
                                     \                 /

                Passagem   [12   25   33   37   48   57   86   92]
                   3
```

Figura 6.5.1   Passagens sucessivas da classificação por intercalação.

Apresentamos uma rotina para implementar a descrição anterior de uma ***classificação por intercalação direta***. Um vetor auxiliar, *aux*, de tamanho *n*, é necessário para armazenar os resultados da intercalação dos dois subvetores de *x*. A variável *size* contém o tamanho dos subvetores sendo intercalados. Como, em algum momento, os dois arquivos sendo intercalados são ambos subvetores de *x*, os limites mínimo e máximo são necessários para indicar os subarquivos de *x* sendo intercalados. $l1$ e $u1$ representam os limites mínimo e máximo do primeiro arquivo, $l2$ e $n2$ representam os limites mínimo e máximo do segundo arquivo, respectivamente. *i* e *j* são usados para referenciar os elementos dos arquivos de origem sendo intercalados, e *k* indexa o arquivo de destino *aux*. Eis a rotina:

```c
#define NUMELTS ...

mergesort(x, n)
int x[], n;
{
   int aux[numelts], i, j, k, l1, l2, size, u1, u2;

   size = 1;   /* Intercala arquivos de tamanho 1 */
   while (size < n) {
      l1 = 0;      /* Inicializa limites min do prim arq */

      k = 0;            /* k eh indice para o vetor auxiliar*/
```

```
    while (l1+size < n)   {         /* Checa se existem 2 */
                                    /* arqs p/ intercalar */
       /* Computa os indices restantes */
       l2 = l1+size;
       u1 = l2-1;
       u2 = (l2+size-1 < n) ? l2+size-1 : n-1;
       /* Continua atraves dos dois subarquivos */
       for (i = l1, j = l2; i < <= u1 && j <= u2; k++)
          /* Insere os menores no vetor aux */
          if (x[i] <= x[j])
             aux[k] = x[i++];
          else
             aux[k] = x[j++];
       /* Neste ponto, um dos subarquivos       */
       /* se exauriu. Insere as partes          */
       /* restantes do outro arquivo            */
       for (; i <= u1; k++)
          aux[k] = x[i++];
       for (; j <= u2; k++)
          aux[k] = x[j++];
       /* Avanca l1 para o inicio do proximo    */
       /* par de arquivos.                      */
       l1 = u2+1;
    }  /* fim while */
    /* Copia todo arq isolado restante */
    for (i = l1; k < n; i++)
       aux[k++] = x[i];
    /* Copia aux em x e ajusta size */
    for (i = 0; i < n; i++)
       x[i] = aux[i];
    size *= 2;
  }  /* fim while */
}  /* fim mergesort */
```

Existe uma deficiência no procedimento anterior facilmente solucionada para que o programa se torne prático para classificar vetores grandes. Em vez de intercalar cada conjunto de arquivos no vetor auxiliar *aux* e depois copiar novamente o vetor *aux* em *x*, podem ser feitas intercalações alternadas de *x* para *aux* e de *aux* para *x*. Deixaremos essas modificações como exercício para o leitor.

Evidentemente, não ocorrem mais do que $\log_2 n$ passagens na classificação por intercalação, cada uma envolvendo *n* comparações ou menos. Sendo assim, a classificação por intercalação não exige mais do que

$n * \log_2 n$ comparações. Na realidade, pode-se provar que a classificação por intercalação requer bem menos que $n * \log_2 n - n + 1$ comparações, em média, quando comparado às $1,386 * n * \log_2 n$ comparações médias do quicksort. Além disso, o quicksort pode exigir $O(n^2)$ comparações no pior caso, enquanto a classificação por intercalação nunca exige mais do que $n * \log^2 n$. Entretanto, de fato a classificação por intercalação exige aproximadamente o dobro das atribuições do que o quicksort, em média, mesmo se ocorrerem intercalações alternadas de *x* para *aux* e de *aux* para *x*.

A classificação por intercalação exige também $O(n)$ espaço adicional para o vetor auxiliar, enquanto o quicksort requer apenas $O(\log n)$ espaço adicional para a pilha. Foi desenvolvido um algoritmo para uma intercalação in loco de dois subvetores classificados num intervalo de tempo $O(n)$. Este algoritmo permitiria que a classificação por intercalação se tornasse uma classificação in loco de $O(n \log n)$. Entretanto, essa técnica realmente exige uma quantidade muito maior de atribuições e, por conseguinte, não seria tão prática quanto usar o espaço extra de $O(n)$.

Existem duas modificações do procedimento anterior que podem resultar numa classificação mais eficiente. A primeira delas é a ***intercalação natural***. Na intercalação direta, os arquivos são todos do mesmo tamanho (exceto talvez o último arquivo). Entretanto, podemos explorar qualquer ordem já existente entre os elementos e permitir que os subarquivos sejam definidos como os maiores subvetores de elementos crescentes. Recomendamos que você codifique essa rotina como exercício.

A segunda modificação usa a alocação ligada em vez da seqüencial. Incluindo um único campo de ponteiro em cada registro, pode-se eliminar a necessidade do segundo vetor *aux*. Isso pode ser feito ligando-se explicitamente cada entrada e o subarquivo de saída. A modificação pode ser aplicada na intercalação direta e na natural. Solicitamos que você faça essas implementações como exercício.

Observe que o uso da classificação por intercalação sobre uma lista ligada elimina suas duas desvantagens em relação ao quicksort: ela não exige mais um espaço adicional considerável nem uma movimentação significativa de elementos de dados. Em termos gerais, os elementos de dados podem ser grandes e complexos, de modo que a atribuição de elementos de dados requer mais trabalho do que a reatribuição de ponteiros, ainda necessária para uma classificação por intercalação baseada em lista.

A classificação por intercalação pode ser também apresentada de forma muito natural como um processo recursivo no qual as duas metades do vetor são classificadas primeiro recursivamente, usando a classificação por intercalação e, uma vez classificadas, unidas pela intercalação. Para obter detalhes, leia os Exercícios 6.5.1 e 6.5.2. Tanto a classificação por intercalação como o quicksort são métodos que envolvem a divisão do arquivo em duas partes, a classificação das duas partes separadamente e a posterior união das duas partes classificadas. Na classificação por intercalação, a divisão é simples (usando apenas as duas metades) e a união é difícil (intercalando os dois arquivos classificados). No quicksort, a divisão é difícil (particionamento) e a união é fácil (as duas metades e o pivô formam automaticamente um vetor classificado).

A classificação por inserção pode ser considerada um caso especial de classificação por intercalação na qual as duas metades consistem em um único elemento e no restante do vetor. A classificação por seleção pode ser considerada um caso especial do quicksort, no qual o arquivo é particionado em uma metade consistindo no maior elemento isolado e numa segunda metade com o restante do vetor.

O ALGORITMO DE COOK-KIM

Freqüentemente, sabe-se que um arquivo está quase classificado com apenas poucos elementos fora de ordem. Ou pode-se saber que um arquivo de entrada provavelmente já está classificado. Para os pequenos arquivos quase classificados e para os arquivos classificados, a inserção simples é a classificação mais rápida (em termos de comparações e atribuições) que descobrimos. Para os arquivos grandes ou praticamente sem classificação, o quicksort, usando o elemento do meio como pivô é a mais veloz. (Considerando apenas as comparações, a classificação por intercalação é a mais veloz.) Entretanto, outro algoritmo híbrido, descoberto por Cook e Kim, é mais veloz que a classificação por inserção e o quicksort pelo elemento do meio para a entrada quase classificada.

O algoritmo de Cook-Kim opera como segue: a entrada é examinada em função dos pares desordenados de elementos (por exemplo, $x[k] > x[k+1]$). Os dois elementos num par desordenado são removidos e incluídos no final de um novo vetor. O próximo par examinado depois que um par desordenado é removido consiste no predecessor e sucessor do par removido. Agora, o vetor original, com os pares desordenados removidos, está em ordem de classificação. O vetor de pares desordenados é, então, classificado, usando o quicksort por elemento do meio, caso ele contenha mais de 30 elementos, ou usando a inserção simples caso contrário. Os dois vetores são então mesclados.

O algoritmo de Cook-Kim beneficia-se mais da ordenação da entrada do que quaisquer outras classificações e é significativamente melhor do que o quicksort pelo elemento do meio, que a classificação por inserção, a classificação por intercalação ou Bsort sobre a entrada praticamente classificada. Entretanto, para a entrada ordenada de maneira aleatória, o Cook-Kim é menos eficiente do que a Bsort (e certamente menos do que o quicksort ou a classificação por intercalação). O quicksort por elemento do meio, a classificação por intercalação ou a Bsort são, portanto, preferíveis quando dados arquivos de entrada grandes já estão classificados, mas é necessário também um comportamento eficiente para entrada aleatória.

CLASSIFICAÇÃO DE RAÍZES

O próximo método de classificação que examinaremos é chamado **classificação de raízes**. Essa classificação baseia-se nos valores dos dígitos nas representações posicionais dos números sendo classificados. Por exemplo, o número 235, em notação decimal, é escrito com um 2 na casa das centenas, um 3 na casa das dezenas e um 5 na casa das unidades. O maior de dois inteiros, como esse, de igual tamanho pode ser determinado assim: comece no dígito mais significativo e avance pelos dígitos menos significativos, desde que os dígitos correspondentes nos dois números coincidam. O número com o maior dígito na primeira posição em que os dígitos dos dois números não coincidirem será o maior dos dois números. Evidentemente, se todos os dígitos de ambos os números coincidirem, os números serão iguais.

Podemos escrever uma rotina de classificação baseada no método anterior. Por exemplo, usando a base decimal, os números podem ser particionados em dez grupos baseados em seu dígito mais significativo. (Para simplificar, presumiremos que todos os números têm a mesma quantidade de dígitos, preenchendo-os com zeros iniciais, se necessário.) Sendo assim, todo elemento no grupo "0" será menor que todo elemento no grupo "1", em que todo elemento será menor que os do grupo "2", e assim por diante. Dessa forma, podemos classificar dentro dos grupos individuais com base no próximo dígito significativo. Repetimos esse processo até que cada subgrupo tenha sido subdividido, de modo que os dígitos menos significativos estejam classificados. Nesse ponto, o arquivo original estará classificado. (Observe que a divisão de um subarquivo em grupos com o mesmo dígito numa determinada posição é semelhante à operação de *partition* no quicksort, em que um subarquivo é dividido em dois grupos baseados numa comparação com determinado elemento.) Ocasionalmente, esse método é chamado **classificação de troca de raízes**; sua codificação será deixada como exercício para o leitor.

Examinemos agora uma alternativa para o método anterior. Evidentemente, pela discussão anterior, pressupõe-se um considerável trabalho na constante subdivisão de arquivos e na distribuição do conteúdo de seus subarquivos com base em determinados dígitos. Certamente seria mais fácil se pudéssemos processar o arquivo inteiro como um todo, em vez de lidar com vários arquivos individuais.

Suponha que executemos as seguintes ações em cada dígito do arquivo, começando pelo dígito menos significativo e terminando com o mais significativo. Pegue cada número na seqüência na qual ele aparece no arquivo e posicione-o em uma das dez filas, dependendo do valor do dígito sendo atualmente processado. Em seguida, restaure cada fila para o arquivo original, começando pela fila de números com um dígito 0 e terminando com a fila de números com o dígito 9. Quando essas ações tiverem sido executadas para cada dígito, começando com o menos significativo e terminando com o mais significativo, o arquivo estará classificado. Esse método de classificação é chamado **classificação de raízes**.

Observe que esse esquema classifica primeiramente pelos dígitos menos significativos. Sendo assim, quando todos os números forem classificados por um dígito mais significativo, os números que apresentarem o mesmo dígito nessa posição, mas diferentes dígitos numa posição menos significativa, já estarão classificados pela posição menos significativa. Isso permitirá o processamento do arquivo inteiro sem subdividir os arquivos nem rastrear onde cada arquivo começa e termina. A Figura 6.5.2 ilustra essa classificação no exemplo de arquivo:

25 57 48 37 12 92 86 33

Procure acompanhar as ações retratadas nas duas passagens da Figura 6.5.2.

Arquivo original

    25   57   48   37   12   92   86   33

Filas baseadas no dígito menos significativo.

	Início	Final
fila [0]		
fila [1]		
fila [2]	12	92
fila [3]	33	
fila [4]		
fila [5]	25	
fila [6]	86	
fila [7]	57	37
fila [8]	48	
fila [9]		

Depois da primeira passagem.

    12   92   33   25   86   57   37   48

Filas baseadas no dígito mais significativo.

	Início	Final
fila [0]		
fila [1]	12	
fila [2]	25	
fila [3]	33	37
fila [4]	48	
fila [5]	57	
fila [6]		
fila [7]		
fila [8]	86	
fila [9]	92	

Arquivo classificado: 12 25 33 37 48 57 86 92

Figura 6.5.2 Ilustração da classificação de raízes.

Podemos, portanto, esboçar um algoritmo para classificar, como anteriormente, assim:

```
for (k = digito menos significativo;
                    k <= digito mais signif; k++) {
   for (i = 0; i < n; i++) {
      y = x[i];
      j = kesimo digito de y;
      posiciona y no final da fila[j];
   }  /* fim for */
   for (qu = 0; qu < 10; qu++)
      coloca elems da fila[qu] na prox posicao sequencial
                                                    de x;
}  /* fim for */
```

Em seguida, apresentaremos um programa para implementar a classificação anterior para números de *m* dígitos. Para poupar uma quantidade de trabalho considerável ao processar as filas (principalmente no passo em que retornamos os elementos das filas para o arquivo original), escrevemos o programa usando alocação ligada. Se a entrada inicial para a rotina for um vetor, essa entrada será primeiro convertida em uma lista linear ligada; se a entrada original já estiver no formato ligado, esse passo não será necessário e, na realidade, economizará espaço. Essa é a mesma situação da rotina *addr* (classificação por cálculo de endereço) da Seção 6.4. Como nos programas anteriores, não faremos nenhuma chamada interna a rotinas, mas executaremos suas ações em linha.

```c
#define NUMELTS ...

radixsort(x, n)
int x[], n;
{
   int front[10], rear[10];
   struct {
      int info;
      int next;
   } node[NUMELTS];
   int exp, first, i, j, k, p, q, y;
   /* Inicialize lista ligada */
   for (i = 0; i < n-1; i++)  {
      node[i].info = x[i];
      node[i].next = i+1;
   }  /* fim for */
   node[n-1].info = x[n-1];
   node[n-1].next = -1;
   first = 0;    /* first eh o inicio da lista ligada */
   for (k = 1; k < 5; k++)  {
      /* Pressuponha numeros de quatro digitos */
      for (i = 0; i < 10; i++)  {
         /* Inicializa filas */
         rear[i] = -1;
         front[i] = -1;
      }  /* fim for */
      /* Processa cada elemento na lista */
      while (first != -1)  {
         p = first;
         first = node[first].next;
         y = node[p].info;
```

```
      /* Extrai o kesimo digito */
      exp = power(10,k-1);          /* eleva 10 a      */
                                    /* potencia (k-1)*/
      j = (y/exp)%10;
      /* Insere y na fila[j] */
      q = rear[j];
      if (q == -1)
         front[j] = p;
      else
         node[q].next = p;
      rear[j] = p;
   }  /* fim while */
   /* Neste ponto cada registro estah na fila correta */
   /* baseado no digito k. Formaremos uma soh lista    */
   /* de todos os elems da fila. Encontre o prim. elem.  */
   for (j = 0; j < 10 && front[j] == -1; j++)
      ;
   first = front[j];
   /* Associa filas restantes */
   while (j <= 9) {  /* Verifica termino */
      /* Encontra o proximo elemento */
      for (i = j+1; i < 10 && front[i] == -1; i++)
         ;
      if (i <= 9)  {
         p = i;
         node[rear[j]].next = front[i];
      }  /* fim if */
      j = i;
   }  /* fim while */
   node[rear[p]].next = -1;
{  /* fim for */
/* Copia de volta para o vetor original */
for (i = 0; i< n; i++)  {
   x[i] = node[first].info;
   first = node[first].next;
}  /* fim for */
}  /* fim radixsort */
```

Evidentemente, as exigências de tempo para o método de classificação de raízes dependem da quantidade de dígitos (m) e do número de elementos no arquivo (n). Como a repetição mais externa, **for** ($k = 1; k <= m; k ++$), é percorrida m vezes (uma vez para cada dígito) e a repetição mais interna, n vezes (uma vez para cada elemento no arquivo), a classificação é aproximadamente $O(m * n)$. Sendo assim, a classificação é razoavelmente eficiente se o número de dígitos na chave não for muito grande. Entretanto, deve-se observar que várias máquinas têm recursos de hardware para ordenar dígitos de um número (particularmente, se estiverem em notação binária) com mais velocidade do que podem executar uma comparação de duas chaves completas. Portanto, não compensa comparar a estimativa de $O(m * n)$ com alguns dos outros resultados que alcançamos neste capítulo. Observe também que, se as chaves forem densas (isto é, se quase todo número que possa ser uma chave for de fato uma chave), m se aproximará de log n, de modo que $O(m * n)$ se aproximará de $O(n \log n)$. A classificação exige realmente espaço para armazenar ponteiros para os inícios e finais das filas, além de um campo extra em cada registro para ser usado como um ponteiro para as listas ligadas. Se o número de dígitos for grande, ocasionalmente será mais eficiente classificar o arquivo aplicando primeiro a classificação de raízes nos dígitos mais significativos e depois usando a inserção direta sobre o arquivo reordenado. Em casos nos quais a maioria dos registros no arquivo tiver dígitos mais significativos diferentes, esse processo eliminará passagens desnecessárias sobre os dígitos menos significativos.

EXERCÍCIOS

6.5.1. Escreva um algoritmo para uma rotina *merge*(x, lb1, ub1, ub2), que presuma que $x[lb]$ até $x[ub1]$ e $x[ub1 + 1]$ até $x[ub2]$ estão classificados e intercale os dois em $x[lb1]$ até $x[ub2]$.

6.5.2. Considere a seguinte versão recursiva da classificação por intercalação que usa a rotina *merge* do exercício anterior. Inicialmente, ela é chamada por *msort2*(x, 0, n - 1). Reescreva a rotina eliminando a recursividade e simplificando-a. Qual a diferença entre a rotina resultante e a apresentada no texto?

```
msort2(x, lb, ub)
{
   if (lb != ub)  {
     mid = (ub+lb)/2;
      msort2(x, lb, mid);
      msort2(x, mid+1, ub);
      merge(x, lb, mid, ub);
   }  /* fim if */
}  /* fim msort2 */
```

6.5.3. Seja $a(l1, l2)$ o número médio de comparações necessárias para intercalar dois vetores classificados, de tamanho $l1$ e $l2$, respectivamente, onde os elementos do vetor são escolhidos aleatoriamente entre os $l1 + l2$ elementos.

  a. Quais os valores de $a(l1, 0)$ e $a(0,l2)$?

  b. Demonstre que, para $l1 > 0$ e $l2 > 0$, $a(l1, l2)$ é igual a $(l1(l1 + l2)) * (1 + a(l1 - 1, l2)) + (l2(l1 + l2)) * (1 + a(l1, l2 - 1))$. (*Dica*: Expresse o número médio de comparações em termos do número médio de comparações após a primeira comparação.)

  c. Demonstre que $a(l1,l2)$ é igual a $(l1 * l2 * (l1 + l2 + 2))/((l1 + 1) * (l2 + 1))$.

  d. Verifique a fórmula apresentada na parte c para dois vetores, um de tamanho 2 e outro de tamanho 1.

6.5.4. Considere o seguinte método de intercalar dois vetores, a e b, em c: faça uma busca binária de $b[0]$ no vetor a. Se $b[0]$ estiver entre $a[i]$ e $a[i + 1]$, dê saída de $a[1]$ até $a[i]$ no vetor c; depois, dê saída de $b[0]$ para o vetor c. Em seguida, faça uma busca binária de $b[1]$ no subvetor $a[i + 1]$ até $a[la]$ (onde la é o número de elementos no vetor a) e repita o processo de saída. Repita este procedimento para todo elemento do vetor b.

  a. Escreva uma rotina em C para implementar esse método.

  b. Em que casos esse método é mais eficiente do que o apresentado no texto? Em que casos ele é menos eficiente?

6.5.5. Considere o seguinte método (chamado **intercalação binária**) de intercalar dois vetores classificados, a e b, em c: considere la e lb como o número de elementos de a e b, respectivamente, e pressuponha que $la >= lb$. Divida a em $lb + 1$ subvetores aproximadamente iguais. Compare $b[0]$ com o menor elemento do segundo subvetor de a. Se $b[0]$ for menor, encontre $a[i]$ tal que $a[i] <= b[0] <= a[i + 1]$ por meio de uma busca binária no primeiro subvetor. Dê saída a todos os elementos do primeiro subvetor até $a[i]$, inclusive, para c, e depois dê saída de $b[0]$ para c. Repita esse processo com $b[1], b[2],..., b[j]$, onde $b[j]$ é considerado maior que o menor elemento do segundo subvetor. Dê saída a todos os elementos restantes do primeiro subvetor e no primeiro elemento do segundo subvetor para c. Em seguida, compare $b[j]$ com o menor elemento do terceiro subvetor de a, e assim por diante.

a. Escreva um programa em C para implementar a intercalação binária.

b. Prove que, se $la = lb$, a intercalação binária atuará como a intercalação descrita no texto.

c. Prove que, se $lb = 1$, a intercalação binária atuará como a intercalação do exercício anterior.

6.5.6. Determine o número de comparações (como uma função de m e n) efetuadas ao intercalar dois arquivos ordenados, a e b, de tamanhos n e m, respectivamente, por meio de cada um dos seguintes métodos de intercalação, em cada um dos seguintes conjuntos de arquivos ordenados.

Métodos de Intercalação:

a. o método de intercalação apresentado no texto

b. a intercalação do Exercício 6.5.4

c. a intercalação binária do Exercício 6.5.5

Conjuntos de Arquivos:

a. $m = n$ e $a[i] < b[i] < a[i + 1]$ para todo i

b. $m = n$ e $a[n] < b[1]$

c. $m = n$ e $a[n/2] < b[1] < b[m] < a[(n/2) + 1]$

d. $n = 2 * m$ e $a[i] < b[i] < a[i + 1]$ para todo i entre 0 e $m - 1$

e. $n = 2 * m$ e $a[m + i] < b[i] < a[m + i + 1]$ para todo i entre 0 e $m - 1$

f. $n = 2 * m$ e $a[2 * i] < b[i] < a[2 * i + 1]$ para todo i entre 0 e $m - 1$

g. $m = 1$ e $b[0] = a[n/2]$

h. $m = 1$ e $b[0] < a[0]$

i. $m = 1$ e $a[n] < b[0]$

6.5.7. Gere dois arquivos aleatórios classificados, de tamanho 100, e intercale-os por meio de cada um dos métodos do exercício anterior, rastreando o número de comparações feitas. Faça o mesmo para dois arquivos de tamanho 10 e dois arquivos de tamanho 1000. Repita o experimento dez vezes. O que os resultados indicam sobre a eficiência média dos métodos de intercalação?

6.5.8. Escreva uma rotina que classifique um arquivo, aplicando primeiro a classificação de raízes nos r dígitos mais significativos (onde r é uma constante dada) e use, em seguida, a inserção direta para classificar o arquivo inteiro. Isso eliminará passagens excessivas sobre os dígitos menos significativos que talvez sejam desnecessárias.

6.5.9. Escreva um programa que imprima todos os conjuntos de seis inteiros positivos, $a1$, $a2$, $a3$, $a4$, $a5$ e $a6$, de modo que:

$a1 <= a2 <= a3 <= 20$
$a1 < a4 <= a5 <= a6 <= 20$

e a soma dos quadrados de $a1$, $a2$ e $a3$ seja igual à soma dos quadrados de $a4$, $a5$ e $a6$. (*Dica*: Gere todas as somas possíveis de três quadrados, e use um procedimento de classificação para localizar repetições.)

Capítulo 7

Operação de Busca

Neste capítulo examinaremos métodos de pesquisar grandes quantidades de dados para encontrar determinada informação. Conforme veremos, certos métodos de organizar dados tornam o processo de busca mais eficiente. Como a operação de busca é uma tarefa muito comum em computação, o conhecimento desses métodos é um passo importante para que você se torne um bom programador.

7.1 TÉCNICAS BÁSICAS DE PESQUISA

Antes de considerar técnicas de pesquisa específicas, vamos definir alguns termos. Uma *tabela* ou um *arquivo* é um grupo de elementos, cada um dos quais chamado *registro*. Existe uma *chave* associada a cada registro, usada para diferenciar os registros entre si. A associação entre um registro e sua chave pode ser simples ou complexa. Em sua forma mais simples, uma chave está contida dentro de um registro em um deslocamento específico a partir do início do registro. Esse tipo de chave é chamado *chave interna* ou *chave embutida* ou *incorporada*. Em outros casos, existe uma tabela de chaves separada que inclui ponteiros para os registros. Essas chaves são chamadas *chaves externas*. Para todo arquivo existe pelo menos um conjunto exclusivo (isto é, dois registros não poderão ter o mesmo valor de chave) de chaves (possivelmente mais). Esse tipo de chave é chamado **chave primária**. Por exemplo, se o arquivo estiver armazenado em um vetor, o índice dentro do vetor de um elemento é uma chave externa exclusiva desse elemento.

Entretanto, como todo campo de um registro pode servir como chave em determinada aplicação, nem sempre as chaves precisam ser exclusivas. Por exemplo, num arquivo de nomes e endereços, se o Estado for usado como chave para determinada pesquisa, provavelmente ele não será exclusivo porque poderão existir dois registros com o mesmo Estado no arquivo. Esse tipo de chave é chamada **chave secundária**. Alguns dos algoritmos que apresentaremos pressupõem chaves exclusivas; outros permitem chaves duplicadas. Ao adotar um algoritmo para determinada aplicação, o programador deverá saber se as chaves são exclusivas e certificar-se de que o algoritmo selecionado é adequado.

Um **algoritmo de busca** é aquele que aceita um argumento a e tenta encontrar o registro cuja chave seja a. O algoritmo pode retornar o registro inteiro ou, mais habitualmente, um ponteiro para esse registro. É possível que a busca de determinado elemento numa tabela não tenha sucesso, ou seja, talvez não exista nenhum registro dentro da tabela com esse argumento como chave. Nesse caso, o algoritmo pode retornar um "registro nulo" especial ou um ponteiro nulo. Com muita freqüência, se uma busca não obtiver êxito, talvez seja necessário incluir um novo registro com o argumento como sua chave. O algoritmo que faz esse tipo de operação é o **algoritmo de busca e inserção**. Uma busca com sucesso é freqüentemente chamada **recuperação**.

Uma tabela de registros na qual uma chave é usada para recuperação é freqüentemente chamada **tabela de busca** ou **dicionário**.

Em alguns casos, é necessário inserir um registro com uma chave primária *key* num arquivo sem procurar primeiro outro registro com a mesma chave. Essa situação poderia surgir se já tivesse sido determinada a inexistência desse registro no arquivo. Nas discussões subseqüentes, examinaremos e comentaremos a eficiência relativa de alguns algoritmos. Nesses casos, o leitor deverá observar se os comentários se relacionam a uma pesquisa, uma inserção ou uma busca e inserção.

Note que não dissemos nada sobre o modo de organização da tabela ou do arquivo. Ela pode ser um vetor de registros, uma lista ligada, uma árvore ou até um gráfico. Como diferentes técnicas de busca (ou pesquisa) podem ser adequadas a diferentes organizações de tabelas, uma tabela é freqüentemente elaborada com uma técnica de busca em mente.

A tabela pode ficar totalmente contida na memória, totalmente no armazenamento auxiliar, ou pode ser dividida entre ambos. É evidente que são necessárias diferentes técnicas de pesquisa sob essas diferentes permissas. As pesquisas nas quais a tabela inteira está constantemente na memória principal são chamadas **buscas internas**, enquanto aquelas nas quais a maior parte da tabela é mantida no armazenamento auxiliar são chamadas **buscas externas**. Como acontece com a classificação, concentraremo-nos basicamente na operação de busca interna; entretanto, mencionaremos algumas técnicas de busca externa quando elas se relacionarem intimamente com os métodos que estudarmos.

O DICIONÁRIO COMO UM TIPO DE DADO ABSTRATO

Uma tabela de busca ou um dicionário pode ser representado como um tipo de dado abstrato. Presumiremos primeiramente duas declarações de tipos para chave e os tipos de registro, e uma função que extrai a chave de um registro.

Definiremos também um registro nulo para representar uma busca sem êxito.

```
typedef KEYTYPE ...       /* um tipo de chave          */
typedef RECTYPE ...       /* um tipo de registro       */
RECTYPE nullrec = ...     /* um registro "nulo"        */

KEYTYPE keyfunct(r)
RECTYPE r:
{...
};
```

Podemos representar o tipo de dado abstrato *table* simplesmente como um conjunto de registros. Esse é nosso primeiro exemplo de um TDA definido em termos de conjunto em vez de seqüência. Usamos a notação [*eltype*] para indicar um conjunto de objetos do tipo *eltype*. A função *inset*(*s, elt*) retornará *true* se *elt* estiver no conjunto *s*, e *false* caso contrário. A operação de conjunto, *x - y*, indica o conjunto *x* com todos os elementos do conjunto *y* removidos.

```
abstract typedef [rectype] TABLE ( RECTYPE);

abstract member(tbl, k)
TABLE(RECTYPE) tbl;
KEYTYPE k;
postcondition if (existe um r em tbl tal que
                                        keyfunct(r) == k)
               then member = TRUE
               else member = FALSE

abstract RECTYPE search(tbl,k)
TABLE(rectype) tbl;
keytepy k;
postcondition (not member(tbl, k)) && (search == nullrec)
            || (member(tbl,k) && keyfunct(search) == k);

abstract insert(tbl, r)
TABLE(RECTYPE) tbl;
RECTYPE r;
precondition member(tbl,keyfunct(r)) == FALSE
postcondition insert(tbl, r);
              (tbl - [r]) == tbl';

abstract delete(tbl, k)
TABLE(RECTYPE) tbl;
KEYTYPE k;
postcondition tbl == (tbl' - [search(tbl,k)]);
```

Como não se presume a existência de nenhuma relação entre os registros ou entre suas chaves associadas, a tabela que especificamos é uma **tabela desordenada**. Embora essa tabela permita a recuperação de elemento baseada em seus valores de chaves, os elementos não poderão ser recuperados numa ordem específica. Existem ocasiões em que, além das facilidades oferecidas por uma tabela desordenada, é necessário também recuperar elementos com base em algum tipo de ordenação entre os registros. Uma vez que seja estabelecida a ordenação de registros, será possível referir-se ao primeiro elemento de uma tabela, ao último elemento de uma tabela e ao sucessor de determinado elemento. Uma tabela que suporta esses recursos adicionais é chamada **tabela ordenada**. O TDA para uma tabela ordenada precisa ser especificado como uma seqüência para indicar a ordenação dos registros, e não como um conjunto. Deixaremos a especificação do TDA como um exercício para o leitor.

NOTAÇÃO ALGORÍTMICA

A maioria das técnicas examinadas neste capítulo será apresentada como algoritmos em vez de como programas C. Isso acontece porque uma tabela pode ser representada de várias maneiras. Por exemplo, uma tabela (chaves mais registros) organizada como um vetor poderia ser declarada por:

```
#define TABLESIZE 1000
typedef KEYTYPE ...
typedef RECTYPE ...
struct{
   KEYTYPE K;
   RECTYPE R;
} table[TABLESIZE];
```

ou poderia ser declarada como dois vetores separados:

```
KEYTYPE k[TABLESIZE];
RECTYPE r[TABLESIZE];
```

No primeiro caso, a *i*ésima chave seria referenciada como *table[i].k;* no segundo caso, como *k[i]*.

De modo semelhante, para uma tabela organizada como uma lista, poderia ser usada a representação em vetor ou a representação dinâmica de uma lista. No primeiro caso, a chave do registro apontado por um ponteiro *p* seria referenciada como *node[p].k:* no último caso, como *p -> k*.

Entretanto, as técnicas para pesquisar essas tabelas são muito parecidas. Sendo assim, para eliminar a necessidade de escolher uma representação específica, adotaremos a convenção algorítmica de referenciar a *i*ésima chave como *k(i)* e a chave do ponteiro apontado por *p* como *k(p)*. De modo semelhante, referenciaremos o registro correspondente como *r(i)* ou *r(p)*. Dessa forma, poderemos concentrar-nos nos detalhes da técnica em vez de nos detalhes da implementação.

OPERAÇÃO DE BUSCA SEQÜENCIAL

A forma mais simples de uma busca é a ***busca seqüencial***. Essa busca é aplicável a uma tabela organizada como um vetor ou como uma lista ligada. Suponhamos que *k* seja um vetor de *n* chaves, *k(0)* a *k(n-1)*, e *r* um vetor de registros, *r(0)* a *r(n-1)*, tal que *k(i)* seja a chave de r(i). (Observe que estamos usando a notação algorítmica, *k(i)* e *r(i)*, conforme descrito anteriormente). Suponhamos também que *key* seja um argumento de busca. Desejamos retornar o menor inteiro *i* tal que *k(i)* seja a *key*, se tal inteiro *i* existir, e -1, caso contrário. Veja a seguir o algoritmo que faz essa operação:

```
for (i=0;i<n; i++)
   if (key == K(i))
      return(i);
return (-1);
```

O algoritmo examina uma chave por vez; ao encontrar uma que coincida com o argumento de busca, seu índice (que atua como ponteiro para seu registro) é retornado. Se nenhuma coincidência for encontrada, será retornado -1.

Esse algoritmo pode ser facilmente modificado de modo a incluir na tabela um registro *rec* com chave *key* se *key* ainda não estiver incluída. O último comando pode ser alterado para:

```
k(n) = key;     /* insere a nova chave e           */
r(n) = rec;     /*          registro               */
n++;            /* aumenta o tamanho da tabela     */
return(n-1);
```

Observe que, se as inserções forem feitas usando somente o algoritmo anterior revisado, dois registros não poderão ter a mesma chave. Quando esse algoritmo for implementado em C, precisaremos assegurar que a implementação de *n* não fará com que seu valor ultrapasse o limite máximo do vetor. Para usar uma busca de inserção seqüencial, deve-se alocar armazenamento suficiente para o vetor.

Um método de busca ainda mais eficiente requer a inserção da chave de argumento no final do vetor antes de iniciar a operação de busca, garantindo assim que a chave seja encontrada.

```
k(n) = key;
for (i=0; key != k(i); i++)
   ;
if (i < n)
   return(i);
else
   return(-1);
```

Para uma busca e inserção, a instrução *if* inteira é substituída por:

```
if (i == n)
   r(n++) = rec;
return(i)
```

A chave adicional inserida no final do vetor é chamada **sentinela**.

Armazenar uma tabela como uma lista ligada tem a vantagem de que o tamanho da tabela é aumentado dinamicamente, conforme a necessidade. Suponhamos que a tabela esteja organizada como uma lista linear ligada apontada por *table* e vinculada por um campo ponteiro *next*. Assim, pressupondo-se k, r, *key* e *rec*, como anteriormente, a busca de inserção seqüencial de uma lista ligada pode ser escrita como segue:

```
q = null;
for (p = table; p != null && k(p) != key; p = next(p))
   q = p;
if (p != null)   /* isso significa que k(p) == KEY */
   return (p);
/* insere um novo noh */
s = getnode();
k(s) = key;
r(s) = rec;
next(s) = null;
if (q == null)
   table = s;
else
   next(q) = s;
return(s);
```

A eficiência de pesquisar uma lista pode ser aprimorada pela mesma técnica recém-sugerida para um vetor. Um nó de sentinela contendo a chave da argumento pode ser incluído no final da lista, antes de iniciar a busca, do modo que a condição na repetição *for* seja a simples condição $k(p)$ = *key*. Entretanto, o método da sentinela exige a manutenção de um ponteiro externo adicional para o último nó na lista.

Deixamos os detalhes adicionais (como, por exemplo, o que acontece com o nó recém-incluído, quando a chave é encontrada dentro da lista) para o leitor.

A eliminação de um registro de uma tabela armazenada como um vetor desordenado é implementada substituindo-se o registro a ser eliminado pelo último registro no vetor e reduzindo-se o tamanho da tabela de 1. Se o vetor estiver ordenado de alguma maneira (mesmo que a ordenação não seja pela chave), esse método não poderá ser usado, e metade dos elementos do vetor deverão ser movidos na média. (Por quê?) Se a tabela estiver armazenada como uma lista ligada, será muito eficiente eliminar um elemento independentemente da ordenação.

EFICIÊNCIA DA OPERAÇÃO DE BUSCA SEQÜENCIAL

Qual é a eficiência de uma busca seqüencial? Examinemos o número de comparações feitas por uma busca seqüencial ao procurar determinada chave. Não presumiremos nenhuma inserção ou eliminação, de modo que pesquisaremos uma tabela de tamanho constante n. O número de comparações dependerá de onde o registro com a chave do argumento aparecer na tabela. Se o registro for o primeiro na tabela, só será efetuada uma comparação; se o registro for o último a tabela, serão necessárias n comparações. Se for igualmente provável que o argumento apareça em qualquer posição determinada da tabela, uma busca de sucesso exigirá (em média) $(n + 1)/2$ comparações, e uma busca sem êxito exigirá n comparações. Em qualquer caso, o número de comparações será $O(n)$.

Entretanto, geralmente alguns argumentos são apresentados para o algoritmo de busca com mais freqüência do que outros. Por exemplo, nos arquivos de um registrador de faculdades, os registros de um aluno do último ano requerendo transcritos para graduação, ou de um calouro cuja média do segundo grau esteja sendo atualizada, serão mais provavelmente usados do que os dos estudantes de primeiro e do segundo ano. De modo semelhante, os registros dos desordeiros e fraudadores serão mais provavelmente recuperados nos arquivos de um órgão de registro de automóveis ou num Departamento de Multas e Impostos do que os de um cidadão que obedece às leis. (Conforme veremos mais adiante neste capítulo, esses exemplos são irreais porque é improvável que uma busca seqüencial fosse aplicada a arquivos tão grandes; mas, por enquanto, suponhamos o uso de uma busca seqüencial). Sendo assim, se os registros freqüentemente acessados forem posicionados no início do arquivo, o número médio de comparações será consideravelmente reduzido porque os registros mais acessados exigirão menor quantidade de tempo para ser recuperados.

Imagine que *p(i)* seja a probabilidade de recuperação do registro *i*. *(p(i)* é um número entre 0 e 1, tal que, se *m* recuperações forem feitas a partir do arquivo, *m * p(i)* delas serão a partir de *r(i)*.) Suponhamos também que *p(0) + p(1) + ... + p(n-1)* = 1, de modo que não exista nenhuma possibilidade de uma chave de argumento estar ausente na tabela. Sendo assim, o número médio de comparações ao pesquisar um registro será:

$$p(0) + 2 * p(1) + 3 * p(2) + ... + n * p(n-1)$$

Evidentemente, esse número será diminuído se:

$$p(0) >= p(1) >= p(2) >= ... >= p(n-1)$$

(Por quê?) Assim, dado um arquivo grande e estável, reordenar o arquivo pela ordem de probabilidade decrescente de recuperação implicará um grau mais alto de eficiência toda vez que o arquivo for pesquisado.

Se várias inserções e eliminações precisarem ser efetuadas numa tabela, será preferível uma estrutura em lista a um vetor. Entretanto, mesmo numa lista seria melhor manter a relação:

$$p(0) >= p(1) >= ... >= p(n - 1)$$

para fornecer uma operação de busca seqüencial eficiente. Isso poderá ser feito com mais facilidade se for inserido um novo item na lista no local correto. Se *prob* fosse a probabilidade de um registro com determinada chave ser o argumento da busca, esse registro deveria ser inserido entre os registros *r(i)* e *r(i + 1)*, onde *i* é tal que:

$$p(i) >= prob >= p(i + 1)$$

Evidentemente, esse método implica que um campo extra *p* seja mantido com cada registro ou que *p* possa ser computado com base em alguma outra informação presente em cada registro.

REORDENANDO UMA LISTA PARA OBTER A EFICIÊNCIA MÁXIMA DE BUSCA

Infelizmente, as probabilidades $p(i)$ são raramente conhecidas antecipadamente. Embora seja habitual a recuperação de determinados registros com mais freqüência do que outros, é quase impossível identificar tais registros antecipadamente. Além disso, a probabilidade de que determinado registro seja recuperado pode mudar com o passar do tempo. Usando o exemplo do registrador de faculdade, já citado, um estudante inicia como um calouro (alta probabilidade de recuperação) e depois torna-se um estudante de primeiro e segundo ano (baixa probabilidade) antes de se tornar um aluno de último ano (alta probabilidade). Sendo assim, seria útil ter um algoritmo que reordenasse continuamente a tabela de modo que os registros mais acessados fossem deslocados para o início, enquanto os acessados com menos freqüência fossem deslocados para o final.

Existem dois métodos de busca que fazem essa operação. Um deles é conhecido como método **mover-para-frente** e só será eficiente se aplicado sobre uma tabela organizada como uma lista. Nesse método, sempre que uma pesquisa obtiver êxito (ou seja, quando for encontrado o argumento coincidente com a chave de determinado registro), o registro recuperado será removido de sua atual posição na lista e colocado no início da lista.

O outro método é a **transposição**, na qual um registro recuperado com sucesso é trocado pelo registro imediatamente anterior. Apresentaremos um algoritmo para implementar o método de transposição sobre uma tabela armazenada como uma lista ligada. O algoritmo retornará um ponteiro para o registro recuperado, ou um ponteiro nulo, se o registro não for encontrado. Como anteriormente, *key* é o argumento de busca, *k* e *r* são as tabelas de chaves e registros; *table* é um ponteiro para o primeiro nó da lista.

```
q = s = null; /* q encontra-se um passo antes de p; */
              /* s encontra-se dois passos antes de p */
for (p = table; p != null && k(p) != key ; p = next(p)) {
    s = q;
    q = p;
} /* fim for */
if (p == null)
    return(p);
/* Encontramos o registro na posicao p              */
```

```
/* Transpoe os registros apontados por p e q.         */
if (q == null)
   /* A chave estah na primeira posicao da tabela.    */
   /*       Nao eh necessaria nenhuma transposicao.   */
   return (p);
/* Transpoe node(q) e node(p). */
next (q) = next(p);
next(p) = q;
(s == null) ? (table = p) : (next(s) = p);
return (p);
```

Observe que as duas instruções *if* anteriores podem ser combinadas numa única instrução *if*(p == *null* || q == *null*) *return* (p); para que o algoritmo fique mais conciso. Deixaremos a implementação do método de transposição para um vetor e a do método de mover-para-frente como exercícios para o leitor.

Esses dois métodos baseiam-se no fenômeno observado de que um registro recuperado será provavelmente recuperado outra vez. Avançando tais registros para o início da tabela, as recuperações subseqüentes serão mais eficientes. O raciocínio do método mover-para-frente é que, como o registro será provavelmente recuperado mais uma vez, ele deve ser colocado na posição dentro da tabela na qual a recuperação seja mais eficiente. Entretanto, o contra-argumento do método de transposição é que uma única recuperação não implica necessariamente que o registro será recuperado freqüentemente; posicioná-lo no início da tabela reduzirá a eficiência da busca de todos os outros registros que o precediam anteriormente. Se avançarmos um registro apenas uma posição sempre que ele for recuperado, garantiremos que ele avançará para o início da lista apenas se recuperado com freqüência.

Ficou demostrado que, para um grande número de solicitações de busca com uma distribuição inalterada de probabilidade, o método de transposição é mais eficiente. Entretanto, o método mover-para-frente dá melhores resultados para um número pequeno a médio de solicitações e responde mais rapidamente a uma mudança na distribuição da probabilidade. Ele também apresenta melhor comportamento do pior caso do que a transposição. Por essa razão, o método de mover-para-frente é preferido na maioria das situações que exige a busca seqüencial.

Se forem necessárias grandes quantidades de busca com uma distribuição de probabilidade inalterada, uma estratégia combinada pode ser a melhor opção: use o método mover-para-frente para as primeiras s buscas, organize rapidamente a lista numa seqüência eficiente e depois alterne para a transposição para obter um comportamento ainda melhor. O valor exato de s para otimizar a eficiência global dependerá da extensão da lista e da exata distribuição de probabilidade de acesso.

Uma vantagem do método de transposição sobre o método mover-para-frente é que ele pode ser aplicado com eficiência sobre tabelas armazenadas em vetores e sobre tabelas estruturadas em listas. A transposição de dois elementos num vetor é uma operação muito eficiente, enquanto o deslocamento de um elemento do meio de um vetor para o início exige (em média) a movimentação de metade do vetor. (Entretanto, nesse caso, o número médio de movimentos não é tão grande porque os elementos a ser deslocados com mais freqüência procedem da parte superior do vetor.)

OPERAÇÃO DE BUSCA NUMA TABELA ORDENADA

Se a tabela estiver armazenada em ordem ascendente ou decrescente de chaves de registros, várias técnicas poderão ser empregadas para aumentar a eficiência da operação de busca. Uma vantagem evidente ao pesquisar um arquivo classificado em comparação a um arquivo não-classificado é no caso em que a chave do argumento está ausente do arquivo. No caso de um arquivo não-classificado, são necessárias n comparações para detectar esse fato. No caso de um arquivo classificado, presumindo-se que as chaves dos argumentos estejam uniformemente distribuídas pela faixa de chaves no arquivo, só serão necessárias $n/2$ comparações (em média). Isso acontece porque sabemos que determinada chave está ausente num arquivo classificado em ordem ascendente de chaves assim que encontramos uma chave maior que o argumento.

Suponha a possibilidade de reunir um grande número de solicitações de busca antes de qualquer uma delas ser processada. Por exemplo, em várias aplicações, uma resposta a uma solicitação de informação pode ser postergada para o dia seguinte. Nesse caso, todas as solicitações num dia específico podem ser reunidas e a real operação de busca pode ser feita durante a noite, quando nenhuma solicitação adicional estiver entrando. Se a tabela e a lista de solicitações estiverem classificadas, a busca seqüencial poderá proceder por ambas, paralelamente. Portanto, não será necessário pesquisar a tabela inteira para cada solicitação de recuperação. Na realidade, se existirem várias solicitações como essas distribuídas uniformemente pela tabela inteira, cada solicitação exigirá apenas algumas verificações (se o número de solicitações for menor que o número de entradas da tabela) ou talvez apenas uma única comparação (se o número de solicitações for maior que o número de entradas da tabela). Nessas situações, a operação de busca seqüencial será provavelmente o método mais eficiente a usar.

Devido à simplicidade e à eficiência do processamento seqüencial sobre os arquivos classificados, talvez compense classificar um arquivo antes de pesquisar chaves dentro dele. Isto se verifica principalmente na situação descrita no parágrafo anterior, onde lidamos com um arquivo "mestre" (ou "principal") e um grande arquivo de "transações" de busca.

A BUSCA SEQÜENCIAL INDEXADA

Existe outra técnica para aumentar a eficiência da busca num arquivo classificado, mas ela requer um aumento na quantidade de espaço necessária. Esse método é chamado método de busca **seqüencial indexada**. Uma tabela auxiliar, chamada *índice*, é reservada além do próprio arquivo classificado. Cada elemento no índice consiste em uma chave *kindex* e um ponteiro para o registro no arquivo que corresponde a *kindex*. Os elementos no índice e no arquivo devem ser classificados pela chave. Se o índice for um oitavo do tamanho do arquivo, todo oitavo registro do arquivo será representado no índice. Esse processo é ilustrado na Figura 7.1.1.

O algoritmo usado para pesquisar um arquivo seqüencial indexado é simples. Imagine *r*, *k* e *key* definidas como anteriormente; *kindex* como um vetor das chaves no índice e *pindex* como o vetor de ponteiros dentro do índice para os verdadeiros registros no arquivo. Presumiremos que o arquivo esteja armazenando como um vetor, que *n* seja o tamanho do arquivo e que *indexsize* seja o tamanho do índice.

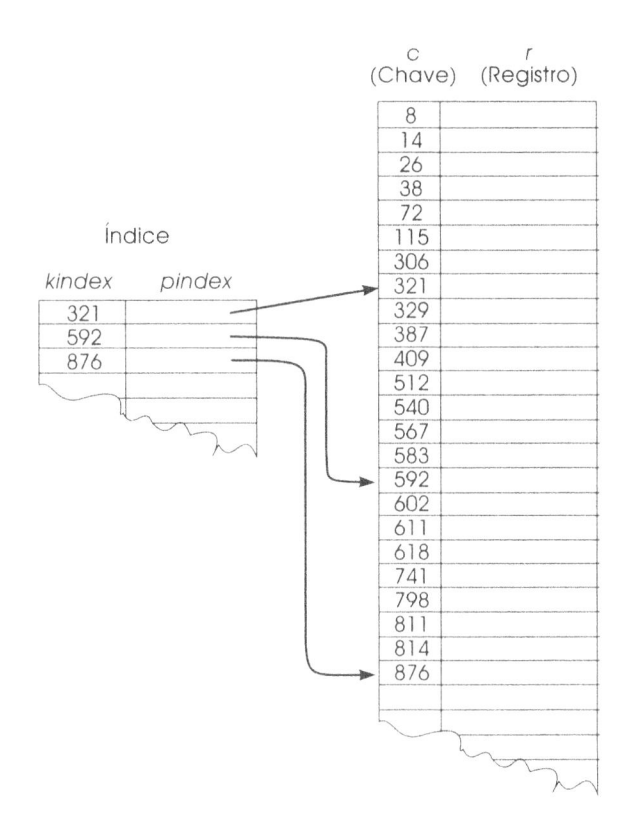

Figura 7.1.1 Um arquivo seqüencial indexado.

```
for (i = 0; i <indxsize && kindex(i) <= key; i++)
    ;
lowlim = (i == 0) ? 0 : pindex(i - 1);
hilim = (i == indxsize) ? n - 1 : pindex(i) - 1;
for (j = lowlim; j <= hilim && k(j) ! = key ; j++)
    ;
return ((j > hilim) ? -1 : j);
```

Observe que, no caso de vários registros com a mesma chave, o algoritmo anterior não retorna necessariamente um ponteiro para o primeiro registro na tabela.

A grande vantagem do método seqüencial indexado é que os itens na tabela poderão ser examinados seqüencialmente se todos os registros no arquivo precisarem ser acessados, e o tempo de busca de determinado item é consideravelmente reduzido. Uma busca seqüencial é efetuada sobre o índice menor e não sobre a tabela maior. Assim que a posição correta do índice for encontrada, uma segunda busca seqüencial será executada sobre uma parte menor da própria tabela de registros.

O uso de um índice é aplicável a uma tabela classificada, armazenada como uma lista ligada, e a uma tabela armazenada como um vetor. O uso de uma lista ligada implica uma sobrecarga maior de espaço para os ponteiros, embora as inserções e eliminações possam ser efetuadas com muito mais rapidez.

Se a tabela for tão grande que o uso de um índice não alcance eficiência suficiente (seja porque o índice é grande demais para reduzir a operação de busca seqüencial na tabela, ou porque o índice é pequeno demais de modo que as chaves adjacentes no índice estão muito distantes entre si), pode-se usar um índice secundário. O índice secundário atua como um índice para o índice primário, que aponta para entradas na tabela seqüencial. Esse processo é ilustrado na Figura 7.1.2.

As eliminações de uma tabela seqüencial indexada podem ser executadas com mais facilidade marcando as entradas eliminadas. Ao pesquisar seqüencialmente uma tabela, as entradas eliminadas serão ignoradas. Observe que, se um elemento for eliminado, mesmo que sua chave esteja no índice, não será necessária nenhuma ação sobre o índice; apenas a entrada original da tabela é marcada.

A inserção numa tabela seqüencial indexada é mais difícil porque talvez não exista espaço entre duas entradas já existentes da tabela, sendo necessário, por conseguinte, um deslocamento numa grande quantidade de elementos da tabela. Entretanto, se um item próximo estiver marcado como eliminado na tabela, somente alguns itens precisarão ser deslocados e o item eliminado poderá ser sobreescrito. Por sua vez, isso pode exigir uma alteração do índice se um item apontado por um elemento do índice for deslocado. Um método alternativo é manter uma área sobressalente em algum outro local e associar a ela todos os registros inseridos.

Entretanto, isso exigirá um campo de ponteiro adicional em cada registro da tabela original. Recomendamos que o leitor explore estas possibilidades como exercícios.

A BUSCA BINÁRIA

O método mais eficiente de pesquisar uma tabela seqüencial sem usar índice ou tabela auxiliares é a busca binária. Você aprendeu sobre essa técnica de busca nas Seções 3.1 e 3.2. Em termos básicos, o argumento é comparado à chave do elemento do meio da tabela. Se forem iguais, a busca terminará com sucesso; caso contrário, a metade superior ou a metade inferior da tabela deverá ser pesquisada de modo semelhante.

No Capítulo 3, comentamos que a busca binária pode ser mais bem definida recursivamente. Como resultado, uma definição recursiva, um algoritmo recursivo em um programa recursivo foram apresentados para a busca binária. Entretanto, é possível que a sobrecarga associada à recursividade a torne inadequada para uso em situações práticas nas quais a eficiência é uma consideração primordial. Apresentamos, portanto, a seguinte versão não-recursiva do algoritmo de busca binária:

```
low =0;
hi = n -1
while (low <= hi) {
   mid = (low + hi)/2;
if (key == k(mid))
   return(mid);
if (key < k(mid))
   hi = mid -1;
else
   low = mid + 1;
}  /* fim while */
return(-1);
```

Cada comparação na busca binária reduz o número de possíveis candidatos por um fator de 2. Sendo assim, o número máximo de comparações de chave é aproximadamente $\log_2 n$. (Na realidade, é $2 * \log_2 n$ porque, em C, são feitas duas comparações de chave de cada vez por meio da repetição: $key == k(mid)$ e $key < k(mid)$. Entretanto, em linguagem de montagem ou em FORTRAN usando uma instrução IF aritmética, só uma comparação é feita. Um compilador otimizante deverá eliminar a comparação adicional.) Sendo assim, podemos afirmar que o algoritmo de busca é $O(\log n)$.

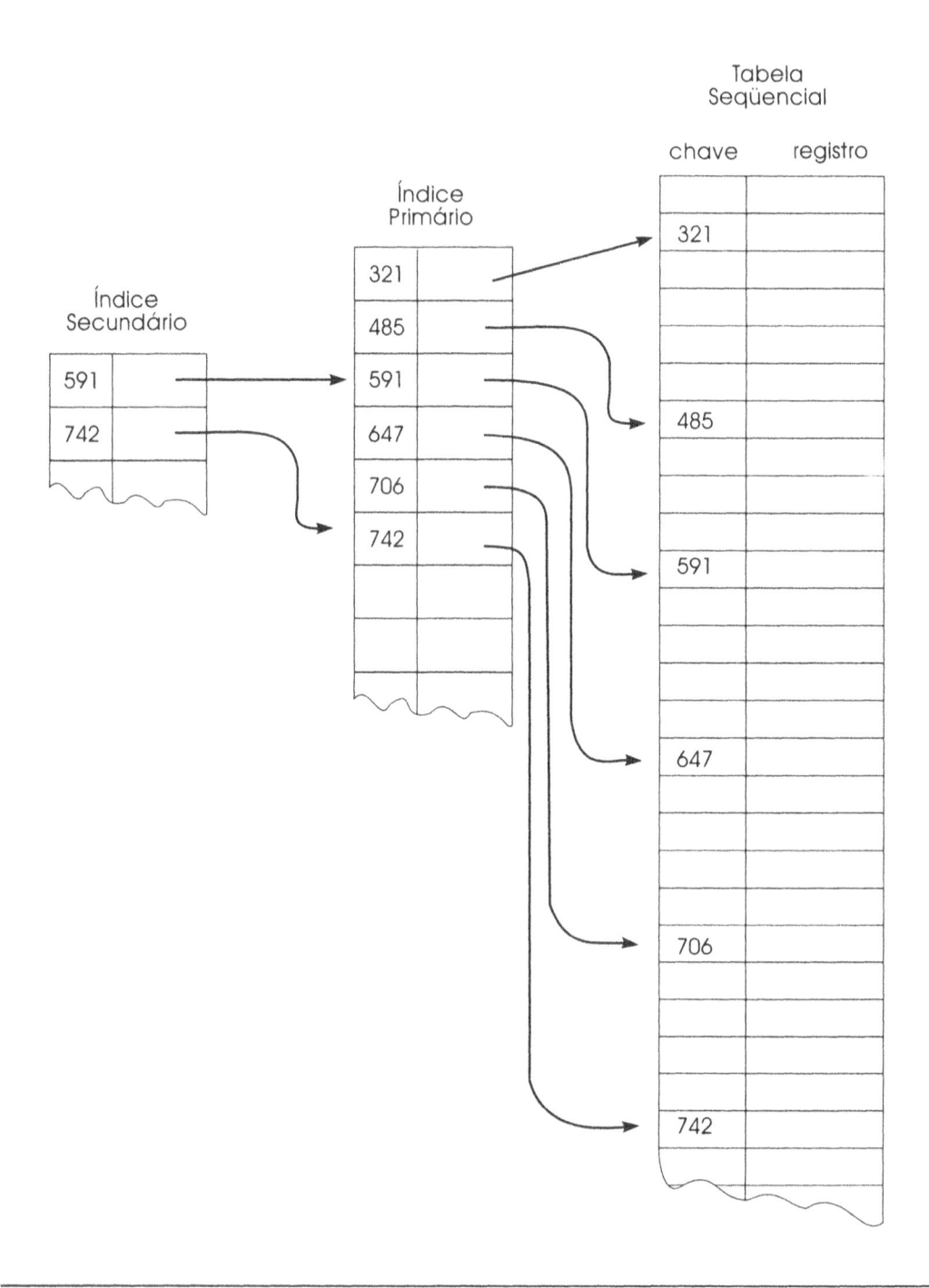

Figura 7.1.2 Uso de um índice secundário.

Observe que a busca binária pode ser usada justamente com a organização de tabela seqüencial indexada mencionada antes. Em vez de pesquisar o índice seqüencialmente, pode-se usar uma busca binária. A busca binária pode ser também usada ao pesquisar a tabela principal desde que dois registros limitadores sejam identificados. Entretanto, é provável que o tamanho desse segmento de tabela seja muito pequeno, de modo que a busca binária não seja mais vantajosa que a busca seqüencial.

Infelizmente, o algoritmo de busca binária só poderá ser usado se a tabela estiver armazenada como um vetor. Isso acontece porque ela usa o fato de que os índices dos elementos do vetor são inteiros consecutivos. Por esta razão, a busca binária é praticamente inútil em situações nas quais ocorrem várias inserções ou eliminações, tornando uma estrutura em vetor inadequada.

Um método para utilizar a busca binária na presença de inserções e eliminações, se o número máximo de elementos for conhecido, requer uma estrutura de dados conhecida como *lista preenchida*. Esse método usa dois vetores: um vetor de elementos e um vetor paralelo de sinalizadores. O vetor de elementos contém as chaves classificadas na tabela, com espaços "vazios" inicialmente intercalados uniformemente entre as chaves da tabela para permitir o crescimento. Um espaço vazio é indicado por um valor 0 no elemento do vetor de sinalizador correspondente, enquanto um espaço preenchido é indicado por um valor 1. Cada espaço vazio no vetor de elementos contém um valor de chave maior que ou igual ao valor de chave no espaço preenchido anterior e menor que o valor de chave no espaço seguinte preenchido. Sendo assim, o vetor de elementos inteiro é classificado, e uma busca binária válida pode ser executada sobre ele.

Para procurar um elemento, efetue uma busca binária sobre o vetor de elementos. Se a chave de argumento não for encontrada, o elemento não existirá na tabela. Se ela for encontrada e o valor do sinalizador correspondente for 1, o elemento estará alocado. Se o valor do sinalizador correspondente for 0, verifique se o espaço preenchido anterior contém a chave do argumento. Se contiver, o elemento estará alocado; caso contrário, o elemento não existirá na tabela.

Para inserir um elemento, localize primeiramente sua posição. Se a posição estiver vazia, insira o elemento na posição vazia redefinindo seu valor de sinalizador com 1, e ajuste o conteúdo de todas as posições vazias contíguas de modo a equivaler ao conteúdo do elemento preenchido anterior e de todas as posições vazias contíguas seguintes ao elemento inserido, deixando seus sinalizadores em 0. Se a posição estiver preenchida, desloque uma posição para frente todos os elementos seguintes, até a primeira posição vazia (sobreescrevendo a primeira posição vazia e redefinindo seu sinalizador com 1) para abrir espaço para o novo elemento. A eliminação envolve somente a localização de uma chave e a mudança de seu valor de sinalizador associado para 0. Evidentemente, as deficiências desse método são o deslocamento que precisa ser feito na inserção, e o espaço limitado para o crescimento. Periodicamente, talvez seja necessário redistribuir os espaços vazios uniformemente através do vetor para aumentar a velocidade de inserção.

BUSCA POR INTERPOLAÇÃO

Outra técnica para pesquisar um vetor ordenado é chamada **busca por interpolação**. Se as chaves estiverem uniformemente distribuídas entre $k(0)$ e $k(n - 1)$, esse método pode ser ainda mais eficiente do que a busca binária.

Inicialmente, como acontece na busca binária, *low* é definido com 0 e *high* é definido com $n - 1$, e por todo o algoritmo, a chave de argumento *key* é conhecida como estando entre $k(low)$ e $k(high)$. Sob a premissa de que as chaves estejam uniformemente distribuídas entre esses dois valores, poder-se-ia esperar que *key* estivesse aproximadamente na posição:

$$mid = low + (high - low) * ((key - k(low))/k(high) - k(low)))$$

Se *key* for menor que $k(mid)$, redefina *high* com *mid* - 1; se for maior, redefina *low* com *mid* + 1. Repita o processo até que a chave tenha sido encontrada ou até que *low* > *high*.

Na realidade, se as chaves estiverem uniformemente distribuídas pelo vetor, a busca por interpolação exigirá uma média de $\log_2 (\log_2 n)$ comparações e raramente precisará de mais comparações quando comparada com $\log_2 n$ da busca binária (mais uma vez, considerando as comparações de igualdade e desigualdade de *key* e $k(mid)$ como uma). Entretanto, se as chaves não estiverem uniformemente distribuídas, a busca por interpolação poderá apresentar um comportamento médio muito deficiente. No pior caso, o valor de *mid* poderá ser coerentemente igual a *low* + 1 ou a *high* - 1, em cujo caso a busca por interpolação degenerará em uma busca seqüencial. Inversamente, as comparações da busca binária nunca são superiores a aproximadamente $\log_2 n$. Em situações práticas, as chaves tendem com freqüência a se aglomerar em torno de determinados valores e não são uniformemente distribuídas. Por exemplo, há uma quantidade maior de nomes começando com "S" e não com "Q", e provavelmente existirão muitos Silvas e bem raros os Quirogas. Em tais situações, a busca binária será muito superior à busca por interpolação.

Uma variação da busca por interpolação, chamada **busca por interpolação robusta** (ou **busca rápida**), tenta remediar o comportamento prático deficiente da busca por interpolação e ainda amplia sua vantagem sobre a busca binária para as distribuições de chaves não-uniformes. Isso é feito estabelecendo-se um valor *gap* de modo que *mid-low* e *high-mid* sejam sempre maiores que *gap*. Inicialmente, *gap* é definido com *sqrt(high - low +1)*. *Probe* é definido com *low + (high - low) * ((key - k (low)/(k(high) - k (low)))*, e mid é igualado a *min(high - gap, max(probe, low + gap))* (onde *min* e *max* retornam o mínimo e o máximo, respectivamente de dois valores). Ou seja, garantimos que a próxima posição usada para comparação (*mid*) esteja em, pelo menos, *gap* posições a partir das extremidades do intervalo, onde *gap* é, no mínimo, a raiz quadrada do intervalo. Quando a chave do argumento estiver restrita ao menor dos dois intervalos, a partir de *low* até *mid* e de *mid* até *high*, *gap* será redefinido com a raiz quadrada do novo tamanho de intervalo. Entretanto, se a chave do argumento estiver no maior dos dois intervalos, o valor de *gap* será dobrado, embora ele jamais possa ser maior que a metade do tamanho do intervalo. Isso garantirá o escape de um grande grupamento de valores de chaves semelhantes.

O número esperado de comparações para a busca por interpolação robusta para uma distribuição aleatória de chaves é $O(\log \log n)$. Isso é superior à busca binária. Numa listagem de aproximadamente 40.000 nomes, a busca binária exigiria uma média de aproximadamente 16 comparações de chaves. Considerando um grupamento de nomes em situações práticas, a busca por interpolação exigiu 134 comparações médias num experimento real, enquanto a busca por interpolação robusta exigiu apenas 12,5. Numa lista de aproximadamente 40.000 elementos uniformemente distribuídos — $\log_2 (\log_2 40.000)$ é aproximadamente 3,9 —, a busca por interpolação robusta exigiu 6,7 comparações médias. (Deve-se observar que o tempo de comparação extra necessário para a busca por interpolação robusta pode ser substancial, mas é ignorado nesses resultados.) O pior caso para a busca por interpolação robusta é $(O)\log n)^2)$ comparações, que é superior ao da busca binária, mas muito melhor que o $O(n)$ da busca por interpolação normal.

Entretanto, na maioria dos computadores, as computações necessárias para a busca por interpolação são muito lentas, já que envolvem aritmética sobre chaves e complexas multiplicações e divisões. A busca binária exige somente aritmética sobre índices internos e divisão por 2, o que pode ser efetuado com eficiência, deslocando-se um bit para a direita. Sendo assim, as exigências computacionais da busca por interpolação fazem com que ela execute mais vagarosamente do que a busca binária, mesmo que ela exija bem menos comparações.

EXERCÍCIOS

7.1.1. Modifique os algoritmos de busca e inserção apresentados nesta seção de modo a se tornarem algoritmos de atualização. Se um algoritmo encontrar um i tal que *key* seja igual a $k(i)$, mude o valor de $r(i)$ para *rec*.

7.1.2. Implemente os algoritmos de busca seqüencial e de busca seqüencial e inserção em C para vetores e listas ligadas.

7.1.3. Compare a eficiência de procurar numa tabela ordenada seqüencial, de tamanho n, e numa tabela desordenada de mesmo tamanho, pela chave *key*

   a. se nenhum registro com a chave *key* estiver presente;

   b. se um registro com a chave *key* estiver presente e somente um for pesquisado;

   c. se mais de um registro com a chave *key* estiver presente e se quisermos encontrar somente o primeiro;

   d. se mais de um registro com a chave *key* estiver presente e quisermos encontrar todos eles.

7.1.4. Suponha que uma tabela ordenada esteja armazenada como uma lista circular com dois ponteiros externos: *table* e *other*. *table* aponta sempre para o nó contendo o registro com a menor chave; *other* é, inicialmente, igual a *table*, mas é redefinido cada vez que uma busca é executada, de modo a apontar para o registro recuperado. Se uma busca não tiver sucesso, *other* será redefinido com *table*. Escreva uma rotina em C, *search(table, other, key)*, que implemente esse método e retorne um ponteiro para um registro recuperado ou um ponteiro nulo se a busca não obtiver êxito. Explique como a manutenção de um ponteiro *other* pode reduzir o número médio de comparações numa busca.

7.1.5. Considere uma tabela ordenada implementada como um vetor ou como uma lista duplamente ligada, de modo que a tabela possa ser pesquisada seqüencialmente, quer para trás, quer para frente. Suponha que um único ponteiro *p* aponte para o último registro recuperado com sucesso. A busca começa sempre no registro apontado por *p*, mas pode prosseguir em ambas as direções. Escreva um rotina, *search(table, p, key)*, para o caso de um vetor e de uma lista duplamente ligada a fim de recuperar um registro com a chave *key* e modificar *p* concomitantemente. Demonstre que o número de comparações de chaves nos dois casos, com e sem sucesso, é idêntico ao do método do exercício anterior, no qual a tabela pode ser pesquisada apenas em uma direção, mas o processo de varredura pode iniciar em um de dois pontos.

7.1.6. Imagine um programador que escreva o seguinte código:

if(c1)
  if(c2)
    if(c3)
      ...
        if(cn)
          {comando]

onde c_i é uma condição verdadeira ou falsa. Observe que o reordenamento das condições numa seqüência diferente resulta num programa equivalente porque {comando} só será executado se todos os c_i forem verdadeiros. Suponha que *time(i)* seja o tempo necessário para avaliar a condição c_i e que *prob(i)* seja a probabilidade de a condição *c*1 ser verdadeira. Em que ordem as condições devem ser organizadas para tornar o programa mais eficiente?

7.1.7. Modifique a busca seqüencial indexada de modo que, no caso de vários registros com a mesma chave, ela retorne o primeiro desses registros na tabela.

7.1.8. Considere a seguinte implementação em C de um arquivo seqüencial indexado:

```
#define INDXSIZE   100
#define TABLESIZE  1000,
struct indxtype {
   int kindex;
   int pindex;
};
struct tabletype
   int k;
   int r;
   int flag;
};
struct isfiletype {
   struct indxtype indx[INDXSIZE];
   struct tabletype table[TABLESIZE];
};
struct isfiletype isfile;
```

Escreva uma rotina em C, *create(isfile)*, que inicialize esse arquivo a partir dos dados de entrada. Cada linha de entrada contém uma chave e um registro. A entrada é classificada em ordem ascendente de chave. Cada entrada de índice corresponde a dez entradas da tabela. *flag* é definido com *TRUE* numa entrada de tabela ocupada e com *FALSE* numa entrada desocupada. Duas em cada dez entradas da tabela ficarão desocupadas para permitir um futuro crescimento.

7.1.9. Dado um arquivo seqüencial indexado, como no exercício anterior, escreva uma rotina em C, *search(isfile, key)*, para imprimir o registro no arquivo com a chave *key*, se ela estiver presente, e uma indicação de que o registro está ausente se não existir nenhum registro com essa chave.

(Como garantir que uma busca sem êxito seja o mais eficiente possível?) Além disso, escreva as rotinas *insert(isfile, key, rec)* para inserir um registro *rec* com a chave *key*, e *delete(isfile, key)* para eliminar o registro com a chave *key*.

7.1.10. Considere a seguinte versão da busca binária, que presume que as chaves estejam contidas em $k(1)$ até $k(n)$ e que o elemento especial $k(0)$ seja menor que toda chave possível;

```
mid = n/2;
len = (n - 1)/2;
while (key !=k(mid))   {
   if (key < k(mid))
```

```
        mid -=len/2;
    else
        mid+= len/2
    if (len == 0)
        return(-1);
    len /= 2;
} /* fim while */
return(mid);
```

Prove que esse algoritmo está correto. Quais as vantagens e/ou desvantagens desse método sobre o método apresentado nesta seção?

7.1.11. O seguinte algoritmo de busca sobre um vetor classificado é conhecido como **busca de Fibonacci** devido ao uso de números de Fibonacci. (Para obter uma definição de números de Fibonacci e função *fib*, leia a Seção 3.1.)

```
for(j = 1; fib(j) <n; j++)
 ;
mid = n - fib(j - 2) + 1;
f1 = fib(j - 2);
f2 = fib(j - 3);
while (key != k(mid))
    if (mid < 0  key > k(mid))  {
        if (f1 == 1)
            return(-1);
        mid += f2;
        f1 -= f2;
        f2 -= f1;
    }
    else {
        if (f2 == 0)
            return(-1);
        mid -= f2;
        t = f1 -f2;
    fi = f2
    f3 = t
    } /* fim if */
return(mid);
```

Explique como esse algoritmo funciona. Compare a quantidade de comparações da chave com a busca binária. Modifique a parte inicial desse algoritmo para que ele calcule os números de Fibonacci eficientemente, em vez de consultar seus valores em uma tabela ou calcular cada um de novo.

7.1.12. Modifique a busca binária do texto de modo que, no caso de uma busca sem êxito, ele retorne o índice i tal que $k(i) < key < k(i + 1)$. Se $key < k(0)$, ela retorna -1, e se $key > k(n - 1)$, ela retorna $n - 1$. Faça a mesma coisa com as buscas dos Exercícios 7.1.10 e 7.1.11.

7.2. BUSCA EM ÁRVORES

Na seção 7.1, discutimos as operações de busca num arquivo organizado como um vetor ou como uma lista. Nesta seção, examinaremos vários métodos de organizar arquivos como árvores e alguns algoritmos de busca associados.

Nas seções 5.1 e 6.3, apresentamos um método que usava uma árvore binária para armazenar um arquivo, de modo a tornar a classificação mais eficiente. Nesse método, todos os descendentes esquerdos de um nó com a chave *key* têm chaves maiores que *key* e todos os descendentes diretos têm chaves maiores ou iguais a *key*. O percurso em ordem de uma árvore binária como esta resulta o arquivo em ordem ascendente de chaves.

Essa árvore pode ser também usada como uma árvore de busca binária. Usando a notação de árvore binária, o algoritmo para procurar a chave *key* nessa árvore é o seguinte (presumimos que cada nó contém quatro campos: *k*, que armazena o valor de chave do registro; *ir*, que armazena o próprio registro; e *left* e *right*, que são os ponteiros para as subárvores):

```
p = tree;
while (p !=null && key != k(p))
   p = (key < k(p)) ? left(p)   :   right(p);
return(p);
```

A eficiência do processo de busca pode ser aumentada usando-se uma sentinela, como na operação de busca seqüencial. Um nó sentinela, com um ponteiro externo separado apontando para ele, permanece alocado com a árvore. Todos os ponteiros de árvore *left* ou *right* que não apontem para outro nó da árvore apontarão agora para esse nó sentinela, em vez de ter valor *null*. Quando uma busca for executada, a chave de argumento será inserida primeiro no nó sentinela, assegurando assim que ela será encontrada na árvore. Isso permitirá que o cabeçalho da repetição de busca seja escrito como *while (key != k(p))* sem o risco de uma repetição infinita.

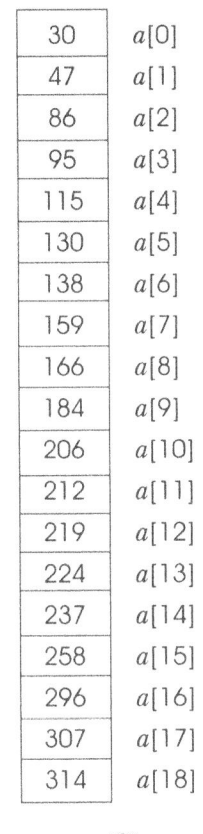

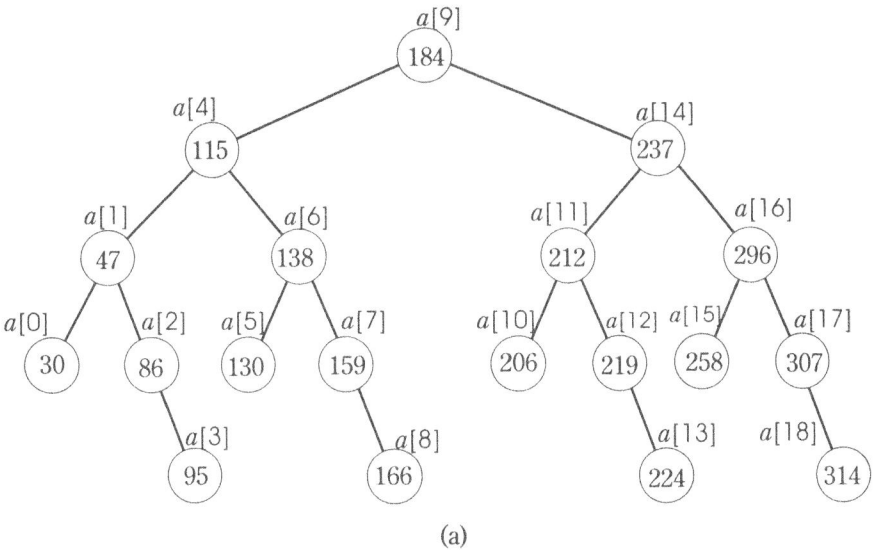

Figura 7.2.1 Um vetor classificado e uma de suas representações em árvore binária.

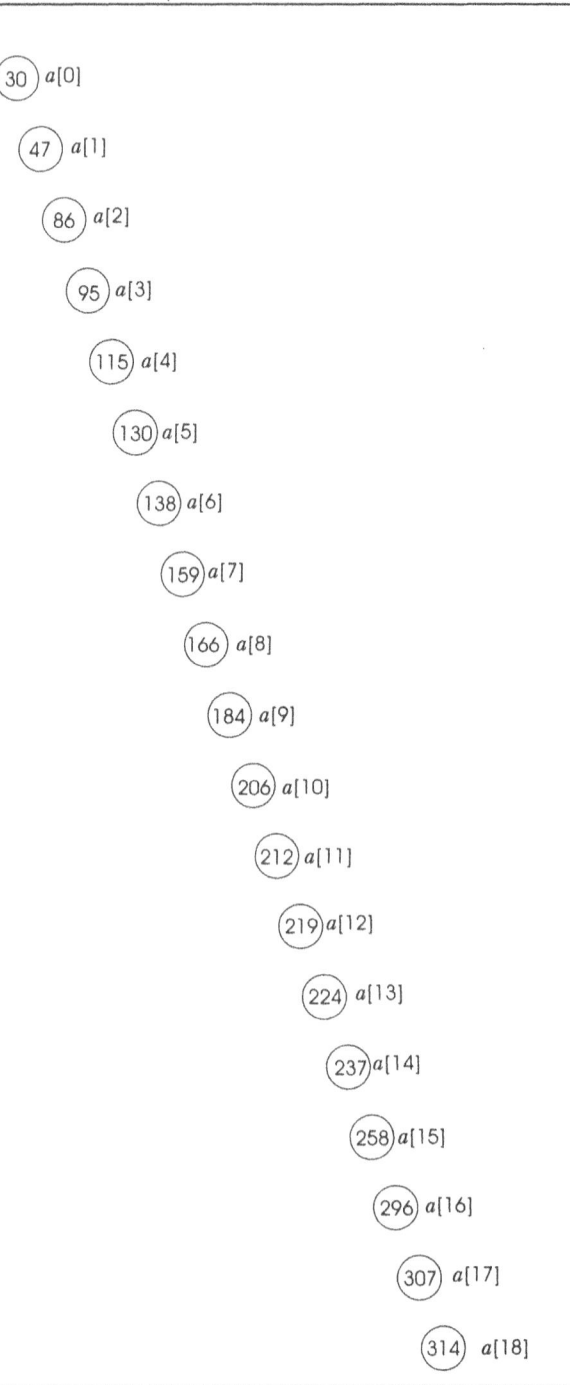

(30) a[0]
(47) a[1]
(86) a[2]
(95) a[3]
(115) a[4]
(130) a[5]
(138) a[6]
(159) a[7]
(166) a[8]
(184) a[9]
(206) a[10]
(212) a[11]
(219) a[12]
(224) a[13]
(237) a[14]
(258) a[15]
(296) a[16]
(307) a[17]
(314) a[18]

Figura 7.2.1 Um vetor classificado e uma de suas representações em árvore binária. (*Continuação*)

Depois de sair da repetição, se *p* for igual ao ponteiro-sentinela externo, a busca não terá sucesso; caso contrário, *p* apontará para o nó desejado. Deixaremos a implementação do algoritmo concreto para o leitor.

Observe que a busca binária da Seção 7.1 usa realmente um vetor classificado como uma árvore de busca binária implícita. O elemento do meio do vetor pode ser considerado a raiz da árvore, a metade inferior do vetor (em que todos os elementos são menores que o elemento do meio) pode ser considerada subárvore esquerda, e a metade superior (em que todos os elementos são maiores que o elemento do meio) pode ser considerada subárvore direita.

Um vetor classificado pode ser produzido a partir de uma árvore de busca binária, percorrendo a árvore em ordem e inserindo cada elemento seqüencialmente no vetor à medida que visitado. Por outro lado, existem várias árvores de busca binária que correspondem a um determinado vetor classificado. Visualizar o elemento do meio do vetor como a raiz da árvore e os elementos restantes recursivamente como subárvores esquerda e direita produzirá uma árvore de busca binária relativamente balanceada (ver Figura 7.2.1a). Visualizar o primeiro elemento do vetor como a raiz de uma árvore e cada elemento sucessivo como o filho direito de seu predecessor produzirá uma árvore binária muito desbalanceada (ver Figura 7.2.1b).

A vantagem de usar uma árvore de busca binária sobre um vetor é que uma árvore permite que as operações de busca, inserção e eliminação sejam executadas com eficiência. Se for usado um vetor, a inserção ou eliminação exigirá a movimentação de aproximadamente metade dos elementos do vetor. (Por quê?) A inserção ou eliminação numa árvore binária, por outro lado, exige o ajuste de apenas alguns ponteiros.

INSERÇÃO NUMA ÁRVORE DE BUSCA BINÁRIA

O seguinte algoritmo pesquisa uma árvore de busca binária e insere um novo registro na árvore se a busca não tiver êxito. (Pressupomos a existência de uma função *maketree* que forma uma árvore binária consistindo em um único nó cujo campo de informação é passado como um argumento e retorna um ponteiro para a árvore. Essa função está descrita na Seção 5.1. Entretanto, nesta versão, presumimos que *maketree* aceita dois argumentos: um registro e uma chave.)

```
q = null;
p = tree;
while (p != null) {
   if (key == k(p))
      return(p);
   q = p;
   if (key < k(p))
      p = left(p);
   else
      p = right(p);
}  /* fim while */
v = maketree(rec, key);
if (q == null)
   tree = v;
else
   if (key < k(q))
      left(q) = v;
   else
      right(q) = v;
return(v);
```

Observe que, depois que um novo registro é inserido, a árvore mantém a propriedade de estar classificada num percurso em ordem.

ELIMINAÇÃO NUMA ÁRVORE DE BUSCA BINÁRIA

Apresentaremos a seguir um algoritmo que elimina um nó com a chave *key* de uma busca binária. Existem três casos a considerar. Se o nó a ser eliminado não tiver filhos, ele poderá ser eliminado sem ajustes posteriores na árvore. Isto aparece ilustrado na Figura 7.2.2a. Se o nó a ser eliminado tiver somente uma subárvore, seu único filho poderá ser movido para cima para ocupar seu lugar. Isso é ilustrado na Figura 7.2.2b. Entretanto, se o nó *p* a ser eliminado tiver duas subárvores, seu sucessor em ordem *s* (ou predecessor) deverá ocupar seu lugar. O sucessor em ordem não pode ter uma subárvore esquerda (uma vez que um descendente esquerdo seria um sucessor em ordem de *p*). Sendo assim, o filho direito de *s* pode ser movido para cima para ocupar o lugar de *s*. Isso está ilustrado na Figura 7.2.2c, onde o nó com a chave 12 substitui o nó com a chave 11 e é substituído, por sua vez, pelo nó com a chave 13.

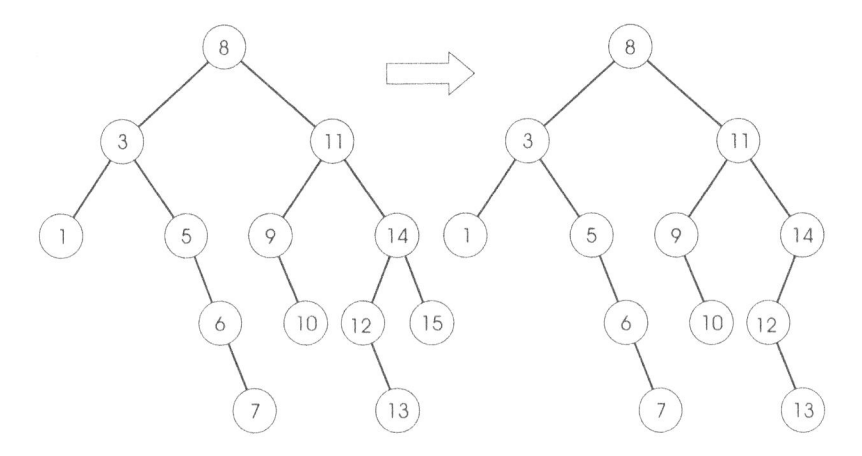

(a) Eliminando o nó com a chave 15.

(b) Eliminando o nó com a chave 5.

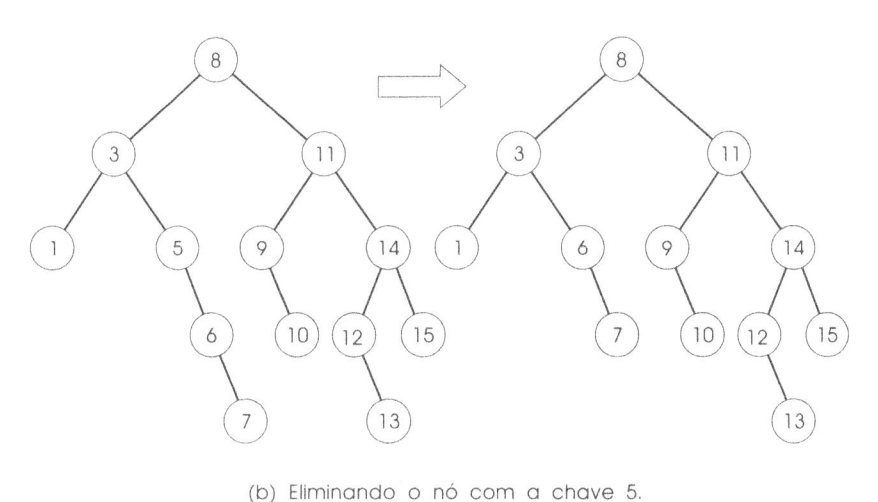

Figura 7.2.2 Eliminando nós de uma árvore de busca binária.

No seguinte algoritmo, se não existir nenhum nó com a chave *key* na árvore, a árvore permanecerá inalterada.

```
p = tree;
q = null;
/* procura o noh com chave key, define p de modo a apontar */
/* para o noh e q para seu pai, caso exista algum.         */
while (p != null && k(p) != key ) {
    q = p;
    p = (key < k(p))   ? left(p)   :   right(p);
} /* fim while }
```

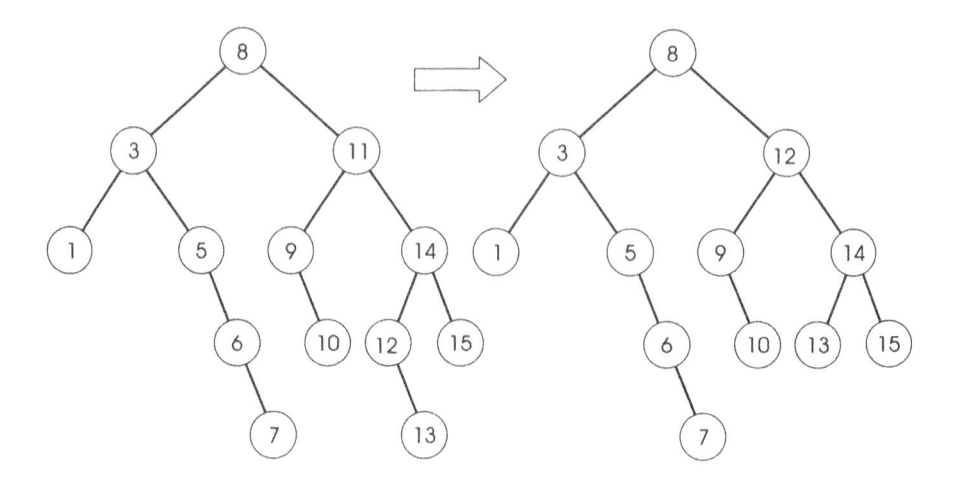

(c) Eliminando o nó com a chave 11.

Figura 7.2.2 Eliminando nós de uma árvore de busca binária. (*Continuação*)

```
if (p == null)
   /* a chave nao existe na arvore */
   /* deixa a árvore inalterada    */
return;
/* define a variavel rp com o noh que substituirah   */
/*                   node(p).                        */
/* primeiros dois casos: o noh a ser eliminado tem no */
/*             maximo um filho                       */
if (left(p) == null)
   rp = right(p);
else
   if (right(p) == null)
      rp = left(p);
   else {
/* terceiro caso: node(p) tem dois filhos. Atribui a rp*/
/* o sucessor em ordem de p e a f o pai de rp         */
   f = p;
   rp = right(p);
   s = left(rp);   /* s eh sempre o filho esq de rp */
   while (s != null)
      f = rp;
      rp = s;
      s = left(rp);
   } /* fim while */
   /* neste ponto, rp é o sucessor em ordem de p */
   if (f != p) {
```

```
      /* p nao eh o pai de rp e rp == left(f)      */
      left(f) = right(rp);
      /* remove node(rp) de sua atual posicao e */
      /* o substitui pelo filho direito de node(rp) */
      /* node(rp) ocupa o lugar de node(p)         */
      right(rp) = right(p);
   } /* fim if */
   /* define o filho esq de node(rp) de modo que   */
   /* node(rp) ocupe o lugar de node(p)            */
   left(rp) = left(p);
} /* fim if */
/* insere node(rp) na posicao ocupada anteriormente */
/*           por node(p)                            */
if (q == null)
   /* node(p) era a raiz da arvore                */
   tree = rp;
else
   (p== left(q)) ? (left(q) = rp) : (right(q) = rp);
freenode(p);
return;
```

EFICIÊNCIA DAS OPERAÇÕES DE ÁRVORE DE BUSCA BINÁRIA

Conforme já verificamos na Seção 6.3 (ver Figuras 6.3.1 e 6.3.2), o tempo necessário para pesquisar em uma árvore de busca binária varia entre $O(n)$ e $O(\log n)$, dependendo da estrutura da árvore. Se os elementos forem inseridos na árvore por meio do algoritmo de inserção anterior, a estrutura da árvore dependerá da seqüência na qual os registros forem inseridos. Se os registros forem inseridos em ordem classificada (ou inversa), a árvore resultante conterá todas as ligações esquerdas (ou direitas) nulas, de modo que a busca da árvore se reduzirá a uma busca seqüencial. Entretanto, se os registros forem inseridos de modo que metade dos registros inseridos depois de determinado registro r com chave k tenha chaves menores que k e metade tenha chaves maiores que k, será alcançada uma árvore balanceada na qual aproximadamente $\log n$ comparações serão suficientes para recuperar um elemento. (Novamente, deve-se ressaltar que examinar um nó em nosso algoritmo de inserção exigirá duas comparações: uma de igualdade e outra de menor-que. Entretanto, em linguagem de máquina e em alguns compiladores, essas duas comparações podem ser combinadas numa só.)

Se os registros forem apresentados em ordem aleatória (ou seja, qualquer permutação dos n elementos é igualmente provável, as árvores balanceadas resultarão com mais freqüência, de modo que, em média, o tempo de busca permanece $O(\log n)$. Para verificar isso, vamos definir o **comprimento interno dos caminhos**, i, de uma árvore binária como a soma dos níveis de todos os nós na árvore (observe que o nível de um nó é igual ao comprimento do caminho a partir da raiz até o nó). Na árvore inicial da Figura 7.2.2, por exemplo, i é igual a 30 (1 nó no nível 0, 2 no nível 1, 4 no nível 3 e 2 no nível 4: $1 * 0 + 2 * 1 + 4 * 2 + 4 * 3 + 2 * 4 = 30$). Como o número de comparações necessárias para acessar um nó numa árvore de busca binária é um a mais que o nível do nó, o número médio de comparações necessárias para uma busca com sucesso numa árvore de busca binária com n nós é igual a $(i + n)/n$, presumindo-se igual probabilidade para acessar todo nó na árvore. Sendo assim, para a árvore inicial da Figura 7.2.2, $(30 + 13)/13$, isto é, aproximadamente 31 comparações são necessárias para uma busca de sucesso. Seja s_n igual ao número médio de comparações necessárias para uma busca de sucesso numa árvore de busca binária aleatória, de n nós, na qual existe a probabilidade de o argumento de busca ser qualquer uma das n chaves, e seja i_n o comprimento interno médio dos caminhos de uma árvore de busca binária aleatória, de n nós. Sendo assim, s_n é igual a $(i_n + n)/n$.

Seja u_n o número médio de comparações necessárias a uma busca sem sucesso em uma árvore de busca binária aleatória, de n nós. Existem $n + 1$ possíveis maneiras de ocorrência de uma busca sem sucesso de uma chave *key*: *key* é menor que $k(1)$; *key* está entre $k(1)$ e $k(2)$,...; *key* está entre $k(n - 1)$ e $k(n)$, e *key* é maior que $k(n)$. Essas ocorrências correspondem aos $n + 1$ ponteiros nulos de subárvore em qualquer busca binária de n nós. (Pode-se demonstrar que toda árvore de busca binária com n nós tem $n + 1$ ponteiros nulos.)

Considere a extensão de uma árvore binária formada pela substituição de todo ponteiro nulo esquerdo ou direito por um ponteiro para um novo nó folha separado, chamado **nó externo**. A extensão de uma árvore binária de n nós tem $n + 1$ nós externos, cada um correspondendo a uma das $n + 1$ faixas de chave para uma busca sem sucesso. Por exemplo, a árvore inicial da Figura 7.2.2. contém 13 nós. Sua extensão incluiria dois nós externos como filhos de cada folha contendo 1, 7, 10, 13 e 15 e um nó externo adicional para as folhas contendo 5, 6, 9 e 12, para obter um total de 14 nós externos. Defina o **comprimento externo dos caminhos**, e, de uma árvore binária como a soma dos níveis de todos os nós externos de sua extensão. A extensão da árvore inicial da Figura 7.2.2 tem quatro nós externos no nível 3, 6 no nível 4, e 4 no nível 5, dando um comprimento externo de caminhos igual a 56.

Observe que o nível de um nó externo é igual ao número de comparações numa busca sem sucesso de uma chave na faixa representada por esse nó externo. Sendo assim, se e_n é o comprimento externo médio de caminhos de uma árvore de busca binária aleatória, de n nós, $u_n = e_n/(n + 1)$. (Isso pressupõe que cada uma das $n + 1$ faixas de chave é igualmente provável numa busca sem sucesso. Na Figura 7.2.2, o número médio de comparações para uma busca sem sucesso é 56/14 ou 4.0.) Entretanto, pode-se demonstrar que $e = i + 2_n$ para qualquer árvore binária de n nós (por exemplo, na Figura 7.2.2, 56 = 30 + 2 * 13), de modo que $e_n = i_n + 2_n$. Como $s_n = (u_n + n)/n$ e $u_n = e_n/(n + 1)$, isso significa que $s_n = ((n + 1)/n)u_n - 1$.

O número de comparações necessárias para acessar uma chave é um a mais do que o número necessário quando o nó foi inserido. Mas o número necessário para inserir uma chave é igual ao número necessário numa busca sem sucesso dessa chave, antes de ser inserida. Sendo assim, $s_n = 1 + (u_0 + u_1 + ... + u_{n-1})/n$. (Ou seja, o número médio de comparações ao recuperar um item numa árvore de n nós é igual ao número médio de comparações ao acessar cada primeiro item até o *enésimo*, e o número médio de comparações para acessar o *iésimo* é igual a um a mais que o número para inserir o *iésimo*, ou $1 + u_{i-1}$.) Combinar isto com a equação $s_n = ((n + 1)/n)u_n - 1$ resulta em:

$$(n + 1)u_n = 2_n + u_0 + u_1 + ... + u_{n-1}$$

para qualquer n. Substituir n por $n - 1$ resulta em:

$$nu_{n-1} = 2(n - 1) + u_0 + u_1 + ... + u_{n-2}$$

e subtrair da equação anterior resulta em:

$$(n + 1)u_n - nu_{n-1} = 2 + u_{n-1}$$

ou:

$$u_n = u_{n-1} + 1/(n + 1)$$

Como $u_1 = q$, temos que:

$$u_n = 1 + 2/3 + 2/4 + ... + 2/(n = + 1)$$

e, portanto, como $s_n = ((n + 1)/n)u_n - 1$, que:

$$s_n = 2 ((n + 1)/n)(1 + 1/2 + 1/3 + ... + 1/n) - 3$$

Quando n é grande $(n + 1)/n$ é aproximadamente 1, e pode-se demonstrar que $1 + 1/2 + ... 1/n$ é aproximadamente $\log (n)$, onde $\log (n)$ é definido como o logaritmo natural de n no arquivo de biblioteca padrão do C, *math.h*. Assim, S_n pode ser aproximado (para n grande) por $2 * \log(n)$, que é igual a $1.386 * \log_2 n$. Isso significa que o tempo médio de busca numa árvore de busca binária aleatória é $O(\log n)$ e exige somente cerca de 39% a mais de comparações, na média, do que uma árvore binária balanceada.

Conforme já mencionado, a inserção numa árvore de busca binária exige o mesmo número de comparações de uma busca sem sucesso da chave. A eliminação exige o mesmo número de comparações de uma busca de uma chave a ser eliminada, embora envolva o trabalho adicional de achar o sucessor ou predecessor em ordem. Pode-se demonstrar que o algoritmo de eliminação que apresentamos realmente aumente o custo médio subseqüente de busca na árvore. Ou seja, uma árvore aleatória de n chaves, criada inserindo $n + 1$ chaves e depois eliminando uma chave aleatória, tem um comprimento interno de caminhos menor (e, portanto, um custo médio de busca mais baixo) do que uma árvore aleatória de n chaves, criada inserindo n chaves. O processo de eliminação de um nó de um só filho, substituindo-o por seu filho, independentemente de que o filho seja um filho direito ou esquerdo, resulta em uma árvore acima da média; um algoritmo de eliminação semelhante que só substitui um nó de um filho por seu filho, se esse filho for um filho esquerdo (isto é, se seu sucessor não estiver contido em sua subárvore), e, caso contrário, substitui o nó por seu sucessor em ordem, realmente produz uma árvore aleatória, pressupondo-se que não ocorra nenhuma inserção adicional. Este último algoritmo é chamado **algoritmo de eliminação assimétrico.**

Entretanto, um fato estranho é que, à medida que forem feitas inserções e eliminações adicionais usando o algoritmo de eliminação assimétrico, o comprimento interno de caminhos e o tempo de busca diminuem a princípio, mas, em seguida, começam a aumentar rapidamente. Para as árvores contendo mais de 128 chaves, o comprimento interno de caminhos ocasionalmente torna-se pior do que o de uma árvore aleatória e, para as árvores com mais de 2.048 chaves, o comprimento interno de caminhos ocasionalmente piora em mais de 50% em relação ao de um árvore aleatória.

Um **algoritmo de eliminação simétrico** alternativo, que alterna entre eliminar o predecessor e o sucessor em ordem em eliminações alternadas (mas ainda substitui um nó de um único filho por seu filho somente quando o predecessor ou sucessor, respectivamente, não está contido em sua subárvore), realmente produz resultados melhores do que árvores aleatórias, depois de inserções e eliminações adicionais combinadas. Dados empíricos indicam que o comprimento interno de caminhos diminui depois de várias inserções alternadas e eliminações simétricas para aproximadamente 88% de seu valor aleatório correspondente.

EFICIÊNCIA DAS ÁRVORES DE BUSCA BINÁRIA NÃO-UNIFORMES

Toda a explicação anterior pressupõe ser igualmente provável que o argumento de busca equivalha a qualquer chave na tabela. Entretanto, na prática, geralmente alguns registros são recuperados com mais freqüência, algumas moderadamente, e outros quase nunca. Suponha que os registros sejam inseridos na árvore de modo que um registro mais freqüentemente acessado preceda um que não seja acessado com freqüência. Sendo assim, os registros recuperados com mais freqüência ficarão mais próximos à raiz da árvore, de modo que o tempo médio de busca com sucesso é reduzido. (Evidentemente, isso pressupõe que reordenar as chaves em ordem de freqüência decrescente de acesso não desbalanceia seriamente a árvore binária porque, se isso acontecesse, o número menor de comparações para os registros mais freqüentemente acessados poderia ser anulado pelo número maior de comparações para a grande maioria dos registros.)

Se os elementos a serem recuperados formarem um conjunto constante, sem inserções ou eliminações, poderia compensar configurar uma árvore de busca binária que tornasse as buscas subseqüentes mais eficientes. Por exemplo, considere as árvores de busca binária da Figura 7.2.3. Ambas as árvores das Figuras 7.2.3a e b contêm três elementos, $k1$, $k2$ e $k3$, onde $k1 < k2 < k3$, e são árvores de busca binária válidas para esse conjunto. Entretanto, uma recuperação de $k3$ exige duas comparações na Figura 7.2.3a, mas somente uma na Figura 7.2.3b. Evidentemente, existem ainda outras árvores de busca binária válidas para esse conjunto de chaves.

O número de comparações de chaves necessário para recuperar um registro é igual ao nível desse registro na árvore de busca binária mais 1. Sendo assim, uma recuperação de $k2$ exige uma comparação na árvore da Figura 7.2.3a, mas três comparações na árvore da Figura 7.2.3b. Uma busca sem sucesso de um argumento posicionado imediatamente entre duas chaves, a e b, exige tantas comparações de chave quanto o número máximo de comparações necessário para buscas de sucesso por a ou b. (Por quê?) Isso equivale a 1 a mais que o máximo dos níveis de a ou b. Por exemplo, uma busca de uma chave posicionada entre $k2$ e $k3$ exige duas comparações de chave na Figura 7.2.3a e três comparações na Figura 7.2.3b, enquanto uma busca de uma chave maior que $k3$ exige duas comparações na Figura 7.2.3a, mas somente uma na Figura 7.2.3b.

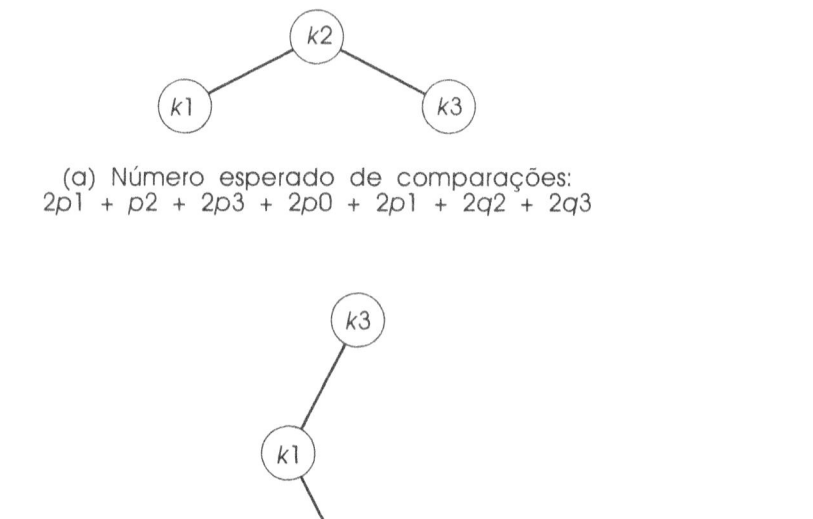

(a) Número esperado de comparações:
$2p1 + p2 + 2p3 + 2p0 + 2q1 + 2q2 + 2q3$

(b) Número esperado de comparações:
$2p1 + 3p2 + p3 + 2q0 + 3q1 + 3q2 + q3$

Figura 7.2.3 Duas árvores de busca binária.

Suponha que $p1$, $p2$ e $p3$ sejam as probabilidades de o argumento de busca ser igual a $k1$, $k2$ e $k3$, respectivamente. Suponha que $q0$ seja a probabilidade de o argumento de busca ser menor que $k1$; $q1$ é a probabilidade de ele estar entre $k1$ e $k2$, $q2$ é a probabilidade de ele estar entre $k2$ e $k3$, e $q3$ é a probabilidade de ele ser maior que $k3$. Sendo assim, $p1 + p2 + p3 + q0 + q1 + q2 + q3 = 1$. O ***número esperado*** de comparações numa busca é a soma das probabilidades de determinado valor de argumento vezes o número de comparações necessário para recuperar esse valor, onde a soma é considerada sobre todos os possíveis valores de argumentos de busca. Por exemplo, o número esperado de comparações ao pesquisar a árvore da Figura 7.2.3a é:

$$2p1 + p2 + 2p3 + 2q0 + 2q1 + 2q2 + 2q3$$

e o número esperado de comparações ao pesquisar a árvore da Figura 7.2.3b é:

$$2p1 + 3p2 + p3 + 2q0 + 3q1 + 3q2 + q3$$

Esse número esperado de comparações pode ser usado como uma medida da "eficiência" de determinada árvore de busca binária para determinado conjunto de chaves e determinado conjunto de probabilidades. Sendo assim, para as seguintes probabilidades à esquerda, a árvore da Figura 7.2.3a é mais eficiente; para as probabilidades listadas à direita, a árvore da Figura 7.2.3b é mais eficiente.

$p1 = 0{,}1$	$p1 = 0{,}1$
$p2 = 0{,}3$	$p2 = 0{,}1$
$p3 = 0{,}1$	$p3 = 0{,}3$
$q0 = 0{,}1$	$q0 = 0{,}1$
$q1 = 0{,}2$	$q1 = 0{,}1$
$q2 = 0{,}1$	$q2 = 0{,}1$
$q3 = 0{,}1$	$q3 = 0{,}2$

Número esperado para 7.2.3a = 1,7   Número esperado para 7.2.3a = 1,9

Número esperado para 7.2.3b = 2,4   Número esperado para 7.2.3b = 1,8

ÁRVORES DE BUSCA ÓTIMAS

Uma árvore de busca binária que minimiza o número esperado de comparações para determinado conjunto de chaves e probabilidades é denominada **ótima**. O algoritmo mais veloz que se conhece para produzir uma árvore de busca binária ótima é $O(n2)$ no caso geral. Isso é muito dispendioso a não ser que a árvore permaneça inalterada durante um grande número de buscas. Nos casos em que todos os $p(i)$ são iguais a 0 (isto é, as chaves atuam apenas para definir valores de faixas aos quais os dados estejam associados, de modo que todas as buscas sejam "sem sucesso"), realmente existe um algoritmo $O(n)$ para criar uma árvore de busca binária ótima.

Entretanto, embora não exista um algoritmo eficiente para construir uma árvore ótima no caso geral, há vários métodos para construir árvores quase perfeitas em tempo $O(n)$. Suponha n chaves, $k(1)$ a $k(n)$. Imagine $p(i)$ como a probabilidade de pesquisar uma chave $k(i)$, e $q(i)$ com a probabilidade de uma busca sem sucesso entre $K(i - 1)$ e $k(i)$ (com $q0$ como a probabilidade de uma pesquisa sem sucesso de uma chave menor que $k(1)$, e $q(n)$ como a probabilidade de uma pesquisa sem sucesso de uma chave maior que $k(n)$. Defina $s(i, j)$ como $q(i) + p(i + 1) + ... + q(j)$.

Um método, conhecido como **método de balanceamento**, tenta achar um valor i que minimize o valor absoluto de $s(0, i - 1) - s(i, n)$ e estabeleça $k(i)$ como raiz da árvore de busca binária, com $k(1)$ até $k(i - 1)$ em sua subárvore esquerda, e $k(i + 1)$ até $k(n)$ em sua subárvore direita. O processo é aplicado recursivamente para formar as subárvores esquerda e direita.

Achar o valor de i no qual $abs(s(0, i - 1) - s(i, n))$ seja minimizado pode ser feito com eficiência da seguinte maneira. Inicialmente, configure um vetor $s0[n + 1]$ tal que $s0[i]$ seja igual a $s(0,i)$. Isso pode ser feito inicializando $s0[0]$ com $q(0)$ e $s0[j]$ com $s0[j - 1] + p(j) + q(j)$ para j de 1 a n por vez. Assim que $s0$ for inicializado, $s(i, j)$ poderá ser computado para todo i e j como $s0[j] - s0[i - 1] - p(i)$, sempre que necessário. Definimos $si(j)$ como $s(0, j - 1) - s(j, n)$. Queremos minimizar $abs(si(i))$.

Depois que $s0$ for inicializado, começaremos o processo de achar um i para minimizar $abs(s(0, i - 1) - s(i,in))$, ou $si(i)$. Observe que si é uma função monotônica crescente, e que $si(0) = q(0) - 1$, que é negativo, e $si(n) = 1 - q(n + 1)$, que é positivo. Verifique os valores de $si(1)$, $si(n)$, $si(2)$, $si(n - 1)$, $si(4)$, $si(n-3)$, ..., $si(2^j)$, $si(n + 1 - 2^j)$, sucessivamente, até descobrir o primeiro positivo $si(2^j)$ ou o primeiro negativo $si(n + 1 - 2^j)$. Se um positivo $si(2j)$ for encontrado primeiro, o i necessário, que minimiza $abs(si(i))$, estará dentro do intervalo $[2^{j-1}, 2^j]$; se um negativo $si(n + 1 - 2^j)$ for encontrado primeiro, o i desejado estará dentro do intervalo $[n + 1 - 2^j, n + 1 - 2^{j-1}]$. Em ambos os casos, i foi restrito a um intervalo de tamanho 2^{j-1}. Dentro do intervalo, use uma busca binária para achar o valor de i. O efeito de duplicação no tamanho do intervalo assegura que o processo recursivo inteiro seja $O(n)$, enquanto, se uma busca binária fosse usada sobre o intervalo inteiro $[0, n]$ desde o início, o processo seria $O(n \log n)$.

Um segundo método usado para formar árvores de busca binária quase ótimas é chamado **método guloso**. Em vez de formar a árvore de cima para baixo, como acontece no método de balanceamento, o método gulose forma a árvore de baixo para cima, usando uma lista linear duplamente ligada na qual cada elemento da lista contém quatro ponteiros, um valor de chave e três valores de probabilidades. Os quatro ponteiros são os ponteiros das listas esquerda e direita usados para organizar a lista duplamente ligada e os ponteiros das subárvores esquerda e direita usadas para rastrear as subárvores de busca binária contendo chaves menores e maiores que o valor de chave no nó. Os três valores de probabilidade são a soma das probabilidades na subárvore esquerda, chamada **probabilidade esquerda**, a probabilidade $p(i)$ do valor de chave $k(i)$ do nó, chamada **probabilidade de chave**, e a soma das probabilidades na subárvore direita, chamada **probabilidade direita**. A **probabilidade total** de um nó é definida como a soma de suas probabilidades esquerda, de chave e direita. Inicialmente, existem n nós na lista. O valor de chave no $i$ésimo nó é $k(i)$, sua probabilidade esquerda é $q(i - 1)$, sua probabilidade direita é $q(i)$, sua probabilidade de chave é $p(i)$, e os ponteiros de suas subárvores esquerda e direita são *null*.

Cada iteração do algoritmo encontra o primeiro nó *nd* na lista cuja probabilidade total é menor ou igual à de seu sucessor (se nenhum nó for encontrado, **nd** será definido como o último nó na lista). A chave em *nd* se tornará a raiz de uma subárvore de busca binária cujas subárvores esquerda e direita são as subárvores esquerda e direita de *nd*. Em seguida, *nd* é removido da lista. O ponteiro da subárvore esquerda de seu sucessor (se existir algum) e o ponteiro da subárvore direita de seu predecessor (se existir algum) são redefinidos de modo a apontar para a nova subárvore, e a probabilidade esquerda de seu sucessor e a probabilidade direita de seu predecessor são redefinidas com a probabilidade total de *nd*. Esse processo é repetido até restar somente um nó na lista. (Observe que não é necessário começar um percurso da lista inteira a partir do início da lista em cada iteração; só é necessário iniciar a partir do segundo predecessor do nó removido na iteração anterior.) Quando restar apenas um nó na lista, sua chave será posicionada na raiz da árvore de busca binária final, com os ponteiros das subárvores esquerda e direita do nó como ponteiros das subárvores esquerda e direita da raiz.

Outra técnica para reduzir o tempo médio de busca, quando as probabilidades de busca são conhecidas, é uma **árvore dividida**. Essa árvore contém chaves em vez de uma em cada nó. A primeira, chamada **chave de nó**, tem sua igualdade testada em relação à chave de argumento. Se forem iguais, a busca terminará com sucesso; caso contrário, a chave do argumento será comparada à segunda chave no nó, chamada **chave de divisão**, para determinar se a busca deverá continuar na subárvore esquerda ou direita. Um tipo especial de árvore dividida, chamado **árvore dividida mediana**, define a chave de nó em cada nó com a mais freqüente das chaves na subárvore enraizada nesse nó e define a chave de divisão com a chave mediana nessa subárvore (isto é, a chave k tal que um número igual de chaves na subárvore seja menor e maior que k). Isto oferece a dupla vantagem de assegurar uma árvore balanceada e garantir que as chaves freqüentes sejam encontradas perto da raiz. Embora as árvores divididas medianas exijam uma chave adicional em cada nó, elas podem ser formadas como árvores binárias quase completas implementadas num vetor, economizando espaço para os ponteiros de árvore. Uma árvore dividida mediana de um determinado conjunto de chaves e freqüências pode ser formada num tempo $O(n \log n)$, e uma busca nesse tipo de árvore exige sempre bem menos que $\log_2 n$ visitas de nós, ainda que cada visita realmente exija duas comparações separadas.

ÁRVORES BALANCEADAS

Como mencionado anteriormente, se a probabilidade de pesquisar uma chave numa tabela for a mesma para todas as chaves, uma árvore binária balanceada determinará a busca mais eficiente. Infelizmente, o algoritmo de busca e inserção apresentado anteriormente não garante que a árvore permanecerá balanceada; o grau de balanceamento depende da ordem na qual as chaves são inseridas na árvore. Gostaríamos de desenvolver um algoritmo eficiente de busca e inserção que mantivesse a árvore de busca como uma árvore binária balanceada.

Vamos definir mais precisamente a idéia de um árvore "balanceada". A **altura** de uma árvore binária é o nível máximo de suas folhas (ocasionalmente conhecida como **profundidade** da árvore). Por conveniência, a altura de uma árvore nula é definida como -1. Uma **árvore binária balanceada** (chamada ocasionalmente **árvore AVL** é uma árvore binária na qual as alturas das duas subárvores de todo nó nunca diferem em mais de 1. O **balanceamento** de um nó numa árvore binária é definido como a altura de sua subárvore esquerda menos a altura de sua subárvore direita. A Figura 7.2.4a ilustra uma árvore binária balanceada. Cada nó numa árvore binária balanceada tem um balanceamento de 1, -1 ou 0, dependendo de a altura de sua subárvore esquerda ser maior, menor ou igual à altura de sua subárvore direita. O balanceamento de cada nó é indicado na Figura 7.2.4a.

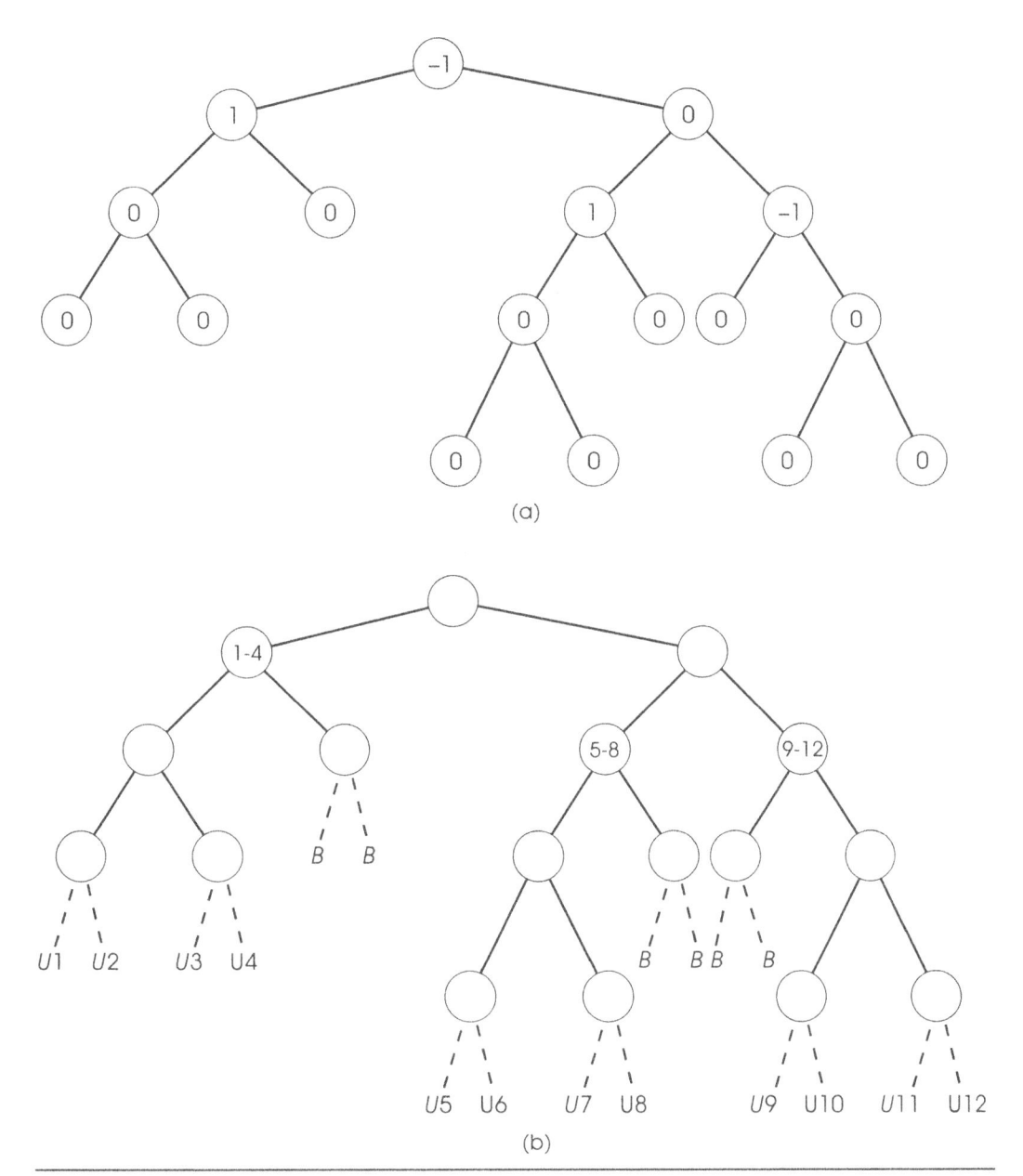

Figura 7.2.4 Uma árvore binária balanceada e as possíveis inserções.

Suponha que tenhamos uma árvore binária balanceada e usemos o algoritmo de busca e inserção anterior para inserir um novo nó p na árvore. Conseqüentemente, a árvore resultante pode ou não permanecer balanceada.

A Figura 7.2.4b ilustra todas as inserções possíveis que podem ser introduzidas na árvore da Figura 7.2.4a. Cada inserção que resulta uma árvore balanceada está indicada por um *B*. As inserções não balanceadas aparecem indicadas por um *U* e estão numeradas de 1 a 12. É fácil constatar que a árvore se torna desbalanceada apenas se o nó recém-inserido é um descendente esquerdo de um nó que tinha anteriormente um balanceamento de 1 (isso ocorre nos casos $U1$ até $U8$, na Figura 7.2.4b) ou se ele for um descendente direito de um nó que tinha anteriormente um balanceamento de -1 (casos $U9$ até $U12$). Na Figura 7.2.4b, o ancestral mais jovem que se torna desbalanceado em cada inserção é indicado pelos números contidos em três dos nós.

Examinemos em seguida a subárvore enraizada no ancestral mais jovem que se tornará desbalanceada como resultado de uma inserção. Ilustraremos o caso em que o balanceamento dessa subárvore era anteriormente 1, deixando o outro caso para o leitor. A Figura 7.2.5 apresenta esse caso. Chamemos de *A* o nó desbalanceado. Como *A* tem um equilíbrio de 1, sua subárvore esquerda era não-nula; portanto, podemos designar seu filho esquerdo como *B*. Como *A* é o ancestral mais jovem do novo nó a se tornar desbalanceado, o nó *B* deve ter tido um balanceamento de 0. (Recomendamos que você demonstre esse fato como exercício.) Sendo assim, o nó *B* deve ter tido (antes da inserção) subárvores esquerda e direita de igual altura n (onde, possivelmente, $n = 1$). Como o balanceamento de *A* era 1, a subárvore direita de *A* deve ter sido também de altura n.

Agora, existem dois casos a considerar, ilustrados pelas Figuras 7.2.5a e b. Na Figura 7.2.5a, o nó recém-criado é inserido na subárvore esquerda de *B*, mudando o balanceamento de *B* para 1, e o balanceamento de *A* para 2. Na Figura 7.2.5b, o nó recém-criado é inserido na subárvore direita de *B*, mudando o balanceamento de *B* para -1, e o balanceamento de *A* para 2. Para manter uma árvore balanceada, é necessário fazer uma transformação na árvore, tal que:

1. o percurso em ordem da árvore transformada seja o mesmo da árvore original (isto é, a árvore transformada continue sendo uma árvore de busca binária);

2. a árvore transformada fique balanceada.

Examine as árvores das Figuras 7.2.6a e b. Diz-se que a árvore da Figura 7.2.6b é uma ***rotação direita*** da árvore enraizada em *A* da Figura 7.2.6a. De modo semelhante, diz-se que a árvore da Figura 7.2.6c é uma ***rotação esquerda*** da árvore enraizada em *A* da Figura 7.2.6a.

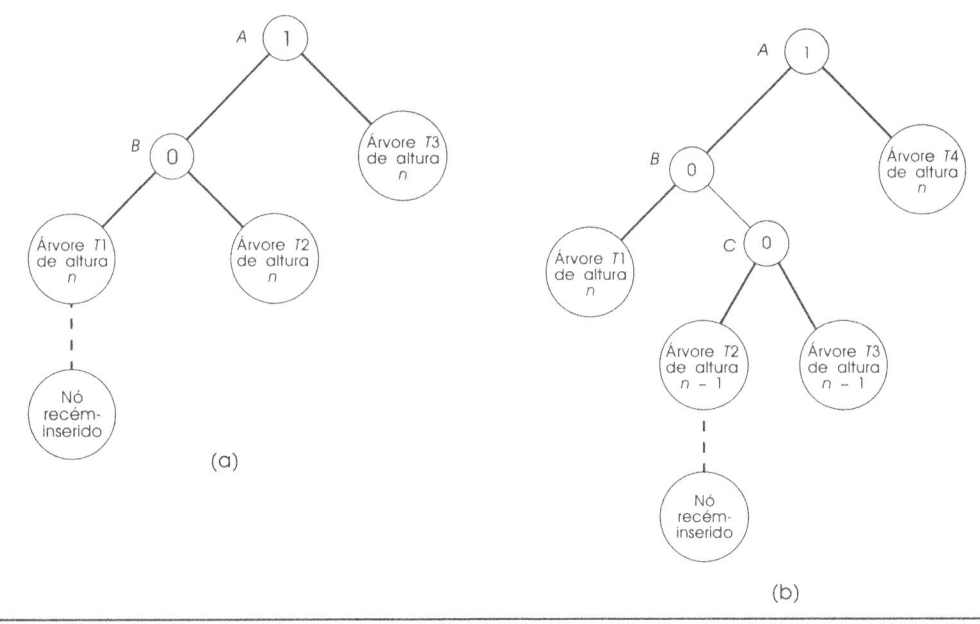

Figura 7.2.5 Inserção inicial; todos os balanceamento são anteriores à inserção.

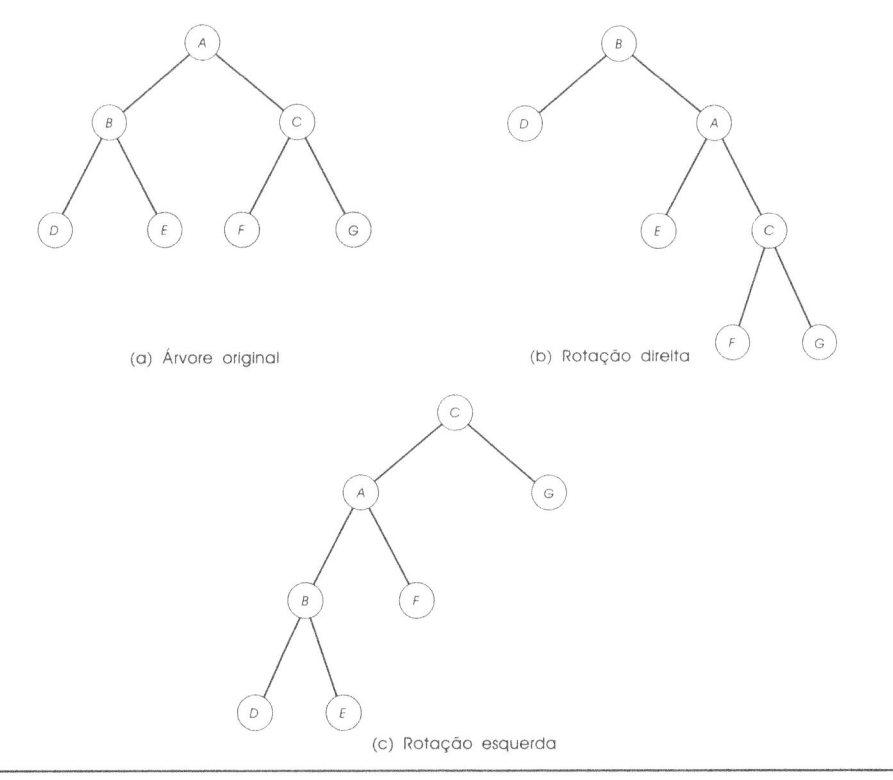

Figura 7.2.6 Rotação simples aplicada a uma árvore.

Veja a seguir um algoritmo para implementar uma rotação esquerda de uma subárvore enraizada em *p*:

```
q = right(p);
hold = left(q);
left(q) = p;
right(p) = hold;
```

Denominemos essa operação *leftrotation(p)*. A operação *rightrotation(p)* pode ser definida de modo semelhante. Evidentemente, em qualquer rotação o valor do ponteiro para a raiz da subárvore sendo rotada deve ser alterado de modo a apontar para a nova raiz. (No caso da rotação esquerda anterior, essa nova raiz é *q*.) Observe que a ordem dos nós num percurso em ordem é preservada sob ambas as rotações, direita e esquerda. Sendo assim, percebe-se que pode ser feita qualquer quantidade de rotações (esquerda ou direita) numa árvore desbalanceada para obter uma árvore balanceada, sem prejudicar a ordem dos nós num percurso em ordem.

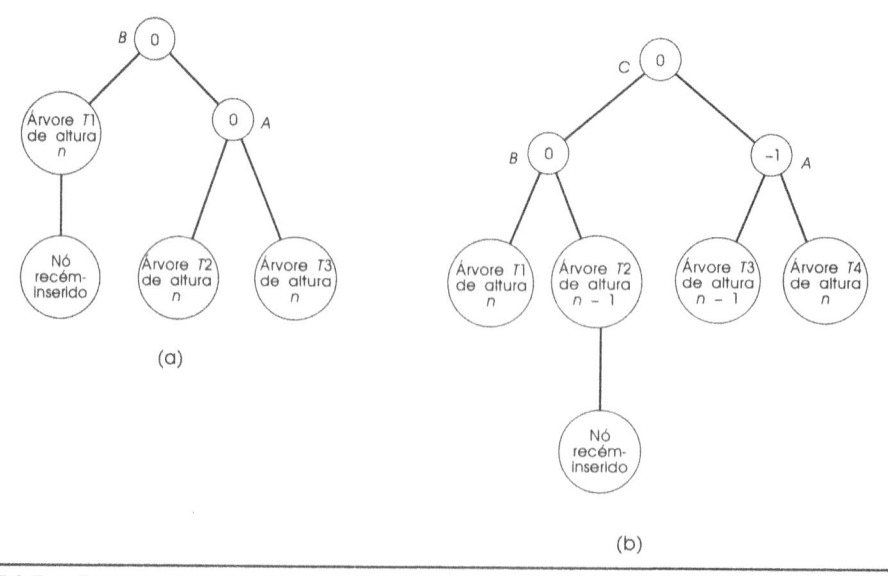

Figura 7.2.7 Depois do rebalanceamento, todos os balanceamentos são mantidos com a inserção.

Retornemos agora às árvores da Figura 7.2.5. Suponha que uma rotação direita seja feita sobre a subárvore enraizada em *a* na Figura 7.2.5a. A árvore resultante aparece na Figura 7.2.7a. Observe que a árvore da Figura 7.2.7a gera o mesmo percurso em ordem da árvore da Figura 7.2.5a e está também balanceada. Além disso, como a altura da subárvore da Figura 7.2.5a era $n + 2$ antes da inserção e a altura da subárvore da Figura 7.2.7a é $n + 2$ com o nó inserido, o balanceamento de cada ancestral do nó A permanece inalterado. Sendo assim, substituir a árvore da Figura 7.2.5a por sua rotação direita da Figura 7.2.7a garantirá a manutenção de uma árvore de busca binária balanceada.

Voltemos agora à árvore da Figura 7.2.5b, onde o nó recém-criado é inserido na subárvore direita de B. Imagine C como o filho direito de B. (Existem três casos: C pode ser o nó recém-inserido, em cujo caso $n = -1$, ou nó recém-inserido pode estar na subárvore esquerda ou direita de C. A Figura 7.2.5b ilustra o caso em que esse nó está na subárvore esquerda; a análise dos outros casos é análoga.) Suponha que uma rotação esquerda sobre a subárvore enraizada em B seja seguida por uma rotação direita sobre a subárvore enraizada em A. A Figura 7.2.7b ilustra a árvore resultante. Verifique que os percursos em ordem das duas árvores são idênticos e que a árvore da Figura 7.2.7b está balanceada. A altura da árvore na Figura 7.2.7b é $n + 2$, idêntica à altura da árvore na Figura 7.2.5b antes da inserção, de modo que o balanceamento em todos os ancestrais de A continua inalterado. Sendo assim, substituindo a árvore da Figura 7.2.5b pela da Figura 7.2.7b, onde quer que ocorra depois da inserção, será mantida uma árvore de busca balanceada.

Apresentaremos a seguir um algoritmo para pesquisar e inserir numa árvore balanceada não-vazia. Cada nó da árvore contém cinco campos: *k* e *r*, que armazenam a chave e o registro, respectivamente; *left* e *right*, que são ponteiros para as subárvores esquerda e direita respectivamente; e *bal*, cujo valor é 1, -1 ou 0, dependendo do balanceamento do nó. Na primeira parte do algoritmo, se a chave desejada não for encontrada na árvore, um novo nó será inserido na árvore binária de busca, desconsiderando o balanceamento. Essa primeira etapa também se encarrega de obter o ancestral mais jovem, *ya* que pode ficar desbalanceado depois da inserção. O algoritmo usa a função *maketree* descrita previamente, e as rotina *rightrotation* e *leftrotation*, que recebem um ponteiro para a raiz de uma subárvore e efetuam a rotação desejada.

```
/* PARTE I: busca e insercao na arvore binaria   */
fp = null;
p = tree;
fva = null;
```

```
va = p;
/* va aponta p/ o ancestral mais jovem que se pode tornar */
/* desbalanceado. fva aponta p/ o pai de ya, e fp        */
/*          aponta para o pai de p.             */
while (p != null)   {
     if (key) == k(p)))
          return(p);
     q = (key < k(p))   ? left(p)   : right(p);
     if (q != null)
          if (bal(q)  != 0)    {
          ya = p;
          ya = q;
     }  /* fim if */
     fp = p;
     p = q;
}       /* fim while */
/*                        insere novo registro       */
q = maketree (rec, key);
bal(q) = 0;
(key < k(fp))  ? (left(fp) = q) : (right(fp)  = q);
/* balanceamento em todos os nohs entre node(ya) e node(q)  */
/*                   deve ser alterado de 0           */
p = (key < k(ya))   ? left(ya)   : right(ya);
s = p;
while (p != q)   {
     if (key < k(p))   {
          bal(p) = 1;
          p = left(p);
     }
     else {
          bal(p) = -1;
          p = right(p);
     }   /* fim if */
}  /* fim while */
/*  PARTE II: determina se a arvore estah ou nao       */
/*  desbalanceada; se estiver, q eh o noh recem-inserido*/
/*  ya eh seu ancestral mais jovem desbalanceado, fya eh o */
/*     pai de ya e s eh o filho de ya na direcao      */
/*                       do desbalanceamento          */
imbal = (key < (ya))   ? 1 : -1;
if (bal(ya) == 0)   {
     /* outro nivel foi incluido na arvore */
     /*    a arvore continua balanceada    */
     bal(ya)  = imbal;
```

```
              return(q);
    } /* fim if */
    if (bal(ya)   != imbal)
          /* o noh incluido foi posicionado na direcao     */
          /* oposta ao balanceamento     */
          /* a arvore continua balanceada    8/
          bal(ya) = o;
          return(q);
    }      /* fim if */
    /* PARTE III: o noh adicional desbalanceou a arvore */
    /* rebalanceie-a aplicando as rotações necessarias e */
    /* em seguida ajuste os balanceamentos dos nohs envolvidos */
    if (bal(s)   == imbal)
          /* ya e s ficaram desbalanceados na mesma direcao; */
          /*    ver Figura 7.2.5a onde ya = a e s = b   */
          p = s;
          if (imbal == 1)
               rightrotation(ya);
          else
               leftrotation(ya);
          bal(ya) = 0;
          bal(s) = 0 ;
    }
    else {
          /* ya e s estao desbalanceados em direcoes opostas; */
          /*                    ver figura 7.2.5b                      */
          if (imbal == 1) {
               p = right(s);
               leftrotation(s);
               left(ya) = p;
               rightrotation(ya);
          }
          else {
               p = left(s);
               right(ya) = p;
               rightrotation(s);
               leftrotation (ya);
          }   /* fim if */
          /*  ajuste o campo bal dos nohs envolvidos */
          if (bal(p)   == 0)
               /* p foi o noh inserido */
          bal(ya) = 0;
          bal(s) = 0;
    }
```

```
        else
if (bal(p) == imbal) {
            /* ver Figuras 7.2.5b e 7.2.7b    */
            bal(ya) = -imbal;
            bal(s0) = 0;
    }
        else {
            /*  ver Figuras 7.2.5b e 7.2.7b    */
            /*  mas o novo noh foi inserido em t3 */
            bal(ya) = 0;
            bal(s) = imbal;
            }   /* fim if */
        bal(p) = o;
}   /* fim if */
/*  ajuste o ponteiro para a sub árvore rotada */
if (fya == null)
      tree = p;
else
      (ya == right(fya))  ? (right(fya) = p): (left(fya) = p);
return(q);
```

A altura máxima de uma árvore de busca binária balanceada é 1,44 $\log_2 n$, de maneira que uma pesquisa nessa árvore nunca exige mais que 44% mais comparações do que a de uma árvore totalmente balanceada. Na prática, as árvores de busca binária balanceadas comportam-se ainda melhor, resultando em tempos de busca iguais a $\log_2 n + 0{,}25$ para n grande. Na média, é necessária uma rotação em 46,5% das inserções.

O algoritmo para eliminar um nó de uma árvore de busca binária balanceada, mantendo ainda seu equilíbrio, é ainda mais complexo. Enquanto a inserção exige no máximo uma rotação dupla, a eliminação pode exigir uma rotação (simples ou dupla) em cada nível da árvore, ou $O(\log n)$ rotações. Entretanto, na prática, descobriu-se a necessidade de apenas 0,214 rotação (simples ou dupla), em média, por eliminação.

As árvores de busca binária balanceadas que examinamos são chamadas **árvores balanceadas pela altura** porque sua altura é usada como critério para o balanceamento. Existem outros métodos de definição de árvores balanceadas. Em um deles, o **peso** de uma árvore é definido como o número de nós externos na árvore (esse valor é igual ao número de ponteiros nulos na árvore). Se a razão do peso da subárvore esquerda de todo nó sobre o peso da subárvore enraizada no nó estiver entre uma fração a e $1 - a$, a árvore será uma **árvore balanceada pelo peso de razão a** e diz-se que ela está na classe *wb*[*a*]. Quando uma inserção ou eliminação comuns numa árvore na classe *wb*[*a*] remove a árvore da classe, as rotações são usadas para restaurar a propriedade de balanceamento pelo peso.

Outro tipo de árvore, chamado **árvore binária balanceada** por Tarjan, exige que, para todo nó *nd*, o comprimento do maior segmento a partir de *nd* até um nó externo seja, no máximo, o dobro do comprimento do menor segmento a partir de *nd* até um nó externo. (Lembre-se de que nós externos são os incluídos na árvore em todo ponteiro nulo.) Mais uma vez, as rotações são usadas para manter o equilíbrio depois da inserção ou da eliminação. As árvores balanceadas de Tarjan têm a propriedade de que, no máximo, uma rotação dupla ou simples restaurará o equilíbrio depois da inserção ou eliminação, ao contrário das possíveis rotações de $O(\log n)$ aplicadas à eliminação numa árvore balanceada pela altura.

As árvores balanceadas podem ser também usadas para obter a implementação eficiente de filas de prioridades (ver Seções 4.1 e 6.3). A inserção de um novo elemento requer, no máximo, $O(\log n)$ etapas para achar sua posição e $O(1)$ etapas para acessar o elemento (seguindo os ponteiros esquerdos para a folha da extrema esquerda) e $O(\log n)$ ou $O(1)$ etapas para eliminar essa folha. Sendo assim, como acontece com uma fila de prioridade implementada usando um heap (Seção 6.3), uma fila de prioridade implementada usando uma árvore balanceada pode aplicar qualquer seqüência de n inserções e eliminações de mínimo em $O(n \log n)$ passos.

EXERCÍCIOS

7.2.1. Escreva um algoritmo de inserção eficiente para uma árvore de busca binária inserir um novo registro cuja chave não existe na árvore.

7.2.2. Demonstre que é possível obter uma árvore de busca binária na qual existe uma única folha, mesmo se os elementos da árvore não forem inseridos em ordem estritamente ascendente ou descendente.

7.2.3. Verifique por simulação que, se os registros forem apresentados para a árvore de busca binária e para o algoritmo de inserção em ordem aleatória, o número de comparações de chave será $O(\log n)$.

7.2.4. Prove que toda árvore de busca binária de n nós não tem a mesma probabilidade (presumindo-se que os itens sejam inseridos em ordem aleatória) e que as árvores balanceadas são mais prováveis do que as árvores geradas em listas seqüenciais.

7.2.5. Escreva um algoritmo para eliminar um nó de uma árvore binária que substitua o nó por seu predecessor em ordem e não por seu sucessor em ordem.

7.2.6. Suponha que o tipo de nó de uma árvore de busca binária seja definido assim:

```
struct nodetype {
int k;
int r;
struct nodetype *left;
struct nodetype *right;
};
```

Os campos k e r contêm a chave e o resultado do nó; *left* e *right* são ponteiros para os filhos do nó. Escreva uma rotina em C, *sinsert(tree, key, rec)*, para pesquisar e inserir um registro *rec* com chave *key* numa árvore de busca binária apontada por *tree*.

7.2.7. Escreva uma rotina em C, *sdelete(tree, key)*, para pesquisar e eliminar um registro *record* com chave *key* de uma árvore de busca binária implementada como no exercício anterior. Se esse registro for encontrado, a função retornará o valor de seu campo r; caso contrário, a função retornará 0.

7.2.8. Escreva uma rotina em C, *delete(tree, key1, key2)*, para eliminar todos os registros com chaves entre *key*1 e *key*2 (inclusive) de uma árvore de busca binária cujos nós são declarados como nos exercícios anteriores.

7.2.9. Considere as árvores de busca da Figura 7.2.8:

   a. Quantas permutações dos inteiros 1 a 7 produziriam as árvores de busca binária das Figuras 7.2.8a, b e c, respectivamente?

   b. Quantas permutações dos inteiros 1 a 7 produziriam árvores de busca binária semelhantes às das Figuras 7.2.8a, b e c, respectivamente? (Ver Exercício 5.1.9.)

c. Quantas permutações dos inteiros 1 a 7 produziriam árvores de busca com o mesmo número de nós em cada nível, como as árvores das Figuras 7.2.8a, b e c, respectivamente?

   d. Ache uma atribuição de probabilidades para os sete primeiros inteiros positivos como argumentos de busca que torne ótima cada uma das árvores das Figuras 7.2.8a, b e c.

7.2.10. Demonstre que a árvore de Fibonacci de ordem $h + 1$ (ver Exercício 5.3.5) é uma árvore balanceada pela altura, de altura h, e tem menos nós do que qualquer outra árvore balanceada pela altura, de altura h.

7.3. ÁRVORES DE BUSCA GERAL

As árvores gerais não binárias também são usadas como tabelas de pesquisa, principalmente em armazenamento externo. Existem duas categorias abrangentes desse tipo de árvore: árvores de busca multidirecionais e árvores de busca digitais. Examinaremos cada uma separadamente.

ÁRVORES DE BUSCA MULTIDIRECIONAIS

Numa árvore de busca binária, cada nó nd contém uma única chave e aponta para duas subárvores. Uma dessas subárvores contém todas as chaves na árvore enraizada em nd que sejam menores que a chave em nd, e a outra subárvore contém todas as chaves na árvore enraizada em nd que sejam maiores (ou iguais) à chave em nd.

Podemos estender esse conceito para uma árvore de busca geral na qual cada nó contém uma ou mais chaves. Uma ***árvore de busca multidirecional de ordem n*** é uma árvore geral na qual cada nó tem n ou menos subárvores e contém uma chave a menos que a quantidade de suas subárvores. Ou seja, se um nó tiver quatro subárvores, ele conterá três chaves. Adicionalmente, se $s_0, s_1, ..., s_{m-1}$ forem as m subárvores de um nó contendo as chaves $k_0, k_1, ..., k_{m-2}$, em ordem ascendente, todas as chaves na subárvore

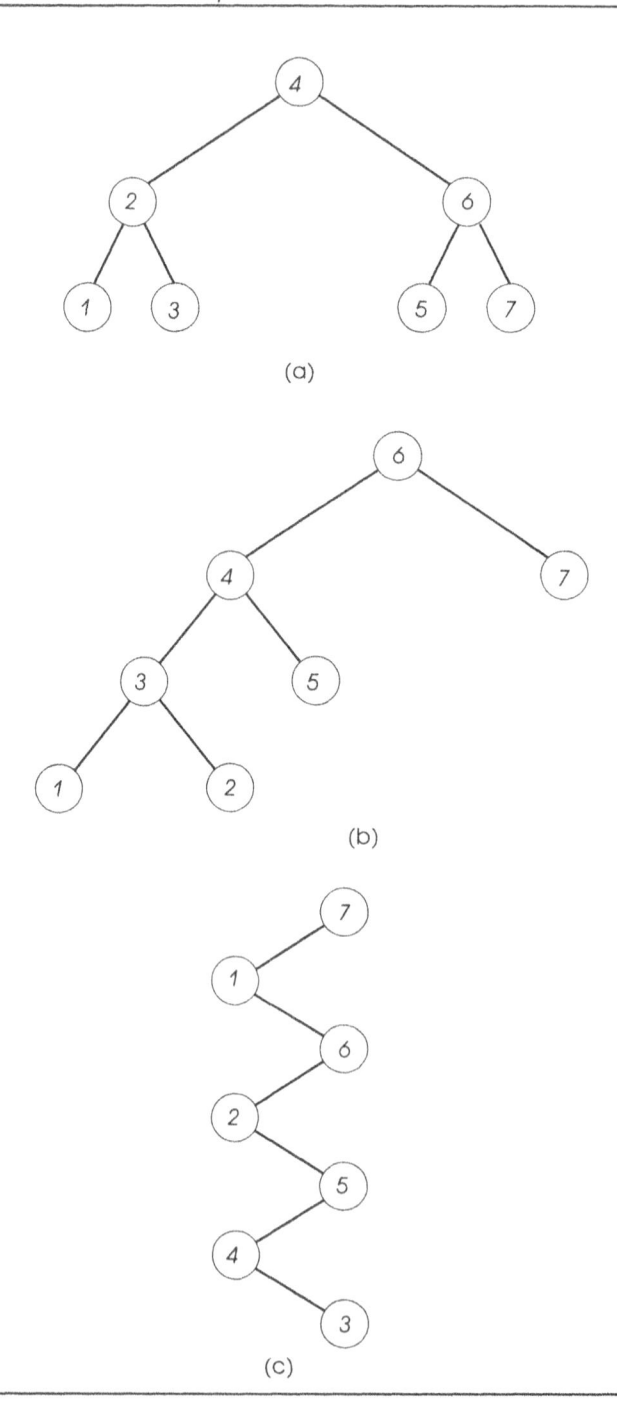

Figura 7.2.8

s_0 serão menores ou iguais a k_0, todas as chaves na subárvore s_1 (onde j está entre 1 e $m - 2$) serão maiores que k_{j-1} e menores ou iguais a k_1, e todas as chaves na subárvore s_{m-1} serão maiores que k_{m-2}. A subárvore s_1 é chamada **subárvore esquerda** da chave k_1 e sua raiz é chamada **filho esquerdo** da chave k_1. De modo semelhante, s_1 é chamada **subárvore direita**, e sua raiz, **filho direito**, de k_{j-1}. Uma ou mais subárvores de um nó podem estar vazias. (Ocasionalmente, a expressão "árvore de busca multidirecional" é usada para se referir a qualquer árvore não-binária usada para pesquisar, incluindo as árvores digitais que apresentaremos no final desta seção. Entretanto, usaremos essa expressão estritamente para as árvores que podem conter chaves completas em cada nó.)

A Figura 7.3.1 ilustra algumas árvores de busca multidirecionais. A Figura 7.3.1a é uma árvore de busca multidirecional de ordem 4. Os oito nós desta árvore foram rotulados *A* a *H*. Os nós *A, D, E* e *G* contêm o número máximo de subárvores, 4, e o número máximo de chaves, 3. Esses nós são chamados **nós completos**. Entretanto, algumas das subárvores dos nós *D* e *E* e todas as subárvores do nó *G* estão vazias conforme indicado pelas setas emanando das posições corretas nos nós. Os nós *B, C, G* e *H* não são completos, mas contêm também algumas subárvores vazias. A primeira subárvore de *A* contém as chaves 6 e 10, ambas menores que 12, que é a primeira chave de *A*. A segunda subárvore de *A* contém 25 e 37, ambas maiores que 12 (a primeira chave de *A*) e menores que 50 (a segunda chave). A terceira subárvore contém 60, 70, 80, 62, 65 e 69, todas entre 50 (a segunda chave de *A*) e 85 (a terceira chave). Por último, a última subárvore de *A* contém 100, 120, 150 e 110, todas maiores que 85, a última chave no nó *A*. De modo semelhante, cada subárvore de todo nó só contém chaves entre as duas chaves apropriadas desse nó e seus ancestrais.

A Figura 7.3.1b ilustra uma ***árvore de busca multidirecional de cima para baixo***. Essa árvore é caracterizada pela condição de que qualquer nó incompleto é uma folha. Observe que a árvore da Figura 7.3.1a não é de cima para baixo porque o nó *C* não é completo e ainda contém uma subárvore não-vazia. Defina uma **semifolha** como um nó com pelo menos uma subárvore vazia. Na Figura 7.3.1a, os nós *B* a *H* são todos semifolhas. Na Figura 7.3.1b, os nós *B* a *G* e *I* a *R* são semifolhas. Numa árvore multidirecional de cima para baixo, uma semifolha precisa ser ou completa ou uma folha.

A Figura 7.3.1c é outra árvore de busca multidirecional de ordem 3. Ela não é uma árvore de cima para baixo porque existem quatro nós com apenas uma chave e subárvores não vazias. Entretanto, ela realmente apresenta outra propriedade especial por ser **balanceada**. Ou seja, todas as suas semifolhas encontram-se no mesmo nível (3). Isso implica que todas

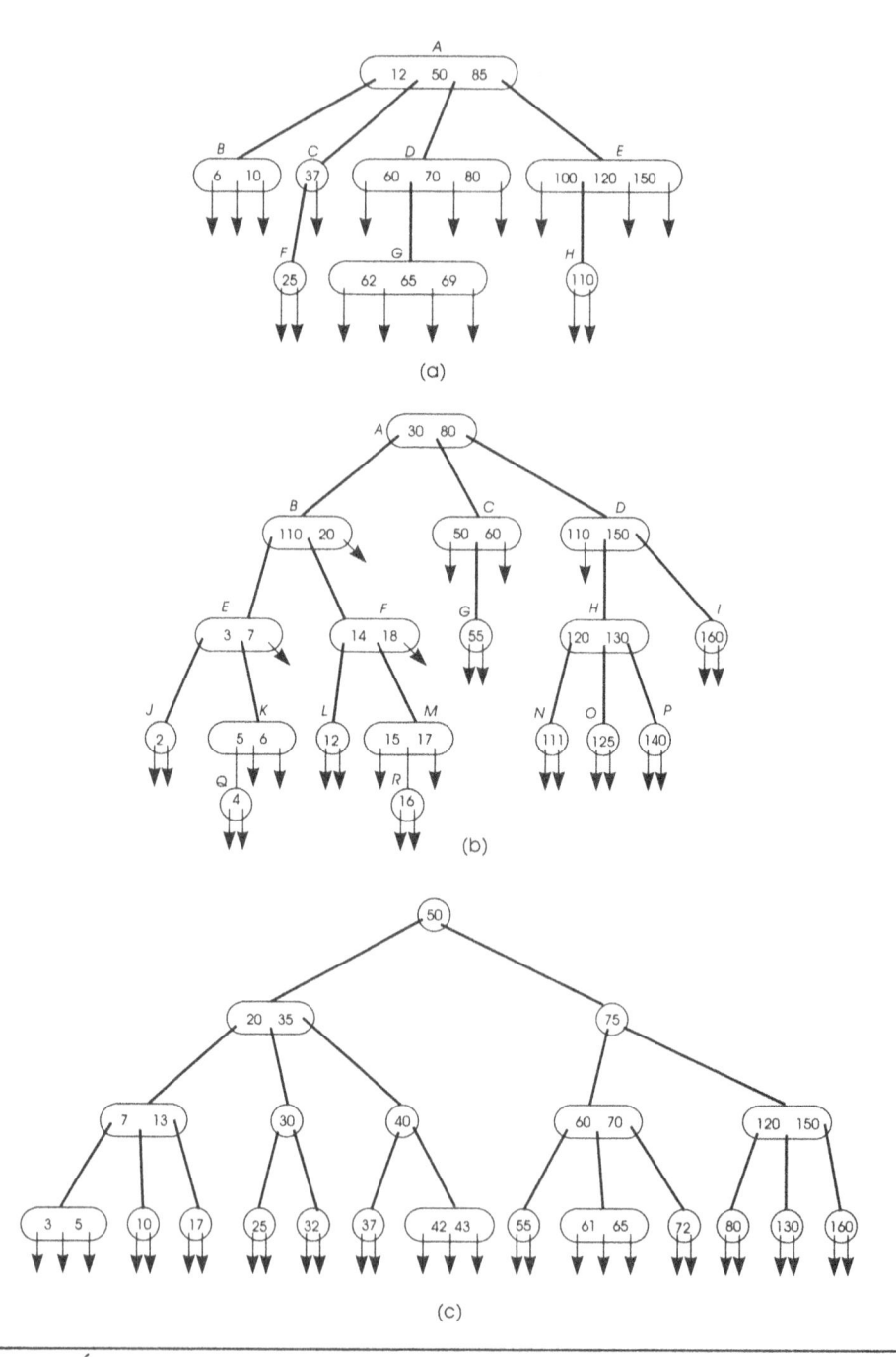

Figura 7.3.1 Árvores de busca multidirecionais.

as semifolhas são folhas. Nem a árvore da Figura 7.3.1a (que tem folhas nos níveis 1 e 2) nem a da Figura 7.3.1b (com folhas nos níveis 2, 3 e 4) são árvores de busca multidirecionais balanceadas. (Observe que, embora uma árvore de busca binária seja uma árvore de busca multidirecional de ordem 2, uma árvore de busca binária balanceada, conforme definida no final da Seção 7.2, não é necessariamente balanceada como uma árvore de busca multidirecional porque pode ter folhas em níveis diferentes.)

PESQUISANDO UMA ÁRVORE MULTIDIRECIONAL

O algoritmo para pesquisar uma árvore de busca multidirecional, independentemente de essa árvore ser de cima para baixo, balanceada, ou não apresentar nenhuma dessas duas propriedades, é simples. Cada nó contém um único campo inteiro, um número variável de campos de ponteiro e um número variável de campos de chave. Se *node*(*p*) é um nó, o campo inteiro, *numtrees*(*p*), é igual ao número de subárvores de *node*(*p*). *numtrees*(*p*) é sempre menor ou igual à ordem da árvore, *n*. Os campos de ponteiro, *son*(*p*,0) a *son*(*p, numtrees*(*p*) - 1) apontam para as subárvores de *node*(*p*). Os campos de chaves *k*(*p*,0) a *k*(*p, numtrees*(p) - 2) são as chaves contidas em *node*(*p*) em ordem ascendente. A subárvore para a qual *son*(*p,i*) aponta (para *i* entre 1 e *numtrees*(*p*) - 2, inclusive) contém todas as chaves na árvore entre *k*(*p,i* - 1) e *k*(*p,i*). *son*(*p*,0) aponta para uma subárvore contendo somente as chaves menores que *k*(*p*,0) e *son*(*p, numtrees*(*p*) - 1) aponta para uma subárvore contendo apenas as chaves maiores que *k*(*p,numtrees*(*p*) - 2).

Pressupomos também uma função *nodesearch*(*p, key*) que retorna o menor inteiro *i* tal que *key* <= *k*(*p, j*), ou *numtrees*(*p*) - 1, se *key* for maior que todas as chaves em *node*(*p*). (Discutiremos mais adiante a implementação de *nodesearch*.) O seguinte algoritmo recursivo é para uma função *search*(*tree*) que retorna um ponteiro para o nó contendo *key* (ou -1 [representando *null*] se não existir esse nó na árvore) e define a variável global *position* com a posição de *key* nesse nó:

```
p = tree;
if (p == null)   {
     position = -1;
     return(-1);
} /* fim if */
i = nodesearch (p, key);
```

```
if (i < numtrees(p) - 1 && key == k(p, i))  {
     position = i;
     return(p);
} /* fim if */
return(search(son(p,i)));
```

Observe que, depois de definir *i* com *nodesearch(p, key)*, insistimos em verificar se *i* < *numtrees(p)* - 1, antes de acessar *k(p, i)*. Isso serve para evitar o uso de *k(p, numtrees(p)* - 1) possivelmente não-existente ou errado, caso *key* seja maior que todas as chaves em *node(p)*. Veja a seguir uma versão não-recursiva do algoritmo anterior:

```
p = tree;
while (p != null)  {
     /* pesquise a subarvore enraizada em node(p) */
     i = nodesearch(p, key);
     if (i < numtrees(p) - 1 && key == k(p,i))   {
          position = i;
          return(p);
     }  /* fim if */
     p = son(p, i);
}  /* fim while */
position = -1;
return(-1);
```

A função *nodesearch* é responsável pela localização da menor chave num nó, que seja maior ou igual ao argumento de busca. A técnica mais simples de fazer isso é uma busca seqüencial pelo conjunto ordenado de chaves no nó. Se todas as chaves forem de tamanho igual e fixo, uma busca binária poderá ser usada para localizar a chave correta. A opção pelo uso de uma busca seqüencial ou binária dependerá da ordem da árvore, que determinará quantas chaves deverão ser pesquisadas. Outra possibilidade é organizar as chaves dentro do nó como uma árvore de busca binária.

IMPLEMENTANDO UMA ÁRVORE MULTIDIRECIONAL

Observe que implementamos uma árvore de busca multidirecional de ordem *n* usando nós com até *n* filhos, e não como uma árvore de busca com ponteiros de filho e irmão, conforme descrito na Seção 5.5 para árvores gerais. Isso aconteceu porque em árvores multidirecionais, ao contrário das árvores gerais, existe um limite para a quantidade de filhos de um nó, e podemos esperar que a maioria dos nós seja a mais completa possível. Numa árvore geral, não existia esse limite, e vários nós podiam conter somente um ou dois itens. Portanto, a flexibilidade de permitir a quantidade de itens necessária num nó e a economia de espaço quando um nó estava praticamente vazio compensam a sobrecarga dos ponteiros adicionais de irmãos.

Entretanto, quando os nós não são completos, as árvores de busca multidirecionais, conforme implementadas aqui, de fato desperdiçam um armazenamento considerável. Apesar desse possível desperdício de armazenamento, as árvores multidirecionais são freqüentemente usadas, em especial para armazenar dados num dispositivo externo de acesso direto como um disco. Isso acontece porque o acesso a cada novo nó durante uma busca exige a leitura de um bloco de armazenamento no dispositivo externo. Essa operação de leitura é relativamente dispendiosa em termos de tempo, por causa do trabalho mecânico necessário ao posicionamento correto do dispositivo. Entretanto, assim que o dispositivo for posicionado, a tarefa da real leitura de uma grande quantidade de dados seqüenciais é relativamente veloz. Isso significa que o tempo total para ler um bloco de armazenamento (isto é, um "nó") é afetado em termos mínimos por seu tamanho. Assim que um nó for lido e estiver contido na memória interna do computador, o custo de pesquisá-lo na velocidade interna da eletrônica é mínimo, quando comparado ao custo de sua leitura inicial para a memória. Além disso, o armazenamento externo é razoavelmente barato, de modo que uma técnica que aumente a eficiência de tempo em função da utilização do espaço de armazenamento externo realmente compensa em termos de custos (ou seja, em termos financeiros). Por essa razão, os sistemas de armazenamento externo baseados em árvores de busca muldirecionais tentam maximizar o tamanho de cada nó, e árvores de ordem 200 ou mais não são incomuns.

O segundo fator a considerar ao implementar árvores de busca multidirecionais é o armazenamento dos próprios registros de dados. Como acontece em qualquer sistema de armazenamento, os registros podem ser armazenados com as chaves ou remotamente a partir das chaves. A primeira técnica exige a manutenção de registros inteiros dentro dos nós da árvore, enquanto a segunda exige a manutenção de um ponteiro para o registro associado a cada chave num nó. (Ainda outra técnica requer a duplicação de chaves e a manutenção de registros apenas nas folhas. Esse mecanismo será discutido em detalhes, mais adiante, quando examinarmos as árvores B+.)

Em termos gerais, queremos manter o máximo possível de chaves em cada nó. Para verificar por que isso acontece, considere duas árvores de cima para baixo, com 4.000 chaves e profundidade mínima, uma de ordem 5 e a outra de ordem 11. A árvore de ordem 5 requer 1.000 nós (de 4 chaves cada) para armazenar as 4.000 chaves, enquanto a árvore de ordem 11 exige somente 400 nós (de 10 chaves cada). A profundidade da árvore de ordem 5 é, no mínimo, 5 (o nível 0 contém 1 nó, o nível 1 contém 5, o nível 2 contém 25, o nível 3 contém 125, o nível 4 contém 625 e o nível 5 contém os 219 restantes), enquanto a profundidade da árvore de ordem 11 pode ser apenas 3 (o nível 0 contém 1 nó, o nível 1 contém 11, o nível 2 contém 121 e o nível 3 contém os 267 restantes). Sendo assim, 5 ou 6 nós precisam ser acessados ao pesquisar na árvore de ordem 5 a maioria das chaves, mas apenas 3 ou 4 nós precisam ser acessados para a árvore de ordem 11. Entretanto, conforme já observamos, acessar um nó é a operação mais dispendiosa ao pesquisar o armazenamento externo, no qual árvores multidirecionais são mais usadas. Sendo assim, uma árvore com uma ordem mais alta determina um processo de busca mais eficiente. O real armazenamento necessário em ambas as situações é aproximadamente o mesmo porque, embora sejam necessários menos nós para armazenar um arquivo de determinado tamanho quando a ordem é alta, cada nó é maior.

Como o tamanho de um nó é geralmente determinado por outros fatores externos (por exemplo a quantidade de armazenamento fisicamente lido a partir do disco em uma operação), uma árvore de ordem mais alta é obtida mantendo-se os registros fora dos nós da árvore. Mesmo que isso provoque uma leitura externa adicional para obter um registro depois que sua chave for localizada, a manutenção de registros dentro de um nó reduz tipicamente a ordem por um fator entre 5 e 40 (o que representa uma faixa típica da razão entre o tamanho do registro e o tamanho da chave); portanto, essa troca não é compensadora.

Se uma árvore de busca multidirecional for mantida em armazenamento externo, um ponteiro para um nó será o endereço no armazenamento externo que especifica o ponto inicial de um bloco de armazenamento. O bloco de armazenamento que forma um nó precisa ser lido para o armazenamento interno antes que qualquer um dos campos *numtrees*, *k* ou *son* possam ser acessados. Suponha que a rotina *directread(p, block)* leia um nó no endereço de armazenamento externo *p* para um buffer de armazenamento interno *block*. Suponha também que os campos *numtrees*, *k* e *son* no buffer sejam acessados por notações ao estilo de C, *block.numtrees*, *block.son*. Além disso, imagine que a função *nodesearch* seja modificada de modo a aceitar um bloco de armazenamento (interno) em vez de um ponteiro [isto é, ela será chamada por *nodesearch*(*block, key*) e não por *nodesearch*(*p, key*)]. Em função disso, veja a seguir um algoritmo não-recursivo para pesquisar uma árvore de busca multidirecional armazenada externamente:

```
p = tree;
while (p != null)   {
      directread(p, block);
      i = nodesearch(p, key);
      if (i < block.numtrees - 1 && key == block.son(i))   {
            position = i;
            return(p);
      }   /* fim if */
      p = block.son(i);
}  /* fim while */
position = -1;
return(-1);
```

O algoritmo define também *block* com o nó no endereço externo *p*. O registro associado a *key* ou a um ponteiro para ele pode ser encontrado em *block*. Observe que *null*, conforme usado nesse algoritmo, referencia um endereço de armazenamento externo nulo em vez de um ponteiro *null* de C.

PERCORRENDO UMA ÁRVORE MULTIDIRECIONAL

Uma operação comum aplicada a uma estrutura de dados é o **percurso**: acessar todos os elementos da estrutura numa seqüência determinada. Veja a seguir um algoritmo recursivo, *traverse*(*tree*) para percorrer uma árvore multidirecional e imprimir suas chaves em ordem ascendente:

```
if (tree != null)   {
     nt = numtrees (tree);
     for (i = 0; i < nt - 1; i++)    {
           traverse(son(tree, i));
           printf("%d", k (tree, i));
     }  /* fim for */
     traverse(son(tree, nt));
}  /* fim if */
```

Ao implementar a recursividade, precisamos manter uma pilha de ponteiros para todos os nós num caminho começando na raiz da árvore e indo até o nó sendo atualmente visitado.

Se cada nó for um bloco de armazenamento externo e *tree* for o endereço do armazenamento externo do nó da raiz, um nó deverá ser lido para a memória interna antes de que seus campos *son* ou *k* sejam acessados. Conseqüentemente, o algoritmo ficaria assim:

```
if (tree != null)   {
    directread(tree, block);
    nt = block.neumtrees;
    for (i = 0; i < nt - 1; i++)   {
        traverse(block. son(i);
        printf("%d", block. k(i));
    } /* fim for */
    traverse(block.son(nt));
}   /* fim if*/
```

onde *directread* é uma rotina do sistema que lê um bloco de armazenamento em determinado endereço externo (*tree*) para um buffer de memória interna (*block*). Isso requer a manutenção de uma pilha de buffers também. Se d é a profundidade da árvore, $d + 1$ buffers deverão ser mantidos na memória.

Como alternativa, todos os buffers, à exceção de um deles, poderão ser eliminados se cada nó contiver dois campos adicionais; um campo *father* apontado para seu pai, e um campo *index* indicando qual dos filhos de seu pai esse nó representa. Então quando a última subárvore de um nó tiver sido percorrida, o algoritmo usará o campo *father* do nó para acessar seu pai, e o campo *index* para determinar a chave no nó-pai a dar saída e a subárvore do pai a ser percorrida em seguida. Entretanto, isso exigiria várias leituras para cada nó e provavelmente não compensaria a economia em termos de espaço de buffer, em especial porque uma árvore de ordem alta com um grande número de chaves exige muito pouca profundidade. (Conforme ilustrado antes, uma árvore de ordem 11 com 4.000 chaves pode ser confortavelmente acomodada com profundidade 3. Uma árvore de ordem 100 pode acomodar mais de 1 milhão de chaves com uma profundidade de apenas 2.)

Outra operação habitual, intimamente relacionada ao percurso é o **acesso seqüencial direto**. Essa operação significa acessar a chave seguinte a uma chave cuja posição na árvore seja conhecida. Vamos supor que tenhamos localizado uma chave $k1$, pesquisando a árvore, e que ela se encontra na posição $k(n1, i1)$. Normalmente, o sucesso de $k1$ pode ser encontrado executando-se a seguinte rotina, *next*(*n*1, *i*1). (*nullkey* é um valor especial que indica a impossibilidade de encontrar uma chave correta.)

```
p = son(n1, i1 + 1);
q = null;  /* q estah um noh atras de p */
while (p != null)   {
      q = p;
      p = son(p, 0);
}   /* fim while */
if (q != null)
      return(k(q,0));
if (i1 < numtrees(n1) - 2)]
      return (k(n1,i1 + 1));
return(nullkey);
```

Esse algoritmo usa o fato de que o sucessor de *k*1 é a primeira chave na subárvore posterior a *k*1 em *node*(*n*1), ou se essa subárvore estiver vazia [*son*(*n*1, *i*1 + 1) é igual a *null* e se *k*1 não for a última chave em seu nó (*i*1 < *numtrees*(*n*1) - 2), o sucessor será a próxima chave em *node*(*n*1).

Entretanto, se *k*1 for a última chave em seu nó e se a subárvore posterior estiver vazia, seu sucessor só poderá ser encontrado retrocedendo na árvore. Pressupondo-se os campos *father* e *index* em cada nó conforme descritos anteriormente, um algoritmo completo, *sucessor*(*n*1, *i*1), para achar o sucessor da chave na posição *i*1 do nó apontado por *n*1, pode ser escrito como segue:

```
p = son(n1, i1 + 1);
if (p != null && i1 < numtrees(n1) - 2)
      /* use o algoritmo anterior   */
      return(next(n1, il));
f = father(n1);
i = index(n1);
while (f != null && i == numtrees(f) - 1)   {
      i = index(f);
      f = father(f);
}   /* fim while */
if (f == null)
      return(NULLKEY);
return(k(f, i));
```

Evidentemente, gostaríamos de evitar o retrocesso na árvore sempre que possível. Como um percurso começando numa chave específica é muito comum, o processo de busca inicial é freqüentemente modificado de modo a reter, na memória interna, todos os nós no caminho a partir da raiz até a chave encontrada. Dessa forma, se precisarmos retroceder, o caminho até a raiz estará prontamente disponível. Como mencionado anteriormente, se isso for feito, os campos *father* e *index* não serão necessários. Mas adiante nesta seção, examinaremos uma adaptação especial de uma árvore de busca multidirecional, chamada árvore B+, que não exige pilha para um percurso seqüencial eficiente.

INSERÇÃO NUMA ÁRVORE DE BUSCA MULTIDIRECIONAL

Agora que já examinamos como pesquisar e percorrer árvores de busca multidirecionais, examinemos técnicas de inserção para essas estruturas. A primeira é análoga à inserção da árvore de busca binária e resulta em uma árvore de busca multidirecional de cima para baixo. A segunda é uma nova técnica de inserção e produz um tipo especial de árvore de busca multidirecional balanceada. Essa segunda técnica, ou uma ligeira variação, é mais comumente usada em sistemas de armazenamento externo de arquivos de acesso direto.

Por conveniência, presumiremos que as chaves duplicadas não são permitidas na árvore para que, se o argumento *key* for encontrado na árvore, não ocorra nenhuma inserção. Presumiremos também que a árvore não está vazia. A primeira etapa em ambos os procedimentos de inserção é procurar o argumento *key*. Se o argumento *key* for encontrado na árvore, retornaremos um ponteiro para o nó contendo a chave e definiremos a variável *position* com sua posição dentro do nó, exatamente como no procedimento de busca já apresentado. Entretanto, se o argumento *key* não for encontrado, retornaremos um ponteiro para a semifolha *node(s)* que conteria a chave se estivesse presente, e *position* será definida com o índice da menor chave em *node(s)*, que seja a maior que o argumento *key* (isto é, na posição do argumento *key* se estivesse na árvore). Se todas as chaves em *node(s)* forem menores que o argumento *key*, *position* será definida com *numtrees(s)* - 1. Uma variável, *found*, será definida com *true* ou *false*, dependendo do fato de o argumento *key* ser encontrado ou não na árvore.

A Figura 7.3.2 ilustra o resultado desse procedimento para uma árvore de busca multidirecional balanceada, de ordem 4, de cima para baixo e vários argumentos de busca. O algoritmo para *find* é simples:

```
q = null;
p = tree;
while (p != null)  {
    i = nodesearch(p, key);

q = p;
if (i < numtrees(p) - 1 && key == k(p, i)   {
    found = TRUE;
    position = i;
    return(p);    /* chave encontrada em node(p)     */
    }  /* fim if */
    p = son(p, i);
}  /* fim while */
found = FALSE;
position = i;
return(q);    /*  p eh null. q aponta para uma semifolha   */
```

Para implementar esse algoritmo em C, escreveríamos uma função *find* com o seguinte cabeçalho:

```
NODEPTR    find(tree, key, pposition, pfound)
NODEPTR    tree;
KEYTYPE key;
int * pposition, *pfound;
```

As referências a *position* e *found*, no algoritmo, são substituídas por referências a *pposition* e *pfound* respectivamente, na função em C.

Suponhamos que *s* seja o ponteiro do nó retornado por *find*. O segundo passo do procedimento de inserção aplica-se somente se a chave não for encontrada (lembre-se de que chaves repetidas não são permitidas) e se *node*(*s*) não for completo (ou seja, se *numtrees*(*s*) < *n*, onde *n* é a ordem da árvore). Na Figura 7.3.2, isso se aplica apenas aos casos d e f. O segundo passo consiste em inserir a nova chave (e o registro) em *node*(*s*).

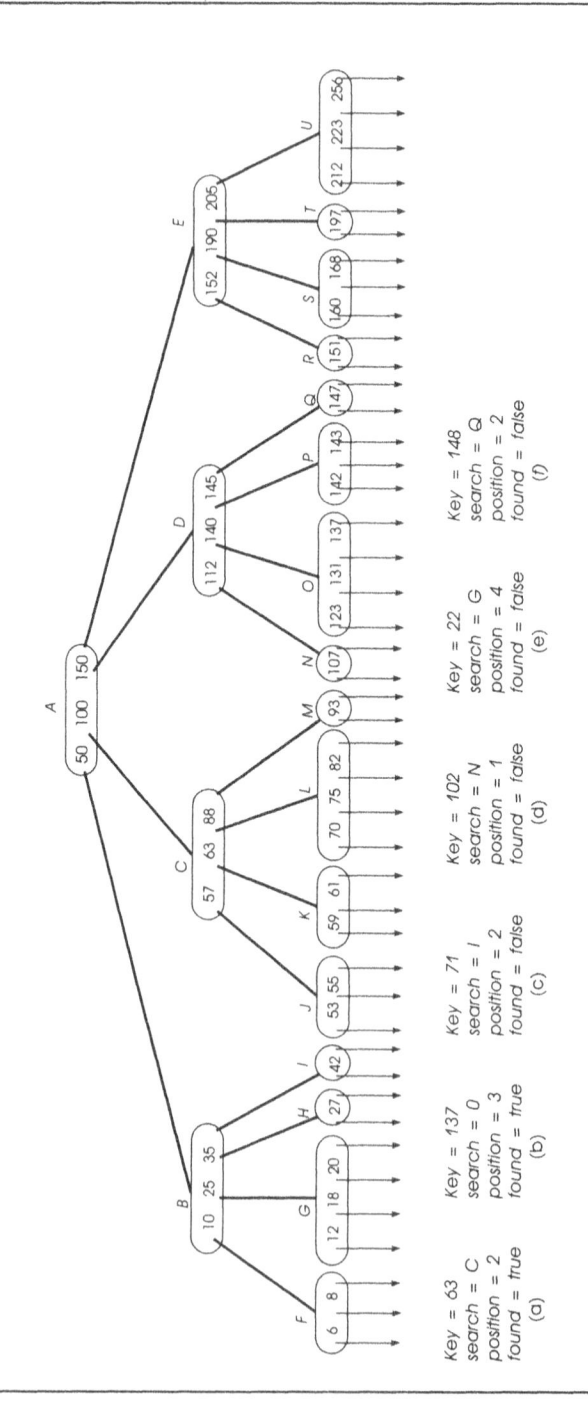

Figura 7.3.2

Observe que, se a árvore for de cima para baixo ou balanceada, uma semifolha incompleta descoberta por *find* será sempre uma folha. Seja *insrec(p, i, rec)* uma rotina para inserir o registro *rec* na posição *i* de *inode(p)*, conforme apropriado. Assim, o segundo passo do processo de inserção pode ser descrito como segue:

```
nt = numtrees(s);
numtrees(s) = nt + 1;
for (i = nt - 1; i > positions; i--)
    k(s, i) = k(s, i - 1);
K(s, position) = key;
insrec(s, position, rec);
```

Chamamos essa função de *insleaf(s, position, key, rec)*.

A Figura 7.3.3a ilustra os nós encontrados pelo procedimento *find* nas Figuras 7.3.2d e f, com as novas chaves inseridas. Observe que é desnecessário copiar os ponteiros dos filhos associados às chaves sendo movidas porque o nó é uma folha; portanto, todos os ponteiros são nulos. Presumimos que eles foram inicializados com nulos quando o nó foi incluído inicialmente na árvore.

Se o passo 2 estiver correto (isto é, se foi encontrado um, nó de folha incompleto onde a chave pode ser inserida), ambas as rotinas de inserção terminarão. As duas técnicas diferem somente no terceiro passo, que é chamado quando o procedimento *find* localiza uma semifolha completa.

A primeira técnica de inserção, que resulta em árvores de busca multidirecionais de cima para baixo, simula as ações do algoritmo de inserção de árvore de busca binária. Ou seja, ela aloca um novo nó, insere a chave e o registro no novo nó e posiciona o novo nó como o filho apropriado de *node(s)*. Ela usa a rotina *maketree(key, rec)* para alocar um nó, define os *n* ponteiros dentro dele com *null*, seu campo *numtrees* com 2, e o campo de sua primeira chave com *key*. Em seguida, *maketree* chama *insrec* para inserir o registro conforme apropriado e, por último, retorna um ponteiro para o nó recém-alocado. Usando *maketree*, a rotina *insfull* para inserir a chave quando a semifolha correta for completa pode ser implementada trivialmente como:

```
p = maketree(key, rec);
son(s, position) = p;
```

Se os campos *father* e *index* forem mantidos em cada nó, as operações:

```
father(p) = s;
index (p) = position;
```

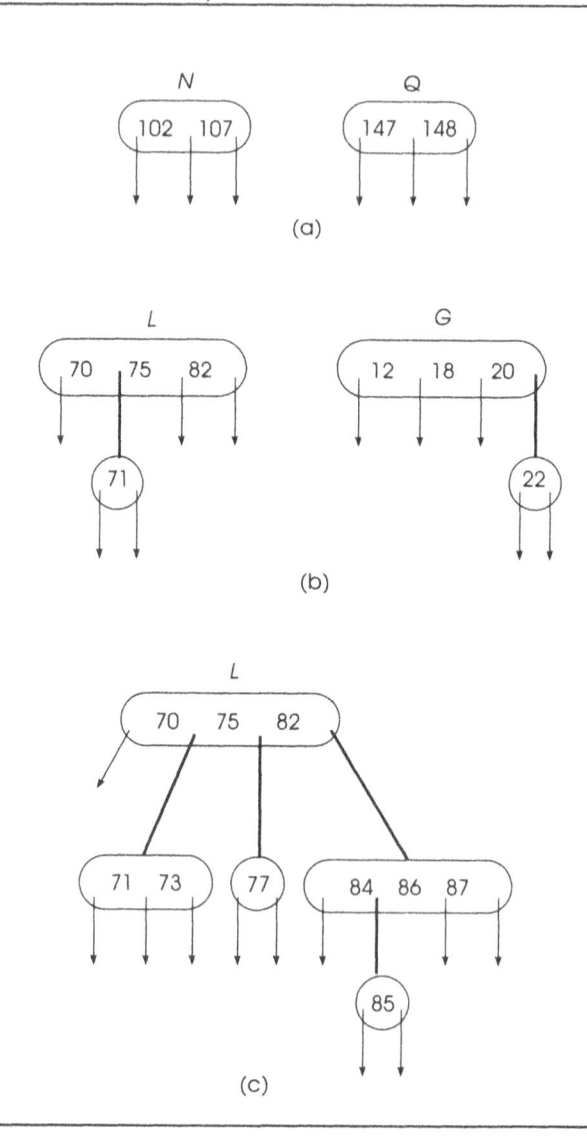

Figura 7.3.3

serão necessárias também.

A Figura 7.3.3b ilustra o resultado de inserir as chaves 71 e 22, respectivamente, nos nós localizados por *find* nas Figuras 7.3.2c e e. A Figura 7.3.3c ilustra as subseqüentes inserções das chaves 86, 77, 87, 84, 85 e 73, nessa ordem. Observe que a ordem na qual as chaves são inseridas afeta diretamente onde as chaves serão posicionadas. Por exemplo, considere o que aconteceria se as chaves fossem inseridas na ordem 85, 77, 86, 87, 73, 84.

Observe que essa técnica de inserção pode transformar uma folha numa não-folha (embora ela continue uma semifolha) e, portanto, desbalanceia a árvore multidirecional. Conseqüentemente, é possível que sucessivas inserções produzam uma árvore bastante desbalanceada e na qual um número incomum de nós precise ser acessado para localizar determinadas chaves. Entretanto, em situações práticas, as árvores de busca multidirecionais criadas por essa técnica de inserção, embora não sejam totalmente balanceadas, não ficarão tão desbalanceadas, de modo que muitos nós não serão acessados ao se pesquisar uma chave numa folha. Entretanto, essa técnica apresenta uma grande deficiência. Como as folhas são criadas contendo apenas uma chave, e outras folhas podem ser criadas antes que as folhas criadas anteriormente sejam preenchidas, as árvores multidirecionais criadas por sucessivas inserções desperdiçam, dessa forma, muito espaço com os nós de folha que estão praticamente vazios.

Embora esse método de inserção não garanta árvores balanceadas, ele realmente assegura árvores de cima para baixo. Para constatar esse fato, observe que não é criado um novo nó a menos que seu pai esteja completo. Sendo assim, todo nó incompleto não tem descendentes e, portanto, é uma folha, o que, por definição, implica que a árvore é de cima para baixo. A vantagem de uma árvore de cima para baixo é que os nós superiores estão completos, de modo que o máximo de chaves possível é encontrado em caminhos curtos.

Antes de examinarmos a segunda técnica de inserção, reuniremos todas as partes da primeira técnica para formar um algoritmo completo de busca e inserção para árvores de busca multidirecionais de cima para baixo:

```
if(tree == null)    {
     tree = maketree(key, rec);
     position = 0;
     return (tree);
}   /* fim if */
s = find(tree, key, position, found);
if (found == TRUE)
     return(s);
if (numtrees(s) < n)   {
     insleaf (s, position, key, rec);
     return(s);
} /* fim if */
p = maketree(key, rec);
son(s, position) = p;
position = 0;
return(p);
```

ÁRVORES-B

A segunda técnica de inserção em árvores de busca multidirecionais é mais complexa. Entretanto, para compensar essa complexidade, tempos o fato de que ela cria árvores balanceadas, de modo que o número máximo de nós acessados para encontrar determinada chave se mantém pequeno. Além disso, a técnica apresenta outro benefício, no sentido de que todos os nós (exceto o da raiz) num árvore criada por essa técnica são, no mínimo, semicompletos, de modo que muito pouco espaço de armazenamento é desperdiçado. Esta última vantagem é a principal razão pela qual a segunda técnica de inserção (ou uma variação dessa técnica) é usada com tanta freqüência em sistemas de arquivo reais.

Uma árvore de busca multidirecional e balanceada, de ordem n, na qual cada nó não-raiz contém pelo menos $n/2$ chaves, é chamada **árvore-B de ordem n**. (Observe que a barra indica divisão de inteiros de modo que uma árvore-B de ordem 11 contém, pelos menos, 5 chaves em cada nó não-raiz, como acontece com uma árvore-B de ordem 10.) Uma árvore-B de ordem n é também chamada **árvore n (n - 1)** ou **árvore de (n - 1) n**. (O traço fora do parêntese é um hífen enquanto o traço dentro do parêntese é um sinal de menos.) Isso reflete o fato de que cada nó na árvore tem um máximo de n - 1 chaves e n filhos. Sendo assim, uma árvore 4-5 é uma árvore-B de ordem 5, assim como uma árvore 5-4. Em particular, uma árvore 2-3 (ou 3-2) é a árvore-B mais elementar não-trivial (ou seja, não-binária), com uma ou duas chaves por nó e dois ou três filhos por nó.

(Neste ponto, precisamos comentar a terminologia. Ao discutir as árvores-B, a palavra "ordem" é usada de forma diferente por autores diferentes. É comum encontrar a **ordem** de uma árvore-B definida como o número máximo de chaves num nó não-raiz [isto é, $n/2$], e o **grau** de uma árvore-B significando o número máximo de filhos [isto é, n]. Ainda outros autores usam a palavra "ordem" significando o número máximo de chaves num nó [isto é, n - 1]. Usamos a palavra **ordem** coerentemente para todas as árvores de busca multidirecionais com o sentido de número máximo de filhos.)

Os dois primeiros passos da técnica de inserção são idênticos para as árvores-B e para as árvores de cima para baixo. Primeiro, usamos *find* para localizar a folha dentro da qual a chave deve ser inserida e, segundo, se a folha localizada não estiver completa, incluiremos a chave usando *insleaf*.

(a) Parte inicial de uma árvore-B

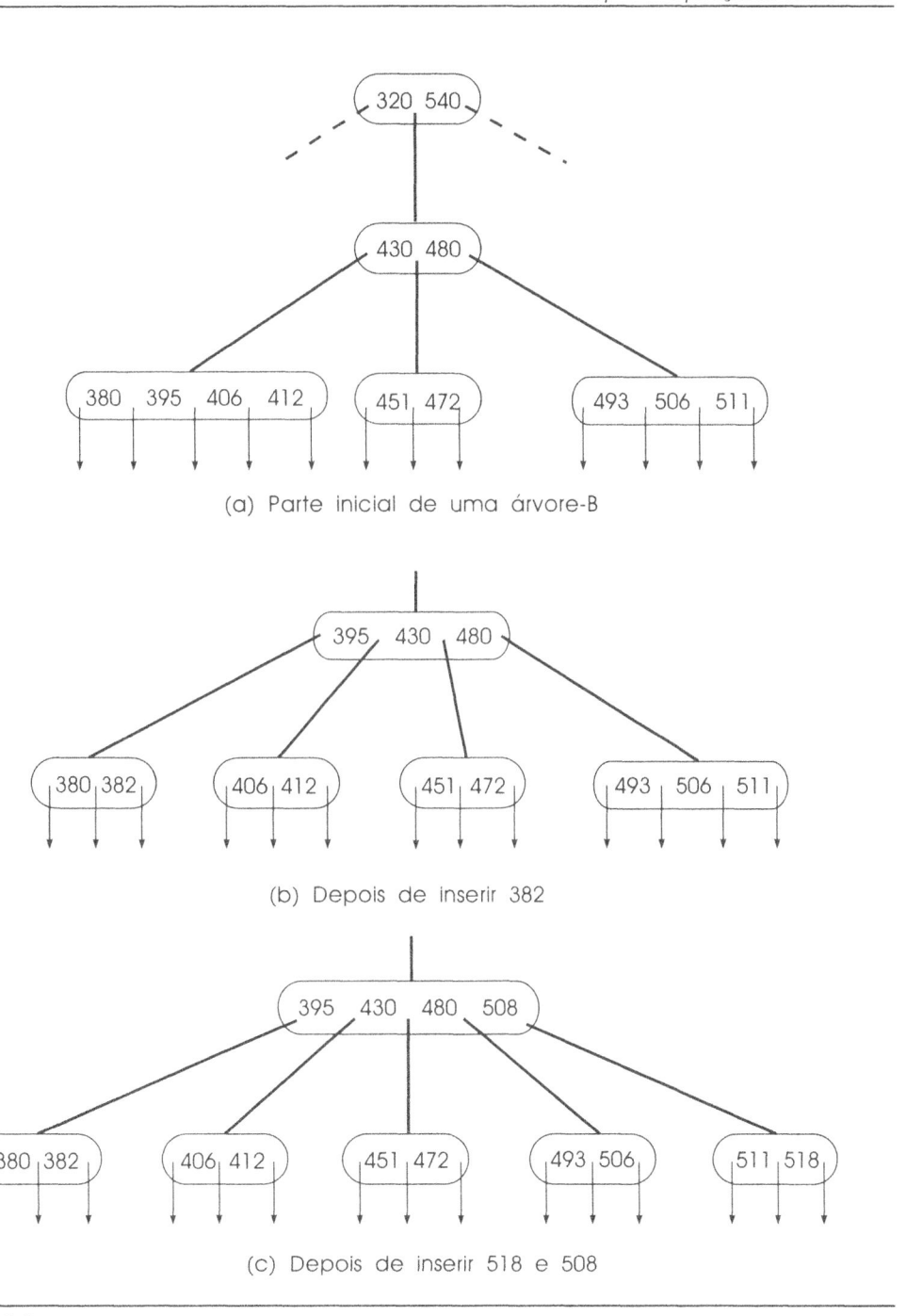

(b) Depois de inserir 382

(c) Depois de inserir 518 e 508

Figura 7.3.4

No terceiro passo, quando se descobre que a folha localizada está completa, o método difere. Em vez de criar um novo nó com apenas uma chave, separaremos a folha completa em duas: uma folha esquerda e uma folha direita. Para simplificar, suponha que n seja ímpar. As n chaves consistindo em $n - 1$ chaves na folha completa e a nova chave a ser inserida são divididas em três grupos: as menores $n/2$ chaves são posicionadas na folha esquerda, as maiores $n/2$ chaves são colocadas na folha direita, e a chave do meio [deve existir uma chave do meio, uma vez que $2 * (n/2)$ é igual a $n - 1$, se n é ímpar] é colocada no nó-pai, se possível (ou seja, se o nó-pai não estiver completo). Os dois ponteiros em ambos os lados da chave inserida no pai são definidos com as folhas esquerda e direita recém-criadas, respectivamente.

A Figura 7.3.4 ilustra esse processo numa árvore-B de ordem 5. A Figura 7.3.4a apresenta uma subárvore de uma árvore-B e a Figura 7.3.4b mostra parte da mesma subárvore, quando alterada pela inserção de 382. A folha da extrema esquerda já estava completa, de modo que as cinco chaves, 380, 382, 395, 406 e 412, são divididas de forma que 380 e 382 sejam colocadas numa nova folha esquerda, 406 e 412 sejam posicionadas numa folha direita, e a chave do meio, 395, avance para o nó-pai com ponteiros para as folhas esquerda e direita em ambos os lados. Não ocorrerá nenhum problema ao colocar 395 no nó-pai porque ele continha somente duas chaves e tem espaço para quatro.

A Figura 7.3.4c mostra a mesma subárvore, primeiramente com 518 e, em seguida, com 508 inseridas. (O mesmo resultado seria alcançado se elas fossem inseridas em ordem inversa.) É possível inserir 518 diretamente na folha da extrema direita porque existe espaço para uma chave adicional. Entretanto, na vez da chave 508, a folha já está completa. As cinco chaves 493, 506, 508, 511 e 518 são divididas de modo que as duas menores (493 e 506) sejam colocadas numa nova folha esquerda, as duas maiores (511 e 518) numa nova folha direita, e a chave do meio (508) avance para o pai, que ainda tem espaço para acomodá-la. Observe que a chave avançada para o pai é sempre a chave do meio, independentemente do fato de ela ter chegado antes ou depois das outras chaves.

Se a ordem da árvore-B for par, as $n - 1$ chaves (excluindo a chave do meio) precisarão ser divididas em dois grupos de tamanhos desiguais: um de tamanho $n/2$ e outro de tamanho $(n - 1)/2$. [O segundo grupo é sempre de tamanho $(n - 1)/2$, independentemente do fato de n ser ímpar ou par, porque, quando n for ímpar, $(n - 1)/2$ será igual a $n/2$.] Por exemplo, se n for igual a 10, 10/2 (ou 5) chaves ficarão em um grupo, 9/2 (ou 4) chaves ficarão no outro grupo, e uma chave será avançada, perfazendo um total de 10 chaves. Esses grupos podem ser divididos de modo que o grupo de maior tamanho fique sempre na folha esquerda ou direita, ou as divisões podem ser alternadas de modo que, em uma separação, a folha direita contenha mais chaves e, na separação seguinte, a folha esquerda contenha mais chaves. Na prática, a técnica usada fará pouca diferença.

A Figura 7.3.5 ilustra as duas tendências, esquerda e direita, numa árvore-B de ordem 4. Observe que a escolha de um desvio esquerdo ou direito determinará qual chave será avançada para o pai.

Uma base pela qual a decisão pode ser tomada no sentido de deixar mais chaves na folha esquerda ou direita é examinar a faixa de chaves sob as duas possibilidades. Na Figura 7.3.5b, utilizando um desvio esquerdo, a faixa de chaves do nó esquerdo é 87 a 102, ou 15, e a faixa de chave do nó direito é 102 a 140, ou 38. Na Figura 7.3.5c, utilizando o desvio direito, as faixas de chaves são 13 (87 a 100) e 40 (100 a 140). Sendo assim, selecionaríamos um desvio esquerdo nesse caso porque ele aproxima melhor a probabilidade de uma nova chave entrar à esquerda ou à direita, pressupondo-se uma distribuição uniforme de chaves.

Toda essa discussão até agora presumiu a existência de espaço no pai para que o nó do meio seja inserido. Mas, e se o nó-pai estiver completo também? Por exemplo, o que aconteceria com a inserção da Figura 7.3.2c, onde a chave 71 deve ser inserida no nó completo L, e C, o pai de L, está completo? A solução é bastante simples. O nó-pai é também dividido da mesma maneira, e seu nó do meio avança para seu pai. Esse processo continua até que uma chave seja inserida num nó com espaço ou até que o próprio nó-raiz, A, seja dividido. Quando isso acontecer, um novo nó-raiz, NR, será criado contendo a chave avançada a partir da divisão de A, e com as duas metades de A como filhos.

As Figuras 7.3.6 e 7.3.7 ilustram esse processo com as inserções das Figuras 7.3.2c e e. Na Figura 7.3.6a, o nó L é dividido. (Presumimos tendência esquerda em toda a ilustração.) O elemento do meio (75) deve ser avançado para C, mas C está completo. Sendo assim, na Figura 7.3.6b, vemos C sendo dividido também. As duas metades de L tornam-se agora filhos das metades apropriadas de C. Setenta e cinco, que tinha sido avançado para C, precisará ser avançado, agora, para o nó-raiz, A, que também não tem espaço. Assim, o próprio A precisa ser dividido, conforme mostrado na Figura 7.3.6c. Finalmente, a Figura 7.3.6d apresenta um novo nó-raiz, NR, estabelecido contendo chave avançada a partir de A e dois ponteiros para as duas metades de A.

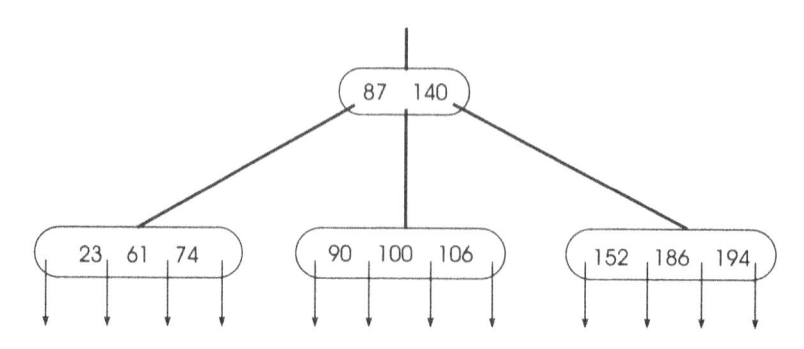

(a) Trecho inicial de uma árvore-B

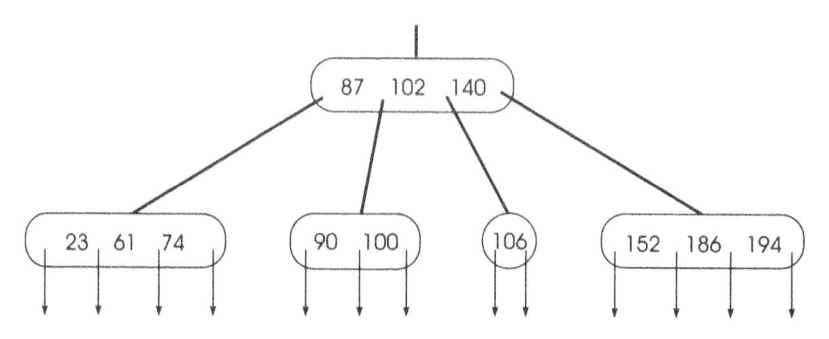

(b) Inserindo 102 com tendência esquerda

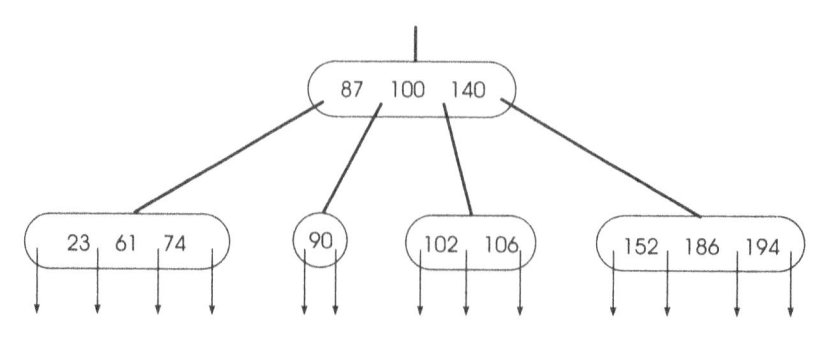

(c) Inserindo 102 com tendência direita

Figura 7.3.5

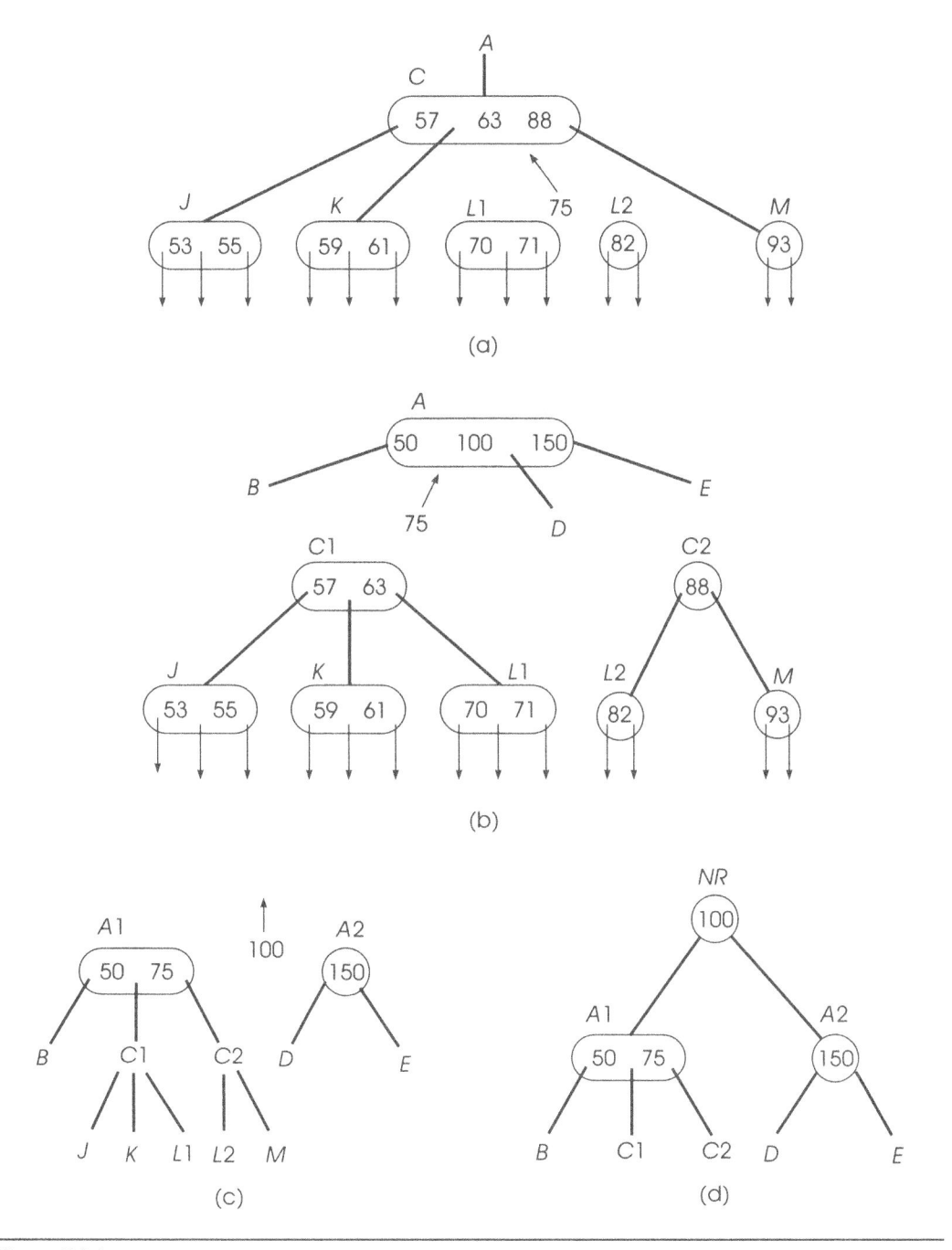

Figura 7.3.6

(a) Eliminando a chave 113

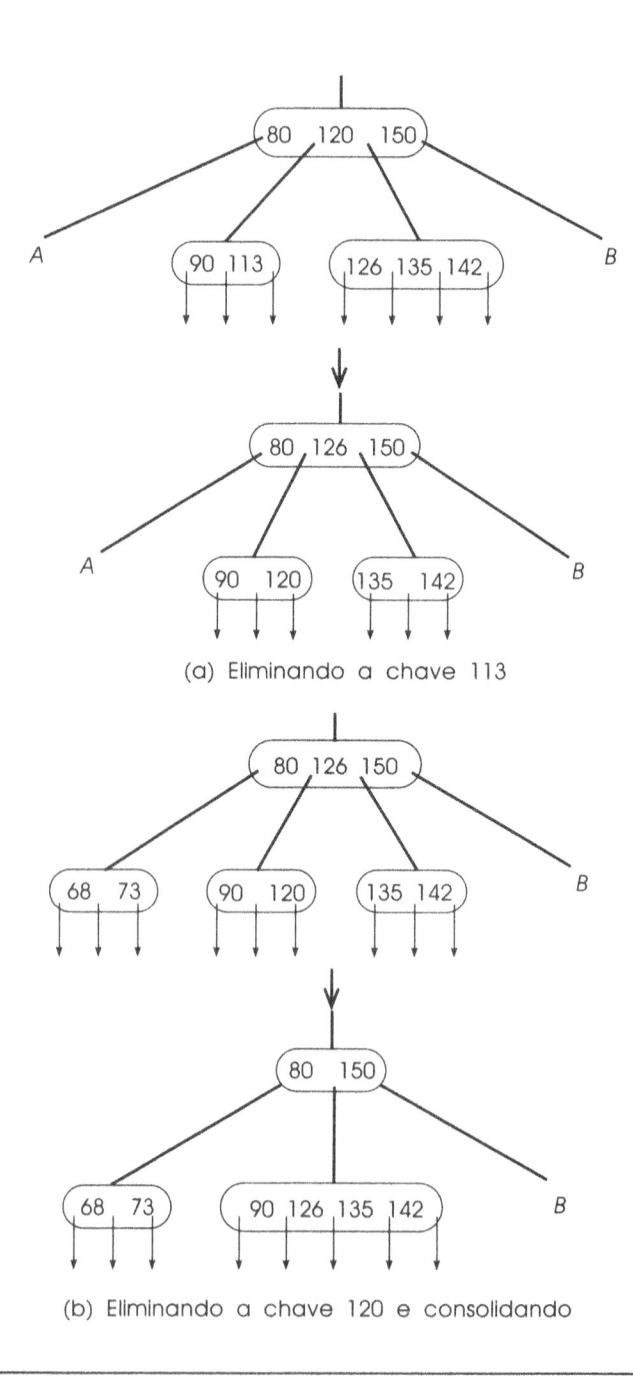

(b) Eliminando a chave 120 e consolidando

Figura 7.3.7

A Figura 7.3.7 ilustra a subseqüente inserção de 22, como na Figura 7.3.2e. Nessa figura, 22 teria provocado uma divisão dos nós *G*, *B* e *A*. Entretanto, nesse ínterim, *A* já fora dividido pela inserção de 71; portanto, a inserção de 22 procede como na Figura 7.3.7. Primeiro, *G* é dividido e 20 é avançado para *B* (Figura 7.3.7a), que, por sua vez, é dividido (Figura 7.3.7b). Vinte e cinco é, então, avançado para *A*1, que é novo pai de *B*. Mas como *A*1 tem espaço, não são necessárias outras divisões. Vinte e cinco é inserido em *A*1 e o processo de inserção termina (Figura 7.3.7c).

Como última ilustração, a Figura 7.3.8 mostra a inserção de várias chaves na árvore-B de ordem 5 da Figura 7.3.4c. Seria interessante se você gerasse uma lista de chaves e as inserisse continuamente numa árvore-B de ordem 5 para verificar o desenvolvimento desse processo.

Observe que uma árvore-B aumenta a profundidade com a divisão da raiz e a criação de uma nova raiz, e a largura com a divisão de nós. Sendo assim, a inserção de árvore-B numa árvore balanceada mantém a árvore balanceada. Entretanto, uma árvore-B é raramente de cima para baixo porque, quando um nó não-folha completo é dividido, os dois não-folhas criados não são completos. Conseqüentemente, mesmo que o número máximo de acessos para achar uma chave seja baixo (porque a árvore é balanceada), o número médio desses acessos pode ser mais alto do que numa árvore de cima para baixo, na qual os níveis superiores estão sempre completos. Em simulações, o número médio de acessos ao pesquisar uma árvore aleatória de cima para baixo tem-se provado ligeiramente mais baixo do que ao pesquisar uma árvore-B aleatória, porque as árvores aleatórias de cima para baixo são, em geral, razoavelmente balanceadas.

Outro aspecto a observar numa árvore-B é que as chaves mais antigas (as inseridas primeiro) tendem a ficar mais próximas da raiz do que as chaves mais recentes por terem tido mais oportunidades de avançar. Entretanto, é possível que uma chave permaneça sempre numa folha, mesmo que um grande número de chaves localmente menores ou maiores seja inserido subseqüentemente. Isto é o oposto de uma árvore de cima para baixo, na qual uma chave num nó de ancestral deve ser mais antiga do que qualquer chave num nó de descendente.

(a) Depois de inserir 390, 476, 437 e 350

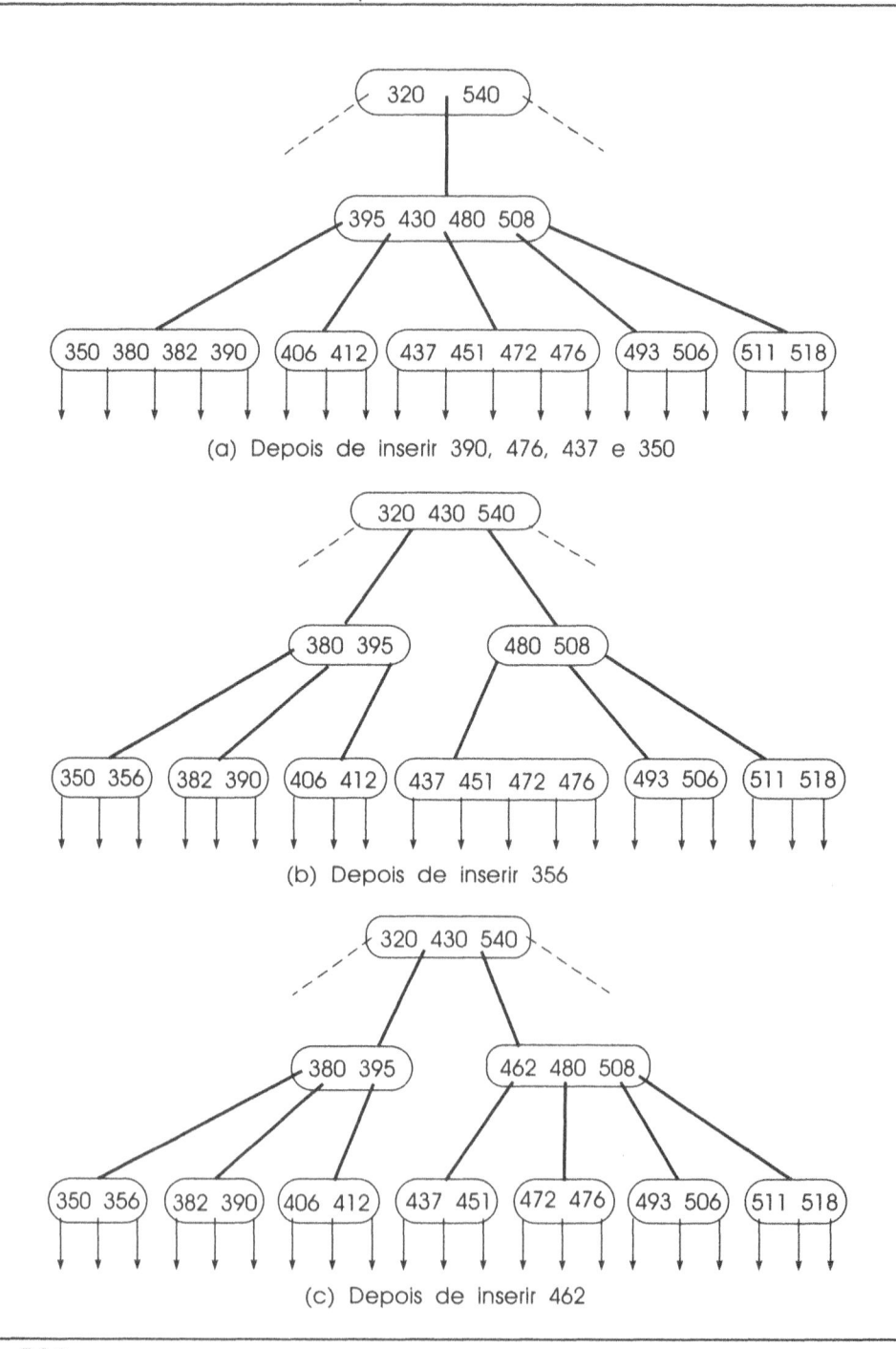

(b) Depois de inserir 356

(c) Depois de inserir 462

Figura 7.3.8

ALGORITMOS PARA A INSERÇÃO NA ÁRVORE-B

Como você já deve supor, o algoritmo para a inserção na árvore-B é razoavelmente complicado. Para simplificar temporariamente a questão, vamos supor que possamos acessar um ponteiro para o pai de *node(nd)*, referindo-se a *father(nd)* e à posição do ponteiro *nd* em *node(father(nd))* por *index(nd)*, de modo que *son(father(nd), index(nd))* seja igual a *nd*. (Isso pode ser implementado do forma mais direta, incluindo-se os campos *father* e *index* em cada nó, mas existem complicações com essa proposta que discutiremos mais adiante.) Presumimos também que $r(ip, i)$ é um ponteiro para o registro associado à chave $k(p,i)$. Lembre-se de que a rotina *find* retorna um ponteiro para a folha na qual a chave deve ser inserida e define a variável *position* com a posição na folha, na qual a chave deve ser inserida. Lembre-se também de que *key* e *rec* são a chave de argumento e o registro a ser inserido.

A função *insert(key, rec, s, position)* insere um registro numa árvore-B. Ela é chamada depois de uma chamada à *find* se o parâmetro de saída, *found*, dessa rotina for *false* (ou seja, a chave não está ainda na árvore), onde o parâmetro *s* foi definido com ponteiro de nó retornando por *find* (isto é, o nó onde *key* e *rec* devem ser inseridos). A rotina usa duas rotinas auxiliares adicionais que serão apresentadas mais adiante. A primeira rotina, *split*, aceita cinco parâmetros de entrada: *nd*, um ponteiro para um nó a ser dividido; *pos*, a posição em *node(nd)* onde uma chave e uma registro devem ser inseridos; *newkey* e *newrec*, a chave e o registro sendo inseridos (essa chave e registro podem ser os avançados a partir de um nó anteriormente dividido ou poderiam ser a nova chave e registro sendo inseridos na árvore); e *newnode* um ponteiro para a subárvore que contém as chaves maiores que *newkey,* (isto é, um ponteiro para a metade direita de um nó anteriormente dividido), que deve ser inserido no nó sendo atualmente dividido. Para manter o número correto de filhos dentro de um nó, sempre que uma nova chave e um novo registro são inseridos num nó, um novo ponteiro de filho deve ser inserido também. Quando uma nova chave e um novo registro são inseridos numa folha, o ponteiro de filho é *null*. Como uma chave e um registro só são inseridos em um dos níveis superiores quando um nó é dividido num nível mais abaixo, o novo ponteiro de filho a ser inserido (*newnode*) será para a metade direita do nó dividido no nível mais abaixo. A metade esquerda continua intacta dentro do nó do nível mais abaixo anteriormente alocado. *split* ordena *newkey* e as chaves de *node (nd)* de modo que o grupo das $n/2$ menores chaves permaneça em *node(nd)*, a chave do meio e o registro recebem a atribuição dos parâmetros de saída, *midkey* e *midrec*, e as chaves restantes são inseridas num novo nó, *node(nd2)*, onde *nd2* é também um parâmetro de saída.

A segunda rotina, *insnode*, insere a chave *newkey* e o registro *newrec* e a subárvore apontada por *newnode* em *node(nd)* na posição *pos* se existir espaço. Lembre-se de que a rotina *maketree (key, rec)* cria um novo nó contendo a única chave *key*, o registro *rec* e todos os ponteiros *null*. *maketree* retorna um ponteiro para o nó recém-criado. Apresentamos o algoritmo *insert* usando as rotinas *split, insnode* e *maketree*.

```
nd = s;
pos = position;
newnode = null;   /* ponteiro p/ a met dir do noh dividido */
newrec = rec;     /*     registro a ser inserido           */
newkey = key      /*         chave a ser inserida          */
f = father (nd);
while (f != null && numtree(nd) == n) {
      split(nd, pos, newkey, newrec, newnodes, nd2, midkey, midrec);
      newnode = nd2;
      pos = index(nd);
      nd = f;
      f = father(nd);
      newkey = midkey;
      newrec = miderec;
}         /* fim while */
if    numtrees(nd) < n) {
      insnode(nd, pos, newkey, newrec, newnode);
      return;
}         /* fim if */
/*    f eh nulo e numtrees(nd) eh n de modo que nd eh */
/*    uma raiz completa; divida-a e crie uma nova raiz */
split (nd, pos, newkey, newrec, newnode, nd2, midkey, midrec);
tree = maketree (midkey, miderec);
son(tree, 0) = nd;
son(tree, 1) = nd2;
```

O coração desse algoritmo é a rotina *split* que realmente divide um nó. A própria *split* usa uma rotina auxiliar, *copy(nd1, first, last, nd2)*, que define uma variável local *numkeys* com *last - first + 1* e copia os campos *k(nd1, first)* a *k(nd1, last)* em *k(nd2, 0)* a *k(nd2, numkeys)* os campos *r(nd1, first)* a *r(nd1, last)* (que contêm os ponteiros para os verdadeiros registros) em *r(nd2, 0)* a *r(nd2, numkeys)* e os campos *son(nd1, first)* a *son(nd1, last + 1)* em *son(nd2,0)* a *son(nd2, numkeys + 1)*. *copy* define também *numtrees(nd2)* com *numtrees + 1*. Se *last < first*, *copy* define *numtrees(nd2)* com 1, mas não muda nenhum campo *k*, *r* ou *son*. *Split* usa também *getnode* para criar um novo nó, e *insnode* para inserir um novo nó num nó incompleto.

Veja a seguir um algoritmo para *split*. As n chaves contidas em *node(nd)* e *newkey* devem ser distribuídas de modo que as menores $n/2$ continuem em *node(nd)*, as maiores $(n-1)/2$ (que equivalem a $n/2$ se n for impar) sejam colocadas num novo nó, *node(nd2)*, e a chave do meio seja colocada em *midkey*. Para evitar o recálculo de $n/2$ toda vez, pressuponha que seu valor tenha sido atribuído à variável global, *ndiv2*. O valor de entrada, *pos*, é a posição em *node(nd)*, na qual *newkey* seria colocada se houvesse espaço.

```
/* cria um novo noh para a metade direita; mantem   */
/*     a primeira metade em node(nd)
nd2 = getnode ();
if (pos > ndiv2)  {
    /* newkey pertence a node (nd2) */
    copy(nd, ndiv2 + 1, n - 2, nd2);
    insnode(nd2, pos - ndiv2 - 1, newkey, newrec, newnode);
    numtrees(nd) = ndiv2 + 1;
    midkey = k(nd, ndiv2);
    midrec = r(nd, ndiv2);
    return;
}  /* fim if */
if (pos == ndiv2)   {
    /* newkey eh a chave do meio */
    copy(nd, ndiv2, n - 2, nd2);
    numtrees(nd) = ndiv2 + 1;
    son(nd2, 0) = newnode;
    midkey = newkey;
    midrec = newrec;
    return;
}      /* fim if   */
if   (pos < ndiv2)  {
    /* newkey pertence a node(nd)   */
    copy (nd, ndiv2, n - 2, nd2);
    numtrees(nd) = ndiv2;
    insnode (nd, pos, newkey, newrec, newnode);
    midkey = k(nd, ndiv2 - 1);
    midrec = r(nd, ndvi2 - 1);
    return;
}      /* fim if */
```

A rotina *insnode*(*nd, pos, newkey, newrec, newnode*) insere um novo registro *newrec* com chave *newkey* na posição *pos* de um nó incompleto, *node*(*nd*) *newnode* aponta para uma subárvore a ser inserida à direita do novo nó. As chaves restantes e as subárvores, na posição *pos* ou acima, serão deslocadas uma posição para cima. O valor de *numtrees*(*nd*) é aumentado em 1. Veja a seguir um algoritmo para *insnode*:

```
for (i = numtrees(nd) - 1; 1>= pos + 1; i--) {
     son(nd, i + 1) = son(nd, i);
     k(nd, i) = k(nd, i - 1);
     r(nd, i) = r (nd, i - 1);
}    /* fim for */
son(nd, pos + 1) = newnode;
k(nd, pos) = newkey;
r(nd, pos) = newrec;
numtrees(nd) += 1;
```

COMPUTANDO FATHER E INDEX

Antes de examinar a eficiência do procedimento de inserção, precisamos esclarecer uma questão importante: as funções *father* e *index*. Você deve ter observado que, embora essas funções sejam utilizadas no procedimento *insert* e tenhamos sugerido que elas fossem implementadas de modo mais direto incluindo os campos *father* e *index* em cada nó, esses campos não são atualizados pelo algoritmo de inserção. Examinemos como essa atualização poderia ser processada e por que preferimos omitir essa operação. Em seguida, examinaremos métodos alternativos de implementar as duas funções que não exigem atualização.

Os campos *father* e *index* precisariam ser atualizados toda vez que *copy* ou *insnode* fosse chamada. No caso de *copy*, ambos os campos em cada filho cujo ponteiro é copiado precisam ser modificados. No caso de *insnode*, o campo *index* de cada filho cujo ponteiro é movido precisa ser modificado, assim como ambos os campos no filho sendo inserido. (Além disso, os campos precisam ser atualizados nas duas metades de um nó-raiz sendo dividido na rotina *insert*.) Entretanto, isso teria impacto sobre a eficiência do algoritmo de inserção de uma forma inaceitável, principalmente ao lidar com nós em armazenamento externo. No processo inteiro de busca e inserção na árvore-B (excluindo a atualização dos campos *father* e *index*), são acessados no máximo dois nós em cada nível da árvore. Na maioria dos casos, quando não ocorre uma divisão num nível, apenas um nó nível é acessado. As operações *copy* e *insnode*, embora desloquem nós de uma subárvore para outra, fazem isso movendo ponteiros dentro de um ou dois nós-pai e, conseqüentemente, não exigem acesso aos nós de filhos sendo movidos. Exigir uma atualização nos campos *father* e *index* nesses filhos demandaria acessar e modificar todos os nós dos próprios filhos. Mas a leitura e gravação de um nó a partir do e no armazenamento externo são as operações mais dispendiosas em todo o processo de gerenciamento de árvores-B. Ao se considerar que, num sistema prático de armazenamento de informações, um nó pode ter centenas de filhos, torna-se evidente que a manutenção dos campos *father* e *index* poderia resultar numa redução drástica na eficiência do sistema.

Como, então, podemos obter os dados de *father* e *index* necessários para o processo de inserção sem manter campos separados? Primeiro, lembre-se de que a função *nodesearch(p, key)* retorna a posição da menor chave em *node(p)*, maior ou igual a *key*, de modo que *index(nd)* seja igual a *nodesearch(father(nd), key)*. Portanto, assim que *father* estiver disponível, *index* poderá ser obtido sem um campo separado.

Para entender como podemos obter *father*, examinemos um problema relacionado. Nenhuma inserção em árvore-B pode acontecer sem uma busca anterior para localizar a folha na qual a nova chave deve ser inserida. Essa busca procede da raiz e acessa um nó em cada nível até alcançar a folha apropriada. Ou seja, ela procede ao longo de um único caminho a partir da raiz até uma folha. A inserção, estão, retrocede pelo mesmo caminho, dividindo todos os nós completos no caminho a partir da folha na direção da raiz, até alcançar um nó incompleto no qual ela possa inserir uma chave sem dividir. Assim que a inserção é feita, o processo de inserção termina.

O processo de inserção acessa os mesmos nós do processo de busca. Como já verificamos que o acesso a um nó a partir do armazenamento externo é muito dispendioso, faria sentido para o processo de busca armazenar os nós em seu caminho juntamente com seus endereços externos na memória interna, onde o processo de inserção pode acessá-los sem uma segunda operação de leitura dispendiosa. Mas, assim que os nós num segmento são armazenados na memória interna, o pai de um nó pode ser localizado examinando-se apenas o nó anterior no caminho. Assim, não é necessário manter e atualizar um campo *father*.

Apresentaremos, em seguida, versões modificadas de *find* e *insert* para localizar e inserir uma chave numa árvore-B. Considere *pathnode(i)* como uma cópia do *i*ésimo nó no caminho a partir da raiz atá uma folha, *location (i)* como sua posição (quer um ponteiro, se a árvore estiver na memória interna, quer um endereço de armazenamento externo, se estiver em armazenamento externo), e *index(i)*, como a posição do nó entre os filhos de seu pai (observe que *index* pode ser determinado durante o processo de busca e retido para uso durante a inserção). Referimo-nos a *son(i,j)*, *K(i,j)* e *r(i,j)* como os campos *son*, *key* e *record* na posição *j*, respectivamente, em *pathnode(i)*. De modo semelhante, *numtrees(i)* é o campo *numtrees* em *pathnode(i)*.

O seguinte algoritmo *find* utiliza a operação *access(i, loc)* para copiar um nó da posição *loc* (quer da memória interna, quer da externa), em *pathnode(i)* e o próprio *loc* em *location(i)*. Se a árvore estiver armazenada internamente, essa operação consistirá em:

```
pathnode(i) = node(loc);
location (i) = loc;
```

Se a árvore estiver armazenada externamente, a operação consistirá em:

```
directread(loc, pathnode(i));
location(i) = loc;
```

onde *directread* lê um bloco de armazenamento num determinado endereço externo (*loc*) para um buffer da memória interna (*pathnode(i)*). Presumimos também que *nodesearch(i, key)* pesquisa *pathnode(i)* em vez de *node(i)*. Veja a seguir o algoritmo *find*:

```
q = null;
p = tree;
j = -1;
i = -1;
while (p != null)  {
    index (++j) = i;
    access(j,p);
    i = nodesearch(j, key);
    q = p;
    if (i < numtrees(j) - 1 && key == k(j, i))
        break;
    p = son(j, i);
}     /* fim while */
position = 1;
return(j);    /* key estah em pathnode(j) ou deveria estar lah */
```

Cap. 7 Operação de busca 569

     O processo de inserção é modificado em vários lugares. Primeiro, *insnode* e *copy* acessam *pathnode(nd)* em vez de *node(nd)*. Ou seja, agora *nd* é um índice de vetor em vez de um ponteiro, de modo que todas as referências a *k*, *son*, *p* e *numtrees* são para os campos dentro de um elemento de *pathnode*. Os algoritmos para *insnode* e *copy* não precisam ser modificados.

     Segundo, *split* precisa ser modificado de modo a gravar as duas metades de um nó dividido. Ela pressupõe uma rotina, *replace(i)*, que substitui o nó em *location(i)* com o conteúdo de *pathnode(i)*. Essa rotina é a inversa de *access*. Se a árvore estiver armazenada internamente, ela poderá ser implementada por:

```
node(location(i)) = pathnode(i);
```

e se estiver armazenada externamente, por:

```
directwrite(location(i), pathnode(i);
```

onde *directwrite* grava um buffer em memória (*pathnode(i)*) num bloco de armazenamento externo em determinado endereço externo (*location(i)*). *split* usa também uma função *makenode(i)*, que obtém um novo bloco de armazenamento na posição *x*, coloca *pathnode(i)* nesse bloco e retorna *x*. Veja a seguir uma versão revisada de *split*:

```
if (pos > ndiv2)   {
     copy(nd, ndiv2 + 1, n - 2, nd + 1);
     insnode(nd + 1, pos - ndiv2 - 1, newkey, newrec, newnode);
     numtrees(nd) = ndiv2 + 1;
     midkey = k(nd, ndiv2);
     midrec = r(nd, ndiv2);
     return;
}     /* fim if */
if (pos == ndiv2) {
     copy(nd, ndiv2,n - 2, nd + 1);
     numtrees(nd) = ndiv2;
     son(nd + 1, 0) = newnode;
     midkey = newkey;
     midrec = newrec;
     return;
}     /* fim if */
if (pos < ndiv2)   {
     copy(nd, ndiv2,n - 2, nd + 1);
     numtrees(nd) = ndiv2;
     insnode(nd, pos, newkey, newrec, newnode);
     midkey = newkey;
     midrec - newrec;
}     /* fim if */
replace(nd);
nd2 = makenode(nd + 1);
```

Observe que *nd* agora é uma posição em *pathnode* em vez de um ponteiro de nó, e que *pathnode*(*nd* + 1), e não *node*(*nd*2), é usado para formar a segunda metade do nó dividido. Isso pode ser feito porque o nó no nível *nd* + 1 (se existir algum) do caminho já foi atualizado no momento em que *split* foi chamada em *nd*, de modo que *pathnode*(*nd* + 1) pode ser reutilizado. *nd*2 permanece como a verdadeira posição do novo nó (alocado por *makenode*). (Devemos ressaltar que pode ser desejável reter um caminho para a chave recém-inserida em *pathnode* se, por exemplo, quisermos fazer um percurso seqüencial ou inserções seqüenciais a partir desse ponto. Nesse caso, o algoritmo precisa ser adequadamente ajustado de modo a posicionar a metade esquerda ou direita do nó dividido na posição correta em *pathnode*. Poderíamos também não usar *pathnode*(*i* + 1) para formar a metade direita, mas, em substituição, precisaríamos usar um nó auxiliar e adicional na memória interna. Deixaremos os detalhes para o leitor.)

A própria rotina *insert* também é modificada porque usa *nd* - 1 em vez de *father*(*nd*). Além disso, ela chama *replace* e *makenode* também. Quando a raiz precisa ser dividida, *maketree* forma um novo nó raiz da árvore no armazenamento interno. Esse nó é colocado em *pathnode*(*i*) (o que não é mais necessário porque o nó da antiga raiz foi atualizado por *split*) e gravado usando *makenode*. Você encontrará a seguir o algoritmo revisado para *insert*:

```
nd = s;
pos = position;
newnode = null;
newrec = rec;
newkey = key;
while (nd != 0 && numtress(nd) == n)   {
     split(nd, pos, newkey, newrec, newnode, nd2, midkey, midrec);
     newnode = nd2;
     pos = index(nd);
     nd--;
     newkey = midkey;
     newrec = midrec;
}      /* fim while */
if (numtrees(nd)  < n) {
     insnode(nd), pos, newkey, newrec, newnode);
     replace(nd);
     return;
}      /*fim if */
split (nd, pos, newkey, newrec, newnode, nd 2, midkey, pathmode
      (0) = maketree (midkey, midrec) midrec);
son (0,0) = nd;
son (0,1) = nd 2;
tree = makenode (0);
```

ELIMINAÇÃO EM ÁRVORES DE BUSCA MULTIDIRECIONAIS

O método mais simples para eliminar um registro de uma árvore de busca multidirecional é reter a chave na árvore e marcá-la, de alguma maneira, como representando um registro eliminado. Isso pode ser feito definindo-se o ponteiro para o registro correspondente à chave com *null* ou alocando um campo de sinalizador extra para cada chave, a fim de indicar se ela foi eliminada ou não. Evidentemente, o espaço ocupado pelo próprio registro pode ser recuperado. Dessa forma, a chave permanece na árvore como uma diretriz para as subárvores, mas não representa um registro dentro do arquivo.

A desvantagem dessa proposta é que o espaço ocupado pela própria chave é desperdiçado, conduzindo possivelmente a nós desnecessários na árvore quando um grande número de registros for eliminado. Os bits adicionais "eliminados" exigem ainda mais espaço.

Evidentemente, se um registro com uma chave eliminada for subseqüentemente inserido, o espaço para a chave pode ser reciclado. Num nó não-folha, apenas a mesma chave poderia reutilizar o espaço porque é muito difícil determinar dinamicamente se a chave recém-inserida está entre a predecessora e a sucessora da chave eliminada. Entretanto, num nó de folha (ou em certas situações, numa semifolha), o espaço de chave eliminada pode ser reutilizado por uma chave vizinha, uma vez que é relativamente fácil determinar a proximidade. Como grande parte das chaves está em folhas ou semifolhas, se ocorrerem inserções e eliminações com igual freqüência (ou mais inserções do que eliminações) e elas forem uniformemente distribuídas (isto é, as eliminações não forem agrupadas de modo a reduzir de maneira significativa o número total de chaves na árvore, temporariamente), a perda de espaço será tolerável em função da vantagem da facilidade de eliminação. Ocorre também uma pequena perda de tempo nas buscas subseqüentes porque algumas chaves exigirão mais nós examinados do que se a chave eliminada nunca tivesse sido inserida.

Se não quisermos pagar a perda de espaço/tempo de busca da eliminação simplificada, existem técnicas de eliminação mais dispendiosas que eliminam essa perda. Numa árvore de busca multidirecional irrestrita, pode ser empregada uma técnica semelhante à da eliminação numa árvore de busca binária:

1. Se a chave a ser eliminada tiver uma subárvore esquerda ou direita vazia, basta eliminar a chave e compactar o nó. Se for a única chave no nó, libere-o.

2. Se a chave a ser eliminada tiver subárvores esquerda e direita não-vazias, localize a chave de sua sucessora (que deve ter uma subárvore esquerda vazia); deixe a chave da sucessora ocupar seu lugar e compacte o nó que continha essa sucessora. Se a sucessora era a única chave no nó, libere-o.

Deixaremos para o leitor o desenvolvimento de um programa e de um algoritmo detalhado.

Entretanto, esse procedimento pode resultar numa árvore que não satisfaça as exigências para uma árvore de cima para baixo ou para uma árvore-B, mesmo se a árvore inicial realmente satisfizesse as exigências. Numa árvore de cima para baixo, se a chave sendo eliminada for de uma semifolha que não seja uma folha, e a chave tiver subárvores direita e esquerda vazias, a semifolha ficará com menos que $n - 1$ chaves, embora ela não seja uma folha. Isso viola a exigência de cima para baixo. Nesse caso, é necessário selecionar uma subárvore aleatória não vazia do nó e mover a maior ou a menor chave dessa subárvore para a semifolha da qual a chave foi eliminada. Esse processo deve ser repetido até que a semifolha a partir da qual a chave foi tomada se torne uma folha. E essa folha poderá, então, ser compactada ou liberada. No pior dos casos, isso poderia exigir a regravação de um nó em cada nível da árvore.

Numa árvore-B estrita, precisamos preservar a exigência de que cada nó contenha no mínimo $n/2$ chaves. Como observado anteriormente, se uma chave estiver sendo eliminada de um nó não-folha, sua sucessora (que deve estar numa folha) será movida para a posição eliminada e o processo de eliminação continuará como se a sucessora fosse eliminada do nó de folha. Quando uma chave (quer a chave a ser eliminada, quer sua sucessora) é removida de um nó de folha e o número de chaves no nó cai para menos de $n/2$, deve ser tomada uma ação paliativa. Essa situação é chamada **underflow**. Quando ocorre um underflow, a solução mais simples é examinar o irmão mais jovem ou mais velho da folha. Se o irmão contiver mais de $n/2$ chaves, a chave ks no nó-pai, que se separa entre os dois irmãos, pode ser incluída no nó do underflow e a última ou a primeira chave do irmão (última, se o irmão for mais velho; primeira, se mais jovem) pode ser incluída no pai, no lugar de ks. A Figura 7.3.9a ilustra esse processo numa árvore-B de ordem 5. (É necessário observar que, assim que um irmão estiver sendo acessado, poderemos distribuir as chaves uniformemente entre os dois irmãos, em vez de apenas deslocar uma chave. Por exemplo, se o nó $n1$ do underflow contiver 106 e 112, a chave separadora no pai f for 120, e o irmão $n2$ contiver 123, 128, 134, 142 e 146 numa árvore-B de ordem 7, poderemos reorganizá-las de modo que $n1$ contenha 106, 112, 120 e 123, 128 seja movida para cima até f como separadora, e 134, 139, 142 e 146 permaneçam em $n2$.)

Se os dois irmãos contiverem exatamente $n/2$ chaves, nenhuma chave poderá ser deslocada. Nesse caso, o nó do underflow e um de seus irmãos são **concatenados**, ou **consolidados**, num único nó que contém também a chave separadora de seu pai. Esse processo aparece ilustrado na Figura 7.3.9b, onde combinamos o nó do underflow com seu irmão mais jovem.

Evidentemente, é possível que o pai contenha somente $n/2$ chaves, de modo que ele não terá também nenhuma chave extra a dispensar. Nesse caso, ele poderá tomar emprestado de seu pai ou irmão, como mostra a Figura 7.3.10a. No pior caso, quando os irmãos do pai não têm também nenhuma chave sobressalente, o pai e seu irmão podem ser consolidados e uma chave pode ser tomada do avô. Esse processo é ilustrado na Figura 7.3.10b. Potencialmente, se todos os ancestrais não-raiz de um nó e seus irmãos contiverem exatamente $n/2$ chaves, uma chave será tomada da raiz quando as consolidações ocorrerem em cada nível a partir das folhas até o nível imediatamente abaixo da raiz. Se a raiz tiver mais de uma chave, isso encerrará o processo porque a raiz de uma árvore-B só precisa ter uma chave. Entretanto, se a raiz contivesse somente uma chave, essa chave seria usada na consolidação dos dois nós abaixo da raiz, a raiz seria liberada, o nó consolidado se tornaria a nova raiz da árvore e a profundidade da árvore-B seria reduzida. Deixaremos para o leitor o desenvolvimento de um algoritmo real para a eliminação da árvore-B a partir dessa descrição.

Entretanto, você deve observar que não compensa formar um nó consolidado com $n - 1$ chaves se uma subseqüente inserção dividir imediatamente o nó em dois. Numa árvore-B de ordem grande, talvez faça sentido deixar um nó de underflow com menos que $n/2$ chaves (embora isso viole as exigências formais da árvore-B), para que possam ocorrer futuras inserções sem divisões. Em termos típicos, um número mínimo (min menor que $n/2$) de chaves é definido para que a consolidação ocorra apenas se permanecerem menos que min chaves num único nó de folha.

(a) Eliminando a chave 113

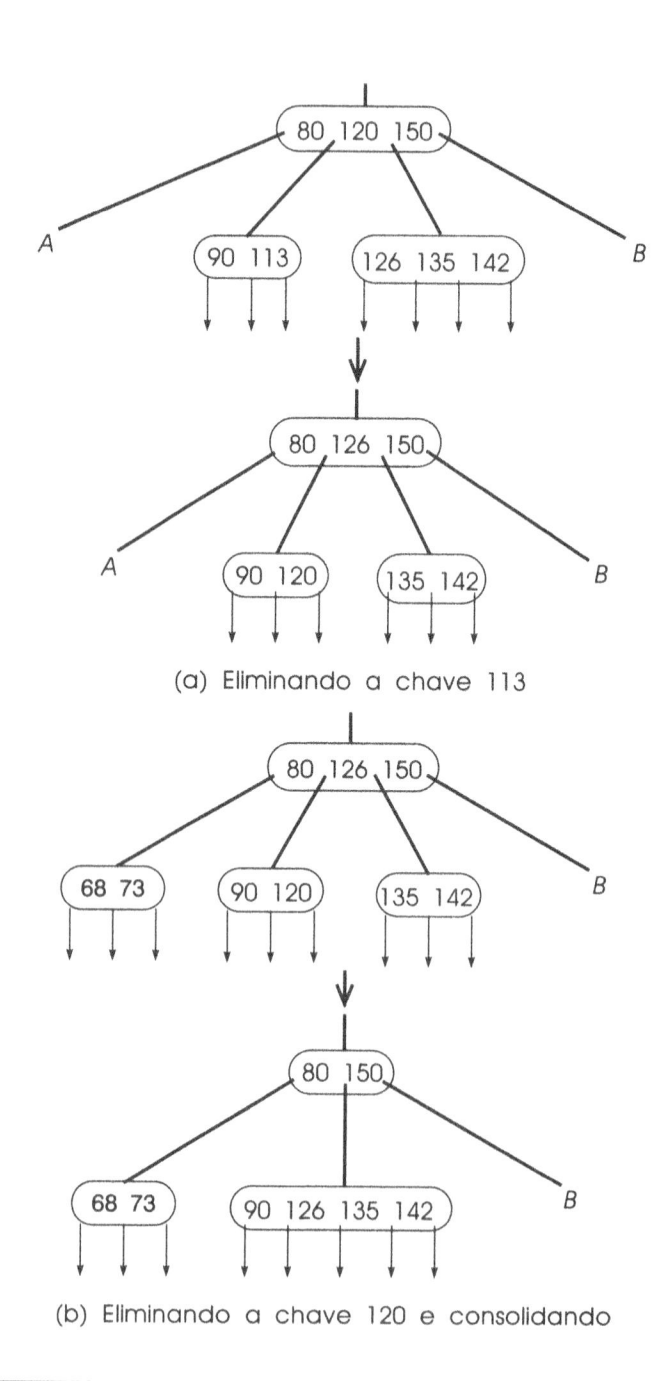

(b) Eliminando a chave 120 e consolidando

Figura 7.3.9

(a) Eliminando 65, consolidando e emprestando

(b) Eliminando 173, uma consolidação dupla

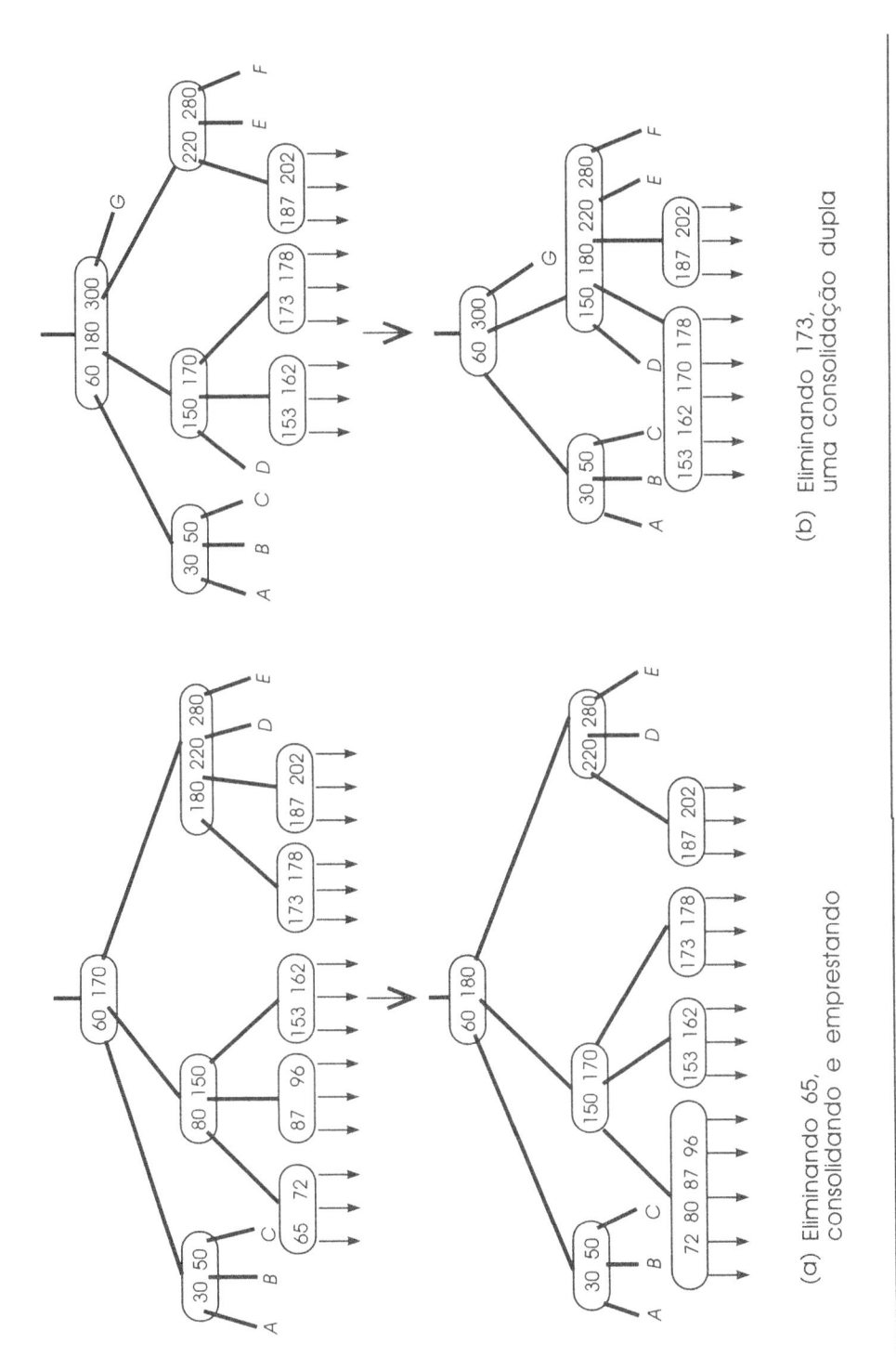

Figura 7.3.10

EFICIÊNCIA DAS ÁRVORES DE BUSCA MULTIDIRECIONAIS

As considerações básicas ao avaliar a eficiência das árvores de busca multidirecionais como para todas as estruturas de dados são o tempo e espaço. O tempo é avaliado pelo número de nós acessados ou modificados numa operação, e não pelo número de comparações de chaves. Como mencionado anteriormente, isso acontece porque o acesso a um nó em geral requer a leitura do armazenamento externo, e a modificação de um nó envolve a gravação em armazenamento externo. Essas operações consomem muito mais tempo do que as operações da memória interna e, portanto, dominam o tempo necessário.

De modo semelhante, o espaço é medido pelo número de nós na árvore e pelo tamanho dos nós em vez de pelo número de chaves realmente contidas nos nós, uma vez que o mesmo espaço é alocado para um nó independentemente do número de chaves que ele de fato contém. Evidentemente, se os próprios registros estiverem armazenados fora dos nós da árvore, a exigência de espaço para os registros será determinada pelo modo como o armazenamento de registros está organizado e não pelo modo como a árvore em si mesma está organizada. Em geral, as exigências de armazenamento para os registros superam as exigências para a árvore de chaves, de modo que o espaço da árvore talvez não seja realmente significativo.

Examinemos primeiramente as árvores de busca multidirecionais de cima para baixo. Supondo-se uma árvore de ordem m e n registros, existem duas possibilidades extremas. No pior caso para o tempo de busca, a árvore está totalmente desbalanceada. Todo nó, exceto um, é uma semifolha com um filho e contém $m - 1$ chaves. O único nó de folha contém $((n - 1) \% (m - 1)) + 1$ chaves. A árvore contém $((n - 1)/(m - 1)) + 1$ nós, um em cada nível. Uma busca ou uma inserção acessa metade dessa quantidade de nós, em média, e todos os nós no pior caso. Uma inserção exige também a gravação de um ou dois nós (um, se a chave for inserida na folha; dois se uma folha for criada). Uma eliminação acessa sempre todos os nós e pode modificar um mínimo de um nó, mas potencialmente altera todos os nós (a não ser que a chave seja apenas marcada como eliminada).

No melhor caso para o tempo de busca, a árvore fica quase balanceada, cada nó, exceto um, contém $m - 1$ chaves, e cada não-folha, exceto uma, tem m filhos. Existem ainda $((n - 1)/(nm - 1) + 1$ nós, mas existem menos que $\log_m (n - 1) + 1$ níveis. Sendo assim, o número de nós acessados numa busca, inserção ou eliminação é menor que esse número. (Nesse tipo de árvore, mais da metade das chaves fica numa semifolha ou folha, de modo que o tempo médio de busca não é muito melhor que o máximo.) Felizmente, como acontece com as árvores binárias, as árvores razoavelmente balanceadas ocorrem com mais freqüência do que as árvores desbalanceadas, de maneira que o tempo médio de busca, usando árvores de busca multidirecionais, é $O(\log n)$.

Entretanto, uma árvore multidirecional geral e até mesmo uma árvore multidirecional de cima para baixo usam uma quantidade de armazenamento muito grande. Para verificar por que isso acontece, observe a Figura 7.3.11, que ilustra uma típica árvore de busca multidirecional de cima para baixo, de ordem 11, com 100 chaves. A árvore está razoavelmente balanceada e o custo médio da busca é aproximadamente 2.19 [10 chaves no nível 0 exigem acesso a um nó, 61 no nível 1 exigem acesso a dois nós, e 29 no nível 2 exigem acesso a três nós: $(10 * 1 + 61 * 2 + 29 * 3)/100 = 2.19$], o que é razoável. Entretanto, para acomodar as 100 chaves, a árvore usa 23 nós ou 4,35 chaves por nó, representando uma utilização de espaço de somente 43,5%. Isso ocorre porque muitas folhas contêm apenas uma ou duas chaves, e a grande maioria dos nós são folhas. Com o aumento da ordem e do número de chaves, a utilização piora, de modo que, em uma árvore de ordem 11, com milhares de chaves, pode-se esperar uma utilização de 27% e, em uma árvore de ordem 21, só podemos esperar uma utilização de 17%. Com o crescimento ainda maior da ordem, a utilização cai para 0. Como são necessárias altas ordens para produzir custos de busca razoáveis para grandes quantidades de chaves, as árvores multidirecionais de cima para baixo representam uma alternativa inaceitável para o armazenamento de dados.

Toda árvore-B é balanceada e cada nó contém, pelo menos $(m - 1)/2$ chaves. A Figura 7.3.12 ilustra o número mínimo e máximo de nós e chaves nos níveis 0, 1, 2 e num nível arbitrário i, além do número mínimo e máximo do total de nós e chaves numa árvore-B de ordem m e nível máximo d. Nessa figura, q é igual a $(m - 1)/2$. Observe que o nível máximo é 1 a menos que o número de níveis (porque a raiz está no nível 0), de modo que $d + 1$ é igual ao número de acessos de nós necessários para encontrar um elemento. Pelo número mínimo total de chaves na Figura 7.3.12, podemos deduzir que o número máximo de acessos a nós para uma das n chaves numa árvore-B de ordem m é $1 + \log_{q+1}(n/2)$. Assim, ao contrário das árvores multidirecionais de cima para baixo, o número máximo de acessos a nós só aumenta logaritmicamente com o número de chaves. Apesar disso, como já mencionamos, o tempo médio de busca é competitivo entre as árvores multidirecionais de cima para baixo e as árvores-B porque, em geral, as árvores de cima para baixo são razoavelmente bem balanceadas.

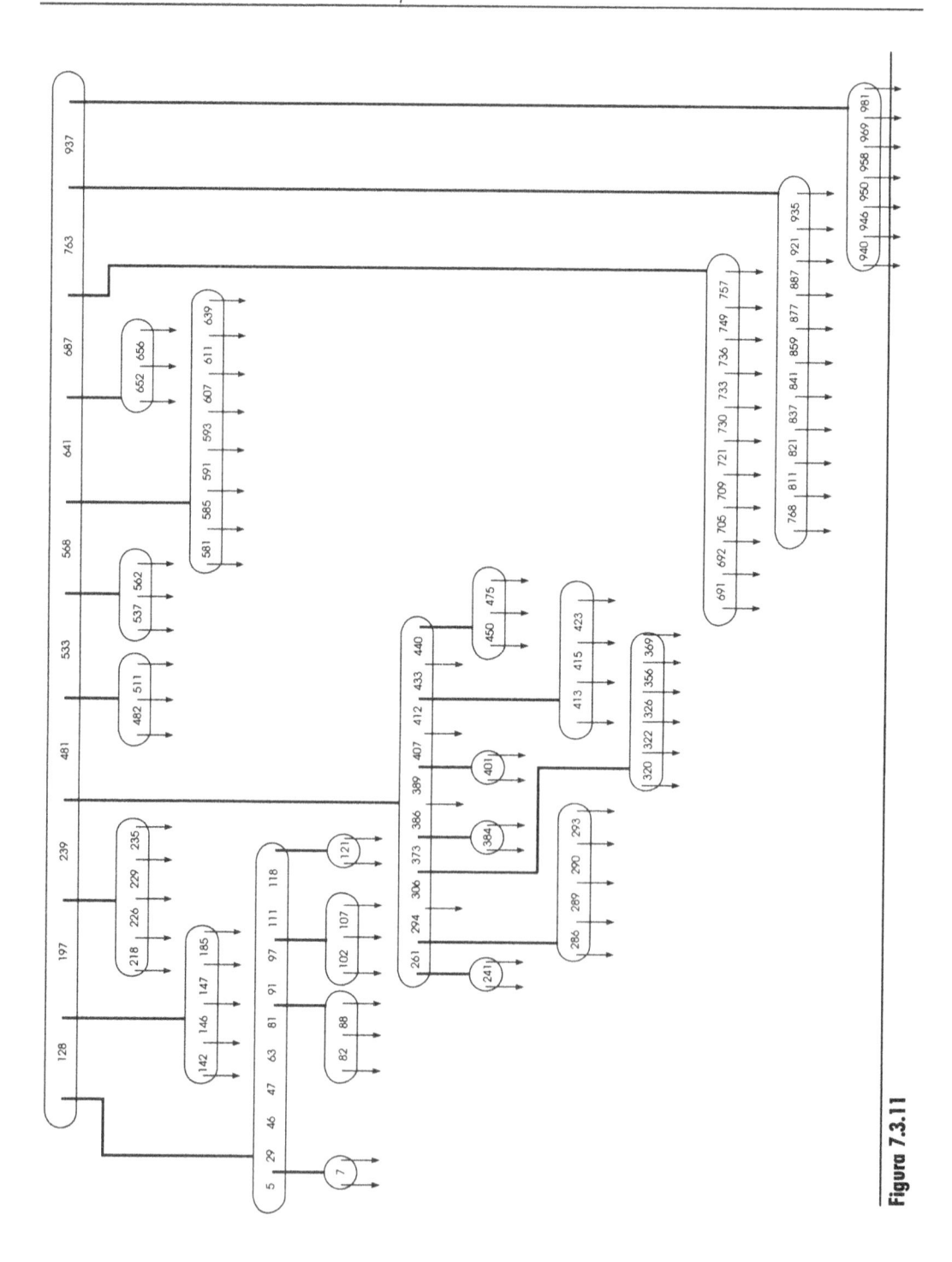

Figura 7.3.11

O processo de inserção numa árvore-B requer a leitura de um nó por nível e a gravação de no mínimo um nó, mais dois nós para toda divisão ocorrida. Se ocorrerem s divisões, serão gravados $2s + 1$ nós (duas metades de cada divisão mais o pai do último nó dividido). O processo de eliminação exige a leitura de um nó por nível até encontrar uma folha, a gravação de um nó se a chave eliminada estiver numa folha e se a eliminação não provocar um underflowm, e a gravação de dois nós se a chave eliminada estiver numa não-folha e a remoção da chave de substituição de uma folha não provocar underflow nessa folha. Se ocorrer um underflow, serão necessárias uma leitura adicional (do irmão de cada nó em underflow) por underflow, uma gravação adicional para toda consolidação, exceto a última, e três gravações adicionais para o último underflow, se nenhuma consolidação for necessária (o nó do underflow, seu irmão ou seu pai) ou duas gravações adicionais, se for necessária uma consolidação (o nó adicional e seu pai). Todas essas operações são $O(\log n)$.

Nível	Mínimo		Máximo	
	Nós	Chaves	Nós	Chaves
0	1	1	1	$m - 1$
1	2	$2q$	m	$(m-1)^m$
2	$2(q + 1)$	$2q(q + 1)$	m^2	$(m-1)^{m2}$
i	$2(q+1)^{i-1}$	$2q(q + 1)^{i-1}$	m^i	$(m-1)^{mi}$
Total	$1 + \dfrac{2(q + 1)^d - 1}{q}$	$2q(q + 1)^d$	$\dfrac{m^{d+1} - 1}{m - 1}$	$m^{d+1} - 1$

Figura 7.3.12

Como acontece com uma estrutura de heap (Seção 6.3) e com uma árvore binária balanceada (Seção 7.2), a inserção e a eliminação do elemento mínimo ou máximo são, ambas, $O(\log n)$ numa árvore-B; portanto, a estrutura pode ser usada para implementar uma fila de prioridade (ascendente ou descendente) com eficiência. Na realidade, provavelmente uma árvore 3-2 (uma árvore-B de ordem 3) seja o método prático mais eficiente para implementar uma fila de prioridade em memória interna.

Como cada nó numa árvore-B (exceto a raiz) precisa ser, pelo menos, aproximadamente meio completo, a utilização de armazenamento no pior caso aproxima-se de 50%. Na prática, a utilização média de armazenamento numa árvore-B aproxima-se de 69%. Por exemplo, a Figura 7.3.13 ilustra uma árvore-B de ordem 11, com as mesmas 100 chaves da árvore multidirecional da Figura 7.3.11. O tempo médio de busca é 2,88 (1 chave exigindo 1 acesso de nó, 10 chaves exigindo 2 acessos, e 89 chaves exigindo 2 acessos), o que é maior que a árvore muldirecional correspondente. Na verdade, uma árvore multidirecional de cima para baixo, razoavelmente balanceada, terá um custo de busca inferior ao de uma árvore-B porque todos os seus nós superiores estão sempre totalmente cheios. Entretanto, a árvore-B contém 15 nós, resultando em uma utilização de armazenamento de 66,7%, bem mais alta do que a utilização de 43,5% da árvore multidirecional.

APRIMORANDO A ÁRVORE-B

Existem várias maneiras de aprimorar a utilização do armazenamento de uma árvore-B. Um método é retardar a divisão de um nó no caso de encher. Em substituição, as chaves no nó e um de seus irmãos adjacentes, bem como a chave no pai que separa entre os dois nós, são redistribuídas uniformemente. Esse processo é ilustrado na Figura 7.3.14 numa árvore-B de ordem 7. Quando um nó e seu irmão estiverem completos, os dois nós serão divididos em 3. Isso assegurará uma utilização mínima do armazenamento de quase 67%, e a utilização do armazenamento será mais alta na prática. Esse tipo de árvore é chamado árvore-B*. Na verdade, essa técnica pode ser ainda mais ampliada, redistribuindo as chaves entre todos os irmãos e o pai de um nó completo. Infelizmente, esse método impõe um preço porque exige acessos adicionais dispendiosos durante as inserções, enquanto a utilização do espaço adicional alcançado pela consideração de cada irmão extra torna-se cada vez menor.

Outra técnica é usar uma *árvore-B compacta*. Esse tipo de árvore tem utilização máxima do armazenamento para determinada ordem e número de chaves. Pode-se demonstrar que essa utilização máxima do armazenamento para uma árvore-B de determinada ordem e número de chaves é alcançada quando os nós próximos ao final da árvore contêm o máximo possível de chaves. A Figura 7.3.15 ilustra uma árvore-B compacta para as

100 chaves das Figuras 7.3.11 e 7.3.13. Pode-se provar também que o custo médio de busca para uma árvore-B compacta nunca é maior do que 1 a mais que o custo mínimo da busca média entre todas as árvores-B com uma determinada ordem e número de chaves. Sendo assim, embora uma árvore-B compacta alcance uma utilização máxima do armazenamento, ela atinge também um custo de busca razoável. Por exemplo, o custo de busca para a árvore da Figura 7.3.14 é apenas 1,91 (9 chaves no nível 0 exigindo um acesso, 91 chaves no nível 1 exigindo dois acessos: 9 * 1 + 91 * 2 = 191/100 = 1,91), o que está bem próximo ao ideal. Além disso, a árvore usa somente 11 nós para uma utilização de armazenamento de 90,9%. Com mais chaves, a utilização do armazenamento em árvores-B compactas atinge 98% ou até 99%.

Infelizmente, não existe um algoritmo eficiente conhecido para inserir uma chave numa árvore-B compacta e manter a compacidade. Em vez disso, a inserção ocorre como numa árvore-B comum e a compacidade não é mantida. Periodicamente (por exemplo, à noite, quando o arquivo não é usado), uma árvore-B compacta pode ser formada a partir da árvore não-compacta. Entretanto, uma árvore-B compacta degenera-se tão rapidamente com as inserções, que, para ordens altas, a utilização do armazenamento fica abaixo da de uma árvore-B aleatória após a inserção de menos de 2% de chaves adicionais. Além disso, o número de divisões necessário para uma inserção é mais alto, em média, do que para um B-árvore aleatória. Por conseguinte, uma árvore-B compacta só deve ser usada quando o conjunto de chaves é altamente estável.

Uma técnica amplamente usada para reduzir as exigências de espaço e tempo numa árvore-B é empregar várias técnicas de compressão sobre as chaves. Como todas as chaves num determinado nó são razoavelmente semelhantes entre si, os bits iniciais dessas chaves provavelmente serão os mesmos. Sendo assim, esses bits iniciais podem ser armazenados uma vez para o nó inteiro (ou podem ser determinados como parte do processo de busca a partir da árvore, observando-se que, se duas chaves adjacentes num nó tiverem o mesmo prefixo, todas as chaves na subárvore entre as duas chaves terão também o mesmo prefixo). Além disso, todos os bits anteriores ao primeiro bit que distingue uma chave de sua vizinha precedente não precisam ser retidos (embora deva permanecer uma indicação de sua posição). Essa técnica é chamada **compressão frontal**. Uma segunda técnica, chamada **compressão traseira**, mantém apenas o suficiente do final da chave para distinguir entre uma chave e sua sucessora.

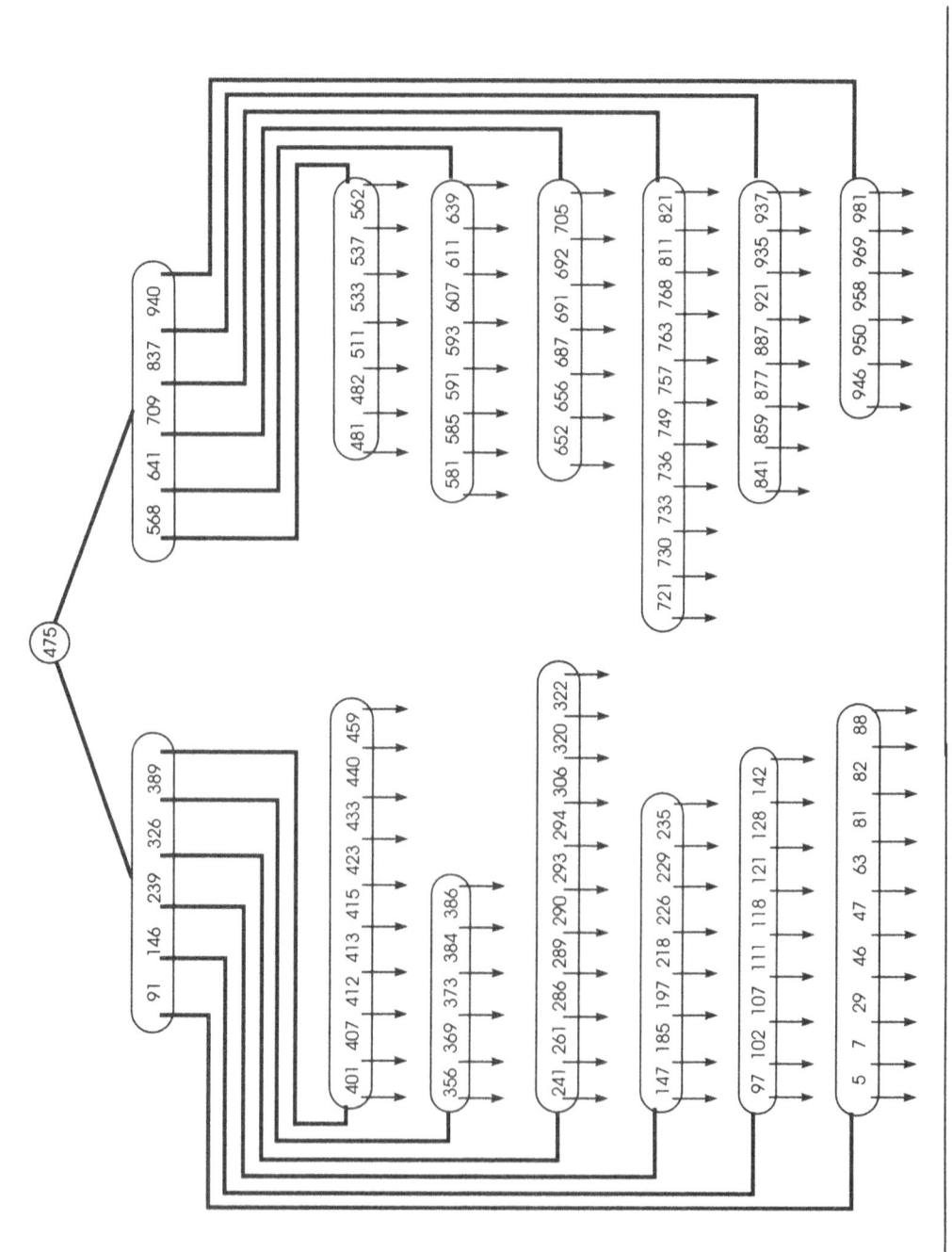

Figura 7.3.13

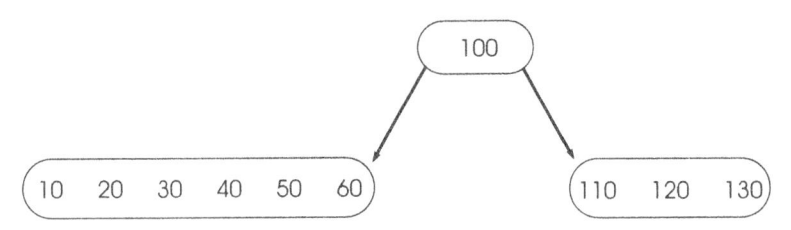

(a) Árvore-B original de ordem 7.

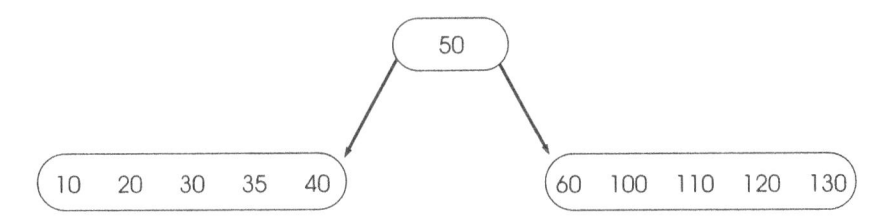

(b) Após a inserção da chave 35 e redistribuição de irmãos.

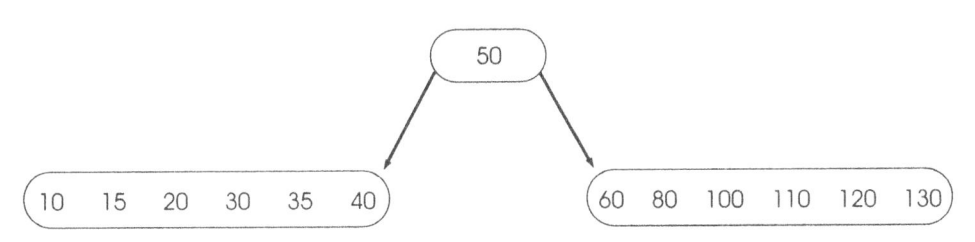

(c) Após a inserção das chaves 15 e 80.

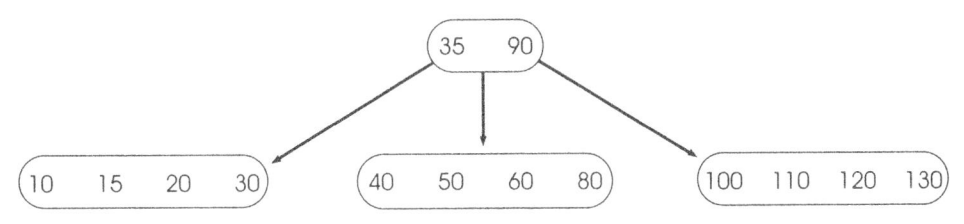

(d) Após a inserção da chave 90 e redistribuição de pai e irmãos.

Figura 7.3.14   Árvore-B de ordem 7 com redistribuição de vários nós.

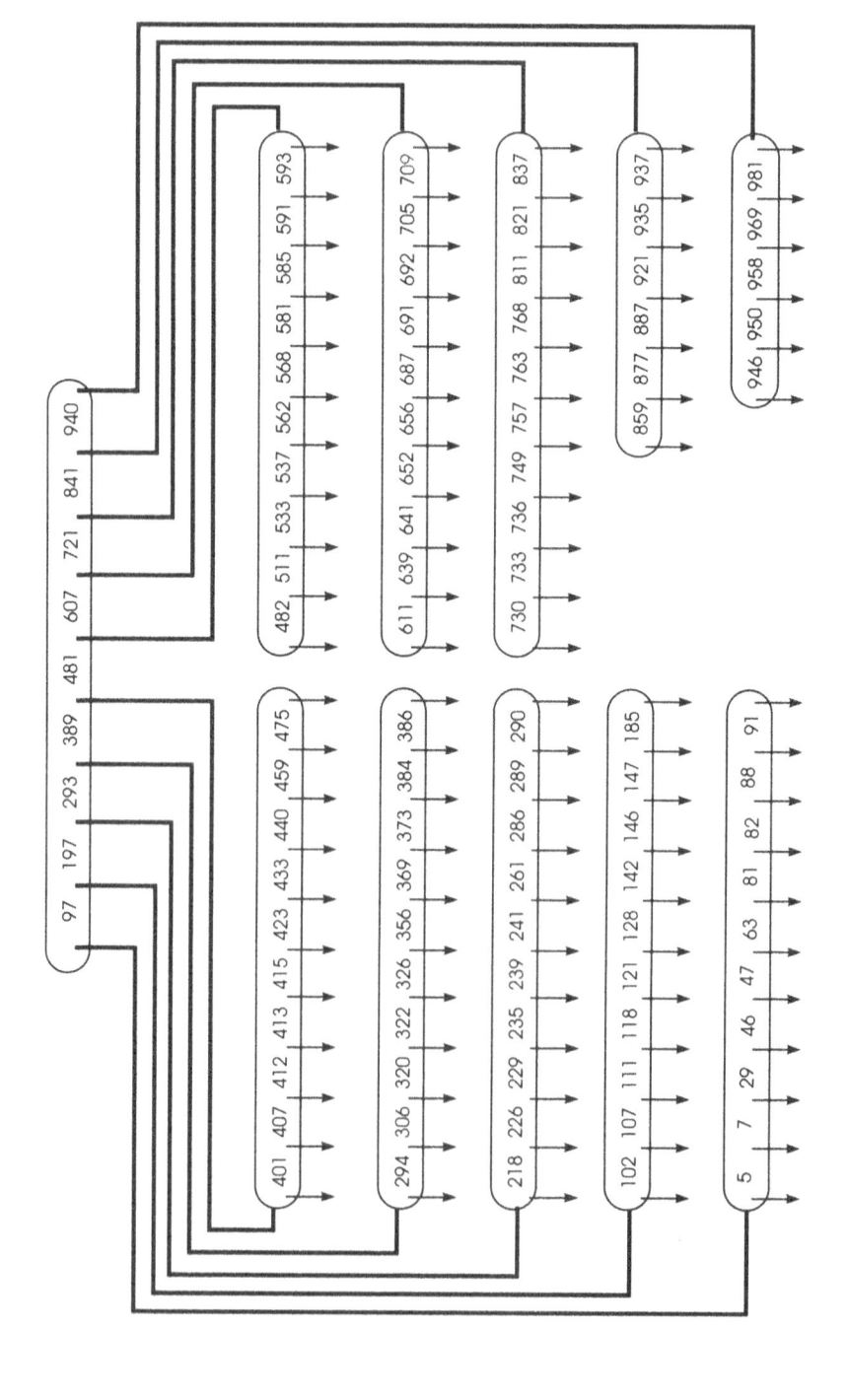

Figura 7.3.15

Por exemplo, se três chaves forem *anchor*, *andrew* e *antoin*, *andrew* poderá ser codificada como 2*d*, indicando que os dois primeiros caracteres são idênticos aos de sua antecessora e que o próximo caractere, *d*, a distingue de sua antecessora e sucessora. Se as sucessoras de *andrew* dentro do nó fossem *andule*, *antoin*, *append* e *apples*, *andrew* poderia ser codificada como 2*d*, *andule* como 3 *antoin* apenas como 2 e *append* como 1*ppe*.

Se for usada a compressão traseira, será necessário acessar o próprio registro para determinar se uma chave está presente num arquivo, uma vez que a chave inteira não poderá ser reconstruída a partir da codificação. Além disso, sob ambos os métodos, o código da chave que fica retido é de tamanho variável, de modo que o número máximo de chaves num nó não é mais fixo. Outra desvantagem da codificação de chaves de tamanho variável é que a busca binária não pode ser mais usada para localizar uma chave num nó. Adicionalmente, é possível que o código de algumas chaves existentes precise ser alterado quando uma nova chave for inserida. A vantagem da compressão é que ela permite que mais chaves sejam retidas num nó, de modo que a profundidade da árvore e o número de nós necessários podem ser reduzidos.

ÁRVORES-B

Uma das maiores deficiências da árvore-B é a dificuldade de percorrer as chaves seqüencialmente. Uma variação da estrutura básica da árvore-B, a árvore-B$^+$, mantém a propriedade de acesso aleatório rápido da árvore-B e ainda permite acesso seqüencial rápido. Na árvore-B$^+$, todas as chaves são mantidas em folhas, e as chaves são repetidas em nós não-folha para definir caminhos para localizar registros individuais. As folhas são ligadas de modo a oferecer um caminho seqüencial para percorrer as chaves na árvore.

A Figura 7.3.16 ilustra uma árvore-B$^+$. Para localizar o registro associado à chave 53 (acesso aleatório), primeiramente a chave é comparada a 98 (a primeira chave na raiz). Se ela for menor, o processo continuará no nó *B*. Em seguida, 53 é comparado a 36 e depois a 53 no nó *B*. Se ela for menor ou igual a 53, o processo continuará no nó *E*.

Observe que a busca não é interrompida quando a chave é encontrada, como acontece numa árvore-B. Numa árvore-B um ponteiro para o registro correspondente a uma chave está contido em cada chave na árvore, seja num nó de folha, seja não folha. Conseqüentemente, assim que a chave é encontrada, o registro pode ser acessado.

Figura 7.3.16

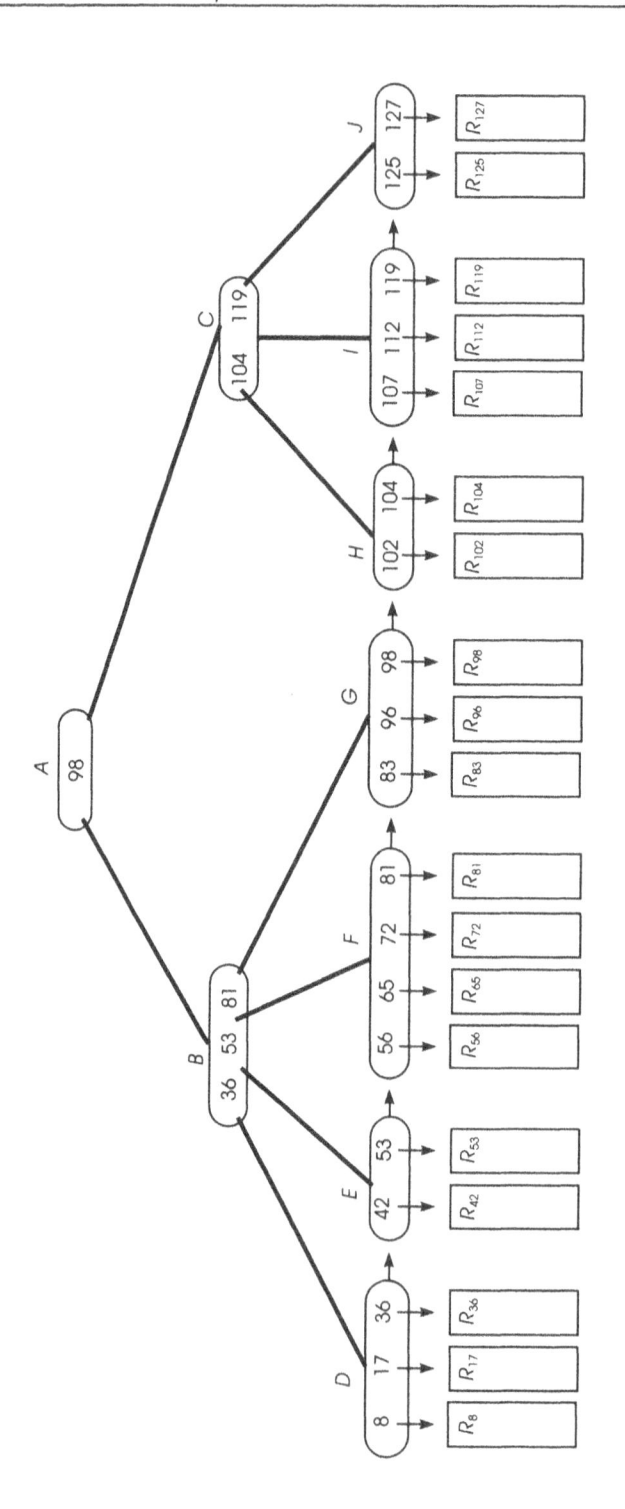

Numa árvore-B⁺, os ponteiros para os registros só estão associados às chaves em nós de folha; por conseguinte, a busca não termina até que a chave seja localizada numa folha. Portanto, quando a igualdade é obtida numa não-folha, a busca continua. No nó E (uma folha), a chave 53 é localizada e, a partir dela, o registro associado a essa chave. Se quisermos percorrer seqüencialmente as chaves na árvore, começando pela chave 53, precisaremos apenas seguir os ponteiros nos nós de folha.

A lista ligada de folhas é chamada **conjunto de seqüência**. Em implementações concretas, os nós do conjunto de seqüência freqüentemente não contêm todas as chaves no arquivo. Em vez disso, cada nó do conjunto de seqüência serve como um índice para uma grande área de dados onde é mantido um grande número de registros. Um processo de busca envolve o percurso de um caminho na árvore-B⁺, a leitura de um bloco da área de dados associada ao nó de folha acessado no final e a subseqüente busca seqüencial do registro procurado no bloco.

A árvore-B⁺ pode ser considerada uma extensão natural do arquivo seqüencial indexado da Seção 7.1. Cada nível da árvore é um índice para o nível posterior, e o nível mais baixo, o conjunto de seqüência, é um índice para o próprio arquivo.

A inserção numa árvore-B⁺ ocorre praticamente da mesma maneira que numa B-árvore, exceto pelo fato de que, quando um nó é dividido, a chave do meio é retida no meio nó esquerdo, além de ser promovida a pai. Quando uma chave é eliminada de uma folha, ela pode ser retida nas não-folhas porque ela ainda é um separador válido entre as chaves nos nós abaixo dela.

A árvore-B⁺ mantém as eficiências de busca e inserção da árvore-B, mas aumenta a eficiência de localização do registro seguinte na árvore, de $O(\log n)$ (numa árvore-B, onde a localização da chave sucessora envolve subir ou descer pela árvore) para $O(1)$ (numa árvore-B⁺, onde é necessário acessar no máximo uma folha adicional). Outra vantagem da árvore-B⁺ é que não se precisa manter nenhum ponteiro de registro nos nós não-folha, o que aumenta a ordem potencial da árvore.

ÁRVORES DE BUSCA DIGITAIS

Outro método de usar árvores para acelerar uma busca é formar uma árvore geral baseada nos símbolos dos quais as chaves são compostas. Por exemplo,

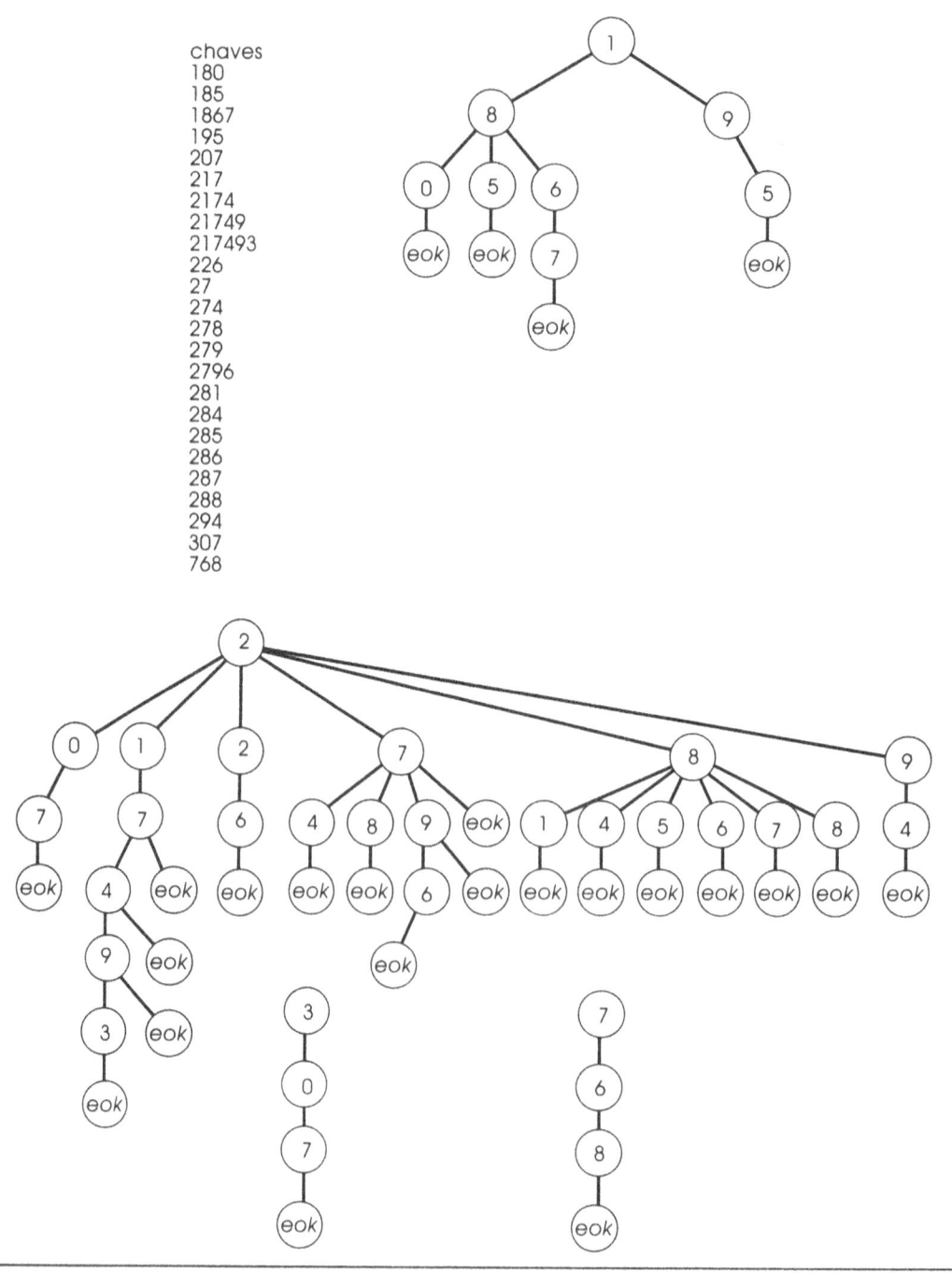

chaves
180
185
1867
195
207
217
2174
21749
217493
226
27
274
278
279
2796
281
284
285
286
287
288
294
307
768

Figura 7.3.17 Uma floresta representando uma tabela de chaves.

se as chaves forem inteiros, a posição de cada dígito determinará um entre dez possíveis filhos de determinado nó. Uma floresta representando esse conjunto de chaves aparece ilustrada na Figura 7.3.17. Se as chaves consistirem em caracteres do alfabeto, cada letra do alfabeto determinará uma ramificação na árvore. Observe que todo nó de folha contém o símbolo especial, *eok*, que representa o final de uma chave. Esse nó de folha deve também conter um ponteiro para o registro que está sendo armazenado.

Se uma floresta for representada por uma árvore binária, como na Seção 5.5, cada nó da árvore binária conterá três campos: *symbol*, que contém um símbolo da chave; *son*, que é um ponteiro para o filho mais velho do nó na árvore original; e *brother*, que é um ponteiro para o próximo filho mais jovem do nó na árvore original. A primeira árvore na floresta é apontada por um ponteiro externo, *tree*, e as raízes das outras árvores na floresta são associadas numa lista linear pelo campo *brother*. O campo *son* de uma folha na floresta original aponta para um registro; a concatenação de todos os símbolos na floresta original, no segmento de nós a partir da raiz até a folha, é a chave do registro. Faremos duas outras estipulações que agilizarão o processo de busca e inserção nessa árvore: cada lista de irmãos é organizada na árvore binária em ordem ascendente do campo *symbol*, e o símbolo *eok* é considerado maior que todos os outros.

Usando essa representação em árvore binária, podemos apresentar um algoritmo para pesquisar e inserir nessa **árvore digital** não-vazia. Como acontece geralmente, *key* é a chave que estamos procurando e *rec* é o registro que queremos inserir se *key* não for encontrada. Suporemos também que *key(i)* é o *i*ésimo símbolo da chave. Se a chave tiver *n* símbolos, presumiremos que *key(n)* é igual a *eok*. O algoritmo usa a operação *getnode* para alocar um novo nó de árvore, quando necessário. Presumiremos que *recptr* é um ponteiro para o registro *rec* a ser inserido. O algoritmo retorna um ponteiro para o registro procurado e usa uma função auxiliar, *insert*, cujo algoritmo será também apresentado:

```
p = tree;
father = null;  /* father eh pai de p */
for (i = 0;; i++) {
    q = null;  /* q aponta p/ o outro irmao de p */
    while (p != null && symbol(p) < key(i)) {
        q = p;
        p = brother(p);
    }  /* fim while */
    if (p == null || symbol(p) > key(i)) {
        insval = insert (i, p);
```

```
            return(insval);
    }   /* fim if */
    if (key(i) == eok)
         return(son(p));
    else    {
         father = p;
         p = son(p);
    }  /* fim else */
}  /* fim for */
```

Veja a seguir o algoritmo para *insert*:

```
/* insere o iésimo simbolo da chave */
s = getnode();
symbol(s) = key(i);
brother(s) = p;
if (tree == null)
     tree = s;
else
     if (q != null)
          brother(q) = s;
     else
              (father == null) ? (tree = s): (son(father) = s);
/* insere os simbolos restantes da chave */
for (j = i; key(j) != eok; j++)   {
     father = s;
s = getnode();
symbol(s) = key(j+1);
son (father) = s;
brother(s) = null;
}   /* fim for */
son(s) = addr (rec);
return(son(s));
```

Observe que, mantendo a tabela de chaves como uma árvore geral, só presisaremos de uma pequena lista de filhos para descobrir se determinado símbolo aparece em determinada posição dentro das chaves da tabela. Entretanto, é possível diminuir ainda mais a árvore eliminando os nós a partir dos quais uma única folha pode ser alcançada. Por exemplo, nas chaves da Figura 7.3.17, uma vez que o símbolo '7' for reconhecido, a única chave que possivelmente poderá combinar é 768. De modo semelhante, ao reconhecer os dois símbolos, '1'e '9', a única chave coincidente é 195. Sendo assim, a floresta da Figura 7.3.17 pode ser condensada para a da Figura 7.3.18. Nessa figura, um quadrado indica uma chave e um círculo indica um nó de árvore. Uma linha tracejada é usada para indicar um ponteiro a partir de um nó da árvore até uma chave.

Existem algumas diferenças importantes entre as chaves das Figuras 7.3.17 e 7.3.18. Na Figura 7.3.17, um caminho a partir de uma raiz até uma folha representa uma chave inteira; assim, não há necessidade de repetir a própria chave. Entretanto, na Figura 7.3.18, uma chave só poderá ser reconhecida por alguns de seus primeiros símbolos. Nos casos em que se faz uma busca de uma chave que se sabe existir na tabela, ao encontrar uma folha, o registro correspondente a essa chave poderá ser acessado. Se, contudo (o que é mais provável), não se souber se a chave está presente na tabela, deve-se confirmar se a chave está correta. Conseqüentemente, a chave inteira precisa ser mantida no registro também. Além disso, um nó de folha na árvore da Figura 7.3.17 pode ser reconhecido porque seu conteúdo é *eok*. Por conseguinte, seu ponteiro *son* pode ser usado para apontar para o registro que essa folha representa. Entretanto, um nó de folha da Figura 7.3.18 pode contar qualquer símbolo. Sendo assim, para usar o ponteiro *son* de uma folha para apontar para o registro, é necessário um campo extra em cada nó para indicar se o nó é uma folha ou não. Deixaremos a representação da floresta da Figura 7.3.18 e a implementação de um algoritmo de busca e inserção para ela como exercícios para o leitor.

A representação em árvore binária de uma árvore de busca digital é eficiente quando cada nó tem relativamente poucos filhos. Por exemplo, na Figura 7.3.18, apenas um nó tem seis (dentre os dez possíveis) filhos, enquanto a maioria dos nós só tem um, dois ou três filhos. Assim, o processo de pesquisa por meio da lista de filhos para achar o próximo símbolo da chave é relativamente eficiente. Entretanto, se o conjunto de chaves for denso dentro do conjunto de todas as possíveis chaves (isto é, se aparecer praticamente toda combinação possível de símbolos como uma chave), a maioria dos nós terá um grande número de filhos, e o custo do processo de busca se tornará proibitivo.

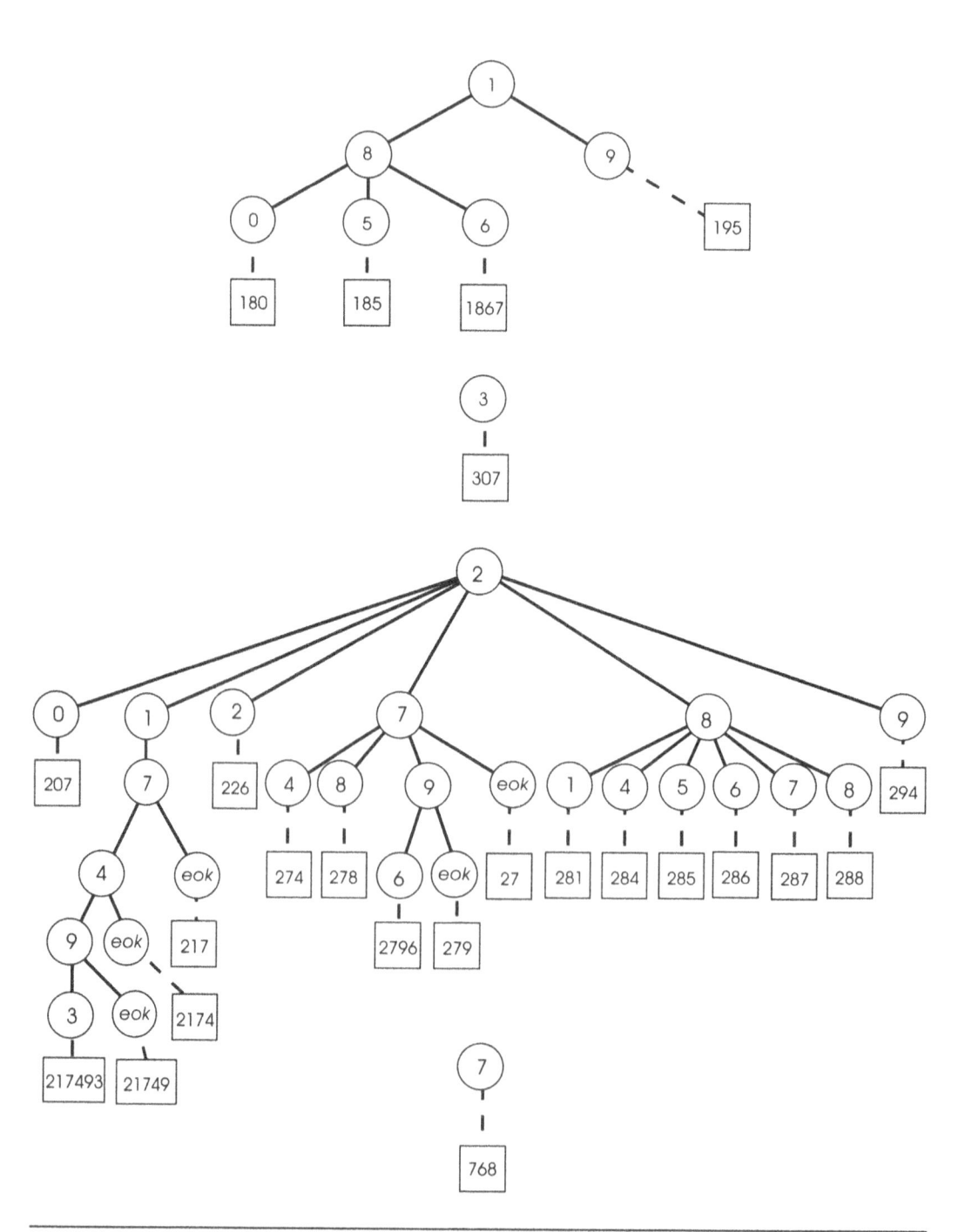

Figura 7.3.18 Uma floresta condensada representando uma tabela de chaves.

TRIES

Uma árvore de busca digital não precisa ser implementada como uma árvore binária. Em vez disso, cada nó na árvore poderá conter m ponteiros, correspondendo aos m possíveis símbolos em cada posição da chave. Conseqüentemente, se as chaves fossem numéricas, existiriam 10 ponteiros num nó e, se fossem estritamente alfabéticas, existiriam 26. (Poderia existir também um ponteiro adicional correspondente ao *eok* ou um flag com cada ponteiro indicando que ele aponta para um registro e não para um nó da árvore.) Um ponteiro num nó é associado a determinado valor de símbolo baseado em sua posição dentro do nó; ou seja, o primeiro ponteiro corresponde ao valor do símbolo mais baixo, o segundo ponteiro ao segundo valor mais baixo, e assim por diante. Portanto, é desnecessário manter os próprios valores dos símbolos na árvore. O número de nós que precisa ser acessado para encontrar determinada chave é $\log mn$. Uma árvore de busca digital implementada dessa maneira é chamada **trie** (uma sílaba da palavra "re*trie*val" [recuperação em inglês]).

Uma trie é útil quando o conjunto de chaves é denso, de forma que a maioria dos ponteiros em cada nó é usada. Quando o conjunto de chaves é esperado, uma trie desperdiça uma grande quantidade de espaço com grandes nós que estão, em sua grande maioria, vazios. Se o conjunto de chaves numa trie for conhecido antecipadamente e, se não mudar, poderão ser aplicadas diversas técnicas para minimizar as exigências de espaço. Uma técnica é estabelecer uma ordem diferente na qual os símbolos de uma chave são usados para pesquisar (por exemplo, de modo que o terceiro símbolo da chave de argumento pudesse ser usado para acessar o ponteiro apropriado na raiz da trie, o primeiro símbolo nos nós do nível 1, e assim por diante). Outra técnica seria permitir que os nós da trie se sobrepusessem entre si, de modo que os ponteiros ocupados de um nó se sobrepusessem aos ponteiros vazios de outro.

EXERCÍCIOS

7.3.1. Demonstre como uma árvore-B e uma árvore-B⁺ podem ser usadas para implementar uma fila de prioridade (ver Seções 4.1 e 6.3). Prove que qualquer seqüência de n operações de inserção e eliminação mínima pode ser executada em $O(n \log n)$ etapas. Escreva rotinas em C para inserir e eliminar de uma fila de prioridade implementada por uma árvore 2-3.

7.3.2 Selecione um parágrafo grande de um livro. Insira cada palavra do parágrafo, em seqüência, numa árvore de busca multidirecional de ordem 5, de cima para baixo, inicialmente vazia, omitindo quaisquer repetições. Faça a mesma coisa numa árvore-B de ordem 5, numa árvore-B+ de ordem 5 e numa árvore de busca digital.

7.3.3. Escreva rotinas em C para implementar as operações de inserção de sucessora na árvore-B se essa for mantida:

   a. na memória interna;

   b. em armazenamento externo de acesso direto.

7.3.4. Escreva um algoritmo e uma rotina em C para eliminar um registro de uma árvore de busca multidirecional de ordem n, de cima para baixo.

7.3.5. Escreva um algoritmo e uma rotina em C para eliminar um registro de uma árvore-B de ordem n.

7.3.6. Escreva um algoritmo para criar uma árvore-B compacta a partir de uma entrada em ordem classificada. Use o algoritmo para escrever uma rotina em C para produzir uma árvor-B compacta a partir de uma árvore-B comum.

7.3.7. Escreva um algoritmo e uma rotina em C para pesquisar numa árvore-B.

7.3.8. Escreva um algoritmo e uma rotina em C para:

   a. inserir numa árvore-B+;

   b. inserir numa árvore-B*;

   c. eliminar em uma árvore-B+;

   d. eliminar em uma árvore-B*.

7.3.9. Quantas árvores 2-3 diferentes contendo os inteiros de 1 a 10 você pode construir? Quantas permutações desses inteiros resultam em cada árvore se forem inseridos numa árvore inicialmente vazia na ordem da permutação?

7.3.10. Desenvolva algoritmos para pesquisar e inserir em árvores-B+ que usem compressão frontal e traseira.

7.3.11. Escreva um algoritmo de busca e inserção e uma rotina em C para a floresta de busca digital da Figura 7.3.18.

7.3.12. Demonstre como implementar uma trie em armazenamento externo. Escreva uma rotina de busca e inserção em C para uma trie.

7.4 ESPALHAMENTO

Nas duas seções anteriores, presumimos que o registro sendo pesquisado está armazenado numa tabela e que é necessário percorrer certo número de chaves antes de encontrar a chave desejada. A organização do arquivo (seqüencial, seqüencial indexado, árvore binária e assim por diante) e a ordem na qual as chaves são inseridas afetam a quantidade de chaves que precisam ser verificadas antes de se obter a desejada. Evidentemente, as técnicas de busca eficientes são as que minimizam o número dessas comparações. Em termos ideais, preferiríamos uma organização de tabela e uma técnica de busca nas quais não ocorressem comparações desnecessárias. Vejamos se isso é viável.

Se cada chave precisar ser recuperada num único acesso, a posição do registro dentro da tabela dependerá somente da chave, e não das posições das outras chaves, como acontece numa árvore. O método mais eficiente de organizar essa tabela é como um vetor (isto é, cada registro é armazenado num deslocamento específico a partir do endereço base da tabela). Se as chaves dos registros forem inteiros, as próprias chaves poderão servir como índices para o vetor.

Examinemos um exemplo de um sistema como esse. Suponha que um fabricante tenha um arquivo de inventário consistindo em 100 itens, cada parte com um número de item único de dois dígitos. Então o método evidente de armazenar esse arquivo é declarar um vetor:

```
parttype part[100];
```

onde *part*[i] representa o registro cujo número de item é i. Nessa situação, os números de itens são chaves usadas como índices no vetor. Mesmo se a empresa estocar menos de 100 itens, a mesma estrutura poderá ser usada para manter o arquivo do inventário. Embora várias posições em *part* possam corresponder a chaves não-existentes, essa perda é compensada pela vantagem do acesso direto a cada item existente.

Entretanto, infelizmente esse sistema nem sempre é prático. Por exemplo, suponha que a empresa tenha um arquivo de inventário com mais de 100 itens e a chave para cada registro seja um número de item de sete dígitos. Para empregar a indexação direta usando a chave de sete dígitos inteira, seria necessário um vetor de 10 milhões de elementos. Evidentemente, isso desperdiçaria uma quantidade inaceitável de espaço porque é extremamente improvável que uma empresa estoque mais do que alguns milhares de itens.

Seria necessário um método de conversão da chave para um inteiro dentro de uma faixa limitada. Em termos ideais, quaisquer duas chaves não devem ser convertidas para o mesmo inteiro. Infelizmente, esse método ideal não existe. Tentemos desenvolver métodos que se aproximem do ideal e determinem a ação a tomar quando o ideal não for alcançado.

Reexaminemos o exemplo de uma empresa com um arquivo de inventário no qual cada registro recebe a atribuição de uma chave correspondente a um número de item de sete dígitos. Suponha que a empresa tenha menos de 1.000 itens e que só exista um registro para cada item. Sendo assim, um vetor de 1.000 elementos será suficiente para conter o arquivo inteiro. O vetor é indexado por um inteiro entre 0 e 999, inclusive. Os três últimos dígitos do número de item são usados como índice para o registro do item no vetor. Esse processo aparece ilustrado na Figura 7.4.1. Observe que duas chaves relativamente próximas entre si, em termos numéricos, como 4618396 e 4618996, podem estar mais distantes entre si na tabela do que duas chaves muito afastadas, em termos numéricos, como 0000991 e 9846995. Apenas os três últimos dígitos da chave são usados na determinação da posição de um registro.

Uma função que transforma uma chave num índice de tabela é chamada **função de espalhamento.** Se h é uma função de espalhamento e *key* é uma chave, $h(key)$ é chamada ***espalhamento da chave*** e representa o índice no qual um registro com a chave *key* deve ser colocado. Se r é um registro cuja chave se transforma em bh, hr é chamada **chave de espalhamento** de r. A função de espalhamento no exemplo anterior é $h(k) = key \% 1000$. Os valores que h produz deverão cobrir o conjunto inteiro de índices na tabela. Por exemplo, a função $x \% 1000$ pode produzir qualquer inteiro entre 0 e 999, dependendo do valor de x. Conforme veremos mais adiante, é uma boa idéia que o tamanho da tabela seja ligeiramente maior que o número de registros que devem ser inseridos. Isso é ilustrado na Figura 7.4.1, onde várias posições na tabela estão sem uso.

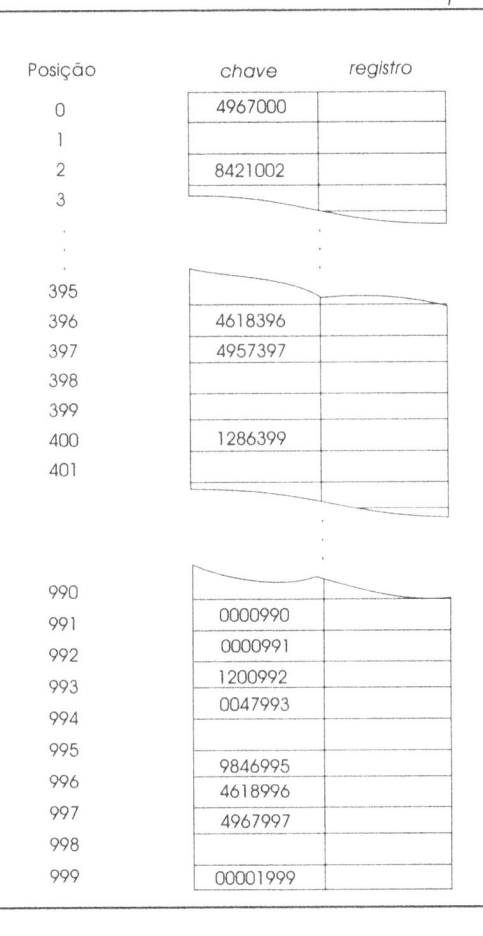

Posição	chave	registro
0	4967000	
1		
2	8421002	
3		
⋮	⋮	
395		
396	4618396	
397	4957397	
398		
399		
400	1286399	
401		
⋮	⋮	
990		
991	0000990	
992	0000991	
993	1200992	
994	0047993	
995		
996	9846995	
997	4618996	
998	4967997	
999	00001999	

Figura 7.4.1

O método anterior apresenta uma deficiência. Suponha que duas chaves, $k1$ e $k2$, sejam tais que $h(k1)$ seja igual a $h(k2)$. Sendo assim, quando um registro com a chave $k1$ for inserido na tabela, ele será inserido na posição $h(k1)$. Mas quando $k2$ for espalhada, como sua chave de espalhamento é idêntica à de $k1$, pode-se fazer uma tentativa de inserir o registro na mesma posição em que o registro com a chave $k1$ está armazenado. Evidentemente, dois registros não podem ocupar a mesma posição. Essa situação é chamada **colisão** ou **conflito de espalhamento**. Uma colisão de espalhamento ocorreria no exemplo de inventário da Figura 7.4.1 se um registro com a chave 0596397 fosse incluído na tabela.

Existem dois métodos básicos para manipular colisões de espalhamento. Examinaremos esses dois métodos em detalhes no restante desta seção. Sucintamente, a primeira técnica, chamada **reespalhamento**, requer o uso de uma função de espalhamento secundária sobre a chave de espalhamento do item. A função de reespalhamento é aplicada sucessivamente até ser encontrada uma posição vazia onde o item possa ser inserido. Se a posição de espalhamento do item estiver ocupada durante uma pesquisa, a função de reespalhamento será usada novamente para achar o item. A segunda técnica, chamada **encadeamento**, forma uma lista ligada de todos os itens cujas chaves se espalharam nos mesmos valores. Durante a busca, essa pequena lista ligada é percorrida seqüencialmente, procurando a chave desejada. Essa técnica requer a inclusão de um campo de ligação adicional em cada posição da tabela.

Entretanto, é necessário ressaltar que uma função de espalhamento eficiente é aquela que minimiza as colisões e distribui os registros uniformemente pela tabela. Eis por que é preferível um tamanho de vetor maior que o número de verdadeiros registros. Quanto maior a faixa da função de espalhamento, menor a probabilidade de duas chaves apresentarem o mesmo valor de espalhamento. É evidente que isso requer um compromisso entre espaço e tempo. Deixar espaços vazios no vetor é ineficiente em termos de espaço, mas diminui a necessidade de solucionar colisões de espalhamento e, conseqüentemente, é mais eficiente em termos de tempo.

Embora o espalhamento permita o acesso direto a uma tabela e seja, portanto, preferível às outras técnicas de busca, o método tem uma séria deficiência. Os itens numa tabela de espalhamento não são armazenados seqüencialmente por chave e nem sequer existe um método prático para percorrê-los em seqüência de chave. As **funções de espalhamento preservadoras da ordem**, nas quais $h(key1) > h(key2)$ sempre que $key1 > key2$, em geral não são uniformes, ou seja, elas não minimizam as colisões de espalhamento e, conseqüentemente, não atendem ao propósito básico do espalhamento: acesso rápido a qualquer registro diretamente a partir de sua chave.

SOLUCIONANDO COLISÕES DE ESPALHAMENTO COM O ENDEREÇAMENTO ABERTO

Vamos examinar o que aconteceria se quiséssemos inserir um novo número de item, 0596397, na tabela da Figura 7.4.1. Usando a função de espalhamento $key \% 1000$, $h(0596397) = 397$; portanto, o registro para esse item pertence à posição 397 do vetor. Entretanto, a posição 397 já está ocupada pelo registro com a chave 4957397. Mas o registro com a chave 0596397 precisa ser inserido em algum lugar da tabela.

O método mais simples de solucionar colisões de espalhamento é colocar o registro na próxima posição disponível no vetor. Na Figura 7.4.1, por exemplo, como a posição 397 já está ocupada, o registro com a chave 0596397 é colocado na posição 398, que ainda está livre. Assim que esse registro for inserido, outro registro que também resulte em 397 (como 8764397) ou em 398 (como 2194398) será inserido na próxima posição disponível, que é 400.

Essa técnica é chamada **teste linear** e representa um método geral para solucionar colisões de espalhamento chamado **reespalhamento** ou **endereçamento aberto.** Em geral, uma função de reespalhamento, rh, aceita um índice de vetor e produz outro. Se a posição $h(key)$ do vetor já estiver ocupada por um registro com uma chave diferente, rh será aplicada sobre o valor de $h(key)$ para encontrar outra posição onde o registro possa ser coligado. Se a posição $rh(h(key))$ já estiver também ocupada, ela também será reespalhada para ver se $rh(rh(h(key)))$ está disponível. Esse processo continuará até ser encontrada uma posição vazia. Sendo assim, podemos escrever uma função de busca e inserção usando o espalhamento, como segue. Presumimos as seguintes declarações:

```
#define TABLESIZE...
typedef KEYTYPE...
typedef RECTYPE...
struct Record {
    KEYTYPE k;
    RECTYPE r;
} table [TABLESIZE];
```

Pressupomos também uma função de espalhamento, $h(key)$, e uma função de reespalhamento, $rh(i)$. O valor especial *nullkey* é usado para indicar um registo vazio.

```
search(key, rec)
KEYTYPE key;
RECTYPE rec;
{
    int i;
    i = h(key); /* espalha a chave */
    while (table[i].k != key && table[i].k != nullkey)
```

```
            i = rh(i);   /* reespalha */
            if (table[i].k == nullkey) {
            /* insere o registro na posicao vazia */
            table[i].k = key;
            table[i].r = rec;
            }  /* fim if */
            return(i);
      }     /*fim search */
```

No exemplo da Figura 7.4.1, $h(key)$ é a função $key \% 1000$, e $rh(i)$ é a função $(i + 1) \% 100$ (isto é, o reespalhamento de todo índice é a próxima posição seqüencial no vetor, exceto pelo fato de que o reespalhamento de 999 é 0).

Examinemos o algoritmo mais detalhadamente para ver se podemos determinar as propriedades de uma "boa" função de reespalhamento. Em particular, concentraremos nossa atenção na repetição porque o número de iterações determina a eficiência da busca. A repetição pode ser encerrada de duas maneiras: i é definido com um valor tal que $table[i].k$ seja igual a key (em cujo caso o registro é encontrado), ou i é definido com um valor tal que $table[i].k$ seja igual a $nullkey$ (em cujo caso uma posição vazia é encontrada e o registro pode ser inserido).

Entretanto, é possível que a repetição seja executada infinitamente. Existem duas possíveis razões para essa ocorrência. Primeiro, a tabela pode estar cheia, impossibilitando a inserção de quaisquer novos registros. Essa situação pode ser detectada mantendo-se uma contagem do número de registros na tabela. Quando a contagem for igual ao tamanho da tabela, nenhuma inserção adicional será tentada.

Ainda é possível que o algoritmo inicie uma repetição infinita mesmo que existam algumas posições (ou até mesmo muitas) vazias. Por exemplo, suponha que a função $rh(i) = (i + 2) \% 1000$ seja usada como função de reespalhamento. Sendo assim, qualquer chave espalhada num inteiro ímpar será reespalhada em sucessivos inteiros ímpares, e qualquer chave espalhada num inteiro par será reespalhada em sucessivos inteiros pares. Imagine uma situação na qual todas as posições ímpares numa tabela estejam ocupadas e todas as posições pares estejam vazias. A despeito do fato de que metade das posições do vetor está vazia, é impossível inserir um novo registro cuja chave seja espalhada num inteiro ímpar. Evidentemente, é improvável que todas as posições ímpares, mas nenhuma das posições pares, fiquem ocupadas. Entretanto, se for usada a função de reespalhamento, $rh(i) = (i +$

200) % 1000, cada chave só poderá ser colocada em uma de cinco posições [uma vez que x % 1000 = $(x + 1000)$ % 1000], e é bem possível que existam cinco posições ocupadas enquanto grande parte da tabela esteja vazia.

Uma propriedade de uma função de reespalhamento eficiente é que, para todo índice i, os sucessivos reespalhamentos, $rh(i), rh(rh(i)), ...$ cubram o máximo possível de inteiros entre 0 e *tablesize* - 1 (em termos ideais, todos eles). A função de reespalhamento, $rh(i) = (i + 1)$ % 1000 apresenta essa propriedade. Na realidade, qualquer função $rh(i) = (i + c)$ % *tablesize*, onde c é um valor constante tal que c e *tablesize* sejam primos entre si (isto é, eles não podem ser ambos divididos exatamente por nenhum inteiro diferente de 1), produz valores sucessivos que cobrem a tabela inteira. Recomendamos que você confirme esse fato selecionando alguns exemplos; a prova ficará como exercício. Entretanto, em termos gerais, não há razão para escolher um valor de c diferente de 1. Se a tabela de espalhamento estiver armazenada em armazenamento externo, será preferível ter referências sucessivas o mais próximas possível entre si (isso minimizará o retardo da busca em disco e poderá eliminar um i/c se as duas referências estiverem na mesma página).

Existe outra maneira de avaliar a conveniência de uma função de reespalhamento. Considere o caso do reespalhamento linear. Supondo que a função de espalhamento produza índices distribuídos de maneira uniforme no intervalo de 0 a *tablesize* - 1 [isto é, também é provável que $h(key)$ seja qualquer inteiro nessa faixa], inicialmente, quando o vetor estiver vazio, será também provável que um registro aleatório seja colocado em qualquer posição (vazia) determinada dentro do vetor. Entretanto, assim que algumas entradas forem inseridas e várias colisões de espalhamento forem solucionadas, isso não mais se verificará. Por exemplo, na Figura 7.4.1, é cinco vezes mais provável que um registro seja inserido na posição 994 do que na posição 401. Isso se deve ao fato de que qualquer registro cuja chave espalhe em 990, 991, 992, 993 ou 994 será coligado em 994, enquanto apenas um registro cuja chave espalhe em 401 será colocado nessa posição. Esse fenômeno em que duas chaves espalhadas em dois valores diferentes competem entre si em sucessivos reespalhamentos é chamado **grupamento primário.**

O mesmo fenômeno ocorre no caso de uma função de reespalhamento, $rh(i) = (i + c)$ % *tablesize*. Por exemplo, se *tablesize* = 1000, $c = 21$, e as posições 10, 31, 52, 73 e 94 estiverem todas ocupadas, qualquer registro cuja chave for um desses cinco inteiros será colocado na posição 115. Na realidade, toda função de espalhamento que dependa unicamente do índice a ser espalhado provoca o agrupamento primário.

Uma forma de eliminar o agrupamento primário é permitir que a função de espalhamento dependa do número de vezes em que ela é aplicada a determinado valor de chave. Nessa proposta, a função *rh* é uma função de dois argumentos. *rh(i,j)* resultará no reespalhamento do inteiro *i* se a chave for reespalhada pela *i*ésima vez. Um exemplo é *rh(i,j)* = (*i* + *j*) % *tablesize*. O primeiro reespalhamento resultará em *rh*1 = *rh*(*h*(*key*), 1) = (*h*(*key*) + 1 % *tablesize;* o segundo, em *rh*2 = (*rh*1 + 2) % *tablesize*; a terceira, em *rh*3 (*rh*2 + 3) % *tablesize,* e assim por diante.

Outra proposta é usar uma permutação aleatória dos números entre 1 e *t* (onde *t* é igual; a *tablesize* - 1, o maior índice da tabela), *p*1, *p*2, ..., *pt*, e definir que o *i*ésimo reespalhamento de *h*(*key*) seja (*h*(*key*) + *pj*) % *tablesize*. Isso tem a vantagem de evitar o conflito de dois reespalhamentos da mesma chave. Ainda uma terceira proposta é definir que o *j*ésimo reespalhamento de *h*(*key*) seja (*h*(*key*) + *sqr*(*j*)) % *tablesize*. Isso é chamado de **reespalhamento quadrático.** Outro método de eliminar o agrupamentos primário é permitir que o reespalhamento dependa do valor de espalhamento como em *rh*(*i*,*key*) = (*i* + *hkey*) % *tablesize*, onde *hkey* = 1 + *h*(*key*) % *t*. (Não podemos usar *hkey* igual a *h*(*key*), que poderia ser 0, ou igual a *h*(*key*) + 1, que poderia ser *tablesize*. Esses dois casos resultariam em *rh*(*i, key*) igual a *i*, o que seria inaceitável.) Todos esses métodos permitem que chaves espalhadas em diferentes posições sigam caminhos diferentes de reespalhamento.

Entretanto, embora esses métodos eliminem o agrupamento primário, eles não eliminam outro fenômeno, conhecido como **agrupamento secundário**, no qual chaves diferentes que espalham o mesmo valor seguem o mesmo percurso de reespalhamento. Uma maneira de eliminar todo agrupamento é o **espalhamento duplo**, que requer o uso de duas funções de espalhamento, *h*1(*key*) e *h*2(*key*). *h*1, conhecida como função de **espalhamento primária**, é usada pela primeira vez para determinar a posição na qual o registro deve ser colocado. Se essa posição estiver ocupada, a função de espalhamento *rh*(*i, key*) = (*i* + *h*2(*key*)) % *tablesize* será usada sucessivas vezes até que uma posição vazia seja encontrada. Enquanto *h*2(*key*1) não for igual a *h*2(*key*2), os registros com chaves *key*1 e *key*2 não disputarão o mesmo conjunto de posições. Isso acontecerá independentemente da possibilidade de *h*1(*key*1) ser, na verdade, igual a *h*1(*key*2). A função de reespalhamento depende não somente do índice a ser reespalhado como também da chave original. Observe que o valor *h*2(*key*) não precisa ser recalculado a cada reespalhamento: na realidade, ele só precisa ser computado uma vez para cada chave que deva ser reespalhada. Em termos ideais, deveriam ser escolhidas as funções $h1$ e $h2$ que distribuem os espalhamentos e reespalhamentos uniformemente no intervalo de 0 a *tablesize* - 1 e minimizam o agrupamento também. Nem sempre essas funções são fáceis de encontrar.

Um exemplo de funções de espalhamento duplo é $h1(key)$ = *key* % *tablesize* e $h2(key)$ = 1 + *key* % *t*, onde *tablesize* é um número primo e *t* é igual a *tablesize* - 1. Outro exemplo é $h1(key)$, conforme definido acima, e $h2(key)$ = 1 + (*key*/*tablesize*) % *t*.

ELIMINANDO ITENS DE UMA TABELA DE ESPALHAMENTO

Infelizmente, é difícil eliminar itens de uma tabela de espalhamento que use reespalhamento na busca e na inserção. Por exemplo, suponha que o registro $r1$ esteja na posição p. Para incluir um registro $r2$ cuja chave espalhe em p, ele deve ser inserido na primeira posição disponível entre $rh(p), rh(rh(p)),...$ Suponha, então, que $r1$ seja eliminado, de modo que a posição p fique vazia. Uma busca subseqüente do registro $r2$ começa na posição $h(k2)$, que é p. Mas como a posição está vazia agora, o processo de busca pode concluir erroneamente que o registro $r2$ está ausente da tabela.

Uma solução possível para esse problema seria marcar um registro eliminado como "eliminado", e não como "vazio", e continuar pesquisando sempre que uma posição "eliminada" for encontrada no decorrer de uma busca. Mas isso só será possível se existir um pequeno número de eliminações; caso contrário, uma busca sem sucesso exigirá uma pesquisa na tabela inteira porque a maioria das posições estarão marcadas como "eliminadas", em vez de "vazias". Em termos ideais, preferiríamos um mecanismo de eliminação no qual o tempo de recuperação fosse o mesmo sempre que n registros estivessem na tabela, independentemente do fato de estes n registros serem o resultado de n inserções ou w inserções e $w - n$ subseqüentes eliminações. Mais adiante nesta seção, examinaremos alternativas de reespalhamento que nos permitirão fazer isso.

EFICIÊNCIA DOS MÉTODOS DE RECOMPROVAÇÃO

Geralmente, a eficiência de um método de reespalhamento é avaliada pelo número médio de posições da tabela que precisam ser examinadas ao se pesquisar determinado item. Isso é chamado número de ***provas*** exigido pelo método. Observe que, nos algoritmos que apresentamos, o número de comparações de chaves é o dobro do número de provas, uma vez que a chave em cada posição de prova é comparada ao argumento de busca e com *NULLKEY*. Entretanto, a comparação com *NULLKEY* pode ser menos dispendiosa do que a comparação de chaves em geral. Um campo adicional pode ser também usado em cada posição da tabela para indicar se essa posição está vazia, evitando assim uma comparação de chave extra.

No reespalhamento, o número médio de provas depende da função de espalhamento e do método de reespalhamento. Presumiremos que a função de espalhamento é uniforme. Ou seja, supomos que a probabilidade de uma chave arbitrária se espalhar em qualquer índice da tabela seja a mesma. A análise matemática do número médio de provas necessárias para encontrar um elemento numa tabela de espalhamento, se a tabela for construída usando determinado método de espalhamento e de reespalhamentos, pode ser muito complicada. Imagine n como o número de itens atualmente presentes na tabela de espalhamento, e *tablesize* como o número de posições na tabela. Sendo assim, para *tablesize* grande, provou-se que o número médio de espalhamentos necessários para uma recuperação com sucesso, numa tabela organizada usando o espalhamento linear, é aproximadamente:

$$\frac{2 * tablesize - n + 1}{2 * tablesize - 2 * n + 2}$$

Se definirmos $x = (n - 1)/tablesize$, isso será igual a $(2 - x)/(2 - 2x)$. Defina o ***fator de carga*** de uma tabela de espalhamento, *lf*, como $n/tablesize$, a fração da tabela que está ocupada. Como *lf* é aproximadamente igual a x para *tablesize* grande, podemos aproximar o número de espalhamentos para uma busca de sucesso sob o reespalhamento linear por $(2 - lf)/(2 - 2 * lf)$ ou $0,5/(1 - lf) + 0,5$. Quando *lf* se aproximar de 1 (isto é, quando a tabela estiver quase cheia), essa fórmula não será útil. Em substituição, pode-se provar que o número médio de comparações de chaves para uma busca de sucesso numa tabela quase cheia pode ser aproximado por *sgrt* $\pi * tablesize/8) + 0,33$.

Para uma busca sem êxito, o número médio de provas numa tabela organizada usando o espalhamento linear é aproximadamente igual a $0,5/(1 - lf)2 + 0,5$ para *tablesize* grande. Quando a tabela está cheia (isto é, quando $n = tablesize - 1$, porque uma posição precisa ficar livre para detectar que a chave não está presente), o número médio de provas para uma comparação sem êxito sob o reespalhamento linear é $(tablesize + 1)/2$, que é idêntico ao número médio de comparações necessárias para encontrar uma única posição vazia entre *tablesize* posições pela busca seqüencial.

Para tabelas com fatores de carga baixos, esse desempenho é razoável, mas para fatores de carga altos, ele pode ser melhorado substancialmente. Eliminando o agrupamento primário, definindo $rh(i, key)$ com $(i + hkey)$ % *tablesize*, conforme definido anteriormente, ou usando o reespalhamento quadrático, resultará em um número médio de provas de aproximadamente $1 - \log(1 - lf) - lf/2$ para as buscas com sucesso, e $1/(1 - lf) - lf - \log(1 - lf)$ para as buscas sem sucesso. (Aqui, log é o logaritmo natural, conforme definido na biblioteca padrão, *math.h*.) Para as tabelas cheias, o tempo de busca com sucesso aproxima-se de $\log(tablesize + 1)$, e o tempo de busca sem sucesso permanece em $(tablesize + 1)/2$.

O espalhamento duplo aumenta ainda mais a eficiência, eliminando o agrupamento primário e secundário. A prova uniforme é definida como qualquer esquema de espalhamento no qual é igualmente provável que qualquer elemento recém-inserido seja colocado em qualquer uma das posições vazias da tabela de espalhamento. Para tal esquema teórico, pode-se provar que o tempo de busca com sucesso é aproximadamente $-\log(1 - lf)/lf$ para *tablesize* grande, e que a busca sem sucesso exige $(tablesize + 1)/(tablesize + 1 - n)$ ou aproximadamente $1/(1 - lf)$ provas, para *tablesize* grande. A experiência com funções de espalhamento duplo eficientes demonstra que o número médio de comparações é igual a esses valores teóricos. Para as tabelas cheias, o tempo de busca com sucesso é aproximadamente $\log(tablesize + 1) - 0,5$, e o tempo de busca sem sucesso é outra vez $(tablesize + 1)/2$.

A tabela seguinte relaciona o número aproximado de provas para cada um dos três métodos, para vários fatores de carga. Lembre-se de que essas aproximações só são válidas, em termos gerais, para grandes tamanhos de tabela.

	Com Sucesso			Sem Sucesso		
Fator de Carga	Linear	i - hkey	Dupla	Linear	i + hkey	Linear
25%	1,17	1,16	1,15	1,39	1,37	1,33
50%	1,50	1,44	1,39	2,50	2,19	2,00
75%	2,50	2,01	1,85	7,50	4,64	4,00
90%	5,50	2,85	2,56	50,50	11,40	10,00
95%	10,50	3,52	3,15	200,50	22,04	20,00

Para as tabelas cheias (no caso de sucesso, onde n é igual a *tablesize* no caso sem sucesso, quando n é igual a *tablesize* - 1), veja a seguir as aproximações do número médio de provas. Incluímos também o valor de $\log_2$ (*tablesize*) para comparação com a busca binária e a pesquisa em árvores.

	Com Sucesso				
Tablesize	Linear	i+hkey	Dupla	Sem Sucesso	Log$_2$ (*tablesize*)
100	6,60	4,62	4,12	50,50	6,64
500	14,35	6,22	5,72	250,50	7,97
1000	20,15	6,91	6,41	500,50	7,97
5000	44,64	7,52	7,02	2500,50	12,29
10000	63,00	7,21	7,71	5000,50	13,29

Esses dados indicam que o espalhamento linear deve ser evitado para as tabelas completas em mais de 75%, principalmente se forem comuns pesquisas sem sucesso, uma vez que o agrupamento primário realmente tem um efeito significativo sobre o tempo de busca para grandes fatores de carga. Entretanto, os efeitos do agrupamento secundário nunca acrescentam mais de 0,5 de prova ao número médio necessário. Considerando que o espalhamento duplo exige uma computação adicional dispendiosa para determinar $h2(key)$, talvez seja preferível aceitar a meia prova adicional e usar $rh(i, key) = (i + hkey) \% tablesize$.

Uma técnica que pode ser usada para aumentar o desempenho do reespalhamento linear é o **reespalhamento linear de seqüência dividida**. Sob essa técnica, quando $h(key)$ estiver ocupada, compararemos key com a chave kh alocada na posição $h(key)$. Se $kh < h(key)$, a função de reespalhamento $i + c1$ será usada; se $kh > h(key)$, outra função de reespalhamento, i

+ *c2*, será usada. Esse processo dividirá os reespalhamentos de determinada posição em duas seqüências separadas e reduzirá o agrupamento sem exigir espaço adicional ou reordenamento da tabela de espalhamento. Para as tabelas com um fator de carga de 95%, a técnica de seqüência dividida reduzirá o número de provas numa busca com sucesso em mais de 50% o número de provas numa pesquisa sem sucesso em mais de 80%. Entretanto, os métodos de reespalhamento não-linear são ainda melhores. Uma técnica semelhante resulta em certa melhoria, mas não significativa, para os métodos de reespalhamento linear.

Outro aspecto a observar com relação à eficiência é que, no contexto do reespalhamento, a operação módulo não dever ser obtida usando o operador % do sistema, que requer a divisão, mas por meio de uma comparação e possivelmente de uma subtração. Sendo assim, $rh(i, key) = (i + hkey)$ % *tablesize* deve ser computada como segue:

```
x = i + key:
rh = x < tablesize ? x : x - tablesize;
```

As tabelas anteriores indicam também o grande custo de uma busca sem sucesso numa tabela praticamente cheia. A inserção exige ainda o mesmo número de comparações da busca sem sucesso. Quando a tabela estiver quase cheia, a eficiência da inserção das propostas de espalhamento se aproximará da busca seqüencial e será muito pior do que a inserção em árvore.

REORDENAMENTO DA TABELA DE ESPALHAMENTO

Quando uma tabela de espalhamento estiver quase completa, vários itens na tabela não estarão nas posições dadas por suas chaves de espalhamento. Precisarão ser feitas várias comparações de chaves antes de encontrar alguns itens. Se um item não estiver na tabela, uma lista inteira de posições de reespalhamento precisará ser examinada antes de o fato ser determinado. Existem várias técnicas para remediar essas situação.

Na primeira técnica, descoberta por Amble e Knuth, o conjunto de itens que se espalha na mesma posição é mantido em ordem descendente de chave. (Pressupomos que *NULLKEY* é menor do que qualquer chave possivelmente ocupando a tabela.) Ao pesquisar por um item, não é necessário reespalhar várias vezes até encontrar uma posição vazia; uma vez encontrado um item na tabela cuja chave seja menor que a chave de busca, saberemos que a chave não está na tabela. Ao inserir uma chave *key*, se um reespalhamento acessar uma chave menor que *key*, *key* e seu registro associado substituirão a chave menor na tabela, e o processo de inserção continuará com a chave deslocada. Uma tabela de espalhamento organizada dessa maneira é chamada ***tabela de espalhamento ordenada***. Veja a seguir uma função de busca e inserção para uma tabela de espalhamento ordenada. (Lembre-se de que *NULLKEY* é menor que qualquer outra chave.)

```
search(key, rec)
KEYTYPE key;
RECTYPE rec;
{
    int first, i, j;
    RECTYPE newentry, tempentry;
    KEYTYPE tk;
    i = h(key);
    newentry.k = key;
    newentry.r = rec;
    first = TRUE;
    while (table[i].k > newentry.k)
        i = rh(i);
    tk = table[i].k;
    while (tk != NULLKEY && tk != newentry.k) {
        /* insere a nova entrada e desloca */
        /*    a entrada na posicao i       */
        tempentry.k = table[i].k;
        tempentry.r = table[i].r;
        table[i].k = newentry.k;
        table[i].r = newentry.r;
        newentry.k = tempentry.k;
        newentry.r = tempentry.r;
        if (first == TRUE)  {
              j = 1;  /*  j eh a posicao na qual */
                      /*  o novo registro serah inserido */
        first = false;
        }  /* fim if */
        i = rh(i);
        tk = table[i].k;
    }    /* fim while */
if (tk == NULLKEY)  {
    table[i].k = newentry.k;
    table[i].r = newentry.r;
```

```
      }       /*fim if */
      if(first == TRUE)
            return(i);
      else
            return(j);
}     /*  fim search */
```

O método da tabela de espalhamento ordenada pode ser usado com qualquer técnica de reespalhamento que dependa somente do índice e da chave; ele não pode ser usado com uma função de reespalhamento que dependa do número de vezes que o item é reespalhado (a não ser que o número seja mantido na tabela).

Usar uma tabela de espalhamento ordenada não altera o número médio de comparações de chaves necessário para encontrar uma chave que esteja na tabela, mas reduz significativamente o número de comparações de chaves necessário para determinar a inexistência de uma chave na tabela. Pode-se provar que uma busca sem sucesso numa tabela de espalhamento ordenada exige o mesmo número médio de provas que uma busca com sucesso (numa tabela ordenada ou desordenada). Isso representa um aprimoramento significativo. Entretanto, infelizmente, o número médio de provas para a inserção não é reduzido numa tabela de provas ordenada e equivale ao número necessário a uma busca sem sucesso numa tabela desordenada. As inserções na tabela de provas ordenada exigem também um número considerável de modificações da tabela de espalhamento.

MÉTODO DE BRENT

Um esquema de reordenamento diferente, atribuído a Brent, pode ser usado para melhorar o tempo médio de busca para recuperações com sucesso, quando é usado espaçamento duplo. A técnica requer o reespalhamento do argumento de busca até ser encontrada uma posição vazia. A partir daí, cada uma das chaves no percurso de reespalhamento é reespalhada para determinar se a colocação de uma delas numa posição vazia exigiria menos reespalhamentos. (Lembre-se de que, no espalhamento duplo, os percursos de reespalhamento para duas chaves que espalham na mesma posição serão diferentes.) Se esse for o caso, o argumento de busca substituirá a chave já existente na tabela e essa chave será inserida na posição vazia de reespalhamento.

Você encontrará a seguir uma rotina para implementar o algoritmo de busca e inserção de Brent. Ela usa rotinas auxiliares *setempty*, que inicializam uma fila de índices de tabela com vazio; *insert*, que insere um índice numa fila; *remove,* que retorna um índice removido de uma fila; e *freequeue,* que libera todos os nós de uma fila.

```
search (key, rec)
KEYTYPE key;
RECTYPE rec;
{
   struct queue qq;   /*
   int i, j, jj, minoldpos, minnewpos;
   int count, mincount, rehashcont, displacecount;
   KEYTYPE displacekey;
   setempty(qq);
   /* reespalha repetidamente colocando cada indice */
   /* sucessivo na fila e mantendo uma contagem do  */
   /*    numero necessario de reespalhamento        */
   i = h1(key);
   for (count = 0; table[i].k != key && table[i].k !=
                                   nullkey; count++) {
   insert(qq, i);
   i = rh(i, key);
   }  /* fim for */
   /* minoldpos e minnewpos guardam os indices inicial e  */
   /*  final da chave no caminho   que pode ser          */
   /*  deslocado com um minimo de reespalhamento.         */
   /*  Inicialmente, nao presuma nenhum deslocamento e defina */
   */   ambos com i o primeiro indice vazio para key   */
   minoldpos = i;
   minnewpos = i;
   /* mincount eh o numero minimo de respalhamento de key   */
   /*  mais os reespalhamentos da chave deslocada, displacekey. */
   /*    rehashcount eh o numeo de reespalhamentos de key  */
   /*    necessarios p/alcancar o indice da chave sendo   */
   /*    deslocada. Inicialmente, nao presuma nenhum deslocamento.*/
   mincount = count;
   rehashcount = 0;
   /*     O seguinte loop determina se o deslocamento da chave */
   /* no proximo reesplalhamento de key resultarah num numero */
   /* total inferior de reespalhamentos. Se key for encontrada */
   /*       na tabela, entao pule a repeticao    */
   if (table[i].k == nullkey)
        while (!empty(qq) && rehashcount+1 < mincount) {
```

```
            j = remove(qq);
    /*chave candidata a deslocamento */
    displacekey = table[i].k;
    jj = rh(j, displacekey);
    /* displacecount eh o numero de reespalhamentos */
    /*  necessario para deslocar displacekey.      */
  for (displacecount = 1; table[jj].k != nullkey;
                                           displacecount++)
            jj = rh(jj, displacekey);
    if (rehashcount+displacecount < mincount)   {
         mincount = rehashcount + displacecount;
         minoldpos = j;
         minnewpos = jj;
    } /* fim if */
            rehashcount++;
  } /* fim while */
  /* libere itens adicionais na fila   */
  freequeue (qq);
  /*  Nesse ponto, se nao for necessario nenhum deslocamento */
  /*  minoldpos equivalerah a   minnewpos. minoldpos serah a */
  /* posicao onde  key foi encontrada ou deveria ser inserida.*/
  /*   minnewpos (se diferente de minoldpos) serah a    */
  /*   posicao onde a chave deslocada a partir de minoldpos */
  /*            deve ser colocada.                         */
  if (minoldpos != minnewpos ) {
    table[minnewpos].k = table[minoldpos].k;
         tables[minnewpos].r = tables[minoldpos].r;
    }  /* fim if */
  if (minoldpos != minnewpos || table[minoldpos}.k ==
  nullkey {
         table[minoldpos].k = key;
         table[minoldpos].r = rec;
    }  /* fim if */
    return(minoldpos);
  {          /* fim search */
```

O método de Brent reduz o número médio de comparações para recuperações com sucesso, mas não surte efeito sobre o número de comparações para buscas sem sucesso. Além disso, o esforço necessário para inserir um novo item aumenta substancialmente.

Uma extensão do método de Brent que resulta em aperfeiçoamentos ainda maiores quanto aos tempos de recuperação, à custa de tempo de inserção correspondentemente maior, requer a inserção recursiva de itens deslocados na tabela. Ou seja, ao determinar o número mínimo de reespalhamentos necessários para deslocar um item num percurso de reespalhamento, todos os itens no percurso de reespalhamento subseqüente desse item serão considerados no deslocamento também, e assim por diante. Entretanto, a recursividade não poderá proceder até sua conclusão natural porque o tempo de inserção aumentaria tanto que não se tornaria prático, mesmo que a inserção não fosse freqüente. Uma profundidade máxima de recursividade de 4, mais uma modificação adicional pela qual percursos tentativos de reespalhamento maiores que 5 são penalizados excessivamente, resulta em recuperações médias muito próximas ao ideal com razoável eficiência.

A seguinte tabela apresenta o número médio de provas necessário para recuperação e inserção, sob o algoritmo de Brent original. A última coluna mostra o número de recuperações por item necessário para tornar o algoritmo de Brent compensador (isto é, para que a vantagem cumulativa sobre as recuperações supere as desvantagens sobre a inserção).

Fator de carga	Provas/ recuperação	Provas/ inserção	Nível de Equilíbrio recuperações/ item
20%	1,10	1,15	2,85
60%	1,37	1,92	2,48
80%	1,60	2,97	2,32
90%	1,80	4,27	2,26
95%	1,97	5,84	2,26

Conforme a tabela fica completa, são necessárias aproximadamente 2,5 provas por recuperação, em média, independentemente do tamanho da tabela. Isto se compara favoravelmente ao espalhamento duplo normal, no qual a recuperação a partir de uma tabela cheia exige $O(\log n)$ provas.

ESPALHAMENTO EM ÁRVORE BINÁRIA

Outro método para aprimorar o algoritmo de Brent, atribuído a Gonnet e Munro, é chamado **espalhamento em árvore binária**. Mais uma vez, pressupomos o uso do espalhamento duplo. Toda vez que uma chave está prestes a ser inserida na tabela, uma árvore binária quase completa é construída. A Figura 7.4.2 ilustra um exemplo de uma árvore desse tipo, na qual os nós são numerados de acordo com a representação em vetor de uma árvore binária quase completa, conforme descrito na Seção 5.2 (isto é, $node(0)$ é a raiz e $node(2 * i + 1)$ e $node(2 * i + 2)$ são os filhos esquerdo e direito de $node(i)$). (Os detalhes dessa figura serão explicados mais adiante.) Cada nó da árvore contém um índice na tabela de espalhamento. Para o propósito desta discussão, o índice da tabela de espalhamento contido em $node(i)$ será citado como $index(i)$ e a chave nessa posição (isto é, $table[index(i)].k$) como $k(i)$. key será referência como $k(-1)$.

Para explicar como a árvore é construída, definiremos primeiro o ancestral direito mais jovem de $node[i]$, ou $yra(i)$, como o número de nós do pai do ancestral mais jovem de $node(i)$, que é um filho direito. Por exemplo, na Figura 7.4.2, $yra(11)$ é 0 porque $node(11)$ (contendo l) é um filho esquerdo e seu pai, $node(5)$, (contendo f) é um filho esquerdo também. Sendo assim, o ancestral mais jovem de $node(11)$, que é um filho direito, é $node(2)$ (contendo c), e seu pai é $node(0)$. De modo semelhante, $yra(19)$ é 1 e $yra(17)$ é 3. Se $node(i)$ é um filho direito, $yra(i)$ é definido como o número de nós de seu pai, $(i - 1)/2$. Assim, $yra(14)$, na Figura 7.4.2, é 6. Se $node(i)$ não tem ancestral que seja filho direito (como, por exemplo, os nós 0, 1, 3, 7 e 15, da Figura 7.4.2), $yra(i)$ é definido como -1.

A árvore binária é construída pela ordem do número de nós. $index(0)$ é definido com $h(key)$. $index(i)$, para cada i subseqüente, é definido com $rh(index((i - 1)/2, k(yra (i)))$. Esse processo continua até que $k(i)$ (isto é, $table[index(i)].k$) seja igual a NULLKEY e uma posição vazia seja encontrada na tabela.

Por exemplo, na Figura 7.4.2, key é espalhada de modo a obter $a = h(key)$, que é estabelecido como o índice no nó-raiz. Seu filho esquerdo é $b = rh(a, key)$, e seu filho direito é $c = rh(a, table(a).k = rh(a,k(0))$. De modo semelhante, o filho esquerdo de b é $d = rh(b,key)$, o filho direito de b é $e = rh(h, table(b).k) = rh(b.k(1))$, o filho esquerdo de c é $f = rh(c, table(a). k) = (rh(c,k(0))$ e o filho direito de c é $g = rh(c,$ table (c)$ k) = rh(c,k(2))$. Esse processo continua até $t = rh(j, table(b). k) = rh(j,k(1))$ ser colocado em $node(19)$ e $u = rh(j, table(j).k)) = rh(j,k(9))$ ser colocado em $node$ (20). Como $table[u].k$ (que é $k(20)$) é NULLKEY, foi encontrada uma posição vazia na tabela de espalhamento e a construção da árvore está terminada. Observe que qualquer caminho posterior a uma seqüência de ponteiros esquerdos na árvore

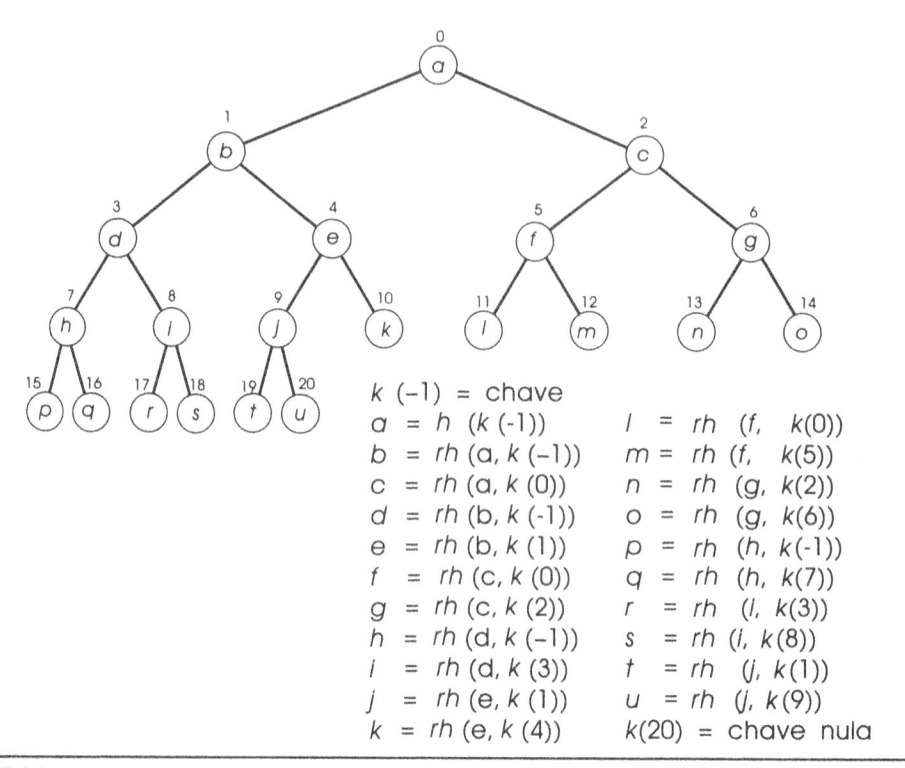

```
k (-1)  = chave
a   =  h (k (-1))        l  =  rh  (f,  k(0))
b   =  rh (a, k (-1))    m  =  rh  (f,  k(5))
c   =  rh (a, k (0))     n  =  rh  (g,  k(2))
d   =  rh (b, k (-1))    o  =  rh  (g,  k(6))
e   =  rh (b, k (1))     p  =  rh  (h,  k(-1))
f   =  rh (c, k (0))     q  =  rh  (h,  k(7))
g   =  rh (c, k (2))     r  =  rh  (l,  k(3))
h   =  rh (d, k (-1))    s  =  rh  (i,  k(8))
i   =  rh (d, k (3))     t  =  rh  (j,  k(1))
j   =  rh (e, k (1))     u  =  rh  (j,  k(9))
k   =  rh (e, k (4))     k(20) = chave nula
```

Figura 7.4.2

consiste em sucessivos reespalhamentos de determinada chave e que um ponteiro direito indica que uma nova chave está sendo reespalhada.

Assim que a árvore for construída, as chaves ao longo do caminho a partir da raiz até o último nó serão reordenadas na tabela de espalhamento. Considere b inicializado com a posição do último nó da árvore. Sendo assim, se $yra(i)$ for diferente de zero, $k(yra(i))$ e seu registro associado serão movidos de $table[index(yra(i))]$ para $table[index(i)]$, e i será redefinido com $yra(i)$. Esse processo se repete até que $yra(i)$ seja -1, em cujo ponto key e rec são inseridos em $table[index(i)]$ e a inserção termina. Por exemplo, na Figura 7.4.2, $yra(20)$ = 9 e $index(9)$ = j; conseqüentemente, a chave e o registro da posição j da tabela de espalhamento serão movidos para a posição u anteriormente vazia. Assim, como $yra(9)$ = 1 e $index(1)$ = b, a chave e o registro da posição b serão movidos para a posição j. Finalmente, como $yra(1)$ = -1, key será inserida na posição b.

Ao procurar posteriormente por key, duas posições da tabela são verificadas: a e b. Ao procurar pela primeira $table[b].k$ (agora em $table[j]$), serão necessárias duas provas adicionais. Ao pesquisar a primeira *table*[*j*].*k* (agora em *table*[*u*]), será necessária uma prova adicional. Sendo assim, um total de cinco posições adicionais, além do conteúdo inteiro da tabela de espalhamento, devem ser verificadas como resultado da inserção de *key*, enquanto seriam necessárias pelo menos seis se *key* fosse inserida diretamente ao longo de seu caminho de reespalhamento (consistindo em *a, b, d, h, p* e pelo menos uma posição a mais). De modo semelhante, no método de Brent, nenhum caminho menor que 6 teria sido encontrado (considerando os caminhos *abejt, abdir, abdhg* e *abdhp*, representando tentativas de realocar *b, d, h* e *p*, os valores no caminho de reespalhamento inicial de *a*. Cada um desses caminhos exige uma posição a mais antes que um elemento vazio da tabela seja encontrado).

Observe também que, se *key* tivesse sido inserida anteriormente na tabela usando o algoritmo de inserção de Gonnet e Munro, ela teria sido encontrada ao longo do caminho da extrema esquerda da árvore (na Figura 7.4.2, *abdhp*) antes que uma posição vazia da tabela fosse encontrada num nó diferente. Sendo assim, o processo de formação da árvore pode ser iniciado preparando-se para uma possível inserção como parte do processo de busca. Entretanto, se as inserções não forem freqüentes, talvez seja preferível construir o caminho esquerdo completo da árvore até ser encontrada uma posição vazia (isto é, para fazer uma pesquisa direta por *key*) antes de construir o restante da árvore.

Evidentemente, o algoritmo inteiro depende da rotina *yra*(*i*). Felizmente, *yra*(*i*) pode ser facilmente computada. *yra*(*i*) pode ser derivada diretamente do seguinte método: ache a representação binária de *i* + 1. Elimine quaisquer bits zeros à direita e o bit que os precede. Subtraia 1 do número binário resultante para obter *yra*(*i*). Por exemplo, a representação binária de 11 + 1 é 1100. Removendo 100, sobrará 1, que é a representação binária de 1. Assim, *yra*(11) = 1. De modo semelhante, 17 + 1, em notação binária, é 10010, que resulta 100, ou 4, de modo que *yra*(17) = 3; 14 + 1, em notação binária, é 1111, que resulta 111, ou 7, de modo que *yra*(14) = 7; e 15 + 1, em notação binária, é 10000 (ou 010000), que resulta 0, de modo que *yra*(15) = -1. Confirme tudo isso na Figura 7.4.2.

O método de Gonnet e Munro fornece resultados ainda mais próximos ao ideal do que o de Brent. Entretanto, esses resultados não são muito próximos ao ótimo, uma vez que a tabela de espalhamento só pode ser reordenada movendo-se elementos para posições posteriores em seu caminho de reespalhamento, nunca para posições anteriores. Com uma carga de 90%, o espalhamento em árvore binária exige 1,75 prova por recuperação (comparado a 1,80 do método de Brent) e em 95% exige 1,88 (comparado a 1,97). Para uma tabela completa, são necessárias, em média, 2,13 provas, comparadas a 2,5 do método de Brent. O número máximo de provas necessário para acessar um elemento sob o método de Brent é $O(sqrt(n))$, enquanto sob a comprovação binária é $O(\log n)$. Observe que a fila do método de Brent e a árvore do método de Gonnet e Munro podem ser reutilizadas em toda inserção. Se todas as inserções ocorrerem no início e a tabela for só subseqüentemente necessária para buscas, o espaço dessas estruturas de dados poderá ser liberado.

Se a tabela de provas for estática (isto é, se os elementos forem inseridos no início e a tabela permanecer inalterada durante uma extensa seqüência de buscas), outra estratégia de reordenamento será fazer todas as inserções no início e, em seguida, reordenar os elementos da tabela de modo a minimizar em termos absolutos os custos de recuperação previstos. Experimentos provam que o custo mínimo de recuperação previsto é 1,4 prova por recuperação com um fator de carga de 0,5, 1,5 para um fator de carga de 0,8, 1,7 para um fator de carga de 0,95, e 1,83 para uma tabela completa. Infelizmente, os algoritmos para reordenar, em termos ótimos, uma tabela de modo a alcançar esse mínimo são $O(n * tablesize^2)$, não sendo, portanto, práticos para grandes números de chaves.

APERFEIÇOAMENTOS COM MEMÓRIA ADICIONAL

Até agora, não pressupomos nenhuma memória adicional disponível em cada elemento da tabela. Se existir memória adicional disponível, poderemos manter informações em cada entrada a fim de reduzir o número de provas necessário para encontrar um registro ou para determinar se o registro desejado está ausente.

Antes de examinar técnicas específicas, precisamos fazer uma ressalva. O uso mais evidente para qualquer memória adicional é a expansão da tabela de provas. Isso reduzirá o fator de carga e aumentará imediatamente a eficiência. Portanto, ao avaliar quaisquer aprimoramentos da eficiência provocados pela inclusão de mais informações em cada entrada de tabela, deve-se considerar se o aprimoramento supera a utilização da memória para expandir a tabela.

Por outro lado, é possível que o benefício de expandir cada entrada da tabela por um ou dois bytes seja compensador. Cada item da tabela (incluindo o espaço para a chave e o registro) pode exigir 10, 50, 100 ou até 1.000 bytes, de modo que utilizar o espaço para expandir a tabela talvez não compense mais que a utilização do espaço para pequenos incrementos em cada elemento da tabela. (Na realidade, os registros longos não seriam mantidos dentro de uma tabela de provas porque as entradas vazias da tabela desperdiçam muito espaço. Em substituição, cada entrada da tabela conteria a chave e um ponteiro para o registro. Isso poderia ainda exigir 30 ou 40 bytes se a chave fosse longa, e 10 a 15 bytes para os tamanhos típicos de chave.) Além disso, por razões técnicas (como tamanho de palavra), nem todo o espaço numa entrada de tabela pode ser realmente usado, de modo que talvez exista algum espaço extra disponível que não possa ser usado para entradas adicionais da tabela. Nesse caso, seja qual for o uso feito do armazenamento, ele será benéfico.

O primeiro aprimoramento que consideraremos reduz o tempo necessário para uma busca sem sucesso, mas não o de uma recuperação. Ele requer manter em cada elemento da tabela um campo de um bit cujo valor é inicializado com 0 e definido com 1 sempre que uma chave a ser inserida se espalha ou reespalha nessa posição, mas a posição está ocupada. Ao espalhar ou reespalhar uma chave durante uma busca descobrindo que o bit está ainda definido com 0, saberemos imediatamente que a chave não está na tabela, porque, se estivesse, ela seria encontrada nessa posição ou o bit teria sido redefinido com 1, quando ela ou outra chave fosse inserida. O uso dessa técnica, juntamente com o algoritmo de tabelas de provas ordenada de Amble e Knuth, diminui o número médio de provas para uma busca sem sucesso numa tabela com um fator de carga de 95%, de 10,5 para 0,3, usando o reespalhamento linear, e de 3,15 para 2,2, usando o espalhamento duplo. Esse método é chamado **método do bit de passagem** porque o bit adicional indica se um elemento da tabela foi passado ao inserir um item.

O próximo método pode ser usado com o reespalhamento linear e o quadrático. Em ambos os casos, podemos definir uma função $prb(j, key)$ que calcule imediatamente a posição do $i$ésimo reespalhamento de key, que representa a posição da $i$ésima prova ao pesquisar por key. $prb(0, key)$. Para o reespalhamento linear [$rh(i) = (i + c)$ % $tablesize$, onde c é uma constante j, $prb(j, key)$ é definida como $(h(key) + j * c)$ % $tablesize$. Para o reespalhamento quadrático, $prb(j, key)$ é definida como $(h(key) + sgr(j))$ % $tablesize$. Observe que não se pode definir uma rotina assim para o espalhamento duplo; portanto, o método não é aplicável a essa técnica.

O método usa um campo inteiro adicional, chamado *preditor*, em cada posição da tabela. Considere $prd(i)$ o campo preditor na posição i da tabela. No início, todos os campos preditores são 0. No reespalhamento linear, o campo preditor é definido como segue. Suponha que $k1$ esteja sendo inserida e que j seja o menor inteiro tal que $prb(j,k1)$ seja a posição cujo campo preditor $prd(prb(j,k1))$ é 0. Assim, depois que $k1$ for reespalhado várias vezes mais e for inserido na posição $prb(p,k1)$, $prd(prb(j,k1))$ será redefinido de 0 para $p - j$. Dessa forma, durante uma busca, ao descobrir que a posição $prb(j,k1)$ não contém $k1$, a próxima posição examinada será $prb(j + prd(prb(j,k1)), k1)$ ou $prb(p,k1)$ em vez de $prb(j + 1,k1)$. Isso elimina $p - j - 1$ provas.

Uma vantagem dessa proposta é que ela pode ser adaptada muito facilmente quando apenas alguns bits adicionais estiverem disponíveis em cada posição da tabela. Como o campo preditor só contém o número de reespalhamentos adicionais necessário, na maioria dos casos, esse número será baixo e poderá acomodar-se no espaço disponível. Seria muito raro um valor de preditor superior ao maior inteiro que pode ser expresso em quatro ou cinco bits. Se somente b bits estiverem disponíveis para o campo prd e o campo preditor não se puder acomodar, o valor do campo poderá ser definido com $2^b - 1$ (o maior inteiro representável por b bits). Dessa forma, evitaríamos pelo menos $2^b - 2$ provas após alcançar essa posição.

Sob o reespalhamento linear, suponha que duas chaves, $k1$ e $k2$, se espalhem em valores diferentes, mas a *em*ésima prova de uma seja igual à *en*ésima prova da outra. (Ou seja, $prb(n,k1) = prb(m,k2)$, onde n e m são desiguais.) Suponha que $k1$ seja inserida primeiro na posição $i = prb(m,k1)$. Sendo assim, quando $k2$ for colocada na posição $prb(m + x,k2)$, $prd(i)$ será definida com x. Não apresentará nenhum problema, uma vez que $prh(n = x, k1)$ e $prb(m + x,k2)$ são ambas iguais a $(i + x * c) \% \ tablesize$. Sendo assim, nada que se espalhe em $h(k1)$ ou $h(k2)$ e se reespalhe em i poderá ser referenciado a $i + prd(i)$ na próxima prova. Isso reflete o fato de que o reespalhamento linear envolve o agrupamento primário no qual as chaves espalhando em posições diferentes seguirão os mesmos caminhos de reespalhamento assim que esses caminhos tiverem uma intersecção.

Entretanto, no reespalhamento quadrático, o agrupamento primário é eliminado. Assim, os caminhos seguidos por $k1$ e $k2$ serão diferentes, se $h(k1)$ não for igual a $h(k2)$, mesmo depois da instersecção desses caminhos. Por conseguinte, $prb(n + x,k1)$, que é igual a $(h(k1) + sor(n + x)) \% \ tablesize$, não equivale a $prg(m + x,k2)$, que é igual a $(h(k2) + sor(m + x)) \% \ tablesize$, embora $prb(n,k1)$ realmente seja igual a $prb(m,k2)$. Sendo assim, se $prd(prb(i,k1))$ for definido com x e se estivermos procurando $k2$ em $prb(j,k2)$, que é igual a $prb(i,k1)$, não poderemos seguir diretamente para $prb(j + x,k2)$, a menos que $h(k1)$ seja igual a $h(k2)$ (isto é, $k1$ e $k2$ estejam no mesmo agrupamento secundário) e i seja igual a j. Portanto, no reespalhamento quadrático ou sob qualquer outro método de reespalhamento que envolva somente o agrupamento secundário, precisaremos garantir que $h(k(i))$ seja igual a $h(key)$, antes de usar ou redefinir $prd(i)$ durante uma busca ou inserção de key. Se os dois valores de espalhamento forem desiguais, o reespalhamento continuará na forma habitual até que uma posição j seja alcançada quando $h(k(j))$ seja igual a $h(key)$, onde o uso do campo prd poderá prosseguir.

Infelizmente, o método do preditor não pode ser usado, de maneira alguma, com o espalhamento duplo. Isso acontece porque, embora o agrupamento secundário seja eliminado, não se pode garantir que $prb(n + x,k1)$ seja igual a $prb(n + x,k2)$, mesmo que $h(k1)$ seja igual a $h(k2)$ e $prb(n,k1)$ seja igual a $prb(n,k2)$.

Uma extensão do método do preditor é o **método de múltiplos preditores**. Sob esta técnica, **np** campos preditores são mantidos em cada posição da tabela. Uma rotina de espalhamento de preditor, $ph(key)$, cujo valor está entre 0 e $np - 1$, determina qual preditor será usado para determinada chave. O $i$ésimo preditor na posição i da tabela será referenciado como $prd(i,j)$. Quando uma chave espalhar numa posição i ocupada, igual a $prb(j,key)$, tal que $ph(k(i))$ seja igual a $ph(key)$, a próxima posição verificada será $prb(j + prd(i,ph(key)), key)$. De modo semelhante, se $ph(k(i))$ for igual a $ph(key)$ e $prd(i,ph(key))$ for 0, saberemos que key não está na tabela. Se key for inserida em $prb(i + x, key)$, $prd(i,ph(key))$ será definida com x.

A vantagem do método de múltiplos preditores é semelhante às vantagens do espalhamento duplo: ele elimina os efeitos do agrupamento secundário dividindo a lista de elementos que se espalham e reespalham em determinada posição, em np listas separadas e mais curtas.

Os resultados da simulação de uma versão ligeiramente modificada do método do preditor usando o método de reespalhamento quadrático são apresentados na seguinte tabela, que relaciona o número médio de provas necessário para uma busca com sucesso sob diversos fatores de carga com vários campos de preditores e diversos números de bits em cada preditor. A título de comparação, lembre-se de que o reespalhamento quadrático sem preditores exigia uma média de 1,44 prova para uma fator de carga de 50% e 2,85 para 90%, e que o espalhamento duplo exigia 1,39 e 2,56 provas, respectivamente.

		Bits em cada preditor		
Número de preditores	Fator de carga	3	4	5
1	50%	1,25	1,25	1,25
	70%	1,39	1,35	1,35
	90%	1,83	1,55	1,46
2	50%	1,24	1,23	1,23
	70%	1,35	1,32	1,31
	90%	1,79	1,50	1,41
4	50%	1,23	1,23	1,23
	70%	1,33	1,30	1,30
	90%	1,74	1,47	1,38
8	50%	1,22	1,22	1,22
	70%	1,32	1,29	1,29
	90%	1,72	1,46	1,37

Com o crescente aumento do número de bits em cada preditor e do número de preditores, o número médio de provas necessário para uma busca com sucesso com um fator de carga lf será $2 - (1- exp(-lf))/lf$. Para um único preditor de um inteiro completo, o número de provas é $1 +lf/2$. O método do preditor reduz também o número médio de provas para buscas sem sucesso.

ESPALHAMENTO COMBINADO

É possível que o uso mais simples de memória adicional para reduzir o tempo de recuperação seja incluir um campo de ligação em cada entrada da tabela. Esse campo contém a próxima posição da tabela a examinar, ao pesquisar determinado item. Na realidade, sob esse método, não é necessária uma função de reespalhamento; portanto, a técnica é nosso primeiro exemplo do segundo método importante de tratamento de colisões, chamado **encadeamento**. Esse método usa ligações em vez de uma função de reespalhamento para resolver colisões.

O mais simples dos métodos de encadeamento é o ***espalhamento combinado padrão***. Um algoritmo de busca e inserção para esse método pode ser apresentado como segue. Pressuponha que cada entrada da tabela contém um campo de chave, *k*, inicializado com *NULLKEY*, e um campo *next*, inicializado com -1. O algoritmo usa uma função auxiliar, *getempty*, que retorna o índice de uma posição vazia da tabela.

```
i = h(key);
while (k(i) != key && next(i) >=0)
     i = next(i);
if (k(i) == key)
          return(i);
/* define  j com a posicao onde o novo registro */
/*    deve ser inserido */
if (k(i) == NULLKEY)
     /* a posicao estah vazia */
     j = i;
     else {
          j = getempty ();
          next(i) = j;
     }     /*fim if */
k(j) = key;
r(j) = rec;
return(j);
```

A função *getempty* pode usar qualquer técnica para localizar uma posição vazia. O método mais simples é usar uma variável *avail*, inicializada com *tablesize* - 1, e executar:

```
while(avail)  != NULLKEY)
     avail--;
return(avail);
```

toda vez que *getempty* for chamada. Quando *getempty* for chamada, todas as posições da tabela entre *avail* e *tablesize* - 1 já serão sido alocadas. *getempty* examina seqüencialmente as posições inferiores a *avail* para localizar a primeira posição vazia. *avail* é redefinida com essa posição, que fica, então, alocada. Evidentemente, pode ser preferível evitar as comparações com *nullkey* em *getempty*. Você pode fazer isto de várias maneiras. Um campo adicional *empty* de um bit pode ser incluído em cada posição da tabela, ou os campos *next* podem ser inicializados com -2 e modificados para -1 quando as chaves forem inseridas na tabela. Uma solução alternativa é juntar as posições disponíveis numa lista que atuará como uma pilha.

A Figura 7.4.3 ilustra uma tabela de dez elementos preenchida por meio do espalhamento combinado padrão, usando a função de prova *key* % 10. As chaves foram inseridas na seqüência 14, 29, 34, 28, 42, 39, 84 e 38. Observe que os itens espalhando em 4 e 8 combinaram-se numa única lista (nas posições 4, 8, 7, 5 e 3, contendo os itens 14, 34, 28, 84 e 38). Daí deriva-se o nome do método.

Existem várias vantagens no espalhamento combinado padrão. Primeiro, ele reduz o número médio de provas para aproximadamente exp(2 * *lf*)/4 - *lf*/2 + 0,75 para uma busca sem sucesso, e para aproximadamente (exp(2 * *lf*) - 1)/(8 * *lf*) + *lf*/4 + 0,75 para uma busca com sucesso. (exp(x), disponível na biblioteca padrão, *math.h*, calcula o valor de e^x.) Esse método se compara favoravelmente a todos os métodos anteriores, com exceção do método do preditor. Uma tabela completa requer apenas uma média de 1,8 prova para localizar um item, e 2,1 provas para determinar a inexistência de um item na tabela. Uma fração de aproximadamente 1 - *lf*/2 itens na tabela pode ser encontrada na primeira prova.

		K	next
	0	nullkey	−1
	1	nullkey	−1
	2	42	−1
	3	38	−1
	4	14	8
AVAIL =	5	84	3
	6	39	−1
	7	28	5
	8	34	7
	9	29	6

Figura 7.4.3

Outra grande vantagem dos métodos de encadeamento é que eles permitem a eliminação eficiente sem penalizar a eficiência de recuperações subseqüentes. Um item sendo eliminado pode ser removido de sua lista, sua posição na tabela pode ser liberada, e *avail* pode ser redefinida com a posição seguinte (a menos que *avail* já aponte para uma posição posterior na tabela). Este processo pode retardar um pouco a segunda inserção subseqüente, obrigando *avail* a ser várias vezes decrementado por meio de uma longa seqüência de posições ocupadas, mas isso não terá muita importância. Se as posições liberadas da tabela forem mantidas numa lista ligada, essa penalização desaparecerá também.

Uma variação do espalhamento combinado padrão insere um novo elemento em sua cadeia logo após o item em seu local de prova em vez de no final da cadeia. Essa técnica, chamada **espalhamento combinado padrão com inserção inicial**, exige o mesmo número médio de provas que o espalhamento combinado padrão para uma busca sem sucesso, mas bem menos provas (aproximadamente $(exp(lf) - 1)/lf$ para uma busca com sucesso. Numa tabela completa, esse método exige aproximadamente 5% menos provas para uma busca com sucesso.

Uma generalização do método de espalhamento combinado padrão, que chamamos **espalhamento combinado geral**, inclui posições na tabela de espalhamento que podem ser usadas para nós de lista, no caso de colisões, mas não para posições iniciais. Assim, a tabela consistiria em t elementos (numerados de 0 a t - 1), mas as chaves espalhariam somente em $m < t$ valores (0 a m - 1). As $t - m$ posições adicionais são chamadas **porão** e estão disponíveis para armazenar itens cujas posições de prova estejam ocupadas.

O uso de um porão resulta em menos conflitos entre listas de itens com valores diferentes de provas, reduzindo, portanto, o tamanho das listas. Porém, um porão muito grande poderia aumentar o tamanho das listas em relação ao que seria se as posições do porão fossem usadas como posições de prova. Para as tabelas completas, o menor tempo médio de busca com sucesso será alcançado se a proporção m/t for 0,853 (isto é, aproximadamente 15% da tabela é usado como um porão). Nesse caso, o número médio de provas será somente 1,69. O menor tempo médio de busca sem sucesso será obtido se a proporção for 0,782, em cujo caso só será necessária 1,79 prova para a busca média sem sucesso. Os valores mais altos de m/t produzem tempos menores de busca com e sem sucesso para fatores de carga mais baixos (quando a tabela não estiver completa).

Ao contrário da situação com o espalhamento combinado padrão, o método de inserção inicial resulta em tempos de recuperação piores do que se os elementos fossem incluídos no final da lista no espalhamento combinado geral. Uma combinação das duas técnicas, chamada **espalhamento combinado por inserção diversificada**, parece dar os melhores resultados. Sob esse método, um elemento em colisão é normalmente inserido na lista, logo depois de sua posição de prova, como no método de inserção inicial, a não ser que a lista iniciando nessa posição contenha um elemento do porão. Quando isso ocorrer, o método de inserção diversificada inserirá o valor que colide depois da última posição de porão na cadeia. Entretanto, a sobrecarga adicional da inserção diversificada e da inserção inicial freqüentemente as tornam menos úteis na prática.

ENCADEAMENTO SEPARADO

Tanto o reespalhamento quanto o espalhamento combinado assumem tamanhos fixos de tabela, determinados antecipadamente. Se o número de registros ultrapassar o número de posições da tabela, será impossível inseri-los sem alocar uma tabela maior e recalcular os valores de espalhamento das chaves de todos os registros já inseridos na tabela usando uma nova função de espalhamento. (No espalhamento combinado geral, a antiga tabela pode ser copiada na primeira metade da nova tabela e a parte restante da nova tabela pode ser usada para ampliar o porão a fim de que os itens não precisem ser reespalhados.) Para evitar a possibilidade de ultrapassar o espaço, muitas posições podem ser inicialmente alocadas para uma tabela de espalhamento, resultando em muito espaço desperdiçado.

Outro método de tratar colisões de espalhamento é conhecido como **encadeamento separado** e requer a manutenção de uma lista ligada para cada conjunto de chaves que se espalham em determinado valor. Suponha que a função de espalhamento produza valores entre 0 e *tablesize* - 1. Em seguida, um vetor (*bucket*) de cabeçalho, de tamanho *tablesize*, é declarado. Esse vetor é chamado **tabela de espalhamento**. *bucket[i]* aponta para a lista de todos os registros cujas chaves espalham em *i*. Ao procurar um registro, o cabeçalho de lista *bucket[i]* é acessado e a lista que ele aponta é percorrida. Se o registro não for encontrado, ele será inserido no final da lista. A Figura 7.4.4 ilustra o encadeamento separado. Pressupomos um vetor de dez elementos e a função de espalhamento, *key* % 10. As chaves nessa figura são apresentadas na seqüência:

75 66 42 192 91 40 49 87 67 16 417 130 372 227

Podemos escrever uma função de busca e inserção para o encadeamento separado, usando uma função de espalhamento, *h*, um vetor *bucket*, e nós que contêm três campos: *k* para a chave, *r* para o registro, e *next* como um ponteiro para o próximo nó na lista. *getnode* é usada para alocar um novo nó da lista.

```
search(key, rec)
KEYTYPE key;
RECTYPR rec;
{
     struct nodetype *p, q*, s*;
     i = h(key);
```

```
      q = NULL;
      p = bucket[i];
      while (p != NULL && p->k != key) {
            q = p;
            p = p->next;
      }  /* fim while */
      if (p->k == key)
            return (p);
      /* insere um novo registro */
      s = getnode();
      s->K = key;
      s->r = rec;
      s->next = NULL;
      if (q == NULL)
            bucket[i] = s;
      else
            q->next = s;
      return(s);
}  /* fim search */
```

Observe que as listas podem ser reordenadas dinamicamente para obter uma pesquisa mais eficiente por meio dos métodos da Seção 7.1. O tempo para buscas sem sucesso pode ser reduzido mantendo-se cada uma das listas ordenada por *key*. Assim, somente metade da lista precisa ser percorrida, em média, para determinar se um item está ausente.

 A desvantagem básica do encadeamento é o espaço adicional necessário à tabela de espalhamento e ponteiros. Entretanto, o vetor inicial é, geralmente, menor em esquemas que usam o encadeamento separado do que nos que usam o reespalhamento ou o espalhamento combinado. Isso acontece porque, sob o encadeamento separado, será menos desastroso se o vetor inteiro se tornar cheio; será sempre possível alocar mais nós e torná-los disponíveis nas diversas listas. Evidentemente, se as listas ficarem muito extensas, o propósito inteiro do espalhamento — endereçamento direto e a resultante eficiência da busca — será prejudicado. Uma vantagem do encadeamento separado é que os itens da lista não precisam estar em armazenamento contínuo. Outra vantagem sobre todos os outros métodos de espalhamento é que o encadeamento separado permite o percurso dos itens pela seqüência da chave de espalhamento, embora não pela ordem seqüencial das chaves.

Figura 7.4.4

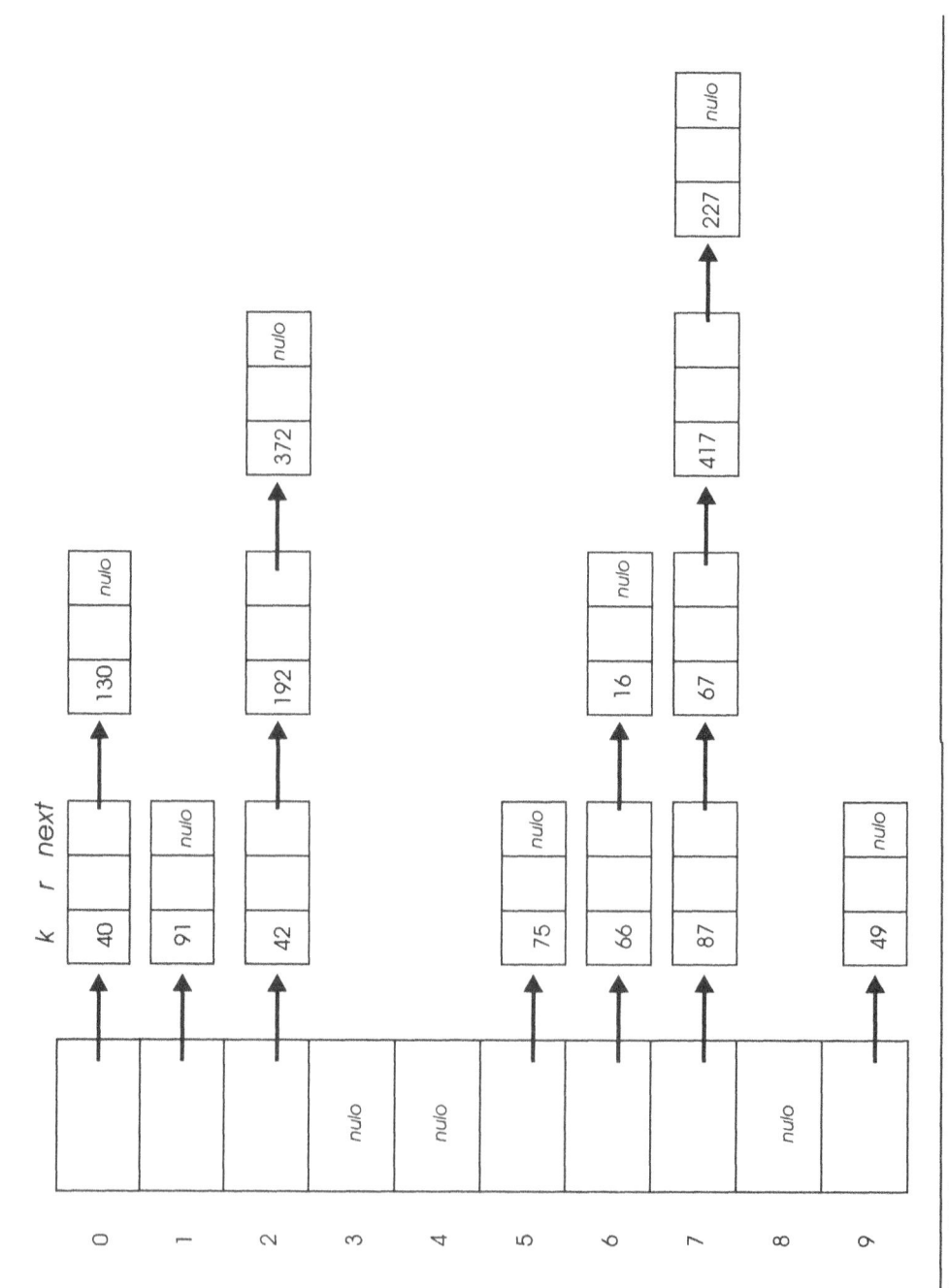

Existe uma técnica que pode ser usada para economizar certo espaço no encadeamento separado. Considere a função de espalhamento $h(key) = key \% tablesize$. Assim, se definirmos $p(key) = key/tablesize$, poderemos armazenar $p(key)$ em vez de key no campo k de cada nó de lista. Ao procurar por key, computaremos $h(key)$. Como key é igual a $p(key) * tableseize + h(key)$, podemos recalcular o valor da chave em cada nó de lista, a partir do valor de $p(key)$, armazenado no campo k. Uma vez que $p(key)$ exige menos espaço que key, economiza-se espaço em cada nó de lista. A técnica pode ser usada para o encadeamento separado, mas não para nenhum dos outros métodos de espalhamento, porque somente no encadeamento separado o valor de $h(key)$ para a chave armazenada em determinada posição sendo verificada é sempre conhecido, com certeza, durante o processo de busca. Entretanto, essa técnica não se presta muito às chaves inteiras, numa linguagem como a C, na qual o tamanho de um inteiro é determinado pela implementação do computador.

Outra decisão relativa à eficiência de espaço que precisa ser tomada é se a tabela de espalhamento deve ser formada simplesmente de cabeçalhos de lista (conforme apresentamos) ou se cada cabeçalho de lista deve conter em si mesmo uma chave e um registro (ou ponteiro de registro). Espaço seria desperdiçado para itens vazios do vetor, recuperado para os utilizados.

O número médio de provas necessário para localizar um item existente sob a técnica do encadeamento separado é aproximadamente $1 + lf/2$. O número médio necessário a uma busca sem sucesso será aproximadamente $exp(-lf) + lf$, se as listas não forem mantidas ordenadas, e aproximadamente $1 + lf/2 - (1 - exp(-lf))/lf + exp(-lf)$, se estiverem ordenadas. Se existirem $tablesize$ chaves e $tablesize$ elementos na tabela de espalhamento (para um fator de carga de 1), isso se traduzirá em 1,5 prova média por busca com sucesso, 1,27 prova para uma busca sem sucesso se forem usadas listas desordenadas, e 1,05 prova para uma busca sem sucesso se forem usadas listas ordenadas. Observe que a média para uma busca sem sucesso é realmente mais baixa do que para uma busca com sucesso porque, quando um elemento do vetor está vazio, uma busca sem sucesso desse elemento requer zero prova enquanto uma busca com sucesso exige pelo menos uma prova. (Isso pressupõe que uma chave não está mantida em cada elemento, uma vez que uma busca sem sucesso de um elemento vazio exigiria, então, uma comparação de chave com *NULLKEY*.)

Uma técnica que pode ser usada para reduzir o número de provas no encadeamento separado é manter os registros que se espalharam no mesmo valor que uma árvore de busca binária emanado da tabela de partição, em vez de uma lista ligada. Entretanto, isso exige a manutenção de dois ponteiros em cada registro. Como as cadeias são, geralmente, pequenas (caso contrário, a tabela inicial precisaria ser maior), o espaço acrescido e a complexidade da programação não parecem estar garantidos.

Embora o número médio de provas para o encadeamento separado pareça ser muito baixo, os números são ilusórios. Isto acontece porque o **fator de carga** é definido como o número de chaves na tabela dividido pelo número de posições na tabela. Entretanto, no encadeamento separado, o número de posições na tabela não é uma medida válida da utilização do espaço, uma vez que as chaves não ficam armazenadas na tabela, mas nos nós das listas. Na verdade, as fórmulas para o tempo de busca continuam válidas mesmo que lf seja maior que 1. Por exemplo, se existirem cinco vezes mais chaves que ponteiros iniciais de lista, $lf = 5$, e o número médio de provas para uma busca com sucesso for $1 + lf/2$ ou 3,5. Sendo assim, o espaço total alocado para a tabela de espalhamento precisaria ser ajustado de modo a incluir os nós das listas. Quando isso for feito, o espalhamento combinado se tornará muito competitivo com o encadeamento separado. Observe também que o reespalhamento com múltiplos preditores apresenta igualmente um desempenho melhor do que o encadeamento separado.

ESPALHAMENTO EM ARMAZENAMENTO EXTERNO

Se uma tabela de espalhamento for mantida em armazenamento externo num disco ou em outro dispositivo de acesso direto, o tempo, em vez do espaço, será o fator crítico. A maioria dos sistemas dispõe de armazenamento externo suficiente para permitir-se ao luxo do espaço alocado sem uso para o crescimento, mas não pode suportar o tempo necessário para executar uma operação de E/S para todo elemento numa lista ligada. Nessa situação, a tabela no armazenamento externo é dividida numa quantidade de blocos chamados **buckets** (partições). Cada bucket consiste em um segmento físico útil de armazenamento externo, como uma página ou uma trilha de disco ou uma fração de trilha. Geralmente, os buckets são contíguos e podem ser acessados pelos deslocamentos de buckets de 0 a *tablesize* - 1, que servem como valores de espalhamento, quase como os índices de um vetor em armazenamento interno.

Como alternativa, um ou mais blocos de armazenamento contíguo podem ser usados como uma tabela de espalhamento contendo ponteiros para os buckets distribuídos não contiguamente. Nessa situação, a tabela de espalhamento muito provavelmente será lida para a memória assim que o arquivo for aberto (ou durante a leitura do primeiro registro) e permanecerá na memória até que o arquivo seja fechado. Quando um registro for solicitado, sua chave será espalhada e a tabela de espalhamento (agora, na memória interna) será usada para localizar o endereço de armazenamento externo do bucket apropriado. Freqüentemente, essa tabela de espalhamento é chamada *índice* (não confunda com o termo "índice" empregado para citar determinada posição na tabela).

Cada bucket da memória externa contém espaço para um número moderado de registros (em situações práticas, de 10 a 100). Um bucket inteiro é lido na memória de imediato e é seqüencialmente pesquisado quanto ao registro apropriado. (Evidentemente, uma busca binária ou outro mecanismo de busca apropriado, baseado na organização interna dos registros dentro do bucket, pode ser usado, mas o número de registros num bucket é, em geral, tão pequeno que não se obtém uma vantagem significativa.)

É necessário ressaltar que, ao lidar com o armazenamento externo, a eficiência computacional de uma função de espalhamento não é tão importante quanto seu sucesso em evitar colisões de chaves. Será mais eficiente investir microssegundos calculando uma função de espalhamento complexa, com a velocidade internas da CPU, do que milissegundos ou mais, acessando buckets adicionais com as velocidades de E/S, quando um bucket encher. Observamos também que, em geral, o espaço de armazenamento externo não é dispendioso. Sendo assim, o número de buckets iniciais contíguos ou o tamanho da tabela de espalhamento deve ser escolhido de modo a ser improvável que qualquer um dos buckets se torne completo, embora isso imponha a alocação de espaço sem uso. Por conseguinte, quando um novo registro precisar ser inserido, geralmente existirá espaço no bucket apropriado, e não será necessária uma dispendiosa E/S adicional.

Se um bucket estiver cheio e um registro precisar ser inserido, poderá ser usada alguma das técnicas de reespalhamento ou de encadeamento já discutidas. Evidentemente, serão necessárias operações adicionais de E/S ao pesquisar registros que não estejam nos buckets diretamente correspondentes ao valor de espalhamento. O tamanho da tabela de espalhamento (que é igual ao número de buckets acessíveis em uma operação de E/S) é crucial. Uma tabela de espalhamento muito grande implica que a maioria dos buckets estará vazia, e muito espaço será desperdiçado. Uma tabela de espalhamento muito pequena implica que os buckets estarão completos, e serão necessárias maiores quantidades de operações de E/S para acessar vários registros. Se um arquivo for muito volátil aumentando e diminuindo rápida e imprevisivelmente, essa técnica simples de espalhamento será ineficiente em termos de espaço ou de tempo. Veremos como lidar com essa situação mais adiante.

A seguinte tabela indica o número previsto de acessos ao armazenamento externo por busca com sucesso, sob o reespalhamento linear, reespalhamento duplo e encadeamento separado, para vários tamanhos de buckets e fatores de carga (o fator de carga é definido como o número de registros no arquivo, dividido pelo produto do número de buckets e o tamanho de bucket).

Tamanho do bucket	Fator de carga	Reespalhamento linear	Espalhamento duplo	Encadeamento separado
1	0,5	1,500	1,386	1,250
	0,8	3,000	2,012	1,400
	0,95	10,5	3,153	1,5
5	0,5	1,031	1,028	1,036
	0,8	1,289	1,184	1,186
	0,95	2,7	1,529	1,3
10	0,5	1,005	1,005	1,007
	0,8	1,110	1,079	1,115
	0,95	1,8	1,292	1,3
50	0,5	1,000	1,000	1,000
	0,8	1,005	1,005	1,015
	0,95	1,1	1,067	1,2

Esta tabela indica que o espalhamento duplo é o método preferido para tamanhos de buckets moderados ou grandes.

Entretanto, ao lidar com armazenamento externo, como um disco, o número de buckets que precisa ser lido a partir do armazenamento externo não representa o único fator determinante da eficiência do acesso. Outro fator importante é a dispersão dos buckets acessados — isto é, a distância dos buckets acessados entre si. Em geral, um fator importante no tempo gasto para ler um bloco a partir de um disco é o **tempo de busca**. Ou seja, o tempo despendido para que a cabeça do disco se movimente até o local dos dados necessários no disco. Se dois buckets acessados, um após o outro, estiverem distantes entre si, será necessário mais tempo do que se estivessem próximo um do outro. Diante desse fato, o reespalhamento linear seria a técnica mais eficiente porque, embora ela possa exigir o acesso a mais buckets, os buckets que ela acessa são contíguos (presumindo-se que $c = 1$, no reespalhamento linear, de modo que, se um registro não estiver num bucket completo, o próximo bucket seqüencial será verificado.) Surpreendentemente, a tabela indica que bem menos buckets são acessados sob o reespalhamento linear do que sob o encadeamento separado para grandes tamanhos de buckets.

Se for usado o encadeamento separado, será preferível reservar uma área sobressalente em cada cilindro do arquivo para que os buckets completos nesse cilindro possam associar-se de modo a ter registros extras no mesmo cilindro, minimizando, assim, o tempo de busca e eliminando essencialmente a penalidade da dispersão. Deve-se ressaltar que essa área não precisa estar organizada em buckets, mas como registros individuais com ligações. Em termos gerais, poucos registros geram essa situação e há somente uma pequena chance de que vários o façam a partir de um único bucket de modo a preencher um bucket completo adicional. Sendo assim, mantendo registros individuais, mais buckets poderão ter o caso tratado no mesmo cilindro. Como existe espaço reservado dentro do arquivo para os registros em excesso, o fator de carga não representa uma imagem verdadeira da utilização do armazenamento para essa versão do encadeamento separado. Sendo assim, o número de acessos no encadeamento separado é maior para determinada quantidade de armazenamento externo do que a imitação dos números da tabela anterior.

Embora o espalhamento duplo exija menos acessos do que o reespalhamento linear, ele dispersa os buckets que precisam ser acessados a um grau que pode superar essa vantagem. Entretanto, nos sistemas em que a dispersão não representa um fator, o espalhamento duplo é preferível. Isso se verifica em sistemas multiusuários modernos e grandes, nos quais vários usuários podem estar solicitando acesso a um disco, simultaneamente, e as solicitações são escalonadas pelo sistema operacional com base no modo pelo qual os dados estão ordenados no disco. Nessas situações, o tempo de espera para acesso ao disco é necessário em qualquer caso, de modo que a dispersão não representa um fator significativo.

A grande desvantagem ao usar o espalhamento para armazenamento de arquivo externo é que o acesso seqüencial (por ordem ascendente de chave) não é possível, uma vez que uma função de espalhamento eficiente dispersa as chaves sem considerar a seqüência. O acesso a registros por ordem seqüencial de chaves é particularmente importante em sistemas de arquivos externos.

O MÉTODO SEPARADOR

Um método para reduzir o tempo de acesso em tabelas de espalhamento externas à custa do aumento do tempo de inserção é atribuído a Gonnet e Larson. Chamaremos essa técnica de **método do separador**. O método usa reespalhamento (quer linear, quer duplo) para tratar colisões, mas utiliza também uma rotina de espalhamento adicional, s, chamada **função de assinatura**. Dada uma chave key, seja $h(key, i)$ o iésimo reespalhamento de key, e $s(key)$ a iésima assinatura de key. Se um registro com chave key estiver armazenado no bucket número $h(key, j)$, a **assinatura atual** do registro e a chave, $sig(key)$, são definidos como $s(key, i)$. Ou seja, se um registro estiver posicionado num bucket correspondente ao jésimo reespalhamento de sua chave, sua assinatura atual será a jésima assinatura de sua chave.

Uma tabela de separadores, sep, é mantida na memória interna. Se b é um número de bucket, $sep(b)$ contém um valor de assinatura maior que a assinatura atual de todo registro em $bucket(b)$. Para acessar o registro com a chave key, espalhe várias vezes key até obter o valor j tal que $sep(h(key, j)) > s(key, j)$. Nesse ponto, se o registro estiver no arquivo, ele deverá estar em $bucket(h(key, j))$. Isso garantirá a possibilidade de acessar qualquer registro no arquivo com um único acesso de memória externa.

Se m for o número de bits permitidos em cada item da tabela de separadores (de modo que ela possa armazenar valores entre 0 e $2^m - 1$), a função de assinatura, s, se restringirá a produzir valores entre e $2^m - 2$. No início, o valor de $sep(b)$ é definido com $2^m - 1$, de maneira que todo registro cuja chave se espalhe em b possa ser inserido imediatamente em $bucket(b)$, independentemente de sua assinatura. Suponha agora que $bucket(b)$ esteja completo e um novo registro a ser inserido se espalhe em b. [Ou seja, $h(key, j)$ é igual a b, e j é o menor inteiro tal que $sep(h(key, j)) > s(key, j)$.] Sendo assim, os registros em b com a maior assinatura atual, lcs, precisam ser removidos de *bucket(b)* para abrir espaço para o novo registro. O novo registro será, então, inserido em *bucket(b)*, e os antigos registros, que tinham assinatura atual *lcs* e foram removidos do *bucket b*, serão reespalhados e realocados em novos buckets (com novas assinaturas atuais, evidentemente). Por conseguinte, *sep(b)* é definido com lcs, uma vez que as atuais assinaturas de todos os registros em *bucket(b)* são menores que *lcs*. As futuras chaves só serão direcionadas para *bucket(b)* se suas assinaturas foram menores que *lcs*. Observe que talvez mais de um registro precise ser removido de um bucket se tiverem valores máximos iguais à assinatura atual. Isso pode deixar um bucket com algum espaço livre depois de uma inserção no bucket completo.

Os registros que saem de um bucket durante um processo de inserção poderão provocar a mesma situação em cascata em outros buckets por ocasião de uma tentativa de realocá-los. Isso significa que uma inserção poderá provocar um número indefinido de leituras e gravações adicionais em dispositivos externos. Na prática, existe um limite para a quantidade dessas relações em cascata, a partir do qual a inserção falhará. Se a inserção realmente falhar, será necessário restaurar o arquivo ao status em que ele se encontrava antes de inserir o novo registro que iniciou o processo todo. Isso é realmente feito retardando a gravação de buckets modificados em armazenamento externo, mantendo as versões modificadas na memória interna até que se possa determinar que a inserção será finalizada com sucesso. Se a inserção for abortada porque o limite da cascata foi atingido, nenhuma gravação será processada, e o arquivo continuará em seu estado inicial.

Com 40 buckets por registro, valores de assinatura de quatro bits e um fator de carga de 90%, uma média de não mais de duas páginas precisará ser modificada por inserção sob esse método. Entretanto, o número de páginas modificadas por inserção cresce rapidamente em função do aumento do fator de carga, de modo que essa técnica não é prática com um fator de carga acima de 95%. Valores maiores de assinatura e tamanhos maiores de buckets permitem que o método seja usado com fatores mais altos de carga.

ESPALHAMENTO DINÂMICO E ESPALHAMENTO EXTENSÍVEL

Uma das deficiências mais séries do espalhamento para armazenamento externo é sua flexibilidade insuficiente. Ao contrário das estruturas de dados internas, os arquivos e bancos de dados são estruturas semipermanentes nem sempre criadas e destruídas durante uma execução de um único programa. Além disso, o conteúdo de uma estrutura de armazenamento externo tende a aumentar e diminuir de maneira imprevisível. Todos os métodos de estruturação de tabelas de espalhamento que examinamos apresentam um considerável compromisso de espaço por tempo. Ou a tabela usa uma grande quantidade de espaço para acesso eficiente, resultando em muito espaço desperdiçado quando a estrutura encolhe, ou ela usa uma pequena quantidade de espaço e acomoda o crescimento com deficiência, aumentando substancialmente o tempo de acesso para elementos em excesso. Gostaríamos de desenvolver um esquema que não utilizasse muito espaço adicional quando um arquivo fosse pequeno, mas permitisse o acesso eficiente quando ele se tornasse maior. Dois esquemas desse tipo são chamados **espalhamento dinâmico**, atribuído a Larson, e **espalhamento extensível**, atribuído a Fagin, Nievergelt, Pippenger e Strong.

O conceito básico sob esses dois métodos é idêntico. No início, m buckets e uma tabela de espalhamento (ou índice) de tamanho m são alocados. Suponha que m seja igual a 2^b, e uma função de espalhamento h que produza valores de espalhamento com tamanho $w > b$. Considere $hb(key)$ o inteiro entre 0 e m, representado pelos b primeiros bits de $h(key)$. Por conseguinte, no início, hb é usada como função de espalhamento, e os registros são inseridos nos m buckets, como acontece no espalhamento normal de armazenamento externo.

Quando um bucket enche, ele é dividido em dois e seus registros são atribuídos a dois novos buckets, com base nos $(b + 1)$ ésimos bits de $h(key)$. Se o bit for 0, o registro será atribuído ao primeiro bucket novo (ou o da esquerda); se for 1, o registro será atribuído ao segundo bucket (ou o da direita). (Evidentemente, o bucket original pode ser reutilizado como um dos dos novos buckets.) Agora, todos os registros em cada um dos dois novos buckets têm os mesmos $b + 1$ primeiros bits em suas chaves de espalhamento, $h(key)$. De modo semelhante, quando um bucket representando i bits ficar completo (onde $b <= i <= w$), o bucket é dividido e o bit $(i + 1)$ de $h(key)$ para cada registro no bucket é usado para posicionar o registro no novo bucket da esquerda ou da direita. Por conseguinte, os dois novos buckets representam $i + 1$ bits da chave de espalhamento. Chamamos o bucket cujas chaves têm 0 em seu bit $(i + 1)$ de **bucket-0** e o outro bucket de **bucket-1**.

O espalhamento dinâmico e o extensível diferem no modo como o índice é modificado quando um bucket se divide. No espalhamento dinâmico, cada uma das m entradas do índice original representa a raiz de uma árvore binária cujas folhas contêm um ponteiro para o bucket. No início, cada árvore consiste em apenas um nó (nó de folha) que aponta para um dos m buckets inicialmente alocados. Quando um bucket se divide, são criados dois novos nós de folha para apontar para os dois novos buckets. A folha anterior, que apontava para o bucket sendo dividido, é transformada num nó não-folha cujo filho esquerdo é a folha apontando para o bucket-0 e o filho direito é a folha apontando para o bucket-1. O espalhamento dinâmico com $b = 2$ ($m = 4$) aparece ilustrado na Figura 7.4.5.

Para localizar um registro sob o espalhamento dinâmico, calcule $h(key)$ e use os primeiros b bits para localizar um nó-raiz no índice original. Em seguida, use cada bit sucessivo de $h(key)$ para descer na árvore, indo para a esquerda se o bit for 0, e para a direita se o bit for 1, até encontrar uma folha. Depois, use o ponteiro na folha para localizar o bucket que contém o registro desejado se ele existir.

No espalhamento extensível, cada bucket contém uma indicação do número de bits de $h(key)$ que determinar quais registros estão no bucket. Este número é chamado ***profundidade do bucket***. No início, esse número é b para todas as entradas do bucket e aumenta em 1 toda vez que um bucket se divide. Associada ao índice está a ***profundidade do índice***, d, que representa o máximo de todas as profundidades de bucket. O tamanho do índice é sempre 2^d (inicialmente, 2^b).

Suponha que um bucket de profundidade i seja dividido. Sejam $a1$, $a2,..., ai$ (onde cada aj é 0 ou 1) os primeiros i bits de $h(key)$ para os registros no bucket sendo divididos. Existem dois casos a considerar: $i < d$ e $i = d$. Se $i < d$ (de modo que a profundidade do bucket aumente até $i + 1$, mas a profundidade do índice permanece em d), todas as posições de índice com valores de bits $a1, a2,..., ai00 ... 0$ (até um tamanho igual a d em bits) até $a1, a2, ..., ai01 ... 1$ do índice (isto é, todas as posições começando com $a1$, ..., $ai0$) serão redefinidas de modo a apontar para o bucket-0, e as posições de índice com valores de bits $a1, a2, ..., ai10 ... 0$ até $a1, a2, ...,ai11, ..., 1$ (isto é, todas as posições começando com $a1 ... ai1$) serão redefinidas de modo a apontar para o bucket-1. Se $i = d$ (de modo que a profundidade do bucket e a do índice estejam ambas aumentando até $d + 1$), o índice dobrará de tamanho, passando de $2d$ para 2^{d+1}; o antigo conteúdo de todas as posições de índice, $x1 ... xd$ será copiado para as novas posições $x1 ...xd0 ... xd1$; o conteúdo da posição de índice $a1 ... ad0$ será definido de modo a apontar para o novo bucket-0, e o conteúdo da posição de índice $a1 ... ad1$, de modo a apontar para o novo bucket-1. O espalhamento extensível é ilustrado pela Figura 7.4.6. A Figura 7.4.6a ilustra uma configuração com profundidade de índice 4; a Figura 7.4.6b ilustra um excesso de chaves que não aumenta a profundidade do índice e a Figura 7.4.6c ilustra um excesso de chaves que aumenta essa profundidade.

Para localizar um registro sob o espalhamento extensível, compute $h(key)$ e use os primeiros d bits (onde d é a profundidade do índice) para obter uma posição no índice. O conteúdo dessa posição aponta para o bucket contendo o registro desejado, se esse registro existir.

No espalhamento dinâmico e extensível, se o índice inteiro for mantido em armazenamento interno, só será necessária uma operação de E/S para localizar um registro, independentemente do crescimento do arquivo. Quando um arquivo diminuir, os buckets poderão ser combinados e liberados, e o tamanho do índice poderá ser reduzido. Sendo assim, esses métodos atingem duas metas simultaneamente: utilização de espaço e acesso eficiente. Ambos os esquemas permitem também o percurso seqüencial efetivo dos registros pela ordem das chaves de espalhamento.

Entretanto, nenhum dos métodos permite o percurso por seqüência de chaves, e isso com freqüência impede o uso prático das técnicas para a implementação de arquivos. Obviamente, poder-se-ia usar a própria chave como um valor de espalhamento ou outra função preservadora da ordem, mas tais funções em geral não são uniformes. A falta de uniformidade não representa um obstáculo tão relevante nesses dois métodos como o seria nos métodos de espalhamento estático, porque pode ser usado qualquer número de bits. Quanto mais bits forem usados, menor a profundidade de colisão de duas chaves. Embora um número muito grande de bits possa resultar num índice muito grande para o uso prático, o espalhamento dinâmico, que não utiliza um índice tão grande como o espalhamento extensível, na realidade, pode ser prática com uma função de espalhamento não-uniforme.

É possível também uma variação simples do espalhamento extensível, na qual os últimos bits da chave de espalhamento, em vez dos primeiros, são usados para localizar um bucket. Essa variação simplifica a duplicação do índice, uma vez que permite tão-somente copiar a primeira metade do novo índice para a segunda e modificar apenas as duas entradas apontando para os dois novos buckets. Entretanto, esse esquema não permitiria o percurso até mesmo pela seqüência das chaves de espalhamento.

(a) Configuração de um espalhamento dinâmico

(b) O bucket 3 é dividido

(c) O bucket 5 é dividido

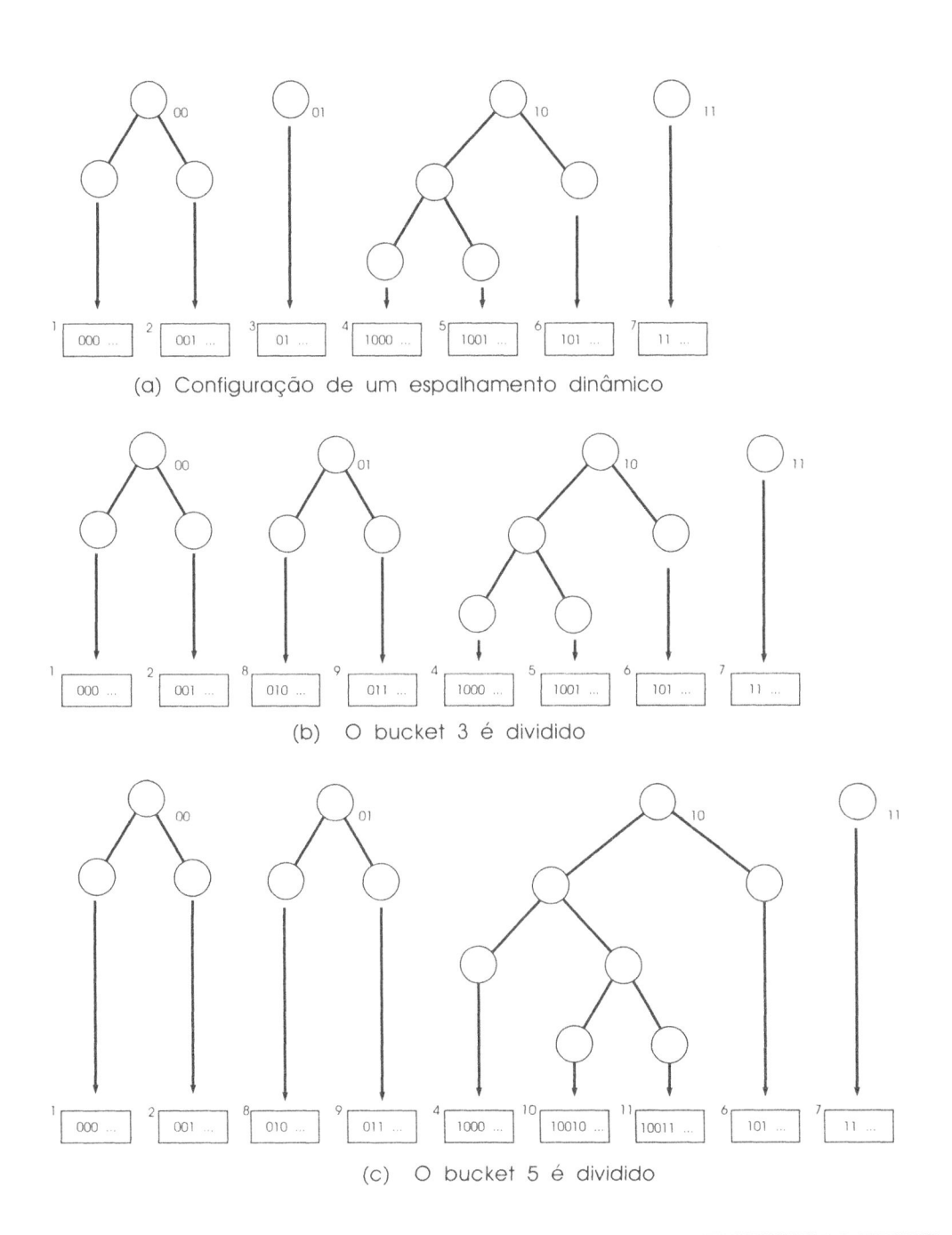

Figura 7.4.5 Espalhamento dinâmico com b = 2.

Profundidade = 4

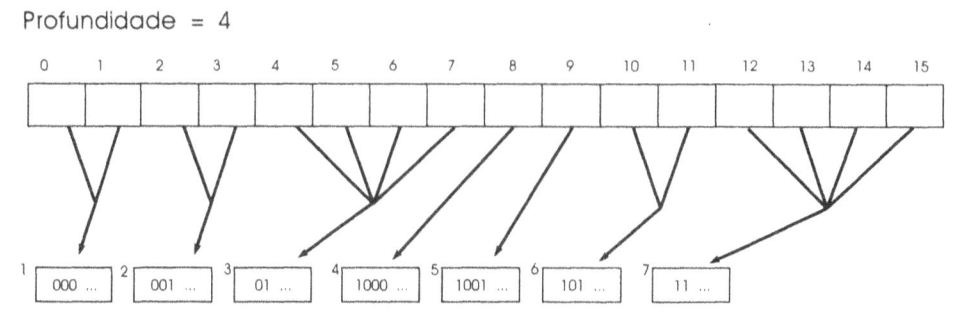

(a) Configuração de um espaçamento extensível.

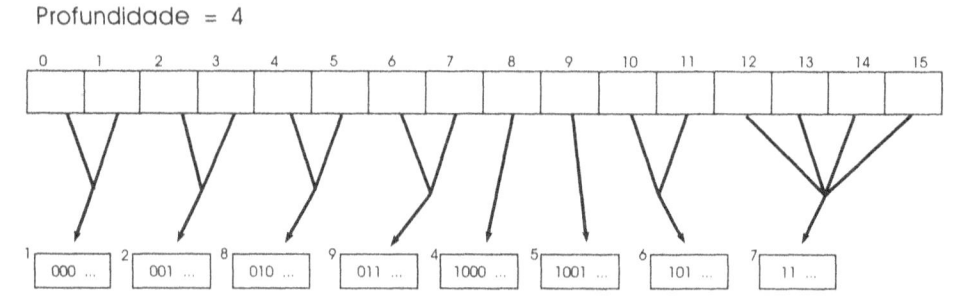

Profundidade = 4

(b) O bucket 3 recebe mais chaves que sua capacidade.

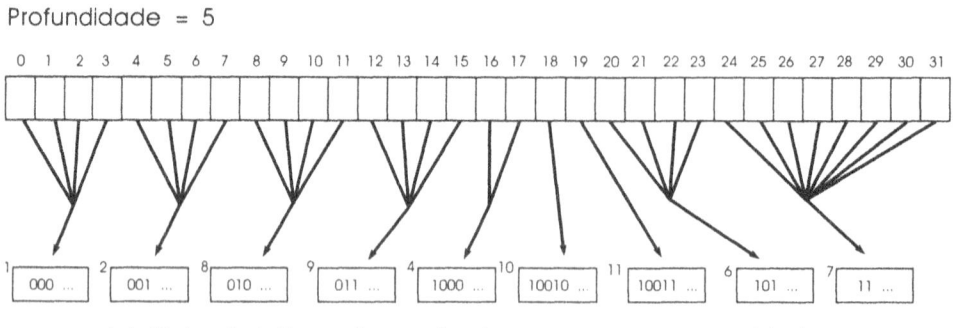

Profundidade = 5

(c) O bucket 5 recebe mais chaves que sua capacidade.

Figura 7.4.6 Espalhamento extensível.

Uma sugestão para uma técnica de espalhamento usando esses dois métodos seria utilizar um gerador de números aleatórios para produzir uma seqüência arbitrária extensa de 0s e 1s, conforme a necessidade, com a chave ou alguma função derivada a partir dela, como semente. Toda vez seria produzida a mesma seqüência para a mesma chave, mas não há limite para a extensibilidade. Isso tem a vantagem de permitir que o arquivo cresça arbitrariamente e, no caso do espalhamento dinâmico, de garantir árvores balanceadas.

Ao comparar o espalhamento dinâmico com o extensível, observamos que o espalhamento extensível é mais eficiente em termos de tempo, uma vez que o caminho em uma árvore não precisa ser percorrido como acontece no espalhamento dinâmico. Entretanto, se o índice inteiro for mantido na memória, o tempo despendido no percurso do caminho na árvore não envolverá nenhuma das operações de E/S. Por conseguinte, é provável que o tempo de percurso não seja tão importante se comparado ao tempo de acesso ao bucket. O número máximo de nós de árvore necessários ao espalhamento dinâmico é $2n - 1$, supondo n buckets, enquanto talvez sejam necessários até 2^{n-1} elementos no índice do extensível. Entretanto, em geral, será necessário menos que o dobro da quantidade de elementos no índice do espalhamento extensível do que nós de árvore no espalhamento dinâmico, e os nós de árvore exigem dois campos ponteiros comparados a um para cada elemento do índice no espalhamento extensível. Sendo assim, os dois métodos são comparáveis na utilização média do espaço interno.

É possível também comprimir índices muito grandes do espalhamento extensível mantendo-se somente uma cópia de cada ponteiro de bucket e indicadores do tipo de/para. Outro aspecto a observar é que o espalhamento extensível, independentemente do valor de m, usa o mesmo número inicial de elementos no índice, enquanto o espalhamento dinâmico exigirá caminhos de árvore mais compridos se m for menor. Na realidade, não há razão para não inicializar m com 0 (isto é, $b = 0$) com um único bucket vazio no espalhamento extensível, a não ser a contigüidade dos buckets no armazenamento externo.

A utilização do armazenamento externo dos espalhamentos dinâmico e balanceado é aproximadamente 69% em média, idêntica à alcançada com as árvores-B. Entretanto, a utilização do armazenamento dos métodos de espalhamento oscila muito mais e persiste mais tempo do que para as árvores-B, de modo que existe um período de baixa utilização (cerca de 50%) depois que os buckets se dividem até começarem a ser preenchidos. Esse período é seguido por outro de alta utilização (atingindo a 90-100%), à medida que os novos registros são uniformemente distribuídos nos buckets e todos eles se tornam cheios quase ao mesmo tempo. Finalmente, um pequeno período de divisão intensiva é observado, após o qual a utilização fica novamente baixa.

A razão para essa oscilação é que se espera que a função de espalhamento seja uniforme, de modo que todos os buckets sejam preenchidos praticamente ao mesmo tempo. Seria preferível minimizar esta oscilação introduzindo de propósito certa "não-uniformidade" na função de espalhamento. Entretanto, se isto for feito no espalhamento extensível, a não-uniformidade poderia provocar índices extremamente grandes. Esse problema pode ser solucionado mantendo-se um versão comprimida do índice, conforme mencionado.

Para atingir uma utilização de armazenamento acima de 69%, é possível utilizar buckets sobressalentes. Quando um bucket ficar completo e um registro adicional precisar ser inserido, um bucket sobressalente será alocado e associado ao bucket completo. Quando o bucket sobressalente ficar completo também, o conteúdo de ambos os buckets será redistribuído em dois buckets normais, com o bucket sobressalente associado ao novo bucket com mais da metade dos registros. Isso resulta em mais de dois buckets completos de dados distribuídos em três buckets (dois regulares, um sobressalente), dando uma utilização mínima de 67%, em vez de 50%, assim que os buckets iniciais forem preenchidos. Evidentemente, é possível também usar buckets sobressalentes menores que os buckets regulares (em cujo caso nem toda divisão resultará em um bucket sobressalente permanecendo alocado), além de permitir que um bucket sobressalente contenha registros que correspondam a mais de um bucket. Entretanto, esta última técnica complica o percurso por seqüência de chave de espalhamento. Outro método para aumentar a utilização do espaço seria permitir os registros extras fossem posicionados no irmão de um bucket completo (sob o espalhamento extensível, o irmão de um bucket-0; e seu bucket-1 correspondente, e vice-versa). Esse método complica também o percurso por seqüência de chave de espalhamento. Os dois usos de buckets extras e o do irmão de um bucket para registros extras aumentam o número médio de acessos necessário para uma busca. Entretanto, se os buckets irmãos forem mantidos contiguamente, talvez essa penalidade não seja grande.

ESPALHAMENTO LINEAR

Uma deficiência dos espalhamentos dinâmico e extensível é a necessidade de um índice. Embora o índice possa ser mantido no armazenamento interno assim que o arquivo for aberto, nem sempre isso será possível se o índice se tornar muito grande. Além disso, o índice requer armazenamento externo quando o arquivo não está em uso. Adicionalmente, talvez a cópia externa do índice precise ser sempre atualizada para se proteger contra a falta de energia ou outro tipo de interrupção que impeça a regravação do índice quando o arquivo for fechado.

Outra técnica, o *espalhamento linear* (não confundir com reespalhamento linear) proposta por Litwin e modificada por Larson, permite que uma tabela de espalhamento seja expandida e reduzida dinamicamente, sem exigir um índice. Entretanto, a técnica básica requer o uso de buckets extras, ao contrário dos espalhamentos dinâmico e extensível. A versão que apresentaremos é chamada *espalhamento linear com duas expansões parciais*, ou *LH2P*.

Sob a LH2P, o arquivo inicial consiste em m buckets, onde m é par, numerados de 0 a $m - 1$. O arquivo é considerado dividido em ng grupos de buckets, numerados de 0 a $ng - 1$. Inicialmente, existem $m/2$ grupos de buckets ($ng = m/2$), cada um consistindo em dois buckets. No início, o grupo i consiste nos buckets j e $i + ng$. Por exemplo, se m for igual a 6, o arquivo conterá inicialmente seis buckets, numerados de 0 a 5. Existem três grupos: o grupo 0 contém os buckets 0 e 3; o grupo 1, os buckets 1 e 4; e o grupo 2, os buckets 2 e 5.

O arquivo cresce de duas maneiras: crescimento por excesso ou crescimento regular. Ao contrário das árvores-B, do espalhamento dinâmico ou do espalhamento extensível, um bucket não é dividido quando completo. Em vez disso, é usado um mecanismo para conter os registros em excesso de determinado bucket. Esse mecanismo pode utilizar qualquer uma das técnicas discutidas anteriormente.

O crescimento regular ocorre expandindo-se o tamanho do arquivo de um bucket por vez. A expansão do arquivo de um bucket é chamada *expansão simples*. Uma expansão simples ocorre sempre que o fator de carga (definido como o número total de registros no arquivo, dividido pelo número de registros que se acomodam em buckets regulares, não sobressalentes) ultrapassa uma porcentagem limite. Quando acontecer uma expansão simples, o número de buckets regulares no arquivo, *nb*, aumentará de 1. A qualquer momento, o arquivo consistirá nos buckets 0 até *nb* - 1 mais quaisquer buckets ou registros extras. No início, *nb* será igual a *m*.

O crescimento regular sob a LH2P ocorre numa seqüência de expansões simples, agrupadas em ***expansões parciais*** e ***expansões plenas***. Cada expansão plena dobra o número de buckets regulares no arquivo e consiste em duas expansões parciais. A primeira expansão parcial aumenta o número de buckets regulares em 50% e a segunda aumenta o número na mesma porcentagem. Sendo assim, depois da primeira expansão parcial, *nb* é igual a 3 * *m*/2; depois da primeira expansão plena, *nb* é igual a 2 * *m*; e depois da segunda expansão plena, *nb* é igual a 4 * *m*.

Cada expansão simples aumenta o tamanho de determinado grupo de buckets por um bucket. A variável *nextgroup* armazena sempre o número do próximo grupo a ser expandido (inicialmente, *nextgroup* é 0). Durante a primeira expansão parcial, os grupos de dois buckets são expandidos para três buckets, movendo alguns registros dos buckets *nextgroup* e *nextgroup* + *ng* (e alguns de seus registros extras associados) para o bucket *nextgroup* + 2 * *ng*. (Discutiremos mais adiante exatamente quais registros serão movidos para o novo bucket e os que permanecerão no lugar.) Observe que os buckets são numerados de 0 a *nb* - 1, de modo que *nb* é sempre o número do próximo bucket incluído no arquivo. Durante a primeira expansão parcial, *nb* é sempre igual a *nextgroup* + 2 * *ng*. (No início, *nextgroup* = 0 e *ng* = *m*/2, de modo que *nb* = *m*.) Depois que um grupo for expandido, *nextgroup* e *nb* serão ambos aumentados por 1, e o próximo grupo estará preparado para a expansão.

Depois da primeira expansão parcial, todos os *ng* grupos estarão expandidos e *nextgroup* será redefinida com 0. Agora, cada grupo contém três buckets regulares em vez de dois, e o tamanho do arquivo (em número de buckets) aumentou em 50%.

Durante a segunda expansão, *nb* é sempre igual a *nextgroup* + 3 * *ng*. (No início de uma segunda expansão parcial, *nextgroup* é 0 e *nb* é igual a 3 * *ng*.) Grupos de três buckets serão expandidos para quatro, movendo alguns registros dos buckets *nextgroup*, *nextgroup* + *ng* e *nextgroup* + 2 * *ng* (e alguns de seus registros extras associados) para o bucket *nextgroup* + 3 * *ng* (que é igual a *nb* durante a segunda expansão parcial). Quaisquer registros extras não-movidos para o bucket *nb* durante uma expansão voltarão ao seu bucket original se houver espaço.

Após a segunda expansão parcial, o tamanho do arquivo terá dobrado e uma expansão plena terá ocorrido. Na preparação para a próxima expansão plena, o número de grupo (ng) é dobrado e o tamanho de cada grupo é dividido ao meio, de quatro para dois. Ou seja, o grupo i, que consiste nos buckets j, $i + j$, $i + 2 * j$ e $i + 3 * j$ (onde j é o antigo valor de ng), é visualizado agora como dois grupos separados: grupo i consistindo nos buckets i e $i +2 * j$, e grupo $i + j$ consistindo nos buckets $i + j$ e $i + 3 * j$. Começará, então, a primeira expansão parcial da expansão plena seguinte.

Observe que o grupo expandido é sempre o próximo grupo seqüencial e independe da ocorrência ou não de excesso de chaves nesse grupo. O excesso de chaves é manipulado por um mecanismo separado da expansão.

Uma questão importante é como uma função de espalhamento é usada para acessar diretamente um registro. Quando o arquivo contém nb buckets, a função de espalhamento precisa produzir um valor entre 0 e nb - 1, mas, quando o tamanho do arquivo é aumentado por um bucket, ela precisa produzir um valor entre 0 e nb. Além disso, um registro movido do bucket i para o bucket j precisa ter-se espalhado anteriormente em i e, a partir daí, em j. A função de espalhamento deve ser também usada para determinar se um registro precisa ou não ser movido durante uma expansão. O seguinte método permite o acesso direto ao bucket de um registro. Embora esse método envolva várias operações da CPU, ele só exigirá uma operação de E/S para obter o bucket apropriado a partir de um registro normal.

Uma função $h1(key)$ que produz valores na faixa de 0 a m - 1 é usada, inicialmente, como uma função de espalhamento direta, antes da ocorrência de quaisquer expansões. O valor $h1(key)$ é chamado **espalhamento inicial** de key. Pressupomos também uma função $h2(key, i)$ para $i > 0$, que produz uniformemente valores na faixa 1 a 4. O valor de $h2(key, i)$ determina se o registro com chave key será deslocado durante a $i$ésima expansão plena e, em caso positivo, se ele será movido para o primeiro ou segundo bucket de expansão de seu grupo. Se $h2(key, i)$ for 1 ou 2, o registro não será movido durante a $i$ésima expansão plena; se $h2(key, i)$ for 3, ele será movido para o primeiro bucket de expansão de seu grupo, na $i$ésima expansão plena; se $h2(key, i)$ for 4, ele será movido para o segundo bucket de expansão. Sendo assim, um registro aleatório terá 50% de chance de ser movido durante uma expansão plena e 25% de chance de ser movido para um dos dois buckets de expansão.

Durante a primeira expansão parcial da *i*ésima expansão plena, o algoritmo de espalhamento examinará os valores h2(*key, i*), h2(*key, i* + 1), h2(*key, i* + 2) e assim por diante, procurando o primeiro valor menor que 4. Se este valor for 1 ou 2, o registro não será movido; se for 3, ele será movido para o único bucket de expansão. Ele permanecerá nessa posição depois da segunda expansão parcial se h(*key, i*) for 3; ele será movido para o bucket da segunda expansão parcial pela segunda expansão parcial se h2(*key, i*) for 4. Sendo assim, um registro aleatório terá um terço de chance de ser movido para o terceiro bucket de um grupo numa primeira expansão parcial e um quarto de chance de ser movido para o quarto bucket numa segunda expansão parcial. Isso garantirá que os registros sejam distribuídos de maneira uniforme pelo arquivo.

Defina o **nível** de um arquivo da LH2P como o número de expansões plenas ocorridas e considere a variável *level* como contendo o nível do arquivo. Se *pe* for o número da expansão parcial atual (ou 1 ou 2), *pe* + 1 será o número de buckets num grupo ainda não-expandido na atual expansão parcial, e *pe* + 2 será o número de buckets num grupo expandido. A todo momento.

$ng = m * 2^{level-1}$

e

$nb = nextgroup + (pe + 1) * ng;$

Sendo assim, os valores *m*, *level*, *nextgroup* e *pe* definem o estado de um arquivo de LH2P e precisam ser mantidos com o arquivo o tempo todo.

Para achar o endereço de um registro, é necessário seguir suas relocações através das *level* expansões plenas, das *pe* - 1 expansões parciais finalizadas e das *nextgroup* expansões simples finalizadas da atual expansão parcial. O espalhamento de uma chave, h(*key*), é, portanto, computado pelo seguinte algoritmo:

```
h = h1(key);              /* espalhamento inicial */
numgroups = m/2;          /* numero inicial de grupos */
for (i = 1; i < level; i++)   {
    /* rastreia o movimento do registro */
    /* através de level expansões plenas
    bucketnum = h2(key, i);
    if (bucketnum > 2) {
        /* o registro foi movido na iésima expansao plena */
        groupnum = h % numgroups;
        h = groupnum + (bucketnum - 1) * numgroups;
    } /* fim if */
    numgroups = 2 * numgroups;   /* numero de grupos apos */
```

```
                                       /* i expansões plenas */
}   /* fim for */
/* Neste ponto h guarda o espalhamento da chave depois de */
/* level expansões plenas e nenhuma expansao parcial. */
/* Agora, calcule a posicao atual do registro depois de */
/* possivel movimentacao na atual expansao plena. */
groupnum = h % numgroups;             /* numero atual do grupo */
i = level + 1;
bucketnum = h2(key, i);               /* num ocasional do bucket*/
                                      /* no fim da expansao */
                                      /*     plena atual     */
/* compute o tamanho do grupo atual  */
/* pe armazena o numero da           */
/*         expansao parcial atual    */
if (groupnum < nextgroup)
     groupsize = pe + 2;
     else
     groupsize = pe + 1;
/* se o numero ocasional do bucket for maior que o */
/* tamanho do grupo atual, continue o espalhamento */
/* ate que o numero do bucket atual seja encontrado */
while (bucketnum > groupsize)   {
     i++;
     bucketnum = h2(key, i);'
} /* fim while */
if (bucketnum > 2)
/* o registro jah foi movido */
/* na expansao plena atual    */
h = groupnum + (bucketnum - 1) * numgroups;
```

O seguinte exemplo ilustra a LH2P. Considere um arquivo de LH2P que contenha inicialmente seis buckets, de 0 a 5, consistindo em três grupos: (0, 3), (1, 4) e (2, 5). Nesse caso, m é 6 e nb é, inicialmente, 6. Considere os registros $r0$ e $r5$, com chaves $k0$ a $k5$, que espalham inicialmente em 0 a 5, respectivamente (isto é, $h1(ki) = i$). Sendo assim, $r0$ a $r5$ serão colocados nos buckets 0 a 5 no início.

Suponha os seguintes valores como os de $h2(key,i)$ para key igual a $k0$ a $k5$, e i de 1 a 4:

Chave	h2(key,1)	h2(key, 2)	h2(key, 3)	h2(key, 4)
k0	1	4	2	3
k1	4	2	1	2
k2	3	1	2	1
k3	4	4	3	1
k4	1	2	1	2
k5	2	4	4	3

A seguinte tabela ilustra a reordenação dos registros durante a expansão desse arquivo da LH2P. Cada expansão simples é especificada na primeira coluna por um status triplo consistindo no número de expansões plenas ocorridas (*level*), no número de expansões parciais atual (*pe*) e no número do grupo atualmente em expansão (*nextgroup*). No início, existem três grupos ($ng = 3$), seis buckets ($nb = 6$) e dois buckets por grupo. A segunda coluna apresenta entre parênteses os buckets existentes no grupo atual, seguidos pelo bucket sendo incluído no grupo na etapa atual de expansão. Usamos a notação *bi* para indicar o bucket i. Abaixo dos buckets do grupo em cada entrada da segunda coluna encontram-se os registros contidos nesse grupo. A terceira coluna indica os resultados da expansão simples. Evidentemente, para que as expansões ocorram, precisam ser incluídos registros adicionais a fim de que o fator de carga ultrapasse o limite. Entretanto, não ilustramos esses registros aqui, mas somente como os registros existentes se movem para os buckets de expansão.

Status	Grupo e registros	Resultado da expansão
(0, 1, 0)	(b0, b3); b6 (r0, r3)	h2(k0, 1) = 1, portanto r0 continua em b0. h2(k3, 1) = 4; h2(r3, 2) = 4; h2(k3, 3) = 3, portanto r3 passa *para* b6
(0, 1, 1)	(b1, b4); b7 (r1, r4)	h2(k1, 1) = 4; h2 (k1,2) = 2, portanto r1 permanece em b1. h2(k4, 1) = 1, portanto r4 continua em b4.
(0, 1, 2)	(b2, b5); b8 (r2, r5)	h2(k2, 1) = 3, portanto r2 passa para b8. h2(k5, 1) = 2, portanto r5 continua em b5.

Isso encerra a primeira expansão parcial. Existem ainda três grupos, mas cada um contém agora três buckets, de modo que $nb = 9$. Começa então a segunda expansão parcial:

Status	Grupo e registros	Resultado da expansão
(0, 1, 0)	($b0$, $b3$, $b6$); $b9$ ($r0$), $r3$	$h2(k0, 1) = 1$, portanto $r0$ continua em $b0$. $h2(k3, 1) = 4$, portanto $r3$ passa para $b9$.
(0, 1, 1)	($b1$, $b4$, $b7$); b 10 ($r1$, $r4$)	$h2(k1, 1) = 4$, portanto $r1$ passa para $b10$. $h2(k4,1) = 1$, portanto $r4$ continua em $b4$.
(0, 1, 2)	($b2$, $b5$, $b8$); $b11$ ($r2$, $r5$)	$h2(k2,1) = 3$, portanto $r2$ continua em $b8$. $h2(k5,1) = 1$, portanto $r2$ continua em $b5$.

Isso termina a primeira expansão plena. Existem agora três grupos, e cada um contém quatro buckets, de modo que $nb = 12$. Para iniciar a segunda expansão plena, o número de grupos é dobrado ($ng = 6$), e o número de buckets em cada grupo é redefinido com 2. Procedemos, então, à segunda expansão plena:

Status	Grupo e registros	Resultado da expansão
(1, 1, 0)	($b0$, $b6$); $b12$ ($r0$)	$h2(k0,2) = 4$; $h2(k0,3) = 2$, portanto $r0$ permanece em $b0$.
(1, 1, 1)	($b1$,$b7$); $b13$	Nenhum registro neste grupo.
(1, 1, 2)	($b2$,$b8$); $b14$ ($r2$)	$h2(k2,2) = 1$, portanto $r2$ continua em $b8$.
(1, 1, 3)	($b3$,$b9$); $b15$ ($r3$)	$h2(k3,2) = 4$; $h2(k3,3) = 3$, portanto $r3$ passa para $b15$.
(1, 1, 4)	($b4$,$b10$); $b16$ ($r1$,$r4$)	$h2(k1,2) = 2$, portanto $r1$ continua em $b10$. $h2(k4,2) = 2$, portanto $r4$ continua em $b4$.
(1, 1, 5)	($b5$, $b11$); $b17$ ($r5$)	$h2(k5,2) = 4$; $h2(k5,3) = 4$; $h2(k5,4) = 3$, portanto $r5$ passa para $b17$.

Isso termina a primeira expansão parcial.

Status	Grupo e registros	Resultado da expansão
(1, 2, 0)	(b0,b6,b12); b18 (r0)	$h2(k0,2) = 4$, portanto $r0$ passa para $b18$.
(1, 2, 1)	(b1,b7,b13);b19	Nenhum registro neste grupo.
(1, 2, 2)	(b2, b8, b14);b20 (r2)	$h2(k2,2) = 1$, portanto $r1$ continua em $b8$.
(1, 2. 3)	(b3,b9,b15);b21 (r3)	$h2(k3,2) = 4$, portanto $r3$ passa para $b21$.
(1, 2, 4)	(b4, b10,b16);b22 (b1, b4)	$h2(k1,2) = 2$, portanto $r1$ continua em $b10$. $h2(k4,2) = 2$, portanto $r4$ continua em $b4$.
(1, 2, 5)	(b5,b11,b17);b23 (r5)	$h2(k5,2) = 4$, portanto $r5$ passa para $b23$.

Isto termina a segunda expansão plena.

As técnicas de LH2P podem ser generalizadas de modo a permitir n expansões parciais em cada expansão plena. Tal esquema é chamado de LHnP. Cada expansão parcial aumenta o tamanho do arquivo em uma fração de $1/n$. Embora os valores mais altos de n reduzam o número médio de registros em excesso (uma vez que os registros espalhando em determinado bucket são redistribuídos mais freqüentemente) e, portanto, o número de acessos para a busca e inserção, uma quantidade maior de expansões parciais exige alocações mais freqüentes de armazenamento e cálculos de valores de espalhamento mais complexos. Sendo assim, os custos práticos da inserção e os custos da expansão são mais altos. O valor $n = 2$, conduzindo ao esquema LH2P, é um compromisso prático.

O excesso de chaves pode ser manipulado por uma variedade de métodos sob o espalhamento linear. O uso de buckets em excesso é a técnica mais simples, mas talvez exija buckets de tamanho variável para obter eficiência. Tal variação complicaria o gerenciamento do armazenamento. Ramamohanarao e Sacks-Davis sugerem o espalhamento linear recursivo, no qual os registros que não cabem na região principal são colocados num segundo arquivo de espalhamento linear; os registros que cabem nessa área são colocados num terceiro, e assim por diante. Raramente serão necessárias mais de três regiões.

Existem várias técnicas que eliminam a necessidade de regiões adicionais dedicadas e separadas. Mullin sugere o uso do encadeamento dentro do arquivo de espalhamento linear, no qual o grupo mais recentemente expandido é usado para conter os registros adicionais (porque, muito provavelmente, esse grupo terá espaços vazios). Larson sugere que todo *k*ésimo bucket na região primária seja reservado para os registros em excesso, com a função de espalhamento adequadamente modificada de modo a evitar esses buckets.

Larson sugere também a possibilidade de usar o reespalhamento linear para localizar registros em excesso. Quando for usado o reespalhamento linear, será mais eficiente implementar cada expansão parcial em várias rodadas de incremento $s > 1$, e retroceder entre os grupos $ng - 1$, $ng - 1 - s$, $ng - 1 - 2 * s$, e assim por diante; o segundo passo expandiria os grupos $ng - 2$, $ng - 2 - s$, $ng - 2 - 2 * s$, e assim por diante. O espalhamento linear pode ser também combinado com o método de separadores de Gonnet e Larson de modo a permitir a recuperação em um só acesso e a eliminar a sobrecarga do tratamento do excesso de chaves.

SELECIONANDO UMA FUNÇÃO DE ESPALHAMENTO

Concentremo-nos agora na escolha de uma função de espalhamento eficiente. Evidentemente, a função deve produzir o mínimo de colisões de espalhamento possível, ou seja, ela deverá distribuir as chaves de maneira uniforme pelos possíveis índices de vetor. Obviamente, a não ser que as chaves sejam conhecidas antecipadamente, não se poderá determinar se uma função de espalhamento específica as dispersa de modo correto. Entretanto, embora raramente as chaves sejam conhecidas antes da seleção de uma função de espalhamento, é comum conhecer algumas propriedades das chaves que afetam sua dispersão.

Em geral, uma função de espalhamento deve depender de cada bit da chave, de modo que duas chaves que diferem em apenas um bit ou um grupo de bits (independentemente do fato de o grupo estar no início, no final ou no meio da chave ou espalhado pela chave) resultem em valores diferentes. Sendo assim, uma função de espalhamento que extraia simplesmente uma parte de uma chave não será adequada. De modo semelhante, se duas chaves representarem apenas permutações de dígitos ou de caracteres entre si (como

139 e 319, ou *meal* e *lame*), elas deverão também resultar em valores diferentes. Isso acontece porque os conjuntos de chaves têm freqüentemente clusters ou permutações que, de outra maneira, poderiam resultar em colisões.

Por exemplo, a função de espalhamento mais comum (que usamos nos exemplos dessa seção) usa o método da ***divisão***, no qual uma chave inteira é dividida pelo tamanho da tabela e o resto é usado como valor de espalhamento. Essa é a função de espalhamento *h(key)= key % tablesize*. Entretanto, suponha que *tablesize* seja igual a 1000 e todas as chaves terminem nos mesmos três dígitos (por exemplo, os três últimos dígitos de um número de item poderiam representar uma fábrica, e o programa está sendo escrito para essa fábrica). Sendo assim, o resto da divisão por 1000 resultará no mesmo valor para todas as chaves, de modo que uma colisão de chave ocorrerá para cada registro, exceto o primeiro. Evidentemente, em função de tal conjunto de chaves, deve ser usada uma função de espalhamento diferente.

Descobriu-se que os melhores resultados obtidos com o método da divisão são alcançados quando *tablesize* é primo (isto é, não é divisível por nenhum inteiro positivo diferente de 1 e de si mesmo). Entretanto, mesmo que *tablesize* seja primo, será necessária uma restrição adicional. Se *r* é o número de possíveis códigos de caracteres em determinado computador (pressupondo-se um byte de 8 bits, *r* será 256), e se *tablesize* é um número tal que *r % tablesize* seja igual a 1, a função de prova *key % tablesize* é simplesmente a soma da representação binária dos caracteres da chave módulo *tablesize*. Por exemplo, suponha que *r* seja igual a 256 e *tablesize* seja igual a 17, em cujo caso *r % tablesize* = 1. Assim, a chave 37956, que é igual a 148 * 256 + 68 (de modo que o primeiro byte de sua representação é 148 e o segundo byte é 68), espalha em 37956 % 17, que equivale a 12, que é igual a (148 + 68) % 17. Por conseguinte, duas chaves que sejam apenas permutações de caracteres (como *steam* e *mates*) resultarão no mesmo valor. Isso poderá propiciar colisões e deve ser evitado. Problemas similares ocorrem se *tablesize* for escolhida de modo que r^k % *tablesize* seja muito pequeno ou próximo a *tablesize* para algum valor pequeno de *k*.

Outro método de espalhamento é o *multiplicativo*. Nesse método, um número real, *c* entre 0 e 1, é selecionado, *h(key*, é definida como *floor(m * frac(c * key))*, onde a função *floor(x)*, disponível na biblioteca padrão, *math.h*, resulta na parte inteira do número real *x*, e *frac(x)* resulta na parte fracionária. (Observe que *frac(x) = x - floor(x)*.) Ou seja, multiplique a chave por um número real entre 0 e 1, pegue a parte fracionária do produto resultando um número aleatório entre 0 e 1 dependente de todo bit na chave, e multiplique por m para gerar um índice entre 0 e m - 1. Se o tamanho de palavra do computador for b bits, c poderia ser escolhida de forma que $2^b * c$ fosse um inteiro primo com 2^b, e c não precisasse estar muito próximo a 0 ou 1. Além disso, se r, como aconteceu anteriormente, for o número de possíveis códigos de caracteres, evite valores de c tais que $frac\ ((r^k) * c)$ esteja muito próximo de 0 ou 1 para um valor pequeno de k (esses valores resultam em valores similares para as chaves com os mesmos últimos k caracteres), e valores de c da forma $i/(r$ - $1)$ ou $i/(r2$ - $1)$ (esses valores resultam em valores semelhantes para chaves com caracteres permutados). Os valores de c que resultam em propriedades teóricas eficientes são 0,6180339887 [que é igual a $(sgrt(5)$ - $1)/2$] ou 0,3819660113 [que é igual a 1 - $(sgrt(5)$ - $1)/2$]. Se m for escolhido como uma potência de 2, como 2^p, o cálculo de $h(key)$ poderá ser feito de modo eficiente, multiplicando-se a chave inteira de uma palavra pelo inteiro de uma só palavra $c * 2^b$ para dar um produto de duas palavras. O inteiro representado pelos p bits mais significativos do inteiro da segunda palavra desse produto será, então, usado como o valor de $h(key)$.

Em outra função de espalhamento, conhecida como **método do meio do quadrado** a chave é multiplicada por si mesma e alguns dígitos posicionados no meio (o número exato dependerá da quantidade de dígitos permitidos no índice) do quadrado são usados como índice. Se o quadrado for considerado um número decimal, o tamanho da tabela deverá ser uma potência de 10, enquanto, se ele for considerado como um número binário, o tamanho da tabela deverá ser uma potência de 2. Como alternativa, o número representado pelos dígitos posicionados no meio poderá ser dividido pelo tamanho da tabela e o resto poderá ser usado como valor de espalhamento. Infelizmente, o método do meio do quadrado não resulta em valores de espalhamento uniformes nem apresenta o mesmo desempenho das duas técnicas anteriores.

O **método de desdobramento** divide uma chave em vários segmentos que são somados ou unidos por "ou" exclusivo, para formar um valor de espalhamento. Por exemplo, suponha que a representação interna da string de bits de uma chave seja 010111001010110 e sejam permitidos 5 bits no índice. As três strings de bits, 01011, 10010 e 10110, são unidas por "ou" exclusivo para produzir 01111, que equivale a 15 como um inteiro binário. (O **ou exclusivo** de dois bits será 1 se os dois bits forem diferentes, e 0 se forem iguais. Isso equivale à soma binária dos bits, ignorando o vai-um.) A desvantagem do método de desdobramento é que duas chaves que sejam permutações de k bits entre si (isto é, onde ambas as chaves consistem nos mesmos grupos de k bits numa ordem diferente) resultam no mesmo valor de k bits. Outra técnica seria aplicar uma função de prova multiplicativa a cada segmento, individualmente, antes de desdobrar.

Existem várias outras funções de espalhamento, cada uma com suas vantagens e desvantagens, dependendo do conjunto de chaves a ser espalhada. Um aspecto a observar ao selecionar uma função de espalhamento é a eficiência do cálculo; não será vantajoso encontrar um objeto na primeira tentativa se essa tentativa demorar mais tempo do que várias tentativas num método alternativo.

Se as chaves não forem inteiras, elas precisarão ser convertidas em inteiros antes de aplicar uma das funções de espalhamento descritas anteriormente. Existem várias maneiras de fazer isso. Por exemplo, para uma string de caracteres, a representação interna dos bits de cada caractere pode ser interpretada como um número binário. Uma desvantagem dessa proposta é que as representações de bits de todas as letras ou dígitos tendem a ficar muito parecidas na maioria dos computadores. Se as chaves consistirem em letras isoladas, o índice de cada letra no alfabeto poderá ser usado para criar um inteiro. Sendo assim, a primeira letra do alfabeto (a) é representada pelos dígitos 01 e a décima quarta (n) é representada pelos dígitos 14. A chave 'hello' é representada pelo inteiro 0805121215. Assim que existir uma representação inteira de uma string de caracteres, o método do desdobramento poderá ser usado para reduzi-lo a um tamanho manipulável. Entretanto, aqui também, todo dígito alternativo será 0, 1 ou 2, o que poderá resultar em valores não-uniformes. Outra possibilidade é visualizar cada letra como um dígito em notação de base 26, de modo que 'hello' seria visto como o inteiro $8 * 26^4 + 5 * 26^3 + 12 * 26^2 + 12 * 26 + 15$.

Uma das deficiências de todas essas funções de espalhamento é o fato de não serem preservadores da ordem, ou seja, os valores de espalhamento de duas chaves não estarão necessariamente na mesma ordem das próprias chaves. Portanto, será impossível percorrer a tabela de provas em ordem seqüencial de chaves. Um exemplo de uma função de espalhamento preservadora da ordem é $h(key) = key/c$, onde c é uma constante escolhida de modo que a maior chave possível dividida por c seja igual a *tablesize* - 1. Infelizmente, as funções de espalhamento preservadoras de ordem em geral não são uniformes, conduzindo a várias colisões de valores e a um número médio mais elevado de provas para acessar um elemento. Observe também que, para permitir o acesso seqüencial às chaves, deve ser usado o método de encadeamento separado para tratar as colisões.

FUNÇÕES DE ESPALHAMENTO PERFEITAS

Dado um conjunto de chaves $k = k1, k2,...,kn$, uma *função de espalhamento perfeita* é uma função h tal que $h(ki)\ !=h(kj)$ para todo i e j distintos. Ou seja, nenhuma colisão de chaves ocorrerá numa função de espalhamento perfeita. Em termos gerais, é difícil encontrar uma função de espalhamento perfeita para determinado conjunto de chaves. Além disso, assim que algumas chaves adicionais forem incluídas no conjunto para o qual uma função de espalhamento perfeita foi encontrada, a função de espalhamento, em geral, deixará de ser perfeita para o conjunto expandido. Conseqüentemente, embora se queira encontrar uma função de espalhamento perfeita para assegurar a recuperação imediata, não é prático agir assim, a não ser que o conjunto de chaves seja estático e freqüentemente pesquisado. O exemplo mais óbvio de tal situação é um compilador, no qual o conjunto de palavras reservadas da linguagem de programação sendo compilado não muda e precisa ser acessado várias vezes. Nessa situação, o esforço necessário para encontrar uma função de espalhamento perfeita será válido porque, assim que a função for determinada, ela poderá economizar muito tempo em aplicações repetidas.

Evidentemente, quanto maior a tabela de espalhamento, mais fácil será encontrar uma função de espalhamento perfeita para determinado conjunto de chaves. Se 10 chaves precisarem ser colocadas numa tabela de 100 elementos, 63% das possíveis funções de espalhamento perfeitas (se bem que assim que o número de chave atingir 13 numa tabela de 100 itens, a maioria delas não será mais perfeita). No exemplo dado anteriormente, se a tabela de símbolos do compilador precisar conter todos os símbolos usados em qualquer programa de modo que uma grande tabela deva ser alocada para permitir um grande número de identificadores declarados pelo usuário, uma função de espalhamento perfeita poderá ser facilmente encontrada para os símbolos reservados da linguagem. A tabela poderá ser inicializada com os símbolos reservados já alocados nas posições determinadas pela função, com os símbolos definidos pelo usuário inseridos à medida que forem encontrados. Embora possam ocorrer colisões de chaves para símbolos do usuário, poderemos assegurar uma verificação imediata dos símbolos reservados.

Em geral, será preferível ter uma função de espalhamento perfeito para um conjunto de n chaves numa tabela de n posições somente. Essa função de tabela de espalhamento perfeita é chamada **mínima**. Na prática, isso é difícil de alcançar. Sprugnoli desenvolveu vários algoritmos de determinação de funções de espalhamento perfeitas que, por serem muito complexos, não serão apresentados aqui. Uma técnica encontra funções de espalhamento perfeitas da forma $h(key)$ $(key + s)/d$ para alguns inteiros s e d. Essas funções são chamadas **funções de espalhamento perfeitas por redução de quociente** e, tão logo sejam encontradas, são muito fáceis de computar.

Para o conjunto de 17, 138, 173, 294, 306, 472, 540, 551 e 618, o algoritmo de Sprugnoli encontra a função de espalhamento por redução de quociente $(key + 25)/64$, que resulta nos valores de espalhamento 0, 2, 3, 4, 5, 7, 8, 9 e 10. A função não é mínima, uma vez que ela distribui as 9 chaves numa tabela de 11 posições. Entretanto, o algoritmo de Sprugnoli realmente encontra a função de espalhamento perfeita por redução de quociente com o menor tamanho de tabela.

Um aprimoramento introduzido no algoritmo resulta em uma função de espalhamento perfeita e mínima, da forma:

```
h(key) = (key + s)/d          if key <= t
h(key) = (key + s + r)/d      if key > t
```

onde os valores s, d, t e r são determinados pelo algoritmo. Entretanto, o algoritmo para descobrir essa função de espalhamento perfeita e mínima é $O(n^3)$ com uma grande constante de proporcionalidade, de modo que ele não é prático nem mesmo para conjuntos de chaves muito pequenos. Uma ligeira modificação resulta em um algoritmo mais eficiente que produz uma função de espalhamento perfeita, quase mínima, com esse formato para pequenos conjuntos de chaves. No exemplo anterior, essa função é:

```
h(key) = (key -7)/72          if key <= 306
h(key) = (key - 42)/72        if key > 306
```

que resulta nos valores de prova 0, 1, 2, 3, 4, 5, 6, 7 e 8 e chega a ser mínima. Uma grande vantagem das funções de espalhamento por redução de quociente e de suas variantes é o fato de serem preservadores da ordem.

Sprugnoli apresenta também outro grupo de funções de espalhamento, chamado de **funções de espalhamento perfeitas por redução de resto**, com o formato:

```
h(key) = ((r + s * key) % x)/d
```

e um algoritmo para produzir valores r, s, x e d que determinam essa função de espalhamento perfeita para determinado conjunto de chaves e um fator de carga mínimo desejado. Se o fator de carga mínimo for definido com 1, resultará uma função de espalhamento perfeita e mínima. Entretanto, o algoritmo não garante que uma função de espalhamento perfeita por redução de resto possa ser encontrada em tempo razoável para altos fatores de carga. Apesar disso, o algoritmo pode ser freqüentemente usado para encontrar funções de espalhamento perfeitas e mínimas para pequenos conjuntos de chave em tempo razoável.

Infelizmente os algoritmos de Sprugnoli são todos pelo menos $O(n^2)$ e, portanto, só serão práticos para pequenos conjuntos de chaves (12 ou menos). Dado um conjunto maior de chaves, k, uma função de espalhamento perfeita poderá ser desenvolvida por uma técnica chamada **segmentação**. Essa técnica envolve dividir k numa quantidade de pequenos conjuntos, k_0, $k_2,...,k_p$, e encontrar uma função de espalhamento perfeita, h_1, para cada pequeno conjunto k_1. Suponha uma função de agrupamento set tal que key esteja no conjunto kset(key). Se m_1 for o valor máximo de h_1 sobre k_1, e b_1 for definido com $i + m_0 + m_1 + ,,, + m_{i-1}$, poderemos definir a função de prova segmentada, h, como $h(key) = b_{set(key)}(key) + h_{set(key)}(Key)$. Evidentemente, a função set que determina o agrupamento deve ser selecionada com cuidado para dispersar as chaves de modo aceitável.

Jaeschke apresenta um método para gerar funções de espalhamento perfeitas e mínimas usando uma técnica chamada **espalhamento recíproco.** As funções de espalhamento recíproco geradas pelo algoritmo de Jaeschke apresentam a forma:

```
h(key) = (c/(d * key + e)) % tablesize
```

para algumas constantes c, d e e, e tablesize igual ao número de chaves. Na realidade, se todas as chaves forem inteiros primos entre si, poderá ser encontrada uma constante c que resulte em uma função de espalhamento perfeita e mínima, com o formato:

```
(c/key) % tablesize
```

pelo seguinte algoritmo. Suponha que as chaves estejam, inicialmente, num vetor classificado $(k0)$ a $k(n -1)$ e que $f(c,key)$ seja a função $(c/key) \% n$.

```
c = ((n - 2) * k(0) * k(n - 1))/(kn - 1) - k(0));
while (TRUE)   {
      /* verifica se c resulta uma funcao de espalhamento perfeita
      bigi = -1; /* estas serao definidas c/ os maiores valores */
      bigj = -1; /* tal que f(c, k(bigi)) = f(c, k(bigj)) */
      for (i = 0; i < n; i++)
          val(i) = f(c,k(i));
```

```
        for (i = n - 1; bigi < 0 && i >= 0; i--) {
            vi = val(i);
            j = i - 1;
      while (bigi < 0 && j >= 0)
            if (vi == val (j)) {
            bigi = i;
            bigj = j;
            }
            else
                    j--;
        } /* fim for */
        if (bigi < 0)
            return;
        /* incrementa c */
        x = k(bigj) - (c % k(bigj));
        y = k(bigi) - (c % k(bigi));
        (x < y) ? (c += x) : (c += y);
}   /* fim while */
```

Aplicando esse algoritmo ao conjunto de chaves 3, 5, 11, 14 resulta $c = 11$ e a função de espalhamento mínima e perfeita, $(11/key)$ % 4. Para o conjunto de chaves 3, 5, 11, 13, 14, o algoritmo produz $c = 66$. Na prática, poder-se-ia estabelecer um limite máximo sobre o valor de c para assegurar que o algoritmo não prosseguisse indefinidamente.

Se as chaves não são primas entre si, Jaeschke apresenta outro algoritmo para computar os valores d e e tal que os valores de $d * k(i) + e$ sejam primos entre si para que o algoritmo possa ser usado sobre esses valores.

Para valores baixos de n, aproximadamente $1,82^n$ valores de c são examinados por esse algoritmo, o que é tolerável para $n <= 20$. Para os valores de n até 40, podemos dividir as chaves em dois conjuntos, $s1$ e $s2$, de tamanho $n1$ e $n2$, onde todas as chaves em $s1$ são menores que as em $s2$. Em seguida, podemos encontrar os valores $c1$, $d1$, $e1$ e $c2$, $d2$, $e2$ para cada um dos conjuntos, individualmente, e usar:

h(key) = (c1/(d1 * key + e1)) % n1

para as chaves em $s1$, e:

h(key) = n1 + (c2/(d2 * key + e2)) % n2

para as chaves $s2$. Para conjuntos maiores de chaves, pode ser usada a técnica de segmentação de Sprugnoli.

Chang apresenta uma função de espalhamento perfeita, mínima e preservadora da ordem, que depende da existência de uma **função de número primo**, *p(key)*, para o conjunto de chaves. Essa função produz sempre um número primo correspondente a determinada chave e tem a propriedade adicional de que, se *key*1 for menor que *key*2, *p*(*key*1) será menor que *p*(*key*2). Um exemplo dessa função de número primo é:

```
p(x) = x² - x + 41 para 1 <= x <= 40
```

Se tal função, foi encontrada, Chang apresenta um algoritmo eficiente para produzir um valor *c* tal que a função *h*(*key*)= *c* % *p*(*key*) seja uma função de espalhamento mínima e preservadora da ordem. Entretanto, as funções de número primo são difíceis de encontrar e o valor *c* é grande demais para o uso prático.

Cichelli apresenta um método muito simples que produz freqüentemente uma função de espalhamento mínima ou quase mínima para um conjunto de strings de caracteres. A função de espalhamento produzida tem o formato:

```
h(key) = val(key[0]) + val(key[length(key) - 1]) + length(key)
```

onde *val*(*c*) é um valor inteiro associado ao caractere *c* e *key*[*i*] é o *i*ésimo caractere de *key*. Ou seja, acrescente os valores inteiros associados ao primeiro e ao último caractere da chave ao tamanho da chave. Os valores inteiros associados a certos caracteres são determinados em duas etapas, conforme descrito a seguir.

A primeira etapa é ordenar as chaves de forma que a soma das freqüências de ocorrência do primeiro e do último caractere das chaves esteja em ordem descendente. Sendo assim, se *e* ocorrer dez vezes como último ou primeiro caractere, *g* ocorrer seis vezes, *t* ocorrer nove vezes e *o* ocorrer quatro vezes, as chaves *gate*, *goat* e *ego* terão freqüências de ocorrência 16 (6 + 10), 15 (6 + 9) e 14 (10 + 4), respectivamente, e estarão, portanto, ordenadas corretamente.

Assim que as chaves estiverem ordenadas, tente atribuir valores inteiros. Será examinada uma chave por vez. Se o primeiro ou último caractere da chave não tiver recebido a atribuição de valores, tente atribuir um ou dois valores entre 0 e algum limite predeterminado. Se puderem ser atribuídos valores de modo a produzir um valor de espalhamento que não colida com o valor de espalhamento de uma chave anterior, atribua tentativamente esses valores. Caso contrário, ou se ambos os caracteres receberam a atribuição de valores que resultam num valor de espalhamento conflitante, retroceda de modo a modificar as tentativas de atribuições feitas na chave anterior. Para encontrar uma função de espalhamento perfeita e mínima, o limite predeterminado de cada caractere é definido com o número de ocorrências distintas do primeiro e do último caractere.

Talvez não existam funções de espalhamento perfeitas de Cichelli para alguns conjuntos de chaves. Por exemplo, se duas chaves de mesmo tamanho tiverem os mesmos primeiro e último caracteres, ou esses caracteres invertidos, não existirá uma função de espalhamento desse tipo. Nesse caso, poderão ser usadas outras posições de caracteres para desenvolver a função de espalhamento. Entretanto, em outros casos, não será encontrada tal função de espalhamento, independentemente das posições de caracteres usadas. Na prática, será mais compensador tentar encontrar uma função de espalhamento perfeita de Cichelli antes de experimentar outros métodos. Se o limite predeterminado for estabelecido suficientemente alto, de modo que não seja necessária a minimalidade, o algoritmo de Cichelli poderá ser muito prático para até 50 chaves. Cook e Oldehoeft apresentam diversos aprimoramentos para o método básico de Cichelli.

Sager apresenta uma generalização e uma extensão importante do método de Cichelli que encontra com eficiência funções de espalhamento perfeitas para até 512 chaves. O método é muito complexo e não será apresentado aqui; o leitor interessado deverá recorrer ao artigo de Sager, na Bibliografia.

Uma técnica adicional para gerar funções de espalhamento perfeitas e mínimas é atribuída a Du, Hsieh, Jea e Shieh. A técnica usa várias funções de espalhamento não-perfeitas e aleatórias, h_1, ..., h_j e uma **tabela de indicadores de espalhamento** separada (ou **hit**, abreviação de *hash indicator table*) de tamanho n. A tabela é inicializada como segue. Primeiro, defina todos os elementos com 0. Em seguida, aplique h_1 a todas as chaves. Para todos os valores x entre 0 e $n - 1$, tais que apenas uma chave se espalha em x usando h_1, redefina $hit[x]$ de 0 para 1. Remova todas as chaves que se espalhem em valores exclusivos usando h_1, do conjunto de chaves, e aplique h_2 às chaves restantes. Para todos os valores x entre 0 e $n - 1$, tais que $hit[x] = 0$ e somente uma chave se espalha em x usando h_2, redefina $hit[x]$ de 0 para 2. Esse processo continuará até que o conjunto de chaves esteja vazio (em cujo caso *hit* foi inicializada e todas as funções de espalhamento sem uso restantes são desnecessárias) ou até que todas as funções de espalhamento tenham sido aplicadas (em cujo caso, se existirem chaves restantes, não poderá ser encontrada uma função de espalhamento perfeita usando esse método e as determinadas funções de espalhamento aleatórias).

Assim que *hit* estiver plenamente inicializada, o algoritmo de espalhamento será o seguinte:

```
for (i = 0; ; i++)   {
    x = hi(key);
    if (hit(x) == i)
    return(x) ;
}   /* fim for */
```

A probabilidade de resultar uma função de espalhamento perfeita aumenta muito lentamente à medida que são incluídas funções de espalhamento aleatórias adicionais. Portanto, uma técnica de segmentação, com tabelas *hits* distintas, deve ser usada para grandes conjuntos de chaves.

CLASSES UNIVERSAIS DE FUNÇÕES DE ESPALHAMENTO

Como verificamos, é difícil obter uma função de espalhamento perfeita para um grande conjunto de chaves. É impossível também assegurar que uma função de espalhamento específica minimize colisões sem conhecer o exato conjunto de chaves a ser espalhado. Se determinada função de espalhamento não funcionar bem na prática em determinada aplicação, será difícil descobrir outra função de espalhamento cujo desempenho seja superior.

Carter e Wegman introduziram o conceito de **classe universal de funções de espalhamento**. Essa classe consiste em um conjunto de funções de espalhamento, $hi(key)$. Embora uma função individual na classe possa funcionar com deficiências sobre determinado conjunto de chaves de entrada, a maioria das funções atuará suficientemente bem para qualquer conjunto de entradas aleatórias e, se for escolhida uma função de maneira aleatória na classe, provavelmente ela funcionará bem sobre qualquer conjunto de entradas realmente apresentado.

Dada uma tabela de espalhamento de tamanho m e um conjunto a de possíveis chaves, uma classe de nh funções de espalhamento h será **universal**$_2$ se não existirem duas chaves em a sobre as quais mais de nh/h das funções em h resultem em colisão. Isso significa que nenhum par de chaves distintas colidirá sob mais de 1 *em*ésimo das funções. Pode-se demonstrar que, se k itens foram inseridos numa tabela de espalhamento de tamanho m, usando um membro aleatório de uma classe universal$_2$ de funções de espalhamento com encadeamento separado, o número esperado de provas para uma busca sem sucesso será menor que $1 + k/m$ (o número para uma busca com sucesso será ainda menor).

Carter e Wegman apresentam vários exemplos dessas classes universal$_2$. Um exemplo dessa classe é para as chaves que podem ser representadas como inteiros positivos entre 0 e w - 1 (em geral, w - 1 é o valor máximo que pode ser acomodado em uma palavra do computador). Suponha p como um número primo maior que w, s como um inteiro entre 1 e p - 1, e t como um inteiro entre 0 e p - 1. Em seguida, defina $h_{s,t}(key)$ como $((s * key + t) \% p) \% m$. O conjunto de todas estas funções $h_{s,t}$ para determinados w e p é universal$_2$.

Um segundo exemplo é para as chaves consistindo em i bits e um tamanho de tabela $m = 2^j$ para algum j. Seja a um vetor de índices de tabela (entre 0 e m - 1) de i elementos. Em seguida, defina $h_a(key)$ como o ou exclusivo dos índices $a[k]$ tal que o $k$ésimo bit de key seja 1. Por exemplo, se $m = 128$, $i = 16$, a será um vetor contendo os valores 47, 91, 35, 42, 16, 81, 113, 91, 12, 6, 47, 31, 106, 87, 95 e 11, e key será 15381 (que é 0011110000010101, como um número de 16 bits), $h_a(key)$ será o ou exclusivo de $a[3]$, $a[4]$, $a[5]$, $a[6]$, $a[12]$, $a[14]$ e $a[16]$ (ou seja, 35, 42, 16, 47, 31, 87 e 11), que é 01110101 ou 117. O conjunto de funções h_a para todos esses valores a do vetor é universal$_2$.

Se a tabela de espalhamento for mantida internamente e não for necessária entre execuções de programa (como num compilador, por exemplo), a função de espalhamento usada poderá ser gerada pelo programa a partir de uma classe universal$_2$ para assegurar um tempo médio de execução aceitável (embora uma execução qualquer possa ser lenta). Nos exemplos anteriores, poderia ser usado um gerador de números aleatórios para selecionar s, t e os elementos de a. Se a tabela de espalhamento permanecer entre execuções de programas, como num arquivo ou banco de dados, então poderia ser selecionada, inicialmente, uma função de espalhamento aleatória a partir da classe universal$_2$ e, se for observado um comportamento deficiente do programa (embora isso seja improvável), uma nova função aleatória poderia ser selecionada e a tabela de espalhamento inteira seria reorganizada em um momento conveniente.

Sarwate introduziu uma categoria ainda melhor de classes de funções de espalhamento, chamada **classe otimamente universal$_2$** (**OU$_2$**). Se existirem nk possíveis chaves e m elementos na tabela, um conjunto H contendo nh funções de espalhamento será OU$_2$ se duas chaves quaisquer colidirem sob exatamente $nh * (nk - m)/(m * (nk - 1)$ funções em OU_2 e se, para qualquer função h em H, toda chave colidir com exatamente $nk/m - 1$ outras chaves. Sarwate fornece vários exemplos destas classes OU_2. Infelizmente, as funções de espalhamento nas classes OU_2 são difíceis de computar e talvez não sejam úteis em termos práticos.

EXERCÍCIOS

7.4.1. Escreva uma função em C, *search(table, key)*, que procure numa tabela de espalhamento um registro com a chave *key*. A função aceita uma chave inteira e uma tabela declarada por:

```
struct record {
 KEYTYPE k;
 RECTYPE r;
 int flag;
} array[TABLESIZE];
```

table[i].k e *table[i].r* representa a *i*ésima chave e o *i*ésimo registro, respectivamente. *table[i].flag* será *FALSE* se a *i*ésima posição da tabela estiver vazia e *TRUE* se estiver ocupada. A rotina retornará um inteiro na faixa de 0 a *tablesize - 1* se existir um registro com chave *key* na tabela. Se esse registro não existir, a função retornará -1. Pressuponha a existência de uma função de espalhamento, *h(key)* e de uma função de reespalhamento, *rh(index)*, que produzam, ambas, inteiros na faixa de 0 a *tablesize - 1*.

7.4.2. Escreva uma função em C, *sinsert(table, key, rec)*, para pesquisar e inserir numa tabela de espalhamento, como no exercício anterior.

7.4.3. Desenvolva um mecanismo para detectar quando todas as possíveis posições de reespalhamento de determinada chave foram pesquisadas. Incorpore esse método nas rotinas em C, *search* e *sinsert*, dos exercícios anteriores.

7.4.4. Considere um método de espalhamento duplo usando a função de espalhamento básica, *h1(key)*, e a função de espalhamento, *rh(i) = tablesize % (i + h2(key), tablesize)*. Suponha que *h2(key)* seja primo em relação a *tablesize*, para toda chave *key*. Desenvolva um algoritmo de busca e um algoritmo para inserir um registro cuja chave sabemos não existir na tabela, de modo que as chaves em sucessivos reespalhamentos de uma única chave estejam em ordem ascendente. O algoritmo de inserção pode reordenar os registros inseridos anteriormente na tabela. Você pode estender esses algoritmos para um algoritmo de busca e inserção?

7.4.5. Suponha uma chave igualmente provável de ser qualquer inteiro entre a e b. Suponha que o método de espalhamento do meio do quadrado seja usado para produzir um inteiro entre 0 e 2^{k-1}. Qualquer inteiro dentro desta faixa é um resultado igualmente provável? Por quê?

7.4.6. Dada uma função de espalhamento $h(key)$, escreva um programa de simulação em C para determinar cada uma das seguintes quantidades depois da geração de 0,8 * *tablesize* chaves aleatórias. As chaves devem ser inteiros aleatórios.

   i. a porcentagem de inteiros entre 0 e *tablesize* - 1 que não são iguais a $h(key)$ para alguma chave gerada.

   ii. a porcentagem de inteiros entre 0 e *tablesize* - 1 que são iguais a $h(key)$ para mais de uma chave gerada.

   iii. o número máximo de chaves que se espalham num único valor entre 0 e *tablesize* - 1.

   iv. o número médio de chaves que se espalha em valores entre 0 e *tablesize* - 1, não incluindo os valores para os quais nenhuma chave é espalhada.

Execute o programa para testar a uniformidade de cada uma das seguintes funções de espalhamento:

   a. $h(key)$ = *key* % *tablesize* para *tablesize* um primo;

   b. $h(key)$ = *key* % *tablesize* para *tablesize* uma potência de 2;

   c. o método de desdobramento usando *ou exclusivo* para produzir índices de cinco bits, onde *tablesize* = 32;

   d. o método do meio do quadrado usando aritmética decimal para produzir índices de quatro dígitos, onde *tablesize* = 10.000.

7.4.7. Se uma tabela de espalhamento contiver *tablesize* posições e n registros ocuparem atualmente a tabela, o fator de carga é definido como $n/tablesize$. Prove que, se uma tabela de espalhamento distribuir de maneira uniforme chaves pelas *tablesize* posições da tabela e se *lf* for o fator de carga da tabela, $(n - 1) * lf/2$ das n chaves na tabela colidiram durante a inserção com uma chave inserida anteriormente.

7.4.8. Suponha que n posições aleatórias de uma tabela de espalhamento de *tablesize* elementos estejam ocupadas, usando funções de espalhamento e reespalhamento com igual probabilidade de produzir qualquer índice na tabela. Demonstre que o número médio de comparações necessárias para inserir um novo elemento é $(tablesize + 1)/(tablesize - n + 1)$. Explique por que o espalhamento linear não atende a essa condição.

Grafos e suas Aplicações

Neste capítulo, examinaremos uma nova estrutura de dados: o grafo. Definiremos alguns dos termos associados aos grafos e mostraremos como implementá-los em C. Apresentaremos também algumas aplicações de grafos.

8.1. GRAFOS

Um **grafo** consiste num conjunto de **nós** (ou **vértices**) e num conjunto de **arcos** (ou **arestas**). Cada arco num grafo é especificado por um par de nós. A Figura 8.1.1a ilustra um grafo. A seqüência de nós é {A,B,C,D,E,F,G,H}, e o conjunto de arcos é {(A,B), (A,D), (A,C), (C,D), (C,F), (E,G), (A,A)}. Se os pares de nós que formam os arcos forem pares ordenados, diz-se que o grafo é um **grafo orientado** (ou **dígrafo**). As Figuras 8.1.1b, c e d ilustram três dígrafos. As setas entre os nós representam arcos. A ponta de cada seta representa o segundo nó no par ordenado de nós que forma um arco, e o final de cada seta representa o primeiro nó no par. O conjunto de arcos do grafo da Figura 8.1.1b é {<A,B>, <A,C>, <A,D>, <C,D>, <F,C>, <E,G>, <A,A>}. Usamos parênteses para indicar um par não-desordenado e chaves angulares para indicar um par ordenado. Nas três primeiras seções deste capítulo, concentraremos nossa atenção nos dígrafos. Examinaremos os grafos não-orientados novamente na Seção 8.4.

Observe que um grafo não precisa ser uma árvore (Figuras 8.1.1a, b e d), mas uma árvore tem de ser um grafo (Figura 8.1.1c). Observe também que um nó não precisa ter arcos associados a ele (nó *H* nas Figuras 8.1.1a e b).

Um nó *n* **incide** em um arco *x* se *n* for um de seus dois nós no par ordenado de nós que constituem *x*. (Dizemos também que *x* incide em *n*.) O **grau** de um nó é o número de arcos incidentes nesse nó. O **grau de entrada** de um nó *n* é o número de arcos que têm *n* como cabeça, e o **grau de saída** de *n* é o número de arcos que têm *n* como terminação da seta. Por exemplo, o nó *A* na Figura 8.1.1d tem grau de entrada 1, grau de saída 2 e grau 3. Um nó *n* será **adjacente** a um nó *m* se existir um arco de *m* até *n*. Se *n* for adjacente a *m*, *n* será chamado **sucessor** de *m* e *m* será um **predecessor** de *n*.

Uma **relação** *R* num conjunto *A* é uma seqüência de pares ordenados de elementos de *A*. Por exemplo, se $A = \{3,5,6,8,10,17\}$, o conjunto $R = \{<3,10>,<5,6>,<5,8>,<6,17>,<8,17>,<10,17>\}$ será uma relação. Se $<x,y>$ for um membro de uma relação *R*, diz-se que *x* está relacionado a *y* em *R*. A relação *R* anterior pode ser descrita dizendo-se que *x* está relacionado com *y* se *x* for menor que *y* e o resto obtido a partir da divisão de *y* por *x* for ímpar. $<8,17>$ é um membro dessa relação porque 8 é menor que 17 e o resto da divisão de 17 por 8 é 1, um número ímpar.

Uma relação pode ser representada por um grafo no qual os nós representam o conjunto básico e os arcos representam os pares ordenados da relação. A Figura 8.1.2a ilustra o grafo que representa a relação anterior. Um número pode ser associado a cada arco de um grafo, como na Figura 8.1.2b. Nesta figura, o número associado a cada arco é o resto obtido da divisão do inteiro posicionado na cabeça do arco pelo inteiro posicionado em sua terminação. Um grafo desse tipo, no qual existe um número associado a cada arco, é chamado **grafo ponderado** ou **rede**. O número associado a um arco é chamado **peso**.

Identificaremos várias operações primitivas que serão úteis ao lidar com grafos. A operação *join(a,b)* introduz um arco do nó *a* até o nó *b* se ainda não existir um; *joinwt(a,b,x)* insere um arco de *a* até *b* com peso *x* num grafo ponderado; *remv(a,b)* e *remvwt(a,b,x)* eliminam um arco de *a* até *b*, caso exista (*remvwt* define também *x* com seu peso). Embora possamos também acrescentar ou eliminar nós de um grafo, discutiremos essas possibilidades em seção mais adiante. A função *adjacent(a,b)* retorna *true* se *b* for adjacente a *a*, e *false*, caso contrário.

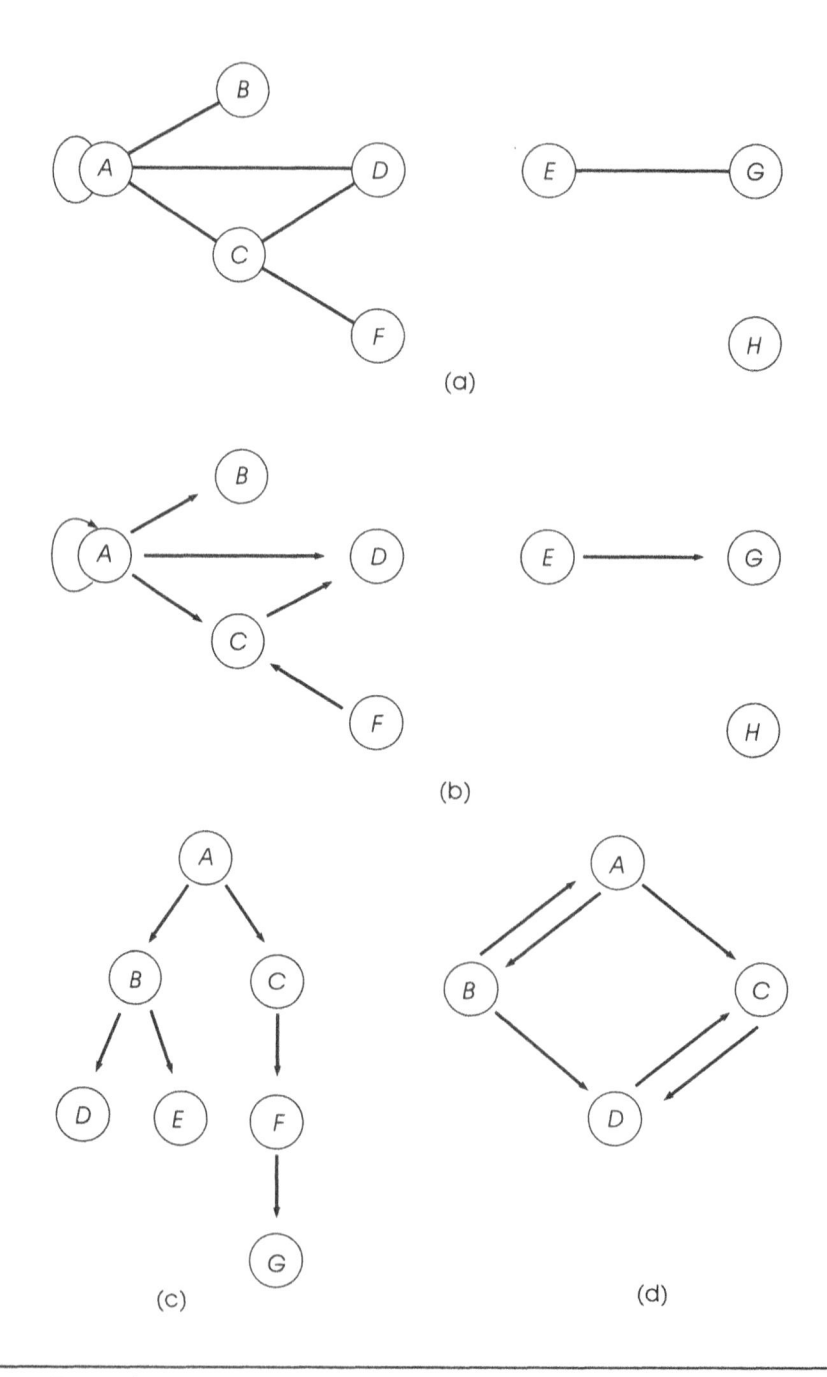

Figura 8.1.1 Exemplos de grafos.

(a)

(b)

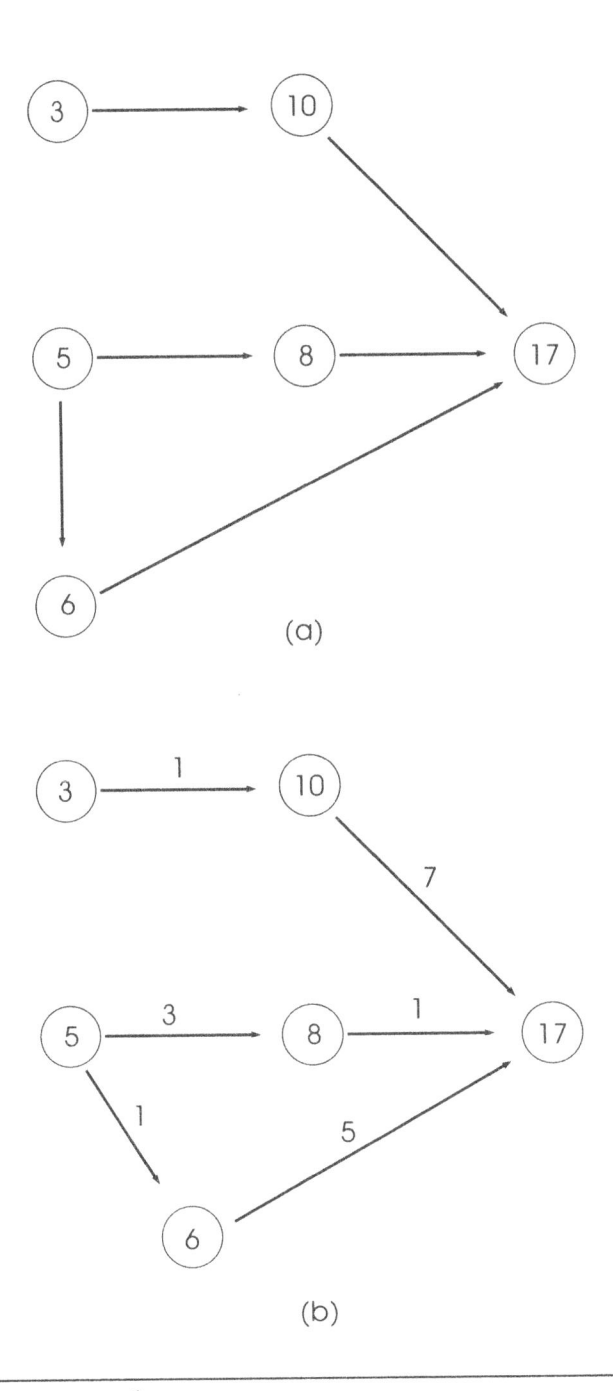

Figura 8.1.2 Relações e grafos.

Um **caminho de comprimento k** do nó a ao nó b é definido como uma seqüência de $k + 1$ nós $n_1, n_2,..., n_{k+1}$, tal que $n_1 = a$, $n_{k+1} = b$ e adjacent(n_i, n_{i+1}) é *true* para todo i entre 1 e k. Se, para algum inteiro k, existir um caminho de comprimento k entre a e b, existirá um **caminho** de a até b. Um caminho de um nó para si mesmo é chamado **ciclo**. Se um grafo contiver um ciclo, ele será **cíclico**; caso contrário, será **acíclico**. Um grafo acíclico orientado é chamado **dag**, uma aglutinação das iniciais de *directed acyclic graph*.

Examine o grafo da Figura 8.1.3. Existe um caminho de comprimento 1 de A até C, dois caminhos de comprimento 2 de B até G e um caminho de comprimento 3 de A até F. Não existe um caminho de B até C. Existem ciclos de B para B, de F para F e de H para H. Procure localizar todos os caminhos de comprimento inferior a 9 e todos os ciclos na figura.

UMA APLICAÇÃO DE GRAFOS

Examinaremos agora um exemplo. Suponha uma linha de entrada contendo quatro inteiros seguidos por qualquer número de linhas de entrada com dois inteiros cada uma. O primeiro inteiro na primeira linha, n, representa um número de cidades, que, para simplificar, serão numeradas de 0 a $n - 1$. O segundo e o terceiro inteiro nessa linha estão entre 0 e $n - 1$ e representam duas cidades. Queremos sair da primeira cidade para a segunda usando exatamente nr estradas, onde nr é o quarto inteiro na primeira linha de entrada. Cada linha de entrada subseqüente contém dois inteiros representando duas cidades, indicando que existe uma estrada da primeira cidade até a segunda. O problema é determinar se existe um percurso do tamanho solicitado pelo qual se possa viajar da primeira cidade para a segunda.

Uma estratégia para a solução é a seguinte: crie um grafo com as cidades como nós e as estradas como arcos. Para achar um caminho de comprimento nr do nó A ao nó B, procure um nó C de modo que exista um arco de A até C e um caminho de comprimento $nr - 1$ de C até B. Se essas condições forem atendidas para um nó C, o caminho desejado existirá; se elas não forem atendidas para qualquer nó C, o caminho não existirá. O algoritmo usa uma função recursiva auxiliar, *findpath(k,a,b)*, que apresentaremos mais adiante. Essa função retornará *true* se existir um segmento de comprimento k de A até B, e *false*, caso contrário. Veja a seguir os algoritmos para o programa e para a função:

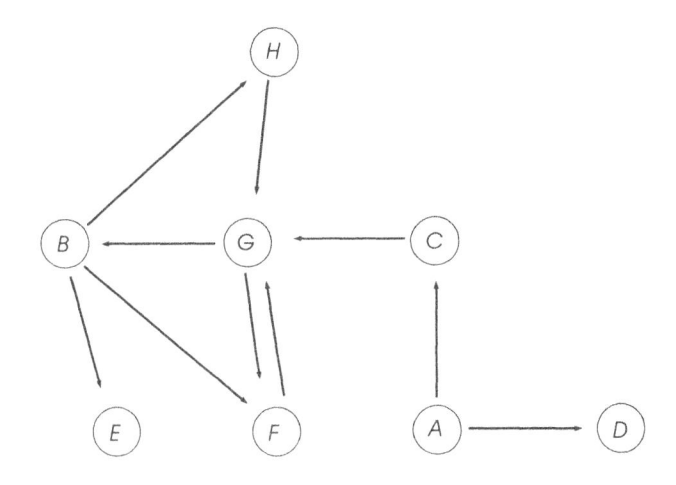

Figura 8.1.3

```
scanf ("%d", &n);                    /*     numero de cidades      */
crie n nohs e denomine-os 0 a n - 1;
scanf ("%d %d", &a, &b);             /* procura caminho de a ateh b */
scanf ("%d", &nr);                   /*     numero desejado de      */
                                     /*       estradas a usar       */
while(scanf("%d %d", &city1, &city2) != EOF)
   join(city1,city2);
if (findpath(nr,a,b))
   printf("existe um caminho de %d ateh %d em %d passos",
                                                  a, b, nr);
else
   printf("nao existe caminho de %d ateh %d em %d passos",
                                                  a, b, nr);
```

O algoritmo para a função *findpath(k,a,b)* é o seguinte:

```
if (k == 1)
   /* procura um caminho de comprimento 1 */
   return(adjacent(a, b));
/* determina se existe um caminho atraves de c   */
for (c = 0; c < n; ++c)
   if (adjacent(a,c) && findpath(k - 1, c, b))
      return(TRUE);
return(FALSE);   /* presume a inexistencia de um caminho */
```

Embora o algoritmo anterior seja uma solução para o problema, ele apresenta algumas deficiências. Vários caminhos são investigados diversas vezes durante o processo recursivo. Além disso, embora o algoritmo precise realmente verificar todo caminho possível, o resultado final apenas confirma se existe o caminho desejado; ele não indica qual é o caminho.

Seria preferível achar os arcos do caminho além de saber apenas se o caminho existe ou não. Finalmente, o algoritmo não verifica a existência de um caminho independentemente do comprimento; ele só verifica a presença de um caminho de comprimento específico. Examinaremos soluções para alguns desses problemas mais adiante, neste capítulo e nos exercícios.

REPRESENTAÇÕES DE GRAFOS EM C

Concentremo-nos agora na representação de grafos em C. Suponha que o número de nós no grafo seja constante, isto é, os arcos podem ser acrescentados ou eliminados, mas os nós não. Sendo assim, um grafo com 50 nós poderia ser declarado como segue:

```
#define MAXNODES 50

struct node {
   /* informacao associada a cada noh    */
};
struct arc {
   int adj;
   /* informacao associada a cada arco */
};
struct graph {
   struct node nodes[MAXNODES];
   struct arc arcs[MAXNODES][MAXNODES];
};
struct graph g;
```

Cada nó do grafo é representado por um inteiro entre 0 e *MAXNODES* - 1, e o campo vetor *nodes* representa as informações corretas associadas a cada nó. O campo vetor *arcs* é um vetor bidimensional representando todo possível par ordenado de nós. O valor de *g.arcs[i][j].adj* é *TRUE* ou *FALSE*, dependendo de o nó *j* ser ou não adjacente ao nó *i*. O vetor bidimensional *g.arcs*[][].*adj* é chamado **matriz de adjacência**. No caso de um grafo ponderado, cada arco poderá também receber a atribuição de informações.

Freqüentemente, os nós de um grafo são numerados de 0 a *MAXNODES* - 1 e nenhuma informação é atribuída a eles. Além disso, talvez interesse apenas a existência de arcos mas não um peso ou outras informações sobre eles. Nesse caso, o grafo poderia ser declarado simplesmente por:

```
int adj[MAXNODES][MAXNODES];
```

Na realidade, o grafo é totalmente descrito por sua matriz de adjacência. Apresentaremos a seguir o código para as operações primitivas recém-descritas, no caso em que um grafo é descrito por sua matriz de adjacência.

```
join (adj, node1, node2)
int adj[][MAXNODES];
int node1, node2;
{
   /* inclui um arco de node1 ateh node2 */
   adj[node1][node2] = TRUE;
} /* fim join */

remv (adj, node1, node2)
int adj[][MAXNODES];
int node1, node2;
{
   /* elimina arco de node1 a node2 caso exista */
   adj[node1][node2] = FALSE;
} /* fim remv */

adjacent (adj, node1, node2)
int adj[][MAXNODES];
int node1, node2;
{
   return((adj[node1][node2] == TRUE)? TRUE : FALSE);
} /* fim adjacent */
```

Um grafo ponderado com um número fixo de nós pode ser declarado por:

```
struct arc {
   int adj;
   int weight;
};
struct arc g[MAXNODES][MAXNODES];
```

A rotina *joinwt*, que inclui um arco de *node*1 a *node*2 com determinado peso *wt*, pode ser codificada assim:

```
joinwt (g, node1, node2, wt)
struct arc g[][MAXNODES];
int node1, node2, wt;
{
   g[node1][node2].adj = TRUE;
   g[node1][node2].weight = wt;
} /* fim joinwt */
```

A rotina *remvwt* será deixada como exercício para o leitor.

FECHAMENTO TRANSITIVO

Suponhamos que um grafo seja totalmente descrito por sua matriz de adjacência, *adj* (isto é, que não exista nenhum dado associado aos nós e o grafo não seja ponderado). Considere a expressão lógica $adj[i][k]$ && $adj[k][j]$. Seu valor será *TRUE* se e somente se $adj[i][k]$ e $adj[k][j]$ forem ambos *TRUE*, o que implicará a existência de um arco do nó i ao nó k e um arco do nó k ao j. Sendo assim, $adj[i][k]$ && $adj[k][j]$ serão iguais a *TRUE* se e somente se existir um caminho de comprimento 2 de i até j passando por k.

Agora, examine a expressão:

$(adj[i][0]$ && $adj[0][j])$ || $(adj[i][1]$ && $adj[1][j])$
||...|| $(adj[i][MAXNODES - 1]$ && $adj[MAXNODES - 1][j])$

O valor dessa expressão será *TRUE* somente se existir um caminho de comprimento 2 do nó i ao nó j, quer por meio do nó 0, quer do nó 1, ..., quer por meio do nó *MAXNODES* - 1. Isso significa dizer que a expressão será avaliada como *TRUE* se e somente se existir um caminho de comprimento 2 do nó i ao nó j.

Considere o vetor adj_2 tal que $adj_2[i][j]$ seja o valor da expressão anterior. adj_2 é chamado **matriz de caminhos de comprimento 2**. $adj_2[i][j]$ indica se existe ou não um caminho de comprimento 2 entre i e j. (Se você estiver acostumado com a multiplicação de matrizes, perceberá que adj_2 é o produto de *adj* por si mesma, com a multiplicação numérica substituída pela conjunção (a operação &&) e a adição substituída pela disjunção (a operação ||). Diz-se que adj_2 é o **produto booleano** de *adj* por si mesma.

A Figura 8.1.4 ilustra esse processo e a Figura 8.1.4a apresenta um grafo e sua matriz de adjacência, na qual *true* é representado por 1 e *false* por 0. A Figura 8.1.4b é o produto booleano dessa matriz por si mesma e, por conseguinte, é a matriz de caminhos de comprimento 2 do grafo. Verifique que só aparecerá um 1 na fileira i, coluna j da matriz da Figura 8.1.4b, se e somente se existir um caminho de comprimento 2 do nó i ao nó j no grafo.

De modo semelhante, defina adj_3, a matriz de caminhos de comprimento 3, como o produto booleano de adj_2 por adj. $adj_3[i][j]$ será *true* se e somente se existir um caminho de comprimento 3 de i até j. Em termos gerais, para calcular a matriz de caminhos de comprimento l, forme o produto booleano da matriz de caminhos de comprimento $l - 1$ pela matriz de adjacência. A Figura 8.1.5 ilustra as matrizes adj_3 e adj_4 do grafo da Figura 8.1.4a.

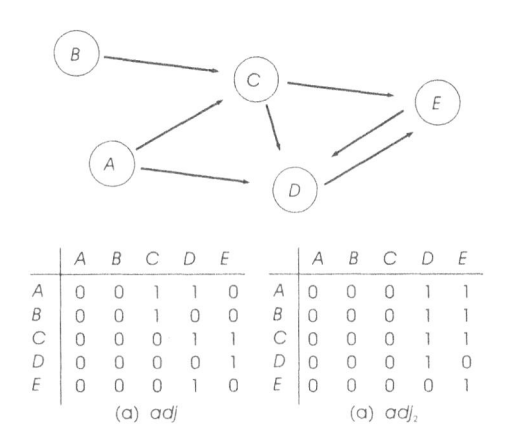

	A	B	C	D	E			A	B	C	D	E
A	0	0	1	1	0		A	0	0	0	1	1
B	0	0	1	0	0		B	0	0	0	1	1
C	0	0	0	1	1		C	0	0	0	1	1
D	0	0	0	0	1		D	0	0	0	1	0
E	0	0	0	1	0		E	0	0	0	0	1

(a) adj (a) adj_2

Figura 8.1.4

Suponha que queiramos saber se existe um caminho de comprimento 3 ou menos entre dois nós de um grafo. Se tal caminho existir entre os nós i e j, ele deverá ter o comprimento 1, 2 ou 3. Se existir um caminho de tamanho 3 ou menos entre os nós i e j, o valor de:

adj[i][j] || adj₂[i][j] || adj₃[i][j]

deverá ser *true*. A Figura 8.1.6 mostra a matriz formada pela conjunção das matrizes adj, adj_2 e adj_3 elemento a elemento. Essa matriz conterá o valor *TRUE* (representado pelo valor 1, na figura) na fileira i, coluna j, se e somente se existir um caminho de comprimento 3 ou inferior do nó i ao nó j.

	A	B	C	D	E			A	B	C	D	E
A	0	0	0	1	1		A	0	0	0	1	1
B	0	0	0	1	1		B	0	0	0	1	1
C	0	0	0	1	1		C	0	0	0	1	1
D	0	0	0	0	1		D	0	0	0	1	0
E	0	0	0	1	0		E	0	0	0	0	1

(a) adj_3 (a) adj_4

Figura 8.1.5

Suponha que queiramos formar uma matriz *path* tal que *path*[i][j] seja *TRUE* se e somente se existir um caminho do nó i ao j (de qualquer comprimento). Evidentemente,

```
path[i][j] == adj[i][j]  ||  adj₂[i][j]  || ...
```

Entretanto, a equação anterior não pode ser usada ao calcular *path* porque o processo por ela descrito é infinito. Contudo, se o grafo tiver n nós, será verdade que:

```
path[i][j] == adj[i][j]  ||  adj₂[i][j]  || ...  || adjₙ[i][j]
```

Isso acontece porque, se existir um caminho de comprimento $m > n$ de i até j, como $i, i_2, i_3, ..., i_m, j$, deverá existir outro caminho de i até j de comprimento inferior ou igual a n. Para verificar isso, observe que, como existem apenas n nós no grafo, pelo menos um nó k deve aparecer no caminho duas vezes. O caminho de i até j pode ser encurtado removendo-se o ciclo de k para k. Esse processo será repetido até que nenhum par de nós no caminho (exceto talvez i e j) sejam iguais e, conseqüentemente, o caminho tenha comprimento n ou menor. A Figura 8.1.7 ilustra a matriz *path* para o grafo da Figura 8.1.4a. A matriz *path* é freqüentemente chamada **fechamento transitivo** da matriz *adj*.

Podemos escrever uma rotina em C que aceite uma matriz de adjacência, *adj*, e calcule seu fechamento transitivo, *path*. Essa rotina usa uma rotina auxiliar, *prod(a,b,c)*, que define o vetor c com produto booleano de a por b.

	A	B	C	D	E
A	0	0	1	1	1
B	0	0	1	1	1
C	0	0	0	1	1
D	0	0	0	1	1
E	0	0	0	1	1

Figura 8.1.6

	A	B	C	D	E
A	0	0	1	1	1
B	0	0	1	1	1
C	0	0	0	1	1
D	0	0	0	1	1
E	0	0	0	1	1

Figura 8.1.7 $path = adj$ ou adj_2 ou adj_3 ou adj_4 ou adj_5.

```
transclose (adj, path)
int adj[][MAXNODES], path[][MAXNODES;
{
    int i, j, k;
    int newprod[MAXNODES][MAXNODES],
                        adjprod[MAXNODES][MAXNODES];

    for (i = 0; i < MAXNODES; ++i)
       for (j = 0; j < MAXNODES; ++j)
          adjprod[i][j] = path[i][j] = adj[i][j];
    for ( i = 1; i < MAXNODES; ++i) {
       /* i representa o numero de vezes que adj      */
       /* foi multiplicada por si mesma ateh obter    */
       /* adjprod.  Neste ponto path representa       */
       /* todos os caminhos de comprimento i ou menor */
       prod (adjprod, adj, newprod);
       for (j = 0; j < MAXNODES; ++j)
          for (k = 0; k < MAXNODES; ++k)
             path[j][k] = path[j][k] || newprod[j][k];
       for (j = 0; j < MAXNODES; ++j)
          for (k = 0; k < MAXNODES; ++k)
             adjprod[j][k] = newprod[j][k];
    }  /* fim for */
}  /* fim transclose */
```

A rotina *prod* pode ser escrita como segue:

```
prod (a, b, c)
int a[][MAXNODES], b[][MAXNODES], c[][MAXNODES];
{
   int i, j, k, val;

   for (i = 0; i < MAXNODES; ++i)        /* percorre */
                                          /*  linhas  */
      for (j = 0; j < MAXNODES; ++j) {   /* percorre */
                                          /*  colunas */
         val = FALSE;
         for (k = 0; k < MAXNODES; ++k)
            val = val || (a[i][k] && b[k][j]);
         c[i][j] = val;
      }  /* fim for j */
}  /* fim prod */
```

Para analisar a eficiência (ou ineficiência) dessa rotina, observe que achar o produto booleano, pelo método que apresentamos, é $O(n^3)$, onde n é o número de nós do grafo (isto é, *MAXNODES*). Em *transclose*, esse processo (a chamada a *prod*) está incorporado em uma repetição que itera $n - 1$ vezes, de modo que a rotina inteira de fechamento transitivo é $O(n^4)$.

ALGORITMO DE WARSHALL

O método apresentado anteriormente é muito ineficiente. Vejamos se conseguimos produzir um método mais eficiente para calcular *path*. Vamos definir a matriz $path_k$ de modo que $path_k[i][j]$ seja *true* se e somente se existir um caminho do nó i ao nó j que não passe por nenhum nó com numeração acima de k (exceto talvez os próprios i e j). Como o valor de $path_{k+1}[i][j]$ pode ser obtido a partir de $path_k$? Evidentemente, para todo i e j tal que $path_k[i][j]$ = *TRUE*, $path_{k+1}[i][j]$ precisará ser *TRUE* (por quê?). A única situação na qual $path_{k+1}[i][j]$ pode ser *TRUE* enquanto $path_k[i][j]$ equivale a *FALSE* é se existir um caminho de i até j passando pelo nó $k+1$, mas não existe nenhum caminho de i até j passando somente pelos nós 1 até k. Contudo, isso significa que deve existir um caminho de i até $k+1$ passando somente pelos nós 1 até k e um caminho semelhante de $k+1$ até j. Sendo assim, $path_{k+1}[i][j]$ será *TRUE*, se e somente se uma das duas seguintes condições se verificar:

1. $path_k[i][j] ==$ TRUE
2. $path_k[i][k+1] ==$ TRUE e $path_k[k+1][j] ==$ TRUE

Isso significa que $path_{k+1}[i][j]$ é igual a $path_k[i][j]\ ||\ (path_k[i][k+1]\ \&\&\ path_k[k+1][j])$. Você encontrará a seguir um algoritmo para obter a matriz $path_k$ a partir da matriz $path_{k-1}$, com base nessa observação:

```
for (i = 0; i < MAXNODES; ++i)
   for (j = 0; j < MAXNODES; ++j)
      pathk [i][j] = pathk - 1 [i][j] || (pathk-1 [i][k] &&
                                          pathk-1 [k][j];
```

Em termos lógicos, isso pode ser simplificado e tornado mais eficiente assim:

```
for (i = 0; i < MAXNODES; ++i)
   for (j = 0; j < MAXNODES; ++j)
      pathk [i][j] = pathk - 1 [i][j];
for (i = 0; i < MAXNODES; ++i)
   if (pathk - 1 [i][k] == TRUE)
      for (j = 0; j < MAXNODES; ++j)
         pathk [i][j] = pathk - 1 [i][j] || pathk - 1 [k][j];
```

Evidentemente, $path_0[i][j] = adj$, porque a única maneira de passar do nó i para o nó j, sem percorrer quaisquer outros nós, é seguir diretamente de i para j. Além disso, $path_{MAXNODES-1}[i][j] = path[i][j]$, porque, se um caminho puder atravessar quaisquer nós numerados de 0 a MAXNODES - 1, qualquer caminho do nó i até o nó j poderá ser selecionado. Portanto, a seguinte rotina em C pode ser usada para calcular o fechamento transitivo:

```c
transclose (adj, path)
int adj[][MAXNODES], path[][MAXNODES];
{
  int i, j, k;
  for (i = 0; i < MAXNODES; ++i)
     for (j = 0; j < MAXNODES; ++j)
        path[i][j] = adj[i][j];   /* path inicia */
                                  /*    como adj */
  for (k = 0; k < MAXNODES; ++k)
     for (i = 0; i < MAXNODES; ++i)
        if(path[i][k]== TRUE)
           for (j = 0; j < MAXNODES; ++j)
              path [i][j] = path[i][j] || path [k][j];
} /* fim transclose */
```

Essa técnica aumenta a eficiência de achar o fechamento transitivo para $O(n^3)$. O método é freqüentemente chamado **algoritmo de Warshall**, em homenagem a seu descobridor.

UM ALGORITMO DE MENOR CAMINHO

Num grafo ponderado, ou rede, deseja-se freqüentemente achar o menor caminho entre dois nós, s e t. O menor caminho é definido como um caminho de s até t, de modo que a soma dos pesos dos arcos do caminho seja minimizada. Para representar a rede, presumimos uma função de peso, de modo que *weight*(i,j) seja o peso do arco de i a j. Se não existir um arco de i até j, *weight*(i,j) será definida com valor arbitrariamente grande para indicar o custo infinito (ou seja, a impossibilidade) de seguir diretamente de i até j.

Se todos os pesos forem positivos, o seguinte algoritmo, atribuído a Dijkstra, determinará o menor caminho de s até t. Suponha que a variável *infinity* armazene o maior inteiro possível. *distance*[i] guarda o custo do menor caminho conhecido até agora, de s até i. Inicialmente, *distance*[s] = 0 e *distance*[i] = *infinity* para todo i != s. Um conjunto *perm* contém todos os nós cuja distância mínima a partir de s é conhecida — ou seja, os nós cujo valor da distância é permanente e não mudará. Se um nó i for um membro de *perm*, *distance*[i] será a menor distância de s até i. No início, o único membro de *perm* é s. Assim que t se tornar um membro de *perm*, *distance*[t] será conhecida como a menor distância de s até t, e o algoritmo terminará.

O algoritmo mantém uma variável, *current*, que representa o mais recente nó incluído em *perm*. No início, *current* = s. Sempre que um nó *current* for incluído em *perm*, *distance* deverá ser recalculada para todos os sucessores de *current*. Para todo sucessor i de *current*, se *distance*[*current*] + *weight*(*current*, i) for menor que *distance*[i], a distância de s até i por meio de *current* será menor que todas as outras distâncias de s até i encontradas até então. Sendo assim, *distance*[i] precisará ser redefinida com esse valor menor.

Assim que *distance* for recalculada para todo sucessor de *current*, *distance*[j] (para qualquer j) representará o menor caminho de s até j que incluirá somente membros de *perm* (exceto o próprio j). Isso significa que, para o nó k não incluído em *perm*, para o qual *distance*[k] é o menor, não existirá caminho de *s* até *k* cujo comprimento seja menor que *distance[k]*. (*distance[k]* já é a menor distância até *k* que inclui somente os nós pertencentes a *perm*, e qualquer caminho até *k* que inclua um nó *nd* como seu primeiro nó não incluído em *perm* tem de ser mais longo porque *distance[nd]* é maior que *distance[k]*.) Sendo assim, *k* pode ser incluído em *perm*. *current* será, então, redefinida com *k* e o processo se repetirá.

Veja a seguir uma rotina em C para implementar esse algoritmo. Além de calcular distâncias, o programa encontra por si mesmo o menor caminho, mantendo um vetor *precede* tal que *precede[i]* seja o nó que precede o nó *i* no menor caminho encontrado até então. Um vetor *perm* é usado para rastrear o conjunto correspondente. *perm[i]* será 1 se *i* for um membro do conjunto, e 0 caso contrário. A rotina aceita uma matriz de pesos (com arcos não-adjacentes sendo um peso igual a *infinity*) e dois nós, *s* e *t*, e calcula a menor distância *pd* de *s* até *t*, além do vetor *precede* para definir o caminho. A rotina pressupõe as seguintes definições e declarações:

```c
#define INFINITY ...
#define MAXNODES ...
#define MEMBER 1
#define NONMEMBER 0
shortpath (weight, s, t, pd, precede)
int weight[][MAXNODES];
int s, t, *pd, precede[];
{
   int distance{MAXNODES], perm[MAXNODES];
   int current, i, k, dc;
   int smalldist, newdist;

   /* inicializacao */
   for (i = 0; i < MAXNODES; ++i)  {
      perm[i] = NONMEMBER;
      distance[i] = INFINITY;
   }  /* fim for */
   perm[s] = MEMBER;
   distance[s] = 0;
   current = s;
   while (current != t) {
      smalldist = INFINITY;
      dc = distance[current];
      for (i = 0; i < MAXNODES; i++)
         if (perm[i] == NONMEMBER)  {
            newdist = dc + weight[current][i];
```

```
            if (newdist < distance[i]) {
               /* a distancia de s a i atraves de current */
               /*        eh menor que distance[i]         */
               distance[i] = newdist;
               precede[i] = current;
            }  /* fim if */
            /* determina a menor distancia */
            if (distance[i] < smalldist)  {
               smalldist = distance[i];
               k = i;
            }  /* fim if */
         }  /* fim for ... if */
      current = k;
      perm[current] = MEMBER;
   }  /* fim while */
   *pd = distance[t];
}  /* fim shortpath */
```

Uma implementação alternativa que mantém o conjunto de nós "permanentes" como uma lista ligada, em vez do vetor *perm*, será deixada como exercício para o leitor.

Presumindo-se que uma função *all(x)* tenha sido definida para retornar *TRUE* se todo elemento do vetor *x* for 1, e *FALSE* caso contrário, o algoritmo de Dijkstra pode ser modificado de modo a encontrar o menor caminho de um nó *s* a todo outro nó no grafo, alterando-se o cabeçalho do **while** para:

```
while (all(perm) == FALSE)
```

Para analisar a eficiência dessa implementação do algoritmo de Dijkstra, observe que um nó é incluído em *perm* em cada iteração do **while** de modo que, potencialmente, ele precisa ser repetido *n* vezes (onde *n* = *MAXNODES*, o número de nós no grafo). Cada iteração requer o exame de todo nó [**for** (i = 0; i < *MAXNODES*; ++i)], o que torna o algoritmo inteiro $O(n^2)$. Examinaremos uma implementação mais eficiente do algoritmo de Dijkstra na Seção 8.3.

EXERCÍCIOS

8.1.1. Para o grafo da Figura 8.1.1b:

    a. Determine sua matriz de adjacência.

    b. Determine sua matriz de caminhos usando potências da matriz de adjacência.

    c. Determine sua matriz de caminhos usando o algoritmo de Warshall.

8.1.2. Desenhe um digráfico correspondente a cada uma das seguintes relações sobre os inteiros de 1 a 12:

    a. x estará relacionado a y se $x - y$ for um múltiplo par de 3.

    b. x estará relacionado a y se $x + 10 * y < x * y$.

    c. x estará relacionado a y se o resto da divisão de x por y for 2.

Calcule as matrizes de adjacência e de caminhos para cada uma dessas relações.

8.1.3. Um nó $n1$ será **atingível** a partir de um nó $n2$ num grafo, se $n1$ for igual a $n2$ ou se existir um caminho de $n2$ até $n1$. Escreva uma função em C, *reach(adj,i,j)*, que aceite uma matriz de adjacência e dois inteiros e determine se o $i$ésimo nó no digráfico é atingível a partir do $i$ésimo nó.

8.1.4. Escreva rotinas em C que, dados uma matriz de adjacência e dois nós de um grafo, calculem:

    a. o número de caminhos de determinado comprimento existentes entre eles;

    b. o número total de caminhos existentes entre eles.

8.1.5. Uma relação sobre um conjunto S (e seu digráfico correspondente) será **simétrica** se para quaisquer dois elementos, x e y, em S tais que x se relacione com y, y se relacione também com x.

    a. O que deve ser verdadeiro num digráfico se ele representar uma relação simétrica?

b. Dê um exemplo de uma relação simétrica e desenhe seu digráfico.

c. O que deve ser verdadeiro na matriz de adjacência de um digráfico simétrico?

d. Escreva uma rotina em C que aceite uma matriz de adjacência e determine se o digráfico que ela representa é simétrico.

8.1.6. Uma relação sobre um conjunto S (com seu digráfico e sua matriz de adjacência correspondentes) será ***transitiva*** se, para quaisquer três elementos, x, y e z, em S, se x se relacionar com y e y se relacionar com z, x se relacionará com z.

a. O que deve ser verdadeiro num digráfico se ele representar uma relação transitiva?

b. Dê um exemplo de uma relação transitiva e desenhe seu digráfico.

c. O que deve ser verdadeiro do produto booleano da matriz de adjacência de um digráfico transitivo por si mesma?

d. Escreva uma rotina em C que aceite uma matriz de determine se o digráfico que ela representa é transitivo.

e. Prove que o fechamento transitivo de qualquer digráfico é transitivo.

f. Prove que o menor digráfico transitivo que inclui todos os nós e arcos de determinado digráfico é o fechamento transitivo desse digráfico.

8.1.7. Dado um digráfico, prove que é possível renumerar seus nós de modo que a matriz de adjacência resultante seja triangular inferior (ver Exercício 1.2.8) se e somente se o digráfico for acíclico. Escreva uma função em C, *lowtri(adj, ltadj, perm)* que aceite uma matriz de adjacência, *adj*, de um grafo acíclico e crie um matriz de adjacência triangular inferior, *ltadj*, que represente o mesmo grafo. *perm* é um vetor unidimensional tal que *perm[i]* é definido com o novo número atribuído ao nó numerado por i na matriz *adj*.

8.1.8. Reescreva a rotina *shortpath* de modo a implementar o conjunto de nós "permanentes" como uma lista ligada. Mostre que a eficiência do método continua $O(n^2)$.

8.2. UM PROBLEMA DE FLUXO

Nesta seção, examinaremos um problema real e ilustraremos uma solução que usa um grafo ponderado. Existem diversas formulações desse problema cujas soluções conduzem a uma ampla variedade de aplicações. Apresentaremos uma dessas formulações e indicaremos ao leitor a literatura para versões alternativas.

Imagine um sistema de fornecimento de água como o da Figura 8.2.1a. Cada arco representa uma tubulação e o número posicionado acima de cada arco representa a capacidade dessa tubulação em litros por minuto. Os nós representam pontos de união das tubulações e de transferência da água de uma tubulação para a outra. Dois nós, S e T, são designados como uma **fonte** de água e um **usuário** de água (ou **ralo**), respectivamente. Isso significa que a água que se origina em S deve ser canalizada pela tubulação até T. A água só poderá fluir através de uma tubulação em uma direção (podem ser usadas válvulas de pressão para evitar o refluxo da água), e não existem tubulações entrando em S ou saindo de T. Sendo assim, um grafo orientado ponderado, como o da Figura 8.2.1a, é uma estrutura de dados ideal para retratar a situação.

Gostaríamos de maximizar a quantidade de água fluindo da fonte para o usuário. Embora a fonte possa produzir água em quantidade prodigiosa e o usuário possa consumir água numa quantidade comparável, é possível que o sistema de tubulações não canalize toda a água da fonte até o usuário. Dessa forma, o fator limitante do sistema inteiro é a capacidade de canalização. Existem outros problemas do mundo real semelhantes a esses. O sistema poderia ser uma rede elétrica, um sistema ferroviário, uma rede de comunicações ou qualquer outro sistema de distribuição no qual se queira aumentar a quantidade de um item sendo liberado de um ponto para outro.

Defina uma **função de capacidade**, $c(a,b)$, onde a e b sejam nós, como segue: se $adjacent(a,b)$ for *true* (isto é, se existir uma tubulação de a até b), $c(a,b)$ será a capacidade da canalização de a até b. Se não existir nenhuma tubulação de a até b, $c(a,b) = 0$. Em qualquer ponto da operação do sistema, determinada quantidade de água (possivelmente 0) fluirá através de cada tubulação. Defina uma **função de fluxo**, $f(a,b)$, onde a e b sejam nós, como 0 se b não for adjacente a a, e a quantidade de água fluindo através

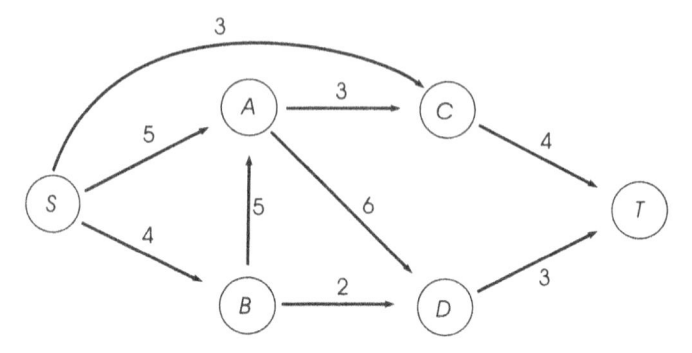

(a) Um problema de fluxo.

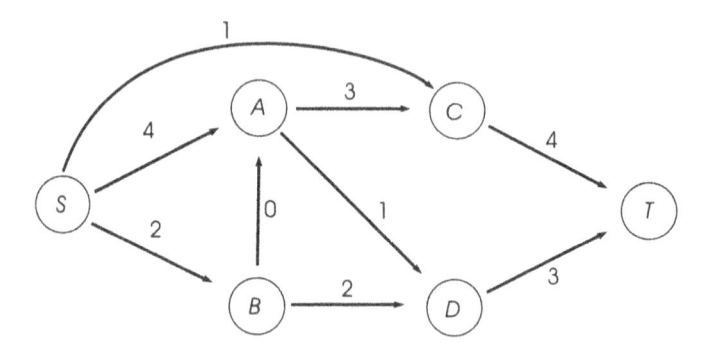

(b) Uma função de fluxo.

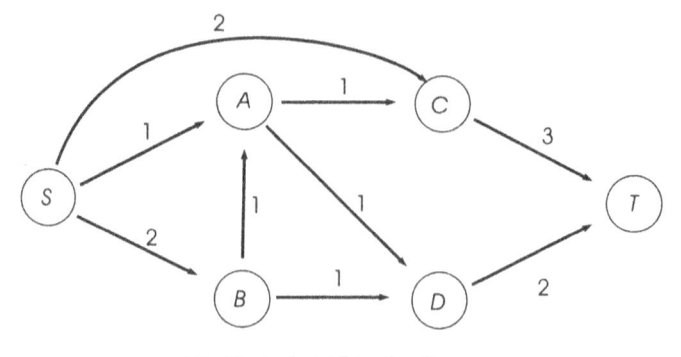

(c) Uma função de fluxo.

Figura 8.2.1

da tubulação de a até b caso contrário. Obviamente, $f(a,b) >= 0$ para todos os nós a e b. Além disso, $f(a,b) <= c(a,b)$ para todos os nós a e b, porque uma tubulação não pode canalizar uma quantidade de água superior à sua capacidade. Considere v a quantidade de água que flui através do sistema, de S até T. Sendo assim, a quantidade de água saindo de S através de todas as tubulações é igual à quantidade de água entrando em T através de todas as tubulações, e esses dois valores são iguais a v. Isto pode ser declarado pela igualdade:

$$\sum_{x \in nós} f(S,x) = v = \sum_{x \in nós} f(x,T)$$

Nenhum nó, exceto S, poderá produzir água e nenhum nó, exceto T, poderá consumir água. Sendo assim, a quantidade de água saindo de qualquer nó diferente de S ou T será igual à quantidade de água entrando neste nó. Isto pode ser declarado por:

$$\sum_{x \in nós} f(x,y) = \sum_{x \in nós} f(x,y) \text{ para todos os nós } x! = S, T$$

Defina o **fluxo de entrada** de um nó x como o fluxo total entrando em x e o **fluxo de saída** como o fluxo total saindo de x. As condições anteriores podem ser reescritas como:

```
outflow (S) = inflow (T) = v
inflow (x) = outflow (x) para todo x != S, T
```

Podem existir várias funções de fluxo para determinado grafo e função de capacidade. As Figuras 8.2.1b e c ilustram duas possíveis funções de fluxo para o grafo da Figura 8.2.1a. Procure entender por que ambas são funções de fluxo válidas e por que as duas satisfazem às equações e desigualdades descritas anteriormente.

Queremos determinar uma função de fluxo que maximize o valor de v, a quantidade de água canalizada de S para T. Essa função de fluxo é chamada **ótima**. Evidentemente, a função de fluxo da Figura 8.2.1b é melhor do que a da Figura 8.2.1c porque v é igual a 7 na primeira, mas 5 na última. Veja se você consegue descobrir uma função de fluxo melhor do que a da Figura 8.2.1b.

Uma função de fluxo válida pode ser obtida definindo-se $f(a,b)$ com 0 para todos os nós a e b. Evidentemente, essa função de fluxo é a menos ótima porque nenhuma água fluirá de S para T. Dada uma função de fluxo, ela poderá ser melhorada para que o fluxo de S para T seja aumentado. Entretanto, a versão melhorada deverá atender a todas as condições impostas para uma função de fluxo válida. Em particular, se o fluxo entrando em qualquer nó (exceto S ou T) for aumentado ou diminuído, o fluxo saindo desse nó deverá ser aumentado ou diminuído concomitantemente. A estratégia para produzir uma função de fluxo ótima é começar com uma função de fluxo 0 e melhorá-la sucessivas vezes até que uma função de fluxo ótima seja produzida.

MELHORANDO UMA FUNÇÃO DE FLUXO

Dada uma função de fluxo f, há duas maneiras de melhorá-la. Uma delas consiste em achar um caminho $S = x_1, x_2,...,x_n = T$ de S a T, tal que o fluxo ao longo de cada arco no caminho seja estritamente inferior à capacidade (isto é, $f(x_{k-1}, x_k) < c(x_{k-1}, x_k)$ para todo k entre 1 e $n - 1$). O fluxo pode ser aumentado em cada arco do caminho pelo valor mínimo de $c(x_{k-1}, x_k) - f(x_{k-1}, x_k)$ para todo k entre 1 e $n - 1$ (de forma que, quando o fluxo for aumentado ao longo do caminho inteiro, existirá pelo menos um arco $<x_{k-1}, x_k>$ no caminho para o qual $f(x_{k-1}, x_k) = c(x_{k-1}, x_k)$ e por meio do qual o fluxo não possa ser aumentado mais.)

Isso pode ser ilustrado pelo grafo da Figura 8.2.2a, que fornece a capacidade e o fluxo atual de cada arco. Existem dois caminhos de S a T com fluxo positivo((S,A,C,T) e (S,B,D,T)). Entretanto, cada um desses caminhos contém um arco ($<A,C>$ e $<B,D>$) no qual o fluxo é igual à capacidade. Sendo assim, o fluxo ao longo desses caminhos não pode ser aumentado. Entretanto, o caminho (S,A,D,T) é tal que a capacidade de cada arco no caminho é maior que seu fluxo atual. A quantidade máxima pela qual o fluxo pode ser aumentado ao longo desse caminho é 1 porque o fluxo ao longo de $<D,T>$ não pode ultrapassar 3. A função de fluxo resultante aparece na Figura 8.2.2b. O fluxo total de S a T foi aumentado de 5 para 6. Para constatar que o resultado é ainda uma função de fluxo válida, observe que para cada nó (exceto T) cujo fluxo de entrada é aumentado o fluxo de saída é aumentado com a mesma quantidade.

Existem outros caminhos cujo fluxo pode ser aumentado? Nesse exemplo, você deve convencer-se de que não. Entretanto, dado o grafo da

Figura 8.2.2a, poderíamos ter optado por aumentar o caminho (S, B, A, D, T). A função de fluxo resultante aparece na Figura 8.2.2c. Essa função fornece um fluxo líquido de 6, de S a T, e, portanto, não é melhor nem pior do que a função de fluxo da Figura 8.2.2b.

Mesmo que não exista nenhum caminho que possa ser aumentado, há outro método de melhorar o fluxo líquido da fonte até o usuário. Isso é ilustrado na Figura 8.2.3. Na Figura 8.2.3a, não existe nenhum caminho de S a T cujo fluxo possa ser aumentado. Mas se o fluxo de X a Y for reduzido, o fluxo de X a T poderá ser aumentado. Para compensar a diminuição no fluxo de entrada de Y, o fluxo de S a Y poderia ser aumentado, aumentando dessa forma o fluxo da rede de S para T. O fluxo de X para Y pode ser redirecionado para T, conforme mostrado na Figura 8.2.3b, e o fluxo da rede de S a T pode ser, por conseguinte, aumentado de 4 para 7.

Podemos generalizar esse segundo método como segue. Suponha que exista um caminho a partir de S até um nó Y, um caminho a partir de algum nó X até T e um caminho a partir de X até Y com fluxo positivo. Dessa forma, o fluxo ao longo do caminho de X a Y pode ser reduzido e o fluxo de X a T e de S a Y pode ser aumentado na mesma proporção. Essa quantidade é o mínimo do fluxo de X a Y e as diferenças entre capacidade e fluxo nos caminhos de S a Y e X a T.

Esses dois métodos podem ser combinados, continuando através do grafo, de S até T, como segue: a quantidade de água emanando de S na direção de T poderá ser aumentada em qualquer volume (porque não presumimos um limite para a quantidade de água que pode ser produzida pela fonte) somente se as tubulações de S até T puderem suportar o aumento. Suponha que a capacidade de canalização de S até x permita que a quantidade de água entrando em x seja aumentada por uma quantidade a. Se existir capacidade da canalização para conduzir esse aumento de x a T, então o aumento poderá ser feito. Se um nó y for adjacente a x (isto é, existe um arco $<x,y>$), a quantidade de água emanando de y na direção de T poderá ser aumentada pelo mínimo de a e pela capacidade sem uso do arco $<x,y>$. Essa é uma aplicação do primeiro método. De modo semelhante, se o nó x for adjacente a algum nó y (isto é, existe um arco $<y,x>$), a quantidade de água emanando de y na direção de T poderá ser aumentada pelo mínimo de a e pelo fluxo existente de y para x. Isso pode ser feito reduzindo-se o fluxo de y para x, como no segundo método. Continuando dessa maneira, de S para T, a quantidade pela qual o fluxo para T pode ser aumentado será determinada.

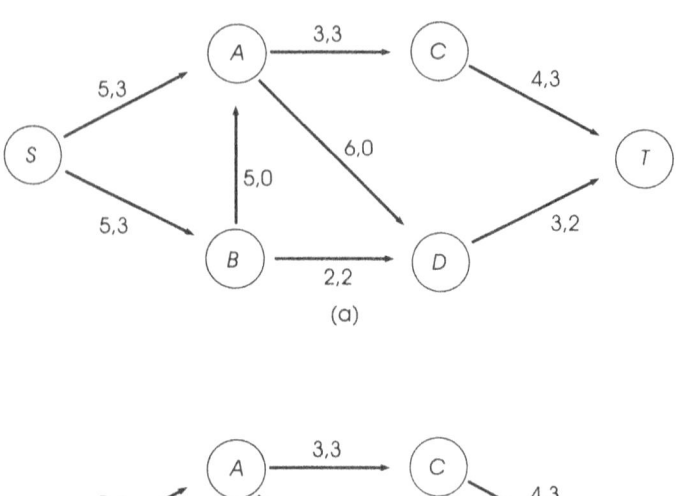

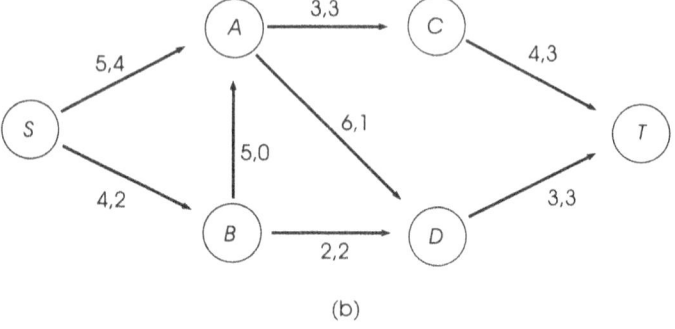

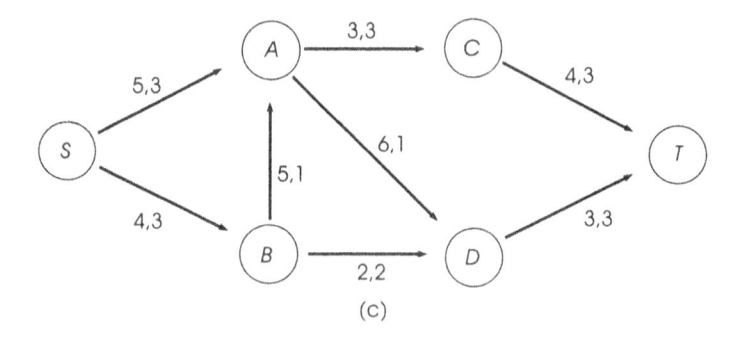

Figura 8.2.2 Aumentando o fluxo num grafo.

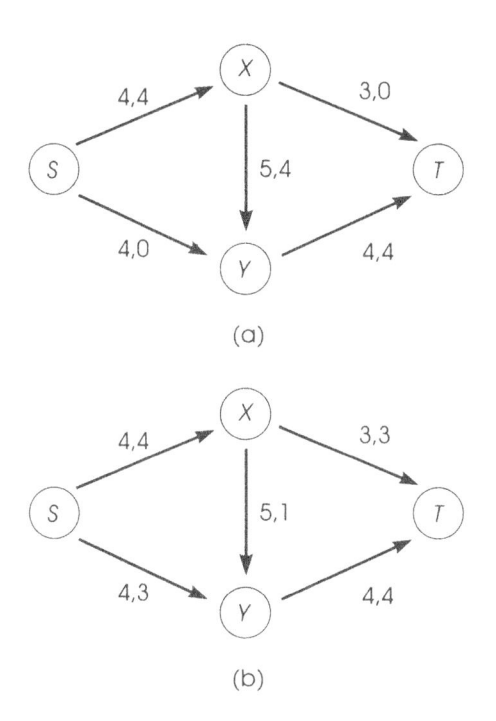

Figura 8.2.3 Aumentando o fluxo num grafo.

Defina um **semicaminho** de S para T como uma seqüência de nós $S = x_1, x_2,...,x_n = T$ tal que para todo $0 < i <= n - 1$, ou $<x_{i-1}, x_i>$ ou $<x_i, x_{i-1}>$ seja um arco. Usando a técnica anterior, podemos descrever um algoritmo para descobrir um semicaminho de S para T de modo que o fluxo para cada nó no semicaminho possa ser aumentado. Isso é feito contando-se com os semicaminhos parciais já descobertos a partir de S. Se o último nó num semicaminho parcial descoberto a partir de S for a, o algoritmo considerará a extensão dele para qualquer outro nó b de modo que $<a, b>$ ou $<b, a>$ seja um arco. O semicaminho parcial só será estendido até b se a extensão puder ser feita de tal forma que o fluxo de entrada para b possa ser aumentado. Assim que um semicaminho parcial for estendido até o nó b, esse nó não será mais considerado uma extensão de algum outro semicaminho parcial. (Isso ocorre porque, nesse ponto, estamos tentando descobrir um único semicaminho de S para T.) Evidentemente, o algoritmo rastreia a quantidade pela qual o fluxo de entrada de b pode ser aumentado e se seu aumento se deve ao arco $<a,b>$ ou $<b,a>$.

Esse processo continua até que um semicaminho parcial a partir de S esteja finalizado, estendendo-o para T. Em seguida, o algoritmo retrocede ao longo do semicaminho, ajustando todos os fluxos até que S seja alcançado. (Esse processo será ilustrado logo adiante com um exemplo.) O processo inteiro é, então, repetido numa tentativa de descobrir ainda outro semicaminho de S para T. Quando nenhum semicaminho parcial puder ser estendido com sucesso, o fluxo não poderá ser aumentado e o fluxo existente será considerado ótimo. (Recomendamos que você demonstre esse fato, como exercício.)

UM EXEMPLO

Ilustremos esse processo com um exemplo. Considere os arcos e as capacidades do grafo ponderado da Figura 8.2.4. Começaremos presumindo um fluxo igual a 0 e tentaremos descobrir um fluxo ótimo. A Figura 8.2.4a ilustra a situação inicial. Os dois números posicionados acima de cada arco representam a capacidade e o fluxo atual, respectivamente. Podemos estender um semicaminho de S para (S, X) e (S, Z), respectivamente. O fluxo de S para X pode ser aumentado em 4, e o de S para Z em 6. O semicaminho (S, X) pode ser estendido até (S, X, W) e (S, X, Y), com os correspondentes aumentos de fluxo para W e Y de 3 e 4, respectivamente. O semicaminho (S, X, Y) pode ser estendido para (S, X, Y, T) com um aumento de fluxo para T de 4. (Observe que nesse ponto poderíamos ter optado por estender (S, X, W) para (S, X, W, T). De modo semelhante, poderíamos ter estendido (S, Z) para (S, Z, Y) em vez de (S, X) para (S, X, W) e (S, X, Y). Essas decisões são arbitrárias.)

Como alcançamos T pelo semicaminho (S, X, Y, T) com um aumento líquido de 4, aumentamos o fluxo ao longo de cada arco para frente do percurso com essa quantidade. Os resultados aparecem ilustrados na Figura 8.2.4b.

Agora, repetimos o processo anterior com o fluxo da Figura 8.2.4b. (S) só pode ser estendido para (S,Z) porque o fluxo no arco <S, X> já é igual à capacidade. O aumento líquido até Z através desse semicaminho é 6. (S,Z) pode ser estendido até (S,Z,Y), resultando um aumento líquido igual a 4 até Y. (S,Z,Y) não pode ser estendido para (S,Z,Y,T) porque o fluxo no arco <Y,T> está na capacidade. Entretanto, ele pode ser estendido até (S,Z,Y,X) com um aumento líquido igual a 4 até o nó X. Observe que, como esse semicaminho inclui um arco para trás <Y,X>, isso implica uma redução no fluxo de X para Y igual a 4. O semicaminho (S,Z,Y,X) pode ser estendido para (S,Z,Y,X,W)

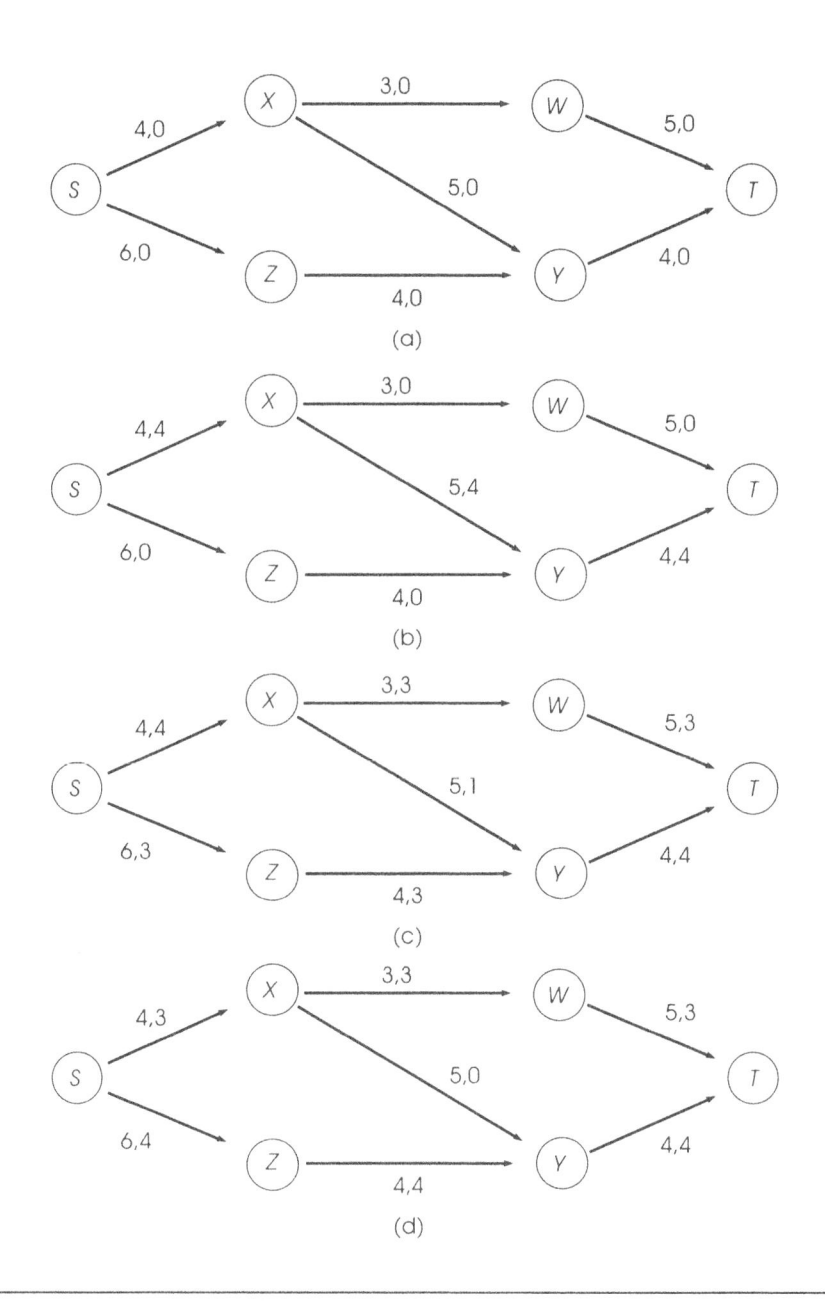

Figura 8.2.4 Produzindo um fluxo ótimo.

com um aumento líquido igual a 3 (a capacidade sem uso de <X,W>) até W. Esse semicaminho pode, em seguida, ser estendido para (S,Z,Y,X,W,T) com um aumento líquido de 3 no fluxo para T. Como alcançamos T com um aumento igual a 3, retrocedemos ao longo desse semicaminho. Como <W,T> e <X,W> são arcos para frente, seu fluxo pode ser aumentado por 3, em cada um. Como <Y,X> é um arco para trás, o fluxo ao longo de <X,Y> é reduzido por 3. Como <Z,Y> e <S,Z> são arcos para frente, seu fluxo pode ser aumentado por 3. Isso resulta no fluxo apresentado na Figura 8.2.4c.

Em seguida, tentamos repetir o processo. (S) pode ser estendido até (S,Z) com um aumento de 3 até Z, (S,Z) pode ser estendido para (S,Z,Y) com um aumento de 1 para Y, e (S,Z,Y) pode ser estendido para (S,Z,Y,X) com um aumento de 1 para X. Entretanto, como os arcos <S,X>, <Y,T> e <X,W> estão na capacidade, nenhum semicaminho pode ser estendido mais e encontramos portanto um fluxo ótimo. Observe que esse fluxo ótimo não precisa ser único. A Figura 8.2.4d ilustra outro fluxo ótimo para o mesmo grafo, obtido a partir da Figura 8.2.4a, considerando os semicaminhos (S,X,W,T) e (S,Z,Y,T).

O ALGORITMO E O PROGRAMA

Dado um grafo ponderado (uma matriz de adjacência e uma matriz de capacidade) com uma fonte S e um usuário T, o algoritmo para produzir uma função de fluxo ótimo para esse grafo pode ser descrito como segue:

```
1      inicializa a funcao do fluxo com 0 em cada arco;
2      canimprove = TRUE;
3      do {
4         tentativa de achar um semicaminho de S p/ T que
                         aumente o fluxo p/ T por x > 0;
5         if (impossivel encontrar semicaminho)
              canimprove = FALSE;
6         else
              aumente o fluxo para cada noh (exceto S)
                              no semicaminho por x;
7      } while(canimprove == TRUE);
```

Evidentemente, o coração do algoritmo reside na linha 4. Assim que um nó for posicionado num semicaminho parcial, ele não poderá ser mais usado para estender outro semicaminho diferente. Sendo assim, o algoritmo usa um vetor de sinalizadores, *onpath*, de modo que *onpath*[*node*] indique se *node* encontra-se ou não em algum semicaminho. Ele também precisa da indicação de quais nós se encontram nas extremidades dos semicaminhos parciais para que esses possam ser estendidos, incluindo-se nós adjacentes. *endpath*[*node*] indica se *node* está ou não na extremidade do semicaminho parcial. Para cada nó num semicaminho, o algoritmo precisa rastrear o nó que o precede nesse semicaminho e a direção do arco. *precede*[*node*] aponta para o nó que precede *node* em seu semicaminho, e *forward*[*node*] tem o valor *TRUE* se e somente se o arco estiver na direção de *precede*[*node*] para *node*. *improve*[*node*] indica a quantidade pela qual o fluxo para *node* pode ser aumentado ao longo de seu semicaminho. O algoritmo que tenta achar um semicaminho de S para T ao longo do qual o fluxo pode ser aumentado é escrito como segue. (Presumimos que $c[a][b]$ é a capacidade da canalização de a para b e que $f[a][b]$ é o fluxo atual de a para b.)

```
define endpath[node], onpath[node] com FALSE p/ todos os nohs;
endpath[S] = TRUE;
onpath[S] = TRUE;
/* calcula fluxo maximo a partir de S que as tubulacoes podem
suportar */
improve[S] = soma de c[S][node] sobre todos os nohs node;
while ((onpath[T] == FALSE)
      && (existir um noh nd tal que endpath[nd] == TRUE)) {
    endpath[nd] = FALSE;
    while (existir um noh i tal que
          (onpath[i] == FALSE) && (adjacent(nd, i) == TRUE)
          && (f[nd][i] < c[nd][i]))   {
       /* o fluxo de nd para i pode ser aumentado   */
       /*        coloque i no semicaminho           */
       onpath[i] = TRUE;
       endpath[i] = TRUE;
       precede[i] = nd;
       forward[i] = TRUE;
       x = c[nd][i] - f[nd][i];
       improve[i] = (improve[nd] < x)  ?  improve[nd] : x;
    }  /* fim while existir um noh... */
    while (existir um noh i tal que
          (onpath[i] == FALSE) && (adjacent(i,nd) == TRUE)
          && (f[i][nd] > 0))  {
       /* O fluxo de i para nd pode ser diminuido */
       /*        coloque i no semicaminho           */
       onpath[i] = TRUE;
```

```
         endpath[i] = TRUE;
         precede[i] = nd;
         forward[i] = FALSE;
         improve[i] = (improve[nd] { f[i][nd]   ?   improve[nd] :
                                                       f[i][nd];
   }  /* fim while existe... */
} /* fim while (onpath[T] == FALSE */
if (onpath(T) == TRUE)
   achamos um semicaminho de S para T;
else
   o fluxo jah eh o otimo;
```

Assim que um semicaminho de S para T for encontrado, o fluxo poderá ser aumentado ao longo desse semicaminho (linha 6 anterior) pelo seguinte algoritmo:

```
x = improve[T];
nd = T;
while (nd != S)  {
   pred = precede[ND];
   (forward[nd] == TRUE)  ?  (f[pred, nd] += x):
                                       (f[nd, pred] -= x);
   nd = pred;
}  /* fim while */
```

Esse método de solucionar o problema do fluxo é conhecido como **algoritmo de Ford-Fulkerson**, em homenagem a seus descobridores.

Convertamos, agora, esses algoritmos numa rotina em C, *maxflow(cap, s, t, flow, totflow)*, onde *cap* é um parâmetro de entrada representando uma função de capacidade definida num grafo ponderado, *s* e *t* são parâmetros de entrada representando a fonte e o usuário, *flow* é um parâmetro de saída representando a função de fluxo máximo, e *totflow* é a quantidade de fluxo de *s* para *t* sob a função de fluxo *flow*.

Os algoritmos anteriores podem ser facilmente convertidos em programas em C. São necessários cinco vetores, *endpath, forward, onpath, improve* e *precede*. A pergunta sobre se *j* é adjacente a *i* pode ser respondida verificando-se se *cap[i][j]* == 0.

Apresentamos a rotina, a seguir, como uma implementação direta dos algoritmos. *any* é uma função que aceita um vetor de valores lógicos e retorna *TRUE* se qualquer elemento do vetor for *TRUE*. Se nenhum elemento do vetor for *TRUE*, *any* retornará *FALSE*. Deixaremos sua codificação como exercício.

```
#define MAXNODES 50
#define INFINITY ...
maxflow (cap, s, t, flow, ptotflow)
int cap[][MAXNODES], s, t, flow[][MAXNODES], *ptotflow;
{
   int pred, nd, i, x;
   int precede[MAXNODES], improve[MAXNODES];
   int endpath[MAXNODES], forward[MAXNODES],
                                           onpath[MAXNODES];

   for (nd = 0; nd < MAXNODES; ++nd)
      for (i = 0; i < MAXNODES; ++i)
         flow[nd][i] = 0;
   *ptotflow = 0;
   do {
      /* tentativa de achar um semicaminho de s p/ t */
      for (nd = 0; nd < MAXNODES; ++nd) {
         endpath[nd] = FALSE;
         onpath[nd] = FALSE;
      } /* fim for */
      endpath[s] = TRUE;
      onpath[s] = TRUE;
      improve[s] = INFINITY;
      /* presumimos que s pode fornecer fluxo infinito */
      while ((onpath[t] == FALSE) && (any(endpath) ==
                                                  TRUE)) {
         /* tentativa de estender um caminho existente */
         for (nd = 0; endpath[nd] == FALSE; nd++)
            ;
         endpath[nd] = FALSE;
         for (i = 0; i < MAXNODES; ++i)  {
           if ((flow[nd][i] < cap[nd][i] &&
                                           (onpath[i] == FALSE)) {
               onpath[i] = TRUE;
               endpath[i] = TRUE;
               precede[i] = nd;
               forward[nd] = TRUE;
               x = cap[nd][i] - flow[nd][i];
               improve[i] = (improve[nd] < x)  ?
                                           improve[nd] : x;
            } /* fim if  */
            if ((flow[i][nd] > 0) && (onpath[i] == FALSE)) {
               onpath[i] = TRUE;
               endpath[i] = TRUE;
```

```
                    precede[i] = nd;
                    forward[nd] = FALSE;
                    improve[i] = (improve[nd] < flow[i][nd]   ?
                                    improve[nd] :   flow[i][nd];
             }  /* fim if  */
         }  /* fim for */
      }  /* fim while */
      if (onpath[t] == TRUE)   {
         /* fluxo no semicaminho p/ t pode ser aumentado */
         x = improve[t];
         *ptotflow += x;
         nd = t;
         while (nd != s)   {
             /* retrocede ao longo do caminho */
             pred = preced[nd];
             /* aumente ou diminua fluxo a partir de pred */
           (forward[pred] == TRUE)   ?   (flow[pred][nd] += x):
                                         (flow[nd][pred] -= x);
             nd = pred;
         }  /* fim while */
      }  /* fim if */
   }   while (onpath[t] == TRUE);       /* fim do */
}  /* fim maxflow */
   /* insira a funcao any aqui */
```

Observe que, embora tivéssemos mantido os vetores como foram especificados no algoritmo, poderíamos ter eliminado o vetor *forward* definindo *precede[nd]* com um número positivo no caso de um arco para frente, e com um número negativo, no caso de um arco para trás. Recomendamos que você demonstre essa possibilidade como exercício.

Para os grafos grandes com muitos nós, os vetores *improve* e *endpath* podem tornar-se abusivamente dispendiosos em termos de espaço. Além disso, uma busca em todos os nós para achar o nó *nd* tal que *endpath[nd]* = *TRUE* pode revelar-se bastante ineficiente em termos de tempo. Uma solução alternativa seria observar que o valor de improve só será necessário para os nós *nd* tal que *endpath[nd]* = *TRUE*. Os nós de grafo posicionados na extremidade de semicaminhos podem ser mantidos numa lista cujos nós sejam declarados por:

```
struct listnode {
   int graphnode;
   int improve;
   int next;
};
```

Quando um nó posicionado no fim de um semicaminho for necessário, remova o primeiro elemento da lista. De modo semelhante, podemos dispensar o vetor *precede* mantendo uma lista separada de nós para cada semicaminho. Entretanto, essa sugestão tem um valor duvidoso, uma vez que quase todos os nós estarão em algum semicaminho. Solicitamos que você escreva a rotina *maxflow* como exercício usando essas sugestões para economizar tempo e espaço.

EXERCÍCIOS

8.2.1. Determine os fluxos máximos para os grafos na Figura 8.2.1 usando o método de Ford-Fulkerson (as capacidades aparecem ao lado dos arcos).

8.2.2. Dado um grafo e uma função de capacidade, conforme apresentados nesta seção, defina um **corte** como qualquer conjunto de nós x contendo S, mas não T. Defina a **capacidade do corte** x como a soma das capacidades de todos os arcos saindo do conjunto x.

   a. Demonstre que, para qualquer função de fluxo, f, o valor do fluxo total v é menor ou igual à capacidade de qualquer corte.

   b. Prove que a igualdade em a é alcançada quando o fluxo é máximo e o corte tem capacidade mínima.

8.2.3. Demonstre que o algoritmo de Ford-Fulkerson produz uma função de fluxo ótima.

8.2.4. Reescreva a rotina *maxflow* usando uma lista ligada de modo a conter nós na extremidade de semicaminhos, conforme sugerido no texto.

8.2.5. Pressuponha que, além de uma função de capacidade para todo arco, exista também uma função de custo. $cost(a,b)$ é o custo de cada unidade de fluxo a partir do nó a até o nó b. Modifique o programa do texto de modo a produzir a função de fluxo que maximize o fluxo total da fonte para o usuário ao mais baixo custo (isto é, se existirem duas funções de fluxo, ambas produzindo o mesmo fluxo máximo, escolha a função com o menor custo).

8.2.6. Supondo uma função de custo como a do exercício anterior, escreva um programa para produzir o fluxo máximo mais barato — ou seja, uma função de fluxo tal que o fluxo total dividido pelo custo do fluxo seja o maior.

8.2.7. Um grafo orientado ***probabilístico*** é aquele no qual uma função de probabilidade associa uma probabilidade a cada arco. A soma das probabilidades de todos os arcos emanando de qualquer nó é 1. Considere um digráfico acíclico probabilístico representando um sistema de túneis. Um homem é colocado em um nó no túnel. Em cada nó, ele decide usar determinado arco até outro nó com a probabilidade dada pela função de probabilidade. Escreva um programa para calcular a probabilidade com a qual o homem atravessa cada nó do grafo. E se o grafo fosse cíclico?

8.2.8. Escreva um programa em C que leia as seguintes informações sobre uma rede elétrica:

a. n, o número de cabos na rede;

b. a quantidade de corrente entrando pelo primeiro cabo e saindo pelo *en*ésimo;

c. a resistência de cada um dos cabos 2 até $n - 1$;

d. um conjunto de pares ordenados, $<i,j>$, indicando que o cabo i está conectado ao cabo j e que a eletricidade flui através do cabo i até o cabo j.

O programa deve calcular o valor da corrente fluindo através de cada um dos cabos 2 até $n - 1$, aplicando a lei de Kirchoff e a lei de Ohm. A lei de Kirchoff diz que a quantidade de corrente fluindo para uma junção é igual à quantidade saindo da junção. Segundo a lei de Ohm, se existirem dois caminhos entre duas junções, as somas das correntes vezes as resistências sobre todos os cabos nos dois caminhos serão iguais.

8.3. REPRESENTAÇÃO LIGADA DE GRAFOS

A representação em matriz de adjacência de um grafo é freqüentemente inadequada porque requer o conhecimento prévio do número de nós. Se for necessária a construção de um grafo no decorrer da solução de um problema, ou se ele precisar ser atualizado dinamicamente durante a execução do programa, uma nova matriz deverá ser criada para cada inclusão ou eliminação de um nó. Esse processo é proibitivamente ineficiente, em especial numa situação do mundo real em que um grafo pode ter uma centena de nós ou mais. Além disso, mesmo que um grafo tenha muito poucos arcos tal que a matriz de adjacência (e a matriz ponderada para um grafo ponderado) seja esparsa, será necessário reservar espaço para todo possível arco entre dois nós, quer este arco exista, quer não. Se o grafo contiver n nós, precisará ser usado um total de n^2 alocações.

Como você já deve imaginar, a solução é usar uma estrutura ligada, alocando e liberando nós a partir de uma lista disponível. Esse método é semelhante aos usados para representar as árvores binárias dinâmicas e gerais. Na representação ligada de árvores, todo nó alocado corresponde a um nó da árvore. Isso é possível porque cada nó da árvore é filho de um único outro nó da árvore e, portanto, está contido numa única lista de filhos. Entretanto, num grafo, pode existir um arco entre quaisquer dois nós do grafo. É possível manter uma lista de adjacência para todo nó num grafo (essa lista contém todos os nós adjacentes a determinado nó) e um nó poderia ser encontrado em várias listas de adjacências diferentes (uma para cada nó ao qual ele seja adjacente). Mas isso exige que cada nó alocado contenha um número variável de ponteiros, dependendo do número de nós aos quais ele seja adjacente. Evidentemente, essa solução não é prática, conforme constatamos ao tentar representar árvores gerais com nós contendo ponteiros para cada um de seus filhos.

Uma alternativa seria construir uma estrutura multiligada da seguinte maneira. Os nós do grafo (doravante citados como **nós de grafo**) são representados por uma lista ligada de **nós de cabeçalho**. Cada nó de cabeçalho contém três campos: *info, nextnode* e *arcptr*. Se *p* apontar para um nó de cabeçalho representando um nó de grafo *a*, *info(p)* conterá as informações associadas ao nó de grafo *a*. *nextnode(p)* é um ponteiro para o nó de cabeçalho representando o próximo nó de grafo, caso exista algum. Cada nó de cabeçalho encontra-se no início de uma lista de nós de um segundo tipo, chamados **nós de lista**. Essa lista é chamada **lista de adjacência**. Cada nó numa lista de adjacência representa um arco do grafo. *arcptr(p)* aponta para a lista de adjacência de nós representando os arcos emanando do nó de grafo *a*.

Cada nó da lista de adjacência contém dois campos: *ndptr* e *nextarc*. Se *q* apontar para um nó de lista representando um arco <A,B>, *ndptr(q)* será um ponteiro para o nó de cabeçalho representando o nó de grafo *B*. *nextarc(q)* aponta para um nó de lista representando o próximo arco emanando do nó de grafo *A*, se existir algum. Cada nó de lista está contido numa única lista de adjacência representando todos os arcos emanando de determinado nó de grafo. A expressão **nó alocado** é usada para citar um nó de cabeçalho ou de lista de uma estrutura multiligada representando um grafo. Citaremos também um nó de lista de adjacência como um **nó de arco**.

A Figura 8.3.1 ilustra essa representação. Se cada nó de grafo transmitir alguma informação mas (já que o grafo não é ponderado) os arcos não, serão necessários dois tipos de nós alocados: um para os nós de cabeçalho (nós de grafo) e outro para os nós da lista de adjacência (arcos). Esses são ilustrados na Figura 8.3.1a. Cada nó de cabeçalho contém um campo *info* e dois ponteiros. O primeiro deles é para a lista de adjacência de arcos emanando do nó de grafo, e o segundo é para o próximo nó de cabeçalho no grafo. Cada nó de arco contém dois ponteiros, um para o próximo nó de arco na lista de adjacência e o outro para o nó de cabeçalho representando o nó de grafo que encerra o arco. A Figura 8.3.1b retrata um grafo e a Figura 8.3.1c, sua representação ligada.

Observe que os nós de cabeçalho e os de lista têm diferentes formatos e precisam ser representados por estruturas diferentes. Isto requer a manutenção de duas listas disponíveis distintas ou a definição de uma união. Mesmo no caso de um grafo ponderado no qual cada nó de lista contém um campo *info* para armazenar o peso de um arco, talvez sejam necessárias duas estruturas diferentes se a informação nos nós de cabeçalho não for um inteiro.

| arcptr | info | nextnode |

Um exemplo de um nó de cabeçalho representativo de um nó de grupo.

| ndptr | nextarc |

Um exemplo de um nó de lista representando um arco.

(a)

(b) Um grafo.

grafo

<D, B>

<C, E>

<A, B>   <A, C>   <A, D>   <A, E>

(c) Representação ligada de um grafo.

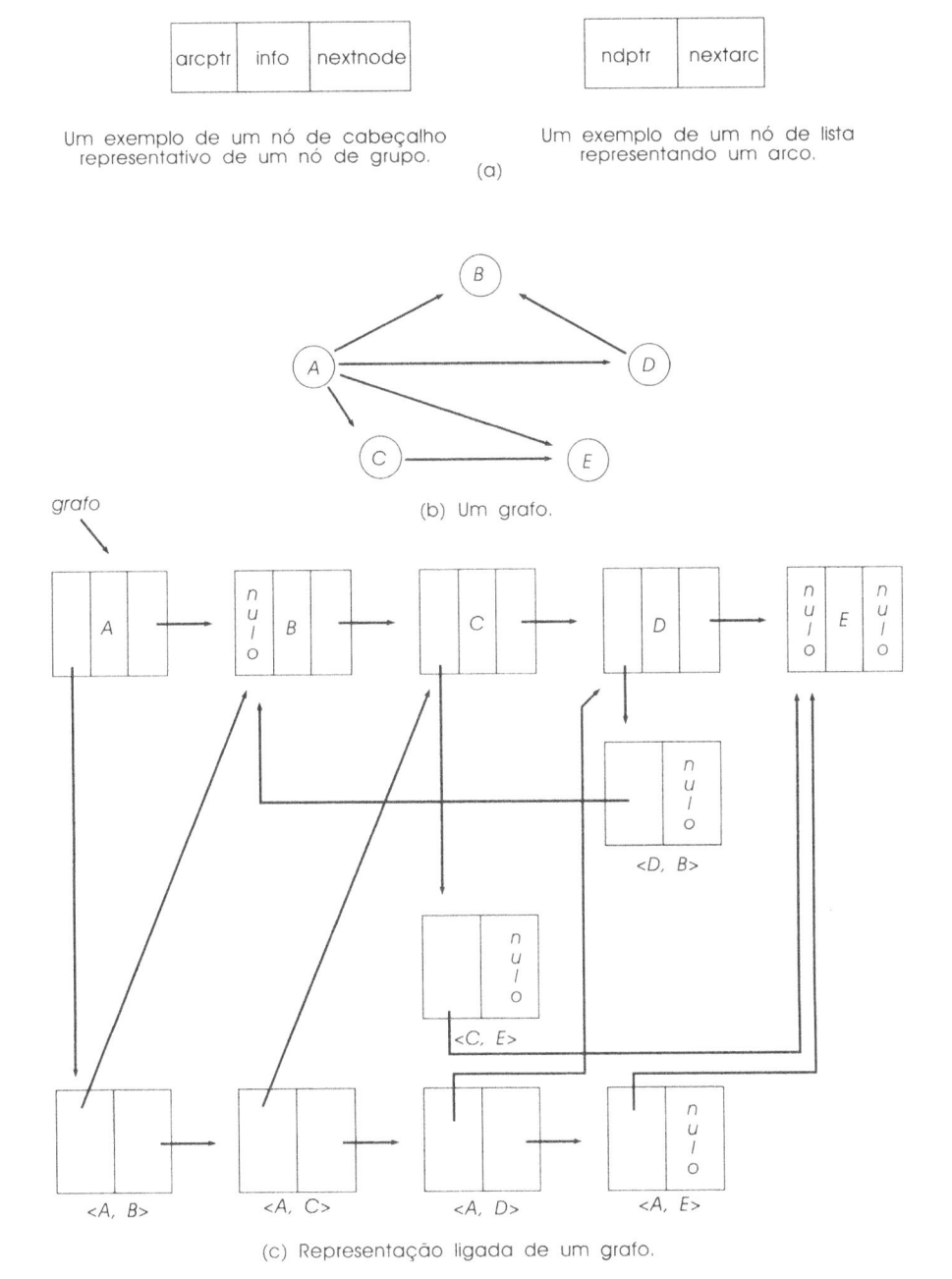

Figura 8.3.1   Representação ligada de um grafo.

Entretanto, para simplificar, presumiremos que ambos os nós, de cabeçalho e de lista, têm o mesmo formato e incluem dois ponteiros e um só campo de informação inteiro. Esses nós são declarados usando a implementação em vetor, como:

```
#define MAXNODES 500

struct nodetype {
   int info;
   int point;
   int next;
};
struct nodetype node[MAXNODES];
```

No caso de um nó de cabeçalho, *node[p]* representa um nó de grafo *A*, *node[p].info* representa a informação associada ao nó de grafo *A*, *node[p].next* aponta para o próximo nó de grafo, e *node[p].point* aponta para o primeiro nó da lista representando um arco emanando de *A*. No caso de um nó de lista, *node[p]* representa um arco <*A,B*>, *node[p].info* representa o peso do arco, *node[p].next* aponta para o próximo arco emanando de *A*, e *node[p].point* aponta para o nó de cabeçalho representando o nó de grafo *B*.

Como alternativa, podemos usar a implementação dinâmica declarando os nós como segue:

```
struct nodetype {
   int info;
   struct nodetype *point;
   struct nodetype *next;
};
struct nodetype *nodeptr;
```

Usaremos a implementação em vetor no restante desta seção e presumiremos a existência das rotinas *getnode* e *freenode*.

Apresentaremos a seguir a implementação das operações primitivas de grafos usando a representação ligada. A operação *joinwt(p,q,wt)* aceita dois ponteiros, *p* e *q*, para dois nós de cabeçalho e cria um arco entre eles com peso *wt*. Se já existir um arco entre eles, o peso desse arco será definido com *wt*.

```
joinwt (p, q, wt)
int p, q, wt;
{
```

```
    int r, r2;
    /* pesquisa na lista de arcos emanando de node[p] */
    /*              um arco para node[q]              */
    r2 = -1;
    r = node[p].point;
    while (r >= 0 && node[r].point != q) {
       r2 = r;
       r = node[r].next;
    }  /* fim while */
    if (r >= 0)  {
       /* node[r] representa um arco de */
       /*       node[p] para node[q]    */
       node[r].info = wt;
       return;
    }  /* fim if */
    /* um arco de node[p] para node[q] nao   */
    /*    existe. Esse arco deve ser criado. */
    r = getnode();
    node[r].point = q;
    node[r].next = -1;
    node[r].info = wt;
    (r2 < 0 ) ?  (node[p].point = r)  :  (node[r2].next = r);
}  /* fim joinwt  */
```

Deixaremos a implementação da operação *join* para um grafo não-ponderado como exercício para o leitor. A operação *remv(p,q)* aceita ponteiros para dois nós de cabeçalho e remove o arco entre eles, caso exista algum.

```
remv (p, q)
int p, q;
{
   int r, r2;

   r2 = -1;
   r = node[p].point;
   while (r >= 0 && node[r].point != q)  {
      r2 = r;
      r = node[r].next;
   }  /* fim while */
   if (r >= 0)  {
      /* r aponta para um arco de node[p] */
      /*              para node[q]        */
      (r2 < 0)  ?  (node[p].point = node[r].next);
                   (node[r2].next = node[r].next);
      freenode(r);
```

```
        return;
}   /* end if */
/*    na inexistencia de um arco, nenhuma acao  */
/*              precisa ser tomada              */
}  /* fim remv */
```

Deixaremos a implementação da operação *remvwt(p,q,x)*, que define *x* com o peso do arco <p,q> num grafo ponderado e depois remove o arco do grafo, como exercício para o leitor.

A função *adjacent(p,q)* aceita ponteiros para dois nós de cabeçalho e determina se *node(q)* é adjacente a *node(p)*.

```
adjacent (p, q)
int (p, q);
{
   int r;

   r = node[p].point;
   while (r >= 0)
      if (node[r].point == q)
         return(TRUE);
      else
         r = node[r].next;
   return (FALSE);
}  /* fim adjacent */
```

Outra função útil é *findnode(graph, x)* que retorna um ponteiro para um nó de cabeçalho com o campo de informação *x*, caso exista esse nó de cabeçalho, e retorna o ponteiro nulo, caso contrário.

```
findnode (graph, x)
int graph;
int x;
{
   int p;

   p = graph;
   while (p >= 0)
      if (node[p].info == x)
         return(p);
      else
         p = node[p].next;
   return (-1);
}  /* fim findnode */
```

A função *addnode(&graph,x)* inclui um nó com o campo de informação *x* num grafo e retorna um ponteiro para esse nó.

```
addnode (pgraph, x)
int *pgraph;
int x;
{
   int p;

   p = getnode();
   node[p].info = x;
   node[p].point = -1;
   node[p].next = *pgraph;
   *pgraph = p;
   return (p);
}  /* fim addnode */
```

É importante que o leitor conheça outra diferença relevante entre a representação de matriz de adjacência e a representação ligada de grafos. Na representação de matriz está implícita a possibilidade de percorrer uma linha ou coluna da matriz. Percorrer uma linha equivale a identificar todos os arcos emanando de determinado nó. Isso pode ser feito com eficiência na representação ligada, percorrendo a lista de nós de arco, a partir de determinado nó de cabeçalho. Entretanto, percorrer uma coluna de uma matriz de adjacência é equivalente a identificar todos os arcos que terminam em determinado nó; não existe um método correspondente para fazer isso sob a representação ligada. Evidentemente, a representação ligada poderia ser alterada de modo a incluir duas listas emanando de cada nó de cabeçalho: uma para os arcos emanando do nó de grafo e outra para os arcos terminando no nó de grafo. Entretanto, isso exigiria a alocação de dois nós para cada arco, aumentando, por conseguinte, a complexidade da inclusão ou eliminação de um arco.

Como alternativa, cada nó de arco poderia ser colocado em duas listas. Nesse caso, um nó de arco conteria quatro ponteiros: um para o próximo arco emanando do mesmo nó, um para o próximo arco terminando no mesmo nó, um para o nó de cabeçalho no qual ele termina e um para o nó de cabeçalho a partir do qual ele emana. Um nó de cabeçalho conteria três ponteiros: um para o próximo nó de cabeçalho, um para a lista de arcos emanando a partir dele e outro para a lista de arcos terminando nesse nó. Evidentemente, o programador precisará escolher entre essas representações examinando as necessidades do problema específico e considerando a eficiência em termos de tempo e espaço de armazenamento.

Recomendamos que o leitor escreva uma rotina *remvnode(graph, p)* que remova um nó de cabeçalho apontado por *p* de um grafo apontado por *graph*, usando as diversas representações de grafos descritas anteriormente. Evidentemente, quando um nó é removido de um grafo, todos os arcos emanando e terminando nesse nó precisarão ser removidos também. Na representação ligada que apresentamos, não existe um método fácil de remover um nó de um grafo porque os arcos terminando no nó não podem ser obtidos diretamente.

REVISITANDO O ALGORITMO DE DIJKSTRA

Na Seção 8.1, apresentamos uma implementação do algoritmo de Dijkstra para achar o menor caminho entre dois nós num grafo ponderado representado por uma matriz de pesos. Aquela implementação era $O(n^2)$, onde n representava o número de nós no grafo. Mostraremos a seguir como o algoritmo pode ser implementado com mais eficiência na maioria dos casos se o grafo for implementado com listas de adjacência.

Sugerimos que você reveja o algoritmo descrito na Seção 8.1, que pode ser descrito como segue. Procuramos o menor caminho de *s* a *t*. *pd* deve ser definido com a menor distância; *precede[i]* com o nó anterior ao nó *i* no menor caminho:

```
1     for (todo noh i)  {
2        distance[i] = INFINITY;
3        perm[i] = NONMEMBER;
4     }
5     perm[s] = MEMBER;
6     distance[s] = 0;
7     current = s;
8     while (current != t)  {
9        dc = distance[current];
10       for (todos os nohs i sucessores do atual)  {
11          newdist = dc + weight[current][i];
12          if (newdist < distance[i])  {
13             distance[i] = newdist;
14             precede[i] = current;
15          }  /* fim if */
16       }  /* fim for */
```

```
17          k = o noh k tal que perm[k] == NONMEMBER e
                        tal que distance[k] seja mínimo;
18          current = k;
19          perm[k] = MEMBER;
20      }   /* fim while */
21      *pd = distance[t];
```

Reveja a implementação desse algoritmo na Seção 8.1. Observe principalmente como a localização da distância mínima (linha 17) é incorporada na repetição *for* e como essa repetição é implementada.

O segredo para obter uma implementação eficiente está nas linhas 10 e 17. Na Seção 8.1, onde só tivemos acesso a uma matriz de pesos, não existe um método para limitar o acesso aos sucessores de *current*, conforme especificado na linha 10. É necessário percorrer todos os n nós do grafo cada vez que a repetição mais interna é reiniciada. Podemos aumentar a eficiência examinando somente os elementos não incluídos em *perm*, mas essa decisão não agilizará o processo por mais de um fator constante. Uma vez que já é necessária uma repetição $O(n)$ interna, poderemos usá-la também para calcular o mínimo (linha 17).

Entretanto, dada uma representação em lista de adjacência de um grafo, é possível percorrer imediatamente todos os nós adjacentes a *current* sem examinar todos os nós do grafo. Portanto, o número total de nós i examinados na repetição encabeçada pela linha 10 é $O(e)$, onde e representa o número de arcos no grafo. [Note que não estamos dizendo que cada execução da repetição mais interna é $O(e)$, mas que o total de todas as iterações de todas as passagens da repetição mais interna é $O(e)$.] Na maioria dos grafos, e é muito menor que n^2, portanto essa é uma grande otimização.

Contudo, não terminamos ainda. Como estamos eliminando um percurso por todos os nós, precisamos achar um método alternativo de implementar a linha 17 de modo a encontrar o nó com a menor distância. Se o melhor que podemos fazer para achar essa distância mínima é $O(n)$, o processo inteiro continuará $O(n^2)$.

Felizmente, existe uma solução. Suponha que, em vez de manter o vetor *perm*, mantivéssemos seu complemento, *notperm*. Conseqüentemente, a linha 3 ficaria:

```
3           notperm[i] = MEMBER;
```

a linha 5 ficaria assim:

```
5           notperm[s] = NONMEMBER;
```

a linha 17, assim:

17   k = noh k tal que notperm[k] == MEMBER e
                    tal que distance[k] seja a menor;

e a linha 19, assim:

19   notperm[k] = NONMEMBER;

As operações efetuadas sobre o vetor *notperm* são a criação [linha 5; essa pode ser $O(n)$, mas está fora da repetição **while** e, portanto, não interfere na eficiência global], a localização do elemento mínimo (linha 17) e a eliminação do elemento mínimo (linha 19). Entretanto, as duas últimas operações podem ser combinadas numa única operação *pqmindelete* de uma fila de prioridade ascendente e, dessa forma, teremos várias maneiras de implementar a operação em menos que $O(n)$. Na verdade, podemos implementar *pqmindelete* em $O(\log n)$ usando um heap ascendente, uma árvore binária balanceada, ou uma árvore 2-3. Se o conjunto *notperm* for implementado como uma fila de prioridade usando uma dessas técnicas, a eficiência de n operações dessa natureza será $O(n \log n)$. Se for usada uma fila de prioridade ordenada pelo valor da distância para implementar *notperm*, a posição de i precisará ser ajustada na fila de prioridade sempre que *distance[i]* for modificada na linha 13. Felizmente, isso pode ser também feito em $O(\log n)$ etapas.

Dessa forma, o algoritmo de Dijkstra pode ser implementado usando $O((e + n)\log n)$ operações, o que é consideravelmente melhor do que $O(n^2)$ para os grafos esparsos (isto é, grafos com muito poucas arestas, ao contrário de grafos densos que têm uma aresta praticamente entre cada par de nós). Deixaremos uma implementação real em C como exercício para o leitor.

ORGANIZANDO O CONJUNTO DE NÓS DE GRAFO

Em várias aplicações, o conjunto de nós de grafo (conforme implementado por nós de cabeçalho) não precisa ser organizado como uma simples lista ligada. A organização em lista ligada só é adequada quando o conjunto inteiro de nós de grafo precisa ser percorrido e quando os nós de grafo estão sendo dinamicamente inseridos. Essas duas operações são altamente eficientes numa lista ligada.

Se os nós de grafo precisarem ser também eliminados, a lista deverá ser duplamente ligada. Além disso, conforme já mencionado, é necessário assegurar que nenhum arco emane ou termine num nó eliminado ou que tal arco seja eliminado como parte da rotina de eliminação do nó. Se decidirmos simplesmente verificar se um arco termina num nó sendo eliminado, em vez de eliminar o arco, não será necessário manter com cada nó uma lista de arcos terminando no nó. Só será necessário manter um campo de contagem no nó para armazenar o número de arcos terminando no nó; quando o campo de contagem for 0 (e nenhum arco terminar no nó), o nó poderá ser eliminado.

Se não ocorrer a inclusão ou a eliminação de nós de grafo, os nós poderão ser mantidos num vetor simples, onde cada elemento do vetor conterá todas as informações necessárias sobre o nó, além de um ponteiro para uma lista de adjacência de arcos. Cada arco só precisa conter um índice de vetor para indicar a posição de seu nó terminal no vetor.

Em várias aplicações, os nós de grafo precisam ser acessados por seu conteúdo. Por exemplo, num grafo cujos nós representam cidades, uma aplicação precisará encontrar o nó correto em função do nome da cidade. Se for usada uma lista ligada para representar os nós de grafo, a lista inteira precisará ser percorrida para encontrar o nó associado a determinado nome.

Já estudamos detalhadamente o problema de localizar determinado elemento num conjunto baseado por seu conteúdo ou valor: trata-se de um mero problema de busca. E conhecemos muitas soluções possíveis; as árvores de busca binária, as árvores de busca multidirecionais e tabelas de espalhamento representam, todas, métodos de organizar conjuntos que permitem uma operação de busca rápida.

O conjunto de nós de grafo pode ser organizado por qualquer um desses métodos. O tipo de organização escolhido dependerá das necessidades detalhadas da aplicação. Por exemplo, no algoritmo de Dijkstra, acabamos de ver uma ilustração em que o conjunto de nós de grafo poderia ser organizado como um vetor que implementasse um heap ascendente, usado como uma fila de prioridade. Examinemos agora uma aplicação diferente. Nós a apresentaremos com um exemplo frívolo, mas a aplicação em si mesma é muito importante.

UMA APLICAÇÃO NO ESCALONAMENTO

Suponha que um cozinheiro receba um pedido para preparar um ovo frito. A tarefa de fritar um ovo pode ser decomposta em várias subtarefas distintas:

    Pegar o ovo   Estalar o ovo   Pegar o óleo
    Untar a frigideira   Esquentar o óleo   Pôr o ovo na frigideira
    Esperar o ovo fritar   Retirar o ovo

Algumas dessas tarefas precisam ser feitas antes de outras (por exemplo, a tarefa de "pegar o ovo" deve preceder à de "quebrar o ovo"). Outras podem ser feitas simultaneamente (por exemplo, as tarefas de "pegar o ovo" e "esquentar o óleo"). O cozinheiro quer oferecer o mais rápido serviço possível e presume-se que ele tenha à sua disposição uma grande quantidade de auxiliares. O problema resume-se em atribuir tarefas aos auxiliares de modo a finalizar o serviço no menor intervalo de tempo possível.

Embora esse exemplo possa parecer trivial, ele é típico de vários problemas de escalonamento do mundo real. É possível que um sistema de computador precise escalonar serviços para minimizar o tempo despendido; o compilador pode precisar escalonar operações em linguagem de máquina para reduzir o tempo de execução; ou o gerente de uma fábrica precisa organizar uma linha de montagem para diminuir o tempo de produção. Todos esses problemas estão intimamente relacionados e podem ser resolvidos pelo uso de grafos.

Representemos o problema anterior como um grafo. Cada nó do grafo representa uma subtarefa e cada arco $<x,y>$ representa a exigência de que a tarefa y não pode ser executada antes do término da subtarefa x. Esse grafo G aparece na Figura 8.3.2.

Examine o fechamento transitivo de G. O fechamento transitivo é o grafo T tal que $<x,y>$ é um arco de T se e somente se existir um caminho de x até y em G. Esse fechamento transitivo aparece na Figura 8.3.3.

No grafo T, existe um arco do nó x ao nó y se só a subtarefa x precisar ser executada antes da tarefa y. Observe que nem G nem T podem conter um ciclo porque, se existisse um ciclo do nó x até ele mesmo, a subtarefa x não poderia ser iniciada até que a subtarefa x tivesse sido terminada. Evidentemente, essa é uma situação impossível no contexto do problema. Sendo assim, G é um **_dag_**, um grafo acíclico orientado.

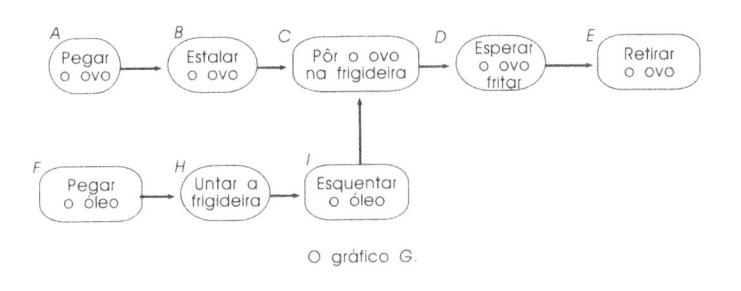

```
A              B              C              D              E
Pegar    →   Estalar    →   Pôr o ovo    →   Esperar    →   Retirar
o ovo         o ovo         na frigideira     o ovo          o ovo
                                              fritar

  F              H              I
Pegar    →   Untar a    →   Esquentar
o óleo       frigideira      o óleo
                                 ↑
                                 (para C)
```

O gráfico G.

Figura 8.3.2 O grafo G.

Como G não contém um ciclo, deve existir pelo menos um nó em G sem antecessores. Para verificar isso, suponha que todo nó no grafo realmente tivesse um antecessor. Em particular, vamos escolher um nó z que tenha um antecessor y. y não pode equivaler a z ou o grafo teria um ciclo de z até si mesmo. Como todo nó tem um predecessor, y deve ter também um predecessor x que seja diferente de y e z. Continuando assim, uma seqüência de nós distintos

$z, y, x, w, v, u, \ldots$

seria obtida. Se quaisquer dois nós nessa seqüência fossem iguais, existiria um ciclo a partir desse nó até ele mesmo. Entretanto, o grafo contém apenas um número finito de nós de modo que, ocasionalmente, dois dos nós deverão ser iguais. Isso é uma contradição. Assim, deve existir pelo menos um nó sem predecessor.

Nos grafos das Figuras 8.3.2 e 8.3.3, os nós A e F não têm predecessores. Assim, as subtarefas que eles representam podem ser executadas imediata e simultaneamente, sem esperar o término de nenhuma outra tarefa. Toda tarefa adicional precisará esperar até que pelo menos uma dessas tarefas termine. Assim que essas duas tarefas forem executadas, seus nós poderão ser removidos do grafo. Observe que o grafo resultante não contém nenhum ciclo, uma vez que os nós e os arcos foram removidos de um grafo que não continha inicialmente nenhum ciclo. Portanto, o grafo resultante deve também conter pelo menos um nó sem predecessor. No exemplo, esses dois nós são B e H. Sendo assim, as subtarefas B e H podem ser executadas simultaneamente no segundo período de tempo.

Continuando dessa maneira, descobrimos que o menor intervalo de tempo em que o ovo pode ser frito é seis períodos de tempo (presumindo-se que toda subtarefa demore exatamente um período de tempo) e que um máximo de dois auxiliares precisa ser utilizado, como segue:

```
                                 O gráfico T.
```

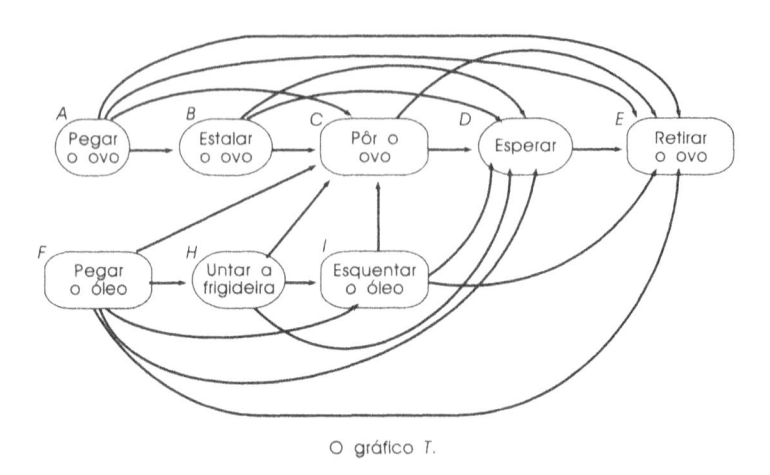

Figura 8.3.3 O grafo T.

Período de tempo	Auxiliar 1	Auxiliar 2
1	Pegar o ovo	Pegar o óleo
2	Estalar o ovo	Untar a frigideira
3	Esquentar o óleo	
4	Pôr o ovo na frigideira	
5	Esperar o ovo fritar	
6	Retirar o ovo	

O processo anterior pode ser descrito da seguinte maneira:

1. Ler as precedências e construir o grafo.

2. Usar o grafo para determinar as subtarefas que podem ser feitas simultaneamente.

Detalhemos cada uma destas duas etapas. Duas decisões cruciais precisam ser tomadas ao detalhar o passo 1. A primeira é decidir o formato da entrada; a segunda é determinar a representação do grafo. Evidentemente, a entrada precisa conter indicações de quais tarefas deverão preceder outras. O método mais adequado para representar essas exigências é por meio de pares ordenados de subtarefas; cada linha de entrada contém os nomes de duas subtarefas e a primeira subtarefa numa linha deverá preceder a segunda. Evidentemente, os dados precisam ser válidos no sentido de que nenhuma subtarefa preceda a si mesma (não será permitido nenhum ciclo no grafo). Só serão aceitas as precedências implicadas pelos dados e o fechamento transitivo do grafo resultante. Uma subtarefa pode ser representada por uma string de caracteres, como "pegar o ovo", ou por um número. Optamos por representar as subtarefas com strings de caracteres para que os dados de entrada possam refletir a situação o mais próximo possível do mundo real.

Quais informações devem ser mantidas em cada nó do grafo? Evidentemente, o nome da subtarefa que o nó representa será necessário para localizar o nó associado a determinada tarefa e para o propósito da saída. Esse nome será mantido como um vetor de caracteres individuais. As informações restantes dependerão de como o grafo será usado. Isso se evidenciará somente depois do detalhamento do passo 2. Eis um bom exemplo de como as diversas partes de um esboço de programa interagem entre si de modo a produzir uma única unidade.

O passo 2 pode ser detalhado por meio do seguinte algoritmo:

```
while (o grafo nao estah vazio)  {
   determina os nohs sem predecessores;
   dah saida nesse grupo de nohs com indicacao de que eles
podem ser executados simultaneamente no prox periodo de tempo;
   remove estes nohs e seus arcos incidentes do grafo;
}  /* fim while */
```

Como determinar os nós sem predecessores? Um método seria manter um campo *count* em cada nó contendo o número de nós que o precedem. Observe que não estamos interessados nos nós que precedem determinado nó — apenas na quantidade.

Inicialmente, depois que o grafo for construído, examinamos todos os nós do grafo e colocamos os nós com contagem 0 numa lista de saída. Em seguida, durante cada período de tempo simulado, a lista de saída é percorrida, cada nó de grafo na lista é removido e a lista de adjacência de arcos emanando desse nó de grafo é percorrida. Para cada arco, a contagem no nó de grafo que encerra o arco é reduzida em 1 e, quando a contagem chegar a 0, o último nó de grafo será colocado na lista de saída do próximo período de tempo. Ao mesmo tempo, o nó do arco é liberado.

O detalhamento do passo 2 pode ser reescrito assim:

```
             /* atravessa o conj. de nohs de grafo e coloca todos */
             /*   os nohs com contagem 0 na lista de saida inicial */
1            outp = NULL;
2            for (todo node(p) no grafo)
3               if (count(p) == 0)   {
4                  remove node(p) do grafo;
5                  coloca node(p) na lista de saida;
6               }  /* fim if */
             /*  simula os periodos de tempo */
7            period = 0;
8            while (outp != NULL)   {
9            ++period;
10           printf ("%d\n", period);
             /*  inicializa lista de saida do prox per de tempo */
11           nextout = NULL;
             /*  percorre a lista de saida */
12           p = outp;
13           while (p != NULL)   {
14              printf("%s", info(p));
15              for (todos os arcos a emanando de node(p))   {
                   /* reduz count no noh final */

16                 t = ponteiro p/ o noh que encerra a;
17                 count(t)--;
18                 if (count(t) == 0)   {
19                    remove node(t) do grafo;
20                    inclui node(t) na lista nextout;
21                 }  /* fim if */
22                 free arc (a)
23              }  /* fim for */
24              q = next(p);
25              free node(p);
26              p = q;
27           }  /* fim while p */
28           outp = nextout;
29        }  /* fim while */
30        if (restar algum noh no grafo)
31           error - existe um ciclo no grafo;
```

Esse algoritmo está propositalmente vago com relação à implementação do grafo. Evidentemente, para processar com eficiência todos os arcos emanando de um nó (linhas 15-23), é necessária a implementação de uma lista de adjacência. E quanto ao conjunto de nós de grafo? Só será necessário um percurso (linhas 3-7) para inicializar a lista de saída. Sendo assim, a eficiência dessa operação não é muito importante para a eficiência do programa.

No passo 1, é preciso acessar cada nó de grafo a partir da string de caracteres que especifica a tarefa que o nó representa. Por essa razão, faz sentido organizar o conjunto de nós de grafo numa tabela de espalhamento. Embora o percurso inicial exija o acesso a algumas posições adicionais da tabela, esse processo é suficientemente compensado pela possibilidade de acessar um nó diretamente a partir do nome de sua tarefa. O único impedimento é a necessidade (na linha 19) de eliminar nós do grafo.

Entretanto, uma análise mais profunda revela que a única razão para eliminar um nó é conseguir verificar se restam alguns nós quando a lista de saída estiver vazia (linha 30) para que um ciclo possa ser detectado. Se mantivermos um contador do número de nós e implementarmos a eliminação reduzindo esse contador em 1, poderemos verificar se restam nós comparando o contador com zero. (Esse processo é semelhante a usar o campo *count* em vez de precisar de uma lista dos arcos terminando em determinado nó.) Uma vez que definimos as estruturas de dados necessárias, estamos preparados para transformar o algoritmo num programa em C.

O PROGRAMA EM C

Indiquemos primeiramente a estrutura dos nós necessários. Os nós de cabeçalho que representam os nós de grafo contêm os seguintes campos:

info	o nome da subtarefa representada por esse nó
count	o número de predecessores desse nó de grafo
arcptr	um ponteiro para a lista de arcos emanando a partir desse nó
nextnode	um ponteiro para o próximo nó na lista de saída

Cada nó de lista representando um arco contém dois ponteiros:

nodeptr	um ponteiro para seu nó terminal
nextarc	um ponteiro para o próximo nó na lista de adjacência

Sendo assim, são necessários dois tipos de nós: um para representar os nós de grafo e outro para representar os arcos. Eles podem ser declarados por:

```
#define MAXGRAPH ...
#define MAXARC   ...
```

```
struct graphtype  {
   char info[20];
   int count;
   int arcpointer;
   int nextnode;
};
struct arctype {
   int nodeptr;
   int nextarc;
};
struct graphtype graphnode[MAXGRAPH];
struct arctype arc[MAXARC];
```

O vetor *graphnode* é uma tabela de espalhamento com o reespalhamento usado para tratar colisões. O vetor *arc* é uma lista de nós de arco disponíveis alocados por uma rotina *getarc* e liberados por *freearc*. Estas rotinas manipulam um ponteiro disponível, *availarc*.

Supomos também a existência de uma função *find(inf)* que verifica em *graphnode* a presença de um elemento *nd* (isto é, um nó de grafo), tal que *graphnode [nd].info* seja igual a *inf*. Se esse nó de grafo não existir, *find* alocará uma posição *nd* anteriormente vazia, definirá *graphnode[nd].info* com *inf, graphnode[nd].count* com 0 e *graphnode[nd].arcptr* com -1, e aumentará a contagem do número de nós no grafo (mantida numa variável *numnodes)* em 1. Em ambos os casos, *find* retornará *nd*. Evidentemente, *nd* é determinado dentro de *find* por meio das funções *hash* e *rehash* aplicadas a *inf*.

Uma rotina *join* é usada também. Essa rotina aceita ponteiros para dois nós de grafo, *n*1 e *n*2, e aloca um nó de arco (usando *getarc*), estabelecido como um arco de *graphnode*[*n*1] até *graphnode*[*n*2]. *join* é responsável pela inclusão do nó de arco na lista de arcos emanando de *graphnode*[*n*1] bem como pelo aumento de *graphnode*[*n*2] *count* em 1. Finalmente, as rotinas *strcpy* e *strcmp* são usadas para copiar strings e comparar sua igualdade.

Agora, podemos escrever um programa de escalonamento em C:

```
#define   MAXGRAPH    ...
#define   MAXARC      ...
#define   NULLTASK    " "
#define   TRUE        1
#define   FALSE       0
```

```c
struct graphtype {
   char info[20];
   int count;
   int arcptr;
   int nextnode;
};
struct arctype {
   int nodeptr;
   int nextarc;
};
struct graphtype graphnode[MAXGRAPH];
struct arctype arc[MAXARC];
int availarc;
int numnodes = 0;   /* numero de nohs de grafo */

/*  insira rotinas strcpy, strcmp, find, getarc, hash    */
/*              rehash, join, freearc aqui              */
main()
{
   int p, q, r, s, t, outp, nextout;
   int period;
   char inf1[20], inf2[20];
 /* inicializa nohs de grafo e lista de arcos disponiveis */
   for (p = 0; p < MAXGRAPH; ++p)
      strcpy(graphnode[p].info, NULLTASK);
   for (s = 0; s < MAXARC - 1 ; ++s)
      arc[s].nextarc = s+1;
   arc[MAXARC - 1].nextarc = -1;
   availarc = 0;
   while (scanf("%s %s", inf1, inf2) != EOF) {
      p = find(inf1);
      q = find(inf2);
      join(p,q);
   }  /* fim while */
   /* Grafo foi construido. Percorre a tabela de espalhamento */
   /* e coloca todos os nohs de grafo com contagem zero       */
   /*                 na lista de saida.                      */
   outp = -1;
   for (p = 0; p < MAXGRAPH; ++p)
      if ((strcmp(graphnode[p].info, NULLTASK) == FALSE) &&
                 (graphnode[p].count == 0)) {
            graphnode[p].nextnode = outp;
            outp = p;
      }  /* fim if */
```

```
      /*   simula os periodos de tempo */
   period = 0;
   while (outp != -1)  {
      ++period;
      printf("%d\n", period);
      /*    inicializa lista de saida do prox periodo */
      nextout = -1;
      /*    percorre a lista de saida */
      p = outp;
      while (p != -1)  {
         printf("%s\n", graphnode[p].info);
         r = graphnode[p].arcptr;
         /*     percorre a lista de arcos   */
         while (r != -1)  {
            s = arc[r].nextarc;
            t = arc[r].nodeptr;
            --graphnode[t].count;
            if (graphnode[t].count == 0)  {
               /*    coloca graphnode[t] na lista de  */
               /*    saida do prox periodo            */
               graphnode[t].nextnode = nextout;
               nextout = t;
            }  /* fim if */
            freearc(r);
            r = s;
         }  /* fim while */
         /*  elimina o noh de grafo */
         strcpy(graphnode[p].info, NULLTASK);
         --numnodes;
         /* continua percorrendo a lista de saida */
         p = graphnode[p].nextnode;
      }  /* fim while (p != -1) */
      /*  redefine lista de saida p/ prox periodo */
      outp = nextout;
   }  /*  fim while (outp != -1) */
   if (numnodes != 0)
      error("erro na entrada - grafo contem um ciclo\n");
}  /* fim schedule */
```

EXERCÍCIOS

8.3.1. Implemente um grafo usando listas ligadas de modo que cada nó de cabeçalho encabece duas listas: uma contendo os arcos emanando do nó de grafo e outra contendo os arcos terminando no nó de grafo.

8.3.2. Implemente um grafo de modo que as listas de nós de cabeçalho e nós de arco sejam circulares.

8.3.3. Implemente um grafo usando uma matriz de adjacência representada pelas técnicas de matrizes esparsas da Seção 8.1.

8.3.4. Implemente um grafo usando um vetor de listas de adjacência. Sob essa representação, um grafo de n nós consiste em n nós de cabeçalho, cada um contendo um inteiro de 0 a $n - 1$, e um ponteiro. O ponteiro é para uma lista de nós de lista, cada uma das quais contendo o número de um nó adjacente ao nó representado pelo nó de cabeçalho. Implemente o algoritmo de Dijkstra usando essa representação em grafo com o vetor organizado num heap ascendente.

8.3.5. É possível que exista mais de um método de organizar um conjunto de subtarefas num número mínimo de períodos de tempo. Por exemplo, as subtarefas da Figura 8.3.2 podem ser finalizadas em seis períodos de tempo por um entre três métodos diferentes:

Período	Método 1	Método 2	Método 3
1	A, F	F	A, F
2	B, H	A, H	H
3	I	B, I	B, I
4	C	C	C
5	D	D	D
6	E	E	E

Escreva um programa para gerar todos os métodos possíveis de organizar as subtarefas no número mínimo de períodos de tempo.

8.3.6. Considere o grafo da Figura 8.3.4. O programa *schedule* dá saída na seguinte organização de tarefas:

Tempo	Subtarefas
1	A, B, C
2	D, E
3	F
4	G

Essa organização exige três auxiliares (para o período de tempo 1). Você pode descobrir um método de organizar as subtarefas de modo que somente dois auxiliares sejam necessários em qualquer período de tempo e mesmo assim o serviço inteiro possa ser feito nos mesmos quatro períodos de tempo? Escreva um programa que organize as subtarefas de modo que um número mínimo de auxiliares seja necessário para finalizar o serviço inteiro no número mínimo de períodos de tempo.

8.3.7. Se existir somente um trabalhador disponível, levará k períodos de tempo para finalizar o serviço inteiro, onde k é o número de subtarefas. Escreva um programa para listar uma seqüência válida na qual o trabalhador possa executar as tarefas. Observe que esse programa é mais simples do que o *schedule* porque não será necessária uma lista de saída; assim que o campo *count* chegar a 0, a tarefa poderá ser eliminada. O processo de converter um conjunto de precedências numa única lista linear, na qual nenhum elemento posterior preceda um anterior, é chamado **ordenação topológica.**

8.3.8. Uma **rede PERT** é um grafo orientado, acíclico e ponderado, no qual cada arco representa uma atividade e seu peso representa o tempo necessário para executar essa atividade. Se os arcos <a,b> e <b,c> existirem na rede, a atividade representada pelo arco <a,b> deverá ser finalizada antes de a atividade representada por <b,c> ser iniciada. Cada nó x da rede representa um período de tempo no qual todas as atividades representadas por arcos terminando em x podem ser finalizadas.

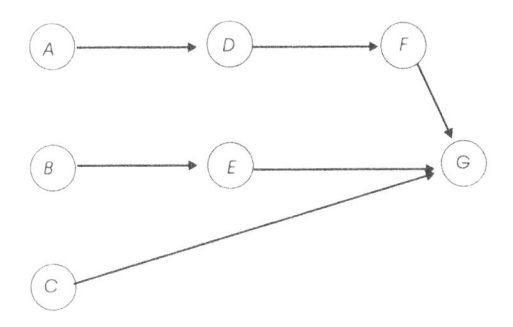

Figura 8.3.4

a. Escreva uma rotina em C que aceite uma representação de uma rede desse tipo e atribua a cada nó x o menor tempo possível em que todas as atividades terminando nesse nó possam ser finalizadas. Chame esse intervalo de tempo de $et(x)$. (*Dica*: Atribua o tempo 0 a todos os nós sem predecessores. Se todos os predecessores de um nó x tiverem recebido atribuições de tempo, $et(x)$ será o máximo, sobre todos os predecessores, da soma do tempo atribuído a um predecessor e o peso do arco a partir desse predecessor até x.)

b. Dada a atribuição de tempos de (a) acima, escreva uma rotina que atribua a cada nó x o maior intervalo de tempo possível em que todas as atividades terminando em x possam ser finalizadas sem atrasar o término de todas as atividades. Chame esse intervalo de $lt(x)$. (*Dica*: Atribua o tempo $et(x)$ a todos os nós x sem sucessores. Se todos os sucessores de um nó x tiverem recebido atribuições de tempo, $lt(x)$ será o mínimo, sobre todos os sucessores, da diferença entre o tempo atribuído a um sucessor e o peso do arco a partir de x até o sucessor.)

c. Prove que existe pelo menos um caminho no grafo a partir de um nó sem predecessores até um nó sem sucessores, tal que $et(x) = lt(x)$ para todo nó x no caminho. Esse caminho é chamado **caminho crítico.**

d. Explique o significado de um caminho crítico, demonstrando que reduzir o tempo das atividades ao longo de todo caminho crítico diminuirá o menor intervalo de tempo no qual o serviço inteiro pode ser finalizado.

e. Escreva uma rotina em C para achar os percursos críticos numa rede PERT.

f. Ache os percursos críticos nas redes da Figura 8.3.5.

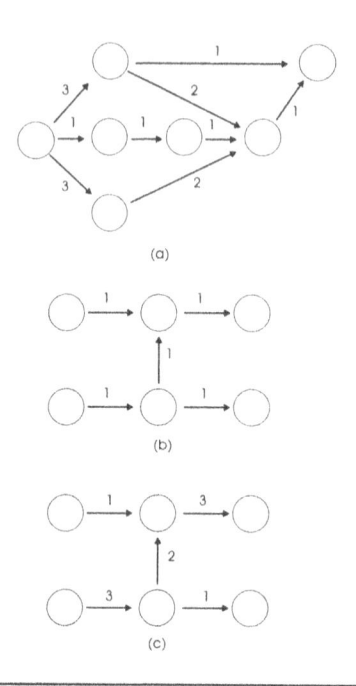

Figura 8.3.5 Algumas redes PERT.

8.3.9. Escreva um programa em C que aceite uma representação de uma rede PERT conforme apresentado no exercício anterior e calcule o menor intervalo de tempo no qual o serviço inteiro pode ser finalizado se o máximo de atividades possível puder ser executado paralelamente. O programa deve também imprimir a hora de início e de término de cada atividade na rede. Escreva outro programa em C para escalonar as atividades de modo que o serviço inteiro possa ser finalizado no menor intervalo de tempo possível, sujeito à restrição de que no máximo *m* atividades sejam executadas paralelamente.

8.4. PERCURSO DE GRAFOS E FLORESTAS GERADORAS

Uma grande quantidade de algoritmos depende da possibilidade de percorrer um grafo. Nesta seção, examinaremos técnicas para acessar sistematicamente todos os nós de um grafo e apresentaremos vários algoritmos úteis que implementam e usam essas técnicas de percurso. Examinaremos também métodos para a criação de uma floresta geral que seja um subgrafo de determinado grafo G e contenha todos os nós de G.

MÉTODOS DE PERCURSO DE GRAFOS

Freqüentemente, desejamos percorrer uma estrutura de dados, isto é, visitar cada um de seus elementos de uma maneira sistemática. Já analisamos técnicas de percurso de listas e árvores; examinaremos a seguir técnicas de percurso de grafos.

Os elementos do grafo a ser percorrido são, em geral, os nós do grafo. É sempre possível percorrer um grafo com eficiência, visitando os nós do grafo de uma forma dependente da implementação. Por exemplo, se um grafo com n nós for representado por uma matriz de adjacência ou um vetor de listas de adjacência, a simples listagem dos inteiros de 0 a $n - 1$ "percorrerá" o grafo. De modo semelhante, se os nós do grafo forem mantidos numa lista ligada, numa árvore de busca, numa tabela de espalhamento ou em outra estrutura, percorrer a estrutura básica poderá ser considerado um "percurso" do grafo. Entretanto, é de interesse maior o percurso que corresponde à estrutura em grafo do objeto, não o percurso da estrutura da implementação subjacente. Ou seja, a seqüência na qual os nós são percorridos precisa relacionar-se com a estrutura de adjacência do grafo.

Definir um percurso que se relacione com a estrutura de um grafo é mais complexo do que a definição de um percurso de uma lista ou árvore, por três razões:

1. Em geral, não existe um primeiro nó "natural" num grafo a partir do qual o percurso deva começar, como existe um primeiro nó numa lista ou raiz de uma árvore. Além disso, assim que um nó inicial é determinado e todos os nós atingíveis a partir desse nó são visitados, podem restar outros nós no grafo que não foram visitados por não serem atingíveis a partir do nó inicial. Mais uma vez, acontece o contrário numa lista ou árvore, onde todo nó é atingível a partir do cabeçalho ou da raiz. Sendo assim, assim que todos os nós atingíveis num grafo forem percorridos, o algoritmo de percurso enfrentará novamente o problema de selecionar outro nó inicial.

2. Não existe uma seqüência natural entre os sucessores de determinado nó. Conseqüentemente, não existe uma ordem prévia na qual os sucessores de determinado nó devam ser percorridos.

3. Ao contrário de um nó de uma lista ou árvore, um nó de um grafo pode ter mais de um predecessor. Se o nó *x* for um sucessor de dois nós, *y* e *z*, *x* poderá ser visitado depois de *y*, mas antes de *z*. Portanto, é possível que um nó seja visitado antes de um de seus predecessores. Na verdade, no caso de um grafo cíclico, todo possível percurso precisa incluir algum nó que seja visitado antes de um de seus predecessores.

Para lidar com essas três complicações, qualquer método de percurso de grafos incorpora as três seguintes características:

1. O algoritmo é apresentado com um nó inicial para o percurso ou seleciona um nó aleatório a partir do qual começar. O mesmo algoritmo de percurso produz uma seqüência diferente dos nós, dependendo do nó no qual ele começa. Na seguinte discussão, *s* indica um nó inicial.

Supomos também uma função *select* sem parâmetros que seleciona um nó arbitrário não-visitado. A operação *select* depende, em termos gerais, da representação do grafo. Se os nós do grafo forem representados pelos inteiros 0 a *n* - 1, *select* manterá uma variável global *last* (inicializada com -1) que rastreia o último nó selecionado por *select* e utiliza um sinalizador *visited(i)* que será *true* somente se *node(i)* tiver sido visitado. Veja a seguir um algoritmo para *select*:

```
for (i = last + i; i < n && visited(i); i++)
    ;
if (i == n)
    return(-1);
last = i;
return(i);
```

Uma rotina *select* semelhante pode ser implementada se os nós do grafo forem organizados como uma lista ligada, com *last* sendo um ponteiro para o último nó de cabeçalho selecionado.

2. Geralmente, a implementação do grafo determina a ordem na qual os sucessores de um nó são visitados. Por exemplo, se for usada a implementação de matriz de adjacência, a numeração

dos nós (de 0 a *n* - 1) determinará a seqüência; se for usada uma implementação de lista de adjacência, a seqüência dos arcos na lista de adjacência determinará a ordem na qual os sucessores serão visitados. Como alternativa, e muito menos comum, o algoritmo pode escolher uma seqüência aleatória entre os sucessores de um nó. Consideramos duas operações: *firstsucc(x)*, que retorna um ponteiro para o "primeiro" sucessor de *node(x)*, e *nextsucc(x,y)*, onde *node(y)* é um sucessor de *node(x)*, que retorna um ponteiro para o "próximo" sucessor de *node(x)* depois de *node(y)*. Examinemos como implementar essas funções sob as representações em matriz de adjacência e ligada de um grafo.

Na representação em matriz de adjacência, se x e y forem índices tais que *node(y)* seja um sucessor de *node(x)*, o próximo sucessor de x depois de y pode ser calculado como o menor índice i maior que y, tal que *adj(x,i)* seja *true*. Infelizmente, o processo não é assim tão simples para a representação ligada. Se x e y representarem dois nós de grafo numa representação em grafo que usa listas de adjacência (x e y podem ser índices de vetor ou ponteiros para nós de cabeçalho), não há como acessar o "próximo" sucessor de *node(x)* posterior a *node(y)*. Isso ocorre porque, na representação em lista de adjacência, a ordenação dos sucessores é baseada na seqüência de nós de arco. Portanto, é necessário localizar o nó de arco posterior àquele que aponta para *node(y)*. Mas não existe uma referência a partir de *node(y)* para os nós de arco que apontam para ele e, conseqüentemente, não há como chegar ao próximo nó de arco. É necessário, então, que y aponte para um nó de arco em vez de um nó de grafo, embora o ponteiro realmente represente o nó de grafo que encerra o arco [isto é, *node(ndptr(y))*]. O próximo sucessor de *node(x)* posterior a esse nó de grafo pode ser encontrado como *node(ndptr (nextarc(y)))*, ou seja, o nó que encerra o arco posterior ao nó de arco *node(y)* na lista de adjacência emanando de *node(x)*.

Para empregar uma técnica de chamada uniforme para *firstsucc* e *nextsucc* sob todas as implementações de grafo, nós as apresentaremos como sub-rotinas em vez de funções:

firstsucc(x, yptr, ynode) define *yptr* e *ynode* com o índice do primeiro sucessor de *node(x)* sob a representação em matriz de adjacência. Sob a representação ligada, *ynode* é definida com o ponteiro para o nó de cabeçalho (ou um número de nó) do primeiro sucessor de *node(x)*, e *yptr* é definida de modo a apontar para o nó de arco representando o arco de *node(x)* até *node(ynode)*.

nextsucc(x, yptr, ynode) aceita dois índices de vetor (*x* e *yptr*) na representação em matriz de adjacência e define *yptr* e *ynode* com o índice de vetor do sucessor de *node(x)* posterior a *node(yptr)*. Na representação ligada, *x* é um índice de vetor ou um ponteiro para um nó de cabeçalho, *yptr* é um ponteiro para um nó de arco redefinido de modo a apontar para o nó de arco posterior a *node(yptr)* na lista de adjacência, e *ynode* é definido de modo a apontar para o nó de cabeçalho que encerra o nó de arco apontado pelo valor modificado de *yptr*.

Dadas essas convenções, um algoritmo para visitar todos os sucessores de *node(x)* pode ser escrito assim:

```
firstsucc(x, yptr, ynode);
while (yptr != NULL) {
   visit(ynode);
   nextsucc(x,yptr,ynode);
}  /* fim while */
```

Esse algoritmo funcionará corretamente sob as duas implementações.

Apresentaremos a seguir os algoritmos para *firstsucc* e *nextsucc*. Se for usada a implementação em matriz de adjacência, *nextsucc(x, yptr, ynode)* será implementada como segue:

```
for (i = yptr + 1; i < n; i++)
   if (adj(x,i)) {
      yptr = ynode = i;
      return;
   }  /* fim for ... if */
yptr = ynode = null;
return;
```

firstsucc(x, yptr, ynode) será implementada por:

```
nextsucc(x,-1,ynode);
yptr = ynode;
```

Observe que percorrer todos os sucessores de um nó num grafo de *n* nós é $O(n)$ usando a representação como matriz de adjacência.

Se for usada a representação ligada, *nextsucc* será implementada de maneira muito simples, como a apresentada a seguir. (Presumimos um campo *arcptr* em cada nó de cabeçalho e os campos *ndptr* e *nextarc* em cada nó de arco.)

```
yptr = nextarc(yptr);
ynode = (yptr == NULL)  ?  NULL : ndptr(yptr);
```

firstsucc será implementada por:

```
yptr = arcptr(x);
ynode = (yptr == NULL)  ?  NULL : ndptr(yptr);
```

Observe que, se e for o número de arestas (arcos) no grafo e n o número de nós do grafo, e/n será o número médio de arcos emanando de determinado nó. Percorrer os sucessores de determinado nó com esse método é, portanto, $O(e/n)$ na média. Se o grafo for esparso (isto é, se existirem bem poucas arestas das possíveis n^2), essa será uma vantagem significativa da representação em lista de adjacência.

   3. Se um nó tiver mais de um predecessor, ele será necessariamente encontrado mais de uma vez durante um percurso. Conseqüentemente, para assegurar o término e garantir que cada nó seja visitado apenas uma vez, um algoritmo de percurso precisará verificar se o nó encontrado não foi visitado antes. Existem duas maneiras de fazer isso. Uma delas é manter um conjunto de nós visitados. O conjunto seria mantido para ter busca e inserção eficiente, como uma árvore de busca ou como uma tabela de espalhamento. Sempre que um nó for encontrado, a tabela será checada para constatar se o nó já foi visitado. Em caso positivo, o nó será ignorado; em caso negativo, o nó será visitado e incluído na tabela. Evidentemente, a busca e a inserção aumentam a sobrecarga do percurso.

A segunda técnica é manter um sinalizador *visited(nd)* em cada nó. Inicialmente, todos os nós são desativados *(false)* por meio de um percurso não-grafo pela lista de nós de grafo. A rotina de visita ativa o sinalizador *(true)* no nó sendo visitado. Quando um nó for encontrado, seu sinalizador será examinado. Se ele estiver ativado, o nó será ignorado; se estiver desativado, o nó será visitado e o sinalizador, ativado. A técnica de marcação com sinalizadores é usada com mais freqüência porque a sobrecarga de inicialização de sinalizadores é inferior à da busca e manutenção de uma tabela.

FLORESTAS GERADORAS

Uma *floresta* pode ser definida como um grafo acíclico no qual todo nó tem um ou nenhum predecessor. Uma *árvore* pode ser definida como uma floresta na qual apenas um único nó (chamado **raiz**) não tem predecessores. Toda floresta consiste em um conjunto de árvores. Uma ***floresta ordenada*** é aquela cujas árvores componentes estão ordenadas. Dado um grafo G, F será uma ***floresta geradora*** de G se:

1. F for um subgrafo de G contendo todos os nós de G
2. F for uma floresta ordenada contendo as árvores $T_1, T_2, ..., T_n$
3. T_i contiver todos os nós atingíveis em G a partir da raiz de T_i que não estiverem contidos em T_j para algum $j < i$.

F será uma árvore geradora de G se for uma floresta estendida de G e consistir em uma única árvore.

A Figura 8.4.1 ilustra quatro florestas geradoras para o grafo da Figura 8.1.3. Em cada floresta, os arcos do grafo não-incluídos na floresta aparecem como setas tracejadas, e os arcos incluídos na floresta, como setas sólidas. As florestas geradoras das Figuras 8.4.1a e b são árvores geradoras, enquanto as das Figuras 8.4.1c e d não são.

Toda árvore geradora divide as arestas (arcos) de um grafo em quatro grupos distintos: ***arestas de árvore, arestas arestas para frente, arestas cruzadas*** e ***arestas para trás***. As arestas de árvore são arcos do grafo incluídos na floresta geradora. As arestas para frente são arcos do grafo a partir de um nó até um descendente não-filho de uma floresta geradora. Uma aresta cruzada é um arco a partir de um nó para outro que não seja descendente ou ancestral do primeiro nó na floresta geradora. As arestas para trás são arcos a partir de um nó até um ancestral da floresta geradora. A seguinte tabela classifica os arcos do grafo da Figura 8.1.3 em relação a cada árvore geradora da Figura 8.4.1:

arco	(a)	(b)	(c)	(d)
<A, C>	de árvore	de árvore	cruzada	cruzada
<A, D>	de árvore	de árvore	de árvore	de árvore
<B, E>	de árvore	de árvore	de árvore	de árvore
<B, F>	de árvore	cruzada	de árvore	cruzada
<B, H>	de árvore	de árvore	de árvore	de árvore
<C, G>	de árvore	de árvore	cruzada	de árvore
<F, G>	para trás	para trás	de árvore	para trás
<G, B>	de árvore	de árvore	para trás	de árvore
<G, F>	para frente	de árvore	para trás	de árvore
<H, G>	para trás	para trás	cruzada	para trás

Considere um método de percurso que visita todos os nós atingíveis a partir de um nó previamente visitado antes de visitar qualquer nó não-atingível a partir de um nó previamente visitado. Em tal percurso, um nó é visitado arbitrariamente ou como o sucessor de um nó previamente visitado. O percurso define uma floresta geradora na qual um nó selecionado de maneira arbitrária é a raiz de uma árvore na floresta geradora, e na qual o nó $n1$, selecionado como sucessor de $n2$, é um filho de $n2$ na floresta geradora. Por exemplo, o percurso *ACGBEFHD* define a floresta da Figura 8.4.1a, e o percurso *BEFGHCAD* define a da Figura 8.4.1c. Embora determinado percurso defina uma única floresta geradora, vários percursos podem definir a mesma floresta. Por exemplo, *ACDGBEFH* define também a floresta geradora da Figura 8.4.1a.

GRAFOS NÃO-ORIENTADOS E SEUS PERCURSOS

Até agora, examinamos somente os grafos orientados. Um grafo não-orientado pode ser considerado um grafo orientado **simétrico**, isto é, um grafo no qual um arco <B,A> deve existir sempre que um arco <A,B> existir. O arco não-orientado <A,B> representa os dois arcos orientados <A,B> e <B,A>.

Conseqüentemente, um grafo não-orientado pode ser representado como um grafo orientado usando o método de uma matriz de adjacência ou de uma lista de adjacência. Uma matriz de adjacência representando um

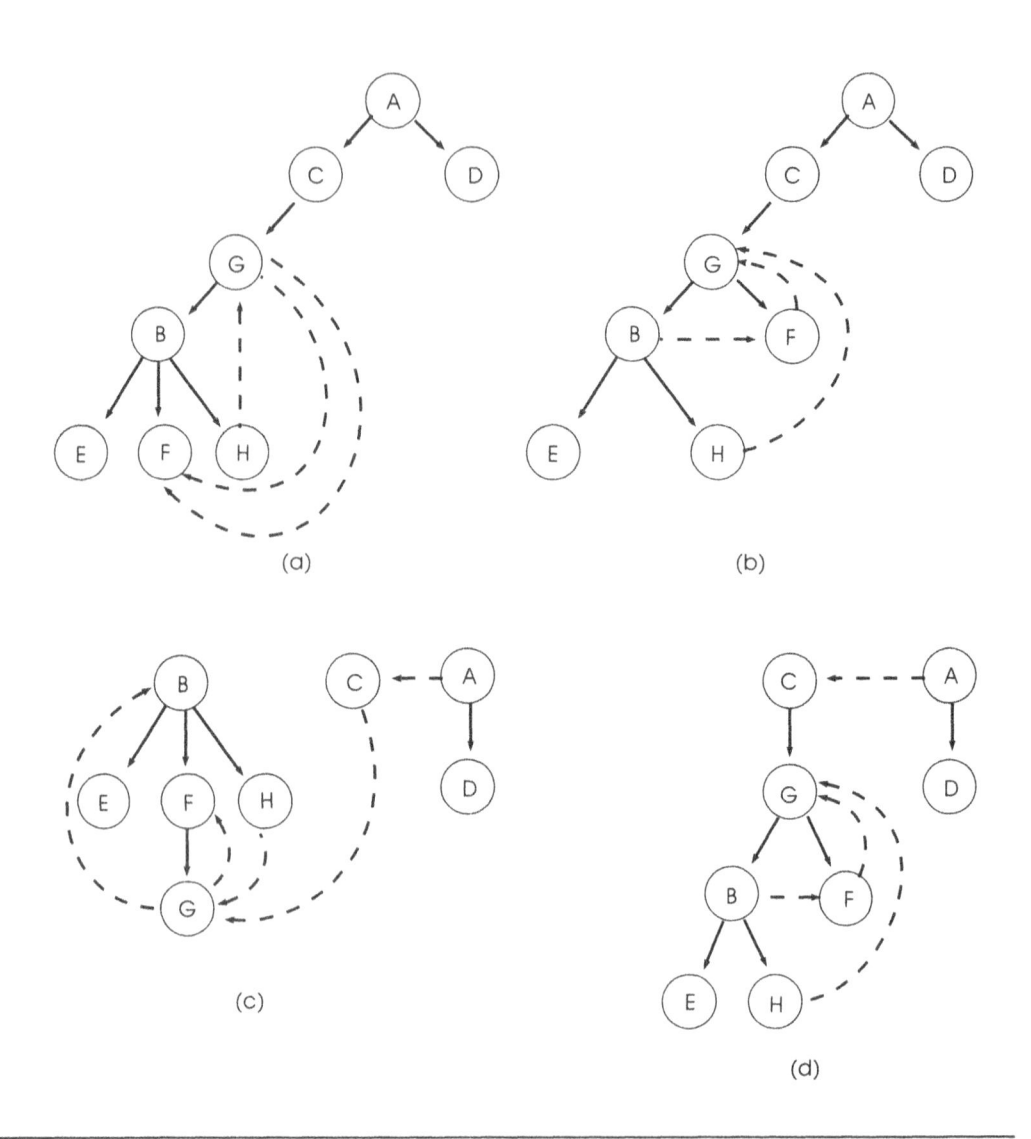

Figura 8.4.1

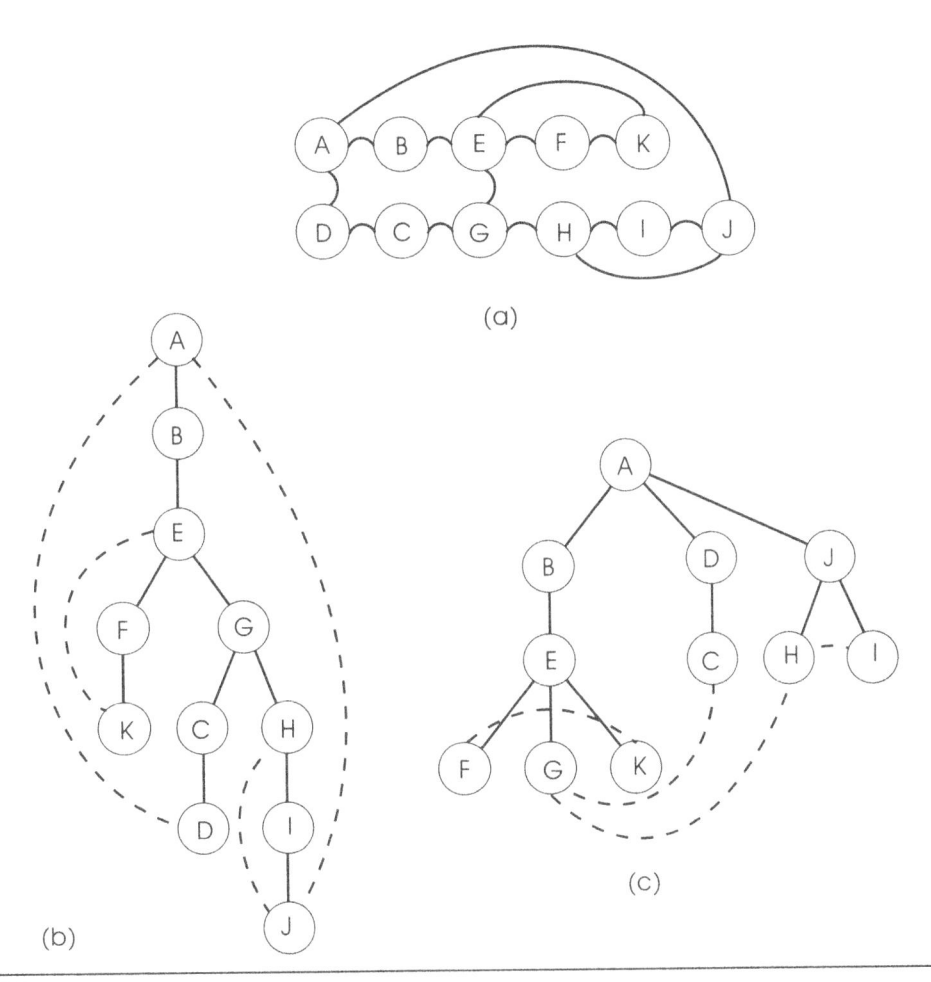

Figura 8.4.2

grafo não-orientado deve ser simétrica; os valores na linha i, coluna j e na linha j, coluna i devem ser ambos *false* [isto é, o arco (i, j) não existe no grafo], ou ambos *true* [o arco (i, j) realmente existe]. Na representação em lista de adjacência, se (i, j) for um arco não-orientado, a lista de arcos emanando de *node(i)* conterá um nó de lista representando o arco orientado $<i, j>$ e a lista emanando de *node(j)* conterá um nó de lista representando o arco orientado $<j,i>$. Num grafo não-orientado, se um nó x for atingível a partir de um nó y (isto é, existe um caminho de y até x), y será atingível a partir de x também ao longo do caminho invertido.

Como um grafo não-orientado é representado por um grafo orientado, qualquer método de percurso para grafos orientados induz um método de percurso para grafos não-orientados também. A Figura 8.4.2 ilustra um grafo não-orientado e duas árvores geradoras para esse grafo.

A árvore na Figura 8.4.2b é criada pelos percursos *ABEFKGCDHIJ* ou *ABEFGKCHDIJ*, entre outros. A árvore na Figura 8.4.2c é criada pelos percursos *ABEFGKDCJHI* ou *ABDJECHIFGK*, entre outros. Observe que as arestas incluídas e excluídas da árvore geradora são todas bidirecionais.

As florestas geradoras construídas por percurso de grafos não-orientados têm várias propriedades especiais. Primeiro, não há distinção entre as arestas para frente (ou arestas de árvore) e as arestas para trás. Como uma aresta num grafo não-orientado é bidirecional, essa distinção não faz sentido. Num grafo não-orientado, todo arco entre um nó e seu descendente não-filho é chamado aresta para trás.

Segundo, num grafo não-orientado, todas as arestas cruzadas estão dentro de uma única árvore. As arestas cruzadas entre árvores surgem num percurso de grafo orientado quando existe um arco <x,y> tal que y é visitado antes de x e não existe nenhum caminho de y até x. Portanto, o arco <x,y> é uma aresta cruzada. Num grafo não-orientado contendo um arco (x,y), x e y devem fazer parte da mesma árvore porque cada um é atingível a partir do outro, por meio desse arco, pelo menos. Uma aresta cruzada num grafo não-orientado só será possível se três nós, x, y e z, fizerem parte de um ciclo, e y e z estiverem em subárvores separadas de uma subárvore cuja raiz seja x. O caminho entre y e z deve, então, incluir uma aresta cruzada entre as duas subárvores. Verifique esse caso com todas as arestas cruzadas da Figura 8.4.2c.

Como os grafos não-orientados têm "o dobro" das arestas dos grafos orientados, suas florestas geradoras tendem a ter menos árvores, mas árvores maiores.

Um grafo não-orientado será considerado **conexo** se todo nó no grafo for atingível a partir de qualquer outro. Em termos de desenho, um grafo conexo só tem um caminho. Por exemplo, o grafo da Figura 8.4.2a é um grafo conexo. O grafo da Figura 8.1.1a não é conexo porque o nó E não é atingível a partir do nó C, por exemplo. Um **componente conexo** de um grafo não-orientado é um subgrafo conexo contendo todos os arcos incidentes em qualquer um de seus nós, de modo que nenhum nó do grafo fora do subgrafo seja atingível a partir de qualquer nó no subgrafo. Por exemplo, o subgrafo da Figura 8.1.1a apresenta três componentes conexos: os nós A,B,C,D,F; os nós E e G; e o nó H. Um grafo conexo tem um único componente conexo.

A floresta geradora de um grafo conexo é uma árvore geradora. Cada árvore na floresta geradora de um grafo não-orientado contém todos os nós num único componente conexo do grafo. Sendo assim, todo método de percurso que cria uma floresta geradora (isto é, um método que visita todos os nós atingíveis a partir dos nós já visitados antes de visitar quaisquer outros nós) pode ser usado para determinar se um grafo não-orientado é conexo e para identificar os componentes conexos de um grafo não-orientado.

Ao percorrer um grafo não-orientado, não tem importância qual nó s é usado como nó inicial ou como *select* escolhe um nó arbitrário (exceto, talvez, em termos da eficiência de *select*). Isso acontece porque todos os nós de um componente conexo terminarão na mesma árvore independentemente da escolha de s ou da operação de *select*. Isso não se verifica ao percorrer um grafo orientado.

Por exemplo, o percurso das Figuras 8.4.1a e b usou $s = A$. Como todos os nós são atingíveis a partir de A, a floresta geradora é uma árvore e *select* nunca é necessária para selecionar um nó arbitrário assim que essa árvore tiver sido construída. Entretanto, na Figura 8.4.1c, B é o nó inicial; portanto, somente os nós atingíveis a partir de B serão incluídos na primeira árvore. Sendo assim, *select* escolhe C. Como apenas nós já visitados são atingíveis a partir de C, ele está sozinho em sua árvore. Por conseguinte, *select* é novamente necessária para escolher A, cuja árvore encerra o percurso. Na Figura 8.4.1d, s é igual a C e *select* só é necessária uma vez, quando retorna A. Sendo assim, se quisermos criar um mínimo de árvores que sejam grandes, s deverá ser um nó com o mínimo de predecessores possível (de preferência, nenhum) e *select* deverá escolher nós como esse também. Talvez *select* se torne menos eficiente.

Examinaremos a seguir dois métodos de percurso e suas aplicações em ambos os grafos orientados e não-orientados.

PERCURSO EM PROFUNDIDADE

A técnica de percurso em profundidade é mais bem definida usando um algoritmo, *dftraverse(s)* que visita todos os nós atingíveis a partir de s. Esse algoritmo será apresentado mais adiante. Pressupomos um algoritmo *visit(nd)* que visita um nó *nd* e uma função *visited(nd)* que retorna *TRUE* se *nd* já tiver sido visitado, e *FALSE* caso contrário. Isso é implementado com mais eficiência por um sinalizador em cada nó. *visit* define o sinalizador com *TRUE*. Para executar o percurso, primeiramente o sinalizador é definido com *FALSE* para todos os nós. O algoritmo de percurso presume também a função *select* sem parâmetros para escolher um nó não-visitado arbitrário. *select* retorna *null* quando todos os nós foram visitados.

```
for (todo noh nd)
   visited(nd) = FALSE;
s = um ponteiro para o noh inicial do percurso;
while (s != NULL) {
   dftraverse(s);
   s = select();
}  /* fim while */
```

Observe que um nó inicial *s* é especificado para o percurso. Esse nó será a raiz da primeira árvore na floresta geradora. Veja a seguir um algoritmo recursivo para *dftraverse(s)* usando as rotinas *firstsucc* e *nextsucc* apresentadas anteriormente:

```
/*  visita todos os nohs atingíveis a partir de s */
visit(s);
/*  percorre todos os sucessores nao-visitados de s */
firstsucc(s,yptr,nd);
while (yptr != NULL) {
   if (visited(nd) == FALSE)
      dftraverse(nd);
   nextsucc(s,yptr,nd);
}  /* fim while */
```

   Quando se sabe que todo nó no grafo é atingível a partir do nó inicial *s* (como no caso da Figura 8.1.3 começando em *A* ou no caso de um grafo não-orientado conexo, como o da Figura 8.4.2a), a floresta geradora é uma única árvore geradora e a repetição **while** e select não são necessárias no algoritmo de percurso porque todo nó é visitado numa única chamada a *dftraverse*.

   Um percurso em profundidade, como o próprio nome indica, percorre um único caminho do grafo até onde ele possa chegar (isto é, até visitar um nó sem sucessores ou um nó cujos sucessores já tenham sido visitados). Em seguida, ele continua no último nó no caminho recém-percorrido que tenha um sucessor não-visitado e começa a percorrer um novo caminho emanando a partir desse nó. As árvores geradoras criadas por um percurso em profundidade por nível tendem a ser muito profundas. O percurso em profundidade por nível é ocasionalmente chamado também **busca em profundidade.**

As Figuras 8.4.1a e 8.4.1c são árvores geradoras em profundidade do grafo da Figura 8.1.3. Na Figura 8.4.1a, o percurso começou em *A* e continuou como segue: *ACGBEFHD*. Observe que esse é o percurso em pré-ordem da árvore geradora. Na verdade, o percurso em profundidade de uma árvore é seu percurso em pré-ordem. Na Figura 8.4.1c, o percurso começa em *B* e prossegue assim: *BEFGH*. Nesse ponto, todos os nós atingíveis a partir de *B* foram visitados; conseqüentemente, *select* é chamada para localizar um nó arbitrário não-visitado. A Figura 8.4.1c presume que *select* retornou um ponteiro para *C*. Entretanto, nenhum nó não-visitado é sucessor de *C* (*G* já foi visitado); portanto, *select* é novamente chamada e retorna *A*. *D* é um sucessor não-visitado de *A* e é visitado para finalizar o percurso. Sendo assim, a Figura 8.4.1c corresponde ao percurso em profundidade completo, *BEFGHCAD*.

Isso ilustra que podem existir vários percursos em profundidade e árvores geradoras em profundidade para determinado grafo orientado. O percurso depende muito de como o grafo é representado (matriz de adjacência ou lista de adjacência), de como os nós são numerados, do nó inicial e de como o percurso básico em profundidade é implementado (em particular, a implementação de *firstsucc, nextsucc* e *select*). A característica fundamental de um percurso em profundidade é que, depois que um nó é visitado, todos os descendentes do nó são visitados antes de seus irmãos não-visitados. A Figura 8.4.2b representa o percurso em profundidade *ABEFKGCDHIJ* do grafo não-orientado da Figura 8.4.2a.

Como de costume, uma pilha pode ser usada para eliminar a recursividade do percurso em profundidade. Veja a seguir um algoritmo não-recursivo completo de percurso em profundidade:

```
for (todo noh nd)
   visited(nd) = FALSE;
s = um ponteiro para o noh inicial do percurso;
ndstack = a pilha vazia;
while (s != NULL){
   visit(s);
   /* encontra primeiro sucessor nao-visitado */
   firstsucc(s,yptr,nd);
   while ((nd != NULL)  && (visited(nd) == TRUE))
      nextsucc(s,yptr,nd);
   /* se nenhum sucessor ainda nao foi visitado,   */
   /*           simula retorno da chamada recursiva       */
```

```
    while ((nd == NULL) && (empty(ndstack) == FALSE)) {
       popsub(ndstack,s,yptr);
       /* encontra proximo sucessor nao-visitado */
       nextsucc(s,yptr,nd);
       while (((nd != NULL) && (visited(nd) == TRUE))
             nextsucc(s,yptr,nd);
    }  /* end while ((nd == NULL) && ...) */
    if (nd != NULL)  {
       /* simula a chamada recursiva */
       push(ndstack,s,yptr);
       s = nd;
    }  /* fim if */
    else
       s = select ();
}  /* fim while (s != NULL)   */
```

Observe que cada elemento da pilha contém ponteiros para um nó pai (*s*) e para um arco incidente ou seu filho (*yptr*) a fim de permitir a continuação do percurso dos sucessores.

Para usar esse algoritmo para construir uma árvore geradora, é necessário rastrear o pai de um nó quando visitado, como segue. Primeiro, mude o comando *if* no final do algoritmo para:

```
if (nd != NULL) {
   /* simula a chamada recursiva */
   push(ndstack,s,yptr);
   f = s;              /* esse comando estah incluido */
   s = nd;
}  /* fim if */
else {
   s = select();
   f = NULL;           /* esse comando estah incluido */
}  /* fim if */
```

Segundo, inicialize *f* com *NULL* no começo do algoritmo. Terceiro, mude *visit(s)* para *addson(f,s); visited(s) = TRUE*, onde *addson* inclui *node(s)* na árvore como o próximo filho de *node(f)*. [Lembre-se de que *visit(s)* foi definido para determinar *visited(s)* como *TRUE*.] Se *f* for *NULL*, *addson(f,s)* incluirá *node(s)* como uma nova árvore na floresta (por exemplo, ela chama *maketree*. Presume-se que as raízes das árvores são mantidas numa lista ligada gerenciada por *maketree* usando duas variáveis globais apontando para a primeira e a última árvore na floresta.)

Recomendamos que você aplique esse algoritmo modificado no grafo da Figura 8.1.3, com *s* inicializado com *A* e os sucessores de todo nó ordenados alfabeticamente para obter a árvore geradora da Figura 8.4.1a. De modo semelhante, aplicar o algoritmo modificado no mesmo grafo, com *s* inicializado com *B* e presumindo-se que *select* escolherá *C* antes de *A* e *D*, resultará na floresta geradora da Figura 8.4.1c. Aplicar o algoritmo no grafo da Figura 8.4.2a produzirá a árvore da Figura 8.4.2b.

Conforme ilustrado pela Figura 8.4.2b, a floresta geradora em profundidade de um grafo não-orientado pode conter arestas de árvore e arestas para trás, mas não pode conter nenhuma das arestas cruzadas. Para verificar por quê, suponha que (x,y) seja uma aresta no grafo e x seja visitado antes de y. Num percurso em profundidade, y deve ser visitado como descendente de x antes de quaisquer nós não-atingíveis a partir de x. Sendo assim, o arco (x,y) é uma aresta de árvore ou uma aresta para trás. A mesma coisa se verifica ao contrário, se y for visitado primeiro, porque o arco não-orientado (x,y) é equivalente a (y,x). Num grafo orientado, entretanto, o arco $<x,y>$, mas não o $<y,x>$, pode estar no grafo. Se y for visitado primeiro, uma vez que x pode não ser atingível a partir de y, x pode não estar numa subárvore enraizada em y; portanto, o arco $<x,y>$ pode ser uma aresta cruzada até mesmo numa árvore geradora em profundidade. Isto é ilustrado pelos arcos $<A,C>$ e $<C,G>$ na Figura 8.4.1c.

APLICAÇÕES DO PERCURSO EM PROFUNDIDADE

O percurso em profundidade, como qualquer outro método de percurso que cria uma floresta geradora, pode ser usado para determinar se um grafo não-orientado é conexo e para identificar os componentes conexos de um grafo não-orientado. Sempre que *select* for chamada, um novo componente conexo do grafo estará sendo percorrido. Se *select* nunca for chamada, o grafo será conexo.

O percurso em profundidade pode ser também usado para determinar se um grafo é acíclico. Em ambos os grafos orientados e não-orientados, existirá um ciclo se e somente se houver uma aresta para trás numa floresta geradora em profundidade. Evidentemente, se existir uma aresta para trás, o grafo conterá um ciclo formado pela própria aresta para trás e pelo caminho de árvore começando no extremo ancestral da aresta para trás e terminando no nó final da aresta para trás. Para provar que existe uma aresta para trás num grafo cíclico, considere o nó *nd* de um ciclo que seja o primeiro nó de seu ciclo visitado por um percurso em profundidade. Deverá existir um nó *x* tal que o arco (*x*,*nd*) ou <*x*,*nd*> esteja no ciclo. Uma vez que *x* esteja no ciclo, ele será atingível a partir de *nd*, de modo que *x* deve ser um descendente de *nd* na floresta geradora. Sendo assim, o arco (*x*,*nd*) ou <*x*,*nd*> é uma aresta para trás por definição.

Portanto, para determinar se um grafo é acíclico, só será necessário determinar que uma aresta encontrada durante um percurso em profundidade não é uma aresta para trás. Ao considerar uma aresta (*s*,*nd*) ou <*s*,*nd*> no algoritmo de travessia em profundidade, a aresta só poderá ser uma aresta para trás se *visited(nd)* for *true*. Num grafo não-orientado, onde não existem arestas cruzadas num percurso em profundidade, (*s*,*nd*) será uma aresta para trás apenas se *visited(nd)* for *true* e *nd* != *father(s)* na floresta geradora.

Num grafo orientado, <*s*,*nd*> poderá ser uma aresta para trás mesmo se *nd* == *father(s)*, já que <*s*,*nd*> e <*nd*,*s*> são arcos distintos. Sendo assim, num grafo orientado, um ciclo poderá consistir em dois nós (como *s* e *nd*), enquanto num grafo não-orientado serão necessários pelo menos três nós. Entretanto, como a árvore geradora de um grafo orientado pode conter arestas cruzadas e arestas para trás, *visited(nd)* sendo igual a *true* não será suficiente para detectar um ciclo. Por exemplo, as arestas cruzadas <*A*,*C*>, <*H*,*G*> e <*C*,*G*> na Figura 8.4.1c não fazem parte de um ciclo, embora *C* tenha sido visitado no momento em que <*A*,*C*> foi considerado, e *G* tenha sido visitado quando <*H*,*G*> e <*C*,*G*> foram considerados. Para determinar que um arco <*s*,*nd*> não é uma aresta para trás quando *visited(nd)* for *true*, será necessário considerar cada ancestral de *s* por vez para garantir que ele não é igual a *nd*. Deixaremos os detalhes de um algoritmo para determinar se um grafo orientado é acíclico (isto é, um dag) como exercício para o leitor.

Na seção anterior, examinamos um algoritmo para escalonar tarefas em função de uma seqüência de precedências exigidas entre essas tarefas. Vimos que as relações das precedências entre as tarefas podem ser representadas por um dag. O algoritmo apresentado naquela seção pode ser usado para especificar uma ordenação linear dos nós em que nenhum nó venha antes de um nó precedente. Essa ordenação linear é chamada **classificação topológica** dos nós.

Um percurso em profundidade pode ser usado para produzir uma ordenação topológica reversa dos nós. Considere o percurso em ordem da floresta geradora formada pelo percurso em profundidade de um dag. Demonstraremos agora que esse percurso em ordem simétrica produz uma classificação topológica reversa.

Repetindo a definição recursiva do percurso em ordem de uma floresta, da Seção 5.5:

1. Percorra a floresta formada pelas subárvores da primeira árvore na floresta, caso exista alguma.

2. Visite a raiz da primeira árvore.

3. Percorra a floresta formada pelas árvores restantes da floresta, caso exista alguma.

Para diferenciar, na seguinte discussão, entre o percurso em profundidade, que cria a floresta, e o percurso em ordem, usaremos as expressões visitas EP (e percurso EP) e visitas EO (e percurso EO), respectivamente.

Um percurso EO da árvore geradora em profundidade de um dag deve estar em ordem topológica reversa. Ou seja, se x precede y, x será EO-visitado depois de y. Para constatar por que isso acontece dessa forma, considere o arco $<x,y>$. Demonstramos que y é visitado EO antes de x. Como o grafo é acíclico, $<x,y>$ não pode ser um arco para trás. Se for um arco de árvore ou um arco para frente, de modo que y seja um descendente de x na floresta geradora, y será visitado EO antes de x porque um percurso em ordem EO-visita a raiz de uma subárvore depois de percorrer todas as suas subárvores. Se $<x,y>$ for uma aresta cruzada, y deve ter sido EO-visitado antes de x (caso contrário, y seria um descendente de x). Considere as menores árvores, $S(x)$ e $S(y)$, contendo x e y, respectivamente, cujas raízes sejam irmãs. (As raízes de árvores da floresta geradora são consideradas também irmãs nesse contexto.) Sendo assim, como y foi EP-visitado antes de x, $S(y)$ precede $S(x)$ na seqüência das subárvores. Por conseguinte, $S(y)$ é EO-percorrida antes de $S(x)$, o que significa que y é EO-visitado antes de x.

Sendo assim, um algoritmo para determinar uma classificação topológica reversa dos nós de um dag consiste numa busca em profundidade do dag, seguida de um percurso em ordem da floresta geradora resultante. Felizmente, é desnecessário fazer um percurso separado da árvore geradora porque um percurso em ordem pode ser incorporado diretamente no algoritmo recursivo de percurso em profundidade. Para fazer isso, basta empilhar um nó numa pilha quando ele for EP-visitado. Sempre que *dftraverse* retornar, desempilhe um nó e EO-visite-o. Como *dftraverse* EP-percorre todas as subárvores de uma árvore antes de terminar o EP-percurso da árvore e percorre a primeira subárvore de um conjunto de irmãs antes de EP-percorrer as outras, essa rotina resulta num EO-percurso. Sugerimos que o leitor implemente esse algoritmo não-recursivamente.

EFICIÊNCIA DO PERCURSO EM PROFUNDIDADE

A rotina do percurso em profundidade visita todo nó de um grafo e percorre todos os sucessores de cada nó. Já verificamos que, para a implementação da matriz de adjacência, percorrer todos os sucessores de um nó usando *firstsucc* e *nextsucc* é $O(n)$, onde n representa o número de nós do grafo. Sendo assim, percorrer os sucessores de todos os nós é $O(n^2)$. Por essa razão, a busca em profundidade usando a representação em matriz de adjacência é $O(n + n^2)$ (n visitas de nós e n^2 possíveis exames de sucessores), o que equivale a $O(n^2)$.

Se for usada a representação em lista de adjacência, percorrer todos os sucessores de todos os nós será $O(e)$, onde e representa o número de arestas no grafo. Presumindo que os nós do grafo estejam organizados como um vetor ou como uma lista ligada, visitar todos os n nós será $O(n)$, de modo que a eficiência do percurso em profundidade usando listas de adjacência é $O(n + e)$. Como e é geralmente muito menor que n^2, a representação em lista de adjacência resulta em percursos mais eficientes. (Entretanto, a diferença é um pouco compensada pelo fato de que numa matriz de adjacência o percurso de sucessores requer apenas contar de 1 a n, enquanto numa lista de adjacência ela exige sucessivos acessos a campos nos nós.) Freqüentemente, o percurso em profundidade é considerado $O(e)$, uma vez que e é, em geral, maior que n.

PERCURSO EM LARGURA

Um método de percurso alternativo, o **percurso em largura** (ou **busca em largura**) visita todos os sucessores de um nó visitado antes de visitar quaisquer sucessores de qualquer um desses sucessores. Esse processo é o contrário do percurso em profundidade que visita todos os sucessores de um nó visitado antes de visitar qualquer um de seus "irmãos". Enquanto o percurso em profundidade tende a criar árvores estreitas, muito longas, o percurso em largura tende a criar árvores baixas e muito largas. A Figura 8.4.1b representa um percurso em largura do grafo da Figura 8.1.3, e a Figura 8.4.2c representa um percurso em largura do grafo da Figura 8.4.2a.

Ao implementar o percurso em profundidade, cada nó visitado é colocado numa pilha (quer implicitamente, por meio da recursividade, quer explicitamente), refletindo o fato de que o último nó visitado é o primeiro nó cujos sucessores serão visitados. O percurso em largura é implementado usando uma fila, representando o fato de que o primeiro nó visitado é o primeiro nó cujos sucessores serão visitados. Veja a seguir um algoritmo, *bftraverse(s)*, para percorrer um grafo usando o percurso em largura começando em *node(s)*:

```
ndqueue = a fila vazia;
while (s != NULL)   {
   visit(s);
   insert(ndqueue,s);
   while (empty(ndqueue) == FALSE)   {
      x = remove(ndqueue);
      /*  visita todos os sucessores de x */
      firstsucc(x,yptr,nd);
      while (nd != NULL) {
         if (visited(nd) == FALSE) {
            visit(nd);
            insert(ndqueue,nd);
         }  /* fim if */
         nextsucc(x,yptr,nd);
      }  /* fim while */
   }  /* fim while */
   s = select();
}  /* fim while */
```

Deixaremos a modificação do algoritmo, de modo a produzir uma floresta geradora em largura, como exercício para o leitor. A Figura 8.4.1b ilustra uma árvore geradora em largura para o grafo da Figura 8.1.3, representando o percurso em largura, *ACDGBFEH*. Observe que, embora o percurso seja muito diferente do percurso em profundidade, *ACGBEFHD* que produziu a árvore geradora da Figura 8.4.1a, as duas árvores geradoras não diferem entre si, exceto pela posição do nó *F*. Isso reflete o fato de que o grafo da Figura 8.1.3 tem relativamente poucos arcos (dez) se comparado ao número total de arcos potenciais ($n^2 = 64$). Num grafo com mais arcos, a diferença nas florestas geradoras é mais pronunciada.

Uma árvore geradora em largura não tem nenhuma aresta para frente porque todos os nós adjacentes a um nó *nd* visitado já foram visitados ou são filhos de *nd* na árvore geradora. Por essa mesma razão, para um grafo orientado, todas as arestas cruzadas dentro da mesma árvore são para nós posicionados no mesmo nível ou em nível superior da árvore. Para um grafo não-orientado, uma floresta geradora em largura não contém arestas para trás porque toda aresta para trás é também uma aresta para frente.

O percurso em largura pode ser usado em algumas aplicações idênticas às do percurso em profundidade. Em particular, o percurso em largura pode ser usado para determinar se um grafo não-orientado é conexo e para identificar os componentes conexos do grafo. O percurso em largura pode ser também usado para determinar se um grafo é cíclico. Para um grafo orientado, esse fato é detectado quando uma aresta para trás é encontrada; para um grafo não-orientado, esse fato é detectado quando é encontrada uma aresta cruzada dentro da mesma árvore.

Para um grafo não-ponderado, o percurso em largura pode ser também usado para encontrar o menor caminho (com a menor quantidade de arcos) de um nó para outro. Basta começar o percurso no primeiro nó e parar quando o nó-alvo for atingido. O caminho na árvore geradora em largura a partir da raiz até o alvo é o menor caminho entre os dois nós.

A eficiência do percurso em largura é idêntica à do percurso em profundidade: cada nó é visitado uma só vez e todos os arcos emanando de cada nó são considerados. Sendo assim, sua eficiência é $O(n^2)$ para a representação do grafo em matriz de adjacência e $O(n + e)$ para a representação do grafo em lista de adjacência.

ÁRVORES GERADORAS MÍNIMAS

Dado um grafo G ponderado e conexo, queremos freqüentemente criar uma árvore geradora T para G tal que a soma dos pesos das arestas da árvore em T seja a menor possível. Essa árvore é chamada ***árvore geradora mínima*** e representa o método "menos dispendioso" de conectar todos os nós em G.

Existem várias técnicas para criar uma árvore geradora mínima para um grafo ponderado. A primeira delas, o **algoritmo de Prim**, descoberto separadamente por Prim e Dijkstra, é muito parecida com o algoritmo de Dijkstra usado para encontrar os menores caminhos. Um nó arbitrário é selecionado inicialmente como a raiz da árvore (observe que, num grafo não-orientado e em sua árvore geradora, qualquer nó pode ser considerado como raiz da árvore e os nós adjacentes a ele, seus filhos). Os nós do grafo são então incluídos na árvore, um por vez, até que todos os nós do grafo tenham sido incluídos.

O nó do grafo incluído na árvore em cada ponto é o nó adjacente a um nó da árvore por um arco de peso mínimo. O arco de peso mínimo torna-se um arco da árvore conectando o novo nó à árvore. Quando todos os nós do grafo forem incluídos na árvore, uma árvore geradora mínima estará formada para o grafo.

Para constatar que essa técnica cria uma árvore geradora mínima, considere uma árvore geradora mínima T para o grafo e considere a árvore parcial, PT, formada pelo algoritmo de Prim, em qualquer ponto. Suponha que (a,b) seja o arco de menor custo dos nós em PT até os nós não-pertencentes a PT, e suponha que (a,b) não esteja em T. Sendo assim, como existe um caminho entre quaisquer dois nós do grafo numa árvore geradora, deverá existir um caminho alternativo entre a e b a partir de um nó em PT até um nó fora de PT. Suponhamos que PT contenha subcaminhos entre a e x e entre y e b.

Consideremos agora o que aconteceria se substituíssemos o arco (x,y) em T por (a,b) para criar NT. Afirmamos que NT é uma árvore geradora também. Para provar isso, precisamos demonstrar dois aspectos: que quaisquer dois nós do grafo estão conectados a NT e que NT não contém um ciclo — isto é, só existe um caminho entre quaisquer dois nós em NT.

Como T é uma árvore geradora, quaisquer dois nós, m e n, estão conectados a T. Se o caminho entre eles em T não contiver (x,y), o mesmo caminho os conectará a NT. Se o caminho entre eles em T realmente contiver (x,y), considere o caminho em NT formado pelo sub caminho em T a partir de m até x, o subcaminho em P (que está em T) a partir de x até a, o arco (a,b), o subcaminho em P a partir de b até y, e o subcaminho em T a partir de y até n. Esse será o caminho de m a n em NT. Sendo assim, quaisquer dois nós do grafo estão conectados em NT.

Para mostrar que *NT* não contém um ciclo, suponha que ele contivesse. Se o ciclo não contém (*a,b*), existiria o mesmo ciclo em *T*. Mas isso é impossível, uma vez que *T* é uma árvore geradora. Sendo assim, o ciclo deverá conter (*a,b*). Considere agora o mesmo ciclo com o arco (*a,b*) substituído pelo subcaminho de *P* entre *a* e *x*, o arco (*x,y*) e o subcaminho em *P* entre *y* e *b*. O caminho resultante deve ser um ciclo e é um caminho totalmente em *T*. Entretanto, mais uma vez, *T* não pode conter um ciclo. Por conseguinte, *NT* não contém um ciclo.

Provamos, conseqüentemente, que *NT* é uma árvore geradora. Mas *NT* precisa ter um custo mais baixo que *T* porque (*a,b*) foi selecionado de modo a ter um custo mais baixo do que (*x,y*). Sendo assim, *T* não é uma árvore geradora mínima, a menos que inclua o arco de menor peso a partir de *PT* até os nós fora de *PT*. Portanto, todo arco incluído pelo algoritmo de Prim deve fazer parte de uma árvore geradora mínima.

O ponto mais importante do algoritmo é um método para a determinação eficiente do nó "mais próximo" a uma árvore geradora parcial. Inicialmente, quando a árvore parcial consiste em um único nó raiz, a distância de qualquer outro nó *nd* da árvore, *distance[nd]*, é igual a *weight(root,nd)*. Quando um novo nó, *current*, é incluído na árvore, *distance[nd]* é modificada para o mínimo entre *distance[nd]* e *weight(current,nd)*. O nó incluído na árvore em cada ponto é o nó cuja distância é a menor. Para os nós *tnd* na árvore, *distance[tnd]* é definida com *infinity*, de modo que um nó fora da árvore é selecionado como o mais próximo. Um vetor adicional, *closest[nd]*, aponta para o nó na árvore tal que *distance[nd] = weight(closest[nd],nd)*, ou seja, o nó na árvore mais próximo a *nd*. Se dois nós, *x* e *y*, não forem adjacentes, *weight(x,y)* será também *infinity*.

O algoritmo de Prim pode, portanto, ser implementado como segue:

```
root = um noh arbitrario escolhido como raiz;
for (todo noh nd no grafo) {
   distance[nd] = weight(root,nd);
   closest[nd] = root;
}  /* fim for */
distance[root] = INFINITY;
current = root;
for (i = 1; i < numero de nohs no grafo; ++i)  {
   /* encontra o noh mais proximo a arvore */
   mindist = INFINITY;
   for (todo noh nd no grafo)
      if (distance[nd] < mindist)  {
```

```
            current = nd;
            mindist = distance[(nd)];
      }  /* fim if */
   /* inclui na arvore o noh mais proximo */
   /*        e ajusta as distancias        */
   addson(closest[current],current);
   distance[current] = INFINITY;
   for (todo noh nd adjacente a current)
      if ((distance[nd] < INFINITY)
           && (weight(current,nd) < distance[nd])) {
         distance[nd] = weight(current,nd);
         closest[nd] = current;
      }  /* fim if */
}  /* fim for */
```

Se o grafo for representado por uma matriz de adjacência, cada repetição for no algoritmo de Prim deve examinar $O(n)$ nós. Como o algoritmo contém uma repetição for aninhada, ele é $O(n^2)$.

Entretanto, como acontece no algoritmo de Dijkstra, o algoritmo de Prim pode tornar-se mais eficiente mantendo o grafo usando listas de adjacência e mantendo uma fila de prioridade dos nós não-incluídos na árvore parcial. A primeira repetição mais interna [*for (todo noh nd no grafo)...*] pode ser substituída removendo o nó de menor distância da fila de prioridade e ajustando essa mesma fila. A segunda repetição mais interna percorre simplesmente uma lista de adjacência e ajusta a posição de quaisquer nós cuja distância esteja modificada na fila de prioridade. Sob essa implementação, o algoritmo de Prim é $O((n + e) \log n)$.

ALGORITMO DE KRUSKAL

Outro algoritmo para criar uma árvore geradora mínima é atribuído a Kruskal. Os nós do grafo são inicialmente considerados n árvores parciais distintas com um nó cada. Em cada passo do algoritmo, duas árvores parciais distintas são conectadas numa única árvore parcial por uma aresta do grafo. Quando existir apenas uma árvore parcial (após n -1 passos como esse), ela será uma árvore geradora mínima.

Evidentemente, a questão é qual arco conectante deve ser usado em cada passo. A resposta é usar o arco de menor custo que conecte duas árvores distintas. Para fazer isso, os arcos podem ser colocados numa fila de prioridade baseada no peso. O arco de menor peso será examinado para verificar se ele conecta duas árvores distintas.

Para determinar se um arco (x,y) conecta duas árvores distintas, podemos implementar as árvores com um campo *father* em cada nó. Assim, poderemos percorrer todos os ancestrais de x e y para obter as raízes das árvores que os contêm. Se as raízes das duas árvores forem o mesmo nó, x e y já estarão na mesma árvore, o arco (x,y) será descartado e o próximo arco de peso mais baixo será examinado. A combinação de duas árvores envolve apenas a definição do *father* da raiz de uma com a raiz da outra.

Deixaremos o real algoritmo e sua implementação em C para o leitor. Formar a fila de prioridade inicial é $O(e \log e)$. Remover o arco de menor peso e ajustar a fila de prioridade é $O(\log e)$. Localizar a raiz de uma árvore é $O(\log n)$. A formação inicial de n árvores é $O(n)$. Sendo assim, presumindo-se que $n < e$, como acontece na maioria dos grafos, o algoritmo de Kruskal é $O(e \log e)$.

O ALGORITMO DA FILA DE ÁRVORES

Outro algoritmo, atribuído a Tarjan e Cheriton, oferece um desempenho ainda melhor quando o número de arestas é baixo. Esse algoritmo é semelhante ao de Kruskal, exceto pelo fato de existir uma fila de prioridade de arcos associada a cada árvore parcial, em vez de uma fila de prioridade global de todos os arcos não-examinados.

Todas as árvores parciais são mantidas numa fila Q. Associada a cada árvore parcial, T, existe uma fila de prioridade, $P(T)$, de todos os arcos com exatamente um nó incidente na árvore, ordenada pelos pesos dos arcos. Inicialmente, como acontece no algoritmo de Kruskal, cada nó é uma árvore parcial. Uma fila de prioridade de todos os arcos incidentes em nd é criada para cada nó nd, e as árvores de um só nó são inseridas em Q em ordem arbitrária. O algoritmo procede, removendo uma árvore parcial, T_1, do início de Q; encontrando o arco a de peso mínimo em $P(T1)$; eliminado de Q a árvore, $T2$, na outra extremidade do arco a; combinando $T1$ e $T2$ numa única árvore nova, T3 [e combinando, simultaneamente, P(T1) e P(T2), com a eliminado, em P(T3)]; e incluindo T3 no final de Q. Esse processo continua até que Q contenha uma única árvore: a árvore geradora mínima.

É possível provar, então, que esse algoritmo de fila de árvores exige somente $O(e \log \log n)$ operações se for usada uma implementação apropriada das filas de prioridade.

EXERCÍCIOS

8.4.1. Considere o seguinte algoritmo não-recursivo de percurso em profundidade:

```
for (todo noh nd)
   visited(i) = FALSE;
s = um ponteiro para o noh inicial do percurso;
ndstack = a pilha vazia;
while (s != NULL)   {
  push(ndstack,s);
  while (empty(ndstack) == FALSE)   {
     x = pop(ndstack);
     if (visited(x) == FALSE)   {
        visit(x);
        firstsucc(x,yptr,nd);
        while(nd != NULL)   {
           if (visited(nd) == FALSE)
              push(ndstack,nd);
           nextsucc(x,yptr,nd);
        }  /* fim while */
     }  /* fim if */
  }  /* fim while */
  s = select();
}  /* fim while */
```

a. Aplique o algoritmo aos grafos das Figuras 8.1.3 e 8.4.2a para determinar a ordem na qual os nós são visitados, se os sucessores de um nó estiverem em ordem alfabética.

b. Desenhe as árvores geradoras induzidas pelo percurso em cada um dos grafos. Modifique o algoritmo de modo a formar uma floresta geradora em profundidade.

c. Uma seqüência modificada de sucessores produziria as árvores geradoras das Figuras 8.4.1a e 8.4.2b usando esse algoritmo? Uma seqüência modificada produziria as árvores geradoras em (b) usando o algoritmo apresentado no texto?

d. Qual dos algoritmos seria preferível?

8.4.2. Escreva um algoritmo e um programa em C para determinar se um grafo orientado é um dag.

8.4.3. Escreva um programa recursivo em C para imprimir os nós de um dag em ordem topológica reversa.

8.4.4. Escreva um programa não-recursivo em C para imprimir os nós de um dag em ordem topológica reversa.

8.4.5. Um nó *nd* num grafo conexo é um ***ponto de articulação*** se a remoção de *nd* e de todos os arcos adjacentes a *nd* resultar num grafo não-conexo. Sendo assim, a "conexidade" do grafo depende de *nd*. Um grafo sem pontos de articulação é chamado **biconexo.**

a. Demonstre que a raiz da árvore geradora em profundidade de um grafo biconexo tem somente um filho.

b. Demonstre que, se *nd* não for a raiz de uma árvore geradora em profundidade *t*, *nd* será um ponto de articulação se apenas *t* não contiver uma aresta para trás a partir de um descendente de *nd* até um ancestral de *nd*.

c. Modifique o algoritmo recursivo de percurso em profundidade de modo a determinar se um grafo conexo é biconexo.

8.4.6. Escreva uma rotina em C para criar uma floresta geradora em largura de um grafo.

8.4.7. Escreva rotinas em C que usem um percurso em largura para determinar se um grafo orientado e um grafo não-orientado são cíclicos.

8.4.8. Escreva uma rotina em C para produzir o menor caminho a partir do nó *x* até o nó *y* num grafo não-ponderado, se existir um caminho, ou uma indicação de que não existe um caminho entre os dois nós.

8.4.9. Demonstre que os algoritmos para encontrar um ciclo usando a busca em profundidade ou a busca em largura devem ser $O(n)$.

8.4.10. Implemente o algoritmo de Prim usando uma matriz de adjacência e utilizando listas de adjacência e uma fila de prioridade.

8.4.11. Implemente o algoritmo de Kruskal como uma rotina em C.

Capítulo 9

Gerenciamento de Armazenamento

Uma linguagem de programação que incorpora uma grande quantidade de estruturas de dados precisa dispor de mecanismos para gerenciar essas estruturas e para controlar como o armazenamento é atribuído a elas. Os capítulos anteriores deste livro ilustraram algumas dessas técnicas de gerenciamento. À medida que as estruturas de dados se tornam mais complexas e oferecem maior capacidade para o usuário, as técnicas de gerenciamento também aumentam sua complexidade.

Neste capítulo, examinaremos várias técnicas para implementar a alocação dinâmica e a liberação do armazenamento. A maioria destes métodos é usada, de alguma forma, pelos sistemas operacionais para atender ou negar solicitações de programas do usuário. Outros são usados diretamente por processadores individuais de linguagens. Começaremos expandindo o conceito de uma lista.

9.1. LISTAS GERAIS

No Capítulo 4 e na Seção 7.1, examinamos as listas ligadas como uma estrutura de dados concreta e como um método de implementação para tipos de dados abstratos, como a pilha, a fila, a fila de prioridade e a tabela. Nessas implementações, uma lista continha sempre elementos do mesmo tipo.

É possível também visualizar uma lista como um tipo de dado abstrato em si mesma. Como um tipo de dado abstrato, uma lista é apenas uma seqüência de objetos chamados **elementos**. Existe um **valor** associado a cada elemento da lista. Fazemos uma distinção específica entre um **elemento**, que é um objeto como parte de uma lista, e o **valor** do elemento, que é o objeto considerado individualmente. Por exemplo, o número 5 pode aparecer duas vezes numa lista. Cada aparição será um elemento distinto da lista, mas os valores dos dois elementos — o número 5 — serão os mesmos. Um elemento pode ser visualizado como correspondendo a um nó na implementação em lista ligada, enquanto um valor corresponde ao conteúdo do nó. Observe que a expressão "lista ligada" refere-se à implementação ligada do tipo de dado abstrato "lista".

Não existe também uma razão para pressupor que os elementos de uma lista devam ser do mesmo tipo. A Figura 9.1.1 ilustra uma implementação em lista ligada de uma lista abstrata, *list*1, que contém inteiros e caracteres. Os elementos dessa lista são 5, 12, 's', 147 e 'a'. O ponteiro *list*1 é chamado **ponteiro externo** para a lista (porque ele não está contido dentro de um nó de lista), enquanto os outros ponteiros na lista são **ponteiros internos** (porque estão contidos dentro dos nós de lista). Freqüentemente, citamos uma lista ligada por um ponteiro externo para ela.

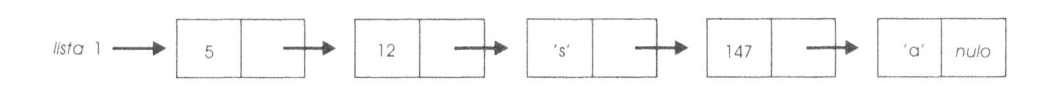

lista 1 → | 5 | → | 12 | → | 's' | → | 147 | → | 'a' | nulo |

Figura 9.1.1   Uma lista de inteiros e caracteres.

Não é necessário que uma lista contenha apenas elementos 'simples' (por exemplo, inteiros ou caracteres); é possível que um ou mais elementos de uma lista sejam listas em si mesmos. O método mais fácil de implementar um elemento de lista *e* cujo valor seja em si mesmo uma lista *l* é representando o elemento por um nó contendo um ponteiro para a implementação em lista ligada de *l*.

Por exemplo, considere a lista *list*2 da Figura 9.1.2. Essa lista contém quatro elementos. Dois deles são inteiros (o primeiro elemento é o inteiro 5; o terceiro elemento é o inteiro 2) e os outros dois elementos são listas. A lista, que é o segundo elemento de *list*2, contém cinco elementos, três dos quais são inteiros (o primeiro, o segundo e o quinto elemento) e dois dos quais são listas (o terceiro elemento é uma lista contendo os inteiros 14, 9 e 3, e o quarto elemento é uma lista nula [a lista sem elementos]). O quarto elemento de *list*2 é uma lista contendo os três inteiros 6, 3 e 10.

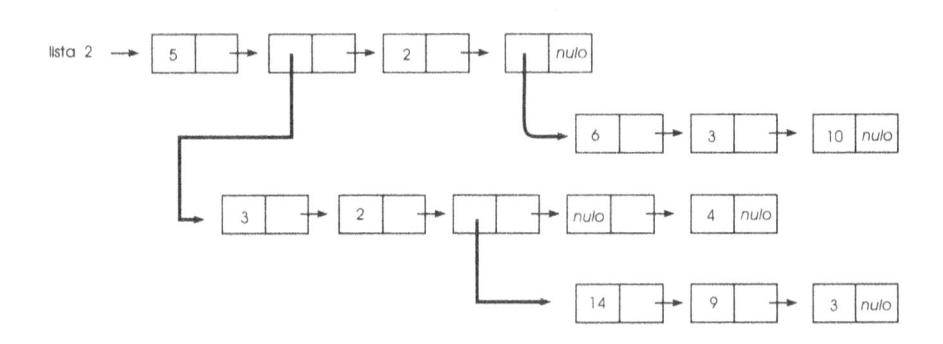

Figura 9.1.2

Existe uma notação adequada para especificar as listas gerais abstratas. Uma lista pode ser indicada por enumeração entre parênteses de seus elementos, separados por vírgulas. Por exemplo, a lista abstrata representada pela Figura 9.1.1 pode ser indicada por:

*list*1 = (5, 12, 's', 147, 'a')

A lista nula é indicada por um par de parênteses vazios [como ()]. Assim, a lista da Figura 9.1.2 pode ser indicada por:

*list*2 = (5, (3, 2, (14, 9, 3), (), 4), 2, (6, 3, 10))

Definiremos a seguir algumas operações abstratas executadas sobre listas. Por enquanto, estamos interessados na definição e nas propriedades lógicas das operações; consideraremos os métodos de implementação das operações mais adiante nesta seção. Se *list* for uma lista não-vazia, **head(list)** será definido como o valor do primeiro elemento de *list*. Se *list* for uma lista não-vazia, **tail(list)** será definido como a lista obtida removendo o primeiro elemento de *list*. Se *list* for uma lista vazia, *head(list)* e *tail(list)* não serão definidas. Para uma lista geral, *head(list)* pode ser uma lista (se o valor do primeiro elemento da lista for em si mesmo uma lista) ou um simples item de dado; *tail(list)* tem de ser uma lista (possivelmente vazia).

Por exemplo, se *list*1 e *list*2 são como nas Figuras 9.1.1 e 9.1.2:

*list*1 = (5, 12, 's', 147, 'a')
*head(list*1) = 5
*tail(list*1) = (12, 's', 147, 'a')
*head(tail(list*1)) = 12
*tail(tail(list*1)) = ('s', 147, 'a')
*list*2 = (5, (3, 2, (14, 9, 3), (), 4), 2, (6, 3, 10))
*(tail(list*2) = (3, 2, (14, 9, 3), (), 4), e, (6,3,10))
*head (tail (list*2)) = (3, 2, (14, 9, 3), (), 4
*head(head(tail(list*2))) = 3

As operações *head* e *tail* não serão definidas se seus argumentos não forem uma lista. Uma **sublista** de uma lista *l* é uma lista que resulta da aplicação de zero ou mais operações *tail* em *l*.

A operação ***first(list)*** retorna o primeiro elemento da lista *list*. (Se *list* estiver vazia, *first(list)* será um **elemento nulo** especial, que indicaremos com *nullelt*). A operação ***info(elt)*** retorna o valor do elemento *elt* da lista. A operação *head* produz um valor, enquanto a operação *first* produz um elemento. Na verdade, *head(list)* é igual a *info(first(list))*. Finalmente, a operação ***next(elt)*** retorna o elemento seguinte a *elt* em sua lista. Essa definição pressupõe que um elemento só pode ter um sucessor.

A operação ***nodetype(elt)*** aceita um elemento *elt* da list e retorna uma indicação do tipo do valor do elemento. Lembre-se de que, na implementação em lista ligada, um elemento é representado por um nó. Sendo assim, se as constantes de enumeração ch, intgr e lst representam os tipos caractere, inteiro e lista, respectivamente, *nodetype(first(list*1)) é igual a *intgr*, *nodetype (first(tail(tail(list*1)))) é igual a *ch*, e *nodetype(first(tail(list*2))) é igual a *lst*.

OPERAÇÕES QUE MODIFICAM UMA LISTA

head, *tail*, *first*, *info*, *next* e *nodetype* extraem informações de listas já existentes. Examinaremos a seguir as operações que constroem e modificam listas.

Lembre-se da operação *push* do Capítulo 2 e de sua implementação em lista na Seção 4.2. Se *list* apontar para uma lista, a operação *push(list, x)* incluirá um elemento com o valor *x* no início da lista. Para ilustrar o uso da operação *push* ao formar listas, considere a lista (5, 10, 8), que pode ser construída pelas operações:

```
list = null;
push(list,8);
push(list,10);
push(list,5);
```

Observe que a operação *push* abstrata muda o valor de seu primeiro parâmetro para a lista recém-criada. Introduzimos como uma nova operação a função

```
addon(list,x)
```

que retorna uma nova lista com *x* como seu cabeçalho e *list* como seu final. Por exemplo, se $l1$ = (3, 4, 7), a operação

```
l2 = addon(l1,5);
```

criará uma nova lista $l2$ igual a (5, 3, 4, 7). A diferença crucial entre *push* e *addon* é que *push* muda o valor de seu primeiro parâmetro, enquanto *addon* não. Sendo assim, no exemplo anterior, $l1$ mantém o valor (3, 4, 7). A operação *push(list, x)* é equivalente a *list* = *addon(list, x)*. Como *addon* é mais flexível que *push* e, como *push* é geralmente usada apenas com pilhas, usaremos exclusivamente *addon* daqui em diante.

Outras duas operações usadas para modificar listas são **setinfo** e **setnext.** *setinfo(elt,x)* muda o valor de um elemento *elt* da lista para o valor de *x*. Assim, podemos escrever *setinfo(first(list),x)* para redefinir o primeiro elemento da lista *list* com *x*. Essa operação é freqüentemente abreviada por *sethead(list, x)*. Por exemplo, se *list* for igual a (5, 10, 8), a operação

```
sethead(list,18)
```

mudará *list* para (18, 10, 8), e a operação *sethead(list,(5,7,3,4))* mudará *list* para ((5,7,3,4),10,8).

sethead é chamada "operação *head* inversa" por uma razão óbvia. Depois de executar a operação *sethead(list, x)*, o valor de *head(list)* será *x*. Observe que *sethead(list, x)* é equivalente a:

```
list = addon(tail(list),x);
```

A operação *setnext(elt1, elt2)* é um pouco mais complexa. Ela modifica a lista contendo *elt1* de modo que *next(elt1) = elt2*. *elt1* não poderá ser o elemento nulo. *next(elt2)* fica inalterada. Além disso, se *next(elt3)* fosse igual a *elt2* antes da execução de *setnext(elt1, elt2)*, *next(elt3)* ainda seria igual a *elt2* depois de sua execução, de modo que *next(elt1)* e *next(elt3)* são ambas iguais a *elt2*. Efetivamente, *elt2* se tornaria um elemento de duas listas. A operação *settail(list1, list2)* é definida como *setnext(first(list1), first(list2))* e define o final de *list1* com *list2*. *settail* é ocasionalmente chamada operação *tail* inversa.

Por exemplo, se *list* = (5,9,3,7,8,6), *settail(list, (8))* mudará o valor de *list* para (5,8) e *settail(list, (4,2,7))* mudará seu valor para (5,4,2,7). Observe que a operação *settail(list, l)* é equivalente a *list = addon(l, head(list))*.

EXEMPLOS

Examinemos alguns exemplos simples de algoritmos que usam essas operações.

O primeiro exemplo é um algoritmo para acrescentar 1 a todo inteiro que seja um elemento de uma lista *list*. Os caracteres ou elementos da lista permanecem inalterados.

```
p = first(list);
while (p != nullelt)   {
   if (nodetype(p) == INTGR)
       setinfo(p, info(p) + 1);
   p = next(p);
}  /* fim while */
```

O segundo exemplo envolve eliminações. Queremos eliminar de uma lista *list* todo elemento caractere cujo valor seja 'w'. (Compare esse exemplo com a rotina da Seção 4.2.) Uma possível solução seria a seguinte:

```
q = nullelt;
p = first(list);
while (p != nullelt)
   if (info(p) == 'w')   {
      /* elimina node(p) da lista */
      p = next(p);
```

```
      if (q == nullelt)
         list = tail(list);
      else
         setnext(q,p);
   }  /* fim if */
   else {
      q = p;
      p = next(p);
   }  /* fim else */
```

Antes de examinar um exemplo mais complexo, definiremos um novo termo. Um elemento (ou um nó) *n* será **acessível** a partir de uma lista (ou de um ponteiro externo) *l* se existir uma seqüência de operações *head* e *tail* que, se aplicadas a *l* resulte uma lista com *n* como seu primeiro elemento. Por exemplo, na Figura 9.1.2, o nó contendo 14 é acessível a partir de *list*2 porque ele é o primeiro elemento de *tail(tail(head(tail(list2))))*. Na realidade, todos os nós mostrados nessa figura são acessíveis a partir de *list*2. Quando um nó é removido de uma lista, ele se torna inacessível a partir do ponteiro externo para essa lista.

Agora suponha que queiramos aumentar por 1 o valor em todo nó de inteiro acessível a partir de determinado ponteiro de lista *list*. Não podemos simplesmente percorrer *list* porque será também necessário percorrer todas as listas que sejam elementos de *list*, além de todas as listas que possam ser elementos de elementos de *list* e assim por diante. Uma tentativa seria o seguinte algoritmo recursivo, *addone2(list)*:

```
p = first(list);
while (p != nullelt)  {
   if (nodetype(p) == INTGR)
      setinfo(p, info(p) + 1);
   else
      if (nodetype(p) == lst)
         addone2(info(p));
         p = next(p);
}  /* fim while */
```

É fácil eliminar a recursividade e usar uma pilha explicitamente.

A REPRESENTAÇÃO EM LISTA LIGADA DE UMA LISTA

Conforme mencionado anteriormente, o conceito abstrato de uma lista é geralmente implementado por uma lista ligada de nós. Cada elemento da lista abstrata corresponde a um nó da lista ligada. Cada nó contém os campos *info* e *next*, cujos conteúdos correspondem às operações abstratas de lista, *info* e *next*. Os conceitos abstratos de uma "lista" e de um "elemento" são ambos representados por um ponteiro: uma lista, por um ponteiro externo para o primeiro nó de uma lista ligada, e um elemento, por um ponteiro para um nó. Sendo assim, um ponteiro para um nó *nd* numa lista, que representa um elemento da lista, também representa uma sublista formada pelos elementos representados pelos nós a partir de *nd* até o final da lista. O valor de um elemento corresponde ao conteúdo do campo *info* de um nó.

Sob essa implementação, a operação abstrata *first(list)*, que retorna o primeiro elemento de uma lista, não faz sentido. Se *list* é um ponteiro que representa uma lista, ele aponta para o primeiro nó de uma lista ligada. Portanto, esse ponteiro representa também o primeiro elemento da lista. Como *first(list)* e *list* se equivalem, *head(list)*, que é equivalente a *info(first(list))*, equivale a *info(list)*. *sethead(list, x)*, definida como *setinfo(first(list),x)*, é equivalente a *setinfo(list, x)*. De modo semelhante, *settail(list1,list2)*, definida como *setnext(first(list1), first(list2))*, é equivalente a *setnext(list1,list2)*, sob a representação em lista ligada.

A operação *setinfo(elt,x)* é implementada pelo comando de atribuição *info(elt) = x*, onde *elt* é um ponteiro para um nó, e a operação *setnext(elt1,elt2)* pela atribuição *next(elt1) = elt2*. Como uma lista é representada por um ponteiro para seu primeiro nó, um elemento de uma lista, que em si mesmo é uma lista, é representado por um ponteiro para a lista no campo *info* do nó representando o elemento.

Adiaremos a discussão da implementação de *nodetype* até apresentarmos a implementação das listas gerais em C, mais adiante nesta seção.

Existem dois métodos para implementar as operações *addon* e *tail*. Considere a lista $l1 = (3,4,7)$ e a operação $l2 = addon(l1,5)$. Os dois possíveis métodos de implementar essa operação aparecem nas Figuras 9.1.3a e b. No primeiro método, chamado **método do ponteiro**, a lista $(3,4,7)$ é representada por um ponteiro para ela, $l1$. Para criar a lista $l2$, é alocado um nó contendo 5 e o valor de $l1$ é colocado no campo *next* desse nó. Sendo assim, a lista *l*1 torna-se uma sublista de *l*2. Os nós da lista *l*1 são usados em dois contextos: como parte da lista *l*1 e da lista *l*2. No segundo método, chamado **método da cópia**, a lista (3,4,7) é copiada antes que um novo elemento de lista seja incluído. *l*1 ainda aponta para a versão original, e a nova cópia torna-se uma sublista de *l*2. O método da cópia garante que um nó apareça apenas em um contexto.

(a) O Método do Ponteiro

(b) O Método da Cópia

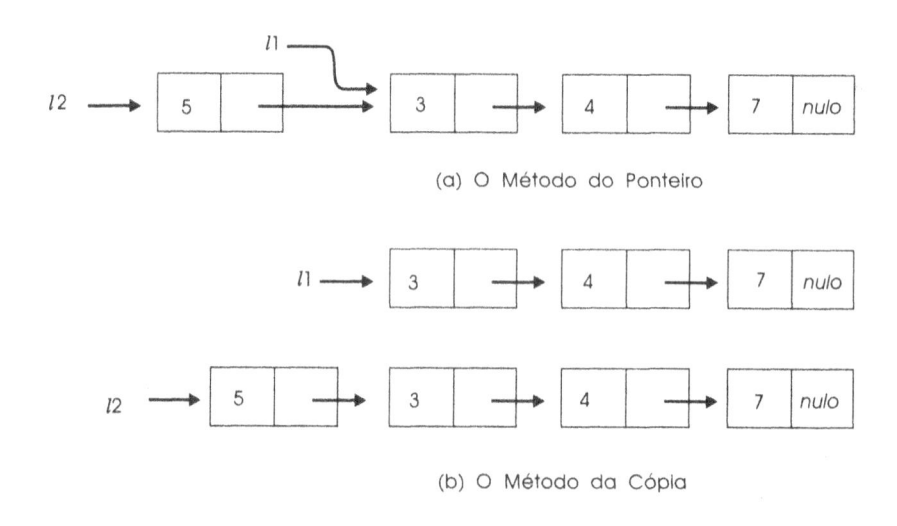

Figura 9.1.3

A diferença entre esses métodos evidencia-se ao tentarmos executar a operação:

`sethead(l1,7)`

As listas resultantes são apresentadas nas Figuras 9.1.4a e b. Se for usado o método da cópia, uma mudança introduzida na lista *l*1 não afetará a lista *l*2 (Figuras 9.1.3b e 9.1.4b). Se fosse usado o método do ponteiro, toda mudança subseqüente introduzida na lista *l*1 modificaria também *l*2 (Figuras 9.1.3a e 9.1.4a).

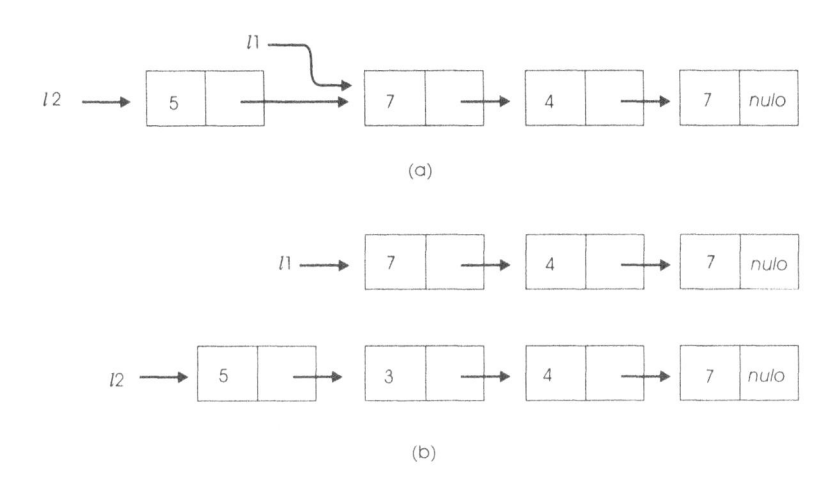

Figura 9.1.4

A operação *tail* pode ser também implementada pelo método do ponteiro ou pelo método da cópia. Pelo método do ponteiro, *tail(list)* retorna um ponteiro para o segundo nó na lista de entrada. Depois de uma instrução, como *l* = *tail(list)*, o ponteiro *list* ainda apontará para o primeiro nó, e todos os nós a partir do segundo estarão em ambas as listas, *list* e *l*. Pelo método da cópia, seria criada uma nova lista contendo cópias de todos os nós a partir do segundo nó da lista, e *l* apontaria para essa nova lista.

Aqui também, se for usado o método do ponteiro, uma mudança subseqüente introduzida na lista de entrada (*list*) ou na lista de saída (*l*) acarretará uma mudança na outra lista. Se for usado o método da cópia, as duas listas serão independentes. Observe que, sob o método do ponteiro, a operação *tail(list)* é equivalente a *next(list)*: ambas retornam o ponteiro no campo *next* do nó apontado pelo ponteiro *list*. Entretanto, sob o método da cópia, é criada uma lista totalmente nova pela operação *tail*.

A operação do método da cópia é semelhante à operação do comando de atribuição $a = b$, de modo que uma mudança subseqüente introduzida em b não muda a. Isso ocorre porque o comando de atribuição copia o conteúdo da posição b (o "valor de b") para a posição a. Uma mudança introduzida no valor de b só mudará a cópia na posição b. De modo semelhante, no método da cópia, embora $l1$ seja um ponteiro, ele realmente se refere à lista abstrata sendo representada. Quando uma nova lista é formada a partir da antiga, o valor da lista antiga é copiado. As duas listas tornam-se, então, totalmente independentes. No método do ponteiro, *l*1 refere-se aos próprios nós, e não à lista que eles representam coletivamente. Uma mudança introduzida em uma lista modificará o conteúdo dos nós que fazem parte também da outra.

Por questões de eficiência, a maioria dos sistemas de processamento de listas usa o método do ponteiro em vez do método da cópia. Imagine uma lista de 100 elementos na qual se incluam nós constantemente (usando *addon*) e a partir da qual se eliminem nós (usando *tail*). A sobrecarga envolvida em termos de tempo e espaço, ao alocar e copiar 100 nós de lista (sem mencionar os nós de lista em listas que aparecem como elementos) toda vez que uma operação é executada, é proibitiva. Sob o método do ponteiro, o número de operações envolvidas ao incluir ou eliminar um elemento independe do tamanho da lista porque requer apenas a modificação de alguns ponteiros. Entretanto, ao optar por essa eficiência, o usuário precisa estar ciente das possíveis mudanças introduzidas em outras listas. Quando for usado o método do ponteiro, é comum os nós de lista serem usados em mais de um contexto.

Nos sistemas de processamento de listas que usam o método do ponteiro, é fornecida uma operação de cópia explícita. A função

```
copy(list)
```

copia a lista apontada por *list* (incluindo todos os elementos da lista) e retorna um ponteiro para a nova cópia. O usuário pode usar essa operação para assegurar que uma modificação subseqüente introduzida em uma lista não afete outra lista.

REPRESENTAÇÃO DE LISTAS

Até agora, ignoramos algumas questões importantes da implementação: Quando os nós da lista podem ser liberados? Quando os nós alocados devem ser novos na lista? Como os nós de lista são alocados e liberados? Por exemplo, *settail* inclui uma nova lista no primeiro elemento de uma lista. Mas o que acontece com o final anterior da lista que foi substituído?

Essas perguntas estão relacionadas a outra pergunta: O que acontece quando um nó (ou uma lista) é um elemento ou uma sublista de mais de uma lista? Por exemplo, suponha que a lista (4,5,3,8) ocorra duas vezes como um elemento de uma lista (isto é, ela é o campo de informação de dois nós separados da lista). Uma possibilidade seria manter duas cópias da lista, como na Figura 9.1.5a. Ou suponha que uma lista apareça no final de duas listas, como acontece com (43,28) na Figura 9.1.5b. Embora seja possível duplicar cada elemento quando ele aparecer, isso resulta freqüentemente numa perda desnecessária de espaço. Uma alternativa seria manter as listas como na Figura 9.1.6. Nessa representação, uma lista só aparece uma vez, com todos os ponteiros adequados apontando para um único início de lista. Sob esse método, um nó é apontado por mais de um ponteiro.

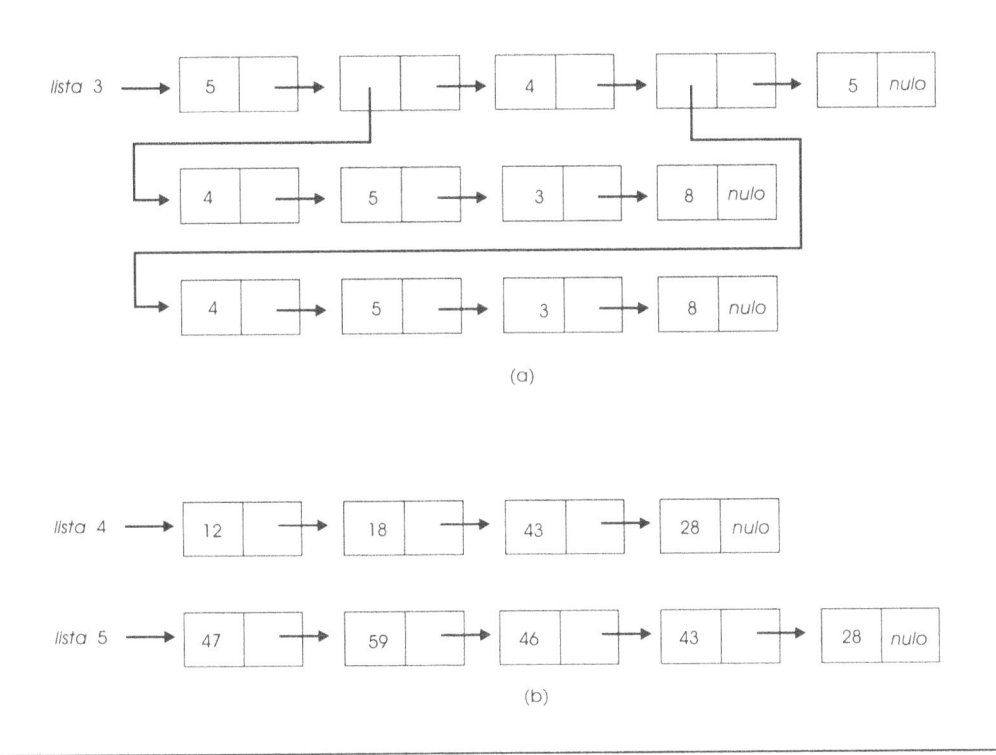

Figura 9.1.5

Se essa possibilidade for permitida, o algoritmo recursivo, *addone2*, apresentado anteriormente para acrescentar 1 a cada elemento acessível numa lista, não funcionará de maneira correta. Por exemplo, se *addone2* for aplicada a *list6*, na Figura 9.1.6a, quando for acrescido 1 ao inteiro 4 como o primeiro elemento do segundo elemento de *list6*, o conteúdo desse nó mudará para 5. Mas a rotina acrescenta novamente 1 nesse nó porque o nó é apontado pelo campo de informação de outro elemento da lista também.

Assim, o valor final no nó será 6 em vez de 5. De modo semelhante, os valores dos nós contendo 5, 3 e 8 são alterados para 7, 5 e 10, respectivamente (por quê?). Evidentemente, isso é incorreto.

Em geral, modificar o conteúdo de um nó de 4 para 5 equivale a substituir o nó contendo 4 por um novo nó contendo 5 e, em seguida, liberar o nó contendo 4. Mas isso pressupõe, talvez erroneamente, que o nó contendo 4 não é mais necessário. Sempre que o conteúdo de um nó for alterado ou um nó for eliminado, será necessário em primeiro lugar assegurar que o valor antigo não seja mais necessário.

Na Figura 9.1.6b, a lista (43,28) aparece como uma sublista de *list*7, que é (12,18,43,28) e de list3, que é (47,59,16,43,28). Imagine o caos que resultaria se fosse feita uma tentativa de remover o terceiro elemento de *list*7.

Uma solução para esse problema seria proibir o uso do mesmo nó em mais de um contexto. Ou seja, as listas deveriam ser formadas como na Figura 9.1.5a, e não como na Figura 9.1.6a. Dessa forma, quando um nó não fosse mais necessário num determinado contexto, ele poderia ser liberado, desde que nenhum outro ponteiro interno apontasse para ele.

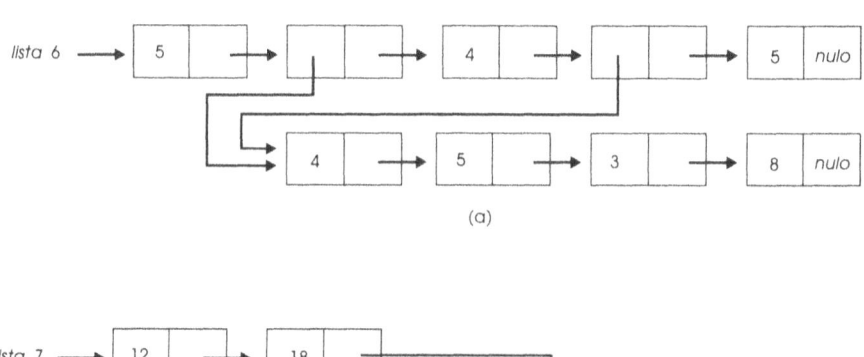

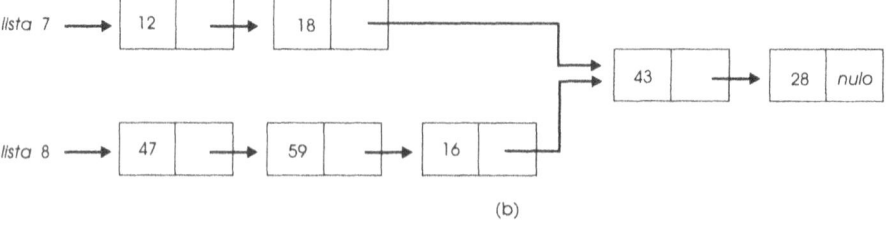

Figura 9.1.6

A OPERAÇÃO CRLIST

Suponha que queiramos criar a lista da Figura 9.1.6a. A seguinte seqüência de operações faria isso:

```
l = null;
l = addon(l,8);
l = addon(l,3);
l = addon(l,5);
l = addon(l,4);
list6 = null;
list6 = addon(list6,5);
list6 = addon(list6,1);
list6 = addon(list6,4);
list6 = addon(list6,1);
list6 = addon(list6,5);
```

Apresentamos a operação $l = crlist(a_1,a_2,...,a_n)$, onde cada parâmetro é um simples item de dado ou um ponteiro de lista. Essa operação é definida como a seqüência de instruções:

```
l = null;
l = addon(l,an);
    ...
l = addon(l,a2);
l = addon(l,a1);
```

Ou seja, $crlist(a_1,a_2,...,a_n)$ cria a lista $(a_1,a_2,...,a_n)$. Em seguida, a seqüência anterior de operações pode ser reescrita como:

```
e = crlist(4,5,3,8);
list6 = crlist(5,1,4,1,5);
```

Observe que essa não é a mesma operação simples

```
list6 = (5,crlist(4,5,3,8),4,crlist(4,5,3,8),5);
```

que cria duas cópias distintas da lista (4,5,3,8): uma como seu segundo elemento e outra como seu quarto elemento.

Deixaremos como exercício para o leitor a tarefa de descobrir uma seqüência de operações de lista que crie as listas *list*7 e *list*8 da Figura 9.1.6b.

Se for usado o método do ponteiro para implementar as operações de lista, será possível criar **listas recursivas.** Essas são listas que contêm a si mesmas como elementos. Por exemplo, suponha que as seguintes operações sejam executadas:

```
l  = crlist(2,crlist(9,7),6,4);
l1 = tail(tail(l));
sethead(l1,l);
l2 = head(tail(l));
l2 = tail(l2);
sethead(l2,l);
```

A Figura 9.1.7 ilustra o efeito de cada uma dessas operações. No final da seqüência (Figura 9.1.7e), a lista l contém a si mesma como terceiro elemento. Além disso, o segundo elemento de l é uma lista cujo segundo elemento é a própria l.

O USO DE CABEÇALHOS DE LISTAS

No Capítulo 4, os cabeçalhos de listas foram apresentados como um local para armazenar informações globais sobre uma lista inteira. Em vários sistemas de processamento de listas gerais, os nós de cabeçalho são usados para outros objetivos também. Já examinamos dois métodos de implementação de listas gerais: o método do ponteiro e o da cópia. Existe uma terceira alternativa, conhecida como **método do cabeçalho**, amplamente usada em sistemas de processamento de listas. Nesse método, um nó de cabeçalho é posicionado no início de todo grupo de nós que deve ser considerado uma lista. Em particular, um ponteiro externo aponta sempre para um nó de cabeçalho. De modo semelhante, se uma lista l for um elemento de outra lista, existirá um nó de cabeçalho no início de l. A Figura 9.1.8 ilustra a lista da Figura 9.1.2 usando o método do cabeçalho. A parte de informação de um nó de cabeçalho armazena informações globais sobre a lista (tais como o número de nós na lista ou um ponteiro para seu último nó). Na figura, esse campo aparece hachurado. Observe que, agora, uma lista nula é representada por um ponteiro para um nó de cabeçalho contendo um ponteiro nulo em seu campo *next*, e não pelo próprio ponteiro nulo.

l = crlist (2, crlist (9, 7), 6, 4);
l_1 = tail (tail (l))

(a)

sethead (l_1, l)

(b)

l_2 = head (tail (l))

(c)

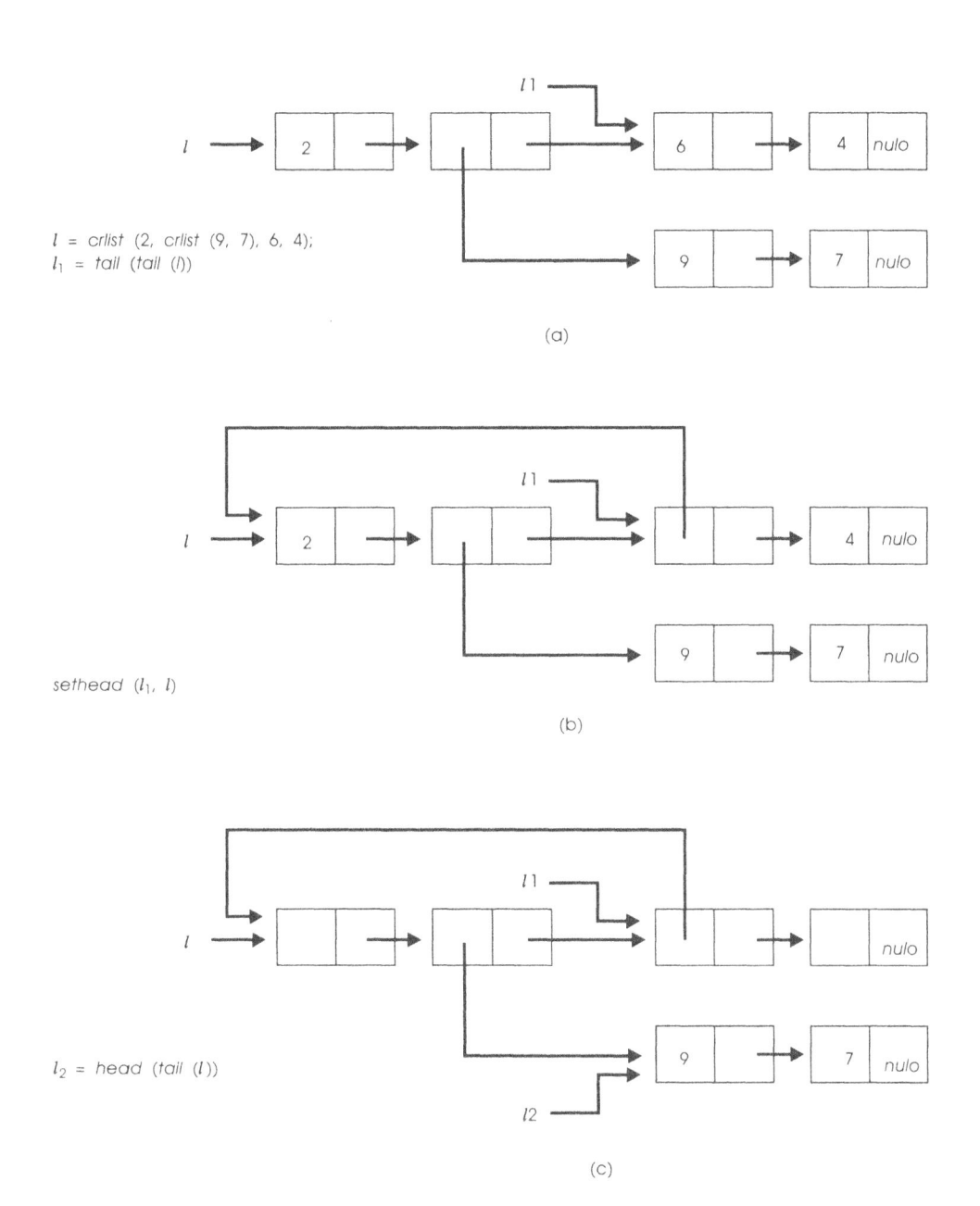

Figura 9.1.7

$l_2 = tail\ (l_2)$

(d)

sethead (l_2, l)

(e)

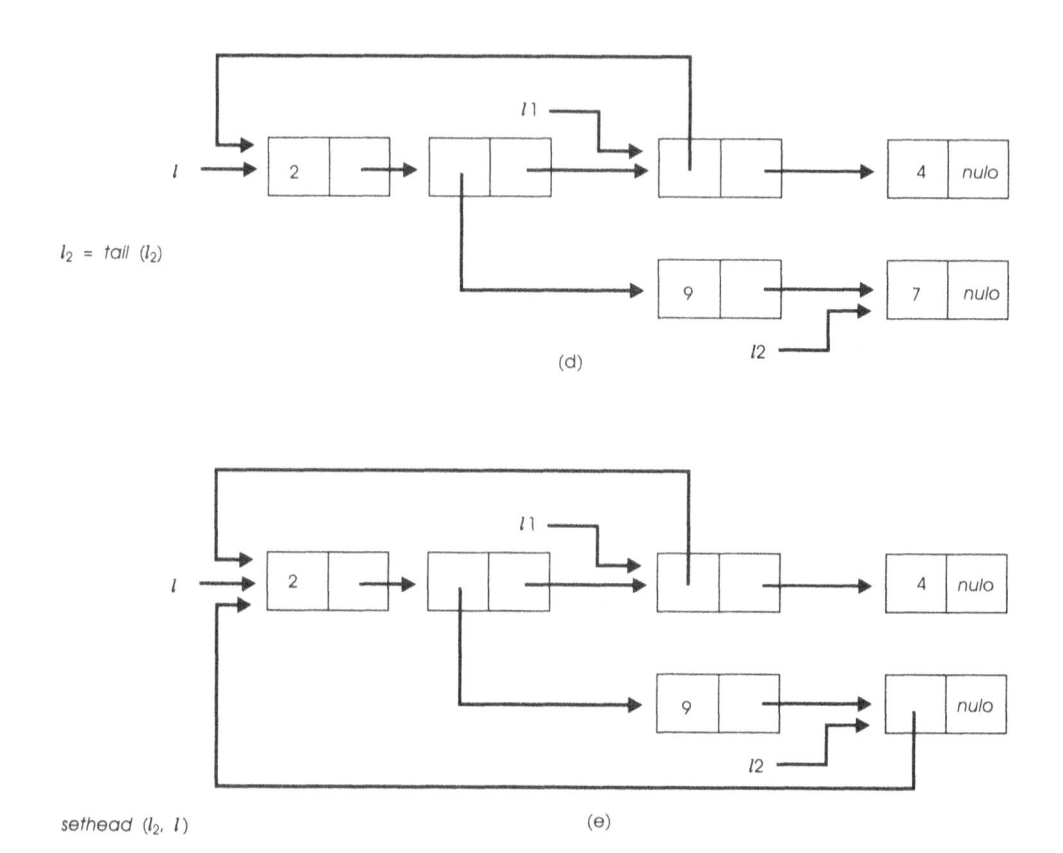

Figura 9.1.7 (*Continuação*)

Qualquer parâmetro que representa uma lista deve ser implementado como um ponteiro para um nó de cabeçalho dessa lista. Qualquer função que retorna uma lista precisa ser implementada de modo a retornar um ponteiro para um nó de cabeçalho.

O método do cabeçalho é semelhante ao método do ponteiro no sentido de que uma lista é representada por um ponteiro para ela. Entretanto, a presença do nó de cabeçalho provoca diferenças significativas (conforme observamos anteriormente na Seção 4.5 quando discutimos as listas duplamente ligadas, lineares e circulares, com cabeçalhos). Por exemplo, fizemos uma distinção entre as operações *push* e *addon*. Se *l* é um ponteiro de lista, a função *addon(l,x)* inclui um nó contendo *x* na lista apontada por *l*, sem mudar o valor de *l*, e retorna um ponteiro para o novo nó. *push(l,x)* muda o valor de seu parâmetro *l* de modo a apontar para o novo nó. Sob o método do cabeçalho, a inclusão de um elemento numa lista requer a inserção de um nó entre o nó de cabeçalho e o primeiro da lista. Sendo assim, a despeito do fato de o valor de *l* não ser alterado, a lista que *l* representa foi alterada.

LIBERANDO NÓS DE LISTA

Anteriormente nessa seção, constatamos que um nó ou um conjunto de nós poderia ser um elemento e/ou uma sublista de uma ou várias listas. Nesses casos, será difícil determinar quando tal nó pode ser modificado ou liberado. Defina um **nó simples** como um nó que contenha um simples item de dado (de modo que seu campo *info* não contém um ponteiro). Em geral, o múltiplo uso de nós simples não é permitido. Ou seja, as operações sobre os nós simples são executadas pelo método da cópia e não pelo método do ponteiro. Dessa forma, qualquer nó simples eliminado de uma lista pode ser liberado imediatamente.

Entretanto, o método da cópia é altamente ineficiente quando aplicado a nós cujos valores são listas. O método do ponteiro é a técnica mais comumente usada ao manipular tais nós. Por conseguinte, sempre que uma lista é modificada ou eliminada como um elemento ou uma sublista, é necessário considerar as implicações da modificação ou liberação da lista em outras listas que possam contê-la. A questão de como liberar uma lista eliminada é composta pelo fato de que as listas podem conter outras listas como elementos. Se determinada lista é liberada, talvez seja necessário liberar todas as listas que sejam elementos dela; entretanto, se essas listas são também elementos de outras listas, elas não podem ser liberadas.

Como uma ilustração da complexidade do problema, considere *list*9 da Figura 9.1.9. Os nós dessa figura estão numerados arbitrariamente para que possamos referir-nos a eles facilmente, dentro do texto.

Considere a operação:

```
list9 = null;
```

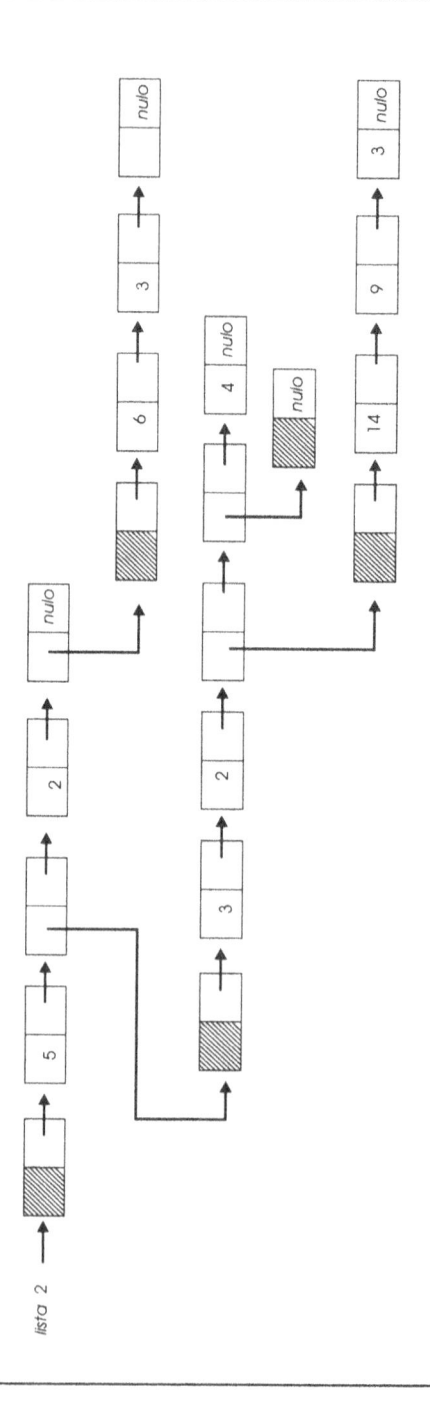

Figura 9.1.8

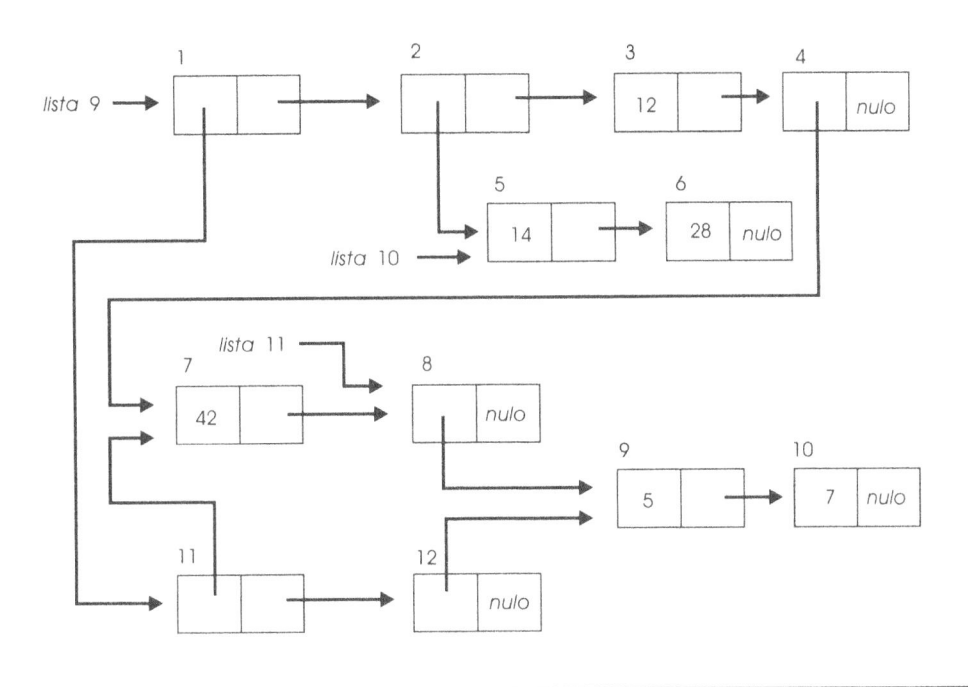

Figura 9.1.9 (*Continuação*)

Quais nós podem ser liberados e quais precisam ser mantidos? Evidentemente, os nós de lista de *list*9 (nós 1,2,3,4) podem ser liberados, uma vez que nenhum outro ponteiro se refere a eles. A liberação do nó 1 nós permitirá liberar os nós 11 e 12 porque eles também não são acessados por nenhum outro ponteiro. Assim que o nó 11 for liberado, os nós 7 e 8 poderão ser liberados também? O nó 7 pode ser liberado porque cada um dos nós contendo um ponteiro para ele (nós 11 e 4) podem ser liberados. Entretanto, o nó 8 não pode ser liberado porque *list*11 aponta para ele. *list*11 é um ponteiro externo; portanto, o nó para o qual ele aponta talvez seja ainda necessário em algum outro local do programa. Como o nó 8 será mantido, os nós 9 e 10 permanecerão também (embora o nó 12 esteja sendo liberado). Finalmente, os nós 5 e 6 devem ser mantidos por causa do ponteiro externo *list*10.

O problema a ser endereçado na próxima seção é como determinar algoritmicamente quais nós devem ser mantidos e quais devem ser liberados. Entretanto, antes de examinar as possíveis soluções, consideraremos como as listas podem ser implementadas em C e faremos alguns comentários sobre as linguagens de processamento de listas e seu projeto.

LISTAS GERAIS EM C

Como os nós de listas gerais podem conter elementos simples de dados de qualquer tipo ou ponteiros para outras listas, o método mais direto de declarar nós de lista é por meio de uniões. Veja a seguir uma possível implementação:

```c
#define INTGR 1
#define CH    2
#define LST   3
struct nodetype {
      int utype; /*  utype eh igual a INTGR, CH ou LST */
      union {
            int intgrinfo;              /* utype = INTGR */
            char charinfo;              /* utype = CH    */
            struct nodetype *lstinfo;   /* utype = LST   */
            } info;
      struct nodetype *next;
};
typedef struct nodetype *NODEPTR;
```

Cada nó de lista tem três campos elementares: um sinalizador (*utype*) para indicar o tipo do campo de informação, o verdadeiro campo de informação e um ponteiro para o próximo nó na lista. A operação *nodetype(p)* é implementada simplesmente referenciando *p -> utype*.

A real implementação de qualquer operação de lista depende de o sistema em questão estar implementado usando o método do ponteiro, o método da cópia ou o método do cabeçalho. Consideraremos o método do ponteiro.

A operação *tail* produz sempre um ponteiro para uma lista (possivelmente o ponteiro *null*), presumindo-se que seu argumento aponte para uma lista válida. Conseqüentemente, essa operação pode ser implementada como uma função simples em C:

```c
NODEPTR tail(list)
NODEPTR list;
{
   if (list == NULL)  {
      printf("operacao tail invalida");
      exit(1);
```

```
    }
    else
        return(list->next);
}   /* fim tail */
```

Poderíamos ser tentados a implementar a operação *head* de forma semelhante, simplesmente retornando o valor no campo *info* do nó para o qual o parâmetro aponta. Entretanto, como algumas versões em C não permitem que uma função retorne uma estrutura, implementamos a operação *head* como uma função com dois parâmetros: um parâmetro de entrada que armazena um ponteiro para a lista de entrada e um parâmetro de saída que aponta para uma estrutura contendo a informação. Vamos supor que uma estrutura tenha sido declarada:

```
    struct {
    int utype;
    union {
            int intgrinfo;
            char charinfo;
            struct nodetype *listinfo;
    } info;
} infotype;
typedef struct infotype *INFOPTR;
```

Sendo assim, a função *head*, que é chamada por um comando como *head(list1,&item)*, é implementada como segue:

```
head(list, pitem)
NODEPTR list;
INFOPTR pitem;
{
 if (list == NULL)  {
    printf ("operacao head invalida");
    exit(1);
 }  /* fim if */
 pitem = (INFOPTR) malloc(sizeof (struct infotype));
 pitem->utype = list->utype;
 pitem->info = list->info;
 return;
}  /* fim head */
```

Em algumas aplicações, talvez não seja necessário retornar o conteúdo da parte de informação do nó; talvez seja suficiente identificar um ponteiro para o nó desejado. Nesse caso, pode ser usado o valor da variável de ponteiro percorrendo a lista, em vez da rotina *head*. Observe que nenhuma das duas operações, *head* e *tail*, modifica de maneira alguma a lista original. Todos os campos mantêm os mesmos valores que tinham antes de as rotinas serem chamadas.

Assim que as formas básicas de *head* e *tail* forem implementadas, outras operações de lista poderão ser também implementadas em função dessas operações, ou acessando os nós de lista diretamente. Por exemplo, a operação *addon* pode ser implementada como segue:

```
NODEPTR addon(list, pitem)
NODEPTR list;
struct infotype *pitem;
{
 NODEPTR newptr;
 newptr = (INFOPTR) malloc (sizeof (struct nodetype));
 newptr->utype = pitem->utype;
 newptr->info = pitem->info;
 newptr->next = list;
 return (newptr);
} /* fim addon */
```

Agora que *addon* foi implementada, *sethead(list, item)* pode ser implementada pelo comando *list = addon(tail (list), &item)*, como mencionado anteriormente. Como alternativa, a operação *sethead* pode ser implementada diretamente pela seqüência de comando:

```
list->utype = item.utype;
list->info = item.info;
```

A operação *settail* pode ser implementada de modo semelhante, como segue, usando uma rotina auxiliar *freelist* para liberar o final anterior de *list*:

```
settail (plist, t1)
NODEPTR *plist, t1;
{
 NODEPTR p;
 p = *plist->next;
 *plist->next = t1;
 freelist(p);
} /* fim settail */
```

Apesar de estarmos usando o método do ponteiro, muito provavelmente não haverá necessidade do final anterior de *list*. Se algum outro ponteiro apontar para essa parte da lista, a chamada a *freelist* deverá ser omitida.

A implementação de *settail* destaca o problema do gerenciamento automático de listas e de como determinar quando um nó deve ser liberado se, na verdade, ele pode aparecer em mais de um contexto (como no método do ponteiro ou se forem permitidas listas recursivas). Conforme já mencionado, examinaremos essas questões na Seção 9.2.

LINGUAGENS DE PROGRAMAÇÃO E LISTAS

Em todo o texto, consideramos uma lista uma estrutura de dados composta (um conjunto de nós), em vez de um tipo de dado nativo (um item elementar, como *int* e *char*). Fizemos isso porque estamos trabalhando intimamente relacionados com a linguagem C. Em C, não se pode fazer uma declaração como

```
list x;
```

e aplicar diretamente funções como *head* e *tail* a *x*. Em vez disso, o programador precisa implementar listas escrevendo os procedimentos e as funções necessárias para a manipulação dessas listas. Entretanto, outras linguagens realmente apresentam as listas como estruturas de dados elementares com a operações *crlist, head, tail, addon, sethead* e *settail* já incorporadas à linguagem. (Um bom exemplo de uma linguagem desse tipo é LISP.)

Uma conseqüência do fato de C não incluir recursos de manipulação de listas é que, se o programador programar uma aplicação de manipulação de listas, ficará sob sua responsabilidade a alocação e a liberação dos necessários nós de lista. Conforme constatamos nesta seção, esse problema não será simples se forem permitidas listas em toda a sua generalidade. Entretanto, em termos gerais, uma aplicação pode ser elaborada com mais facilidade usando um tipo específico de lista, árvore ou grafo, conforme verificamos nos Capítulos 4, 5 e 8. Na realidade, as técnicas de manipulação de listas gerais são mais dispendiosas em termos de tempo e espaço do que as técnicas elaboradas especificamente para determinada aplicação. (Essa é uma conseqüência natural da regra de que sempre se deve pagar um preço pela generalidade.) Sendo assim, raramente o programador C terá oportunidade de usar técnicas de manipulação de listas gerais.

Entretanto, um sistema de processamento de listas gerais, no qual a lista é um tipo de dado nativo e as operações de listas são embutidas, deve manipular as listas em toda a sua generalidade. Como os objetos fundamentais são listas e itens de dados, em vez de nós, o programador não pode responsabilizar-se pela alocação e liberação de nós individuais. Em vez disso, quando um programa emitir uma instrução como

```
l1 = crlist(3,4,7);
```

o sistema ficará responsável por alocar suficientes nós de lista e inicializar os ponteiros corretos. Quando o programa emitir posteriormente o comando

```
l1 = NULL;
```

o sistema será responsável pela identificação e liberação desses, incluídos anteriormente na lista $l1$ e que agora estão inacessíveis. Se tais nós não forem liberados, a memória disponível seria rapidamente esgotada.

Por um lado, as linguagens que incluem as listas como tipos de dados nativos são "de nível mais alto" que C porque o programa não precisa preocupar-se com as tantas atividades de manutenção associadas ao gerenciamento do armazenamento. C pode ser considerada uma linguagem de nível mais alto que FORTRAN, no sentido de que C inclui estruturas de dados, como *struct* e *union*, enquanto FORTRAN não as inclui. Além disso, um sistema de processamento de lista é de nível mais alto que C por incluir listas, enquanto C não as inclui.

Outro aspecto que deve ser ressaltado é a implementação de listas. A implementação de listas, conforme apresentado nesta seção, é orientada para C. Como C permite o uso de uniões, é possível definir um tipo *infotype* para conter qualquer um dos tipos de dados válidos em nosso sistema de listas. Algumas linguagens (por exemplo, PL/I) não aceitam uniões. Nessas linguagens, o tipo de um nó (com raras exceções) é determinado antecipadamente. Nelas seria necessário dividir um sistema de listas em **nós de lista** e **nós atômicos**. Um nó atômico é aquele que não contém ponteiros — apenas um item simples de dado. Existiriam vários tipos diferentes de nós atômicos, cada um com um único item de dado correspondendo a um dos tipos de dados válidos. Um nó de lista contém um ponteiro para um nó atômico e um indicador de tipo determinando o tipo de nó atômico para o qual ele aponta (além de um ponteiro para o próximo nó na lista, evidentemente). Quando for necessário introduzir um novo nó na lista, um nó atômico do tipo adequado deverá ser alocado, seu valor deverá ser atribuído, o campo de informação do nó de lista precisará ser definido de modo a apontar para o novo nó atômico, e o campo do tipo no nó de lista deverá ser definido com o tipo correto.

Para perceber como essa situação é desagradável, suponha que existam dez tipos diferentes de nós atômicos (não existe uma razão pela qual um nó atômico não possa ser um vetor, uma pilha, uma fila ou um rótulo de programa, por exemplo). Cada um desses nós precisa ter um código de tipo exclusivo. Além disso, deve existir uma variável separada, declarada para cada tipo de nó atômico. Vamos supor que os códigos de tipo usados para os dez tipos sejam *t*1, *t*2,..., *t*10 e que as variáveis dos nós atômicos sejam *node*1, *node*2,... *node*10. Sendo assim, toda vez que um nó atômico fosse processado, precisaríamos de código como:

```
switch (Codigo De Tipo)  {
   case t1: /* faz alguma coisa com node1 */
   case t2: /* faz alguma coisa com node2 */
          ...
   case t10: /* faz alguma coisa com node10*/
}  /* fim switch */
```

Essa é uma organização complicada e que podemos evitar usando uniões.

Na próxima seção deste capítulo, examinaremos as técnicas incorporadas nos sistemas de processamento de listas para recuperar o armazenamento não mais necessário. Manteremos as convenções de estrutura de listas desta seção, mas devemos ressaltar que elas não são absolutas.

EXERCÍCIOS

9.1.1. Como você implementaria uma pilha e uma fila gerais em C? Escreva todas as rotinas necessárias para fazer isso.

9.1.2. Implemente as rotinas *addon, sethead, settail* e *crlist* em C.

9.1.3. Escreva uma sub-rotina em C, *freelist(list)*, que libere todos os nós acessíveis a partir de um ponteiro *list*. Se sua solução for recursiva, reescreva-a não-recursivamente.

9.1.4. Reescreva *addone2* não de forma a ser recursiva.

9.1.5. Escreva uma rotina em C, *dlt(list, n)*, que elimine o *en*ésimo elemento de uma lista *list*. Se esse *en*ésimo elemento for em si mesmo uma lista, todos os nós acessíveis por meio dessa lista devem ser liberados. Suponha que uma lista só possa aparecer em uma posição.

9.1.6. Implemente a função *copy(list)* em C. Essa rotina aceita um ponteiro *list* para uma lista geral e retorna um ponteiro para uma cópia dessa lista. E se a lista for recursiva?

9.1.7. Escreva uma rotina em C que aceite um ponteiro de lista e imprima a notação entre parênteses para essa lista. Pressuponha que os nós de lista só podem aparecer numa única lista e que as listas recursivas não são permitidas.

9.1.8. Quais as vantagens e desvantagens das linguagens nas quais o tipo das variáveis não precisa ser declarado, quando comparadas com linguagens como C?

9.1.9. Escreva dois conjuntos de operações de listas para criar as listas das Figuras 9.1.4b e 9.1.9.

9.1.10. Redesenhe todas as listas desta seção que não incluam nós de cabeçalho, incluindo-os agora.

9.1.11. Implemente as rotinas *addon, head, tail, sethead* e *settail* em C para listas usando os seguintes métodos:

    a. o método da cópia;

    b. o método do cabeçalho.

9.1.12. Implemente as operações de lista para um sistema que use listas duplamente ligadas.

9.2. GERENCIAMENTO AUTOMÁTICO DE LISTAS

Na seção anterior, ressaltamos a necessidade de algoritmos para determinar quando um dado nó de lista não é mais acessível. Nesta seção, examinaremos esses algoritmos. A filosofia por trás da incorporação desse algoritmo num sistema de programação é que o programador não precisa determinar quando um nó deve ser alocado ou liberado. Em vez disso, o programador deve codificar a solução para o problema com a garantia de que o sistema alocará automaticamente quaisquer nós de lista necessários para as listas sendo criadas e que o sistema disponibilizará para reutilização quaisquer nós não mais acessíveis.

Existem dois métodos principais usados no gerenciamento automático de listas: o método de **contagem de referências** e o método de **coleta de lixo**. Examinaremos os dois a seguir.

O MÉTODO DE CONTAGEM DE REFERÊNCIAS

Nesse método, cada nó tem um campo *count* adicional que mantém uma contagem (chamada **contagem de referências**) do número de ponteiros (tanto internos como externos) para esse nó. Toda vez que o valor de algum ponteiro é definido de modo a apontar para um nó, a contagem de referências nesse nó sofre um aumento de 1; toda vez que o valor de algum ponteiro, que estava apontando para um nó, é alterado, a contagem de referências nesse nó sofre uma diminuição de 1. Quando a contagem de referência em qualquer nó chegar a 0, esse nó poderá ser retornado para a lista de nós livres.

Toda operação de lista de um sistema usando o método de contagem de referências precisa fazer uma provisão para atualizar a contagem de referência de cada nó que ele acessa e para liberar todo nó cuja contagem chegar a 0. Por exemplo, para executar a instrução

```
l = tail(l);
```

as seguintes operações devem ser efetuadas:

```
p = l;
```

```
l = next(l);
next(p) = null;
reduce(p);
```

onde a operação *reduce(p)* é definida recursivamente, como segue:

```
if (p != null) {
   count(p)--;
   if (count(p) == 0)  {
      r = next(p);
      reduce(r);
      if (nodetype(p) == lst);
         reduce(head(p));
      free node(p);
   }   /* fim if */
}  /* fim if    */
```

reduce precisa ser chamada sempre que o valor de um ponteiro para um nó de lista for alterado. De modo semelhante, sempre que uma variável de ponteiro for definida de modo a apontar para um nó de lista, o campo *count* desse nó deverá sofrer um aumento de 1. O campo *count* de um nó livre é 0.

Para ilustrar o método de contagem de referências, considere novamente a lista da Figura 9.1.9. O seguinte conjunto de comando cria essa lista:

```
list10 = crlist(14,28);
list11 = crlist(crlist(5,7));
l1 = addon(list11,42);
m = crlist(l1,head(list11));
list9 = crlist(m,list10,12,l1);
m = null;
l1 = null;
```

A Figura 9.2.1 ilustra a criação da lista usando o método de contagem de referências. Cada parte dessa figura mostra a lista depois de executado um grupo adicional dos comandos anteriores. A contagem de referências é mostrada como o campo da extrema esquerda de cada nó de lista. Cada nó dessa figura está numerado de acordo com as numerações dos nós na Figura 9.1.9. Certifique-se de entender como cada comando altera a contagem de referências em cada nó.

Vejamos o que acontece quando executamos a instrução:

```
list9 = null;
```

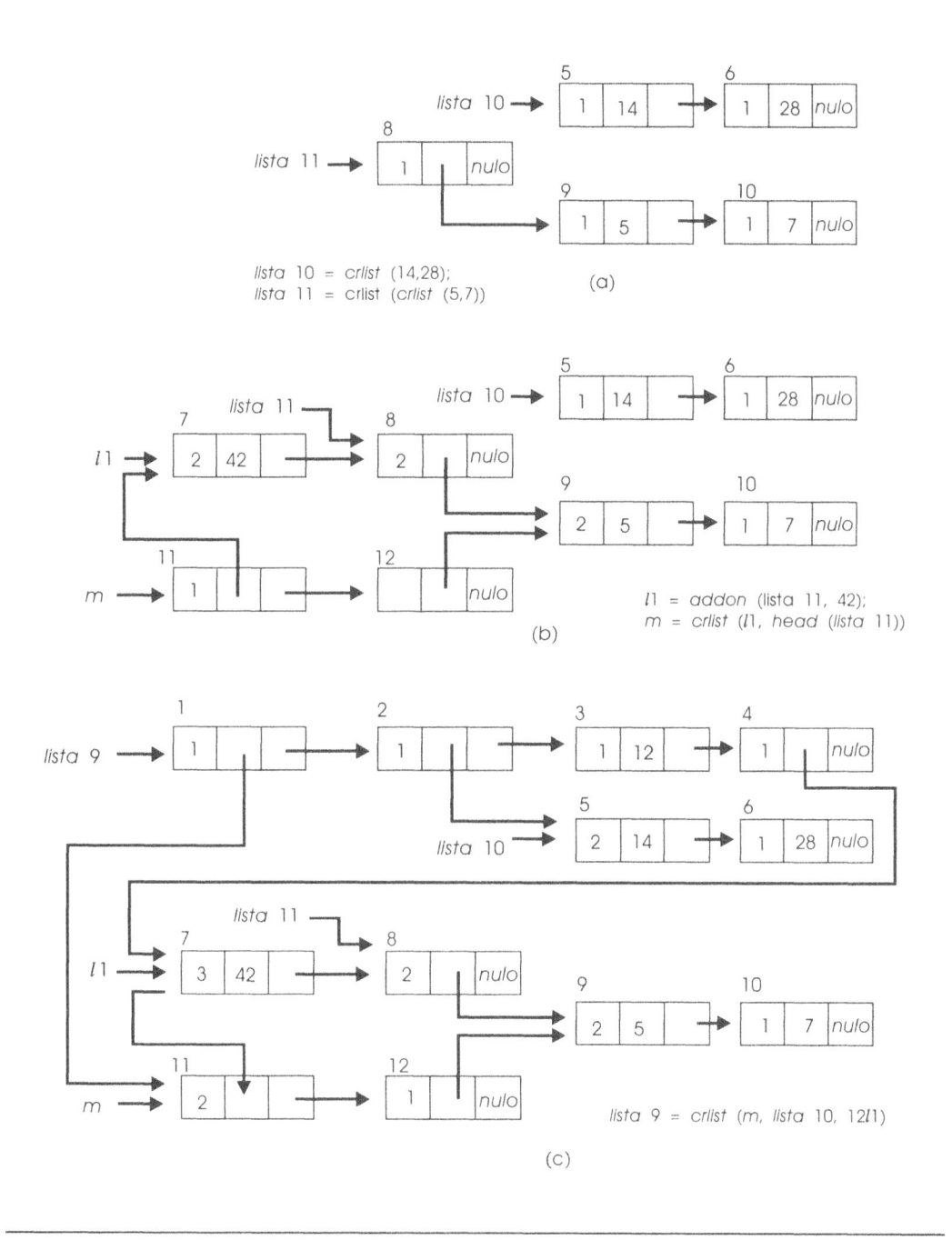

Figura 9.2.1

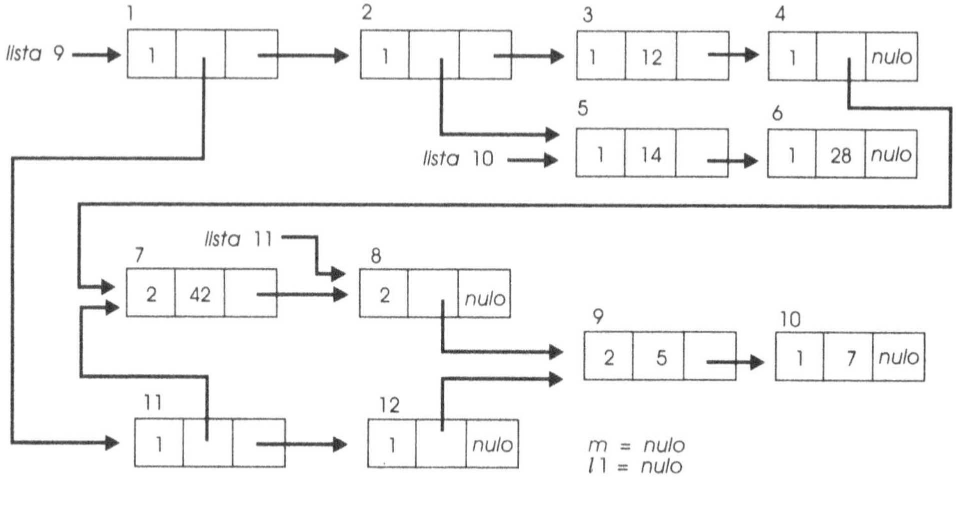

(d)

Figura 9.2.1 (*Continuação*)

Os resultados estão ilustrados na Figura 9.2.2, onde os nós liberados aparecem com linhas tracejadas. Pode ocorrer a seguinte seqüência de eventos:

(Figura 9.2.2a)

count do nó 1 é definido com 0.
Nó 1 liberado.
counts dos nós 2 e 11 são definidos com 0.
Nós 2 e 11 liberados.
counts dos nós 5 e 7 são definidos com 1.
counts dos nós 3 e 12 são definidos com 0.
Nós 3 e 12 liberados.
count do nó 4 é definido com 0.
Nó 4 liberado.
count do nó 9 é definido com 1.
count do nó 7 é definido com 0.
Nó 7 liberado.

(Figura 9.2.2b)   *count* do nó 8 é definido com 1.

Somente os nós acessíveis a partir dos ponteiros externos, *list*10 e *list*11, continuam alocados; todos os outros são liberados.

Cap. 9 Gerenciamento de armazenamento 781

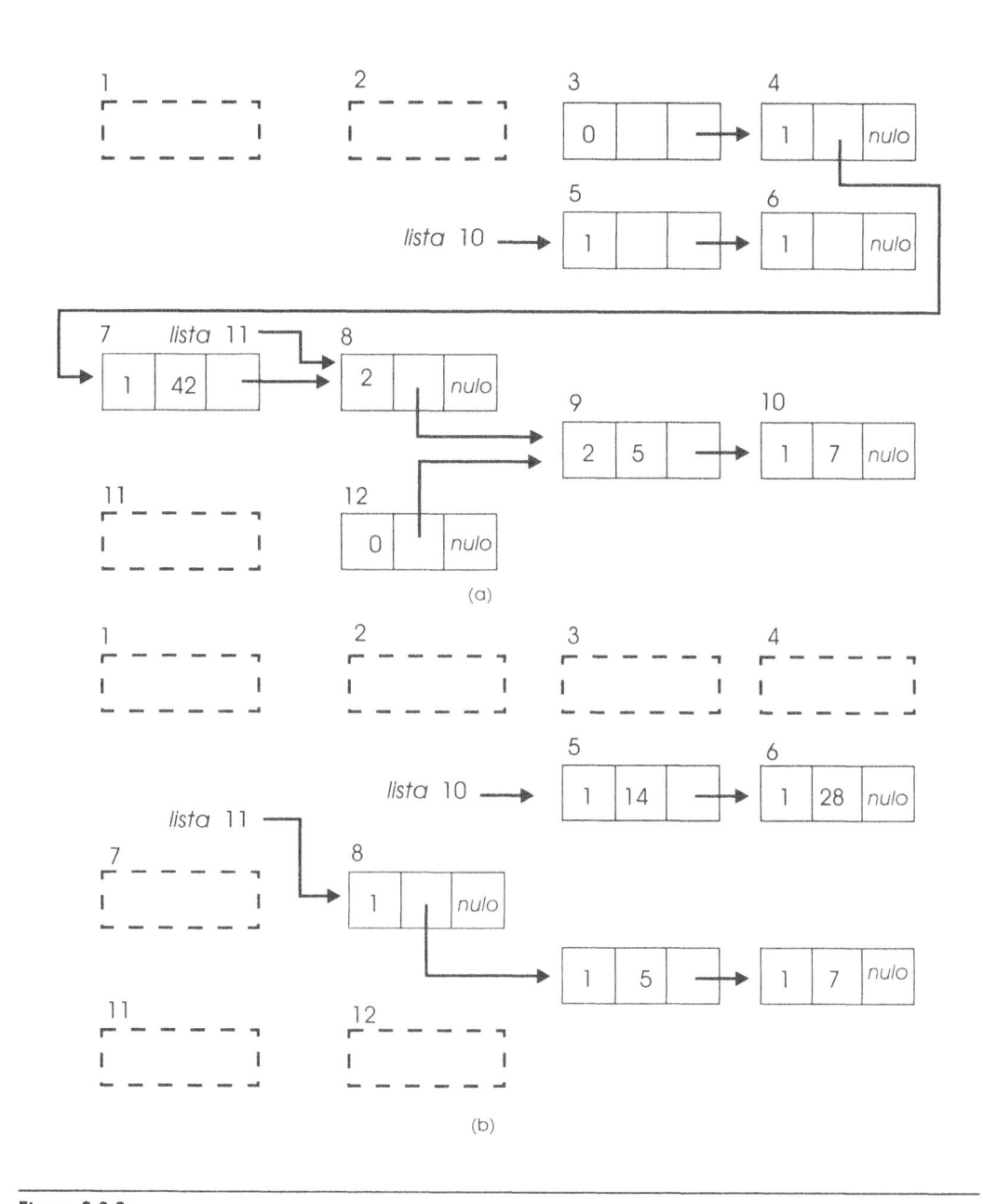

Figura 9.2.2

Uma deficiência do método de contagem de referências é ilustrada pelo exemplo anterior. A quantidade de trabalho despendida pelo sistema toda vez que um comando de manipulação de lista é executado pode ser considerável. Sempre que o valor de um ponteiro é alterado, todos os nós anteriormente acessíveis a partir deste ponteiro podem ser potencialmente liberados. Com freqüência, o trabalho necessário para identificar os nós a ser liberados não compensa o espaço exigido porque talvez exista amplo espaço para o programa executar até o final sem reutilizar nenhum nó. Depois que o programa terminar, uma única passagem reivindicará todo o seu armazenamento sem se preocupar com os valores da contagem de referências.

Uma solução para esse problema pode ser ilustrada por uma proposta diferente para o exemplo anterior. Quando o comando

```
list9 = null
```

é executado, a contagem de referências no nó 1 é reduzida a 0 e o nó 1 é liberado — ou seja, ele é posicionado na lista disponível. Entretanto, os campos desse nó preservam seus valores originais, de modo que ele ainda aponta para os nós 2 e 11. (Isso significa que é necessário um campo de ponteiro adicional para associar esses nós na lista disponível. Uma alternativa seria reutilizar o campo de contagem de referências para esse propósito.) Os valores da contagem de referências nesses dois nós permanecem inalterados. Quando é necessário espaço adicional e o nó 1 é realocado para outro uso, as contagens de referências nos nós 2 e 11 são reduzidas a 0 e, em seguida, eles são posicionados na lista disponível. Isso remove grande parte do trabalho do processo de desalocação e o inclui no processo de alocação. Se o nó 1 nunca for reutilizado por existir espaço suficiente disponível, os nós 2, 11, 3, 4, 7 e 12 não serão liberados durante a execução do programa. Entretanto, para que esse esquema funcione melhor, a lista disponível deve ser mantida como uma fila em vez de uma pilha, para que os nós liberados nunca sejam alocados antes dos nós ainda não utilizados pela primeira vez. (Evidentemente, assim que um sistema estiver executando por algum tempo, de modo que todos os nós tenham sido usados pelo menos uma vez, essa vantagem não mais existirá.)

Existem duas outras desvantagens no método de contagem de referências. A primeira é o espaço adicional necessário em cada nó para a contagem. Entretanto, em termos gerais, esse não é um aspecto extremamente importante. O problema pode ser minimizado um pouco se cada lista puder conter um nó de cabeçalho e uma contagem de referências só for mantida no cabeçalho. Contudo, somente um nó de cabeçalho poderia ser referenciado por mais de um ponteiro (isto é, uma lista, como a da Figura 9.2.3b, não seria permitida). As listas da Figura 9.2.3 são análogas às da Figura 9.1.6, exceto por incluírem nós de cabeçalho. As contagens são mantidas no primeiro campo do nó de cabeçalho. Quando a contagem num nó de cabeçalho chegar a 0, todos os nós em sua lista serão liberados e as contagens nos nós de cabeçalho apontados pelos campos *lstinfo* nos nós de lista serão reduzidas.

Se as contagens forem mantidas apenas nos nós de cabeçalho, talvez determinadas operações precisem ser modificadas. Por exemplo, a operação *settail* precisa ser modificada para que não ocorra a situação da Figura 9.2.3b. Um método de modificação é usar o método da cópia ao implementar essas operações. Outro método é fazer uma diferença entre os ponteiros externos, que representam listas (e, portanto, devem apontar para um nó de cabeçalho), e os ponteiros externos "temporários", usados para percurso (e podem apontar diretamente para os nós de lista). Quando a contagem num nó de cabeçalho chegar a 0, as referências a seus nós de lista por meio de ponteiros temporários se tornarão inválidas.

A outra desvantagem do método de contagem de referências é que a contagem no primeiro nó de uma lista circular ou recursiva nunca será reduzida a 0. Evidentemente, sempre que um ponteiro dentro de uma lista for definido de modo a apontar para um nó dessa lista, a contagem de referências poderá ser mantida em vez de aumentada, mas a determinação desse fato é uma tarefa freqüentemente difícil.

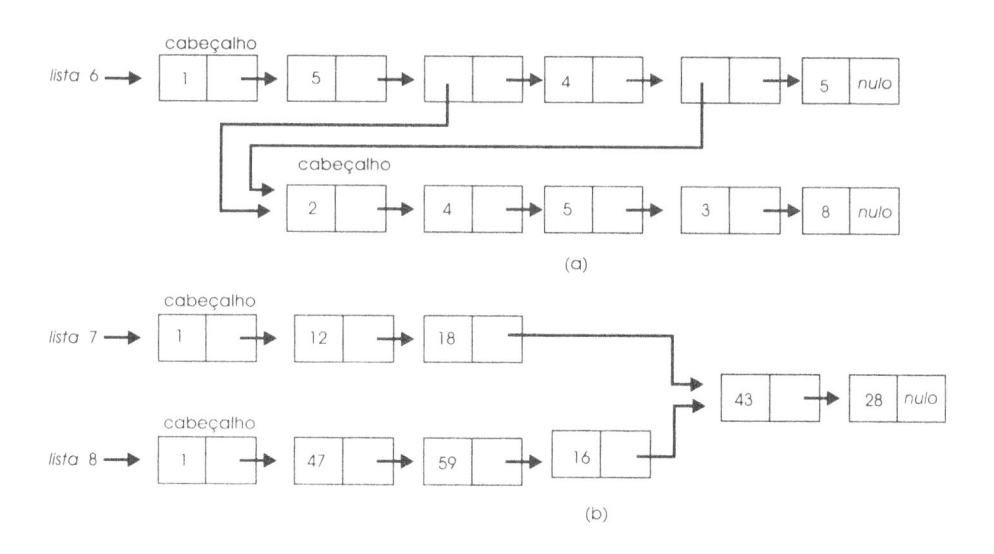

Figura 9.2.3

COLETA DE LIXO

No método de contagem de referências, os nós são recuperados quando se tornam disponíveis para reutilização (ou, sob outro prisma, quando forem necessários). Outro método importante de detecção e recuperação de nós liberados é chamado ***coleta de lixo***. Nesse método, os nós não mais usados permanecem alocados e não-detectados até que todo o armazenamento disponível tenha sido alocado. Uma solicitação posterior de alocação não poderá ser atendida até que os nós, que estavam alocados, mas não mais em uso, sejam recuperados. Quando é feita uma solicitação de nós adicionais e não existe nenhum disponível, uma rotina do sistema, denominada ***coletora de lixo***, é chamada. Essa rotina verifica todos os nós no sistema, identifica os que não são mais acessíveis a partir de um ponteiro externo e restaura os nós inacessíveis para o conjunto de nós disponíveis. Dessa forma, a solicitação de nós adicionais é preenchida com alguns dos nós recuperados e o sistema continua processando as solicitações do usuário para mais espaço. Quando o espaço disponível estiver totalmente preenchido outra vez, a coletora de lixo será chamada mais uma vez.

Em geral, a coleta de lixo se processa em duas fases. A primeira fase, chamada ***fase de marcação***, envolve a marcação de todos os nós acessíveis a partir de um ponteiro externo. A segunda fase, denominada ***fase de coleta***, envolve proceder seqüencialmente pela memória e liberar todos os nós não-marcados. Examinaremos a fase de marcação primeiro e, em seguida, a fase de coleta.

Um campo precisa ser reservado em cada nó para indicar se o nó foi ou não marcado. A fase de marcação define o campo de marcação com *true* em cada nó acessível. Na fase de coleta, o campo de marcação em cada nó acessível é redefinido com *false*. Assim, no início e no final da coleta de resíduos, todos os campos de marcação são *false*. Os programas do usuário não afetam os campos de marcação.

Ocasionalmente, pode ser inconveniente reservar um campo em cada nó unicamente para o propósito de marcação. Nesse caso, uma área isolada da memória pode ser reservada para armazenar um extenso vetor de bits de marcação, um bit para cada nó que possa ser alocado.

Um aspecto da coleta de lixo é que ela precisa executar quando existe muito pouco espaço disponível. Isso significa que as tabelas e pilhas auxiliares exigidas pela coletora de lixo devem ser mantidas a um mínimo por existir muito pouco espaço disponível para elas. Uma alternativa seria reservar uma porcentagem específica da memória para o uso exclusivo da coletora de lixo. Entretanto, isso reduz efetivamente a quantidade de memória disponível para o usuário e significa que a coletora de lixo será chamada com mais freqüência.

Sempre que a coletora de lixo é chamada, todo o processamento do usuário é interrompido enquanto o algoritmo examina todos os nós alocados na memória. Por essa razão, é preferível que a coletora de lixo seja chamada o mínimo de vezes possível. Para as aplicações em tempo real, nas quais um computador precisa responder a uma solicitação do usuário dentro de um curto intervalo de tempo específico, geralmente a coleta de lixo é considerada um método insatisfatório de gerenciamento de armazenamento. Podemos visualizar uma nave espacial perdendo-se no infinito e aguardando instruções de um computador ocupado com coleta de lixo. Entretanto, recentemente foram desenvolvidos métodos por intermédio dos quais a coleta de lixo pode ser efetuada simultaneamente ao processamento do usuário. Isso significa que a coletora de lixo precisa ser chamada antes que todo o espaço seja ocupado, para que o processamento do usuário possa continuar no espaço que restar, enquanto a coletora de lixo recupera espaço adicional.

Outro aspecto importante é que os usuários precisam ter o cuidado de garantir que todas as listas estejam bem formadas e todos os ponteiros estejam corretos. Em geral, as operações de um sistema de processamento de listas são cuidadosamente implementadas, de modo que, se ocorrer uma coleta de lixo no meio de uma dessas operações, o sistema inteiro ainda funcione de maneira correta. Entretanto, alguns usuários tentam subestimar o sistema e implementam suas próprias manipulações de ponteiros. Isso requer muita atenção para que a coleta de lixo funcione corretamente. Num sistema de coleta de lixo em tempo real, precisamos assegurar não apenas que as operações do usuário não interfiram nas estruturas de lista que a coletora de lixo precisa ter, mas também que o próprio algoritmo de coleta de lixo não prejudique indevidamente as estruturas de listas que estejam sendo usadas paralelamente pelo usuário. Conforme veremos, alguns algoritmos de marcações de fato prejudicam (temporariamente) as estruturas de listas e são, portanto, inadequados para o uso em tempo real.

É possível que, no momento em que o programa de coleta de lixo for chamado, os usuários estejam realmente usando quase todos os nós alocados. Assim, quase todos os nós estarão acessíveis e a coletora de lixo recuperará muito pouco espaço adicional. Depois que o sistema executar por um curto período de tempo, ele excederá novamente o espaço disponível; a coletora de lixo será chamada mais uma vez para recuperar raros nós adicionais, e o ciclo vicioso recomeçará. Esse fenômeno, no qual as rotinas de gerenciamento de armazenamento do sistema, como a coleta de lixo, executam praticamente o tempo todo, é chamado **hiperpaginação**.

Evidentemente, a hiperpaginação é uma situação que deve ser evitada. Uma solução drástica seria impor a seguinte condição. Se a coletora de lixo for executada e não recuperar um percentual específico do espaço total, o usuário que solicitou o espaço adicional será removido do sistema. Todo o espaço desse usuário será, então, recuperado e disponibilizado para outros usuários.

ALGORITMOS PARA COLETA DE LIXO

O método mais fácil de marcar todos os nós acessíveis é marcar a princípio todos os nós que estejam imediatamente acessíveis (ou seja, os nós apontados por ponteiros externos) e, em seguida, percorrer várias vezes toda a memória seqüencialmente. Em cada passagem seqüencial, sempre que um nó nd marcado for encontrado, todos os nós apontados por um ponteiro dentro de nd serão marcados. Essas passagens seqüenciais continuarão até que nenhum novo nó seja marcado numa passagem inteira. Infelizmente, esse método é, ao mesmo tempo, simples e ineficiente. O número de passagens seqüenciais necessário é igual ao comprimento do caminho máximo a qualquer nó acessível (por quê?), e em cada passagem todo nó de lista na memória precisará ser examinado. Entretanto, esse método não exige praticamente nenhum espaço adicional.

Uma variação um pouco mais eficiente é a seguinte: suponha que um nó $n1$ na passagem seqüencial tenha sido anteriormente marcado e que $n1$ inclua um ponteiro para um nó não-marcado, $n2$. O nó $n2$ seria, então, marcado, e a passagem seqüencial continuaria normalmente com o nó posterior a $n1$, seqüencialmente, na memória. Entretanto, se o endereço de $n2$ for menor que o endereço de $n1$, a passagem seqüencial prosseguirá a partir de $n2$, em vez de a partir de $n1$. Sob essa técnica modificada, quando o último nó na memória for alcançado, todos os nós acessíveis estarão marcados.

Apresentamos esse método como um algoritmo. Suponha que todos os nós de lista na memória sejam visualizados como um vetor seqüencial.

```
#define NUMNODES ...
struct nodetype {
        int mark;
        int utype;
        union {
                int intgrinfo;
                char charinfo;
                int lstinfo;
        } info;
        int next;
} node[NUMNODES];
```

Um vetor *node* é usado para transmitir a idéia de que podemos percorrer todos os nós seqüencialmente. *node*[0] é usado para representar um nó artificial. Presumimos que *node*[0].*lstinfo* e *node*[0].*next* são inicializados com 0, *node*[0].*mark* com *true*, *node*[0].*utype* com *lst*, e que esses valores nunca são alterados durante a execução do sistema. O campo *mark* em cada nó é inicialmente *false* e é definido com *true* pelo algoritmo de marcação quando um nó acessível é encontrado.

Agora que definimos os formatos de nossos nós, concentremo-nos no real algoritmo. Presuma que *acc* é um vetor contendo ponteiros externos para nós imediatamente acessíveis, declarado por:

```
#define NUMACC ...
int acc[NUMACC];
```

Veja a seguir o algoritmo de marcação:

```
/* marca todos os nohs imediatamente acessiveis */
for (i = 0; i < NUMACC; i++)
  node[acc[i]].mark = TRUE;
/* inicia um percurso sequencial pelo vetor de nohs   */
/*    i aponta para o noh sendo examinado atualmente  */
i = 1;
while (i < NUMNODES) {
   j = i + 1; /* j aponta p/ o prox noh a ser examinado */
   if(node[i].mark) {
      /* marca os nohs para os quais i aponta */
      if (node[i].utype == LST &&
                 node[node[i].lstinfo].mark != TRUE) {
         /* a parte de informacao de i     */
         /* aponta para um noh nao-marcado */
```

```
            node[node[i].lstinfo].mark = TRUE;
            if (node[i].lstinfo < j)
               j = node[i].lstinfo;
         }  /* fim if */
         if (node[node[i].next].mark != TRUE)   {
            /* o noh de lista posterior a      */
            /* node[i] eh um noh nao-marcado   */
            node[node[i].next].mark = TRUE;
            if (node[i].next < j)
               j = node[i].next;
         }  /* fim if */
   }  /* fim if */
   i = j;
}  /* fim while */
```

Nos exercícios, você será solicitado a verificar a execução desse algoritmo numa lista distribuída por toda a memória, como *list*9 na Figura 9.1.9.

Embora esse método seja melhor do que sucessivas passagens seqüenciais, ele é ainda ineficiente. Imagine quantos nós precisarão ser examinados se *node*[1] estiver imediatamente acessível e apontar para *node*[999], que aponta para *node*[2], e assim por diante. Assim, ele é vagaroso demais para usar num sistema de verdade.

Seria preferível um método que não se baseasse no percurso seqüencial da memória, mas que percorresse todas as listas acessíveis. Por conseguinte, ele examinaria somente os nós acessíveis, em vez de todos os nós.

O método mais óbvio de fazer isso é usando uma pilha auxiliar, semelhante ao percuso em profundidade de um grafo. À medida que cada lista for percorrida através dos campos *next* de seus nós constituintes, o campo *utype* de cada nó será examinado. Se o campo *utype* de um nó for *lst*, o valor do campo *lstinfo* desse nó será colocado na pilha. Quando for alcançado o final de uma lista ou um nó marcado, a pilha será esvaziada e a lista encabeçada pelo nó no topo da pilha será percorrida. No seguinte algoritmo, pressupomos novamente que *node[0].mark = true*.

```
for (i = 0; i < NUMACC; i++)   {
   /* marque o prox noh imediatamente  */
   /* acessivel e coloque-o na pilha   */
   node[acc[i]].mark = TRUE;
   push(stack, acc[i]);
   while (empty(stack) != TRUE)   {
```

```
         p = pop(stack);
         while (p != 0)  {
            if (node[p].utype == LST &&
                         node[node[p].lstinfo].mark != TRUE) {
               node[node[p].lstinfo].mark = TRUE;
               push(stack, node[p].lstinfo);
            }  /* fim if */
            if (node[node[p].next].mark == TRUE)
               p = 0;
            else {
               p = node[p].next;
               node[p].mark = TRUE;
            }  /* fim if */
         }  /* fim while */
      }  /* fim while */
}  /* fim for */
```

Esse algoritmo é tão eficiente em termos de tempo quanto podemos esperar porque cada nó a ser marcado é visitado somente uma vez. Entretanto, ele apresenta uma deficiência em função de sua dependência de uma pilha auxiliar. Um algoritmo de coleta de lixo é chamado quando não existe mais espaço adicional disponível; portanto, onde a pilha deve ser mantida? Como o tamanho da pilha nunca ultrapassa a profundidade do agrupamento de listas e as listas são raramente agrupadas além de um limite razoável (como 100), seria suficiente um número específico de nós reservados para a pilha de coleta de lixo na maioria dos casos. Entretanto, existe sempre a possibilidade de que algum usuário queira agrupar nós com mais profundidade.

Uma solução é usar uma pilha limitada a um tamanho máximo. Se a pilha estiver cheia, poderemos voltar ao método seqüencial apresentado no algoritmo anterior. Solicitaremos ao leitor que especifique os detalhes num exercício.

Outra solução é usar os próprios nós de lista alocados como pilha. Evidentemente, não queremos acrescentar um campo adicional em cada nó de lista para armazenar um ponteiro para o próximo nó na pilha porque o espaço extra poderia ser usado com mais eficiência para outros propósitos. Sendo assim, o campo *lstinfo* ou o campo *next* dos nós de lista precisam ser usados para ligar a pilha. Mas isso significa que a estrutura de lista é temporariamente prejudicada. Deve-se fazer uma provisão para que as listas sejam restauradas de maneira correta.

No algoritmo anterior, cada lista é percorrida usando os campos *next* de seus nós, e o valor de cada ponteiro *lstinfo* para um nó de lista é colocado na pilha. Quando for alcançado o final de uma lista ou uma seção da lista que já tenha sido marcada, a pilha será desempilhada e uma nova lista será percorrida. Por conseguinte, quando um ponteiro para um nó *nd* for removido, não será necessário restaurar nenhum dos campos dentro de *nd*.

Entretanto, suponha que a pilha seja mantida como uma lista, ligada pelos campos *next*. Assim, quando um nó for introduzido na pilha, seu campo *next* precisará ser restaurado para seu valor original quando o nó for removido. Mas esse valor inicial (original) não foi salvo em lugar algum. (Ele não pode ser salvo na pilha porque não existe armazenamento adicional disponível para ele.)

Uma solução para esse problema pode ser descrita pelo seguinte esquema. Suponhamos uma lista sem elementos que sejam em si mesmos listas. Quando um nó na lista for visitado, ele será introduzido na pilha e seu campo *next* será usado para ligá-lo na pilha. Como cada nó anterior ao nó atual na lista está também presente na pilha (o topo da pilha é o último elemento encontrado na lista), a lista pode ser facilmente reconstruída apenas esvaziando a pilha e restaurando os campos *next*.

A situação é um pouco diferente no caso de uma lista ser um elemento de outra. Suponha que *nd*1 seja um nó em *list*1, que *nd*2 seja um nó em *list*2, e que *node*[(*nd*1].*lstinfo* = *nd*2. Ou seja, *nd*2 é o primeiro nó de *list*2, onde *list*2 é um elemento de *list*1. O algoritmo percorreu *list*1 e, agora, está prestes a percorrer *list*2. Nesse caso, *node*[*nd*1].*next* não pode ser usado como um ponteiro de pilha porque é necessário ligar *nd*1 ao restante de *list*1. Entretanto, o campo *lstinfo* de *nd*1 pode ser usado para ligar *nd*1 na pilha, uma vez que ele está sendo atualmente usado para ligar a *nd*2.

Em termos gerais, quando um nó *nd* é introduzido na pilha, seu campo *lstinfo* ou seu campo *next* é usado para apontar para o elemento anterior do topo. Se o próximo nó a ser examinado estiver apontado por *node*[*nd*].*lstinfo*, o campo *lstinfo* será usado para ligar *nd* na pilha, enquanto, se o nó for apontado por *node*[*nd*].*next*, o campo *next* será usado para ligar *nd* na pilha. O problema restante é como determinar para um dado nó na pilha se o campo *lstinfo* ou *next* será usado para ligar a pilha.

Se o campo *utype* de um nó indicar que o nó é simples, seu campo *next* precisará estar em uso como um ponteiro da pilha. (Isso acontece porque o nó não tem nenhum campo *lstinfo* que precise ser percorrido.) Entretanto, um nó com um campo *utype lst* não é tão facilmente manipulado. Suponha que, toda vez que o campo *lstinfo* fosse usado para avançar para o próximo nó, o campo *utype* no nó de lista fosse alterado de *lst* para outro código (por exemplo, *stk*, de *stack*) que não é *lst* nem qualquer um dos códigos que indicam elementos simples. Assim, quando um nó fosse removido da pilha, se seu campo *utype* não fosse *stk*, seu campo *next* precisaria ser restaurado e, se seu campo *utype* fosse *stk*, seu campo *lstinfo* precisaria ser restaurado e o campo *utype* restaurado para *lst*.

A Figura 9.2.4 ilustra como funciona esse mecanismo de empilhamento. A Figura 9.2.4a apresenta uma lista antes do início do algoritmo de marcação. O ponteiro *p* aponta para o nó sendo atualmente processado, *top* aponta para o topo da pilha e *q* é um ponteiro auxiliar. O campo de marca é apresentado como o primeiro campo em cada nó. O caminho percorrido até o nó 4 é traçado através dos campos *next* dos nós 1, 2 e 3. Esse percurso pode ser novamente descrito em ordem inversa, começando em *top* e percorrendo os campos *next*. A Figura 9.2.4c mostra a lista depois que o nó 7 foi marcado. O percurso até o nó 7, a partir do início da lista, ocorreu a partir do nó 1, por meio de *node*[1].*next* até o nó 2, passando por *node*[2].*lstinfo* até o nó 5, passando por *node*[5].*next* até o nó 6, e a partir de *node*[6].*next* até o nó 7. Os mesmo campos que ligam a pilha são usados para restaurar a lista à sua forma inicial. Observe que o campo *utype* no nó 2 é *stk*, em vez de *lst*, para indicar que seu campo *lstinfo*, não seu campo *next*, está sendo usado como um ponteiro de pilha. O algoritmo que incorpora essas idéias é conhecido como algoritmo de Schorr-Waite, em homenagem a seus descobridores.

Agora que descrevemos as distorções temporárias feitas na estrutura de lista pelo algoritmo de Schorr-Waite, apresentaremos o próprio algoritmo. Recomendamos que o leitor verifique os efeitos do algoritmo sobre as listas das Figuras 9.2.4a e 9.1.9.

```
for (i = 0; i < NUMACC; i++)  {
   /*   para cada noh imediatamente acessivel,    */
   /*         verifique sua lista                 */
   p = acc[i];
   /*     inicializa a pilha como vazia           */
    top = 0;
again:
   /*   Percorre a lista por seus campos next, marcando  */
   /*   cada noh e colocando-o na pilha ateh que um noh  */
   /*         marcado ou o final da lista seja alcancado. */
   /*               Presuma node[0].mark = true          */
```

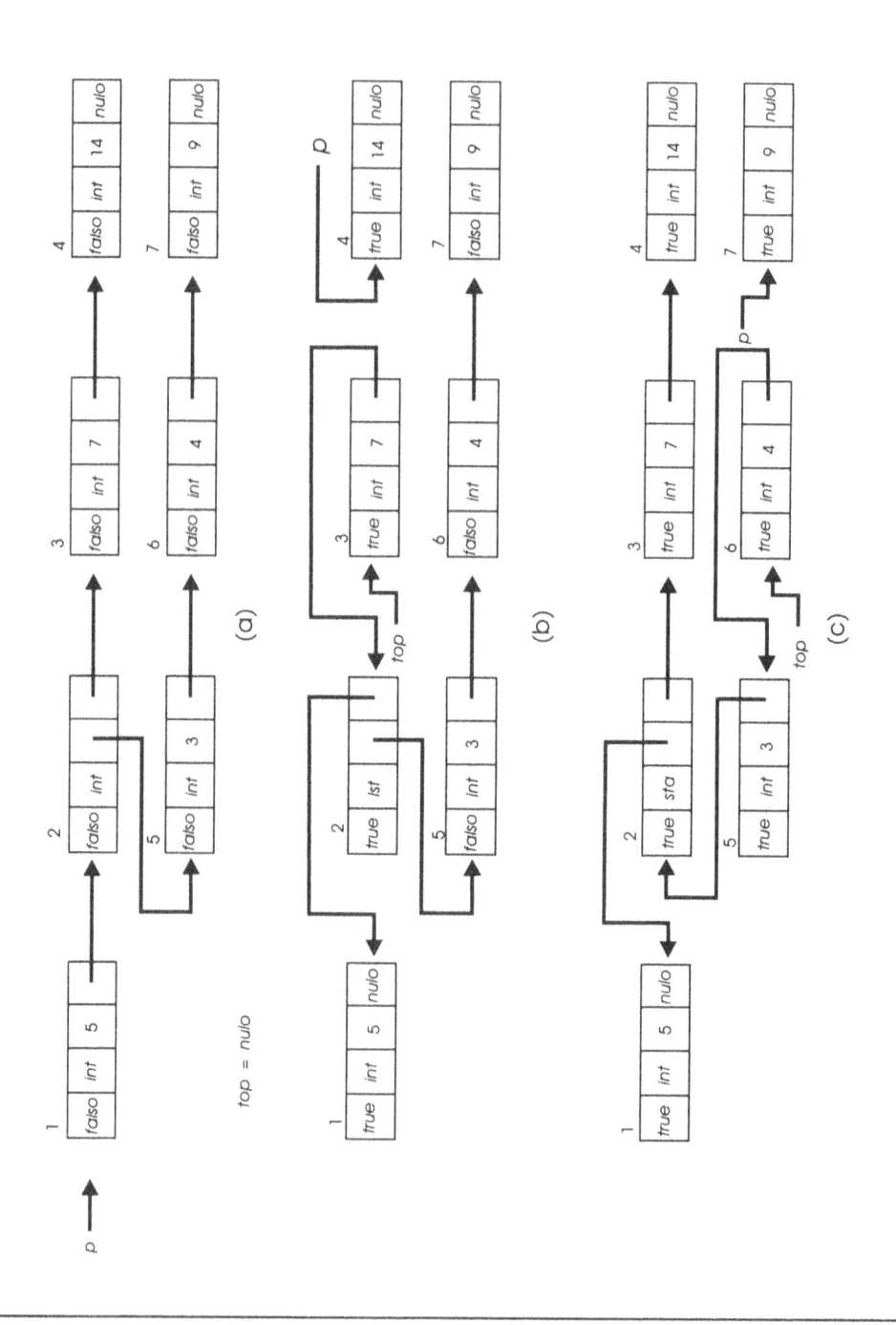

Figura 9.2.4

```
    while (node[p].mark != TRUE)  {
       node[p].mark = TRUE;
       /* coloca node[p] na pilha, salvando um ponteiro    */
       /*              para o proximo noh                  */
       q = node[p].next;
       node[p].next = top;
       top = p;
       /*         avanca para o proximo noh                */
       p = q;
    }  /* fim while */
    /* nesse ponto retorne atraves da lista,               */
    /* esvaziando a pilha ateh alcancar um noh cujo campo  */
    /* lstinfo aponte para um noh nao-marcado, ou ateh que */
    /*             a lista fique vazia                     */
    while (top != 0)  {
       /* restaura lstinfo ou next para p e esvazia */
       /*             a pilha                              */
       p = top;
       /*  restaura o campo correto de node[p]      */
       if (node[p].utype == STK)  {
          /* lstinfo foi usado como ligacao da pilha */
          /* Restaura o campo utype                       */
          node[p].utype = LST;
          /*      desempilha                       */
          top = node[top].lstinfo;
          /*  restaura o campo lstinfo    */
          node[p].lstinfo = q;
          q = p;
       }  /* fim if */
        else {
          /* next foi usado como ligacao da pilha.  */
          /*      Desempilha.                         */
          top = node[top].next;
          /*    restaura o campo next          */
          node[p].next = q;
          q = p;
          /* verifique se precisamos percorrer   */
          /*       node[p].lstinfo                 */
          if (node[p].utype == LST)  {
             /* indica se lstinfo eh        */
             /* usado como ligacao da pilha */
             node[p].utype = STK;
             /* introduza node[p] na pilha   */
             node[p].lstinfo = top;
```

```
            top = p;
            /*    avance para o proximo noh */
            p = q;
            goto again;
       }  /* fim if */
    }  /* fim if */
  }  /* fim while */
}  /* fim for */
```

Embora esse algoritmo seja vantajoso em termos de espaço por não haver necessidade de nenhuma pilha auxiliar, ele apresenta desvantagem em termos de tempo, uma vez que cada lista precisa ser percorrida duas vezes: uma vez ao colocar cada nó na lista na pilha, e outra vez ao esvaziar a pilha. Podemos comparar esse fato com a quantidade relativamente pequena de nós que precisam ser empilhados, quando uma pilha auxiliar encontra-se disponível.

Evidentemente, vários métodos de coleta de lixo podem ser combinados num único algoritmo. Por exemplo, uma pilha auxiliar de tamanho fixo pode ser reservada para a coleta de lixo e, quando a pilha estiver cheia, o algoritmo pode alternar para o método de Schorr-Waite. Deixaremos os detalhes como um exercício.

COLETA E COMPACTAÇÃO

Assim que as posições de memória de determinado sistema estiverem corretamente marcadas, a fase de coleta poderá começar. O propósito dessa fase é retornar para a memória disponível todas as posições que antes eram lixo (não utilizadas por nenhum programa, mas indisponíveis para qualquer usuário). É fácil percorrer a memória seqüencialmente, examinar cada nó por vez e retornar os nós não-marcados para o armazenamento disponível.

Por exemplo, em função das definições de tipos e declarações apresentadas anteriormente, o seguinte algoritmo poderia ser usado para retornar os nós não-marcados para uma lista disponível encabeçada por *avail*:

```
for (p = 0; p < NUMNODES; p++)  {
   if (node[p].mark != TRUE)  {
```

```
        node[p].next = avail;
        avail = p;
    } /* fim if */
    node[p].mark = FALSE;
} /* fim for */
```

Após o término desse algoritmo, todos os nós sem uso estarão na lista disponível, e todos os nós usados pelos programas terão seus campos *mark* desativados (durante a próxima chamada à coleta de lixo). Observe que esse algoritmo posiciona os nós na lista disponível na ordem inversa à de sua posição de memória. Se fosse necessário retornar os nós para a memória disponível na ordem de posição crescente de memória, a repetição *for* acima poderia ser invertida, apresentando-se dessa forma:

```
for (p = NUMNODES - 1; p >= 1; p--)
```

Embora nesse ponto (posterior às fases de marcação e coleta do sistema) todos os nós sem uso estejam na lista disponível, é possível que a memória do sistema não se encontre num estado ideal para uso futuro. Isso acontece porque a intercalação dos nós ocupados com nós disponíveis pode inutilizar grande parte da memória na lista disponível. Por exemplo, a memória é freqüentemente necessária em blocos (grupos de nós contíguos), em vez de em nós isolados, um por vez. A solicitação de memória feita por um compilador para obter espaço no qual armazenar um vetor exigiria a alocação de um bloco desse tipo. Se, por exemplo, todas as posições ímpares na memória estivessem ocupadas e todas as posições pares estivessem na lista disponível, uma solicitação para um simples vetor de tamanho 2 não poderia ser atendida, apesar do fato de metade da memória estar na lista disponível. Embora esse exemplo não seja muito realista, sem dúvida ocorrerão situações em que uma solicitação para um bloco contíguo de memória não será atendida, a despeito de realmente existir memória suficiente.

Existem várias propostas para esse problema. Alguns métodos alocam e liberam partes de memória em blocos (grupos de nós contíguos) em vez de em unidades de nós individuais. Isso assegura que, quando um bloco de armazenamento é liberado (retornado para o reservatório disponível), seja disponibilizado um bloco para as solicitações de alocações subseqüentes. O tamanho desses blocos e o modo pelo qual eles são armazenados, alocados e liberados serão discutidos na próxima seção.

Entretanto, mesmo que o armazenamento seja mantido como unidades de nós individuais em vez de blocos, é possível ainda fornecer ao usuário blocos de armazenamento contíguo. O processo de mover todos os nós usados (marcados) para uma extremidade da memória e toda a memória disponível para a outra extremidade é chamado **compactação**, e o algoritmo que executa esse processo é chamado **algoritmo de compactação**.

O problema básico ao desenvolver um algoritmo que move partes da memória de uma posição para outra é preservar a integridade dos valores dos ponteiros para os nós sendo movidos. Por exemplo, se *node(p)* na memória contiver um ponteiro *q*, quando *node(p)* e *node(q)* forem movidos, não somente os endereços de *node(p)* e *node(q)* precisam ser alterados como também o conteúdo de *node(p)* (que continha um ponteiro *q*) deve ser modificado de modo a apontar para o novo endereço de *node(q)*. Além de mudar os endereços dos nós, precisamos de um método para determinar se o conteúdo de um nó contém um ponteiro para outro nó (em cujo caso seu valor talvez precise ser alterado) ou se contém outro tipo de dado (e nenhuma mudança será necessária).

Foi desenvolvida uma variedade de técnicas de compactação. Como no caso dos algoritmos de marcação, uma vez que o processo é necessário exatamente quando existe pouco espaço adicional disponível, os métodos que exigem um armazenamento extra-substancial (por exemplo, uma pilha) não são práticos. Examinemos um algoritmo de compactação que não requer memória adicional durante a execução.

O algoritmo de compactação é executado depois da fase de marcação e percorre a memória seqüencialmente. Cada nó marcado, ao ser encontrado no percurso seqüencial, é atribuído à próxima posição de memória disponível a partir do início da memória disponível. Ao examinar um nó marcado, *nd*1, que aponta para um nó *nd*2, o ponteiro em *nd*1, que agora aponta para *nd*2, precisa ser atualizado com a nova posição, para onde *nd*2 será movido. É possível que esta posição não seja ainda conhecida porque *nd*2 poderia ficar num endereço posterior ao de *nd*1. Sendo assim, *nd*1 é colocado numa lista emanando a partir de *nd*2 de todos os nós que contêm ponteiros para *nd*2, de modo que, quando a nova posição de *nd*2 for determinada, *nd*1 possa ser acessado e o ponteiro para *nd*2 contido dentro dele seja modificado.

Por enquanto, suponhamos que um novo campo *header* em cada nó *nd*2 aponte para a lista de nós que contém ponteiros para *nd*2. Chamamos esta lista de **lista de ajustes** de *nd*2. Podemos reutilizar o campo que apontava para *nd*2 (*next* ou *lstinfo*) como campo de ligação para a lista de ajustes de *nd*2; sabemos que seu verdadeiro valor é *nd*2 porque o nó está na lista emanando a partir de *header(nd*2). Dessa forma, assim que sua lista de ajustes estiver formada, quando *nd*2 for alcançado num percurso seqüencial, essa lista de ajustes poderá ser percorrida e os valores nos campos usados para ligar essa lista poderão ser alterados para a nova posição atribuída a $nd2$. Por conseguinte, assim que todos os nós que apontam para $nd2$ tiverem seus ponteiros ajustados, o próprio $nd2$ poderá ser movido.

Entretanto, existe um fragmento adicional de informação que será necessário. A lista de ajustes de nós apontando para $nd2$ pode ser associada por meio do ponteiro *next* de um nó $nd1$ (se $next(nd1) = nd2$) ou do ponteiro *lstinfo* (se $lstinfo(nd1) = nd2$). Como poderemos determinar qual deles? Para este propósito, serão necessários três campos adicionais em cada nó. Os valores destes campos podem ser "N", de *nenhum*, que indicará que um nó não está na lista de ajustes, "I", de *info*, que indicará que um nó está ligado à lista de ajustes usando *lstinfo*, ou "L", de *link*, que indicará que ele está ligado à lista de ajustes usando *next*. Os três campos são nomeados *headptr*, *infoptr* e *nextptr*. *headptr(nd)* define o campo de ligação no nó apontado por *header(nd)*; *infoptr(nd)* define o campo de ligação no nó apontado por *lstinfo(nd)*; e *nextpr(nd)* define o campo de ligação no nó apontado por *next(nd)*.

Sendo assim, presumimos o seguinte formato para os nós:

```
struct nodetype {
    int mark;
    int header;
    int next;
    char headptr;
    char infoptr;
    char nextptr;
    int utype;
    union {
            int intgrinfo;
            char charinfo;
            int lstinfo;
    } info;
};
```

Considere agora uma única passagem seqüencial do algoritmo. Se um nó $nd1$ aponta para um nó $nd2$ que aparece mais adiante na memória, no momento em que o algoritmo alcançar $nd2$ seqüencialmente, $nd1$ já terá sido colocado na lista de ajustes de $nd2$. Portanto, quando o algoritmo alcançar $nd2$, os ponteiros em $nd1$ poderão ser modificados. Mas se $nd2$ aparecer antes na memória, quando $nd2$ for alcançado, não se saberá ainda que $nd1$ aponta para ele; dessa forma, o ponteiro em $nd1$ não pode ser ajustado. Por essa razão, o algoritmo exige duas passagens seqüenciais. A primeira posiciona nós nas listas de ajustes e modifica os ponteiros nos nós que ele encontrar nessas listas. A segunda elimina as listas de ajustes restantes da primeira passagem e move realmente os nós para suas novas posições. A primeira passagem pode ser descrita como segue:

> Atualizar a posição da memória a ser atribuída ao próximo nó marcado, *nd*.
> Percorrer a lista de nós apontada por *header(nd)* e mudar os campos de ponteiro adequados de modo a apontar para a nova posição de *nd*.
> Se o campo *utype* de *nd* for *lst* e *lstinfo(nd)* não for *null*, colocar *nd* na lista de nós encabeçada por *header(lstinfo(nd))*.
> Se *next(nd)* não for *null*, posicionar *nd* na lista de nós encabeçada por *header(next(nd))*.

Assim que esse processo terminar em cada nó marcado, uma segunda passagem pela memória fará a compactação de fato. Durante a segunda passagem, executaremos as seguintes operações:

> Atualizar a posição de memória a ser atribuída ao próximo nó marcado, *nd*.
> Percorrer a lista de nós apontada por *header(nd)* e mudar os campos de ponteiro adequados de modo a apontar para a nova posição de *nd*.
> Deslocar *nd* para sua nova posição.

O seguinte algoritmo executa a verdadeira compactação. (Presumimos uma variável auxiliar, *source*, que conterá "N", "I" ou "L", conforme explicado anteriormente, para uso durante o percurso de listas.)

```
/* inicializa campos para algoritmo de compactacao */
for (i = 1; i < MAXNODES; i++)  {
   node[i].header = 0;
   node[i].headptr = 'N';
   node[i].infoptr = 'N';
   node[i].nextptr = 'N';
}  /* fim for */
/*                        Passagem 1                              */
/* Rastreia nohs sequencialmente. Quando cada noh nd eh           */
/* encontrado, executa as seguintes operacoes:                    */
/* 1. Determina a nova posicao do noh                             */
/* 2. Para todos os nohs encontrados anteriormente nessa          */
/*    passagem que apontem p/ nd, ajusta o ponteiro correto*/
/*    de modo a apontar p/ a nova posicao de nd.                  */
/* 3. Se qualquer campo de nd apontar p/ algum outro noh,         */
/*    p, coloca nd na lista encabecada por node[p].header         */
```

```
newloc = 0;
for (nd = 1; nd < MAXNODES; nd++)
   if (node[nd].mark == TRUE)  {
      /* os nohs nao marcados devem   */
      /*          ser ignorados.      */
      newloc++; /* operacao 1         */
      /* operacao 2 */
      p = node[nd].header;
      source = node[nd].headptr;
      while (p != 0)
         /* percorre a lista de nohs      */
         /* encontrados ateh agora que    */
         /*          apontam para nd      */
         if (source == 'I')  {
            q = node[p].lstinfo;
            source = node[p].infoptr;
            node[p].lstinfo = newloc;
            node[p].infoptr = 'N';
            p = q;
         }  /* fim if */
         else {
            q = node[p].next;
            source = node[p].nextptr;
            node[p].next = newloc;
            node[p].nextptr = 'N';
            p = q;
         }  /* fim else */
         node[nd].headptr = 'N';
         node[nd].header = 0;
         /* operacao 3 */
         if ((node[nd].utype == LST)  &&
                           (node[nd].lstinfo != 0))  {
            /* posiciona node[nd] numa lista     */
            /* ligada por node[nd].lstinfo       */
            p = node[nd].lstinfo;
            node[nd].lstinfo = node[p].header;
            node[nd].infoptr = node[p].headptr;
            node[p].header = nd;
            node[p].headptr = 'I';
      }  /* fim if */
      /* posiciona node[nd] numa lista ligada por    */
      /*          node[nd].next                      */

      p = node[nd].next;
```

```
      node[nd].next = node[p].header;
      node[nd].nextptr = node[p].headptr;
   if (p != 0) {
      node[p].header = nd;
      node[p].headptr = 'L';
   }  /* fim if */
}  /* fim if node[nd].mark */

/* Passagem 2: Esta passagem examina cada noh nd por vez,  */
/* atualiza todos os nohs na lista de ajustes de nd, e     */
/* depois move o conteudo de nd para sua nova posicao.     */
newloc = 0;
for (nd = 1; nd < MAXNODES; nd++)
   if (node[nd].mark)   {
      newloc++;
      p = node[nd].header;
      source = node[nd].headptr;
      while ( p != 0)
         if (source == 'I') {
            q = node[p].lstinfo;
            source = node[p].infoptr;
            node[p].lstinfo = newloc;
            node[p].infoptr = 'N';
            p = q;
         }
         else {
            q = node[p].next;
            source = node[p].nextptr;
            node[p].next = newloc;
            node[p].nextptr = 'N';
            p = q;
         }  /* fim if */
      node[nd].headptr = 'N';
      node[nd].header = 0;
      node[nd].mark = false;
      node[newloc] = node[nd];
   }  /* fim if node[nd].mark */
```

Vários pontos devem ser observados nesse algoritmo. Primeiro, *node*[0] é adequadamente inicializado de modo que o algoritmo não precise testar os casos especiais. Segundo, o processo de ajustar os ponteiros de todos os nós na lista encabeçada pelo campo header de determinado nó é executado duas vezes: uma vez durante a primeira passagem e outra vez durante a segunda. Esse processo não poderia ser totalmente transferido para a segunda passagem, quando todos os ponteiros de determinado nó são conhecidos. Isso acontece porque, quando um campo num nó *nd*2 na lista de ajustes do nó *nd* é alterado para *nd*, ele deve ser modificado antes de *nd*2 ser deslocado para uma nova posição porque não é mantido nenhum registro da nova posição de *nd*2. Sendo assim, os nós na lista de ajustes de *nd* que precedam seqüencialmente *nd* precisarão ter seus campos modificados antes de serem deslocados. Entretanto, como eles serão movidos antes de alcançarmos *nd* na segunda passagem e já terão sido posicionados na lista de ajustes quando alcançarmos *nd* na primeira passagem, precisaremos esvaziar as listas de ajustes e modificar os campos de ponteiro nesse ponto. Precisaremos também alterar os campos de ponteiro na segunda passagem para os nós na lista de ajustes de *nd* que estejam seqüencialmente depois de *nd* e tenham sido posicionados na lista de ajustes de *nd* durante a primeira passagem, depois de já ter passado *nd*.

O algoritmo parece exigir vários campos adicionais para cada nó. Na realidade, esses campos adicionais não são necessários. A maioria dos sistemas tem pelo menos um campo em cada nó que não pode assumir um valor de ponteiro durante o transcurso normal do processamento. Esse campo pode ser usado para armazenar o ponteiro header para a lista de ajustes a fim de que um campo adicional *header* não seja necessário. O valor armazenado nesse campo poderá ser deslocado para o último nó na lista de ajustes e colocado no campo *next* ou *lstinfo,* dependendo de qual deles armazena o ponteiro para o nó-alvo. Pressupomos que é possível distinguir entre um ponteiro e um valor não-ponteiro para que possamos determinar que chegamos ao final da lista de ajustes pela presença de um valor não-ponteiro no último nó.

Além disso, usamos os campos *headptr, nextptr* e *infoptr* para indicar qual campo (*next* ou *lstinfo*) no nó apontado por *header, next* ou *lstinfo*, respectivamente, armazenava o ponteiro-alvo. Mas como em C, *header, next* e *lstinfo* podem conter endereços reais, em vez de apenas um ponteiro para um nó, eles poderiam armazenar o endereço para o campo específico dentro do nó que armazenava o ponteiro-alvo, em vez de somente o endereço do nó. Sendo assim, seria desnecessário um campo adicional para identificar determinado campo dentro do nó e poderíamos eliminar *headptr, nextptr* e *infoptr* dos nós.

Conseqüentemente, constatamos que nosso algoritmo de compactação pode ser modificado de modo a não exigir nenhum armazenamento adicional nos nós. Esse algoritmo é chamado **algoritmo de área de trabalho** limitada.

As exigências de tempo do algoritmo são fáceis de analisar. Existem duas passagens lineares pelo vetor completo da memória. Cada passagem pela memória rastreia cada nó uma vez e ajusta os campos de ponteiro para os quais os nós apontam. As exigências de tempo são obviamente $O(n)$.

Em relação à compactação em si mesma, não será necessário chamar a rotina de compactação sempre que a rotina de coleta de lixo for chamada. A rotina de coleta de lixo é chamada quando existe pouco (ou nenhum) espaço disponível. A quantidade de espaço exigida pelo algoritmo pode ou não fornecer blocos contíguos suficientes. É o algoritmo de compactação que assegura que o espaço recuperado seja contíguo em uma extremidade da memória. A memória retornada pelo algoritmo de coleta de lixo talvez não esteja suficientemente fragmentada para garantir uma chamada à rotina de compactação, de modo que apenas depois de várias chamadas à rotina coletora será necessário chamar o algoritmo de compactação.

Por outro lado, se a rotina de compactação não for chamada com freqüência suficiente, o sistema poderá indicar a indisponibilidade de espaço quando, na verdade, existe espaço suficiente, mas tal espaço não é contíguo. A falha em chamar a rotina de compactação pode, então, resultar em chamadas adicionais à rotina de coleta de lixo. A decisão de quando chamar o algoritmo de compactação junto com o algoritmo de coleta de lixo é difícil. Mesmo assim, como a compactação é, em geral mais eficiente do que a coleta de lixo, não será assim tão ineficiente chamá-las simultaneamente.

VARIAÇÕES DA COLETA DE LIXO

Existem diversas variações recentemente descobertas dos sistemas de coleta de lixo recém-apresentados. Nos esquemas tradicionais que examinamos, os programas aplicativos funcionam desde que a disponibilidade de espaço do sistema atenda a determinados critérios. (Esses critérios podem relacionar-se à quantidade total de espaço disponível, ao número e ao tamanho das posições contíguas de memória disponíveis, à quantidade de memória solicitada desde a última fase de coleta de lixo e assim por diante.) Quando esses critérios não são mais satisfeitos, todos os programas aplicativos são interrompidos e o sistema direciona seus recursos para a coleta de lixo. Assim que a coleta termina, os programas aplicativos podem prosseguir a partir do ponto no qual foram interrompidos.

Entretanto, em algumas situações, isto não satisfaz. Os aplicativos executando em tempo real (por exemplo, calculando a trajetória de uma nave espacial ou monitorando uma reação química) não poderão ser interrompidos enquanto o sistema estiver executando a coleta de lixo. Nessas circunstâncias, é necessário dedicar um processador separado exclusivamente ao serviço de coleta de lixo. Quando o sistema sinalizar que a coleta de lixo precisa ser executada, o processador separado começará a executar paralelamente ao programa aplicativo. Devido a essa execução simultânea, é preciso assegurar que os nós prestes a ser requisitados para uso por um programa aplicativo não sejam retornados inadvertidamente ao reservatório disponível pela coletora. Evitar esses problemas não é um processo trivial. Os sistemas que permitem que o processo de coleta continue simultaneamente ao programa aplicativo usam a coleta de lixo "durante a execução".

Outro assunto de interesse trata da redução do custo de recuperar o espaço sem uso. Nos métodos que discutimos, o custo de recuperar qualquer parte do armazenamento é idêntico ao custo de recuperar qualquer outra parte (de mesmo tamanho). Recentemente, tem-se devotado atenção à elaboração de um sistema no qual o custo de recuperar uma parte do armazenamento seja proporcional à sua duração. Provou-se empiricamente que algumas partes da memória são necessárias durante intervalos de tempo menores do que outras, e as solicitações de partes da memória com duração mais curta ocorrem com mais freqüência do que as solicitações de partes da memória com duração mais longa. Sendo assim, reduzindo o custo de recuperar partes da memória necessárias por pequenos intervalos de tempo em função do custo de recuperar partes da memória com duração mais longa, o custo global do processo de coleta de lixo será reduzido. Não examinaremos exatamente como se classifica a duração de partes da memória e os algoritmos para recuperar tais partes. O leitor interessado deverá consultar as referências.

O processo de coleta de lixo é também aplicado para recuperar o espaço sem uso em dispositivos secundários (por exemplo, um disco). Embora o conceito de alocação e liberação de espaço seja idêntico (isto é, o espaço pode ser solicitado ou liberado por um programa), os algoritmos que gerenciam o espaço em tais dispositivos freqüentemente não podem ser convertidos com eficiência a partir de seus correspondentes que manipulam a memória principal. Isso acontece porque o custo de acessar qualquer posição na memória principal é idêntico ao de acessar qualquer outra posição na memória principal. No armazenamento secundário, por outro lado, o custo depende do local de armazenamento que está sendo atualmente acessado e da posição que desejamos acessar. É muito eficiente acessar uma parte do armazenamento secundário que esteja no mesmo bloco sendo atualmente acessado; acessar uma posição num bloco diferente pode exigir custosos acessos a disco. Por essa razão, os sistemas de gerenciamento de dispositivos para armazenamento fora de linha tentam minimizar a quantidade de tais acessos. Recomendamos que o leitor interessado recorra à literatura para obter uma discussão das técnicas relevantes.

EXERCÍCIOS

9.2.1. Implemente em C cada uma das seguintes operações de lista da Seção 9.1, presumindo o uso do método de contagem de referências para o gerenciamento de listas.

  a. *head*

  b. *tail*

  c. *addon*

  d. *sethead*

  e. *settail*

9.2.2. Reescreva as rotinas do exercício anterior sob o sistema no qual o contador de referência num nó *nd*1 é diminuído quando um nó *nd*2 apontando para *nd*1 é realocado, e não quando *nd*2 é liberado.

9.2.3. Implemente em C as operações de lista do Exercício 9.2.1, presumindo o uso de cabeçalhos de lista com contagens de referências apenas nos nós de cabeçalho. Assegure-se de que listas inválidas jamais sejam formadas.

9.2.4. Escreva um algoritmo que detecte a recursividade numa lista, isto é, se existe ou não um segmento a partir de algum nó na lista retornando para si mesmo.

9.2.5. Escreva um algoritmo para devolver todos os nós numa lista *list* para a lista disponível. Faça a mesma coisa sem usar nenhum armazenamento adicional.

9.2.6. Num ambiente multiusuário, onde vários usuários estão executando paralelamente, talvez seja possível um usuário solicitar armazenamento adicional e, por conseguinte, chamar a coletora de lixo enquanto outro usuário está no meio de um processo de manipulação de listas. Se a coleta de lixo for autorizada a continuar nesse ponto (antes de as listas do segundo usuário serem restauradas a seu formato válido), o segundo usuário descobrirá que vários nós de listas foram liberados. Pressuponha a existência de duas rotinas de sistema, *nogarbage* e *okgarbage*. Uma chamada à primeira inibirá a chamada à coleta de lixo até que o mesmo usuário chame a segunda. Implemente as operações de lista do Exercício 9.2.1 usando chamadas a essas duas rotinas para garantir que a coleta de lixo não seja chamada em momentos inoportunos.

9.2.7. Verifique as ações dos três algoritmos de coleta de lixo apresentados no texto nas listas das Figuras 9.2.4a e 9.1.9, pressupondo que o inteiro acima de cada nó de lista seja o índice desse nó no vetor *node*. Rastreie os algoritmos na lista da Figura 9.1.9 depois de executar o comando:

```
list9 = NULL;
```

9.2.8. Dados os ponteiros *p* e *q* para dois nós de lista, escreva um algoritmo para determinar se *node(q)* é acessível a partir de *node(p)*.

9.2.9. Suponha que cada nó contenha um número arbitrário de ponteiros para outros nós, em vez de apenas dois, de modo que as listas agora se tornem grafos. Revise cada um dos algoritmos de marcação apresentados nessa seção considerando essa possibilidade.

9.2.10. Revise cada um dos algoritmos de marcação apresentados nesta seção sob a premissa de que as listas são duplamente ligadas, de modo que cada nó de lista contenha um campo *prevptr* para o nó anterior na mesma lista. Como cada algoritmo aumentará sua eficiência? Que restrição na estrutura de lista implica pela presença de tal campo?

9.2.11. Escreva dois algoritmos de marcação que usem uma pilha auxiliar, finita, de tamanho *stksize*. Os algoritmos operarão como o segundo algoritmo de marcação apresentado no texto até que a pilha fique cheia.

Nesse ponto, o primeiro dos dois algoritmos operará como o algoritmo seqüencial apresentado no texto e o segundo, como o algoritmo de Schorr-Waite.

9.2.12. Você conseguiria reescrever o algoritmo de Schorr-Waite de modo a eliminar o comando *goto*?

9.3. GERENCIAMENTO DA MEMÓRIA DINÂMICA

Nas seções anteriores, presumimos que o armazenamento é alocado e liberado de um nó por vez. Existem duas características dos nós que tornam adequados os métodos anteriores. A primeira é que cada nó de determinado tipo é de tamanho fixo, e a segunda é que o tamanho de cada nó é razoavelmente pequeno. Entretanto, em algumas aplicações, essas características não se aplicam. Por exemplo, determinado programa poderia exigir uma quantidade muito grande de armazenamento contíguo (por exemplo, um grande vetor). Não seria prático tentar obter esse bloco de um nó por vez. De modo semelhante, um programa poderia exigir blocos de armazenamento numa ampla variedade de tamanhos. Em tais casos, o sistema de gerenciamento de memória precisará processar as solicitações de blocos de tamanho variável. Nesta seção, discutiremos alguns sistemas desse tipo.

Para ilustrar essa situação, imagine uma pequena memória de 1024 palavras. Suponha que seja feita uma solicitação de três blocos de armazenamento de 348, 110 e 212 palavras, respectivamente. Suponhamos também que esses blocos sejam alocados seqüencialmente, conforme mostrado na Figura 9.3.1a. Agora, imagine que o segundo bloco, de tamanho 110, seja liberado, resultando na situação ilustrada pela Figura 9.3.1b. Existem agora 464 palavras de espaço disponível; mesmo assim, como o espaço livre está dividido em blocos não-contíguos, uma solicitação de um bloco de 400 palavras não poderia ser atendida.

Suponha que o bloco 3 fosse liberado agora. Evidentemente, não se desejam manter três blocos livres de 110, 212 e 354 palavras. Em vez disso, os blocos poderiam ser combinados num único bloco grande de 676 palavras para que futuras solicitações grandes pudessem ser atendidas. Depois da combinação, a memória aparecerá como na Figura 9.3.1c.

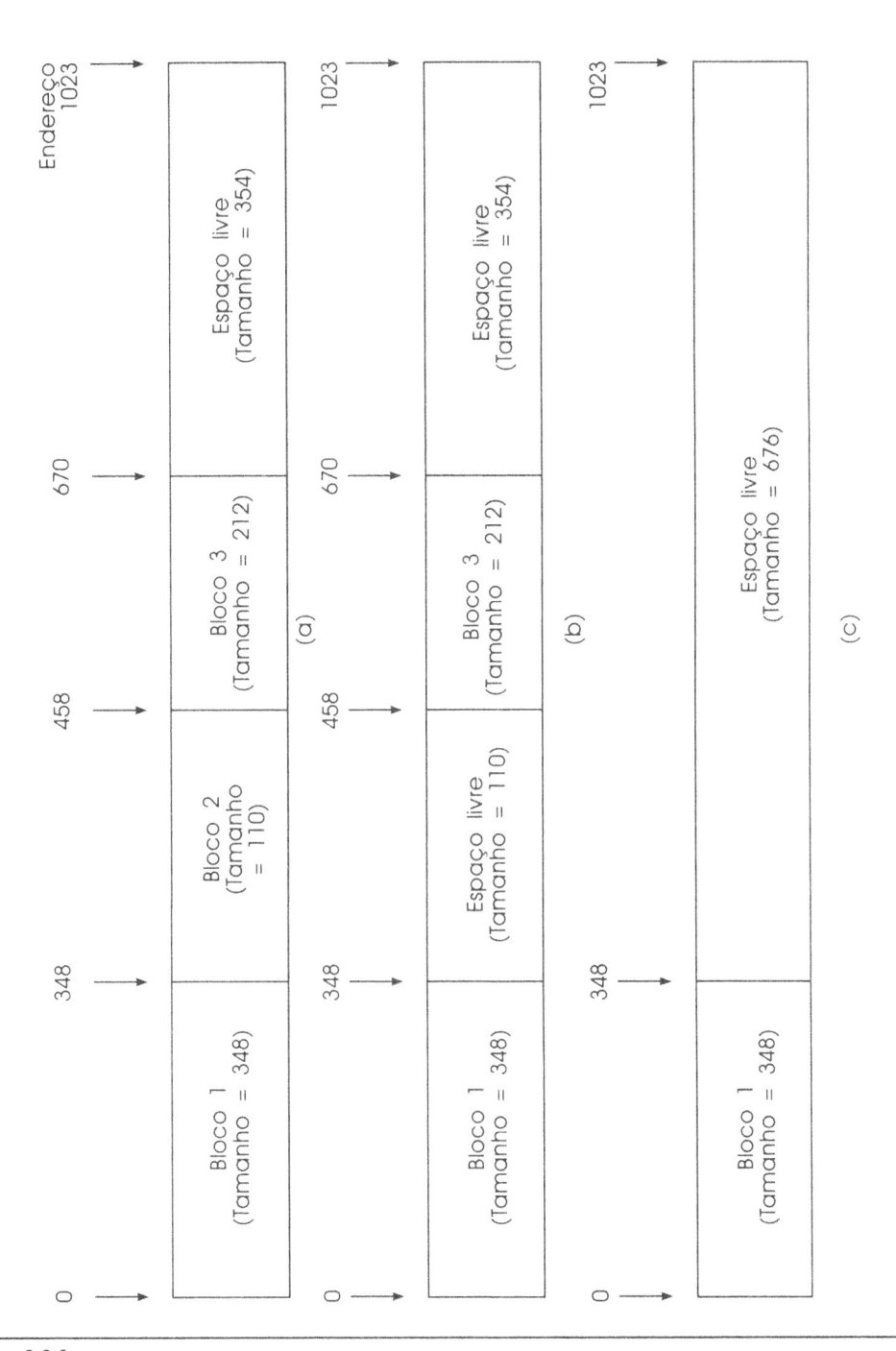

Figura 9.3.1

Esse exemplo ilustra a necessidade de rastrear o espaço disponível para alocar partes desse espaço quando as solicitações de alocação forem apresentadas e para combinar espaços livres contíguos quando um bloco for liberado.

COMPACTAÇÃO DE BLOCOS DE ARMAZENAMENTO

Um esquema usado ocasionalmente requer a compactação do armazenamento como segue: no início, a memória é um grande bloco de armazenamento disponível. Com a chegada das solicitações de armazenamento, são alocados seqüencialmente blocos de memória, começando a partir da primeira posição na memória. Esse processo é ilustrado na Figura 9.3.2a. Uma variável *freepoint* contém o endereço da primeira posição seguinte ao último bloco alocado. Na Figura 9.3.2a, *freepoint* é igual a 950. Observe que todas as posições de memória entre *freepoint* e o mais alto endereço na memória estão livres. Quando um bloco é liberado, *freepoint* permanece inalterada e não ocorre nenhuma combinação de espaços disponíveis. Quando um bloco de tamanho n é alocado, *freepoint* é aumentada em n. Esse processo continua até que um bloco de tamanho n seja solicitado e $freepoint + n - 1$ seja maior que o mais alto endereço em memória. A solicitação não poderá ser atendida sem ser tomada uma ação subseqüente.

Nesse ponto, as rotinas do usuário são interrompidas e uma rotina de compactação de sistema é chamada. Embora o algoritmo da seção anterior seja elaborado para endereçar nós uniformes, ele poderia ser modificado de modo a compactar a memória consistindo também em blocos de armazenamento. Tal rotina copia todos os blocos alocados para as posições seqüenciais de memória, começando a partir do endereço mais baixo de memória. Sendo assim, todos os blocos disponíveis que estavam intercalados com blocos alocados são eliminados, e *freepoint* é redefinida com a soma dos tamanhos de todos os blocos alocados. Forma-se, então, um grande bloco disponível na extremidade superior da memória e a solicitação do usuário poderá ser atendida se existir armazenamento suficiente disponível. Esse processo está ilustrado na Figura 9.3.2 numa memória de 1024 palavras.

Quando os blocos alocados forem copiados para partes inferiores da memória, deve-se ter muito cuidado para que os valores dos ponteiros permaneçam corretos. Por exemplo, o conteúdo da posição de memória 420

Cap. 9 Gerenciamento de armazenamento 809

(a) Antes da compactação. Um bloco de 150 palavras é requisitado.

(b) Depois da compactação.

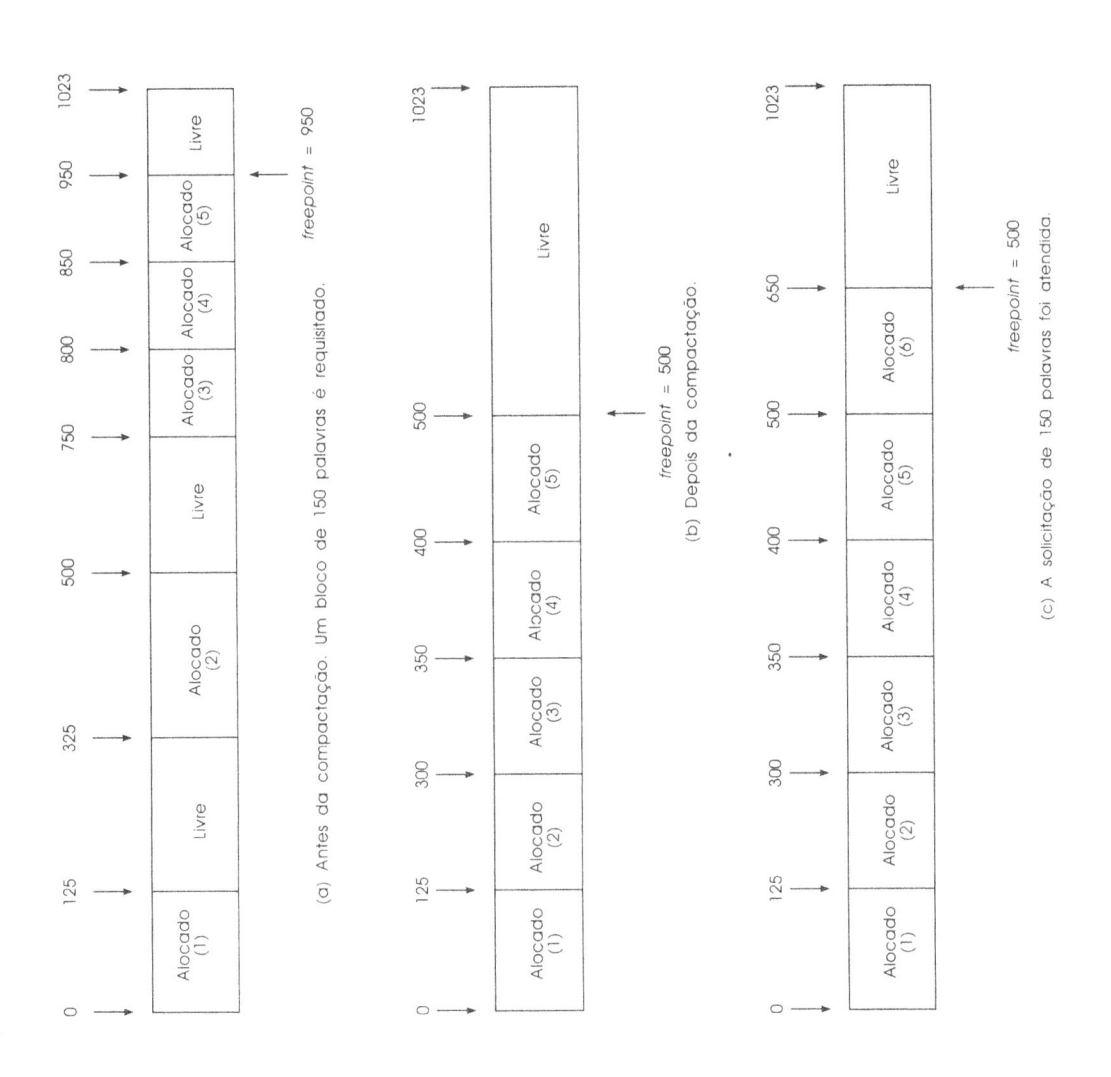

(c) A solicitação de 150 palavras foi atendida.

Figura 9.3.2

no bloco alocado 2, da Figura 9.3.2a, poderia conter o endereço 340. Depois que o bloco 2 for removido para as posições 125 a 299, a posição 140 conterá o conteúdo anterior da posição 340. Ao mover o conteúdo de 420 para 220, aquele conteúdo precisa ser alterado para 140. Sendo assim, para que a compactação tenha sucesso, será necessário um método para determinar se o conteúdo de determinada posição é um endereço.

Uma alternativa seria um sistema que calculasse endereços como deslocamentos a partir de um endereço base. Nesse caso, somente o conteúdo do endereço base precisaria ser alterado, e não o deslocamento em memória. Ou seja, no exemplo anterior, a posição 420 conteria o deslocamento 15 antes da compactação, em vez do endereço 340. Como o endereço base do bloco é 325, o endereço 340 seria calculado como o endereço base mais o deslocamento 15. Quando o bloco fosse movido, seu endereço base seria alterado para 125, enquanto o deslocamento 15 seria movido da posição 420 para a posição 220. A soma do novo endereço base 125 com o deslocamento 15 resulta em 140, que é o endereço para o qual o conteúdo de 340 foi movido. Observe que o deslocamento 15 contido em memória não foi modificado. Entretanto, essa técnica é útil apenas para as referências de memória intrablocos; as referências interblocos para as posições num bloco diferente ainda precisam ser modificadas. Uma rotina de compactação exige um método pelo qual o tamanho de um bloco e seu status (alocado ou disponível) seja determinado.

A compactação é semelhante à coleta de lixo no sentido de que todo o processamento do usuário deverá parar enquanto o sistema reorganiza seu armazenamento. Por essa razão, e devido ao problema dos ponteiros discutido anteriormente, a compactação não é usada com tanta freqüência quanto os esquemas mais complexos explicados a seguir.

PRIMEIRA ESCOLHA, MELHOR ESCOLHA, PIOR ESCOLHA

Se você não quiser mover blocos de armazenamento alocados de uma área da memória para outra, será possível realocar blocos de memória liberados dinamicamente com a continuação do processamento do usuário.

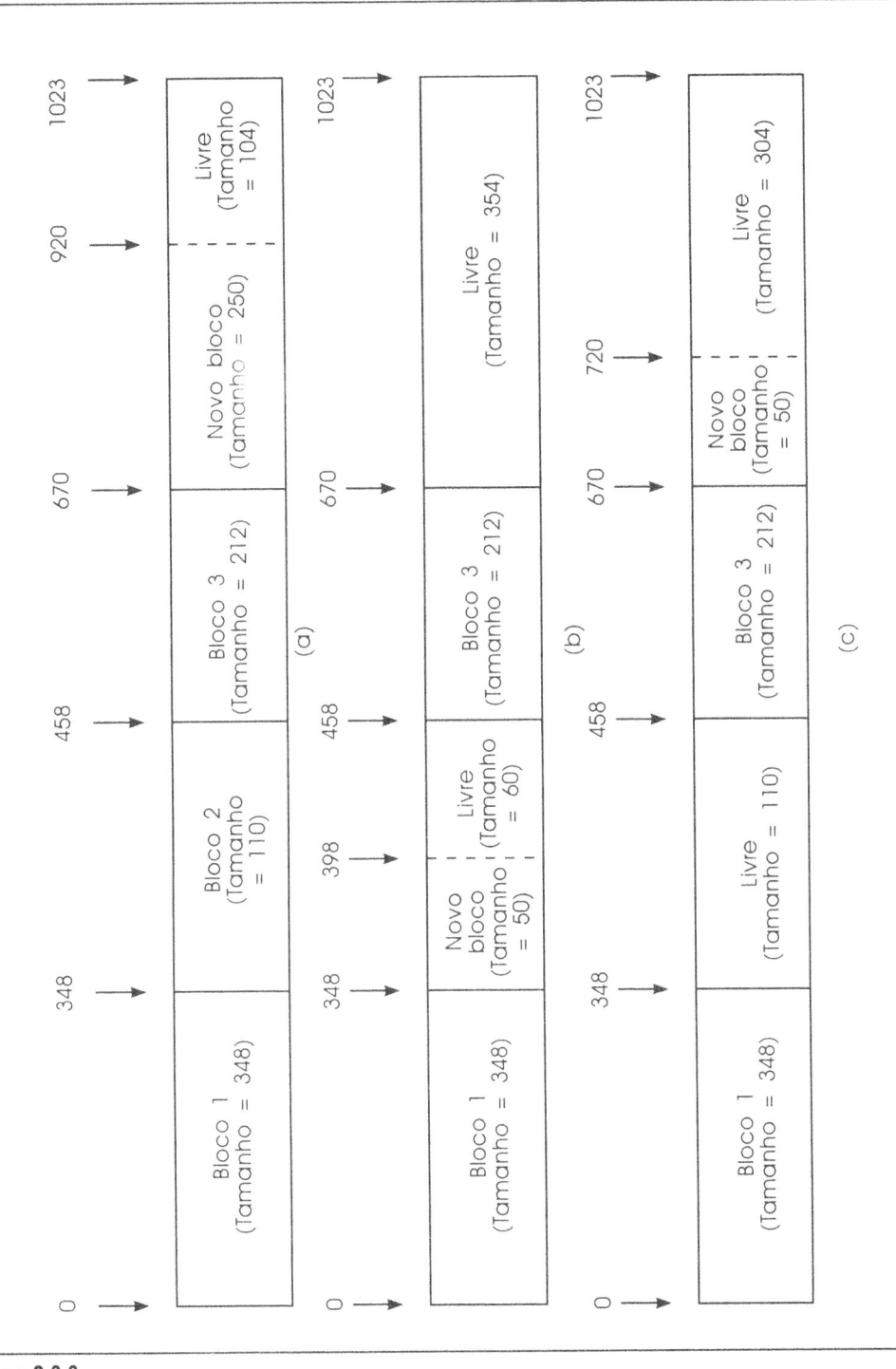

Figura 9.3.3

Figura 9.3.4

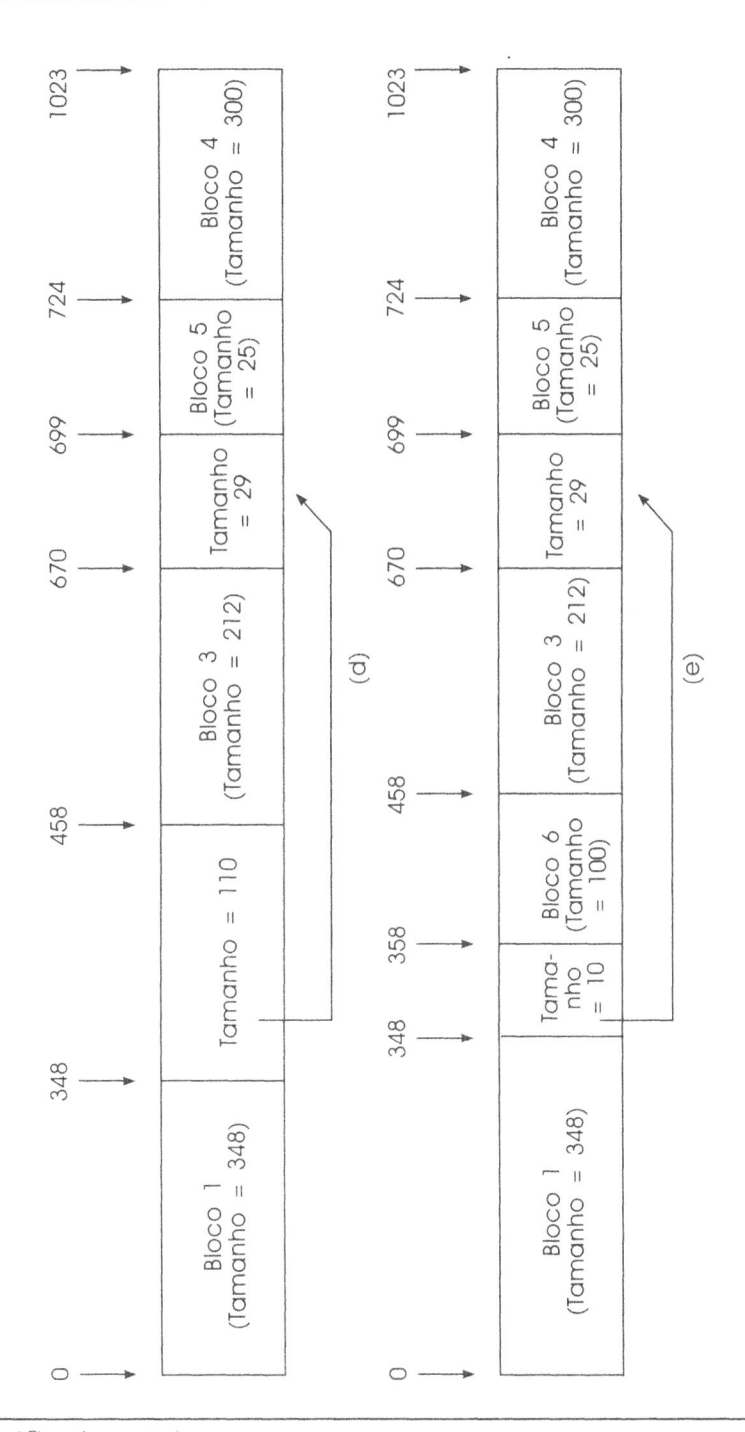

Figura 9.3.4 (*Continuação*)

Por exemplo, se a memória estivesse fragmentada, conforme mostrado na Figura 9.3.1b e fosse feita uma solicitação de um bloco de 250 palavras de armazenamento, as posições 670 a 919 seriam usadas. O resultado aparece na Figura 9.3.3a. Se a memória estivesse conforme mostrada na Figura 9.3.1b, uma solicitação de um bloco de 50 palavras poderia ser atendida pelas palavras 348 a 397 ou pelas palavras 670 a 719 (ver Figuras 9.3.3b e c). Em cada caso, parte de um bloco disponível seria alocada, deixando a parte restante livre.

Sempre que ocorrer uma solicitação de armazenamento, uma área disponível suficientemente grande para acomodar o tamanho solicitado precisará ser localizada. O método mais evidente para rastrear os blocos disponíveis é usar uma lista ligada linear. Cada bloco livre contém um campo com o tamanho do bloco e um campo com um ponteiro para o próximo bloco disponível. Esses campos encontram-se em alguma posição uniforme (por exemplo, as duas primeiras palavras) dentro do bloco. Se p é o endereço de um bloco disponível, as expressões *size(p)* e *next(p)* são usadas para citar essas duas quantidades. Um ponteiro global, *freeblock*, aponta para o primeiro bloco disponível nessa lista. Vejamos como os blocos são removidos da lista disponível quando o armazenamento é solicitado. Em seguida, examinaremos como os blocos são acrescentados nessa lista, depois de liberados.

Examine a situação da Figura 9.3.1b, reproduzida na Figura 9.3.4a, de modo a mostrar a lista disponível. Existem vários métodos para selecionar o bloco disponível a usar por ocasião de uma solicitação de armazenamento. No método da primeira escolha, a lista disponível é percorrida seqüencialmente até encontrar o primeiro bloco livre cujo tamanho seja maior ou igual à quantidade solicitada. Tão logo encontrado, o bloco é removido da lista (se seu tamanho for igual à quantidade solicitada) ou é dividido em duas partes (se for maior que a quantidade solicitada). A primeira dessas partes permanece na lista e a segunda é alocada. A segunda parte é alocada, em vez da primeira, porque o ponteiro *next* da lista disponível está no início de cada bloco livre. Deixando a primeira parte do bloco na lista livre, esse ponteiro não precisará ser copiado em nenhuma outra posição, e o campo *next* do bloco anterior na lista não precisará ser alterado.

O seguinte algoritmo de alocação de primeira escolha retorna o endereço de um bloco livre, de armazenamento de tamanho n, na variável *alloc*, se existir algum disponível, e define *alloc* com o endereço nulo se não existir um bloco desse tipo disponível.

```
p = freeblock;
alloc = null;
q = null;
while (p != null && size(p) < n)  {
```

```
      q = p;
      p = next(p);
   }  /* fim while */
   if (p != null) {   /* existe um bloco suficientemente gde */
      s = size(p);
      alloc = p + s - n; /* alloc contem o endereco     */
                         /*       do bloco desejado     */
      if (s == n)
         /* remove o bloco da lista disponivel */
         if (q == null)
            freeblock = next(p);
         else
            next(q) = next(p);
      else /* ajusta o tamanho do bloco livre */
           /*           restante              */
         size(p) = s - n;
   }  /* fim if */
```

O método da **melhor escolha** obtém o menor bloco disponível cujo tamanho seja maior ou igual a *n*. Veja a seguir um algoritmo que obtém esse bloco, percorrendo a lista livre inteira. Presumimos que *memsize* é o número total de palavras em memória.

```
p = freeblock;    /*  p eh usado p/percorrer a lista livre */
q = null;         /*     q estah um bloco atrás de p       */
r = null;         /*     r aponta p/ o bloco desejado      */
rq = null;        /*     rq estah um bloco atrás de r      */
rsize = memsize + 1;  /* rsize eh o tamanho do bloco em r */
alloc = null;     /* alloc apontarah p/ o bloco selecionado */
while (p != null) {
   if (size(p) >= n && size(p) < rsize) {
      /* achamos um bloco livre de tamanho mais proximo   */
      r = p;
      rq = q;
      rsize = size(p);
   }  /* fim if */
   /* continua percorrendo a lista disponivel */
   q = p;
   p = next(p);
}  /* fim while */
if (r != null) {
   /* existe um bloco de tamanho suficiente */
   alloc = r + rsize - n;
   if (rsize == n)
```

```
        /* retira o bloco da lista disponivel */
        if (rq == null)
            freeblock = next(r);
        else
            next(rq) = next(r);
    else
        size(r) = rsize - n;
}   /* fim if */
```

Para entender a diferença entre os métodos de primeira escolha e melhor escolha, examine os seguintes exemplos. Começaremos com a memória fragmentada, como na Figura 9.3.4a. Existem dois blocos de armazenamento disponível, de tamanhos 110 e 354. Se for feita uma solicitação de um bloco de 300 palavras, o bloco de 354 será dividido conforme mostrado na Figura 9.3.4b, em ambos os métodos. Suponha que um bloco de tamanho 25 seja solicitado em seguida. No método da primeira escolha, o bloco de tamanho 110 é dividido (Figura 9.3.4c), enquanto no método da melhor escolha o bloco de tamanho 54 é dividido (Figura 9.3.4d). Se, em seguida, um bloco de tamanho 100 for solicitado, a solicitação poderá ser preenchida pelo método da melhor escolha porque o bloco de tamanho 110 está disponível (Figura 9.3.4e), mas ela não poderá ser preenchida pelo método da primeira escolha. Esse exemplo ilustra uma vantagem do método da melhor escolha no sentido de que os blocos disponíveis muito grandes permanecem sem divisão para que as solicitações de blocos grandes sejam atendidas. No método da primeira escolha, um bloco muito grande de armazenamento disponível no início da lista livre é consumido por pequenas solicitações e estará muito reduzido quando chegar uma solicitação grande.

Entretanto, é possível também que o método da primeira escolha obtenha êxito onde o método da melhor escolha falha. Como exemplo, considere o caso no qual o sistema inicia com blocos livres de tamanho 110 e 54 e, em seguida, faz sucessivas solicitações de 25, 70 e 50 palavras. A Figura 9.3.5 ilustra que o método da primeira escolha tem sucesso ao preencher essas solicitações, enquanto o método da melhor escolha não. Isso acontece porque as partes restantes de blocos não-alocados ficam menores sob o método da melhor escolha do que no método da primeira escolha.

Outro método de alocar blocos de armazenamento é o método da **pior escolha**. Nesse método, o sistema aloca sempre uma parte do maior bloco disponível em memória. A filosofia desse método é que, usando um pequeno número de blocos muito grandes várias vezes, para atender a maioria das solicitações, muitos blocos de tamanho moderado ficarão sem fragmentação.

Assim, provavelmente este método atende a uma quantidade maior de solicitações do que os outros métodos, a não ser que a maioria das solicitações seja para partes muito grandes da memória. Por exemplo, se a memória consistir, no início, em blocos de tamanhos 200, 300 e 100, a seqüência de solicitação 150, 100, 125, 100, 100 poderá ser atendida pelo método da pior escolha mas não pelos métodos da primeira escolha ou melhor escolha. (Constate por si mesmo a veracidade dessa afirmação.)

A principal razão para optar por um método em vez do outro é a eficiência. Em cada um dos métodos, a busca pode tornar-se mais eficiente. Por exemplo, um verdadeiro método da primeira escolha, que aloca primeiramente o bloco no mais baixo endereço de memória, se tornará mais eficiente se a lista disponível for mantida em ordem crescente de endereços de memória (o que deveria acontecer por motivos que serão discutidos mais adiante). Por outro lado, se a lista disponível for mantida em ordem de tamanho crescente, uma busca por um bloco se tornará mais eficiente pela melhor escolha. E finalmente, se a lista for mantida na ordem de tamanho decrescente, uma solicitação da pior escolha não exigirá nenhuma busca, uma vez que o bloco de maior tamanho será sempre o primeiro da lista. Entretanto, por razões que discutiremos mais adiante, não é prático manter a lista de blocos disponíveis classificada pelo tamanho.

Cada método tem determinadas características que o tornam preferível ou não, em função de diversos padrões de solicitação. Na ausência de uma consideração específica que prove o contrário, o método da primeira escolha é geralmente o preferido.

Solicitação	Blocos ainda em uso	
	Primeira escolha	Melhor escolha
Inicialmente	110, 54	110, 54
25	85, 54	110, 29
70	15, 54	40, 29
50	15, 4	não pode ser atendida

Figura 9.3.5

APRIMORAMENTOS NO MÉTODO DA PRIMEIRA ESCOLHA

Existem vários aperfeiçoamentos que podem ser introduzidos no método da primeira escolha. Se o tamanho de um bloco disponível for somente um pouco maior que o tamanho do bloco a ser alocado, a parte do bloco livre que permanecer disponível será muito pequena. Com bastante freqüência, essa parte restante é tão pequena que há pouca probabilidade de que ela seja usada antes de a parte alocada ser liberada e as duas partes serem recombinadas. Sendo assim, o benefício de deixar essa pequena parte na lista disponível é mínimo. Lembre-se também de que todo bloco disponível precisa ter um tamanho mínimo (em nosso caso, duas palavras) para que possa conter os campos *size* e *next*. E se a parte menor de um bloco disponível estiver abaixo desse tamanho mínimo depois que a parte maior for alocada?

A solução para esses problemas é insistir em que nenhum bloco permaneça livre se seu tamanho estiver abaixo de um mínimo aceitável. Se um bloco disponível estiver prestes a ser dividido e a parte restante estiver abaixo do tamanho mínimo, o bloco não será dividido. Em vez disso, o bloco disponível inteiro será alocado como se fosse do tamanho exato. Isso permite que o sistema remova o bloco inteiro da lista disponível e não superlote a lista com blocos muito pequenos.

O fenômeno no qual existem vários blocos disponíveis pequenos e não-contíguos é chamado ***fragmentação externa*** porque o espaço disponível é desperdiçado fora dos blocos alocados. Esse fenômeno é o oposto da ***fragmentação interna***, no qual o espaço disponível é desperdiçado dentro dos blocos alocados. A solução anterior transforma a fragmentação externa em fragmentação interna. A escolha do tamanho mínimo a usar depende do padrão de solicitações de alocação em um sistema determinado. É razoável usar um tamanho mínimo tal que uma pequena porcentagem (por exemplo, 5%) das solicitações de alocação seja menor ou igual a este tamanho. Observe que a possibilidade de pequenos pedaços restantes é ainda maior no método da melhor escolha do que no método da primeira escolha, de maneira que o estabelecimento desse tamanho mínimo é de importância concomitantemente maior sob o primeiro método.

Pode-se introduzir outro aperfeiçoamento significativo no método da primeira escolha. Com o passar do tempo, os blocos disponíveis menores tenderão a se acumular perto do início da lista disponível. Isso acontece porque um bloco grande posicionado próximo ao início da lista tem seu tamanho reduzido antes de um bloco grande posicionado no final da lista. Sendo assim, ao procurar um bloco grande ou até mesmo um bloco de tamanho moderado, os pequenos blocos posicionados perto do início não poderão ser usados. O algoritmo seria mais eficiente se a lista disponível fosse organizada como uma lista circular cujo primeiro elemento variasse dinamicamente à medida que os blocos fossem alocados.

Duas maneiras de implementar essa variância dinâmica são sugestivas. Na primeira delas, *freeblock* (que representa o ponteiro para o primeiro bloco disponível na lista) é definida com *next(freeblock)*, de modo que o início da lista avance um bloco toda vez que um bloco for alocado. Na segunda, *freeblock* é definida com *next(alloc)*, onde *alloc* aponta para o bloco recém-escolhido para alocação. Dessa forma, todos os blocos considerados muito pequenos para essa solicitação de alocação são efetivamente deslocados para o final da lista. Recomendamos que o leitor verifique as vantagens e desvantagens de ambas as técnicas.

LIBERANDO BLOCOS DE ARMAZENAMENTO

Até agora, nada dissemos sobre como os blocos de armazenamento alocados são liberados e como são combinados com os blocos livres contíguos para formar blocos maiores de armazenamento disponível. Em termos específicos, surgem três perguntas:

1. Quando um bloco de armazenamento é liberado, onde ele é colocado na lista disponível? A resposta a essa pergunta determinará como a lista disponível está ordenada.

2. Quando um bloco de armazenamento é liberado, como se pode determinar se os blocos de armazenamento em ambos os lados estão livres (em que caso o bloco recém-liberado precisa ser combinado com um bloco livre já existente)?

3. Qual é o mecanismo para combinar um bloco recém-liberado com um bloco contíguo anteriormente liberado?

O termo **liberação** é empregado para o processo de liberar um bloco alocado de armazenamento; um algoritmo para implementar esse processo é chamado **algoritmo de liberação**. A lista disponível deve ser organizada de modo a facilitar a alocação e a liberação eficiente.

Suponha que a lista disponível seja organizada arbitrariamente de modo que, quando um bloco é liberado, ele seja colocado no início da lista. É possível que o bloco recém-liberado seja adjacente a um bloco liberado anteriormente. Para criar um único grande bloco disponível, o bloco recém-liberado precisa ser combinado com o bloco livre adjacente. Não existe nenhum método, a não ser percorrer a lista disponível inteira, para determinar se existe esse bloco disponível adjacente. Assim, essa liberação exigirá um percurso da lista disponível. Por essa razão, é ineficiente manter a lista disponível dessa maneira.

Uma alternativa seria manter a lista disponível classificada por ordem de posição de memória ascendente. Sendo assim, quando um bloco fosse liberado, a lista disponível seria percorrida numa busca pelo primeiro bloco disponível *fb* cujo endereço inicial fosse maior que o endereço inicial do bloco sendo liberado. Se um bloco livre contíguo não for encontrado nessa busca, não existirá nenhum bloco contíguo desse tipo e o bloco recém-liberado poderá ser inserido na lista disponível imediatamente antes de *fb*. Se *fb* ou o bloco livre posicionado imediatamente antes de *fb* na lista disponível for contíguo ao bloco recém-liberado, ele poderá ser combinado com esse bloco recém-liberado. Sob esse método, a lista disponível inteira não precisa ser percorrida, mas apenas metade da lista, em média.

O seguinte algoritmo de liberação implementa esse esquema, pressupondo que a lista disponível seja linear (não circular) e que *freeblock* aponte para o bloco livre com o menor endereço. O algoritmo libera um bloco de tamanho *n* começando no endereço *alloc*.

```
q = null;
p = freeblock;
/* p percorre a lista disponivel. q fica a um passo atrás de p
*/
while (p != null && p < alloc) {
   q = p;
   p = next(p);
}  /* fim while */
```

```
/* Neste ponto, q = null ou q < alloc e                */
/* p = null ou alloc < p. Assim, se p e q nao forem null, */
/* o bloco deve ser combinado com os blocos iniciando em */
/* p ou q ou ambos, ou deve ser inserido na lista entre  */
/* os dois blocos.                                       */
if (q == null)
   freeblock = alloc;
else
   if (q + size(q) == alloc) {
      /* combina com o bloco anterior */
      alloc = q;
      n = size(q) + n;
   }
   else
      next(q) = alloc;
if (p != null && alloc + n == p)   {
   /* combina com o bloco subsequente   */
   size(alloc) = n + size(p);
   next(alloc) = next(p);
}
else {
   size(alloc) = n;
   next(alloc) = p;
}  /* fim if */
```

Se a lista disponível estiver organizada como uma lista circular, o algoritmo de alocação da primeira escolha começará percorrendo a lista a partir de posições variadas. Entretanto, para percorrer a lista a partir da posição inferior durante a liberação, será necessário um ponteiro externo adicional, *lowblock*, para o bloco disponível com mais baixa posição na memória. Normalmente, o percurso começa em *lowblock* durante a liberação. Entretanto, se *freeblock* < *alloc* quando o bloco que inicia em *alloc* estiver prestes a ser liberado, o percurso começará em *freeblock* para que um tempo de busca ainda menor seja empregado durante a liberação. Recomendamos enfaticamente que o leitor implemente essa variação como exercício.

O MÉTODO DA MARCA LIMÍTROFE

É desejável eliminar toda operação de busca durante a liberação para tornar o processo mais eficiente. Um método de fazer isso requer a manutenção de informação extra em todos os blocos (tanto livres como alocados).

Uma busca é necessária durante a liberação para determinar se o bloco recém-liberado pode ser combinado a algum bloco livre já existente. Não existe uma maneira de detectar a existência desse bloco ou qual é esse bloco sem uma operação de busca. Entretanto, se esse bloco existir, ele deverá preceder ou suceder imediatamente o bloco sendo liberado. O primeiro endereço do bloco posterior a um bloco de tamanho n em *alloc* é *alloc* + n. Suponha que todo bloco contenha um campo *flag* que será *true* se o bloco estiver *alocado*, e *false* se estiver disponível. Sendo assim, examinando *flag(alloc + n)*, pode-se determinar se o bloco imediatamente posterior ao bloco em *alloc* está livre ou não.

É mais difícil determinar o status do bloco posicionado imediatamente antes do bloco em *alloc*. Evidentemente, o endereço da última posição desse bloco anterior é *alloc* - 1. Mas não existe um método de descobrir o endereço de sua primeira posição sem conhecer seu tamanho. Entretanto, suponha que todo bloco contenha dois sinalizadores: *fflag* e *bflag*, ambos os quais serão *true* se o bloco estiver alocado, e *false* caso contrário. *fflag* encontra-se num deslocamento específico a partir do início do bloco, e *bflag* encontra-se num deslocamento negativo específico a partir do final do bloco.

Conseqüentemente, para acessar *fflag*, a primeira posição do bloco precisa ser conhecida; para acessar *bflag*, a última posição do bloco precisa ser conhecida. O status do bloco seguinte ao bloco em *alloc* pode ser determinado pelo valor de *fflag(alloc + n)*, e o status do bloco anterior ao bloco em *alloc* pode ser determinado pelo valor de *bflag(alloc - 1)*. Sendo assim, quando um bloco está prestes a ser liberado, pode-se logo determinar se ele precisa ser combinado com um de seus dois blocos vizinhos.

Uma lista de blocos disponíveis é ainda necessária para o processo de alocação. Quando um bloco é liberado, seus vizinhos são examinados. Se ambos os blocos estiverem alocados, o bloco poderá ser simplesmente incluído no início da lista disponível. Se um (ou ambos) de seus vizinhos estiver livre, o(s) vizinho(s) poderá(ão) ser removido(s) da lista disponível, combinado(s) com o bloco recém-liberado, e o bloco grande recém-criado poderá ser colocado no início da lista disponível. Observe que esse mecanismo tenderia a reduzir os tempos de busca sob a alocação por primeira escolha também, uma vez que, muito provavelmente, um bloco alocado antes (em especial se combinado a outros blocos) deverá ser grande o suficiente para atender à próxima solicitação de alocação. Como ele será colocado no início da lista disponível, o tempo de busca será reduzido de maneira considerável.

Para remover um bloco qualquer da lista disponível (para combiná-lo a um bloco recém-liberado) sem percorrer a lista inteira, a lista disponível precisa ser duplamente ligada. Por conseguinte, cada bloco livre deve conter dois ponteiros, *next* e *prev*, para os blocos disponíveis seguinte e anterior na lista disponível. É necessário também poder acessar esses dois ponteiros a partir da última posição de um bloco livre. (Isso será necessário ao combinar um bloco recém-liberado com um bloco livre imediatamente anterior a ele, em memória.) Sendo assim, o início do bloco livre precisa estar acessível a partir de seu final. Uma maneira de fazer isso seria introduzir um campo *bsize* em determinado deslocamento negativo a partir da última posição de cada bloco disponível. Esse campo conteria o mesmo valor do campo *size* posicionado no início do bloco.

A Figura 9.3.6 ilustra a estrutura de blocos livres e alocados sob este método, chamado **método da marca limítrofe**. Cada um dos campos de controle, *fflag, size, next, prev, bsize* e *bflag*, aparece ocupando uma palavra completa, embora na prática eles possam ser reunidos com vários campos em uma palavra.

Apresentaremos a seguir o algoritmo de liberação usando o método da marca limítrofe. A título de esclarecimento, presumimos que *fflag* e *bflag* são sinalizadores lógicos, *true* indica um bloco alocado, e *false*, um bloco livre. [Pressupomos que *bflag*(0) e *fflag*(m), onde m é o tamanho da memória, são ambos *true*.] O algoritmo libera um bloco de tamanho n na posição *alloc*. Ele faz uso de uma rotina auxiliar, *remove*, que remove um bloco da lista duplamente ligada. Os detalhes dessa rotina serão deixados como exercício para o leitor.

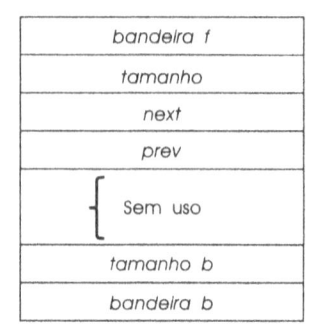

```
              ┌─────────────────┐
              │   bandeira f    │
              ├─────────────────┤
              │     tamanho     │
              ├─────────────────┤
              │      next       │
              ├─────────────────┤
              │      prev       │
              ├─────────────────┤
             ⎧│                 │
              │    Sem  uso     │
             ⎩│                 │
              ├─────────────────┤
              │    tamanho b    │
              ├─────────────────┤
              │   bandeira b    │
              └─────────────────┘
                Bloco disponível


              ┌─────────────────┐
              │   bandeira f    │
              ├─────────────────┤
             ⎧│                 │
              │  Usados para    │
              │  propósitos não │
              │  relacionados   │
              │  com o sistema  │
             ⎩│                 │
              ├─────────────────┤
              │   bandeira b    │
              └─────────────────┘
                Bloco alocado
```

Figura 9.3.6

```
/* verifica o bloco anterior */
if (bflag(alloc - 1) != TRUE)  {
   /* o bloco deve ser combinado com o anterior */
   start = alloc - bsize(alloc - 1); /* acha o endereco   */
                                     /* inicial do bloco  */
   remove(start); /* remove o bloco da lista disponivel   */
                  /* aumenta o tamanho e combina os       */
                  /*                blocos                */
   n = n + size(start);
   alloc = start;
}  /* fim if */
/* verifica o bloco seguinte */
if (fflag(alloc + n) != TRUE)  {
   /* o bloco deve ser combinado com o bloco seguinte    */
   start = alloc + n;
   n = n + size(start);
   remove(start);
}  /* fim if */
```

```
/* inclui o bloco recem-liberado, possivelmente combinado */
/*          na lista disponivel                           */
next(alloc) = freeblock;
prev(freeblock) = alloc;
prev(alloc) = null;
freeblock = alloc;
/* ajusta os campos no novo bloco */
fflag(alloc) = FALSE;
bflag(alloc + n - 1) = FALSE
size(alloc) = n;
bsize(alloc + n - 1) = n;
```

Evidentemente, o bloco recém-liberado pode ser inserido na lista baseado em seu tamanho para que um dos outros métodos (por exemplo, melhor escolha ou pior escolha) possa ser usado também.

O Sistema em Turmas

Um método alternativo para manipular o problema de gerenciamento do armazenamento sem percursos freqüentes de listas é manter listas disponíveis separadas para blocos de tamanhos diferentes. Cada lista contém blocos disponíveis de um tamanho específico. Por exemplo, se a memória contiver 1024 palavras, ela poderá ser dividida em 15 blocos: um bloco de 256 palavras, dois blocos de 128 palavras, quatro blocos de 64 palavras e oito blocos de 32 palavras. Sempre que for solicitado armazenamento, será reservado o menor bloco cujo tamanho seja maior ou igual ao tamanho necessário. Por exemplo, uma solicitação de um bloco de 97 palavras será preenchida por um bloco de tamanho 128.

Existem várias deficiências nesse esquema. Primeiro, o espaço é desperdiçado devido à fragmentação interna. (No exemplo, 31 palavras do bloco ficam totalmente inutilizadas.) Segundo, e mais sério, uma solicitação de um bloco de tamanho 300 não poderá ser atendida porque o maior tamanho mantido é 256. Além disso, se forem necessários dois blocos de tamanho 150, a solicitação não poderá ser atendida mesmo se existir espaço contíguo suficiente. Sendo assim, essa solução não é prática. A fonte da impraticidade é que os espaços disponíveis nunca são combinados. Entretanto, uma variação desse esquema, chamada **sistema em turma**, é muito útil.

Várias listas disponíveis consistindo em blocos de diversos tamanhos são mantidas. Os blocos livres adjacentes de tamanho menor podem ser removidos de suas listas, combinados em blocos disponíveis de tamanho maior e colocados na lista disponível de tamanho maior. Em seguida, estes blocos maiores podem ser usados intactos para atender a uma solicitação de uma quantidade maior de memória, ou podem ser divididos novamente em seus blocos constituintes menores para atender a várias solicitações menores.

O seguinte método funciona melhor em computadores binários nos quais o tamanho da memória é uma potência inteira de 2 e a multiplicação e divisão por 2 podem ser efetuadas com muita eficiência por meio do deslocamento. Inicialmente, a memória inteira de tamanho 2^m é vista como um único bloco disponível. Para cada potência de 2 entre 1 (que é igual a 20) e 2^m, uma lista disponível contendo blocos desse tamanho é mantida. Um bloco de tamanho 2^i é chamado *i-bloco* e a lista disponível contendo i-blocos é chamada de *i-lista*. (Na prática, talvez não seja razoável manter blocos livres de tamanhos 1, 2 e 4, de modo que 8 é o menor tamanho de bloco livre permitido; ignoraremos essa possibilidade.) Entretanto, pode ocorrer (e geralmente ocorre) que algumas dessas listas estejam vazias. Na verdade, no início, todas as listas, exceto a m-lista, estão vazias.

Os blocos só podem ser alocados em tamanhos 2^k para algum inteiro k entre 0 e m. Se for feita uma solicitação de um bloco de tamanho n, será reservado um i-bloco, onde i é o menor inteiro tal que $n <= 2^i$. Se nenhum i-bloco estiver disponível (a i-lista está vazia), um $(i+1)$-bloco será removido da $(i+1)$-lista e será dividido em dois blocos de igual tamanho. Cada um deles será um i-bloco. Um dos blocos será alocado; o outro continuará disponível e será colocado na i-lista. Se também não houver um $(i+1)$- bloco disponível, um $(i+2)$-bloco será dividido em dois $(i+1)$-blocos, um dos quais será colocado na $(i+1)$-lista e outro será dividido em dois i-blocos. Um desses i-blocos será alocado e outro será colocado na i-lista. Se nenhum $(i+2)$-bloco estiver livre, este processo continuará até que um i-bloco tenha sido alocado ou um m-bloco não esteja disponível. No primeiro caso, a tentativa de alocação terá êxito; no último caso, um bloco de tamanho adequado não estará disponível.

O processo de alocação do sistema em turma pode ser mais bem descrito como uma função recursiva, *getblock(n)*, que retorna o endereço do bloco a ser alocado, ou o ponteiro nulo, caso nenhum bloco de tamanho n esteja disponível. Veja a seguir uma descrição dessa função:

```
acha o menor inteiro i tal que 2i >= n;
if (a i-lista nao estah vazia) {
   p = endereco do primeiro bloco na i-lista;
```

```
      remove o primeiro bloco da i-lista;
      return(p);
   }  /* fim if */
else /*a i-lista estah vazia */
   if (i == m)
      return(null);
   else {
      p = getblock(2^{i+1});
      if (p == null)
         return(null);
      else {
        coloca o i-bloco comecando na posicao p na i-lista ;
         return(p + 2^i);
      }  /* fim if */
   }   /* fim if */
```

Nessa descrição, se um $(i + 1)$-bloco começar na posição p, os dois i-blocos nos quais ele é dividido começarão nas posições p e $p + 2^i$. O primeiro desses blocos permanecerá na lista disponível, e o segundo será alocado. Cada bloco é criado dividindo um bloco de um tamanho acima. Se um $(i + 1)$-bloco for dividido em dois i-blocos, $b1$ e $b2$, $b1$ e $b2$ serão **companheiros** entre si. O companheiro de um i-bloco na posição p é chamado ***i-companheiro*** de p. Observe que um bloco na posição p pode ter vários companheiros, mas somente um i-companheiro.

Se um i-bloco for liberado e seu i-companheiro já estiver livre, os dois companheiros serão combinados em um $(i + 1)$-bloco, a partir do qual eles foram inicialmente criados. Dessa maneira, um bloco de armazenamento disponível maior é criado para atender a grandes solicitações. Se o i-companheiro de um i-bloco recém-liberado não estiver livre, o bloco recém-liberado será logo colocado na i-lista.

Suponha que um i-bloco recém-liberado tenha sido combinado com seu i-companheiro liberado anteriormente num $(i + 1)$- bloco. É possível que o $(i + 1)$-companheiro desse $(i + 1)$- bloco recombinado esteja livre também. Nesse caso, os dois $(i + 1)$-blocos podem ser posteriormente recombinados num $(i + 2)$-bloco. Esse processo continuará até que um bloco recombinado, cujo companheiro não esteja livre, seja criado, ou até que a memória inteira seja combinada num único m-bloco.

O algoritmo de liberação pode ser descrito como uma rotina recursiva, *liberate(alloc, i)*, que libera um i-bloco na posição *alloc*:

```
if (i == m) ou (o i-companheiro de alloc nao estah livre)
    inclui o i-bloco em alloc na i-lista
else {
```

```
    remove o i-companheiro de alloc da i-lista;
    combina o i-bloco em alloc com seu i-companheiro ;
    p = endereco do recem-formado (i + 1)-bloco;
    liberate(p,i + 1);
}   /* fim if */
```

Detalhemos a descrição de *liberate*; deixaremos o detalhamento de *getblock* como exercício para o leitor.

Existe uma pergunta óbvia que precisa ser respondida. Como pode ser estabelecido o status de disponível do i-companheiro de *alloc*? Na verdade, pode-se determinar se pelo menos existe um i-companheiro de *alloc*? É bem possível que o i-companheiro de *alloc* tenha sido dividido e parte dele (ou todo ele) dele esteja alocado. Além disso, como o endereço inicial do i-companheiro de *alloc* pode ser determinado? Se o i-bloco em *alloc* for a primeira metade de seu $(i + 1)$-bloco contenedor, seu i-companheiro estará em *alloc* + $2i$; se o i-bloco for a segunda metade de seu bloco contenedor, seu i-companheiro estará em *alloc* - 2^i. Como podemos determinar qual é o caso?

Nesse ponto, seria instrutivo examinar alguns exemplos. A título de ilustração, imagine uma memória absurdamente pequena de 1024 (= 2^{10}) palavras. A Figura 9.3.7a ilustra essa memória depois de preenchida uma solicitação de um bloco de 100 palavras. A menor potência de 2 maior que 100 é 128 (= 2^7). Sendo assim, a memória inteira é dividida em dois blocos de tamanho 512; o primeiro é colocado na 9-lista, e o segundo é dividido em dois blocos de tamanho 256. O primeiro desses blocos é colocado na 8-lista, e o segundo é dividido em dois blocos de tamanho 128, um dos quais é colocado na 7-lista, e o segundo deles é alocado (bloco *B*1). Embaixo da figura, estão indicados os endereços iniciais dos blocos em cada i-lista não-vazia. Procure acompanhar a execução das funções *getblock* e *liberate* nesse exemplo e nos exemplos subseqüentes.

A Figura 9.3.7b ilustra o exemplo de memória depois de preencher uma solicitação adicional de 50 palavras. Não existe nenhum 6-bloco disponível; portanto, o 7-bloco disponível na posição 768 é dividido em dois 6-blocos. O primeiro 6-bloco permanece livre, e o segundo é alocado como bloco *B*2. Na Figura 9.3.7c, três 6-blocos adicionais foram alocados na seqüência *B*3, *B*4 e *B*5. Quando a primeira solicitação é feita, um 6-bloco na posição 768 está livre, de modo que nenhuma divisão é necessária. A segunda solicitação força a divisão do 8-bloco na posição 512 em dois 7-blocos, e o segundo 7-bloco em 640 a ser dividido em dois 6-blocos. O segundo desses blocos é alocado como *B*4 e, quando é feita a próxima solicitação de um 6-bloco, o primeiro deles é também alocado como *B*5.

Observe que na Figura 9.3.7a o bloco começando em 768 é um 7-bloco, enquanto na Figura 9.3.7b, ele é um 6-bloco. De modo semelhante, o bloco em 512 é um 8-bloco nas Figuras 9.3.7a e b, mas um 7-bloco, na Figura 9.3.7c. Isso ilustra que o tamanho de um bloco não pode ser determinado por seu endereço inicial. Entretanto, conforme constataremos mais adiante, um bloco de dado tamanho só poderá começar em determinados endereços.

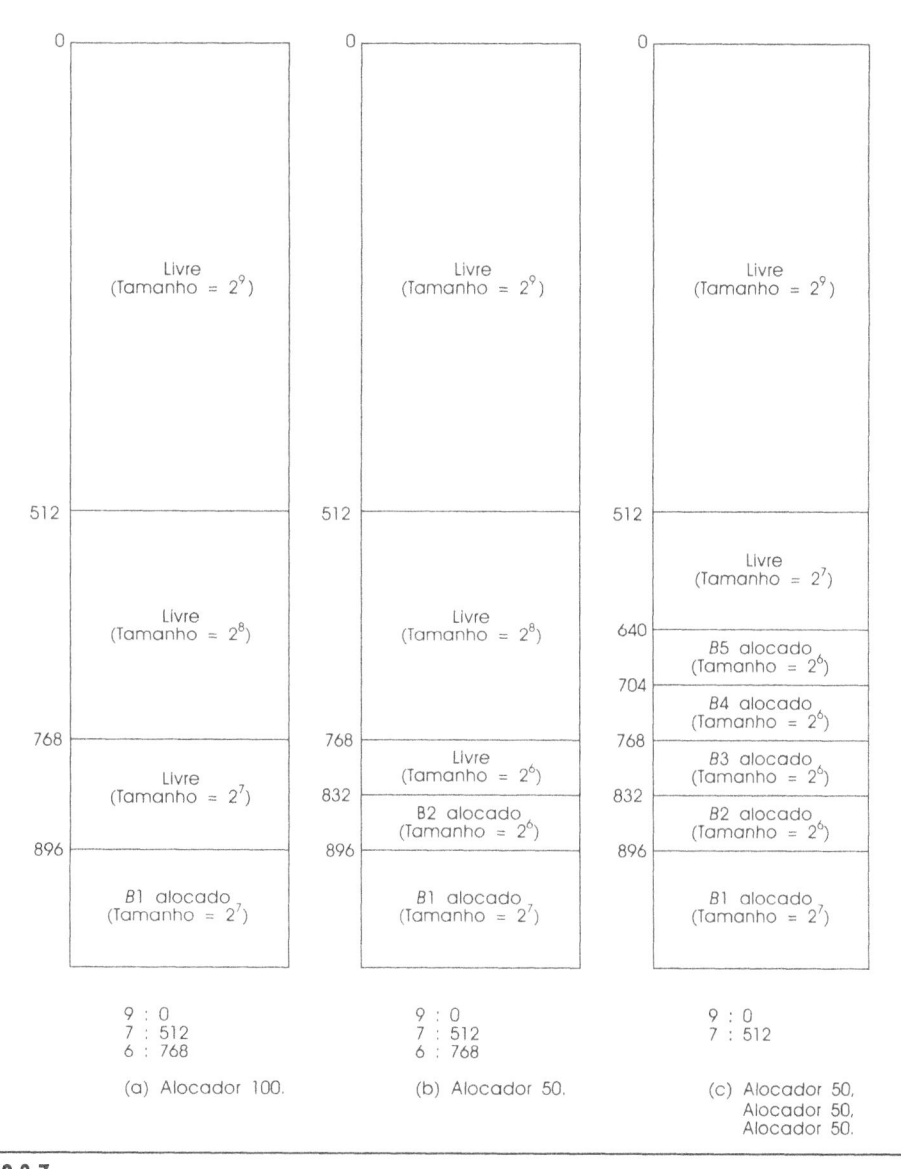

Figura 9.3.7

A Figura 9.3.7d ilustra a situação depois que os blocos $B4$ e $B3$ foram liberados. Quando o bloco $B4$ na posição 704 é liberado, seu companheiro é examinado. Como $B4$ é um 6-bloco, que é a segunda metade do 7-bloco a partir do qual ele foi dividido, seu companheiro está na posição 704 - 2^6 = 640. Entretanto, o 6-bloco na posição 640 (que é $B5$) não está livre; portanto, não poderá ocorrer nenhuma combinação. Quando $B3$ é liberado, como ele é um 6-bloco e era a primeira metade de seu 7-bloco contenedor, seu companheiro-6 na posição 768 + 2^6 = 832 precisa ser examinado. Entretanto, esse 6-companheiro está alocado, portanto, mais uma vez, não poderá ocorrer nenhuma combinação. Observe que dois blocos adjacentes de mesmo tamanho (6-blocos, $B4$ e $B3$, em 704 e 768) estão livres, mas não combinados num único 7-bloco. Isso acontece porque eles não são companheiros, ou seja, eles foram inicialmente divididos a partir do mesmo 7-bloco. $B4$ só pode ser combinado com seu companheiro, $B5$, e $B3$ só pode ser combinado com seu companheiro, $B2$.

Na Figura 9.3.7e, o 7-bloco, $B1$, foi liberado. $B1$ é a segunda metade de seu 8-bloco; portanto, seu companheiro-7 está em 896 - 2^7 = 768. Embora o bloco $B3$, que começa nesta posição, esteja livre, não ocorre nenhuma combinação. Isto acontece porque o bloco $B3$ não é um 7-bloco, mas apenas um 6-bloco. Isso significa que o 7-bloco começando em 768 está dividido e, portanto, parcialmente alocado. Verificamos que ele não está ainda preparado para a combinação. Tanto o endereço como o tamanho de determinado bloco livre precisam ser considerados ao decidir pela combinação dos companheiros ou não.

Na Figura 9.3.7f, o 6-bloco, $B5$, na posição 640, está livre. $B5$ é a primeira metade de seu 7-bloco contenedor; portanto, seu 6-companheiro está em 640 + 2^6 = 704. Esse 6-companheiro (bloco $B4$) já está livre; sendo assim, os dois podem ser combinados num único 7-bloco em 640. Esse 7-bloco é a segunda metade de seu 8-bloco contenedor; portanto, seu 7-companheiro está em 640 - 2^7 = 512. O 7-bloco nessa posição está livre, de modo que os dois 7-blocos podem ser combinados num 8-bloco em 512. Esse 8-bloco é a primeira metade de seu 9-bloco contenedor; sendo assim, seu 8-companheiro está em 512 + 2^8 = 768. Mas o bloco na posição 768 é um 6-bloco em vez de um 8-bloco; dessa forma, nenhuma combinação poderá ocorrer.

Esses exemplos ilustram a necessidade de estabelecer se determinado i-bloco é a primeira ou a segunda metade de seu $(i + 1)$-bloco contenedor para calcular a posição de seu i-companheiro.

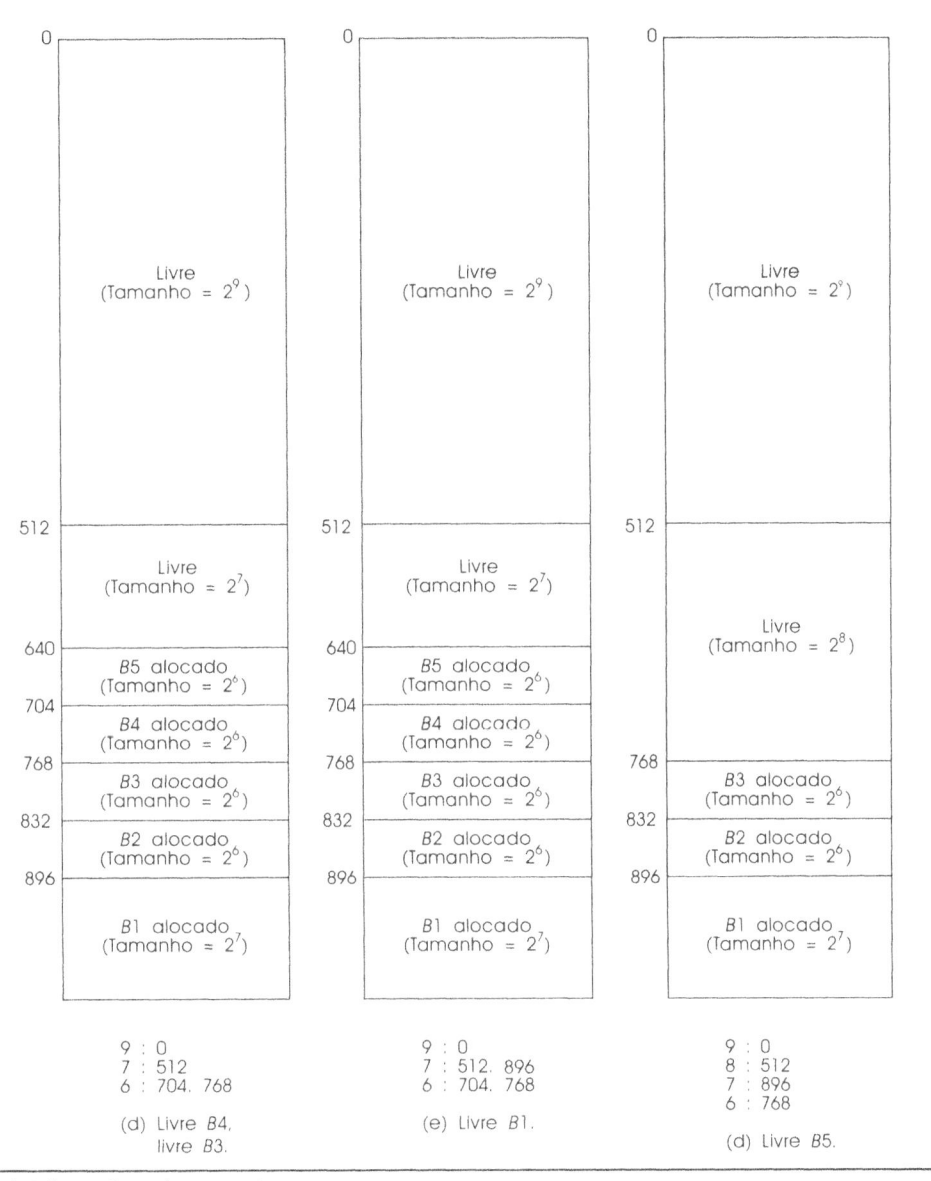

Figura 9.3.7 (Continuação)

(d) Livre B4, livre B3.
- 9 : 0
- 7 : 512
- 6 : 704, 768

(e) Livre B1.
- 9 : 0
- 7 : 512, 896
- 6 : 704, 768

(d) Livre B5.
- 9 : 0
- 8 : 512
- 7 : 896
- 6 : 768

Evidentemente, só existe um m-bloco na memória e sua posição inicial é 0. Quando esse bloco é dividido, ele produz dois $(m-1)$–blocos começando nas posições 0 e 2^{m-1}. Esses se dividem em quatro $(m-2)$-blocos nas posições 0, 2^{m-2}, 2^{m-1} e $3 * 2^{m-2}$. Em geral, existem 2^{m-i} i-blocos começando nas posições que são múltiplos inteiros de 2^i. Por exemplo, se m

= 10 (tamanho de memória 1024), existem $2^{10-6} = 16$ seis-blocos começando nas posições 0, 64, 128, 192, 256, 320, 384, 448, 512, 576, 640, 704, 768, 832, 896 e 960. Cada um desses endereços é um múltiplo inteiro de 64 (que é 2^6), de 0 * 64 até 15 * 64.

Observe que todo endereço que é a posição inicial de um i-bloco é também a posição inicial de um k-bloco para todo $0 <= k < i$. Isto ocorre porque o i-bloco pode ser dividido em dois (i - 1) blocos, o primeiro dos quais começa na mesma posição do i-bloco. Isto é coerente com a observação de que um múltiplo inteiro de $2i$ é também um múltiplo inteiro de 2^{i-1}. Entretanto, o inverso não é necessariamente verdadeiro. Uma posição que é o endereço inicial de um i-bloco só será o endereço inicial de um (i + 1)-bloco se o i-bloco for a primeira metade do (i + 1)-bloco, mas não se for a segunda metade. Por exemplo, na Figura 9.3.7, os endereços 640 e 768 iniciam os 7-blocos além dos 6-blocos, e 768 inicia um 8-bloco também. Entretanto, os endereços 704 e 832 iniciam 6-blocos mas não 7-blocos.

Depois dessas observações, é fácil determinar se um dado i-bloco é a primeira ou segunda metade do (i + 1)-bloco a partir do qual ele foi dividido. Se o endereço inicial p do i-bloco for exatamente divisível por 2^{i+1}, o bloco será a primeira metade de um (i + 1)-bloco, e seu i-companheiro estará em $p + 2i$; caso contrário, ele será a segunda metade de um (i + 1)-bloco e seu companheiro está em $p - 2^i$.

Portanto, podemos introduzir uma função *buddy(p,i)* que retorne o endereço do i-companheiro de p [usamos uma função auxiliar, *expon(a,b)*, que calcula a^b]:

```
if (p % expon(2,i + 1) == 0)
   return(p + expon(2,i));
else
   return(p - expon(2,i));
```

Agora que o endereço do i-companheiro de um bloco recém-liberado pode ser encontrado, como determinar se esse companheiro está livre ou não? Uma maneira de fazer essa determinação é percorrer a i-lista para verificar se existe um bloco no endereço desejado. Se existir, ele poderá ser removido e combinado com seu companheiro; caso contrário, o i-bloco recém-liberado poderá ser incluído na i-lista. Como, em geral, cada i-lista é muito pequena [porque, assim que os dois i-companheiros estiverem disponíveis, eles são combinados num (i + 1)companheiro e removidos da i-lista], essa travessia é muito eficiente. Adicionalmente, para implementar esse esquema, cada

i-lista não precisa ser duplamente ligada porque um bloco só é removido da i-lista depois que a lista é percorrida, de modo que seu predecessor é conhecido.

Um método alternativo que evita o percurso da lista é fazer com que cada bloco contenha um sinalizador indicando se ele está alocado ou não. Desta forma, quando um bloco for liberado, será possível determinar imediatamente se o bloco começando no endereço de seu companheiro já está livre ou não. Entretanto, esse sinalizador sozinho não é suficiente. Por exemplo, na Figura 9.3.7e, quando o 7-bloco, $B1$, na posição 896, é liberado, o endereço inicial de seu companheiro é calculado como 768. O bloco em 768 está livre e seu sinalizador indicaria esse fato. Ainda assim, os dois blocos em 768 e 896 não podem ser combinados porque o bloco em 768 não é um 7-bloco, mas um 6-bloco, cujo 6-companheiro está alocado. Conseqüentemente, é necessário um campo *power* adicional em cada bloco. O valor desse campo inteiro é o logaritmo de base dois de seu tamanho (por exemplo, se o tamanho do bloco for 2^i, o valor de *power* será i). Quando um i-bloco for liberado, o endereço de seu companheiro será calculado. Se o campo *power* nesse endereço for i e se o sinalizador indicar que o companheiro está livre, os dois blocos serão combinados.

Sob esse método, as i-listas só serão necessárias ao algoritmo de alocação para que um bloco do tamanho correto seja encontrado com eficiência. Entretanto, como os blocos são removidos das i-listas sem percorrê-las, as listas precisam ser duplamente ligadas. Por conseguinte, cada bloco livre precisará conter quatro campos: *free, power, prev e next*. Os dois últimos são ponteiros para os blocos anterior e seguinte na i-lista. Um bloco alocado só precisará conter um campo sinalizador.

Apresentaremos o segundo método de liberação, deixando o primeiro para o leitor como exercício. Presumimos um vetor de ponteiros, $list[m + 1]$, onde $list[i]$ aponta para o primeiro bloco na i-lista. Substituímos também a chamada recursiva a *liberate* por uma repetição na qual os blocos maiores são sucessivamente combinados com seus companheiros até que se forme um bloco cujo companheiro não esteja livre. O algoritmo *liberate(alloc, i)* libera um i-bloco na posição *alloc*. Para ter completada, estabelecemos que *buddy(p, m)* é igual a 0. O sinalizador *free* será *true* se o bloco estiver livre, e *false* caso contrário.

```
p = alloc;
bud = buddy(p,i);
while (i < m && free(bud) == TRUE && power(bud) == i) {
```

```
      /* remove o i-companheiro de p da i-lista   */
      q = prev(bud);
      if (q == null)
         list[i] = next(bud);
      else
         next(q) = next(bud);
      if (next(bud) != null)
         prev(next(bud)) = q;
   /* combina o i-bloco em p com seu companheiro */
   if (p % expon(2,i + 1) != 0)
         /* o bloco combinado inicia em bud */
         p = bud;
      i++;
      bud = buddy(p,i);
      /* tenta combinar o bloco maior com seu companheiro */
   }  /* fim while */
   /* inclui o i-bloco em p na i-lista   */
   q = list[i];
   prev(p) = null;
   next(p) = q;
   list[i] = p;
   if (q != null)
      prev(q) = p;
   /* ajusta os campos no i-bloco  */
   power(p) = i;
   free(p) = TRUE;
```

Outros Sistemas em Turma

O sistema em turma que acabamos de examinar é chamado sistema em turma binário, baseado na regra de que, quando um i-bloco (de tamanho 2^i) é dividido, são criados dois $(i - 1)$-blocos de igual tamanho. De modo semelhante, dois i-blocos companheiros podem ser unidos num único $(i + 1)$-bloco.

Entretanto, existem outros sistemas em turma nos quais um bloco maior não é necessariamente dividido em dois blocos menores de igual tamanho. Um desses sistemas é chamado **sistema em turma de Fibonacci**. Nesse sistema, os tamanhos dos blocos são baseados nos números de Fibonacci apresentados pela primeira vez na Seção 3.1. Em vez de blocos de tamanho 1, 2, 4, 8, 16, ..., como no caso do sistema em turma binário, o sistema em turma de Fibonacci usa blocos de tamanho 1, 1, 2, 3, 5, 8, 13, ... Quando um i-bloco (o tamanho de um i-bloco nesse sistema é o $i$ésimo número de Fibonacci) é dividido em dois blocos, um dos blocos é um $(i - 1)$-bloco e o outro é um $(i - 2)$-bloco. Sendo assim, por exemplo, um 9-bloco (de tamanho 34) pode ser dividido num 8-bloco (tamanho 21) e num 7-bloco (tamanho 13). De modo semelhante, o companheiro de um i-bloco pode ser um $(i + 1)$-bloco ou um $(i - 1)$-bloco. No primeiro caso, a recombinação produz um $(i + 2)$-bloco, e no último caso, um $(i = 1)$-bloco é produzido.

Outro sistema em turma alternativo é o ***sistema em turma ponderado***. Nesse esquema, um bloco de tamanho 2^k é dividido em dois blocos, um de tamanho 2^{k-2} e outro de tamanho $3 * 2^{k-2}$. Por exemplo, um bloco de tamanho 64 divide-se em dois companheiros de tamanhos 16 e 48. As regras para a recombinação são semelhantes.

A filosofia por trás desses esquemas, nos quais os blocos são divididos em sub-blocos desiguais, é que as solicitações de armazenamento não são feitas normalmente para tamanhos coincidentes com os dos blocos no sistema. Sendo assim, o próximo bloco de maior tamanho deve ser usado, resultando um desperdício de espaço dentro do bloco. Por exemplo, no sistema em turma binário, quando é feita uma solicitação de um bloco de tamanho 10, um bloco de tamanho 16 é alocado (resultando em 6 bytes desperdiçados); entretanto, no sistema em turma de Fibonacci, um bloco de tamanho 13 pode ser alocado (resultando em apenas 3 bytes desperdiçados); no sistema em turma ponderado, um bloco de tamanho 12 será suficiente (resultando em somente 2 bytes desperdiçados). Nem sempre o sistema de Fibonacci resulta em menos espaço desperdiçado do que o sistema binário (por exemplo, uma solicitação de um bloco de tamanho 15), mas, em termos gerais, permitir blocos de tamanhos variáveis produzirá, muito provavelmente, uma acomodação mais próxima do que exigir que grupos de blocos tenham tamanho uniforme.

Uma alternativa à proposta anterior é combinar blocos menores em maiores somente quando necessário. Nesse esquema, chamado ***sistema em turma de recombinação retardada***, quando um bloco é liberado, ele retorna à lista de blocos de seu tamanho. Quando um bloco de determinado tamanho é necessário, a lista de blocos desse tamanho é examinada. Se for encontrado um bloco do tamanho necessário, a operação de busca será interrompida com sucesso; caso contrário, será feita uma busca de um par de blocos do menor tamanho seguinte, que sejam companheiros. Se esse par de blocos existir, os dois blocos serão combinados de modo a formar um único bloco do tamanho necessário. Se esse par não existir, esse processo será repetido recursivamente com blocos sucessivamente menores, até que um bloco do tamanho necessário possa ser formado a partir de blocos menores, para que a busca tenha êxito, ou até que se determine que o bloco necessário não pode ser formado a partir de blocos menores. Os blocos de tamanhos maiores serão também pesquisados para determinar se uma divisão será viável. Se um bloco do tamanho desejado não puder ser encontrado, quer dividindo blocos maiores, quer combinando blocos menores, a busca terminará sem sucesso.

A filosofia desse esquema é que os blocos menores são freqüentemente retornados ao reservatório disponível apenas para serem alocados novamente. Em vez de recombinar os blocos menores num bloco maior, apenas para decompô-lo mais uma vez, os blocos menores são mantidos e recombinados em blocos maiores apenas quando forem necessários blocos de tamanhos maiores. A desvantagem dessa proposta é que os blocos de tamanhos maiores podem não estar disponíveis quando existe, na verdade, memória suficiente para atender às suas solicitações. Por exemplo, é possível existirem três i-blocos disponíveis, dois dos quais companheiros. Se chegar uma solicitação de um i-bloco e um dos i-companheiros for usado para atender a essa solicitação, uma solicitação subseqüente de um $(i + 1)$-bloco não poderá ser atendida. Por outro lado, se dois i-blocos fossem combinados num $(i +1)$-bloco primeiro, a solicitação de um i-bloco seria atendida a partir do i-bloco isolado antes de se fazer uma tentativa de dividir um $(i + 1)$-bloco. (Evidentemente, é possível colocar o i-bloco na i-lista de tal modo que os i-companheiros fiquem sempre no final da lista. Isso evita a alocação de um par de companheiros antes de um bloco isolado do mesmo tamanho. Entretanto, quando for necessário alocar um dos vários pares de companheiros, talvez seja difícil selecionar o par que permitirá mais recombinações subseqüentemente.)

Outra variação do sistema em turma é o **sistema turma de listas adaptadas**. Nesse sistema, em vez de manter as listas com os maiores blocos possíveis (o sistema padrão), e em vez de não combinar companheiros até que blocos de tamanho maior sejam necessários (o sistema de recombinação retardada), os blocos são distribuídos nas diversas listas em proporções predeterminadas.

Se for conhecida a freqüência relativa de solicitações de blocos dos possíveis tamanhos de bloco, a memória poderá ser dividida inicialmente em blocos dos diferentes tamanhos, de acordo com determinada distribuição. À medida que os blocos forem chamados e retornados para o conjunto de blocos livres, será mantido um registro do verdadeiro número de blocos de cada tamanho de bloco. Quando um bloco for liberado e o número de blocos desse tamanho for igual ou maior que o número especificado pela distribuição, será feita uma tentativa de combinar o bloco num bloco do tamanho maior seguinte. Esse processo é repetido sucessivamente até não ser possível nenhuma recombinação ou até que o número de blocos de cada tamanho não seja ultrapassado.

Quando um bloco de determinado tamanho for solicitado e não existir nenhum bloco do tamanho necessário, poderá ser formado um bloco, quer dividindo um bloco de tamanho maior, quer recombinando vários blocos de tamanho menor. Diversas estratégias de alocação podem ser empregadas nesse caso. Com muita freqüência, a distribuição de solicitações não é conhecida antecipadamente. Nesse caso, é possível permitir que a distribuição de blocos se estabilize lentamente mantendo um registro da real distribuição de solicitações, à medida que elas chegarem. É provável que a distribuição desejada nunca seja alcançada com exatidão, mas ela poderá ser usada como uma diretriz para determinar a viabilidade da recombinação de blocos e quando recombiná-los.

Existem duas desvantagens básicas nos sistemas em turma. A primeira é a fragmentação interna. Por exemplo, no sistema em turma binário, somente os blocos cujos tamanhos são potências inteiras de 2 podem ser alocados sem desperdício. Isso significa que um pouco menos da metade do armazenamento em cada bloco poderia ser desperdiçada. A outra desvantagem é que os blocos livres adjacentes não serão combinados se não forem companheiros. Entretanto, simulações têm demonstrado que o sistema em turma funciona realmente bem e que, assim que o padrão de alocações e liberações de memória se estabilizar, a divisão e as combinações ocorrerão com pouca freqüência.

EXERCÍCIOS

9.3.1. Seja s o tamanho médio de um bloco alocado num sistema que usa a compactação. Seja r o número médio de unidades de tempo entre as alocações de blocos. Seja m o tamanho da memória, f a porcentagem média de espaço disponível, e *c* o número médio de unidades de tempo entre chamadas ao algoritmo de compactação. Se o sistema de memória estiver em equilíbrio (durante um período de tempo, números iguais de blocos forem alocados e liberados), derive uma fórmula para *c* em função de *s, r, m* e *f*.

9.3.2. Implemente em C os métodos de alocação de armazenamento da primeira escolha, melhor escolha e pior escolha, como segue: escreva uma função *getblock(n)* que retorne o endereço de um bloco de tamanho *n* disponível para alocação e modifique a lista disponível adequadamente. A função deve utilizar as seguintes variáveis:

memsize, o número de posições na memória
memory[memsize], um vetor de inteiros representando a memória
freeblock, um ponteiro para a primeira posição do primeiro bloco disponível na lista

O valor de *size(p)* pode ser obtido pela expressão *memory[p]*, e o valor de *next(p)*, pela expressão *memory[p + 1]*.

9.3.3. Revise os algoritmos de primeira escolha e a melhor escolha, de modo que, se um bloco na lista disponível for menos que *x* unidades maior que a solicitação, o bloco inteiro seja alocado como estiver, sem dividi-lo. Revise as implementações em C do Exercício 9.3.2 de modo semelhante.

9.3.4. Revise o algoritmo de primeira escolha e sua implementação (ver Exercício 9.3.2) de modo que a lista disponível seja circular e modificada em cada uma das seguintes formas:

a. O início da lista disponível seja deslocado um bloco para cima depois de cada solicitação de alocação.

b. O início da lista disponível seja redefinido com o bloco posterior ao bloco que satisfez a última solicitação de alocação.

c. Se um bloco for dividido ao atender uma solicitação de alocação, a parte restante desse bloco seja colocada no final da lista disponível.

Quais as vantagens e desvantagens desses métodos em relação aos métodos apresentados no texto? Qual dos três métodos resultará no menor tempo médio de busca? Por quê?

9.3.5. Elabore dois algoritmos de liberação nos quais um nó recém-liberado seja colocado no início da lista disponível, quando nenhuma combinação puder ser feita. Não use nenhum campo adicional, além de *next* e *size*. No primeiro algoritmo, quando dois blocos forem combinados, o bloco combinado será movido para o início da lista disponível; no segundo, o bloco combinado permanecerá na mesma posição na lista disponível ocupada por sua parte livre antes da combinação. Quais os méritos relativos dos dois métodos?

9.3.6. Implemente o algoritmo de liberação apresentado no texto, no qual a lista disponível é ordenada por posição crescente de memória. Escreva uma função em C, *liberate(alloc, n)*, que use as variáveis apresentadas no Exercício 9.3.2, onde *alloc* é o endereço do bloco a ser liberado e *n* representa seu tamanho. O procedimento deverá modificar a lista disponível corretamente.

9.3.7. Implemente um sistema de gerenciamento de armazenamento escrevendo um programa em C que aceite entradas de dois tipos: uma solicitação de alocação que contenha um (*A*), a quantidade de memória solicitada e um inteiro que se torne o identificador do bloco sendo alocado (ou seja, bloco 1, bloco 2, bloco 3, e assim por diante). Uma solicitação de liberação contém um (*L*) e o inteiro identificando o bloco a ser liberado. O programa deverá chamar as rotinas *getblock* e *liberate* programadas nos Exercícios 9.3.2 e 9.3.6.

9.3.8. Implemente o método de liberação da marca limítrofe como uma função em C, como nos Exercícios 9.3.2 e 9.3.6. Os valores de *size(p)* e *bsize(p)* devem ser obtidos pela expressão *abs(memory[p])*, *fflag(p)* e *bflag(p)* pela expressão (*memory[p] > 0*), *next(p)* por *memory[p + 1]* e *prev(p)* por *memory[p + 2]*.

9.3.9. Como a lista disponível poderia ser organizada de modo a reduzir o tempo de busca no método de melhor escolha? Que algoritmo de liberação seria usado para essa lista disponível?

9.3.10. Um sistema de gerenciamento de armazenamento está em ***equilíbrio*** se for alocado e liberado o mesmo número de blocos num determinado período de tempo. Demonstre o seguinte sobre um sistema em equilíbrio:

a. A fração do armazenamento total alocado é razoavelmente constante.

b. Se blocos livres adjacentes forem sempre combinados, o número de blocos alocados será metade do número de blocos disponíveis.

c. Se blocos livres adjacentes forem sempre combinados e o tamanho médio de um bloco alocado for maior que algum múltiplo de k do tamanho médio dos blocos disponíveis, a fração de memória disponível será maior que $k/(k + 2)$.

9.3.11. Apresente algoritmos de alocação e liberação para os seguintes sistemas:

a. Sistema em turma de Fibonacci

b. Sistema em turma ponderado

c. Sistema em turma de recombinação retardada

d. Sistema em turma de lista adaptada

9.3.12. Detalhe a descrição de *getblock* responsável pela alocação no sistema em turma, num algoritmo não-recursivo que manipule explicitamente listas disponíveis.

9.3.13. Prove formalmente (usando indução matemática) que no sistema em turma binário:

a. existem 2^{m-i} possíveis i-blocos;

b. o endereço inicial de um i-bloco é um inteiro múltiplo de 2^i.

9.3.14. Implemente o sistema em turma binário como um conjunto de programas em C.

Bibliografia e Referências

De modo algum, a seguinte bibliografia é completa. Entretanto, essa é uma tentativa de relacionar uma grande quantidade de fontes e referências para consulta posterior. Após cada, referência, você encontrará uma lista das seções deste livro às quais ela se aplica. Uma letra A nessa lista tratará de uma referência geral ao tópico de algoritmos e a seu desenvolvimento e eficiência; uma letra D será uma referência geral ao tópico de estruturas de dados, suas implementações e aplicações. Tais referências são relevantes à maioria dos tópicos discutidos neste livro e, por conseguinte, não serão categorizadas posteriormente. Uma letra C depois de uma referência será uma indicação geral à linguagem C. Outras referências conterão um número inteiro, em cujo caso serão relevantes para um capítulo inteiro ou um número de seção (no formato X.X); nesse caso, elas serão importantes para determinada seção.

ACKERMAN, A. F.: "Quadratic Search for Hash Tables of Size p^n", *Comm. ACM*, 17(3), março, 1974.(7.4)

ADELSON-VELSKII, G.M. e E. M. LANDIS: "An Algorithm for the Organization of Information", *Dokl. Akad., Nauk SSSR, Mathemat*, 146 (2): 263-66, 1962. (7.2)

AHO, A. V., J. E. HOPCROFT e J. D. ULLMAN: *Data Structures and Algorithms*, Addison-Wesley, Reading, Mass., 1983. (D)

AHO, A. V., J. E. HOPCROFT e J. D. ULLMAN: *The Design and Analysis of Computer Algorithms*, Addison-Wesley, Reading, Mass., 1974. (A)

AHO, A. V., J. E. HOPCROFT e J. D. ULLMAN: "On Finding Lowest Common Ancestors in Trees", *SIAM J. COMP.*, 5(1), março 1976. (5)

AI-SUWAIYEL, M. e E. HOROWITZ, "Algorithms for Trie Compaction", *ACM Trans. on Database Sys.*, 9(2): 243-263, junho 1984. (7.3)

ALAGIC, S. e M. A. ARBIB: *The Design of Well-Structured and Correct Programs*, Springer-Verlag, New York, 1978. (A)

ALANKO, T. O., H. H. ERKIO e I. J. HAIKALA: "Virtual Memory Behavior of Some Sorting Algorithms", *IEEE Trans. Software Eng.*, 10(4), julho 1984. (6.2)

AMBLE, O. e D. E. KNUTH: "Ordered Hash Tables", *Computer J.*, 18: 135-42, 1975. (7.4)

AMSBURY, W.: *Data Structures from Arrays to Priority Queues*, Wadsworth, Belmont, Ca., 1985. (D)

ANDERSON, M. R. e M. G. ANDERSON: "Comments on Perfect Hashing Functions: A Single Probe Retrieving Method for Static Sets", *Comm. ACM*, 22 (2), fevereiro 1979. (7.4)

AT&T BELL LABORATORIES: *The C Programmer's Handbook*, Prentice Hall, Englewood Cliffs, N.J., 1985. (C)

AUGENSTEIN, M. e A. TENENBAUM: "A Lesson in Recursion and Structured Programming", *SIGCSE Bulletin*, 8 (1): 17-23, fevereiro 1976. (3.4)

AUGENSTEIN, M. e A. TENENBAUM: "Program Efficiency and Data Structures", *SIGCSE Bulletin*, 9 (3): 21-37, agosto 1977. (4.5, 5.4)

AUGENSTEIN, M. e A. TENENBAUM: *Data Structures and PL/I Programming*, Prentice Hall, Englewood Cliffs, N.J., 1979. (D)

AUSLANDER, M. A. e H. R. STRONG: "Systematic Recursion Removal", *Comm. ACM*, 21 (2), fevereiro 1978. (3.4)

BAASE, S.: *Computer Algorithms: Introduction to Design and Analysis*, Addison-Wesley, Reading, Mass., 1978. (A)

BAER, J. L. e B. SCHWAB: "A Comparison of Tree-Balancing Algorithms", *Comm. ACM*, 20 (5), maio 1977. (7.2)

BANAHAN, MIKE: *The C Book*, Addison-Wesley, Reading, Mass., 1988. (C)

BARRON, D. W.: *Recursive Techniques in Programming*, American-Elsevier, New York, 1968. (3)

BATAGELJ, V.: "The Quadratic Hash Method When the Table Size is Not a Prime Number", *Comm. ACM*, 18 (4), abril 1975. (7.4)

BAYER, R.: "Binary B-trees for Virtual Memory", *Proc. 1971 ACM SIGFIDET Workshop*: 219-235, ACM, New York. (7.3)

BAYER, R.: "Symmetric Binary B-Trees: Data Structure and Maintenance Algorithms", *Acta Informatica*, 1 (4): 290-306, 1972. (7.3)

BAYER, R. e C. McCREIGHT: "Organization and Maintenance of Large Ordered Indexes", *Acta Informatica*, 1 (3): 173-89, 1972. (7.3)

BAYER, R. e J. METZGER: "On Encipherment of Search Trees and Random Access Files", *ACM Trans. Database Syst.*, 1 (1): 37-52, março 1976. (7.2)

BAYER, R. e K. UNTERAUER: "Prefix B-trees", *ACM Trans. Database Syst.*, 2 (1): 11-26, março 1977. (7.3)

BAYS, C.: "A Note on When to Chain Overflow Items Within a Direct-Access Table", *Comm. ACM*, 16 (1), janeiro 1973. (7.4)

BECHTOLD, U. e K. KUSPERT: "On the Use of Extendible Hashing Without Hashing", *Info Proc. Lett.*, 19 (1), julho 1984. (7.4)

BELL, J. R.: "The Quadratic Quotient Method: A Hash Code Eliminating Secondary Clustering", *Comm. ACM*, 13 (2), fevereiro 1970. (7.4)

BELL, J. R. e C. H. KAMAN: "The Linear Quotient Hash Code", *Comm. ACM*, 13 (11), novembro 1970. (7.4)

BELL, R. C. e B. FLOYD: "A Monte Carlo Study of Cichelli Hash-Function Solvability", *Comm. ACM*, 26 (11), novembro 1983. (7.4)

BELLMAN, R.: *Dynamic Programming*. Princeton University Press, Princeton, N.J., 1957. (A)

BENTLEY, J. L.: "Multidimensional Binary Search Trees Used for Associative Searching", *Comm. ACM*, 18 (9), setembro 1975. (7.2)

BENTLEY, J. L.: "Decomposable Searching Problems", *Inf. Proc. Letters*, 8 (5), junho 1979. (7)

BENTLEY, J. L.: "Multidimensional Divide and Conquer", *Comm. ACM*, 23 (4), abril 1980. (3.7)

BENTLEY, J. L. e J. H. FRIEDMAN: "Algorithms and Data Structures for Range Searching", *ACM Computing Surveys*, 11 (4), dezembro 1979. (7)

BENTLEY J. L. e C. C. McGEOCH: "Amortized Analysis of Self-Organizing Sequential Search Heuristics", *Comm. ACM*, 28 (4), abril 1985. (7.1)

BENTLEY, J. L. e D. F. STANAT: "Analysis of Range Searching in Quad Trees", *Inf. Proc Letters*, 3 (6), julho 1975. (5, 7.2)

BERGE, C.: *Graphs and Hypergraphs*, North-Holland, Amsterdam, 1973. (8)

BERGE, C.: *Theory of Graphs and its Applications*, Methuen Press, 1962. (8)

BERZTISS, A. T.: *Data Structures, Theory and Practice: 2d. ed.*, Academic Press, New York, 1977. (D)

BIRD, R. S.: "Improving Programs by the Introduction of Recursion", *Comm. ACM*, 20 (11), novembro 1977. (3.4)

BIRD, R. S.: "Notes on Recursion Elimination", *Comm. ACM*, 20 (6), junho 1977. (3.4)

BITNER, J. R.: "Heuristics that Dynamically Organize Data Structures", *SIAM Journal of Computing*, 8 (1), fevereiro 1979. (7.1, 7.2)

BITNER, J. R. e E. M. REINGOLD: "Backtrack Programming Techniques", *Comm. ACM*, 18: 651-56, 1975. (3.3)

BLUM, M., R. W. FLOYD, V. PRATT, R. L. RIVEST e R. E. TARJAN: "Time Bounds for Selection", *J. Comput. Sys. Sci.*, 7: 448-61, 1973. (6.3)

BOOTHROYD, J.: "Algorithm 201 (Shellsort)", *Comm. ACM*, 6: 445, 1963. (6.4)

BOOTHROYD, J.: "Sort of a Section of the Elements of an Array by Determining the Rank of Each Element: Algorithm 25", *Compr. J.*, 10, novembro 1967. (6.2)

BRENT, R. P.: "Reducing the Retrieval Time of Scatter Storage Techniques", *Comm. ACM*, 16 (2), fevereiro 1973. (7.4)

BROWN, M.: "A Storage Scheme for Height-Balanced Trees", *Inf. Proc. Lett.*, 7 (5): 231-32, agosto 1978. (7.2)

BRUNO J. e E. G. COFFMAN: "Nearly Optimal Binary Search Trees", *Proc. IFIP Congress,* 71: 99-103, North-Holland, Amsterdam, 1972. (7.2)

BURGE, W. H.: "A Correspondence Between Two Sorting Methods", *IBM Research Report RC 6395*, Thomas J. Watson Research Center, Yorktown Heights, N.Y., 1977. (6.3)

BURSTALL, R. M. e J. DARLINGTON: "A Transformation System for Developing Recursive Programs", *Journal of the ACM*, 24 (1), janeiro 1977. (3.3, 3.4)

BURTON, F. W. e G. N. LEWIS: "A Robust Variation of Interpolation Search", *Inform. Proc. Letters*, 10 (4, 5): 198-201, julho 1980. (7.1)

CARTER, J. L. e M. N. WEGMAN: "Universal Classes of Hash Functions", *J. Comp. Sys. Sci.*, 18: 143-154, 1979. (7.4)

CESARINI, F. e G. SODA: "An Algorithm to Construct a Compact B-Tree em Case of Ordered Keys", *Inform. Proc. Letters*, 17: 13-16, 1983. (7.3)

CHANG, C. C.: "The Study of an Ordered Minimal Perfect Hashing Scheme", *Comm. ACM*, 27 (4), abril 1984. (7.4)

CHANG, H. e S. S. IYENGAR: "Efficient Algorithms to Globally Balance a Binary Search Tree", *Comm. ACM*, 27 (7), julho 1984. (7.2)

CHEN, W. C. e J. S. VITTER: "Analysis of Early-Insertion Standard Coalesced Hashing", *SIAM Journal of Computing*, 12 (4), novembro 1983. (7.4)

CHEN, W. C. e J. S. VITTER: "Analysis of New Variants of Coalesced Hashing", *ACM Trans. On Database Sys.*, 9 (4), dezembro 1984 (ver também 10 (1), março 1985). (7.4)

CHERITON, D. e R. E. TARJAN: "Finding Minimum Spanning Trees", *SIAM Journal of Computing*, 5: 724-742, 1976. (8.4)

CICHELLI, R. J.: "Minimal Perfect Hash Functions Made Simple", *Comm. ACM*, 23 (1), janeiro 1980. (7.4)

CLAMPETT, H.: "Randomized Binary Searching With Tree Structures", *Comm. ACM*, 7 (3): 163-65, março 1964. (7.2)

COLEMAN, D.: *A Structured Programming Approach to Data*. Macmillan, London, 1978. (D)

COMER, D.: "Analysis of Heuristic for Full Trie Minimization", *ACM Trans. On Database Sys.*, 6 (3): 513-537, setembro 1981. (7.3)

COMER, D.: "A Note on Median Split Trees", *ACM TOPLAS*, 2 (1): 129-133, janeiro 1980. (7.2)

COMER, D.: "Heuristics for Trie Index Minimization", *ACM Trans. On Database Sys.*, 4 (3): 383-395, setembro 1979. (7.3)

COMER, D.: "The Ubiquitous B-Tree", *ACM Computing Surveys*, 11 (2): 121-137, junho 1979. (7.3)

CONDICT, M.: "The Pascal Dynamic Array Controversy and a Method for Enforcing Global Assertions", *SIGPLAN Notices*, 12 (11), novembro 1977. (1.2)

COOK, C. R. e D. J. KIM: "Best Sorting Algorithm for Nearly Sorted Lists", *Comm. ACM*, 23 (11), novembro 1980. (6.5)

COOK, C. R. e R. R. OLDEHOEFT: "A Letter Oriented Minimal Perfect Hashing Function", *ACM SIGPLAN Notices*, 17 (9), setembro 1982. (7.4)

DALE, N. e S. C. LILLY: *Pascal Plus Data Structures, Algorithms and Advanced Programming*, D. C. Heath and Co., Lexington, Mass., 1985. (D)

DANTZIG, G. B. e D. R. FULKERSON: "On the Max-flow Min-cut Theorem of Networks in Linear Inequalities and Related Systems", *Annals of Math. Study* 38: 215-21, Princeton University Press, Princeton, N.J., 1956. (8.2)

DAY, A. C.: "Balancing a Binary Tree", *Comp. J.*, 19 (4): 360-361, novembro 1976. (7.2)

DECKER, RICK: *Data Structures*, Prentice Hall, Englewood Cliffs, N.J., 1989. (D)

DEO, N.: *Graph Theory with Applications to Engineering and Computer Science*, Prentice Hall, Englewood Cliffs, N.J., 1974. (8)

DIEHR, G. e B. FAALAND: "Optimal Pagination of B-Trees with Variable-Length Items", *Comm. ACM*, 27 (3), março 1984. (7.3)

DOBKIN, D. e R. J. LIPTON: "Multidimensional Search Problems", *SIAM Journal of Computing*, 5 (2), junho 1976. (7)

DOBOSIEWICZ, W.: "Sorting by Distributive Partitioning", *Inform. Proc. Letters*, 7 (1): 1-6, 1978. (6.5)

DOBOSIEWICZ, W.: "The Practical Significance of D. P. Sort Revisited", *Inform. Proc. Letters*, 8: 170-172, 1979. (6.5)

DOBOSIEWICZ, W.: "An Efficient Variation of Bubble Sort", *Inform. Proc. Letters*, 11 (1): 5-6, 1980. (6.1)

DRISCOLL, J. R. e Y. E. LIEN: "A Selective Traversal Algorithm for Binary Search Trees", *Comm. ACM*, 21 (6), junho 1978. (5.1, 5.2, 7.2)

DU, M. W., T. M. HSIEH, K. F. JEA e D. W. SHIEH: "The Study of a New Perfect Hash Scheme", *IEEE Trans. Software Eng.*, SE-9 (3), maio 1983. (7.4)

EARLSON, I. M.: "Sherlock Holmes and Charles Babbage", *Creative Computing*, 3 (4): 106-13, julho-agosto 1977. (3.3)

EDMONDS, J. e R. M. KARP: "Theoretical Improvements in Algorithmic Efficiency for Network Flow Problem", *Journal of ACM*, 19: 248-264, 1972. (8.2)

EPPINGER, J. L.: "An Empirical Study of Insertions and Deletion in Binary Tree Search", *Comm. ACM*, 26 (9), setembro 1983. (7.2)

ESAKOV, J. e T. WEISS: *Data Structures: An Advanced Approach Using C*, Prentice Hall, Englewood Cliffs, N.J., 1989. (D)

EVEN, S.: *Graph Algorithms*, Computer Science Press, Potomac, Md., 1978. (8)

EVEN, S. e R. E. TARJAN: "Network Flow and Testing Graph Connectivity", *SIAM Journal of Computing*, 4 (4), dezembro 1975. (8.2)

FAGIN, R., J. NIEVERGELT, N. PIPPENGER e H. R. STRONG: "Extendible Hashing-A Fast Access Method for Dynamic Files", *ACM Trans. on Database Sys.*, 4 (3): 315-344, setembro 1979. (7.4)

FILLMORE, J. P. e S. G. WILLIAMSON: "On Backtracking: A Combinatorial Description of the Algorithm", *SIAM Journal of Computing*, 3 (1), março 1974. (3)

FINKEL, R. A. e J. L. BENTLEY: "Quad Trees: A Data Structure for Retrieval on Composite Keys", *Acta Informatica*, 4: 1-9, 1975. (5, 7.2)

FISHMAN, G. S.: *Concepts and Methods in Discrete Event Digital Simulation*, Wiley, New York, 1973. (4.4)

FLORES, I. e G. MADPIS: "Average Binary Search Lengths for Dense Ordered Lists", *Comm. ACM*, 14 (9), setembro 1971. (7.1)

FLOYD, R. W.: "Algorithm 245 (Treesort3)", *Comm. ACM*, 7: 701, 1964. (6.3)

FLOYD, R. W. e R. L. RIVEST: "Algorithm 489 (Select)", *Comm. ACM*, 18 (3): 173, março 1975. (6.3)

FLOYD, R. W. e R. L. RIVEST: "Expected Time Bounds for Selection", *Comm. ACM*, 18 (3), março 1975. (6.3)

FORD, L. R. e D. R. FULKERSON: *Flows in Networks*, Princeton University Press, Princeton, N.J., 1972. (8.2)

FOSTER, C. C.: "A Generalization of AVL Trees", *Comm. ACM*, 16 (8), agosto 1973. (7.2)

FRANKLIN, W. R.: "Padded Lists: Set Operations in Expected O(log log N) Time", *Inform. Proc. Letters*, 9 (4): 161-166, novembro 1979. (7.1)

FRANTA, W. R. e K. MALY: "A Comparison of Heaps and the TL Structure for the Simulation Event Set", *Comm. ACM*, 21 (10), outubro (4.4, 6.3) 1978.

FRANTA, W. R. e K. MALY: "An Efficient Data Structure for the Simulation Event Set", *Comm. ACM*, 20 (8), agosto 1977. (4.4)

FRAZER, W. D. e A. C. McKELLAR: "Samplesort: A Sampling Approach to Minimal Storage Tree Sorting", *Journal of ACM*, 17 (3), julho 1970. (6.3)

FREDKIN, E.: "Trie Memory", *Comm. ACM*, 3 (9): 490-499, 1960.
(7.3)

FULKERSON, D. R.: "Flow Networks and Combinatorial Operations Research", *Amer. Math. Monthly*, 73: 115, 1966. (8.2)

GALIL, Z. e N. MEGIDDO: "A Fast Selection Algorithm and the Problem of Optimum Distribution of Efforts", *Journal of the ACM*, 26 (1), janeiro (6.2) 1979.

GAREY, M. R.: "Optimal Binary Search Trees With Restricted Maximal Depth", *SIAM Journal of Computing*, 2: 101-10, 1974. (7.2)

GARSIA, A. M. e M. L. WACHS: "A New Algorithm for Minimum Cost Binary Trees", *SIAM Journal of Computing*, 6 (4), dezembro 1977. (7.2)

GEHANI, NARAIN: *Advanced C: Food for the Educated Palate*, Computer Science Press, 1985. (C)

GHOSH, S. P. e V. Y. LUM: "Analysis of Collisions when Hashing by Division", *Inf. Syst.*, 1: 15-22, 1975. (7.4)

GHOSH, S. P. e M. E. SENKO: "File Organization: On the Selection of Random Access Index Points for Sequential Files", *Journal of ACM*, 16: 569-579, 1969. (7.1)

GOLOMB, S. W. e L. D. BAUMERT: "Backtrack Programming", *Journal of ACM*, 12: 516, 1965. (3)

GONNET, G. H.: "Heaps Applied to Event Driven Mechanisms", *Comm. ACM*, 19 (7), julho 1976. (4.4, 6.3)

GONNET, G. H. e P. LARSON: "External Hashing with Limited Internal Storage", *Technical Report CS-82-38*, University of Waterloo, 1982. (7.4)

GONNET, G. H. e J. I. MUNRO: "Efficient Ordering of Hash Table", *SIAM Journal of Computing*, 8 (3), agosto 1979. (7.4)

GONNET, G. H. e L. D. ROGERS: "The Interpolation-Sequential Search Algorithm", *Inform. Proc. Letters*, 6: 136-139, 1977. (7.1)

GONNET, G. H., L. D. RODGERS e J. A. GEORGE: "An Algorithmic and Complexity Analysis of Interpolation Search", *Acta Informatica*, 13, 39-52, 1980. (7.1)

GOODMAN, S. E. e S. T. HEDETNIEMI: *Introduction to the Design and Analysis of Algorithms*, McGraw-Hill, New York, 1977. (A, 3)

GOTLIEB, C. C. e L. R. GOTLIEB: *Data Types and Structures*, Prentice Hall, Englewood Cliffs, N.J., 1978. (D)

GRIES, D.: *Compiler Construction for Digital Computers*, Wiley, New York, 1971. (3.2, 3.4, 7.4)

GUIBAS, L. J.: "The Analysis of Hashing Techniques that Exhibit K-ary Clustering", *Journal of the ACM*, 25: 544-55, 1978. (7.4)

GUIBAS, L., E. McCREIGHT, M. PLASS e J. ROBERTS: "A New Representation for Linear Lists", *Proc. 9th ACM Symp. Theory of Comp.*: 49-60, New York, 1977. (7.2)

GUIBAS, L. J. e R. SEDGEWICK: "A Dichromatic Framework for Balanced Trees", *Proc. 19th Ann. IEEE Symp. on Foundations of Comp. Sci.*, 1978. (7.3)

GUIBAS, L. J. e E. SZEMEREDI: "The Analysis of Double Hashing", *J. Comp. Sys. Sci*, 16 226-74, 1978. (7.4)

HARARY, F.: *Graph Theory*, Addison-Wesley, Boston, 1969.

(8)

HALATSIS, C. e G. PHILOKYPROU: "Pseudo-chaining in Hash Tables", *Comm. ACM*, 21 (7), julho 1978. (7.4)

HANSEN, W. J.: "A Cost Model for the Internal Organization of B^+-Tree Nodes", *ACM Trans. on Prog. Lang. and Sys.*, 3 (4), outubro 1981. (7.3)

HARBISON, SAMUEL P. e GUY L. STEELE, JR.: *C: A Reference Manual*, Prentice Hall, Englewood Cliffs, N.J., 1984. (C)

HELD, G. e M. STONEBRAKER: "B-trees Re-examined", *Comm. ACM*, 21 (2): 139-43, fevereiro 1978. (7.3)

HIRSCHBERG, D. S.: "An Insertion Technique for One-sided Height-Balanced Trees", *Comm. ACM*, 19 (8), agosto 1976. (7.2)

HOARE, C. A. R.: "Partition, Algorithm 63: Quicksort, Algorithm 64; Find, Algorithm 65", *Comm. ACM*, 4 (7), julho 1961. (6.2)

HOARE, C. A. R.: "Quicksort", *Comp. J.*, 5: 10-15, 1962. (6.2)

HOPGOOD, F. R. A. e J. DAVENPORT: "The Quadratic Hash Method Where the Table Size is a Power of 2", *Comptr. J.*, 15 (4), 1972. (7.4)

HOROWITZ, E. e S. SAHNI: *Algorithms: Design and Analysis*, Computer Science Press, Potomac, Md., 1977. (A)

HOROWITZ, E. e S. SAHNI: *Fundamentals of Data Structures*, Computer Science Press, Woodland Hills, Calif., 1975. (D)

HU, T. C. e A. C. TUCKER: "Optimum Computer Search Trees", *SIAM J. Appl. Math.*, 21: 514-32, 1971. (7.2)

HUANG, S. S. e C. K. WONG: "Generalized Binary Split Trees", *IBM Research Report RC 10150*, Thomas J. Watson Research Center, Yorktown Heights, N. Y., março 1983. (7.2)

HUANG, S. S. e C. K. WONG: "Optimal Binary Split Trees", *IBM Research Report RC 9921*, Thomas J. Watson Research Center, Yorktown Heights, N. Y., 1982. (7.2)

HUANG, S.: "Height-Balanced Trees of Order (β, γ, δ)", *ACM Trans. Database Sys.*, 10 (2), junho 1985. (7.3)

HUFFMAN, D.: "A Method for the Construction of Minimum Redundance Codes", *Proc. IRE*, 40, 1952. (5.3)

HUITS M. e V. KUMAR: "The Practical Significance of Distributive Partitioning Sort", *Inform. Proc. Letters*, 8: 168-169, 1979. (6.5)

HUTCHISON, ROBERT C. e STEVEN B. JUST: *Programming Using C Language*, McGraw-Hill, New York, N. Y., 1988. (C)

HWANG, F. K. e S. LIN: "A Simple Algorithm for Merging Two Disjoint Linearly Ordered Sets", *SIAM Journal of Computing*, 1: 31-39, 1972. (6.5)

ITAI, A.: "Optimal Alphabetic Trees", *SIAM Journal of Computing*, 5 (1), março 1976. (7.2)

ITAI A. e Y. SHILOACH: "Maximum Flow in Planar Networks", *SIAM Journal of Computing*, 8 (2), maio 1979. (8.2)

JACKOWSKI, B. L., R. KUBIAK e S. SOKOLOWSKI: "Complexity of Sorting by Distributive Partitioning", *Inform. Proc. Letters*, 9 (2): 180, 1979. (6.5)

JACOBI, C.: "Dynamic Array Parameters", *Pascal User's Group Newsletter*, (5), setembro 1976. (1.2)

JAESCHKE, G.: "Reciprocal Hashing: A Method for Generating Minimal Perfect Hashing Functions", *Comm. ACM*, 24 (12), dezembro 1981. (7.4)

JAESCHKE, G. e G. OSTERBURG: "On Cichelli's Minimal Perfect Hash Function Method", *Comm. ACM*, 23 (12), dezembro 1980. (7.4)

JONASSEN, A. e O. DAHL: "Analysis of an Algorithm for Priority Queue Administration", *BIT*, 15: 409-22, 1975. (4.1, 6.3)

KARLTON, P. L., S. H. FULLER, R. E. SCROGGS e E. B. KACHLER: "Performance of Height-Balanced Trees", *Comm. ACM*, 19 (1): 23-28, janeiro, 1976. (7.2)

KELLY, AL e IRA POHL: *A Book on C*, Benjamin/Cummings, 1984.
(C)

KELLY, AL e IRA POHL: *C By Dissection: The Essentials of C Programming*, Benjamin/Cummings, 1987. (C)

KERNIGHAN, B. e P. J. PLAUGER: *Software Tools*, Addison-Wesley, Reading, Mass., 1976. (6)

KERNIGHAN, BRIAN W. e DENNIS M. RITCHIE: *The C Programming Language*, Prentice Hall, Englewood Cliffs, N.J., 1978. (C)

KERNIGHAN, BRIAN W. e DENNIS M. RITCHIE: *The C Programming Language, 2nd. ed.* (Ansi C) Prentice Hall, Englewood Cliffs, N.J., 1988. (C)

KLEINROCK, L.: *Queuing Systems*, Wiley, 1975. (4.4)

KNOTT, G. O.: "Hashing Functions", *Computer Journal*, 18, agosto 1975. (7.4)

KNUTH, D. E.: *Fundamental Algorithms, 2nd. ed.*, Addison-Wesley, Reading, Mass., 1973. (D, A)

KNUTH, D. E.: "Optimum Binary Search Trees", *Acta Informatica*, 1: 14-25, 1971. (7.2)

KNUTH, D. E.: *Sorting and Searching*, Addison-Wesley, Reading, Mass., 1973. (6, 7)

KNUTH, D. E.: "Structured Programming with Goto Statements", *ACM Computing Surveys*, 6 (4): 261, dezembro 1974. (3.4, 6.2)

KORFHAGE, R. R.: *Discrete Computational Structures*, Academic Press, New York, 1974. (8.1)

KORSH, J. F.: "Greedy Binary Search Trees are Nearly Optimal", *Inform. Proc. Letters*, 13 (1), outubro 1981. (7.2)

KORSH, JAMES F.: *Data Structures, Algorithms and Program Style*, PWS Publishing, 1986. (D)

KOSARAJU, S. R.: "Insertions and Deletions in One-Sided Height Balanced Trees", *Comm. ACM*, 21 (3), março 1978. (7.2)

KRUSE, R. L.: *Data Structures and Program Design*, 2nd ed., Prentice Hall, Englewood Cliffs, N.J., 1987. (D)

LANGSAM, YEDIDYAH, MOSHE J. AUGENSTEIN e AARON M. TENENBAUM: *Data Structures for Personal Computers*, Prentice Hall, Englewood Cliffs, N.J., 1985. (D)

LARSON, P. A.: "Dynamic Hashing", *BIT*, 18: 184-201, 1978. (7.4)

LARSON, P. A.: "Linear Hashing with Partial Expansions", *Proc. 6th Conf. Very Large Data bases*, 224-232, Montreal, Canada, ACM, New York, 1980. (7.4)

LARSON, P. A.: "A Single-File Version of Linear Hashing with Partial Expansions", *Proc. 8th Conf. Very Large Data bases*, 300-309, Mexico City, Mexico, setembro 1982. (7.4)

LARSON, P. A.: "Performance Analysis of Linear Hashing with Partial Expansions", *ACM Trans. on Database Sys.*, 7 (4), dezembro 1982. (7.4)

LARSON, P. A.: "Further Analysis of External Hashing with Fixed-Length Separators", *Technical Report CS-83-18*. University of Waterloo Computer Science Department, julho 1983. (7.4)

LARSON, P. A.: "Analysis of Uniform Hashing", *Journal of ACM*, 30 (4): 805-819, outubro 1983. (7.4)

LARSON, P. A.: "Performance Analysis of a Single-File Version of Linear Hashing", *Technical Report CS-83-28*, University of Waterloo, novembro 1983. (7.4)

LARSON, P. A.: "Linear Hashing with Separators — A Dynamic Hashing Scheme Achieving One-Access Retrieval", *Technical Report CS-84-23*, University of Waterloo, novembro 1984. (7.4)

LARSON, P. A.: "Linear Hashing with Overflow-Handling by Linear Probing", *ACM Trans. on Database Sys.*, 10 (1), março 1985. (7.4)

LARSON, P. e A. KAJLA: "File Organization: Implementation of a Method Guaranteeing Retrieval in One Access", *Comm. ACM*, 27 (7), julho 1984. (7.4)

LEWIS, G. N., N. J. BOYNTON, e F. W. BURTON: "Expected Complexity of Fast Search with Uniformly Distributed Data", *Inform. Proc. Letters*, 13 (1): 4-7, outubro 1981. (7.1)

LEWIS, T. G. e M. Z. SMITH: *Applying Data Structures*, Houghton Mifflin, Boston, 1976. (D)

LITWIN, W. e D. B. LOMET: "Bounded Disorder Access Method", *IBM Research Report RC 10992*, Thomas J. Watson Research Center, Yorktown Heights, N.Y., janeiro 1985. (7.4)

LOCKYER, K. G.: *Critical Path Analysis: Problem and Solutions*, Pitman, London, 1966. (8.3)

LOCKYER, K. G.: *An Introduction to Critical Data Analysis*, Pitman, London, 1964. (8.3)

LODI, E. e F. LUCCIO: "Split Sequence Hash Search", *Inform. Proc. Letters*, 20: 131-136, 1985. (7.4)

LOESER, R.: "Some Performance Tests of 'Quicksort' and Descendants", *Comm. ACM*, 17 (3), março 1974. (6.2)

LOMET, D. B.: "Digital B-Trees", *Proc. 7th Conf. Very Large Databases*, 333-343, Cannes, France, 1981. (7.3)

LOMET, D. B.: "Bounded Index Exponential Hashing", *IBM Research Report RC 9192*, Thomas J. Watson Research Center, Yorktown Heights, N.Y., janeiro 1982, a ser publicado no ACM Trans. Database Syst. (7.4)

LOMET, D. B.: "A High Performance, Universal Key Associative Access Method", *IBM Research Report RC 9638*, Thomas J. Watson Research Center, Yorktown Heights, N.Y., outubro 1982. (7.4)

LOMET, D. B.: "DL*-Trees: A File Organization Exploiting Digital Search", *IBM Research Report RC 10860*, Thomas J. Watson Research Center, Yorktown Heights, N.Y., novembro 1984. (7.3)

LORIN, H. *Sorting and Sort Systems*, Addison-Wesley, Reading, MA, 1975. (6)

LUCCIO, F. e L. PAGLI: "On the Height of Height-Balanced Trees", *IEEE Trans. Comptrs.*, c-25 (1), janeiro 1976. (7.2)

LUCCIO, F. e L. PAGLI: "Power Trees", *Comm. ACM*, 21 (11), novembro 1978. (7.2)

LUM, U. Y.: "General Performance Analysis of Key-to-Address Transformation Methods Using an Abstract File Concept", *Comm. ACM*, 16 (10): 603, outubro 1973. (7.4)

LUM, U. Y. e P. S. T. YUEN: "Additional Results on Key-to-Address Transform Techniques: A Fundamental Performance Study on Large Existing Formatted Files", *Comm. ACM*, 15 (11): 996, novembro 1972. (7.4)

LUM, U. Y., P. S. T. YUEN e M. DODD: "Key-to-Address Transform Techniques: A Fundamental Study on Large Existing Formatted Files", *Comm. ACM*, 14: 228, 1971. (7.4)

LYON, G.: "Packed Scatter Tables", *Comm. ACM*, 21 (10), outubro 1978. (7.4)

MAIER, D. e S. C. SALVETER: "Hysterical B-Trees", *Inform. Proc. Letters*, 12 (4), agosto 1981. (7.3)

MALY, K.: "Compressed Tries", *Comm. ACM*, 19 (7), julho 1976. (7.3)

MANNA, Z. e A. SHAMIR: "The Optimal Approach to Recursive Programs", *Comm. ACM*, 20 (11), novembro 1977. (3.4)

MANNILA, H. e E. UKKONEN: "A Simple Linear-Time Algorithm for In Situ Merging", *Inform. Proc. Letters*, 18 (4), maio 1984. (6.5)

MARTIN, JOHANNES J.: *Data Types and Data Structures*, Prentice Hall, Englewood Cliffs, N.J., 1986. (D)

MARTIN, W.: "Sorting", *Comp. Surveys*, 3 (4): 147, 1971. (7)

MARTIN, W. A. e D. N. NESS: "Optimizing Binary Trees Growth with a Sorting Algorithm", *Comm. ACM*, 15 (2): 88-93, fevereiro 1972.

MAURER, H. A. e T. OTTMANN: "Tree Structures for Set Manipulation Problems", in *Mathematical Foundations of Computer Science*, J. Gruska (ed.), Springer-Verlag, New York, 1977. (5)

MAURER, H. A. e T. OTTMANN e H. W. SIX: "Implementing Dictionaries Using Binary Trees of Very Small Height", *Infor. Proc. Letters*, 5: 11-14, 1976. (7.2)

MAURER, H. A. e M. R. WILLIAMS: *A Collection of Programming Problems and Techniques*, Prentice Hall, Englewood Cliffs, N.J., 1972. (A)

MAURER, W. D.: "An Improved Hash Code for Scatter Storage", *Comm. ACM*, 11 (1), janeiro 1968. (7.4)

MAURER, W. e T. LEWIS: "Hash Table Methods", *Comp. Surveys*, 7 (1): 5-19, março 1975. (7.4)

McCABE, J.: "On Serial Files with Relocatable Records", *Operations Research*, 12: 609-18, 1965. (7.1)

McCREIGHT, E. M.: "Pagination of B-Trees with Variable-Length Records", *Comm. ACM*, 20 (9): 670-674, setembro 1977. (7.3)

MEHLHORN, K.: "A Best Possible Bound for the Weighted Path of Binary Search Trees", *SIAM Journal of Computing*, 6 (2), junho 1977. (7.2)

MEHLHORN, K.: "Dynamic Binary Search", *SIAM Journal of Computing*, 8 (2), maio 1979. (7.1)

MEHLHORN, K.: "Nearly Optimal Binary Search Trees", *Acta Informatica*, 5: 287-95, 1975. (7.2)

MELVILLE, R. e D. GRIES: "Controlled Density Sorting", *Inform. Proc. Letters*, 10 (4, 5), julho 1980. (6.4)

MERRITT, S. M.: "An Inverted Taxonomy of Sorting Algorithms", *Comm. ACM*, 28 (1), janeiro 1985. (6)

MILLER, R., N. PIPPENGER, A. ROSENBERG e L. SNYDER: "Optimal 2-3 Trees", *IBM Research Report RC 6505*, Thomas J. Watson Research Center, Yorktown Heights, N.Y., 1977. (7.3)

MORRIS, R.: "Scatter Storage Techniques", *Comm. ACM*, 11 (1): 38-44, janeiro 1968. (7.4)

MORRIS, R.: "Some Theorems on Sorting", *SIAM J. Appl. Math.*, 17 (1) janeiro 1969. (6)

MOTZKIN, D.: "Meansort", *Comm. ACM*, 26 (4), abril 1983. (6.2)

MOTZKIN, D. e J. KAPENGA: "More About Meansort", *Comm. ACM*, 27 (7), julho 1984. (6.2)

MULLIN, J. K.: "Tightly Controlled Linear Hashing without Separate Overflow Storage", *BIT*, 21: 390-400, 1981. (7.4)

MUNRO, I.: "Efficient Determination of Transitive Closure of a Directed Graph", *Inform. Proc. Letters*, 1: 56, 1971-72. (8.1)

MUNRO, J. I. e H. SUWANDA: Implicit Data Structures, *Eleventh Symposium on the Theory of Computing*, Assoc. for Comp. Mach 1979. (7)

NIEVERGELT, J.: "Binary Search Trees and File Organization", *ACM Computing Surveys*, 6 (3), setembro 1974. (7.2)

NIEVERGELT, J., J. C. FARRAR e E. M. REINGOLD: *Computer Approaches to Mathematical Problems*, Prentice Hall, Englewood Cliffs, N.J., 1974. (A)

NIEVERGELT, J. e E. M. REINGOLD: "Binary Search Trees of Bounded Balance", *SIAM Journal of Computing*, 2: 33, 1973. (7.2)

NIEVERGELT, J. e C. K. WONG: "On Binary Search Trees", *Proc. IFIP Congress 71:* 91-98, North-Holland, Amsterdam, 1972. (7.2)

NIJENHUIS, A. e H. S. WILF: *Combinatorial Algorithms*, Academic Press, New York, 1975. (A)

NILSSON, N.: *Problem-solving Methods in Artificial Intelligence*, McGraw-Hill, New York, 1971. (5.6)

NISHIHARA, S. e K. IKEDA: "Reducing the Retrieval Time of Hashing Method by Using Predictors", *Comm. ACM*, 26 (12), dezembro 1983. (7.4)

O'NEIL, P. E. e E. J. O'NEIL: "A Fast Expected Time Algorithm for Boolean Matrix Multiplication and Transitive Closure", *Information and Control*, 22: 132-38, 1973. (8.1)

ORE, O.: *Graphs and their Uses*, Random House and the L. W. Singer Co., New York, 1963. (8)

ORE, O.: *Theory of Graphs*, American Mathematical Society, Providence, R. I., 1962. (8)

OTTMANN, T. e D. WOOD: "Deletion in One-Sided Height-Balanced Search Trees", *Int. J. Comp. Math.*, 6 (4): 265-71, 1978. (7.3)

OTTMANN, T., H. SIX e D. WOOD: "Right Brother Trees", *Comm. ACM*, 21 (9), setembro 1978. (5)

PAPADIMITRIOU, C. H. e P. A. BERNSTEIN: "On the Performance of Balanced Hashing Functions when the Keys are not Equiprobable", *ACM Trans. Prog. Lang. and Sys.*, 2 (1), janeiro 1980. (7.4)

PERL, Y., A. ITAI e H. AVNI: "Interpolation Search — A Log Log N Search", *Comm. ACM*, 21: 550-57, 1978. (7.1)

PERL, Y. e E. M. REINGOLD: "Understanding the Complexity of Interpolation Search", *Inform. Proc. Letters*, 6: 219-221, 1977. (7.1)

PETERSON, W. W.: "Addressing for Random-Access Storage", *IBM J. Res. and Dev.*, 1: 130-46, 1957. (7.4)

PFALTZ, J. L.: "Computer Data Structures", McGraw-Hill, New York, 1977. (D)

PLUM, THOMAS: *C Programming Guidelines*, Prentice Hall, Englewood Cliffs, N.J., 1984. (C)

POHL, I.: "A Sorting Problem and its Complexity", *Comm. ACM*, 15 (6), junho 1972. (6.1)

POKROVSKY, S.: "Formal Types and their Application to Dynamic Arrays in Pascal", *SIGPLAN Notices*, 11 (10), outubro 1976. (1.2)

POLYA, G.: *How to Solve It*, Doubleday, Garden City, N. Y., 1957. (A)

POOCH, U. W. e A. NIEDER: "A Survey of Indexing Techniques for Sparse Matrices", *Computer Surveys*, 15: 109, 1973. (4.3)

PRATT, T. W.: *Programming Languages: Design and Implementation*, Prentice Hall, Englewood Cliffs, N.J., 1975. (1.2, 2.3, 3.2, 3.4)

PRICE, C.: "Table Lookup Techniques", *ACM Computing Surveys*, 3 (2): 49-65, 1971. (7)

PRITCHARD, P.: "The Study of an Ordered Minimal Perfect Hashing Scheme", (Carta ao Editor), *Comm. ACM*, 27 (11), novembro, 1984. (7.4)

PURDUM, JACK: *C Programming Guide*, Que, 1983. (C)

PURDUM, JACK J., TIMOTHY C. LESLIE e ALLEN L. STEGMOLLER: *C Programmer's Library*, Que, 1984. (C)

RADKE, C. E.: "The Use of Quadratic Residue Research", *Comm. ACM*, 13 (2), fevereiro 1970. (7.4)

RAIHA, K. e S. H. ZWEBEN: "An Optimal Insertion Algorithm for One-Sided Height-Balanced Binary Search Trees", *Comm. ACM*, 22 (9), setembro 1979. (7.2)

RAMAMOHANAROA, K. e R. SACKS-DAVIS: "Recursive Linear Hashing", *ACM Trans. on Database Sys.*, 9 (3), setembro 1984. (7.4)

REINGOLD, E. M. e W. J. HANSEN: *Data Structures*, Little, Brown and Co., Boston, 1986. (D)

REINGOLD, E. M., J. NIEVERGELT e N. DEO: *Combinatorial Algorithms: Theory and Practice*, Prentice Hall, Englewood Cliffs, N.J., 1977. (6)

REYNOLDS, J. C.: "Reasoning About Arrays", *Comm. ACM*, 22 (5), maio 1979. (1.2)

RICH, R. P.: *Internal Sorting Methods Illustrated with PL/I Programs*, Prentice Hall, Englewood Cliffs, N.J., 1972. (6)

RIVEST, R. L.: "Optimal Arrangement of Keys in a Hash Table", *Journal of ACM*, 25: 200-209, 1978. (7.4)

RIVEST, R.: "On Self-Organizing Sequential Search Heuristics", *Comm. ACM*, 19 (2), fevereiro 1976. (7.1)

RIVEST, R. L. e D. E. KNUTH: "Bibliography 26: Computer Sorting", *Computing Reviews*, 13: 283, 1972. (6)

ROHL, J. S.: *Recursion via Pascal*, Cambridge University Press, London, 1984. (3)

ROSENBERG, A. L. e L. SNYDER: "Time-and-Space-Optimality in B-Trees", *ACM Trans. on Database Sys.*, 6 (1), março 1981. (7.3)

ROSENBERG, A. e L. SNYDER: "Minimal Comparison 2-3 Trees", *SIAM Journal of Computing*, 7 (4): 465-80, novembro 1978. (7.3)

SAGER, T. J.: "A Polynomial Time Generator for Minimal Perfect Hash Functions", *Comm. ACM*, 28 (5), maio 1985. (7.4)

SAHNI, S.: *Software Development in Pascal*, Camelot Publishing Co., Fridley, Minnesota, 1985. (A)

SANTORO, N.: "Full Table Search by Polynomial Functions", *Inform. Proc. Letters*, 5, agosto 1976. (7.4)

SARWATE, D. U.: "A Note on Universal Classes of Hash Functions", *Inform. Proc. Letters*, 10 (1): 41-45, fevereiro 1980. (7.4)

SAXE, J. B. e J. L. BENTLEY: "Transforming Static Data Structures to Dynamic Structures", *Research Report cmu-cs-79-141*, Carnegie-Mellon University, Pittsburgh, 1979. (7)

SCHILDT, HERBERT: *C The Complete Reference*, Osborne/McGraw-Hill, New York, N.Y., 1987. (C)

SCHOLL, M.: "New File Organizations Based on Dynamic Hashing", *ACM Trans. on Database Sys.*, 6 (1): 194-211, março 1981. (7.4)

SCOWEN, R. S.: "Quicksort: Algorithm 271", *Comm. ACM*, 8 (11), novembro 1965. (6.2)

SEDGEWICK, R.: *Algorithms*, Addison-Wesley, Reading, Mass., 1983. (A)

SEDGEWICK, R.: "The Analysis of Quicksort Programs", *Acta Informatica*, 7: 327-55, 1977. (6.2)

SEDGEWICK, R.: "Data Movement on Odd-Even Merging", *SIAM Journal of Computing*, 7 (3), agosto 1978. (6.2)

SEDGEWICK, R.: "Implementing Quicksort Programs", *Comm. ACM*, 21 (10), outubro 1978. (6.2)

SEDGEWICK, R.: "Permutation Generation Methods", *ACM Computing Surveys*, 9 (2): 137, junho 1977. (3.3)

SEDGEWICK, R.: "Quicksort", *Report no. STAN-CS-75-492*, Dept. of Computer Science, Stanford University, Stanford, Ca., maio 1975. (6.2)

SEVERANCE, D. G.: "Identifier Search Mechanisms: A Survey and Generalized Model", *Computing Surveys*, 6 (3): 175-94, setembro 1974.

SHEIL, B. A.: "Median Split Trees: A Fast Technique for Frequently Occurring Keys", *Comm. ACM*, 21 (11), novembro 1978. (7.2)

SHELL, D. L.: "A High Speed Sorting Procedure", *Comm. ACM*, 2 (7), julho 1959. (6.4)

SHNEIDERMAN, B.: "Jump Searching: A Fast Sequential Search Technique", *Comm. ACM*, 21 (10), outubro 1978. (7.1)

SHNEIDERMAN, B.: "A Model for Optimizing Indexed File Structures", *Int. J. Comptr. and Inform. Sci.*, 3 (1), 1974. (7.1)

SHNEIDERMAN, B.: "Polynomial Search", *Software-Practice and Experience*, 3: 5-8, 1973. (7.1)

SINGLETON, R. C.: "An Efficient Algorithm for Sorting with Minimal Storage: Algorithm 347", *Comm. ACM*, 12 (3), março 1969. (6.2)

SPRUGNOLI, R.: "Perfect Hashing Functions: A Single Probe Retrieving Method for Static Sets", *Comm. ACM*, 20 (11), novembro 1977. (7.4)

STANDISH, T. A.: *Data Structure Techniques*, Addison-Wesley, Reading, MA., 1980. (D)

STEPHENSON, C. J.: "A Method for Constructing Binary Search Trees by Making Insertions at the Root", *Intl. J. Comput. Inf. Sci.*, 9 (1), fevereiro 1980. (8.2)

STRONG, H. R., G. MARKOWSKY e A. K. CHANDRA: "Search Within a Page", *Journal of ACM*, 26 (3), julho 1979. (7.3)

STUBBS, D. F. e N. W. WEBRE: *Data Structures with Abstract Data Types and Pascal*, Brooks/Cole Publishing Co., Monterey, Ca., 1985. (D)

SYSLO, M. M., N. DEO e J. S. KOWALIK: *Discrete Optimization Algorithms with Pascal Programs*, Prentice Hall, Englewood Cliffs, N.J., 1983. (8)

TANNER, R. M.: "Minimean Merging and Sorting: An Algorithm", *SIAM Journal of Computing*, 7 (1), fevereiro 1978. (6.5)

TARJAN, R. E.: *Data Structures and Network Algorithms*, Soc. for Indust. and Appl. Math., Philadelphia, PA, 1983. (D)

TARJAN, R. E.: "Updating a Balanced Search Tree in O (1) Rotations", *Inform. Proc. Letters*, 16 (5), junho 1983. (7.2)

TARJAN, R. E. e A. C. YAO: "Storing a Sparse Table", *Comm. ACM*, 22 (11), novembro 1979. (7.3)

TENENBAUM, A.: "Simulations of Dynamic Sequential Search Algorithms", *Comm. ACM*, 21 (9), setembro 1978. (7.1)

TENENBAUM, AARON M. e MOSHE J. AUGENSTEIN: *Data Structures Using Pascal*, 2nd ed., Prentice Hall, Englewood Cliffs, N.J., 1986. (D)

TONDO, CLOVIS L. e SCOTT E. GIMPEL: *The C Answer Book, 2nd Edition*, Prentice Hall, Englewood Cliffs, N.J., 1989. (C)

TREMBLAY, J. P. e R. P. MANOHAR: *Discrete Mathematical Structures with Applications to Computer Science*, McGraw-Hill, New York, 1975. (8.1)

TREMBLAY, J. P. e P. G. SORENSON: *An Introduction to Data Structures with Applications*, McGraw-Hill, New York, 1976. (D)

ULRICH, E. G.: "Event Manipulation for Discrete Simulations Requiring Large Numbers of Events", *Comm. ACM*, 21 (9), setembro 1978. (4.4)

VAN DER NAT, M.: "On Interpolation Search", *Comm. ACM*, 22 (12): 681, dezembro 1979. (6.1)

VAN DER NAT, M.: "A Fast Sorting Algorithm, A Hybrid of Distributive and Merge Sorting", *Inform. Proc. Letters*, 10 (3), abril 1980. (6.5)

VAN EMDEN, M. H.: "Increasing Efficiency of Quicksort", *Comm. ACM*, 13: 563-67, 1970. (6.2)

VAN WYCK, CHRISTOPHER J.: *Data Structures and C Programs*, Addison-Wesley, Reading, Mass., 1988. (D)

VAUCHER, J. G. e P. DURAL: "A Comparison of Simulation Event List Algorithms", *Comm. ACM*, 18 (4), abril 1975. (4.4)

VEKLEROV, E.: "Analysis of Dynamic Hashing with Deferred Splitting", *ACM Trans. on Database Sys.*, 10 (1), março 1985. (7.4)

VITTER, J. S.: "Analysis of the Search Performance of Coalesced Hashing", *Journal of ACM*, 30 (2), abril 1983. (7.4)

VITTER, J. S. e W. C. CHEN: "Optimum Algorithms for a Hashing Model", *Technical Report CS-83-24*, Brown University Dept. of Computer Science, outubro 1983. (7.4)

VITTER, J. S. e W. C. CHEN: "Optimum Algorithms for a Model of Direct Chaining", *SIAM Journal of Computing*, 14 (2), maio 1985. (7.4)

VUILLEMIN, J.: "A Data Structure for Manipulating Priority Queues", *Comm. ACM*, 21 (4), abril 1978. (5.5)

VUILLEMIN, J.: "A Unifying Look at Data Structures", *Comm. ACM*, 23 (4), abril 1980. (D, A)

WAINWRIGHT, R. L.: "A Class of Sorting Algorithms Based on Quicksort", *Comm. ACM*, 28 (4), abril 1985. (6.2)

WALKER, W. A. e C. C. GOTLIEB: "A Top-Down Algorithm for Constructing Nearly Optimal Lexicographic Trees", in *Graph Theory and Computing*, R. Read (ed.), Academic Press, New York, 1972. (7.2)

WARREN, H. S.: "A Modification of Warshall's Algorithm for the Transitive Closure of Binary Relations", *Comm. ACM*, 18 (4), abril 1975. (8.1)

WARSHALL, S.: "A Theorem on Boolean Matrices", *Journal of ACM*, 9 (1): 11, 1962. (8.1)

WEIDE, B.: "A Survey of Analysis Techniques for Discrete Algorithms", *ACM Computing Surveys*, 9 (4), dezembro 1977. (A)

WICHMANN, B. A.: "Ackermann's Function: A Study in the Efficiency of Calling Procedures", *BIT*, 16: 103-110, 1976. (3)

WICHMANN, B. A.: "How to Call Procedures, or Second Thoughts on Ackermann's Function", *Software-Practice and Experience*, 7: 317-29, 1977. (3)

WICKELGREN, W. A.: *How to Solve Problems: Elements of a Theory of Problems and Problem Solving*, Freeman, San Francisco, 1974. (A)

WILLIAMS, J. W. J.: "Algorithm 232 (Heapsort), *Comm. ACM*, 7: 347-48, 1964. (6.3)

WIRTH, N.: *Algorithms + Data Structures = Programs*, Prentice Hall, Englewood Cliffs, N.J., 1976. (D)

WIRTH, N.: "Comment on a Note on Dynamic Arrays in Pascal", *SIGPLAN Notices*, 11 (1), janeiro 1976. (1.2)

WIRTH, N.: *Systematic Programming: An Introduction*, Prentice Hall, Englewood Cliffs, N.J., 1973. (A)

WYMAN, F. P.: "Improved Event-Scanning Mechanisms for Discrete Event Simulation", *Comm. ACM*, 18 (6), junho 1975. (4.4)

YAO, A.: "On Random 2-3 Trees", *Acta Informatica*, 9 (2): 159-70, 1978. (7.3)

YAO, A. C. e F. F. YAO: "The Complexity of Searching an Ordered Random Table", *Proc. Symp. on Foundations of Comp. Sci.*, 173-176, Houston, 1976. (7.1)

ZADEH, N.: "Theoretical Efficiency of the Edmonds-Karp Algorithm for Computing Maximal Flow", *Journal of ACM*, 19: 184-92, 1972. (8.2)

ZWEBEN, S. H. e M. A. McDONALD: "An Optimal Method for Deletion in One-Sided Height-Balanced Trees", *Comm. ACM*, 21 (6), junho 1978. (7.2)

Índice Analítico

"0" negativo, 4
"0" positivo, 4
\", 44
\', 44
\ \, 44
\0, 17, 44
\b, 44
\f, 44
\n, 44
\r, 44
\t, 44

A

Abstrato, 232
Acessível, 755
Acesso
   direto, 546
     seqüencial, 632
     seqüencial direto, 546
Acíclico, 668, 738
Addiff(p, q), 297
Addint(p, q), 290, 299
Addnode(pgraph, x), 705
Addon(list, pitem), 754, 772
Addr(x, n), 468
Addson(p, x), 394-395
Adição de inteiros
   longos, 294
   positivos longos, 288
Adjacent(p, q), 668, 704
Adjacente, 668
Adjustheap(root, k), 451
Aleatório, 240, 437
   distribuído normalmente, 278
   distribuído uniformemente, 278
Alfabeto, 350
Algoritmo de inserção, , 487, 517, 526
   aleatório, 240
   árvore, 607
   árvore de busca binária, 514
   árvore de busca multidirecional, 548
   de árvore-B, 561, 567
   de árvore-B compacta, 581
   de Gonnet e Munro, 615
   eficiência, 566, 607

lista, 368
probabilidade, 240
tabela, 495
Algoritmo, 133
  busca binária, 139
  coleta de lixo, 786
  compactação, 796
  conversão de prefixo para posfixo, 172
  da fila de árvores, 746
  de busca, 487, 526
  de busca e inserção, 531, 553
  de Dijkstra, , 680, 706, 743
  de eliminação simétrica, 520
  de Ford-Fulkerson, 694
  de Huffman, 355
  de Kruskal, 745
  de marcação, 788
  de melhor escolha, 815
  de menor caminho, 678
  de ordem exponencial, 417
  de Prim, 743
  de primeira escolha, 810
  de Schorr-Waite, 791
  de Warshall, 678
  eliminação assimétrica, 520
  espaço de trabalho limitado, 801
  fatorial, 134
  inserção, 487, 517, 526
  liberação, 820, 823, 827
  marcação, 788
  marca limítrofe, 822, 823
  recursivo, 145
All(x), 680
Alocação, 146
  de armazenamento, 788
  de variáveis dinâmicas, 250

de variáveis locais, 181
  dinâmica, 750
  ligada, 475
  seqüencial, 475
Altura, 526
ANSI, 59
Análise matemática, 604
Ancestral, 304, 378
  mais jovem da direita, 613
Aplicações
  árvore binária, 311
  grafo, 664, 665
  percurso em profundidade, 737-738
Arco, 664
Aresta, 664
  cruzada, 728, 742
  de árvore, 728
  para frente, 728, 742
  para trás, 728, 742
Argumento, 181
Armazenamento, 34
Armazenamento contíguo, 806
  externo, 630, 639
    prova, 628
  interno, 506
Arquivo, 409, 486, 494, 595, 641
  árvore de binária, 595
  espalhamento linear, 648
  principal, 498
  seqüencial indexado, 587, 595
  seqüencial, 595
  transação, 498
Arrive(time, dur), 274
Árvore
  AUL, 526
  balanceda, 526, 553, 554

binária. *Veja* árvore binária
Veja árvore de busca binária
de busca digital, 587, 591
de busca geral, 537
de busca multidirecional balanceado, 548
de decisão de classificação, 422
de jogos, 398, 399
de peso balanceado, 534
digital, 589
   busca e inserção, 589
estendida mínima, 743
estritamente binária, 306
estritamente binária, quase completa, 457
geral, 380, 589, 699
   aplicação, 378
   percurso, 385
ordenada, 380, 387
ordenada parcialmente descendente, 448
parcial, 746
ternária, quase completa, 458
Árvore binária, 303, 378, 422, 591, 613
   altura, 526
   aplicações, 312
   busca, 316
   classificação, 313
   completa, 306, 307, 347
   de Fibonacci, 360
   dinâmica, 699
     algoritmo de busca e inserção, 531
     balanceada, 525, 535
     em linha à direita, 335
   enfileirada, 340
   enfileirada à direita, 335
   enfileirada à esquerda, 340
   escolhendo uma representação, 330
   estendida, 361
   estritamente binária quase completa, 457
   estritamente, 306
   extensão, 361, 518
   heterogênea, 343
   implementação de vetor ligado, 321
   implementação em C, 322
   implementação em vetor, 320
   nó dinâmico, 330
   operações, 311
   percurso, 313, 331
   profundidade, 526
   prova, 612
   quase completa, 307, 612
   representação, 320
   representação de expressão, 316
   representação de lista, 361
   representação de nós dinâmicos, 322
   representação em nós, 320, 322
   representação implícita de vetor, 325
   representação ligada, 322, 331
   representação ligada de vetor, 339
   representação seqüencial, 327, 330
   semelhante, 319
   semelhante espelhada, 319
Árvore-B+, 543, 548, 585
Árvore-B, 554, 572, 577, 641, 642
   busca e inserção, 566
   compacta, 580
   divisão, 566
   favorecimento, 561
   grau, 554
   inserção, 561
   ordem, 554

Árvore de altura balanceada, 534
Árvore sintática, 396
Árvore de busca binária, 316, 513
    eficiência, 517
    eliminação, 514
    inserção, 513
    não-uniforme, 521
Assinatura atual, 632
Assintoticamente limitado, 415
Atingível, 681
Avaliação
    de árvore de expressões, 387
    de expressão posfixa, 114

B

Banco, 208, 268
Base, 6, 416
    de endereço, 595
Bestbranch(pnd, player, pbest, pvalue), 404
Bftraverse(s), 741
Biblioteca, 409
    padrão, 156, 158, 251
Biblioteca do Congresso, 409
Biconexo, 741
Binsrch(a, x, low, high), 153
Binsrch(low, high), 153
Bit, 2
    conteúdo, 7-8
    valor, 7-8
Bloco, 806
Bloco, i-, 825
Brent, 609
Brother(p), 311, 321
Bsort, 435, 477
    eficiência, 438

Bubble(x, n), 426
Buckets (Partição), 624, 628, 633, 634, 640, 641, 648
    profundidade, 635
Buddy(p, i), 832
Buildtree(brd, looklevel), 403
Buildtree(n), 374
Busca
    binária, 138, 143, 152, 164, 205
    externa, 488
    Fibonacciana, 509
    interna, 488
    linear, 139
    rápida, 505
Byte, 8
C, 774
    árvore, 303, 378
    árvore binária, 321
    árvore binária heterogênea, 343
    árvore ordenada, 380
    busca binária, 152
    cabeçalho padrão, 254
    declaração extern, 79
    escopo, 77
    estruturas, 57
    estruturas de dados, 30-31
    fatorial, 145
    fila, 209, 258
    função, 133
    grafo, 670
    Kernighan e Ritchie, 60
    lista, 245
    lista geral, 770
    lista representada em árvore, 371
    números de Fibonacci, 150
    padrão ANSI, 59

parâmetros, 29
percurso de árvore binária, 331
pilhas, 97
ponteiros, 27
programas recursivos, 148
recursividade, 132, 145
strings, 17
strings de caracteres, 44
tipos de dados, 27
typedef, 58
uniões, 65
variável ponteiro, 251
vetores, 34, 325
vetores bidimensionais, 47
Cabeçalho, 48
    padrão, 254
Cadeia recursiva, 154, 155
Caminho crítico, 721
Campo, 57
Capacidade, 697
Caractere
    de aspas duplas \", 44
    de aspas simples \', 44
    de avanço de formulário \f, 44
    de barra invertida \\, 44
    de mudança de linha \n, 44
    de retorno de carro \r, 44
    de retrocesso \b, 44
    de tabulação \t, 44
    especial, 17
    nulo \, 44
Carter, 660
Chamada
    por referência, 43
    por valor, 69

Chang, 657
Char, 27
Chave, 409, 486
    classificação por, 409
    comparação, 413
    divisão, 525
    externa, 486
    incorporada, 486
    interna, 486
    nó, 485
    primária, 487
    probabilidade, 525
    prova, 596
    secundária, 487
Chef, 710
Cheriton, 746
Cichelli, 658
Ciclo, 668
Cidade, 668
Ciência da computação, 1
Clareza, 102
    do código, 102
Classificação de árvore binária, 444
    eficiência, 445
    de deslocamento descendente, 442
    por raízes, 477
        eficiência, 482
    de Shell, 462
        eficiência, 464
    pelo algoritmo de Cook-Kim, 476
    estável, 409
    externa, 409
    interna, 409
    in-loco, 420
    por bolha, 422
        eficiência, 426

modificação, 466
por cálculo de endereço, 466
por contagem, 439
por distribuição, 439
por endereço, 410
por incremento decrescente, 462
por inserção, 459, 476
   bidirecional, 469
   binária, 461
   de lista, 461
   eficiência, 460
   intercalada, 469
   simples, 459
Classificação de raízes, 477
Classificação por intercalação, 162
   por média, 435
   eficiência, 439
   por seleção, 441
   direta, 442
   eficiência, 445
   geral, 441
   quadrática, 457
  por transposição de ímpar-par, 440
  por troca, 424
   de partição, 427
   de raízes, 477
  por torneio, 458
  pelo elemento do meio, 477
  rápida, 476
   eficiência, 432, 434
  topológica, 720, 738
   inversa, 739
COBOL, 180
Códigos, de tamanho variável, 351
Coleta de lixo, 777, 784
  algoritmos, 786

variações, 802
Coleta, 794
Colisão, 597, 649
Compabs(p, q), 296
Compactação, 794, 795, 801
Comparações
  número, 518, 521
  número esperado, 523
  número médio, 510
Compilador, 10, 710
Componente conexo, 733
Composição, 34
Compressão, 585
  início, 585
  final, 585
Comprimento, 664
  de caminho externo, 518
Computador ternário, 33
Concat(plist, plist) 284
Concatenação, 46, 573
Condições excepcionais, 105
Conexo, 733, 737, 742
Conjunção, 672
Conjunto, 680
  em seqüência, 587
  ordenado de elementos, 408
Consolidar, 573
Constante de proporcionalidade, 465
Contagem
  de parênteses, 91
  de referências, 777
Conv(prefix, postfix), 177
Conversão
  de infixo para posfixo, 112, 120, 126
  de infixo para prefixo, 113

de prefixo para posfixo, 171, 177, 180, 204
Convert(prefix, postfix), 173, 177
Cook, 658
Corte, 697
Crlist(a, a, ..., a_n), 763
Ctype.h, 156, 158
Custo da computação, 205

D

Dag, 668, 738, 710
Decimal codificado em binário, 5
Declaração extern, 79
Declarações, 10
  extern, 79
Definição
  de valor, 19
  iterativa, 136
  matemática, 134, 180, 303
  multiplicação, 136
  operador, 19
  recursiva, 132, 134, 136
Delafter(p, px), 238, 249, 257, 283
Delete(p), 372
Delete(p, px), 293
Delimitadores de escopo, 92
Depart(qindx, dtime), 275
Descendente da direita, 304
Deslocamento, 63, 595
Det(a), 161
Detecção de erro, 120
Determinante, 161
Dftraverse(s), 733
Dicionário, 139, 487
Dígito
  binário, 4

ternário, 33
Digráfico, 664
Disco, 630, 803
Dispositivo secundário, 803
Double, 27
Drawboard(), 179
Du, 658
Duplicatas, 312

E

Eficiência, 32, 50, 102, 138, 212, 220, 239, 334, 426, 432, 436, 439, 445, 460, 465, 482, 677
  alocação, 817
  árvore de busca binária, 517
  árvore de busca binária não-uniforme, 521
  árvore de busca ideal, 523
  árvore de busca multidirecional, 576
  busca, 504
  busca por interpolação, 504
  busca seqüencial, 493, 494
  classificação, 418
  do código, 102
  do programador, 201, 411
  espaço, 32, 180, 204, 234, 294, 330, 412, 420
  espalhamento, 603
  fila de prioridade, 535
  inserção, 517, 566, 607
  máquina, 205, 412
  números de Fibonacci, 205
  percurso, 739, 740
  percurso em profundidade, 740
  pop, 206
  processamento de listas, 760
  programador, 205, 412

push, 206
recursividade, 204, 206
sobrecarga, 294
Torres de Hanói, 205
tabela de espalhamento, 627
tempo, 32, 180, 204, 235, 294, 371, 412, 419
tempo de execução, 206
vazia, 206
Elementos, 751
nulos, 753
ordenados, 408
Eliminação
árvore de busca binária, 513
árvore de busca multidirecional, 571
assimétrica, 520
lista, 366
simétrica, 520
tabela, 494
tabela de espalhamento, 603
Eliminando Gotos, 192
Empty(pq), 213, 217, 259
Empty(pstack), 281
Empty(q), 208, 234
Encadeamento, 598, 620, 627, 649
separado, 623, 624, 631, 660
Endereço, 9
aberto, 598, 599
base, 40, 595
de retorno, 182
Entrada, 167
legal, 149
Escalonamento, 710
de tarefas, 710
programa em C, 715
Escopo de variáveis, 77

Espalhamento
combinado geral, 623
de chave, 596
dinâmico, 633, 639, 641
duplo, 602, 609, 619, 631
busca e inserção, 609
extensível, 633, 641
inicial, 643
linear, 641
linear com duas expansões parciais, 641
recíproco, 655
Espalhamento combinado padrão por inserção inicial, 623
combinado, 620
combinado por inserção variada, 623
balanceado, 640
uniforme, 605
Estouro, 106, 107, 206, 210, 215, 233, 334, 633, 640, 648
Estrutura
de dados. *Veja* estruturas de dados
de lista, 279
multiligada, 699
Estruturas de dados, 1, 31-32, 233
árvore, 303
deque, 221
estruturas, 57
fila, 207
fila de prioridade, 207
grafo, 664
lista geral, 750
lista ligada, 223, 234
listas, 207
pilha, 86
strings de caracteres, 12
TDA, 18

uniões, 65
vetores, 34
Eval(expr), 117
Evalbintree(tree), 345
Evaltree(p), 393
Evento, 296
Expand(p, plevel, depth), 403
Expansão
   completa, 642
   parcial, 642
   simples, 641
Expoente, 6
Expon(a, b), 832
Exponenciação, 316
Expr(str, length, ppos), 157
Expressões, 155
   algébricas, 155
   gerais, 387
   válidas, 156
Extensão, 361, 518
Extração, 34

F

Fact(n), 146, 148, 149, 186
Factor(str, length, ppos), 158
Fagin, 634
Faixa, 34, 47
Fase
   de coleta, 784
   de marcação, 784
Father(p), 311, 321, 322, 325
Fator de carga, 604, 628, 663
   mínimo, 654
Fator, 155
Fatorial, 133, 143, 145, 146, 148, 163
Fechamento transitivo, 672, 674

Fib(n), 150
Fila, 207, 218, 223, 268, 616, 741, 746, 751
   cheia, 210, 215
   circular, 212
   de prioridade ascendente, 217, 241
   de prioridade descendente, 217, 241, 441
   empty(q), 208, 213
   final, 207
   heap, 448
   implementação, 209
   implementação como lista, 258
   implementação dinâmica, 259
   implementação em vetor, 259
   implementação ligada, 233
   início, 207
   insert, 215
   insert(q, x), 208, 209
   lista circular, 281, 282
   PEPS, 207
   prioridade, 216, 217, 268, 535, 751
   remove(q), 208, 209, 214
   removeandtest, 214
   representação seqüencial, 207
   TDA, 209
   vazia, 209
Filho, 304, 378
   da direita, 303, 539
   da esquerda, 539
   mais jovem, 380
   mais velho, 380
Find(str), 173, 174
Find(tree, pposition, pfound), 549, 568
Findelement(k), 372
Findnode(graph, x), 704
Findpath(k, a, b), 668
First(list), 753, 757

Firstsucc(x, yptr, ynode), 725
Floresta, 380, 587, 756
   estendida, 723, 728, 732
   estendida primária, 742
   ordenada, 728
Fluxo
   de entrada, 685
   de saída, 685
   zero, 686
FORTRAN, 180, 501, 774
Folha, 369, 378
Follower(size, m, k), 376
Fonte, 683
Fragmentação
   externa, 818
   interna, 818, 837
Free(p), 253
Freenode(p), 233, 248, 257
Freenode, 229, 231, 321
Freqüência, 351
Função (ões), 415
   da capacidade, 683
   de Ackerman, 144
   de fluxo, 683
   ideal, 683
   EQUAL, 76
   fatorial, 205
   recursivas, 154
   variáveis, 77
Função de espalhamento, 496, 632
   classe universal, 659
   método de divisão, 650
   método do meio do quadrado, 651
   método multiplicativo, 650
   mínimo, 653

   mínimo perfeito de preservação de ordem, 657
   mínimo perfeito, 659
   perfeito, 602
   perfeito por redução de quociente, 654
   perfeito por redução de resto, 654
   primária, 602
   selecionando, 649
Função de espalhamento, 624, 652
   detecção, 602
   estática, 616
   interna, 660
   memória, 610
   ordenada, 608
   reordenando, 607

G

GCD, 159
Gerenciamento
   automático de listas, 776
   de memória dinâmica, 806
Getblock(n), 826
Getnode, 225, 231, 321
Getnode(), 233, 248, 256
Getsymb(str, length, ppos), 156
Gfib, 160
Gonnet, 632, 649
Grafo, 487, 664
   acíclico, 668
   acíclico orientado, 668, 710
   aplicações, 668
   biconexo, 748
   cíclico, 668, 742
   conexo, 732, 737, 742
   dag, 668, 710, 738

dígrafo, 664
menor caminho, 678
não-orientado, 664, 731, 738, 742
não-ponderado, 742
nó, 699-700
orientado, 664, 742
orientado probabilístico, 698
orientado simétrico, 729
percurso, 705, 722, 729, 788
percurso em profundidade, 788
ponderado, 668, 678, 698
rede, 668, 678
representação dinâmica, 698
representação em C, 670
representação em matriz de adjacência, 706
representação em vetor, 702
representação ligada, 698, 705
Grau de saída, 665
Grupamento
primário, 602, 605
secundário, 602, 605, 619

H

Hardware, 9
Head(list), 752, 757
Head(list, pitem), 771
Heap, 448, 535
ascendente, 448
descendente, 448
fila de prioridade, 448
max, 448
min, 448
ternário, 458
Heapsort, 448, 455
Heapsort(x, n), 455

Hierarquia de funções, 417
Hsieh, 658

I

Identificadores, 10
Implementação
de armazenamento dinâmico, 393
de hardware, 11
de software, 11
dinâmica. *Veja* implementação em vetor
Implementação dinâmica, 260
fila, 258
grafo, 702
lista, 264
lista duplamente ligada, 291
Implementação em vetor, 234, 260
árvore binária, 320
fila, 259
grafo, 702
limitações, 249
lista duplamente ligada, 291
lista linear, 245
Inclinação, 557
Indexação direta, 596
Indução, 240
Infixo, 111, 171
Info, 324
Info(list), 757
Info(p), 311, 322
Inicializando variáveis locais, 181
Insafter(p, x), 236, 248, 257, 283
Insend(plist, x), 261
Inserção aleatória, 240
Inserindo nós, 225
Insert(i, p), 590
Insert(key, rec, s, position), 563, 564

Insert(pq, x), 216, 259, 282
Insert(q, x), 208, 210, 234
Insertright(p, x), 293
Insertsort(x, n), 460
Insleaf(s, position, key, rec), 550
Insnode(nd, pos, newkey, newrec, newnode), 565, 570
Instrução MOVEVAR, 13
Instrução MOVE, 12
Int, 27
Inteiro, 4
Intercalação binária, 483
Intercalando, 472
Intrav (p), 385
Intrav2(tree), 332
Intrav3(tree), 332
Intrav4(tree), 337
Intrav5(tree), 339
Intrav (tree), 341
Irmão, 304, 378
Isalpha(c), 156, 158
Isdigit(symb), 118
Isleft(p), 311, 321
Isright(p), 311, 321
Iteração, 133, 333, 451

J

Jaeschke, 655
Jea, 658
Jogo, 398
    da velha, 398
    kalah, 406
    nim, 407
Join(a, b), 665
Join(adj, node, node), 671
Joinwt(g, node, node, wt), 671
Joinwt(p, q, wt), 665, 702
Josephus(), 287

K

Kalah, 406
Knuth, 607, 617

L

Largeson(p, m), 451
Larson, 632, 634, 641, 649
Left(p), 311, 321, 322, 325
Leftrotation(p), 530
Legibilidade do código, 102
LISP, 773
Liberação, 820, 823, 828
Liberando
    armazenamento, 750, 820
    nós de lista, 766
    variáveis dinâmicas, 250
Liberate(alloc, i), 828, 833
Limite
    máximo, 35
    mínimo, 35
Linguagem, 351
    de máquina, 517, 710
    de programação, 773
Linha de montagem, 710
Lint, 251, 254
Lista, 207, 245, 708
    ajuste, 797
    árvore binária, 361, 371
    C, 245
    cabeçalho, 241, 764
    circular, 279, 288. *Veja também* lista circular.
    disponível, 232, 248, 292

duplamente ligada, 291, 347
eficiência, 760
eliminação, 366
eventos, 269
fila, 281, 282
geral, 751. *Veja também* lista geral.
implementação, 264
inserção, 369
inserindo nós, 225
ligada, 487, 492
ligada linear, 492
linear, 291
localizando k-ésimo elemento, 364
modificação, 754
não-homogênea, 262
nula, 224
números, 312
ordenada, 239
pilha, 281
preenchida, 503
recursiva, 764
reordenação, 495
representação, 760
representação de lista ligada, 759
vazia, 224
Lista circular, 279, 288
fila, 281, 282
operações primitivas, 283
percurso, 288
pilha, 281
Lista duplamente ligada, 291, 347
adição de inteiros longos, 294
Lista geral, 750
abstrata, 751
em C, 769

Litwin, 641
Localizando o k-ésimo elemento, 364
Logaritmo, 307, 416
  base, 416
Long, 27

M

Maior divisor comum, 159
Maketree(x), 311, 322, 327, 339
Malloc(size), 251, 264
Mantissa, 6
Matriz
  de adjacência, 671, 699
  ponderada, 699
Maxflow(cap, s, t, flow, ptoflow), 696
Mecanismo de bloqueio, 343
Mediana, 53, 434
Mediana de três, 437
Membro, 57
Memória, 9, 31, 47, 616
Mergearr(a, b, c, n, n, n), 472
Mergesort(x, n), 473
Método
  da cópia, 758, 764
  de Brent, 610, 615
  de balanceamento, 524
  de desdobramento, 651
  de divisão, 650
  de guloso, 524
  de múltiplos preditores, 617
  de passagem do bit, 618
  do meio do quadrado, 651
  do ponteiro, 757, 764
  do separador, 632, 649
  multiplicativo, 650
Moda, 54
Modularizando, 101

Módulos, 101
Mullin, 649
Mult(a, b), 148
Multiplicação, 143, 148, 163
   definição, 136
   matriz, 672
   números naturais, 136
Multiply(r, r, r), 77

N

Next(elt), 753
Next(n, i), 457
Nextmove(brd, looklevel, player, newbrd), 402
Nextsucc(x, yptr, ynode), 725
Nievergelt, 634
Nim, 407
Nó, 224, 245, 308, 378, 664
   adjacente, 665
   alocado, 700
   arco, 700
   atingível, 681
   atômico, 774
   cabeçalho, 241, 287, 294, 624, 699
      implementação, 264
   chegada, 270
   completo, 539
   equilíbrio, 526
   externo, 324, 325, 361, 518
   grafo, 700
   grau, 665
   grau de entrada, 665
   grau de saída, 665
   interno, 324, 325, 361
   lista, 700, 774
   mais, 399
   menos, 399
   nulo, 327
   número, 307
   partida, 270
   ponto de articulação, 748
   predecessor, 665
   sentinela, 510
   simples, 766
   sucessor, 665
Nodetype(elt), 753
Notação
   algorítmica, 490
   complemento de dois, 4
   complemento de um, 4
   matemática, 134
   ponto flutuante, 6
   posfixa, 171
   prefixa, 171
NULL, 44, 327
Número
   complexos, 33, 83
   racionais, 73
   racionais reduzidos, 74
   reais, 6, 83
   repetidos, 327

O

Oldehoeft, 658
Oper(symb, op, op), 118
Operação
   binária, 112
   CONCATVAR, 14, 17
   concat, 25
   da CPU, 643
   de extração, 37
   de inversão da cabeça, 754

de lista, exemplos, 238, 260
length, 25
MOVAR, 17
pos, 25
por inserção descendente, 450
store, 36-37
substr, 29
Operador
&, 27, 70
&&, 672
*, 28
||, 672
de conversão de tipo, 28, 251
genérico, 10
Sizeof, 251, 264
Operando, 111, 316
Ordem, 313, 318, 339, 389
anterior, 313, 316, 385, 389
exponencial, 417
linear, natural, 313
polinomial, 417
posterior, 314, 316, 385, 389
Ordenação linear, 738
Ovo frito, 710

P

Pai, 304, 323, 324, 378, 566
Palavras, 9
Par ordenado, 664
Parâmetros, 29, 43, 146, 181
estruturas, 69
externos, 334
por referência, 43
por valor, 29, 69
Parênteses, 91, 112, 122, 318
agrupados, 91

Partition(x, lb, ub, pj), 431
Percurso, 287, 340, 545
árvore binária, 313
árvore geral, 385
árvore multidirecional, 545
binário, 387
de reserva, 342
de retrocesso, 342
do campo father, 340
eficiência, 741
em largura, 740
em ordem, 314, 337, 341
em profundidade, 733, 747
geral, 387
grafo, 705, 723, 788
grafo não-orientado, 729
lista circular, 287
lista ligada, 291
ordem de chaves, 640
pós-ordem, 314, 342
pré-ordem, 313, 342
Permutação aleatória, 602
Peso, 534, 668
PEPS, 207
Pilha, 86, 97, 146, 152, 183, 205, 207, 218, 223, 230, 340, 548, 736, 741, 751, 788
de recursividade, 333
empty(s), 100
estouro, 106, 206
implementação em vetor, 98
lista circular, 98
pop, 90, 102, 206, 230
popandtest, 105
push, 90, 105, 206, 230
pushandtest, 107

stacktop, 90, 109
TDA, 95
ternária, 349
topo, 242
vazia, 90, 91, 103, 206, 230
VEPS, 207
Pior escolha, 810, 816, 825
Pippenger, 634
Pivot, 434
PL/I, 774
Place(list, x), 239
Place(plist, x), 260
Polinômio, 415
Ponteiro
  externo, 751
  interno, 751
Ponto de articulação, 748
Pop, 90, 102, 206, 230
Pop(ps), 103
Pop(s), 230, 234
Pop(stack), 281
Popandtest(ps, px, pund), 105
Posfixo, 111, 171, 176, 180, 204, 316
Postfix(infix, postr), 128
Posttrav(tree), 332
Pqinsert, 442
Pqinsert(apq, x), 217
Pqinsert(dpq, k, elt), 449
Pqinsert(dpq, x), 217
Pqmaxdelete, 441
Pqmaxdelete(dpq), 217
Pqmaxdelete(dpq, k), 450
Pqmindelete, 445
Pqmindelete(apq), 217
Prcd(op, op), 121
Precedência, 111, 738

Predecessor em ordem, 340
Prefixo, 111, 171, 177, 180, 204, 316
Pretrav(tree), 332
Probabilidade
  da direita, 525
  de recuperação, 494
  total, 525
Problema
  das oito rainhas, 178
  de fluxo, 683
  de Josephus, 285, 300, 376
Prod(a, b, c), 676
Produto booleano, 672, 673
Profundidade de agrupamento, 91
Programa de localização de repetições, 331
Proporcional, 413
Propriedades
  de algoritmos recursivos, 142
  de definições recursivas, 140
Próximo endereço, 224
Push, 90, 206, 230
Push(list, x), 754
Push(ps, x), 105, 230
Push(pstack, x), 281
Pushandtest(&s, x, &overflow), 107

Q
Quicksort(x, n), 433

R
RATIONAL, 18-20
Raiz, 303, 378, 728
Ramamohanarao, 648
Recuperação, 487
Recursividade, 132, 331, 334, 429, 451, 476

adicional, 206
base complexa, 163
busca binária, 138, 139, 143, 152
C, 148
caso simples, 136
caso trivial, 136, 163
classificação por intercalação, 162
comitês, 159
conversão de prefixo para posfixo, 171, 180
determinante, 161
eficiência, 136, 204
escrevendo programas, 161
fatorial, 133, 143, 148, 163, 185
Fibonacci, 137, 143, 151, 164, 205
função de Ackermann, 144
implementação, 184
maior divisor comum, 159
multiplicação, 136, 143, 148, 162, 178
pilha, 146
problema das oito rainhas, 178
seqüência de Fibonacci generalizada, 160
simulação, 180, 185
Torres de Hanoi, 195, 205, 164, 167, 169, 180
Reespalhamento linear, 601
quadrático, 602, 618
Rede elétrica, 683
Redes de comunicação, 683
Reduce(inrat, outrat), 75
Reduce(p), 778
Registro, 57, 409, 486
nulo, 487
Regras de precedência, 122
Relação, 665, 681

Relatório, 409
Remove(pq), 214, 260, 282
Remove(q), 208, 210, 234
Removendo nós, 225
Remv(p, q), 665, 703
Remvandtest(pq, px, pund), 214
Remvwt(a, b, x), 665
Remx(plist, x), 262
Repetição for, 413
Replace(p), 392
Representação
  de expressões, 316
  de nós dinâmicos, árvore binária, 322, 332
  em matriz de adjacência, grafo, 705
Retorno de uma função, 182
Retrocesso, 182
Right(p), 311, 321, 322, 325
Rightrotation(p), 530
Rotação à direita, 530
Rotinas recursivas, 145

S

Sacks-Davis, 648
Sager, 658
Saída, 167
Search(key, rec), 600, 609, 610, 624
Search(list, x), 261
Search(tree), 541, 542
Select(), 724
Selectsort(x, n), 443
Semente, 277
Seqüência de Fibonacci, 137, 143, 150, 205
  definição recursiva, 138
  eficiência, 138
  generalizada, 160

método iterativo, 138
Seqüência, 23-24
  de Fibonacci, *Veja* seqüência de Fibonacci.
  infinita, 143
Sethead(list, x), 754, 757
Setinfo(elt, x), 754, 757
Setleft(p, x), 311, 322, 329, 338
Setnext(elt, elt), 755
Setnext(list, list), 757
Setright(p, x), 311, 323, 330, 339
Setsons(p, list), 393
Settail(list, list), 757
Settail(plist, t), 772
Shellsort(x, n, icrmnts, numinc), 463
Shieh, 658
Short, 27
Shortpath(weight, s, t, pd, precede), 679
Simfact(n), 188, 190, 195
Simtowers(n, frompeg, topeg, auxpeg), 196, 200
Simulação
  do fatorial, 185
  orientada a evento, 271
Simulando
  funções recursivas, 185
  recursividade, 180
  Torres de Hanói, 195
Sistema Davey, 409
Sistema de arquivos
  externos, 632
  externos de acesso direto, 548
Sistema de computadores, 710
Sistema de distribuição, 683
Sistema de implementação em turma, 825

lista adaptada, 835
recombinação retardada, 835
Sistema de numeração binária, 4
Sistema de túneis, 698
Sistema ferroviário, 683
Software, 9
Solução de movimentação mínima, 202
Split(nd, pos, newkey, newrec, newnode, nd, midkey, midrec), 564, 569
Sprugnoli, 653, 656
Stacktop, 90, 108
Stacktop(ps), 109
Static, 250
Strcat(s, s), 46, 173
String, 44
String de caracteres, 7, 12, 44, 262
  de tamanho variável (TDA), 25
  de tamanho variável, 13, 42
  operação, 45
Strlen(string), 44, 173
Strong, 634
Strpos(s, s), 45
Subárvore da direita, 303, 539
Substr(s, i, j, s), 46, 173
Substring, 46
Successor(n, i), 547
Sucessor em ordem, 337

T

Tabela de indicadores, 658
Tabela ordenada, 489
Tail(l), 777
Tail(list), 752, 770
Tamanho de byte, 8
Tarjan, 535, 746
TDA, 18

cláusula written, 22
condição, 19
definição de operador, 19
definição de valor, 19
dicionário, 488
estruturas, 58
fila, 209
lista, 750
números racionais, 6-7
pilhas, 94-95
Racional, 19
seqüência, 23
string de caracteres de tamanho variável, 25
vetor, 36
Telefone, 139, 217, 408
Tempo, 180, 204, 235, 371, 412, 419, 438, 447, 461, 481, 518, 571, 576, 598
busca, 630
eficiência, 32
execucão, 710
produção, 710
Temporárias, 182
Term(str, length, ppos), 158
Testando, 105
Tipo base, 28
Tipo de dado, 8, 11, 27
abstrato (ver TDA, 18, 488, 751
char, 27
composto, 34
double, 27
estruturado, 34
float, 27
int, 27
long, 27
nativo, 9

ponteiro, 27
short, 27
unsigned, 27
Towers(n, frompeg, topeg, auxpeg), 169, 195
Traverse(tree), 545
Trit, 33
Try(n), 178
Tubulação de água, 683
Typedef abstrato, 19

U

Uniformemente distribuído, 497
Uniões, 65
implementação, 68
Underflow, 91, 102, 107, 206, 209, 230, 334, 572
Usuário, 682

V

Valor, 9, 751
Variáveis
aleatórias uniformemente distribuídas, 278
automáticas, 77
de ponteiro, 191
de registrador, 79
dinâmicas, 250, 251. *Veja também* variáveis dinâmicas
escopo, 77
estáticas, 79
externas, 78
globais, 78, 153
locais, 77, 146, 181, 334. *Veja também* variáveis locais
Variáveis dinâmicas, 250, 251
alocação, 250

liberação, 250
implementação de listas, 256
Variáveis locais, 77, 146, 181, 334
    alocação, 181
    inicialização, 181
VEPS, 87, 207
Vértices, 664
Vetor, 34, 98, 139, 218, 220, 234, 325, 487, 806
    armazenando, 34
    bidimensional, 40, 47
    classificado, 510
    endereço base, 39
    extração, 34
    faixa, 35, 47
    limite máximo, 35
    limite mínimo, 35
    multidimensional, 50
    operação de armazenamento, 36-37
    operação de extração, 37
    parâmetros, 43
    TDA, 36
    triangular superior, 56
    triangular inferior, 56
    tridiagonal, 57
    unidimensional, 34
    visão física, 47
    visão lógica, 47
Visão lógica, 47

W

Wegman, 660

Z

Zero
    negativo, 4
    positivo, 4